DIE HETHITER UND IHR REICH

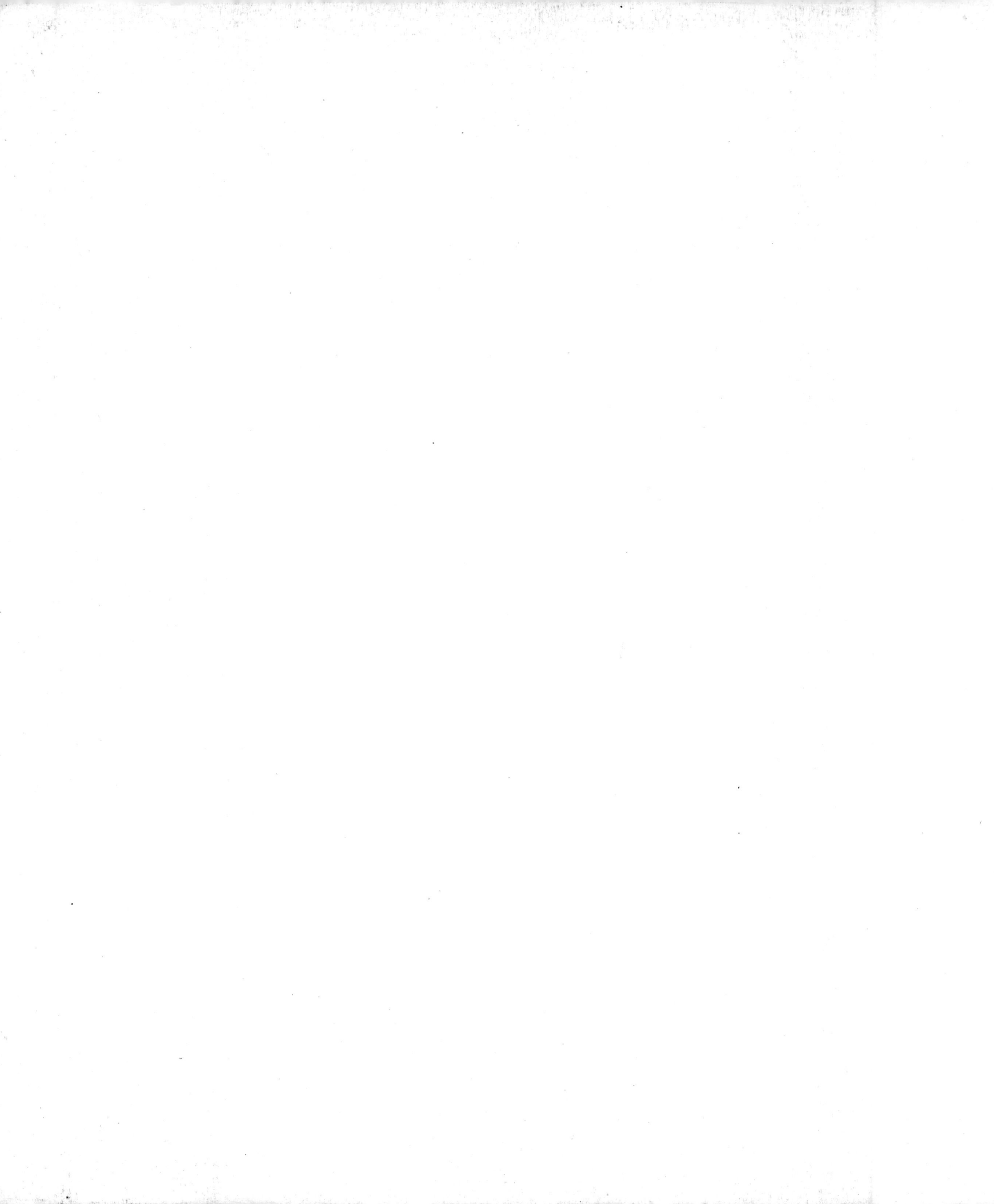

DIE HETHITER UND IHR REICH

DAS VOLK DER 1000 GÖTTER

Kunst- und Ausstellungshalle der Bundesrepublik Deutschland
18. Januar – 28. April 2002

Impressum

Diese Publikation erscheint anläßlich der Ausstellung »Die Hethiter. Das Volk der 1000 Götter« vom 18. Januar bis 28. April 2002 in der Kunst- und Ausstellungshalle der Bundesrepublik Deutschland in Bonn.

Kunst- und Ausstellungshalle der Bundesrepublik Deutschland

Direktor Wenzel Jacob
Kuratoren Tahsin Özgüç, İlhan Temizsoy, Susanne Kleine
Projektleitung Susanne Kleine
Projektassistenz Maike Steinkamp
Ausstellungsarchitektur Paolo Martellotti
Aufbau Erwin Müller, Michael Haacke
Ausstellungsmanagement Susanne Wichert-Meissner
Transport und Versicherung Marla B. Manna
Restaurierung Ulrike Klein, Yasemin Becker
Licht Gerd Graef
Presse Maja Majer-Wallat
Forum Bernd Busch
Publikationen Jutta Frings
Pädagogischer Dienst Hanns-Ulrich Mette
Public Relations Maria Nußer-Wagner
Grafik Elke Post, Regina Lammsfuß
Technische Medien Ulrich Best
Bibliothek Margot Flatow, Laura Held
Verwaltung Wilfried Gatzweiler
Technik Rudolf Link

www.bundeskunsthalle.de

Katalog

Herausgeber Kunst- und Ausstellungshalle der Bundesrepublik Deutschland GmbH
Katalogkonzeption Tahsin Özgüç
Katalogkoordination Jutta Frings
Redaktion Helga Willinghöfer mit Uta Hasekamp, Bonn
Redaktion Türkei Ayse Baykal-Seeher
Lektorat türkische Ausgabe Ayse Baykal-Seeher
Übersetzungen aus dem Türkischen Ayse Baykal-Seeher, Beate Böhlendorf-Arslan, Heike Offen, Barbara Radt
Übersetzungen ins Türkische Ali Akkaya, Ayse Baykal-Seeher, Sevil Gülçur, Göksel Sazcı, Gönül Yalçin
Gestaltung Haase & Knels, Bremen
Umschlaggestaltung Haase & Knels, Bremen
Kartengrafik Alexander Schmid, Köln
Litho und Satz Reproteam GmbH, Bremen
Druck Druckhaus Beltz, Hemsbach
Gesamtherstellung Kunst- und Ausstellungshalle der Bundesrepublik Deutschland GmbH, Bonn, und Konrad Theiss Verlag GmbH, Stuttgart
Titelabbildung Relief der Göttin Kubaba, Karkamis, Museum für Anatolische Zivilisationen, Ankara
© T.C. Kulturministerium - Generaldirektion für Denkmäler und Museen, Ankara (Kat.-Nr. 157)

Die Fotos von Peter Oszvald entstanden im Auftrag der Kunst- und Ausstellungshalle der Bundesrepublik Deutschland, Bonn, mit freundlicher Genehmigung des T.C. Kulturministerium - Generaldirektion für Denkmäler und Museen, Ankara
© für die Exponatenabbildungen: T.C. Kulturministerium – Generaldirektion für Denkmäler und Museen, Ankara

Trotz intensiver Recherche war es nicht in allen Fällen möglich, die Rechtsinhaber der Abbildungen ausfindig zu machen. Berechtigte Ansprüche werden selbstverständlich im Rahmen der üblichen Vereinbarungen abgegolten.

Für die Schreibung von Personen-, Götter- und Ortsnamen gibt es in der Forschung keine festgelegten Richtlinien. Wir haben die diesbezüglichen Angaben der einzelnen Verfasser umgesetzt, so daß es zwischen verschiedenen Autoren zu Abweichungen in der Orthographie kommt.

Buchhandelsausgabe

Konrad Theiss Verlag GmbH, Stuttgart

Die Deutsche Bibliothek – CIP-Einheitsaufnahme
Ein Titeldatensatz für diese Publikation ist bei Der Deutschen Bibliothek erhältlich.

Umschlaggestaltung Finken und Bumiller, Stuttgart

ISBN 3-8062-1676-2

Die Ausstellung und der Katalog
wurden realisiert in Zusammenarbeit
mit dem T. C. Kulturministerium –
Generaldirektion für Denkmäler und
Museen, Ankara

Wir danken unseren Leihgebern:

Adana Müzesi
Afyon Müzesi
Amasya Müzesi
Ankara Anadolu Medeniyetleri Müzesi
Staatliche Museen zu Berlin –
Preußischer Kulturbesitz,
Vorderasiatisches Museum
Alacahöyük Müzesi
Çorum Müzesi
Boğazköy Müzesi
Gaziantep Müzesi
İstanbul Eski şark Eserleri Müzesi
Kahramanmaraş Müzesi
Karaman Müzesi
Kastamonu Müzesi
Kayseri Müzesi
Konya Müzesi
Sivas Müzesi
Urfa Müzesi

Inhalt

Ausdrucksformen von Staat und Gesellschaft 60

Ausdrucksformen der Religion und des Kultes 100

Die hethitische Hauptstadt und andere städtische Zentren des Reiches 150

Ausdrucksformen der Kunst und der materiellen Kultur 202

Das Reich und seine großen Nachbarn 280

Anhang 300

Geleitwort

M. İstemihan Talay
Kulturminister der Republik Türkei

In der Geschichte der Menschheit hat Anatolien in verschiedenen Epochen eine wichtige Rolle gespielt und wurde zur Wiege mehrerer Zivilisationen. Nur sehr wenige Regionen dieser Welt können von sich behaupten, daß sie ein reicheres Erbe als Anatolien besitzen, ein Erbe, das von den hier aufeinanderfolgenden Zivilisationen immer wieder vergrößert wurde.

Es sind zweifellos die Menschen, die über Tausende von Jahren auf anatolischem Boden gelebt haben und mit ihrem Fleiß, ihrer Sorgfalt und ihrem Ausdruckswillen den kulturellen Reichtum Anatoliens hervorgebracht haben. Trotz Plünderungen und Feuersbrünsten gelang es den Menschen in diesem Land dennoch, ein Kulturerbe, welches sie der Welt über ihre eigenen Grenzen hinaus hinterlassen wollten, mit großer Motivation und bewundernswerter Vielfalt hervorzubringen. Sie haben, ohne zu wissen, daß sie einmal einen wichtigen Platz in der Geschichte der Zivilisation einnehmen werden, eine Kontinuität geschaffen.

Kunst und Kultur sind die gemeinsame Sprache der Nationen, und diese gemeinsame Sprache spielt bei der Vertiefung der internationalen Freundschaft eine wichtige Rolle. So unterstreicht die Ausstellung *Die Hethiter. Das Volk der 1000 Götter* ein weiteres Mal das Engagement der Türkei für den internationalen Austausch und belegt überzeugend die fruchtbare wissenschaftliche und kulturelle Zusammenarbeit zwischen Deutschland und der Türkei, die in der Zeit des Osmanischen Reiches begonnen wurde und bis zum heutigen Tag anhält. Die Türkei vertritt den Standpunkt, daß Kulturgüter dort, wo sie beheimatet sind, aufbewahrt werden müssen. Mit der Präsentation dieser Kulturobjekte im Ausland möchte es die Türkei einem anderen Publikum möglich machen, den kulturellen Reichtum Anatoliens kennenzulernen.

Ich bedanke mich bei all denen, die bei der Verwirklichung dieser schönen Ausstellung mitgewirkt haben.

Geleitwort

Julian Nida-Rümelin
Beauftragter der Bundesregierung für Angelegenheiten der Kultur und der Medien

Die Hethiter, einst mächtig wie die Pharaonen Ägyptens und die Könige Babyloniens, waren für mehrere tausend Jahre im Dunkel der Geschichte verschwunden. In der Bibel werden sie nur beiläufig erwähnt, und bei Herodot finden wir die Beschreibung eines hethitischen Reliefs, das er allerdings für ägyptisch hielt. Dennoch ist es Archäologen, Philologen und Historikern gelungen, die Geschichte und Kultur dieses Volkes im Abstand von fast 4000 Jahren zu rekonstruieren, aus weitverstreuten Hinweisen ein Gesamtbild zusammenzusetzen. Am Anfang der Forschungen kannte man weder die Größe des Hethiterreiches noch seine Hauptstadt, man wußte nichts über seine Ursprünge, nichts über seine Sprache.

Heute wissen wir, daß die Hethiter den größten Teil Anatoliens beherrschten und auch den Norden Syriens, ihre Sprache zur Familie der indogermanischen Sprachen zählte und sie sowohl Keilschrift als auch Hieroglyphen benutzten. Die schriftlichen Quellen, die uns von den Hethitern überliefert sind, sind zahlreich. Sie sind die ältesten bekannten Texte in einer indogermanischen Sprache überhaupt und enthalten detaillierte Informationen über geschichtliche Ereignisse, Staatsgeschäfte und religiöse Kulte. Der Friedensschluß der Hethiter mit Ägypten um 1259 v. Chr. gilt als das erste schriftliche Abkommen zwischen zwei Nationen.

Die Geschichte der Forschung zu den Hethitern ist die Geschichte einer engen, freundschaftlichen Zusammenarbeit zwischen deutschen und türkischen Wissenschaftlern. Deutsche Fachleute waren unter den Pionieren der Hethiterforschung. Sie haben zahlreiche Ausgrabungen durchgeführt, Karten erstellt, waren maßgeblich an der Entzifferung des Hethitischen beteiligt, haben den Forschungszweig der Hethitologie mitbegründet und waren wichtige Lehrer sowohl an deutschen als auch an türkischen Universitäten. Die Deutsche Orient-Gesellschaft und das Deutsche Archäologische Institut stellen seit Jahrzehnten immer wieder Mittel und Fachkräfte für Ausgrabungen bereit, um die hethitische Kultur zu ergründen und das Wissen über sie zu vertiefen. Wir freuen uns deshalb ganz besonders, daß diese bislang umfangreichste Ausstellung über die Hethiter in der Kunst- und Ausstellungshalle der Bundesrepublik Deutschland gezeigt werden kann. Den zahlreichen Partnern in der Türkei, die dieses Projekt möglich gemacht haben, gilt mein herzlicher Dank. Ich wünsche der Ausstellung die verdiente große Resonanz.

Geleitwort

Alpay Pasinli
Kulturministerium der Republik Türkei
Generaldirektor der Antiken und Museen

Der älteste bekannte Name Anatoliens ist »Das Land Ḫatti«. Hier lebten im 3. Jahrtausend v. Chr. die kulturell sehr weit entwickelten Ḫatti und danach im 2. Jahrtausend v. Chr. die Hethiter. Die Hethiter haben das reiche kulturelle Erbe, das ihnen die Ḫatti hinterließen, mit der Zeit zu einer der interessantesten und hervorragendsten Kulturen der Weltgeschichte weiterentwickelt.

Daß die Hethiter im 18. Jahrhundert v. Chr. rege an dem sich entwickelnden Handel Anatoliens beteiligt waren, machen besonders die schriftlichen Dokumente aus Kültepe-Kaniš/Neša deutlich, die in altassyrischer Schrift geschrieben sind. In diesen Dokumenten finden sich hethitische Wörter, Ortsnamen sowie hethitische Personen- und Götternamen, deren Existenz wir erst später zur Kenntnis genommen haben. Sie belegen, daß die Hethiter auch in der Stadt Kültepe-Kaniš/Neša lebten.

Im 13. Jahrhundert v. Chr. war das Land der Hethiter neben Ägypten eine der wichtigsten »Großmächte« der Antike, die auch über Syrien und Mesopotamien herrschten. Die Hethiter, die Frauen und Männer gleichberechtigt behandelten und einen Rechtsstaat hervorbrachten, dessen Gesetze auch die Sklaven schützten, waren eine der freiesten Kulturen des Altertums. Sie waren einzigartig tolerant, und es existierte eine den einzelnen Menschen respektierende Gesetzgebung.

Das Wesentliche der hethitischen Kunst besteht in der Akzeptanz der vorausgegangenen Kulturen Anatoliens und der daraus entstandenen meisterhaften Synthese. Da die Hethiter Kunst als Mittel zur Verbreitung von Religion und Politik betrachteten, haben sie ihr eine große Bedeutung beigemessen und hier Besonderes geschaffen. Das föderalistische System des Hethiterstaates machte es für diesen notwendig, gegenüber der Religion eine tolerante Haltung einzunehmen. Gezwungen durch diese Notwendigkeit, gelang es dem Staat, einen Weg zu finden, die Welt der Religion im Rahmen des föderativen Verständnisses in Einklang zu bringen. Auf den von den Hethitern verwendeten Tontafeln ist oftmals zu lesen: »Tausend Götter des Landes Ḫatti«. Betrachtet man die nachfolgende lange Liste der Götternamen in den Texten, so ist dieser Ausdruck nicht übertrieben.

In dieser wichtigen Ausstellung werden insgesamt 154 Objekte aus 16 verschiedenen Museen der Türkei gezeigt. Die historische und kulturelle Bedeutung dieser Ausstellung, deren Titel die historische Realität widerspiegelt, *Die Hethiter. Das Volk der 1000 Götter,* kann nicht bestritten werden. Wir hoffen, daß Kunst und Kultur der Hethiter durch diese Ausstellung den Menschen, die sie gesehen haben, in Erinnerung bleiben werden.

Ich bedanke mich bei den Leitern der Museen, die die Realisierung dieses gigantischen Projektes unterstützt haben, und bei den Museumsmitarbeitern der beiden Länder, die bei der Umsetzung dieser Ausstellung ein positives Beispiel für internationale Zusammenarbeit gewesen sind.

Geleitwort

Wenzel Jacob
Direktor der Kunst- und Ausstellungshalle der Bundesrepublik Deutschland

In dichter Folge präsentiert die Kunst- und Ausstellungshalle der Bundesrepublik Deutschland zwei Ausstellungen, die dem türkischen Kulturkreis gewidmet sind. Nachdem wir uns mit Troia und seiner Rezeptionsgeschichte beschäftigt haben, wenden wir uns nun den Hethitern zu, die zu den Stammvätern des türkischen Volkes zählen.

Während die Hafenstadt Troia, gelegen an der Verbindung von Ägäis und Marmara Meer, durch die Jahrhunderte hindurch präsent blieb und zu einem zentralen Schauplatz der Antike wurde, geriet das große Reich der Hethiter mehr oder weniger in Vergessenheit. Dabei war es zu seiner Zeit, im 2. Jahrtausend v. Chr., eine der wichtigsten Großmächte.

Dank der intensiven Forschungsarbeit, die in den letzten 100 Jahren geleistet wurde, sind wir heute wieder in der Lage, uns ein differenziertes Bild von der Geschichte und Kultur der Hethiter zu machen. Mehrere tausend Texttafeln konnten im Laufe der Jahre zutage gefördert und entziffert werden. Die Hethiter hinterließen uns detaillierte Verzeichnisse historischer Ereignisse, Gesetzestexte, diplomatische Korrespondenz, Staatsverträge, Beschreibungen von Kulten und Opfergaben und nicht zuletzt auch literarische Texte.

Der Untertitel unserer Ausstellung – *Das Volk der 1000 Götter* – geht ebenfalls auf Überlieferungen zurück. Wenn die Hethiter ein anderes Land erobert und es ihrem Herrschaftsbereich eingliedert hatten, so schafften sie dessen Gottheiten und Kulte nicht ab, sondern integrierten sie in ihr eigenes Pantheon und in ihr religiöses Leben. Diese Offenheit für fremde Kulturen, dieser Respekt vor den Werten und Traditionen anderer Volksgruppen, läßt die Hethiter wie Leitfiguren für unsere eigene Zeit erscheinen. Denn nie haben wir die Notwendigkeit von gegenseitiger Toleranz dringlicher empfunden als heute. Die Bedeutung des Kulturaustausches, der mit solchen Ausstellungsprojekten verbunden ist, kann vor diesem Hintergrund nicht hoch genug eingeschätzt werden.

Der Katalog zur Ausstellung spiegelt den aktuellen Forschungsstand der Hethitologie wider, und wir haben uns bemüht, alle Aspekte der hethitischen Kultur, auch in den unterschiedlichen Forschungsansätzen, darzustellen: Schrift und Sprache, Geschichte, Innen- und Außenpolitik, Kunst, Architektur, Religion, Kult sowie die wichtigsten Ausgrabungsprojekte, die bis heute nicht abgeschlossen sind. Die vitale Diskussion, die für die gegenwärtige Hethitologie charakteristisch ist und in diesem Buch zum Ausdruck kommen soll, läßt auch Impulse für andere Altertumswissenschaften erwarten.

Die Ausstellung ist das Ergebnis einer dreijahrigen, engen Zusammenarbeit mit verschiedenen Institutionen der Türkei. Ich möchte an dieser Stelle allen von Herzen danken, die mit ihren Entscheidungen, ihrem Rat und ihrer tatkräftigen Unterstützung das Vorhaben ermöglicht haben. An erster Stelle danke ich dem Kulturminister der Republik Türkei, M. İstemihan Talay, auf dessen Wohlwollen wir uns stets verlassen konnten. Ich danke Alpay Pasinli, dem Generaldirektor der Antiken und Museen, Ankara, dessen Eintreten für das Projekt von unschätzbarem Wert war. Er hat auch die Mitwirkung der zahlreichen türkischen Museen ermöglicht, denen ich hier ebenfalls herzlich danken möchte. Besonders herzlicher Dank gilt Ilhan Temizsoy, dem ehemaligen Direktor des Museums für Anatolische Zivilisationen. Er ist einer der Kuratoren der Ausstellung, hatte großen Anteil an der Auswahl der Exponate, und nicht zuletzt hat sein Museum auch einen wichtigen Teil der Leihgaben bereitgestellt. Undenkbar wäre diese Ausstellung ohne die Mitwirkung von Tahsin Özgüç und seiner Frau Nimet Özgüç. Tahsin Özgüç beschäftigt sich bereits seit über 50 Jahren mit den Hethitern und hat gemeinsam mit seiner Frau wichtige Ausgrabungen geleitet. Er zählt ebenfalls zu den Kuratoren der Ausstellung und hat den Katalog weitgehend konzipiert. Drittes Mitglied des Kuratorenteams ist Susanne Kleine, die mit diplomatischem Geschick, Sachverstand und großem Engagement gleichzeitig die Projektleitung der Ausstellung wahrnahm.
Von großer Hilfe bei der Vorbereitung waren die türkische Botschaft in Berlin und die deutsche Botschaft in Ankara. Stellvertretend danke ich dem türkischen Botschafter, Osman Taney Korutürk, sowie dem ehemaligen Kulturrat, Halil Akdeniz, der die ersten Kontakte zu den Partnern in der Türkei hergestellt hat. Dem deutschen Botschafter in Ankara, Rudolf Schmidt, danke ich ebenso wie seiner Mitarbeiterin Ingeborg Sonsuz, die für uns unermüdlich als Vermittlerin tätig war. Nicht alle Ratgeber und Helfer können hier namentlich erwähnt werden. Dankend hervorheben möchte ich jedoch die Berater Frank Starke, Hethitologe und Privatdozent an der Universität Tübingen; Jürgen Seeher, Mitarbeiter des Deutschen Archäologischen Instituts und Leiter der Ausgrabungen in Ḫattusa; Ayse Baykal-Seeher, verantwortlich für die Übersetzung und Redaktion der türkischen Katalogtexte; Harald Hauptmann, ehemaliger Direktor, und Adolf Hoffmann, Direktor des Deutschen Archäologischen Instituts in Istanbul; Gernot Wilhelm, langjähriger Vorsitzender der Deutschen Orient-Gesellschaft, und schließlich Peter Neve, einer der ersten Ausgräber in Ḫattusa.

Die Stellung der Hethiter im kulturellen Erbe der Türkei

Tahsin Özgüç

Anatolien war durch seine besondere Lage zwischen zwei Erdteilen, durch seine Geographie, vor allem auch durch seinen Reichtum an Metallen besondere Möglichkeiten gegeben. Dies führte dazu, daß sich hier ab den ersten Phasen der Menschheitsgeschichte des Vorderen Orients eine hochstehende Kultur entwickelte, die immer in die Wechselbeziehungen der Kulturen des Ostens wie des Westens einbezogen war.

Im Vergleich zu den Nachbarländern begann die Erforschung der Denkmäler und Städte auf der anatolischen Halbinsel recht spät: Während die großen historischen und kulturellen Zentren des Vorderen Orients, des östlichen Mittelmeeres, ja selbst Westanatoliens schon recht früh ans Tageslicht gebracht wurden, blieben die reichen Kulturgebiete Inneranatoliens im Dunkeln. Zwar haben aus dem Westen kommende Wissenschaftler, Forscher und gebildete Reisende ab dem Ende des ersten Viertels des 19. Jahrhunderts Boğazköy, Alacahöyük, Eflatun Pınar und Gavurkale besucht. Von den Felsreliefs in Yazılıkaya wurden Gipskopien hergestellt, und in großen Zentren wie Boğazköy, Alacahöyük und Kültepe fanden für kurze Zeit Grabungen statt. Dennoch hat die Erforschung Anatoliens nicht den damals zu erwartenden Standard erreicht.

Erst 1881 hat Osman Hamdi Bey, Direktor des Nationalmuseums (Müzesi Hümayûn) in Istanbul, sich große Verdienste um die Erforschung der hethitischen Kultur erworben, dieser in Zentralanatolien, im Norden Kappadokiens und im mittleren Schwarzmeergebiet heimischen Kultur, die eine langwährende politische Herrschaft entwickelt und große Gebiete unter ihren Einfluß gebracht hatte. Osman Hamdi Bey war es, der 1906 im Auftrag des Museums unter Theodor Makridi die Ausgrabung in Boğazköy beginnen ließ und der auch den Assyriologen und Keilschriftspezialisten Hugo Winckler in die Grabungsmannschaft aufnahm (s. auch Seeher, hier S. 20ff.).

An späteren Grabungen haben weitere deutsche Spezialisten verschiedener wissenschaftlicher Disziplinen teilgenommen. Während der Grabungen, die 1907 und 1911 bis 1912 fortgesetzt wurden, wurden mehr als 10 000 Keilschrifttafeln entdeckt. Diese Funde markierten nicht nur den Anfang der »Hethitologie«, sie haben auch die Bedeutung, die die Hethiter nicht nur in Anatolien, sondern in der Geschichte der Menschheit einnehmen, erkennen lassen. Denn B. Hrozný hat schon 1915 die Zeichen entziffert und erkannt, daß das Hethitische eine indoeuropäische Sprache ist und nicht einer der bis dahin bekannten altorientalischen Sprachen angehört.

1917 hat der damalige Direktor der Istanbuler Museen, Halil Edhem, entschieden, die Keilschrifttafeln vorübergehend nach Berlin zu schicken, um das Zusammenfügen der Fragmente und die Veröffentlichung der Texte zu erleichtern. Dieses von Anfang an gehegte Vertrauen in die deutschen wissenschaftlichen Einrichtungen und die deutschen Wissenschaftler, aber auch die guten Beziehungen und die Zusammenarbeit zwischen den Museen der beiden Länder hat so zur Begründung und Entwicklung der Hethitologie in Deutschland stark beigetragen. Und auch in der zweiten (1931 – 1939) und der dritten Periode (1952 bis heute) wurde die Grabungsgenehmigung in Boğazköy zwei großen deutschen Forschungseinrichtungen, DOG (Deutsche Orient-Gesellschaft) und DAI (Deutsches Archäologisches Institut), erteilt. Und auch die 3740 Keilschrifttafeln der Grabungen 1931 bis 1933, die für die Publikationsvorbereitung nach Berlin gebracht worden waren, wurden nach dem Ende der Bearbeitung wieder in die Türkei zurückgeschickt.

Die Gründung und Entwicklung des Faches Archäologie an den türkischen Universitäten, die zur systematischen Ausgrabung und Erforschung der hethitischen Kultur und der altanatolischen Kulturen führte, auf denen die hethitische aufbaut, verdanken wir Mustafa Kemal Atatürk.[1] Er maß der Geschichte und der Archäologie große Bedeutung bei, denn er betrachtete die Geschichte des Bodens, auf dem er lebte, also die Geschichte seines Vaterlandes seit ihren ersten Anfängen, auch als Teil seiner eigenen Geschichte. Somit wird verständlich, daß die türkischen Wissenschaftler ein Verantwortungsgefühl für ihre eigene reiche Vergangenheit entwickelten und im Sinne von Atatürks Idealen konsequent weiterarbeiteten. Diese von ihm hervorgerufene Begeisterung und sein Einfluß kommen auch in seiner persönlichen Beteiligung an den Arbeiten der Türkischen Historischen Gesellschaft und seiner materiellen und ideellen Unterstützung für diese Organisation zum Ausdruck. Denn Atatürk hat fest daran geglaubt, daß nur ein Volk, das ein Bewußtsein für die Kultur, die Vergangenheit, die Tradition, für Unglück und Glück der Erde, auf der sie lebt, hat, ohne Bruch weiter existieren kann.

Atatürks erster entscheidender Einfluß wird durch ein Telegramm bezeugt, das er 1931, acht Jahre nach Gründung der Republik, dem Regierungspräsidenten İsmet İnönü von Konya aus schickte: »... da in unserem Land fast überall unvergleichliche Objekte in Form von verborgenenSchätzen aus alten Kulturen vorhanden sind, müssendiese in Zukunft von uns in wissenschaftlicher Weise zutage gefördert werden, es muß für ihren Schutz und ihre Klassifizierung gesorgt werden, und es muß, da Monumente, die wegen andauernder Vernachlässigung in den vergangenen Jahrhunderten in einen ziemlich ruinösen Zustand gekommen sind, für ihren Schutz mehr Sorgfalt aufgewendet werden. Außerdem müssen mehr Studenten ein Archäologiestudium beginnen.«

Atatürk trennte nicht zwischen Archäologie und den übrigen Geschichtswissenschaften, und in die Statuten der 1931 gegründeten Türkischen Historischen Gesellschaft, deren Gründungsvorsitzender er war, ließ er folgenden Artikel aufnehmen: »Um die für die Erhellung der türkischen Geschichte notwendigen Dokumente und Materialien zu gewinnen, ist es erforderlich, an die entsprechenden Orte Forschungs- und Ausgräbergruppen zu schicken.« Zusätzlich hat er testamentarisch einen bedeutenden Teil seines Vermögens bei der İş Bankası für Forschungen in Geschichte und Archäologie zur Verfügung gestellt. Ebenfalls 1931 hat er die Publikation der *Révue Hittite et Asianique* unter seine Schirmherrschaft genommen und finanziert.

Atatürk hat der Archäologie in der Universitätsausbildung ihr Rückgrat gegeben. Zunächst wurden Studenten zum Studium der Archäologie und Hethitologie ins Ausland geschickt, meist nach Deutschland. 1933 wurden an der Istanbuler Universität und 1935 an der Universität von Ankara Abteilungen für Archäologie, Sumerologie/Assyriologie, Hethitologie und Klassische Philologie gegründet. Durch die Einladung bekannter Professoren aus Deutschland, wie Benno Landsberger, Hans Gustav Güterbock und Georg Rohde und aus Chicago, wie Hans Hennig von der Osten, wurde die Entwicklung dieser Fachbereiche gefördert, und diese Lehrer haben einen unschätzbaren Beitrag bei der Ausbildung von Wissenschaftlern geleistet.

Die Türkische Historische Gesellschaft hat 1935, auch der Empfehlung von Kurt Bittel folgend, mit einer Grabung in Alacahöyük, einem Zentrum der hethitischen Kultur und Kunst, begonnen. In Alacahöyük sind alle Phasen der hethitischen Kultur vertreten, hier gibt es Monumentalbauten, die einem Kultur- und Kunstzentrum angemessen sind, sowie Gold-, Bronze- und Elfenbeinstatuetten jeder Art. Damit wurden die in Boğazköy gewonnenen Erkenntnisse ergänzt, aber Alacahöyük bot noch mehr: Hier wurde eine für Mittel- und Nordanatolien, also das Kerngebiet der Hethiter, unerwartete neue, eigene hattische Kultur mit ihrem ganzen Reichtum ans Tageslicht gebracht, die als Vorläufer der hethitischen Kultur ihre Blütezeit in der zweiten Hälfte des 3. Jahrtausends erlebte. Die Arbeit in Alacahöyük ist das erste Symbol für die Verbundenheit mit Atatürks Vermächtnis. Die heute in der Türkei durchgeführten Ausgrabungen sind das gemeinsame Werk aller an das Ideal Atatürks gebundenen wissenschaftlichen Institutionen.

Die steigende Zahl derjenigen, die im In- oder Ausland ein Archäologiestudium abgeschlossen haben, und die Anzahl der nach wissenschaftlichen und organisatorischen Gesichtspunkten unter den angemessensten Bedingungen erteilten Genehmigungen für ausländische Grabungskampagnen haben dazu geführt, daß die Türkei im Nahen Osten zu einem bedeutenden archäologischen Forschungsland wurde, zu dem Land, das dort die meisten Ausgrabungen vorzuweisen hat. So ist die Mehrzahl der Museen, die überall in der Türkei entstanden sind, in verhältnismäßig kurzer Zeit in den Besitz reicher Sammlungen gelangt, die ab dem Paläolithikum alle anatolischen Kulturen umfassen. Gleichzeitig ist ein Wissensanstieg in einem bislang nicht dagewesenen Maße zu verzeichnen: Es wurden weitere mit Tempeln und Palästen ausgestattete hethitische Städte sowie Archive mit Keilschrifttafeln entdeckt. Den Vertretern des Faches Hethitologie an zwei unserer Universitäten ist die Aufgabe zugefallen, die Texte in angemessener Zeit der wissenschaftlichen Welt bekanntzumachen.

Die Grabungen in den beiden großen Zentren von Königreichen des 20. bis 18. Jahrhunderts v. Chr., Kaniš/Neša (Kültepe) und Purushattum (Acemhöyük), werden bis heute ohne Unterbrechung weitergeführt. Kaniš/Neša war das erste hethitische Zentrum und älter als Boğazköy. In seinen Archiven wurden mehr als 19 000 meist assyrische Keilschrifttafeln entdeckt. Durch diese Texte, deren Veröffentlichung fortschreitet, wurde das Wissen um das Nebeneinander der Ḫatti und Hethiter, um das System von Stadtstaaten, um die Beziehungen zwischen lokalen Königen und Großkönigen, um den Handel mit den Hochkulturen des Nahen Ostens, der bei der Herausbildung der einheimischen Kultur eine große Rolle spielte, sowie um die Beziehungen in Kultur und Kunst enorm gefördert.

Die Ausstellung in Bonn, *Die Hethiter. Das Volk der 1000 Götter*, die sich mit einer der drei Großmächte der Alten Welt befaßt, wird ein mit Begeisterung aufgenommener Beitrag zur Erforschung dieser Kultur sein. Die Zeugnisse über 1300 Jahre anatolischer Kultur werden hier der Öffentlichkeit vorgestellt, und außerdem ist diese Ausstellung das eindringlichste Zeugnis für die unvergeßliche Leistung derer, die zur Erforschung der hethitischen Kultur und ihrem Bekanntwerden beigetragen haben.

Ich schließe diese Zeilen mit einem sehr verständnisvollen und sensiblen Wort von Kurt Bittel, der einen großen Teil seines Lebens in der Türkei verbrachte, und zwar während der Zeit, als die oben beschriebenen Reformen verwirklicht wurden. Er hat diese Entwicklungen miterlebt und zum Gedenken an Atatürk im *Belleten* folgendes geschrieben: »Die ausländischen Wissenschaftler, die an der Erforschung der Vergangenheit Anatoliens und der türkischen Nation arbeiten, werden dieses Andenken an Atatürk mit ebenso großer Treue wie die Kinder seines eigenen Landes bewahren.«[2]

Anmerkungen

1 Tahsin Özgüç, Atatürk et l'archéologie, in: *Mémorial Atatürk. Études d'archéologie et de Philologie Anatoliennes. Institut Français d'études Anatoliennes*, Paris 1982, 5–8.

2 *Belleten* III/10, 1939, 205.

Anatolien zwischen Ost und West

Gernot Wilhelm

Ein oft wiederholter historiographischer Topos beschreibt Anatolien als Brücke zwischen Europa und Asien. Aber wie viele geschichtliche Generalisierungen ist dieses Bild zugleich richtig und falsch. Aufgrund seiner geographischen Position zwischen Europa und Asien sowie seiner durch die Natur vorgegebenen vornehmlich in west-östlicher Richtung verlaufenden Kommunikationswege hat Anatolien durch Jahrtausende in der Tat zur Begegnung verschiedener Kulturen beigetragen.

Gleichzeitig sah das Land aber in langen Zeitspannen seine kulturelle Orientierung mit bemerkenswerter Ausschließlichkeit entweder im Westen oder im Osten. Der Wechsel zwischen diesen Orientierungen ist natürlich selten solchen bewußten Akten einer politischen Führung zuzuschreiben, wie es in neuerer Zeit seit dem späten 18. Jahrhundert mit den Höhepunkten unter Mahmud II. und vor allem im 20. Jahrhundert unter Atatürk geschah. Dieser jüngste kulturelle Umbruch, der gerade wegen seiner Geschwindigkeit und seines voluntaristischen Impetus nicht ohne Gegenbewegungen bleiben konnte, manifestiert sich – vielleicht deutlicher noch als in den Veränderungen der politischen und gesellschaftlichen Normen und Institutionen – in der Revolution der Schriftkultur, die ja in hohem Maße die kulturelle Identität überhaupt bestimmt.

In unserem Jahrhundert hat die Türkei in ihrer Schriftkultur das arabisch-persische und osmanische Erbe durch Muster der europäischen Moderne ersetzt und ist selbst dort, wo sie sich gegen Europa abzugrenzen sucht, manch älteren europäischen Paradigmen gefolgt, wie etwa bei der bewußten Sprachreinigung, der Behauptung einer wissenschaftlich begründbaren höchsten Dignität oder eines besonders hohen Alters der eigenen Sprache oder dem ganzheitlichen Konzept einer Nationalgeschichte von der Prähistorie bis zur Gegenwart.

Einen früheren Paradigmenwechsel der Schriftkultur hatte Anatolien mit der seldschukischen Eroberung des Landes und endgültig mit dem Fall von Byzanz erfahren, die eine arabisch-persische, also (im freilich seinerseits europäisch-ideologisch besetzten Begriffspaar »Orient und Okzident«) »ostwärts« gerichtete kulturelle Orientierung Anatoliens herbeiführte.

Der Turkisierung und Islamisierung vorausgegangen war eine Epoche, in der Anatolien in hohem Maße jene eingangs angesprochene Brückenfunktion zwischen Ost und West wahrgenommen hatte, dies gewiß, weil es selbst Zentrum einer traditionsreichen Kultur war, die nach Osten in die frühislamische Welt und stärker noch nach Mittel- und Westeuropa weit eher ausstrahlte, als daß sie von dort Impulse aufzunehmen nötig fand.

Die Zentralfunktion des spätantiken und mittelalterlichen Byzanz war aus einer jahrhundertelangen Einbindung Anatoliens in den griechischsprachigen Kulturraum erwachsen. Diese Teilhabe Anatoliens an der hellenischen Welt (an deren kreativer Ausprägung die kleinasiatischen Küstenstädte bekanntlich einen erheblichen Anteil hatten) hatte in der ersten Hälfte des 1. vorchristlichen Jahrtausends begonnen und fand im 2. Jahrhundert n. Chr. einen gewissen Abschluß, als die Hellenisierung Anatoliens, nun unter römischer Herrschaft, so weit vorangeschritten war, daß auch in entlegenen Gegenden des Binnenlandes die meisten altüberkommenen einheimischen Sprachen zugunsten des Griechischen aufgegeben worden waren.

Der graduellen Einbeziehung Anatoliens in den griechischsprachigen, in geographischer Hinsicht also westlichen Kulturraum ging im 2. Jahrtausend v. Chr., in der Mittleren und Späten Bronzezeit, eine etwa 800 Jahre dauernde Periode voraus, in der die wahrscheinlich gegen Ende des 3. Jahrtausends v. Chr. eingewanderten Hethiter und die mit ihnen sprachverwandten Luwier das politische und kulturelle Geschehen Anatoliens bestimmten. In der Kultur ihrer Oberschichten, also insbesondere in der Schriftkultur, orientierten sie sich stark an mesopotamisch-syrischen Vorbildern und schrieben ihre Sprache in der von dort übernommenen Keilschrift. Insofern kann man von einer »östlichen« Grundorientierung sprechen, und dies gilt nicht nur für die Schriftkultur, sondern auch für Politik, Wirtschaft und in mancher Hinsicht auch für die Religion. Aber Texte und materielle Hinterlassenschaften zeigen sehr deutlich, daß Anatolien in dieser Zeit sehr stark durch einheimische, bis in die Vorgeschichte zurückreichende Traditionen bestimmt war. Es ist dieser Spannungsbogen zwischen alteinheimischen, von den Kulturen Altvorderasiens deutlich unterschiedenen Traditionen und den von dort bereitwillig aufgenommenen und in vielfältiger Weise schöpferisch ausgestalteten Anregungen, der die Identität Anatoliens in der Hethiterzeit ausmacht.

Die Erforschung der Hethiterzeit hat für die Türkei des 20. Jahrhunderts, die sich anschickte, einen Paradigmenwechsel hin zu einer europäisch begründeten, inzwischen international gewordenen Kultur der Moderne in Gang zu setzen, eine ganz besondere Bedeutung bekommen.

Einen modernen Nationalstaat nach europäischem Vorbild zu begründen, verlangte eine Erforschung und Neuinterpretation der Geschichte – auch die europäischen Nationen haben im Prozeß ihrer Nationwerdung ihre Geschichte erforscht und neu interpretiert. Dabei kam der Hinwendung zur vorislamischen Geschichte eine besondere Bedeutung zu: Sie verschaffte dem neuen laizistischen Nationalstaat Legitimation, indem sie sich auf alle Kulturen berief, die je auf anatolischem Boden blühten, und nicht nur auf die islamische. Gleichzeitig war in diesem Ansatz potentiell ein integratives

Element enthalten, das es allen Bewohnern Anatoliens hätte erlauben können, sich in einem Türkei-Konzept wiederzufinden, das territorial, nicht ethnisch und schon gar nicht abstammungsmäßig bestimmt war und gewissermaßen alle Völker, die je den Boden Anatoliens besiedelten, als zur türkischen Geschichte gehörig betrachtete. In diesem Zusammenhang kam den Hethitern eine besondere Rolle zu, da sie die älteste über ganz Kleinasien verbreitete Kultur schufen, die nicht nur durch eindrucksvolle archäologische Funde, sondern erstmals auch durch eine reiche eigene schriftliche Überlieferung von hoher Eigenständigkeit bezeugt ist.

Der Anteil des Osmanischen Reiches an der Erforschung der hethitischen Geschichte und Kultur war ganz gering gewesen. Gewiß hatte es schon in der zweiten Hälfte des 19. Jahrhunderts energische Bemühungen des Staates und insbesondere von Einzelpersönlichkeiten gegeben, archäologische und inschriftliche Zeugnisse alter Kulturen aus dem Gebiet des Osmanischen Reiches zu erhalten und zu erforschen.

Ein besonderes Verdienst kommt in dieser Hinsicht Osman Hamdi Bey zu, der seit 1881 das Archäologische Museum in Istanbul leitete, das bereits 1869 gegründet worden und danach rasch gewachsen war. Auch sein Nachfolger, Halil Edhem Bey, trug viel zum Ausbau des Museums bei. Die Istanbuler Sammlungen bestanden jedoch zu dieser Zeit noch ganz überwiegend aus Kunstwerken der Klassischen Zeit. Auch waren nur in seltenen Fällen, wie etwa bei der Untersuchung der Nekropole von Sidon und der Erforschung des Nemrut Dağ – beides Unternehmungen Osman Hamdi Beys –, genügend Geldmittel vorhanden, um wissenschaftliche Feldforschung in größerem Stil und in dem Umfang zu unternehmen, wie es die zahllosen Fundstätten verlangten. Aus diesem Grunde wurden ausländischen Expeditionen bereitwillig Lizenzen für Grabungen erteilt. Die Grabungen des deutschen Altorientalisten Hugo Winckler in der Hethiterhauptstadt Ḫattusa bei Boğazköy von 1906 bis 1912 sind in dieser Hinsicht eine Besonderheit, denn sie waren formal eine Unternehmung des Archäologischen Museums Istanbul, das durch Wincklers langjährigen Freund und Mitarbeiter Theodor Makridi vertreten war.

Erst in der Ära Atatürks jedoch wurden die Grundlagen gelegt für die intensive Teilnahme türkischer Wissenschaftler und Institutionen an der Erforschung der altanatolischen Kulturen Vorklassischer Zeit. Eine wichtige Rolle spielte dabei die von Atatürk geförderte Ausbildung junger türkischer Wissenschaftler vor allem in Deutschland und Frankreich, aber auch in der Türkei selbst durch Gelehrte, die aus dem Ausland gewonnen worden waren. Letzteres wurde dadurch begünstigt, daß hochangesehene jüdische Wissenschaftler in den 30er Jahren unter dem Nazi-Regime ihre Positionen in Deutschland verloren. Auf diese Weise wurde eine Generation von Wissenschaftlern herangezogen, die bestens ausgebildet, urban und polyglott waren und den Standard der modernen Wissenschaft ihrer Zeit voll repräsentierten.

1931 rief Atatürk die Türk Tarih Kurumu, die Türkische Historische Gesellschaft, ins Leben und übernahm ihre Patronage. Nach seinen Vorstellungen sollte sie ausdrücklich auch für die archäologische Erforschung der Türkei zuständig sein. Daher begannen in den folgenden Jahren türkische Archäologen mit zahlreichen kleineren Grabungsunternehmungen in verschiedenen Teilen des Landes, insbesondere aber in der neuen Hauptstadt Ankara selbst und in der unmittelbaren Umgebung. Wenige Jahre später, 1935, wurde mit den Ausgrabungen von Alacahöyük nordöstlich von Boğazköy die erste türkische Großgrabung eröffnet. Gleichzeitig erhielten auch ausländische Expeditionen neue Möglichkeiten archäologischer Arbeit in der Türkei. Bereits in den 20er Jahren hatte das Oriental Institute der University of Chicago mit einer Ausgrabung auf dem Alişar Höyük (zwischen Yozgat und Kayseri) begonnen, mit der die Kulturabfolge in Zentralanatolien vom frühen 3. Jahrtausend an möglichst exakt untersucht werden sollte. 1931 konnten die deutschen Ausgrabungen in Boğazköy unter Kurt Bittel wieder aufgenommen werden, die – unterbrochen durch den 2. Weltkrieg – bis heute andauern.

Das Interesse Atatürks an der Archäologie und Geschichte Altanatoliens war keine rein persönliche Vorliebe, sondern entsprang auch seinem politischen Ziel, die Identität der türkischen Nation neu zu definieren. Daß dies von seinen Zeitgenossen verstanden wurde, läßt sich deutlich aus den Nachrufen entnehmen, die unmittelbar nach seinem Tod während der Gedenksitzung der Türkischen Historischen Gesellschaft verlesen und in der Zeitschrift der Gesellschaft (*Belleten*) abgedruckt wurden. Am klarsten hat dies der aus Deutschland in die Türkei emigrierte große Assyriologe Benno Landsberger in seinem Nachruf zum Ausdruck gebracht: »Die jungen Historiker der Türkei haben ein ... Vermächtnis Atatürks pietätvoll zu beherzigen: die Geschichte Anatoliens, von der ältesten Zeit an, als ihre eigene zu betrachten.« Betrachtet man die kaum überschaubare Zahl von Ausgrabungen türkischer und nichttürkischer Archäologen, die derzeit in der Türkei stattfinden, so möchte man meinen, daß der Impuls, den Atatürk gegeben hat, Wirkung gezeigt hat.

Die Hethiter-Ausstellung in Bonn kann so in zweifacher Weise »gelesen« werden: Als umfassende Darstellung einer der interessantesten Kulturen der Alten Welt, aber auch als die Darstellung einer außergewöhnlichen kulturellen und kulturpolitischen Kraftanstrengung des 20. Jahrhunderts.

Einleitender Teil

Eine in Vergessenheit geratene Kultur gewinnt Profil

Die Erforschung der Hethiter bis 1950

1 

2 

3 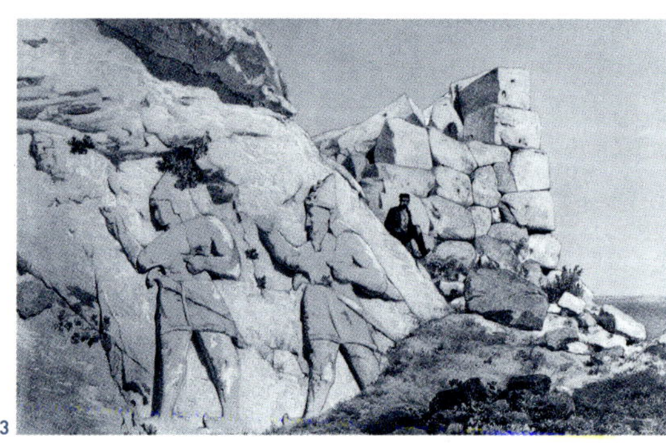

1 Felsrelief von Karabel (Texier 1839, Taf. 132)

2 Felsrelief von Karabel: Darstellung des Königs Tarkasnawa von Mirā

3 Die Felsreliefs von Gavurkalesi (Perrot/Guillaume/Delbet 1872, Taf. 10)

4 Hauptszene des Götterzuges im Felsheiligtum von Yazılıkaya (Texier 1839, Taf. 78)

5 Das Sphinxtor von Alacahöyük (Hamilton 1842, I, gegenüber S. 382)

6 Das Sphinxtor von Alacahöyük (van Lennep 1870, Frontispiz)

Jürgen Seeher

Wie so viele Völker des Altertums sind auch die Hethiter nach dem Untergang ihres Reiches in Vergessenheit geraten. Bis in die Neuzeit kannte man sie nur aus einigen Erwähnungen in der Bibel, wo sie als unbedeutende Volksgruppe im syrisch-palästinischen Raum genannt sind. Und obwohl ihr ehemaliges Herrschaftsgebiet in Anatolien und Syrien auch später, also in griechisch-römisch-byzantinischer Zeit, immer eine Rolle spielte, sind auch die dort erhaltenen hethitischen Denkmäler weitestgehend unbeachtet geblieben.

Die einzige antike Überlieferung zu einem hethitischen Monument stammt von Herodot, dem »Vater der Geschichtsschreibung«. Er lieferte eine detaillierte Beschreibung des Reliefs von Karabel bei Izmir[1] Abb. 1, 2 und hielt es für die Darstellung des ägyptischen Pharaos Sesostris III., der in einem legendären Kriegszug bis nach Thrakien gelangt sein soll. Wie man heute jedoch weiß, hat sich hier der König eines westanatolischen Gliedstaates des hethitischen Großreiches, König Tarkasnawa von Mirã, ganz in hethitischer Bildtradition verewigen lassen.

Herodot irrte sich also, aber diese Anekdote illustriert den Ausgangspunkt der Erforschung der Hethiter: Man wußte nicht nur praktisch nichts, sondern wurde zusätzlich noch durch Falschinformationen in die Irre geleitet. Und als dieses Relief dann 1839 wiederentdeckt und von dem französischen Forscher Charles Texier gezeichnet und in Europa veröffentlicht wurde, zögerten große Gelehrte wie z. B. der Ägyptologe Karl Richard Lepsius nicht, den ägyptischen Ursprung zu bestätigen.

> Frühe Entdeckungsreisen

Seit dem 18., vor allem aber im 19. Jahrhundert reisten immer mehr europäische Forscher in den Vorderen Orient (und natürlich auch in alle anderen Winkel der Erde). Nicht wenige waren in offiziellem Auftrag unterwegs und vom Heimatland mit erheblichen Mitteln ausgestattet. Sie sammelten Wissen über Land und Leute, Sprache und Geschichte, Fauna und Flora, sie fertigten die ersten genaueren Landkarten an und registrierten Bodenschätze ebenso wie klimatische Bedingungen. Natürlich waren hier auch handfeste wirtschaftliche Interessen bzw. Großmachtbestrebungen im Spiel – diese Verbindung von Politik und Wissenschaft zieht sich wie ein roter Faden von Napoleons Ägyptenfeldzug bis zum Bau der Bagdadbahn und darüber hinaus.

Aber es ging eben auch um die Erforschung des Altertums, das im Rahmen des Klassizismus eine neue Attraktivität gewonnen hatte. Zudem wurden durch die Enträtselung von bisher unbekannten Schriften und Sprachen neue Welten eröffnet: 1802 gelang Georg Friedrich Grotefend der erste entscheidende Schritt in der Entzifferung der Keilschrift, und 1824 legte Jean François Champollion die erste Lesung der ägyptischen Hieroglyphen vor. Die Erforschung des Alten Orients bekam eine völlig neue Qualität.

Die erste neuzeitliche Erwähnung eines hethitischen Monuments stammt jedoch schon von dem osmanischen Enzyklopädisten Kâtib Çelebi (auch Hadschi Chalfa genannt). Er sah und beschrieb Mitte des 17. Jahrhunderts das späthethitische Felsrelief von İvriz in Südanatolien am Nordrand des Taurus-Gebirges.[2] Der lokalen Überlieferung folgend, bezeichnete er es als die Darstellung eines heidnischen Helden namens Ebrindos. Ein anderer früher Besucher dieses Reliefs war Jean Otter, der 1736/37 durch die Türkei nach Persien reiste, um für Frankreich dorthin Handelsbeziehungen aufzubauen.[3] Knapp 100 Jahre später, 1834, entdeckte dann der bereits erwähnte Architekt Charles Texier, ebenfalls in staatlichem Auftrag unterwegs, mitten in Zentralanatolien bei dem Dorf Boğazköy die Ruinen der hethitischen Hauptstadt Ḫattusa.[4] Er blieb zehn Tage dort, zeichnete viele der Ruinen und fertigte auch einen Stadtplan an Abb. 9. Besonders angetan hatten es ihm jedoch die Reliefs von Yazılıkaya (»beschriebener Fels«): Verborgen in einem Felsmassiv nahe der Stadt gab es Darstellungen von bewaffneten Männern, Frauen in langen Gewändern, von Löwen, Panthern und Dämonen Abb. 4.

Solche Reliefdarstellungen waren noch nie beschrieben worden, und so wundert es nicht, daß sich Texier bei der Identifizierung des Ortes irrte: Ohne Vergleichsmöglichkeiten, nur mit den Texten der antiken Schriftsteller ausgerüstet, vermutete er hier die bei Herodot erwähnte Stadt Pteria der iranischen Meder. Später tendierten andere Forscher eher zu einer Identifikation mit Tavium, das nach der Überlieferung der Hauptort der keltischen Trokmer in Anatolien und auch in römischer Zeit ein bedeutender Ort gewesen war.

Die Berichte und Zeichnungen von Texiers Entdeckungen, die schon 1835 im *Journal des Savants* veröffentlicht wurden, führten bald andere Reisende in diese Gegend, von denen nur einige genannt seien: Der Engländer William J. Hamilton kam 1836 nach Boğazköy. Er dokumentierte außerdem erstmals die Ruinen von Alacahöyük, einer hethitischen Kultstadt 25 Kilometer nordöstlich von Boğazköy/Ḫattusa Abb. 5, 6. Im Zuge seiner weiteren Reisen entdeckte er 1837 dann auch das hethitische Wasserheiligtum von Eflatun Pınar am Beyşehir See Abb. 7.[5] Der berühmte Afrika-Forscher Heinrich Barth war 1858 anläßlich einer »Erholungsreise« durch das nördliche Anatolien in Boğazköy und veröffentlichte nach Texier und Hamilton die dritte Version eines Plans des Großen Tempels in der Unterstadt von Ḫattusa.[6] 1861 schließlich kam in staatlichem Auftrag eine weitere französische Expeditionsgruppe in die Gegend: Der Orientalist Georges Perrot, der Architekt und Zeichner Edmond Guillaume und der Arzt und Photograph Jules Delbet blieben mehr als eine Woche, und ihr später publizierter ausführlicher Bericht enthält neben Zeichnungen der Reliefs von Yazılıkaya Abb. 8 und Alacahöyük auch die ältesten Photographien von

7

8

diesen beiden Orten.[7] Auf dem Weg dorthin hatten sie südwestlich von Ankara die Felsanlage von Gavurkalesi mit den beiden hethitischen Kriegerreliefs entdeckt Abb. 3. Da ihnen auch das von Texier publizierte und ganz ähnlich gestaltete Kriegerrelief von Karabel in der Nähe von Izmir bekannt war, konnten sie in ihrem Buch endlos darüber spekulieren, welche Kultur, welches Volk so weite Teile von Anatolien einst beherrscht haben könnte. Eine befriedigende Antwort fanden sie ebensowenig wie die anderen frühen Besucher. Vergleiche mit mesopotamischen Fundorten wie Ninive oder Persepolis, wo zahlreiche Reliefdarstellungen ausgegraben worden waren, führten allerdings zu der allgemeinen Feststellung, daß die anatolischen Reliefs nicht auf griechisch-römische, sondern auf altvorderasiatische Traditionen zurückzuführen waren.

Und noch ein früher Besucher, der Zeichnungen von Ḫattusa/Yazılıkaya veröffentlichte, sei erwähnt: der englische Missionar Henry J. van Lennep. Sein nur eintägiger Besuch im Jahr 1864 hatte ihn so beeindruckt, daß er schrieb: »These ruins are, perhaps, the most remarkable and important that occur in the whole peninsula of Asia Minor.«[8] In diesem Buch, das noch ausführlicher als die bisher erwähnten Arbeiten Beobachtungen zu Land und Leuten schildert, nimmt er auch ausdrücklich zu den Reliefs und Skulpturen von Alacahöyük Stellung. Er erklärt sie für ägyptisch, in Anlehnung an die vermeintliche Darstellung des Pharaos Sesostris am Karabel-Paß, aber auch verleitet durch den Kopfschmuck der großen Sphinxfiguren am Tor von Alacahöyük, der eindeutig von den ägyptischen Hathor-Darstellungen beeinflußt ist.

> Der Grund wird fester: Weitere Reliefs und Hieroglyphen

Bei allen Überlegungen zur Identität der Schöpfer der Felsreliefs blieb ein Punkt zunächst kaum beachtet: Sowohl am Karabel als auch in Yazılıkaya waren neben den Figuren verschiedene Bilderzeichen angebracht: luwische Hieroglyphen. In Ḫattusa hatten Perrot und seine Mitarbeiter sogar eine in den Fels geschlagene elfzeilige Inschrift entdeckt, aber wegen der starken Verwitterung nicht erkennen können, daß auch sie in derselben Schrift geschrieben war. In den folgenden Jahren tauchten dann aber immer mehr solcher Inschriften auf, und sie führten schließlich zur ersten Definition des Reiches der Hethiter.

Die früheste Beobachtung solcher Schriftzeichen stammt bereits aus dem Jahr 1812, als der Schweizer Johann Ludwig Burckhardt in Ḥamâ (dem biblischen Hamat) in Syrien einen Stein mit einer solchen, damals für hethitisch gehaltenen Inschrift in einer Mauer des Basars fand.[9] Unterwegs im Auftrag der Londoner »Association for Promoting the Discovery of the Interior Parts of Africa«, entdeckte er später übrigens auch die Ruinen von Petra in Jordanien und den Tempel Ramses' II. von Abu Simbel in Oberägypten.

Dieser und drei weitere Steine mit Hieroglyphenzeichen aus Ḥamâ wurden 1872 auf Veranlassung von William Wright, einem irischen Missionar, geborgen, kopiert und an den Sultan nach Konstantinopel geschickt Abb. 11. W. H. Skeene und George Smith fanden 1874/75 in Gerablus, einem Ort am Euphrat an der heutigen syrisch-türkischen Grenze, neue Reliefs und Hieroglypheninschriften: Die Stadt Karkamis war entdeckt, ehemals der Sitz einer hethitischen Sekundogenitur und Zentrum der späthethitischen Fürstentümer, wie sich später herausstellen sollte. Außerdem tauchten jetzt die ersten Siegelabdrücke auf Tonplomben mit solchen »hamatenischen« Hieroglyphenzeichen auf, wie man sie nach dem ersten Fundort nannte.

Natürlich lag es nahe, sie alle einem Volk zuzuschreiben. Aber welchem? Inzwischen hatten die Altertumsforscher viele Texte anderer Reiche der Alten Welt entziffert: Sowohl in den assyrischen Keilschrifttexten wie auch in den Hieroglyphentexten Ägyptens wurden die Hethiter immer wieder als machtvolle Gegner im syrischen und anatolischen Raum erwähnt. Offensichtlich waren sie mehr als die Randgruppe, für die man sie bisher aufgrund der Bibelquellen gehalten hatte. Wright hat wohl schon 1872 die Ḥamâ-Steine für hethitisch gehalten; ein entsprechender Artikel von ihm erschien 1874, und zwei Jahre später vermutete der Sprachforscher Henry Sayce, daß Hethiter die Erfinder der »ḫamatenischen« Hieroglyphenschrift sein müßten.[10] Damit hatte man die Hethiter in Syrien und Südostanatolien lokalisiert, und jetzt konnte man ihnen auch erstmals archäologisches Fundgut zuordnen. Verschiedene Gelehrte nahmen sich dieses Themas an und versuchten, am Schreibtisch

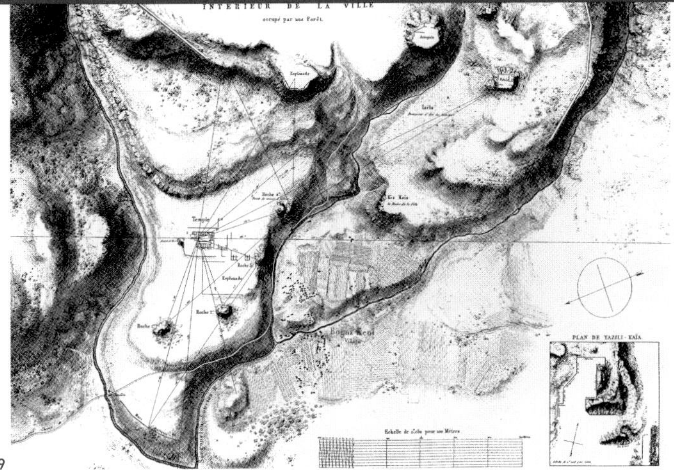
9

7 Das Wasserheiligtum von Eflatun Pınar (Perrot/Chipiez 1887, Abb. 356)

8 König Tudḫalija IV. wird von seinem Schutzgott Šarruma umarmt und geleitet (Perrot/Guillaume/Delbet 1872, Taf. 50)

9 Von Texier veröffentlichter erster Stadtplan von Ḫattusa (Texier 1839, Taf. 73–74)

10 Grabung von Chantre in der Kammer B von Yazılıkaya (Chantre 1898, Abb. 18)

10

das Wissen über dieses Volk zusammenzufassen. Die ersten großen Synthesen gerieten denn auch gleich sehr umfangreich – 200 Seiten umfaßte das 1884 erschiene Werk *The Empire of the Hittites* von W. Wright, zu dem A. H. Sayce ein Kapitel mit den ersten Entzifferungsversuchen der Hieroglypheninschriften beisteuerte. Mit 320 Seiten noch umfangreicher ist das Kapitel »Les Hétéens« in dem 1887 erschienenen vierten Band der Reihe *Histoire de l'Art dans l'Antiquité* von Georges Perrot und Charles Chipiez. A. H. Sayce veröffentlichte schließlich 1888 das Werk *The Hittites. The Story of a Forgotten Empire*. Natürlich war manches Spekulation und einiges auch ganz falsch, z. B. die Vermutung des Ägyptologen Auguste Mariette, der eine der ägyptischen Hyksos-Dynastien zu Hethitern machte. Ebenfalls als unrichtig erwies sich die schon 1880 von Sayce geäußerte Theorie, daß Karkamis die hethitische Hauptstadt gewesen sei. Das richtige Gespür bewies dagegen Perrot, der argumentierte, daß man Anatolien nicht von einer Stadt aus, die südlich der Gebirgskette des Taurus liege, regieren könne: »In Boğazköy, vor diesen massiven Festungsmauern, die sich über viele Kilometer hinziehen, und im Angesicht dieser großen Reliefs, auf denen die Götter und die Könige dieser Stadt, ihre Priester und ihre Verteidiger, dargestellt sind, errät man eine wahre Hauptstadt.«[11] Folgerichtig unterschied Perrot zwischen »Ost-Hethitern«, auf die die Relikte in Süd- und Südostanatolien und in Syrien zurückgingen, und »West-Hethitern«, die Anatolien beherrschten. Was damals noch niemand wußte: Die beiden Gruppen repräsentieren einfach verschiedene Stadien. Die anatolischen Überreste gehören dem hethitischen Großreich des 2. Jahrtausends v. Chr. an, während es sich in Südanatolien-Syrien um die Hinterlassenschaft hethitischer Nachfolgestaaten des frühen 1. Jahrtausends handelt.

Derweil ging die Feldforschung weiter: 1882 waren Karl Humann, der erste Ausgräber von Pergamon, und Otto Puchstein im Auftrag der Königlich Preußischen Akademie der Wissenschaften in Anatolien unterwegs.[12] Sie veröffentlichten die ersten Abbildungen der späthethitischen Reliefs von Sakçegözü und Zincirli (Sam'al) westlich von Gaziantep, nahe der syrischen Grenze. Humann reiste außerdem nach Boğazköy und nahm für das Berliner Museum Gipsabgüsse von den am besten erhaltenen Reliefs in Yazılıkaya. Als Ingenieur mit großer Vermessungserfahrung fertigte er auch den ersten genaueren Geländeplan von Ḫattusa an. Ab 1888 gruben Humann und Felix von Luschan[13] sowie später dann Robert Koldewey in Zincirli und brachten eine späthethitische Stadt mit einer Königsburg und zahlreichen Reliefs und Rundplastiken ans Tageslicht. Bei der Lektüre der Schilderung dieses Unternehmens wie auch der Beschreibungen von anderen frühen Reisen in den Orient staunt man immer wieder über den Mut und die Unverdrossenheit, mit der die Forscher allen Widrigkeiten getrotzt haben: Die Straßen, wenn es überhaupt welche gab, waren schlecht, die Ernährung oft unzureichend, Ausrüstungsmaterial fehlte oder ging zu Bruch und konnte nicht ersetzt werden, außerdem waren Cholera, Typhus, Malaria und andere Krankheiten allgegenwärtig. Nicht zu vergessen sind Wegelagerer und Räuberbanden, die für ein Paar Stiefel und einen Mantel bedenkenlos mordeten. Ohne militärischen Geleitschutz und diplomatische Empfehlungen reiste kaum ein Forscher.

> Fin de siècle: Grabungen und Tontafeln

Die Jahre 1893 und 1894 sind von besonderer Bedeutung für die Hethiterforschung: Ernest Chantre unternahm im Auftrag des französischen Kulturministeriums die ersten Grabungen in Alacahöyük, in Boğazköy **Abb. 10** und in Kültepe bei Kayseri.[14] Er wollte damit einen schon von Perrot beklagten Mißstand beheben: Man kannte aus dem frühen Anatolien zwar Reliefs und Architektur, aber keine Keramik und anderen Gegenstände des täglichen Lebens. In Kültepe grub er auf dem Siedlungshügel auf der Suche nach dem Ursprung der Keilschrifttafeln, die damals seit einigen Jahren im Antikenhandel angeboten wurden. Er fand die Quelle nicht, kaufte den Einwohnern jedoch zahlreiche Stücke ab. In Boğazköy hingegen wurde er selbst fündig, denn am Rand der Königsburg kamen neben den gesuchten Alltagsobjekten völlig unerwartet ebenfalls Keilschrifttafelfragmente zutage. Die Keilschrift war damals schon lange lesbar und, soweit in akkadischer, d. h. in babylonischer oder assyrischer Sprache geschrieben, auch verständlich. Nicht so die Tafeln aus Boğazköy: Sie blieben weitestgehend unverständlich, denn die Mehrzahl der Texte war in einer unbekannten Sprache aufgezeichnet. Man stellte jedoch eine Ähnlichkeit zu den sogenannten Arzawa-Briefen fest – zwei Keilschrifttafeln, die kurz zuvor im ägyptischen Amarna, der Hauptstadt des »Ketzerkönigs« Echnaton, gefunden worden waren. Offensichtlich war diese Sprache einst weit verbreitet gewesen.

Einer der renommiertesten Keilschriftforscher jener Tage, Pater Jean Vincent Scheil, hielt sich zu dieser Zeit gerade in Istanbul auf. Er war mit der Ordnung und Inventarisierung der Bestände des neugegründeten Archäologischen Museums beauftragt worden, und nun erhielt er zwei der Keilschrifttafeln der Chantre-Grabung in Boğazköy zur Bearbeitung. Auch er konnte zwar die Sprache nicht identifizieren, aber die Schlußfolgerung, die er aus den Fundumständen zog, war prophetisch: »Es würde mich nicht wundern«, schrieb er, »wenn sich herausstellte, daß diese Sprache Hethitisch ist – nicht mit Hieroglyphen, sondern mit Keilschrift geschrieben.«[15] Inzwischen war eine Reihe weiterer Hieroglypheninschriften in Anatolien und Syrien gefunden worden, was Leopold Messerschmidt zum Anlaß nahm, eine Zusammenstellung aller bislang bekannten Texte dieser Art zu veröffentlichen.[16] Lesen konnte man sie jedoch weiterhin nicht.

> Die Hauptstadt wird identifiziert und erstmals systematisch erforscht

Einer der beiden unverständlichen Arzawa-Briefe aus dem Tontafel-Archiv von Amarna war ein Schriftstück, das der ägyptische Pharao an den König von Arzawa gerichtet hatte. Man wußte bereits, daß das Königreich Arzawa in Anatolien gelegen haben mußte. Wenn nun auf den Tontafeln von Boğazköy dieselbe Sprache verwendet wird, so überlegte der deutsche Assyriologe Hugo Winckler, der diese Texte bearbeitete und veröffentlichte, wäre es doch durchaus zu vermuten, daß hier die Hauptstadt von Arzawa lag – groß genug war das Ruinengelände ja.[17] Gewißheit konnten nur neue Tontafeln bringen, und das bedeutete eine Ausgrabung in Boğazköy. Winckler gewann die Unterstützung von Osman Hamdi Bey, dem Direktor des Archäologischen Museums in Istanbul, und so reiste er 1905 mit Theodor Makridi Bey, Konservator am Museum, zu einem Ortstermin nach Boğazköy. Sie fanden sogleich einige Tontafelfragmente, sowohl solche in der »Arzawa-Sprache« als auch akkadische Texte, die Winckler lesen konnte. Hier sprach z. B. ein »Großkönig« zu seinem »Bruder« – kein Zweifel, dies war altorientalische Staatskorrespondenz.

So kam es dann 1906 zur ersten größeren Grabung in Boğazköy. Makridi leitete die Feldarbeiten, Winckler war unermüdlich mit der Auswertung der zahlreichen Tontafelfunde beschäftigt. Wiederum fand sich Staatskorrespondenz in akkadischer Sprache, diesmal jedoch Vertragsentwürfe und Briefe zwischen dem ägyptischen Pharao Ramses II. und dem hethitischen Großkönig Ḫattusili III.: Die Ruinen von Boğazköy waren also tatsächlich die Reste einer Hauptstadt – aber nicht der Hauptstadt von Arzawa, sondern von Ḫattusa, der Hauptstadt des gleichnamigen hethitischen Reiches.

Dies war eine Sensation, die in den interessierten Kreisen erhebliches Aufsehen erregte, und so fand im folgenden Jahr eine umfangreiche zweite Kampagne statt. Neben Makridi und Winckler, finanziert von der Deutschen Orient-Gesellschaft, arbeitete eine zweite Gruppe im Auftrag des Archäologischen Instituts des Deutschen Reiches unter der Leitung von dessen Generalsekretär Otto Puchstein. Es wurde viel ausgegraben und erneut zahlreiche Keilschrifttafeln gefunden, aber parallel wurden auch alle oberflächlich sichtbaren Bauruinen und Stadtmauerreste vermessen und photographisch dokumentiert (Abb. 1, 2, S. 29) sowie ein genauer Geländeplan erstellt.[18]

Kurze Zeit später, in den Jahren 1908 und 1911, wurden dann durch John Garstang, Professor an der Universität Liverpool, in dem schon erwähnten Sakçegözü bei Gaziantep Teile einer weiteren späthethitischen Residenzstadt freigelegt.[19] 1912 bis 1914 und 1920 führte Leonard Woolley mit T. E. Lawrence (»Lawrence von Arabien«) und anderen Wissenschaftlern in Karkamis am Euphrat weitere Grabungen durch.[20] Dort fand man vor allem zahlreiche späthethitische Reliefs und (luwische) Hieroglypheninschriften.

> Die Entschlüsselung der Sprache

In einem 1910 erschienenen Buch gab Garstang eine neue Zusammenfassung des Forschungsstandes[21], der sich nun deutlich differenzierter darstellte, nachdem die Hauptstadt in Zentralanatolien lokalisiert war. Garstang wies aber auch darauf hin, daß man nach wie vor die hethitische Geschichte nur von außen, durch die Beschreibungen der Nachbarn kenne, da man ihre eigenen Texte nicht lesen konnte. Ihre Entzifferung mußte nun das vordringliche Ziel der Forschung sein. Und so kam es, denn der 1. Weltkrieg und der darauf folgende türkische Befreiungskrieg verhinderten bis auf weiteres Ausgrabungen und sonstige Feldforschungen.

Es gab natürlich von Anfang an viele Versuche, die Hieroglyphen- und Keilschrifttexte zu lesen. Manches war seriös, anderes weit hergeholt. 1915 legte der tschechische Gelehrte Bedrich Hrozný dann eine überzeugende Entschlüsselung der hethitischen Sprache vor, die sich zugleich als der indogermanischen Sprachfamilie zugehörig erwies. Der norwegische Orientalist J. A. Knudtzon hatte dies schon 1902 aufgrund der Arzawa-Tontafeln aus Amarna vermutet, seine Hypothese später aber zurückgenommen. Der Indogermanist Ferdinand Sommer griff dann den roten Faden auf und wurde mit Hrozný zum eigentlichen Begründer der hethitischen Philologie. Hans Ehelolf, Emil Forrer, Johannes Friedrich und Albrecht Goetze waren andere Mitstreiter, deren Bemühungen bereits in den 20er Jahren ein recht weitgehendes Eindringen in das Verständnis der hethitischen Sprache ermöglichten. 1929 erschien als erstes Resümee eine Grammatik von Louis Delaporte, 1931 ein erstes Wörterbuch von Edgar H. Sturtevant, später mehrfach ergänzt, und 1952 ein zweites von Johannes Friedrich.[22] Dabei hat es sich die Hethitologie, wie dieser bald international etablierte Zweig der Altorientalischen Philologie genannt wurde, von Anfang an zur Aufgabe gemacht, die Texte nicht nur in philologisch-sprachwissenschaftlicher Hinsicht zu erforschen, sondern sie auch historisch und kulturgeschichtlich auszuwerten, um so ein möglichst detailliertes Bild der hethitischen Zivilisation zu zeichnen. Erste Ergebnisse hatte Garstang bereits in eine 1929 erschienene Neufassung seines Buches unter neuem Titel einfließen lassen.[23] Eine Vorstellung von der bis heute angewachsenen Forschungsliteratur gibt die jüngst erschienene dreibändige Bibliographie zur Hethitologie.[24]

Die Hieroglyphenschrift hingegen widersetzte sich der Entzifferung noch eine Zeitlang. Das Hauptproblem war das Fehlen einer umfangreicheren Bilingue, also eines Textes in zwei Sprachen, von denen eine verständlich war. So war die Entzifferung einzelner Hieroglyphenzeichen zunächst ganz auf kombinatorische Deutungsversuche angewiesen. Seit Anfang der 30er Jahre gab es erste verläßliche Ergebnisse von Piero Meriggi, Ignace W. Gelb, Emil Forrer, H. Theodor Bossert und Bedrich Hrozný. Neue Impulse gab dann unter anderem die Fortsetzung der Grabungen in Boğazköy/Ḫattusa, die 1931 unter der Leitung des 24jährigen Kurt Bittel wieder aufgenommen worden waren. Hier wurden in der Königsburg Tonplomben, sogenannte Bullen, mit den Siegelabdrücken von Mitgliedern des Königshauses und hohen Beamten gefunden. Auf ihnen waren Namen und genealogische Angaben doppelt, in Keil- und in Hieroglyphenschrift, festgehalten. Ähnliche Bullen wurden dann Anfang der 50er Jahre auch in Ugarit-Raš Šamra in Syrien ausgegraben. In der Zwischenzeit war allerdings endlich die ersehnte längere Bilingue gefunden worden: Theodor Bossert, Halet Çambel und Bahadır Alkım entdeckten 1946/47 auf dem Karatepe bei Adana umfangreiche, fast wörtlich übereinstimmende Inschriften in hieroglyphenluwischer und in phönizischer Sprache. Diese bestätigten nicht nur die bisherigen Ergebnisse, sondern trugen auch wesentlich zur weiteren, in den 50er und 60er Jahren des 20. Jahrhunderts verstärkt einsetzenden Erschließung der luwischen Hieroglyphenschrift bei.

So bedeutet die Entdeckung von Karatepe eine Art krönenden Abschluß der Frühzeit der Hethiterforschung. C. W. Ceram hat dieser Zeit ein Denkmal gesetzt mit seinem Buch *Enge Schlucht und Schwarzer Berg*[25], das er im Vorwort als Fortsetzung seines Welterfolges *Götter, Gräber und Gelehrte* bezeichnet. In Anlehnung an dieses Buch ist jener Epoche im Frühjahr 2001 in Istanbul eine Ausstellung unter dem Titel *From Boğazköy to Karatepe* gewidmet worden.[26] Die Zeit der Entdecker, Abenteurer und Pioniere, die Zeit der Vermutungen, Fehlinterpretationen und Glückstreffer war nun zu Ende – die Wissenschaft war ihren Kinderschuhen entwachsen.

Anmerkungen

1 Historien II, 106.
2 Katip Çelebi 1732, 615.
3 Otter 1748.
4 Texier 1839.
5 Hamilton 1842.
6 Barth 1860.
7 Perrot/Guillaume/Delbet 1872.
8 Van Lennep 1870, 111.
9 Burckhardt 1822.
10 J. de Roos 1995, 266f.
11 Perrot/Chipiez 1887, 796; nach de Roos 269 (s. Anm. 10) so auch schon 1886.
12 Humann/Puchstein 1890.
13 Von Luschan 1893ff.
14 Chantre 1898.
15 Chantre 1898, 58.
16 Messerschmidt 1900.
17 Winckler 1913, 14f.
18 Puchstein 1912.
19 Garstang 1908, 1913.
20 Hogarth 1914; Wolley 1921, 1952.
21 Garstang 1910.
22 Ausführlich hierzu: Kammenhuber 1969.
23 Garstang 1929.
24 Soucek/Siegelová 1998.
25 Ceram 1955.
26 Istanbul 2001.

Literatur

Barth 1860; Burckhardt 1822; Ceram 1955; Chantre 1898; Garstang 1908, 9–117; Garstang 1910; Garstang 1913, 68–72; Garstang 1929; Hamilton 1842; Hogarth 1914; Humann /Puchstein 1890; Kâtip Çelebi 1732; Kammenhuber 1969, 127–141; Istanbul 2001; Laroche 1960; van Lennep 1870; von Luschan 1893, 1898, 1902, 1911; Messerschmidt 1900; Otter 1748; Perrot/Chipiez 1887; Perrot /Guillaume/Delbet 1872; Puchstein 1912; de Roos in: van den Hout/de Roos 1995, 261–269; Sayce 1888; Soucek/ Siegelová 1998; Texier 1839; Winckler 1913, 3–32; Woolley 1921; Woolley et al.1952; Wright 1884

11 Zeichnung der hethitischen Hieroglyphenzeichen auf den Reliefblöcken von Ḥamâ (Wright 1884, Taf. 1)

Die Hethitologie

Genese und Perspektiven eines vergleichsweise jungen Forschungszweiges

Jörg Klinger

Bedingt durch den 2. Weltkrieg ruhten die deutschen Ausgrabungen in Boğazköy-Ḫattuša bis in das Jahr 1951, bevor die regelmäßigen Kampagnen im Auftrag des Deutschen Archäologischen Instituts fortgesetzt werden konnten, ab 1952 gefördert auch mit Mitteln der Deutschen Forschungsgemeinschaft, und sie dauern bis zum heutigen Tag an. Damit gehören die Boğazköy-Grabungen zu den ältesten und kontinuierlichsten archäologischen Forschungsprojekten im Vorderen Orient.

Wie sich zeigen sollte, barg das riesige Stadtareal noch zahlreiche Überraschungen, nicht nur in Form inschriftlicher Zeugnisse, sondern auch was die architektonische Hinterlassenschaft der Hethiter betrifft, die mit Fug und Recht als monumental bezeichnet werden kann. Die Erforschung des Stadtgebietes seit der Wiederaufnahme ist mit den Namen dreier Grabungsleiter verbunden: Zunächst setzte Kurt Bittel seine Arbeit fort, bis er im Jahre 1978 von Peter Neve abgelöst wurde; seit 1994 liegt die Leitung bei Jürgen Seeher (s. auch Seeher, hier S. 94ff, 111ff, 134ff, 156ff).

Prinzipiell läßt sich die Ausgrabungstätigkeit in der zweiten Hälfte des letzten Jahrhunderts in drei große Phasen unterteilen. Zunächst konzentrierte man sich auf die unmittelbar im Zentrum des Interesses stehenden traditionellen Bereiche der Stadtbebauung, d.h. die eigentliche Königsburg auf Büyükkale, deren Erforschung im wesentlichen 1966 abgeschlossen war, und den Bereich der Unterstadt mit dem Großen Tempel. Parallel dazu wurde das in unmittelbarer Nachbarschaft der Stadt liegende Felsheiligtum Yazılıkaya genauer untersucht, freigelegt und die sowohl für die Kunstgeschichte wie auch für die Geschichte der hethitischen Religion in der Großreichszeit bedeutsamen Reliefs, von denen sich eine originalgetreue Nachbildung im Berliner Pergamon-Museum befindet, aufgenommen und abschließend publiziert. Ab 1978 richtete sich die archäologische Forschung schließlich auf die bis dato lediglich sporadisch erkundete sogenannte Oberstadt mit dem Felsmassiv von Nišantepe, neben dem sich ein Gebäudekomplex befand, der den Eingang zu diesem Areal bildete, und den bereits früher von Kurt Bittel freigelegten Tempel.[5]

Es bestätigte sich die lange gehegte Vermutung, daß die Bebauung der Oberstadt insgesamt jüngeren Datums war als die anderen freigelegten Bereiche. Sie war umgeben von einer gewaltigen Befestigungsanlage mit mehreren großen Toren, die heute in Anlehnung an die kunstvollen Verzierungen als Löwen-, Sphinx- und Königstor bezeichnet werden[Abb. 1, 2]. Nachdem im Innenraum des von dem großen Mauerring umschlossenen Territoriums der Oberstadt eine große Anzahl von Tempelbauten ans Tageslicht kam und das Areal in seiner Gesamtheit erfaßt werden konnte, wurde relativ schnell der grundsätzliche Unterschied zur sogenannten Unterstadt, die man auch »Altstadt« nennen könnte, deutlich: Die Oberstadt von Ḫattuša stellte kein natürlich im Laufe von Jahrzehnten oder gar Jahrhunderten gewachsenes Ensemble von einzelnen Gebäuden dar, sondern war das Ergebnis einer durchgeplanten Gesamtkonzeption, die den drei Toren sowie dem zentralen Zugang zu diesem Tempelbezirk im Schnittpunkt von durch die Tore gelegten, gedachten Linien jeweils ihren Platz zuwies. Überraschend kamen innerhalb einzelner dieser Tempel Keilschrifttafeln zum Vorschein, die u.a. bis dahin völlig unbekannte literarische Texte enthielten, die mit zum Bedeutendsten gehören, was die Altorientalistik kennt, und die durchaus mit dem Gilgamesch-Epos oder der Sintflutgeschichte auf eine Stufe zu stellen sind. In Form zweisprachiger, hurritisch-hethitischer Texte werden teils mythologische Erzählungen, teils ganz in der Art von Fabeln gestaltete Episoden berichtet, deren Rahmenhandlung der Vortrag eines Redners auf dem Markt einer Stadt ist. Die Texte bestechen nicht nur durch ihren Inhalt, auch die meisterliche Übersetzung ins Hethitische sucht ihresgleichen. Einen weiteren spektakulären Fund stellt ein hethitischer Vertrag dar, das bisher einzige erhaltene Exemplar auf einer Bronzetafel (Kat.-Nr. 128). Zwar wissen wir von der Gewohnheit, wichtige Verträge auf Metalltafeln festzuhalten, auch Gold soll dabei verwendet worden sein, aber naheliegenderweise haben sich eben solche Fassungen nicht erhalten, da das Material selbst für die nachfolgenden Generationen wertvoll war, während sich für die Keilschrifttexte auf Ton in nachhethitischer Zeit niemand mehr interessierte. Die Tatsache, daß die Fundumstände den Eindruck erwecken, als sei die Tafel gleichsam rituell bestattet worden, hat man versuchsweise damit erklärt, daß der Partner des hethitischen Königs Tutḫalija IV., Kurunta von Tarḫuntašša, den Vertag gebrochen hat, so daß er ungültig wurde, man die Tafel selbst aufgrund der darauf festgehaltenen Eid- und Fluchformeln aber nicht zerstören wollte, um nicht den Zorn der Götter zu provozieren. In der Nähe des Eingangsbereiches zum Tempelviertel der Oberstadt fanden sich schließlich Siegelbullen in großer Anzahl sowie die Originale einiger gesiegelter Landschenkungsurkunden, so daß durch diese faktische Verdoppelung des Fundmaterials noch viel an künftiger Forschungsarbeit zur Bedeutung, Ausgestaltung und Entwicklung hethitischer Siegel und der dabei verwendeten Hieroglyphen zu leisten ist.

Schließlich erbrachte die Erschließung der Oberstadt und des ihrer Anlage zugrundeliegenden Baukonzeptes die Lösung für ein Detail aus den Beschreibungen hethitischer Festrituale, das den Philologen viele Jahrzehnte Kopfzerbrechen bereitet hatte. Immer wieder finden sich Texte, in denen erwähnt wird, daß der König im Streitwagen in seinen Palast fährt; dieser liegt jedoch auf dem über der Stadt thronenden Burgberg Büyükkale, von Besuchern der Ausgrabung seit Anfang des letzten Jahrhunderts nur über eine kleine, aus in den steilen Fels gehauenen Stufen bestehenden Treppe zu erreichen. Unvorstellbar, wie diesen Weg ein antiker Streitwagen hätte bewältigen sollen. Jetzt fanden sich jedoch unter einer Erdschwemmschicht noch bis zu 4 Meter hoch anstehende Unterbauten aus riesigen bearbeiteten Steinblöcken, über die ursprünglich eine mehr als doppelt so hohe und gut 7 Meter breite Rampe auf einer Länge von 85 Metern die Senke zwischen der Oberstadt und dem eigentlichen Burgberg überwand und so eine direkte Verbindung zwischen dem königlichen Palast und dem beim Nišantepe gelegenen Eingangsbereich zum Tempelviertel der Oberstadt schuf. Offensichtlich waren die technischen Probleme bei den bisher ältesten bekannten derartigen Bauwerken des Alten Orients zunächst noch nicht ganz gelöst, so daß der Bau eines zweiten Viaduktes nötig wurde, nachdem die Fundamente des ersten im Laufe der Zeit unterspült worden waren.

Wie technisch fortgeschritten die hethitischen Baumeister – falls es Hethiter waren, die sie schufen – tatsächlich schon waren, zeigt ein Fund aus dem Jahre 1988. Damals kamen im Bereich der sogenannten Südburg, die im nördlichen Teil der Oberstadt von Ḫattuša lag, im Unterbau eines künstlich angelegten Teiches zwei Kammern zum Vorschein, deren Bauweise sich von der der bereits lange bekannten Tore deutlich unterschied. In der Tat waren die Gewölbe hier nicht in der Kragsteinbauweise ausgeführt, sondern sie wurden als echte Gewölbe konstruiert und sind damit die ältesten bekannten, in Stein ausgeführten Gewölbebauten der Antike. Ihre Konstruktion beweist darüber hinaus, daß es sich bei den beiden Kammern nicht um zufällige, durch die Umstände bedingte Lösungen handelt, sondern um geplante, beabsichtigte Bauelemente, die entsprechende Erfahrungen der Baumeister voraussetzen lassen (s. Abb. 10, 11, S. 162).[1]

Seit dem Jahre 1993 wandte sich die Ausgrabungstätigkeit der Archäologen in Ḫattuša zunehmend der auf der anderen Seite der Schlucht, dem Burgberg von Büyükkale gegenüberliegenden Höhe von Büyükkaya zu, wobei sich nicht nur ganz neue Hinweise auf die Geschichte der Stadt am Ende des Hethiterreiches und danach ergaben, sondern auch deutlich wurde, daß die früheren Vorstellungen, die alte, gewachsene Bebauung der Stadt habe nur westlich der Schlucht gelegen, wohl zu revidieren sind. So vermutet der Grabungsleiter Jürgen Seeher nun, daß Büyükkaya schon früher als bisher angenommen in die Befestigungsanlagen der Hauptstadt eingeschlossen wurde und die Funktion einer Zitadelle zum Schutze des eigentlichen Stadtbezirkes gehabt haben könnte. Gewaltige Erdsilos, geschaffen als Getreidelager in der Größe von 6 x 6 bis zu 12 x 18 Metern, könnten einen weiteren Grund für die aufwendigen Arbeiten in diesem Bereich liefern. Doch ist die Auswertung der Funde noch nicht abgeschlossen, und man wird sich gedulden müssen, bevor endgültige Schlußfolgerungen gezogen werden können.

Niemand hätte es für möglich gehalten, daß der bereits mit der Aufnahme der regelmäßigen archäologischen Tätigkeit zu Beginn des vergangenen Jahrhunderts in Boğazköy-Ḫattuša einsetzende Strom an Funden inschriftlicher Quellen bis heute nicht versiegt ist; die wissenschaftliche Auswertung, der sich inzwischen namhafte Forscher weltweit widmen, bedarf noch vieler Jahre intensiver Arbeit. Was heute jedoch eine in vielen Ländern vertretene eigenständige wissenschaftliche Disziplin ist, hatte es in seinen Anfängen alles andere als leicht. Zwar hatte die Keilschriftphilologie insgesamt um 1910 einen Stand erreicht, der es erlaubte, im Prinzip jede neu gefundene Tontafel auch zu lesen, jedoch bedeutete dies keineswegs, daß damit die Texte an sich verständlich gewesen wären.

Vor allem der in Berlin lebende und arbeitende Altorientalist Hugo Winckler, der zwischen den 1887 in Amarna gefundenen sogenannten Arzawa-Briefen und Tontafelfragmenten, die Ernest Chantre in den Ruinen von Boğazköy aufgelesen hatte, Parallelen zu erkennen glaubte, setzte alles daran, durch eigene Forschungen vor Ort in Anatolien seine These zu untermauern. Als er dann im Jahre 1906 nach Anatolien kam und bereits in den ersten Jahren die Funde an inschriftlichem Material alle Erwartungen übertrafen, fehlte dennoch ein ganz wesentlicher Schlüssel zur Lösung des »hethitischen Problems« – das Verständnis der Sprache, in der der überwiegende Teil der Tafeln aus Boğazköy geschrieben war, der Muttersprache der Hethiter. Der entscheidende Durchbruch gelang erst knapp zehn Jahre später; Hugo Winckler, der am 19. April 1913 verstarb, hat dies nicht mehr erleben können.

Man muß sich in Erinnerung rufen, daß im Zuge des 19. Jahrhunderts die Frage, welche sprachlichen und ethnischen Gruppen in antiker Zeit in Kleinasien ansässig waren, zu den meistumstrittenen unter Altphilologen und Indogermanisten gehörte, denn das damals bekannte inschriftliche Material war nur wenig ergiebig. Allgemein gängig war die Auffassung, daß im älteren Kleinasien, ausgenommen bei den phrygischen Einwanderern, nicht mit indogermanischen Sprachen zu rechnen sei.

Die sehr zögerliche Reaktion der Fachwelt, als Bedrich Hrozný, der spätere Rektor der Prager Universität, in einem kurzen Artikel »Die Lösung des hethitischen Problems«[2] vorlegte, war demnach durchaus verständlich. Auch wenn die Art der Darstellung, die sich zum Teil auf noch unpubliziertes Material stützte und bei der deshalb manche Thesen nur schwer überprüfbar waren, zu dieser skeptischen Aufnahme beitrug, so zeigte sich doch, daß seine in der Regel aufgrund kombinatorischer Analyse gewonnenen Interpretationen der grammatischen Formen methodisch unanfechtbar waren, während die etymologisch begründeten Übersetzungsvorschläge weniger überzeugten. Insgesamt führten diese Umstände zu einer zunächst eher ablehnenden Haltung seitens einer Reihe von Indogermanisten, denen meist die philologischen Kenntnisse fehlten, die Thesen Hroznýs selbst an den Texten zu überprüfen. Die Folge war eine sehr früh einsetzende Methodendiskussion mit der Konsequenz, daß sich bei der weiteren Erforschung des Hethitischen ein stark kombinatorisch ausgerichteter, in enger Verbindung mit der philologischen Erarbeitung der Texte stehender Ansatz durchsetzte. Große Verdienste kamen dabei Ferdinand Sommer zu, der sich als einer der ersten Indogermanisten intensiv mit der Keilschrift beschäftigte und sich trotz seiner zunächst kritischen Einstellung zu Hroznýs Vorgehen prinzipiell dessen Thesen anschloß und sie schließlich durchzusetzen half. So entstanden bereits in der 20er und 30er Jahren grundlegende Bearbeitungen nachgerade klassischer Texte wie der hethitischen Staatsverträge, der sogenannten Apologie Ḫattušilis III. oder der Annalen Muršilis II. Eine zügige Publikation des inschriftlichen Materials, bis heute mehr als 10 000 Textnummern in mehreren Publikationsreihen mit insgesamt rund 100 Bänden, taten ein übriges.

Von Anfang an war die Hethitologie geprägt durch ihre eigentümliche Stellung zwischen ganz unterschiedlichen Forschungstraditionen. Kulturellhistorisch eng verbunden mit dem Alten Orient und durch die Verwendung der Keilschrift, die ureigenstes Forschungsobjekt der Assyriologen bzw. Altorientalisten ist, in enger Beziehung zur Orientalistik und den semitischen Sprachen auf der einen Seite stehend, auf der anderen Seite durch die Sprache selbst in den Bereich der Vergleichenden Sprachwissenschaft bzw. Indogermanistik fallend, die ihrerseits eher marginale Berührungspunkte mit den Keilschriftphilologien aufweist.

Bis die Methoden und Ergebnisse der Vergleichenden Sprachwissenschaft als integraler Bestandteil hethitologischer Forschung gelten konnten, dauerte es freilich deutlich länger, als umgekehrt die Indogermanistik bereit war, sich mit dem Hethitischen zu beschäftigen. Zwar erschien die erste vergleichend orientierte Grammatik des Hethitischen bereits im Jahre 1933, aber bis in die zweite Hälfte des 20. Jahrhunderts war unter Hethitologen ein primär philologischer Ansatz dominierend, wie sich insbesondere an der umfassenden, auf detaillierter Textkenntnis und reicher philologischer Erfahrung beruhenden Beschreibung der Grammatik des Hethitischen von J. Friedrich (1. Auflage 1940) zeigt, die weitgehend deskriptiv angelegt war.[3] Inzwischen hat sich die Situation nachhaltig geändert, und die sprachwissenschaftlichen Aspekte nehmen innerhalb der hethitologischen Forschung einen immer breiteren Raum ein[4], vor allem angestoßen durch die intensive Beschäftigung mit dem Luwischen, der Geschichte des Hethitischen selbst sowie seiner Stellung innerhalb der indogermanischen Sprachen.

Die Erkenntnis, daß eine detaillierte Beobachtung der Veränderungen der von hethitischen Schreibern gebrauchten Keilschriftzeichen und ihrer Verwendung es möglich macht, eine Chronologie der Schriftentwicklung aufzustellen, auf deren Grundlage sich Keilschrifttafeln paläographisch, also ausschließlich nach ihrer Schriftgestalt datieren lassen[5], hatte erhebliche Konsequenzen. Mit der Möglichkeit, Texte in zeitgenössische Niederschriften oder spätere Abschriften zu unterscheiden, boten sich weitreichende methodische Perspektiven. Die Erforschung z. B. der innerhethitischen Sprachgeschichte war auf eine neue Grundlage gestellt. Es ergab sich eine Fülle von Einzelbeobachtungen zur Entwicklung der indogermanisch-anatolischen Sprachen des 2. und 1. vorchristlichen Jahrtausends sowie zum Verständnis ihrer Verwandtschaftsverhältnisse.[6] Andererseits erlaubten diese Einsichten in Textchronologien und Überlieferungstraditionen sowie die Erkenntnis um die Entstehungszeit vor allem historischer Texte eine Um- bzw. Neudatierung wichtiger Quellen. Auch wenn die Debatte um diese Methode der Textdatierung von heftigen innerfachlichen Kontroversen begleitet wurde, kann sie auf ihrem heutigen Stand als im wesentlichen abgeschlossen gelten.[7] Darüber hinaus machen die überzeugenden Ergebnisse im Bereich der Hethitologie die Methode der paläographischen Datierung auch auf anderen Gebieten der Keilschriftphilologie zunehmend attraktiv, und das dadurch geweckte Interesse an schriftgeschichtlichen Fragestellungen verspricht außerdem durch neuartige Ansätze ganz neue Erkenntnisse in bezug auf kulturelle Beziehungen, den Austausch von Traditionen und den Wissenstransfer zwischen den altorientalischen Kulturen.

Ebenso rege ist nach wie vor der Kontakt mit der Indogermanistik. Die Beschäftigung mit dem anatolischen Sprachzweig der indogermanischen Sprachen gehört an zahlreichen Instituten der Historisch-vergleichenden Sprachwissenschaft zum Alltag – sind doch hethitische, luwische und palaische Texte bis heute die ältesten bekannten schriftlichen Quellen indogermanischer Sprachen überhaupt. Dem Hethitischen und seinen Schwestersprachen, die sich in vielen Elementen erheblich vom Altindischen und Griechischen unterscheiden, die so lange das Bild von der indogermanischen Grundsprache geprägt haben, kommt für eine ganze Reihe grundsätzlicher Fragestellungen im Zusammenhang mit dem der Rekonstruktion zugrundeliegenden methodischen Modell eine nicht geringe Relevanz zu. Die dabei erzielten Ergebnisse beförderten umgekehrt das Verständnis für die Entwicklung der indogermanischen anatolischen Sprachen und ihrer spezifischen Eigenheiten, womit das Textverständnis auf ein neues Niveau gehoben wurde.

Von welch unmittelbarer Bedeutung dies für historische oder kulturgeschichtliche Fragestellungen sein kann, zeigte sich gerade erneut an der lange und hitzig geführten Diskussion um die sogenannte »Aḫḫijawa-Frage«, d. h. um die Frage, ob in den hethitischen Texten Hinweise auf die griechische Frühgeschichte und die mykenische Besiedlung Westkleinasiens enthalten sind. In der Nachfolge des vor allem zwischen Emil O. Forrer und Ferdinand Sommer ausgetragenen Streites nahm die Hethitologie lange eine eher skeptische Haltung gegenüber der »Griechen-These« Forrers ein[8], bis sich diese Einschätzung in den letzten Jahrzehnten allmählich änderte – nicht zuletzt aufgrund der durch Neufunde hethitischer und luwischer Quellen gelungenen Rekonstruktion der politischen Geographie Westkleinasiens und der Erkenntnis, welch wichtige Rolle das mit dem Hethitischen eng verwandte Luwische im Westen und Süden spielte, wodurch sich erst ein Verständnis für die Form der Überlieferung »griechischer« Orts- und Personennamen in der hethitischen Überlieferung ergab.[9] So ist die gewachsene Bedeutung, die die Hethitologie aktuell für die momentan stark diskutierte Troia-Forschung gewonnen hat, nicht zuletzt durch die Entdeckung eines mit Hieroglyphen beschrifteten Schreibersiegels, nur folgerichtig.

Läßt das in Troia gefundene Siegel zumindest die Vermutung nicht abwegig erscheinen, daß sich die Kenntnis der Keilschrift sogar bis in den Westen Kleinasiens verbreitet hat, wofür ja die Arzawa-Briefe ebenfalls ein Indiz sind, so wissen wir heute, daß im hethitischen Anatolien keineswegs nur in der Hauptstadt Ḫattuša geschrieben wurde. Im Jahre 1975, also fast ein dreiviertel Jahrhundert nach dem Beginn der Ausgrabungen in Boğazköy, entdeckte man im türkischen Maşat (hethitisch Tapikka), nordwestlich von Boğazköy gelegen, ein kleineres Textarchiv, das vor allem die offizielle Korrespondenz zwischen den lokalen Vertretern des Staates in der Provinzmetropole und der Hauptstadt dokumentierte. Die Ausgrabungen in den Jahren 1975 bis 1984 wurden von Tahsin Özgüç durchgeführt (s. auch Özgüç, hier S. 168ff.). Inhaltlich geht es in den einzelnen Schreiben vor allem um Ernte- oder Verwaltungsangelegenheiten und den Kampf gegen nomadisierende Gruppen im Norden, die Texte geben also einen überraschenden Einblick in den Alltag weitab von Hof- und Staatsaktionen. Seit 1989 werden in dem zwischen Boğazköy und Maşat gelegenen Ortaköy von einem Team türkischer Archäologen und Philologen regelmäßige Ausgrabungen durchgeführt, die in den Ruinen der hethitischen Stadt Šapinuwa, einem regionalen Kultzentrum, u.a. große Textarchive mit bisher mehreren Tausend, allerdings noch unpublizierten Texten fanden. Schließlich liegt mit den im Jahre 1995 begonnenen, von dem deutschen Archäologen Andreas Müller-Karpe geleiteten Ausgrabungen in Kušaklı, der weit im Osten der ehemaligen hethitischen Hauptstadt in der Nähe des heutigen Sivas gelegenen Stadt Šarišša, bereits die vierte Ausgrabungsstätte vor, die ebenfalls hethitische Texte erbracht hat – und schon jetzt kann man die Vermutung wagen, daß dies ganz sicher nicht die letzte sein wird (s. auch Müller-Karpe, hier S. 176ff.).

Anmerkungen

1 Neve 1991.
2 Hrozný 1915.
3 Friedrich 1960.
4 Neu/Meid 1979; Carruba 1992.
5 Rüster/Neu 1989; Klinger 1996.
6 Carruba 1992; Melchert 1994; Starke 1999.
7 Klengel 1999; Klinger 2000.
8 Steiner 1964.
9 Starke 1997.

Literatur

Carruba 1992; Friedrich 1960; Hrozný 1915, 17–50; Hrozný 1917; Klengel 1999; Klinger 1996; Klinger 2000, 5–16; Craig Melchert 1994; Neu/Meid 1979; Neve 1991b, 161–265; Rüster/Neu 1989; Starke 1997, 447–487; Starke 1999b, 528–534; Steiner 1964, 365–392; Szemerényi 1988, 257–290

1 Das Löwentor von Boğazköy während der Ausgrabung 1907 (Garstang 1910, Taf. 60)

2 Das Königstor von Boğazköy nach der Ausgrabung 1907 (Puchstein 1912, Taf. 16)

»Das ganze Land Ḫet« »Hethiter« und die luwischen Staaten in der Bibel

Hubert Cancik

In memoriam Hans Martin Kümmel
30. Dezember 1937 – 30. Juli 1986

> David und Urias, der Hethiter

»Und David zeugte Salomo aus der Frau des Urias«: so der Evangelist Matthäus im Stammbaum Jesu von Nazareth (1,6). Der Name der Frau ist gut bekannt: Bat-Šeba', Tochter Eljams. Warum nennt Matthäus ihn nicht? Wollte er, um die Universalität des Heils zu demonstrieren, nicht nur eine kanaanitische und eine moabitische Frau, Rahab und Ruth, sondern auch einen Hethiter genealogisch in die Heilsgeschichte inkorporieren? Jedenfalls bringt er den Namen des Hethiters in das Evangelium Abb. 1.

Es war die Bibel, nur die Bibel und kein klassischer Autor, die wenigstens den Namen einer vergessenen Kultur durch Altertum und Mittelalter in die Neuzeit gerettet hat: Ḥet. Der Name geht wie die hebräische Volksbezeichnung Ḥittîm »Hethiter« (Plural), auf den Namen des Hethitischen Reiches, Ḫattusas (udnē), »(Land) Ḫattusa«, des 2. Jahrtausends v. Chr. zurück, das außerhalb Kleinasiens im Alten Orient allgemein, auch in Ägypten, nach der akkadischen Namensform (māt) Ḫatti, »(Land) Ḫatti« benannt wurde. Nach dem Zusammenbruch des hethitischen Reiches (ca. 1180 v. Chr.) behielten die syrischen und mesopotamischen Nachbarn den Namen Ḫatti als zusammenfassende Bezeichnung für die (luwischsprachigen) hethitischen Nachfolgestaaten bei, insbesondere für Karkamis und die aus dem Großkönigtum Karkamis hervorgegangenen Staaten, die übrigens selbst diesen Namen (und auch den hethitischen Namen Ḫattusa) nie verwendet haben (vgl. Karte S. 308/309). Die Bewohner dieser Staaten wurden entsprechend von den Assyrern als Ḫattû oder Ḫattaja »Hethiter« benannt; diese Ethnika dienten zur Bezeichnung der luwischsprachigen Bevölkerungsteile Syriens, vor allem im Unterschied zu den seit Anfang des 1. Jahrtausends v. Chr. dort ebenfalls ansässigen Aramäern.[1]

Die Bibel übernahm also längst etablierte Namen und bezeichnete damit ebenso zweierlei: a) die luwischen (»hethitischen«) Staaten nördlich des Landes Israel; b) eine bestimmte Gruppe der Bevölkerung des Landes Kanaan, die nicht zu den Hebräern

14 Generationen	Abraham Juda .... Jessai Eljam
14 Generationen	David ∞ (2) Bat-Šeba' (1) ∞ Urias, der »Hethiter« Salomo .... Josia
14 Generationen	Jechonia (Exil) .... Joseph ∞ Maria Jesus von Nazareth

1 Ein Hethiter im Stammbaum Jesu (Matthäus 1,6 ergänzt durch 2 Samuel 11–12)

gehörte. Mehr als zwanzigmal erscheint »Hethiter« als Volksname in den Völkerlisten der Bibel; hinzu kommen mehrere Personen, die ausdrücklich als »Hethiter« bezeichnet werden.

Urias, der Hethiter, den David umbringen ließ, weil er dessen Frau Bat-Šeba' begehrte[2], war nicht der einzige Hethiter in der Umgebung Davids. Unter seinen Kriegern ist Aḥhimelech, »der Hethiter«.[3] Zu seinen Verbündeten zählt To'i, der König des Staates Ḥamat (luwisch: Imat), der bis Ende des 9. Jahrhunderts v. Chr. von einer luwischen Dynastie regiert wurde; die hieroglyphenluwischen Inschriften stammen aus der zweiten Hälfte des 9. Jahrhunderts.[4] Als David (ca. 980 v. Chr.) die gemeinsamen Feinde, Ḥadadeser und die Aramäer von Damaskus, geschlagen hatte, sandte To'i seinen Sohn Joram nach Jerusalem, um Glück und Segen zu wünschen und Geschenke zu überbringen: goldene, silberne und eherne Kleinodien.[5] Welche politischen Voraussetzungen und Folgen diese hochrangige Gesandtschaft hatte, ist unbekannt. Der Name Joram ist auffälligerweise hebräisch, könnte also auf bereits länger bestehende Beziehungen zu Israel weisen. Jedenfalls besteht in davidischer Zeit ein direkter Kontakt zu dem südlichsten der luwischen Staaten. Die Diplomaten und Händler, die etwa aus Israel zum Gegenbesuch nach Ḥamat kamen, konnten eine »hethitische« Zitadelle sehen, Orthostaten, Skulpturen, Löwen am Tor, Bauinschriften. Wie auch für Karkamis ausdrücklich bezeugt[6], sind hier mehrere Sprachen benutzt worden und vier verschiedene Schriften: die luwische Hieroglyphenschrift, die assyrische Keilschrift, die phönikische und die aramäische Buchstabenschrift. Vielleicht kann man aus dieser Vielfalt auf einen reichen kulturellen Austausch schließen.[7] Tatsächlich sind am Ort Ḥamā mehrere Bullen gefunden worden, auf denen sich sowohl in Hieroglyphenschrift wie auch in aramäischer Alphabetschrift Siegelabdrücke und Vermerke über Warenlieferungen erhalten haben.[8]

> Die »hethitischen« (luwischen) Staaten in der Bibel

»Das ganze Land Ḥet« sollen die Israeliten sich aneignen, heißt es in der Erzählung von der Landnahme (Josua 1, 4), »von der Steppe und dem Libanon bis zu dem großen Fluß, dem Euphrat, und bis zum Meer gegen Sonnenuntergang« (vgl. Karte S. 33). Die Erfüllung dieses expansiven Wunsches ist nicht einmal David gelungen, die Formulierung aber gewährt einen Einblick in das geographische Weltbild der Hebräer, bevor die Assyrer (gegen Ende des 8. Jahrhunderts v. Chr.) sich das ganze Land Ḥet, aber auch die aramäischen Staaten Syriens und den (Nord-)Staat Israel einverleibt hatten[Abb. 2].

Viele Länder, Völker, Orte aus diesem Raum werden aus verschiedenen Anlässen in der Bibel ge-

ab 16. Jh.	Ḫattusa ist hethitische Hauptstadt. Für das danach benannte Hethitische Reich, »(Land) Ḫattusa« wird außerhalb Kleinasiens (Syrien, Mesopotamien, Ägypten) die akkadische Namensform Ḫatti verwendet.
15. Jh.	Bezeugung des »Landes Kinaḫḫa« (Kanaan) in einem hethitischen Evokationsritual.
	Hethitisch-ägyptischer Vertrag über die Umsiedlung der Bewohner von Kurustama in das Land Mizra (d. h. in den syrisch-palästinischen Herrschaftsbereich Ägyptens: Amka/Kinaḫḫa?).
um ca. 1180	Mit dem Zusammenbruch des Hethitischen Großreiches treten die Großkönigtümer Tarḫuntassa und Karkamis dessen Nachfolge an.
12.–11. Jh.	Aus den Großkönigtümern Tarḫuntassa und Karkamis gehen die unabhängigen »hethitischen« (luwischen) Staaten des 1. Jahrtausends hervor.
	Vorstaatliche Traditionen über Abraham, Jakob, Esau und die Hethiter(innen), nach Quellenlage und Historizität unsicher.
um 1100	Der Name Ḫatti als zusammenfassende Bezeichnung der luwischen Staaten begegnet erstmals in assyrischen Inschriften Tiglatpilesars I. mit Bezug auf Karkamis und Malida (Südostkleinasien).
um 980	Bündnis Davids mit To'i von Ḥamat (Imat).
um 960/50	Salomo zieht nach Ḥamat-Ṣoba und verhandelt Pferde aus Qoë (Adana) an »hethitische« und aramäische Könige.
853	Aḥab von Israel und Urḫilina von Imat kämpfen zusammen mit acht weiteren verbündeten Staaten in der Schlacht von Qarqar erfolgreich gegen Salmanassar III. von Assyrien.
ab 740	Die von Tiglatpileser III. (745–727) und Sargon II. (721–705) eroberten »hethitischen« und aramäischen Staaten Syriens werden dem assyrischen Reich als Provinzen einverleibt.
722–720	Eroberung Samarias. Untergang der Staaten Arpad, Ḥamat, Damaskos und Israel (Nordreich). Infolge allgemeiner Deportationen wird die Bevölkerung von Ḥamat nach Samaria umgesiedelt.

2 Chronologische Übersicht über die Beziehungen zwischen Kanaan/Israel und »Hethitern« (Luwiern) (alle Daten v. Chr.)

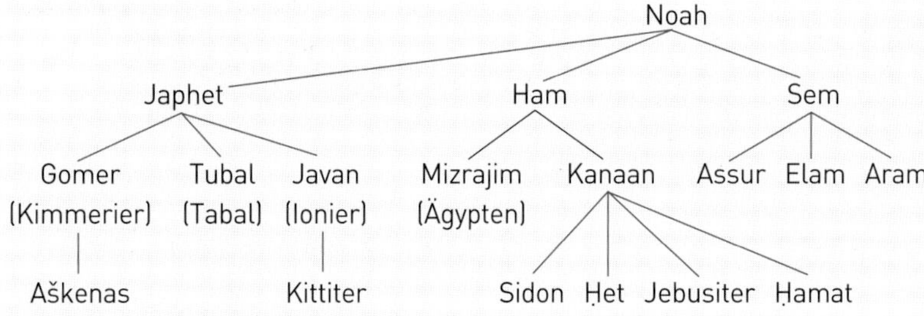

3 Ḥet, Tubal, Javan in der Völkertafel (Gen. 10)

nannt. König Salomo kauft Pferde in Qoë – das ist der luwische Staat Adana in Ostkilikien – und verkauft sie weiter an alle »hethitischen« und aramäischen Könige Syriens.[9] Von Pferdezucht in Kilikien berichtet auch Herodot (3,90). Daß auch Streitwagen von dort aus gehandelt wurden, zeigt die Nennung eines »kawäischen Streitwagens« in einer zeitgenössischen Inschrift aus Karkamis (Ende 10./Anfang 9. Jahrhundert v. Chr.).[10] Denn »kawäisch« ist vom Namen Kāwa abgeleitet, dem luwischen Gegenstück zu hebräisch Qoë (*Qwh*)[11]; auf dem Einfluß der schon für das 13. Jahrhundert v. Chr. bezeugten ägyptischen Lautform desselben Namens, Ḫāwe (*Ḫw*) beruht wiederum der in der Bibel mehrfach erwähnte Volksname Ḥiwwiter, der auf die Bewohner von Qoë zu beziehen ist.[12]

König Salomo zieht nach Ḥamat-Ṣoba und wird desselben mächtig.[13] Er »liebte neben der Tochter des Pharaos noch viele ausländische Frauen …« – auch »Hethiterinnen« (1 Könige 11,1). Dies ist ein Hinweis auf politische Heiraten zur Festigung guter auswärtiger Beziehungen und vielleicht auch im Zusammenhang mit dem Abschluß von Bündnissen zu verstehen, wie z. B. mit Ḥiram von Tyros (1 Könige 5,26). Vor allem seit dem 9. Jahrhundert v. Chr., als Israel und seine syrischen Nachbarstaaten zunehmend unter den Druck der Expansionspolitik Assyriens gerieten, spielten gemeinsame Abwehrbündnisse gegen die bedrohliche Militärmacht Assurs eine bedeutende Rolle. In der Schlacht bei Qarqar am Orontes (853 v. Chr.) konnten Aḥab von Israel, Urḫilina von Imat, Ḥadadeser von Damaskos und sieben weitere verbündete Staaten dem assyrischen König Salmanasser III. erfolgreich entgegentreten.

Es ist diese politische Konstellation, in der die Bibel oft die Hauptstädte der – meist gleichnamigen – »hethitischen« (und aramäischen) Bündnispartner nennt. Assur spricht[14]: »Ist Kalne nicht wie Karkemiš, ist Ḥamat nicht wie Arpad, ist Samaria nicht wie Damaskus?«

Alle hat Assur am Ende besiegt. Das luwische Pat(t)ina wurde 738 v. Chr. zur assyrischen Provinz Kullani, deren Name dem hebräischen Kalne entspricht. Karkamis (hebräisch Karkemiš), der bedeutendste luwische Staat, unterlag 717 endgültig den Assyrern. Das aramäische Arpad, aus dem luwischen Staat Ḫalpa (bis Anfang des 9. Jahrhundert) hervorgegangen, fiel bereits 740. Imat/Ḥamat, das seit Anfang des 8. Jahrhundert unter aramäischer Führung stand, dessen letzter König Jaubi'di gleichwohl von Sargon II. noch als »böser Hethiter« bezeichnet wurde[15], ging, zwei Jahre nach dem Fall von Samaria, zusammen mit Arpad, Damaskos und dem Nordreich Israel unter. Das Fremdvölkerorakel bei Jeremia (49,23) sagt über Damaskos: »Ḥamat und Arpad stehen jämmerlich.« Israel und seinen luwisch-aramäischen Nachbarn widerfährt das gleiche Schicksal – Zerstörung und Deportation. Der König von Assur führt Leute aus Babel, Kuta, Awwa, Ḥamat und Sefarwajim nach Samaria. Die Großreichsbildung fördert die Religionsmischung. Denn in Samaria verehren nun alle Völker ihre eigenen Götter: die von Babel Sukkot-Benot, die von Sefarwajim den Adrammelech, die von Ḥamat eine sonst unbekannte Gottheit Ašima (›šjm‹).[16] Die assyrischen Gesandten Sanheribs (705 – 681 v. Chr.), die den König Hiskia von Juda zur Aufgabe bewegen sollen, spotten[17]: »Haben auch die Götter der Völker ein jeglicher sein Land errettet von der Hand des Königs von Assyrien? Wo sind die Götter von Ḥamat und Arpad? … Haben sie auch Samaria errettet aus meiner Hand?«

> »Hethiter« in den Erzvätererzählungen und in der Völkertafel

Die biblischen Erzählungen über die Begegnung der Erzväter mit »hethitischen« Frauen und Männern sind historisch schwer zu beurteilen. Insbesondere läßt sich kaum sicher ermitteln, ob es sich hier um Rückerinnerung handelt, diese Hethiter also hethitische Reichsangehörige des 2. Jahrtausends v. Chr. meinen, oder ob hier lediglich die Verhältnisse des 1. Jahrtausends in eine frühere Zeit zurückverlegt worden sind. Kanaan war jedenfalls den Hethitern schon früh ein Begriff, wie die Nennung des »Landes Kinaḫḫa« – u. a. neben dem »Land Ziduna (Sidon)« – in einem im 15. Jahrhundert v. Chr. verfaßten hethitischen Evokationsritual zeigt (vgl. auch Karte S. 304/305).[18] Ein hethitisch-ägyptischer Vertrag des 15. Jahrhundert handelt von der Umsiedlung der Bewohner des im Norden Kleinasiens gelegenen (noch nicht lokalisierten) Ortes Kurustama in das Land Mizra (Ägypten).[19] Hier ist wohl weniger an Ägypten selbst als vielmehr an den syrisch-palästinischen Raum (Amka, Kinaḫḫa) zu denken, der damals unter ägyptischer Herrschaft stand.

Deshalb ist es möglich, den Namen des Königs Tid'al, gegen den Abraham kämpft, mit dem hethitischen Namen Tudḫalija zu verbinden.[20] Abraham kauft seine Grabanlage von Ephron, einem der Hethiter, die in Hebron wohnen.[21] Die Frauen der Hethiter sind eine große Versuchung, nicht erst für König David, sondern schon für die Erzväter. Esau ehelicht Jehudit, die Tochter des Hethiters Beeri, und Bas(a)mat, die Tochter des Hethiters Elon.[22] Die Eltern sind nicht erfreut; Rebekka müßte verzweifeln am Leben, wenn auch ihr Sohn Jakob eine von den Töchtern der Hethiter nehmen würde. Deshalb verbietet es ihm der Vater Isaak.[23] Aber die Vermischung war nicht aufzuhalten; der Prophet Ezechiel (um 600 v. Chr.) schilt die Stadt Jerusalem[24]: »Dein Vater war ein Amoriter, deine Mutter eine Hethiterin.«

Der Ort, den die hebräischen Gelehrten ihren hethitischen Nachbarn und Zeitgenossen anwiesen, wird in der Völkertafel (Gen. 10) sichtbar[Abb. 3]. Die anthropomorphe Geographie stellt räumliche Beziehungen als Abstammung dar. Deshalb haben Tubal (der luwische Staat Tabal in Kleinasien) und Ḥet (Syrien-Palästina) verschiedene Eltern, obschon beide Fortsetzer des hethitischen Reiches sind: Ham und Japhet, den Vater aller nördlichen Völker, auch der Kimmerier und Aschkenasen. Aber immerhin sind Ḥet und Ḥamat Geschwister und kommen von Kanaan, und Tubal ist ein Bruder von Javan (Ionien).[25]

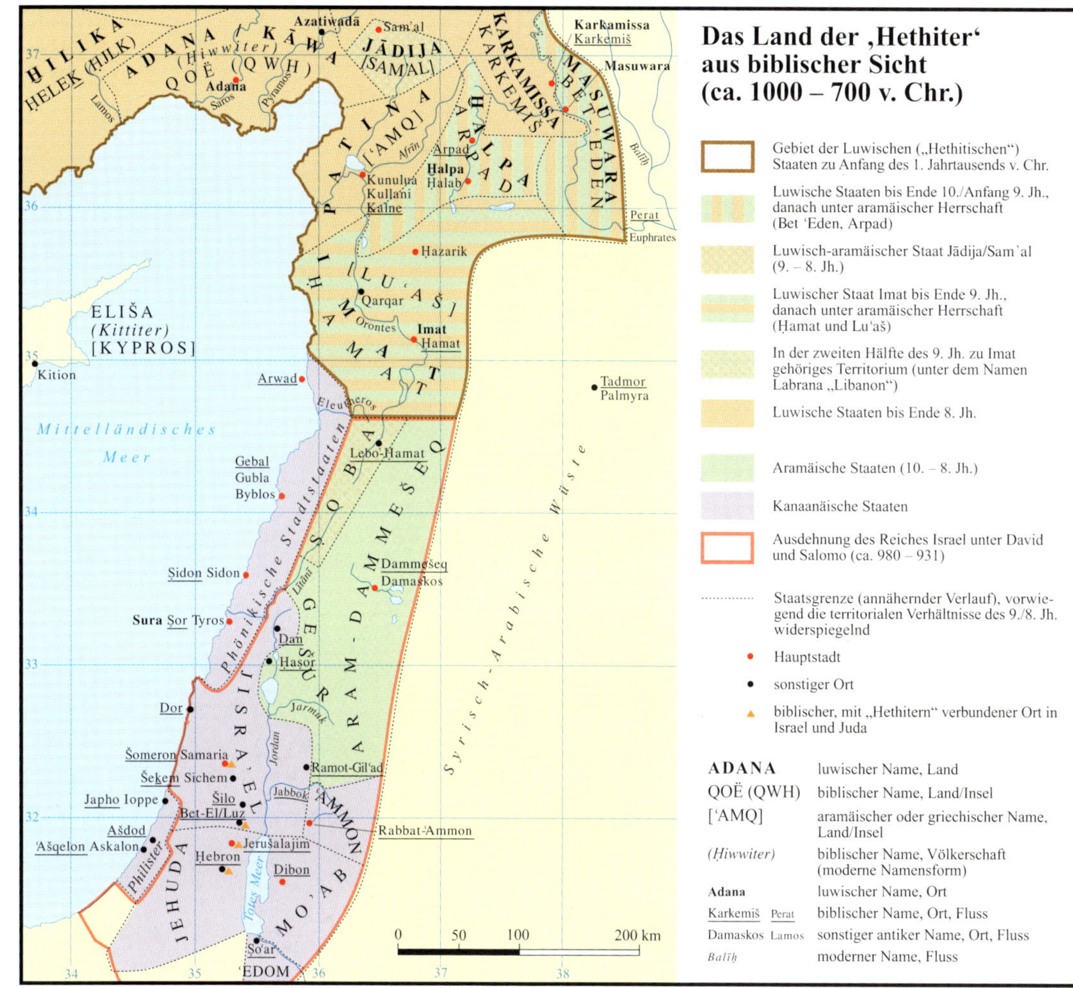

Anmerkungen

1 Ausführlich zur Verwendung des Namens Ḫatti/Ḫattû/Ḫattaja J. David Hawkins, Ḫatti, in: *Reallexikon der Assyriologie* 4, 1975, 152–159.

2 2 Samuel 11–12; vgl. 2 Sam. 23,39: »Urias der Hethiter« in der Liste von Davids Kriegern.

3 1 Sam. 26,6. Der Name ist hebräisch. Vgl. andererseits den Namen des Jebusiters Arauna (ʾrwnh), der gewiß luwischer Herkunft ist und auf einer (schon luwischen) Lautvariante des Wortes *arawann(i)-* (»frei, Freier«) beruht (das entsprechende hethitische Wort ist *arawa-*). Von Arauna kauft David eine Tenne in Jerusalem (2 Samuel 24,18).

4 J. David Hawkins, *Inscriptions of the Iron Age*, Corpus of Hieroglyphic *Luwian Inscriptions* I, Berlin/New York 2000, 398–423. Dort (S. 400[30]) auch zum Namen Toʿi, der hurritischer Herkunft und in seiner hurritischen Form (Taḫe) bereits im 13. Jahrhundert v. Chr. in Emar, der Hauptstadt des hethitischen Gliedstaates Astada, bezeugt ist.

5 2 Sam. 8. Zu Aufbau und Topik dieses Berichtes – einfacher Kriegsbericht mit nachgeholter Vorgeschichte – vgl. Hubert Cancik, *Grundzüge der hethitischen und alttestamentlichen Geschichtsschreibung*, Wiesbaden 1976; §17.

6 Frank Starke, Sprachen und Schriften in Karkamis, in: Beate Pongratz-Leisten/Hartmut Kühne/Paolo Xella (Hrsg.), *Ana šadî Labnāni lū allik, Festschrift für Wolfgang Röllig*, Neukirchen-Vluyn 1997, 381–395.

7 Vgl. in diesem Katalog Hubert Cancik, Die luwische Historiographie, S. 78ff.

8 Hawkins (Anm. 4), 403, 422–423. Die Datierung der Bullen ist unsicher; sie können auch aus dem 8. Jahrhundert v. Chr. stammen, als der Staat Ḫamat bereits von einer aramäischen Dynastie regiert wurde.

9 1 Könige 10,28 f.; 2 Chronik 1,16–17; 2 Chronik 9,13–28.

10 Hawkins (Anm. 4), 103 (§ 7).

11 Frank Starke, Untersuchung zur Stammbildung des keilschrift-luwischen Nomens, Wiesbaden 1991, 340[1203a].

12 Manfred Görg, Hiwwiter im 13. Jh, v. Chr., in: *Ugarit-Forschungen* 8, 1976, 53–55.

13 2 Chron. 8,3 f.; 1 Kön. 11,1.

14 Jesaja 10, 9. Vgl. Amos 6,2.

15 Hawkins (Anm. 4), 401.

16 2 Könige 17.

17 2 Könige 18,33–34: Rede der Gesandten Sanheribs zu den Judäern; 2 Könige 19, 12–13: Botschaft Sanheribs an Hiskia von Juda.

18 Volkert Haas/Gernot Wilhelm, *Hurritische und luwische Riten aus Kizzuwatna*, Kevelaer/Neukirchen-Vluyn 1974, 188–189 (Zeile 55).

19 Dietrich Sürenhagen, *Paritätische Staatsverträge aus hethitischer Sicht*, Pavia 1985.

20 Genesis 14,1. 9.

21 Genesis 23.

22 Genesis 26,34 f. – Alle Namen sind nicht hethitisch-luwisch.

23 Gen. 27,46–28,1.

24 Ezechiel 16,3; 16,48.

25 Meinem Kollegen Frank Starke (Tübingen) und Herrn cand. phil. Holger Hornauer (Tübingen) danke ich für zahlreiche Hinweise und kritische Unterstützung.

Literatur

Donner 1959, 105–145; Elliger 1947, 69–108; Helck 1995; Hoffner 1968, 61–68; Kümmel 1968, 728–732; Lebrun 1998, 153–163; Meyer 1975, 65–73; Schatz 1972; Riis 1990; de Vaux 1967, 481–501

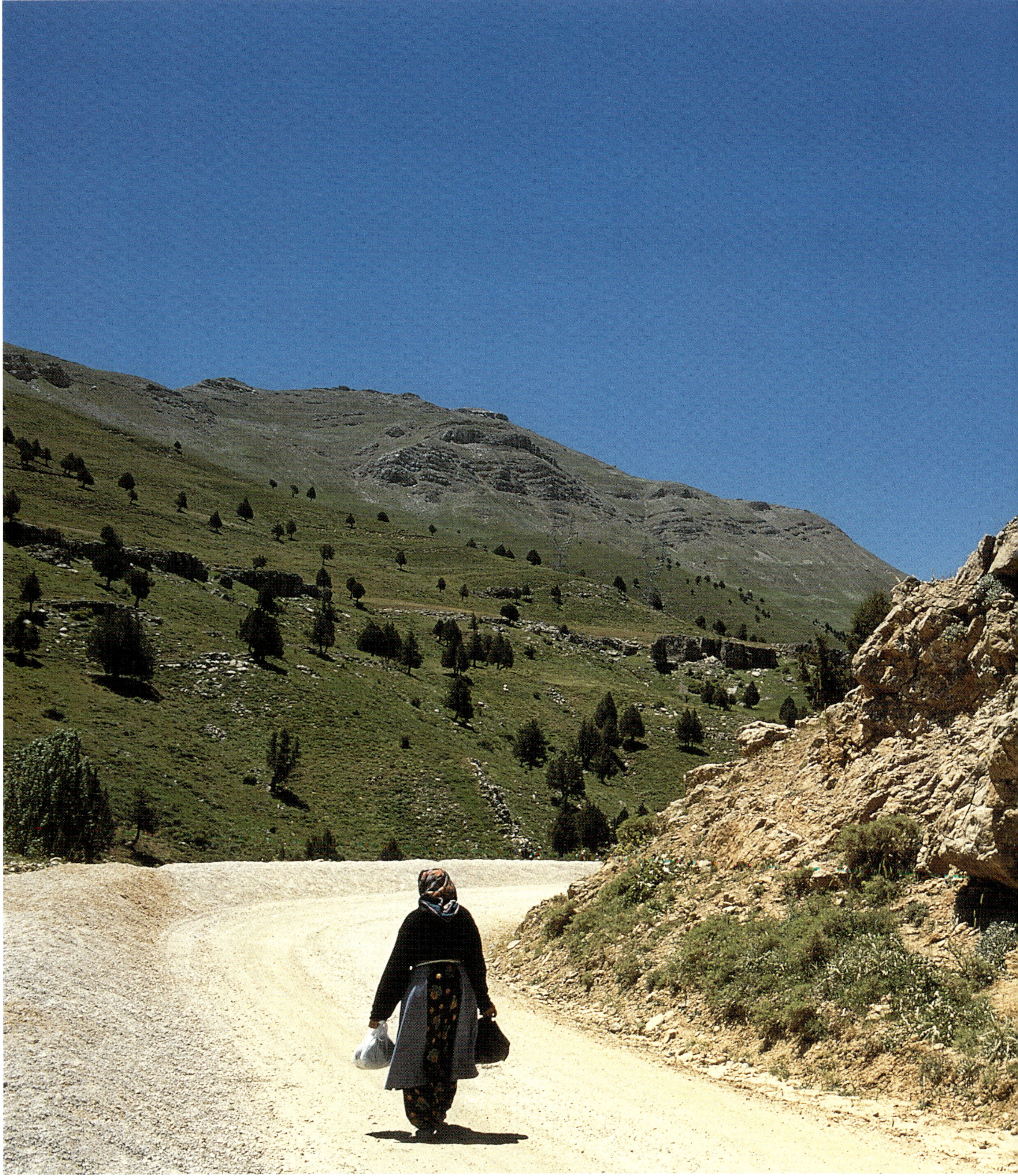

Der historische Rahmen: Das hethitische Reich, seine Voraussetzungen und seine Nachfolge

Frühe Bronzezeit

Die Kultur der Hattier als Quelle der hethitischen Kultur

1

2

Tahsin Özgüç

In der Türkei wurde in den 30er Jahren des 20. Jahrhunderts mit gezielten Forschungen zur frühen Bronzezeit begonnen. Dies geschah im Licht der Grabungen von Boğazköy, die Erkenntnisse zur hethitischen Kultur geliefert hatten, sowie der Ausgrabungen in Ališarhöyük zwischen 1926 und 1932. Den Anfang des eigentlichen wissenschaftlichen Interesses bildeten die 1935 von der Türkischen Historischen Gesellschaft (Türk Tarih Kurumu) initiierten Ausgrabungen in Alacahöyük. Die Untersuchungen belegten in diesem erzreichen Gebiet mit bewaldeten Gebirgshängen zwischen dem nördlichen Kappadokien und dem mittleren Schwarzmeer, also im Kernland der Hethiter, die Anwesenheit einer kulturell hochentwickelten Bevölkerung schon vor Ankunft der Hethiter im letzten Viertel des 3. Jahrtausends v. Chr. Spätere Grabungen und Untersuchungen, die diese Arbeiten fortführten, zeigten die weite Verbreitung dieser Kultur in diesem Gebiet.

In Alacahöyük wurden 13 königlich ausgestattete Gräber gefunden, die die Herrschaft einer Adelsschicht – vergleichbar mit den Fürsten der ersten geschichtlichen Zeit im 20. bis 18. Jahrhundert v. Chr. – schon für diese frühe Zeit belegen. Die rechteckigen Steinkistengräber mit Lehmboden waren mit Querbalken verschlossen und mit Erde abgedeckt. In diesen Gräbern setzte man erwachsene Frauen und Männer bei; in einem Grab wurden gleichzeitig ein Mann und eine Frau bestattet. Auf den hölzernen Abdeckungen der Gräber waren die Köpfe und Beine von Ochsen in Reihen niedergelegt. Sie wiesen darauf hin, daß dem Begräbnis rituelle Opfer und ein Totenmahl folgten. Hundebestattungen fanden sich direkt neben den Beisetzungen von Menschen.

In diesen überraschend reich ausgestatteten Gräbern, die man am Ende der Frühbronzezeit gegen 2300/2200 bis 2000 v. Chr. nicht erwartet hätte, waren die verstorbenen Prinzen und Prinzessinnen des Ḫatti-Landes, die gleichzeitig auch Priester oder Priesterinnen waren, beigesetzt. Die Mehrzahl der Grabbeigaben besteht aus Gold, Silber, Elektron, Kupfer und Bronze, seltener sind Bernstein, Achat, Ton und Eisen vertreten. Bei den meisten Beigaben handelt es sich um dem Jenseitsgedanken verbundene religiöse Objekte, und für einen großen Teil von ihnen finden sich weder in Anatolien noch außerhalb Vergleiche.

Die Ausbeutung des natürlichen Erzreichtums dieser Region durch den ansässigen Adel verschaffte dem Gebiet des mittleren Schwarzmeeres eine wirtschaftliche und kulturelle Sonderstellung. Die Werkstätten, die Gegenstände schufen, welche einander in ihrer ausgereiften Technik, in Form und Stil gleichen, standen unter der Kontrolle der lokalen Fürsten; es ist sogar zu vermuten, daß sie im Palast angesiedelt waren. Ein Großteil der Bevölkerung betrieb Landwirtschaft oder züchtete Vieh. Darüber hinaus waren die Metallbearbeitung und der Handel hoch entwickelt, was durch die an weit entfernt liegenden Orten gefundenen Metallobjekte, die sich technisch und formal stark ähneln, belegt werden kann. Die geschickten Handwerksmeister verstanden sich auf jegliche Metallverarbeitungstechnik wie Gießen, Punzierung, Löten, Applikation, Granulation, Reliefierung, Repoussé und Filigranarbeiten. Die Mineralogie war ohne jeden Zweifel Resultat einer umfassenden Organisation; in dieser Zeit bildete sich eine Schicht von Metallurgen bzw. Schmieden heraus.

Es ist kein Zufall, daß in der Epoche, die auf die in Bränden untergegangene Frühbronzezeit folgte, die assyrischen Handelskolonien gegründet wurden. Ihr Zweck war die Ausbeutung der anatolischen Gold- und Silbervorkommen, die seit der akkadischen (2334 – 2193 v. Chr.) und nachakkadischen (2192 – 2112 v. Chr.) Zeit in Mesopotamien bekannt wurden.

Die in den Gräbern niedergelegten Objekte sind nicht nur ein Zeichen für den Reichtum der Verstorbenen zu Lebzeiten; sie sind gleichzeitig auch Belege für die anatolisch/hattische Schaffenskraft, die hier in den Kultgegenständen ihren Ausdruck findet. Bei diesen Artefakten sind besonders die aus Bronze gegossenen Stier-, Hirsch- und Löwenfiguren sowie die Standartenaufsätze und Sistren anzuführen.

Stiere mit halbmondförmig gebogenen Hörnern waren auf hölzerne Standarten mit gegabeltem Fuß aufgesetzt [Abb. 1]. Einige von ihnen weisen Einlegearbeiten aus Silber an Hals, Stirn und Körper auf. Eine Statuette aus Horoztepe, deren Kopf und Hörner mit einem Überzug aus Elektron versehen sind, erscheint als besonders gelungenes realistisches Werk und vertritt in dieser Form die letzte Stufe der Frühbronzezeit.

Bei den Hirschstatuetten sind Arbeiten, deren Köpfe und Körper mit silbernen Einlegearbeiten verziert sind [Abb. 2], in der Frühbronzezeit eher selten. Obgleich bei einigen der Hirsche, wie auch bei den Stieren, die Unter- und Oberschenkel naturalistisch wiedergegeben wurden, sind die meisten stilisiert und abstrahiert dargestellt. Sie wurden bei den Feiern als Aufsätze für Kultstandarten verwendet.

Die Aufsätze der einfachen Standarten waren meist scheiben- oder bogenförmig oder als Rechteck mit eingeschriebenem Gitterwerk gestaltet. An ihnen wurden Anhänger befestigt, die bei jeder

1 Stier, Bronze, aus Alacahöyük

2 Hirsch, Bronze, aus Alacahöyük

3

3 Standartenaufsatz, Bronze, aus Alacahöyük: ein Hirsch und zwei Stiere in einem Bogen
4 Standartenaufsatz, Bronze, aus Alacahöyük: ein Hirsch in einem strahlengeschmückten Bogen

4

Bewegung der Standarte ein Geräusch erzeugten, so daß diese auch als Sistrum verwendet werden konnte.

Für eine Besonderheit in der hattischen Kunst, die in einem Bogen stehenden drei Stiere oder Hirsche, finden sich in Anatolien in Form und Stil keine Parallele Abb. 3. Singulär bleiben auch die aus einem Hirsch und zwei Löwen gebildete heilige Tiergruppe und der einzeln in einem strahlengeschmückten Bogen stehende Hirsch Abb. 4. Nach Meinung von Kurt Bittel stellen die aus dem Bogen strebenden Strahlen als abstrakte Symbole den Himmel, das Himmelszelt und die Himmelsstrahlen dar.[1] Auf dem Bogenrahmen der Standartenaufsätze angebrachte Blumen, Knospen und Vögel bilden eigenständige Gruppen. Der mit Silber überzogene Kopf des im Bogen der Standarte stehenden Hirsches ist mit dünnen Goldblättchen belegt; die Köpfe der beiden Löwen links und rechts sind ebenfalls mit Silber überzogen.

Aus dem Gräberfeld von Oymaağaç, 50 Kilometer nordöstlich von Çorum, stammt eine Standarte, deren Bogen aus 51 gegossenen Ringen gebildet wird. Sie ist ein außergewöhnliches Beispiel für die meisterliche Gußtechnik der antiken Metallurgen. Auf der Verbindungsstrebe zwischen den Bogenenden stehen zwei Stiere. Dieses Stück ist das früheste Beispiel für Standartenaufsätze mit zwei Stieren. Wie auch einige der Standarten aus Alacahöyük wird sie an den Seiten von stierhornförmigen Fortsätzen gerahmt. Auf den sich berührenden Hörnern der Stiere ist eine kleine Scheibe mit elf Einkerbungen angebracht.[2] Die Scheiben zeigen mit diesen Details lokale Besonderheiten und können als mit Jenseitsvorstellungen verbundene Kultobjekte angesehen werden. Die unter einem Bogen stehenden Figuren unterscheiden sich in der Technik und im Stil von den Stier- und Hirschgruppen; sie sind abstrakter, obgleich auch bei ihnen naturalistische Züge zu finden sind. Winfried Orthmann hat vermutet, daß diese Standarten an der Deichsel und am Joch hölzerner Wagen angebracht waren, die zusammen mit den Toten in den Gräbern bestattet wurden.[3]

Aus den außerhalb der Stadtmauer gelegenen Gräbern von Horoztepe stammen die frühesten aus Bronze gegossenen Sistren der Frühbronzezeit in Anatolien. Die an Stäben angebrachten frei beweglichen flachen Metallelemente klappern, wenn man das Sistrum bewegt. Auf dem obersten Stab des Rahmens einer Standarte steht ein Hirsch, davor drei Kitze oder Hirschkühe, an den beiden Seiten je zwei Bergziegen und ein Löwe. Die Hirsche, Bergziegen und Vögel anderer Standarten sind in einem naturalistischen Stil modelliert.

Schwere Stier- und Hirschfiguren, Standartenaufsätze und Sistren waren über ein weites Areal im mittleren Schwarzmeergebiet verbreitet; sie stellen in Technik, Stil und ihrer Bedeutung lokale, eigenständige anatolische Produkte dar. Die Hypothese, die Wurzeln dieser Kunst seien im Kaukasus bzw. in Asien zu finden, wurde bislang nicht bestätigt. Trotzdem ist diese Ansicht als Arbeitshypothese noch gültig.[4]

Die gegossenen anthropomorphen Figuren aus Alacahöyük sind eine Weiterentwicklung flacher Idole. Sie unterscheiden sich in der wirklichkeitsnahen Darstellung ihrer Beine und Hüften von diesen. Eine stehende Frau aus Horoztepe, die ein Kleinkind stillt, stellt das naturalistischste Beispiel dieser Gruppe dar. Sie ist das erste Beispiel für Darstellungen der Hauptgöttin mit einem Säugling an der Brust, wie sie in der Spätphase der assyrischen Handelskolonien gängig waren. Derartige Figuren wurden als Fruchtbarkeitsgöttinnen und Schutzgottheiten in die Gräber gelegt. Die Statuetten zeigen den Beginn zukünftiger Entwicklungen in der plastischen Kunst auf; sie haben jedoch noch nicht das stilistische Niveau der Stier- oder Hirschfiguren.

Die Gefäße aus Gold, Elektron, Silber, Bronze und Kupfer, die im mittleren Schwarzmeergebiet in Alacahöyük, Eskiyapar, Horoztepe und Mahmatlar gefunden worden sind, kann man anhand ihrer raffinierten Technik, Form und Dekoration als Erzeugnisse lokaler Werkstätten erkennen. Verzierte Schnabelkannen aus Gold und Silber Abb. 5, Fruchtständer Abb. 6, Vasen aus Gold oder Silber mit Goldüberzug, Goldgefäße mit Karneolperlendekor, silberne Kannen mit Bügelhenkel und Schlangenrelief sowie bronzene Tische, Zimbeln, Spiegel und Kämme sind Beispiele für höfische Arbeiten höchster Qualität. Vergleichbare Funde aus dieser Epoche sind aus anderen Gebieten bislang nicht bekannt. Dieses Formrepertoire sollte großen Einfluß auf die Gefäßformen der hethitischen Keramik ausüben.

Neben diesen Arbeiten bilden auch verschiedenste Schmuckstücke eine reichhaltige Kollektion Abb. 7. Bei bestimmten Festen verwendete Silber- und Elektronbeile, Lanzenspitzen, silberne Dolche, Keulen mit goldüberzogenen Stielen sowie Eisendolche mit goldbelegten Griffen wurden in den Gräbern neben den Verstorbenen niedergelegt. Bronzewaffen, von Alacahöyük und Eskiyapar bis zum İkiztepe weit verbreitet, hatten eine große Bedeutung im Waffenarsenal des Nahen Ostens. Die Fürsten, die über reiche Erzvorkommen, technisch hochentwickelte Werkstätten und weitverzweigte Handelsbeziehungen verfügten, haben der Produktion von Waffen für potentielle Auseinandersetzungen eine große Bedeutung beigemessen, was auch diese Neufunde belegen.

Das Gebiet um das 51 Kilometer südlich von Boğazköy gelegene Alişarhöyük und das sich 124 Kilometer von Boğazköy und 20 Kilometer südlich des Kızılırmak (Halys) befindende Kültepe bildete in dieser Epoche eine Kulturlandschaft mit lokalen Besonderheiten. Alişarhöyük besteht aus einer Zitadelle und einer mit einer Verteidigungsmauer umgebenen Unterstadt, Kültepe war in den letzten drei Jahrhunderten der Frühbronzezeit mit außergewöhnlich monumentalen Gebäuden ausgestattet. Besonders in Kültepe fanden sich neben der monochromen Keramik Gefäße mit aufgemaltem Dekor, die nur in der Ebene von Kayseri vorkommen. Die Alişar-III-Keramik stellt eine Weiterentwicklung dieser Gattung dar. Über Alişar wurden die Erzeugnisse aus den Töpfereien von Kültepe in geringerer Anzahl nach Boğazköy, Alacahöyük und Maşathöyük verbreitet.

5 Schnabelkanne, Gold, aus Alacahöyük

6 Schale auf hohem Fuß/Fruchtständer aus Alacahöyük

7 Diadem, Gold, aus Alacahöyük

8 Auf einem Thron sitzende nackte Göttin, Alabaster, aus Kültepe

9 Gott mit scheibenförmigem Körper, Alabaster, aus Kültepe

10 Relief mit zwei Löwen auf einer Scheibe, Alabaster, Kültepe

5

6

7

Beispiele für die lokalen Eigenheiten der plastischen Kunst Kültepes sind die scheibenförmigen Alabasteridole mit langem Hals und die auf einem Thron sitzenden nackten Göttinnen, die mit den Händen ihre Brüste umfassen Abb. 8. Bei einem Vergleich mit den Metallstatuetten aus dem Norden wirken die Götter- und Göttinnenstatuetten aus Alabaster sowie Löwendarstellungen im Hochrelief naturalistischer Abb. 9, 10.

Eine Gruppe von Silber- und Elektrongefäßen sowie Schmuck aus Eskiyapar findet enge Parallelen in der Troas in Troia und in Poliochni auf der Ägäis-Insel Lemnos. Ähnlichkeiten mit Stücken aus dem nur 20 Kilometer entfernten Alacahöyük sind weit weniger ausgeprägt. Diese Ähnlichkeit beschränkt sich nicht auf einzelne Details, sondern es ist eine generelle Übereinstimmung zu beobachten. Außerdem gibt es Stücke, die nur für bestimmte Gegenden typisch sind und die daher eine besondere Bedeutung haben. So bleiben die Stier- und Hirschfiguren, Standartenaufsätze, Sistren, die Mehrzahl der Gold- und Silbergefäße sowie die anthropomorphen Statuetten aus Alacahöyük, Horoztepe und Mahmatlar im Nordwesten, Süden und Südosten ohne Parallelen.

Die direkten Verbindungen zwischen den einzelnen Regionen sind nicht nur ein Ergebnis der Handelsbeziehungen. Werkstätten verwendeten unter der Kontrolle der Fürsten einzelne Produkte als Modell; sie stellten ähnliche Arbeiten als Kopien her und verbreiteten diese. In der Umgebung der beiden Kulturkreise nahm mit dem Reichtum der Erzindustrie auch der Handel mit diesen Produkten zu. Neufunde im nördlichen Kappadokien und im mittleren Schwarzmeergebiet haben gezeigt, daß der Austausch stärker war als bisher angenommen. Neben Objekten aus Eskiyapar und Alacahöyük zeigen vor allem die in Kültepe gefundenen, in Mittelanatolien fremden Schmuckgegenstände starke Verbindungen zu Objekten aus den Königsgräbern von Ur, der Ur-III-Dynastie und der Akkad-Zeit. Sie wurden aus dem südlichen Mesopotamien oder Nordsyrien eingeführt. Die akkadischen und nachakkadischen Rollsiegel aus Kültepe und die aus dem Süden und Südosten importierte Keramik unterstreichen die Beständigkeit dieser Verbindungen.

Obgleich Anatolien in dieser Zeit zu den Ländern der Hochkulturen mit Schriftsystem Beziehungen hatte, war die Schrift hier noch unbekannt. Die älteste schriftliche Überlieferung dieser Zeit sind epischen Texte des akkadischen Königs Sargon (2340 – 2284 v. Chr.) und seines Enkels Naramsin mit dem Titel »Kämpfender König Šar tamhari«. Aus der 800 Jahre nach dem Tode Sargons in hethitischer Sprache abgefaßten Version geht hervor, daß König Naramsin (2260 – 2223 v. Chr.) aufgrund von Beschwerden seitens der Kaufleute gegen die Stadt Purušhattum (Acemhöyük) Krieg geführt hat und daß er wenig später durch eine Koalition von 17 Königen besiegt wurde, zu der auch der hattische König Pampa und das Königreich Kaniš gehörten.

In Kültepe wurde in der Schicht Karum Kaniš II im Archiv eines assyrischen Kaufmanns, das 400 Jahre jünger war als Sargon, ein Text gefunden, der in einem aus der Zeit Sargons stammenden altassyrischen Dialekt verfaßt war. Der Kaufmann hatte diesen wichtigen, in nur einem Exemplar erhaltenen Text als Andenken an die Heldentaten eines sagenumwogenen Königs aufbewahrt.[5] Auch wenn diese Texte zeitlich später oder nur epische Abfassungen sind, stellen sie archäologische Belege für Beziehungen zwischen Anatolien und Nordsyrien bzw. Mesopotamien in akkadischer Zeit dar.

Als die Hethiter gegen Ende des 3. Jahrtausends v. Chr. in kleinen Gruppen nach Anatolien einwanderten, fanden sie in diesem Gebiet die hochentwickelte hattische Kultur vor. Im Laufe der Zeit adaptierten sie diese lokale Kultur mit großem Erfolg, und mit der Dynamik und dem Eifer der Neuankömmlinge formten sie hieraus eine eigenständige Kultur, ihre »hethitische Kultur«.

Literatur

Arik 1937; Koşay 1938; Koşay 1951; Bernabo Brea 1976; Bilgi 2001; Bittel 1959, 1–34; Bittel 1976a; Emre 1996, 1–67; Koşay/Akok 1950, 481–487; Mellink 1956b; von der Osten 1937; N. Özgüç 1957, 71–80; T. Özgüç 1963, 1–21; T. Özgüç 1966, 1–17; T. Özgüç 1980b, 467–474; T. Özgüç 1986b, 31–47; Özgüç/Akok 1957, 211–219; Özgüç/Akok 1958; Özgüç/Temizer 1993, 613–628; Temizer 1954, 317–330

Anmerkungen

1 Bittel 1976, 38.
2 T. Özgüç 1980, Taf. 2–4.
3 Orthmann 1967, 34ff.
4 Bittel 1976, 38.
5 Günbattı 1997, 132.

8

9

10

Anatolische Fürstensitze

Von der Frühbronzezeit bis zu den assyrischen Faktoreien

1 Die verbrannten Lehm- und Steinmauern des Palastes von Kaniš/Neša (Raum 13)

2 Die verbrannten Ruinen des Palastes von Kaniš/Neša (Raum 25)

Tahsin Özgüç

Das erste Viertel des 2. Jahrtausends v. Chr. war in Zentralanatolien jene Zeit, in der das Land durch Könige von Stadtstaaten regiert wurde, in der große Städte entstanden und in der die Geschichtsschreibung begann. Die meisten dieser Städte waren gleichzeitig Zentrum eines Stadtstaates. In dieser etwa 200 Jahre andauernden Epoche unterhielten die Könige und die Bevölkerung von Anatolien Handels- und kulturelle Beziehungen mit den Vertretern der alten Hochkulturen im Nahen Osten. Untereinander korrespondierte man in assyrischer Keilschrift und verständigte sich mit Hilfe von Schreibern und Übersetzern. Die meisten anatolischen Städte, die seit dem 3. Jahrtausend v. Chr. im Wachsen begriffen waren, sind mit monumentalen Stadtmauern, Poternen, Palästen und Tempeln ausgestattet. Dies ist die Zeit von Neša (das heutige Kültepe), dem Zentrum des Königreiches Kaniš/Neša, des ersten Hethiterstaates. Neša ist die Stadt, nach der die hethitische Sprache »Naššili« genannt wurde und die die ersten beiden Könige der Hethiter, Pitḫāna und Anitta, erobert und zu ihrem Zentrum gemacht haben.

Die Blütezeit dieser Epoche hat in Neša ungefähr 100 Jahre lang angedauert (Schicht II in der Unterstadt bzw. Schicht 8 auf dem Hügel, 1945 – 1835 v. Chr.). Die Spätphase dieser Epoche, die in der Unterstadt Schicht Ib und auf der Zitadelle im Palast der Schicht 7 entspricht, wird nach den gefundenen Schriftdokumenten in die Zeit zwischen 1800 und 1730 v. Chr. datiert.

Die wichtigste Neuerung in der Architektur und im Städtebau dieser Epoche bestand darin, daß in den fruchtbaren Ebenen, an den Hauptverkehrswegen oder auch in felsiger Landschaft, die leicht zu schützen war, große Städte wie Alişar, Acemhöyük, Karahöyük und Boğazköy entstanden. Das typischste und größte Beispiel für diese Zentren, die Oberstädte mit Zitadellen und große Unterstädte hatten, ist Kültepe/Neša. Im Vergleich zu den Siedlungsorten der Frühen Bronzezeit, auf deren Ruinen sie gegründet sind, hat sich bei den genannten Orten die Fläche vergrößert, so daß sie zu Großstädten geworden sind. Daß die Städte in dieser Weise wuchsen, ist als Folgeerscheinung des Strebens des Systems der Stadtstaaten nach politischer Einheit sowie von Wettbewerb und gleichzeitigem wirtschaftlichem Aufstieg zu sehen. Dieser Aufstieg ist nicht nur in den Bereichen Städtebau und Monumentalarchitektur, sondern auch in sämtlichen Kultur und Kunst betreffenden Bereichen sehr gut zu beobachten.

Die aus eng nebeneinander errichteten Häusern bestehenden geordneten Wohnviertel von Kültepe, Alişar und Boğazköy mit ihren planmäßig angelegten Straßen und ihren Plätzen bildeten einander sehr ähnelnde Unterstädte.

Auf den horizontalen Balken, die auf die Innen- und Außenränder der steinernen Hausfundamente gelegt sind, standen Holzpfosten. Diese Pfosten trugen das Dach. Neu in dieser Zeit ist die Tatsache, daß man viel Holz verwandte und es mit großer Sorgfalt verbaute. Die Seitenwände benachbarter Gebäude wurden als gemeinsame oder als direkt nebeneinanderstehende Mauern gebaut. Ein beträchtlicher Teil der Gebäude ist später entsprechend dem Bedarf und den Möglichkeiten, die das Grundstück bot, durch den Anbau von weiteren Räumen ergänzt worden, wodurch verschiedene Beispiele einer agglutinierenden Bauweise entstanden.

Straßen trennen die aus 4 bis 6 oder 6 bis 8 Häusern bestehenden Gebäudeblöcke voneinander. Die in Ost-West-Richtung auf die Zitadelle zuführenden Straßen schneiden die von Norden nach Süden verlaufenden im rechten Winkel Abb. 6. Die Mehrzahl der Gebäude hat eine Größe von 40 bis 80 oder 105 bis 130 Quadratmetern. Es gibt jedoch auch 190 bis 198 Quadratmeter große Gebäude. Die meisten Häuser waren zweigeschossig, in der Regel rechteckig und bestanden aus zwei Räumen. Gebäude mit einer größeren Anzahl von Räumen stellen eine Weiterentwicklung dar. Diesbezüglich weisen die Siedlungen in Alişar und Boğazköy keine Unterschiede zu Kültepe auf. Die beschriebene Grundform entwickelte sich in der auf diese Epoche folgenden Zeit weiter.

Die Straßen bestanden aus gestampfter Erde oder waren mit Steinen gepflastert. Sie waren mit einer Breite von zwei Metern auch für die Passage von Wagen geeignet. Abwasserkanäle lagen unterhalb des Straßenpflasters.

In Kültepe und Alişar gibt es keine Nekropolen außerhalb der Stadt; die Toten wurden in den Häusern unter den Fußböden bestattet.

Monumentale Paläste sind in zwei großen Zentren, in Kaniš und in Acemhöyük/Purušḫattum, ausgegraben worden. In Kültepe/Kaniš umgibt die in Bauschicht 7 datierte äußere Mauer des Palastes, die gleichzeitig auch die Festungsmauer der Zitadelle ist, eine Fläche von 120 x 110 Metern Abb. 1–4. Der Palast ist an die Topographie der Zitadelle angepaßt. Sowohl bei den Stein- als auch bei den Ziegelmauern sind horizontale und diagonale Holzbalken sowie eng nebeneinanderstehende Holzpfosten verwendet worden. Das zweikammrige Zitadellentor weist keinen Unterschied zu dem von Ališar auf; die beiden sind auch die Prototypen für die Tore in Boğazköy. Die Räume 1 bis 6 sind später an die Mauer angebaut worden. Unter ihnen liegt eine Poterne (Tunnel). Ihr Kragsteingewölbe ist 2 Meter hoch und mit großen Steinen abgedeckt. Die Poterne, die wohl als Ausfallpforte diente und beim Schutz der Städte eine Einheit mit den Stadtmauern bildete, trat in Anatolien in dieser Epoche zum ersten Mal auf und nahm zur hethitischen Großreichszeit die Form eines architektonischen Monuments an.

Der Nordteil des Palastes mit rechteckigem Grundriß ist vollständig erhalten. 42 Räume und ein Teil der Säle im Erdgeschoß sind in Reihen angelegt und mit der Festungsmauer verbunden; ein anderer Teil ist auf den Innenhof ausgerichtet. Die kleinen Treppenhäuser im Erdgeschoß können als Beweis für die Existenz eines Obergeschosses gelten. Die Funktion der einzelnen Räume wird aus ihrer Form und den in ihnen gemachten Funden deutlich. In situ gefundene Tonbullen und geordnete Reihen von Pithoi weisen auf Depots hin. Zu diesen Räumen zählen auch die Arbeitszimmer des Personals der Lagerverwaltung sowie Räumlichkeiten, die als Unterkünfte dienten. Der königliche Wohnbereich befand sich im Obergeschoß.

Die Paläste von Kültepe und Acemhöyük waren Verwaltungs-, Wirtschafts- und Kulturzentren. Der Palast nahm am Handel teil, und von fremden Händlern trieb er Steuern ein. Nach einem zu den Beamtenlisten zählenden, im Palast gefundenen

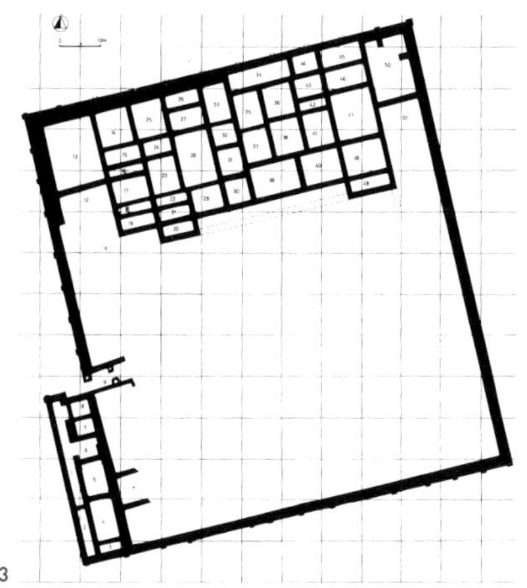

3

4

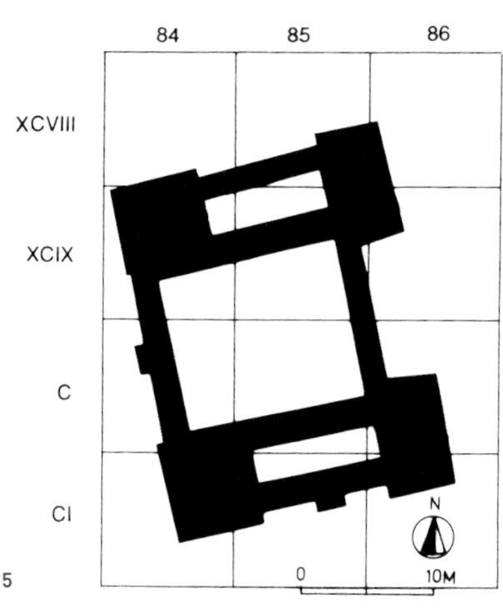

5

Text unterstanden die meisten Beamten (23 von 40 Personen) der Lagerverwaltung. Die profane Rolle des Palastes wird hierdurch sehr deutlich.

Der Palast von Kültepe, in dem ein an Waršama, den König von Kaniš, geschriebener Brief gefunden wurde, ist der älteste der anatolischen Paläste, der mit Hilfe eines schriftlichen Dokuments datiert werden kann. Der Palast und die Schicht Ib der Unterstadt sind bei demselben Brand zerstört worden. Dem Text von Anitta zufolge hatte Pitḫāna, Vater von Anitta und König von Kuššura, Neša erobert und den König gefangengenommen. Es ist sehr wahrscheinlich, daß es sich hierbei um König Waršama handelte. Vermutlich haben Pitḫāna und Anitta das Land Kaniš und die Kriege um die Herrschaft in Zentralanatolien von diesem Palast aus geführt.

Die beiden Paläste in Acemhöyük haben 50 bzw. 70 Räume und sind formal identisch. Nur stand beim Hatipler-Palast im Gegensatz zum Sarıkaya-Palast die wirtschaftliche Funktion im Vordergrund.

Durch die in Reihen angeordneten rechteckigen Räume bilden die Paläste mit glatter Fassade ein nach außen geschlossenes Ganzes. Der kleine Innenhof liegt annähernd in der Palastmitte. Bereiche, die voller Vorratsgefäße standen oder in denen Tonbullen sorgfältig aufbewahrt wurden, in denen wertvolle Metall- und Steinobjekte lagen oder wo sich der mit Schnitzereien aus Elfenbein verzierte Thron befand, halfen bei der Bestimmung der Funktion der einzelnen Räume. Die Räume im Erdgeschoß der Paläste wurden als Magazin-, Verwaltungs- und Wohnräume sowie als Räumlichkeiten zur Aufbewahrung von Wertgegenständen genutzt. Die königlichen Gemächer befanden sich im Obergeschoß. Die architektonischen Eigenarten der Paläste kommen in den Korridoren, den kleinen Innenhöfen sowie dem Portikus an der Nordfront zum Ausdruck. Einen großen zentralen Innenhof gibt es in den Acemhöyük-Palästen nicht.

Unter den in den Palästen gefundenen Tonbullen sind neben den Abrollungen der Zylindersiegel, die die Handels- und kulturellen Beziehungen mit Nordsyrien und dem Assurgebiet belegen, auch die Abrollungen der königlichen Zylindersiegel von großer Bedeutung.

Beide Paläste sind der ersten Blütezeit dieser Epoche, der Bauschicht 8, zuzuordnen, der Sarıkaya-Palast befindet sich innerhalb der Zitadelle und der Hatipler-Palast im Südwesten des Hügels. Der Palast auf der Zitadelle, bestehend aus drei nebeneinander errichteten Gebäuden, unterscheidet sich deutlich von den späteren Palästen in Kültepe und Acemhöyük, die Vertreter eines geschlossenen Typus sind.

Formal entspricht dieser Palastkomplex denen in Boğazköy/Büyükkale, in Gordion und im Topkapı-Palast in Istanbul, und er ist ein Vertreter der alten anatolischen Tradition.

Auch der Grundriß des Hatipler-Palastes unterscheidet sich von dem anderer Paläste. Er besteht aus einem steingepflasterten Innenhof sowie aus zu beiden Seiten eines Korridors gelegenen Räumen. Der Korridor führt zum von Norden her zu betretenden Innenhof. Er ist in einer Länge von 47 Metern erhalten; davon sind 13 Meter mit Eichenbalken und 34 Meter mit Steinen gepflastert; die Breite beträgt 6 Meter. Im Osten haben sich 14, im Westen 15 Räume erhalten. Manche der Räume haben eine Tür zum Korridor. Die mit großen Feuerstellen beheizten Räume im Erdgeschoß, der Dienstleistungsbereich, die Küchen, die Magazine voller großer Vorratsgefäße und die kleinen Treppenhäuser liegen parallel zum Korridor, der eine Einheit von mehreren Räumen in zwei Hälften geteilt zu haben scheint. Der Palast ist das Beispiel für einen neuartigen Grundriß und stellt so einen Beitrag zur Entwicklung der Architektur Zentralanatoliens dar.

Die ersten mit Hilfe von schriftlichen Dokumenten datierbaren Tempel Zentralanatoliens wurden in Kaneš in der Schicht 7, westlich der Zitadelle gemeinsam errichtet. Diese vier eigenständigen Gebäude sind alle nach demselben Plan erbaut. Die eine Fläche von 580 Quadratmetern umfassenden Tempel bestehen aus zwei rechteckigen Räumen (10 x 3 m) nördlich und südlich eines in der Mitte liegenden großen Saales[Abb. 5]. An den Ecken befinden sich vier massive Risalite. Die Risalite an der Ostfront, wo sich auch der Eingang befindet, springen 4 Meter vor den Mauerkörper vor. Es gibt keine Analogien und Vorläufer für diese Tempel. Sie vertreten einen für Kültepe speziellen und einzigartigen Typus. Auf den ersten Blick erinnern sie an urartäische Tempel. Doch die lange Zeit zwischen diesen beiden Epochen macht es unmöglich, eine Kontinuität der anatolischen Tradition zu beweisen. Diese beiden Tempel müssen zu jenen gehören, die König Anitta nach eigener Aussage in Neša errichtet hat. Das große Gebäude, in dem die Anitta-Lanzenspitze gefunden wurde[Abb. 7], liegt ganz in der Nähe der Tempel und ist zur selben Zeit errichtet worden.

Die Streitigkeiten und Kriege unter den Königen der anatolischen Stadtstaaten waren der Grund dafür, daß die monumentalen Gebäude der Oberstädte sowie die Unterstädte verbrannt und zerstört wurden und eine Blütezeit zu Ende ging.

Literatur

Bittel 1976a, 371–389; Naumann 1971; Neu 1974; Neve 1988, 357–390; von der Osten 1937; N. Özgüç 1966, 29–52; N. Özgüç 1979, 289–304; T. Özgüç 1959; T. Özgüç 1986a; T. Özgüç 1999b

3 Plan des späten Palastes, von dem aus König Anitta das Königtum von Kaniš/Neša regierte (18. Jahrhundert v. Chr.)

4 Bautechnik der Mauer des Palastes von Kaniš/Neša

5 Der von Großkönig Anitta errichtete Tempel 2 von Kaniš/Neša (18. Jahrhundert v. Chr.)

6 Die durch gepflasterte Straßen getrennten Viertel der Unterstadt von Kaniš/Neša (19./18. Jahrhundert v. Chr.)

7 Die Anitta-Lanzenspitze (Kat.-Nr. 61)

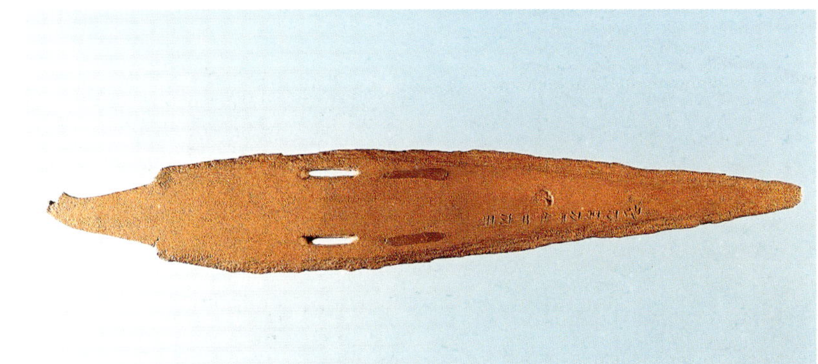

7

6

1 Keilschrifttafel aus Boğazköy/Ḫattusa, Althethitische Zeit, Vorder- und Rückseite (Kat.-Nr. 90)

Die Sprachen des Hethiterreiches

> Die Erschließung der altanatolischen Sprachen

Die wissenschaftliche Erschließung der altanatolischen Sprachen und die Entzifferung der anatolisch-nordsyrischen Hieroglyphenschrift gehört zu den herausragenden Leistungen der Geisteswissenschaften des 20. Jahrhunderts. Obwohl bereits im Jahre 1812 die ersten Inschriften in jener Schrift entdeckt wurden, die später »hethitische Hieroglyphen« genannt wurden[1](vgl. Abb. 11, S. 25) und 1887 im mittelägyptischen Amarna die ersten in babylonischer Keilschrift geschriebenen hethitischen Tontafeln entdeckt wurden[2], erfolgten die wesentlichen Schritte zur Erschließung der hethitischen Sprache und zur Entzifferung der Hieroglyphen erst im 20. Jahrhundert.

Die wichtigste Voraussetzung für die Erforschung des Hethitischen war die Entdeckung umfangreicher Tontafelsammlungen in der Hethiterhauptstadt Ḫattusa seit 1906 (s. Seeher, hier S. 20ff). 1915 gelang es dem tschechischen, zu jener Zeit in Wien lehrenden Gelehrten Bedrich Hrozný, die Zugehörigkeit des Hethitischen zur indogermanischen (indoeuropäischen) Sprachenfamilie nachzuweisen.[3] Hierbei kam ihm die Struktur der Keilschrift zu Hilfe, die neben Silbenzeichen auch Wortzeichen kennt [Abb. 1, 2]. Die Wortzeichen (Logogramme) der Keilschrift werden in jeder Sprache anders gelesen, aber ihre Bedeutung ist immer dieselbe; vergleichbar sind unsere Zahlzeichen: Das Zeichen »4« ist »vier«, »four«, »quatre« oder »dört« zu lesen, je nachdem, ob es in einem deutschen, englischen, französischen oder türkischen Text verwendet wird. Da die Logogramme der hethitischen Texte schon zur Zeit der Entdeckung aus der weiter vorangeschrittenen Erforschung des Babylonisch-Assyrischen bekannt waren, hatte man gewissermaßen einen Wegweiser durch die weithin noch unverständlichen Texte. Hrozný beschreibt sein Verfahren anhand der beiden folgenden, parallel gebauten Sätze: *nu* NINDA*-an e-ez-za-at-te-ni wa-a-tar-ma e-ku-ut-te-ni.* Daß das Logogramm NINDA »Brot« bedeutet, war ihm bekannt; im zweiten Satz steht in derselben Position das Wort *watar(-ma),* das Hrozný mit dem deutschen Wort »Wasser« und dem englischen »water« verband. Für die jeweils folgenden (Verbal-)Formen *e-ez-za-* und *e-ku-*, die beide eine (Personal-)Endung *-teni* aufweisen, verglich er lateinisch *ed-*, »essen«, bzw. lateinisch *aqua,* »Wasser«, und gelangte so zu der Übersetzung »Ihr werdet Brot essen und Wasser trinken.« Hroznýs Deutungen bewährten sich, und schon in den folgenden beiden Jahrzehnten wurde die »Hethitologie«, wie die neue Wissenschaft bald genannt wurde, zu einer streng methodisch arbeitenden Philologie.

Inzwischen ist der größte Teil der Tontafelfunde von Ḫattusa in über 100 Heften ediert.[4] Es gibt mehrere Monographienreihen[5] und hethitologische Zeitschriften[6], zwei derzeit laufende Wörterbuchprojekte[7] erschließen den Wortschatz, zwei weitere behandeln die Etymologie des Hethitischen.[8] Dringend benötigt wird allerdings eine neue Grammatik, die den heutigen Wissensstand reflektiert.[9]

Bei der Entzifferung der Hieroglyphen sind – abgesehen von einigen wenigen schon früher gelungenen Zeichendeutungen – erst seit 1930 rasche Fortschritte erzielt worden.[10] Dabei stellte sich heraus, daß die Sprache der hieroglyphischen Inschriften nicht das Hethitische, sondern eine Form des mit dem Hethitischen eng verwandten Luwischen war. Für die weitere Entzifferung der hethitischen Hieroglyphen war der Fund von digraphen Siegeln (identischer Text in Hieroglyphen und Keilschrift) in Ḫattusa seit 1934[11] und die Entdeckung einer bilinguen (identischer Text in hieroglyphenluwischer und phönizischer Sprache) Inschrift auf dem Karatepe 1947[12] von besonderer Bedeutung. Die daran anschließende Forschung hat erreicht, daß heute die große Masse der hieroglyphischen Inschriften, die aus dem 1. Jahrtausend v. Chr. stammt, weithin lesbar und verständlich ist (s. Hawkins, hier S. 56ff., 264ff.). Wie inzwischen deutlich wurde, sind aber auch schon seit der späten Großreichszeit längere Inschriften in Hieroglyphen verfaßt worden. Wie zuletzt eine 1988 in Ḫattusa gefundene Inschrift des letzten hethitischen Großkönigs[13] zeigt, ist das Verständnis dieser älteren Inschriften vor allem wegen der stärkeren Verwendung von bisher ungedeuteten Logogrammen noch recht lückenhaft.

> Die »acht Sprachen des Hatti-Reiches«

Schon 1922 – sieben Jahre nach dem Erscheinen von Hroznýs bahnbrechendem Aufsatz – veröffentlichte Emil Forrer, einer der Pioniere der Hethitologie, einen Aufsatz, in dem er nachweisen konnte, daß die in Ḫattusa gefundenen Keilschrifttafeln Sprachgut aus acht verschiedenen Sprachen enthielten [Abb. 3].[14] Er hatte für die meisten davon in den Texten die hethitischen Bezeichnungen gefunden, die alle mit einem Suffix *-ili* gebildet werden.

Die hethitische Sprache wird als *nesili* oder *nesumnili* bezeichnet, sie ist also nicht von dem Namen des Landes Ḫatti abgeleitet, deren Hauptstadt Ḫattusa ist, sondern von dem Ortsnamen *Neša* bzw. von dem zugehörigen Ethnikon *Nesumna-* (»Bewohner von Neša«). Neša ist identisch mit Kaniš, dem Zentrum der in Anatolien Handel treibenden assyrischen Kaufleute, dem heutigen Kültepe. Hier wurde also anscheinend schon frühzeitig die Sprache gesprochen, die wir als »Hethitisch« bezeichnen (s. auch Oettinger, hier S. 50ff.).

Die vom Landesnamen Ḫatti gebildete Sprachbezeichnung *ḫattili,* die wir als Hattisch oder Protohattisch übersetzen, benennt eine Sprache, die in Teilen des nördlichen Zentralanatolien vor der Durchsetzung des Hethitischen gesprochen wurde und die vor allem als Kult- und Ritualsprache von den Hethitern tradiert wurde.[15] Wenn wir heute die indogermanische Sprache des Ḫatti-Landes als »Hethitisch« bezeichnen und nicht die mit keiner anderen Sprache verwandte Vorläufersprache, so erklärt sich dies folgendermaßen: Der Landesname Ḫatti, der ursprünglich nur eine inneranatolische Landschaft bezeichnet hatte, verbreitete sich über den Herrschertitel »König des Landes Ḫatti«, den die hethitischen Großkönige trugen, über ihr gesamtes Herrschaftsgebiet, das außer Anatolien auch den überwiegenden Teil Syriens umfaßte. Nach dem Untergang des Reiches wurden dessen Traditionen in Nordsyrien fortgesetzt, so daß sich seitdem der Name Ḫatti zur Bezeichnung allein (Nord-)Syriens einbürgerte. Der Name einer im Alten Testament bezeugten Völkerschaft, *ḥittîm,* reflektiert diese Situation des 1. Jahrtausends v. Chr., und auf die Luther-Übersetzung dieser *ḥittîm,* als »Hethiter« geht die heute verwendete Sprachbezeichnung »Hethitisch« zurück.

Zwei weitere Sprachbezeichnungen beziehen sich auf Sprachen, die mit dem Hethitischen eng verwandt sind und zusammen mit diesem den anatolischen Zweig der indogermanischen Sprachen bilden:

Luwisch (*luwili*) ist eine im Süden und Westen Anatoliens gesprochene Sprache[16], die spätestens im Laufe der Großreichszeit immer größere Verbreitung gegenüber dem Hethitischen erlangte und dieses nach dem Ende des Hethiterreiches in dessen südöstlichen Reichsteilen in der Form des sogenannten »Hieroglyphenluwischen« überlebte. Auch das Lykische setzt einen luwischen Dialekt fort. Die Sprachbezeichnung leitet sich von dem Landesnamen Luwija (Luwia) ab, der später durch »Arzawa« ersetzt wurde und große Teile Westkleinasiens bezeichnet.

Palaisch (*palaumnili*) wurde im Lande Palā (Blā) in Nordanatolien gesprochen. In den hethitischen Tafelsammlungen aus Ḫattusa sind nur wenige Texte in dieser Sprache erhalten[17], wahrscheinlich weil Palā schon im Mittleren Reich von den Kaškäern erobert und damit dem hethitischen Einfluß entzogen wurde.

Die hurritische Sprache (veraltet: Churritisch, Churrisch, Hurrisch) erscheint in den Texten unter

a

b

12

c *[k]i-nu-na* DINGIR^{MEŠ}EN^{MEŠ}*-IA A-NA* KUR ^{URU}*Ḫa-at-ti ge-en-zu nam-ma da-a [t-tén nu(-kán)] [ḫ]i-in-kán ar-ḫa nam-ma u-i-ia-at-tén*

d »[J]etzt aber, o Götter, meine Herren, erbarmt euch wieder des Ḫatti-Landes [und] verjagt die [Seuche] wieder!«

2 Aus einem Gebet des Königs Mursili II. (um 1300 v. Chr.) aus Anlaß einer Seuche:
a Detailfoto der Keilschrifttafel
b Autographie
c Transkription
d Übersetzung

der hethitischen Bezeichnung *ḫurlili*. Letztere beruht auf dem hethitischen Ethnikon *Ḫurla-*, welches einen Bewohner des in Obermesopotamien gelegenen Landes Hurri bezeichnet. Hurritisch ist eine nichtindogermanische und nichtsemitische Sprache[18], die auch mit keiner der sonstigen altorientalischen Sprachen außer dem eng verwandten Urartäischen verknüpft werden kann. (Urartäisch ist die Sprache zahlreicher Inschriften des 9. – 7. Jahrhunderts v. Chr., die auf dem Gebiet des Königreiches Urartu mit Zentrum im ostanatolischen Van gefunden wurden.)

Schließlich ist *babilili* zu nennen, die Sprache Babyloniens, womit die Hethiter den babylonischen Dialekt des Akkadischen, einer semitischen Sprache, bezeichneten.[19]

Wenn Forrer in dem genannten Aufsatz auf acht Sprachen kam, so zählte er als siebte noch Sumerisch hinzu, das schon am Anfang des 2. Jahrtausends v. Chr. ausgestorbene, isolierte, d. h. mit keiner anderen uns bekannten Sprache verwandte Idiom des südlichen Zweistromlandes.[20] Zwar gibt es sumerische Texte aus Ḫattusa, doch ist die hethitische Sprachbezeichnung nicht bezeugt.

Forrers achte Sprache war das Indoarische, d. h. eine Sprache, die einen archaischen Zustand des späteren Indischen repräsentiert und damit zum indo-iranischen Zweig der indogermanischen Sprachen gehört.[21] Wörter dieser Sprache erscheinen als Fachtermini in einer Abhandlung über das Pferdetraining. Der historische Hintergrund dafür ist in Obermesopotamien zu suchen: Hier regierte im 15. und 14. Jahrhundert v. Chr. eine Dynastie, die, wie ihre Namen und Götter zeigen, indoarische Wurzeln hatte. Im hethitischen Anatolien selbst wurde gewiß kein Indoarisch gesprochen.

> Ursachen der Sprachenvielfalt

Diese Sprachenvielfalt hat mehrere Ursachen: Die Hethiter haben zur Darstellung ihrer Sprache die Keilschrift übernommen, eine gemischte Wort- und Silbenschrift, die bis in das späte 4. Jahrtausend v. Chr. zurückreicht. Diese Schrift diente zunächst zur Darstellung des Sumerischen. In der zweiten Hälfte des 3. Jahrtausends v. Chr. übernahmen die Akkader und andere Sprachgruppen Vorderasiens die Keilschrift für ihre jeweilige Sprache. Mit den vom akkadischen Sprachraum ausgehenden Reichsbildungen erhielt das Akkadische (Babylonisch-Assyrische) eine besondere Bedeutung weit über das ursprüngliche Verbreitungsgebiet hinaus.

In den ersten Jahrhunderten des 2. Jahrtausends v. Chr. wurde die Keilschrift in einer altertümlich-assyrischen Form bereits von den in Anatolien tätigen assyrischen Kaufleuten benutzt. Spätestens seit Beginn des Alten Reiches der Hethiter im 16. Jahrhundert v. Chr., wahrscheinlich sogar noch früher, wurde die Keilschrift in teilweise »moderneren«, von Babylonien beeinflußten nordsyrischen Ausprägungen nach Zentralanatolien entlehnt.

Die Übernahme der Keilschrift war nicht nur die Aneignung eines Mediums, sie ging vielmehr einher mit der Erlernung der akkadischen, in geringerem Maße der sumerischen Sprache durch hethitische Gelehrte und mit dem Studium von Texten der sumerisch-babylonischen Tradition. Schon in althethitischer Zeit schrieben hethitische Schreiber daher auch Akkadisch; in dieser Sprache wurden weitgehend die sogenannten »Landschenkungsurkunden« (Kat.-Nr. 91–93) und außerdem historisch-erzählende Texte abgefaßt. Seit dem späten 15. Jahrhundert v. Chr. sind auch Abschriften von Werken babylonischer Schreibergelehrsamkeit bezeugt. Hierzu zählen neben akkadischen auch sumerische Texte, insbesondere Beschwörungen, die vielleicht in der Krankheitsbekämpfung eingesetzt wurden. Besonders wichtig für die Schreiberausbildung waren die zweisprachigen, sumerisch-akkadischen Vokabulare, die in Ḫattusa teilweise mit einer hethitischen Übersetzung versehen wurden.

Akkadisch war während des ganzen 2. Jahrtausends v. Chr. weit über seinen Sprachraum hinaus auch internationale Diplomatensprache. Aus diesem Grunde ließen die hethitischen Großkönige ihre Briefe und Verträge (außer im inneranatolischen und ägäischen Verkehr) in akkadischer Sprache abfassen, so z. B. den Staatsvertrag, den Ḫattusili III. um 1259 v. Chr. mit Ramses II. von Ägypten abschloß[Abb. 4].[22]

Die althethitische Kultur war wesentlich durch die in Nord- und Zentralanatolien vorgefundenen Institutionen, Vorstellungen und Bräuche der (Proto-)Hattier geprägt, und aus diesem Grunde wurden Texte in der wohl schon früh ausgestorbenen (proto-)hattischen Sprache tradiert.

Seit dem ausgehenden 15. Jahrhundert v. Chr. öffnete sich das Hethiterreich sehr stark der hurritischen Kultur nordsyrischer Herkunft, nachdem es seinen Königen gelungen war, den stark hurritisch geprägten kilikisch-südkappadokischen Raum wieder unter ihre Herrschaft zu bringen. Insbesondere die hethitische Dynastie selbst hatte seit etwa 1400 v. Chr. eine besondere Beziehung zur hurritischen Sprache und Religion, ohne daß wir über den Hintergrund dieser besonderen Beziehungen genauer informiert wären. So wurde die hurritische Sprache insbesondere in der Beschwörungskunst und Omenkunde, aber auch für Gebete, Hymnen, Mythen und Epen verwendet.

> Die sprachgeschichtliche Stellung des Hethitischen

Das Hethitische (und mit ihm das Luwische und das Palaische) gehört, wie erwähnt, zu der weitverzweigten indogermanischen Sprachenfamilie, zu der u. a. auch die indo-iranischen, die griechischen, italischen, keltischen, germanischen und slavischen Sprachen gehören. Das Hethitische ist von allen indogermanischen Sprachen die am frühesten bezeugte: Die ältesten erhaltenen Niederschriften hethitischer Texte stammen aus dem 16. Jahrhundert v. Chr., in einem Falle dürften die Vorlagen noch einmal etwa eineinhalb Jahrhunderte älter sein.[23] Vergleicht man die grammatischen Formen des Hethitischen z. B. mit denen des Griechischen oder des ältestbezeugten Indischen (Vedischen), so fällt auf, daß die beiden letzteren Sprachen ein deutlich reicheres System grammatischer Kategorien haben als die altanatolischen Sprachen, die zum

Beispiel keinen Konjunktiv, Optativ oder Aorist wie das Griechische kennen. Hierfür sind gegensätzliche Erklärungen möglich: Das Anatolische könnte nach seinem Ausscheiden aus einem kategorial voll entfalteten Ur-Indogermanischen bei seiner Weiterentwicklung zu den bezeugten Einzelsprachen (Hethitisch, Luwisch und Palaisch) eine Reihe von Kategorien aufgegeben haben; es könnte aber auch schon in einem frühen Stadium aus dem (zu rekonstruierenden) Ur-Indogermanischen ausgeschieden sein, als nämlich dieses noch nicht kategorial so entfaltet war, wie in jenem späteren Stadium, das sich im Griechischen und Vedischen fortsetzt. In jüngster Zeit sind zahlreiche Argumente vorgetragen worden, die in die Richtung des letzteren Modells zielen.[24]

Anmerkungen

1 Bereits der Entdecker dieser nach dem Herkunftsort in Mittelsyrien »Hama-Steine« genannten Inschriften, der Schweizer Orient-Reisende Johann Ludwig Burckhardt (1784–1817), spricht von »Hieroglyphen«, die allerdings von den ägyptischen ganz verschieden seien.

2 Zu den beiden Briefen aus der Korrespondenz zwischen den Herrschern von Ägypten und Alasija (Zypern) s. Liane Rost, Die außerhalb von Boğazköy gefundenen hethitischen Briefe, in: *Mitteilungen des Instituts für Orientforschung* 4, 1956, 328–350.

3 Bedrich Hrozný, Die Lösung des hethitischen Problems, in: *Mitteilungen der Deutschen Orient-Gesellschaft* 56, 1915, 17–50.

4 Vor allem *Keilschrifttexte aus Boghazköi* (seit 1916) und *Keilschrifturkunden aus Boghazköi* (1921–1990).

5 Vor allem Studien zu den *Boğazköy-Texten* (seit 1965), *Texte der Hethiter* (seit 1971), *Studia mediterranea* (seit 1979), *Bulletin of the Middle Eastern Culture Center in Japan* (seit 1984), *Eothen* (seit 1988).

6 U. a. *Revue hittite et asianique* (1978 eingestellt), *Studi micenei ed egeo-anatolici* (altanatolistische Bände seit 1971 im Wechsel mit mykenologischen) *Hethitica* (seit 1972), *Archivum anatolicum* (seit 1995).

7 Johannes Friedrich†/Annelies Kammenhuber, *Hethitisches Wörterbuch*, Heidelberg (1975–, bisher erschienen: A–Ha); Hans G. Güterbock/Harry A. Hoffner, *The Hittite Dictionary of the Oriental Institute of the University of Chicago*, Chicago (1980–, bisher erschienen: L–P).

8 Johannes Tischler, *Hethitisches Etymologisches Glossar*, Innsbruck (1977–, bisher erschienen: A–N, T/D); Jaan Puhvel, *Hittite Etymological Dictionary*, Berlin (1984–, bisher erschienen: A–L).

9 Die letzte umfassende deskriptive Grammatik des Hethitischen (Johannes Friedrich, *Hethitisches Elementarbuch*, 1. Teil: Kurzgefaßte Grammatik, Heidelberg 1960) ist heute stark veraltet.

10 Zur Forschungsgeschichte s. Johannes Friedrich, *Entzifferung verschollener Schriften und Sprachen*, Berlin/Göttingen/Heidelberg 1954, 72–84; Annelies Kammenhuber, Hethitisch, Palaisch, Luwisch und Hieroglyphenluwisch, in: *Altkleinasiatische Sprachen*, Leiden/Köln 1969, 148–161 (Handbuch der Orientalistik I/2, 1.–2. Abschnitt, Lfg. 2). Eine neuere Synthese mit Literatur bietet Massimiliano Marazzi, *Il Geroglifico anatolico*, Rom 1990.

11 Hans G. Güterbock, *Siegel aus Boğazköy*, Berlin 1940, 1942.

12 Halet Çambel, *Karatepe-Aslantaş. The Inscriptions: Facsimile Edition*, With a contribution by Wolfgang Röllig and tables by John David Hawkins, Berlin 1999 (Corpus of Hieroglyphic Luwian Inscriptions II).

13 J. David Hawkins, *The Hieroglyphic Inscription of the Sacred Pool Complex at Hattuša (SÜDBURG)*, Wiesbaden 1995.

14 Emil Forrer, Die Inschriften und Sprachen des Hatti-Reiches, in: *Zeitschrift der Deutschen Morgenländischen Gesellschaft* 76, 1922, 174–269.

15 Annelies Kammenhuber, Das Hattische, in: Kammenhuber (s. Anm. 10), 428–546.

16 Eine umfassende Darstellung des Luwischen auf dem Stand der heutigen Kenntnisse gibt es bisher nicht; s. aber Frank Starke, Die *keilschrift-luwischen Texte in Umschrift*, Wiesbaden 1985; ders.: *Untersuchungen zur Stammbildung des keilschrift-luwischen Nomens*, Wiesbaden 1990; H. Craig Melchert, *Cuneiform Luvian Lexicon*, Chapel Hill, N.C., 1993.

17 Onofrio Carruba, *Das Palaische. Texte, Grammatik, Lexikon*, Wiesbaden 1970; ders.: Beiträge zum Palaischen, Istanbul 1972.

18 Die derzeit beste hurritische Grammatik ist die von Mauro Giorgieri, Schiozzo grammaticale della lingua hurrica, in: *La parola del Passato* 55, 2000 171-277; s. auch Ilse Wegener, *Hurritisch. Eine Einführung*, Wiesbaden 2000. Ein Wörterbuch, das den Stand der heutigen Kenntnisse repräsentiert, fehlt; immer noch nützlich, aber fehlerhaft und veraltet ist Emmanuel Laroche, *Glossaire de la langue hourrite*, Paris 1980.

19 Trotz neuerer weiterführender Arbeiten kann als Standardbeschreibung der akkadischen Sprache immer noch gelten: Wolfram von Soden, *Grundriß der akkadischen Grammatik*, Rom 1995[3].

20 Marie-Louise Thomsen, *The Sumerian Language*, Kopenhagen 1984.

21 Manfred Mayrhofer, *Die Indo-Arier im Alten Vorderasien*, Wiesbaden 1966; ders.: *Die Arier im Vorderen Orient – ein Mythos?*, Wien 1974; ders.: Welches Material aus dem Indo-Arischen von Mitanni verbleibt für eine selektive Darstellung?, in: Erich Neu (Hrsg.), *Investigationes philologicae et comparativae. Gedenkschrift für Heinz Kronasser*, Wiesbaden 1982.

22 Elmar Edel, *Der Vertrag zwischen Ramses II. von Ägypten und Hattušili III. von Hatti*, Berlin 1997.

23 Der sogenannte »Anitta-Text« geht in seinen – wohl bereits hethitischen – Vorlagen sicherlich bis zum »Großfürsten« Anitta aus der jüngeren Phase der assyrischen Handelstätigkeit (18. Jahrhundert v. Chr.) zurück; zum Text s. Erich Neu, *Der Anitta-Text*, Wiesbaden 1974.

24 S. zuletzt Elisabeth Rieken, *Untersuchungen zur nominalen Stammbildung des Hethitischen*, Wiesbaden 1999 (mit umfangreicher Literatur).

3

4

3 Keilschrifttafel aus Boğazköy/Ḫattusa, hethitische Großreichszeit, Vorder- und Rückseite (Kat.-Nr. 129)

4 Der Vertrag, den Ḫattusili III. um 1259 v. Chr. mit Ramses II. von Ägypten abschloß (Kat.-Nr. 132)

Indogermanische Sprachträger lebten schon im 3. Jahrtausend v. Chr. in Kleinasien

Die Ausbildung der anatolischen Sprachen

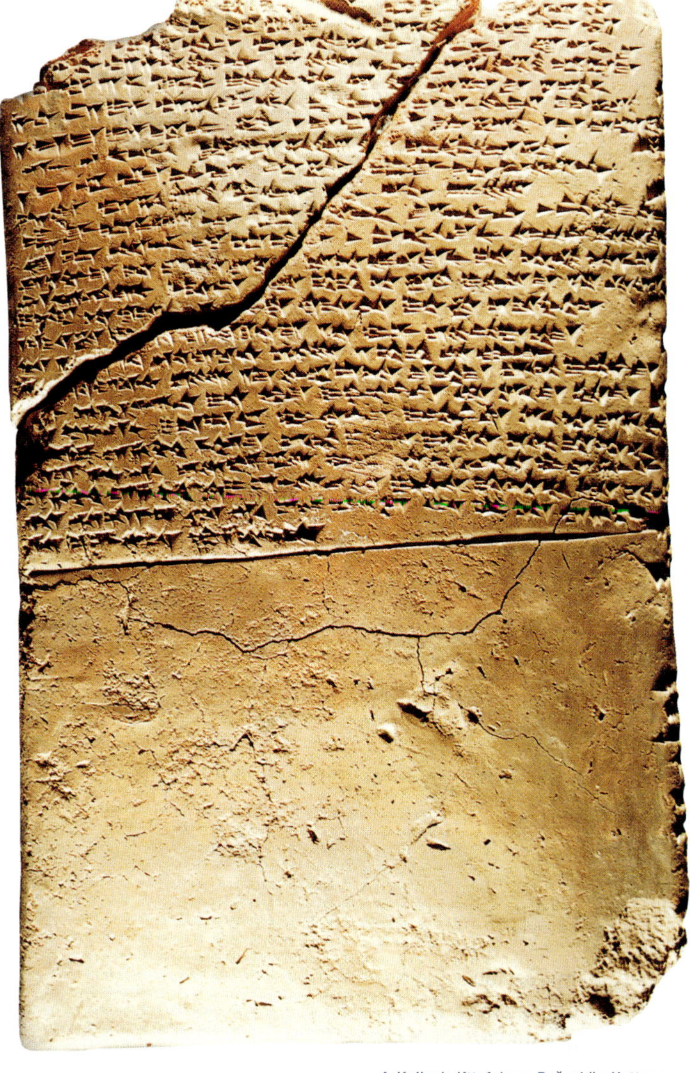

1 Keilschrifttafel aus Boğazköy-Ḫattusa, althethitische Zeit, Vorder- und Rückseite (Kat.-Nr. 89)

Norbert Oettinger

> Am Anfang war der Mythos

Eine althethitische Keilschrifttafel aus dem 16. Jahrhundert v. Chr. beginnt mit folgenden Worten: »Die Königin von Nēsa gebar in einem einzigen Jahr 30 Söhne. Da sprach sie ›Was habe ich da Widernatürliches geboren!‹ Sie dichtete Körbe mit Fett ab, legte ihre Söhne hinein und ließ sie in den Fluß. Und der Fluß brachte sie zum Meer ins Land Zalpa. Die Götter aber nahmen die Söhne aus dem Meer auf und zogen sie groß. Wie nun die Jahre vergingen, da gebar die Königin wieder, und zwar 30 Töchter. Die zog sie selbst groß.«

Der Text berichtet weiter, daß die 30 Söhne, als sie erwachsen waren, nach Nēsa zogen. Die Götter gaben ihnen ein anderes Wesen, so daß ihre Mutter sie nicht erkannte und ihnen ihre 30 Töchter zur Frau gab. Die älteren Söhne bemerkten nichts, nur der jüngste erkannte, daß es die eigenen Schwestern waren, und warnte die anderen davor, sie anzurühren. Der Text bricht dann ab, und als er wieder einsetzt, heißt es: »Am Morgen ging er (oder: gingen sie) nach Zalpa ...« Anschließend spricht die Sonnengottheit einen Segen über das Land von Zalpa aus. Dann wechselt der Text in die historische Zeit und berichtet von Auseinandersetzungen zwischen Zalpa und dem ältesten Hethiterreich, die schließlich mit der Zerstörung Zalpas enden.

Zalpa liegt an der Mündung des Halys am Schwarzen Meer, Nēsa dagegen war das frühe Zentrum der Hethiter und am Oberlauf dieses Flusses gelegen. Will man hinter diesem Mythos eine Anspielung auf historische Gegebenheiten vermuten, so kann es sich bei der Rückwanderung der 30 Söhne von Zalpa in ihren Geburtsort Nēsa um den Hinweis auf eine Wanderung handeln. Berichte von angeblichen Rückwanderungen dienen nämlich oft dazu, Einwanderungen bzw. Eroberungszüge von Völkern in neue Gebiete nachträglich moralisch zu rechtfertigen. Daher kann unser Mythos der verschlüsselte Bericht einer frühen Wanderung des Stammes der Hethiter vom Schwarzen Meer ins Innere Anatoliens, nämlich nach Nēsa sein.

Allerdings dürfte es sich dabei nur um eine Binnenwanderung der Hethiter selbst handeln. Nichts spricht dafür, daß der Mythos etwa die (viel frühere) Einwanderung der Indogermanen nach Anatolien selbst widerspiegeln könnte.

> Die Indogermanen waren schon lange da

Eine andere Quelle zur Vorgeschichte der Hethiter ist für uns der sprachliche Aufbau ihrer Personen- und Götternamen. Um dies verständlich zu machen, muß zunächst etwas weiter ausgeholt werden.

Die Hethiter waren sprachlich mit uns verwandt, d. h., sie sprachen eine indogermanische Sprache. Z. B. hieß »Wasser« bei ihnen *wadar* und »sieben« *siptam-*. Die indogermanische Sprachfamilie hatte sich von einer Gegend aus, die vermutlich nördlich des Schwarzen Meeres lag, unter anderem in Richtung Westeuropa und Indien ausgebreitet. Diejenige Sprache, von der wir die frühesten Quellen besitzen, ist aber das Hethitische. Die Vorfahren der Hethiter, die wir Uranatolier nennen, müssen bereits sehr früh nach Kleinasien (Anatolien) eingewandert sein. Wie früh, davon soll im Folgenden die Rede sein.

In Abbildung 2 sieht man diejenigen Sprachen, die vom Uranatolischen abstammen, in ihrer ungefähren räumlichen Verteilung um 1600 v. Chr. Man nennt sie anatolische Sprachen. Das Hethitische wurde damals im Gebiet der Städte Ḫattusa und Nēsa gesprochen, nordwestlich davon das Palaische und wiederum westlich davon um diese Zeit möglicherweise das Lydische, das wir im 1. Jahrtausend v. Chr. dann im Gebiet östlich von Izmir (Smyrna) finden. Südlich des Hethitischen sowie überhaupt in der Südhälfte Kleinasiens herrschte die luwische Sprache.

Abbildung 3 zeigt das vermutliche Abstammungsverhältnis der anatolischen Sprachen in Form eines sogenannten »Stammbaum-Modells«. Dieses Modell eignet sich zur Darstellung von Verwandtschaftsverhältnissen dann am besten, wenn die betreffenden Sprachen nach ihrer Auseinanderentwicklung räumlich weit voneinander getrennt waren und ihre Sprecher keinen intensiven Kontakt mehr miteinander pflegten. In Kleinasien waren aber die Sprachen nicht isoliert, so daß das Modell nur in begrenztem Maß zur Anwendung kommen kann. Man kann immerhin feststellen, daß sich das Hethitische am frühesten vom Uranatolischen abgespalten hat und als östlichste Sprache lange Zeit isoliert geblieben sein muß. Vom verbliebenen Rest, dem Urwestanatolischen, stammen das Urluwische, das Lydische und das Palaische ab, die sich auch später noch untereinander stark beeinflußt haben, so daß sich hier kein genauerer Stammbaum erstellen läßt. Vom Urluwischen hat sich als erstes das Lykische getrennt, das in seinen durch Gebirge abgeschirmten Wohnsitzen (westlich von Antalya) sehr konservativ geblieben ist. Weiterhin finden wir im 2. Jahrtausend v. Chr. das Keilschriftluwische und das Hieroglyphenluwische und im 1. Jahrtausend an

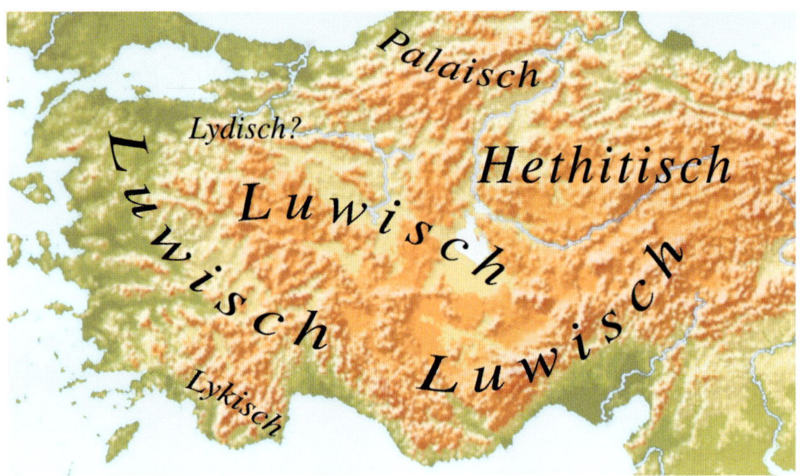

2 Die anatolischen Sprachen um 1600 v. Chr.

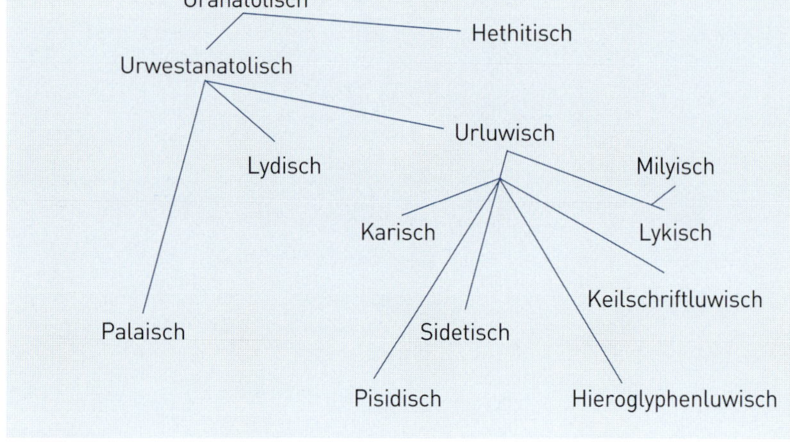

3 Gliederung der anatolischen Sprachen

luwischen Sprachen das Sidetische, das Pisidische und das erst vor kurzem entzifferte Karische.

Das Hethitische und das Luwische waren bereits um das Jahr 1800 v. Chr. getrennte Sprachen, wie man aus den zahlreichen Personennamen, die in altassyrischen Handelsurkunden überliefert sind (siehe dazu weiter unten), klar erkennen kann. Aufgrund ihrer Verschiedenheit und durch den Vergleich mit der Entwicklungsgeschwindigkeit anderer Sprachen früher Zeit kann man sagen, daß zwischen dem Jahr 1800 und der uranatolischen Phase, als die anatolischen Sprachen noch nicht verschieden waren, mindestens 500 Jahre gelegen haben müssen. Also ist das Uranatolische spätestens um 2300 v. Chr. gesprochen worden. Andererseits sind die anatolischen Sprachen untereinander, verglichen mit anderen indogermanischen Sprachen, relativ ähnlich. Dies spricht dafür, daß die Auseinanderentwicklung der anatolischen Sprachen erst in Kleinasien selbst begonnen hat. Also sind die indogermanischen Uranatolier mit großer Wahrscheinlichkeit bereits spätestens um das Jahr 2300 v. Chr. nach Anatolien eingewandert[1], eine Tatsache, die in die Diskussion der Archäologen bisher noch wenig Eingang gefunden hat.

> Wie verwandt sind Hethitisch und Deutsch?

Für die Indogermanistik, die sich mit der Erforschung der indogermanischen Sprachen und der aus ihnen rekonstruierbaren Grundsprache, dem Urindogermanischen, beschäftigt, sind die anatolischen Sprachen von besonderer Bedeutung (s. auch Wilhelm, hier S. 46ff.). Man kann nämlich heute sagen, daß das Uranatolische wahrscheinlich die indogermanische Grundsprache schon zu einem früheren Zeitpunkt verlassen hat als alle übrigen indogermanischen Sprachen. Es ist also gewissermaßen nicht eine Schwester, sondern eine Tante der »normalen« indogermanischen Sprachen, von denen zum Beispiel das Germanische (Deutsche, Englische usw.) eine ist, und weist daher altertümlichere Züge auf. Deshalb ist das Anatolische für die Erforschung der indogermanischen Grundsprache besonders wichtig.

> Eine frühe Symbiose: Hethiter und Hattier

Nun zum Verhältnis von Indogermanisch und Nicht-Indogermanisch in Anatolien. Bis um das Jahr 1600 oder zumindest bis kurze Zeit vorher wurde zwischen Ḫattusa und der Nordküste Kleinasiens noch eine weitere Sprache gesprochen, nämlich das nicht-indogermanische Hattische, das auch Protohattisch genannt wird. Das Hattische dürfte schon vor der Einwanderung der indogermanischen Anatolier (Uranatolier) in Kleinasien gesprochen worden sein, und es hat zumindest die nördlichen anatolischen Sprachen Palaisch und Hethitisch beeinflußt. Was das Hethitische betrifft, so ist vor allem der große Umfang des hattischen Einflusses auffällig. Er geht so weit, daß in den ältesten religiösen Texten der Hethiter alle wichtigen Gottheiten durch Gebete auch in hattischer Sprache angerufen werden, oft mit hethitischer Übersetzung, weil man das Hattische nicht mehr verstand.

Aber nicht nur das: Auch die Idee des Königtums der althethitischen Zeit beruht weitgehend auf hattischer Grundlage und überhaupt der größte Teil desjenigen wichtigen Lebensbereiches, der Mythos und Ritual umfaßt. Daß ein Volksstamm hier überall die eigenen Traditionen aufgibt, um ein fremdes System zu übernehmen, ist schon ungewöhnlich. Wie konnte es dazu kommen? Es muß jedenfalls ein Vorgang gewesen sein, der über lange Zeit und in mehreren Schritten erfolgt ist.

> Nēsa, das hethitische Sprungbrett nach Ḫattusa

Vor der Gründung des eigentlichen Hethiterreiches war der Siedlungsschwerpunkt der Hethiter nicht in dessen Hauptstadt Ḫattusa gelegen, sondern weiter südöstlich in der Stadt Nēsa, die vor allem aus der Zeit der altassyrischen Handelsurkunden im 19. und 18. Jahrhundert v. Chr. bekannt ist. Assyrische Kaufleute unterhielten nämlich damals in Zentralanatolien Handelsniederlassungen. In diesen Texten erscheint Nēsa unter der älteren Namensform Kaneš. Daß ihre Sprache von Nēsa aus nach Ḫattusa gekommen war, wußten auch die späteren Hethiter noch, denn »auf hethitisch« hieß bei ihnen *nēš-ili*, während *ḫatt-ili* »auf hattisch« nicht ihre eigene Sprache meinte, sondern die ehemalige nicht-indogermanische Sprache ihres Landes Ḫattusa (Ḫattus), also »auf (proto)hattisch«.

Das früheste Hethitische aus dem Nēsa des 19. bis 18. Jahrhunderts v. Chr. kennen wir vor allem aus einheimischen Personen- und Götternamen, die in altassyrischen Handelsurkunden überliefert sind, sowie aus Personennamen in einigen frühen, mit Nēsa in Zusammenhang stehenden hethitischen Texten aus Ḫattusa. Dazu kommen noch Götternamen in hethitischen Anrufungen, die der sogenannte »Sänger von Nēsa« vorträgt.

4 Goldener Anhänger in Form einer sitzenden Göttin aus Boğazköy-Ḫattusa (Kat.-Nr. 117)

D. h.: Wir sind in der glücklichen Lage, die Personen- und Götternamen der Hethiter in drei verschiedenen Zeitstufen miteinander vergleichen zu können. Sie sollen zunächst beschrieben werden.

> Von Fremden lernen. Drei Epochen im Vergleich

Erste Epoche: Dies ist die Zeit um etwa 3000 v. Chr., als die Hethiter (und Anatolier) sich noch nicht von der urindogermanischen Sprechergemeinschaft getrennt hatten, also die urindogermanische.
Zweite Epoche: Sie datiert um 1800 v. Chr., als die altassyrischen Handelsurkunden von Kaneš (Nēsa) verfaßt wurden, und wir nennen sie daher hier die Nēsa-hetithische Periode.
Dritte Epoche: Es ist die Zeit von 1600 bis 1200 v. Chr., also die Ḫattusa-hethitische Periode. Was ergibt für uns der Vergleich dieser drei Epochen?

> Ruhmesnamen

Zur ersten Epoche: Für das System der Personennamen des Urindogermanischen war die sogenannte »Ruhmesterminologie« typisch. Es handelte sich um zusammengesetzte, zweigliedrige Personennamen der Art, wie wir sie heute noch im Deutschen reichlich finden, etwa *Rüd-iger,* wörtlich: »der einen berühmten Speer hat«, *Ger-linde,* »die einen Speerschild hat«, *Hild-run,* »die Kampfsprüche weiß«, *Lud-wig,* »der einen berühmten Kampf hat«, *Adal-bert,* »der aus glänzendem Geschlecht stammt«.

Aus alten indogermanischen Sprachen kann man z. B. griechisch *Andro-menēs,* »der männlichen Mut hat«, und iranisch **Nṛ-manah* mit derselben Bedeutung nennen; aus beiden läßt sich ein urindogermanischer Name **Nṛ-menēs,* »der männlichen Mut hat«, rekonstruieren. Er dürfte also um 3000 v. Chr. nördlich des Schwarzen Meeres in Gebrauch gewesen sein.

> Das Familienleben im indogermanischen Himmel

Was nun die Götter und ihre Namen im Urindogermanischen betrifft, so können wir zunächst gewissermaßen einen obersten Herrn des Götterhimmels rekonstruieren, nämlich **Djēus,* den Gott des lichten Taghimmels. Er setzt sich beispielsweise im griechischen *Zeus,* im lateinischen *Iu-piter* und im alt-indischen *Dyaus* fort. Seine Söhne waren ein Zwillingspaar, dessen deutscher Name »Dioskuren« aus dem Griechischen stammt; sie wurden meist als **Diwos Sūnewes,* »des Himmelsgottes Söhne«, angerufen. Dann gab es da die junge Göttin **Ausōs,* »Morgenröte«, ein recht freizügiges Mädchen. Nach einer Version war sie die Tochter des Sonnengottes, der **Sāweljos* hieß, und die Dioskuren entführten sie auf ihrem Wagen. Außerhalb dieser Familien standen andere, wie z. B. der Wettergott **Perkwūnos,* der auch den Beinamen **Terhūnos,* »der Stürmende«, führte.

> Das Verschwinden der alten Götter

Vergleichen wir damit nun die zweite Epoche, die Nēsa-hethitische, und beginnen mit den Göttern. Hier wissen wir zwar nichts über Götterfamilien und kennen auch nicht alle Gottheiten, aber es zeigt sich doch, daß sich das Bild gegenüber der ersten Epoche vollkommen gewandelt hat. Die ererbten Götter sind nun samt ihren Namen weitestgehend, mit Ausnahme des Wettergottes *Tarḫunna-,* aufgegeben worden. An ihrer Stelle finden wir zwar ganz überwiegend keine aus anderen Sprachen übernommenen Namen, aber neugebildete mit den Mitteln der hethitischen Sprache selbst.

Da ist zunächst der Gott *Suwaliyatt-,* ein Vegetationsgott, der im Kreis des »Sängers von Nēsa« vorkommt. Er fungiert auch als Bote des Wettergottes, so wie im Griechischen Hermes als Bote des Zeus. Gebildet ist er mit einem Element *-att-,* das sich zwar auch sonst im Hethitischen findet, aber nur im Nēsa-Hethitischen[2] dazu diente, Personen- und Götternamen zu bilden. Der Name dürfte also ungefähr um das Jahr 2000 v. Chr. gebildet worden sein. Weiterhin sind für Nēsa typisch die zusammengesetzten weiblichen Götternamen mit dem Hinterglied *-seba-,* »Genius«. So z. B. *Kamru-seba-,* wörtlich »Genius des Nebels«, die angerufen wurde, um sich von Umnebelung (Kopfweh usw.) zu befreien. Ebenso echt hethitische Wortbildung zeigen etwa die *Damnassra*-Gottheiten, die Schützerinnen des Hauses, deren Name von **dom-,* »Haus«, abgeleitet ist.[3]

> Wie früh begann der hattische Einfluß?

Während wir direkte Entlehnung aus dem Hattischen ins Nēsa-Hethitische nur beim Namen der Throngöttin *Ḫalmasuitt-* kennen, scheint indirekte Beeinflussung durch diese Sprache verbreitet gewesen zu sein. Es ist zwar nicht beweisbar, aber sehr gut möglich, daß Zusammensetzungen wie *Dagan-ziba-,* »Erd-Genius«, *Kamru-seba-,* »Nebel-Genius«, nach dem Vorbild des hattischen Götternamentyps *Ḫate-binu*, »Meeres-Kind«, gebildet worden sind. Auf sichererem Boden befinden wir uns beim Namen der Göttin *Ḫassussar(a)-*, wörtlich »Königin«, der in Nēsa (Kaneš) auch als Frauenname erscheint, ähnlich wie im Spanischen *Jesús* als Männername. Ihr Name ist offensichtlich eine Lehnübersetzung des Namens der hattischen Göttin **Kattaḫ*, »Königin«, der hethitisiert als *Kattaḫḫa-* erscheint.

Auch der Name der Göttin *Ḫannaḫanna-*, wörtlich »Urahnin«, gehört hierher. Er ist mit echt hethitischen Mitteln gebildet, denn unverdoppeltes *ḫanna-* bedeutet »Ahnin, Großmutter« und ist ein aus dem Indogermanischen ererbtes Wort. Auch die verdoppelnde Wortbildung ist in dieser Funktion anatolisch, denn sie findet sich ebenso in luwisch *ḫartuwa-ḫartu-*, etwa »Nach-Nachkomme«, gegenüber *ḫartu-*, »Nachkomme«. Andererseits zeigt jedoch hier ein Vergleich mit den indogermanischen Sprachen außerhalb Anatoliens, wo solche Bildungen fehlen, daß sie nicht aus dem Urindogermanischen ererbt sein können. Im Hattischen sind sie dagegen nicht selten. Wahrscheinlich handelt es sich daher auch hier um Neubildungen, die unter indirektem Einwirken der hattischen Sprache und Geisteswelt im Hethitischen entstanden sind.

Solche Bildungen könnten übrigens ein Zeichen dafür sein, daß nicht nur das Hethitische, sondern auch das Luwische in Südkleinasien oder das Uranatolische in früher Zeit einmal vom Hattischen beeinflußt worden ist.

> Neue Personennamen

Gehen wir nun zu den Personennamen dieser zweiten Epoche, nämlich der Nēsa-hethitischen, über. Während fast alle anderen früh überlieferten indogermanischen Sprachen das ererbte Namensystem behalten haben, hat das Hethitische es vollkommen aufgegeben. Statt dessen finden wir unter den offensichtlich hethitischen Personennamen der altassyrischen Handelsurkunden aus Nēsa ein System, das neu geschaffen ist. Es wurde zwar mit eigenen hethitischen Mitteln neu geschaffen, aber eben nicht ererbt. Da haben wir einerseits als Namen dienende Abstraktbildungen mit dem Suffix *-att-*, wie in den Männernamen *Kuliyatt-*, wörtlich »Gelassenheit«, und *Nakiliyatt-*, »Wichtigkeit« (vgl. auch oben *Suwaliyatt-*). Ferner fallen die vielen Personennamen auf, die Verwandtschaftsbezeichnungen oder das Herkunftssuffix *-uman-* enthalten: *Supiahsu-*, »Sohn des Reinen« (zu *suppi-*, »rein«), *Supiahsusar*, »Frau des Sohns des Reinen«, *Supianiga-*, »Schwester des Reinen«, *Nakiaḫsu-*, »Sohn des Wichtigen«, *Supiuman-*, »der vom Reinen abstammt« usw.

> Das Hethiterreich setzt die Richtung fort

Nun zur dritten Epoche, dem Hethiterreich mit der Hauptstadt Ḫattusa (ca. 1600–1200 v. Chr.). Beginnen wir mit den Personennamen. Namen, wie sie die Hethiter der Zeit von Kaneš (Nēsa) trugen, findet man hier nur noch in wenigen Texten. Es sind historische, die von der Zeit um und vor 1600 v. Chr. handeln. Die übrigen Namen der Hethiter aber sind (von Namen mit luwischer Wortbildung einmal abgesehen) fast alle weder aus dem Hethitischen selbst noch aus irgendeiner älteren Vorstufe dieser Sprache erklärbar. Sie erinnern in ihrer Struktur teilweise an die (sicher hattischen) Namen zweier Könige von Ḫattusa, nämlich *Pijusti-* und *Pamba-* (lautlich wohl *Pampa*), die anläßlich von Ereignissen überliefert sind, welche der Zeit um 1800 beziehungsweise dem letzten Teil des 3. Jahrtausends v. Chr. zugeschrieben werden. Von späteren »normalen« hethitischen Namen kann man mit *Pijusti-* beispielsweise den ähnlich strukturierten Namen *Kasilti-* vergleichen, und mit *Pampa* reduplizierte (wiederholende) Namen wie *Pippapa-*, *Lullu-*, *Tatta-* und *Duddusi-* aus dem Grabungsort Maṣathöyük. Die Hethiter zur Zeit des hethitischen Reiches haben also auch die neueren, genuin hethitisch gebildeten Personennamen des Nēsa-Hethitischen wieder aufgegeben, und vieles spricht dafür, daß sie statt dessen Namen der hattischen Vorbevölkerung übernommen haben.

Das gleiche Bild ergibt sich bei den Götternamen des althethitischen Reiches. Außer den Namen des Wettergottes und eines kleinen Kreises von aus Nēsa mitgebrachten Göttern sind hier alle Götternamen entweder Lehnübersetzungen hattischer Götternamen oder direkt aus dem Hattischen übernommen. So ist hethitisch *Anna- Daganzipa-*, wörtlich »Mutter Erd-genius«, eine Art Übersetzung der hattischen Göttin *Wurun-semu*[4], »der Erde Mutter«. Dagegen sind z. B. *Istanu-* (aus hattisch *Estan*), die mächtige Sonnengöttin der Erde, und *Telibinu-*, der Vegetationsgott und Sohn des Wettergottes, direkt aus dem Hattischen entlehnt.

Diese gewissermaßen in zwei Schritten erfolgte Übernahme von Eigennamen beziehungsweise Religion aus dem Hattischen ist ein Indikator dafür, wie stabil die kulturelle Tradition in Kleinasien gewesen ist. Die Kultur des althethitischen Reiches ist weitgehend eine Fortsetzung der vorangegangenen hattischen.

Anmerkungen

1 Die Urheimat der Indogermanen lag sicher nicht in Kleinasien, wie teilweise angenommen wird. Indogermanische Wörter werden in diesem Beitrag in vereinfachter Form geschrieben.

2 Freundlicher Hinweis von Frank Starke.

3 Freundlicher Hinweis von H. Craig Melchert.

4 Zur Bedeutung von hattisch *Wurunsemu* siehe Jörg Klinger, *Untersuchungen zur Rekonstruktion der hattischen Kultschicht*, Wiesbaden 1996, 147.

Fundorte hethitischer Keilschrifttexte (16. – 13. Jh. v. Chr.) und hieroglyphen-luwischer Inschriften (14. – 13. Jh. v. Chr.)

Autor: Frank Starke © Alexander Schmid, Köln

Die Erben des Großreiches | Die Geschichte der späthethitischen Kleinkönigreiche Anatoliens und Nordsyriens im Überblick (ca. 1180 – 700 v. Chr.)

1 Skulptierte und mit Inschriften versehene Orthostaten aus Karkamis (um 800 v. Chr.), Museum für Anatolische Zivilisationen, Ankara

2 Portallöwe aus Maraş mit einer Inschrift Ḫalparuntijas III., Ende 9. Jahrhundert v. Chr., Altorientalisches Museum, Istanbul

J. David Hawkins

> Die Nachfolger des hethitischen Großreiches

Die längerfristigen Prozesse, die das hethitische Großreich schwächten, und die Abfolge der Ereignisse, die in den Jahren nach 1200 v. Chr. zu seinem Untergang führten, werden zur Zeit im Lichte vieler neuer Daten intensiv untersucht. Sicher ist, daß die herrschende Dynastie in Ḫattuša verschwand, und mit ihr das großreichszeitliche Verwaltungssystem, das diese Dynastie verkörperte. Die derzeitigen archäologischen Kenntnisse lassen auf eine umfassende Zerstörung und Aufgabe von Städten und für nicht weniger als drei Jahrhunderte auf einen allgemeinen Rückgang der Zivilisation schließen, doch Zeugnisse für eine kulturelle Kontinuität in einigen Gebieten treten immer deutlicher zutage.

Mit Sicherheit erlosch die Tradition der Keilschrift-Tontafeln – das Rückgrat der großreichszeitlichen Verwaltung – in Anatolien, und damit auch die hethitische Sprache. Für ihre monumentalen Inschriften hatten die Großkönige von Ḫattuša jedoch eine hieroglyphische Schrift verwendet, und wir wissen heute, daß diese Schrift nicht das Hethitische, die Sprache Zentralanatoliens, wiedergibt, sondern das damit eng verwandte Luwische, die Sprache des Westens und Südens, und diese Schrift und diese Sprache sollten in den einstigen Provinzen Südostanatoliens, Nordsyriens und am Euphrat noch an Bedeutung gewinnen. Auch die Traditionen von Architektur und Monumentalskulptur des hethitischen Großreiches überdauerten in den Nachfolgestaaten, von denen sich einige geographisch nahezu mit Provinzen der modernen Türkei decken (s. Karte S. 308).

Karkamis am Euphrat war eines der wenigen späthethitischen Zentren, die schon im hethitischen Großreich von großer politischer Bedeutung gewesen waren. Hier hatte Suppiluliuma I. nach seiner Eroberung Syriens einen seiner Söhne als hethitischen Vizekönig etabliert und damit eine Dynastie begründet, die fünf Generationen lang an der Macht blieb. Der letzte dieser Linie, sein Ururenkel Kuzi-Tešub, ist erst vor wenigen Jahren identifiziert worden[1] und erweist sich mittlerweile als eine zentrale Figur für die kulturelle Kontinuität nach dem Zerfall des hethitischen Großreiches. Seine Macht über die Euphrat-Provinzen scheint die politischen Wirren überdauert zu haben, weshalb er unter Berufung auf seine Abstammung von Suppiluliuma I. den Titel »Großkönig« annahm, der bis dahin den Herrschern von Ḫattuša vorbehalten gewesen war. Und obwohl das »Land Ḫattuša« in Zentralanatolien in dieser Zeit von der Landkarte verschwand, blieb dessen akkadischer Name Ḫatti erhalten und wurde auf die früheren Provinzen in Syrien mit Karkamis als kultureller und – wenn auch nur für kurze Zeit – politischer Hauptstadt übertragen. Dieser Tatbestand kommt auch in unserer Bezeichnung »späthethitisch« zum Ausdruck.

Auch die räumliche Ausdehnung und die politische Bedeutung des Königreiches Tarḫuntassa in Südanatolien während der letzten drei Generationen der Ḫattuša-Dynastie ist erst in den letzten Jahren erkannt worden. Wir verdanken diese Erkenntnis der Entdeckung einer Bronzetafel, die den Text eines umfassenden Vertrages zwischen Kurunta, dem König von Tarḫuntassa, und seinem Vetter Tudḫalia IV. von Ḫattuša trägt.[2] Er enthält eine aufschlußreiche Beschreibung der Grenze zwischen Ḫattuša und Tarḫuntassa und räumt den Königen von Tarḫuntassa ausdrücklich denselben Status wie denen von Karkamis ein. Damit stimmt die Tatsache überein, daß Kurunta sich auf seinen Siegeln und seinem erst in jüngster Zeit entdeckten Felsrelief in Hatip bei Konya[3] den Titel »Großkönig« zulegte. Andere neuere Erkenntnisse lassen auf die Möglichkeit eines offenen Konfliktes zwischen Tarhuntassa und Ḫattuša unter Suppiluliuma II. schließen, der sich rühmte, Tarḫuntassa besiegt und besetzt zu haben – ein kurzlebiger Triumph, da das Ende Ḫattušas bevorstand.[4] In Tarḫuntassa wie in Karkamis könnten die Inschriften auf dem Karadağ und dem Kızıldağ im Süden der Ebene von Konya eine kulturelle Kontinuität bezeugen. Sie wurden von Ḫartapu angelegt, dem Sohn Mursilis, und beide tragen den Titel »Großkönig, Held«.[5] Der Standort dieser Monumente legt den Schluß nahe, daß Ḫartapu mit der Dynastie von Tarḫuntassa verbunden war, und er und Kuzi-Tešub könnten zentrale Persönlichkeiten des Übergangs zwischen dem hethitischen Großreich und dem, was darauf folgte, gewesen sein, wenngleich für die folgenden 400 Jahre in diesem Teil Anatoliens keine archäologischen oder epigraphischen Quellen gefunden werden konnten.

> Geschichte und Quellen

Malatya

Die Zeugnisse, die Kuzi-Tešub mit der späteren Epoche verbinden, stammen nicht aus Karkamis, sondern aus Malatya (Arslantepe) am Westufer des oberen Euphrat. Diese Siedlung ist nicht als ein Sitz politischer Macht im hethitischen Großreich bekannt. Schon immer sind enge Verbindungen zwischen den Skulpturen aus Malatya und der großreichszeitlichen hethitischen Kunst gesehen worden (s. auch Orthmann, hier S. 274ff.), doch man neigte früher eher dazu, diese Verbindungen als Datierungskriterien zu behandeln und die Malatya-Skulpturen in das 10. oder sogar in das 9. Jahrhundert v. Chr. vorzudatieren.[6] Doch da Kuzi-Tešub inzwischen als Großvater zweier verschiedener Könige von Malatya identifiziert worden ist, kann jetzt eine von ihm abstammende, vier Generationen umfassende Dynastie rekonstruiert werden, und da viele dieser Skulpturen mit dieser Dynastie in Verbindung gebracht werden können, sind sie in das 12. oder frühe 11. Jahrhundert v. Chr. zu datieren.[7]

Eine andere Gruppe von Malatya-Inschriften bezeugt eine weitere, drei Generationen umfassende Herrscherlinie, die offensichtlich auf die Kuzi-Tešub-Linie folgte und sich bis weit ins 11. Jahrhundert v. Chr. hinein erstreckte. All diese nach dem Ende des hethitischen Reiches bezeugten Generationen zusammen müssen sich über mindestens zwei Jahrhunderte erstreckt haben. Die Inschriften zeigen, daß ihre Urheber, auch wenn sie ursprünglich von Kuzi-Tešub aus Karkamis abstammten, zu selbständigen Herrschern von Malatya geworden waren und daß das »Großkönigtum« ihres Vorfahren dessen eigene Herrschaft nicht überdauert haben dürfte.[8]

Karkamis

In Karkamis selbst dagegen scheinen die wichtigsten ausgegrabenen Monumente nicht vor ca. 1000 v. Chr. entstanden zu sein. Die Inschriften bezeugen

3 Zwei Portallöwen vom Nordtor in Karatepe-Arslantas, Anfang 7. Jahrhundert v. Chr., in situ, Karatepe-Arslantas Freilichtmuseum (Çambel 1999)

eine vier Generationen umfassende Herrscherdynastie, das »Haus des Suhi«, das wahrscheinlich im 10. Jahrhundert v. Chr. anzusiedeln ist. Diese Herrscher trugen den Titel »Landesherr« und scheinen neben einer Linie schattenhafter »Großkönige«, möglicherweise Nachkommen Kuzi-Tešubs, bestanden zu haben. Die meisten Monumente wurden von den beiden letzten Angehörigen der Linie, Suhi II. und dessen Sohn Katuwa, errichtet. Eine Inschrift auf einem Portallöwen bezeugt ein Gebäude, das Suhis Vater Astuwatamanza errichten ließ, und andere unbeschriftete Monumente können ihm oder seinem Vater Suhi I. zugeschrieben werden.[9]

Die andere Hauptgruppe von Monumenten in Karkamis ist dem »Haus des Astiruwa« zuzuordnen [Abb. 1], einer mindestens drei Generationen umfassenden Linie, die in die Zeit vom späten 9. Jahrhundert v. Chr. bis 717 v. Chr., als Karkamis seine Unabhängigkeit verlor, zu datieren ist. Die Skulpturen und Inschriften dieser Linie sind hauptsächlich dem Regenten Jariri, ferner Kamani, dem Sohn Astiruwas, und mindestens einer weiteren Generation zuzuordnen, zu der der letzte König Pisiri gehört.[10]

Til-Barsib

Etwa 20 Kilometer stromabwärts von Karkamis ist Til-Barsip (Tell Ahmar) am Ostufer des Euphrat die Fundstätte einer bemerkenswerten Serie skulptierter und mit Inschriften versehener Stelen, die stilistisch so eng mit denen in Karkamis unter Suhi II. und Katuwa entstandenen verwandt sind, daß Til-Barsip als kulturelle »Dependance« des alten hethitischen Zentrums betrachtet werden darf. Die Inschriften verweisen auf einen sich über mehrere Generationen erstreckenden Machtkampf zwischen zwei konkurrierenden Zweigen der herrschenden Familie. Der bekannteste Herrscher der Stadt war Hamiyata, der nicht weniger als vier Stelen errichten ließ (von denen zwei erst kürzlich ausgegraben wurden) und auf drei weiteren erwähnt wird. Wie die Suhi-Katuwa-Gruppe in Karkamis muß auch diese Folge von Monumenten ins späte 10. bis frühe 9. Jahrhundert v. Chr. datiert werden.[11]

Gurgum

Nordwestlich von Karkamis lag das Land Gurgum mit seiner gleichnamigen Hauptstadt, deren assyrisch überlieferter Name in dem modernen Stadt- und Provinznamen Maraş erhalten geblieben ist. Im Stadtzentrum liegt ein hoher, von einer mittelalterlichen Zitadelle bekrönter antiker Hügel, der noch nie von einem archäologischen Forschungsteam untersucht worden ist. Dennoch sind in dieser Stadt – wahrscheinlich aus der antiken Nekropole wie auch aus dem Ruinenhügel – Skulpturen und Inschriften in beträchtlicher Zahl ans Tageslicht gekommen. Die Inschriften geben Zeugnis von verschiedenen Königen von Gurgum: Auf dem bekannten, mit einer Inschrift versehenen Löwen von Maraş [Abb. 2] hat Ḫalparuntiya III. die sechs Generationen seiner Vorfahren bis hinunter zum mutmaßlichen Begründer der Linie verzeichnet. Es gibt verschiedene Berührungspunkte zwischen der gesicherten Chronologie zeitgenössischer assyrischer Könige und dieser Dynastie, die sich von ca. 800 v. Chr. (Ḫalparuntiya III.) über dessen Großvater Ḫalparuntiya II. (ca. 850 v. Chr.) bis zu dessen Ururgroßvater im frühen 10. Jahrhundert v. Chr. zurückverfolgen läßt. Dies gibt uns einen wertvollen chronologischen Anhaltspunkt für die Datierung der in diesem Zeitraum hier entstandenen Skulpturen und stilistisch vergleichbarer Monumente aus anderen Orten. Die Gurgum-Linie dürfte als eine Nebenlinie der Dynastie von Karkamis zu betrachten sein.[12]

Unqi und Que

Assyrische Quellen des 9. bis 8. Jahrhunderts v. Chr. verweisen auf als späthethitisch identifizierbare Fürstentümer in Unqi (der heutigen Amuq-Ebene bei Antakya) und Que (der Ebene von Kilikien mit dem modernen Zentrum Adana). Trotz ausgedehnter archäologischer Untersuchungen konnten in Tell Taiynat (wahrscheinlich das antike Kunulua, Hauptstadt von Unqi) nur wenige, stark zerstörte Skulpturen und Inschriften geborgen werden, so daß wir keine direkten Informationen über das Königreich Unqi besitzen.[13] In Kilikien lag das antike Adana wahrscheinlich auf dem Gebiet der heutigen Stadt, konnte jedoch noch nicht genau lokalisiert werden. In den Hügeln nordöstlich der kilikischen Ebene, in Karatepe am Ceyhan, ist jedoch die längste und wichtigste hieroglyphische Inschrift mit einer phönizischen Parallelversion – auch in dieser Sprache der längste überlieferte Text – entdeckt worden [Abb. 3]. Zusammen stellen diese beiden Textfassungen eine der bmerkenswertesten Bilinguen der Antike dar. Diese Inschriften sind jeweils in doppelter Ausführung in die Orthostaten des Nord- und des Südtors der kleinen Hügelfestung eingemeißelt, die von Azatiwata, einem von der als das »Haus des Mopsos« bezeichneten Herrscherdynastie in Adana ernannten Regenten errichtet wurde.[14] Die Datierung dieser Skulpturen und Inschriften ist umstritten (s. u., S. 272), doch wahrscheinlich sind sie spät, im frühen 7. Jahrhundert v. Chr. entstanden. Die teilweise freigelegte Ausgrabungsstätte Domuztepe auf einem Hügel auf der anderen Seite des Ceyhan (gegenüber von Karatepe) zeigt Reste monumentaler Gebäude und Skulpturen einer früheren Zeit, wahrscheinlich des 9. Jahrhunderts. Erst in den letzten Jahren sind auf einem Feld bei Adana eine Kolossalfigur des Wettergottes und ein in Form seines von einem Stier gezogenen Wagens gemeißelter Sockel mit hieroglyphenluwischen und phönizischen Inschriften gefunden worden, die offenbar ebenfalls in das frühe 7. Jahrhundert v. Chr. zu datieren sind (s. u., S. 272).

Aleppo und Bit-Agusi

Zwischen Unqi und Karkamis liegt die alte Stadt Halab (Aleppo), spätestens seit dem 3. Jahrtausend v. Chr. ein bedeutendes Kultzentrum des Wettergottes. Unter dem hethitischen Reich war sie der Sitz einer von Suppiluliuma I. abstammenden Priesterdynastie, und in der Eisenzeit blieb sie ein wichtiges Kultzentrum, das jedoch keine größere politische Bedeutung hatte. In dieser Zeit wurde die Stadt in das Territorium eines neuen aramäischen Stammesstaates eingegliedert: Bit-Agusi mit einer Hauptstadt in Arpad (wahrscheinlich das etwas nördlich von Halab gelegene Tell Rifa'at). Assyrische Quellen nennen die Könige, die diesen Staat im 9. und 8. Jahrhundert v. Chr. regierten und die den Widerstand gegen die assyrische Expansion angeführt zu haben scheinen. Von ihrer Hauptstadt blieb jedoch kaum etwas erhalten.[15] Bei jüngeren Ausgrabungen auf dem gewaltigen Zitadellenhügel von Aleppo ist jedoch ein monumentales Gebäude mit skulptierten Orthostaten lokalisiert worden, wahrscheinlich der Tempel des Wettergottes aus der frühen Eisenzeit.[16]

Sam'al

Im in nordsüdlicher Richtung zwischen Unqi und Gurgum verlaufenden Grabenbruch liegt an dem Ort, der den östlichen Ausgang des wichtigsten Passes über den Amanus kontrolliert, das heutige Zincirli. Dort ist eine große Gruppe von Skulpturen und Inschriften ausgegraben worden, die den kleinen Staat Sam'al repräsentieren, der unter einem Herrscherhaus namens Bit-Gabbar stand, dessen Mitglieder sowohl semitische als auch luwische Namen trugen. Das erklärt den hybriden Charakter der Monumente, die den hethitischen Stil von Karkamis in einem semitischen, phönizisch-aramäischen Idiom nachempfinden (Abb. 4, S. 276). Die in phönizischer und aramäischer Sprache abgefaßten Inschriften überliefern die Geschichte der Dynastie im 9. und 8. Jahrhundert v. Chr. In dieser Zeit scheinen die Herrscher von Sam'al treue Vasallen der Assyrer gewesen zu sein.[17]

Kummuh und Hamath

Die Dynastien von zwei weiteren späthethitischen Kleinkönigreichen sind uns durch Gruppen hieroglyphischer Inschriften bekannt: Kummuh in der klassischen Antike die Kommagene, heute die türkische Provinz Adıyaman) am oberen Euphrat zwischen Malatya und Karkamis sowie Hamath (heute das syrische Hama) am Orontes zwischen Aleppo und Damaskus. Im Mittelpunkt der Inschriften von Kummuh stehen die Namen eines Suppiluliuma und von dessen Sohn Ḫattusili; ersterer ist wahrscheinlich mit dem in assyrischen Quellen von 805 und 773 v. Chr. bezeugten Ušpilulume gleichzusetzen. Andere späthethitische Herrscher von Kummuh, die keine eigenen Inschriften hinterlassen haben, sind in assyrischen Quellen aus den Jahren zwischen 866 und 853 und von etwa 750 bis 708 v. Chr. bezeugt. Die Inschriften in Hamath gehen dagegen auf Urhilina und dessen Sohn Uratami zurück, wobei ersterer dem in der Zeit von 853 bis 846 v. Chr. von dem assyrischen König Salmanassar III. erwähnten Irhuleni entspricht. In Hamath wurde die späthethitische Dynastie zu Beginn des 8. Jahrhunderts v. Chr. durch eine aramäische ersetzt.[18]

Tabal

Wie oben bereits erwähnt wurde, kennen wir aus dem Süden der Ebene von Konya eine Gruppe von Inschriften, die in das Ende des hethitischen Großreiches oder die folgende Epoche zu datieren sind und mit der Geschichte des Königreiches Tarḫuntassa im 13. Jahrhundert v. Chr. in Verbindung stehen. Für die folgenden 400 Jahre konnten in diesem Teil der anatolischen Hochebene weder historische noch archäologische Zeugnisse gefunden werden. Man kann noch nicht mit Bestimmtheit sagen, ob daraus auf einen einschneidenden zivilisatorischen Rückschlag zu schließen ist oder ob die Archäologen bislang einfach kein Glück hatten. Erst für das spätere 8. Jahrhundert v. Chr. sind wieder Quellen bekannt. Zwei Inschriftengruppen aus dieser Zeit sind aus dem Gebiet bekannt, das in assyrischen Quellen als »Tabal« bezeichnet wird: eine geschlossene Gruppe aus Tuwana (das der Tyanitis der klassischen Antike bzw. der heutigen Provinz Niğde entspricht), die sich auf Warpalawa und dessen Sohn Muwaharani konzentrieren, und eine aus einer weiter nördlich gelegenen Ausgrabungsstätte stammende weniger einheitliche Gruppe, die außer von einem Tuwati und dessen Sohn Wasusarma, die beide den Titel »Großkönig« tragen, auch von deren Dienern, von unabhängigen Herrschern und von Privatpersonen berichtet. Die Inschriften vermitteln den Eindruck, daß diese »Großkönige« ihren – historisch begründeten oder auch unberechtigten – Anspruch auf die Oberherrschaft über dieses Gebiet von ihrer Abstammung aus dem Königreich Tarḫuntassa ableiteten.[19]

> Zerstörung und Untergang

Die Welt der späthethitischen Kleinkönigreiche war durch luwisch sprechende Bevölkerungsgruppen entstanden, die durch den Zusammenbruch des hethitischen Großreiches zur Abwanderung nach Osten getrieben wurden. Sie stießen auf eine Gegenwelle der neu in diesen Gebieten eingetroffenen Aramäer, und der Lebensraum dieser beiden Völker wurde unter den Namen »Ḫatti und Aram« zusammengefaßt. Die Aramäer übernahmen manches aus der Zivilisation ihrer Nachbarn, so auch die monumentale Bau- und Bildhauerkunst, und in Sam'al setzten sie sogar ihr traditionell geritztes hebräisch-phönizisches Alphabet in den hethitischen Reliefstil um.

Ḫatti und Aram waren von größeren Territorialstaaten umgeben und verschiedenen politischen Bedrohungen und kulturellen Einflüssen ausgesetzt. Im Nordosten erreichte die Macht des Staates Urartu unter dem König Menua im frühen 8. Jahrhundert v. Chr. Malatya und die anderen Staaten am Euphrat, und im späteren 8. Jahrhundert brachte Mita von Muški (den die Griechen Midas nannten) die anatolische Hochebene unter die Vorherrschaft der Phryger. Im Süden übte der aramäische Staat Damaskus Druck auf Hamath und seine anderen nördlichen Nachbarn aus. Und im Osten, jenseits des Euphrat, erhob sich eine besonders bedrohliche und einflußreiche Macht, das neu erstarkte Assyrien des 9. und 8. Jahrhunderts v. Chr.

Der Angriff von dieser Seite auf Ḫatti und Aram erfolgte in zwei Wellen: In der ersten Periode (ca. 870–830 v. Chr.) wurden sie unter Assurnasirpal II. und Salmanassar III. tributpflichtig gemacht, in der zweiten unter Tiglatpileser III., Salmanassar V. und Sargon II. (745–705 v. Chr.) endgültig unterworfen. In der ersten Periode und in der Übergangszeit zur zweiten war der kulturelle Einfluß wechselseitig, zunächst übten die Ḫatti und Aram den stärkeren Einfluß auf die Assyrer aus, später war es umgekehrt. In der zweiten Periode jedoch annektierten die Assyrer ihre Nachbarn im Westen, deportierten ganze Bevölkerungsgruppen und siedelten sie neu an. Für die späthethitischen Völker bedeutete dies das Ende. Zusammen mit ihrer Sprache, Schrift, Kunst und Architektur – einer Kultur, die sie vor mehr als einem halben Jahrtausend aus dem untergegangenen hethitischen Großreich hinübergerettet hatten – verschwanden sie im Dunkel der Geschichte. Die – robusteren und wahrscheinlich auch zahlreicheren – Aramäer erduldeten zunächst ein ähnliches Schicksal; ihre Schrift und ihre Sprache verdrängten schließlich jedoch die ihrer Eroberer.[20]

Anmerkungen

1 Hawkins 1988 a.

2 Otten 1988; Beckman 1996, Nr. 18 c; neuere Bibliographie in van den Hout 1995, 326.

3 Singer 1996.

4 Hawkins 1995 a.

5 Alp 1974; Hawkins 1992.

6 Orthmann 1971.

7 Hawkins 1993 b, 91–100; vgl. Hawkins 1998 a, 103, Anm. 20.

8 Hawkins 1995 b.

9 Hawkins 1995 b.

10 Winter 1983; Hawkins 1986.

11 Hawkins 1980 b, 1983 b.

12 Hawkins 1989 b.

13 Hawkins 1973.

14 Hawkins 1980 c.

15 Sader 1987, 136–152; Hawkins 2000, 388–390.

16 Khayyata/Kohlmeyer 1998.

17 Gibson 1975, 60–93, 1982, 30–41; Sader 1987, 172–184.

18 Kummuh: Hawkins 1983 b, 2000, 330–333; Hamat: Hawkins 1972 b, 2000, 398–403; Gibson 1975, 6–17.

19 Wäfler 1983; Hawkins 1979, 162–167, 1992, 272.

20 Hawkins 1982; eine Übersicht über die politische Geographie im Lichte neuerer Entdeckungen in: Hawkins 1995 c.

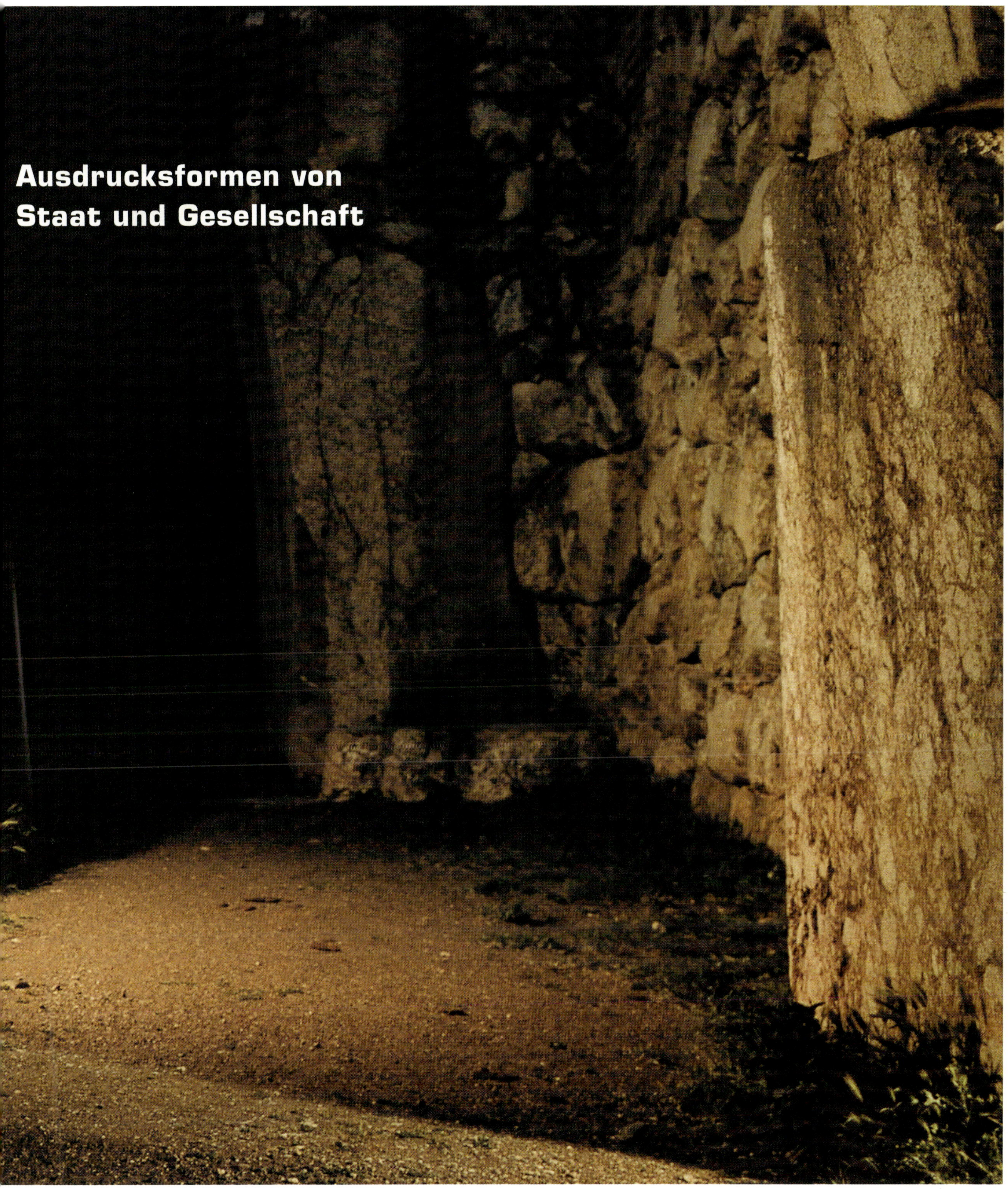

Ausdrucksformen von Staat und Gesellschaft

Die Geschichte des hethitischen Reiches

Horst Klengel

> Die schriftlichen Zeugnisse

Wenn wir heute von den »Hethitern« sprechen, so meinen wir damit eine Bevölkerung, die im 2. vorchristlichen Jahrtausend in Anatolien lebte. Das Wort »Hethiter« selbst ist als »Chittim« aus der alttestamentlichen Überlieferung bekannt; seine übliche deutsche Wiedergabe folgt der Bibelübersetzung Martin Luthers. Im Alten Testament wird damit allerdings eine Bevölkerung des frühen 1. Jahrtausends v. Chr. bezeichnet; erst gegen Ende des 19. Jahrhunderts wurde – vor allem durch die im mittelägyptischen Tell el-Amarna entdeckten Keilschrifttexte – deutlich, daß diese »Hethiter« im 2. vorchristlichen Jahrtausend im zentralen Anatolien einen Staat gegründet hatten und sich selbst als Bewohner des Landes der Stadt Ḫattusa – akkadisch Ḫatti geschrieben – bezeichneten. Dieses Ḫattusa, gelegen bei dem heutigen Dorf Boğazkale (älter: Boğazköy) nahe Sungurlu im Distrikt Çorum, war die Residenz der hethitischen Könige bzw. Großkönige. Bei den Ausgrabungen, die hier – mit einigen Unterbrechungen – seit 1906 durchgeführt werden (vgl. Seeher, hier S. 94ff.), sind auch Tausende von Tontafeln entdeckt worden, geschrieben in der bereits aus Mesopotamien bekannten Keilschrift. Sie war von den Hethitern aus dem nordsyrisch-mesopotamischen Raum für ihre indoeuropäische »hethitische« Sprache (vgl. Wilhelm, hier S. 46ff.) übernommen worden, diente dann aber auch zur Fixierung von Überlieferungen in Babylonisch-Assyrisch (Akkadisch), Hurritisch, Luwisch und Hattisch. Als zu Beginn des 20. Jahrhunderts das Hethitische als zur indogermanischen Sprachfamilie gehörend erkannt wurde, wozu vor allem ein Vortrag des tschechischen Gelehrten B. Hrozný beitrug, den er 1915 in Berlin hielt, konnte allmählich auch die Geschichte des anatolischen Hethiterstaates rekonstruiert werden. Neben den Schriftzeugnissen aus Ḫattusa, zu denen jetzt noch solche aus einigen hethitischen Provinzzentren Anatoliens getreten sind, kommen als Quellen für die hethitische Geschichte auch keilschriftliche Überlieferungen aus Mesopotamien (Assur), Syrien (Ugarit an der Küste und Emar am Euphrat) sowie aus Ägypten (Amarna und hieroglyphische Texte) in Betracht. Dennoch gibt es noch manche Lücken und Unklarheiten in dieser umfangreichen textlichen Tradition – nicht zuletzt auch dadurch, daß die Zuverlässigkeit der hethitischen »historiographischen« Texte wegen ihrer politischen Zwecksetzung nicht immer sicher einzuschätzen ist.[1]

> »Hethitische« Präsenz in den Fürstentümern altassyrischer Zeit

Das umfangreiche archäologische Zeugnis, das seit dem Neolithikum, dem Übergang zu einer seßhaften Lebensweise mit Bodenbau und Viehhaltung, bis zum Ende des 3. vorchristlichen Jahrtausends für den anatolischen Raum zur Verfügung steht, bietet keine Hinweise auf die ethnische Zusammensetzung der Bevölkerung. Daß Anatolien spätestens im 3. Jahrtausend v. Chr. bereits in Territorien bestimmter Anführer (»Könige«) gegliedert war, läßt sich aufgrund der späteren inschriftlichen Tradition vermuten und hat seinen Niederschlag in literarischen Texten gefunden, die sich um die mesopotamischen Herrscher Sargon und Naram-Sin (24./23. Jahrhundert) ranken; sie deuten auf überregionale Handelskontakte sowie auf die Existenz einer ganzen Anzahl von Herrschaftsgebieten hin.[2] Dieselbe Tradition verweist auch auf unsichere Verhältnisse, unter denen eine als Ungeheuer charakterisierte, d. h. wohl fremdartige Bevölkerung anatolische Ortschaften überfiel.[3] Inwieweit diese fremden Bevölkerungsgruppen mit indoeuropäischen Zuwanderern in Verbindung zu bringen sind, die aus dem nördlichen Schwarzmeerraum nach Kleinasien vorgedrungen waren, den späteren »Hethitern«, bleibt unklar. Sicher ist jedenfalls, daß in den altassyrischen Texten aus Kültepe/Kaniš, die in den Archiven von Kaufleuten aus Assur entdeckt wurden und vom Beginn des 2. Jahrtausends v. Chr. datieren, bereits indoeuropäische Namen und Ausdrücke erscheinen, die auf die Anwesenheit jener Bevölkerung deuten, die wir heute den Hethitern zurechnen; einige ihrer Vertreter hatten Hofämter inne, gehörten also einer höheren sozialen Schicht an.[4] Ob auch der Fürst Anitta, Sohn des Pitḫana, der um 1800 v. Chr. in Texten aus Kültepe erscheint, der indoeuropäischen oder der einheimischen, »hattischen« Bevölkerungsgruppe zugehörte, ist noch unklar. Auf ihn geht ein Text zurück, der in hethitischer Sprache überliefert ist und den erneuten Aufstieg der Stadt Neša/Kaniš als Sitz eines Großfürsten behandelt.[5] Daneben bezeugen die altassyrischen Texte noch mindestens 20 weitere Fürstensitze, darunter auch Ḫattus(a), die Residenz der späteren hethitischen Großkönige. Diese Aufsplitterung in eine Reihe miteinander rivalisierender Fürstentümer einerseits und der durch den Handel mit Assur und syrischen Zentren gewonnene Reichtum der lokalen Herrscher andererseits mögen mit dazu beigetragen haben, daß die militärischen Auseinandersetzungen zwischen den anatolischen Zentren zunahmen. Anitta von Neša hat dabei auch Ḫattusa belagert, die ausgehungerte Stadt schließlich eingenommen und zerstört; er ließ Unkraut auf ihrem Gebiet aussäen, um damit anzuzeigen, daß sie niemals wieder besiedelt werden sollte. Jedoch etwa ein Jahrhundert später war Ḫattusa hethitische Königsresidenz.

> Die hethitische Staatsbildung: Unterwerfung der Nachbarn und Expansion über den Taurus

Während des 17. und 16. Jahrhunderts v. Chr. vollzogen sich in Anatolien politische Entwicklungen, die nach einer in der historischen Literatur üblich gewordenen Gliederung dem »Alten« bzw. »Älteren« Reich zugeordnet werden.[6] Da der Gebrauch der altassyrischen Schrift nach dem Ende der altassyrischen Handelsniederlassungen in Anatolien aufgegeben wurde, ist zunächst über die politische Entwicklung in diesem Raum nur wenig Sicheres zu erfahren. Dies änderte sich erst seit der Regierung eines Königs mit dem später zum Herrschertitel gewordenen Namen Labarna, der seine Residenz in Ḫattusa nahm und sich fortan »der von Ḫattusa«, d. h. Ḫattusili (I.) nannte. Offenbar war zu etwa jener Zeit die Keilschrift bereits erneut eingeführt worden,

1

2a

2b

3a

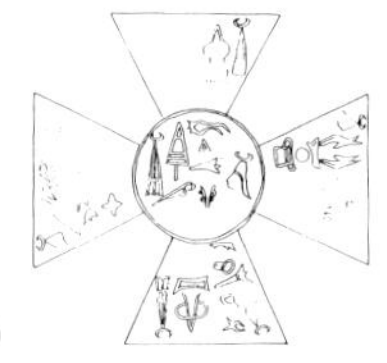
3b

4

wohl aus dem syrisch-obermesopotamischen Raum; sie diente fortan der Verwaltung, der Traditionspflege und dem Kult und damit zugleich der Festigung des Staates. Denn nachdem Ḫattusili eine ganze Anzahl von Orten im zentralen Anatolien unterworfen hatte, war die Überquerung des Taurus zu einer Herausforderung geworden: Südlich des Taurus lagen die reichen nordsyrischen Ackerfluren mit dem Zentrum Ḫalab/Aleppo, in dem es zudem ein bedeutendes Heiligtum des Wettergottes gab – jenes Gottes, der gerade in Regenfeldbaugebieten vorrangig verehrt wurde. So soll es nach einer späteren Überlieferung[7] sogar der Wettergott selbst gewesen sein, der den hethitischen Truppen bei der Überschreitung des Taurus-Gebirges behilflich war. Dabei wurde auch eine Statue des Wettergottes von Ḫalab erbeutet und nach Ḫattusa überstellt. Ḫattusili wurde nicht zuletzt dadurch zu einem »großen König« bzw. »Großkönig«, der über andere Fürsten gebot. Der hethitische Einfluß ist zeitweilig bis in das nördliche Mesopotamien ausgedehnt worden, wobei es auch dort zu Kämpfen mit den Hurritern kam – jener bereits seit dem 3. Jahrtausend v. Chr. bezeugten und inzwischen von Südostkleinasien und Nordsyrien bis nach Obermesopotamien verbreiteten Bevölkerung[8], mit deren Staatsgründungen sich die Hethiter auch in der Folgezeit immer wieder auseinandersetzen mußten, wenn sie jenseits des Taurus ihre Herrschaft aufrechterhalten wollten, und deren Traditionen dann auch das zentrale Anatolien stark beeinflußt haben (vgl. Haas, hier S. 102ff., Wilhelm, hier S. 46ff.). Auch wenn es Ḫattusili nicht gelang, das nordsyrische Kultzentrum Ḫalab zu erobern und die hethitische Präsenz in Syrien dauerhaft zu machen: Das von Ḫattusa aus regierte Königreich war durch seine militärischen Erfolge in die Reihe der vorder-asiatischen Mächte aufgerückt.

Zu seinem Nachfolger auf dem hethitischen Thron bestimmte Ḫattusili, nach negativen Erfahrungen selbst in seiner engsten Familie, den noch jungen Mursili (I.). Dieser übernahm von Ḫattusili vor allem die Aufgabe, die Präsenz Ḫattis jenseits des Taurus zu stärken – und dazu mußte nun auch die Stadt Ḫalab selbst erobert werden, Hauptstadt des Königreiches Jamḫad. Obwohl Mursilis Regierung offenbar nicht sehr lange währte, gelang es ihm, diese Aufgabe zu erfüllen. Hethitische Truppen marschierten danach sogar bis nach Babylon, der einstigen Residenzstadt des Königs und Gesetzgebers Ḫammurapi, die allerdings unter dessen Nachfolgern zunehmend in interne Probleme und äußere Bedrängnis geraten war. Warum Mursili diesen weiten Feldzug den Euphrat abwärts wagte, bei dem er sich erneut auch mit hurritischen Gruppen auseinandersetzen mußte, wird aus dem Selbstzeugnis hethitischer Quellen nicht deutlich; in der babylonischen Tradition ist die Eroberung Babylons nur sehr kurz notiert worden. Wie Ḫalab war auch das durch den Euphrat-Handel mit Syrien verbundene Babylon eine Stadt mit großer Vergangenheit und einem immer noch glänzenden Namen; wer sie einnahm, konnte zweifellos einen bedeutenden Zuwachs an Prestige erwarten, das politisch nach außen wie innen eingesetzt werden konnte. Mursili selbst war dazu jedoch offenbar nur noch kurze Zeit in der Lage: Bei einer Verschwörung, an der sich auch sein Schwager Ḫantili beteiligte, der ein hohes Hofamt innehatte, wurde er ermordet.

> Machtverfall, Instabilität und erneute Konsolidierung: Der hethitische Staat zwischen Mursili I. und Tutḫalija I.

Die auf den Mord an Mursili I. folgende Periode hethitischer Geschichte war zunächst geprägt von innerdynastischen Auseinandersetzungen, wie sie vor allem in der Einleitung eines Erlasses überliefert werden, den König Telipinu im späten 16. Jahrhundert v. Chr. niederschreiben ließ und der in einer jüngeren Abschrift auf uns gekommen ist.[9] Dabei wird allerdings die Absicht des Telipinu unverkennbar, seine Vorgänger Ḫantili, Zidanta, Ammuna und Ḫuzzija als »Unglücksherrscher« darzustellen, die zudem in eine Reihe von Bluttaten verstrickt gewesen sein sollen[Abb. 1]. Das gab ihm offenbar auch den Anlaß, eine Ratsversammlung

1 Siegel des hethitischen Königs Ḫuzzija II. (Otten 1987, Abb. 8)

2 a, b Siegel des Großkönigs Suppiluliuma; b nennt außer ihm auch die Großkönigin (Otten 1995, Abb. 1, 37, Abdruck auf einer Tontafel aus Ugarit)

3 a Siegel des Großkönigs Mursili II., Sohn des Suppiluliuma, sowie seiner großköniglichen Gemahlin, um 1300 v. Chr. (Otten 1995, Abb. 30)

3 b Kreuzförmiges Siegel des Mursili II. (Vs.), das Mursili II. sowie frühere Könige und Königinnen nennt (A. Dinçol/B. Dinçol/J. D. Hawkins/G. Wilhelm, Festschrift P. Neve, *Istanbuler Mitteilungen* 43, 1993, 88)

4 Siegel des Großkönigs Muwattalli II., des Gegners von Pharao Ramses II. in der Schlacht von Kadesch, mit der Darstellung des Herrschers an der Hand seines Schutzgottes (Beran 1967, Nr. 250 a)

5 Ägyptische Darstellung der Schlacht von Kadesch im Ramesseum, die Ramses II. als Sieger zeigt (F. Lepsius, *Denkmäler* III, Taf. 164a, 165; vgl. Ch. Kuentz, *La bataille de Qadesh,* Kairo 1934, Taf. 41)

(»tulija«) in Ḫattusa einzuberufen und eine Reihe von Regelungen zu verkünden. Diese hatten zum Ziel, das Königshaus vor weiteren Mordtaten zu schützen, eine Thronfolgeordnung festzulegen und die Einigkeit an der Spitze des Staates zu fördern. In Zusammenhang damit wurde einem Gremium, dem sogenannten *panku*, eine größere Rolle übertragen.[10] Der *panku* sollte bei Bluttaten innerhalb des Königshauses die Bestrafung der Schuldigen veranlassen, nicht aber Rache an deren Familien und ihren »Häusern« nehmen; ferner sollte er auch an der Gerichtsbarkeit über die verschiedenen Würdenträger beteiligt sein. Neben diesen Maßnahmen zum Schutze des Königtums wird auch die Versorgung der Städte mit Wasser und Getreide geregelt; Betrug bei der Ablieferung der Ernte sollte mit dem Tode des Schuldigen geahndet werden. Zur Vermeidung einer Zersplitterung von Familienbesitz wurde untersagt, Erben vorzeitig ihre Anteile auszuhändigen, und bei einer Bluttat im privaten Bereich konnte der »Herr des Blutes« darüber entscheiden, ob der Schuldige mit dem Tode bestraft werden sollte oder nur Ersatz zu leisten hatte.

Es ist unklar, inwieweit diese Bestimmungen des Telipinu-Erlasses in der politischen Praxis wirksam wurden und eine Stabilisierung des hethitischen Staates förderten. Einer konventionellen Untergliederung der hethitischen Geschichte zufolge beginnt nach Telipinu das sogenannte »Mittlere« Reich, dem – teils aufgrund paläographischer Indizien – eine Reihe von Königen mit mehr oder weniger großer Sicherheit hinsichtlich ihrer Abfolge zugewiesen werden können. Häufig bezeugt sind jetzt Landschenkungen an Würdenträger, die durch die Formulierung geschützt werden sollten: »Die Worte des Tabarna, des Großkönigs, sind von Eisen. Sie sind nicht zu verwerfen, nicht zu zerbrechen. Wer sie vertauscht, dem wird man sein Haupt abschlagen.«[11] Man darf annehmen, daß gerade in einer Zeit innerdynastischer Auseinandersetzungen beabsichtigt war, die jeweiligen Nutznießer der Schenkungen enger mit dem Königshaus zu verbinden.

Diese Kämpfe um die Macht in Ḫatti haben gewiß dazu beigetragen, daß die hethitischen Herrscher die Kontrolle über die Gebiete südlich der Tauruskketten wieder verloren. Das machte es dem jungen Staat von Ḫurri-Mitanni, der sich durch Unterwerfung anderer Fürsten im obermesopotamischen Raum herausgebildet hatte, zweifellos leichter, nun seinerseits über den Euphrat bis nach Nordsyrien vorzustoßen und damit Einfluß auf einen Bereich zu gewinnen, in dem sich zu dieser Zeit über Seerouten und Landwege die überregionalen Kontakte verdichtet hatten. Da inzwischen in Kilikien ein Königtum Kizzuwatna entstanden war, haben die hethitischen Herrscher zunächst versucht, durch Verträge mit den Königen dieses wirtschaftlich wie strategisch wichtigen Gebietes einer weiteren mitannischen Expansion entgegenzuwirken. Was das nördliche Syrien betrifft, so wurde hier durch die Feldzüge der ersten Könige der ägyptischen 18. Dynastie, vor allem die bis zum Euphrat führenden Unternehmungen des Thutmosis III., der Einfluß von Mitanni zeitweilig zurückgedrängt. So verwundert es nicht, daß Thutmosis auch von einem hethitischen Herrscher zu seinen Erfolgen beglückwünscht wurde. Die Absicht der Hethiter, ihrerseits im Anschluß an die Erfolge Ḫattusilis I. und Mursilis I. erneut Einfluß auf Nordsyrien zu gewinnen, wurde jedoch nicht aufgegeben, auch wenn sich die Aufmerksamkeit der hethitischen Großkönige Tutḫalija (I.) und Arnuwanda (I.) zwischenzeitlich stärker auf die Ausdehnung des hethitischen Einflusses in das westliche Kleinasien konzentrierte. Die Inschrift auf einem erbeuteten Bronzeschwert, die einen erfolgreichen Feldzug des Tutḫalija bis in das Land Assuwa an der Küste des Ägäischen Meeres meldet, könnte in diesen Zusammenhang gestellt werden.[12] Zugleich aber mußte sich Tutḫalija I. mit den Kaškäern auseinandersetzen, Gebirgsbewohnern im Norden und Nordosten, die in Stammesgruppen organisiert waren und immer wieder, vor allem zur Erntezeit, räuberische Überfälle auf hethitisches Territorium unternahmen. Auch Feldzüge in die Region am oberen Lauf des Euphrat und gegen hurritische Gruppen in Nordmesopotamien werden für Tutḫalija gemeldet. Schließlich berichtet die historische Einleitung eines großreichszeitlichen Vertrages sogar, daß Tutḫalija auch Kontrolle über das nördliche Syrien ausgeübt und Ḫalab sowie (Truppen von) Mitanni »vernichtet« hätte – eine Einschätzung, die aus den zeitgenössischen Quellen bislang nicht nachvollzogen werden kann. Immerhin scheint Tutḫalija I. die großkönigliche Macht in Ḫatti wiederhergestellt und durch äußere Erfolge gestärkt zu haben. Mit Kizzuwatna schloß er einen Vertrag, der die gewachsene Rolle des hethitischen Großkönigs wieder deutlicher spüren läßt, und vielleicht sind auch vertragliche Abmachungen mit syrischen Lokalfürsten, wie denen des mittelsyrischen Tunip und des am Euphratknie gelegenen Landes Aštata, in diese Zeit wiedererstarkender hethitischer Aktivität südlich des Taurus zu datieren.

Dennoch blieb die Herrschaft des Tutḫalija I. im wesentlichen auf Anatolien beschränkt; das obermesopotamische Mitanni-Reich übte weiterhin die Kontrolle über das nördliche Syrien aus, und die Pharaonen der 18. ägyptischen Dynastie – vor allem Thutmosis III. und sein Nachfolger Amenophis II. – vermochten ihren Einfluß zumindest bis Mittelsyrien zu erhalten. Arnuwanda I., der gemeinsam mit seinem Vater eine ganze Reihe von Feldzügen unternommen hatte, über die in annalistischer Form berichtet wird, sah sich erneut zunehmenden Schwierigkeiten gegenüber: In Westkleinasien kam es zu feindlichen Aktionen, und im Norden griffen die Kaškäer erneut auf hethitisches Gebiet über, raubten Dörfer aus und zerstörten Tempel und Götterbilder; ein Abkommen mit Vertretern verschiedener kaškäischer Gruppen war weder von längerer Wirkung, noch hatte es alle Stämme einbeziehen können. In den Texten, vor allem den Briefen, die in Maşathöyük (hethitisch: Tapikka) entdeckt wurden[13] und wohl weitgehend aus der Regierungszeit eines weiteren Tutḫalija (II.)[14] stammen, spiegelt sich die Organisation hethitischer Herrschaft in einer Grenzregion wider, die nur etwa 100 Kilometer östlich von Ḫattusa lag. Texte aus Ḫattusa wiederum bezeugen einen verstärkten Kultureinfluß aus dem hurritischen Bereich, der sich vor allem in der religiöskultischen Sphäre und in der Führung auch hurritischer Namen von Angehörigen des hethitischen Königshauses artikulierte. Tutḫalija (II.), Vater des Prinzen Suppiluliuma, der später als König das hethitische Großreich begründete, regierte bereits zu einer Zeit, über die auch aus Briefen aus dem mittelägyptischen Amarna Informationen entnommen werden können – so etwa darüber, daß im westlichen Kleinasien, im Lande Arzawa, ein lokaler Fürst an Eigenständigkeit und Einfluß gewonnen hatte, der sogar mit dem ägyptischen Pharao Amenophis III. über die Hochzeit mit einer ägyptischen Prinzessin korrespondierte.[15] In diesem Zusammenhang wird auch eine »schwierige Situation« im engeren Herrschaftsgebiet der hethitischen Großkönige erwähnt. Im späteren Bericht des Mursili II. über die Taten seines Vaters Suppiluliuma[16] wird auf die zahlreichen Feldzüge verwiesen, die Tutḫalija allein oder mit seinem Sohn gemeinsam durchführte. Da der Großkönig offenbar zu krank war, um stets persönlich mit dem Heer ins Feld zu ziehen, soll es im wesentlichen Prinz Suppiluliuma gewesen sein, der gegen rebellierende Fürsten Krieg führte. Erneut zeigte sich, daß Ḫatti seine Ansprüche auf Herrschaft auch in Anatolien immer wieder neu zur Geltung bringen mußte.

> Suppiluliuma und die Schaffung des hethitischen Großreiches

Während der Königsherrschaft des Suppiluliuma (I.) vollzogen sich Veränderungen, die das zuvor im wesentlichen auf Anatolien beschränkte hethitische Reich zu einem Großreich werden ließen, dem auch Teile Syriens und Mesopotamiens zugeordnet waren. Diese neue Phase, die als »Neues« Reich vom »Älteren« und »Mittleren« Reich unterschieden werden kann, setzte nicht – trotz einer offenbar dynastischen, staatlichen wie historisch-kulturellen Kontinuität – sogleich mit dem Regierungsantritt

6

7a

7b

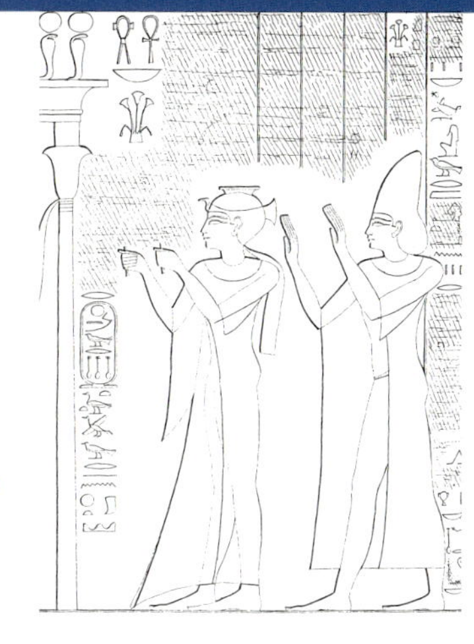
8

Suppiluliumas ein. Auch er mußte, wie die meisten seiner Vorgänger, zunächst seine Herrschaft in Anatolien selbst festigen und dabei vor allem die Kaškäer zurückwerfen; dafür erschien es notwendig, sich eines Gefolges zu versichern und die Unternehmungen durch Opferzeremonien kultisch gut vorzubereiten. Der Moment des Eingreifens in die Geschehnisse jenseits des Taurus wurde zudem auch wesentlich von der dortigen machtpolitischen Situation bestimmt. Das Mitanni-Reich, das Gebiete zwischen dem Großen Zab, einem östlichen Zufluß des Tigris, und der nordsyrischen Mittelmeerküste kontrollierte, sowie Ägypten, das an der Küste und im syrischen Binnenland bis etwa in die Gegend südwestlich von Ḥomṣ herrschte, waren die wichtigsten Staaten, mit denen sich Ḫatti auseinandersetzen mußte, wenn es in das »Konzert der Mächte« mit einstimmen wollte. Gerade dieser nordsyrisch-obermesopotamische Raum mit seinen Regenfeldbaugebieten, Handelsplätzen und wichtigen Verkehrswegen hatte sich seit dem frühen 2. vorchristlichen Jahrtausend zur wichtigsten Kontaktzone zwischen den Ländern des Vorderen Orients und des zentralen Mittelmeerraumes entwickelt. Seine Beherrschung konnte für den Hethiterstaat im zentralen Anatolien wirtschaftlichen Reichtum bedeuten, wie er dort selbst nicht in gleichem Maße zu gewinnen war, aber auch einen enormen Zuwachs an Prestige, der dann machtpolitisch umgesetzt werden konnte.

Gegner einer hethitischen Expansion nach Syrien mußte vor allem Mitanni sein, das unter König Tušratta den gesamten »Fruchtbaren Halbmond« beherrschte, vom Tigris bis hin zur Mündung des Orontes. Erste militärische Begegnungen mit Truppen Mitannis fanden offenbar im Bereich des oberen Euphrat statt und waren für die Hethiter anscheinend nicht besonders erfolgreich. Ob die in einem Amarna-Brief (Nr. 17) von Tušratta dem ägyptischen Pharao übermittelte Siegesmeldung, der er sogar Beutestücke beifügte, auf diese Auseinandersetzung bezogen werden kann, ist unsicher. Das Bestreben des mitannischen Königs, zu dem – auch durch dynastische Eheschließungen verbundenen – ägyptischen Hof gerade in dieser Situation gute Beziehungen zu haben, wäre jedenfalls verständlich. Das um so mehr, als an der südöstlichen Grenze von Mitanni das Land Assur nach Selbständigkeit strebte.

Suppiluliumas[Abb. 2] erste Unternehmung nach Syrien soll, wenn wir seinem späteren Vertrag mit Šattiwaza von Mitanni folgen, bis zum Gebirge Niblani geführt haben, unter dem hier vielleicht die östlichen Ausläufer des Libanon verstanden werden sollten. Genauer bekannt ist dann – in gleichem Text überliefert, auch im späteren Bericht seiner Taten erwähnt und in einigen Amarna-Texten reflektiert – der sogenannte »einjährige« Feldzug. Er begann mit Aktionen im Gebiet des oberen Euphrat, führte vor die mitannische Hauptstadt Wašukkanni (im Quellbereich des Ḫabur), aus der sich König Tušratta aber zurückgezogen hatte, sowie zur mitannischen Festung Karkamis auf dem westlichen Euphrat-Ufer. Da sich der Gegner jedoch nicht zum Kampf stellte, ging der Marsch des hethitischen Heeres über Ḫalab/Aleppo bis in das Land Mukiš im Bereich der Orontes-Mündung. In dessen einstiger Königsstadt Alalaḫ empfing er die Unterwerfung des Königs von Ugarit, Niqmadu II., den er vor einem Angriff anderer nordsyrischer Länder bewahrt haben will und dem er einen Vertrag gab, der hethitischen Schutz zusicherte und dafür Treue und Tribut einforderte. Die wichtige Hafenstadt, von der Seehandelsrouten vor allem nach Zypern, dem ägäischen Raum und Ägypten liefen, ist in der Folgezeit unter hethitischer Herrschaft verblieben, auch wenn sie gleichzeitig die traditionelle Verbindung zum ägyptischen Hof beibehielt. Da es – so will es jedenfalls die hethitische Tradition sehen – dann zu einer Empörung im syrischen Binnenland kam, drangen die Hethiter weiter nach Süden vor. Sie besiegten das Land Nija am Orontes, plünderten Qaṭna (bei Ḥomṣ), vermieden aber einen Angriff auf die feste Stadt Kadesch (auch: Kinza; heute Tell Nebi Mend bei Ḥomṣ), die unter ägyptischer Oberhoheit stand.[17] Da aber der Fürst dieser Stadt den Hethitern entgegentrat, wurde er in einer Feldschlacht besiegt und nach Ḫatti deportiert; sein Sohn Aitaggama wurde an seiner Stelle König in Kadesch. Suppiluliuma hebt in der späteren Einleitung des Mitanni-Vertrages hervor, daß diese Aktionen bis in das südliche Syrien lediglich im Rahmen seines Kampfes gegen Tušratta von Mitanni erfolgten, d. h. nicht gegen Ägypten selbst gerichtet waren. Mitanni war praktisch nur noch die auf dem westlichen Euphrat-Ufer gelegene feste Stadt Karkamis (heute Çerablus an der türkisch-syrischen Grenze) verblieben, offenbar unter dem Kommando eines mitannischen Truppenführers. Suppiluliuma begab sich dann nach Anatolien zurück, wo er seinen kultischen Verpflichtungen nachkam und Unruhen im kaškäischen Norden bekämpfte.

Die Eroberungen Suppiluliumas jenseits der im Winter verschneiten Taurus-Pässe, die die hethitische »Kampfsaison« in Syrien verkürzten, hatten zwar zur Unterordnung einer Reihe syrischer Fürsten geführt, doch blieb Mitanni am Euphrat vor allem in der Nähe von Karkamis präsent und konnte offenbar noch einige Gefechte zu seinen Gunsten entscheiden; zudem bedrängten ägyptische Truppen das nun als abtrünnig geltende Kadesch. Da traf die Nachricht von einem gewaltsamen Tod des Mitanni-Königs Tušratta ein; er war offenbar dynastischen Auseinandersetzungen zum Opfer gefallen. Tušrattas Sohn Šattiwaza soll sich, hethitischer Darstellung zufolge, Suppiluliuma am Marašantija-Fluß (Kizil Irmak) zu Füßen geworfen haben. Der Hethiterkönig konnte sich nunmehr als Beschützer des legitimen Thronfolgers darstellen, marschierte aber dennoch nicht nach Obermesopotamien in das Kerngebiet Mitannis, sondern konzentrierte seine Kräfte auf die Eroberung von Karkamis, während eine andere hethitische Truppe in ägyptisches Gebiet zwischen Libanon und Antilibanon vorstieß. Aus der Sicht Suppiluliumas war das eine Vergeltungsaktion für den ägyptischen Angriff auf Kadesch. Er konnte dabei offenbar Machtkämpfe ausnutzen, die in Ägypten nach dem Tode des Pharaos Tutanchamun ausgebrochen waren. Diese führten sogar

9

10

11

dazu, daß ihm, während er vor Karkamis stand, die Witwe des verstorbenen ägyptischen Königs einen Boten mit einem Brief sandte, dessen Wortlaut in akkadischer Sprache teilweise überliefert ist und der später auch in den hethitisch niedergelegten »Taten Suppiluliumas« auszugsweise wiedergegeben wird. Darin bot sie an, einen der Söhne des hethitischen Großkönigs zu ihrem Gemahl zu machen, denn sie wolle keinen ihrer »Diener« heiraten. Suppiluliuma, offensichtlich überrascht, erbat eine Bestätigung. Er erhielt diese, nachdem er mit der Einnahme von Karkamis die mitannische Herrschaft östlich des Euphrat beseitigt und dann in Anatolien überwintert hatte. Empört über das Mißtrauen des Hethiterkönigs, bestätigte die ägyptische Königin noch einmal ihren Wunsch, einen hethitischen Prinzen zu heiraten. Nach Prüfung der bisherigen hethitisch-ägyptischen Beziehungen anhand von Archivmaterial ging Suppiluliuma nun auf dieses Angebot ein und sandte einen seiner Söhne nach Ägypten; die Ehe kam jedoch nicht zustande, da der Prinz offenbar ums Leben kam. Es ist bislang nicht klar, wann und wie das geschah, doch war es für Suppiluliuma Anlaß, dem neuen ägyptischen Pharao Eje brieflich eine Kriegserklärung zuzusenden, da er diesen für den Tod seines Sohnes verantwortlich machte. Auch wenn es in der nächsten Zeit noch nicht zu Kampfhandlungen zwischen hethitischen und ägyptischen Truppen kam, bestand fortan ein feindliches Verhältnis zwischen beiden Mächten, das erst im Friedensvertrag zwischen Ḫattusili III. und Ramses II. offiziell beendet wurde.

Um die hethitische Kontrolle über das nördliche Syrien zu sichern, mußte Suppiluliuma in Anbetracht dessen, daß der Großkönig – schon wegen der kultischen Pflichten, die seine Anwesenheit in Anatolien erforderten – nicht ständig persönlich präsent sein konnte, weitergehende Maßnahmen ergreifen. In Karkamis, der wichtigen Festung am Euphrat, setzte er seinen Sohn Pijašili ein, dessen hurritischer Name Šarri-Kušuḫ nicht nur der vorrangigen Bevölkerung in diesem Gebiet entsprach, sondern auch der Aufgabe, die ihm gestellt wurde: Gemeinsam mit dem geflüchteten mitannischen Prinzen Šattiwaza sollte er das mitannische Kernland um die Hauptstadt Wašukkanni erobern. Šattiwaza konnte schließlich mit hethitischer Hilfe den Thron als rechtmäßiger Nachfolger seines Vaters Tušratta besteigen. Er erhielt von Suppiluliuma einen Vertrag, der ihm den Status zwischen einem unabhängigen König und einem untergeordneten Fürsten gab; er wurde praktisch Regent eines hethitischen Protektorats. Eine Tochter Suppiluliumas wurde ihm zur Gemahlin gegeben; sie sollte gewiß auch dafür sorgen, daß der hethitische Großkönig über alle wichtigen Ereignisse im Lande Mitanni/Ḫanigalbat auf dem laufenden gehalten wurde.

Was Syrien betrifft, so folgte Suppiluliuma dem seit langem geübten Brauch, Angehörige des Königshauses mit Aufgaben in unterworfenen Gebieten zu betrauen: Pijašili, der König von Karkamis, erhielt von seinem Vater Suppiluliuma eine Übereinkunft, die ihm in der hethitischen Hierarchie und in Syrien einen besonderen Platz anwies. Es sollte nicht nur die nordsyrischen Territorien westlich des Euphrat kontrollieren, sondern auch das obermesopotamischen Fürstentum des Šattiwaza im Auge behalten. Da – ebenso wie in Karkamis – zur Zeit des Suppiluliuma auch in Ḫalab offenbar keine lokale Dynastie mehr existierte, setzte Suppiluliuma hier seinen Sohn Telibinu ein. Dieser war bereits im Lande Kizzuwatna zum Priester des Wettergottes Tešub sowie von dessen Gemahlin Ḫepat und seinem Sohn Šarruma ausgebildet worden; das empfahl ihn zweifellos dafür, gerade in dem wichtigsten syrischen Kultort des Wettergottes die hethitische Herrschaft zu repräsentieren. Karkamis, bereits von Suppiluliuma I. mit besonders wichtigen politisch-militärischen Aufgaben betraut, hat sich unter den Nachfolgern des Pijašili/Šarri-Kušuḫ zum eigentlichen Verwaltungszentrum für das hethitisch beherrschte Syrien entwickelt. Nach der Deportation eines Teiles der früheren Bewohner der Stadt war Karkamis offenbar auch ethnisch zu einer stark hethitisch geprägten Stadt geworden. Die Eigen-

6 Siegel des Großkönigs Mursili III. (Urḫi-Tešub) mit der Darstellung des Herrschers an der Hand seines Schutzgottes (Otten 1993, Abb. 17)

7 a, b Siegel des Großkönigs Ḫattusili III., b nennt außer ihm auch seine großkönigliche Gemahlin Puduḫepa (Otten 1993, Abb. 27, und Beran 1987, Nr. 229 a)

8 Sogenannte Hochzeitsstele von Abu Simbel (Oberägypten), Ausschnitt: Großkönig Ḫattusili führt seine bereits ägyptisch gewandete Tochter dem Pharao Ramses II. als Gemahlin zu (R. Lepsius, *Denkmäler aus Ägypten und Äthiopien,* Tafelband III, Berlin 1849, 196)

9 Siegel des hethitischen Königs von Karkamis (Euphrat), Ini-Tešub (*Ugaritica* III, Paris 1956, Abb. 34, Abrollung auf einer Tontafel aus Ugarit, Zeichnung W. Forrer)

10 Siegel des Großkönigs Tutḫalija IV. mit der Darstellung des Herrschers an der Hand seines Schutzgottes; gegenüber die Sonnengöttin (Otten 1993, Abb. 29, Abdruck auf einer Tontafel aus Ugarit)

11 Relief im Felsheiligtum Yazılıkaya bei Boğazköy/Ḫattusa, das den Großkönig Tutḫalija IV. zeigt: der König steht auf zwei Bergen, hält in der linken Hand einen Krummstab und in der rechten seine Namenskartusche (K. Bittel et al. 1975, Taf. 60)

ständigkeit von Karkamis wuchs in dem Maße, wie der hethitische Großkönig durch Konflikte in Anatolien selbst daran gehindert war, persönlich in Syrien einzugreifen; schließlich erhielt einer der Nachfahren des Pijašili, Talmi-Tešub, sogar einen formalen Vertrag des Großkönigs Suppiluliuma II. Solche Verträge einer Subordination wurden seit der Zeit des Suppiluliuma I. mit einer ganzen Reihe von syrischen Fürsten geschlossen, so vor allem mit denen von Ugarit und von Amurru – zwei Territorien an der syrischen Küste, die durch ihre Rolle im Seeverkehr bzw. als Partner auch des ägyptischen Pharaos die besondere Aufmerksamkeit des Großkönigs fanden. Im Gegensatz zum ägyptischen Herrschaftsgebiet in Südsyrien und Palästina sind die hethitischen Bereiche Syriens in weit geringerem Maße ein fester Bestandteil des Hethiterstaates geworden, wozu auch die geographischen Gegebenheiten beigetragen haben dürften. Dennoch: Durch die erfolgreichen militärischen Aktionen in Syrien war aus dem hethitischen Staat ein Großreich entstanden, das sich mit dem der ägyptischen Pharaonen und dann auch dem der Könige von Assur und von Babylon auf eine Stufe stellen konnte.

> Mursili II.: Der Kampf um die Erhaltung des Großreiches

Die letzten Jahre seiner Regierung hat Suppiluliuma I. wieder damit verbracht, die Position des Königshauses in Anatolien selbst zu verteidigen. Vor allem die stets unruhigen Kaškäer im Norden hatten die längere Abwesenheit des Großkönigs in Syrien genutzt, um Überfälle auf hethitisches Gebiet vorzunehmen. Aber auch ein ganz anderes Problem machte dem Reich zu schaffen: Eine Epidemie, vielleicht eine Beulenpest[18], war aus Syrien auch nach Anatolien eingeschleppt worden und forderte zahlreiche Opfer, selbst im Königshaus. Einer späteren, aus diesem Anlaß gestellten Orakelanfrage sowie den »Pestgebeten« des Mursili II.[19] Abb. 3 a, b zufolge wurde diese Epidemie nicht zuletzt als göttliche Strafe dafür verstanden, daß Suppiluliuma bei seinem Weg auf den Thron sehr skrupellos gewesen war. Aus Rache hätten die Götter durch eine Seuche nicht nur Suppiluliuma selbst sterben lassen, sondern auch seinen Sohn und kurzzeitigen Nachfolger Arnuwanda (II.). Vor allem dem Gouverneur der wichtigen »Unteren Länder«, Ḫannutti, sowie dem Fürsten Pijašili von Karkamis dürfte es zu verdanken gewesen sein, daß das hethitische Reich nicht den Aktionen der »umliegenden Feindesländer« zum Opfer fiel, zumal Arnuwandas Nachfolger Mursili noch jung an Jahren war und wenig Erfahrung besaß. Gerade in Syrien hatten die Epidemie und der Tod zweier hethitischer Großkönige kurz nacheinander zu erneuten Unruhen geführt. Mursili selbst sah, seinen »Annalen« zufolge[20], einen Grund für die kritische Situation auch darin, daß es Suppiluliuma aufgrund seiner längeren Abwesenheit von Anatolien nicht vermocht hatte, die regelmäßigen Feste der Sonnengöttin von Arinna gebührend zu feiern. Mursili holte nun dieses kultische Versäumnis nach und betete zur Göttin, ihn gegen seine Feinde zu unterstützen.

Wie seine Vorgänger, so hatte auch Mursili zunächst sein Augenmerk auf eine Stabilisierung der hethitischen Herrschaft in Anatolien selbst zu richten, bevor er es wagen konnte, mit seiner Hauptstreitmacht den Taurus zu überqueren. Das bedeutete vor allem, gegen die Kaškäer vorzugehen, was wegen deren Aufsplitterung in unterschiedliche Stammesgruppen sowie des schwierigen Terrains mehrere militärische Aktionen erforderte. Auch machten Übergriffe des Fürsten des ganz im Nordosten Kleinasiens gelegenen Landes Azzi-Ḫajaša, in das sich Untertanen des Großkönigs geflüchtet hatten, aus der Sicht Mursilis eine Reaktion notwendig. Nachdem die Ältesten, d. h. die Vertreter der einzelnen Orte dieses Landes, unter Eid genommen und die Flüchtlinge an Ḫattusa überstellt worden waren, wurde auch Azzi-Ḫajaša »geordnet«. Auch im Westen und Südwesten (Arzawa) mußten jetzt hethitische Ansprüche erneut zur Geltung gebracht werden, da die Situation nach dem Thronwechsel in Ḫattusa die lokalen Fürsten ermutigt hatte, ihren einst geleisteten Eid zu vergessen und sich dem ägäischen Lande Aḫḫijawa anzunähern, das mit den Hethitern um den Einfluß in Westkleinasien und auf seine im wesentlichen luwischsprachige Bevölkerung[21] konkurrierte.

Diese Aktionen in den nördlichen und westlichen Gebieten Kleinasiens nahmen Mursili zu einer Zeit in Anspruch, als die hethitischen Kernlande noch von der Pest gezeichnet waren und zudem in Syrien Unruhen ausbrachen, hinter denen der wachsende Einfluß Assyriens stand, der sich bereits bis in die Region am oberen Beliḫ im westlichen Obermesopotamien und damit den Grenzbereich von Karkamis ausgedehnt hatte. Zudem war der ägyptische König Haremhab im mittelsyrischen Raum aktiv geworden; wieder einmal ging es vor allem um Kadesch (auch: Qidšu, Kinza), jene feste Stadt am mittleren Orontes, die am Eingang zur Biqa-Ebene zwischen Libanon und Antilibanon gelegen war und damit eine besondere strategische Bedeutung hatte. Zwar beruhigte sich die Situation zunächst durch das Erscheinen einer hethitischen Truppe und das Eingreifen des Königs von Karkamis, doch im 9. Regierungsjahr des Großkönigs verstarb Pijašili/Šarri-Kušuḫ, der in Karkamis regierende Bruder Mursilis, während er gemeinsam mit diesem im Lande Kizzuwatna ein kultisches Fest beging. Erneut verstärkten sich die Unruhen im hethitischen Syrien; ein persönliches Erscheinen des Großkönigs in Syrien war nun gefordert – und das um so mehr, als nun König Adad-nirari I. von Assyrien die Situation für günstig hielt, osteuphratische Territorien anzugreifen, die unter hethitischer Kontrolle standen. So ist es gewiß nicht zufällig, daß Mursili an der Spitze eines Heeres zunächst nach Karkamis zog, dann weiter stromabwärts in das Land Aštata und dessen Zentrum Emar; er baute eine Festung und garnisonierte Truppen. Er setzte einen Sohn des Šarri-Kušuḫ/Pijašili, Šaḫurunuwa, in Karkamis zum Nachfolger ein und »ordnete« damit das Land Karkamis. Da in Ḫalab durch den Tod des Telibinu ebenfalls eine Stelle vakant geworden war, wurde Telibinus Sohn Talmi-Šarruma als lokaler priesterlicher Herrscher eingesetzt und in seiner Würde als König vertraglich bestätigt. Auch die Beziehungen zu zwei weiteren bedeutenden syrischen Fürstentümern des hethitischen Bereiches, Ugarit und Amurru, wurden jetzt neu geregelt. Der König von Ugarit, Niqmepa, erhielt einen Vertrag, der mit einer Grenzregelung verbunden war: Das südlich an Ugarit angrenzende Land Sijannu wurde unter einem eigenen Fürsten der direkten Kontrolle von Karkamis unterstellt. Da Karkamis auch das nördlich von Ugarit an der Mündung des Orontes gelegene Land Mukiš zugeordnet war, wurde Ugarit, das für die Hethiter als reiche Hafenstadt galt, über die auch Schiffstransporte mit syrischen Abgaben nach Ura an der südkleinasiatischen Küste gingen, nunmehr landseitig von Territorien des Königs von Karkamis umschlossen. Was Amurru betrifft, das Grenzland gegenüber dem ägyptischen Herrschaftsbereich war und zudem dort lag, wo wichtige Handelsrouten zwischen Libanon und Antilibanon das Mittelmeer erreichten, so erhielt nun auch der neue Fürst Duppi-Tešup einen Vertrag, der ihn persönlich dem Großkönig unterordnete. Es ist interessant, daß ihm, der ebenso wie sein Vater Aziru Tribut an den Großkönig zu leisten hatte, ausdrücklich untersagt wurde, nach Ägypten gleichfalls Tribut zu senden – hatte sich doch schon sein Vater Aziru als »Diener zweier Herren« erwiesen. Im Jahr 9 der Regierung Mursilis II. gelangte also das nördliche Syrien wieder fester unter die Kontrolle des hethitischen Großkönigs. Die reichen Erträge dieses Gebietes, die durch Landwirtschaft, Handel und ein spezialisiertes Handwerk erzielt wurden, das auch die begehrten Purpurstoffe herstellte, dürften nicht unwesentlich dazu beigetragen haben, daß die Residenzstadt Ḫattusa und wichtige Kultorte ausgebaut und versorgt werden konnten.

> Muwattalli II. und die Schlacht von Kadesch

Prinz Muwattalli Abb. 4 konnte offenbar ohne größere Schwierigkeiten die Nachfolge seines Vaters Mursili antreten; er hat länger als zwei Jahrzehnte als

Großkönig regiert. Das gute Verhältnis zu seinem jüngeren Bruder Ḫattusili wird später sogar noch in einem Brief des Ramses II. von Ägypten hervorgehoben, und tatsächlich hat Ḫattusili dem neuen Herrscher als Truppenführer, als Hofbeamter, als Gouverneur des stets unruhigen nördlichen Grenzbereiches sowie der Stadt Ḫattusa gedient und damit zugleich seinen Aufstieg zum zweitmächtigsten Mann des Reiches begonnen; eine längere gerichtliche Untersuchung, die aufgrund einer Verleumdung gegen ihn geführt wurde, konnte offenbar keine Beweise gegen ihn liefern. Komplikationen gab es jedoch mit der Großkönigin Danuḫepa, der noch jungen Witwe des Mursili II.; sie wurde von Muwattalli verbannt, kehrte aber zur Zeit seines Nachfolgers Mursili III. wieder in die Politik zurück. Was über die Regierung des Muwattalli II. an Schriftzeugnissen aus Ḫattusa überliefert ist, besitzt nicht den Umfang dessen, was andere Großkönige hinterließen. Allerdings muß dabei wohl berücksichtigt werden, daß Muwattalli seine Residenz aus Ḫattusa nach Tarḫuntaša verlegte; dort könnten dann vielleicht noch weitere Textzeugnisse seiner Regierungszeit vermutet werden. Eine sichere Lokalisierung dieser Stadt ist noch nicht erfolgt, doch scheint das Land Tarḫuntaša bis an die kilikische Küste herangereicht zu haben. Warum Muwattalli diese Übersiedlung samt Götter- und Ahnenbildnissen vornahm, kann nur vermutet werden: Tarḫuntaša lag einerseits außerhalb des Gebiets, das immer wieder von kaškäischen Gruppen bedroht wurde, andererseits unweit des Meeres an einer wichtigen Route, die vom Seehafen Ura in das Zentrum Anatoliens führte; auch eine kultisch-religiöse Motivation für die Verlegung der großköniglichen Residenz darf vermutet werden.[22]

Noch vor der Verlegung der Königsresidenz war es zu erneuten Überfällen der Kaškäer auf hethitisches Gebiet gekommen, die sogar einen wichtige Verbindungsweg zwischen Anatolien und Obermesopotamien bedrohten. Dies war eine Gelegenheit für Ḫattusili, sich als Truppenkommandeur zu profilieren; die Kaškäer wurden am oberen Euphrat besiegt und zurückgedrängt. Auch ein weiterer kaškäischer Angriff konnte von Ḫattusili zurückgeschlagen werden; Muwattalli erschien zudem selbst in dieser Region und ließ zwei Orte, Anzilija und Tapikka (an der Stelle des heutigen Maṣathöyük), zu Festungen ausbauen. Im Westen Kleinasiens, in den »Arzawa-Ländern«, wie die miteinander rivalisierenden Fürstentümer in den hethitischen Texten generalisierend genannt werden, fand Muwattalli die Unterstützung eines gewissen Alakšandu von Wiluša[23], der mit Muwattalli einen Vertrag der Subordination schloß. Als mögliche Gegner des Großkönigs, gegen die der Beistand des Alakšandu vertraglich eingefordert wurde, werden die Könige von Ägypten, Babylonien, Ḫanigalbat (in Obermesopotamien) und Assyrien genannt, d. h. alle bedeutenden Königreiche des Vorderen Orients dieser Zeit. Es war Ägypten, mit dem es noch unter Muwattalli zu einer Auseinandersetzung um das mittelsyrische Amurru kam, die in der Schlacht bei Kadesch gipfelte.

Auf den Wänden der ägyptischen Tempel in Abydos, Luxor und Abu Simbel sowie auf Pylonen des Ramesseums in Theben sind noch heute Reliefs zu besichtigen, die eine Darstellung einer der berühmtesten Schlachten des orientalischen Altertums bieten; sie werden von hieroglyphischen Texten begleitet, die einen großen Sieg des Pharaos Ramses über den Hethiterkönig Muwattalli feiern [Abb. 5]. Sie stellen den von Ramses persönlich von seinem Streitwagen aus geleiteten Angriff auf eine von Muwattalli befehligte Koalition vorderasiatischer Fürsten dar, die sich zur Flucht wendet.[24] Trotz eines möglicherweise sehr engagierten persönlichen Einsatzes des Pharaos waren die Hethiter jedoch nach dem Kampf im Vorteil und damit die eigentlichen Sieger: Das zwischen Hethitern und Ägyptern umstrittene mittelsyrische Amurru gelangte wieder unter hethitische Herrschaft, sein abtrünnig gewordener Fürst Bentešina wurde nach Anatolien deportiert; die Festung Kadesch verblieb unter hethitischer Kontrolle. An diesem Ergebnis haben auch die späteren ägyptischen militärischen Unternehmen an der syrischen Küste nichts mehr verändert. War Ägyptens Vordringen in das hethitisch beherrschte Syrien damit zurückgewiesen, so gestaltete sich die Situation an der Euphrat-Grenze wieder weniger günstig. Die Assyrer hatten ihren Einfluß in Obermesopotamien ausgeweitet; damit erschien der nächste Gegner, mit dem sich die Hethiter jenseits des Taurus auseinanderzusetzen hatten – diesmal am Euphrat. Wahrscheinlich haben die Kriege, die die Assyrer erfolgreich gegen den einstigen hethitischen Pufferstaat Mitanni/Ḫanigalbat führten, mit dazu beigetragen, daß es nun zu einer politischen Annäherung des hethitischen Großkönigs an Ägypten kam. Zu einem Friedensschluß mit Ägypten, das noch über viele Jahre von Ramses II. regiert wurde, ist es jedoch erst unter dem zweiten Nachfolger des Muwattalli II. gekommen – seinem Bruder Ḫattusili.

> Mursili III./Urḫi-Tešub – nur ein Intermezzo?

Als Großkönig Muwattalli verstarb, folgte ihm auf den Thron nicht der wohl mächtigste Mann seines Reiches, sein jüngerer Bruder Ḫattusili, sondern – einer alten Thronfolgeregelung entsprechend – der Sohn des Muwattalli aus der Ehe mit einer Nebenfrau; eine gemeinsam mit seinem Vater gesiegelte Tonbulle könnte darauf deuten, daß Muwattalli ihn bereits an der Regierung beteiligt hatte. Sein Onkel Ḫattusili, der ihn später vom Thron vertrieb, nennt ihn aber stets bei seinem hurritischen Namen Urḫi-Tešub, obwohl er als Großkönig – auch auf seinem Siegel – den Namen Mursili (III.) führte [Abb. 6]. Ḫattusilis zwiespältige Haltung gegenüber seinem Neffen hat dazu beigetragen, diesen auch in der hethitischen »historischen« Tradition in einem schlechten Licht erscheinen zu lassen, obgleich er offenbar besser war als dieser Ruf.[25] Wenn eigene Zeugnisse dieses Großkönigs noch selten sind und politische Dokumente seiner Herrschaftstätigkeit bislang gänzlich fehlen, könnte das auch einer späteren Damnatio memoriae zuzuschreiben sein, die dann wohl seinem Nachfolger Ḫattusili III. angelastet werden müßte. Auch in Ugarit sind Zeugnisse großköniglicher Aktivität des Mursili III. zutage gekommen, und bei den Ausgrabungen in Boğazköy/Ḫattusa ist sogar eine außerordentlich große Zahl an Abdrücken seines großköniglichen Siegels auf Tonbullen gefunden worden. Denn Mursili III. verlegte die Königsresidenz aus Tarḫuntaša wieder nach Ḫattusa zurück, das zuvor zum Amtsbereich des Ḫattusili gehört hatte. In seiner »Apologie« hat dieser später betont, er habe von sich aus »ganz Ḫattusa« – also das hethitische Kernland – in die Hände seines Neffen gelegt und sich mit der Rolle eines Königs von Ḫakpiša/Ḫakmiš begnügt. Zumindest gab es für einige Zeit offenbar keinen ernsthaften Konflikt zwischen dem Großkönig und seinem Onkel, und sowohl Ägypten als auch Assyrien haben Urḫi-Tešub/Mursili III. akzeptiert. Der seinerzeit nach der Schlacht von Kadesch wegen Untreue gegenüber dem Großkönig nach Ḫattusa exilierte Amurru-Fürst Bentešina ist wohl vielleicht schon von Mursili III. wieder in sein königliches Amt in Mittelsyrien eingesetzt worden, was von Ḫattusili III. dann auch vertraglich bestätigt wurde.[26] Da der Sohn des Bentešina, Šaušgamuwa, zuvor eine Tochter des Ḫattusili geheiratet hatte, war die Zugehörigkeit Amurrus zum hethitischen Bereich Syriens auch durch eine dynastische Verbindung abgesichert. All das dürfte zudem darauf hindeuten, daß es für einige Zeit durchaus noch einen Konsens zwischen dem Großkönig und dem zweiten Mann des Reiches, Ḫattusili, gegeben hat.

Dennoch ist es schließlich zum Bruch zwischen Urḫi-Tešub/Mursili III. und Ḫattusili gekommen, was letzterer als eine von den Göttern selbst entschiedene »Rechtssache« zwischen ihm und Urḫi-Tešub dargestellt hat. In einem umfangreichen Dokument, das jetzt meist als »Apologie« bezeichnet wird[27] und zugleich wohl auch die Thronbesteigung seines Sohnes Tutḫalija vorbereiten sollte[28], hat Ḫattusili später über diese Ereignisse berichtet. Das geschah gewiß nicht nur zu seiner eigenen Rechtfertigung gegenüber den Göttern, sondern auch im Hinblick auf die wohl nicht wenigen

Parteigänger des exilierten Großkönigs in Ḫattusa sowie vielleicht auch die Herrscher anderer großer Staaten dieser Zeit, mit denen man diplomatischen Umgang pflegte: Ägypten, Assyrien und Babylonien. Urḫi-Tešub wurde gefangengenommen und exiliert – zunächst nach dem nordsyrischen Nuḫaše, danach aber »an der Küste des Meeres weiter hinab«. Der gestürzte Großkönig hat dann auch in der Korrespondenz eine Rolle gespielt, die zwischen Ḫattusili und Ramses II. in Vorbereitung des berühmten Friedensvertrages und einer dynastischen Verbindung geführt wurde (s. u.). Es scheint sogar, als habe Urḫi-Tešub in Syrien noch nach seinem Sturz hoheitsrechtliche Befugnisse ausgeübt. Endgültig zum Abschluß gelangte die »Affäre Urḫi-Tešub« erst unter dem Nachfolger Ḫattusilis auf dem hethitischen Thron, Tutḫalija IV.; nach einem günstigen Orakelbescheid erhielten die Söhne des Urḫi-Tešub einen Ort im nordsyrischen Lande Nija zugewiesen.

> Ḫattusili und der Friedensschluß mit Ägypten

Ḫattusili, der Sohn des Mursili II.[Abb. 7 a, b] war zur Zeit seiner Thronbesteigung nicht mehr jung, dafür aber erfahren in Kriegskunst und Politik. Seine Karriere, die ihn zur Zeit des Muwattalli II. und Mursili III. zu einem mächtigen Mann machte, hat er selbst als Zeichen des wohlwollenden Waltens der Göttin Ištar bezeichnet, jener Göttin, in deren Dienst er schon als Kind gegeben worden war. Gerade weil er sich bewußt war, daß er nicht auf rechtmäßigem Wege auf den Thron gelangte, hat er sich ganz besonders um seine kultischen wie auch »diplomatischen« Verpflichtungen bemüht. Bei ersteren stand ihm vor allem seine Gemahlin Puduḫepa zur Seite, eine offenbar kluge und auch in der Politik engagierte Großkönigin, die ihm mehrere Söhne gebar und der Ḫattusili – nach eigenem Bekenntnis – aufrichtig zugeneigt war. Nicht nur Texte, sondern auch Reliefs zeigen sie bei gemeinsamen kultischen Handlungen, und auch in der »diplomatischen« Korrespondenz mit dem ägyptischen Hof spielte Puduḫepa eine wichtige Rolle.

Vielleicht hat auch die Expansion des mittelassyrischen Reiches in Richtung Syrien dazu beigetragen, daß Ḫattusili III. sich nun veranlaßt sah, den Ausgleich und einen Frieden mit Ägypten anzustreben. Dort regierte immer noch, wie zu Zeiten des Muwattalli II. und der Schlacht von Kadesch, Pharao Ramses II. Ebenso wie mit den Herrschern Assyriens und Babyloniens hatte Ḫattusili ganz bewußt auch mit Ramses II. die »normalen« Kontakte gepflegt, wie sie zwischen Gleichrangigen üblich waren, hatte Botschaften und Geschenke ausgetauscht und damit die Legitimität seiner Herrschaft unterstrichen. Nun schien es an der Zeit, den seit der Regierung Suppiluliumas I. bestehenden latenten Kriegszustand mit Ägypten zu beenden und Frieden zu schließen. Der Abschluß des berühmten Staatsvertrages wurde von einer in babylonisch-assyrischer Sprache geführten – es sind aber auch Entwürfe in Hethitisch überliefert – Korrespondenz begleitet, in der beide Seiten ihre Genugtuung über das »brüderliche« Verhältnis zueinander zum Ausdruck brachten und die aus diesem Anlaß fälligen gegenseitigen Geschenksendungen absprachen. Der paritätische Vertrag, dessen Original auf einer – nicht mehr erhaltenen – silbernen Tafel aufgezeichnet wurde, ist auf Tontafeln in Babylonisch-Assyrisch (Akkadisch) überliefert, die in Ḫattusa gefunden wurden, sowie als Kopien in ägyptischen Hieroglyphen auf Stelen des Ramses in Karnak und im Ramesseum. Dies ist der erste »internationale« Friedensvertrag, der bislang in seinem genauen Wortlaut bekannt ist.[29] Er stellt eingangs die Absicht heraus, die frühere Freundschaft zwischen Ägypten und Ḫatti wieder aufzunehmen und guten Frieden und gute Bruderschaft zwischen ihren Königen »auf ewig« herzustellen. Er enthält sodann ein Nichtangriffsversprechen, die Zusage gegenseitiger Unterstützung gegen äußere und innere Feinde und eine Garantie des Pharaos für die Thronfolge des Sohnes Ḫattusilis – was aus der eigenen Erfahrung des hethitischen Großkönigs entsprang und offenbar auf seinen Wunsch zurückging; eine entsprechende Garantie Ḫattusilis für die Thronfolge in Ägypten wurde jedenfalls nicht für notwendig erachtet. Weiterhin wird die Auslieferung sowohl hochrangiger als auch einfacher ägyptischer wie hethitischer Flüchtlinge vereinbart und deren Amnestie. Der Vertrag schließt mit einer Liste der Schwurgötter und der Segnung dessen, der den Vertrag einhält, sowie der Verfluchung des Partners, der sich einer Verletzung des Vertrages schuldig macht. Es ist von Interesse, daß auch die auf der Vorder- und Rückseite der Silbertafel angefügten Siegel beschrieben werden; es handelte sich dabei um Bildnisse des Ḫattusili bzw. der Puduḫepa, die von ihren Schutzgottheiten – dem Wettergott bzw. der Sonnengöttin von Arinna – umarmt werden; dieser Gestus des Schutzes, der auch auf den hethitischen Felsreliefs von Yazılıkaya bei Ḫattusa und auf Siegelbildern dargestellt wird, entspricht dem inschriftlich überlieferten »An-die-Hand-nehmen« durch die Gottheiten. Bemerkenswert ist auch, daß die Gemahlin des Ḫattusili, Puduḫepa, in den Vertragsschluß einbezogen wurde. Zu einer solchen Verbrüderung »auf ewig« gehörte schließlich eine dynastische Verbindung; sie kam 13 Jahre nach dem Frieden zustande, nachdem alle Einzelheiten – von der Mitgift bis zu den Modalitäten der Überstellung der hethitischen Prinzessin – in einem Briefwechsel geregelt worden waren.[30] Im 34. Regierungsjahr des Ramses, der zu dieser Zeit also kein junger Mann mehr war, kam diese Vermählung des Pharaos mit der ältesten Tochter des hethitischen Großkönigs dann zustande. Auf einer entsprechenden »Hochzeitsstele« des Ramses, die im oberägyptischen Abu Simbel gefunden wurde, ist Ḫattusili dargestellt, wie er seine Tochter dem Pharao zuführt[Abb. 8].[31] Praktisch wäre Ramses damit sogar zu einem möglichen Anwärter auf den hethitischen Thron geworden.

Die Aussöhnung und die spätere dynastische Verbindung mit dem Pharaonenstaat stellte zweifellos den Höhepunkt der Herrschaft Ḫattusilis als Großkönig dar. Zugleich stärkte dies seine Position auch gegenüber seinen vorderasiatischen Konkurrenten – Assyrien, Babylonien und dem ägäischen Aḫḫijawa. Das westliche Kleinasien mit seiner vorrangig luwischsprachigen Bevölkerung, das in eine Reihe von Fürstentümern und Stadtherrschaften aufgegliedert war, erforderte immer wieder die Präsenz eines hethitischen Heeres, und es gelang dem hethitischen Großkönig, den Einfluß von Aḫḫijawa im Westen zurückzudrängen. Die Installierung des Kurunta, eines Sohnes des Muwattalli, als König in Tarḫuntaša diente gewiß auch einer besseren Kontrolle des westlichen Kleinasien. Die Verwaltung des syrischen Reichsteiles lag dagegen in der Zuständigkeit des sehr aktiven Königs Ini-Tešub von Karkamis. Ḫattusili selbst hat sich, wie die überlieferte Korrespondenz anzeigt, vor allem dem Verhältnis zu Assyrien und Babylonien gewidmet. Die militärischen Erfolge der Assyrer im obermesopotamischen Raum scheinen den Hintergrund für ein Zusammenwirken mit Babylonien abgegeben zu haben; für innerbabylonische Konflikte stellte der hethitische Herrscher sogar einen Feldzug bis Babylon in Aussicht, was dort jedoch als eine unerwünschte Einmischung in die eigenen Angelegenheiten aufgefaßt wurde. Immerhin konnte mit Babylonien eine dynastische Verbindung hergestellt werden; hethitische Texte verweisen jedenfalls auf die Präsenz einer »Tochter Babylons« am großköniglichen Hof.

> Tutḫalija IV. und der Vertrag auf der Bronzetafel

War es Ḫattusili somit gelungen, trotz seiner nicht regulären Thronbesteigung wichtige politische Erfolge und internationale Anerkennung zu erlangen, so mußte ihm um so mehr daran gelegen sein, die Nachfolge auf dem Thron in Ḫattusa zu regeln. Der ursprünglich benannte Thronfolger wurde abgesetzt und an seiner Stelle Prinz Tutḫalija als künftiger Großkönig mit einer Karriere aufgebaut, die in ihren Ansätzen der des Ḫattusili ähnlich war[Abb. 10, 11]. Hat sich Tutḫalija später vielleicht gerade deshalb besonders um die Kultstätten des Landes, ihre Ausstattung und Versorgung bemüht? Nach seiner Thronbesteigung mußte er sich besonders dem

Verhältnis zum Teilkönigtum Tarḫuntaša widmen, wovon vor allem eine 30 x 23,5 Zentimeter große bronzene Tafel kündet, die in der Oberstadt von Ḫattusa entdeckt wurde. Sie enthält den Staatsvertrag des Tutḫalija IV. mit dem König Kurunta von Tarḫuntaša; der Text wurde sehr sorgfältig eingepunzt und durch separat angebrachte Siegel der Vertragspartner bestätigt. Er bezeichnete erneut die Grenzen des Landes Tarḫuntaša und verlieh dessen König, der als Sohn des Muwattalli II. selbst aus dem großköniglichen Hause stammte, eine dem König von Karkamis gleichrangige »hohe Stelle« in der Hierarchie des Großreiches.[32] Karkamis und Tarḫuntaša waren somit gleichberechtigte Teilreiche des hethitischen Großreiches geworden.

Die zahlreichen Dokumente, die aus der Herrschaftszeit des Tutḫalija erhalten sind, enthalten Verträge wie etwa den mit dem Fürsten des wichtigen mittelsyrischen Landes Amurru, ferner Erlasse, darunter vor allem solche, die das durch eine Scheidungsangelegenheit belastete Verhältnis zwischen Ugarit und Amurru betrafen, das auch aus der Sicht des Großkönigs von besonderer Bedeutung für die hethitische Herrschaft jenseits des Taurus war. Überliefert ist aber auch wieder Korrespondenz mit Assyrien, dessen Könige Salmanassar I. und Tukulti-Ninurta I. eine »Westpolitik« betrieben, die den Fürsten des einstmals von Suppiluliuma I. eingerichteten Fürstentums Ḫanigalbat in große Bedrängnis »zwischen zwei Herren« brachte und dann offenbar zu einer für die Hethiter wenig erfolgreichen Auseinandersetzung mit einem assyrischen Heer führte.[33] Tutḫalija IV. war es auch, der eine Überprüfung der Tempel und Kulte in Ḫattusa und anderen Orten anordnete und sich dabei besonders um die Feste für den Wettergott von Nerik bemühte. In Ḫattusa entdeckte Abdrücke eines Siegels, in dem sich der König Kurunta nicht nur als großer König bzw. Großkönig bezeichnet, sondern auch als Labarna, was bislang nur für den in Ḫattusa residierenden Fürsten belegt ist, sind in der wissenschaftlichen Diskussion unterschiedlich bewertet worden. Auch wenn man von der Annahme eines »Staatsstreiches« absieht, scheint sich doch die politische Situation im Hethiterreich weiter kompliziert zu haben. Unruhen werden für die offenbar nur kurze Regierungszeit des Großkönigs Arnuwanda (III.), Sohn des Tutḫalija, gemeldet, der dann ohne eigenen Thronerben verstarb. Ihm folgte ein anderer Sohn des Tutḫalija IV. auf den Thron; er trug den Namen des Begründers des hethitischen Großreiches, das mit seiner Regierung offenbar sein Ende fand: Suppiluliuma.

> Suppiluliuma II. und das Ende des Reiches

Der letzte uns bekannte Herrscher des Hethiterreiches, Suppiluliuma II., hat trotz einer weiterhin angespannten Situation, die durch eine Verknappung von Nahrungsmitteln gewiß verschärft wurde[34], noch einige militärische Erfolge erzielen können. In einer Felsinschrift, die er in Ḫattusas »Südburg« anbringen ließ[35], wird berichtet, daß seine Truppen erfolgreich im zentralen und südwestlichen Anatolien kämpften und auch in Tarḫuntaša seine Autorität wiederhergestellt werden konnte. Die keilinschriftliche Überlieferung weist zudem auf einen Vertrag, den er mit dem König von Karkamis sowie mit dem Lande Alašija (Zypern) schloß, das zuvor direkt vom Großkönig kontrolliert worden war **Abb. 9**. Ein Brief des Königs von Alašija an den König von Ugarit warnt den syrischen Fürsten vor Angreifern, zu denen die »Šikila«-Leute, »die auf Schiffen leben«, gehörten – eine Gruppe, die von Ramses III. unter den sogenannten »Seevölkern« erwähnt wird, die mit ihren Schiffen an der syrischen Küste erschienen und eine Reihe von Ortschaften überfielen.[36] Andere Gruppen, die aus der Ägäis auf dem Landweg bis nach Syrien gelangt sein sollen, dürften dann wohl auch das südliche Kleinasien durchzogen haben. Hethitische Texte geben darüber jedoch keine sichere Nachricht, auch wenn sich im archäologischen Befund verschiedener Küstenorte Anzeichen einer Zerstörung erkennen lassen.

So bleibt nach wie vor unklar, wodurch das hethitische Reich kurz nach 1200 v. Chr. sein Ende gefunden hat. Wahrscheinlich waren es mehrere Faktoren, die dazu beigetragen haben. Auch die neueren Forschungen in Ḫattusa (s. Seeher, hier S. 156ff.) lassen keine Schlüsse darüber zu, weshalb nun die Bauten der einstigen Residenz- und Kultstadt immer weiter verfielen. Unruhen in der Bevölkerung und Auseinandersetzungen innerhalb der Aristokratie haben sich bereits während der letzten hethitischen Großkönige abgezeichnet, und daß sich die Herrscher immer wieder von ihren Beamten und anderen Untertanen Treue schwören ließen, dürfte mit diesen Anzeichen von Unsicherheit übereinstimmen. Waffen von Feinden wurden bei den Grabungen – anders etwa als im zeitgleichen Ugarit – nicht entdeckt. Hatte Ḫattusa seine Funktion als Residenz und zentraler Kultort des Reiches nunmehr verloren, vielleicht gerade weil es mit seiner umfangreichen höfischen und kultischen Funktion von anderen Gebieten abhängig war, die nicht mehr unter der Kontrolle Ḫattusas standen? Texte aus den letzten Jahrzehnten des Hethiterstaates bezeugen eine umfangreiche Lieferung von Getreide aus Syrien und Ägypten nach Anatolien, wobei es auch an Hinweisen auf die dortige Not nicht fehlte.[37] In Texten aus dem nordsyrischen Ugarit wird zugleich deutlich, daß am Ende des 13. Jahrhunderts v. Chr. wieder eine stärkere Betonung der – freilich niemals ganz aufgegebenen – traditionellen Bindung an Ägypten einsetzte: So etwa in jenem Brief, den der König Ugarits mit der Bitte nach Ägypten sandte, ihm ein Bildnis des neuen Pharaos Merenptah, von dem übrigens eine mit seinem Namen versehene Schwertklinge in der syrischen Hafenstadt entdeckt wurde, zu übersenden, damit er es im Tempel des Gottes Baal in seiner Königsstadt aufstellen könne[38] – also ein Bildnis desselben Pharaos, von dem auch bekannt ist, daß er Getreide nach Ḫatti sandte, um es »am Leben zu halten«? Unruhen in Anatolien, ein Rückgang hethitischen Einflusses in Syrien – was war Ursache, was war Folge? Es scheint aber sicher, daß das Ende des hethitischen Reiches in einem größeren Zusammenhang zu betrachten und mit jener allgemeinen Krise zu verbinden ist, die am Ende der späten Bronzezeit, also um 1200 v. Chr., den größten Teil Vorderasiens erfaßte und oft mit der Zuwanderung neuer Bevölkerungsgruppen, den sogenannten »Seevölkern«, in Verbindung gebracht wird, die allerdings das Binnenland der Levante kaum wesentlich beeinflußte.[39] Anfänge einer solchen Krise lassen sich schon im Syrien des 14. und 13. Jahrhunderts v. Chr. erkennen[40]: Traditionelle soziale Strukturen, wie etwa die Großfamilie, verloren dabei immer mehr an Bedeutung. Im wirtschaftlichen und sozialen Bereich folgten einer zunehmenden »Individualisierung« der Gesellschaft oft Armut, Flucht und Kriminalität derer, die aus ihr ausgegrenzt wurden; dadurch wurden zugleich auch die Handelswege unsicherer. Die landwirtschaftlich genutzten Flächen nahmen offenbar ab und konzentrierten sich in von der Natur besonders begünstigten Bereichen wie Flußtälern und Küstenebenen; vielleicht hat in den Regenfeldbaugebieten eine Zunahme von Trockenjahren zu dieser Entwicklung mit beigetragen. Aufgelassene Felder und Ortschaften wurden immer mehr von Gruppen besetzt, die sich vorrangig von der Viehzucht ernährten. Auch das anatolische Kerngebiet des hethitischen Staates dürfte von diesen Entwicklungen nicht unberührt geblieben sein; denn ohne den Nachschub aus den reicheren Regionen Vorderasiens ließen sich offenbar die alten Kulte, die die Götter günstig stimmen sollten und zugleich eine Bindung innerhalb Ḫattis dargestellt hatten, nicht mehr in gewohntem Umfang durchführen. Es bleiben also bislang mehr Fragen als Antworten, doch war das Ergebnis eindeutig: Der hethitische Staat in Kleinasien hörte auf zu bestehen, und er verschwand so gründlich aus dem schriftlichen Gedächtnis der nachfolgenden Jahrtausende, daß er erst durch die Ausgrabungen und Textfunde des 20. Jahrhunderts wieder zu einem bekannten Kapitel der Menschheitsgeschichte werden konnte.

Anmerkungen

1 Zur Problematik der hethitischen »Historiographie« vgl. Mario Liverani, Memorandum on the Approach to Historiographic Texts, in: *Orientalia* NS 42, Rom 1973, 178–194; Hubert Cancik, *Grundzüge der hethitischen und alttestamentlichen Geschichtsschreibung*, Wiesbaden 1976; Harry A. Hoffner, Jr., History and Historians of the Ancient Near East: The Hittites, in: *Orientalia* NS 49, Rom 1980, 283–332.

2 Vgl. die Übersicht bei Hans Gustav Güterbock, Die literarische Tradition und ihre literarische Gestaltung bei Babyloniern und Hethitern bis 1200, in: *Zeitschrift für Assyriologie* 44/NF X, Berlin 1938, 45–93.

3 Oliver R. Gurney, The Cuthaean Legend of Naram-Sin, in: *Anatolian Studies* 5, London 1955, 93–113.

4 Vgl. dazu etwa Johann Tischler, Die kappadokischen Texte als älteste Quelle indogermanischen Sprachgutes, in: Onofrio Carruba/Maurizio Giorgieri/Clelia Mora (Hrsg.), *Atti del II Congresso Internazionale di Hittitologia*, Pavia 1995, 359–368.

5 Erich Neu, *Der Anitta-Text*, Wiesbaden 1974 (Studien zu den Boğazköy-Texten 18).

6 Vgl. hier und im folgenden jetzt vor allem Trevor Bryce, *The Kingdom of the Hittites*, Oxford 1998, sowie Horst Klengel, *Geschichte des Hethitischen Reiches*, Leiden/Boston/ Köln 1999 (Handbuch der Orientalistik, I. Abt., Bd. 34), wo die einschlägigen historischen Quellen den hethitischen Großkönigen zugeordnet und ausgewertet werden.

7 Heinrich Otten, Aitiologische Erzählung von der Überquerung des Taurus, in: *Zeitschrift für Assyriologie* NF 21, 1963, 156–168.

8 Vgl. dazu jetzt Mirjo Salvini, La civiltà degli Hurriti, in: *La Parola del Passato* LV, 2000, 25–67 sowie zur weiteren Ausbreitung der Hurriter Gernot Wilhelm, The Hurrians in the Western Parts of the Ancient Near East, in: Meir Malul (Hrsg.), *Mutual Influences of Peoples and Cultures in the Ancient Near East*, Haifa 1996, 17–30.

9 Inge Hoffmann, *Der Erlaß Telipinus*, Heidelberg 1984 (Texte der Hethiter 11).

10 Zur Diskussion über *panku* und die »Versammlung« (»tulija«) vgl. zusammenfassend Fiorella Imparati, Die Organisation des hethitischen Staates, in: Horst Klengel, *Geschichte des Hethitischen Reiches*, Leiden/Boston/Köln 1999, 345–349.

11 Vgl. dazu Kaspar Klaus Riemschneider, Die hethitischen Landschenkungsurkunden, in: *Mitteilungen des Instituts für Orientforschung* 6, Berlin 1958, 321–381, bes. 332ff.

12 Ahmet Ertekin/Ismet Ediz, The unique sword from Bogazköy/Hattusa, in: Machteld Mellink/Edith Porada/Tahsin Özgüç (Hrsg.), *Aspects of Art and Iconography: Anatolia and its Neighbors* (Festschrift Nimet Özgüç), Ankara 1993, 719–725; vgl. zur Inschrift Ahmet Ünal, Ein hethitisches Schwert mit akkadischer Inschrift aus Boğazköy, *Antike Welt* 23, 1992, 256–257. Zu den Kontakten der Hethiter zur ägäischen Küstenregion Kleinasiens vgl. jetzt Frank Starke, Troia im Kontext des historisch-politischen und sprachlichen Umfeldes Kleinasiens im 2. Jahrtausend, in: *Studia Troica* 7, Mainz 1997, 447–487.

13 Sedat Alp, *Keilschrifttafeln aus Maşathöyük*, Ankara 1991.

14 In der fachwissenschaftlichen Literatur, unter Annahme eines hethitischen Königs Tutḫalija vor Tutḫalija I., auch als Tutḫalija III. bezeichnet.

15 Vgl. die Amarna-Briefe 31 und 32, zuletzt in der Übersetzung von Volkert Haas in: William L. Moran, *The Amarna Letters*, Baltimore/London 1992.

16 Hans Gustav Güterbock, The Deeds of Suppiluliuma, in: *Journal of Cuneiform Studies* 10, New Haven 1956, 41–68, 75–98, 107–130.

17 Vgl. zu den Ereignissen in Syrien und den einzelnen Fürstentümern Horst Klengel, *Syria 3000 to 300 B. C.*, Berlin 1992, 100–180.

18 Vgl. zu diesen Epidemien, die den östlichen Mittelmeerraum mehrfach heimsuchten, Horst Klengel, Epidemien im spätbronzezeitlichen Syrien-Palästina, in: Yitzhak Avishur/Robert Deutsch (Hrsg.), *Michael. Historical, Epigraphical and Biblical Studies In Honor of Prof. Michael Heltzer*, Tel Aviv/Jaffa 1999, 187–193.

19 Albrecht Götze, Die Pestgebete Mursilis, in: *Kleinasiatische Forschungen* 1, Weimar 1930, 161–251.

20 Albrecht Götze, Die Annalen des Muršili, in: *Mitteilungen der Vorderasiatisch-Aegyptischen Gesellschaft* 38, Leipzig 1933; Heinrich Otten (unter Mitarbeit von Kaspar Riemschneider und Wilfried Scholze): Neue Fragmente zu den Annalen des Muršili, in: *Mitteilungen des Instituts für Orientforschung* 3, Berlin 1955, 153–179.

21 Dazu vor allem jetzt Frank Starke, Troia im Kontext des historisch-politischen und sprachlichen Umfeldes Kleinasiens im 2. Jahrtausend, in: *Studia Troica* 7, Mainz 1997, 447–487.

22 Itamar Singer, From Ḫattuša to Tarḫuntaša: Some Thoughts on Muwatalli's Reign, in: *Acts of the IIIrd International Congress of Hittitology*, Ankara 1998, 535–541.

23 Zur Diskussion über eine Gleichsetzung mit Alexandros von Ilion vgl. Wolfgang Röllig, Achäer und Trojaner in hethitischen Quellen, in: Ingrid Gamer-Wallert (Hrsg.), *Troia. Brücke zwischen Orient und Okzident*, Tübingen 1992, 183–200.

24 Vgl. Alan Gardiner, *The Kadesh Inscriptions of Ramesses II*, Oxford 1960, ferner zu den Darstellungen Walter Wreszinski, *Atlas zur altägyptischen Kulturgeschichte*, II, Leipzig 1935, Taf. 16–25, 63–64, 92–106, 169–178. Der Verlauf der Schlacht ist mehrfach ausführlich behandelt worden, vgl. zusammenfassend Arnulf Kuschke, Qadesch-Schlacht, in: *Lexikon der Ägyptologie*, Bd. V, Wiesbaden 1984, 27–37.

25 Vgl. dazu Philo H. J. Houwink ten Cate, Urhi-Tessub revisited, in: *Bibliotheca Orientalis* 51, Leiden 1994, 233–259.

26 Zur Frage der Wiedereinsetzung des Bentešina zur Zeit Mursilis III. oder Ḫattusilis III. s. Houwink ten Cate (s. Anm. 25), 242–247, sowie jetzt Victor Parker, Ḫattušili III., in: *Altorientalische Forschungen* 26, 1999, 285.

27 Heinrich Otten, *Die Apologie Hattusilis III. Das Bild der Überlieferung*, Wiesbaden 1981 (Studien zu den Boğazköy-Texten, 24).

28 Fiorella Imparati, Apology of Ḫattušili III or Designation of his Successor?, in: Theo P. J van den Hout/Johan de Roos (Hrsg.), *Studio Historiae Ardens. Ancient Near Eastern Studies Presented to Philo H. J. Houwink ten Cate*, Leiden 1995, 143–157.

29 Elmar Edel, *Der Vertrag zwischen Ramses II. von Ägypten und Ḫattušili III. von Ḫatti*, Berlin 1997 (Wissenschaftliche Veröffentlichungen der Deutschen Orient-Gesellschaft, 95); vgl. auch die deutsche Übersetzung der babylonischen und ägyptischen Texte bei Elmar Edel, in: Otto Kaiser (Hrsg): *Texte aus der Umwelt des Alten Testaments, I/2: Staatsverträge*, Gütersloh 1983, 135–153.

30 Bearbeitung der Korrespondenz bei Elmar Edel, *Die ägyptisch-hethitische Korrespondenz aus Boghazköi in babylonischer und hethitischer Sprache*, I und II, Opladen 1994.Teils handelt es sich dabei auch um in hethitischer Sprache verfaßte Entwürfe von Antwortschreiben.

31 Vgl. Abb. 44 bei Horst Klengel, *Geschichte des Hethitischen Reiches*, Leiden 1999.

32 Heinrich Otten, *Die Bronzetafel aus Boğazköy. Ein Staatsvertrag Tutḫalijas IV*, Wiesbaden 1988 . (Studien zu den Boğazköy-Texten, Beiheft 1).

33 Horst Klengel, Zum Brief eines Königs von Ḫanigalbat, *Orientalia 32*, Rom 1963, 280–291. Zuordnung des Textes zu Tutḫalija IV. aber noch unsicher. Zum assyrischen Sieg bei Niḫrija s. den Brief des Tukulti-Ninurta I. (?) an den König von Ugarit bei Sylvia Lackenbacher, Lettres et Fragments, in: Pierre Bordreuil (Hrsg.), *Une bibliothèque au sud de la ville*, Paris 1991, 90–100 (Ras Shamra-Ougarit VII), sowie Itamar Singer in: *Zeitschrift für Assyriologie* 75, Berlin/New York 1985, 100–123.

34 Horst Klengel, Hungerjahre in Ḫatti, in: *Altorientalische Forschungen* 1, Berlin 1974, 165–174; vgl. auch eine Inschrift aus dem 5. Regierungsjahr des Pharaos Merenptah betreffend eine Sendung von Getreide nach Ḫatti, um dieses Land »am Leben zu halten«: James Henry Breasted, *Ancient Records of Egypt*, Chicago 1906–1907, III Abschnitt 580.

35 John David Hawkins, *The Hieroglyphic Inscription of the Sacred Pool Complex at Hattusa (Südburg)*, Wiesbaden 1995 (Studien zu den Boğazköy-Texten, Beiheft 3).

36 Manfried Dietrich/Oswald Loretz, Das ›seefahrende Volk‹ von Šikila (RS 34.129), in: *Ugarit-Forschungen* 10, Kevelaer/Neukirchen-Vluyn 1978, 53–56.

37 Vgl. dazu jetzt auch Itamar Singer, A Political History of Ugarit, in: Wilfred G. E. Watson/Nicolas Wyatt (Hrsg.), *Handbook of Ugaritic Studies*, Leiden/Boston/Köln 1999, 715–723.

38 Sylvie Lackenbacher, Une correspondance entre l'administration du pharaon Merenptah et le roi d'Ougarit, in: Marguerite Yon/Maurice Sznycer/Pierre Bordreuil (Hrsg): *Le pays d'Ougarit autour de 1200 av. J.-C.*, Paris 1995, 77–83 (Ras Shamra-Ougarit XI), (Antwortschreiben auf einen Brief des Königs Ḫammurapi von Ugarit).

39 Zu dieser Problematik gab und gibt es eine umfangreiche wissenschaftliche Diskussion; vgl. etwa die Beiträge in: William A. Ward/Martha Sharp Joukowsky (Hrsg.), *The Crisis Years. The 12th Century*, Dubuque 1992; Seymou Gitin/Amihai Mazar/Ephraim Stern (Hrsg.), *Mediterranean Peoples in Transition. Thirteenth to Early Tenth Centuries BCE* (Festschrift T. Dothan), Jerusalem 1998.

40 Vgl. dazu vor allem Mario Liverani, *Antico Oriente. Storia Società Economia*, Rom/Bari 1988, 629–660.

Die hethitische Historiographie

Geschichtsschreibung vor den Griechen I

Zeit	Text	Gattung, Formen, Topik
Ende 18. Jahrhundert	Anitta-Text (altheth. Schrift und Sprache; altheth. Abschrift)	Kriegsbericht, Annalistische Topik, Aufstiegsgeschichte
Althethitisch 16. Jahrhundert	Erzählung um die Stadt Zalpa (altheth. Exemplar erhalten)	Myth-Historie
	Annalen Ḫattusilis I. (hethitisch u. akkadisch; jungheth. Abschriften)	Annalen
	Bilingue Ḫattusilis I. (hethitisch-akkadisch; jungheth. Abschrift)	Politisches Testament, historische Einleitung
	Belagerung von Uršu (akkadisch)	Kriegsbericht, Verfehlungen, Königslob
	Palastchronik (altheth. Schrift und Sprache; größtenteils jungheth. Abschriften)	Exempla – Fälle – Anekdoten
	Berichte über die Taten Mursilis I. in Syrien und Babylon (jungheth. Abschrift)	Annalistische Topik
um 1550	»Chronik« des Ammuna (jungheth. Abschrift)	Annalen; entwickelte erst- und drittpersönliche Narrative
Mittelhethitisch um 1500	»Proklamation« des Telibinu (akkad. Fassung; neun heth. Exemplare: Abschriften des 14./13. Jahrhunderts)	»Edikt«, »Verfassung«; historische Einleitung
Anfang 14. Jahrhundert	Die politischen »Vergehen« des Madduwatta	»Anklageschrift« ?
Ende 15. Jahrhundert	Annalen Tudḫalijas I. Erwähnung von Assuwa, Wilusija, Truwisa (1 Expl. zeitgenössisch; 1 jungheth. Abschrift)	Entwickelte Annalistik
Anfang 14. Jahrhundert	Annalen Arnuwandas I. (jungheth. Abschrift)	Entwickelte Annalistik
Junghethitisch ca. 1318–1290	Annalen Mursilis II. und Bericht über die »Mannestaten« Suppilulimas I., seines Vaters; historische Partien in Verträgen, Pestgebeten	Entwickelte Geschichtsschreibung
ca. 1290–1272	Vertrag zwischen Ḫattusa und Wilusa (Muwattalli II. und Alaksandu)	Vertrag; historische Einleitung
ca. 1265–1240	Der »Große Text« (sog. Apologie) Ḫattusilis II.	Apologetische, autobiographische Topoi; Thronbesteigungsbericht; Schenkung
um 1200	Inschriften Suppiluliumas II. (hieroglyphenluwisch; hethitische Version in Keilschrift)	Kultstiftung, Kriegsbericht, Baubericht
Hieroglyphenluwisch 10./frühes 9. Jahrhundert	Inschrift des Königs Katuwa von Karkamis (hieroglyphenluwisch)	Baubericht, Kultstiftung mit Kultgesetz; Kriegsbericht mit annalistischer Topik, Vorgeschichte
um 800	Denkmal Ḫalparuntijas (III.) von Kurkuma (hieroglyphenluwisch; Löwenstatue)	Genealogie (sechs Glieder)
um 730	Archaisierende Inschrift des »Großkönigs« Wasusarma (Tabal, Kappadokien; hieroglyphenluwisch)	Kriegsbericht
Anfang 7. Jahrhundert	Bericht Azatiwadas von Adana (Karatepe, Kilikien; phönizisch-hieroglyphenluwische Bilingue)	Stadtgründung, Kultstiftung

1 Wichtige Texte der hethitischen und luwischen Historiographie

> Argumentation mit Geschichte um 1280 v. Chr.

Um das Jahr 1280 v.Chr. versucht Muwattalli II., Großkönig des Landes Ḫattusa, sich mit einem Bündnispartner fern im Westen der Hauptstadt über die geschichtlichen Grundlagen eines neuen Abkommens zu verständigen. Er schreibt an Alaksandu von Wilusa[1]: »Früher einmal hatte der *labarna,* mein Vorfahr, das ganze Land Arzawa und das ganze Land Wilusa unterworfen. Später führte deshalb das Land Arzawa Krieg; jedoch kenne ich, da doch das Ereignis lange zurückliegt, keinen König des Landes Ḫattusa, von dem das Land Wilusa abgefallen ist. Doch (selbst) wenn das Land Wilusa vom Land Ḫattusa abgefallen ist, ist man indes aus der Ferne den Königen des Landes Ḫattusa eng befreundet gewesen und hat ihnen regelmäßig Gesandte geschickt. Als Tudḫalija (I.) ...«

Die ersten Worte des Textes konstituieren einen Geschichtsraum von mehr als dreihundert Jahren: Labarna ist der Anfang des hethitischen Königtums überhaupt (18./17. Jahrhundert v. Chr.). Der Negativbefund – »ich kenne keinen« – setzt die genaue Kenntnis des gesamten Verlaufes voraus. Sorgfältig formuliert, mit euphemistischer Formel und feinen logischen Abstufungen wird die Teilnahme von Wilusa an den Kämpfen des Landes Assuwa unter Tudḫalija I. (ca. 1420 – 1400 v. Chr.) angedeutet. Eine Fülle von Partikeln, Adverbien, Konjunktionen erzeugen eine anspruchsvolle Prosa; die zeitlichen, adversativen, konzessiven, hypothetischen Beziehungen werden genau expliziert.

Der Text Muwattallis ist konzentrierte Argumentation mit Geschichte. Er setzt historische Berichte, diplomatische Korrespondenz der Gesandtschaften, die Texte von älteren Abmachungen voraus und dazu ein geordnetes »Archiv« und kundige »Bibliothekare« und »Gelehrte«, die dreihundert Jahre Geschichte in eine Handbreit argumentativer Prosa kondensieren können.

Muwattalli darf bei seinem Partner, Alaksandu von Wilusa, ähnliche Institutionen und Verständnis für seine Argumentation erwarten: Historisches Wissen ist Teil der Diplomatie. Herrschaft und Recht und Geschichte werden als Einheit gefaßt. Der Text muß in Wilusa gut verwahrt worden sein. Denn dreimal jährlich soll der Vertrag mit dem historischen Argument am Anfang bis zur Schwurgötterliste am Ende »vorgelesen« werden: auch hier schließen sich mündliche und schriftliche Publikation keineswegs aus. Damit erhielten also auch Schreibunkundige am Hofe zu Wilusa Kenntnis von dem Vertrag, von der hethitischen Sicht der Geschichte und von der Art, mit ihr zu argumentieren. Diese »Publikation« des Vertrages gibt einen Hinweis auf die Interessenten und das Publikum für Historiographie im Hethiterreich.

Der Fall des Talmisarruma, des Königs der Sekundogenitur Ḫalpa (Aleppo), zeigt, daß dies Standard ist, im Osten wie im Westen des »Reiches«. Der König erhielt einen Vertrag von Mursili II., dem Vater Muwattallis.[2] Auch dieser Vertrag hatte eine lange »historische Einleitung«; sie führte zurück bis zu Ḫattusili I. (ca. 1565 – 1540 v. Chr.), der einst in Syrien gekämpft hatte. Aber das Vertragsexemplar von Ḫalpa war verlorengegangen. So erbittet und erhält Talmisarruma von Muwattalli eine gut beglaubigte Mehrfertigung. Ein Original war also in Ḫattusa vorhanden und auffindbar. Tatsächlich sind bis heute vier Archivkopien bezeugt; auch vom Alaksandu-Vertrag haben sich immerhin sechs Exemplare in Ḫattusa gefunden: für welche Zwecke, welches Publikum?

Die Verwendung von Geschichte im rechtlichen und politischen Diskurs hat viele Voraussetzungen in der hethitischen Gesellschaft und ihrer »Öffentlichkeit«, ihrer »Verfassung« und Geschichte.[3] Seit den Anfängen des Hethitischen Reiches bildet sich eine hethitische Historiographie in mehreren Schriften und Sprachen, zunächst in Hethitisch und Akkadisch, später (im 13. Jahrhundert) auch in Luwisch.

Vergangene Ereignisse, Handlungen, Erlebnisse werden zu vielerlei Zwecken, in vielen Medien (Ton, Holz, Stein, Blei) und Formen fixiert und reproduziert: in Inschriften auf Beutestücken, in Weihungen, Gebeten, Orakeln, Gesetzen, Verträgen, diplomatischer Korrespondenz, Schenkungsurkunden, Bauberichten, Sammlungen von lehrreichen Fällen, auf Denkmälern und in selbständigen historiographischen Werken **Abb. 1**.[4]

> Das historiographische Œuvre Mursilis II.

Um 1300 v. Chr., zu Zeiten der größten Machtentfaltung des hethitischen Reiches, bildet sich mit dem historiographischen Œuvre, das unter dem Namen Mursilis II. (ca.1318 – 1290 v. Chr.) überliefert wird, der Höhepunkt der hethitischen Historiographie. Die Anzahl und der Umfang der Werke, die aus langer Tradition erwachsende literarische Technik, die Ausbildung von »historischer Distanz« zu den Ereignissen, die Reflexion auf das eigene Tun und auf die eigene Darstellung dieses Tuns erreichen in dieser Phase der hethitischen Geschichte einen Höhepunkt.

Die drei historiographischen Werke Mursilis – die »Zehnjahresannalen«, die »Mannestaten Suppiluliumas« und die »Ausführlichen Annalen« – schreiben die Geschichte eines großen Personenkreises, über eine längere Zeit, in einem großen Raum zwischen Schwarzem und Mittelländischem Meer, von den Dardanellen bis zum Euphrat. Die Organisation dieser Daten in einer fortlaufenden Narrative ist an sich schon eine erhebliche Leistung, darüber hinaus aber erheben diese Werke auch noch einen eigenen, spezifisch literarischen Anspruch. Sie wollen unterhalten, belehren und politisch wirken. Denn diese Geschichtswerke zeigen, wie die selbständige und loyale Tätigkeit der vielen Mitglieder der königlichen Sippe ein »Großreich« schaffen konnte, trotz zahlreicher Krisen und Rückschläge, die keineswegs verschwiegen werden **Abb. 2**.

Am Schluß seiner »Zehnjahresannalen« bestimmt Mursili sein Thema mit einer Negativaussage: »Diese feindlichen Länder bezwang ich (wie zuvor dargestellt) mit meiner Hand. Die feindlichen Länder, die indes die Prinzen und Herren bezwangen, sind nicht dabei.«

Der Satz ist ein intertextueller Verweis auf andere Werke, die Taten der Prinzen und Herren, also der Mitglieder der königlichen Sippe enthalten, und ein expliziertes Indiz für literarische Reflexion.

Mursili schrieb, diktierte oder veranlaßte die Abfassung des ersten umfassenden Berichtes über seine Regierungstätigkeit zehn Jahre nach seiner Thronbesteigung. Das »Autograph« dieses Berichtes ist nicht erhalten, aber etwa 100 Jahre später bestand noch immer ein Interesse an dieser Geschichte. So wurden zwei neue »Auflagen« (Editionen, Serien) geschaffen, die Eintafel- und die Zweitafelausgabe. Fünf Exemplare sind bisher in Ḫattusa gefunden worden. Was war der Anlaß, wer Auftraggeber, wer das Publikum dieser neuen Editionen?

Die »Zehnjahresannalen« sind ein kleines Werk (366 Zeilen in der Eintafelausgabe), aber eine abgeschlossene Einheit mit einem gewissen literarischen Anspruch **Abb. 3**.

Die Eroberung Arzawas und die Herstellung der verfassungsmäßigen Ordnung (taninu-) sowie der Kontakt zum »König des Landes Aḫḫijawa« im dritten und vierten Regierungsjahr sind militärische und politische Ereignisse, deren Folgen noch über das Ende des Großreiches hinaus sichtbar sind. Die Verschränkung von Herrschaft, Recht und Geschichte in der hethitischen Politik und Geschichtsschreibung wird selbst in der knappen Darstellung der »Zehnjahresannalen« deutlich. Aufgrund einer glücklichen Überlieferung sind die Verträge der Hethiter mit den Herrschern der Arzawa-Länder (Mirā, Ḫaballa, Sēḫa) erhalten. In der historischen Einleitung dieser Verträge stehen die Ereignisse, die aus den »Zehnjahresannalen« und den »Ausführlichen Annalen« Mursilis bekannt sind. Die politische Ordnung des

»ganzen« Landes Arzawa wird in einer Zusammenfassung hervorgehoben: damit schließt die erste Hälfte der »Zehnjahresannalen«.

In allen historiographischen Werken, die uns unter dem Namen Mursilis überliefert sind, werden nicht nur Ereignisse, Taten und Handlungen dargestellt, sondern auch nicht-ausgeführte Handlungen, die möglichen und unmöglichen, die geplanten und erwarteten Handlungen bedacht. Durch die Einführung von expliziten hypothetischen, adversativen, konzessiven Stufungen wird die Komplexität der Darstellung erheblich gesteigert. Die Reflexion über die Gründe des eigenen Handelns oder Nichthandelns sowie des Handelns der Verbündeten und Gegner bildet ein weiteres Element der historischen Metaschicht. Im Prolog der »Ausführlichen Annalen« wird das Raisonnement der Gegner in der Form einer fiktiven direkten Rede und mit einem expliziten Irrealis der Vergangenheit wiedergegeben[5]: »Wer mir Respekt abgenötigt hätte, w[äre dein] ältester Bruder [gewesen], der vor seinem Vater Truppen und Wagenkämpfer befehligte, auch die Politik (?) seines Vaters kannte und bereits ein erwachsener Mann [war]. Wenn Du mir Respekt abnötigen wolltest, müßtest [du] ein sol[cher sein.]«

In derselben stilistischen und sprachlichen Form wird dargestellt, welche Folgen eine nichtausgeführte Handlung auf das politische Kalkül der Gegner haben könnte[6]: »Wäre ich [nach Istitina zu Hi]lfe geeilt, hätte [ich die Ḫajasäer aus Kannuwar]a hinaus gejagt.

Doch der König des Landes Assyrien] besiegte das Land Karkamis und [...] es. Wenn ich nun gegen jenen Feind (von Ḫajasa) [gezogen wäre, und ihn bes]iegt hätte, hätten da nicht [die Assyrer], sowie sie (davon) gehört hätten, fol[gendermaßen gesprochen]: ›Sein Vater hat das Land Karkamis besiegt, und es steht [...]. Sein Sohn indes, den er im Lande Karkamis zum König gemacht hat, ist gestorben. Doch er (Mursili) zog nicht nach dem Lande Karkamis und ordnete das Land Karkamis nicht, sondern er zog nach einem anderen Lande?‹ Und nachdem ich mir so diese Sachlage vergegenwärtigt hatte, machte ich für Nuwanza, den Großen des Weines, mit Vogel- und Fleischvorzeichen eine Anfrage, und es wurde ihm (das Ergebnis) durch Vogel- und Fleischvorzeichen festgestellt.«

Kritik an den Handlungen anderer, auch auf der eigenen Seite, ist nicht selten; eine explizite Auseinandersetzung mit anderen Darstellungen ist mir jedoch nicht bekannt. Allerdings gibt es Argumentationen, die einen Wahrheitsbegriff verwenden, wie er aus dem Zeugnis vor Gericht und der Sorgfalt im Umgang mit Dokumenten (*fides diplomatica*) bekannt ist.[7]

> Dynastischer Ahnenkult und Geschichtsschreibung um 1200 v. Chr.

Ein Bild des verstorbenen Königs wird für den Vollzug des Begräbnisrituals, dann für den Kult des Toten und späteren Ahnen benötigt. Tudḫalija III. (ca. 1240–1215 v. Chr.) vollzieht die Opfer für die Bilder seiner Vorgänger; bis zum ersten Großkönig gleichen Namens aus dem 15. Jahrhundert sind sie genannt. Dies ist gentilizisch-dynastischer Ahnenkult, die kultische Konservierung und Präsentation von vergangenem Herrschertum.

Dieser Tradition folgend läßt Suppiluliuma II. (bis ca. 1190 v. Chr.) ein »Bild« (hethitisch *ēsri-*) seines Vaters Tudḫalija III. anfertigen und eine Gedenkstätte, den »ewigen *ḫēgur*«, bauen. Darin stellt er die Statue auf und läßt auf ihr bzw. auf ihrem Sockel die »Mannestaten« des Verstorbenen »einmeißeln« (*andan guls-*) – wohl in luwischen Hieroglyphen: das erste Beispiel für eine lange Reihe historischer Inschriften mit Bild und Kult in der hethitisch-luwischen Kultur. Die sepulkrale Kultstatue Tudḫalijas und ihre Inschrift sind nicht erhalten. Auf einer Keilschrifttafel (CTH 121) jedoch wird in Hethitisch der Bau der Gedenkstätte, die Anfertigung und Aufstellung der Statue und das »Einmeißeln« der Inschrift berichtet[8], darüber hinaus die »Mannestaten« eines Königs, besonders seine Kämpfe um Zypern; sie sind im traditionellen Stil des hethitischen Kriegsberichtes erzählt. Suppiluliuma expliziert den Wahrheitsanspruch des Berichtes über seinen Vater mit folgenden Worten: »Wie mein Vater Tudḫalija, der Großkönig, ein wahrer König (*asanz ḫassus*) war, ebenso meißelte ich die wahren Mannestaten (*asanta pesnādar*) ein. Ich ließ nichts aus noch unterdrückte ich etwas.«

Kult, Bild und Inschrift bilden eine feste Konstellation, in der dann die luwischen Staaten, die nach dem Zusammenbruch des hethitischen Großreiches im 12. bis 8. Jahrhundert v. Chr. dessen Nachfolge in Süd- und Südostkleinasien sowie in Nordsyrien antreten, Geschichte dokumentieren und präsentieren. Das Beispiel Suppiluliumas zeigt, wie ein Text Sprache und Schrift wechselt, das Medium (Stein, Ton) und den Ort (Gedenkstätte, Archiv/Bibliothek). Dieses Beispiel berechtigt zu dem Versuch, die hieroglyphenluwischen Inschriften des 1. Jahrtausends v. Chr. als Indiz für eine historiographische Literatur und für die literarische Kontinuität zu den Texten des hethitischen Großreiches zu verstehen.[9]

Anmerkungen

1 Übersetzung: Frank Starke bei: Joachim Latacz, *Troia und Homer. Der Weg zur Lösung eines alten Rätsels*, München/Berlin 2001, 133f. Vgl. auch Gary Beckman, *Hittite Diplomatic Texts*, Atlanta 1996, 82–88. Zu den geographischen Verhältnissen vgl. die Karte S. 306.

2 Übersetzung der nur akkadisch überlieferten Fassung bei Beckman (Anm. 1), 88–90.

3 Vgl. Hubert Cancik, *Grundzüge der hethitischen und alttestamentlichen Geschichtsschreibung*, Wiesbaden 1976; ders., ‚Herrschaft' in historiographischen und juridischen Texten der Hethiter, in: K. Raaflaub (Hrsg.), *Anfänge politischen Denkens in der Antike. Die nahöstlichen Kulturen und die Griechen*, München 1993, 115–134.

4 Die Benennung der hier ausgewählten Texte ist konventionell und nicht immer glücklich. Die Angabe eines »Verfassers« ist ebenfalls konventionell, obwohl der Name häufig die Hauptfigur der Handlung bezeichnet, nicht den »Verfasser« des Wortlautes. Die Spalte »Gattung, Formen, Topik« gibt nur knappe Hinweise, da die Bestimmung der Textsorte unsicher ist und eine ausführliche Aufzählung der Formelemente (Ich-/Er-Erzählung; Brief; Rede; Exkurs u. ä.) an dieser Stelle nicht möglich ist. Die Anzahl der Serien (»Auflagen«) der jeweiligen Texte und der davon jeweils erhaltenen Exemplare und deren Alter sind nicht verzeichnet worden, obschon die Textgeschichte ein wichtiges Indiz ist für die historiographische Arbeit, für die Verbreitung und den Gebrauch von »Historie« im »politischen« und »literarischen« Leben. Die Sprache ist hethitisch, die Schrift Keilschrift, soweit nicht anderes angegeben ist.

5 Übersetzung nach Albrecht Götze, *Die Annalen des Muršiliš*, 1933, Nachdruck Darmstadt 1967, 16–19 (mit Korrekturen von Frank Starke).

6 Aus den »Ausführliche Annalen«, 9. Jahr; vgl. Götze (Anm. 5), 116–119 (mit Korrekturen von Frank Starke).

7 Hubert Cancik, *Mythische und historische Wahrheit. Interpretationen zu Texten der hethitischen, biblischen und griechischen Historiographie*, Stuttgart 1970.

8 Hans Gustav Güterbock, The Hittite Conquest of Cyprus Reconsidered, in: *Journal of Near-Eastern Studies* 26, 1967, 73–81 (mit Text und Übersetzung).

9 Meinem Kollegen Frank Starke (Tübingen) danke ich für zahlreiche Hinweise und kritische Unterstützung.

Literatur

Beckman 1996; Cancik 1970; Cancik 1976; Cancik 1993, 115–134; Cancik 1991, Sp. 809–813, Sp. 813–822; Götze 1933; Hoffner 1980, 283–332; Laroche1971; del Monte 1993; Otten 1958; Otten 1981; Starke 1999b, 518–533

Moderne Benennung	Mannestaten Suppiluliumas (I.)	Zehnjahresannalen	Ausführliche Annalen
Hethitische Benennung	»Mannestaten Suppiluliumas«	Überlieferungsbedingt nicht bekannt; vermutlich: »Mannestaten Mursilis«	Überlieferungsbedingt nicht bekannt
Thema	Taten des Vaters Mursilis II.	Taten Mursilis in den ersten zehn Regierungsjahren	Taten führender Mitglieder der königlichen Sippe
Behandelter Zeitraum	Zeit als Prinz und Großkönig (ca. 35–40 Jahre)	Die ersten 10 Regierungsjahre	1. bis ca. 24./25. Regierungsjahr
Träger der Handlung	Vater, Großvater, Brüder Mursilis, weitere führende Mitglieder der königlichen Sippe sowie die zahlreichen Gegner	Mursili selbst, einige führende Mitglieder der königlichen Sippe die zahlreichen Gegner	Die führenden Mitglieder der königlichen Sippe einschließlich Mursili (über 20 Personen) die zahlreichen Gegner
Umfang des Werkes	7 + x Tafeln	1 Tafel (ca. 360 Zeilen)	13 (+ x?) Tafeln
Prolog	Bis auf ein ganz kleines Fragment nicht erhalten	26 Zeilen	1 Tafel (mindestens 240 Zeilen; nur sehr lückenhaft erhalten)
Epilog	Nicht erhalten	5 Zeilen	Nicht erhalten
Stilistische Merkmale (Auswahl)	Bis zu drei gleichzeitige Handlungen Nicht ausgeführte Handlungen Selten hypothetische Handlungen Keine Vorgeschichten Gebrauch von Rede/Brief Selten Exkurse	Bis zu drei gleichzeitige Handlungen Nicht ausgeführte Handlungen Hypothetische Handlungen Vorgeschichten Gebrauch von Rede/Brief Selten Exkurse	Ständig zwei/drei, gelegentlich bis zu vier gleichzeitige Handlungen Nicht ausgeführte Handlungen Oft hypothetische Handlungen Umfangreiche Vorgeschichten Gebrauch von Rede/Brief Häufig Exkurse

2 Die historiographischen Werke Mursilis

Vorgeschichte Wörtliche Rede der Feinde Gebet Mursilis, Thema	Prolog	
Einfache Handlung (Kriegsbericht)	1. Jahr	KASKÄER I (Norden)
Einfache Handlung (Kriegsbericht)	2. Jahr	
Komplexe Handlung: Vorgeschichte Briefe des Uḫḫazidi Briefe Handlung in drei Strängen	3. Jahr	ARZAWA (Westen)
Nebenreihe, Botenbericht Nicht ausgeführte Handlung, Irrealis, Politik	4. Jahr	ARZAWA (Westen)
Politik: »Ordnung« der Arzawa-Länder	Binnenschluß	Mitte
Einfache Handlung	5. Jahr	KASKÄER II
Einfache Handlung	6. Jahr	ARAWANA (Nordwesten)
Komplexe Handlung: Vorgeschichten Piḫḫunija, der Kaskäer, Annija von Azzi Exkurs, Briefwechsel (Lücke von ca. 25 Zeilen) Parallelhandlung Narrative (dritte Person)	7. Jahr (29 Zeilen) 8. Jahr 9. Jahr (35 Zeilen)	OBERES LAND
Einfache Handlung	9. Jahr (IV 24'-34')	KASKÄER III
Einfache Handlung	10. Jahr	AZZI (Nordosten)
Zusammenfassung - Ausblick	Epilog	

3 Aufbau, Stoffe und Formen der »Zehnjahresannalen« Mursilis II., abgefaßt nach ca. 1308 v. Chr.; Textzeuge ca. 1230/1200 v. Chr. Die unterschiedliche Größe der Segmente im Schema entspricht annähernd den Unterschieden im Umfang der Abschnitte des Textes

Die luwische Historiographie

Geschichtsschreibung vor den Griechen II

1

2

1 Die Gemahlin Suḫis II. von Karkamis (10. Jahrhundert v. Chr.), Museum für Anatolische Zivilisationen, Ankara (Hawkins 2000, Taf. 8)

2 Tarḫupia auf dem Schoß seiner Mutter, Grabdenkmal aus Maraş (2. Hälfte 8. Jahrhundert v. Chr.), Musée du Louvre, Paris (Hawkins 2000, Taf. 125)

> Die Überlieferung: Texte und Bilder

Die hieroglyphenluwischen Inschriften des 12. bis 8. Jahrhunderts v. Chr. sind Teil einer öffentlichen, monumentalen, komplexen Überlieferung: Große Felsinschriften – oft mit Reliefs und teilweise in Verbindung mit Kultanlagen –, Orthostaten an Toranlagen, Stelen bei Gräbern, kolossale Statuen von Göttern und Herrschern. Die Texte auf diesen Schriftträgern berichten unter anderem die Gründung von Städten, den Bau von Festung oder Tempel, die Ehrung für militärische und friedliche Leistungen von Herrschern und ihren Dienern.

Die historiographischen Formen und Motive in diesen Inschriften, die nunmehr in einer zusammenfassenden und grundlegenden Edition vorliegen[1], sind bisher kaum untersucht worden. Notwendigerweise ist diese monumentale Überlieferung einseitig, nur Teil und Indiz für eine breitere, nichtlapidare Darstellung der kulturellen, militärischen, religiösen Wirklichkeit in den Staaten vom zentralen Anatolien bis zum Oberlauf des Orontes.

> Schrift, Bild, geschichtliche Person

Die Inschriften sind öffentlich: in der Toranlage, auf den Pfeilern des Tores, das in die Cella des Tempels des Wettergottes führt, im Hof des Tempels. Die Verfasser sprechen zu einem Publikum, das durch Lesen der Texte oder Vorlesen ihre Botschaft vernehmen kann. Oft bestimmt der Text ein Bild, gibt Namen, Genealogie und den Grund für die Anfertigung. Der Text macht die Figur mit ihrer typischen Tracht, ihren Symbolen für Geschlecht, Status, Amt zum »Porträt« einer bestimmten Person. Auch die Frauen haben Namen und Bild in der Öffentlichkeit: Die Gemahlin Suḫis II. von Karkamis (10. Jahrhundert v. Chr.) läßt sich auf einem eigenen Orthostatenblock abbilden **Abb. 1**; ihre Inschrift stellt klar: »Wo immer mein Mann seinen Namen ehrt, ehrt er auch meinen (Namen) huldvoll.«[2]

Auf einer Grabstele aus Kurkuma (Maraș, 2. Hälfte 8. Jahrhundert v. Chr.) steht ein Kind auf dem Schoß einer Frau, hält Schreibtafel, Schreibgerät und Spielvogel **Abb. 2**: so verbreitet und so wichtig war Lesen und Schreiben in dieser Gesellschaft. Sogar das Kind nennt seinen Namen.

Nicht nur die Könige und ihre Frauen, auch ihre Diener haben das Recht auf Bildnis, Inschrift, Kult am Grabe. Ruwa, Diener des Großkönigs Tuwati in Tabal (ca. 750 v. Chr.), ist »in die Gegenwart der Götter« fortgegangen (d. h. gestorben); seine Bauten und Kultstiftung aber werden »durch die Gerechtigkeit Tuwatis« fortbestehen.[3] Er stellt sich auf seiner Grabstele in der Vergangenheitsform vor: »Ich war Ruwa.«

Diese Grabstelen sind sepulkrale Denkmäler, eine jetzt neu entwickelte Bildgattung.[4] Die Grabdenkmäler dokumentieren Personbewußtsein, den Willen zu individueller Dauer durch Namen, Leistung, Bild. Der verstorbene Herrscher steht, wie die Götter, auf einem Tier. Feste und Opfer, in der Inschrift durch ein knappes Kultgesetz geregelt, halten sein Andenken lebendig und die historischen Leistungen, die ebendiese Kultstiftung begründen: Stadtgründung, Straßenbau, ein Sieg, gute Ernten. Die Genealogie kann bis zu sechs Generationen umfassen, wie im Falle Ḫalparuntijas III. von Kurkuma (Maras)[5]: ein Indiz für die Tiefe des Geschichtsraumes, der in der Dynastie des Ḫalparuntija (um 800 v. Chr.) konstruiert werden konnte. Genealogien dieser Art können zu Sukzessionslisten zusammengestellt werden, wie sie Herodot etwa für die Dynastien von Lydien überliefert.[6]

> Schreiber, Künstler, Autorschaft

Die Inschriften bei den Gräbern, Toren, Kultplätzen, Prozessionswegen zeigen Verbreitung und Prestige von Schrift in den luwischen Staaten. Die Menschen, die den Wortlaut und die Inschrift, die Reliefs und Rundfiguren hergestellt haben, demonstrieren selbstbewußt ihr Können. Mit Namen und Titel signieren sie ihre Arbeit: La hat die große historische Felsinschrift des Großkönigs Wasusarma von Tabal eingemeißelt. Ilali, Schreiber eines anderen Herrschers von Tabal des 8. Jahrhunderts v. Chr., errichtet sich eine Grabstele und nennt seinen Beruf.[7] In Imat/Ḫamat, dem südlichsten der luwischen Staaten, der sich im 10. Jahrhundert v. Chr. in unmittelbarer Nachbarschaft zum Reich Israel befand, sind die beiden eng zusammengehörigen, teils mit Relief versehenen Grabstelen von Úaizar und Mahrada (unsicherer Datierung) von dem »Guten Schreiber« Pidantamuwa bzw. Aḫuza beschrieben worden.[8] Während vom »Schreiber« Alani nur ein undeutlicher Siegelabdruck in Ton existiert, heißt es am Ende der hieroglyphenluwischen Version der luwisch-phönikischen Inschriften von Karatepe (Adana, Kilikien; Anfang 7. Jahrhundert v. Chr.): »Diese Inschriften haben Massani und Massanazami eingemeißelt.«[9]

Einige dieser sogenannten Schreiber waren hochgestellte Persönlichkeiten, kannten den diplomatischen Verkehr, viele Sprachen, mehrere Schriften in verschiedenen Medien (Stein, Ton, Blei, Holz). Sie beherrschten die Formulare, die Topik von Baubericht und Siegesmeldung und vermochten aus archaischen Vorlagen in ihren Bibliotheken archaistische Texte neu zu formulieren und zu schreiben. In diesen Institutionen – Schreiber als Beruf, Bibliotheks- und Archivwesen, schriftkundige Öffentlichkeit - wird konstruiert, formuliert und tradiert, was man als das historische Bewußtsein dieser Kultur bezeichnen kann. Ein frühes Beispiel für das »Selbstbewußtsein« von »Schreibern« in der nordsyrischen Kultur ist Sarruwa, der »Schreiber« des Textes auf der Statue des Idrimi von Alalaḫ (15. Jahrhundert v. Chr.). Auf der Silberschale von Ankara (15. Jahrhundert v. Chr.) hat sich »Benti, Schreiber im zweiten Rang« einen Platz neben dem Dedikanten Samaya gesichert.

> Typen, Formen, Motive

Trotz der einseitigen und unsicheren Überlieferung lassen sich verschiedene Typen von Inschriften, ihre Formen und Motive bestimmen. Bereits in den frühesten Texten, wie z.B. in der Inschrift Laramas I. von Kurkuma (Maraș; ca.1000 – 950 v. Chr.) ist eine dreiteilige Struktur ausgebildet[10]:

A Selbstvorstellung mit Namen, Titel(n), Genealogie;

B Leistungen:
1. Vorgeschichte, oft verbunden mit dem Topos »die Herrscher vor mir«;
2. die ökonomischen, religiösen, politischen, militärischen Leistungen;

C Segen und Verwünschungen zum Schutze der Inschrift, der Stadtgründung, der Bauten, des Bildes.

Einige Inschriften berichten in der »Vorgeschichte« die Taten des Kronprinzen und seine Thronbesteigung; dabei können autobiographische und apologetische Motive eingeführt werden, so etwa in einer Inschrift von »Sasturas Sohn« (Astiru II. ?), des letzten oder vorletzten Herrschers von Karkamis (2. Hälfte 8. Jahrhundert v. Chr.), oder in der Inschrift Ḫalparuntijas II. von Kurkuma (um 850 v. Chr.).[11] Hierzu gibt es Parallelen aus der hethitischen Großreichszeit, etwa in der Apologie Ḫattusilis II. (»III«; ca. 1265 – 1240 v. Chr.).[12]

Der Bericht benutzt überwiegend die erstpersönliche Narrative. Nur selten wird eine wörtliche Rede eingelegt – so in den Inschriften Katuwas (Ende 10. Jahrhundert v. Chr.), Jariris (Anfang 8. Jahrhundert) und Kamanis (Mitte 8. Jahrhundert) von Karkamis[13] –, nur selten ein prophetisches Wort oder ein Bittgebet gesprochen – so auf den Inschriften des Ḫamijata von Masuwara (auf osteuphratischer Seite gegenüber von Karkamis) und eines weiteren Herrschers dieses Staates (Ende 10./Anfang 9. Jahrhundert)[14]; ihre Erfüllung wird mit wörtlicher Wiederholung erzählt. Der Kriegsbericht bringt eine Vorgeschichte, gelegentlich bis in die Zeit der Ahnen, den Beistand der Götter, Sieg und Beute,

3 Rollsiegel aus dem mykenischen Palast von Theben (Böotien, Griechenland, 14./13. Jahrhundert v. Chr.) mit hieroglyphenluwischen Inschriften (wohl aus Nordsyrien, 13. Jahrhundert v. Chr.) (Porada 1981/82, 49)

Verwüstung der feindlichen Länder, Aufrichtung eines Triumphmals mit Bild und Inschrift. Oft ist der Sieg der Anlaß für Bauten, zumal Kultbauten als Dank für die göttliche Hilfe.[15] Das auch aus hethitischer Zeit bekannte Übertreffensmotiv[16] – »keiner meiner Väter, Großväter, Ahnen hat dies geleistet« – öffnet wie die Genealogie einen, wenn auch beschränkten und stereotypen, Blick in die Vergangenheit.

> Ein Beispiel: Der Bericht des Großkönigs Wasusarma von Tabal (um 730 v. Chr.)

Auf einer niedrigen Felswand, also gut zu lesen, hat Wasusarma, »Großkönig«, im zentralen Anatolien (Tabal/Kappadokien), um 730 v. Chr. einen Bericht über seinen Krieg mit der Stadt Parzuta und ihren Verbündeten anbringen lassen.[17] Es war La, vermutlich Schreiber des Großkönigs, der den Text einmeißelte; es ist möglich, daß er ihn (auch mit-) abfaßte.[18] Der Schreibstil ist »bewußt archaisierend«.[19] Der Schreiber muß also archaische Texte gekannt haben. Er wollte ihr symbolisches Prestige nutzen, an die Zeit des Großreiches von Ḫattusa anknüpfen, die ja auch in der Titulatur von Wasusarma, »des Großkönigs, des Helden«, evoziert wird. Falls es Wasusarma war, der in der Anlage von Kızıldağ das Relief zu den alten Inschriften des Großkönigs Ḫartapu von Tarḫuntassa (1. Hälfte 12. Jahrhundert v. Chr.) hinzufügte[20], wäre dies ein weiteres Indiz für archaisierende Tendenzen im 8. Jahrhundert v. Chr. La und seine Auftraggeber müssen mit einem schriftkundigen Publikum gerechnet haben, das die Feinheiten der graphischen Form verstehen konnte.

Der Text ist verhältnismäßig lang: acht Zeilen, etwa 400 Worte. Er berichtet nicht eine einmalige Tat eines Helden, sondern einen dreijährigen Krieg an mehreren Schauplätzen mit verhältnismäßig vielen Handlungsträgern. Der Text ist folgendermaßen aufgebaut:

I Die beiden Parteien und ihre Verbündeten.

II Der Krieg:

1. Das erste Jahr mit der Feldschlacht;
2. Belagerung und Eroberung der feindlichen Stadt;
3. Ein letzter Angriff der Gegner.

III Schlußteil: »In Zukunft werde ich …«

Die Ereignisse werden in einer Ich-Erzählung berichtet, die Handlungen der Gegner bilden jedoch einen eigenen Strang. Diese zweisträngige Narrative beginnt mit der Aktion der Gegner, der Stadt Parzuta und der acht mit ihr verbündeten Könige. Erst danach ist die Reaktion des Berichterstatters geschildert. Der Bericht enthält Topoi des Kriegsberichtes, die aus der keilschriftlichen Historiographie der Hethiter bekannt sind, beispielsweise: »die Götter liefen vor mir her.«[21] In der altaramäischen Stele von Tell Dan (Galiläa, 9. Jahrhundert v. Chr.) wird eine ähnliche Phrase gebraucht: »Und Hadad ging vor mir her.«[22] Die Übereinstimmung der luwischen mit der hethitischen Formel im Wortlaut zeigt, daß zwar das Bild weit verbreitet, die sprachliche Tradition aber spezifisch hethitisch-luwisch ist. Auch für den Schlußteil (III) mit seinem Verweis auf die Zukunft gibt es in der »Apologie« Ḫattusilis einen hethitischen großreichszeitlichen Vorläufer.[23]

Dieser Kriegsbericht ist, soweit man das bei einer knappen monumentalen Inschrift erwarten kann, gut gegliedert, mit deutlicher Berücksichtigung der Gegner und der eigenen Mitstreiter. Die zeitliche Ausdehnung und räumliche Erstreckung sowie die Vielfalt der militärischen Vorgänge deuten auf ein verhältnismäßig hohes Niveau. Dieser Befund erlaubt folgende Fragen:

Welches sind die formalen und inhaltlichen Quellen für diese Inschrift: gibt es einen längeren, in einem anderen schriftlichen Medium verfaßten Kriegsbericht, dessen Kondensat diese Inschrift ist? Die jeweils auf Bleistreifen geschriebenen Wirtschaftstexte aus Kululu und die Briefe aus Assur[24] sind ein wichtiger Beleg

1. für den Gebrauch der Hieroglyphenschrift in der Administration und im privaten Handel;
2. für den Umfang und die Genauigkeit, mit der Verwaltungsvorgänge erfaßt wurden;
3. für die Form der Liste. Analoge Dokumente dürfen für das Militärwesen vorausgesetzt werden.

Welches sind die archivarischen oder historiographischen Traditionen, deren Vorhandensein durch den von Hawkins untersuchten paläographischen Archaismus gesichert zu sein scheint?

Wie fest und breit ist die literargeschichtliche Kontinuität der hieroglyphenluwischen Historiographie der Spätzeit sowohl zur hieroglyphenluwischen als auch zur keilschriftlichen der Großreichszeit?

Welches sind die Verbindungen zu der gleichzeitigen assyrischen, aramäischen und hebräischen Historiographie im Osten und Süden der luwischen Staaten[25] und zu den phrygischen Inschriften, die sich im 8. Jahrhundert v. Chr. etwa in Tuwana/Tyana (Kemerhisar) mit hieroglyphenluwischen Inschriften überschneiden?

Immerhin bezeugt die hebräische Bibel nicht wenige Verbindungen zu dem »ganzen Lande Ḫet«. Und fern im Westen fand sich in einem mykenischen Palast zu Theben (Böotien, Griechenland, 14./13. Jahrhundert) ein Rollsiegel (13. Jahrhundert) mit zwei hieroglyphenluwischen Inschriften[26] **Abb. 3**; zu der reichen Ausstattung eines griechischen Grabes der geometrischen Zeit im opuntischen Lokris (Tragana) gehört eine Schale mit einem hieroglyphenluwischen Besitzernamen: »(Schale des) Muwizis«.[27]

Einen Grund für die erhebliche Wirkung der kleinen Staaten an den Rändern des großen Ägypten und Mesopotamien hat Otto Neurath, lange vor der Entdeckung der hethitischen und luwischen Texte, folgendermaßen formuliert[28]: »Gerade deshalb weil diese Staatswesen eine hohe kulturelle Entwicklung ohne eine entsprechende politische Macht aufwiesen, konnten sie befruchtend wirken, ohne zu unterwerfen, und so eine erzieherische Wirkung ausüben.«[29]

Anmerkungen

1 J. David Hawkins, *Inscriptions of the Iron Age, Corpus of Hieroglyphic Luwian Inscriptions* I, Berlin/New York 2000.

2 Hawkins (Anm. 1), 92; Übersetzung von Frank Starke.

3 Hawkins (Anm. 1), 443.

4 Dominik Bonatz, *Das syro-hethitische Grabdenkmal. Untersuchungen zur Entstehung einer neuen Gattung im nordsyrisch-südostanatolischen Raum der Eisenzeit*, Mainz 2000.

5 Hawkins (Anm. 1), 262.

6 Herodot 1,6ff.; sein myth-historischer Ausgangspunkt ist Herakles, Ninos und der Troianische Krieg, den er auf das Jahr 1250 (Rundzahl) datiert.

7 Hawkins (Anm. 1), 490–491.

8 Hawkins (Anm. 1), 417.

9 Hawkins (Anm. 1), 69.

10 Hawkins (Anm. 1), 253.

11 Hawkins (Anm. 1), 160, 256–257.

12 Vgl. Heinrich Otten, *Die Apologie Hattusilis III.*, Wiesbaden 1981.

13 Hawkins (Anm. 1), 119–120, 124–125, 145–146.

14 Hawkins (Anm. 1), 232, 240–241.

15 Beispiele: Katuwa von Karkamis und Ḫalparuntija II. von Kurkuma; vgl. Hawkins (Anm. 1), 103, 104, 256.

16 Vgl. Otten (Anm. 12), 26–27 (§ 12b).

17 Inschrift von Topada; Hawkins (Anm. 1), 452–454.

18 Der Name La ist mehrfach in den auf Bleistreifen geschriebenen Wirtschaftslisten aus Kululu (Mitte 8. Jahrhundert v. Chr.) belegt, s. Hawkins (Anm. 1), 507.

19 Hawkins (Anm. 1), 452, 460f. (Zeichenliste).

20 Vgl. dazu J. D. Hawkins, The Inscriptions of the Kızıldağ and the Karadağ in the light of the Yalburt Inscription, in: Heinrich Otten et al.(Hrsg.), *Hittite and other Anatolian and Near Eastern Studies in Honour of Sedat Alp*, Ankara 1992, 259–275 (272).

21 Vgl. Hubert Cancik, *Grundzüge der hethitischen und alttestamentlichen Geschichtsschreibung*, Wiesbaden 1976, §12.

22 S. J. Tropper, Eine altaramäische Steleninschrift aus Dan, in: *Ugarit-Forschungen* 25, 1993, 395–406 (401f., Zeile 5).

23 Vgl. Otten (Anm. 12), 30–31 (§ 13–14): »Wer aber in Zukunft ...«

24 Hawkins (Anm. 1), 503–513, 533–555.

25 Sanna Aro, *Tabal. Zur Geschichte und materiellen Kultur des zentralanatolischen Hochplateaus von 1200–600 v. Chr.*, Helsinki 1998, 137ff.

26 E. Porada, The Cylindar Seals Found at Thebes in Boeotia, in: *Archiv für Orientforschung* 28, 1981/82, 1–70, Nr. 25.

27 Hawkins (Anm. 1), 569 mit Abb. 327; Inschrift »wahrscheinlich 8. Jahrhundert v. Chr.«.

28 Otto Neurath, *Antike Wirtschaftsgeschichte*, Leipzig 1909, 25.

29 Meinem Kollegen Frank Starke (Tübingen) danke ich für zahlreiche Hinweise und kritische Unterstützung.

Literatur

Aro 1998; Baurain/Bonnet/Krings 1991; Bonatz 2000; Çambel 1999; Greenfield in: Baurain/Bonnet/Krings 1991, 173–185; Hawkins 1980, 213–225; Hawkins 2000; Mellink 1956a; Orthmann 1971

Große, Prinzen, Herren

Die Spitzen der Reichsadministration im Spiegel ihrer Siegel

Ali Dinçol/Belkis Dinçol

> Die Bedeutung der Siegelfunde

Unter den Urkunden der Hethiter, die bis heute erhalten geblieben sind, nehmen die Siegel einen besonderen Platz ein. Auf diesen Siegeln befinden sich einerseits Hieroglyphenzeichen, mit denen die Namen von hethitischen Beamten sowie von Männern und Frauen, die nicht im Besitz eines Titels waren, geschrieben sind. Darüber hinaus finden sich auf den Siegeln als Dekoration Darstellungen von Menschen und Tieren. Diese bilden neben den von hethitischen Bildhauern geschaffenen Statuetten und Reliefs die schönsten und zahlreichsten Beispiele von Werken der Bildkunst. Des weiteren zeigen die Siegel eine Reihe von bildlichen Darstellungen religiöser Rituale, über die wir auch aus den hethitischen Schriftquellen erfahren. In diesen Szenen sind viele Objekte wiedergegeben, die uns aus den Texten lediglich durch ihre Bezeichnung bekannt sind: Kultgegenstände, Möbel- und Kleidungsstücke, Tongefäße, Pflanzen, sogar verschiedene Brotsorten. So liefern uns die Siegel auch Informationen über die materielle Kultur der Hethiter. Andererseits bietet die Entwicklung der Siegel auch Datierungskriterien. Unter diesem Aspekt sind die Siegel nicht nur aus philologischer, sondern auch aus archäologischer Sicht ausgesprochen wertvolle Dokumente.[1]

> Die Funktionen des Siegels

Wie in allen Gesellschaften, die Siegel benutzen, hatten diese auch in der hethitischen Kultur drei Hauptfunktionen: 1. Beglaubigung/Unterschrift, 2. Sicherheitsgarantie und 3. Besitzzeichen. Die erste Funktion ähnelt der heutigen Aufgabe der Unterschrift; auf den Urkunden befinden sich die Siegel desjenigen, der die Urkunde verfassen ließ, sowie die der Zeugen. Bei der zweiten Funktion geht es weniger um die schriftliche Urkunde als vielmehr um die Garantie für den Inhalt eines Gefäßes, eines Paketes oder eines Raumes. Diese Funktion war auch in Zeiten, als die Schrift noch nicht erfunden war, der Grund für das Vorkommen von Siegeln. Die dritte Funktion schließlich wird erfüllt von einem Siegel, das auf eine Keramik gedrückt wurde, oder einem Siegelabdruck auf einer Tonplakette, die an einem Korb, einem Gefäß oder einem Paket befestigt war. Sie machten deutlich, welche Person oder welche Institution – z. B. der Palast oder der Tempel – der Besitzer dieser Gegenstände war.

> Siegel und Siegelabdrücke

Das Ergebnis der Siegelung einer auf eine Tontafel in Keilschrift geschriebenen Urkunde oder des Aufdrucks eines Stempels war, daß die in die Siegeloberfläche eingravierten Hieroglyphenzeichen bzw. die vegetabilen oder geometrischen Verzierungen als Relief auf die Tafel übertragen wurden. Das Versiegeln von Gefäßen, Paketen oder Räumen hingegen geschah mit Hilfe von Siegelabdrücken auf Tonklumpen, mit denen man Öffnungen verschloß oder die man auf Schnüre preßte, die man zum Zubinden verwendet hatte. Mit dem Aushärten des Tons wurde ein Öffnen, ohne den Klumpen dabei zu zerbrechen, unmöglich. Auch Türen versiegelte man so. Auf der Rückseite der in der archäologischen Literatur als »Bullen« bezeichneten Tonklumpen mit Siegelabdrücken finden sich Abdrücke von Schnüren oder von grob gewebtem, sackleinenartigem Stoff.

Eine besondere Gruppe von Bullen stellen Stücke mit konisch geformtem Körper und kreisförmiger, gesiegelter Unterseite dar. Ihr spitzen Enden sind mit einem Loch versehen, durch das eine dünne Schnur gezogen werden kann [Abb. 1]. Es ist offensichtlich, daß solche konisch geformten Siegelabdrücke an einen Gegenstand gebunden waren. Sehr wahrscheinlich waren diese Bullen, die häufig und in großer Zahl bei Ausgrabungen gefunden werden, an den uns aus hethitischen Texten als GIŠ.HUR bekannten »Holztafeln« befestigt. Sie beglaubigten die darauf in Hieroglyphen geschriebenen Urkunden. Von diesen hölzernen Urkunden, deren Überdauern unter den klimatischen Bedingungen Anatoliens so gut wie unmöglich war, haben sich somit lediglich die »Unterschriften« erhalten.

> Schrift und Sprache auf den Siegeln

Die hethitischen Siegel waren in den von der hethitischen Gesellschaft benutzten Schriftsystemen, Keilschrift und Hieroglyphen, beschriftet. Doch es ist offensichtlich, daß die Verwendung der Keilschrift ein den Siegeln des Königs, der Königin sowie mancher Mitglieder der königlichen Familie vorbe-

1a

2a

2b

3a

1b

2c

3b

1 Bulla aus Eskiyapar (Dinçol/Dinçol 1988, Taf. III)

2 Tyskiewicz-Siegel, Museum of Fine Arts, Boston (Propyläen Kunstgeschichte 14, Taf. 375a)

3 Siegel, Museum für Altorientalische Kunst, Istanbul, Duplikat in der Walter's Art Gallery, Baltimore (Dinçol 1983, Nr. 2)

haltenes Privileg war. Im allgemeinen findet sich auf den Stempeln von Beamten und Personen von niedrigem Rang nur die Hieroglyphenschrift; die königlichen Siegel hingegen tragen in der Randzone, die das Mittelfeld mit den Hieroglyphenzeichen rahmt, eine in Keilschrift geschriebene Legende. Folgende Schlußfolgerung ergibt sich daraus: Auf den Siegeln von Personen mit oder ohne Titel wurden lediglich Hieroglyphen verwendet, und konische Bullen mit solchen Siegelabdrücken waren an Holztafeln angebracht. Da außerdem an Monumenten, die an dem Volk zugänglichen Orten gelegen waren, ausschließlich die Hieroglyphenschrift verwendet wurde, muß man davon ausgehen, daß das verbreitetste Schriftsystem die Hieroglyphen und die verbreitetste Sprache, die dieses Schriftsystem verwendete, das Luwische war. Keilschrift und Hethitisch waren auf die Kanzleien beschränkt. Die Tatsache, daß kein einziger Schriftwechsel von »normalen« Menschen auf Keilschrifttafeln zu finden ist, bestätigt die Richtigkeit dieser Annahme.

> Die Siegelinhaber

Neben Personen, deren Titel bzw. Amtsbezeichnung schriftlich festgehalten sind, gibt es ebensohäufig auch Siegeleigentümer, bei denen lediglich ihr Geschlecht als »Frau« oder »Mann« erwähnt wird. Bei beidseitig beschrifteten Siegeln befindet sich gelegentlich auf beiden Seiten derselbe Name, in manchen Fällen sind zwei unterschiedliche Namen zu lesen. In jenen Fällen, wo es sich bei einem der beiden Namen um einen weiblichen handelt, kann man vermuten, daß es sich um das Siegel eines Ehepaares handelt. Andererseits ist interessant, daß man auf den aus Anatolien stammenden Frauensiegeln außer dem Titel Königin und Prinzessin auf keinerlei Berufs- oder Amtsbezeichnung trifft. Die am häufigsten auftretende Amtsbezeichnung ist »Schreiber«. Dies erscheint selbstverständlich, da es sich hierbei um jene Personen handelt, die für die Schreibarbeiten verantwortlich waren. Da man die Schreiber aufgrund ihrer Ausbildung außerdem zur Übernahme von weiteren Verwaltungsämtern für befähigt hielt, konnten sie im Besitz von mehr als einem Titel bzw. Amt sein. Unter den Adligen konnten auch die den Titel Prinz führenden Personen zwei verschiedene Ämter ausüben.

Bislang hat man noch nicht alle Hieroglyphenzeichen, die auf den Siegeln vorkommen und die Titelbezeichnungen sein müssen, entziffern können. Mit dem zahlenmäßigen Wachsen von gefundenen Urkunden wird man auch zunehmend Klarheit darüber erhalten, welche der in so großer Anzahl in den in Keilschrifttexten vorkommenden Titel und Berufsbezeichnungen sie wiedergeben. Mit Hilfe der Titel, deren Bedeutung bereits bekannt ist, können wir sagen, welche Ämter einige Siegelbesitzer ausgeübt haben: Palastbediensteter, Leibgarde, General, Wagenlenker, Priester, Schäfer, Siegelschneider, Szepterträger, Mundschenk, Landherr oder Stadtherr.[2] Man darf dabei nicht aufgrund der heutigen Bedeutung einiger dieser Berufe davon ausgehen, daß es sich bei ihnen um unwichtige Tätigkeiten handelte; so hatte zum Beispiel ein »Wagenlenker« ein wichtiges militärisches Amt inne, der »Mundschenk« war jene Person, die das Privileg hatte, sich in unmittelbarer Nähe des Königs aufzuhalten, und der Titel »Schäfer«, ein Synonym für das auf den Keilschrifttafeln erwähnte ^{LU}NAGAD, besagt, daß dieser wahrscheinlich für die großen königlichen Herden verantwortlich war.

Wegen der Vorrangstellung der Lese- und Schreibkunst waren »Siegelschneider« und »Schreiber« Angehörige wichtiger Berufsgruppen. Die Funde zeigen, daß mancher Schreiber mehrere Siegel in unterschiedlicher Form anfertigen ließen. Manche Indizien lassen darauf schließen, daß es unter den Schreibern eine Hierarchie gab. Wahrscheinlich beschäftigte ein »Großschreiber« in einem von ihm geführten Kontor einen oder mehrere Schreiber unteren Grades und überließ denen, die er dazu ermächtigt hatte, in seinem Namen Urkunden aufzusetzen, auch sein Siegel. Die Frage, warum derselbe Schreiber mehrere Siegel anfertigen ließ, könnte durch ein solches System beantwortet werden.[3]

> Die morphologische Entwicklung der hethitischen Siegel

Die traditionelle Siegelform in Anatolien war das Stempelsiegel. Das Roll- bzw. Zylindersiegel, dessen Abdruck durch Abrollung auf Tontafeln übertragen wird, stammte aus Mesopotamien und wurde zu Beginn des 2. Jahrtausends v. Chr., im 19. und

4

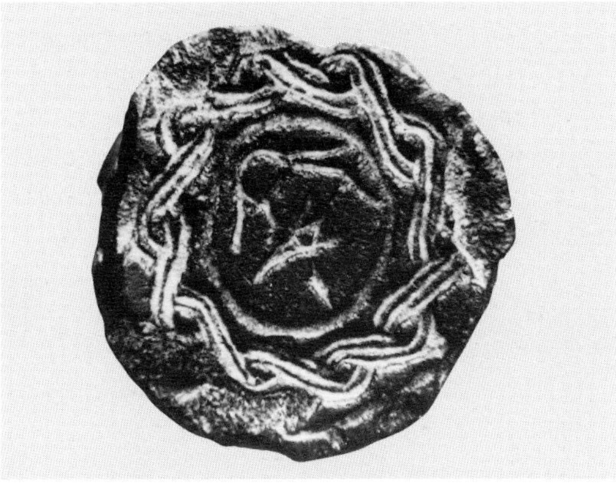

7a

7b

8

5

9

6

10

18. Jahrhundert, von assyrischen Kaufleuten nach Anatolien gebracht. Doch diese Siegelform ist in Anatolien nicht übernommen worden, und ihr Verbreitungsgebiet ist eher auf Nordsyrien und das von dort beeinflußte Kilikien beschränkt geblieben. Die Tatsache, daß sich im Hethitischen die Begriffe für »versiegeln« und »Siegel« aus dem Verb *šai-/šiya-* (»festdrücken«) ableiten, ist ein Indiz dafür, daß die Stempelsiegel, die man auf weichen Oberflächen nicht abrollt, sondern aufdrückt, die eigentliche Form der hethitischen Siegel sind.[4]

Die Stempelsiegel, die zur Zeit der assyrischen Handelskolonien in Gebrauch waren, sind durch das in Zentren wie Kültepe, Acemhöyük[5], Konya Karahöyük[6] und Boğazköy[7] gefundene Material gut bekannt. Sie bestehen im allgemeinen aus Petschaften mit scheibenförmiger Stempelfläche. Ihre konischen Griffe sind in der Regel facettiert und die in Hammer- oder Knaufform gestalteten Griffenden mit einer Öse versehen. Zur selben Zeit lernte man in Anatolien auch Zylindersiegel kennen, und es entwickelte sich auch bei ihnen ein anatolischer Stil.[8] Beginnend in der Zeit der assyrischen Handelskolonien[9] und in der darauffolgenden althethitischen Zeit (nach der mittleren Chronologie 1700–1400 v. Chr.) hat man versucht, die traditionellen Stempelsiegel mit dieser neuen Siegelform zu vereinigen und so für die Entstehung verschiedener neuer Formen gesorgt.[10] Bei diesen neuen, in das 17. Jahrhundert v. Chr. datierten Zylinderpetschaften sind die Griffe mit Hammer- oder Knaufköpfen versehen und konisch, die Stempelkörper hingegen zylindrisch. Da sich die Unterseite des Zylinders zum Stempeln und seine Oberfläche zum Abrollen auf Ton eignet, hat man beide Oberflächen für Beschriftungen und Dekor genutzt und auf diese Weise die Abroll- und Stempelfunktion in einem einzigen Siegel vereinigt. Für diese Art von Siegeln gibt es nicht sehr viele Beispiele; die vorhandenen Stücke werden nach ihrem ältesten Exemplar und nach dem Käufer dieses Siegels als Tyskiewicz-Gruppe bezeichnet **Abb. 2**. Das zu dieser Gruppe gehörige Tyskiewicz-Siegel läßt sich an den Beginn des 17. Jahrhunderts datieren; das nach dem Ort seines Ankaufs benannte Aydın-Siegel stammt ebenfalls aus der ersten Hälfte dieses Jahrhunderts, und das nach seinem Aufbewahrungsort benannte Louvre-Siegel ist etwas jünger und datiert in die Mitte des 17. Jahrhunderts. Man vermutet, daß all diese Siegel, die etwa in derselben Epoche entstanden sind, auch im selben geographischen Raum, nämlich in Kilikien, hergestellt wurden.

Ein im Museum in Berlin befindliches Siegel weist im Vergleich zur Tyskiewicz-Gruppe einige Unterschiede auf und bildet den Vorläufer einer neuen Form. Auf dem zylindrischen Körper dieses Siegels ist anstelle einer zusammenhängenden Szene auf den durch tiefe Rillen abgetrennten Metopen jeweils eine einzelne Figur zu sehen. Da die Oberflächen der Metopen konvex sind, kann man den Körper als Rollsiegel benutzen; die Grundfläche des Zylinders ist analog zu den Metopen als achtblättrige Rosette gestaltet und kann als Stempel verwendet werden. Diese Aufteilung der Oberfläche ist ein erster Hinweis auf die nach dieser Zeit aufkommenden Siegel mit Würfelkörper und Hammerkopf. Der Gebrauch von Zylindersiegeln in Anatolien findet mit diesen aus vier glatten Seiten und einer Grundfläche bestehenden Würfelhammersiegeln[11] mit leicht abgerundeten Ecken, deren erste Beispiele in die zweite Hälfte des 17. Jahrhunderts v. Chr. datieren, ein Ende. Daß dieser Typus zu jeder Zeit eine beliebte Siegelart war, wird daran deutlich, daß er mit Neuerungen wie kreuz-[12] und ellipsenförmigen Stempelflächen[13] bis zum Beginn des 14. Jahrhundert weiterbestanden hat.

Neben diesen innovatorischen Versuchen blieben die traditionell geformten Stempel mit scheibenförmigen Körpern und konischen Griffen aus Stein oder Metall während der gesamten Zeit in Gebrauch. Besonders qualitätvolle Beispiele für diesen Typus aus Metall (einer Silberlegierung) werden im Museum für Altorientalische Kunst in Istanbul aufbewahrt.[14] Es ist interessant, daß sich ein exaktes Duplikat eines dieser Anfang bis Mitte des 17. Jahrhunderts v. Chr. datierten Siegel in Baltimore in der Walter's Art Gallery befindet **Abb. 3**.[15] Ein anderes Stempelsiegel mit Hammerkopf aus Hämatit in der Walter's Art Gallery[16] datiert in die erste Hälfte des 15. Jahrhunderts v. Chr., ein weiteres, ebenfalls aus Hämatit bestehendes Exemplar im Museum von Afyon[17] dagegen an den Übergang vom 15. zum 14. Jahrhundert. Ein im Museum von Adana aufbewahrtes knaufköpfiges Siegel aus Metall[18] kann an den Beginn des 14. Jahrhunderts datiert werden. Daß dieser Typus, obwohl er wegen des hohen Arbeits- und Materialaufwands aus dem allgemeinen Gebrauch verschwand, bis ins 13. Jahrhundert in Benutzung war, beweist ein in Boğazköy (Bo 82/70) gefundenes Beispiel aus gebranntem Ton.

Ein im Museum von Adana aufbewahrtes, aus einer Silberlegierung gearbeitetes Stempelsiegel belegt, daß die Griffe der hammer- oder knaufköpfigen Stempel im Lauf der Zeit ihre massive Gestalt zu verlieren begannen und dadurch eine neue Form entstand. Dieses Siegel hat eine Stempelfläche in Form eines vierblättrigen Kleeblattes und einen Griff, der aus vier Füßen besteht, die von den einzelnen Blättern ausgehen und sich in einem Knauf vereinigen **Abb. 4**. Es handelt sich um einen Rohling, bei dem der Name noch nicht in Hieroglyphen eingraviert ist, aber die Tatsache, daß das Mittelfeld von einem lockeren Zopfband umrahmt ist, weist darauf hin, daß das Siegel in die zweite Hälfte des

4 Siegel mit vier Füßen, Museum Adana (Foto unpubliziert)

5 Tripodensiegel, Sammlung Borowski (Poetto/Salvatori 1981, Nr. 27)

6 Siegel mit zwei Siegelplatten mit einem zur Hälfte facettierten Körper aus Eskiyapar (Dinçol/Dinçol 1988, Taf. II)

7a, b Diskoides Siegel, Museum für Altorientalische Kunst, Istanbul (Tarhan-Siegel) (Dinçol 1983, Nr. 7)

8 Kalottensiegel, Sammlung Borowski (Poetto/Salvatori 1981, Nr. 16)

9 Knopfsiegel mit bügelförmigem Griff aus Ras Schamra-Ugarit (Propyläen Kunstgeschichte 14, 451, Abb. 143f.)

10 Siegelring aus Konya, Ashmolean Museum, Oxford (Propyläen Kunstgeschichte 14, Taf. 377e)

15. Jahrhunderts datiert werden kann. Dieses Siegel, dessen Griffstück viergeteilt ist, vertritt die Übergangsphase zu den Tripoden: Bei ihnen besteht der Griff aus drei Füßen in Form von Löwenpranken, die in einem hohlen zylindrischen Kopf zusammenlaufen. Die Siegelplatte ist in der Regel scheibenförmig. Das älteste Beispiel für diesen Typus ist ein in Alacahöyük gefundenes Siegel[19], das in das ausgehende 15. Jahrhundert datiert wird. Obwohl der Griff verloren ist, kann man aufgrund der Verbindungsstellen auf der Rückseite der Siegelplatte eindeutig feststellen, daß es den Tripoden zuzuordnen ist. Ein Beispiel für die in das 14. Jahrhundert zu datierenden Tripoden wird in der Walter's Art Gallery aufbewahrt.[20] Tripodensiegel aus dem 13. Jahrhundert finden sich in den Sammlungen des Museums für Altorientalische Kunst in Istanbul sowie in den Museen von Adana[21] und Elazığ **Abb. 5**.[22] Man kann sagen, daß sich diese Form im 14. Jahrhundert weiter verbreitete und während des gesamten 13. Jahrhunderts eine beliebte Variante blieb.

Bei der Herstellung von Metall- oder Steinsiegeln mit massiven Griffen wurde viel Material verbraucht, und außerdem verlangten diese Formen eine längere Bearbeitung, die auch größeres handwerkliches Können erforderte. Dies führte offensichtlich dazu, daß man nach Möglichkeiten suchte, die Griffe ganz verschwinden zu lassen. Ein bei Ausgrabungen in Eskiyapar gefundenes Steinsiegel[23], das man in das 16. Jahrhundert datieren kann, vertritt eine Entwicklungsstufe die versucht, den Griff zu eliminieren: Es hat einen zylinderförmigen, sich kegelstumpfartig nach oben verjüngenden Körper von ungefähr 2 Zentimetern Höhe, dessen Oberflächen zur Hälfte in fünf Facetten abgefast sind und dessen beide Grundflächen als Stempelplatten benutzt worden sind **Abb. 6**. Es gibt zwei klare Hinweise darauf, daß dieses Siegel zunächst ein Hammerkopfsiegel werden sollte, daß man später jedoch aufgrund einer Entwurfsänderung den Prototyp einer Scheibenform schuf, bei der lediglich zwei Flächen Siegelfunktion haben: Zum einen die Tatsache, daß nur auf einer der Facetten des Körpers ein sorgfältig gearbeitetes Zopfband zu sehen ist, während das Dekor auf einer anderen Facette lediglich zur Hälfte ausgeführt ist, und zum anderen die axiale Bohrung durch den Körper zur Anbringung eines bügelförmigen Metallgriffs oder vielleicht auch nur zum Durchziehen einer Schnur. Und tatsächlich wird eines der ältesten Beispiele[24] für solche scheibenförmigen Siegel, die aus unterschiedlichen Steinen hergestellt wurden und mit zwei ebenen Flächen, Bohrungen entlang der Achse sowie einem in der Regel flachen oder leicht konkaven Rand versehen sind, in die zweite Hälfte des 16. Jahrhunderts datiert; diese Datierung stützt sich auf die Zopfbandmotive in der Rahmung, da es sich hier um einen Rohling handelt, auf dem noch kein Name angebracht ist **Abb. 7**. Unter den zahlreichen erhaltenen diskoiden Siegeln wurde diese Form offensichtlich bis zum Ausgang des 13. Jahrhunderts ununterbrochen verwendet, wobei allerdings die dekorativen Elemente Veränderungen entsprechend den Vorlieben der jeweiligen Epoche aufweisen.

Man kann beobachten, daß während des Gebrauchs von diskoiden Siegeln zu Beginn des 14. Jahrhunderts eine neue Art von Metallsiegeln auftaucht. Dieser Typus besteht aus zwei zusammengeschweißten Bronzescheiben mit konvexen Mittelfeldern und einem bügelförmigen Griff, der an den Enden eines die Mittelachse des Siegels bildenden Stiftes befestigt ist.[25] Mit Hilfe der wenigen erhaltenen Beispiele[26] kann man feststellen, daß dieser Typus, der sowohl als Siegel als auch als Siegelabdruck äußerst selten ist, bis zum Ende des 13. Jahrhunderts in Gebrauch blieb.

Ein Muršili II. zugewiesener Siegelabdruck mit vier malteserkreuzförmigen Flügeln und einem kreisförmigen Mittelfeld beweist, daß man vermutlich mit einer neuen, ausschließlich dem König vorbehaltenen Siegelart experimentierte. Man hat jedoch bislang keine weiteren Reste dieser sehr wahrscheinlich aus Metall gefertigten Siegel gefunden.[27]

Eine neue, an der Wende vom 15. zum 14. Jahrhundert geschaffene Form stellten Siegel mit halbkugelförmigem Körper und bügelförmigem Griff dar. Bei ihnen kann sowohl die Grundfläche als auch die kuppelförmig gebogene Oberseite beschriftet sein **Abb. 8**. Die ausgeprägt konkaven Beispiele unter den Siegelabdrücken rühren offensichtlich von Siegeln dieser Art her. Man kann beobachten, daß sich dieser auch als Kalotte bezeichnete Siegeltypus insbesondere im 13. Jahrhundert verbreitet. Obwohl sie in der Regel aus Stein hergestellt wurden, repräsentieren zwei Siegel, von denen das eine in der Oberstadt von Boğazköy (Bo 86/357) gefunden wurde und das andere im Sadberk-Hanım-Museum aufbewahrt wird[28], qualitätvolle Beispiele dieser Art aus Metall. Darüber hinaus wurden auch Kalotten mit Tripodengriffen kombiniert; die in Zypern gefundene Kalotte[29] mit dreifüßigem Griff und ovalem Körper besteht aus Gold; das bei Ausgrabungen in Boğazköy entdeckte Exemplar dagegen aus Elfenbein.[30] Die Tatsache, daß sie aus wertvollem Material gearbeitet sind, betont die besondere Bedeutung, welche diesem Typus von Siegeln zukam.

Die in der hethitischen Glyptik am weitesten verbreitete Form war die der bikonvexen Siegel, welche aus verschiedenen Steinarten gearbeitet wurden. Sie haben zwei runde Siegelflächen, sind zur Anbringung eines Griffes entlang der Mittelachse durchbohrt und haben einen profilierten Rand.[31] Man nennt sie auch »Knopfsiegel«. Bei manchen Beispielen wird deutlich, daß sie ebenfalls bügelförmige Metallgriffe besaßen **Abb. 9**. Diese Siegelart ist offensichtlich eine Erfindung des 13. Jahrhunderts. Es handelt sich beim Knopfsiegel um einen Typus, der auch nach dem Untergang des hethitischen Großreiches noch weiter benutzt wurde. Die Siegel, die wir an den Beginn des 12. Jahrhunderts datieren können, sind traditionsgemäß aus Stein oder, wie die in Boğazköy (Bo 97/28) und Troia gefundenen Exemplare[32] belegen, aus Metall (Bronze) gefertigt.

In der morphologischen Entwicklung der Siegel trifft man auch auf Stücke, die eine andere Entwicklungslinie zeigen als die bisher beschriebene. Unter den aus Stein gearbeiteten finden sich häufig prismaförmige Exemplare. Doch es gibt auch sehr interessante Siegel, die die künstlerische Phantasie des Siegelschneiders vor Augen führen. Ein singuläres Beispiel stellt das im Museum von Samsun aufbewahrte[33], in das 13. Jahrhundert v. Chr. datierte Siegel dar, bei dem der obere Teil als Stierkopf mit Augen, Ohren und Nase ausgearbeitet ist. Der untere Teil hingegen ist als Rinderfuß mit der Angabe der Nagelspalte gestaltet. Auf der sohlenförmigen Grundfläche und im Nacken sind zwei verschiedene Namen angegeben.

Eine weitere interessante Form, die man innerhalb der morphologischen Entwicklung der Siegel beobachten kann, sind die Siegelringe. Die ältesten Beispiele, die in das 16. Jahrhundert datieren, wurden in Boğazköy und in Alacahöyük gefunden.[34] Von diesen Siegeln, die aus einer auf einen Metallreif montierten metallenen Scheibe bestehen, ist das in Boğazköy gefundene Exemplar aus Bronze, das aus Alacahöyük hingegen aus Gold gearbeitet. Die Funktion dieser Ringe übernahm im 13. Jahrhundert ein neuer Typus, bei dem ein Oval in der Ringschiene als Siegelfläche benutzt wurde. Ein solches Siegel erhielt man, indem man etwa die Hälfte des Reifens flachhämmerte und verbreiterte **Abb. 10**. Dieser Typus war wesentlich weiter verbreitet als sein Vorläufer. Solche Ringe wurden aus Gold gefertigt, wie das aus Konya stammende und heute im Ashmolean-Museum aufbewahrte[35] Stück oder das in der Nähe von Sivas entdeckte und im dortigen Museum ausgestellte Exemplar[36], aus Silber, wie der in Palästina in Tel el Fara gefundene Ring[37], oder aus Bronze, wie das ebenfalls in Palästina in Tel Nami entdeckte Beispiel.[38] Ein unter dem glyptischen Material in der Oberstadt von Boğazköy gefundener Siegelabdruck (Bo 85/412) läßt vermuten, daß neben den oben erwähnten noch ein weiterer Siegelringtypus existiert haben könnte. Wie sich an dem Abdruck erkennen läßt, waren auf dem Ring, der keinerlei Verbreiterung aufweist, ohne Unterbrechung und mit geringen Abweichungen zweimal Namenshieroglyphen und Schmuckelemente zwischen doppelköpfigen

Adlern angebracht; auf diese Weise konnte durch Abrollen des Reifs auf Ton ein Abdruck in unbegrenzter Länge hergestellt werden. Leider ist man bei den Grabungen bislang noch nicht auf Originalsiegel dieser Art gestoßen.

> Die Entwicklung der Dekorationselemente

Will man die Entwicklung der hethitischen Glyptik verfolgen, so muß man nicht nur die Siegel selbst, sondern auch die mit ihnen hergestellten Abdrücke berücksichtigen. Es ist nicht immer möglich, allein durch die Beobachtung der verschiedenen Abdruckumrisse oder anhand der Form der flachen oder konkaven Druckfläche eindeutig festzustellen, mit welchem Siegeltyp sie geprägt wurden. So ist z. B. die Frage, ob Abdrücke mit ebener Siegelfläche von scheibenförmigen Steinstempeln oder von metallenen Tripoden herrühren, schwer zu beantworten. Es ist deshalb notwendig, auch die Entwicklung des Dekors auf den Siegeln zu untersuchen.

Auf den zur Zeit der assyrischen Handelskolonien verwendeten Stempelsiegeln sind Flecht- und Spiralbänder am häufigsten zu finden. Darüber hinaus werden Tiere wie der doppelköpfige Adler und Bergziegen wiedergegeben, und gelegentlich erscheinen auch aus den Köpfen verschiedener Tiere gebildete Wirbelmotive.

Bei den althethitischen, zu der ins 17. Jahrhundert datierenden Tyskiewicz-Gruppe zählenden Siegeln bilden Schlaufen, Flecht-, Zopf- und Spiralbänder das Dekor. Auf der Oberfläche zylindrischer Siegel sind Darstellungen religiösen Inhalts in Form von fortlaufenden Szenen angebracht. Auf den würfelförmigen Siegeln werden sie in Metopen gegliedert. Auf den Siegeln des ebenfalls der althethitischen Zeit zuzurechnenden 16. Jahrhunderts finden sich neben Schlaufen, Flecht-, Zopf- und Spiralbändern auch aus Tierköpfen bestehende Wirbelmotive, in denen sich die alte Tradition fortsetzt. Die auf ihnen angebrachten Hieroglyphenzeichen sind von archaischer Form, auch manche Ligaturen, deren Bedeutung noch nicht geklärt werden konnte, fallen auf. Das Mittelfeld, auf dem sich die Namen befinden, ist recht schmal, wohingegen die Rahmen breiter gehalten sind. In der Übergangszeit vom 16. zum 15. Jahrhundert kann man beobachten, daß das Mittelfeld breiter wird und die Hieroglyphenzeichen entwickeltere Formen anzunehmen beginnen.

Im 15. Jahrhundert werden die Siegel mit Friesen von Tieren wie Hirsch, Bergziege, Löwe und Stier sowie zwischen diesen plazierten, in religiösen hethitischen Texten erwähnten Pflanzen und Gegenständen – etwa *eja*-Bäumen und aufgepflanzten Lanzen – gerahmt. Eine weitere charakteristische Rahmenverzierung dieses Jahrhunderts sind kultische Szenen, beispielsweise Opferhandlungen, die detailreich in diese Felder eingeschnitten sind. Hier sind sitzende Gottheiten, menschliche Gestalten – etwa schreitende Personen mit Kultobjekten in den Händen, Figuren, die ein Trankopfer (Libation) darbringen, oder kniende Adoranten – sowie Kultgegenstände wie Altäre, Throne, Sitzschemel usw. dargestellt. Aber auch geometrische Muster wie schraffierte Dreiecke oder – auch wenn diese etwas lockerer wirken – traditionelle Zopf- und Flechtbänder gehören zu den Verzierungselementen dieses Jahrhunderts.

Im ausgehenden 15. Jahrhundert und zu Beginn des 14. Jahrhunderts werden in traditioneller Weise gestaltete Schlaufen-, Zopf-, Flecht- und Spiralbänder in Form von reich geschmückten Randzonen wieder beliebt. Das Mittelfeld wird gelegentlich von einem doppelten Band gerahmt. Die in dieser Zeit neu auftretenden Lebenssymbole (Kreuzschleife) und Blütenrosetten sind in den Bändern gemeinsam mit den traditionellen Elementen in Gebrauch, und gelegentlich befinden sich beide gemeinsam in Form von zwei konzentrischen Bändern auf einem Stück.

Im 14. Jahrhundert setzt sich die Verwendung von Lebenssymbolen und Rosetten fort, aber zu den Verzierungselementen kommen jetzt aus Zweigen des Granatapfelbaums gebildete Flechtbänder, Ketten aus sich abwechselnden Kreisen und Dreiecken sowie manchmal Doppelspiralen und Vierpaßschleifen hinzu. Außerdem können in diesem Jahrhundert auch Hieroglyphenzeichen, die Namen und Titel des Siegelinhabers wiedergeben, in der Randzone auftauchen.

Die typische Umrahmung des 13. Jahrhunderts ist jedoch das Leiterband oder der einfache Kreis. Als Rahmenverzierungen wurden aber auch vielfach Bänder oder Ketten verwendet, in denen nebeneinander aufgereiht kleine Dreiecke und Kreise oder Granatäpfel, doppelköpfige Adler oder Hieroglyphenzeichen zu finden sind, die den Titel des Eigentümers (z. B. »Schreiber« oder »Priester«) verraten.

Anmerkungen

1 Zu Siegeln und Siegelkunst im Alten Orient siehe auch Klengel-Brandt 1997.

2 Dinçol 2000.

3 Dinçol 1993.

4 Jochan Tischler, *Hethitisch-deutsches Wörterverzeichnis*, Innsbruck 1982, 75.

5 N. Özgüç 1959, 1977, 1986, 1989.

6 Alp 1968.

7 Beran 1967; Boehmer/Güterbock 1987.

8 N. Özgüç 1965.

9 Boehmer 1975, Taf. 374m.

10 Boehmer 1975, Taf. 375a-b.

11 Boehmer 1975, Taf. 375c.

12 Boehmer und Güterbock 1987, Nr. 155.

13 Poetto/Salvbatori 1981, Nr. 33.

14 Dinçol 1983, Nr. 1, 2.

15 Boehmer 1988.

16 Güterbock 1977, Nr. 2.

17 Alp 1969, Taf. I, 1.

18 Dinçol 1983, Nr. 3.

19 Dinçol 1982.

20 Güterbock 1977, Nr. 3.

21 Dinçol 1983, Nr. 4, 5, 6.

22 Dinçol/Dinçol 1983, Nr. 1.

23 Dinçol/Dinçol 1988, Nr. 2.

24 Poetto/Salvatori 1981, Nr. 58.

25 Boehmer 1975, Taf. 377a.

26 Boehmer und Güterbock 1987, Nr. 215.

27 Dinçol u.a. 1993.

28 Dinçol 1990, Nr. 6.

29 Boehmer 1975, Abb. 143d.

30 Boehmer und Güterbock 1987, 74, Abb. 54.

31 Boehmer 1975, Taf. 377d, Abb. 143f.

32 Korfmann 1996, S. 25ff; Seeher 1998, 231ff.

33 Dinçol/Dinçol 1986, Nr. 1.

34 Boehmer/Güterbock 1987, 51.

35 Boehmer 1975, Taf. 377 e.

36 Ökse u. a. 1992.

37 Boehmer und Güterbock 1987, 76, Anm. 70, Abb. 55 c, d.

38 Singer 1993.

Literatur

Alp 1968; Alp 1969, 1–6; Beran 1967; Boehmer 1975, 437–453; Boehmer/Güterbock 1987; Boehmer/Güterbock 1988, 51–58; Dinçol 1983, 213–249, Taf. XXXV; Dinçol/Dinçol 1986, 233–244, Taf. I–VIII; Dinçol/Dinçol 1988, 87–97; Dinçol 1988, 150–156, Taf. VIII–XI; Dinçol 1993b, 127–130; Dinçol et al. 1993a, 87–106; Dinçol 1982, 59–61; Dinçol/Dinçol 1983, 289–294; Dinçol 1999; Güterbock 1977, 7–16; Klengel-Brandt 1997; Korfmann 1996, 1–63; Ökse et.al. 1992, S. 217–225; N. Özgüç 1959, 43–53; N. Özgüç 1965; N. Özgüç 1977, 357–381; N. Özgüç 1986, 48–53; N. Özgüç 1987, 377–405; Poetto/Salvatori 1981; 1998, Seeher 1998, 215–241; Singer 1994, 189–193

»Tabarna«- und »Ädikula«-Siegel

Die Siegel hethitischer Großkönige und Großköniginnen

1 Landschenkungsurkunde mit anonymem Tabarna-Siegel (Kat.-Nr. 91)

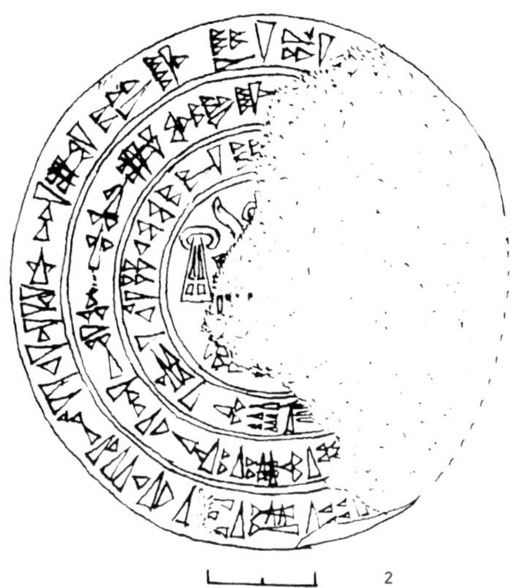

2 Siegel von König Arnuwanda und Königin Ašmunikal (Beran 1967, Nr. 162)

Ali Dinçol

> **Die Stellung der Königssiegel in der hethitischen Glyptik**

Die hethitischen Königssiegel nehmen in der hethitischen Glyptik einen besonderen Platz ein. Im Gegensatz zu den Beamtensiegeln und den Siegeln »normaler« Personen, die keinen Titel hatten, wurde bei den Königssiegeln zunächst lediglich die Keilschrift verwendet, dazu die Symbolzeichen für »Leben« und »Gesundheit« und für einige wenige Titel. Mit der Einbeziehung des sich im Laufe der Zeit entwickelnden hieroglyphischen Systems tauchten bigraphe Siegel auf, aber die Verwendung dieses doppelten Schriftsystems blieb eine Besonderheit, die lediglich dem hethitischen Großkönig, der Großkönigin und in seltenen Fällen einem Prinzen als Privileg zugestanden wurde.

> **Die anonymen »Tabarna«-Siegel**

Die ältesten Abdrücke von hethitischen Königssiegeln werden in die erste Phase des Althethitischen Reiches datiert Abb. 1. Auf der Stempelfläche der ausnahmslos kreisförmigen Siegel befindet sich im Mittelfeld die Kreuzschleife als Lebenssymbol, das Dreieck als Heilssymbol sowie eine Rosette, deren Bedeutung bislang ungeklärt ist. In der Randzone steht in Keilschrift in akkadischer Sprache die Inschrift »Siegel des Großkönigs, des Tabarna; wer (es) verändert, wird sterben.« Tabarna ist ein Name, der gleichgesetzt wird mit Ḫattusili I., dem ersten hethitischen Großkönig. Einige Forscher halten namenlose, anonyme Siegel dieser Art nicht für die Siegel eines bestimmten Königs, sondern für offizielle Behördenstempel der königlichen Verwaltung.[1] Es gibt auch bei den anonymen Tabarna-Siegeln formale Unterschiede. Bei der in Keilschrift geschriebenen Legende weisen die Köpfe der senkrechten Keile bei einigen Siegeln nach innen und bei einigen nach außen, und manchmal verläuft die Schrift in umgekehrter Richtung.[2] Außerdem treten bei manchen Siegelabdrücken in den Mittelfeldern, die von der Randzone durch eine Linie getrennt sind, das Dreieck[3], die Rosette[4] oder die hieroglyphischen Zeichen für die Titel »Schreiber« oder »Schäfer«[5] einzeln auf.

> **Königssiegel mit Tabarna-Titel**

Man kann festhalten, daß zur Zeit des Althethitischen Reiches bis nach Telipinu, d. h. bis ungefähr 1500 v. Chr., die regierenden Könige anonyme Siegel benutzten. Danach vollzog sich ein stilistischer Wandel, und die so entstandene neue Form blieb etwa 50 Jahre lang in Gebrauch. Man hat Siegelabdrücke gefunden, die sich den in jener Zeit regierenden Königen zuordnen lassen. Die wichtigste inhaltliche Veränderung besteht darin, daß in der zweizeiligen, in Keilschrift geschriebenen Legende der Name des Königs zu lesen ist. Das Aussehen ändert sich dahingehend, daß das Mittelfeld und die Legende, mit Ausnahme eines einzigen Beispiels, durch Linien voneinander getrennt sind.

> **Die rein keilschriftlichen Siegel/Tawananna-Siegel**

In der zweiten Hälfte des 15. Jahrhunderts tritt ein neuer Siegeltypus in Erscheinung. Seine auffälligste Eigenschaft ist, daß hier die Keilschrift vollständig den Platz der auf den älteren Siegeln zu findenden hieroglyphischen Symbole oder Titel eingenommen hat. Anstelle des dort als Heilssymbol wiedergegebenen Dreiecks wird auf einem Teil der Siegel dieses neuen Typus das sumerische Zeichen SIG_5[6], das dieselbe Bedeutung hat, verwendet, und anstelle der auf den älteren Siegeln als Symbol für »Leben« verwendeten Kreuzschleife steht bei diesem neuen Typus das inhaltlich identische sumerische Zeichen TI. Auf manchen Siegeln befinden sich die Zeichen SIG_5 und TI gemeinsam[7] im Mittelfeld. Eine weitere Besonderheit ist, daß bei den meisten dieser Siegel in der Umrahmung die Namen der Königinnen sowie manchmal eine Fluchformel wie auf den Tabarna-Siegeln festgehalten ist. Diese Königinnen tragen den Namen Tawananna und den der Tochter von Nikalmati, Ašmunikal. Tawananna kann ein Eigenname sein, kann aber auch als spezieller Titel für Königinnen interpretiert werden; deshalb ist er mit dem Titel Tabarna vergleichbar. Nikalmati war die Gemahlin von Großkönig Tutḫalija II., Ašmunikal die Gattin von Großkönig Arnuwanda I. Hätte man nicht auf einem dieser Siegel[8] den Namen des Großkönigs Arnuwanda, Sohn des Großkönigs Tutḫalija, gefunden, so hätte man auch sämtliche Exemplare dieses Siegeltypus als Tawananna- oder Königinnensiegel bezeichnen können. Auf dem erwähnten Königssiegel gibt es, ebenso wie auf dem Ašmunikal-Siegel, keine Fluchformel. Ein weiteres Siegel, auf dem sich keine Fluchformel befindet, ist aufgrund seines Inhalts äußerst umstritten. Auf dem geräumigen Mittelfeld dieses Siegels ist Malnigal MUNUṢLUGAL und in der Rahmung die Namen Mursili und vielleicht Tawananna (teilweise abgebrochen) sowie der Titel MUNUṢLUGAL zu lesen. Malnigal war die zweite, aus Babylonien stammende Gemahlin von Suppiluliuma I. und wird auch mit dem Namen Tawananna bezeichnet. Das Siegel muß also während der Regentschaft von Mursili II., als die langlebige Königin ihre Position wahren konnte, angefertigt worden sein. Auf dem Siegel ist auch tatsächlich, formal der

Zeit vor Suppiluliuma I. entsprechend, ausschließlich die Keilschrift verwendet.

> Siegel mit Königsnamen in Hieroglyphen

Die Zeit, in der man begann, das hieroglyphische Schriftsystem zu verwenden, um die Namen von Königen oder Königinnen auf die Siegel zu schreiben, war nach den erhaltenen Urkunden die Epoche der Regentschaft von Tutḫalija II. Es ist sicher, daß sein Nachfolger Arnuwanda I. zwei Arten von Siegeln benutzte: Siegel, die ausschließlich in Keilschrift beschrieben sind[9], und Siegel, bei denen in der Keilschriftlegende, die in drei konzentrischen Zeilen angeordnet ist, sowohl sein eigener Name als auch der seiner Gemahlin Ašmunikal genannt ist; im Mittelfeld – soweit es unbeschädigt ist – steht neben dem in Hieroglyphen geschriebenen Titel »Großkönig« wiederum in Hieroglyphen sein Name.[10] Auf der abgebrochenen rechten Seite des Mittelfeldes muß ursprünglich – wie bei der in Keilschrift geschriebenen Legende – der in Hieroglyphen geschriebene Name der Königin gestanden haben[Abb. 2]. Diese von Tutḫalija II. eingeführte Neuerung, die im Mittelfeld mit Hieroglyphen geschriebenen Namen und Titel von König und Königin in der äußeren Umrahmung mit identischem Inhalt in Keilschrift zu wiederholen (gelegentlich unter Hinzufügung von Namen der Vorgänger), war bis zum Untergang des hethitischen Großreiches als unveränderliches Schema der Königssiegel in Gebrauch. Ausnahmen bilden die Siegel von Mursili II. in Form eines Malteserkreuzes und die Siegel von Tutḫalija IV. mit viereckiger Siegelfläche.

Nach Arnuwanda verwendete dessen Sohn Tutḫalija III. ebenfalls Siegel desselben Typus: Auf einem[11] finden sich im Mittelfeld in Hieroglyphen geschrieben der Name des Großkönigs Tutḫalija und darunter in Keilschrift die Worte TI LUGAL (»Leben [für den] König«). Auf einem in Maşathöyük gefundenen ähnlichen Siegel[12] sieht man diesen König gemeinsam mit der Großkönigin. Der Name der Königin wird hier Sataduhepa gelesen, darunter in Keilschrift die Worte TI MUNUṢLUGAL (»Leben [für die] Königin«).

> Ädikula-Siegel

Zur Zeit von Suppiluliuma I. wurde dem Mittelfeld der Königssiegel ein weiterer unveränderlicher Bestandteil, die geflügelte Sonnenscheibe, hinzugefügt. Dieses Symbol gilt als die hieroglyphisch geschriebene Form des auf Keilschrifttafeln als Synonym für »Majestät« verwendeten Titels ^{DINGIR}UTU^{ŠI} (»meine Sonne«) und wird ganz oben im Mittelfeld plaziert. Diese Flügelsonne wird von den kegelförmigen Zeichen für »Großkönig«, die mit den darüber befindlichen Voluten an ionische Säulen erinnern, regelrecht getragen. Wenn der Name der Königin hinzugefügt ist, wird eines der beiden Großkönigszeichen durch das Zeichen für Großkönigin ersetzt, wiedergegeben als Frauenkopf mit einer besonderen Kopfbedeckung, ebenfalls mit einer Volute darüber. Aus diesem Grund werden Siegel mit einem solchen Kompositionsschema als Ädikula-Siegel bezeichnet (lat. »Nische, kleines Gebäude Kapelle, kleiner Tempel«). Diese wappenartige, repräsentative Form ist auch als Zeichen dafür zu werten, daß der Staat in eine neue, starke Phase eingetreten ist.

Neben den Siegeln von Suppiluliuma I., dem Schöpfer der Ädikula-Siegel, die allein seinen Namen tragen, gibt es Siegel mit seinen Königinnen Hinti und Tawananna.[13]

> Malteserkreuzförmige Siegel

Nach Arnuwanda II., der nur für kurze Zeit die Macht innehatte, benutzte auch Mursili II. Siegel vom Ädikula-Typus. Der Durchmesser der Königssiegel wurde nun größer, die Abdrücke sind konkav. Auf den in Ḫattusa und Ugarit gefundenen Siegeln von Mursili II. ist zu sehen, daß parallel zu den Zeichen TI-SIG$_5$-TI, die im Mittelfeld traditionell Segenswünsche zum Ausdruck bringen, in die Keilschriftlegende des Rahmens auf akkadisch auch die Formel NARAM ^{DINGIR}x (»Geliebter der Gottheit x«) übernommen ist.[14] Der bei den Ausgrabungen in Ugarit im Jahre 1950 gefundene, plankonvexe linsenförmige Siegelstock von Mursili II. aus schwärzlichgrauem Steatit mit einem Durchmesser von 5 Zentimetern und einer Höhe von 1,3 Zentimetern ist die einzige Matrize eines Königssiegels, die wir besitzen[Abb. 3]. Man vermutet, daß der Stein, dessen glatte Seite nicht beschriftet ist, auf einen Träger aus vergänglichem Material wie Holz oder Elfenbein montiert war.[15] Leider läßt der Umstand, daß das Stück nicht in der hethitischen Hauptstadt, sondern in dem an der nordsyrischen Küste gelegenen Ugarit gefunden wurde, gewisse Zweifel aufkommen: Es könnte sich hierbei um ein nachgeahmtes Siegel handeln, das man seinerzeit angefertigt hatte, um Urkunden im Namen des hethitischen Königs zu fälschen.[16]

Die wichtigste Änderung, die sich in der Regierungszeit Mursilis in der Entwicklung der Königssiegel vollzog, ist das in der Glyptik einzigartige malteserkreuzförmige Siegel[Abb. 4].[17] Die aus allen gefundenen Abdrücken zusammengesetzte Rekonstruktion zeigt ein kreisförmiges Zentrum mit konvexer Oberfläche, von dem vier trapezförmige Flügel ausgehen, so daß die Form eines Malteserkreuzes entsteht. Da das Siegel auf Vorder- und Rückseite je fünf, insgesamt also zehn Siegelflächen hat, bietet es dem Eigentümer die Möglichkeit, eine lange Liste der vor ihm regierenden Könige aufzuführen. Auf den Siegelflächen stehen die Namen der Großkönige und Großköniginnen mit Hieroglyphen geschrieben. Die Keilschrift wurde nicht verwendet. Nach einer älteren Vermutung[18] soll das ebenfalls in Boğazköy gefundene, metallene scheibenförmige Siegel[19] mit konvexem Mittelteil und bügelförmigem Griff die engste Parallele sein. Nach einer 1999 erneut durchgeführten Untersuchung der Abdrücke

3

3 Matrize des Siegels von Mursili II. aus Ras Schamra-Ugarit (Schaeffer 1956, Abb. 110)

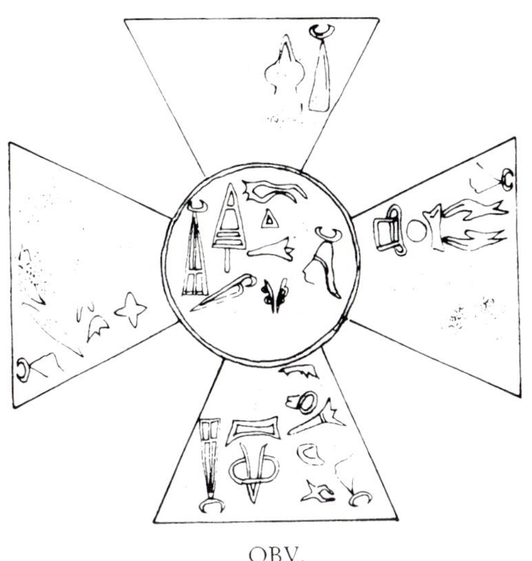

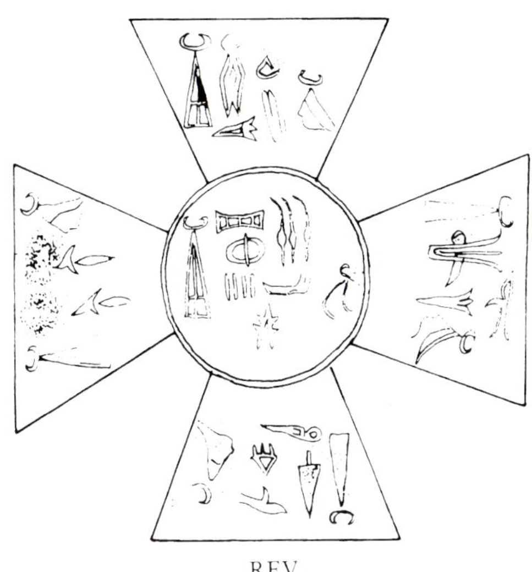

4 Zeichnung von Abdrücken malteserkreuzförmiger Siegel (Dinçol et al. 1993, Abb. 1–2)

scheint es jedoch wahrscheinlicher, daß die vom Zentrum ausgehenden trapezförmigen Flügel nicht durch Zwischenstücke miteinander verbunden waren, da keine Spuren vom Rand einer Scheibe zwischen den äußeren Enden der Flügel zu erkennen sind. Das Siegel hat exakt die Form des »Eisernen Kreuzes«, eines ehemaligen deutschen Ordens. Unterschiedliche Forschungsmeinungen[20] gibt es bezüglich einiger unklarer Lesungen und Brüche sowie deren Reihenfolge.

Zu fragen bleibt, warum man das Kreuzsiegel, auf dem man so viele Namen festhalten konnte und das eine wirklich königliche Form hatte, nie wieder benutzte. Vielleicht wollten die Herrscher, die später den Thron bestiegen, in einer Art Damnatio memoriae absichtlich nicht an bestimmte Namen erinnern und sind aus diesem Grund zur traditionellen Scheibenform zurückgekehrt.

> »Umarmungs«-Siegel

Auf den Siegeln von Muwattalli II., der nach Mursili II. herrschte, sieht man eine typische Komposition.[21] Im Mittelfeld steht ein Gott, der seinen rechten Arm um den Hals des Königs gelegt hat, der kleiner als der Gott wiedergegeben ist und dessen erhobene linke Hand hält. Die Ädikula befindet sich nicht über ihnen, sondern unterhalb der vorgestreckten Hand des Gottes, und sie enthält die Hieroglyphen des Geburtsnamens des Königs, Šarri-Tešup. Oberhalb der Hand stehen Zeichen, die als »Großer Wettergott des Himmels« zu lesen sind **Abb. 5, 6**. Hinter den beiden Figuren ist »Großkönig Muwattalli« zu erkennen. Neben den Umarmungssiegeln haben sich auch traditionelle Ädikula-Siegel von Muwattalli II. erhalten.[22] Interessanterweise befindet sich auf diesen lediglich der Thronname des Königs.

Auch von Mursili III. (Geburtsname Urhi-Tešup), der Muwattalli II. auf dem hethitischen Thron folgte, sind zwei Arten von Siegeln bekannt. Von diesem König haben sich Siegel vom Ädikula-Typ erhalten, auf denen er allein[23] oder mit seinem Thron- oder Geburtsnamen gemeinsam mit der Großkönigin Tanuhepa zu sehen ist.[24] Darüber hinaus gibt es Umarmungssiegel von Mursili III., die in Details von denen Muwattallis II. abweichen, der diese Szene als erster verwendete. Der Abdruck eines Siegels von Mursili III aus dem Westbau bei Nişantepe in Boğazköy zeigt ikonographische Neuerungen. Auf ihm sieht man ganz oben die Flügelsonne und rechts im Mittelfeld zwischen zwei Großkönigszeichen die Namenshieroglyphen des Königs. Das Zentrum des Mittelfelds besetzen der Wettergott auf einem von einem Stierpaar gezogenen, adlerförmigen Wagen und ein hinter ihm stehender Gott mit gehörnter Spitzmütze[25], geschultertem Bogen und Lanze, bei dem es sich sehr wahrscheinlich um den »Schutzgott« DINGIRLAMMA handelt **Abb. 7**.

> Die Rückkehr zu den Ädikula-Siegeln

Zur Zeit von Ḫattusili III. und seiner mächtigen Gemahlin Puduhepa ist eine Rückkehr zu den Ädikula-Siegeln zu beobachten. Neben allein den König erwähnenden Siegeln[26] finden sich auch solche, die ihn gemeinsam mit seiner Gemahlin zeigen.[27] Die von Puduhepa allein benutzten Siegel sind äußerst interessant, da die in Ugarit und in Ḫattusa gefundenen Beispiele jeweils vom Ädikula-Typus sind und formal mit denen des Königs vollkommen übereinstimmen **Abb. 8**.[28]

> Siegel mit Labarna-Titel

Das gemeinsame Merkmal der Siegel der letzten vier Könige ist, daß in der Ädikula jeweils an der Innenseite der Königszeichen Hieroglyphen, die den Titel »Labarna« symbolisieren, hinzugefügt sind. Bei den Siegeln Tutḫalijas IV. ist neben diesem Titel noch ein zweites »Sonnen«-Symbol über der Flügelsonne zu sehen.[29] Da die Namenshieroglyphe von Tutḫalija das »Berg«-Symbol beinhaltet, wird gelegentlich auf seinen Siegeln zur Angabe des Namens statt dieser Hieroglyphe auch die Figur eines Berggottes verwendet.[30] Dieselbe Gestalt befindet sich auch auf den Siegeln seines Sohnes Arnuwanda III., vielleicht, um die Erinnerung an den Vater aufrechtzuerhalten **Abb. 9, 10**.[31] Auf einem Siegel von Tutḫalija IV. wird die Ädikula von den erhobenen Händen zweier kniender Mischwesen und den Flügeln eines zwischen ihnen stehenden doppelköpfigen Adlers getragen **Abb. 11**.[32] Auch die Komposition auf einem in Ugarit gefundenen Siegelabdruck ist interessant[33]: Hier sind in der Ädikula, der das Symbol der Doppelsonne und der Titel »Labarna« hinzugefügt wurde, die Hieroglyphen für Tašmi-Šarruma, den Geburtsnamen des Königs, zu lesen.[34]

Siegel, die innerhalb der Ädikula lediglich den Labarna-Titel, aber keinen Königsnamen aufweisen, werden in der Regel Tutḫalija IV. zugeschrieben.[35] Darüber hinaus gibt es auch rechteckige Siegelabdrücke von Tutḫalija IV., bei denen er unter assyrischem Einfluß den Titel »König des Universums« trägt.[36]

Auch die Siegel des Kurunta (Ulmi-Tešup), des Königs von Tarḫuntassa, der nach dem Tod von Tutḫalija als rechtmäßiger Erbe den hethitischen Thron bestieg, waren vom Labarna-Typus **Abb. 12**. Auf einem Abdruck ist ein Gott mit einer Lanze in der Hand auf einem Hirsch, dem Symbol für den Namen des Königs, zu sehen.[37] Bei den Siegeln von Suppiluliuma II., dem letzten König des hethitischen Großreiches[38], sind hingegen bislang keine Besonderheiten nachgewiesen: Es handelt sich um Ädikula-Siegel mit dem Labarna-Titel.

5

6

7

Anmerkungen

1 Beran 1967, 67.

2 Boehmer/Güterbock 1987, Nr. 250 A.

3 Boehmer/Güterbock 1987, Nr. 251.

4 Beran 1967, Nr. 145.

5 Beran 1967, Nr. 148, 149; außerdem finden sich auf zwei Siegelabdrücken aus Kušaklı zwei undeutbare Zeichen; Müller-Karpe 1997, 117, Abb. 18, und Müller-Karpe 1999, 63, Abb. 6a.

6 Beran 1967, Nr. 151–153.

7 Beran 1967, Nr. 156–158.

8 Beran 1967, Nr. 153, und Otten 1987, Abb. 8.

9 Beran 1967, Nr. 153; Otten 1993, Abb. 14.

10 Beran 1967, Nr. 162.

11 Beran 1967, Nr. 203; Otten 1995, 10, Abb. 8.

12 Otten 1995, 10, Abb. 9.

13 Otten 1995.

14 Otten 1995, Abb. 38, 43.

15 Schaeffer 1956, 87ff.

16 Klengel 1999, S.170.

17 Dinçol et al. 1993.

18 Dinçol et al. 1993, 88.

19 Boehmer/Güterbock 1987, Nr. 214.

20 Dinçol et al. 1993, 96ff.; Carruba 1998, 92ff.

21 Beran 1967, Nr. 250–253.

22 Güterbock1940, Nr. 42, SBo II Nr. 1.

23 Beran 1967, Nr. 180.

24 Beran 1967, Nr. 226–228.

25 Daher nicht »König« wie bei Neve 1991, 328.

26 Beran 1967, Nr. 184–189; Otten 1993, 28ff.

27 Beran 1967, Nr. 229–233.

28 Otten 1993a, 109, Abb. 3, 4.

29 Beran 1967, Nr. 190–196.

30 Beran 1967, 160.

31 Beran 1967, Nr. 161; Neve 1992, Abb. 160.

32 Neve 1992, Abb. 159.

33 Schaeffer 1956, Abb. 24.

34 Alp 1998.

35 Beran 1967, Nr. 234b, 236, 240b, 242, 248.

36 Beran 1967, Nr. 247.

37 Neve 1992, Abb. 40–42.

38 Beran 1967, Nr. 165–167.

Literatur

Alp 1998, 21–26; Beran 1967; Boehmer/Güterbock 1987; Carruba 1998, 87–107; Dinçol et al. 1993, 87–106; Güterbock 1940; Güterbock 1942; Klengel 1999; Müller-Karpe 1997, 103–142; Müller-Karpe 1999, 57–113; Neve 1991a, 299–348; Neve 1992; Otten 1987, 21–34; Otten 1993a, 107–112; Otten 1993b; Otten 1995; Schaeffer 1956

8

11

9

10

12

5, 6 Bulla des Großkönigs Muwattalli II. (Kat.-Nr. 142)

7 Bulla des Großkönigs Mursili III. (Kat.-Nr. 141)

8 Siegel der Großkönigin Puduhepa (Otten 1993a, Abb. 4)

9, 10 Bulla des Großkönigs Armuwanda III. (Kat.-Nr. 140)

11 Bulla des Großkönigs Tutḫalija IV. (Kat.-Nr. 139)

12 Siegelabdruck des Großkönigs Kurunta (Neve 1991, Abb. 35b)

Großkönigliche Residenz – Mittelpunkt staatlichen Lebens

Die Palastanlage in der hethitischen Hauptstadt Ḫattusa

Jürgen Seeher

Wenn in den hethitischen Texten von »dem Palast« die Rede ist, so ist damit nicht immer die Residenz des Königs in der Hauptstadt gemeint. Dieser Begriff kommt durchaus auch im übertragenen Sinne vor: Dann meint er die Institution des Königtums an sich – den Palast als Mittelpunkt staatlichen und wirtschaftlichen Lebens.

Palastbauten für den König gab es außerdem nicht nur in der Hauptstadt, sondern auch in verschiedenen anderen Zentren des Landes. Er besuchte sie anläßlich der im Kultkalender vorgeschriebenen jährlichen Reisen, und auch Kriegszüge und andere Anlässe führten ihn in die Provinz. Nicht selten hat der König längere Zeit, vor allem während der reisefeindlichen Wintermonate, in Palästen in der Provinz residiert.

> Der Palast von Ḫattusa

Wo und wie wohnt ein König? Im Laufe der Jahrtausende hat es viele Varianten von Herrschersitzen gegeben, aber gewisse Grundelemente waren zu allen Zeiten gleich, ob es nun Windsor Castle, der Winterpalast in St. Petersburg, das Serail in Istanbul oder der Palast von Khorsabad ist: eine repräsentative Architektur mit Empfangs- und Unterbringungsmöglichkeiten, Platz für den Besitz der Herrscherfamilie, Arbeits- und Wohnplätze für eine umfangreiche Schar von Bediensteten sowie militärischer Schutz durch eine Spezialtruppe. Und nicht zu vergessen eine räumliche Distanz zu den Untertanen, die auch gern durch die Errichtung von Festungsmauern unterstrichen und gesichert wurde.

Diese Bedingungen erfüllte auch der großreichszeitliche Palast der hethitischen Großkönige in Ḫattusa. Er lag auf einem Felsrücken an der Ostseite des Stadtgebiets, heute Büyükkale (»Große Burg«) genannt [Abb. 1, 2]. Zur Zeit der Gründung im 17. Jahrhundert v. Chr. war dies der höchste Punkt der Stadt, denn die sich hier nach Süden hin anschließende Oberstadt gab es noch nicht. Der Herrscher wählte diesen Platz, weil er leicht als Zitadelle zu befestigen und zu schützen war – die phantastische Aussicht über die Unterstadt und weit in das Land hinaus war nur ein willkommener Nebeneffekt. Die Hethiter waren jedoch weder die ersten noch die letzen, die die Vorteile dieser Lage ausnutzen: Hier auf Büyükkale sind auch Spuren einer befestigten Ansiedlung ihrer hattischen Vorgänger (spätes 3./frühes 2. Jahrtausend v. Chr.) freigelegt worden, und nach den Hethitern gab es noch in der Mittleren »phrygischen« Eisenzeit (7.–6. Jahrhundert v. Chr.) und in hellenistisch/römischer Zeit (2. Jahrhundert v. Chr. – 3. Jahrhundert n. Chr.) befestigte Herrensitze auf dem Burgberg.

> Bauten, Umbauten, Neubauten

Im Laufe seiner langen Geschichte ist der hethitische Palast auf dem Büyükkale-Bergrücken mehrfach umgestaltet worden.[1] Die bescheidenen Bauten der Frühzeit sind dabei vollständig ersetzt worden, und unter der monumentalen Anlage der entwickelten Großreichszeit sind nur geringe Spuren dieser Vorgängerbauten erhalten geblieben. Daß solche Umbauten nicht immer freiwillig waren, belegt ein Keilschrifttext: In dem Text aus der Zeit von Großkönig Tudḫalija II. (ca. 1375 – 1355 v. Chr.) heißt es: »Und die Stadt Ḫattusa wurde niedergebrannt, doch ... und das *ḫestā*-Haus kamen davon.«

In den Anfängen beschränkte sich der Palast auf den höhergelegenen, nordöstlichen Teil des Plateaus. Im südwestlichen Bereich standen dagegen noch einfache Wohn- und Arbeitsgebäude für das Hofpersonal. Das gilt wohl auch noch für die frühe Großreichszeit im 14. Jahrhundert v. Chr., aber danach kam es zu einer völligen Neustrukturierung des Burgplateaus. In mehreren Bauabschnitten entstand die rund 250 x 140 Meter messende großreichszeitliche Palastanlage der Bauschicht III, deren Grundrisse heute vor Ort zu besichtigen sind [Abb. 3, 4].

Das Wort »Palast« dürfte für die meisten Menschen gleichbedeutend mit monumentaler Steinarchitektur sein. Die hethitischen Palastgebäude waren jedoch sehr viel bescheidener gestaltet und entsprachen dem typischen Bauprinzip jener Zeit: Auf einer Sockelzone aus Kalksteinen, oft aus gut zugearbeiteten Blöcken gebildet, erhob sich ein Wandaufbau aus ungebrannten Lehmziegeln und schweren Holzstützen und -balken. Je nach ihrer Lage am Hang waren manche Gebäude zweigeschossig und innen mit Treppenhäusern versehen; das Obergeschoß wurde dann von einer Balkendecke getragen. Auch die Flachdächer bestanden aus Balkenlagen mit einer dichten Lehmabdeckung. Die Wände waren mit einem Lehmverputz versehen,

1 Der Burgberg Büyükkale mit der königlichen Residenz von Ḫattusa (Foto Peter Oszvald)

2 Luftaufnahme mit den Grundrissen der großreichszeitlichen Palastanlage von Ḫattusa (Foto Peter Oszvald)

3 Rekonstruktion der Königsburg (U. Betin, nach P. Neve)

der in den Innenräumen zumindest teilweise bemalt war: Kleine Verputzfragmente mit Freskenresten in Weiß, Gelb, Braunrot, Hellblau und Schwarz sind im Schutt von Bau G gefunden worden – die gleichen Farben wie auf Putzstückchen aus Tempel 9 in der Oberstadt von Ḫattusa.[2] »Kunst am Bau« gab es außerdem auch in Form von steinernen Tierskulpturen und -reliefs (Löwen und Stiere), von denen man zahlreiche Fragmente in den Ruinen gefunden hat.

Die Höfe, Wege und Gassen zwischen den einzelnen Gebäuden waren gepflastert, und verschiedene Kanalisationsstränge sorgten für die unterirdische Entsorgung von Regen- und Abwasser: Es gab sowohl Tonrohrleitungen als auch bis zu einem Meter hohe und 50 Zentimeter breite Kanäle, die aus Bruchsteinen gemauert und mit einer dicken, wasserdichten Lehmpackung ummantelt waren. Geländestufen wurden mit ausgemauerten Fallschächten überwunden.

> Hethitische Textquellen über den Palast

Leider kann keines der zahlreichen Gebäude im Palastbereich von Ḫattusa eindeutig identifiziert werden, denn nirgendwo sind entsprechende aufschlußreiche Inventare gefunden worden. Eine gewisse Hilfe bietet jedoch die überlieferte Dienstanweisung für die Leibgarde.[3] Sie enthält Informationen über Aufbau und Ausstattung sowie zum Personal eines hethitischen Königspalastes. Die königlichen Wohntrakte (hethitisch *ḫalentuwa-*), Vorratshäuser, Küche, Arsenal, Stallungen, Werkstätten, ein Heiligtum und ein Altar werden hier genannt. Außerdem gab es im Palastbezirk auch Wohnmöglichkeiten für hohe Beamte sowie Unterkünfte für die königliche Leibgarde, die jeweils zwölf Mann stark ihren Dienst tat. Es gab einen »Hof der Leibgarde« und einen Hof des *ḫalentuwa;* unter mehreren genannten Toren ist das »Große Tor« im Inneren des Palastbereiches dem König und hohen Würdenträgern vorbehalten, während andere Personen Seitentüren benutzen müssen. In den sehr detaillierten Einzelvorschriften werden Wachen und Offiziere, Leibwächter, Pagen, Kämmerer, Pförtner, Stallburschen, Küchenbedienstete, Arzt, Barbier und andere Personen erwähnt. Interessanterweise sind sie aber nicht nur für den Palast in der Hauptstadt, sondern auch für andere Residenzen in der Provinz gültig, wie man z. B. an folgender Anweisung erkennt: »Die Leibwächter aber treten beim/zum *arkiu*-Haus rechts zur Seite. Wenn in irgendeiner Stadt aber nach rechts zu treten unmöglich ist, so treten sie nach links.«

Aus einer anderen Dienstanweisung für das Personal des Palastes erfährt man von der Existenz von Köchen und anderen Küchenangestellten, Brotbäckern, Kellermeistern, Wasserträgern, Tafeldeckern und Handwerkern, die monatlich einen Eid erneuern, mit dem sie die komplizierten Reinheitsvorschriften einzuhalten geloben – da der König zugleich auch oberster Priester ist, wird auf seine rituelle Reinheit strengstens geachtet.

> Ein Rundgang durch das Palastgelände

Zwei, möglicherweise sogar drei Zugänge zum Palast von Ḫattusa Abb. 4 gab es: An der Südwestspitze

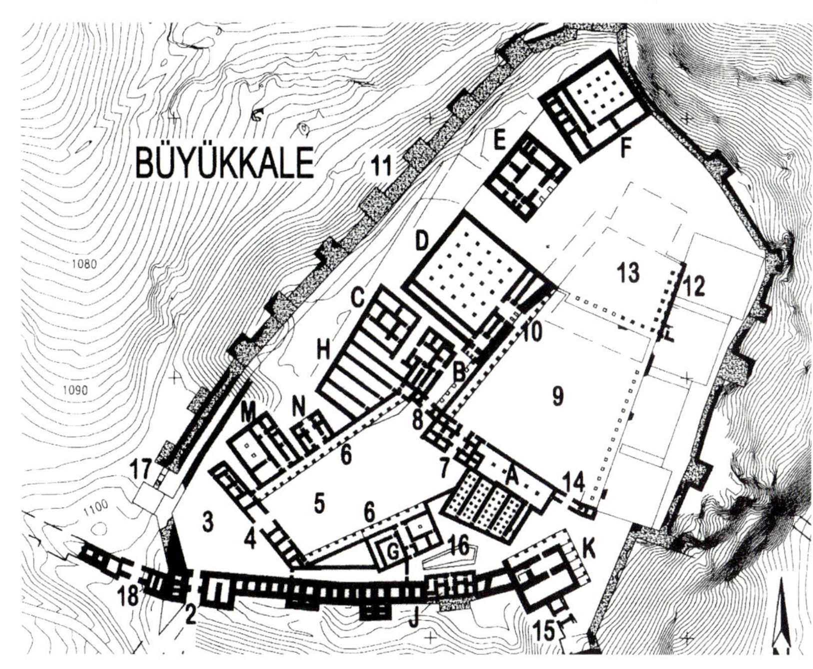

4 Plan der großreichszeitlichen Palastanlage von Ḫattusa: 1: Viadukt; 2: Südtor; 3: Burgtorhof; 4: Eingang zum Unteren Burghof; 5: Unterer Burghof; 6: Pfeilerhallen; 7: Torbau, Eingang zum Mittleren Burghof; 8: Seitentor; 9: Mittlerer Burghof; 10: Eingang zur »Audienzhalle« in Bau D; 11: nordwestliche Burgmauer; 12: Felsstufe mit Getreidesilos (oder Zisternen?); 13: Oberer Burghof; 14: Kleines Tor zum Oberen Burghof; 15: Osttor; 16: Wasserbecken; 17: Südwesttor; 18: Tor in der Poternenmauer; A–N: Gebäude

des Burgberges vermutet man ein kleines Tor, das von der Unterstadt, also von Nordwesten her zu erreichen war (Nr. 17). Auf der Innenseite der Burgmauer befand sich an dieser Stelle ein Aufweg, über den man die hier unten gelegene, einzige Quelle des Burgberges erreichte. Nachgewiesen ist dagegen ein Tor an der Südostseite des Burgplateaus (Nr. 15). Hier gelangte man sofort in den inneren Palastbezirk, was darauf schließen läßt, daß dieses Tor nicht für jedermann zugänglich war. Als Haupteingang fungierte das sogenannte Südtor an der Südwestspitze des Burgberges (Nr. 2), das über einen mindestens 100 Meter langen Viadukt zu erreichen war (Nr. 1). Dieser Viadukt überspannte eine Senke und wird auch für Wagen befahrbar gewesen sein.

Das Südtor war einst mit Löwenskulpturen geschmückt, wie ein in der Nähe gefundenes Fragment vermuten läßt. Dahinter schloß sich der erste (Nr. 3) von vier Höfen an, die ein wesentliches optisches und funktionales Merkmal der Burganlage sind: »Durchgehende, die einzelnen Bauten verbindende Pfeilerhallen oder Mauern an den Längsseiten, Torhäuser als Abschlüsse an den Schmalseiten zeigen deutlich, daß man die Höfe zu großen, repräsentativen Plätzen architektonisch ausgestaltet hatte.«[4] Eine Besonderheit dieses ersten Hofes, des sogenannten Burgtorhofes, ist ein »roter Teppich«: Der Weg vom Südtor zum Eingang des nächsten Hofes (Nr. 4) war mit einem bis zu 5 Meter breiten Pflaster aus roten Steinplatten belegt. Dieser Eingang führte durch die sogenannte Südwesthalle, einen langgestreckten Bau aus einer Folge von Einzelräumen, die vielleicht zur Unterbringung von Wachpersonal, als Waffenlager und Stallungen dienten.

Von hier gelangte der Besucher in den 72 Meter langen Unteren Burghof (Nr. 5), der an den Seiten von langen, offenen Pfeilerhallen (Nr. 6) eingefaßt war. Rechts und links des Hofes lagen verschiedene Bauwerke, deren Funktion im einzelnen nicht bekannt ist: Bau N scheint ein Torbau gewesen zu sein, über den möglicherweise der Verkehr über den Aufweg an der Nordwestseite der Burg kontrolliert wurde; Bau M könnte wegen der großen Räumlichkeiten repräsentativen Zwecken gedient haben, und gleiches gilt auch für Bau G auf der gegenüberliegenden Seite des Unteren Burghofes.

Am Nordostende des Unteren Burghofes gab es einen vermutlich skulpturengeschmückten Torbau (Nr. 7) – war dies vielleicht das oben erwähnte »Große Tor«? Durch dieses Tor gelangte man direkt in den maximal 66 x 62 Meter messenden Mittleren Burghof (Nr. 9) und in den dahinter liegenden kleinen Oberen Burghof (Nr. 13).

An der Westseite des Burgplateaus schloß sich eine ganze Zeile von weiteren Gebäuden an. Ein Teil dieser Bauten wurde über das zweite Tor an der Westseite des Unteren Burghofes (Nr. 8) erreicht: Bau B und C und eventuell auch Bau H bilden hier eine funktionale Einheit. Der Mittelpunkt scheint Bau C zu sein, in dessen Zentrum ein 5,2 x 6 Meter großes und mindestens 2,3 Meter tiefes, aus zyklopischen Steinblöcken gesetztes Becken lag. Im tonigen Bodensatz dieses einst mit Wasser gefüllten Beckens fanden sich über 100 Votivgefäße und verschiedene andere Objekte, die auf Kulthandlungen hinweisen. Man vermutet daher hier ein Heiligtum, dessen Dach in der Mitte über dem Becken offen war. Die Bezeichnung als »Burgkapelle« bietet sich an. Bau B und Bau H werden als zugehöriger Verwaltungs- und Wirtschaftstrakt gedeutet.

Östlich schließt sich Bau D, das mit 39 x 48 Metern größte Bauwerk der Königsburg, an. Im Untergeschoß fallen 6 jeweils 4,2 Meter breite und 32 Meter lange Räume auf. Dies waren Magazinräume, in denen allerdings außer 280 Tonplomben mit Siegelabdrücken von Königen und Beamten sowie zahlreichen Keilschrifttafelfragmenten praktisch nichts gefunden wurde. Die eigentliche Bedeutung von Bau D ergibt sich aber aus der Gestaltung des oberen Stockwerks: Hier rekonstruierte R. Naumann eine 32 x 32 Meter große Halle, deren Decke auf fünf Reihen von Holzpfeilern ruhte. Getragen wurden diese Pfeiler von den fünf Zwischenwänden der Magazinräume des Untergeschosses Abb. 5.

Man geht davon aus, daß dies die Audienzhalle der hethitischen Könige war. Ihr Haupteingang (Nr. 10) lag an der Südostseite und war vom Mittleren Burghof her zugänglich. Man konnte das Gebäude aber auch über einen Nebeneingang im Untergeschoß, direkt vom Unteren Burghof her durch eine Gasse südwestlich von Bau B, erreichen. Vielleicht wurden nicht zur Hofhaltung gehörige Fremde oder niedere Bedienstete so, ohne den Mittleren Burghof im inneren Bereich der Palastanlage zu betreten, direkt vom Burgtor hierher geleitet.[5] Wie alle Bauten des Palastes ist auch diese Halle in einem großen Feuer zerstört worden. Hierdurch und durch spätere Überbauung in der »phrygischen« Eisenzeit sind alle Hin-

5 Rekonstruktion der »Audienzhalle« in Bau D (U. Betin, nach R. Naumann)

weise auf die ehemalige Innenausstattung dieses Bauwerkes verlorengegangen.

Am Ende der Bauzeile an der Westseite, etwas abseits vom oberen Burghof und im hintersten und am besten geschützten Bereich der Burganlage, liegen Bau E und F. Diese Lage spricht dafür, daß es sich hierbei um einen privaten Palastbezirk, also die Wohnpalais der Königsfamilie handelte. Auch diese beiden Gebäude waren ehemals zweigeschossig. Bau F war mit rund 33 x 29 Metern fast doppelt so groß wie Bau E, ist aber leider so stark zerstört, daß wenig über seine ehemalige Gestalt und Funktion gesagt werden kann. Bei Bau E stellte man fest, daß auch im Untergeschoß der Boden durch eine Balkendecke gebildet wurde. Hier fand man 1906 eine große Keilschrifttafelsammlung, vielleicht die Bibliothek des Königs?

Die Bauten rund um den Oberen Burghof (Nr. 13) sind nur durch geringe, in den Fels geschlagene Fundamentspuren belegt. Hier haben sich die späteren, nachhethitischen Bewohner des Burgberges besonders umfassend mit Baumaterial versorgt, und so ist wenig erhalten geblieben. Auf der Ostseite des Oberen Burghofes liegt eine Felsbank, in die zwei 1,8 bzw. 1,9 Meter breite und 3 Meter tiefe faßförmige Gruben eingemeißelt worden sind. Sie werden gern als Zisternen bezeichnet, aber da sie auf dem höchsten Punkt des Burgberges liegen, scheint diese Interpretation zweifelhaft: Zisternen werden normalerweise an möglichst tiefliegenden Plätzen angelegt, um soviel Einlaufflächen wie möglich ausnutzen zu können. Vermutlich handelt es sich bei den Gruben eher um Getreidesilos, in denen ein (Not-)Vorrat für die Versorgung des Palastes aufbewahrt wurde.

Ein weiteres großes Bauwerk (Bau A) grenzt im Südwesten an den mittleren Burghof. Es mißt 36 x 34 Meter und besteht aus zwei Trakten: An der Nordseite liegt eine lange Halle und an der Südseite vier langschmale Räume und zwei schmale Zimmer. In den Langräumen fand man jeweils zwei Reihen von in den Boden eingelassenen Stützenbasen aus Kalkstein und Granit. P. Neve vermutet, daß auf ihnen die Träger von freistehenden Regalen verankert waren, auf denen einst Keilschrifttafeln gelagert wurden. Anscheinend befand sich hier die eigentliche Palastbibliothek, denn unter den rund 5000 Tontafelfragmenten gibt es Ritual- und Festtexte, Gebete, mythologische Texte, sumerische und akkadische Traditionsliteratur, aber auch historiographische Texte, Gesetzessammlungen sowie einige Staatsverträge und Briefe.[6] Obwohl der Bau vermutlich erst im 13. Jahrhundert v. Chr. errichtet wurde, hat man hier auch Texte des 16. bis 14. Jahrhunderts v. Chr. gefunden – offensichtlich wurden Bestände aus älteren Bibliotheken hier erneut aufgestellt. Um die Verwaltung der Bibliothek zu erleichtern, gab es auf den Regalen Etiketten aus Ton, auf denen knappe Inhaltsangaben zu den einzelnen Keilschrifttafelgruppen notiert waren.

Über 200 weitere Fragmente von Keilschrifttafeln fand man in einem kleinen Raum in dem nur in Resten erhaltenen Bau K an der Südseite der Burg. Auch hier gab es wieder zwei Steinbasen für Holzregale. Das Gebäude scheint jedoch weniger ein Archiv als vielmehr ein repräsentativer Bau gewesen zu sein, der vielleicht in Verbindung mit dem unterhalb hiervon gelegenen Südosttor (Nr. 15) zu sehen ist. Von hier aus konnte man durch ein kleines Tor (Nr. 14) direkt in die Südecke des Mittleren Burghofes gelangen. In der anderen Richtung führte die sogenannte Südgasse hinter der Burgmauer entlang zum Haupttor an der Südostspitze. Hier lag auf dem Weg, eingerahmt von Bau A, G und J, ein 24 x 1,5–5 Meter breites und knapp 2 Meter tiefes Wasserbecken Abb. 6 (Nr. 16). Es hatte schräge gepflasterte Seitenwände und war das einzige größere Wasserreservoir im Palastbezirk. Gespeist wurde es durch Regenwasser, das von den höher gelegenen Bereichen der Burg herbeigeleitet wurde. Möglicherweise hat man jedoch darüber hinaus auch Wasser mit Lasttieren oder Wagen herangeschafft. In der sandigen Schwemmschicht auf dem Beckenboden fand man wiederum zahlreiche kleine

6 Rekonstruktion des Wasserbeckens mit Bau G und J auf Büyükkale, Blick von Nordosten (P. Neve, überarbeitet von U. Betin)

Votivgefäße, was darauf hindeutet, daß auch hier kultische Handlungen vorgenommen wurden. Ob dies die einzige Funktion war oder ob es zusätzlich auch eine profane Zweckbestimmung gab, z. B. als Feuerlöschteich, ist ungewiß.

> Leere Brandruinen

Die Ausgrabungen des großköniglichen Palastes in Ḫattusa sind bereits in den 60er Jahren des 20. Jahrhunderts abgeschlossen worden. Aufgrund der Brandkatastrophe, in der die Bauwerke um 1200 v. Chr. vernichtet worden sind, konnten hier wie an kaum einer anderen Stelle Erkenntnisse zur hethitischen Architektur gewonnen werden: Die meterdicken Lehmwände sind nämlich bei dem Brand vielfach verziegelt und dadurch konserviert worden. Leider kann man gleiches vom Inventar der Bauten nicht sagen, denn außer den Keilschrifttafelsammlungen, zahlreichen Tonsiegelbullen und einigen Vorratsgefäßen gibt es keinen nennenswerten Fund, der in die letzten Tage des Palastes zu datieren ist. Eigentlich hätte durch das Feuer vieles vom Inventar der Bauten erhalten geblieben sein müssen – überall gab es schließlich Keramik- und Metallgeschirr, Gefäße und Geräte aus Stein, Werkzeuge und Waffen aus Metall, Schmuckgegenstände aus Knochen und Elfenbein. Und natürlich Objekte aus Holz und Leder, an denen Teile aus diesen haltbaren Materialien befestigt gewesen sein können: Möbel, Musikinstrumente, Zeremonialgeräte, Türen und Tore, Wagen, Pferdegeschirr, Uniformteile, Waffen und Panzer. Vieles davon wäre unter dem tonnenschweren Schutt der zusammenbrechenden Dächer und Wände verschüttet und bei der Ausgrabung dann wieder zutage gefördert worden. Aber solche Funde fehlen, und dies dürfte ein untrüglicher Beweis dafür sein, daß der König und sein Gefolge die Stadt schon lange vorher verlassen hatten. Die Palastgebäude waren bereits außer Funktion, als das Großfeuer begann.[7]

Anmerkungen

1 Allgemein: Neve 1982.

2 Neve 1996^2, Abb. 75.

3 Jacob-Rost 1965; Güterbock/van den Hout 1991.

4 Neve 1982, 131.

5 Ebda, 101.

6 Košak 1995.

7 Seeher 2001.

Literatur

Güterbock/van den Hout 1991; Jacob-Rost 1965, 165–225; Košak 1995, 173–179; Neve1982; Neve 1996; Seeher 2001

Ausdrucksformen der Religion und des Kultes

Die hethitische Religion

1 Tonstatuette aus Çatal Hüyük: auf einem von zwei Leoparden flankierten Thron sitzende Göttin, aus einem Kornbehälter der Schicht II

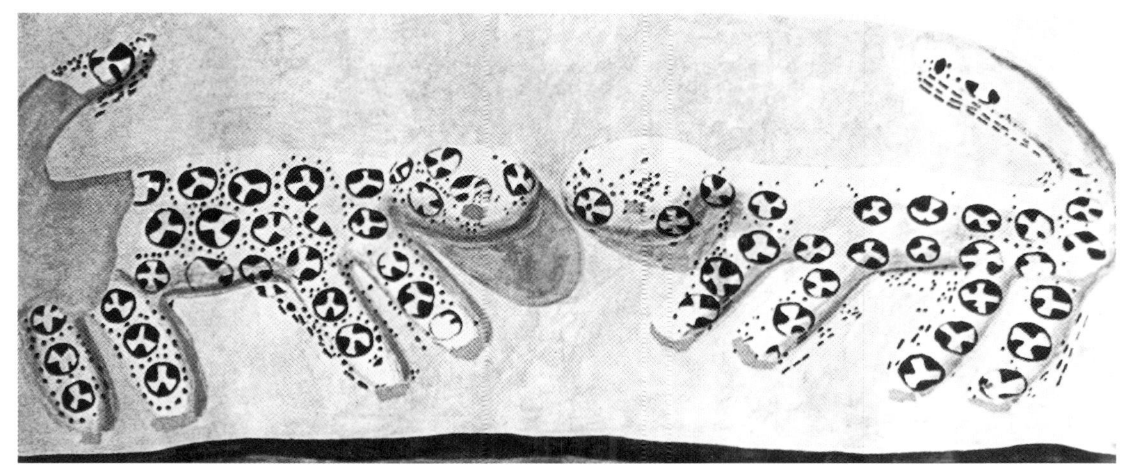

2 Hochrelief in einem Raum in Çatal Hüyük: zwei bemalte Leoparden

Volkert Haas

Die frühesten Zeugnisse über die religiösen Vorstellungen in Anatolien gehen in das 10. Jahrtausend v. Chr., in die Zeit des allmählichen Übergangs der jungpaläolithischen jägerischen Kulturen zur Tierhaltung und zum Getreideanbau, zurück: Die bislang erforschten Fundplätze frühneolithischer heiliger Bezirke wie Göbekli, Nevali Çori und Çayönü im Distrikt Urfa lassen vermuten, daß im Vordergrund des religiösen Lebens der Ahnenkult stand; die Verehrung einer Göttergesellschaft ist hingegen noch nicht nachzuweisen.

In der Tradition dieser frühneolithischen präkeramischen Kultur stehen die neolithischen Siedlungen in der Konya-Ebene, wie Hacılar und Çatal Hüyük, die bis in das 8. Jahrtausend zurückgehen. Neben einem ausgeprägten Ahnenkult erlauben die Befunde hier die Annahme einer Götterverehrung, in deren Mittelpunkt der Stier, eine große Göttin sowie jugendliche Gottheiten gestanden haben dürften. Die Elementarkonzeption der neolithischen agrarischen Religionen in den Regenfeldbaugebieten der mediterranen Welt, Anatoliens und Nordsyriens besteht retrospektiv betrachtet in einem die männliche Fruchtbarkeit vertretenden, den Regen bringenden Himmelsgott (in Çatal Hüyük der Stier), einer die Erde verkörpernden Göttin und den die Vegetation repräsentierenden jugendlichen Gottheiten: Die vom Regen befruchtete Erde bringt die Vegetation hervor. Letztere werden als die Kinder des großen Paares betrachtet; sie sind aus der vom Regen befruchteten Erde entstanden[Abb. 1].

> Traditionen aus vorangegangenen Kulturstufen

Für die Religionswissenschaften beruht die Bedeutung des hethitischen Schrifttums aus den Archiven der Hauptstadt Ḫattusa auf den Ritualen oder Ritualanweisungen, deren reiche Überlieferung nur mit der entsprechenden altindischen Literatur vergleichbar ist. Rituale sind bekanntlich zutiefst traditionell, indem sie gesellschaftliche Strukturen, Mythen und Riten bewahren, deren Sinn oft längst in Vergessenheit geraten ist. Sie sind deshalb für das Verständnis religiöser Vorstellungen weitaus aufschlußreicher als etwa Mythen, Epen oder Gebete. Der Ursprung einzelner ritueller Elemente läßt sich bis weit in die Vergangenheit zurückverfolgen: Unter dem rituellen Schrifttum aus Ebla (dem Tell Mardiḫ in der Nähe von Aleppo) aus der Mitte des 3. Jahrtausends v. Chr. finden sich verschiedentlich rituelle Elemente, die auch später in hethitischen Ritualen begegnen, wie z. B. der Bestattungsritus des alten Jahres, der sich im hethitischen Neujahrsfest im Totentempel wiederfindet. Aus Ebla etwa sind zwei Rituale – datiert auf etwa 2350 v. Chr. – bekannt geworden, die Substitutsriten zur Katharsis von Verstorbenen mit Kapriden, welche als Vehikel der Unreinheit in die Steppe gejagt werden, beschreiben – ein magisches Verfahren, das in hethitischen Ritualen sowohl an Lebenden als auch an Verstorbenen vorgenommen wird und das sich bis in die Eisenzeit erhalten hat, wie es ein Ritual aus Sam'al oder Leviticus (16,10.21f.) zeigen. Die Wurzeln sowohl mancher ritueller Details als auch der Göttergesellschaft reichen indes viel weiter, ja bis in die neolithischen Kulturen Anatoliens und Syriens mit ihren bereits differenzierten Göttergesellschaften, ausgeprägten Ahnenkulten und vielschichtigen Totenritualen zurück. So leben etwa die mit Leoparden[Abb. 2] verbundenen weiblichen Figuren oder die in Wandmalereien dargestellten, mit Leopardenfellen bekleideten Jäger aus der Siedlung Çatal Hüyük in der hethitischen Überlieferung fort: In der Felsenkammer Yazılıkaya (s. u.) ist Ḫebat – die höchste Göttin des Pantheons seit dem Mittleren Reich – mit einem Leoparden dargestellt. Schamanistische Relikte in hethitischen Ritualen wie die Jägerkaste der »Leopardenmänner«, Jagdriten oder ein sich in Trance versetzender Heilkundiger mögen aus solchen prähistorischen Kulturstufen stammen.

Die Funde aus den Stadt- und Palastanlagen der frühen Bronzezeit (2300–1900 v. Chr.) wie aus den Ruinen von Höyük bei Alaca – der hethitischen Kultstadt Zippalanda –, Alişar Hüyük, Horoztepe und andere mehr, zeigen verstärkt Phänomene, die später in der hethitischen Überlieferung erwähnt werden.

So finden sich gelegentlich Übereinstimmungen zwischen Götterstatuen und Beschreibungen dieser Objekte im hethitischen Schrifttum. Wahrscheinlich erfüllten die aus den Gräbern von Höyük bei Alaca stammenden Kultstandarten einen ähnlichen Zweck wie Kultgegenstände in einem hethitischen Festritual, welche in einer Prozession durch die Stadt Ḫattusa getragen wurden.

> Das Pantheon von Ḫattusa

Das hethitische Staatspantheon ist im Laufe der hethitischen Geschichte aus den verschiedensten Lokalpanthea anatolischer und syrischer Städte entstanden.

Dem historischen Werdegang des hethitischen Staates entsprechend bilden die Kulte und Gottheiten der hattisch sprechenden Vorbevölkerung während des althethitischen Reiches (1600–1450 v. Chr.) die älteste Schicht des Pantheons von Ḫattusa. In dieser frühen Phase finden die Überlieferungen sowohl Südanatoliens (Kizzuwatna) und – mit der Ausdehnung der hethitischen Machtsphäre seit Ḫattusili I. (um 1560 v. Chr.) – auch Nordwestsyriens Eingang in das hethitische Pantheon.

Der Wettergott von Ḫatti ist seit Beginn der hethitischen Geschichte der oberste Gott des Reichspantheons. Er ist der Bewahrer der kosmischen Ordnung, der Beschützer des Königtums und der Rechtsverhältnisse des Landes. Er ist der oberste Gott des Ḫatti-Landes, das der König für ihn, seinen Herrn, verwaltet. Bereits für die Könige Pitḫana und Anitta ist der Wettergott die höchste Instanz: Eroberte Städte werden zerstört und die Ruinen für sakrosankt erklärt, indem man sie ihm überantwortet. Zur Zeit Ḫattusilis I. stehen die sowohl solare als auch chthonische Züge tragende Sonnengöttin von Arinna, ihre Tochter Mezzulla und der gelegentlich stiergestaltige oder auf Stieren stehende Wettergott mit dem hethitisch-luwischen Namen Tarḫun/Tarḫun(t)a an der Spitze des Pantheons. Eine Reihe von Vegetationsgottheiten, von denen Telipinu (»starker Bursche«), einen eigenen Mythos besitzt, gelten als weitere Kinder der Sonnengöttin. Darüber hinaus gibt es Gottheiten der Sexualität, des Krieges, der Seuchen sowie eine große Anzahl von Gottheiten der Natur, wie Quell-, Fluß- und Berggottheiten, Schutzgottheiten der Wildtiere und der Jagd.

Seit dem Mittleren Reich (ca. 1450–1345 v. Chr.) ist das Pantheon von Ḫattusa in umfangreichen Opferlisten aufgeführt. In dieser Zeit erfährt die Staatsreligion durch die Aufnahme hurritischer Götter, Kulte und Mythen eine wesentliche Erweiterung. Die wichtigsten Gottheiten sind nun der hurritische Wettergott Teššop, seine Schwester Ša(w)oška und seine Gemahlin Ḫebat. Der Umfang des Reichspantheons entspricht nun annähernd dem Begriff der »Tausend Gottheiten des Ḫatti-Landes«.

Im hurritischen Pantheon von Mittani, das seit dem Mittleren Reich das hethitische Pantheon geprägt hat, steht an der Spitze der Göttergesellschaft das Geschwisterpaar Teššop und die Ištar bzw. Ša(w)oška der Stadt Ninive. Syrischer Tradition folgend, erklärt die hethitische Priesterschaft die Göttin Ḫebat, welche mit der alten Reichsgöttin, der Sonnengöttin von Arinna, gleichgesetzt worden ist, zur Gemahlin des Teššop. Šarrum(m)a aber, der ursprüngliche Parhedros der Ḫebat, und andere lokale Gottheiten werden zu Töchtern und Söhnen des neuen Paares erklärt. Aus einer losen Göttergesellschaft wird so ein auf den Wettergott des Ḫatti-Landes bezogenes Göttersystem bzw. eine Götterfamilie. Durch solche Zuordnungen und Synkretismen versucht die Priesterschaft ein System in die nahezu unübersehbar gewordene Göttergesellschaft zu bringen.

> Das Wesen der Götter

Es gehört zu den Grundvorstellungen der altorientalischen Welt, daß die gesamte Natur belebt, d. h. von numinosen Kräften durchdrungen ist; dies gilt sowohl für die sichtbare materielle Erfahrungswelt des Menschen – Himmel und Gestirne, die Erde, Pflanzen, Getier und Steine, das Meer, Seen, Flüsse und Quellen – als auch für atmosphärische Erscheinungen wie Stürme, Donner, Blitz und Regen sowie deren Folgen, etwa Fruchtbarkeit und Dürre. Die Kräfte des Kosmos und die Erscheinungsformen der Natur sind mit Bewußtsein erfüllte, individuell handelnde Wesen. Dieser jedes Objekt mit unsichtbar wirkenden Kräften erfüllende Animismus begreift den gesamten Kosmos mit all seinen Naturerscheinungen als eine universale Einheit. Im Kult individualisiert, werden diese Naturerscheinungen zu den großen Göttergestalten. Die Fruchtbarkeitskräfte von Mensch und Tier personifiziert seine Schwester, die Göttin Ištar bzw. Ša(w)oška. Der Sonnengott, hurritisch Šimegi, ist der Garant des Rechts. Der Krieg ist in der Gestalt des Kriegsgottes Zababa oder Wurunkatte repräsentiert; Epidemien verkörpert der Gott Jarri.

Die Bereiche des Wettergottes sind naturgemäß Himmel und Berge. Seine Aktivitäten werden in den atmosphärischen Erscheinungen – Donner, Blitz, Regen und Stürme – erfahren. In den Regenfeldbaugebieten Anatoliens und Nordsyriens ist er der die Erde mit seinem Regen befruchtende Gott. Hält er den Regen zurück, so sind Dürre und Hungersnöte die Folge. Deshalb ist er dort in den Panthea der meisten Städte der wichtigste Gott.

Den Darstellungen des Wettergottes auf dem von zwei Stieren gezogenen Wagen auf den Reliefs von Malatya [Abb. 3], Aleppo oder auf dem Felsrelief von Imamkulu entspricht die mythische Beschreibung des sich zum Kampfe rüstenden Gottes: Das Entfernen der gewaltigen, die Räder seines Wagens blockierenden Steine und das dröhnende Poltern des Gefährts verursachen den weithin hallenden Donner. Der die Wolken jagende Sturm – vielleicht Tašmišu, »des Wettergottes reiner Bruder« – begleitet den Wagen mit mächtigem Sausen. Vor einer solchen Ausfahrt werden die Stiere von der Weide und der Blitz – selbst ein göttliches Wesen – aus seinem Schlafgemach herbeigeholt. Auch in dem hattischen Mythos vom Mond, der vom Himmel fiel, begleiten Regen, Donner und Sturm den Wettergott. In dem luwisch geprägten Beschwörungsritual des Ritualkundigen Zarpiya ist der Wagen des Wettergottes nicht mit den beiden Stieren, sondern – wie auch der Wagen des babylonischen Sonnengottes oder der des Gottes Assur – mit Pferden bespannt.

In dem Gebet eines Festrituals bittet der Priester: »Wettergott, mein Herr! Erzeuge viele Regengüsse und sättige die dunkle Erde, und es soll, Wettergott, (das Getreide für) Brot gedeihen!« Gelegentlich wird die Ankunft des erwünschten Regens mit der Ankunft des Wettergottes gleichgesetzt: »Der Wettergott (ist) des Landes linder Regen«, oder: »Wettergott von Nerik, komme als linder Regen vom Himmel herab«, heißt es in der Regenbeschwörung von Nerik. Im luwischen Sprachraum führt der Wettergott das Epitheton Piḫassassi, das auch zum Namen des Gottes wird. Der Name ist von dem keilschrift-luwischen Wort *piḫas-/piḫatta-* (»Blitz, Glanz«) abgeleitet und mit dem griechischen Namen Pegasos in Zusammenhang gebracht worden. Die Etymologie gewinnt dadurch an Wahrscheinlichkeit, daß in der ältesten Quelle für diesen Namen, der *Theogonie* des Hesiod (285), das aus Kilikien stammende Flügelroß Donner und Blitz des Zeus trägt.

Seine Schwester Ištar [Abb. 4], Verkörperung der animalischen und vegetativen Fruchtbarkeitskräfte, steht in der Tradition der sumerischen »Himmelskönigin« Inanna. Seit dem Mittleren Reich wird sie als die Ištar von Ninive mit ihrem hurritischen Namen Ša(w)oška im Staatspantheon verehrt. Die astrale Erscheinungsform der Göttin ist der Venusstern: Als Morgenstern ist sie seit der Überlieferung der Akkade-Zeit die kriegerisch-aggressive »Herrin des Kriegertums« und die »Herrin der Schlachten«. Als Abendstern ist sie die hetärisch-aggressive Göttin der sexuellen Vitalität, die für die menschliche, animalische und vegetabilische Fruchtbarkeit zuständig ist. In ihrer Erscheinungsform als kriegerische Göttin ist sie bewaffnet dargestellt; als Liebesgöttin erscheint sie als nackte Göttin in vielerlei Variationen. Der Kult der Göttin breitete sich seit der Mitte des 15. Jahrhunderts v. Chr. von Ninive über Anatolien und Syrien bis nahe an die Mittelmeerküste aus.

In der Ikonographie erscheint Ša(w)oška sowohl in männlichem als auch in weiblichem Habitus. Im Felsentempel Yazılıkaya (s. u.) begegnet sie sowohl unter den männlichen (Nr. 38, s. Abb. 6b) als auch unter den weiblichen Gottheiten (Nr. 51) [Abb. 5]; zu erkennen ist sie an ihrer Namenshieroglyphe. Sie ist mit zwei Flügeln dargestellt und mit einem langen, das Bein freigebenden Schlitzrock sowie mit der Spitzmütze der Götter bekleidet; sie trägt einen Ohrring. Die Frisur besteht aus einem langen Zopf, dessen Ende eingerollt ist – eine Haartracht, die gewöhnlich Göttinnen vorbehalten ist. Es folgen ihre beiden Dienerinnen Ninatta und Kulitta. Darstellungen der Göttin, zum Teil durch Beischriften gesichert, begegnen auf zwei Reliefs von Malatya. Eine weitere Darstellung findet sich auf einem in Konya erworbenen Ring, auf dem die Göttin auf einem Löwen mit zwei Köpfen – einem Löwen- und einem Menschenkopf – steht. Der zweifachen Darstellung entsprechend steht sie in den hethitisch-hurritischen Opferlisten ebenfalls in der Reihe der männlichen – als »Ša(w)oška der Flur« oder als »Ša(w)oška des Himmels« – und in der Reihe der weiblichen Gottheiten – als Ša(w)oška der Städte Hattarina, Tameninga und Lawazantiya. Die zweifache Erscheinungsform der Göttin findet ihre Erklärung in ihren beiden Funktionen, dem Kriegswesen und der Sexualität. Der männlich-kriegerischen Ša(w)oška gebührt auch kriegerisches Kultinventar – Keulen, Prunk- und Streitäxte, Panzerhemden, Köcher, Pfeil und Bogen. In ihrem Aspekt der »Weiblichkeit« hingegen erhält sie goldene Brüste als Votivgaben.

Der im gesamten Vorderen Orient verbreitete ikonographische Typus der nackten Göttin[Abb. 4] ist sicherlich syrischen Ursprungs. Bereits seit dem 3. Jahrtausend v. Chr. bezeugt, hat er sich in der Gestalt der »Orientalin« Aphrodite, seltener auch in der geflügelten Nike, kontinuierlich bis in den Hellenismus erhalten. Die nackte Göttin ist eine Hypostase des sexuellen Aspektes verschiedener syrischer Göttinnen – der Išḫara, der Anat und der Astarte.

Zu den kriegerischen Göttern gehören neben den Wettergöttern und der »Ištar der Flur« in erster Linie Zababa, die hattischen Götter Wurunkatte und Šulinkatte, die hurritischen Götter Aštabi, Nubadig, Hešui und Tašmišu, die nordbabylonischen Götter Ner(i)gal und Ugur sowie der westsemitische Gott Rasap oder Rešef. Ihre Ressorts sind der Krieg, die Seuchen und die die Ernten vernichtende, sengende Sommerhitze. Da das Wirken dieser Götter den Tod zur Folge hat, sind einige von ihnen mit der Unterwelt verbunden; andere wiederum gelten auch als Helfer und Retter gegen die von ihnen selbst gesandten Plagen.

Die Vegetation verkörpern jugendliche Gottheiten, in erster Linie Telipinu, der Gott der Landwirtschaft (s. o.).

> Die Mythen

Die Mythen sind zumeist integrierter Bestandteil der Festrituale. So enthält das *purulliya*-Neujahrsfestritual den in zwei Fassungen überlieferten Mythos von den Kämpfen des Wettergottes Tarḫunta gegen die den Winter verkörpernde Schlange Illuyanka. Die beiden Fassungen wurden von Kella, einem Priester des Wettergottes der Stadt Nerik, aufgezeichnet. Die handelnden Personen sind in beiden Fassungen der Wettergott Tarḫunta, die Schlange Illuyanka, die Landesgöttin Inar(a) und (in der ersten Fassung) ein Mensch namens Ḫupasiya, dem (in der zweiten Fassung) der Sohn des Wettergottes entspricht. Zu Beginn des landwirtschaftlichen Jahres im Herbst nach der Ernte besiegt Illuyanka den Wettergott, der nun außer Funktion getreten ist. Doch mit Hilfe seines Sohnes bzw. des

3 Orthostatenrelief aus Malatya: der Wettergott mit seinem von einem Stierpaar gezogenen Wagen

4 Relief aus Karkamis: die nackte geflügelte Ištar

5 Felsrelief in Yazılıkaya: die geflügelte Ištar

Menschen Ḫupasiya gelingt es diesem im Frühjahr, sich aus seiner Paralyse zu befreien und in einem zweiten Kampf den Illuyanka zu besiegen. In der ersten Fassung bittet der von Illuyanka besiegte Wettergott alle Götter um Hilfe: Inar(a) bereitet ein Fest und versichert sich der Hilfe des Ḫupasiya.

Auf dem Fest betrinken sich Illuyanka und seine Kinder, so daß Illuyanka von Ḫupasiya gefesselt und vom Wettergott erschlagen werden kann. Inar(a) entrückt den Ḫupasiya in ihr Haus »auf einem Felsen im Lande Taruk[ka]« und belohnt ihn mit ihrer Liebe; sie befiehlt ihm jedoch, niemals aus dem Fenster zu sehen. Als er das Verbot mißachtet, sieht er seine Familie und wünscht, in sein irdisches Leben zurückzukehren. Daraufhin tötet ihn die erzürnte Göttin. Der Handlungsablauf der Geschichte von Ḫupasiya und Inar(a) unterliegt dem bekannten mythologischen Erzählschema: Sexuelle Begegnung, Trennung von der Familie, das Motiv des Eingeschlossenseins in einem abgelegenen Haus und das zur Katastrophe führende Märchenmotiv der verschlossenen Tür, hier also das Verbot, aus dem Fenster zu sehen. In der zweiten Fassung beraubt Illuyanka dem im Kampf unterlegenen Wettergott seines Herzens und seiner Augen. Um wieder in den Besitz seiner Organe zu gelangen, zeugt er mit der Tochter eines Mannes namens Armer einen Sohn. Der Sohn heiratet die Tochter des Illuyanka und fordert als Bräutigamsgeschenk von seinem Schwiegervater die Organe des Wettergottes. Er erhält sie und verhilft diesem so zu seiner früheren Gestalt. Der Wettergott nimmt den Kampf gegen Illuyanka an der Küste des Meeres wieder auf; er tötet Illuyanka und seinen nun zur Familie des Illuyanka gehörenden eigenen Sohn. Der Handlungsablauf dieser zweiten Fassung findet sich wieder in der griechischen Typhonerzählung aus der Apollodorischen Bibliothek (I 6, 3, 7ff.). Schauplatz des Geschehens sind jetzt die Korykischen Grotten (bei Silifke). Dort, in der Kommagene, wird Zeus von Typhon seiner Sehnen beraubt, deren Wiedergewinnung von einer Jungfrau aus der Sippe des Typhon abhängt.

Der Mythos fungiert als Aitiologie oder als der Hieros logos des sakralen Königtums. In den beiden Versionen ist ein Mensch – in der ersten Version der Mann Ḫupasiya und in der zweiten Version der »Sohn des Wettergottes« – am mythischen Geschehen und an der Überwindung des Illuyanka unmittelbar beteiligt. Ḫupasiya bzw. der »Sohn des Wettergottes« ist der Urkönig, der mit der Landesgöttin Inar(a) die Heilige Hochzeit vollzieht und der am Ende des landwirtschaftlichen Jahres den Tod erleidet.

Der zentralanatolische Mythos von Telipinu, dem Gott der Landwirtschaft, beginnt mit einer Notzeitschilderung als Folge des Verschwindens des Gottes. Nachdem die Götter während eines Festes des Sonnengottes die Abwesenheit des Telipinu bemerkt haben, setzt die Suche nach dem verschwundenen Gott ein: Erfolg war weder dem Wettergott, weder den »großen Göttern« und den »kleinen Göttern« noch dem vom Sonnengott ausgesandten Adler beschieden; nur die von der Muttergöttin Ḫannaḫanna beauftragte Biene vermochte den verschwundenen Gott in einem Hain bei der nordanatolischen Stadt Liḫzina zu finden. Die Biene weckt den schlafenden Gott mit einem Stich und reinigt ihn mit ihrem Wachs. Für den wiedererwachten und tobenden Gott führen nun parallel die ritualkundige Göttin Kamrusepa und der Mensch Besänftigungs- und Reinigungsrituale aus. Es folgt eine Götterversammlung und ein Ritual zur Reinigung des Palastes. Der Mythos endet mit der Schilderung des Heilszustandes, in dessen Mittelpunkt der immergrüne *eya(n)*-Baum – wohl eine Eiche oder Eibe – steht, welcher das Sacrum des Königtums und Symbol des Telipinu ist. An diesem heiligen Baum hängt eine Tasche, in die die Heilswünsche (in Form von Hieroglyphen) für das kommende Jahr gelegt sind: »Telipinu versorgte den König. Vor Telipinu steht ein *eya(n)*-Baum. An dem *eya(n)*-Baum hängt eine Tasche aus dem Fell eines Schafes. Und hineingelegt ist Schaffett, dann sind Gerstenkörner und Wein hineingelegt. Dann sind Rind (und) Schaf hineingelegt. Dann sind lange Lebensjahre und Nachkommenschaft hineingelegt. Dann ist die glänzende Botschaft eines Lammes (günstige Orakel) hineingelegt«, usw. Dieses Sacrum des Königtums erinnert an das goldene Widderfell, welches Jason der griechischen und lateinischen Überlieferung zufolge aus Kolchis, der Küstenstadt am östlichen Südufer des Schwarzen Meeres, geraubt hat, um die Königsherrschaft in Iolkos antreten zu können. Die an dem *eya(n)*-Baum des Telipinu hängende Tasche aus dem Schaffell könnten mykenische Händler, die um etwa 1450 v. Chr. die Küste des Schwarzen Meeres bis zur Mündung des Kızılırmak erreichten, kennengelernt haben.

> Der Mythenzyklus vom Gott Kumarbi

Der in hethitischer und (in Bruchstücken) auch in hurritischer Sprache überlieferte Mythenzyklus vom hurritischen Gerstengott Kumarbi wurde als »Lied« bezeichnet, d. h. die Dichtung ist in gebundener Sprache gestaltet und vorgetragen worden. Die Schauplätze des mythischen Geschehens sind Urkeš (der Tell Mōzān im oberen Ḫabur-Gebiet), die Kultstadt des Kumarbi sowie das Quellgebiet des Tigris. Auch die handelnden Götter – der Wettergott Teššop von Kumme und die Ša(w)oška von Ninive – weisen in das Gebiet des Tigris und des Ḫabur-Quellgebietes. Die Götter des nordwestsyrischen Raumes hingegen bekleiden lediglich Statistenrollen.

Der Zyklus beginnt mit dem Sukzessionsmythos von drei aufeinanderfolgenden göttlichen Weltenherrschern, die drei Zeitaltern entsprechen: Die Zeitalter der Götter Alalu und des Himmelsgottes Anu harren noch in einem statischen, vorkosmischen Zustand. Das Zeitalter des Anu endet mit dessen Kastration durch Kumarbi. Da Himmel und Erde im vorkosmischen Zustand des Seins eine Einheit gebildet haben, ist mit dem demiurgischen Akt der Kastration des Himmelsgottes – als mythische Metapher für die Trennung von Himmel und Erde – der Lebensraum geschaffen. Der Gerstengott Kumarbi ist der Demiurg, der das Weltzeitalter des Chaos beendet, indem er den Himmel von der Erde trennt – im Sukzessionsmythos mit dem Motiv der Kastration des Himmelsgottes umschrieben. Der Schöpfer des Kosmos gebiert – vom Himmelsgott geschwängert – die Atmosphäre in Gestalt des Teššop, Tašmišu – vielleicht den Sturm – und Aranzaḫ, den Tigris. Ausdruck seiner schöpferischen Tätigkeit sind die Epitheta »Vater« und »Vater der Götter«, d. h. Erzeuger der kosmischen Kräfte. Das Zeitalter des Kumarbi endet mit der Herrschaft des Teššop von Kumme, der – einem Absatz aus einem Beschwörungsritual zufolge – Kumarbi und seinen Kreis – hethitisch die »früheren Götter«, hurritisch die »Vorväter-Götter« – in die Unterwelt verbannt.

Die Göttersukzession dürfte als ein Kalendermythos zu interpretieren sein, wie auch das Thema der Göttersukzession dem in babylonischer Sprache überlieferten Kalendermythos Ḫarab zugrunde liegt: Mit dem Akt der Trennung von Himmel und Erde beginnt das Jahr, wenn im März die Getreidesaat aufgegangen ist. Da Kumarbi der Getreidegott ist, kann das Hinabstoßen des Kumarbi in die Unterwelt durch Teššop nur als die Aussaat im September/Oktober verstanden werden. Nach der Ernte im Juni wird Kumarbi von Teššop in der Herrschaft abgelöst. Was die Herrschaft des Alalu betrifft, so entspräche sein Epitheton »Sturmflut« gut den Wintermonaten. Es ergäbe sich die folgende ungefähre Aufteilung des Kalenders: Alalu wäre in den Monaten November bis Januar Kalenderkönig und Anu von Februar bis März. Im März geht das Königtum auf Kumarbi und im Juni/Juli auf Teššop über. Als Kalendermythos eines Neujahrsfestrituals wurde der Sukzessionsmythos zur Zeit seiner Niederschrift nicht mehr verwendet, zumal dem gesamten Mythenzyklus keinerlei rituelle Einbettung zu entnehmen ist.

Dem Sukzessionsmythos schließen sich drei weitere Mythen an, deren gemeinsames Thema die Bedrohung der kosmischen Ordnung ist: Die Antagonisten, die auf Betreiben des Kumarbi den Kosmos in den vorangegangenen statischen Zustand des Chaos zu stürzen versuchen, sind drei von Kumarbi erzeugte Geschöpfe, nämlich als erstes der Silberdämon, als zweites der Meeresdrache Ḫedammu und schließlich der Dioritdämon Ullikummi.

Das Silber bedroht die Sonne, d. h. das Licht, die Erschaffung oder Trennung von Tag und Nacht sowie den Mond, d. h. die Zeitrechnung bzw. den Mondkalender.

Der in den Zyklus aufgenommene nordwestsyrische Ḫedammu-Mythos berichtet von der die Städte vernichtenden und alles verschlingenden Amphibie.

Die dritte Bedrohung ist der Steinunhold Ullikummi, der auf den Schultern der im Meer stehenden (hurritischen) Atlasgestalt Upelluri steht und zu so ungeheurer Größe heranwächst, daß er die Götter um Teššop vom Himmel zu stürzen droht.

Stets sind es Teššop und seine Schwester, welche die bedrohte kosmische Ordnung bewahren: Den Ḫedammu übertölpelt die Liebesgöttin mit Hilfe ihrer sexuellen Reize; Ullikummi wird mit jener in den Siegelhäusern der Unterwelt deponierten Sichel, mit der einst Himmel und Erde voneinander getrennt wurden, von den Schultern des Upelluri abgetrennt. Dem Kolophon des Mythos vom Silber zufolge handelt es sich bei diesen drei Erzählungen um mythische Metaphern für die Verwüstungen des Krieges, verheerender Hungersnöte und Epidemien.

> Die religiösen Feste

Über die altanatolischen Kulte und religiösen Volksbräuche geben die hethitischen Festrituale bzw. Ritualanweisungen, in die Mythen, Gebete und Beschwörungen integriert sind, einen umfassenden Einblick. Die verschrifteten Rituale kultischer Feste wurden seit der althethitischen Zeit bis zum Ende des hethitischen Großreiches tradiert. Gelegentlich liegen von derselben Ritualanweisung althethitische, mittelhethitische und junghethitische Tafeln vor, die nur selten Abweichungen zeigen; haben Veränderungen stattgefunden, so begründet dies die Ritualanweisung. Die Ritualanweisungen sind detaillierte Anleitungen oder Rollenbücher zur korrekten Durchführung aller zum Fest gehörenden, oftmals komplizierten und vieldeutigen Zeremonien. Sie enthalten Regieanweisungen für das Hofzeremoniell, das den Auftritt des Königspaares und des Hofstaates regelt; sie überliefern den Wortlaut der zu rezitierenden Mythen, Liturgien oder der Festgesänge; sie regeln die technischen Angelegenheiten des Opferzeremoniells, der verschiedenartigsten Riten und die Verpflegung der Festgemeinde. Damit der Kult auch außerhalb der Hauptstadt korrekt vollzogen werden konnte, schickte man Duplikattafeln in die Provinzstädte.

Die Feste des Kalenderjahres sind großangelegte Veranstaltungen, sowohl kultisch-sakralen als auch gesellschaftlich-profanen Charakters. Ihr Zweck ist die Aktivierung der den Gottheiten innewohnenden Lebenskräfte zur Erlangung ergiebiger Regenfälle, üppiger Ernteerträge, zur Vermehrung des Viehbestandes und der Jagdtiere, zur Stärkung der charismatischen Kräfte des Königs und dem Wunsch nach zahlreicher Nachkommenschaft des Königshauses. Da also die menschliche Existenz, die auf der Landwirtschaft, der Weidewirtschaft und der Jagd basiert, unmittelbar vom Vollzug der Feste abhängig ist, steht deren Ausübung im Dienst eines kollektiven Ziels der Gemeinschaft, die durch die Festgemeinde vertreten ist. Zur Festgemeinde gehören nicht nur die Menschen, sondern auch die Götter, die in Gestalt ihrer Statuen – ihrer materieller Erscheinungsform – anwesend sind. Zu ihnen stellt der Mensch mit Hilfe des Rituals eine direkte Verbindung her, die nur durch die sorgfältige Einhaltung der Riten erreicht und aufrechterhalten werden kann. Somit wird die Ausübung des Rituals zu einer Lebensnotwendigkeit. Das Ritual regelt also die Verhaltensweisen und die Form der Kommunikation mit den Göttern. Die Anwesenheit der Götter kommt in der Verbindung von Opferzeremoniell und Kultmahlzeit zum Ausdruck; denn im Kultmahl, das mit den Opferzeremonien in unmittelbarer Verbindung steht, werden Menschen und Gottheiten zu Tischgenossen, zu einer Speisegemeinschaft. Vom Fleisch der Opfertiere zu essen bedeutet Teilnehmen am gemeinsamen Mahl, das Menschen und Götter in Harmonie verbindet. Dieser Binderitus bewirkt eine Einheit insbesondere zwischen dem Königspaar und den Gottheiten, und er findet in dem sakralen Akt des »die Gottheit Trinkens« seinen Höhepunkt (s. auch de Martino, hier S. 118ff.).

Oberster Priester und zugleich Zelebrant der großen Feste ist der König mit dem Sakraltitel Tabarna oder Labarna, bzw. das Königspaar, wobei die Königin den Titel Tawananna führt. Opferherr ist gelegentlich auch der Kronprinz. Die eigentlichen Ritualleiter sind die Priester, denen die verschiedensten Kultakteure mit oftmals hattischen Berufs-

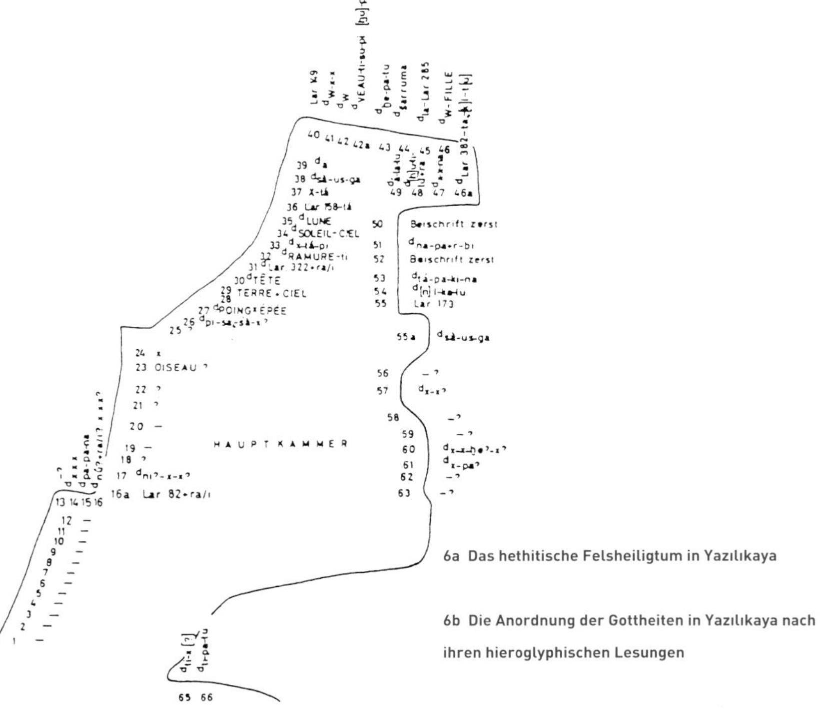

6a Das hethitische Felsheiligtum in Yazılıkaya

6b Die Anordnung der Gottheiten in Yazılıkaya nach ihren hieroglyphischen Lesungen

bezeichnungen – Beschwörungspriester, Priesterinnen, Kultwärter und Kultwärterinnen –, Vertreter der Berufsgruppen der Schmiede, Hirten und Jäger sowie eine große Anzahl von Palastangestellten – Sänger, Tempelmusikanten, Tänzer und Tänzerinnen, Mundschenke, Köche, Tafeldecker – zur Seite stehen.

Bildlich dargestellt sind Festrituale sowohl auf Reliefplatten, welche die Außenmauern der Paläste von Höyük bei Alaca und Malatya schmücken **Abb. 7a, b**, als auch auf den althethitischen Zeremonialgefäßen, wie z. B. auf der İnandık-Vase (Abb. 2–5, S. 250). Den Höhepunkt des dort dargestellten Festes bildet die die Fruchtbarkeit des Landes fördernde sexuelle Vereinigung – die Heilige Hochzeit (Hieros gamos) – des Königspaares, wie sie auch in Festritualen erwähnt ist.

> Naturheiligtümer

Neben den Tempeln, in denen der tägliche Kult für die Götter versehen wurde, bestand eine große Anzahl von Naturheiligtümern, vor allem in den Gebirgen, in Felskammern oder an Quellen und Seen.

Die in der nur wenige hundert Meter von Büyükkaya entfernten Felsenkammer – dem natürlichen Felsentempel Yazılıkaya **Abb. 6a, b** – dargestellten Gottheiten stellen das hethitische Staatspantheon der Großreichszeit dar, welches in ähnlicher Reihenfolge auch in den seit dem Mittleren Reich belegten umfangreichen Opferlisten für die Tempel in Ḫattusa aufgeführt ist (s. auch Seeher, hier S. 112ff.). Zu sehen sind zwei Göttergruppen, links die Götter und rechts die Göttinnen; die Götter werden vom Wettergott des Himmels angeführt, der auf zwei anthropomorph gestalteten Bergen steht, die Göttinnen hingegen von der Ḫebat mit ihrem engsten Kreis. Die lange Diskussion über die Funktion von Yazılıkaya erfuhr durch den im Jahre 1986 erfolgten Fund der Bronzetafel – ein hethitischer Staatsvertrag Tutḫalijas IV. – neue Anregungen: Danach könnte das Felsheiligtum mit der hethitischen Institution *ḫekur* zu identifizieren sein, deren Betreten allein der direkten Linie der Dynastie vorbehalten war. Die der Anordnung der Götter in Yazılıkaya fast genau entsprechende Götteraufzählung eines Ritus des großen hethitisch-hurritischen kathartischen Rituals *itkalzi* läßt vermuten, daß in dem Felsentempel das Krönungszeremoniell vollzogen wurde.

Im Hinblick auf die neuen Grabungen im hethitischen Quellheiligum Eflatun Pınar nahe dem Ostufer des Beyşehir-Sees sei auf die Beschreibung einer Quellanlage in der Rezitation einer hethitischen Beschwörung aufmerksam gemacht: Die mittelhethitische Niederschrift einer althethitischen Tafel enthält eine Sammlung von Rezitationen. Die als »die Worte der Kieselsteine« bezeichnete Rezitation, welche für das Heil des Königs gesprochen wird, beschreibt zwei Quellanlagen – eine der Sonnengöttin, die andere des Wettergottes. Die Beschreibung der Quelle der Sonnengottheit ist mit dem wohl erst in der Großreichszeit gebauten Quellheiligtum von Eflatun Pınar insofern vergleichbar, als der Text eine sitzende Sonnengottheit sowie Leoparden nennt. Sowohl Hochreliefs der sitzenden Sonnengöttin als auch eine ganze Anzahl Leopardenstatuen sind in Eflatun Pınar zutage gekommen: »Eine Quelle der Sonnengottheit sprudelte hervor. Und wie [ist sie nun gemacht?] Unten (und) oben ist sie aus Stein gebaut; bed[eckt ist sie] ... Leoparden bewachen sie. Ihr Wasser [...] fließt aus einem [Beck]en. Die Kieselsteine sollen den Labarna, den König, beschützen! Und er soll zu Eisen der Sonnengöttin werden!« Es folgt die Beschreibung der Quelle des Wettergottes: »Sie machen die *wattaru*-Quelle des Wettergottes. Wie ist die Quelle gemacht? Sie ist mit Kupfer? gebaut; mit Mörtel? ist sie verputzt; beschichtet? ist sie mit Eisen.« In dem Becken des Quellheiligtums von Eflatun Pınar befindet sich neben einer kleinen Tempelanlage der Sonnengöttin eine weitere, jedoch völlig zerstörte Anlage, die diesem Text zufolge dem Wettergott zuzuordnen sein könnte (s. auch Emre, hier S. 218ff.). Wenn auch Eflatun Pınar in das Ende der Großreichszeit datiert wird, so zeigt dieser Text doch, daß es ähnliche Anlagen bereits in althethitischer Zeit gegeben haben muß.

Der mit einer Steinumfassung versehene Weiher bei Kuşaklı (mit hethitischen Architekturresten) hat zwei Briefen aus Kuşaklı zufolge der Vogelflugbeobachtung, einer hethitischen Form der Mantik, gedient. Die nahegelegenen, ebenfalls mit einer Steinumfassung versehenen Steinbrocken sind nach der Beschreibung eines Festrituals die Stelen des Wettergottes (s. auch Müller-Karpe, hier S. 176ff.).

Nur wenige Kilometer entfernt von der Ruine Höyük bei Alaca, der hethitischen Stadt Zippalanda, erhebt sich der Berg Çerkes Kalehisar, auf dessen Gipfel sich ein Felsenthron (mit einer phrygischen Inschrift) befindet **Abb. 8, 9**. Zu identifizieren ist er mit dem hethitischen Berg Taḫa, welcher in den Festritualen von Zippalanda im Mittelpunkt des Wettergottkultes steht.

Einen Höhlenkult, wie ihn auch eine Ritualpartie für die Unterweltsgöttin beschreibt, bezeugen

8 Der Berg Kalehisar (hethitisch: Taḫa) bei dem Dorf Çerkeskalehisar, etwa 2 Kilometer von Höyük bei Alaca entfernt

9 Der Götterthron auf dem Gipfel des Kalehisar

10 Die Höhlen von Pazarlı

7a Das Sphinxtor von Höyük bei Alaca
7b Die Orthostatenreliefs vom Sphinxtor (Rekonstruktion von M. J. Mellink)

8

7a

9

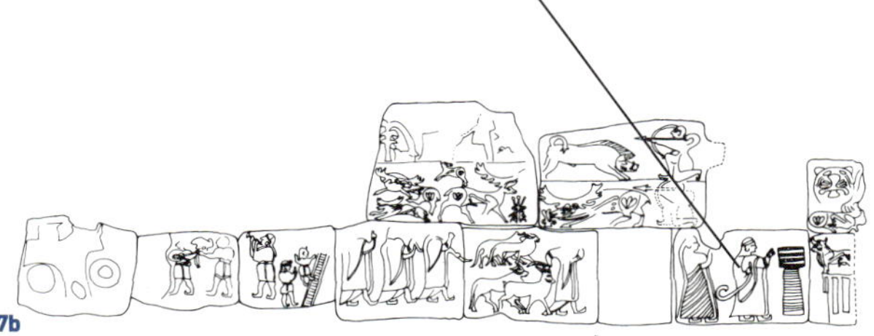

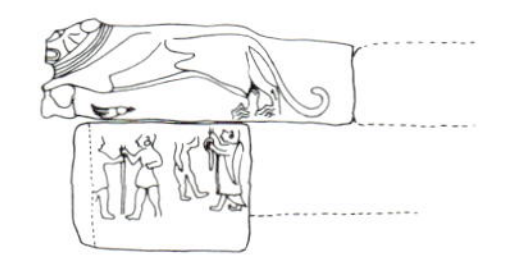

7b

10

die hieroglyphischen Göttersymbole – Rinderkopf, Hirschkopf (?), Adler und Hase – in einer Höhle zwischen Šarkišla und Kuşaklı.

Als hethitischer und phrygischer Kultplatz kann auch die Schlucht bei Pazarlı (abseits der Straße zwischen Çorum und Alaca) mit ihren geräumigen, übereinanderliegenden höhlenartigen Tunnel (und hethitischer Bebauung über der Schlucht) betrachtet werden Abb. 10.

> Die nachhethitische Zeit

Nach dem Zusammenbruch des hethitischen Großreiches haben manche der Kulte und Mythen in den luwischen Nachfolgestaaten weitergelebt.

In Phrygien wechseln zwar die Namen der Gottheiten, doch haben viele der alten Kulte in phrygischem Gewand überdauert, wie dies an der Kontinuität von Kultplätzen verschiedentlich nachzuweisen ist. Der Name der phrygischen Mater Kybele, der »Berg-Mutter«, und der lydischen Kybebe, Kybele, geht auf die seit der Mitte des 3. Jahrtausends v. Chr. belegte Kubaba, der Stadtgöttin von Karkamis, zurück. In den phrygischen Kult der Kybele von Pessinus gelangte der hethitisch-hurritische Mythos von dem Steinwesen Ullikummi, der in der pessinuntischen Legende als der steingeborene Agdistis weiterlebt. Auch die Beziehung der Kybele-Rhea, der kleinasiatischen Artemis, und der Aphrodite Urania zu Leoparden geht auf altanatolische Traditionen zurück.

Der auf einem oder zwei Stieren stehende kleinasiatisch-syrische Wettergott Abb. 11 gelangte mit nahezu gleicher Ikonographie als Jupiter Dolichenus von der Kommagene über die römischen Legionen bis nach England, an den Rhein und die Donau Abb. 12. In der Kommagene findet sich in hellenistischer Zeit die Ikonographie der nackten oder sich entschleiernden Ištar (im Museumsgarten von Urfa) in Gestalt der Nike Abb. 13. Die Darstellung des Tanzes in Form einer statischen Figur mit verschlungenen Beinen, wie z. B. die hethitische Elfenbeinfigur eines tanzenden Gottes Abb. 15, findet sich in Etrurien als Bronzestatuette der *Donna con specchio* aus dem 5. Jahrhundert v. Chr. (im Museum von Volterra) Abb. 14.

Als nahezu sicher kann gelten, daß die Leberschau und die speziell hethitische Kunst der Vogelbeobachtung ebenso wie verschiedene rituelle Techniken im ersten Jahrtausend von der klassischen Antike rezipiert worden sind.

Literatur

Archi 1975, 119–180; de Martino 1995, Bd. IV, 2661–2669; Gurney 1977; Güterbock 1946; Haas 1977; 1982; Haas 1994; Hoffner 1990; Kammenhuber 1976; Popko 1995; Porzig 1930, 379–386; Schmidt 1998, 17–49; von Schuler 1965, Bd. I, 143–216; Singer 1983; Singer 1984

11

12

14

13

11 Stele aus Arslantepe (nordöstlich von Malatya): der auf einem Stier stehende Wettergott, der in den Händen Blitze hält

12 Römische Statuette aus dem Donaugebiet: Jupiter Dolichenus

13 Statuette der Nike in der Ikonographie der altorientalischen Ištar

14 Etruskische Bronzestatuette: tanzende *Donna con specchio* (Museo Etrusco Guarnacci, Volterra)

15 Hethitische Elfenbeinstatuette: tanzender Gott (Kat.-Nr. 114)

15

Ein Einblick in das Reichspantheon

Das Felsheiligtum von Yazılıkaya

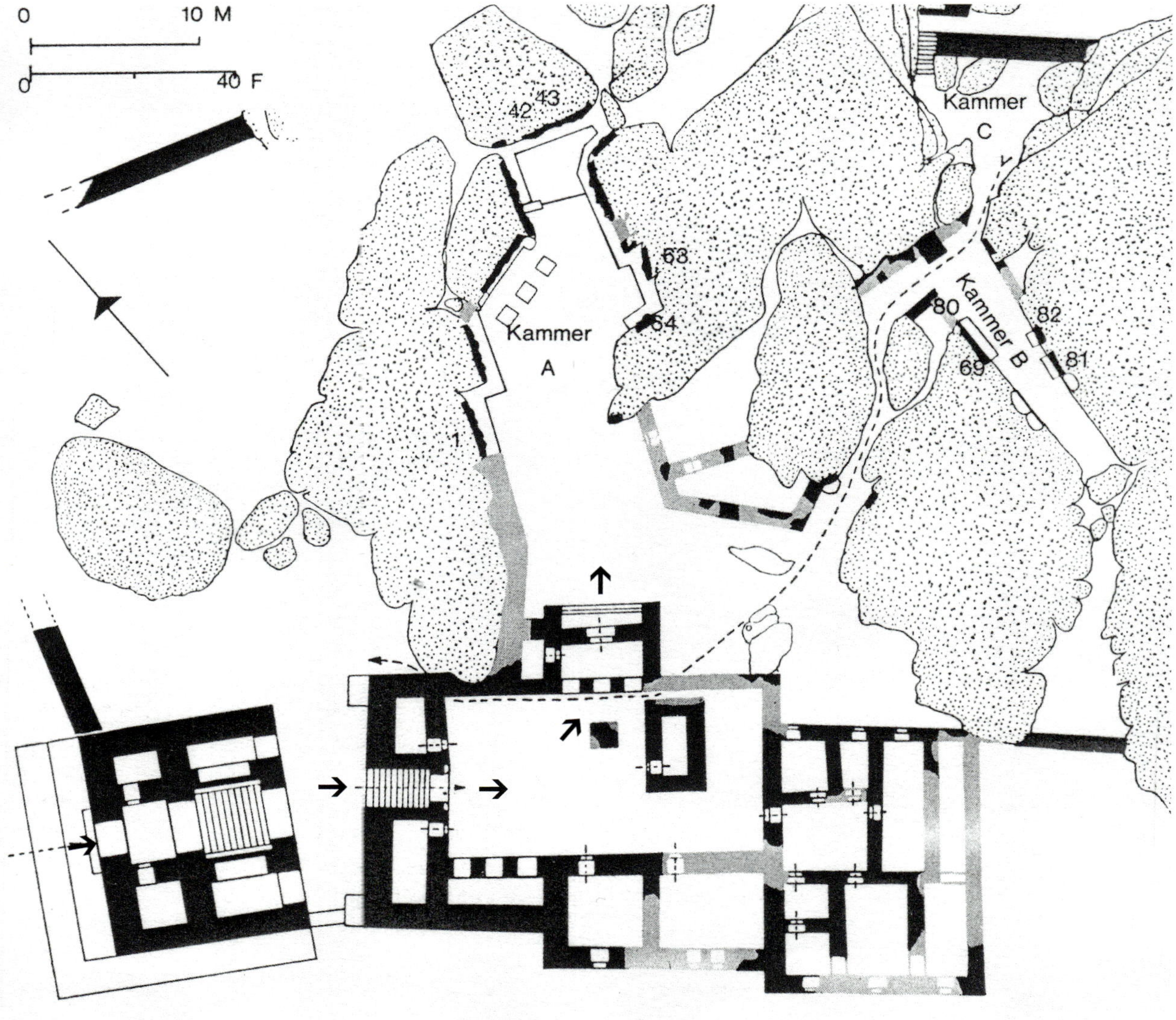

1 Plan von Yazılıkaya

Erhaltene Mauer

Gesicherte Rekonstruktion

Felsreliefs:

1–42: Reliefs der männlichen Götter

43–63: Reliefs der weiblichen Götter

64: Relief des Großkönigs Tudḫalija IV.

69–80: Relief der zwölf Götter

81: Relief von Tudḫalija IV. und Sarrumma

82: Relief des Schwertgottes

-------- Wasserleitung

Jürgen Seeher

Rund 1,5 Kilometer nordöstlich des Großen Tempels in der Unterstadt von Ḫattusa liegt an einem Berghang das Felsheiligtum von Yazılıkaya.[1] Die Entdeckung dieses Ortes durch Charles Texier im Jahr 1834 war von entscheidender Bedeutung für das Bekanntwerden der hethitischen Kultur: Hier waren auf engem Raum in die Felswände mehr als 90 Personen, Tiere und Fabelwesen eingemeißelt, in einem Stil, der damals noch unbekannt war und entsprechendes Aufsehen erregte. Die Ruinen der hethitischen Hauptstadt wären sicher noch lange unbeachtet geblieben, hätte es diese geheimnisvolle Anlage nicht gegeben.

> Ein Heiligtum unter offenem Himmel

Im Vergleich zu den zahlreichen Tempeln der Hethiter zeigt Yazılıkaya einige auffällige Unterschiede: Zunächst einmal liegt es außerhalb der Siedlung und ohne Schutz durch eine Befestigungsmauer. Zum zweiten befinden sich die beiden Kulträume (Kammer A und B) unter freiem Himmel, in natürlichen Zwischenräumen zwischen bis zu 12 Meter hoch aufragenden Kalksteinfelsen. Sie sind jedoch nicht frei zugänglich, sondern nach außen hin durch einen Baukomplex abgeschirmt: Von der Stadt her aus einem Tal kommend, betrat man das Heiligtum durch ein Torgebäude und gelangte durch einen weiteren Durchgang zunächst in einen Hof, an den verschiedene Räume angrenzten[Abb. 1]. Hier mögen die Vorbereitungen stattgefunden haben wie die Einkleidung für die Zeremonien, Waschungen etc. Auch Gebete und erste Opferhandlungen mag es gegeben haben, denn im Hof stand eine kleine Struktur, die als Altar interpretiert wird. Von hier aus führte dann ein weiterer Tordurchgang in die eigentlichen Kulträume. Der dritte Unterschied zu den normalen Tempeln besteht darin, daß in diesem Heiligtum nicht nur eine einzelne Gottheit verehrt worden ist, denn die zahlreichen Reliefs stellen verschiedene Götter und Göttinnen dar.

> Reihenweise Götter

Die Relieffiguren an den Felswänden in der großen Kammer A von Yazılıkaya zeigen eine besondere Aufteilung und Anordnung: Hier sind auf den Wandflächen der linken Seite nur männliche Gottheiten dargestellt (mit zwei Ausnahmen), auf der rechten Seite hingegen nur weibliche[Abb. 2, 3, 5]. Bei jeder Figur ist über der nach vorn gestreckten Hand der Name in luwischen Hieroglyphenzeichen angegeben. Ganz oben steht jeweils das Götterzeichen, eine brezelförmige Hieroglyphe (ein liegendes Oval mit einem Mittelsteg). Alle Gottheiten sind schreitend wiedergegeben, wie in einer langen Prozession hintereinander hergehend. Sie bewegen sich auf die Rückwand der Felskammer zu, wo demzufolge die Hauptszene dargestellt ist – das Zusammentreffen des Wettergottes mit seiner Gemahlin, der Sonnengöttin, und ihren gemeinsamen Kindern. Die beiden Hauptgottheiten sind – wie auch alle übrigen Gottheiten der Kammer A – in ihrer hurritisch-luwischen Namensform benannt, der Wettergott als »Tisubo«, die Sonnengöttin als »Ḫabatu« (hurritisch Teššop bzw. Ḫebat).

Offensichtlich bilden die Reihen von Göttern und Göttinnen das Gefolge dieser beiden Hauptgottheiten des Reichspantheons. Mit dieser Interpretation läßt sich dieses Heiligtum als »Neujahrsfesthaus« identifizieren: Das »Haus des Wettergottes«, in dem nach Ausweis hethitischer Kulttexte alle Götter zum Neujahrs- und Frühlingsfest zusammenkamen. Man kann sich gut vorstellen, daß bei diesem Fest aus allen Tempeln der Stadt die Statuen der Gottheiten in einer Prozession nach Yazılıkaya getragen wurden.

> Die Reliefs in der Hauptkammer A

Die Reliefdarstellungen in der rund 22 Meter langen Kammer A sind vielfältig und detailliert, und vermutlich waren sie einst zusätzlich durch farbige Bemalung individuell gestaltet: Die weiblichen Gottheiten tragen unter einem weiten Umhang einen Faltenrock mit Gürtel und eine Bluse mit weiten Ärmeln sowie Schnabelschuhe, Ohrringe und eine hohe rechteckige Kopfbedeckung mit zinnenartigen Fortsätzen. Die Haare fallen in einem Zopf auf den Rükken. Die rechte Hand ist als ausgestreckte Faust wiedergegeben, während die Linke geöffnet und zum Kopf erhoben ist. In dieser Zone sind auch jeweils die luwischen Namensbeischriften angebracht. Doch lassen sich aufgrund des oft schlechten Erhaltungszustandes der Hieroglyphenzeichen noch nicht alle Namen identifizieren. So sind unter

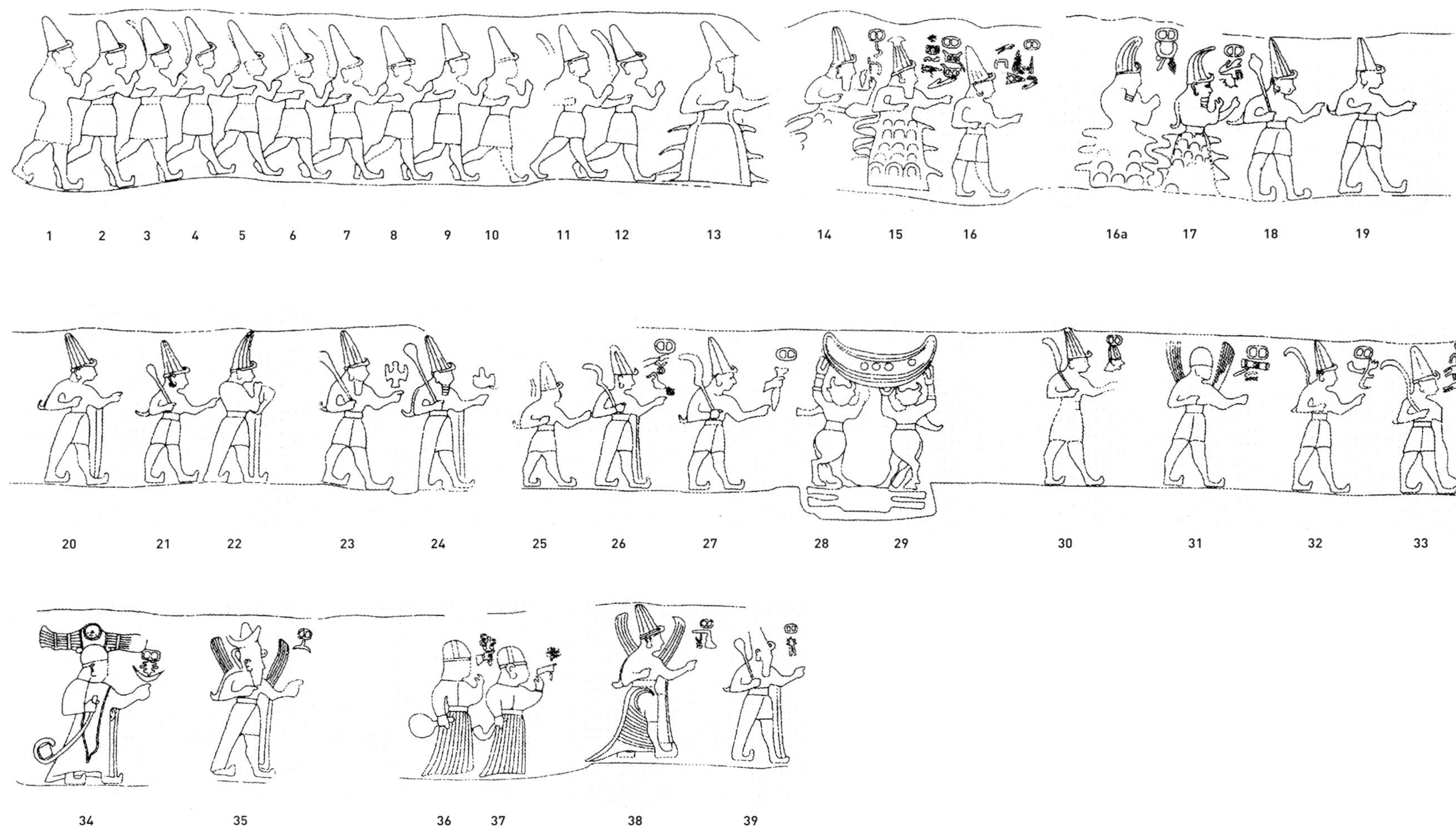

1 2 3 4 5 6 7 8 9 10 11 12 13 14 15 16 16a 17 18 19
20 21 22 23 24 25 26 27 28 29 30 31 32 33
34 35 36 37 38 39

2

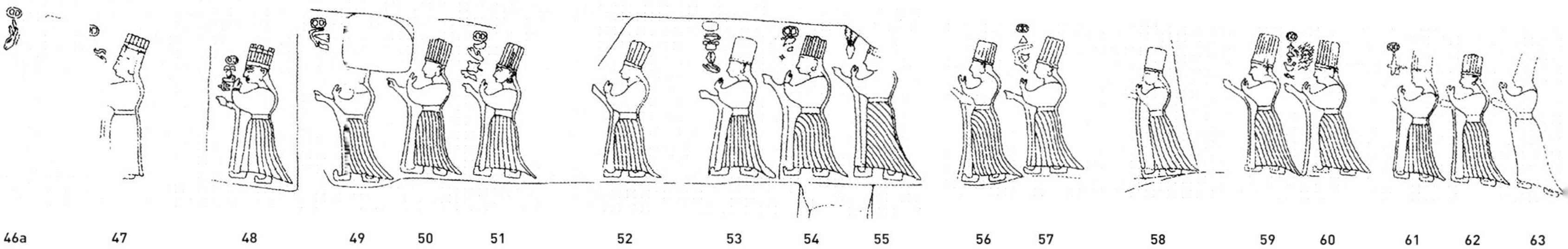

46a 47 48 49 50 51 52 53 54 55 56 57 58 59 60 61 62 63

3

69 70 71 72 73 74 75 76 77 78 79 80

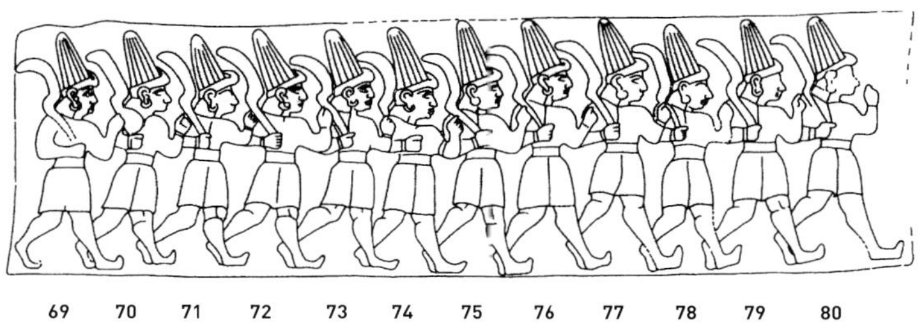

4

2 Die männlichen Gottheiten in Kammer A, Umzeichnung (Nr. 1–39)

3 Die weiblichen Gottheiten in Kammer A, Umzeichnung (Nr. 46a–63)

4 Die männlichen Gottheiten in Kammer B, Umzeichnung (Nr. 69–80)

5 Die männlichen Gottheiten in Kammer A (Nr. 25–32)

6 Die männlichen Gottheiten in Kammer B (Nr. 69–72)

5

6

7

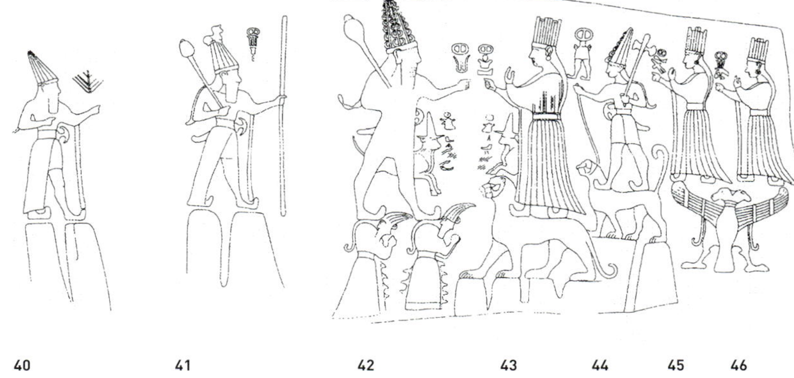

8

9

10

7 Die Hauptszene in Kammer A (Nr. 41–46)

8 Die Hauptszene in Kammer A, Umzeichnung (Nr. 40–46)

9 Großkönig Tudḫalija IV. wird von seinem persönlichen Schutzgott Sarrumma umarmt, Relief aus der Kammer B (Nr. 81)

10 Großkönig Tudḫalija IV. wird von seinem persönlichen Schutzgott Sarrumma umarmt, Relief aus der Kammer B, Umzeichnung (Nr. 81)

den weiblichen Gottheiten mit einiger Sicherheit nur Ḫutena (Nr. 47), Ḫutellurra (Nr. 48), Allatu (Nr. 49), Salusa (Nr. 52), Tapkina (Nr. 53), die Gemahlin Ijas, des Gottes der Weisheit, sowie Nikkala (Nr. 54), die Gemahlin des Mondgottes, benennbar.

Die männlichen Gottheiten auf der gegenüberliegenden Seite der Kammer A zeigen hingegen eher individuelle Züge Abb. 2–4. Auch sie tragen die typischen Schnabelschuhe der Hethiter, und die meisten sind mit kurzem Rock dargestellt, über dem manchmal hinten noch ein langer Rockschoß hängt. Nur der Sonnengott des Himmels, kenntlich an der geflügelten Sonne über seinem Kopf (Nr. 34), ist in einen langen Mantel gehüllt, und die Berggötter (Nr. 13–15, 16a, 17) tragen lange Schuppenröcke, die Berggipfel symbolisieren. Viele Götter sind mit Streitkolben oder Sichelschwertern bewaffnet, und manche tragen ein Schwert mit halbmondförmigem Griff im Gürtel. Hohe spitze Mützen mit einem Horn über der Stirn als Zeichen der Göttlichkeit dienen meist als Kopfbedeckung; runde Kappen sind dagegen selten. Drei Götter sind geflügelt wiedergegeben: der Gott Pirinkir (Nr. 31), der Mondgott (Nr. 35, erkennbar auch an der Mondsichel an der Mütze) sowie die Kriegs- und Liebesgöttin Sauska (Nr. 38), die hier unter Betonung ihres kriegerischen Aspektes den männlichen Gottheiten zugeordnet ist. Die beiden weiblichen Gestalten hinter ihr (Nr. 36, 37) sind ihre Dienerinnen Ninatta und Kulitta. Die Kriegsgötter Hesue (Nr. 30) und Astabi (Nr. 33), der Gott der Weisheit Ija (Nr. 39), der Getreidegott Kumarbi, der Vater des Wettergottes (Nr. 40), und möglicherweise ein Bruder des Wettergottes (Nr. 41) sind andere identifizierbare Göttergestalten. Ungewöhnlich sind Nr. 28 und 29, zwei Stier-Mensch-Mischwesen: Hierbei handelt es sich vermutlich um die Himmelsstiere Ḫurri und Seri, die auf dem Hieroglyphenschriftzeichen für Erde stehen und das Zeichen für Himmel auf den erhobenen Händen tragen.

Die Hauptszene an der Rückwand der Kammer A zeichnet sich durch ihre Größe sowie durch zusätzliche Attribute aus Abb. 7, 8: So steht der Wettergott (Nr. 42) auf zwei Berggöttern, während ihm gegenüber die Sonnengöttin (Nr. 43) und ihr Sohn Sarrumma (Nr. 44) jeweils von einem Leoparden getragen werden. Daran schließen sich zwei Göttinnen an (Nr. 45, 46), vermutlich die Tochter und eine Enkelin des Wettergottes und der Sonnengöttin, die über einem doppelköpfigen Adler schweben. Sowohl hinter dem Wettergott wie auch hinter der Sonnengöttin erkennt man einen springenden Stier mit spitzer Göttermütze.

Noch größer als die Göttergestalten der Hauptszene ist jedoch ein Sterblicher wiedergegeben – an der der Hauptszene gegenübergelegenen Wand sieht man Großkönig Tudḫalija IV. im Ornat des Sonnengottes mit langem Mantel, runder Kappe und einem Krummstab in der Hand als Herrschaftssymbol (Nr. 64). Er steht auf zwei durch Schuppen kenntlich gemachten Bergkegeln. Man nimmt an, daß er der Stifter bzw. Erneuerer des Heiligtums war und sich hier hat verewigen lassen – die Größe zeugt von einigem Selbstbewußtsein, wenn man an die winzigen Stifterfiguren auf Sakralbildwerken des Spätmittelalters und der Renaissance denkt. Damit läßt sich die heutige Ausgestaltung der Felskammern in die zweite Hälfte des 13. Jahrhunderts v. Chr. datieren, aber verschiedene Funde zeigen, daß sich hier wohl spätestens ab dem 15. Jahrhundert v. Chr. ein Kultplatz befand.

Wie oben bereits angedeutet, sind die Götter des hethitischen Reichspantheons in Yazılıkaya nicht mit hethitischen, sondern mit Namen hurritischer Herkunft bezeichnet. Bereits seit dem 15. Jahrhundert v. Chr. gab es starke Einflüsse aus dem hurritischen Raum (insbesondere Nordsyrien, Nordmesopotamien) auf die hethitische Kultur. Diese Tendenz verstärkte sich noch im Rahmen der umfangreichen Reformen des Kultgeschehens, die im mittleren 13. Jahrhundert v. Chr. von Großkönig Ḫattusili II. und seinem Sohn Tudḫalija IV. durchgeführt wurden. Man vermutet, daß dies nicht zuletzt auf die Mitwirkung von Großkönigin Puduḫeba zurückzuführen ist: Diese starke und politisch aktive Ehefrau Ḫattusilis II. und Mutter Tudḫalijas IV. war nämlich die Tochter eines Priesters aus Kizzuwadna in Südanatolien, wo hurritische Kulte traditionell beheimatet waren.

> Die Nebenkammer B

In dieser 18 Meter langen und nur 2,5 bis 4 Meter breiten Kammer sind die Reliefs deutlich besser erhalten. Sie waren nicht wie die in Kammer A über Jahrtausende Wind und Wetter ausgesetzt, sondern sind erst in der zweiten Hälfte des 19. Jahrhunderts freigelegt worden. Hier sind keine Reliefbänder wie in der Hauptkammer, sondern vier Einzelmotive an den Längswänden angebracht Abb. 4, 6, 9, 10. Bei den zwölf mit Sichelschwertern bewaffneten Göttern (Nr. 69–80), die auch am Anfang des Götterzuges in Kammer A wiedergegeben sind, und dem »Schwertgott« Nergal (Nr. 82) handelt es sich um Unterweltsgottheiten, die eine Beziehung zum Jenseits herstellen. Relief Nr. 81 zeigt Großkönig Tudḫalija IV., wie er von seinem persönlichen Schutzgott Sarrumma umarmt und geleitet wird Abb. 9, 10. Ein weiteres Mal taucht sein Name in Hieroglyphen geschrieben vorn an der rechten Wand von Kammer B auf (Nr. 83). Unweit hiervon liegt auf dem Boden ein Steinblock, der als Statuenbasis geeignet wäre. Möglicherweise war hier einst sein Standbild aufgestellt, denn Suppiluliuma II., der Sohn Tudḫalijas, berichtet in einem Keilschrifttext, daß er seinem Vater eine Gedenkstätte, das »ewige *ḫēgur*«, errichtet und darin seine Statue aufgestellt habe. Trifft die Identifizierung zu, so hat dieser König in »seinem« Heiligtum hier in Kammer B nach seinem Tode einen zweiten festen Platz bekommen.

Anmerkungen

1 Ausführlich: Bittel u. a. 1975.

Literatur

Alexander 1986; Bittel 1975; Bittel et al. 1989, 33–38; Kohlmeyer 1983, 7–153; Neve 1989, 345–355

Kult- und Festliturgie im hethitischen Reich

Öffentlicher Ausdruck staatlich-religiöser Interdependenz

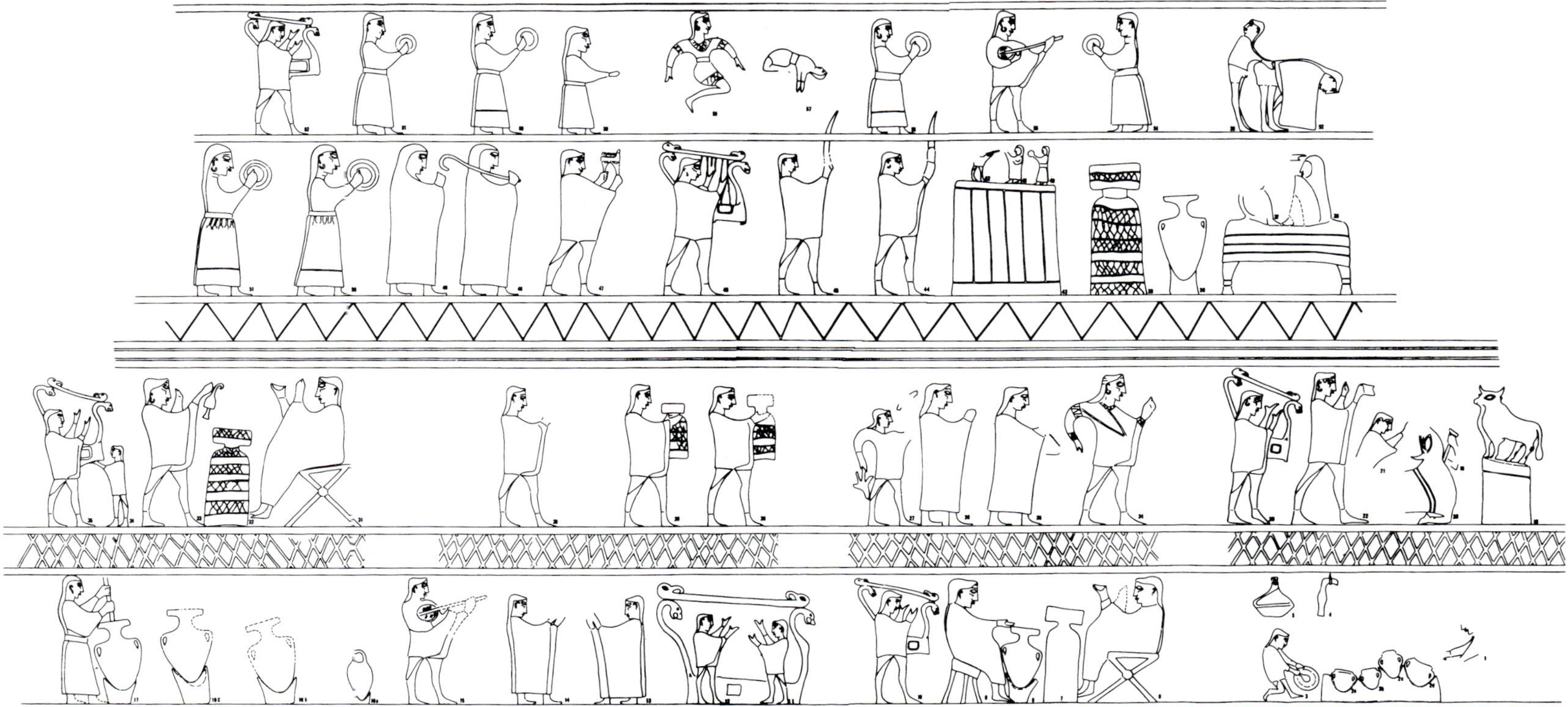

1

2

1 Die Reliefs auf der İnandık-Vase, Umzeichnung

2 Der Halsfries des Schimmel-Rhytons, Umzeichnung, The Metropolitan Museum of Art, New York, Gift of Norbert Schimmel Trust, 1989 (modifizierte Zeichnung von H. Güterbock, in: *Anadolu* 22, 1981/83)

Stefano de Martino

> Die Festrituale

Die in den Archiven der hethitischen Hauptstadt gefundenen Keilschrifttafeln haben zum großen Teil religiösen Inhalt. Viele beschreiben sehr genau den Ablauf der Festrituale, die periodisch in Ḫattusa und anderen Städten des hethitischen Staates abgehalten wurden.

Der Zweck der Feste war, die Gottheiten zu ehren und mit ihnen in ein korrektes und dauerhaftes Verhältnis zu treten, um so göttlichen Schutz für das hethitische Reich und für seine Dynastie zu erlangen, die Fruchtbarkeit der Äcker und der Tiere, den Erfolg der hethitischen Truppen in militärischen Unternehmungen sowie das Wohlergehen des ganzen Landes zu sichern.

Da die korrekte Ausführung des Kultes als unerläßliche Voraussetzung für den Bestand des Staates angesehen wurde, erschien es notwendig, in genauester Weise jede einzelne rituelle Handlung festzulegen und Ort und Zeitpunkt ihrer Durchführung anzugeben. Die Festrituale stellen sich wie »Rollenbücher«[1] oder »Regieanweisungen«[2] dar, in denen der Ablauf der Feierlichkeiten im einzelnen genau beschrieben wird.

Dieselben Festrituale sind in vielen Textkopien überliefert, was durch zwei Überlegungen erklärbar ist: Der Kult der Gottheiten wurde nicht nur in der hethitischen Hauptstadt gepflegt, sondern auch in der Provinz, und deshalb war es notwendig, daß in den Tempelarchiven der Peripherie ebenfalls Anweisungen zur Feier der Feste vorhanden waren. Ferner gehen einige Feste des hethitischen Kults auf alte Traditionen zurück und wurden während eines langen Zeitraums abgehalten, auch wenn sie im Laufe der Zeit mit der Erweiterung des hethitischen Pantheons tiefgreifende Veränderungen erfuhren; aus diesem Grund sind die Texte während der Jahrhunderte des Bestehens des hethitischen Staates mehrmals kopiert worden. Die Identifikation der diachronischen Entwicklung der hethitischen religiösen Dokumentation ist einer der interessantesten Aspekte der heutigen Hethitologie; die Textdatierung der einzelnen Tafeln und Fragmente ist nicht nur durch Auslegung inhaltlicher Bestandteile möglich, sondern auch mit Hilfe paläographischer und grammatikalischer Kriterien.

Die hethitischen Festrituale sind in hethitischer Sprache geschrieben, aber es finden sich auch vollständige Texte oder Teile von ihnen – z. B. Rezitationen, liturgische Gesänge oder Zurufe – in anderen Sprachen: Hattisch, Palaisch, Luwisch, Hurritisch und Babylonisch. Das hethitische Reich war eine Vielvölkerkultur und hat Elemente verschiedener Traditionen aufgesogen. Die Dokumente in hattischer und palaischer Sprache gehören zu den althethitischen Kulten und gehen auf die Tradition des nördlichen Zentralanatolien zurück. Die luwischen Dokumente beginnen in althethitischer Zeit, nehmen aber im 14. und 13. Jahrhundert immer stärker zu und stammen wohl vor allem aus Südanatolien. Der große Einfluß der hurritischen und mesopotamischen Kulturen beginnt hingegen im 15. Jahrhundert und ist in der Großreichszeit noch stärker ausgeprägt.

Die hethitischen Texte erwähnen viele Feste.[3] Einige von ihnen, auch »beständige Feste« genannt, kehrten periodisch im Jahresrhythmus wieder, andere wurden seltener gefeiert, z. B. alle sechs oder alle neun Jahre.[4] Bestimmte hethitische Feste fanden zu einer bestimmten Zeit des Jahres statt. Frühlingsanfang und Herbstbeginn waren wichtige, an den Zyklus der landwirtschaftlichen Produktion gebundene Termine, die mit dem »Fest des Krokus« (AN.TAḪ.ŠUM^{SAR}) und dem »Fest der Eile« (*nuntarrijasḫa-*) verbunden waren. Diese beiden Feste sahen eine Kultreise des Königs und der Königin durch viele Städte des hethitischen Staates vor. Auf diese Weise wurden nicht nur die lokalen Gottheiten in den peripheren Zentren des Landes in die Verehrung einbezogen, sondern auch durch die Anwesenheit des Herrschers die königliche Autorität auf dem gesamten Territorium und die göttliche Legitimation seiner Macht bekräftigt. Gegen Ende des hethitischen Großreiches, unter Tutḫalija III., kam es zu einem Prozeß der Zentralisation des Kultes, und jene Festrituale, für welche bislang Kultreisen vorgesehen waren, fanden anscheinend nur noch in der Hauptstadt Ḫattusa statt[5], wo im Tempelbezirk der Oberstadt alle Gottheiten des Reiches vereint waren.

> Die Kultliturgie

Der König als oberster Priester war der Zelebrant der Feste; sehr häufig nahmen auch die Königin und der Kronprinz (*tuḫkanti-*) an den Zeremonien teil. Bei der Ausführung seiner Kultpflichten assistierte dem Herrscher das Kultpersonal, zu dem nicht nur Priester, sondern auch Mundschenke, Köche, Tafeldecker, Musikanten, Sänger und Tänzer gehörten. Ferner waren einige Beamte und Würdenträger des Staates am Ritus beteiligt.

Im Mittelpunkt des Festes stand das den Gottheiten dargebrachte Opfer: Tiere oder Teile von ihnen, Brote, Früchte, Gemüse, Käse, Honig, Wein, Bier usw.[6] Die Opfergaben wurden auf die Altäre gelegt, Getränke vor den Altären oder den Bildnissen der Götter ausgegossen. In den Texten ist zu lesen, daß der König – oder wer immer die Gaben darbringt – die Hand über ihnen ausstreckt, bevor er sie der Gottheit überläßt. Mit dieser Geste wurde deutlich gemacht, wer der Überbringer des Opfers war.

Zahlreiche Texte beschreiben die für die Gottheiten bestimmten Opfergaben wie auch die Modalitäten und den Zusammenhang der Opferhandlungen. Einige ikonographische Belege zeigen uns, wie diese Riten ausgeführt werden mußten. So kann man z. B. auf dem Fries eines Rhytons in der Schimmel Collection eine männliche Gestalt, vielleicht den König sehen, der eine Flüssigkeit aus einer Schnabelkanne vor der Gottheit ausgießt[Abb. 2]. Hinter ihm erkennt man einen Priester, der ein Brot trägt, und einen Mundschenk, der, ins Knie gesunken, eine Kanne darbietet – eine Haltung, die für diesen Kultfunktionär typisch ist. So findet sich in den hethitischen Texten häufig die Bezeichnung »der Mundschenk des Sich-Niederkniers«.[7]

Manchmal wird nach dem Opfer für die Gottheit ein Kultmahl[8] unter Teilnahme des Königspaares, der Priester und der Mitglieder der königlichen Sippe abgehalten. Das Kultmahl ist ein tragendes Element des Ritus, da es die Vereinigung der Götter mit den Menschen darstellt.

Das »Trinkzeremoniell« ist eine weitere, in hethitischen Kulttexten häufig wiederkehrende rituelle Handlung. Sie wird vom König oder vom Königspaar ausgeführt. In den hethitischen Dokumenten heißt es: »der König (oder das Königspaar) trinkt die Gottheit ...«. Die Auslegung dieser Wendung ist Gegenstand gelehrter Diskussion. Der Satz wird entweder im Sinne von »die Gottheit tränken« oder von »trinken zu Ehren der Gottheit« verstanden, aber auch wörtlich als »die Gottheit trinken«.[9] Diese letzte Deutung ist m. E. die überzeugendste und bedeutet, daß der Herrscher mit dem Trinken der in einem Sakralgefäß befindlichen Flüssigkeit des übernatürlichen Wesens der Gottheit teilhaftig wird.[10]

Alle rituellen Handlungen der Feste – und insbesondere das »Trinkzeremoniell« – wurden von Musik und Gesang begleitet. Die Hethiter kannten mehrere Instrumente.[11] Unter den Saiteninstrumenten war die Leier am verbreitetsten, während die in Mesopotamien so beliebte Harfe in Anatolien anscheinend wenig im Gebrauch war. Die Leier hatte verschiedene Größen und wurde von einem oder mehreren Musikanten gespielt, die Saiten mit den Fingern oder mit einem Plektron gezupft. Mit der Leier wurden Gesang und Rezitation begleitet. Dieser Gebrauch der Leier als Begleitinstrument für Gesang ist eine Eigentümlichkeit, die die hethitische Musiktradition der homerischen Überlieferung zufolge mit dem mykenischen Griechenland verbindet. Belegt ist ferner der Gebrauch der Laute. Trommel, Zimbel und Klappern sind die in den hethitischen Kulttexten am häufigsten erwähnten Schlaginstrumente. Als Blasinstrumente finden sich Horn und Flöte. Auf den Friesen der İnandık-Vase sind Leiern, Zimbeln und eine Laute abgebildet[Abb. 1].

In bestimmten Fällen wurden rein instrumentale Musikstücke aufgeführt. Wo die Musik Gesang und Rezitation begleitete, waren diese in hethitischer, aber auch in hattischer, hurritischer und luwischer Sprache bezeugt.

Die Ausführenden von Musik und Gesang waren vornehmlich Berufsmusiker und -sänger, aber auch »volkstümliche Gruppen« aus den verschiedensten Ortschaften des hethitischen Reiches.

Der Tanz war ein weiterer wichtiger Bestandteil der Feste.[12] Im Gegensatz zu Musik und Gesang waren die Ausführenden sowohl Berufstänzer als auch Tempelfunktionäre wie der Mundschenk und der Koch und in einem Fall sogar die Königin selbst.

Die Texte, die Festrituale schildern, beschränken sich darauf anzugeben, wann im Verlauf der Zeremonie ein Tanz aufgeführt wurde. Leider werden nur selten die von den Tänzern auszuführenden Bewegungen im einzelnen beschrieben. Eine hethitische Tafel enthält ein einzigartiges Dokument, das möglicherweise einen Auszug aus einem größeren kultischen Text darstellt und so etwas wie ein »Tanz-Libretto« ist. Es beschreibt eine Serie von Tanzschritten in ihrer Reihenfolge, ohne Aufschluß über den Zusammenhang der Tanzaufführung zu geben. In einigen Fällen wird auf volkstümliche Tänze Bezug genommen, etwa mit dem Verweis: »Sie tanzen nach Art der Stadt ...«.

Trotz solcher Schwierigkeiten können einige Tanzbewegungen identifiziert werden; zum Beispiel ist es möglich, einen Tanz zu beschreiben, bei dem alle Tänzer gemeinsam mit drehender Bewegung im Kreis tanzen, um sich dann in Reihen aufzulösen, die auf dem Platz tanzen oder nach vorne kommen. Noch heute finden sich ähnliche Bewegungen in Volkstänzen an vielen Orten des Mittelmeerraums.

In einigen vom Kult der hattischen Gottheit Teteshapi handelnden Texten[13], die zum *purulli(ja)*-Fest gehören könnten, finden sich rituelle Jagdtänze, an denen Tänzer mit Tiermasken von Bären oder Leoparden teilnehmen. Diese Tänze fügen sich gut ein in die Kulte der Teteshapi, die Göttin der wilden Tiere und der Jagd ist.

Innerhalb der hethitischen Festrituale finden sich nicht nur szenische Darbietungen der Jagd, sondern auch Schlacht- und Kampfszenen. In einem Abschnitt des *(h)isuwa*-Festrituals[14] tanzen einige Tamburinspieler (^{GIŠ}BALAG.DI) eine Kampfszene, wobei sie singen und sich mit Tamburinen und Zimbeln begleiten. Die Darsteller greifen sich wie bei einem echten militärischen Zusammenstoß an, die Gesänge imitieren das Kampfgeschrei, und Tamburin und Zimbeln skandieren besessen die Feindseligkeiten. Musik, Gesang und Tanz ergänzen sich hier untrennbar und werden Bestandteile eines wirklichen Schauspiels. Manchmal rufen solche Darbietungen die Erinnerung an frühzeitliche Kämpfe wach, auch wenn sie im Kult vor allem die Funktion haben, den Hethitern einen Sieg über mögliche zukünftige Feinde zu sichern. So im Fall eines Rituals, in dem zwei Gruppen von Jugendlichen einen Konflikt zwischen Hethitern und Leuten aus Māsa, einer Gegend im nordwestlichen Anatolien, inszenieren. Die Hethiter mit ihren Bronzewaffen zerstreuen die nur mit Waffen aus Rohr ausgerüsteten Männer aus Māsa. Ähnlich beschreibt ein anderer Text einen Ringkampf zwischen zwei Männern, einem Hethiter und einem Feind, der unterliegt. Der Kampf entflammt zugleich die Anwesenden, die Anfeuerungsschreie ausstoßen.[15]

Neben diesen Kampf- und Schlachtdarbietungen gab es athletische Wettkämpfe wie Kugelstoßen, Laufen, Tauziehen und Wagenrennen.[16] Einige Gelehrte haben die Einbeziehung von athletischen Wettkämpfen in die hethitischen rituellen Feierlichkeiten als ein Element gedeutet, das die Hethiter mit der griechisch-mykenischen Welt verknüpft, und man hat zum Beispiel eine Parallele zu den Wettkämpfen gezogen, die im 23. Gesang der *Ilias* anläßlich der Trauerfeier für Patroklos beschrieben werden.[17]

Die Aufführung von Jagd- oder Kampfszenen wie auch die athletischen Wettkämpfe werden immer den Gottheiten dargebracht. Ihnen wurden den Menschen entsprechende Wesenszüge verliehen, und ihnen gebührte nicht nur, mit den besten Speisen versorgt, sondern auch, auf das Angenehmste unterhalten zu werden. Die athletischen Wettspiele wie auch in bestimmtem Umfang Musik und Tanz dienten der Erheiterung der Gottheiten, von denen man glaubte, daß sie den zu ihren Ehren gefeierten Festen beiwohnten.[18]

> Die Kultlieferungen

Die Durchführung der Feste brachte eine große wirtschaftliche Belastung mit sich. Der Unterhalt des Kultpersonals, die Verwaltung der Tempelanlagen und der Erwerb von Sakralgerät und -kleidung summierten sich zusätzlich zu der großen Menge an Tieren (vor allem Rinder, Schafe und Ziegen) und sonstigen Nahrungsmitteln (wie z. B. Getreide, Wein und Öl), die für die Opferhandlungen und die Kultmähler bestimmt waren.

Der Staat trug die Lasten für die Erbauung der Tempel und deren Ausstattung mit allen Tempelrequisiten. Diese stammten manchmal auch aus Kriegsbeute, insbesondere aus geplünderten Tempeln eroberter Städte. Hier sei zum Beispiel an die Götterbildnisse und die Kultgegenstände erinnert, die Ḫattusili I. (ca. 1565–1540 v. Chr.) aus den eroberten Städten Nordsyriens wegschleppte und den Tempeln von Ḫattusa schenkte, wie in den Annalen dieses Herrschers zu lesen ist.[19]

In den Magazinen der Tempel lagerten große Mengen an Lebensmitteln, die zum Teil für die Tempelbediensteten bestimmt waren, zum Teil bei den Festen verbraucht wurden. Der hethitische Tempel erfüllte also – ähnlich wie in Mesopotamien – die wichtige wirtschaftliche Funktion eines Zentrums der Akkumulation und der Thesaurierung. Davon zeugen Schriftdokumente und vor allem auch archäologische Befunde: Zu den hethitischen Tempelanlagen gehören nicht nur Kulträume, sondern auch zahlreiche und umfangreiche Wirtschaftstrakte (s. auch Seeher, hier S. 134ff.).[20]

Die staatliche Verwaltung finanzierte die einzelnen Feste. Manchmal leisteten bestimmte Kultinstitutionen, die eigenes Vermögen besaßen, einen Beitrag.[21] Zuschüsse kamen auch von den Zentren an der Peripherie des Landes, wo lokale Gottheiten verehrt wurden oder die Kultreisen der großen Feste Halt machten.

Die Tempel der Gottheiten wurden darüber hinaus mit den Tributen politisch untergeordneter Staaten subventioniert. Dies war z. B. der Fall bei dem König von Alasija, der unter Tutḫalija III. den Hauptgottheiten des hethitischen Pantheons Leistungen erbringen mußte.[22]

Die Könige der hethitischen Gliedstaaten mußten für die Heiligtümer in den von ihnen regierten Ländern aufkommen. In einem Vertrag zwischen Tutḫalija III. und Kurunta von Tarḫuntassa setzt der hethitische Großkönig die Höhe der jährlichen Lieferungen für den Kult der Gottheiten dieses Landes fest (§12), wobei er allerdings den Haushalt von Tarḫuntassa auch nicht übermäßig zu belasten sucht.[23]

Es kam auch vor, daß der König oder die Königin aus persönlichen Gründen außerordentliche Schenkungen an den Kult bestimmter Gottheiten machten. Die Verleihung von besonderen Pfründen zugunsten einer bestimmten Gottheit, um deren Schutz zu erlangen, ist häufiger in Zeiten innerer politischer Krisen vorgekommen, z. B. wenn der König einer besonderen Legitimation bedurfte.
Es sei hier an die von Ḫattusili II. ergriffenen Maßnahmen zur Feier des Kultes seiner Schutzgöttin Sauska von Samuḫa erinnert [24] oder auch an die reichen Schenkungen Mursilis III. an die »Große Gottheit«, Schenkungen, die, wie später Puduḫeba in einem Schreiben an den Pharao Ramses II. andeutet, das hethitische Königshaus an den Rand des Ruins gebracht haben sollen.[25]

Anmerkungen

1 Vgl. Volkert Haas, *Geschichte der hethitischen Religion*, Leiden 1994, 674.

2 Vgl. Jörg Klinger, *Untersuchungen zur Rekonstruktion der hattischen Kultschicht*, Wiesbaden 1996, 728.

3 Über die wichtigsten hethitischen Feste s. Haas (Anm. 1), 696–875; Maciej Popko, *Religions of Asia Minor*, Warschau 1995, 147–151.

4 Vgl. Haas (Anm. 1), 692–695.

5 Vgl. Haas (Anm. 1), 680, 775; Horst Klengel, *Geschichte des hethitischen Reiches*, Leiden 1999, 293 mit Anm. 631.

6 Vgl. R. Lebrun, Aspects particuliers du sacrifice dans le monde hittite, in: *Ritual and Sacrifice in the Ancient Near East*, hrsg. von Jan Quaegebeur, Leuven 1993, 225–236; Haas (Anm. 1), 640–673.

7 Vgl. Hans Gustav Güterbock, Hittite *kursa*- »Hunting Bag«, in: *Essays in Ancient Civilizations presented to Helene J. Kantor*, hrsg. von Albert Leonards Jr. und Bruce Beyer Williams, Chicago 1989, 114.

8 Vgl. Alfonso Archi, Das Kultmahl bei den Hethitern, *Türk Tarih Kurumu Yayınları* IV/8 (1979), 197–213.

9 Vgl. zuletzt A. Kammenhuber, *Hethitisches Wörterbuch* II, Heidelberg 1988, 30.

10 Vgl. zuletzt Hans Gustav Güterbock, To Drink a God, in: *XXXIVème Rencontre Assyriologique Internationale*, Ankara 1998, 121–129.

11 S. E. Badali, *Strumenti musicali, musici e musica nella celebrazione delle feste ittite*, Heidelberg 1991; Stefano de Martino, Music, Dance and Processions in Hittite Anatolia, in: *Civilizations of Ancient Near East*, hrsg. von J. Sasson, New York 1995, 2661–2669; Stefano de Martino, Musik. Bei den Hethitern, in: *Reallexikon der Assyriologie*, Bd. 8, 1997, 483–488; Belkis Dinçol, *Eski Önasya ve Misir'da Müzik*, Istanbul 1999, passim; Sedat Alp, *Song, Music and Dance of Hittites: Grapes and Wines in Anatolia during the Hittite Period*, Ankara 2000, 1–65.

12 S. Stefano de Martino, *La danza nella cultura ittita*, Florenz 1989.

13 Vgl. z. B. de Martino, ebda. 68–71.

14 Vgl. KBo XV 52 + KUB XXIV 118 V 2'-22'.

15 Vgl. Ahmet Ünal, Hittite Architect and a Rope-Climbing Ritual, in: *Belleten* 52, 1988, 1490, 1496–1497.

16 Vgl. Charles Carter, Athletic Contests in Hittite Religious Festivals, in: *Journal of Near Eastern Studies* 47, 1988, 185–187; de Martino (Anm. 12), 66–67.

17 Vgl. Jaan Puhvel, Hittite Athletics as Prefigurations of Ancient Greek Games, in: *The Archaeology of the Olympics*, hrsg. von Wendy J. Raschke, Madison 1988, 26–31.

18 Vgl. Ahmet Ünal (Anm. 15), 1498.

19 Vgl. Fiorella Imparati/Claudio Saporetti, L'autobiografia di Ḫattušili I, in: *Studi Classici e Orientali* 14, 1965, 40–85.

20 Vgl. Horst Klengel, Zur ökonomischen Funktion der hethitischen Tempel, in: *Studi Micenei ed Egeo-Anatolici* 16, 1975, 181–200.

21 Vgl. z. B. Fiorella Imparati, Le istituzioni cultuali del na4*ḫékur* e il potere centrale ittita, in: *Studi Micenei ed Egeo-Anatolici* 18, 1977, 19–64.

22 Vgl. Hans G. Güterbock, The Hittite Conquest of Cyprus Reconsidered, in: *Journal of Near Eastern Studies* 26, 1967, 73–81.

23 Vgl. Heinrich Otten, *Die Bronzetafel aus Boğazköy*, Wiesbaden 1988, 16–17.

24 Vgl. René Lebrun, *Samuha, foyer religieux de l'empire hittite*, Louvain-la-Neuve 1976, 61–65.

25 Vgl. Elmar Edel, *Die ägyptisch-hethitische Korrespondenz* I, Opladen 1994, 216f.; s. auch Ph. Houwink ten Cate, Urhi-Tessub revisited, in: *Bibliotheca Orientalis* 51, 1994, 237, 255–259.

> Die wichtigsten hethitischen Feste

Das *purulli(ja)*-Fest

Der Name des Festes kommt vom hattischen Wort *purulli(ja)* »Erde«. Das Fest gehört zur hattischen Tradition. Während der Feier wurde der Mythos vom Kampf der Schlange Illujanka mit dem Wettergott rezitiert und dargestellt. Dieser Mythos handelt von der Niederlage des Wettergottes und von der Wiederherstellung seiner vollen göttlichen Macht. Er könnte auf die Stärkung der königlichen Gewalt und auf die Erneuerung der produktiven Fähigkeiten des Landes anspielen. Es wird daher vermutet, daß das *purulli(ja)*-Fest am Jahresanfang gefeiert wurde.

Das KI.LAM-Fest

Der Name des Festes geht auf das Sumerogramm KI.LAM »Torbau« zurück; vielleicht besteht eine Beziehung zum Torbau des Palastes von Ḫattusa, da dieses Bauwerk im Verlauf der Feierlichkeiten des Festes eine zentrale Bedeutung hatte. Die Feierlichkeiten wurden in der Hauptstadt abgehalten und dauerten drei Tage. Das KI.LAM-Fest geht auf althethitische Tradition zurück.

Das AN.TAḪ.ŠUM^{SAR}-Fest

Das Fest erhielt seinen Namen von der Pflanze AN.TAḪ.ŠUM^{SAR} »Krokus« oder »Fenchel« und wurde im Frühling gefeiert; es dauerte 38 Tage.
Mit Sicherheit wurde es zur Zeit Suppiluliumas I. (ca. 1355–1320 v. Chr.) begangen, wahrscheinlich aber auch schon im 15. Jahrhundert v. Chr. Jedenfalls ist ein großer Teil der Texte, die von diesem Fest handeln, erst aus der Zeit Tutḫalijas III. überliefert. Das Fest sah eine Rundreise durch die Hauptzentren des Landes vor.

Das *nuntarrijasḫa*-Fest

Auch dieses Fest, das im Herbst gefeiert wurde, führte den König und die Königin auf eine Kultreise durch das hethitische Reich. Der Name des Festes läßt sich wörtlich mit »Fest der Eile« übersetzen und könnte auf die Schnelligkeit anspielen, mit der König und Königin sich von einer Stadt zur anderen begeben mußten. Das Fest kam zu Beginn des Großreiches auf. Seine Dauer dürfte der des AN.TAḪ.ŠUM^{SAR}-Festes entsprochen haben.

Das *(ḫ)isuwa*-Fest

Es war die Königin Puduḫeba, die dieses der hurritischen Tradition entstammende Fest in den hethitischen Kultkalender einführte, um Gottheiten und Kulte aus ihrem Herkunftsland Kizzuwadna zu feiern. Der Name des Festes ist sowohl mit dem Namen des ostanatolischen Landes Isuwa als auch mit dem Namen der Gottheit ^{D}(Ḫ)isuwa/^{D}Esuwe verbunden worden, die in einigen Texten dieses Festes genannt wird.

Opfer und Libation

Tahsin Özgüç

> Tiergestaltige Gefäße

Die im Nahen Osten seit der Frühzeit bekannten zoomorphen Gefäße waren eine Spezialität der Werkstätten von Kültepe. Diese tönernen Trinkgefäße in Gestalt verschiedener Haus- und Wildtiere stellen Funde dar, die unsere Kenntnisse über die Keramik im Zentralanatolien des 20. bis 18. Jahrhunderts v. Chr. um einen wichtigen Aspekt erweitern. Die Trinkgefäße wurden in einem ausgewählten Raum des Hauses auf Regalen, im Schrank oder in einem Pithos gemeinsam mit anderen erlesenen Gefäßen aufgestellt. Sie bildeten die Ausstattung an Kultgefäßen, die bereitstand, um bei einem persönlichen Anliegen des Hausherrn oder bei Kulthandlungen für den Schutzgott bzw. die Schutzgöttin des Hauses benutzt zu werden.

Aus hethitischen Schriftquellen ist wird deutlich, daß den BIBRU genannten Trinkgefäßen im Kult eine wichtige religiöse Funktion zukam. Aus diesen Texten erfahren wir auch, daß sie aus wertvollem Metall und Stein sowie aus Holz hergestellt wurden; es gibt jedoch keinen Hinweis darauf, daß solche Gefäße auch aus Ton modelliert wurden.

Tiergestaltige Libationsgefäße aus Ton können uns aber dabei helfen, die Formen der BIBRU zu rekonstruieren. Die Formen der meisten in den hethitischen Texten beschriebenen BIBRU stimmen nämlich mit den archäologischen Funden überein. In dieser Zeit kann man jede Art von Wild- und Haustieren sowie Vögel, die man in den Religionen des Nahen Ostens als Götterattribute kennt, in Form von Gefäßen finden.

Tiergestaltige Gefäße (Rhyta) werden in drei Gruppen unterteilt: Solche, bei denen das dargestellte Tier auf vier Beinen steht, Gefäße in Form von Tier- und Adlerköpfen und Gefäße, die ein liegendes Tier darstellen.

Die bemalten und mit einem roten Überzug versehenen löwenförmigen Trinkgefäße der frühesten Phase (1945 – 1835 v. Chr.) stehen auf vier Beinen (vgl. Abb. 14). Die Flüssigkeit wurde durch eine zylindrische Tülle in der Mitte des Rückens eingefüllt und durch das Maul ausgegossen, letzteres ist geöffnet, die Zunge hängt heraus. Die Köpfe der Löwen sind lebendig und naturalistisch modelliert, Körper und Beine sind jedoch stilisiert und eher flach und leblos wiedergegeben.

Bei einem anderen Exemplar ist der mit einem roten Überzug versehene Löwenkopf an einem zylinderförmigen Gefäß mit Henkel angebracht[Abb. 13]. Das Maul ist geschlossen. Der Stil dieses Gefäßes unterscheidet sich bereits von dem der frühen Phase. Die auf den Vorderbeinen liegenden Rhyta, die für die späteren hethitischen Gefäße charakteristisch sind, müssen aus diesen Formen entwickelt worden sein.

In hethitischen Texten wird erwähnt, daß König und Königin zu Ehren des Gottes Zababa aus einem auf Beinen stehenden Löwenrhyton trinken. Bemalte antilopenförmige Trinkgefäße (vgl. Abb. 17) sind mit den löwenförmigen zusammen gefunden worden. Aus den Siegelabdrücken dieser Epoche geht hervor, daß es zwei Götter gibt, deren heiliges Tier eine Antilope ist. Die Anzahl der Rhyta in Form von auf ihren vier Beinen liegenden Antilopen ist jedoch gering.

Neben den Gefäßen in Form von stehenden oder liegenden Wildschweinen finden sich häufig auch solche in Gestalt eines Schweinekopfes (vgl. Kat.-Nr. 45, Abb. 15). In solchen Gefäßen sind keine Getränke serviert worden, aus ihnen wurde zu Ehren eines Gottes getrunken. Ein Rhyton in Gestalt eines liegenden Schweines wurde von den Bewohnern von Kaniš beim Kult des doppelgesichtigen Gottes Usmu benutzt. In hethitischen Texten wird beschrieben, wie der König in einem schweineförmigen silbernen Gefäß dem »Schutzgott der Lanze« ein Getränk kredenzt.

Eine Kosmetikdose aus grünem Stein in Gestalt eines Schweines und ein Schweinskopf aus Karneol sind Kunstwerke, die das hohe Niveau, das die Künstler von Kültepe im 18. Jahrhundert v. Chr. bei der Steinbearbeitung erreicht hatten, und ihre technischen Fertigkeiten, die in feinen Details deutlich werden, vor Augen führen[Abb. 1].

Stierrhyta gibt es in dieser Epoche nur in Form von Stierköpfen. Sie sind mit bandförmigen Halftern

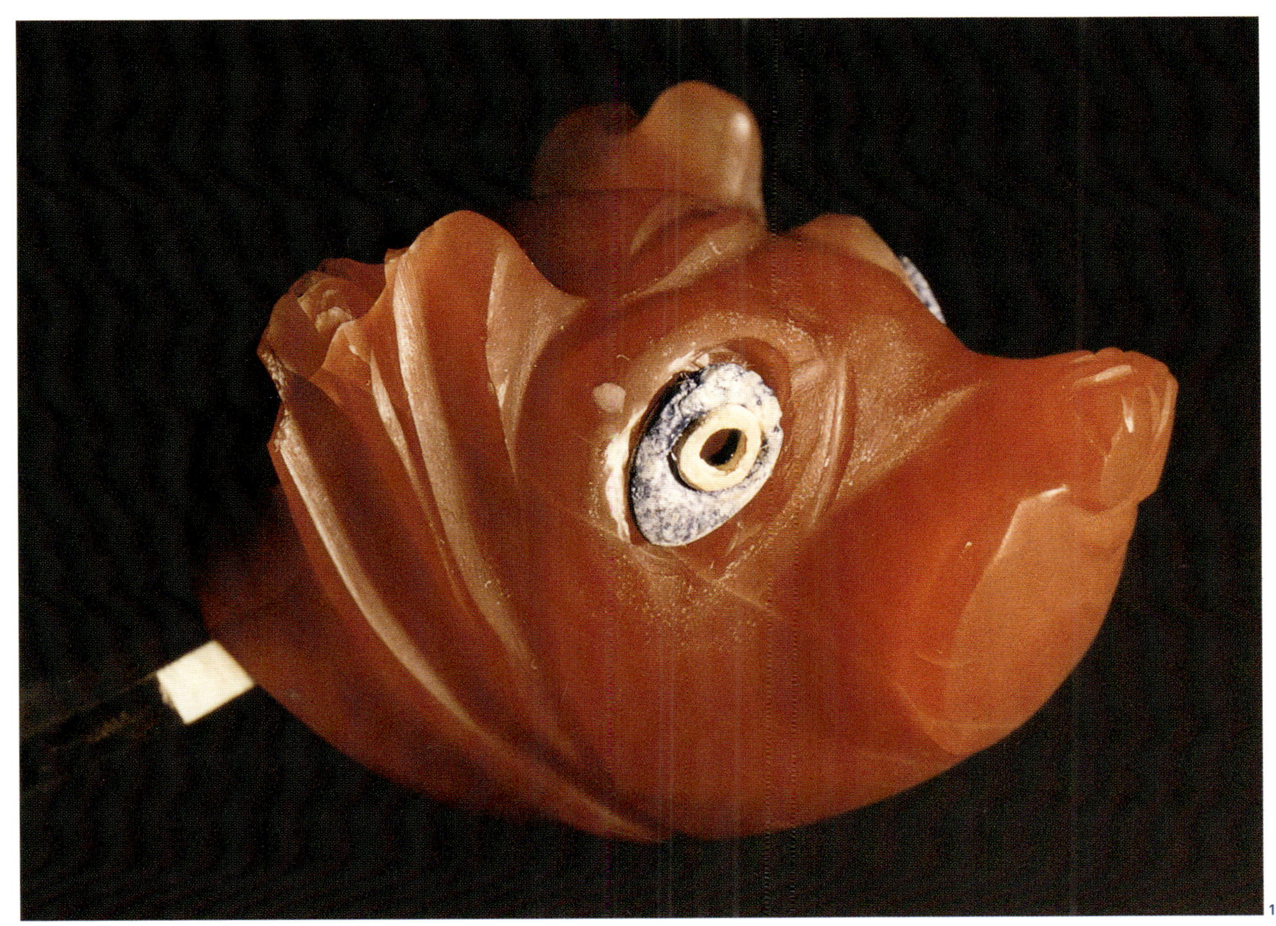
1

2

1 Kopf eines Schweines aus halbtransparentem, rosafarbenem Stein aus Kültepe. Die kleinen Löcher dienten zur Befestigung auf einem Trägermaterial. Die Augen sind aus Lapislazuli, die Augäpfel Intarsien aus Muschelschale (18. Jahrhundert v. Chr.), Museum für Anatolische Zivilisationen, Ankara

2 Bemaltes Gefäß in Form eines Stierkopfes aus Kültepe (19. Jahrhundert v. Chr.), Museum für Anatolische Zivilisationen, Ankara

3

4

5

6

7

8

3 Schminkdose aus Serpentin in Form eines liegenden Stieres aus Kültepe. Der als Relief gearbeitete Kopf ist nach hinten gedreht. Die eingelegten Augen sind verloren (18. Jahrhundert v. Chr.), Museum für Anatolische Zivilisationen, Ankara

4 Statuette in Form eines Widders, der auf seinen angewinkelten Beinen sitzt, aus Kültepe (18. Jahrhundert v.Chr.), Museum für Anatolische Zivilisationen, Ankara

5 Gefäß in Form eines sitzenden Adlers aus Kültepe (19. Jahrhundert v. Chr.) (Kat.-Nr. 43)

6 Zwei bemalte, stiefelförmige Kultgefäße aus Kültepe (19. Jahrhundert v. Chr.) (Kat.-Nr. 52, 53)

7 Gefäß in Form eines Adlerkopfes aus Kültepe, (19. Jahrhundert v. Chr.) (Kat.-Nr. 42)

8 Gefäß in Form eines fliegenden Adlers (19. Jahrhundert v. Chr.), Museum für Anatolische Zivilisationen, Ankara

ausgestattet und wurden immer paarweise gefunden[Abb. 2] (vgl. auch Kat.-Nr. 40, Abb.10).

Ein Stierkopfrhyton aus Obsidian und eine Schminkdose aus Serpentin sind wie die schweinekopfförmigen Gefäße Produkte künstlerisch qualitätvollster Steinbearbeitung[Abb. 3].

Auch die Existenz von Widderrhyta ist in den hethitischen Texten bezeugt[Abb. 4]. Die scharf profilierten Hörner, die das Gesicht des einhenkligen Widderkopfrhytons aus Karahöyük rahmen, und der Stil der Darstellung von Nase und Kinn unterscheidet dieses Rhyton von anderen.

Ein Unikat ist ein Katzenkopf mit schwarzem Überzug, der auf einem Gefäß mit zylindrischem Henkel angebracht ist.

Adlerrhyta haben die Form von aufrecht stehenden Adlern und Adlerköpfen[Abb. 5, 7, 8]. Einer von zwei gemeinsam gefundenen Adlern hält seine Beute, einen Hasen, in den Krallen; der andere ist mit ausgebreiteten Flügeln im Flug wiedergegeben. Weil man sich ihn in weiter Ferne vorstellte, ist er kleiner als der andere. Der Hase in den Krallen des Adlers ist im gleichen Kontext zu sehen wie die Hasen in den Krallen des doppelköpfigen Adlers bei der Sphinx von Alacahöyük. Die tönernen Adlerrhyta sind ausgesprochen beeindruckende archäologische Funde, die das hohe Niveau der hethitischen Tradition und Kunst schon in der Kolonniezeit belegen.

Der Adler war in der hethitischen Religion ein heiliger Vogel. Manche Götter halten einen Adler in ihren Händen. Darüber, welchem Gott der Adler als heiliges Tier zuzuordnen ist, geben die hethitischen Texte jedoch keine Auskunft.

Große rebhuhngestaltige Trinkgefäße mit kurzen Beinen aus Kültepe und Boğazköy sind charakteristisch für die behandelte Epoche (vgl. Abb.12). Manche sind mit Vogelsilhouetten und geometrischen Mustern verziert. Die Flüssigkeit wird durch eine tüllenförmige Öffnung auf dem Rücken eingefüllt und durch den Schnabel ausgegossen.

Nur kurz erwähnt werden sollen weitere Typen tierförmiger Keramiken: Hasenkopfgestaltige Gefäße wurden immer paarweise gefunden (vgl. Kat.-Nr. 30, Abb. 9).

Auch zwei hundegestaltige Gefäße wurden zusammen gefunden. Während der eine schläft, beobachtet der andere die Umgebung.

Schneckenförmige Gefäße aus Kültepe (vgl. Abb. 11) sind stets zusammen mit löwen-, antilopen- oder stiefelförmigen Gefäßen gefunden worden. Sie wurden nur in der ersten Phase der behandelten Koloniezeit benutzt.

> Stiefelförmige Gefäße

Die stiefelförmigen Trinkgefäße haben sich ebenfalls immer paarweise gefunden[Abb. 6]. Während die polychromen Stiefel typisch für die erste Phase der Koloniezeit sind, wurden in der Spätphase einfarbige Gefäße verwendet. Die Stiefel der Spätphase entsprechen formal den Stiefeln der Götter auf den Felsreliefs aus der hethitischen Großreichszeit.

Die Werkstätten in Kültepe haben in der Zeit vom 20. bis zum 18. Jahrhundert v. Chr. in der plastischen Tierdarstellung ein hohes Niveau in der Abstraktion und der Genauigkeit der Naturbeobachtung erreicht. Überzeugend kombinieren sie rundplastische Darstellung und Reliefkunst. Dieser neue Stil übte großen Einfluß auf die Entwicklungen der Folgezeit aus und könnte auch schon als die erste Phase dieser Zeit, der hethitischen Epoche, angesehen werden.

Literatur

Carruba 1967, 88–97; Fischer 1963; Haas 1994; Otten 1989, 365–368; N. Özgüç 1953, 218–225; T. Özgüç 1959; T. Özgüç 1986a; T. Özgüç 1998, 247–256; T. Özgüç 1996b, 61–67

9 Kultgefäß in Form eines Hasenkopfes aus Kültepe (19. Jahrhundert v. Chr.) (Kat.-Nr. 39)

10 Kultgefäß in Form eines Stierkopfes aus Kültepe (19. Jahrhundert v. Chr.) (Kat.-Nr. 41)

11 Kultgefäß in Form eines Schneckenhauses aus Kültepe (19. Jahrhundert v. Chr.) (Kat.-Nr. 46)

12 Kultgefäß in Form eines Rebhuhns aus Kültepe (19. Jahrhundert v. Chr.) (Kat.-Nr. 50)

13 Kultgefäß in Form eines Löwenkopfes aus Kültepe (18. Jahrhundert v. Chr.) (Kat.-Nr. 33)

14 Kultgefäß in Form eines Löwen aus Kültepe (19. Jahrhundert v. Chr.) (Kat.-Nr. 32)

15 Kultgefäß in Form eines Ebers aus Kültepe (19. Jahrhundert v. Chr.) (Kat.-Nr. 44)

16 Kultgefäß in Form einer Bergziege aus Kültepe (19. Jahrhundert v. Chr.) (Kat.-Nr. 48)

17 Kultgefäß in Form einer Antilope aus Kültepe (19. Jahrhundert v. Chr.) (Kat.-Nr. 47)

9

10

11

12

13

14

15

16

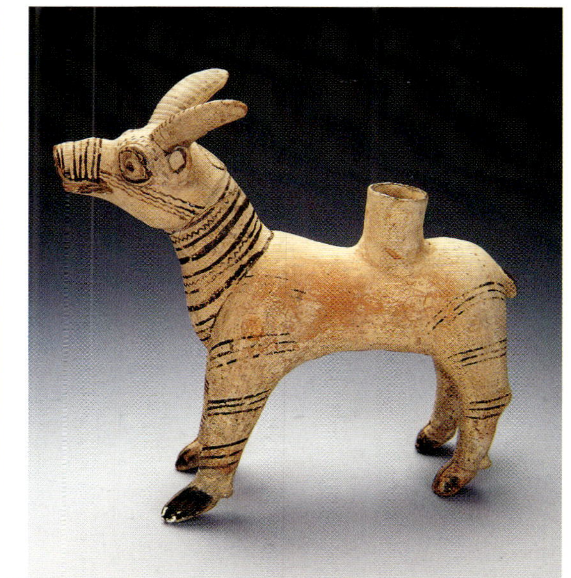
17

Karum-zeitliche Kultgefäße

Tahsin Özgüç

Die Keramik dieser Epoche ist ein Gemeinschaftsprodukt der einheimischen Hattier und der Hethiter, die sich im Land der Hattier niederließen und im Laufe der Zeit die Herrschaft übernahmen. Diese keramischen Erzeugnisse waren in dem seit dem Ende des 20. Jahrhunderts v. Chr. von den Hethitern besiedelten weiten Raum verbreitet und werden als »hethitische Keramik« bezeichnet. In der ersten Phase der hier bearbeiteten Epoche haben sie einen Höhepunkt in Kaniš/Neša erreicht.

Die Mehrzahl der Keramikgefäße ist monochrom, nur wenige sind mehrfarbig. In ihren Formen weisen sie keine Unterschiede auf. Rote und braune Muster entstehen aus geraden und gewellten Linien, aus schraffurgefüllten Dreiecken, Rhomben, Zickzackbändern, aus Vogelsilhouetten und Hakenformen. Die in je vier Friese unterteilten Wände der großen Badewanne aus Acemhöyük, die wie die Reliefvasen mit lebhaft bewegten Szenen geschmückt waren, sind ein aussagekräftiges Beispiel für das für diese Epoche charakteristische Dekor.

Diese monochrome Keramik, die stilistisch sehr geschlossen wirkt, hatte eine lange Tradition und ein großes Verbreitungsgebiet. Sie hat einen eigenen Stil und eigene technische und morphologische Eigenschaften entwickelt, und sie blieb bis zum Ende des Hethiterreiches in Verwendung. Die für den Bereich Kültepe/Kaniš typische Keramik mit geometrischen Verzierungen hat jedoch keine weite Verbreitung gefunden und wurde nach dem 18. Jahrhundert v. Chr. offensichtlich nicht mehr hergestellt.

Charakteristika der Werkstätten sind die ihnen spezifische Technik und der Formenreichtum ihrer Keramik. Man hat mit allen Formen experimentiert, die sich aus Ton herstellen lassen. Der feine Ton, die dünnen Gefäßwände und die Hochglanzpolitur verleihen der Keramik ein warmes, samtiges Aussehen. Die Harmonie zwischen dem stark profilierten Körper, der Schulter, den dreieckigen Henkeln und den vertikal nach vorn ausgezogenen Schnabelausgüssen und Tüllen steigert ihre Schönheit und beeindruckt jeden Betrachter[Abb. 1]. Der Wunsch, schöne Gefäße herzustellen, war ebensowichtig wie das Bedürfnis nach Funktionalität. In die Gräber allerdings legte man als Beigaben Keramikgefäße, die sich nicht für den täglichen Gebrauch eigneten. Die meisten dieser sorgfältig gearbeiteten, äußerst qualitätvollen Gefäße, die zusammen mit anderen kostbaren Gegenständen niedergelegt wurden, müssen bei Zeremonien und Libationen (Trankopfern) verwendet worden sein. Ein Großteil der Keramiken kopiert die Form von Metallgefäßen.

Die Dekoration der Keramik mit verschiedenen Tierfiguren, u. a. Vögel war sehr beliebt. Pferde oder Adler auf den Henkeln von Schnabelkannen sind typisch für keramische Produkte aus Neša. Häufig sind Schnabel- und Tüllenenden von Krügen, Schnabel- und Teekannen in Form von Tierköpfen gestaltet[Abb. 2]. Die hohen Fruchtständer mit Tüllen in Gestalt von Stierköpfen sind wohl als Libationsgefäße verwendet worden.

Henkellose Gefäße, auf deren Rändern Antilopen- und Adlerfiguren angebracht waren, nahmen unter dem kostbaren Geschirr privater Haushalte einen bedeutenden Platz ein[Abb. 3, 4].

Der fußnahe Bereich bei den Doppel-/Zwillingsgefäßen ist mit Tierkopfreliefs verziert[Abb. 5, 6].

In der Spätphase dieser Epoche treten Stierprotome und Stierfriese auf, bei denen der Körper der Tiere als Relief, der Kopf hingegen vollplastisch ausgearbeitet ist[Abb. 7, 8]. Solche Friese mit schreitenden Stieren sind Vorläufer der Friese auf den althethitischen Reliefvasen.

Unter den Kultobjekten nehmen auch die anthropomorphen Trinkgefäße aus Ton eine bedeutende Stellung ein. Lächelnde Gesichter sind in Frontaldarstellung als Relief wiedergegeben. Ihre Physiognomie und ihr Stil sind zugleich Charakteristika der späteren hethitischen Kunst. Der Trinkbecher mit dem Gesicht eines bärtigen, toten Mannes[Abb. 9],

1 Teekanne mit hohem Korbhenkel aus Kültepe (18. Jahrhundert v. Chr.), Archäologisches Museum, Kayseri

1

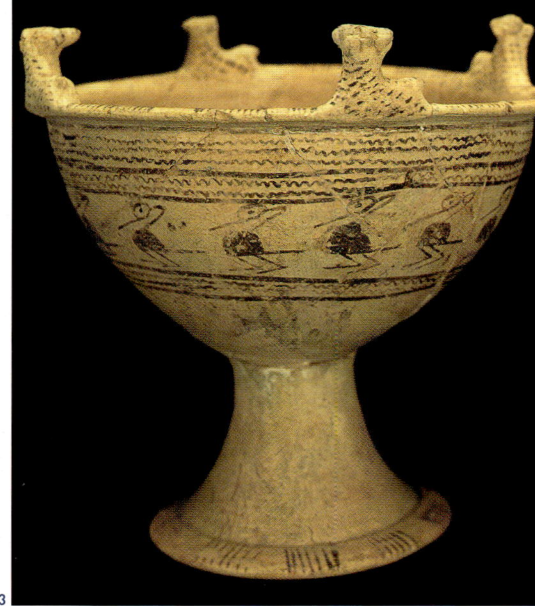

3 Schüssel mit hohem Fuß und vier Antilopen auf dem Rand aus Kültepe (19. Jahrhundert v. Chr.) (Kat.-Nr. 23)

4 Schüssel mit hohem Fuß, vier Antilopen und zwei Adlern auf dem Rand aus Kültepe (19. Jahrhundert v. Chr.) (Kat.-Nr. 24)

das bootförmige Gefäß mit einem plastischen Schafsbock-Kopf Abb. 10, 11 und die Vase mit einem Frauenantlitz auf der einen und einem bärtigen Männergesicht auf der anderen Seite sowie mehreren Hörnern als Verzierung Abb. 12 gehören zu den seltenen Kultobjekten dieser Zeit. Solche Kompositionen mit göttlichen Wesen und Tierfigürchen auf den Kultgefäßen sind eine Neuerung in dieser Epoche.

Ein weiteres interessantes Kultobjekt hat man neben einem von Votivgefäßen umgebenen steinernen Trog vor der Steinstele im Sakralraum eines Hauses entdeckt. Auf der Innenseite des dicken Randes dieser Schale befindet sich ein Kanal zur Aufnahme von Flüssigkeit. Zusätzlich zu den auf Rand und Tülle sowie innen und außen angebrachten menschlichen Figuren sind acht Tierfiguren (Löwe, Stier, Antilope) mit vollplastischen Köpfen und im Relief modellierten Körpern wiedergegeben Abb. 13. Diese Komposition aus heiligen Tieren und Menschen auf einer Schale mit einem Durchmesser von nur 20,8 Zentimetern und einer Höhe von nur 12,2 Zentimetern stellt eine Innovation für die Keramikkunst der Zeit dar.

Daneben bestand in Anatolien auch die altmesopotamische Tradition tönerner Objekte fort, die von einheimischen Künstlern im hethitischen Stil gearbeitet wurden. Das außergewöhnlichste Beispiel hierfür ist das sumerische Götterboot Abb. 14: In der Mitte des viereckigen Bootes steht auf einer Plattform ein turmartiger, vorn offener Tempel mit Fensteröffnungen an drei Seiten. Im Tempel steht die Statue einer Göttin mit langem Gewand und über der Brust gekreuzten Armen. Ein heiliges Wesen hält die Plattform fest, ein anderes rudert das Boot. Ihre sehr spitzen schwarzen Mützen entsprechen den hethitischen Kopfbedeckungen.

Kültepe/Kaniš war nicht nur ein großes Handelszentrum und die erste Hauptstadt des Hethiterreiches. Es war gleichzeitig ein großes Kulturzentrum, das eine Vermittlerrolle zwischen Anatolien und den Hochkulturen in Nordsyrien und über seine Verbindungen nach Assur auch in Mesopotamien spielte.

Literatur

Emre 1963, 86–99; Emre 1966, 99–153; Fischer 1963; Orthmann 1984, 34–62; von der Osten 1937; N. Özgüç 1966, 29–52; T. Özgüç 1950; T. Özgüç 1986a; T. Özgüç 1994a, 221 ff.; T. Özgüç 1996a, 369–375

2 Gefäß mit hohem Fuß und stierkopfförmiger Tülle aus Kültepe (19. Jahrhundert v. Chr.) (Kat.-Nr. 25)

5

6

7

8

9

10

11

12

13a

13b

14a

14b

5 Doppelte Tüllenkanne mit einem Adler auf dem Steg, der die beiden Gefäße miteinander verbindet, aus Kültepe (Kat.-Nr. 28)

6 Kompositgefäß mit einem Stiermenschen und zwei Antilopen aus Kültepe (Kat.-Nr. 29)

7 Gefäß mit hohem Ringwulst am Hals aus Kültepe. Zwischen den Henkeln je ein Stierprotom (18. Jahrhundert v. Chr.), Museum für Anatolische Zivilisationen, Ankara

8 Gefäß mit einem Fries von acht Stierfiguren auf der Schulter aus Kültepe (18. Jahrhundert v. Chr.), Museum für Anatolische Zivilisationen, Ankara

9 Gefäß mit dem Gesicht eines Verstorbenen aus Kültepe (19. Jahrhundert v. Chr.) (Kat.-Nr. 34)

10 Bootförmiges Gefäß aus Kültepe mit einer Tülle in Form eines Schafsbock-Kopfes. Die Flüssigkeit floß aus dem Maul des Tieres (19. Jahrhundert v. Chr.), Museum für Anatolische Zivilisationen, Ankara

11 Wannenförmiges Gefäß mit einer Tülle in Form eines Stierkopfes, einer männlichen Figur und einem Vogel aus Kültepe (19. Jahrhundert v. Chr.) (Kat.-Nr. 27)

12 Gefäß mit dem Gesicht eines Mannes und einer Frau aus Kültepe (19. Jahrhundert v. Chr.) (Kat.-Nr. 51)

13 Gefäß mit Löwen, Antilopen und einem Stierkopf auf dem Rand mit einer Tülle in Form eines Widderkopfes aus Kültepe (18. Jahrhundert v. Chr.) (Kat.-Nr. 22)

14 Kultboot mit einer Tülle in Form eines Schafsbock-Kopfes (19. Jahrhundert v. Chr.), Museum für Anatolische Zivilisationen, Ankara

Heiligtümer – Kultstätten und multifunktionale Wirtschaftsbetriebe

Der Große Tempel und das Tempelviertel der hethitischen Hauptstadt Ḫattusa

1 Luftaufnahme des Großen Tempels von Ḫattusa (Foto Peter Oszvald)

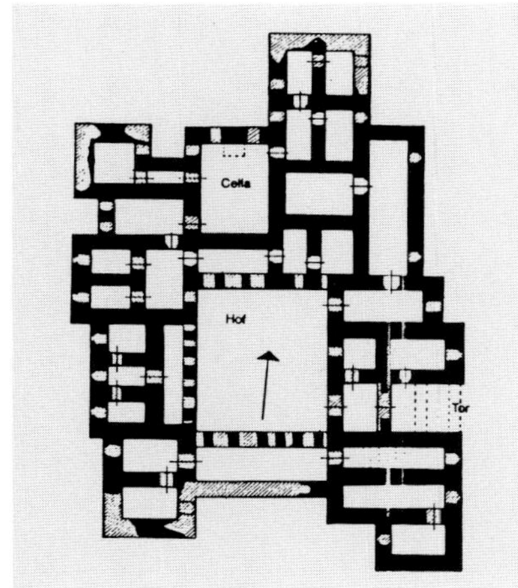

2 Grundriß des Tempels 3 von Ḫattusa

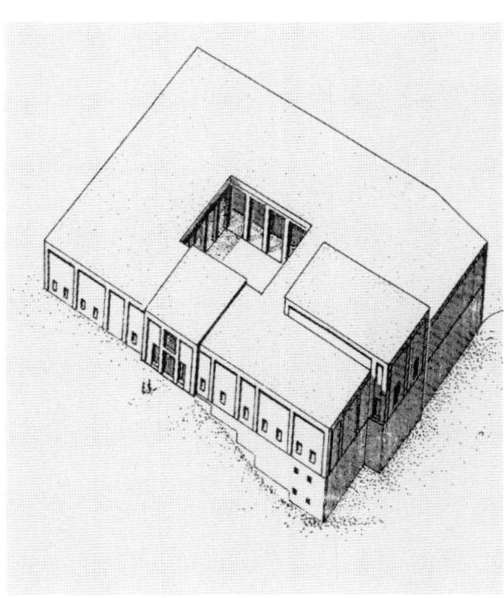
3 Rekonstruktion des Tempels 7 von Ḫattusa, Ansicht von Osten

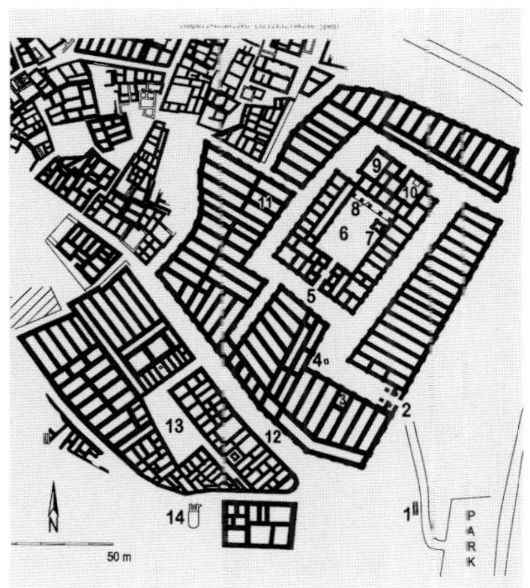

4 Grundriß des Großen Tempels von Ḫattusa

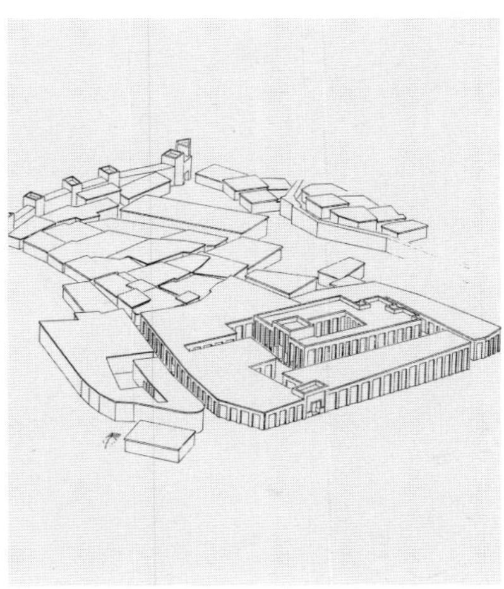
5 Rekonstruktion des Großen Tempels von Ḫattusa mit den Magazinen

Jürgen Seeher

Im hethitischen Staat war die Grenze zwischen weltlicher und geistlicher Sphäre fließend. Das kommt auch in der Wirtschaft zum Ausdruck, denn der König als Oberster Priester des Landes organisierte auch die Versorgung der zahlreichen Tempel. Er übereignete ihnen Ländereien und Kriegsbeute, aber er setzte auch die Abgaben fest, die die Städte und Länder an die Tempel zu liefern hatten. Er war für die Instandhaltung der Heiligtümer verantwortlich, besaß aber auch die Verfügungsgewalt über das Tempelinventar und -personal sowie über die Ländereien und Güter in Tempelbesitz.

> Häuser für die Götter

Bis heute sind 31 Bauwerke in der Hauptstadt Ḫattusa als Tempel identifiziert worden. Angesichts der sehr großen noch nicht ausgegrabenen Flächen im Stadtgebiet ist jedoch damit zu rechnen, daß diese Zahl ursprünglich deutlich höher lag: In den hethitischen Texten ist häufig die Rede von den »Tausend Göttern des Landes Ḫattusa«, von denen sicher viele einen Ort der Verehrung in der Reichs- und Kulthauptstadt Ḫattusa besaßen. Allerdings berichten die Quellen auch, daß nur für die höhergestellten Götter eigene »Häuser« eingerichtet waren. Für die anderen Gottheiten reichten kleinere Strukturen, Stelen, heilige Steine oder Haine. Häufig wurden in einem Tempel auch mehrere Gottheiten verehrt.

Die ungleiche Verteilung der Tempel im Stadtgebiet – nur einer liegt in der Unterstadt, alle anderen in der Oberstadt – ist nur zum Teil durch die ungleichmäßige Verteilung der Grabungsbereiche zu erklären. Es gab tatsächlich ein regelrechtes Tempelviertel in der Oberstadt, wo in einer Senke 24 Tempelbauten eng beieinander und fünf weitere in geringer Entfernung davon lagen. Eine solche Konzentration von Heiligtümern in diesem Teil der Stadt kommt vielleicht nicht von ungefähr, denn sie symbolisiert gleichzeitig auch die Ordnung der Welt: Die Wohnstätten der Götter liegen separiert und oberhalb des Königspalastes, und dieser liegt wiederum oberhalb der Unterstadt mit den Wohnvierteln der »normalen« Stadtbewohner.

> Der Tempel als Kultstätte

Die hethitischen Tempel lassen sich folgendermaßen charakterisieren: Wie alle Bauwerke der Stadt waren sie mit Lehmziegelwänden auf Steinsockeln gebaut und mit flachen Dächern gedeckt. Wie die Grundrisse zeigen, enthielt jeder Tempel eine Vielzahl von Räumen und Kammern, deren Anordnung und Form je nach Größe und Lage des Tempels variiert[Abb. 2]. Ein gemeinsames Merkmal ist der offene Innenhof, der über eine Toranlage von außen her zu erreichen war[Abb. 3]. An einer Seite dieses Hofes lag eine schmale Vorhalle, deren Dach von Pfeilern getragen wurde. Nachdem man sie durchquert hatte, gelangte man durch einen oder mehrere kleine Vorräume in den eigentlichen Kultraum, das Allerheiligste. Hier stand das Bildnis der Gottheit, in der Regel eine Statue oder Statuette, manchmal aber auch eine Stele. Sie waren entweder ganz aus Metall (Bronze, Eisen, Silber, Gold) oder aus Holz mit Metallbeschlägen und Einlagen aus Lapislazuli und anderen wertvollen Steinen. In keinem Tempel ist ein solches Kultbild erhalten geblieben, nur die Standflächen auf großen Steinblöcken in der Mitte oder an einer Wand des Allerheiligsten sind oft noch erkennbar. Da auch sonst einschlägige Hinweise fehlen – Gründungsinschriften wie in Mesopotamien gibt es bei den Hethitern nicht – kann man mit einer möglichen Ausnahme bislang keinen Tempel in der Hauptstadt einer bestimmten Gottheit zuordnen.

Zugang zum Allerheiligsten hatten wohl nur die Priester sowie König und Königin als oberste Kultherren des Landes. Aus den hethitischen Texten weiß man, daß ein großer Teil der Kulthandlungen

6 Die Türschwellen zwischen den Magazinräumen (Foto Peter Oszvald)

7 Quadermauerwerk (Foto Peter Oszvald)

nicht im Allerheiligsten stattfand, sondern im Hof, beim Tor, an einem Fenster, auf dem Dach oder an anderen Stellen des Tempels. So konnten mehr Personen an den Gebeten und Gesängen, Rezitationen und Musikdarbietungen, Umzügen, Trank-, Speise- und Tieropfern teilnehmen. Anläßlich bestimmter Feste wurden Prozessionen veranstaltet, bei denen man mehrere Tempel aufsuchte und dort Kulthandlungen vollzog. Manche Tempel in der Hauptstadt waren übrigens nicht den Reichsgöttern, sondern den Stadtgöttern anderer Zentren geweiht. Diese Tempel mögen nebenbei auch als Sitz von Gesandtschaften jener Städte fungiert haben.[1]

Für den Kult zuständiges Personal – Priester und Priesterinnen, Seher, Sänger und Musikanten – wird vielfach in den Kulttexten erwähnt. Sie wohnten zum Teil auch in den Tempeln. Daneben gab es jedoch auch zahlreiche »weltliche« Angestellte, und dies führt uns zum wirtschaftlichen Aspekt der hethitischen Tempel.

> Der Tempel als Wirtschaftsbetrieb

Die hethitischen Tempel waren wie die Tempel in anderen Reichen des Alten Orients nicht nur Kultstätten und Wohnplätze der Götter. Sie waren auch Wirtschaftsbetriebe, ausgestattet mit eigenen Ländereien und Werkstätten, die von tempeleigenem Personal betrieben wurden – deshalb kann man sie mit christlichen Klöstern vergleichen. Daß die Tempel eigene Ländereien besaßen, geht aus Katasterurkunden hervor, wo »Felder der Gottheit« verzeichnet sind. Eine Dienstanweisung für das Tempelpersonal nennt neben dem »Küchenpersonal der Gottheit« auch »Bauern der Gottheit« sowie »Groß- und Kleinviehhirten der Gottheit«. Diese waren zuständig für den Anbau von Feldfrüchten und die Aufzucht von Tieren, die für die großen Kultfeste an die Tempel geliefert wurden, aber auch zur Versorgung des Tempelpersonals dienten. Anscheinend bestand ein größerer Teil der in der Landwirtschaft für die Tempel tätigen Personen aus Gefangenen, die nach Ḫatti verschleppt und vom König den Tempeln übereignet worden waren. Sie waren allerdings keine rechtlosen Sklaven, denn sie konnten auch selbst Land besitzen und bebauen.[2] Lieferungen von Saatgut, Rindern und Schafen durch den König an die Tempel stammten wohl ebenfalls aus Kriegsbeute. Aber den Tempeln gehörten nicht nur landwirtschaftliche Betriebe. Auch eine Reihe von Handwerkern werden in den Kulttexten erwähnt, z. B. Rohrflechter und Töpfer, ferner Küchenpersonal und andere Bedienstete wie Wasserträger, Vorhoffeger usw. Und nicht zu vergessen die Schreiber selbst: In den Tempeln waren Schreiber tätig, die nicht nur für die Aufzeichnung der Kulttexte, sondern auch für die Buchführung zuständig waren. Allerdings sind einschlägige Texte, also Lieferlisten, Bestellungen, Quittungen und ähnliches in verhältnismäßig geringer Zahl überliefert, was mit dem vergänglichen Medium zusammenhängen dürfte, auf dem sie festgehalten wurden. Es gab nämlich nicht nur Tontafelschreiber, sondern auch Holztafelschreiber. Sie schrieben mit Griffeln auf wachsbeschichtete Holztafeln oder vielleicht mit Tinte direkt auf Holz. Im Gegensatz zu den Tontafeln haben die Holztafeln jedoch die Jahrtausende nicht überstanden.

> Der Große Tempel von Ḫattusa

Der Große Tempel ist das größte Sakralbauwerk von Ḫattusa und liegt als einziger mitten in einem Wohnviertel in der Unterstadt Abb. 1, 4, 5.[3] Diese Lage spricht für ein hohes Alter, und wenn auch der heute sichtbare Bau wohl in die Großreichszeit zu datieren ist, so lag an dieser Stelle vermutlich schon immer ein bedeutendes bzw. das bedeutendste Heiligtum der Stadt. Und da in diesem größten Tempel nicht nur ein, sondern zwei Kulträume existierten, liegt der Schluß nahe, daß er den beiden höchsten Gottheiten des Reichspantheons, dem Wettergott des Himmels und der Sonnengöttin von Arinna, geweiht war.

Der eigentliche Tempelbau mißt etwa 65 x 42 Meter. Zusammen mit den ausgedehnten Magazintrak-

7

ten, die ihn auf allen Seiten umgeben, nimmt er eine Fläche von rund 14 500 Quadratmetern ein Abb. 4. Man betrat diesen großen Baukomplex durch das Hauptportal im Südosten (Nr. 2) und gelangte dann über eine 8 Meter breite, mit großen Steinplatten ge-pflasterte Straße zum Eingang des eigentlichen Tempels (Nr. 5). Wasserbecken am Weg (Nr. 1, 4) dienten wohl für Kulthandlungen im Rahmen von Prozessionen.

Im Tempelbau erkennt man den obligatorischen offenen Innenhof, der ebenfalls mit großen Steinplatten gepflastert war (Nr. 6). Am gegenüberliegenden Ende lag die offene Pfeilerhalle (Nr. 8), durch die man dann den Bereich des Allerheiligsten betrat: Verschiedene Vorräume sowie rechts und links die beiden Kulträume, in denen die Standbilder der Gottheiten aufgestellt waren (Nr. 9, 10). Wie tiefliegende Fensterbänke zeigen, gab es hier große, fast bis zum Boden hinunterreichende Fensteröffnungen, durch die bei Bedarf viel Licht in das Allerheiligste fallen konnte. Hier zeigt sich ein deutlicher Gegensatz zu dem geheimnisvollen Halbdunkel der Kulträume in mesopotamischen und ägyptischen Tempeln – obwohl vermutlich auch die Kulträume der hethitischen Tempel mit hölzernen Läden zu verschließen waren, um den sakralen Charakter des Ortes zu wahren. Bei den Wandsockeln im Bereich der Kulträume des Großen Tempels hat man übrigens ein anderes Gestein verwendet: Während die Mauersockel der Gebäude in Ḫattusa für gewöhnlich aus Kalkstein bestehen, hat man hier Gabbro, ein schwarzgrünes, an feinkörnigen Basalt erinnerndes Gestein verwendet. Die Blöcke aus diesem harten Stein waren viel schwerer zu bearbeiten, nach entsprechender Glättung und Politur jedoch auch sehr viel schöner anzusehen und deshalb entsprechend wertvoll. Dieser Stein wurde im Großen Tempel außerdem auch für die Basen der Pfeiler der offenen Halle sowie für eine kleine Baustruktur in der Nordwestecke des Hofes (Nr. 7), vermutlich ein Altar, verwendet.

Die übrigen Räume des eigentlichen Tempelgebäudes dienten anderen Kulthandlungen, waren aber wohl auch Aufenthaltsort für die Priester und Lagerräume für die zahlreichen Kultutensilien. Da es kein Treppenhaus gibt, kann man davon ausgehen, daß der Tempel einstöckig war. Im Gegensatz dazu waren die ihn umgebenden Magazinräume zweistöckig, stellenweise vielleicht sogar dreistöckig. Es gibt 82 ebenerdige Räume in den Magazintrakten, und wenn man die Obergeschosse hinzurechnet, kommt man auf 150 bis 200 Magazinräume rund um den großen Tempel. Besonders eindrucksvoll sind die tonnenschweren Türschwellen aus großen Kalksteinblöcken, über die man von einem Magazinraum in den nächsten gelangte Abb. 6.

In den Untergeschossen der Magazine auf der Nordwestseite (Nr. 11) kamen die Überreste von Hunderten großer Vorratsgefäße aus Ton zum Vorschein (Abb. S. 18/19). Sie hatten ein Fassungsvermögen von bis zu 1750 Litern und dienten der Lagerung von Nahrungsmitteln, die als Tribut an den Tempel geliefert wurden – Getreide, Hülsenfrüchte, Trockenobst, aber auch Wein und Öl. Viele dieser Gefäße tragen auf der Schulter eingeritzte Zeichen mit Angaben zum ehemaligen Inhalt. Leider waren sie bei der Auffindung alle leer. In anderen Magazinräumen fand man zahlreiche gesiegelte Tonbullen, die einst an Säcken, Kästen, Warenballen und Gefäßen befestigt gewesen sein müssen. Der bedeutendste Fund kam jedoch schon im Jahr 1907 in zwei Magazinräumen an der Südostseite des Tempelkomplexes zum Vorschein – eine mehrere tausend Stücke umfassende Keilschrifttafelsammlung, die entscheidendes Material für die Entschlüsselung der hethitischen Sprache lieferte.

Eine weiterer vielräumiger, etwa 5300 Quadratmeter umfassender Baukomplex liegt im Südwesten neben dem Großen Tempel. Da sein einziger Eingang dem Seitenportal des Tempels genau gegenüberliegt, nimmt man an, daß er dem Tempel zugeordnet war. Möglicherweise handelt es sich hierbei um ein É GIŠ.KIN.TI, ein »Haus der Arbeitsleistung«, in dem Tempelpersonal arbeitete und

8

9

8 Löwenkopf aus Tempel 2 (Kat.-Nr. 125)

9 Die Tudḫalija-Stele aus Tempel 5 (Kat.-Nr. 125)

10 Luftaufnahme des zentralen Tempelviertels (Foto Peter Oszvald)

11

vielleicht teilweise auch wohnte. Ein in diesem Gebäude gefundener Tontafeltext gibt folgende Auflistung: »Insgesamt 208 Angehörige des É GIŠ.KIN.TI, davon 18 Priester, 29 Musikantinnen, 19 Tafelschreiber, 33 Holztafelschreiber, 35 Wahrsagepriester, 10 Sänger auf Hurritisch.«[4] Der Rest des Textes fehlt leider, so daß die Funktionen der weiteren 64 Personen unbekannt bleiben. Wie man sieht, waren zumindest hier die Holztafelschreiber zahlreicher als die Tontafelschreiber. Daß auch in diesem Bereich einst umfangreiche Lebensmittelmengen gelagert wurden, belegen 110 große Vorratsgefäße, die man in den nördlichen Raumgruppen fand.

> Die großen Tempel in der Oberstadt

Bei den Tempeln in der Oberstadt lassen sich zwei Kategorien unterscheiden: Da sind zum einen mehrere große Bauwerke, die durch ihre exponierte Lage, »offene« Grundrisse mit Vor- und Rücksprüngen an den Außenwänden und massive Sockelzonen mit sehr qualitätvollem Quadermauerwerk auffallen[Abb. 7]. Hierzu gehören die Tempel 2 und 3[Abb. 2], die jeweils auf Geländespornen am Südrand der Oberstadt liegen[Abb. 11], aber auch der Tempel 4 auf einer Geländeerhöhung in der Senke nördlich davon. Bei ihnen handelt es sich jeweils um monumentale Bauwerke mit größeren Innenhöfen und Kulträumen, die sicherlich den bedeutenderen Gottheiten geweiht waren. Ihre Bedeutung kommt auch durch die Verwendung von Bauplastik zum Ausdruck, denn in Tempel 2 gab es mindestens zehn[Abb. 8] und in Tempel 3 vier Löwenskulpturen. In Tempel 3 wurden außerdem Fragmente von zwei überlebensgroßen menschlichen Köpfen gefunden, die offenbar von Sphinxskulpturen stammen.[5]

Nahe dem Königstor im Südosten der Oberstadt lag Tempel 5. Er ist nach dem Großen Tempel das zweitgrößte Sakralbauwerk der Stadt, und auch er hatte nicht nur einen, sondern zwei Kulträume und außerdem eine kleine Altarstruktur im Hof. An der Westseite gab es außerdem einen angegliederten Trakt, der vielleicht als Residenz für Würdenträger genutzt wurde. Tempel 5 ist eines der Heiligtümer, bei denen eine Temenos-Mauer nachgewiesen werden konnte – eine Mauer, die einen größeren »heiligen Bezirk« um dem Tempel herum abgrenzte. In diesem Bereich lagen hier drei kapellenartige kleine Bauten, die für Kulthandlungen errichtet worden sein dürften. Aus dem westlichen Schrein stammt der Block mit der Reliefdarstellung eines Großkönigs Tudḫalija als Krieger mit Lanze[Abb. 9]. Die Hörner an seiner Mütze sind Zeichen der Vergöttlichung – vermutlich wurde ein verstorbener König in dieser »Kapelle« verehrt.

Etwas abseits, an der gegenüberliegenden Seite des südlichen Stadtmauerbogens beim Löwentor, lag Tempel 30, der zu den älteren Tempeln in der Oberstadt zählt. Die spärlichen Überreste von Tempel 31 wurden dagegen im Nordosten der Oberstadt, in der Nähe der Königsburg freigelegt.

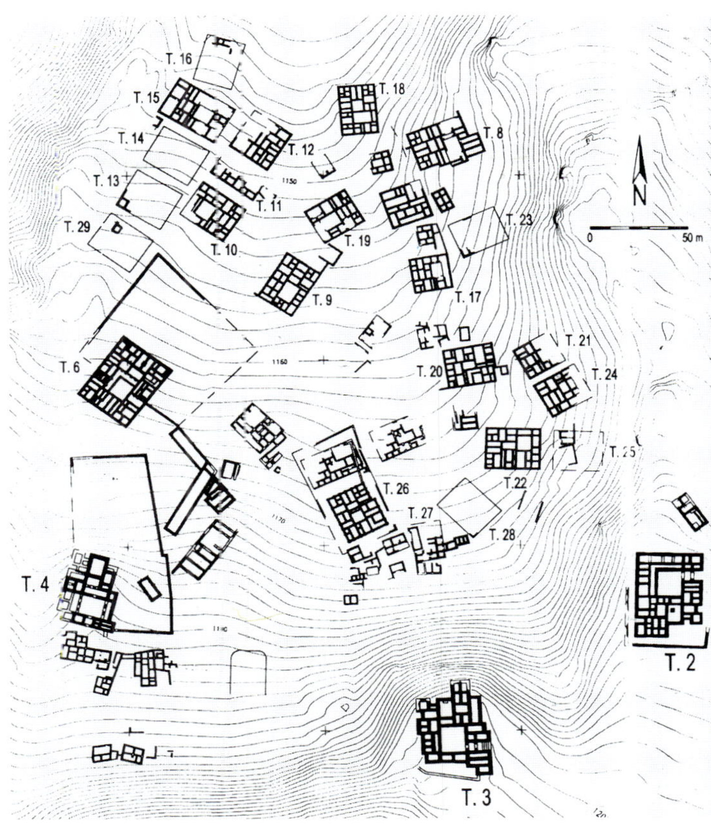

11 Plan des zentralen Tempelviertels in der Oberstadt von Ḫattusa

> Das zentrale Tempelviertel

Die zweite große Gruppe von Tempeln in der Oberstadt bilden 23 Bauwerke, die wie Tempel 4 in der zentralen Senke in der Oberstadt lagen[Abb. 10, 11] Ein weiterer, größerer Bau liegt etwas nördlich hiervon (Tempel 7 bei Sarıkale). Die Identifizierung als Tempel basiert auf der erwähnten charakteristischen Raumfolge Hof – schmale Pfeilerhalle – Vorraum – Kultraum. Je nach ihrer Lage am Hang waren die Gebäude teilweise unterkellert. Im Gegensatz zu den beschriebenen großen Tempeln zeigen ihre Grundrisse eine rechteckige, geschlossene Form, mit Maßen von 400 bis 600 Quadratmetern und 1200 bis 1500 Quadratmetern. Das monumentale Quadermauerwerk fehlt hier und ist durch eher kleinformatige Steinblöcke ersetzt. Einige dieser Tempel in der Senke sind in Reihen angelegt, bei den meisten ist die Orientierung jedoch zufällig bzw. dem Gelände angepaßt, ebenso wie bei den großen Tempeln 2 bis 5. Offensichtlich gab es bei den Hethitern keine Vorschriften für die Ausrichtung der Tempel nach bestimmten Himmelsrichtungen oder kosmischen Erscheinungen.

Nach bisheriger Erkenntnis datieren die Tempel in der Oberstadt in die Großreichszeit – ein Nachweis von althethitischen Tempeln ist bisher noch nicht gelungen. Sie wurden allerdings nicht alle gleichzeitig gebaut, und die Mehrzahl bestand sicher nicht bis zur Aufgabe der Stadt um 1200 v. Chr. Mindestens 15 der 23 Tempel in der zentralen Senke sind bereits einige Zeit vor dem Ende der Stadt aufgelassen worden und verfallen.[6] Dennoch war dieses Stadtviertel lange Zeit den Göttern vorbehalten, denn in der zentralen und östlichen Oberstadt gibt es bislang erst ganz am Ende der Besiedlungsgeschichte Hinweise auf eine profane Bebauung.

Anmerkungen

1 Haas 1994, 631.
2 Soucek 1979, 79.
3 Allgemein: Neve 1995/96.
4 Bittel 1969, 11.
5 Neve 1996, 40ff.
6 Neve 1999, 72.

Literatur

Bittel 1969, 5–13; Haas 1994; Klengel 1975, 181–200; Neve 1995/96, 41–62; Neve 1996; Neve 1999; Soucek 1979, 78–82

1

Leberschau, Losorakel, Vogelflug und Traumgesicht

Formen und Funktionen der Vorzeichendeutung

2

3

1 Lebermodell aus Ḫattusa, Vorderseite (Kat.-Nr. 133)

2, 3 Lebermodell aus Ḫattusa, Vorder- und Rückseite (Kat.-Nr. 134)

Daniel Schwemer

Seit der Antike haftet am Orakel ebenso wie an der Vorzeichenkunde überhaupt der Verdacht des Aberglaubens und des Schwindels. Der verbreiteten Neigung, Texten aus diesem Bereich deshalb von vornherein wenig Wert zuzusprechen, sollte man jedoch bei der Beschäftigung mit der hethitischen Kultur nicht nachgeben. Denn hier bildet die Vorzeichendeutung – neben Gebet und Kult – einen elementaren Bestandteil des religiösen Lebens, dessen Prägekraft man nicht unterschätzen darf.

> Leben im Einklang mit dem Willen der Götter

Folgender Passus aus dem Gebet des Kantuzili, eines vornehmen hethitischen Priesters aus der ersten Hälfte des 14. Jahrhunderts v. Chr., veranschaulicht die Funktion der Mantik (Wahrsagekunst) innerhalb der hethitischen Religion besonders klar: »[Jetzt] aber möge mein Gott mir von ganzem Herzen seinen Wunsch (und) seinen Willen eröffnen! Möge er mir meine Verfehlung [benennen], damit ich sie anerkennen kann! Entweder möge mein Gott in einem Traum zu mir sprechen; mein Gott möge mir seinen Wunsch eröffnen, [mir] meine [Verfeh]lung benennen, damit ich sie anerkennen kann! Oder die Seherin möge zu mir sprechen, [oder] der Opferschauer möge aus der Leber (lesend) zu mir sprechen!«[1] In der Not, scheinbar im Stich gelassen von der angerufenen Gottheit, forscht der Beter nach möglichen Ursachen des göttlichen Zorns: eigene Taten oder Unterlassungen, die im Widerspruch zum Willen der Götter und damit im Widerspruch zur Weltordnung insgesamt stehen. Die Antwort der Gottheit auf das Gebet aber läßt sich mit den Methoden der Vorzeichenkunde erschließen. Daß man die Bestätigung einer Verfehlung durch ein göttliches Orakel nicht auf die leichte Schulter nahm, zeigt die Erwähnung des mantischen Befundes in einem der politisch brisantesten Gebete der hethitischen Literatur. Mursili II. (ca. 1318 – 1290 v. Chr.) betet zu den Göttern wegen der furchtbaren Epidemie, die das Land heimsucht; die Götter zürnen wegen des Mordes an Tudḫalija, durch dessen Tod Suppiluliuma I. (ca. 1355 – 1320 v. Chr.), der Vater Mursilis, die hethitische Königswürde erlangt hatte: »Und weil das Land Ḫattusa (so) lange dahinstirbt, so fiel [mir] die Sache mit Tudḫalija dem Jüngeren ... aufs Gewissen; auch veranstaltete ich eine Orakelanfrage bei der Gottheit. [Und da] wurde die Sache mit Tudḫalija dem Jüngeren von der Gottheit auch festgestellt.«[2]

> Systematische Erkundung des göttlichen Willens

Sollen Mißstände oder Verfehlungen, die den Zorn einer Gottheit ausgelöst haben, durch ein Orakel bestimmt werden, benötigt man unzweideutige und konkrete Antworten der befragten Gottheit. Zur Feststellung ebensolcher Resultate entwickelten die Hethiter eine ausgeklügelte Orakelmethode; diese ist in ihrer Systematik in der altorientalischen Welt einzigartig, auch wenn wichtige Einzelelemente aus Babylonien und von den Hurritern übernommen wurden.

Das Grundprinzip folgt einem binären Schema. Der oft detailliert ausgeführten Anfrage fügt der Seher ein hypothetisches Resultat bei; letzteres orientiert sich am ungünstigen bzw. günstigen Charakter der in der Anfrage thematisierten Umstände: »Wenn das und das sich so und so verhält, dann soll das Orakelresultat ungünstig (bzw. günstig) sein!« Stimmt der dann durchgeführte tatsächliche Orakelbefund mit dem hypothetischen überein, sind auch die in der Anfrage formulierten hypothetischen Umstände von göttlicher Autorität bestätigt.[3] Dieses schlichte Grundschema wird nun in zweierlei Hinsicht erweitert: Zum einen werden zahlreiche logisch aufeinander aufbauende Anfragen aneinandergereiht; von Schritt zu Schritt erlangt man so ein immer genaueres Resultat Graphik 1.[4] Zum anderen kennen die Hethiter nicht nur eine, sondern mehrere Orakeltechniken Graphik 2; das mit einer bestimmten Technik gewonnene Resultat kann deshalb mit Hilfe der alternativen Methoden auf seine Richtigkeit hin überprüft werden. So entsteht eine komplexe Orakelsystematik, die ein Höchstmaß an Präzision und Verläßlichkeit garantiert.

> Leberschau: Babylonische Tradition in Ḫattusa

Schon im 3. Jahrtausend v. Chr. war es in Babylonien üblich, die Innereien des Opfertieres, also insbesondere des Schafes als des Opfertieres schlechthin, auf ominöse Befunde hin zu untersuchen. Dabei autopsierte man vor allem den Zustand der Leber; aber auch Lunge, Herz, Dickdarm, Brustbein und Rückenwirbel fanden Beachtung. Beobachtet wurden Vorhandensein und Gestalt von zumeist elf Einzelbereichen oder -organen, die man als Teile der Leber ansah, unter ihnen auch die Gallenblase. Ebenso trugen zusätzliche Kennzeichen verschiedener Art, wie etwa die Bohrlöcher von Leberegeln, ominöse Bedeutung. Die Detailbeobachtungen summierten sich zu einem positiven oder negativen Gesamtresultat, das dann als Antwort (»Ja« oder »Nein«) auf die vor der Schlachtung gestellte Frage galt. Die Anfrage selbst richtete man meist an den Sonnengott Šamaš und den Wettergott Adad; denn sie – so die babylonische Vorstellung – markierten als Götter der Vorzeichenkunde die Innereien.[5]

Beispielhafte Befunde und ihre Resultate wurden seit dem frühen 2. Jahrtausend v. Chr. in großen

Anfrage 1: Ist die Krankheit des Königs (Tudḫalija III.) ein Zeichen für den Zorn der Gottheit von Arusna, die in dieser Sache noch nicht im Orakel befragt wurde?	
Hypothetisches Resultat (Leberschau)	Erster Teilbefund günstig, zweiter Teilbefund ungünstig.
Tatsächliches Resultat	Erster Teilbefund günstig, zweiter Teilbefund ungünstig.
Anfrage 2: Wurde der Zorn der Gottheit durch irgendwelche Umstände in ihrem Tempel ausgelöst?	
Hypothetisches Resultat (Leberschau)	Ungünstig.
Tatsächliches Resultat	Ungünstig.
Anfrage 3: Ist der Zorn der Gottheit von Arusna ausschließlich durch Umstände innerhalb des Tempels bedingt und richtet sich in keiner Weise gegen den König selbst?	
Hypothetisches Resultat (Leberschau)	Günstig.
Tatsächliches Resultat	Ungünstig.
Anfrage 4: Richtet sich der Zorn der Gottheit gegen den König, weil die Königin (Puduḫeba, die Königsmutter) eine gewisse Ammattalla wegen verschiedener Vergehen vor der Gottheit verflucht hat?	
Hypothetisches Resultat (Leberschau)	Ungünstig.
Tatsächliches Resultat	Ungünstig.
Gegenkontrolle: Nochmals Anfrage 4, nun mittels *ḪURRU*-Vogel-Orakel:	
Hypothetisches Resultat (Leberschau)	Günstig.
Tatsächliches Resultat	Ungünstig.
Anfrage 5: Da dies offenbar nicht (der einzige) Grund ist: Richtet sich der Zorn der Gottheit gegen den König, weil die Königin ein Gelübde gegenüber der Gottheit von Arusna nicht eingehalten hat?	
Hypothetisches Resultat (Leberschau)	Ungünstig.
Tatsächliches Resultat	Ungünstig.
Anfrage 6: Ist das nun der einzige Grund für den Zorn der Gottheit?	
Hypothetisches Resultat (Leberschau)	Günstig.
Tatsächliches Resultat	Ungünstig.
Anfrage 7: Da dies offenbar nicht der Fall ist: Ist der Grund für den Zorn auch darin zu sehen, daß die (babylonische) Braut des Königs jene Ammattalla heimlich an den Hof gebracht hat?	
Hypothetisches Resultat (Leberschau)	Ungünstig.
Tatsächliches Resultat	Ungünstig.
etc. etc.	

Graphik 1 Schematische Darstellung des Beginns einer mehrstufigen Orakelanfrage

Kompendien zusammengestellt und systematisiert, die kurz als »Omina« bezeichnet werden. Solche Omenserien fanden ebenso wie die Praxis der Leberschau selbst weite Verbreitung über Babylonien hinaus. Die Hethiter adaptierten die Kenntnisse über die Leber- und Eingeweideschau von den Hurritern, deren Kultur Obermesopotamien und Nordsyrien im 2. Jahrtausend maßgeblich prägte. Besonders augenscheinlich wird dieser Vermittlungsprozeß bei einem Blick auf die Fachterminologie: Ein bestimmter Leberteil hieß bei den Babyloniern *šulmu* (»Heil«); bei den Hethitern trägt er nun nicht den entsprechenden hethitischen Namen, sondern wird mit *keldi*, dem hurritischen Wort für »Heil« bezeichnet. Sieht man von solchen Fachbegriffen ab, sind die zahlreich erhaltenen hethitischen Protokolle über Leberschauen jedoch in hethitischer Sprache gehalten; ebenso wurden Omenserien aus dem Babylonischen und Hurritischen übersetzt.

Als Lehrmaterial und Nachschlagewerke dienten – teils beschriftete – Modelle von Schafslebern, die im ganzen Alten Orient bekannt waren. Ebenso wie die Praxis der Leberschau begegnen solche Modelle dann auch bei den Etruskern als orientalisches Erbe.[6] Die Abbildungen 1–5 stellen in Ḫattusa gefundenen Lebermodellen eine schematische Zeichnung mit den wichtigsten hurro-hethitischen Organbezeichnungen und eine Schafsleber in natura gegenüber. Eigene Omenkompendien stellten die hethitischen Spezialisten für die Leberschau, deren hethitische Bezeichnungen sich hinter den sumerischen Wortzeichen ^{lú}ḪAL und ^{lú}AZU verbergen, nicht zusammen; genaue Protokolle über die gesamte Orakelprozedur hielt man für wichtiger[Graphik 1].

Dieselben Experten waren auch für die Beobachtung ominöser Verhaltensweisen des Schafes vor der Schlachtung und eine weitere Orakeltechnik zuständig, die mit Hilfe einer in Mauernischen nistenden Vogelart durchgeführt wurde. Der Vogel trägt den akkadischen Namen IṢṢŪR ḪURRI, »Vogel des Lochs«, den die Hethiter aber als »Hurritischen Vogel« umdeuteten. Man darf dies als Hinweis darauf werten, daß auch diese Orakeltechnik, bei der es sich vielleicht ebenfalls um eine Art Innereienschau handelt, durch den hurritischen Kulturkreis vermittelt zu den Hethitern gelangte.[7]

> »Da machten wir uns daran, mit Vögeln Orakel einzuholen«

Vögel stehen auch im Zentrum einer anderen Orakeltechnik: der Beobachtung des Vogelflugs. Wie die Eingeweideschau war die Vogelschau im ganzen altorientalischen Kulturkreis bekannt – und einmal mehr lebt auch hier bei Griechen und Römern orientalisches Erbe weiter. Die Ursprünge dieser Art des Auguriums scheinen im obermesopotamisch-syrischen Raum zu liegen.[8]

In Anatolien jedoch perfektionierte man die Beobachtung des Vogelflugs in einem sonst unbekannten Maß, wie die detaillierten Vogelschau-Protokolle eindrücklich demonstrieren. Daß gerade auf diesem Gebiet syro-anatolische Einflüsse auf die mantischen Praktiken im jüngeren Assyrien zu konstatieren sind, verdankt sich deshalb sicher nicht dem Zufall.

Der hethitische Vogelschauer beobachtete das Verhalten wilder Vögel – knapp 30 Vogelarten nennen die Texte in diesem Zusammenhang – innerhalb seines Gesichtsfeldes über eine bestimmte Zeit hin; die Bewegungen der Vögel wurden aus der Per-

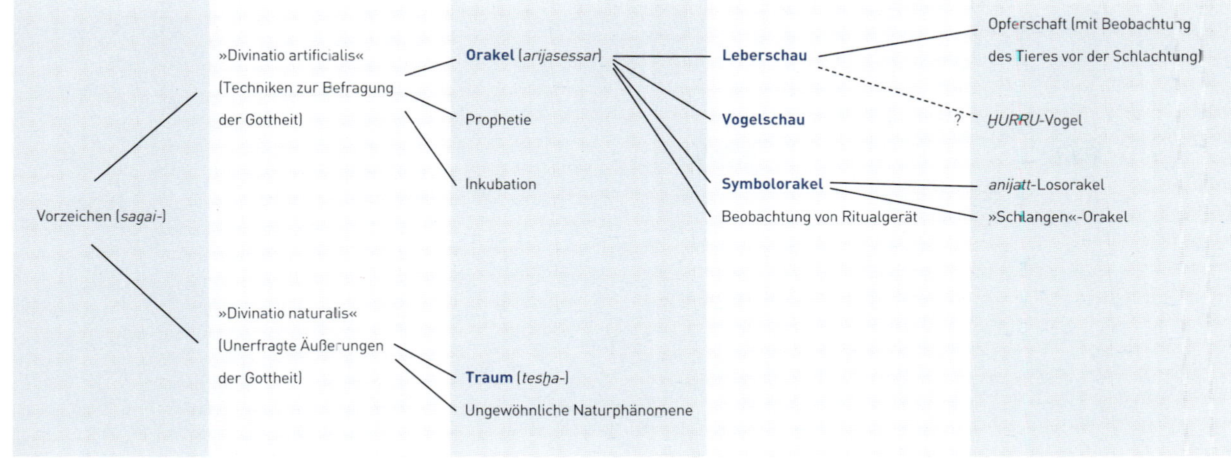

Graphik 2 Schematische Darstellung der Kommunikationswege zwischen Gottheit und Mensch in der hethitischen Vorzeichenkunde

spektive des Augurs protokolliert. Als Beispiel sei ein Ausschnitt aus einem hethitischen Brief des 14. Jahrhunderts zitiert, der über die Durchführung einer Vogelschau berichtet: »Die Vögel der ›*Bewegung*‹ flogen auf: Als erster flog ein *marassi*-Vogel hinten herab ...; ein Adler ...; ein *allija*-Vogel flog hinten herab ...; seinem Genossen begegnete er unten. ... Hinter dem Weg: der Adler flog hinten herab ... «.[9] Wie das Resultat einer solchen Beobachtung bestimmt wurde, entgeht uns; aber auch hier wird die Orakelanfrage in ein hypothetisches Resultat gekleidet, das die Vögel dann entweder »feststellen«, also bestätigen, oder »verwerfen«, wie es in den Texten heißt.

> Die Weise Frau befragt das Schicksal

Neben Opfer- und Vogelschauern erwähnen die Texte regelmäßig eine dritte auf das Orakelwesen spezialisierte Person: die »Weise Frau« (sumerisches Wortzeichen: ^{MUNUS}ŠU.GI (»Alte«), hethitisch wohl *ḫasawa-*). Sie ist die Spezialistin für ein Orakel, das die Hethiter schlicht »Verrichtung« (*anijatt-*, Wortzeichen KIN) nennen. Die Weise Frau interpretiert dabei Konstellationen zwischen diversen Symbolgegenständen, also Losen irgendeiner Art. Zumindest ein Teil dieser Lose ist beweglich, »agiert« gewissermaßen. Wie die Weise Frau die Lose in Bewegung versetzte und wie diese Symbole im einzelnen aussahen, wissen wir nicht; gelegentlich nehmen die Namen der Lose unmittelbar Bezug auf den Inhalt der Anfrage, meist wird aber ein fester Grundstock an Symbolen verwendet.[10] Das Protokoll über ein solches Orakel, dessen Anfrage hier eine Frau namens Sauskatti betraf, sieht dann so aus (Symbolnamen in Versalien): »Der KÖNIG nahm sich RICHTIGKEIT und legte es rechts von SAUSKATTI hin. Am zweiten ›Tag‹ ist die KLEINE KRANKHEIT genommen worden, und sie ist im GUTEN. Am dritten ›Tag‹ ist der GROLL DER GÖTTER genommen und dem SONNENGOTT DES HIMMELS gegeben worden. (Resultat:) Günstig.« Vielleicht warf die Weise Frau die Lose; dann könnte man die Prozedur mit einer heute in der Türkei verwendeten Orakeltechnik vergleichen, bei der Bohnen, ein Stück Kohle, ein Stück Zucker und eine Münze – je mit einer symbolischen Bedeutung – geworfen werden; das Resultat kann man dann an der entstandenen Konfiguration ablesen.

Eine andere, eng mit dem Losorakel verwandte Methode der Vorzeichenkunde, derer sich die Weise Frau bedient, benutzt eine Schlange als bewegliches Element. Die Expertin beobachtet, in welcher Weise sich eine Schlange zwischen bestimmten Symbolen bewegt.

> Universales Aufklärungsinstrument

Mit Hilfe der Kombination diverser Orakeltechniken zur Gegenkontrolle und langer Ketten von geschickt aufeinander abgestimmten Anfragen läßt sich nun natürlich nicht nur der Grund für den Zorn einer bestimmten Gottheit herausfinden. Ganz im Gegenteil wird das Orakel zu einem universal anwendbaren, in sich geradezu wissenschaftlich-rational funktionierenden Aufklärungsinstrument. Ob es um die richtige Route auf dem Feldzug, die Identität und Missetaten von Feinden des Königs, Intrigen bei Hofe, den richtigen Zeitpunkt für die Thronbesteigung des neuen Königs[11] oder um die korrekte, dem Wunsch der Gottheit entsprechende Durchführung

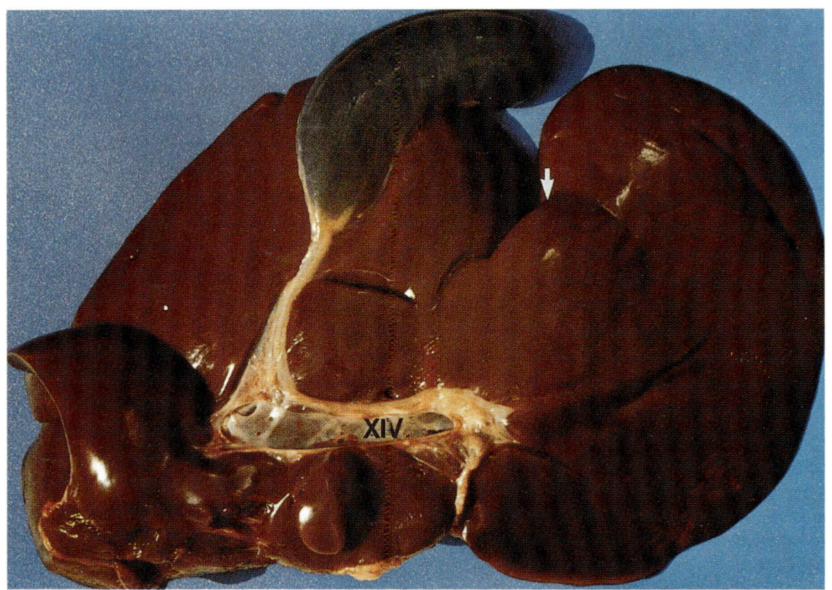

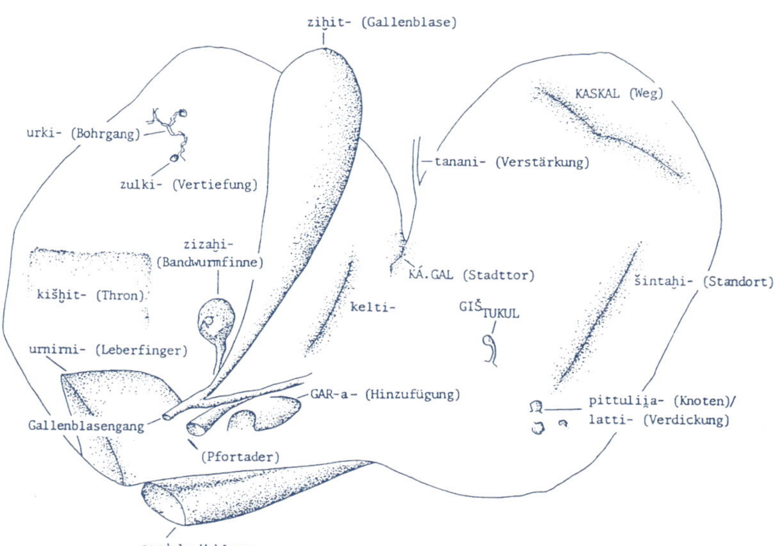

4 Schafsleber (aus: Rosemarie Leiderer, *Anatomie der Schafsleber im babylonischen Leberorakel. Eine makroskopisch-analytische Studie*, München u. a. 1990, 169, Abb. 23)

5 Die Schafsleber und ihre Merkmale mit ihren hurro-hethitischen Bezeichnungen (nach: Monika Schuol, Die Terminologie des hethitischen SU-Orakels, in: *Altorientalische Forschungen* 21, Berlin 1994, 73–124, 247–304, hier 301, modifiziert)

des Kultes geht: In wichtigen Zweifelsfällen wendet man sich mittels einer Orakelanfrage an die Gottheit. Das ausgefeilte System des Orakels aber sorgt dafür, daß ein hethitischer König nie in die Lage des Kroisos kommen kann, von einem zweideutigen Orakelspruch in die Irre geleitet zu werden.

> Alptraum und Sonnenfinsternis

Ein typischer Anlaß für eine Orakelanfrage waren beunruhigende Träume, sprachen doch die Götter im Traum unmittelbar zu den Menschen. So wurde die oben in Auszügen zitierte Vogelschau zur Aufklärung eines Traumes durchgeführt, in dem »auf die Tochter ... immer wieder eingeschlagen (wurde)«. Umgekehrt nutzte man den Traum aktiv als Orakeltechnik. Die Inkubation, der Tempelschlaf, oblag den Priestern. Leider bieten die Texte kaum Informationen über diese Form der Vorzeichenkunde; dasselbe gilt bedauerlicherweise für die Ausübung der Prophetie durch einen Ekstatiker, den »Gottesmann« (*siunijant-*).

Auch ungewöhnliche Naturphänomene, die offensichtlich als Botschaft einer Gottheit verstanden werden mußten, grenzte man in ihrer Bedeutung durch Orakelanfragen ein: So läßt Mursili II. durch Orakel feststellen, daß sich die außerordentliche Sonnenerscheinung, die er auf dem Feldzug nach Azzi (Nordostkleinasien) sieht – offenbar ein ungünstiges Omen –, nicht auf seine eigene Person bezieht. Auffälligerweise greift man zur Deutung des Sonnenphänomens nicht auf die astrologischen Omenkompendien babylonischen Ursprungs zurück, die in Ḫattusa zumindest teilweise bekannt waren. Offensichtlich wurden sie nie konsequent in das spezifisch hethitische Konzept der Vorzeichenkunde integriert, wie man ja auch selbst keine Omina-Sammlungen nach babylonischem Vorbild anlegte.

Anmerkungen

1 *KUB* 30.11 Vs. 24'-28' (René Lebrun, Hymnes et prières hittites, in *Homo Religiosus* 4, Louvain-la-Neuve 1980, 111–120).

2 Nach Albrecht Götze, Die Pestgebete des Mušiliš, in: *Kleinasiatische Forschungen* I/2, Weimar 1929, 164f.

3 Auch im mesopotamischen Raum kannte man die Gegenprüfung von ominösen Befunden durch eine weitere Orakeltechnik (etwa die Prüfung einer Prophetie durch einen Leberschaubefund); nie wurde jedoch eine mit der hethitischen vergleichbare Systematik entwickelt.

4 Nach *KUB* 22.70 Vs. 1ff; vgl. Ahmet Ünal, *Ein Orakeltext über Intrigen am hethitischen Hof (KUB XXII 70 = Bo 2011)*, Heidelberg 1978 (Texte der Hethiter 6); zum historischen Kontext Itamar Singer, The Title »Great Princess in the Hittite Empire«, in: *Ugarit-Forschungen* 23, Kevelaer/Neukirchen-Vluyn 1991, 327–338.

5 Wilfred G. Lambert, Questions Addressed to the Babylonian Oracle. The Tamītu Texts, in: Jean-Georges Heinz (Hrsg.), *Oracles et prophéties dans l'antiquité*, Paris 1997, 85–98; Ivan Starr, *Queries to the Sungod. Divination and Politics in Sargonid Assyria*, Helsinki 1990 (State Archives of Assyria 4).

6 S. Walter Burkert, *The Orientalizing Revolution. Near Eastern Influence on Greek Culture in the Early Archaic Age*, Cambridge/London 1992, 46ff.

7 S. Annelies Kammenhuber, *Orakelpraxis, Träume und Vorzeichenschau bei den Hethitern*, Heidelberg 1976, 11 (Texte der Hethiter 7).

8 Vgl. Alfonso Archi, L'ornitomanzia ittita, in: *Studi Micenei ed Egeo-Anatolici* 16, Rom 1975, 119–180; Gilbert J. P. McEwan, A Seleucid Augural Request, in: *Zeitschrift für Assyriologie und Vorderasiatische Archäologie* 70, Berlin 1980, 58–69.

9 Nach Gernot Wilhelm, Zwei mittelhethitische Briefe, in: *Mitteilungen der Deutschen Orient-Gesellschaft* 130, Berlin 1998, 175–187.

10 Alfonso Archi, Il sistema KIN della divinazione ittita, in: *Oriens Antiquus* 13, Rom 1974, 113–144; für das folgende Zitat s. Theo van den Hout, *The Purity of Kingship*, Leiden/Boston/Köln 1998, 208f. (Documenta et Monumenta Orientis Antiqui 25). Für eine im weitesten Sinne vergleichbare Orakeltechnik in Assyrien vgl. Irving L. Finkel, In Black and White: Remarks on the Assur Psephomancy Ritual, in: *Zeitschrift für Assyriologie und Vorderasiatische Archäologie* 85, Berlin 1995, 271–276.

11 Vgl. Theo van den Hout, Hethitische Thronbesteigungsorakel und die Inauguration Tudḫaliyas IV., in: *Zeitschrift für Assyriologie und Vorderasiatische Archäologie* 81, Berlin 1991, 274ff.

Literatur

Archi 1987, 279–293; Archi 1991, 85–90; Kammenhuber 1976; Lutz/Langer 1999; Riemschneider o. J.

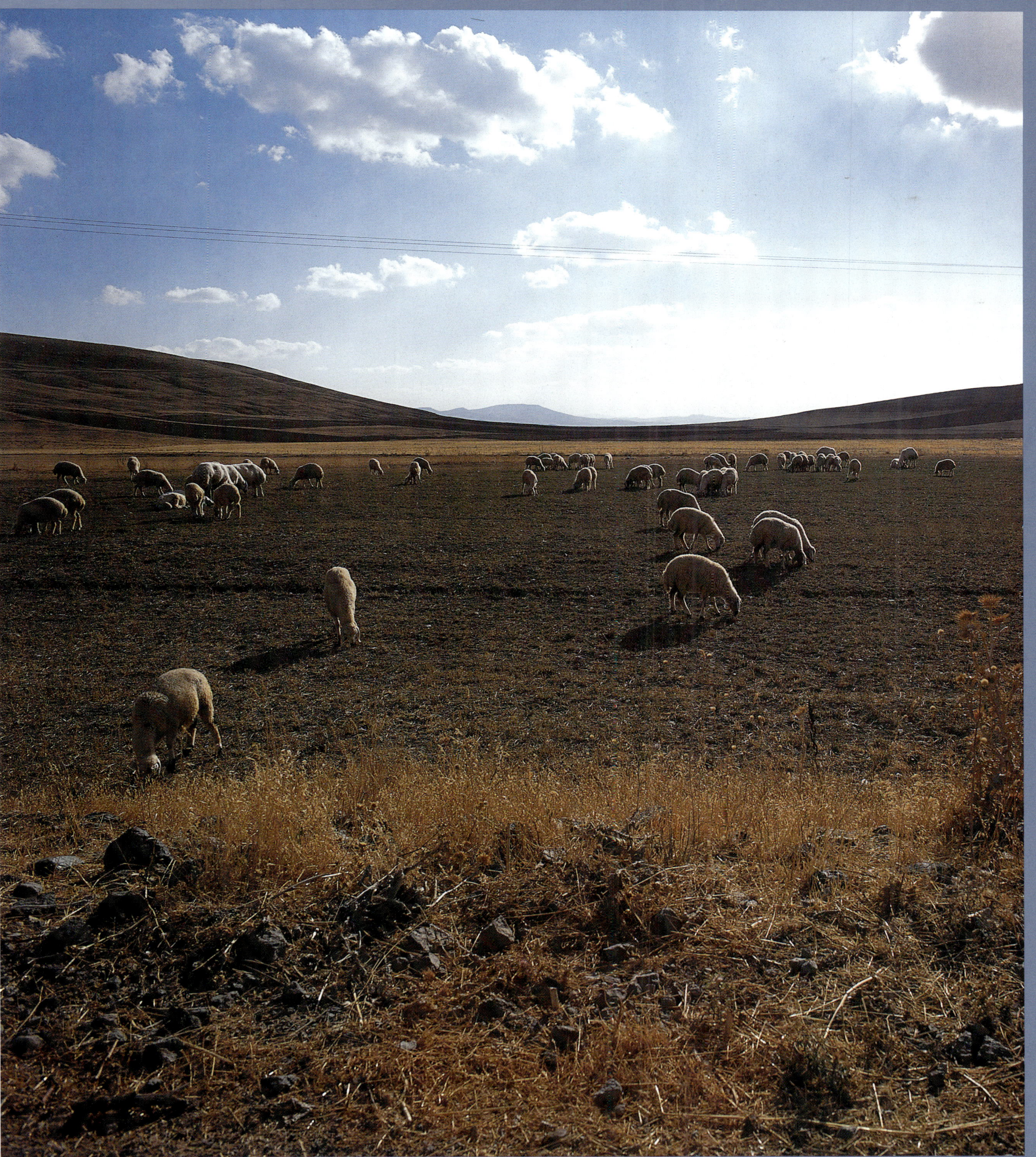

Reinigungsriten und Abwehrzauber

Funktion und Rolle magischer Rituale bei den Hethitern

Jörg Klinger

Eine exakte Definition des Begriffes Magie ist praktisch unmöglich (geworden); zu schillernd wird er heute in den verschiedensten, auch wissenschaftlichen Zusammenhängen gebraucht, zu unterschiedlich ist z. B. was G. Frazer oder J. Evans-Pritchard, M. Mauss oder H. P. Duerr darunter verstehen[1], um hier nur einige wenige willkürliche Eckpunkte zu nennen. So taugt Magie weder zur Bezeichnung eines eindeutig von Religion abzugrenzenden Bereiches, noch als Gegenbegriff zu Wissenschaft. Wenn im folgenden dennoch immer wieder von magischen Handlungen, von Ritualen und Beschwörungen die Rede sein wird, so geschieht dies in der Hoffnung, daß im Zuge der Lektüre dennoch deutlich werden wird, was jeweils in bezug auf unser Thema darunter zu verstehen ist.

Die Vielzahl der hethitischen Texte, die gemeinhin unter der Bezeichnung Rituale oder spezieller noch Beschwörungsrituale subsumiert werden, bieten sowohl inhaltlich wie formal ein ausgesprochen disparates Bild. Aus pragmatischen Gründen liegt eine Abgrenzung gegenüber der mindestens ebenso reichhaltigen Gruppe der Beschreibungen kultischer bzw. religiöser Feste nahe, auch wenn diese keineswegs frei sind von Handlungen oder Aspekten, die man in ähnlicher Form in magischen Ritualen finden kann. Immerhin ist bei der Trennung dieser beiden großen Gruppen eine Orientierung an der von hethitischen Schreibern verwendeten Terminologie möglich, auch wenn sich die häufig belegte und mit »Ritual« übersetzte sumerographische Bezeichnung SISKUR bzw. SÍSKUR, die in akkadischen Texten für *nīqu, niqû,* »Opfer«, bzw. *ikribu,* »Gebet«, steht, nicht einem einzigen hethitischen Genrebegriff zuweisen läßt. Als Entsprechung findet sich einerseits hethitisch *malteššar,* »Rezitation, Gebet«, das aber, in Verbindung mit rituellen Handlungen, im weiteren Sinne durchaus als »Ritual« zu übersetzen wäre, sowie andererseits hethitisch *mugessar*, das vielmehr »Anrufung« entspricht, aber inhaltlich einen sehr breiten Bereich abdeckt. Beide Begriffe sind von *verba dicendi* abgeleitete Abstrakta, womit die Betonung offensichtlich auf die verbalen Aspekte der Rituale gelegt wird.

Im deutlichen Gegensatz dazu stehen die sumerographisch als EZEN$_4$ »Fest« bezeichneten Texte, die die regelmäßigen Opferhandlungen oder speziellen Kultfeste im Dienste der Götter bezeichnen. So sind diese kultischen Handlungen in enger Verbindung mit der staatlichen Organisation der Kultversorgung zu sehen und erinnern in ihrem Bemühen, vor allem Aspekte der Versorgung der Götter mit der richtigen und regelmäßigen Anzahl an Opfern zu gewährleisten, eher an Verwaltungstexte, zumal die detaillierte Beschreibung der kultischen Abläufe in den Festritualen meist ausgespart bleibt und auf vorzunehmende liturgische Gesänge oder Rezitationen fast immer nur verwiesen wird, ohne diese konkret aufzuzeichnen, da alle für die Beteiligten als bekannt vorauszusetzenden Aspekte nicht eigens vermerkt werden mußten. Dagegen sind die diversen Beschwörungsrituale von einem deutlich individuelleren Zuschnitt; ein Eindruck, der noch dadurch verstärkt wird, daß in einer ganzen Reihe von Fällen eine bestimmte Person namentlich als »Autor«, d. h. als Ausführender oder Urheber des Rituals, benannt wird, unter denen, neben verschiedenen männlichen »Beschwörungspriestern«, vor allem eine ganze Reihe als »Alte« oder »alte Frau« bezeichnete Magierinnen oder Beschwörerinnen zu finden sind.

Die Überlieferungsgeschichte magischer Rituale reicht von den Anfängen der bekannten schriftlichen Tradition der Archive und Bibliotheken in Ḫattuša um die Mitte des 16. Jahrhunderts bis an ihr Ende kurz nach 1200 v. Chr., jedoch läßt sich daraus nicht ohne weiteres eine »Geschichte« der Beschwörungsrituale rekonstruieren, da die erhaltenen

Textzeugnisse oft für uns nur schwer greifbare Redaktionsstufen durchlaufen haben; immerhin belegt dies aber ein nie erlöschendes Interesse an dieser Textgattung.

Bereits eines der ältesten bekannten Beschwörungsrituale, das zumindest in Teilen noch in original althethitischen Niederschriften erhalten ist, zeigt viele auch in der jüngeren Ritualliteratur gängige Elemente. Die das Ritual durchführende Person spricht in der ersten Person, wird aber weiter im Text nicht bezeichnet, so daß unklar bleibt, ob es sich um eine der »alten Frauen« handelt, was jedoch aus inhaltlichen Gründen naheliegt.

Das Ritual wird zugunsten des Königspaares durchgeführt und zeigt schon allein durch die Fülle der unterschiedlichen Aktionen sowie durch seine Dauer über mehrere Tage, daß wir es bereits mit einer ausgebildeten Form magischer Techniken zu tun haben, deren genaue Herkunft zwar im Dunkeln liegt, die jedoch vermuten läßt, daß bereits die Kultur der autochthonen Hattier über eine ausgeprägte Ritualtradition verfügte. Kennzeichnend für die hattische Tradition ist die enge Verbindung zwischen Mythos und Ritual. Alle erhaltenen hattischen mythologischen Stoffe, die, soweit wir sie verstehen können, als hattisch-hethitische Bilinguen überliefert sind, sind noch Bestandteil eines Rituals, in dem der mythische Stoff in der Regel die Ätiologie liefert – etwa wenn in einem Ritual gegen die Gefahren eines Gewittersturms die Geschichte vom Mond, der vom Himmel fällt, erzählt wird, dem der Wettergott, darüber verärgert, eben Blitz und Donner hinterherschickt. In der ebenfalls auf hattische Traditionen zurückgehenden Erzählung vom Verschwinden des für die Fruchtbarkeit zuständigen Gottes Telibinu ist das magische Ritual Teil der mythischen Erzählung insofern, als der Gott nur mittels eines Rituals besänftigt und so zur Rückkehr bewegt werden kann, damit gleichsam eine göttliche Legitimation ritueller Praktiken liefernd.

Nur unwesentlich jünger als das erwähnte althethitische Ritual sind Ritualfragmente, die bemerkenswerterweise Sprüche in luwischer und palaischer Sprache, also in den mit dem Hethitischen verwandten indogermanisch-anatolischen Sprachen aufweisen und somit, was vor allem für Texte der luwischen Schicht gilt, auch für diese Bevölkerungs- bzw. Sprachgruppen eine lange Ritualtradition belegen.

Mit dem luwischen Milieu sind Beziehungen zum südöstlichen Kizzuwadna gegeben, einem Bereich, dessen hoher hurritischsprachiger Bevölkerungsanteil insbesondere nach der im 15. Jahrhundert erfolgten Ausdehnung des hethitischen Einflußbereiches einen erheblichen kulturellen Einfluß auf die Hethiter ausüben sollte. So gelangt ab dieser Zeit eine große Anzahl von Beschwörungsritualen nach Ḫattuša, wo sie für die Archive und Bibliotheken aufgezeichnet und, wie auch schon luwische Rituale, in immer neuen redaktionellen Bearbeitungen kopiert werden. Wieweit sich zwischen diesen sehr unterschiedlichen sprachlichen und kulturellen Milieus entstammenden Ritualtexten auch inhaltliche Unterschiede, etwa in der Konzeption des Rituals, dem Aufbau der Handlung, der angewandten Techniken usw., festmachen lassen oder ob die Aufzeichnung durch eine hethitische Schultradition zu einer gewissen Vereinheitlichung geführt hat, ist eine Frage, die, nach ersten Vorarbeiten[2], zur Zeit die Forschung intensiver beschäftigt und noch nicht abschließend beantwortet werden kann.

Offensichtlich ist jedoch, daß die mesopotamische Ritualistik, wie sie in verschiedener Form entweder aus der assyro-mittanischen oder direkt aus der babylonischen Schultradition in Ḫattuša rezipiert wurde, auf die praktisch durchgeführten Rituale weitgehend ohne Einfluß geblieben ist. Die strenge Textfassung der Beschwörungsserien, wie wir sie aus dem babylonisch-assyrischen Bereich kennen, die in ihrer kanonischen Form einem ausgebildeten Beschwörungspriester geradezu im Rahmen eines Curriculums vermittelt wurden und deren Kenntnis eine geschlossen Gruppe von Spezialisten auszeichnete, bleibt der hethitischen Tradition so fremd. Charakteristisch für die Beschwörungsrituale, wie wir sie aus der hethitischen schriftlichen Überlieferung kennen, ist ihre fehlende verbindliche formale Ausgestaltung, vielmehr scheint jedes Ritual sozusagen die Handschrift eines Autors bzw. einer Autorin zu tragen. In der Regel sind sie aus ganz spezifischen Elementen, die sich auf einige wenige Prinzipien zurückführen lassen, additiv zusammengefügt, die sich aber in ihrer Kombination und individuellen Ausprägung, in Aufwand und Umfang zum Teil erheblich unterscheiden können.

Immerhin lassen sich schon seit den althethitischen Anfängen einige typische Gemeinsamkeiten nennen, wie die Kombination von oralen Elementen, Analogiesprüchen, Beschwörungen o. ä., mit manuellen Handlungen, sei es das Hantieren mit Gerätschaften aller Art oder nachgebildeten Objekten wie z. B. den Verleumdungen oder Behexungen symbolisierenden Zungenmodellen, die sehr häufig Verwendung finden, das Symbolisieren von Binden oder Lösen durch Wollfäden, Schnüre oder Stoffbahnen und vieles mehr.

Zunächst beginnt der Text eines Beschwörungsrituals mit der Beschreibung des Falles, bei dem es zur Anwendung kommen kann; dieser kann schlicht lauten: »Wenn ein Mensch behext ist, dann behandle ich ihn folgendermaßen«, oder noch einfacher: »Wenn ich einen behexten Menschen reinige«; ebensogut nachvollziehbar ist die folgende Begründung für die Durchführung eines Rituals: »Wenn die Menschen im Lande sterben und wenn der Gott eines feindlichen (Landes) dies verursacht.« Sie kann aber auch eine Form annehmen, bei der wir Schwierigkeiten haben, den eigentlichen Grund zu verstehen, wie im Falle der sehr differenzierten Beschreibung des »Rituals des Walkui, des Priesters der Göttin der Nacht«, von der hier nur der Anfang zitiert sei: »Wenn ein Mensch im Traum das *uruan*-Kraut oder Schweinefleisch ißt oder durch göttliche Fügung das *uruan*-Kraut zum Schweinefleisch hinzugefügt wurde (...) – dies ist das Ritual dafür.«

Im Anschluß an die Ritualeinleitung kann eine Ritualzurüstung folgen, d. h. die Aufzählung all jener Materialien und Opfer, die für die verschiedenen magischen Praktiken gebraucht werden, sowie unter Umständen eine Beschreibung einiger vorbereitender Handlungen, begleitet eventuell von Anrufungen verschiedener Götter, deren Unterstützung erbeten wird bzw. als deren Stellvertreter sich der Ritualausführende erklärt.

Das eigentliche Ritual besteht dann aus einer ganz unterschiedlichen Anzahl einzelner magischer Handlungen, die bestimmten universalen Prinzipien folgen. Grundlegend ist dabei meist eine Identifikation des Ritualherrn oder des Ritualobjektes mit einem Substitut, das von unterschiedlichster Beschaffenheit sein kann, aber in irgendeiner Weise in Analogie zu diesem gesetzt wird. Diese Beziehung kann über die Gestalt des Substitutes hergestellt werden, so wenn, wie es in zahlreichen Ritualen geschieht, Ritualherr oder Ritualobjekt in Form einer kleinen Figur oder eines Modells nachgebildet werden. Sie kann in der Entsprechung zwischen Körperteilen des Ritualherrn und des Substitutstieres bestehen oder lediglich in einer vagen Übereinstimmung zwischen Ritualobjekt und Substitut. Für die Übertragung ist in der Regel ein Kontakt nötig, der entweder physisch durch eine Berührung zwischen Ritualherr und Substitut oder verbal durch eine Benennung der Entsprechung hergestellt wird. Die magische »Verunreinigung« des Ritualherrn wird dabei als materieller Stoff vorgestellt, mit dem agiert werden kann. So können für die Reinigung des Ritualherrn, d. h. desjenigen, für den das Ritual durchgeführt wird, alle möglichen Formen des Abwaschens, des Abreibens, des Abstreifens, aber auch des Durchschreitens von Toren, Öffnungen oder Überschreitens von Grenzen u. a. verwendet werden. Anschließend erfolgt die Entfernung bzw. Deponierung des durch die Übertragung verunreinigten Substitutes, das z. B. vergraben werden kann oder auch, wenn es sich um ein Tier handelt, einfach freigelassen wird, wofür sehr häufig auch Vögel Verwendung finden, oder man läßt das Substitut z. B. in einem kleinen Boot auf dem Fluß davonschwimmen. Abschließend werden noch reinigende Handlungen, z. B. Waschungen, Salbungen u. a., am Ritualherrn vorgenommen, und Opfer an die Götter, Segenssprüche, Gebete usw. können das Ritual abrunden.

Die einzelnen Grundtypen der verwendeten Techniken können in mehreren aufeinanderfolgenden Schritten verbunden sein, also etwa ein Durchschreiten, gefolgt von einem Abbürsten oder das Überschreiten mehrerer »Grenzen« nacheinander, es können Substitutsfiguren oder auch echte Tiere eingesetzt werden – durch die Kombination analoger oder variierender Techniken wird versucht, die Wirksamkeit des Rituals zu intensivieren. Die vielfältigen Varianten, in denen die magischen Prinzipien in den Ritualen umgesetzt werden, sind hier unmöglich auch nur ansatzweise vollständig zu beschreiben[3], einige wenige Beispiele müssen genügen. Eines der simpelsten stammt aus den Hethitischen Gesetzen (§ 55*): »Wenn ein Mann eine Schlange tötet und (dabei) eines anderen Namen ausspricht.« Ein besonders drastisches Beispiel einer Durchschreitungstechnik stammt aus einem Ritual zur magischen Reinigung des Heeres nach einer Niederlage; dort läßt man die Soldaten durch ein aus Weißdorn gebautes Tor, zwischen zwei Feuern, aber auch zwischen den Hälften eines in der Mitte geteilten Zickleins, eines Ferkels, eines Hundes und eines Menschen hindurchgehen. Weitaus harmloser ist das Verfahren, das die Beschwörerin Zuwi in ihrem Ritual anwendet; sie spricht: »Wie ein Hündchen seine neun Körperteile ableckt, so soll es – ich nenne den Namen des Menschen – auch die Krankheit von dessen Körperteilen ablecken.« Daraufhin läßt sie den Ritualherrn von einem Hündchen ablecken, das sie ihm hinhält. Dem Einfallsreichtum bei der Umsetzung der grundsätzlichen Verfahren in praktische Ritualhandlungen sind keine Grenzen gesetzt.

Häufig sind es eigentlich die Beschwörungssprüche, die den Reiz dieser Texte für uns ausmachen und in denen die Individualität ihres »Autors« zum Ausdruck kommt; auch hierfür ein Beispiel: »Und der Beschwörer stellt einen Bock und ein Schaf vor die Götter und spricht folgendermaßen: (Wie) der Bock das Schaf bespringt, so daß das Schaf trächtig wird, (so) laß diese Stadt und diese Siedlung zu einem Bock werden und laß sie die dunkle Erde draußen im Feld bespringen. Und laß die dunkle Erde trächtig werden mit dem Blut, der Unreinheit (und) der Sünde. Aber wie eine schwangere Frau und ein trächtiges Schaf gebären, so laß diese Stadt und diese Siedlung ebenso das Böse (und) das Blut gebären – und laß es die dunkle Erde festhalten.«

Sowohl die Anlässe als auch die Absichten, die mit der Durchführung eines Beschwörungsrituals verbunden sein können, sind ausgesprochen vielfältig. Keineswegs nur Personen wurden magisch behandelt, sondern die Spanne reicht von einfachen Objekten über Häuser bis zu ganzen Städten oder gar dem gesamten Land, von einzelnen Menschen, denen ein wie auch immer geartetes Mißgeschick zugestoßen sein kann oder die sich von einem Übel befreien wollen, bis hin zu König, Königin und königlicher Familie – und macht auch vor den Göttern selbst nicht halt.

So heißt es z. B. in einem Ritualfragment: »Möge der Wettergott die Erde für sich selbst reinigen, und möge der Wettergott des Himmels den Himmel für sich selbst reinigen.« Oder in einem wohl schon ebenfalls auf die althethitische Zeit zurückgehenden anderen Ritual: »Die Göttin Kattaḫzipuri reinigt den Herd, sie reinigt sein Land, reinigt seine Rinder und seine Schafe und nimmt alle böse Verunreinigung von des Königs Haupt.« Gerade dieses letzte Beispiel weist dabei auf ein häufig in Beschwörungsritualen angewandtes Verfahren: Nicht derjenige, der das Ritual konkret durchführt, nimmt für sich in Anspruch, Positives bewirken zu können, sondern er stellt sich lediglich als Vermittler dar für die angerufene Gottheit, deren Macht eigentlich in der Beschwörung angerufen wird. So ruft die »alte Frau« Tunnawija in ihrem Ritual an der entscheidenden Stelle aus: »Oh, Göttin Ḫannaḫanna des Flußufers, Du bist es, die die zwölf Körperteile abgewischt und gereinigt hat von Verunreinigung durch Deine eigene Hand«, wobei freilich sie selbst es war, die die entsprechende Handlung vom Typ eines Abstreifungszaubers am Ritualherrn durchgeführt hat.

Ein wesentlicher Aspekt der Beschwörungsrituale betrifft die Reinigung, wobei Reinigung ganz allgemein bzw. abstrakt zu verstehen ist und sich – zumindest nach heutigen Maßstäben – nicht auf eine real benennbare »Verunreinigung« bezieht, auch wenn die Techniken ebenso ausgerichtet sind. Ursache einer solchen »Verunreinigung« kann auch eine Störung der Ordnung im weitesten Sinne sein. Ein Ritual nennt z. B. »Bluttat, Unreinheit, Verletzung, (Mein-)Eid« als Gründe für die rituelle Reinigung eines Hauses, ein anderes ergänzt noch »böse ›Zunge‹ (Gerede)« oder ganz allgemein »Frevel«. Die Ursache für eine angenommene Verunreinigung kann also in einem bewußten oder unbewußten eigenen Fehlverhalten bestehen, sie kann aber auch von jemand anderem zugefügt werden, wobei am häufigsten als Ursache eine ins Werk gesetzte »Behexung« diagnostiziert wird. So soll der Ritualherr z. B. im Ritual der »alten Frau« Zuwi von »Hexerei und Verfluchung« gereinigt werden.

Die Texte lassen vermuten, daß die Furcht vor solchem »Schadenszauber« relativ weit verbreitet war, auch wenn dieser unter Strafe stand. Dies darf aber nicht mit einer Unterscheidung in sogenannte »weiße« und »schwarze« Magie verwechselt werden, da es sich letztlich immer um dieselben Techniken handelt; nicht die Anwendung magischer Praktiken an sich war strafbar, sondern entscheidend war die damit verfolgte Absicht. Die Bedrohung durch ein magisches Ritual war innerhalb der hethitischen Kultur so konkret wie die Bedrohung durch direkte körperliche Gewalt. Dabei sind die zur Anwendung kommenden magischen Techniken, dies zeigt die vergleichende Kulturgeschichte in einer großen Anzahl dokumentierter Fälle, letztlich universal und nicht von den kognitiven Strukturen einer Kultur zu trennen. In der Terminologie der Entwicklungspsychologie gesprochen, ließe sich dies als eine kognitive Disposition beschreiben, die nicht strikt trennt zwischen gegebenen empirischen Kausalitäten als objektiven Fakten und subjektiven Dispositionen wie Wünschen, Gedanken oder Sprechen. Subjektives kann kausal wirken, wie Objektives intentional sein kann. Insofern weist »magisches Denken« also durchaus eine gewisse immanente Logik auf, die jedoch nicht mit formallogischem Denken verwechselt werden sollte, sondern mit erkenntnisrealistischen Denkstrukturen im Prä-Rationalen verhaftet bleibt. Diese Form des Denkens durchzieht aber alle Vorstellungs- und Lebensbereiche, so daß magische Techniken, magisches Handeln ebenso omnipräsent sind und sich keineswegs nur auf die eben beschriebenen Fälle von Reinigungsritualen beschränken. Da für jedes objektive Faktum eine subjektive Kausalität als möglich angesehen wird, kann dieser umgekehrt mit einer solchen begegnet werden; das Beschwörungsritual der bereits erwähnten Tunnawija richtet sich auch gegen den Fall der Kinderlosigkeit, wenn »die Geschlechtsorgane eines Mannes oder einer Frau ›gestört‹ sind durch einen Unreinheitsspruch«. Jeder unerwünschte Tatbestand, ob einfaches Unwohlsein oder schwere Krankheit, Mißernten oder Kinderlosigkeit, aber ebenso politische Spannungen oder militärischer Mißerfolg, für jedes und alles kann eine im obigen Sinne subjektive Kausalität die Ursache darstellen und ist somit potentiell ein möglicher Anwendungsfall für magische Praktiken, für die Durchführung eines Beschwörungsrituals, um dort Abhilfe zu schaffen.

Da aber in der Person des Königs wiederum das Glück und Wohlergehen des gesamten Landes verkörpert gedacht wurde, dürfte hierin einer der Gründe zu suchen sein, weshalb gerade die staatlichen Archive über eine große Anzahl verschiedener Rituale verfügten, selbst wenn sie nicht ausschließlich für den König oder eventuell noch seine Familie gedacht waren. Freilich stehen uns aus den offiziellen Archiven z. B. nur Beschwörungsrituale, die sich gegen Schadenszauber richten, aber keine, die ihn hervorrufen, zur Verfügung. Teilweise sind diese Texte in einer ganz allgemeinen Form gehalten und können gelegentlich gar Alternativangaben bei den Opfern oder Substituten für den Fall enthalten, daß der Ritualherr nicht vermögend genug ist; kann er sich z. B. kein echtes Rind leisten, dann genügt unter Umständen auch ein billigeres Substitutstier oder lediglich ein Stierfigürchen.

Man könnte in der Sammlung von Ritualtexten angesichts der weit verbreiteten Furcht vor den Möglichkeiten, mit Hilfe der Magie Einfluß zu nehmen oder gar jemand direkt nach dem Leben zu trachten, den Versuch von staatlicher Seite sehen, eine Art von Kontrolle über diese schwer kontrollierbare und letztlich nahezu jedem zur Verfügung stehende Praxis auszuüben. Daß daran tatsächlich ein konkreter Bedarf bestand, lehrt die hethitische Geschichte in einer ganzen Reihe von Fällen. In seinem politischen Testament warnte Ḫattušili I. (ca. 1565–1540 v. Chr.) seinen potentiellen Thronfolger davor, sich allzusehr unter den Einfluß der »alten Frauen« zu begeben. Und wenige Generationen später formulierte der Erlaß des Königs Telibinu (um 1500 v. Chr.) ausdrücklich ein Verbot der Anwendung magischer Praktiken innerhalb der Königsfamilie – doch ohne Erfolg. Etwa ein Jahrhundert später versuchte sich Tutḫalija I. (ca. 1420–1400 v. Chr.) selbst mit den Mitteln eines Beschwörungsrituals gegen die im Text ausdrücklich genannten Aktionen seiner Schwester Ziplantawi zur Wehr zu setzen, die ihm, seiner Frau und seinen Nachkommen durch magische Praktiken schaden wollte. Beschwörungsrituale spielten gerade im Machtkampf innerhalb der Königsfamilie eine durchaus reale Rolle. So strengte Muršili II. (ca. 1318–1290 v. Chr.) hochoffiziell einen Prozeß gegen die Königinwitwe Tawananna an, in dem er sie beschuldigte, seine Gattin »behext« und auf diese Weise getötet zu haben, was der Prozeß bestätigte. Es dürfte demnach ein ebenso probates Mittel gewesen sein, einen Kontrahenten zu verdächtigen, sich der Magie zu bedienen, wie dies für Ḫattušili III. (ca. 1265–1240 v. Chr.) belegt ist, der noch bevor er sich des Thrones bemächtigte, im internen Machtkampf einen seiner Widersacher mit diesem Vorwurf überzog.

All diese Fälle, die jeweils jeder für sich gut dokumentiert sind, mögen für sich genommen lediglich zufällige Einblicke darstellen und sind uns aus heutiger Sicht vielleicht nur schwer verständlich, sie verweisen allerdings auf die alltägliche Gegenwart und die reale Bedeutung, die magische Rituale und Beschwörungen offensichtlich zu allen Zeiten als ein nahezu jeden Lebensbereich durchdringendes Phänomen für die hethitische Kultur und Gesellschaft besessen haben.

Anmerkungen

1 Zur Orientierung sei auf den Artikel »Magie« von Hans G. Kippenberg verwiesen in: H. Cancik/B. Gladigow/K.-H. Kohl (Hrsg.), *Handbuch religionswissenschaftlicher Grundbegriffe*, Bd. IV, Stuttgart/Berlin/Köln 1998, 85–98 (mit ausführlichen Literaturangaben).

2 V. Haas/G. Wilhelm, *Hurritische und luwische Riten aus Kizzuwatna*, Kevelaer/Neukirchen-Vluyn 1974 (Alter Orient und Altes Testament – Sonderreihe 3).

3 Übersetzungen einiger Rituale bietet H.-M. Kümmel, in: Otto Kaiser (Hrsg.), *Texte aus der Umwelt des Alten Testamentes*, Bd. II/2, Gütersloh 1987, 282ff. Eine übersichtliche Zusammenstellung nach den hethitischen Beschwörungsritual-Texten vgl. A. Ünal, The Role of Magic in the Ancient Anatolian religions according to the Cuneiform Texts from Boğazköy-Ḫattusa, in: H. I. H. Prince/Takahito Mikasa (Hrsg.), *Essays on Anatolian Studies in the Second Millennium B. C.* Wiesbaden 1988, 52ff. Zahlreiche Hinweise auf einzelne Textbearbeitungen sowie weiterführende Literatur nennen die unten aufgeführten allgemeineren Arbeiten.

Literatur

Gurney 1977, bes. 44ff.; Haas 1994, 876ff.; Hutter 1988; Popko 1995, bes. 80ff., 104f.

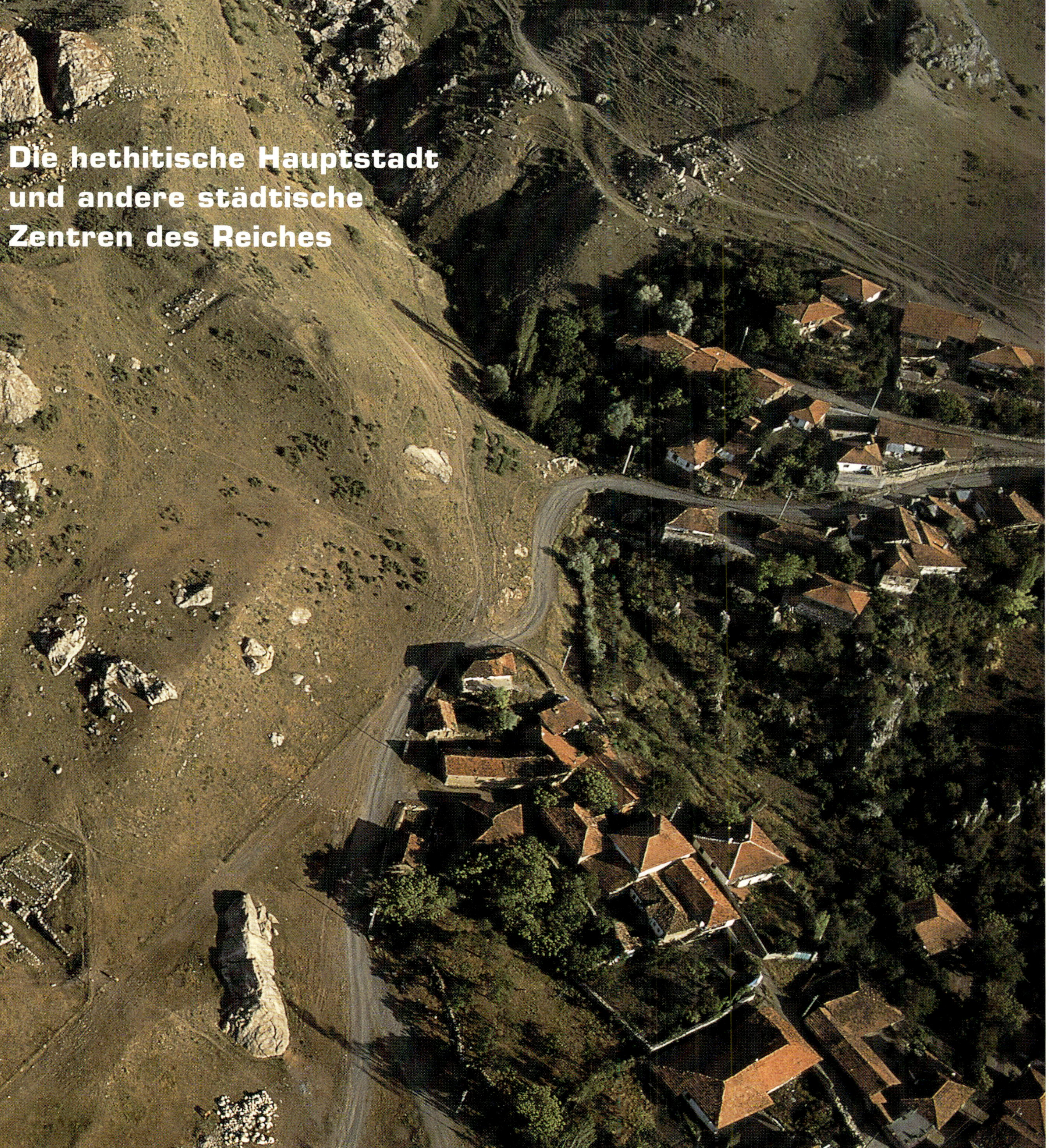

Die hethitische Hauptstadt und andere städtische Zentren des Reiches

Neša Beschreibung einer Stadtentwicklung

1 Hroznýs Grabung im Palast auf der Zitadelle von Neša

2 Luftbild von Neša/Kaniš, der Unterstadt, dem Karum und dem Dorf Karahöyük

2

Tahsin Özgüç

Neša, die erste hethitische Hauptstadt, nach deren Namen auch die hethitische Sprache benannt wurde, und Kaniš, das Zentrum der assyrischen Handelskolonien in Anatolien, sind ein und dieselbe Stadt. Auch heute trägt der Ort mit Kültepe und Karahöyük zwei verschiedene Namen. Die Hethiter bezeichneten ihre Sprache nach dem Namen der Stadt mit »ni-ši-li«, »na-ši-li«, »na-eš-um-ni-li«, also als »Nesisch«. Die Stadt Neša wird zum ersten Mal im Anitta-Text erwähnt, der als ältestes Dokument in hethitischer Sprache gilt.

Neša liegt an der alten natürlichen Straßenverbindung von Ost nach West zwischen Sivas und Kayseri, 8 Kilometer nordöstlich der in den letzten 55 Jahren stark angewachsenen Stadt Kayseri. Es liegt in einer Ebene in einer tektonischen Bodensenke zwischen Berghängen im Norden und Süden 1017 Meter über dem Meeresspiegel. Die Stadt wurde an der tiefsten Stelle der Ebene in der Nähe eines Schilfrohrdickichts gegründet. Die von Boğazliyan nach Alişar führende Straße, die bei dem nahe Kayseri gelegenen Erkilet das Kızılırmak (Halys)-Plateau erreicht, verband Neša mit dem hethitischen Kernland im Norden. Eine der wichtigsten Straßen von Neša zweigt bei Bünyan ab und führt über Pinarbaşı und Gürün nach Malatya, in den Südosten; die andere führt über Pınarbaşı und Göksun nach Maraş, in den Süden nach Nordsyrien und Nordmesopotamien. Diese natürlichen Gegebenheiten, die Neša mit den Gebieten der Hochkulturen verbanden, erleichterten in hohem Maße den Aufstieg zu einer glänzenden Handelsmetropole und einem kulturellen und künstlerischen Zentrum.

Die Überreste von Neša bestehen aus dem Siedlungshügel (Oberstadt) und der Unterstadt. Der Hügel erhebt sich 20 Meter über die Ebene, mit einer Länge von 550 Metern von Norden nach Süden und einer Breite von 500 Metern von Osten nach Westen. Die Zitadelle ragt 5 Meter hoch auf. Beide Stadtteile sind mit Befestigungsmauern umgeben.

Im Gegensatz zum Höyük ist die befestigte Unterstadt, die einen Durchmesser von ca. 2 Kilometern hat, viel später gegründet und viel früher aufgelassen worden. Von Umfang und Ausmaßen war Neša eines der größten Zentren im Nahen Osten. Dieser Ort war der erste Vertreter einer eigenständigen, mit 250 Jahren relativ kurz währenden Epoche. Hier lag ein internationales Handelszentrum, in dem in einer kosmopolitischen Umgebung mehrere Sprachen gesprochen und Fernhandel bis in 1000 Kilometer Entfernung betrieben wurden.

Nach den dort gefundenen Archiven der assyrischen Kaufleute siedelten diese gemeinsam im Nordosten der 2. Schicht der Unterstadt in einem ungefähr 400 x 300 Meter großen Areal. In den assyrischen Texten wurde dieses von Ausländern bewohnte Viertel »Karum Kaniš« (Handelszentrum Kaniš) genannt. Die Fremden kamen in eine von Einheimischen bewohnte, voll funktionsfähige Stadt. Nach den Ergebnissen der archäologischen Untersuchungen muß die Besiedlung der 2. Schicht etwas früher begonnen haben als die Zeit, in der die Assyrer nach und nach in die Stadt kamen. Die Bezeichnung »Karum«, die sich von dem Wort »Hafen« der Flußschiffahrt ableitet, wird nur für den von Händlern bewohnten Bezirk der 2. Schicht verwendet. Die Ansiedlung ähnelt in ihrer Form stark den Kolonien späterer Epochen. Einheimische Händler, die durch Eheschließung oder enge geschäftliche Kontakte

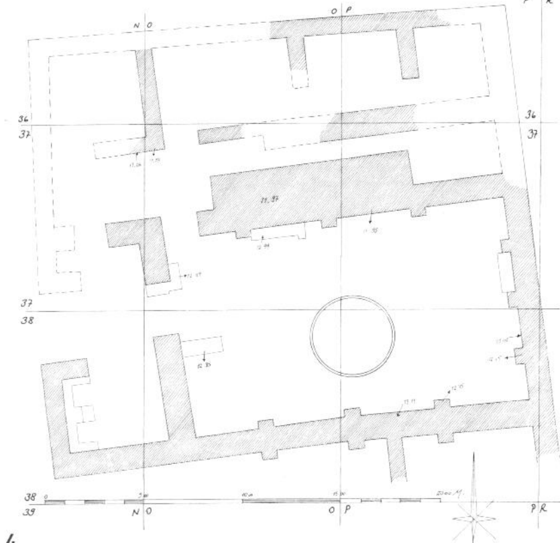

3 Fundamente der Verteidigungsmauern der Zitadelle, Schicht 7 und 8 in Neša/Kaniš

4 Tempel in Neša/Kaniš, Frühbronzezeit III

5 Auf dem »Alabaster«-Thron sitzende Göttin aus Neša/Kaniš, Frühbronzezeit III

6 Polychrome Keramik aus Neša/Kaniš, Ende der Frühbronzezeit III

Beziehungen zu den assyrischen Kaufleuten geknüpft hatten, lebten ebenfalls in diesem Viertel.

Die erste Nachricht über die Neša-Tafeln stammt aus dem Jahre 1881 von T. Pinches. Da er den Namen des Fundortes nicht kannte, bezeichnete er diese als »Kappadokische Tafeln«. In den folgenden Jahren äußerten sich auch W. Golenischeff (1881), F. Delitzsch (1883) und P. Jansen (1894) zu diesen Schriftquellen.

Jansen erkannte, daß die Tafeln in einer Stadt, die den alten Namen Kaniš trug, gefunden worden waren, und B. Landsberger hat dann 1924 nachgewiesen, daß Kültepe mit Kaniš identisch ist.

Die ersten Grabungen in Karahöyük fanden 1893 bis 1894 unter der Leitung von Ernest Chantre statt, der sie jedoch nicht weiterführte. Auch Hugo Winckler setzte seine kurzen Grabungen an diesem Ort nicht fort, denn der Schwerpunkt seines Interesses und seiner Arbeiten lag in Boğazköy. Zur gleichen Zeit unternahm H. Grothe eine nur kurze Zeit dauernde Grabung in Kültepe, deren Fundobjekte von Ludwig Curtius veröffentlicht wurden.

Während der 1925 von B. Hrozný durchgeführten Ausgrabungen [Abb. 1] wurde das Geheimnis von Neša gelöst. Er fand zwar in den Schnitten, die er auf der Zitadelle anlegte, keine der von ihm gesuchten Texttafeln; ein Kutschenfahrer löste jedoch das Rätsel und zeigte ihm die Äcker, von denen die Tafeln stammten. So kamen die Wohnviertel der Assyrer und die Quelle der Tafelfunde wieder ans Tageslicht. Die an beiden Orten ausgegrabenen Gebäude und Funde sind bis heute nicht publiziert.

Im Namen der Türkischen Historischen Gesellschaft (Türk Tarihi Kurumu) begann 1948 der Autor dieses Beitrags mit Ausgrabungen in Neša/Kültepe, die ohne Unterbrechung bis heute andauern [Abb. 2].

Die Grabungen auf dem Hügel erbrachten Kulturschichten, die mit insgesamt 18 Bauphasen bis in die letzte Bauschicht der ersten Phase der Frühen Bronzezeit (FBZ I) herabreichen. Die drei obersten Schichten der Oberstadt auf dem Hügel stammen aus der römischen (1.-2. Schicht) und aus der hellenistischen Zeit (3. Schicht). Auch in diesen Epochen wurde die Stadt von einer starken Verteidigungsmauer geschützt. Die Nekropole, die zu diesen beiden Phasen gehört, liegt in der Unterstadt. Die in den Gräbern entdeckten Bronze- und Silbermünzen wurden zwischen 323 v. Chr. und 180 n. Chr. geprägt. F. Cumont schlug aufgrund eines in Kültepe gefundenen griechischen Textes vor, daß die Stadt in hellenistischer und römischer Zeit Anisa hieß, und betonte, daß Kaniš und Anisa Namen derselben Stadt gewesen sind. In byzantinischer, seldschukischer und osmanischer Zeit war Neša nicht mehr besiedelt.

Die 4. und 5. Bauschicht, die in die späthethitische Zeit, in das 9. bis 8. Jahrhundert v. Chr. datieren, zeugen von einer der wichtigsten Städte des großen Tabal-Reiches. Die reliefierten Orthostaten und mit Hieroglyphen beschrifteten Stelen können in die Phase der verstärkten Machtausübung der assyrischen Könige in Mittelanatolien oder in die folgende Epoche, d. h. in die Zeit nach der zweiten Hälfte des 9. Jahrhunderts v. Chr., datiert werden. Die Stelen des 8. Jahrhunderts v. Chr. wurden sehr wahrscheinlich ebenfalls von den Assyrern zerstört.

Die fünf Bauschichten der Unterstadt (von denen die letzte zweiphasig ist), sind mit den folgenden Schichten des Hügels gleichzusetzen:

Unterstadt	Oberstadt/Hügel
Ia	6
Ib	7
II	8
III	9
IV	10

Die Bauschichten 11 bis 13 auf dem Hügel gehören zur letzten Phase der Frühbronzezeit (2250 – 2000 v. Chr.) [Abb. 5, 6]. In dieser Epoche war die Unterstadt noch nicht gegründet. Zu jener Zeit wurden zum ersten Mal monumentale Gebäude in Neša errichtet und Handelsverbindungen mit dem nordwestlichen Anatolien, dem nördlichen und südlichen Mesopotamien und Nordsyrien geknüpft [Abb. 4]. Dies wird durch die in Neša gefundenen akkadischen und postackadischen Rollsiegel, Keramikprodukte und Schmuckstücke belegt. Die 14. bis 17. Bauschicht des Hügels gehören in die Frühbronzezeit II, und die 18. Bauschicht entspricht der jüngsten Phase der Frühbronzezeit I.

Die Schichten III bis IV in der Unterstadt, die den Schichten 9 bis 10 des Hügels entsprechen, umfassen nach den archäologischen Befunden ungefähr 70 Jahre. Dies sind die beiden letzten Schichten, in denen die Schrift in Neša noch unbekannt war. In dieser Zeit wurde hier zum ersten Mal hethitische Keramik benutzt. Die Zeit der assyrischen Handelskolonie begann in der Unterstadt mit Schicht II (auf dem Hügel der Schicht 8 entsprechend), unter der

5

6

Herrschaft des assyrischen Königs Irisum I. (1974–1935 v. Chr.) ungefähr im Jahre 1945 v. Chr. und endete 1835 v. Chr. zur Zeit der Regentschaft des assyrischen Königs Naram-Sin. Der jüngere Abschnitt der Handelskolonie der Unterstadt Ib und Schicht 7 des Hügels entsprechen der Regierungszeit des Samsi-Adad (1808–1776 v. Chr.) und seines Sohns Isme-Dagan; sie begann um das Jahr 1800 v. Chr. und endete in der zweiten Hälfte des 18. Jahrhunderts v. Chr. (1800–1730 v. Chr.). Demnach dauerte die erste Phase der Koloniezeit 110 Jahre und die späte Phase 66 bis 70 Jahre, mit einem Intervall von 35 Jahren zwischen den beiden Phasen. Mit dem Ende der Schicht Ia bzw. 6 beginnt das dunkle Zeitalter vor der Gründung des althethitischen Reiches, die in die Jahre um 1700 v. Chr. datiert wird.

Danach wurde die gesamte Unterstadt verlassen, das Händlerviertel verfiel. Auf dem Hügel gab es ebenfalls bis in das 9. Jahrhundert v. Chr., bis in die späthethitische Zeit, keine Besiedlung mehr; zur Zeit des Alten Reiches und der Großreichszeit lag hier ein verlassenes Ruinengelände.

In der Hauptstadt des Koloniesystems, Kaniš, wurde bislang weder das Verwaltungszentrum (»Bit Karim«, Karum-Haus) noch der assyrische Tempel, von dessen Existenz man weiß, entdeckt. Dagegen finden die Texte, die von den Palästen der lokalen Könige berichten, durch die in der 7. bis 8. Bauschicht entdeckten Paläste Bestätigung Abb. 3. Die Paläste in Kaniš und Purushattum entsprechen, im Gegensatz zur Anlage in Mari, in der Größe den altbabylonischen Palastbauten.

Die einheimischen Könige pflegten Beziehungen zu den Verwaltern des Karums bzw. zu den assyrischen Händlern; sie interessierten sich für deren Wirtschafts- und Handelssystem sowie für ihre Rechtssprechung. Durch diesen Kontakt entstanden neue Bedürfnisse, die zu einer Vergrößerung der Paläste führte. Die reich und mächtig gewordenen Könige, die untereinander konkurrierten, nahmen sich die altbabylonischen Paläste zum Vorbild und wünschten, ihre Anlagen nach deren Maßstäben zu bauen. In diesen Palästen, in denen fremde Schreiber und Übersetzer arbeiteten (das hethitische Wort »targummannum« ähnelt dem türkischen Begriff »tercüman«, Übersetzer), führten die einheimischen Prinzen ihre Korrespondenz in assyrischer Schrift; so war zum Beispiel der Brief, den der König von Mama mit dem hurritischen Namen Anum-Hirbi an den König von Kaniš, der den hethitischen Namen Waršama trug, in assyrischer Sprache abgefaßt. Dies zeigt, daß die diplomatische Sprache dieser Zeit akkadisch bzw. assyrisch war. In Neša wurde wie in Mittelanatolien zu dieser Zeit hattisch und hethitisch gesprochen.

Nach den Informationen aus den Schriftquellen müssen König Labarša und eine namentlich nicht bekannte Königin ihr Reich vom Palast der 8. Schicht aus regiert haben. Vom Palast der 7. Schicht aus herrschten Inar, sein Sohn Waršama, Pithana und sein Sohn Anitta über das Königreich Neša. Nach dem Anitta-Text eroberte Pithana Neša in einer Nacht, nahm den König gefangen, behandelte das Volk jedoch gut und zerstörte die Stadt nicht. Anitta errang große Siege in seinem Bemühen einen hethitischen Zentralstaat zu gründen; er befestigte Neša und stattete es mit Tempeln aus.

Zwei der von Anitta erbauten Tempel wurden vollständig ausgegraben; sie sind beide stark zerstört (s. auch Özgüç, hier S. 42ff.). Wie auch die Tempel in der Oberstadt von Boğazköy sind sie nebeneinander in einem heiligen Bezirk errichtet worden (s. auch Seeher, hier S. 134ff.). Diese archäologischen Befunde bestätigen so die Angaben des Anitta-Textes. Der einzige authentische Fund mit einer akkadischen Inschrift, der die Existenz des Königs Anitta bestätigt, ist eine Lanzenspitze aus einem Gebäude in der Nähe der Tempel. (Abb. 7, S. 45)

Die königlichen Gebäude und die Tempel sowie die sorgfältig angelegten, reichen Wohnviertel der Unterstadt wurden von starken Bränden zerstört, und der Handel mit Assyrien ging zu Ende. König Anitta konnte sein Ideal eines zentralen hethitischen Staates im hethitischen Kernland nicht verwirklichen; bis zur Gründung des Althethitischen Reiches mußte noch eine lange Zeit vergehen.

Anmerkungen

1 Balkan 1957, 52.

Literatur

Balkan 1957; Chantre 1898, 72; Cumont 1932, 135–138; Delitzsch 1893; Jensen, 1894, 62–81; Grothe 1911; Güterbock 1958, 187; Hrozný 1926, 601; Hrozný 1927; Landsberger, 1924, 213–238; Michel 2001, 23ff.; Neu 1974; T. Özgüç 1950; T. Özgüç 1959; T. Özgüç 1986a; T. Özgüç 1971; T. Özgüç 1999b; Pinches 1881, 11–32; Taner 1971, 139–160; Taner 1974, 583–595; Winckler, 1906, 621

Ḫattusa-Boğazköy – Hauptstadt des Reiches

Die Entwicklung der Stadtanlage und ihr Ausbau zur Großreichsmetropole

Jürgen Seeher

Im Herzen Anatoliens, rund 150 Kilometer östlich von Ankara und am Nordrand der antiken Landschaft Kappadokien, liegen die Ruinen der hethitischen Hauptstadt Ḫattusa. Die ausgegrabenen und restaurierten Überreste sind heute als archäologisches Freilichtmuseum zugänglich, und sie bilden das Zentrum eines historischen Nationalparks (Boğazköy–Alacahöyük Tarihi Milli Parkı). Als einer von bisher neun Orten in der Türkei ist Ḫattusa 1986 in die UNESCO-Liste des Weltkulturerbes aufgenommen worden, und seit 2001 stehen die Keilschrifttafelarchive von Ḫattusa auf der UNESCO-Liste »Memory of the World«. Die Ausgrabungen werden vom Deutschen Archäologischen Institut – über lange Jahre mit Beteiligung der Deutschen Orient-Gesellschaft – durchgeführt.[1]

> Die Lage der Stadt

Wie bei so vielen anderen Hauptstädten erscheint auch bei Ḫattusa die Lage auf den ersten Blick nicht besonders vorteilhaft: Die Stadt liegt auf steilen und stark zerklüfteten Hängen am Ende eines weiten Tals, das nur auf der Nordseite Raum für Landwirtschaft bietet. Sie ist umgeben von einem mehr als 6 Kilometer langen Befestigungsring, der teilweise über Berg und Tal läuft und Felsabbrüche überspringt[Abb. 1]. Zwischen der Unterstadt und dem höchsten Punkt der Oberstadt bei Yerkapı (rund 1250 Meter über NN) besteht ein Höhenunterschied von 300 Metern, und dies auf einer Strecke von nur 2 Kilometern. Erst auf den zweiten Blick zeigt sich, daß hier für die Bedürfnisse einer Hauptstadt und Königsresidenz ideale topographische Voraussetzungen existierten – auf der West- und Ostseite boten tiefe Täler Schutz vor feindlichen Angriffen, und auf den anderen Seiten konnten natürliche Geländestufen durch aufgesetzte Befestigungsmauern zu sicheren Schutzwällen ausgebaut werden; ein heute Büyükkale (»Große Burg«) genannter Felsrücken, der das Stadtgebiet überragt, bot sich als Bauplatz für einen Königspalast geradezu an; und nicht zuletzt gab es in dieser stark gegliederten Landschaft Quellhorizonte, die ganzjährig ausreichend Wasser lieferten – keine Selbstverständlichkeit im heißen und trockenen anatolischen Hochlandklima.

Ebenfalls unvorteilhaft erscheint die Position der Stadt, wenn man sich die Karte des hethitischen Reiches ansieht: nahe der nördlichen Grenze gelegen, viele hundert Kilometer entfernt von den Zentren im Süden und von den Handelspartnern in Syrien und Mesopotamien. Hier spiegeln sich die frühen Jahre wider, als das althethitische Kernreich auf Zentralanatolien beschränkt war. Erst später kam es zu einer Expansion nach Osten, Südosten und Westen, durch die die Hauptstadt an die Peripherie »verschoben« wurde. Zu jener Zeit war ihre Rolle aber schon so gefestigt, daß man eine dauerhafte Verlagerung nicht für opportun hielt. Vergleichbar ist die Situation der heutigen amerikanischen Hauptstadt – am Anfang lag Washington inmitten der Gründungsstaaten der USA, aber nach der Expansion nach Westen befindet es sich nun ganz am östlichen Rand, rund 2000 Kilometer vom geographischen Mittelpunkt des Landes entfernt.

> Die Geschichte der Stadt

Die Hethiter waren nicht die ersten, die die Vorteile dieses Ortes nutzten. Die frühesten Siedlungsspuren stammen bereits aus dem Chalkolithikum (6. Jahrtausend v. Chr.). Kontinuierlich gesiedelt wurde hier jedoch erst ab der späten Frühbronzezeit gegen Ende des 3. Jahrtausends v. Chr. Die autochthonen Bewohner dieses Gebietes, die Hattier, legten eine Siedlung an, die den Namen Ḫattus trug. Die hiervon abgeleitete hethitische Namensform Ḫattusa ist erstmals Ende des 18. Jahrhunderts v. Chr. in einem akkadischen Text aus Māri (Syrien) bezeugt.[2] Diese Siedlung erstreckte sich in etwa über den Bereich, den später auch die althethitische Hauptstadt Ḫattusa einnahm – größere Teile der sogenannten Unterstadt sowie die Bergkuppen von Büyükkale und Büyükkaya. Büyükkale, die spätere Königsburg der Hethiter, wurde mit einer Befestigung versehen, und es scheint sicher, daß auch die hattischen Fürsten schon dort oben residierten.

Am Rand der hattischen Siedlung entstand im 19. Jahrhundert v. Chr. ein *kārum*, eine Handelsniederlassung von Kaufleuten aus Assur am mittleren Tigris. Unter der Kontrolle der Zentrale von Kaniš/Neša (das heutige Kültepe bei Kayseri in Kappadokien) stehend, waren solche Handelsniederlassungen über Ost- und Mittelanatolien verteilt. Sie dien-

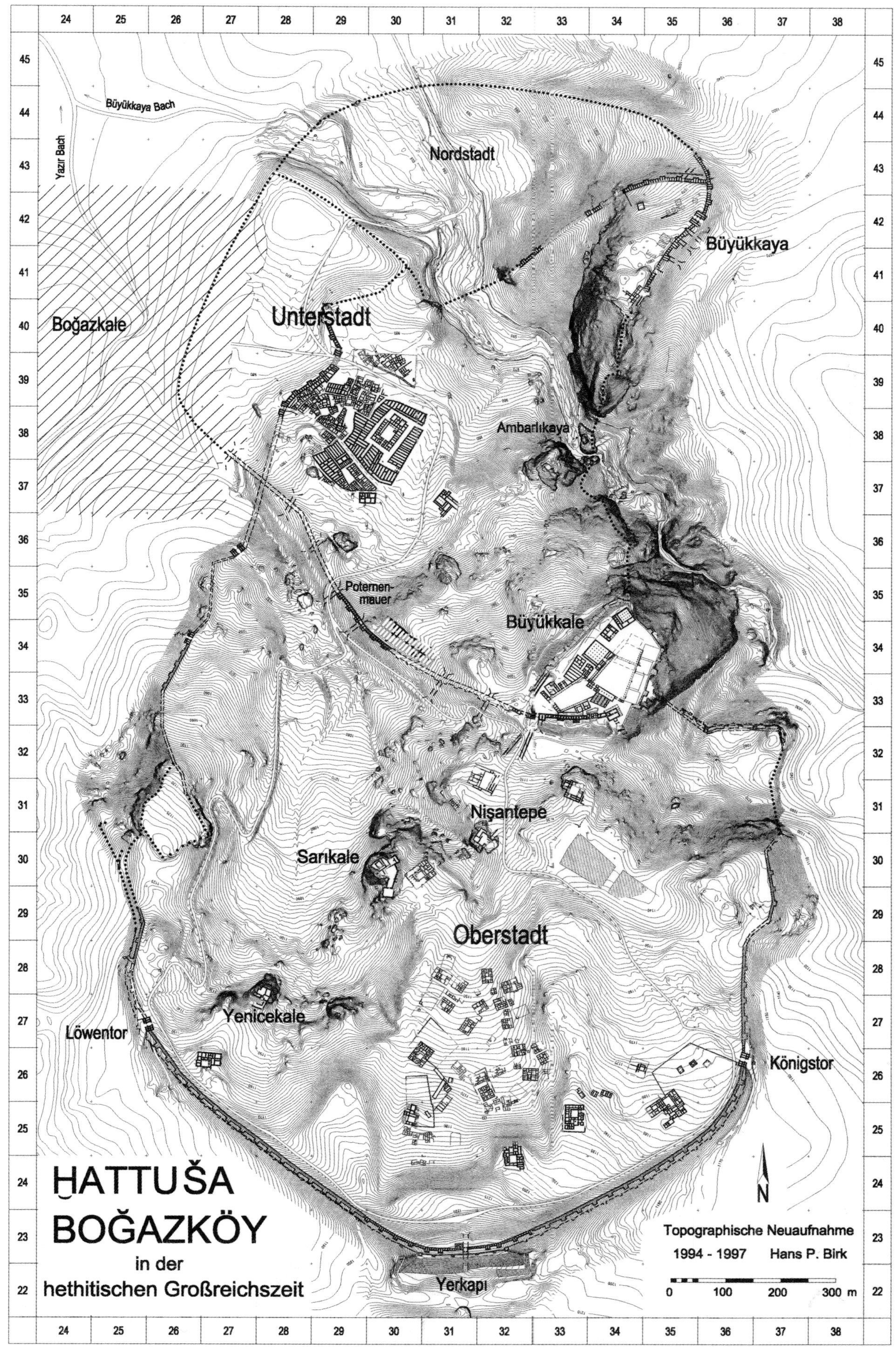

1 Topographischer Plan von Ḫattusa

2 Luftaufnahme der Befestigungsmauer von Ḫattusa

(Foto Peter Oszvald)

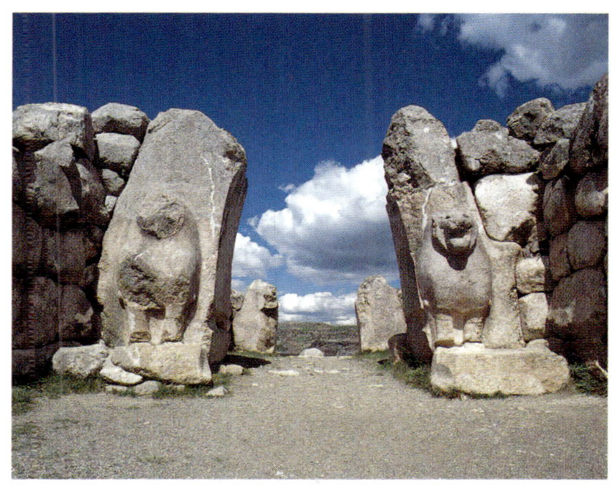

3 Das Löwentor von Ḫattusa (Foto Peter Oszvald)

ten zur Beschaffung von anatolischen Gütern wie Gold, Silber und Kupfer, die mit Eselskarawanen nach Assyrien transportiert wurden. Im Austausch brachten die Kaufleute von dort unter anderem Zinn, Stoffe und Kleider. Außerdem spielten sie auch eine Rolle im inneranatolischen Handel. Die Handelssiedlung stand unter dem Schutz des Herrn von Ḫattus, und im Gegenzug bildete sie eine Quelle bescheidenen Reichtums für die Stadt.

Gegen Ende des 18. Jahrhunderts v. Chr. wurde Ḫattus(a) zerstört: »In der Nacht nahm ich die Stadt mit Gewalt, an ihrer Stelle aber säte ich Unkraut. Wer nach mir König wird und Ḫattusa wieder besiedelt, den soll der Wettergott des Himmels treffen«, heißt es in dem althethitischen historiographischen Text, in dem der erste hethitische Großkönig Anitta von Kussara davon berichtet, daß er König Pijusti von Ḫattus(a) geschlagen hat.[3] Sein Fluch über den Platz war jedoch nicht von langer Wirkung – hierzu waren die Siedlungsbedingungen wohl zu günstig. Schon kurz darauf erstand der Ort neu, und mit Einsetzen der hethitischen Überlieferung zu Beginn der Regierungszeit Ḫattusilis I. (ca. 1665–1640 v. Chr.) erscheint er als Hauptstadt des Reiches.

Sehr bald wurden nun die sicher schon vorhandenen Befestigungen ausgebaut, und spätestens im 16. Jahrhundert v. Chr. entstand als erste monumentale Stadtmauer die Poternenmauer. Erbauer könnte Großkönig Ḫantili I. gewesen sein, denn in einem hethitischen Text heißt es, er habe Ḫattusa, »das früher in keiner Weise geschützt war«, befestigt.

Leider gibt es kaum hethitische Textquellen zur Geschichte der Stadt. Aus einem Text geht hervor, daß die Stadt in der Regierungszeit von Großkönig Tudḫalija II. (ca. 1375–1355 v. Chr.) zerstört worden ist: »Und die Stadt Ḫattusa wurde niedergebrannt, doch ... und das *ḫestā*-Haus kamen davon ...«.[4] Derselbe Text zeigt, daß die Kaškäer, die unruhigen Nachbarn der Hethiter im Norden des Landes, dafür verantwortlich waren. Allerdings waren die Zerstörungen insofern folgenlos, als Ḫattusa weiterhin Hauptstadt blieb. Der Mangel an authentischen Quellen betrifft leider auch die Topographie der Stadt: Manchmal werden in den Texten Tempel, Tore und andere Bauwerke mit Namen genannt, aber für eine sichere Identifizierung reichen die Angaben nicht aus.

Im frühen 13. Jahrhundert v. Chr. verlor Ḫattusa kurzfristig seine Rolle als Zentrum des Reiches. Damals verlegte Großkönig Muwattalli II. (ca. 1290–1272 v. Chr.) die Residenz nach Tarḫuntassa, einer Stadt im Süden Anatoliens, die bislang noch nicht wiederentdeckt ist. Aber schon sein Nachfolger Mursili III. machte diesen Schritt rückgängig, und Ḫattusa blieb Hauptstadt bis zum Untergang des Reiches kurz nach 1200 v. Chr. Brand- und Zerstörungsspuren im Stadtgebiet zeugen von gewaltsamen Aktionen, aber vieles spricht dafür, daß die Stadt weitgehend aufgegeben und verlassen worden ist, bevor sie einem Feind in die Hände fiel.

> Die Befestigungen

Die hethitische Hauptstadt war mit verschiedenen Verteidigungsanlagen gesichert. Die ältere Stadtmauer verläuft von der Königsburg Büyükkale nach Nordwesten talwärts und führt dann im weiten Bogen nach Norden und Osten um die Unterstadt und die Nordstadt herum. Im Nordosten bezieht sie auch den Bergrücken von Büyükkaya mit ein und führt dann durch die Schlucht des Büyükkaya-Baches zurück nach Büyükkale. Dieser 3,6 Kilometer lange Mauerring umschloß ein Gebiet von rund 75 Hektar Größe.

Von dieser wie auch den späteren, jeweils als 6–8 Meter breite Kastenmauern angelegten Verteidigungslinien sind heute nur noch die Fundamente und bis 1,5 Meter hohe Mauersockel aus Kalkstein erhalten. Sie waren jedoch ehemals höher, auf ihnen erhob sich außerdem ein mehrere Meter hoher Aufbau aus ungebrannten Lehmziegeln. In regelmäßigen Abständen von 15 bis 25 Metern standen Türme, die ebenso wie die Mauern mit dreieckigen Zinnen versehen waren – dies weiß man von Tonmodellen, die hier und andernorts gefunden worden sind (s. Abb. 7, S. 207). Eine Besonderheit dieser älteren Stadtmauer sind die Poternen genannten Tunnel, die in bestimmten Bereichen im Abstand von nur 80 bis 100 Metern unter der Mauer hindurchführten. Ob sie als »Fußgängerunterführungen« in Friedenszeiten dienten oder eher als Ausfallpforten in Kriegszeiten ist einstweilen ungeklärt (vgl. Abb. 9).

Zur Zeit des hethitischen Großreiches, im 14. und 13. Jahrhundert v. Chr., kamen neue Befestigungsanlagen im Bereich der Unterstadt und auf Büyükkaya hinzu. Das größte Bauprojekt wurde jedoch im Süden durchgeführt: Mit der Errichtung einer rund 3,4 Kilometer langen neuen Befestigungsmauer um das Gebiet der sogenannten Oberstadt wurde die Fläche der Stadt auf rund 181 Hektar vergrößert, also weit mehr als verdoppelt[Abb. 2]. In einer späteren Ausbauphase wurden dann auch noch Vormauern angelegt, die den Schutz der Stadt weiter verstärkten. In diesem jüngeren Mauerzug sind mehrere große Stadttore noch gut erhalten. Im Südwesten liegt das Löwentor[Abb. 3, 4], das auf der Außenseite Löwenskulpturen als Schmuck trägt, und im Südosten das Königstor, das auf der Stadtseite ein Relief mit einem bewaffneten Gott zeigt[Abb. 5, 6]. Jedes Tor hatte zwei Durchgänge, die jeweils mit schweren Holztoren verschließbar waren. Innen sind in den Seitenwänden der Torkammern noch die Löcher zu erkennen, in die die Riegel geschoben wurden: »Wann morgens sie des Tores kupferne Riegelstangen heben, Du Deinen Sohn oder Diener zum Öffnen geschickt hast, wenn sich am Tor das Siegel ›wendet‹, so sollen danach ein ›Herr von Ḫattusa‹ oder ein kommandierender Offizier, oder welcher ›Herr‹ sonst eingeteilt ist – gemeinsam das Siegel am Tore überprüfen und entsprechend das Tor öffnen. Die kupfernen Riegelstangen aber sollen sie zurück in Dein Haus tragen und an ihrer Stelle deponieren.« So heißt es in der Instruktion des Großkönigs Arnuwanda I. (ca. 1400 – 1375 v. Chr.) an den Bürgermeister der Stadt Ḫattusa.[5] Offensichtlich wurden die Tore abends geschlossen und versiegelt, und am Morgen mußte vor der Öffnung die Unversehrtheit des Siegels amtlich bestätigt werden (s. auch Müller-Karpe, hier S. 176ff.).

Eine besondere Rolle dürfte die Bastion von Yerkapı am Südende der Stadt gespielt haben. Hier hat man einen 250 Meter langen und 80 Meter breiten Erdwall aufgeschüttet, der auf der Außenseite rund 30 Meter hoch ist. Er war ursprünglich mit einem weißen Kalksteinpflaster versehen, das ihn zu einer weithin sichtbaren Landmarke machte[Abb. 7, 8]. Die Stadtmauer lief über diesen Wall hinweg, und in der Mitte lag das Sphinxtor. Auf der der Stadt zugewandten Seite war es von monumentalen Sphinxfiguren flankiert – Mischwesen mit einem geflügelten Löwenkörper und menschlichem Oberkörper und Kopf, auf dem ein Hörnerhelm saß. Aber auch auf der Außenseite war dieses Tor mit Sphinxprotomen geschmückt. Es war vermutlich Teil einer Kultanlage hier an der höchsten Stelle der Stadt. Genau unter diesem Tor verläuft die einzige heute noch begehbare Poterne von Ḫattusa: Ein 71 Meter langer und 3 bis 3,3 Meter hoher Tunnel, der auf die Außenseite des Walls führt[Abb. 9].

> Die Palastanlage von Büyükkale und die Unterstadt

Wie bei den Stadtmauern, so sieht der heutige Besucher auch bei den übrigen Baukomplexen im Stadtgebiet im wesentlichen den Zustand des 13. Jahrhunderts v. Chr. Auf der Königsburg von Büyükkale sind die Überreste eines großen Palastkomplexes mit kolonnadengesäumten Höfen, Wohn- und Magazinbauten und einer großen Audienzhalle freigelegt worden. Zur übrigen Stadt hin war der auf einem Felsrücken gelegene Palast mit einer soliden Befestigungsmauer versehen, die den Herrscher auch vor eventuellen internen Angriffen schützte (s. auch Seeher, hier S. 94ff.).

Die Unterstadt oder Altstadt von Ḫattusa erstreckte sich vom Fuß der Königsburg über eine Strecke von rund einem Kilometer bis hinunter ins Tal, wo sie durch einen hohen, teilweise künstlich angeschütteten Wall mit Stadtmauer gegen Angriffe geschützt war. In ihrem Zentrum erhob sich ein monumentaler Doppeltempel, der vermutlich den höchsten Gottheiten des Landes, dem Wettergott des Himmels und der Sonnengöttin von Arinna, geweiht war (s. auch Seeher, hier S. 134ff.).

Wie der Stadtplan zeigt, war der Große Tempel von einer kleinteiligen Wohnbebauung, die über Jahrhunderte existiert und sich entsprechend häufig verändert hat, umgeben. In den älteren Schichten herrschten noch Hofhäuser mit offenem Innenhof vor. Später kamen Hallenhäuser mit überdachter Wohnhalle auf, eine typisch städtische Hausform. Hier wohnten Priester, Beamte, Händler und Handwerker, während die bäuerliche Bevölkerung eher außerhalb der Stadt in Dörfern und Weilern in der Umgebung lebte. Die Häuser besaßen wie die Tempel- und Palastbauten Wände aus luftgetrockneten Lehmziegeln, teilweise gestützt von einer Fachwerkkonstruktion, sowie Flachdächer. Während Frischwasser an kommunalen Zapfstellen zur Verfügung stand, gab es für die Abwasserentsorgung sogar Hausanschlüsse, die in Kanalisationsgräben unter den Straßen und Gassen führten.

> Die Oberstadt von Ḫattusa

Wie bereits erwähnt, ist die Oberstadt von Ḫattusa vermutlich erst in der Zeit des hethitischen Großreiches mit einer Befestigungsmauer umgeben und so an das Stadtgebiet angeschlossen worden. Vier große Tempelanlagen waren schon länger bekannt; mit den Ausgrabungen von P. Neve in den 70er und 80er Jahren erhöhte sich die Zahl jedoch auf 30: Allein im sogenannten zentralen Tempelviertel wurden die Grundmauern von 24 Tempeln unterschiedlicher Größe freigelegt (s. Abb. 11, S. 139). Es zeigte sich, daß zumindest Teile der Oberstadt rein kultischen Zwecken gedient haben müssen, denn zwischen den Tempeln gab es zunächst keine Wohnhäuser für die normale Bevölkerung (erst in der letzten Phase der Stadt wurde auch das Tempelviertel als Siedlungsgebiet genutzt). Ḫattusa war nicht nur weltliche Metropole und Regierungssitz, sondern auch Kulthauptstadt des Reiches: Ein Sitz für die »tausend Götter des Landes Ḫattusa«, die in den hethitischen Staatsverträgen als Zeugen angerufen werden. Es ist durchaus damit zu rechnen, daß sich die Zahl der Tempel in der Stadt bei fortschreitender Ausgrabung in Zukunft noch erhöhen wird. Und »hauptstädtisch« ist ja auch das etwas außerhalb der Stadt gelegene Felsheiligtum von Yazılıkaya (s. auch Seeher, hier S. 112ff.; Schirmer, hier S. 204ff.).

Es gab aber nicht nur Tempel in der Oberstadt. Besonders im südlichen Vorfeld der Königsburg, dort, wo ein langer Viadukt vom Burgtor herabführt, sind verschiedene Großbauten, die offiziellen Zwecken dienten, freigelegt worden. Im Untergeschoß eines Gebäudes fand man über 3300 Ton-

4 

5 

6 

7 

4 Einer der Löwen vom Löwentor von Ḫattuša (Foto Peter Oszvald)

5 Das Königstor von Ḫattuša mit der Reliefdarstellung eines bewaffneten Gottes, Stadtseite (Foto Peter Oszvald)

6 Rekonstruktion des Königstors von Ḫattuša

7 Die Bastion von Yerkapı (Foto Peter Oszvald)

8

9

10

11

8 Das weiße Kalksteinpflaster der Bastion von Yerkapı (Foto Peter Oszvald)

9 Die Poterne von Yerkapı (Foto Peter Oszvald)

10 Kammer 2, Gesamtansicht (Foto Peter Oszvald)

11 Kammer 2, Detail der Hieroglypheninschrift (Foto Peter Oszvald)

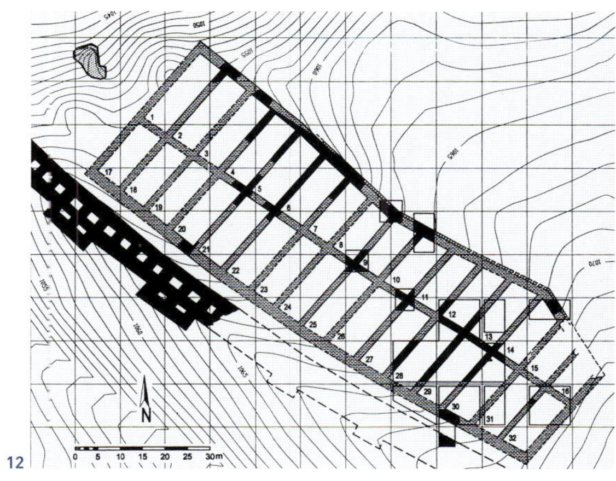

12 Plan des Silokomplexes des 16. Jahrhunderts v. Chr. an der Poternenmauer

plomben mit Siegelabdrücken von Großkönigen, Prinzen, Funktionären und Schreibern. Sie dienten einst als Unterschrift und Zertifikat an beschrifteten Holztafeln, Schachteln und Warenballen. In diesem Bereich der Stadt befinden sich auch zwei große, in Stein gemeißelte Inschriften mit luwischen Hieroglyphen, in denen Suppiluliuma II., der letzte bekannte Großkönig der Hethiter, von seinen Taten und denen seines Vaters Tudḫalija IV. berichtet. Während die Inschrift an der Felsfront von Nišantepe im Lauf der Jahrtausende stark verwittert und nur noch teilweise lesbar ist, blieb die Inschrift in der sogenannten Kammer 2 unversehrt erhalten[Abb. 10, 11]. An ihrem Ende heißt es: »... in diesem Jahr baute ich hier den göttlichen Unterirdischen Weg.« Wenn hiermit diese Kammer selber gemeint ist, könnte sie als symbolischer Eingang in die Unterwelt fungiert haben. Zumal sie in einem Erdwall sitzt, hinter dem ein künstlicher Teich liegt: Teiche und Quellen wurden im Altertum immer in Bezug zur Unterwelt gesehen.

Dieser Teich ist einer von zweien, die im Osten der Oberstadt als künstliche Wasserreservoire angelegt waren. Im Süden der Oberstadt gab es fünf weitere, die erst im Jahr 2000 entdeckten Südteiche, die auf einem Geländesporn westlich oberhalb des zentralen Tempelviertels lagen. Für beide Teichkomplexe hat man wohl unter anderem Wasser von Süden, von außerhalb der Stadt, herbeigeleitet.

Andere Bereiche der Oberstadt, vor allem der westliche Teil, sind dagegen archäologisch noch völlig unerforscht. Im Jahr 2001 ist als neues längerfristiges Arbeitsprojekt mit Ausgrabungen in diesem Bereich begonnen worden. Erst wenn über die Siedlungsgeschichte dieses Stadtteils mehr bekannt ist, wird man weiteres sagen können zu Fragen nach dem Beginn und Verlauf der »Binnenkolonisation« der Oberstadt, zur möglichen kultischen Funktion dieser Bereiche und auch zur Bevölkerungszahl der Hauptstadt. Völlig ungeklärt ist außerdem nach wie vor die Frage, wo die Nekropolen der Stadt lagen. Bislang sind kaum hundert hethitische Bestattungen in Ḫattusa ausgegraben worden, was um so mehr verwundert, wenn man bedenkt, daß hier im Verlauf der 450jährigen Geschichte der Stadt etwa 100 000 Menschen gestorben sein müssen. Darüber hinaus fehlen die Königsgräber – bislang wurde noch kein einziges entdeckt.

> Ein Blick auf die Staatswirtschaft in Ḫattusa

Durch den Fund von verschiedenen Anlagen zur Lagerung von Getreide ist in den letzten Jahren die Aufmerksamkeit auf wirtschaftshistorische Fragen gelenkt worden[6]: In der Großreichszeit hat man auf dem Höhenrücken von Büyükkaya im Nordosten der Stadt riesige unterirdische Silogruben angelegt. Der größte von den elf bisher bekannten Silos mißt 12 x 18 Meter und war mindestens zwei Meter tief. Dies allein entspricht einer Kapazität von 260 Tonnen Getreide, dem Jahresbedarf von etwa 1400 Menschen. Eine noch viel größere Anlage stammt jedoch schon aus der althethitischen Zeit: In der Unterstadt liegt hinter der Poternenmauer ein ebenfalls in die Erde eingelassener Silokomplex von 118 Metern Länge und 30 bis 40 Metern Breite[Abb. 12]. Ein Teil dieser Anlage ist durch einen Brand zerstört worden, und wie in einem Holzkohlemeiler ist das Getreide – meist Gerste, aber auch Einkorn-Weizen – zum Teil verkohlt und so bis zum heutigen Tag erhalten geblieben (s. Kat.-Nr. 98). In den 32 Kammern der Anlage konnten 4200 bis 5900 Tonnen Getreide gelagert werden, was dem Jahresbedarf von 23 000 bis 32 000 Menschen entspricht. Hiermit sollte nicht nur der Bedarf der Hauptstadt gedeckt werden – dies war ein Teil des Staatsschatzes und der Machtbasis des Königs.

> Ḫattusa nach den Hethitern

Mit dem Untergang des hethitischen Großreichs kurz nach 1200 v. Chr. endete auch die Bronzezeit in Anatolien. Die Besiedlungsgeschichte des Geländes von Ḫattusa ging jedoch weiter, denn die Voraussetzungen für eine Neubesiedlung waren noch günstiger geworden – zusätzlich zu den Quellen, dem ergiebigen Agrarland und dem verteidigungstechnisch vorteilhaften Gelände, die schon Hattier und Hethiter hierher gezogen hatten, gab es nun auch fast unerschöpfliche Mengen von Baumaterial: Fertig zugeschlagene Steine für den Hausbau fanden sich überall, und auch sonst wird in den Ruinen noch das eine oder andere Nützliche zu finden gewesen sein. So wundert es nicht, daß bereits im frühen 12. Jahrhundert v. Chr. neue Siedler auftauchten. Die jetzt entstehende Siedlung der frühen Eisenzeit blieb jedoch über mehrere Jahrhunderte sehr klein, und erst im 8. Jahrhundert v. Chr. entwickelte sich aus ihr ein Provinzstädtchen, das deutliche phrygische Einflüsse zeigt. Der Ort blieb wohl auch in der Perserzeit besiedelt, und weitere Spuren von Siedlungen und Befestigungen stammen aus hellenistisch-galatischer und römisch-byzantinischer Zeit. Im 16. Jahrhundert wurde dann ein Turkmenenclan hier angesiedelt, und damit beginnt die Geschichte des heutigen Ortes Boğazkale, der mit seinem alten Namen Boğazköy der hethitischen Hauptstadt einen neuen Namen verliehen hat.

Anmerkungen

1 Zusammenfassende Publikationen mit Literaturverzeichnissen: Bittel 1983; Neve 1996²; Seeher 1999.

2 Heinrich Otten, *Eine althethitische Erzählung um die Stadt Zalpa*, Wiesbaden 1973, 61.

3 Erich Neu, *Der Anitta-Text*, Wiesbaden 1974, 13.

4 Vgl. Albrecht Goetze, *Kizzuwatna and the Problem of Hittite Geography*, New Haven 1940, 22; Jörg Klinger, Das Corpus der Mašat-Briefe und seine Beziehungen zu den Texten aus Ḫattuša, in: *Zeitschrift für Assyriologie* 85, 1995, 74–108 (S. 84–85).

5 Otten 1964, 92.

6 Seeher 2000.

Literatur

Bittel 1983; Neve 1996; Otten 1964, 91–95; Seeher 1999; Seeher 2000a, 261–301

Karkamis in der hethitischen Großreichszeit

Ein geschichtlicher Überblick

1 Siegelabdruck des Königs von Karkamis, Ini-Tešub, auf einer Tontafel aus Ugarit

2 Umzeichnung des Siegelabdrucks von Ini-Tešub (Zeichnung W. Forrer, nach: *Ugaritica* III, 1956, Abb. 29)

Horst Klengel

Als der hethitische Großkönig Suppiluliuma I. (ca. 1355–1320 v. Chr.) bei seinem großen Syrienfeldzug, der in den 30er Jahren des 14. Jahrhunderts v. Chr. stattfand, das bislang von Mitanni beherrschte nördliche Syrien eroberte, blieb schließlich nur noch die Euphratfestung Karkamis (hethitisch Karkamisa), die ihm Widerstand leistete. Hier hatte offenbar ein mitannischer Befehlshaber das Kommando, und er konnte die Stadt noch mehrere Monate lang verteidigen. Während dieser Zeit der Belagerung von Karkamis geschah etwas für Suppiluliuma offenbar völlig Unerwartetes: Gesandte aus Ägypten trafen ein und übergaben ihm einen Brief der Witwe des kürzlich verstorbenen Pharaos, wohl der Gemahlin des Tutanchamun. Er enthielt die dringende Aufforderung, ihr einen seiner Söhne als Ehemann zu senden. Der über dieses Angebot offenbar verblüffte hethitische Großkönig traute dem Anliegen nicht recht und erbat eine Bestätigung. Als diese im folgenden Frühjahr eintraf, war er gerade dabei, Karkamis endgültig zu unterwerfen und damit ganz Nordsyrien seinem Reiche anzugliedern. Aus diesem Angebot, das gewiß nicht zuletzt deshalb an ihn erging, weil er durch seine Erfolge in Syrien dort die Nachfolge des Königs von Mitanni angetreten hatte und damit Nachbar von Ägypten geworden war bzw. von dessen asiatischen, bis in das zentrale Syrien reichenden Besitzungen, ist dann Feindschaft entstanden: Als Suppiluliuma I. schließlich einen seiner Söhne nach Ägypten sandte, um dort Gemahl der Königinwitwe zu werden, wurde dieser – wenn wir der hethitischen Darstellung folgen dürfen – ermordet. Suppiluliuma gab dem neuen ägyptischen Pharao Eje die Schuld am Tod seines Sohnes: Der »Falke« – womit auf die Rolle des Pharaos als (Horus)-Falke angespielt wurde – habe das »Kücken«, d. h. den noch jungen hethitischen Prinzen, ermorden lassen. Suppiluliuma erklärte dem Pharao im gleichen Brief den Krieg. Es entstand eine permanente Feindschaft, die Jahrzehnte später in der Schlacht von Kadeš (1275 v. Chr.) gipfelte, in der sich Großkönig Muwattalli II. und Pharao Ramses II. gegenüberstanden und die die Hethiter für sich entscheiden konnten. Erst Ḫattusili III., ein Enkel Suppiluliumas, hat dann – weitere 16 Jahre später (1259 v. Chr.) – den berühmten paritätischen Friedensvertrag mit Ramses II. geschlossen, in dem die Feindschaft zwischen Ḫattusa und Ägypten durch »schönen Frieden« und »schöne Bruderschaft« ersetzt wurde; dieser Friede währte dann schließlich bis zum Zusammenbruch des hethitischen Reiches.

Vor diesem Hintergrund hethitisch-ägyptischer Beziehungen, später zweifellos aber auch unter dem Eindruck des assyrischen Vordringens in Obermesopotamien, ist die Rolle der Herrscher von Karkamis zu betrachten, als deren erster Šarrikušuḫ (der Name ist hurritischer Herkunft, sein hethitischer Name war Pijassili) eingesetzt wurde, ein Sohn Suppiluliumas. Es war durchaus üblich, eroberte Gebiete durch die Einsetzung von Angehörigen des Herrscherhauses regieren zu lassen, deren Treue man sicherer zu sein glaubte als der eines anderen Würdenträgers des Reiches. Wie es scheint, gab es in der Euphratfestung zu dieser Zeit keine lokale Dynastie, sondern sie wurde von einem mittannischen Gouverneur regiert, der wohl auch die Verteidigung gegen die hethitischen Angriffe geleitet hat. Nach ihrer Eroberung wurde die Stadt Karkamis, wie es später Mursili II. in seinem historiographischen Werk über die Taten seines Vaters Suppiluliuma berichtet, geplündert und entvölkert, aber offenbar nicht zerstört. In diesem Bericht Mursilis II. heißt es: »Aus der Unterstadt entfernte er die Einwohner und ließ diese sowie Silber, Gold und Bronzegegenstände nach Ḫattusa bringen. Und es waren 3330 Deportierte, die er dem (großköniglichen) Palast überstellen ließ, während die, die man insgesamt wegführte, zahllos waren.« Die runde Zahlenangabe muß zwar mit Mißtrauen betrachtet werden, doch könnte sie auf eine für die damalige Zeit recht große Bevölkerung der Stadt Karkamis hinweisen. Über das Schicksal der Oberstadt, in der sich der königliche Palast mit seinen Speicherbauten befunden haben dürfte, erfahren wir von Mursili nichts; wahrscheinlich wurden die dortigen Verwaltungsbauten und Heiligtümer nicht zerstört. Nach der Eroberung begann offenbar recht bald eine Wiederbesiedelung der Stadt, gewiß vor allem durch Hethiter, und ein Ausbau zum wichtigsten administrativen Zentrum hethitischer Macht südlich des Taurus, d. h. in den syrischen Besitzungen Ḫattusas. Dem hethitischen König von Karkamis, der nun in der Oberstadt residierte, wurden vertraglich auch Gebiete östlich des Stromes zugewiesen, wodurch die Stadt ein größeres Territorium erhielt als zuvor und zugleich aus ihrer unmittelbaren Grenzlage genommen wurde. Eine offizielle Übereinkunft Suppiluliumas mit seinem in Karkamis regierenden Sohn nennt auch das an der Orontesmündung, d. h. der Mittelmeerküste gelegene Land Alalḫa als Teil des Königtums Karkamis, und später wurden dem Herrscher von Karkamis sogar Gebiete südlich der wichtigen Stadt Ugarit zur direkten Kontrolle unterstellt – womit diese wirtschaftlich und strategisch wichtige Hafenstadt direkt von Territorien des Königs von Karkamis umgeben war.

Die Einsetzung Pijassilis als König in Karkamis verband die sich rasch wieder erholende Euphrat-Stadt unmittelbar mit dem großköniglichen Hause in Ḫattusa – und erhob sie damit zugleich über die anderen syrischen Herrschersitze, in denen einheimische Dynastien regierten. Es war wohl die erste Aufgabe des neuen Königs, neben dem Wiederaufbau von Karkamis die Eroberung des noch existierenden Reststaates Mitanni zu leiten. Die militärische Unternehmung wurde dadurch legitimiert, daß der infolge von Thronfolgekämpfen in Mitanni zu Suppiluliuma geflüchtete Prinz Sattiwaza sich an der Aktion beteiligte; nach dem militärischen Erfolg des Feldzuges beeidete er einen Vertrag des Suppiluliuma, der das mitannische Obermesopotamien der Oberhoheit des hethitischen Großkönigs unterstellte.

Nach dem Tod Suppiluliumas wuchs die Bedeutung des Königs von Karkamis zusätzlich durch einen Erlaß des noch jungen Großkönigs Mursili II. (ca. 1318–1290 v. Chr.), der den Thron in Karkamis nicht nur für seinen älteren Bruder Pijassili/Šarrikušuḫ selbst bestätigte, sondern auch für dessen Nachkommen. Damit wurde eine neue Dynastie gegründet; sie hat in Karkamis bis zum Ende des hethitischen Staates – und sogar noch einige Zeit danach – regiert. Der König von Karkamis erhielt sogar offiziell die – nach dem Großkönig selbst und dem Kronprinzen – drittwichtigste Position des Reiches zugewiesen. Ihm fiel die spezielle Aufgabe zu, die großköniglichen Interessen in den unterworfenen Gebieten südlich des Taurus zu vertreten. Die syrischen Fürstentümer entsandten nun, wie es scheint, ihre Vertreter an den Hof von Karkamis. Staatsverträge wurden durch die Könige von Karkamis mit unterzeichnet (d. h. gesiegelt), und eine ganze Reihe von Erlassen und brieflichen Anordnungen bezeugt die Aktivität der Verwaltung in Karkamis. In babylonischer Sprache verfaßte Keilschrifttexte, wie sie von Ḫattusa oder Karkamis aus in die verschiedenen syrischen Zentren gesandt wurden, sind bei den Ausgrabungen der Archive des Königspalastes von Ugarit entdeckt worden.

3 Siegelabdruck des Königs von Karkamis, Ini-Tešub, auf einem Keilschrifttext aus Ugarit (nach: *Ugaritica* III, 1956, Abb. 34)

Diese Texte reflektieren nicht nur die hethitische Verwaltungstätigkeit in Syrien, sondern sie lassen auch erkennen, daß Ugarit dabei die besondere Aufmerksamkeit der Behörde in Karkamis genoß. Dies erklärt sich vor allem aus der Rolle, die diese Hafenstadt für die Hethiter spielte. Nicht nur, daß der Handel, der aus dem Euphratraum zur syrischen Küste ging, von der königlichen Familie in Karkamis kontrolliert wurde, sondern Ugarit war – neben dem Hafen Ura in Südanatolien – auch der wichtigste Stützpunkt der Hethiter für den Seeverkehr von der Levante bis nach Ägypten. Auch das Siegel des lange Zeit in Karkamis regierenden Königs Ini-Tešub [Abb. 1, 2], das auf Urkunden in Ugarit gefunden wurde – in Karkamis selbst haben die Ausgrabungen seinerzeit die Schichten der Bronzezeit nicht erreichen können –, ist ein Zeugnis dafür, daß von Karkamis aus das hethitische Syrien verwaltet wurde. Vielleicht verfügte der König von Karkamis sogar über ein großkönigliches Siegel, das er im Auftrag des Oberherrn bei wichtigen Dokumenten verwenden durfte (s. auch Dinçol/Dinçol, hier S. 82ff.). Die besondere Rolle Ugarits im Gebiet des Königs von Karkamis läßt sich vielleicht auch daraus erklären, daß dieses Königtum – ebenso wie Amurru im mittelsyrischen Raum – nicht zu den Vasallen des Reiches Mitanni gehört hatte und dadurch nicht Teil der »Erbmasse« war, die von den Hethitern nach dem Sieg über Mitanni übernommen wurde.

In den Schreibstuben des Königs von Karkamis waren Beamte tätig, die offensichtlich verschiedener Sprachen mächtig waren – neben Hethitisch haben noch Babylonisch-Assyrisch, Hurritisch und gewiß auch Ägyptisch als Sprachen der Kommunikation gedient. Dabei gehörte auch Ḫalpa (Halab), der wichtigste Kultort des im Regenfeldbaugebiet Nordsyriens dominanten Wettergottes, zum Kompetenzbereich des Königs von Karkamis, wenngleich dort ein anderer Sohn Suppiluliumas, Telipinu, in den Dienst des Wettergottes und als lokaler Fürst eingesetzt worden war. Die aus den Archiven von Ugarit überlieferten Texte der hethitischen Administration behandeln des öfteren Angelegenheiten, die für das hethitische Reich insgesamt von Bedeutung waren, wie etwa die Schlichtung von Familienstreitigkeiten am ugaritischen Hof, Grenzregelungen und Tributlieferungen. Das hethitische Karkamis war dabei gewiß auch deshalb besonders wichtig, weil das anatolische Klima mit seinen oft strengen und schneereichen Wintern die Kommunikation zwischen Ḫattusa und den Gebieten südlich der Tauruskette behinderte; in hethitischen Feldzugsberichten wird mehrfach darauf verwiesen, daß dem Großkönig für weitere Aktionen »das Jahr zu kurz geworden« sei, d. h. die Feldzugs-»Saison« zu Ende war.

Noch zur Regierungszeit von Suppiluliuma I. brach eine Epidemie aus, die sowohl in Anatolien als auch in Syrien und Ägypten grassierte und zahlreiche Opfer forderte, vielleicht auch in Karkamis. Keilschrifttexte und ägyptische Hieroglyphenaufzeichnungen verweisen auf diese Krankheit, die in Syrien die Bewohner der Städte zur Flucht veranlaßte und auch vor den Königshäusern nicht Halt machte: Suppiluliuma und sein Sohn Arnuwanda II. (ca. 1320–1318 v. Chr.) sollen ihr zum Opfer gefallen sein. Sie währte viele Jahre, denn noch Suppiluliumas jüngster Sohn Mursili II. richtete Gebete an die Götter, der Krankheit doch ein Ende zu bereiten. Solche Epidemien sind für den ostmediterranen Raum des öfteren bezeugt, und Grabungen in der Hyksos-Hauptstadt Auaris im östlichen Nildelta haben die Skelette von Menschen freigelegt, die wohl als Seuchenopfer bezeichnet werden können. Die Epidemie, vielleicht eine Art Beulenpest, wenn man die Angaben medizinischer Papyri so deuten darf, unterbrach auch für eine ganze Reihe von Jahren die Kontakte zu Ägypten und ließ militärische Unternehmungen nicht zu.

Nach Pijassili/Šarrikušuḫ war im 9. Regierungsjahr Mursilis II. (ca. 1309 v. Chr.) in Karkamis dessen Sohn Saḫurunuwa auf den Thron gelangt. Es war wohl dieser König von Karkamis, ein Enkel Suppiluliumas I., der dann an der für die Hethiter erfolgreichen Schlacht von Kadeš zwischen Ḫattusa (Muwattalli II.) und Ägypten (Ramses II.) teilnahm. Aber er war es wohl auch, der sich in Obermesopotamien bereits mit dem Vordringen der Assyrer auseinandersetzen mußte, die unter Adadnirari I. bis in die Nähe von Karkamis gelangten. Als im 21. Regierungsjahr des Pharaos Ramses II. (1259 v. Chr.) der berühmte Friedensvertrag durch den als Usurpator auf den Thron gelangten Ḫattusili III. (ca. 1265–1240 v. Chr.) geschlossen wurde (s. auch Quack, hier S. 288ff.), regierte in Karkamis bereits Ini-Tešub. Aus seiner langen Regierungszeit – man rechnet mit bis zu 60 Jahren – stammen zahlreiche Verwaltungsdokumente, die in Ugarit entdeckt wurden; manche von ihnen tragen eines der fünf bezeugten Siegel dieses Herrschers [Abb. 3]. Abgesandte aus Karkamis gehörten auch zu der hethitischen Delegation, die mit dem auf eine silberne Tafel aufgezeichneten Vertrag aus Ḫattusa nach Pi-Riamasesa, der Residenzstadt Ramses' im östlichen Nildelta, gesandt wurde.

Die besondere Rolle des Königs von Karkamis wird auch dadurch unterstrichen, daß ihn Tutḫalija IV. (ca. 1240–1215 v. Chr.), Sohn und Nachfolger Ḫattusilis, später sogar einmal als einen »großen König« (was aber nicht mit »Großkönig« gleichzusetzen ist) bezeichnete, und ein in Ägypten gefundenes hieroglyphisches Ostrakon könnte auf eine eigene Korrespondenz zwischen Ini-Tešub und Ramses II. deuten.

Ein gutes Verhältnis zu Ägypten war um so notwendiger, als zur Zeit des Ini-Tešub assyrische Truppen unter König Salmanassar I. (1263–1234 v. Chr.) erfolgreich in Obermesopotamien vordrangen. Bereits Šarrikušuḫ hatte im Hinblick auf das Vordringen assyrischer Truppen die Unterstützung eines vom Großkönig entsandten Generals erhalten. Vielleicht war Ini-Tešub noch König von Karkamis, als die assyrischen Truppen zur Zeit Tukulti-Ninurtas I. die große Zahl von »28 800 Hethitern« aus dem Euphratbereich nahe Karkamis als Gefangene wegführen konnten, wie eine Inschrift behauptet, deren Angaben aber mit Skepsis behandelt werden müssen. Allerdings gibt es auch aus Ugarit eine Reihe von Texten, die auf eine schwierige militärische Situation im hethitischen Grenzbereich in Obermesopotamien verweisen. Diese »assyrische Gefahr« wird jedenfalls auch die Aufmerksamkeit des Königs von Karkamis besonders in Anspruch genommen haben.

Zu dieser Zeit war das hethitische Großreich bereits in drei Teile gegliedert – bei Anerkennung des Herrschers in Ḫattusa als Souverän und oberstem Bewahrer der Staatskulte. In Ḫattusa regierte der Großkönig selbst. In der Stadt Tarḫuntassa im südlichen Anatolien hatte Ḫattusili seinen Neffen Kurunta als König eingesetzt, und dieser wurde dann unter Ḫattusilis Nachfolger, Tutḫalija IV., rangmäßig dem König von Karkamis gleichgestellt. In Syrien herrschte der König von Karkamis. Die schwierige politische und wirtschaftliche Situation, in der sich das späte hethitische Großreich befand, hatte offenbar diese Aufteilung der Kontrolle notwendig gemacht. Sowohl der König von Karkamis als nun auch der von Tarḫuntassa hatten nach dem Großkönig und dem designierten Thronfolger den dritten Rang im Reiche inne. Wie die Texte aus Emar zeigen, das etwas unterhalb von Karkamis am Euphrat lag, war das Königreich Karkamis in Unterkönigtümer gegliedert, in denen jeweils Vertreter der lokalen Aristokratie sowie Ältestenräte eine Rolle spielten.

Die Situation im ostmediterranen Raum hatte sich auch durch räuberische Überfälle der sogenannten »Seevölker«, andere krisenhafte Erscheinungen – wie eine Verknappung und Verteuerung von Lebensmitteln, vor allem des Getreides – sowie durch eine zunehmende Verunsicherung der Landwege, wohl auch als Folge sozialer Probleme, verschlechtert. Darauf haben Texte aus Ugarit Hinweise geliefert, und auch in der Korrepondenz Ḫattusilis II. und seines Sohnes Tutḫalija IV. mit Ägypten spielen ägyptische Getreidesendungen eine große Rolle, die auf dem Schiffsweg an die anatolische Küste gebracht wurden. Die Krisensituation wird auch in den Texten reflektiert, die in der zu Karkamis gehörenden Stadt Emar bei Ausgrabungen entdeckt wurden (s. auch Faist/Finkbeiner, hier S. 190ff.). Talmi-Tešub, Nachfolger des Ini-Tešub auf dem Thron in Karkamis, war Zeitgenosse des letzten hethitischen Großkönigs Suppiluliuma II., von dem er einen formalen Vertrag erhielt, der ihn zugleich enger mit dem Königshaus in Ḫattusa verband, mit dem Talmi-Tešub nur noch entfernt verwandt war. An der Levanteküste machten sich zudem die »Seevölker« bemerkbar, die bis vor die Küste Ägyptens gelangten, wo sie von Pharao Ramses III., wie dieser in einer seiner Inschriften berichtet, vernichtend geschlagen wurden.

Während im zentralen Anatolien das Hethiterreich um etwa 1190/80 v. Chr. zusammenbrach und die Hauptstadt Ḫattusa aufgegeben wurde, hat die Dynastie von Karkamis zunächst noch überlebt. Ein Sohn Talmi-Tešubs, Kuzi-Tešub, folgte seinem Vater auf dem Thron, was durch Abdrücke seines Siegels bezeugt wird. Möglicherweise hat er von dem Zerfall des Hethiterreiches sogar profitieren können, indem er seinen Einfluß bis in die Gegend von Malatya ausdehnte. Als die Assyrer später, um 1100 v. Chr., unter König Tiglatpilesar I. bis in das nördliche Syrien vorstießen, war dieses Gebiet für sie das »Land Ḫatti«. Zu dieser Zeit war das anatolische Hethiterreich aber bereits Vergangenheit und begann aus dem Gedächtnis zu verschwinden, während in Syrien und Obermesopotamien Staaten entstanden, die eine aus dem 2. Jahrtausend tradierte »luwische Hieroglyphenschrift« benutzten und auch andere Traditionen des hethiterzeitlichen Syrien fortführten. Archäologische Grabungen im einstigen Karkamis, heute direkt an der türkisch-syrischen Grenze gelegen, werden vielleicht auch einmal die hethiterzeitliche Stadt erkunden – und dann auf die Keilschriftarchive aus der Zeit stoßen, als Karkamis das syrische Verwaltungszentrum der hethitischen Könige war.

Literatur

Klengel 1992, 120ff.; Klengel 1999, bes. 135ff.; Singer 1999, 603ff.

Maşathöyük

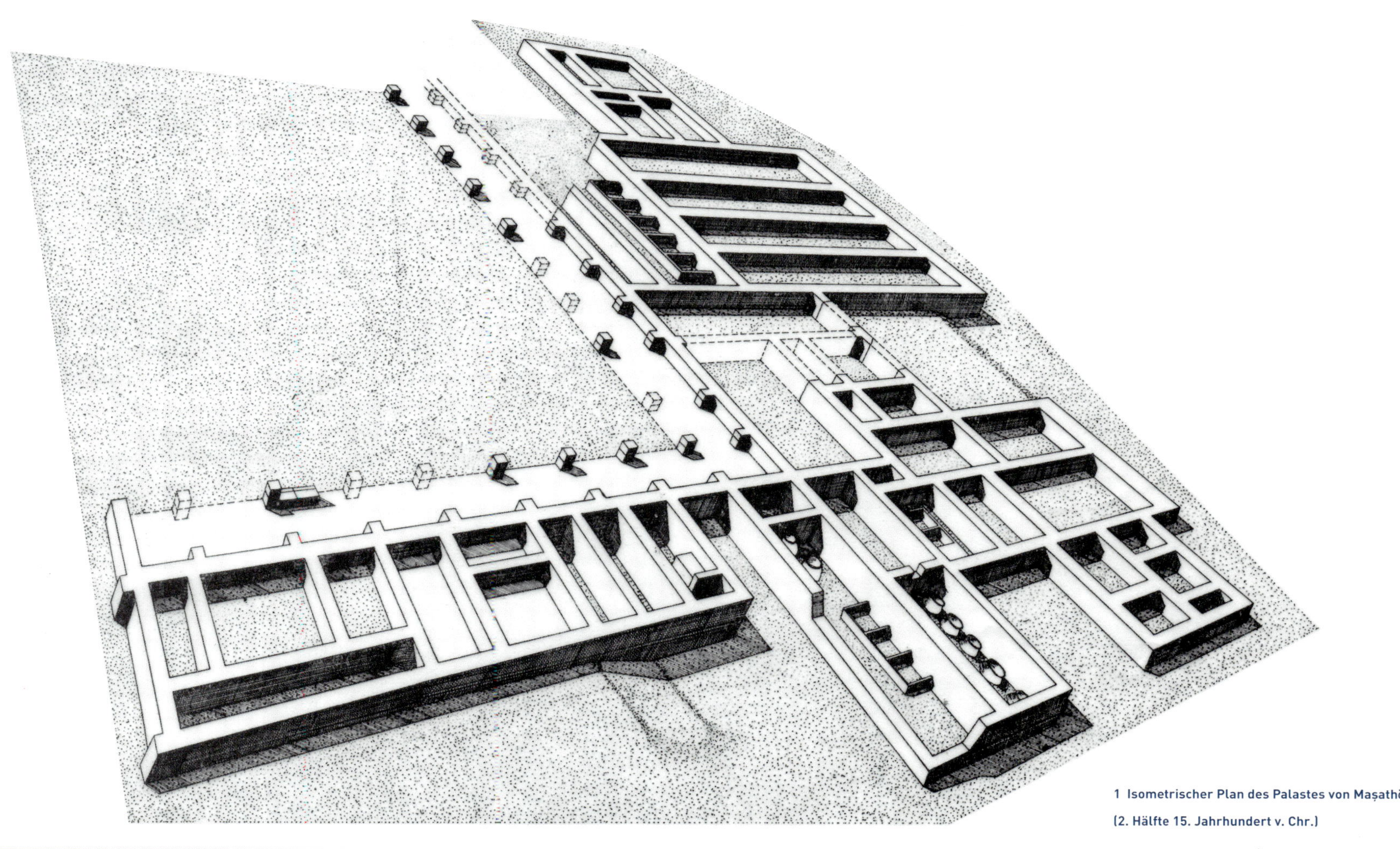

1 Isometrischer Plan des Palastes von Maşathöyük

(2. Hälfte 15. Jahrhundert v. Chr.)

Tahsin Özgüç

Maşathöyük (das alte Tapigga) liegt 150 Kilometer nordöstlich von Ḫattusa. Von Tapigga aus ist zu jeder Jahreszeit über Çekerek-Alaca eine Verkehrsverbindung nach Ḫattusa gewährleistet. Der alte Nord-Süd-Weg verläuft östlich von Tapigga.

Das auf einem steilen Felsmassiv aus paläozoischem Marmor gegründete Tapigga liegt inmitten einer von bewaldeten Bergen umgebenen fruchtbaren Ebene und ist das Zentrum eines Gebietes von strategischer und ökonomischer Bedeutung. Der Name Maşat leitet sich von Meşhed ab, denn das Dorf wurde von Türken gegründet, die aus dem Gebiet von Meşhed, der Hauptstadt von Horasan, stammten.

Das Felsmassiv liegt 29 Meter über der Ebene, die Maße der dort befindlichen Siedlungsfläche betragen 450 x 225 Meter; der Ort liegt 886 Meter über dem Meeresspiegel. Drei Seiten der Zitadelle werden von steilen Felswänden gebildet; ihre Südsüdostseite wurde vom breitesten Teil der Unterstadt eingenommen. Ein an dieser Stelle gefundener hethitischer Keilschrifttext führte dazu, daß Tapigga in die archäologische Literatur einging.

Im hethitischen Kerngebiet im mittleren Schwarzmeerbereich legte man die Siedlungen in Ebenen, in der Nähe von Flüssen oder Quellen (Alacahöyük, Eskiyapar) oder auf steilen Felsmassiven (Ḫattusa, Tapigga) an, die sich leicht verteidigen ließen. Diese Siedlungen bestanden trotz gewaltiger Brandkatastrophen ohne Unterbrechung über die gesamte hethitische Zeit hinweg. Von den Siedlungen auf steil abfallenden Felsmassiven konnten bislang lediglich Ḫattusa und Tapigga, der Sitz eines Grenzkommandanten, ausgegraben werden. Die großen Zentren im Süden des Kerngebietes (Kültepe, Acemhöyük, Karahöyük) wurden hingegen nach dem ersten Viertel des 2. Jahrtausends v. Chr. aufgegeben. Ališar und Kalehöyük büßten ihre Bedeutung zur Zeit des hethitischen Großreichs ein.

Nach einer ersten kurzen Grabungs- und Forschungskampagne im Jahre 1945 wurden im Jahr 1973 im Auftrag der Türkischen Historischen Gesellschaft und der Generaldirektion für Antike und Museen unter der Leitung von Tahsin Özgüç neue Ausgrabungen unternommen und bis 1984 fortgesetzt. Hier konnten drei Kulturepochen unterschieden werden (von oben nach unten): a Eisenzeit, phrygisch, b hethitisch, c Frühbronzezeit.

Die Phryger (Kulturepoche a) siedelten lediglich im Bereich der Zitadelle; in dieser Epoche war Tapigga erheblich kleiner geworden. Sie wird in die Zeit vom 8. Jahrhundert v. Chr. bis 300/275 v. Chr. datiert. Die auf den Ruinen hethitischer Gebäude errichteten Häuser trugen viel zu deren Zerstörung bei. Die Keramik der frühen Phase im mittelanatolischen Stil wurde von 800 – 650 v. Chr. benutzt; in der mittleren und letzten Phase der zweiten Bauschicht von 650 – 450 v. Chr. sowie im überwiegenden Teil der ersten Schicht 450 – 300/275 v.Chr. unter medisch-persischer Herrschaft wurde einheimische Keramik verwendet. In dieser Phase wurde der Einfluß der über Samsun (Amisos) kommenden ostgriechischen Keramik (375 – 350 v. Chr.) stärker. Danach war Tapigga nicht mehr besiedelt.

Die glänzendste Epoche Tapiggas stellt mit fünf Bauschichten die hethitische Zeit dar (Kulturepoche b). Die Hethiter besiedelten das Plateau und die Hänge des steilen Felsmassivs. Wie in allen anderen hethitischen Städten wurde die letzte Bauschicht (Schicht I) durch Feuer zerstört. Aus dieser Zeit (1300 – 1200 v. Chr.) wurden Keilschrifttafeln mit religiösen Texten im Schriftstil der Großreichszeit, Bullen mit Hieroglyphen sowie neben hethitischer Keramik auch Importkrüge der Stufe Späthelladisch IIIB sowie aus Nordsyrien importierte Flaschen und Libationsgefäße gefunden. In dieser Epoche hat man weder im Bereich der Zitadelle noch in der Unterstadt – anders als in den Schichten II und III – große Gebäude errichtet.

Die Gebäude der hethitischen Schicht II wurden auf der von einem Brand zerstörten Schicht III errichtet. Der im Hinblick auf Grundriß und Funde aufschlußreichste Bau ist das sogenannte Große Gebäude, von dem sich 16 Räume erhalten haben. Es handelt sich hierbei um den Baukomplex, von dem aus Tapigga in dieser Epoche regiert wurde. Sein westlicher Flügel ist auf dem darunterliegenden Felsen in einer für die Hethiter typischen Mauertechnik errichtet. In dem sorgfältig gestalteten Altarraum entdeckte man Tafeln im mittelhethitischen Schriftstil, Bullen mit Hieroglyphen, auf denen Personennamen zu lesen sind, sowie eine Bulle mit dem Namen Suppiluliumas I. Alle Funde deuten darauf hin, daß diese Schicht in die gleiche Zeit zu datieren ist wie der mächtige Hethiterkönig. Er war der Großkönig, der das von den Kaskäern, den erbitterten Feinden der Hethiter, zerstörte Ḫattusa wiedererrichten ließ und in dessen Zeit die Bauschicht III von Tapigga datiert. Danach wurden in Tapigga, anders als in Ḫattusa, keine großen Gebäude mehr erbaut.

Die prächtigste Epoche der Hethiterzeit in Tapigga wird durch die Stadt der Schicht III repräsentiert. Bei dem Monumentalbau, der innerhalb der Zitadelle errichtet wurde, handelte es sich – seinen Abmessungen von 72 x 62 Metern, seinem Grundriß und dem Inhalt der Keilschrifttafeln in einem Archiv nach zu urteilen – um einen Palast [Abb. 1]. Von ihm blieben lediglich Nord- und Ostflügel erhalten, die übrigen Bauteile verschwanden in späteren Epochen restlos Abb. 5. Die horizontalen Planken auf den Fundamentsteinen und die vertikalen Holzstützen in den Lehmziegelwänden haben die Flammen bei einem Brand besonders heftig genährt. 45 Räume im Erd- und Kellergeschoß des zweistöckigen Palastes, dessen dünner Wandputz hellrot gestrichen und mit dunkelroten Streifen verziert war, wurden freigelegt. Die tönernen Vorratsgefäße in den 3 x 20 Meter großen Lagerräumen trugen Zeichen auf der Schulter, aus denen die Menge und die Art ihres Inhalts zu ersehen war. In den Depots und Lagerräumen wurden in erster Linie Krüge, Flaschen und mit Hieroglyphen versehene Bullen deponiert, auf denen Personennamen festgehalten sind. Das Palastarchiv wurde in zwei nebeneinander gelegenen Räumen gefunden. Der große Innenhof in der Mitte des Palastes sowie die zu seinen beiden Seiten befindlichen Galerien sind gut erhalten. Steinerne Basen mit meisterhaft ausgearbeiteten rechteckig-prismatischen Zapflöchern, die die Innen- und Außenpfeiler der Dächer der Galerien trugen, wurden in situ gefunden Abb. 4. Die hethitischen Baumeister planierten den unebenen Felsen mit seinen Erhebungen und Vertiefungen und schufen so eine weitläufige künstliche Terrasse für das Gebäude. Dabei demonstrierten sie hier wie auch in Ḫattusa alle für die Hethiter typischen Steinbearbeitungstechniken.

2

In dieser Epoche war Tapigga der Sitz eines dem Großkönig in Ḫattusa verpflichteten Grenzherrn, eines lokalen Königs oder Kommandeurs. Die monumentalen Maße des Palastes entsprechen der Bedeutung dieses mächtigen Herren, der in der Korrespondenz den Großkönig direkt mit »^{D}UTUši« (»Meine Majestät«) anredet.

Der Schriftstil der Tontafeln ist mittelhethitisch. Dieses erste außerhalb von Ḫattusa entdeckte hethitische Archiv besteht hauptsächlich aus Briefen des Großkönigs an seinen Stellvertreter in Tapigga (45 Exemplare), der dortigen Bevollmächtigten an den König (6 Exemplare) sowie aus der Korrespondenz der Bevollmächtigten aus Tapigga, Ḫattusa und anderen Städten untereinander (23 Exemplare). Religiöse oder literarische Texte fanden sich nicht.

Tapigga wurde an der Grenze zu jenem Gebiet gegründet, das beständig von den Kaskäern bedroht war. Es war ein Militär-, Verwaltungs- und Wirtschaftszentrum von großer strategischer Bedeutung. In den Briefen geht es um militärische Operationen zur Gewährleistung der Sicherheit, die Ansiedlung von Schmugglern, Gefangenen, sich freiwillig ergebenden Personen, Verbannten und Vertriebenen, die Bestrafung von Übeltätern sowie die Sicherheit von Ernte und Getreide. Die Inventarlisten (17) führen Personen, Geiseln, Soldaten, Getreide, Geräte des täglichen Gebrauchs und Kriegsgerät auf.

In zwei Siegelabdrücken auf zwei Tafeln finden sich die Namen von Tutḫalija II. und der Königin. Die Tafel bezeugt, daß der Palast in der Regierungszeit dieses Königs (1410 – 1380 v.Chr.) von den Kaskäern zerstört wurde. Dieses Schicksal blieb auch Ḫattusa nicht erspart. Der Palast ist eines der ältesten Beispiele hethitischer Monumentalarchitektur mit Innenhof und Säulengang.

In der Unterstadt haben sich der 50 Meter lange Südflügel des mit dem Palast zeitgleichen Tempels, ein Abschnitt des Ostflügels sowie ein Teil des steingepflasterten Innenhofes erhalten. Der Tempel, von dem 20 Räume freigelegt sind, ist auf einem soliden steinernen Fundament erbaut. Ein versilberter Bronzenagel war unter dem Fundamentstein eines der Räume in den dem Kult vorbehaltenen Gebäudeteilen als »Gründungsvotivgabe« niedergelegt worden. Tempel und Palast brannten zur gleichen Zeit nieder. In beiden Gebäuden bildeten tönerne Stier- und Hirschfiguren – die heiligen Tiere der beiden Hauptgötter –, tiergestaltige Trinkgefäße, Keramik, Stempelsiegel sowie Bullen mit Inschriften das reiche Fundgut Abb. 3.

Die Höhe des am besten erhaltenen Abschnitts der 55 Meter langen, geböschten steinernen Stützmauer der Zitadelle, deren beide Enden an das Felsmassiv stoßen, beträgt 3 Meter Abb. 2. Von der äußeren Mauer, welche die untere Terrasse einstmals umgab, hat sich nichts erhalten.

Die Bauschicht IV repräsentiert die althethitische Zeit. Auch in dieser Phase war Tapigga eine Großstadt. Der Stil der Siegel sowie die Technik und Formen der Keramik sind charakteristisch für jene Zeit.

Die Schicht V wurde auf den verbrannten Ruinen der frühen Bronzezeit gegründet. Sämtliche Objekte, die das Feuer überstanden, befanden sich auf den Böden der zwei- bis vierräumigen Häuser mit rechteckigem Grundriß auf der großen unteren Terrasse. Bei der Keramik mit ihren lokalen Kennzeichen und ihrem homogenen Charakter sowie bei den Stempelsiegeln ist eindeutig der Einfluß der Spätphase von Kültepe zu spüren.

Die älteste Kulturschicht in Tapigga ist die direkt auf dem Felsmassiv ruhende Schicht VI, d. h. die frühe Bronzezeit (2500 – 2000 v. Chr., Kulturepoche c). Das älteste Tapigga mit seiner Gold-, Silber- und Kupferverarbeitung und den zahlreichen Werkstätten war ein typischer Repräsentant der Kultur des mittleren Schwarzmeergebiets, die die Vorläuferin der hethitischen Epoche war und bruchlos in jene Zeit überging.

Literatur

Alp 1980; Alp 1991a; Alp 1991b; Emre 1979; Emre 1996; Güterbock 1944; T. Özgüç 1978; T. Özgüç 1980a; T. Özgüç 1982b; T. Özgüç 1988; T. Özgüç 1994b

3

2 Die gleichzeitig mit dem Palast errichtete geböschte Stützmauer der Zitadelle

3 Tönerner Stierkopf aus dem Tempel (2. Hälfte 15. Jahrhundert v. Chr.), Museum Tokat

4

5

4 Die Steinbasen der Holzpfosten, die im Palast das Dach der zum Hof offenen Galerie trugen

5 Die Räume im Nordflügel des Palastes

Alacahöyük Ein Kultort im Kerngebiet des Reiches

1 Orthostat mit der Reliefdarstellung von König und Königin vor einem Altar aus Alacahöyük, Museum für Anatolische Zivilisationen, Ankara

2 Orthostat mit der Reliefdarstellung des Stieres des Wettergottes aus Alacahöyük, Museum für Anatolische Zivilisationen, Ankara

3 Vierseitiges Siegel aus Alacahöyük, Mittelreichszeit (Kat.-Nr. 94)

3a

3b

3c

3d

Tahsin Özgüç

Alacahöyük liegt 160 Kilometer östlich von Ankara und 25 Kilometer nordöstlich von Boğazköy. W. G. Hamilton war der Entdecker dieses Siedlungsplatzes. 1907 begann Theodor Makridy im Auftrag der Istanbuler Museen mit Ausgrabungsarbeiten. Systematische Grabungen wurden 1935 von der Türkischen Historischen Gesellschaft unter H. Koşay und R. O. Arık begonnen; nach 1936 wurden diese zunächst von H. Koşay, in den folgenden Jahren von ihm gemeinsam mit M. Akok und später dann allein von M. Akok bis 1983 fortgeführt. Der Siedlungshügel hat einen Durchmesser von 250 Metern und ist 15 Meter hoch. Die Süd- und Westseite sind niedrig und liegen in etwa auf dem Niveau der umgebenden Felder. Der in der Nähe vorbeifließende Bach Hurmanözü Çayı hat die Umgebung grün und fruchtbar werden lassen. Der Siedlungshügel liegt in einem Gebiet, von dem aus sich leicht eine Verbindung zu den alten ostwestlich und nordsüdlich verlaufenden Straßen herstellen läßt. Im Südosten befindet sich etwa einen Kilometer entfernt ein großreichszeitlicher Staudamm von 110 Metern Länge und 14,5 Metern Breite, dessen steinernes Mauerwerk erhalten blieb.

In Alacahöyük, das in der Frühbronzezeit sowie in der hethitischen Epoche ein bedeutendes Kult- und Kunstzentrum war, wurden vier Kulturschichten freigelegt.

1. Kulturschicht: Verstreut sind einige Münzen und Keramikscherben aus hellenistischer, römischer, byzantinischer und seldschukisch-osmanischer Zeit gefunden worden, die sich keiner Bauschicht zuordnen lassen. In spätphrygischer Zeit (Schicht 1) war der gesamte Hügel besiedelt. Der aus kleinen Häusern bestehende Ort ist, wie man aus der gefundenen Keramik schließen kann, nicht vor 650 v. Chr. zu datieren. Im 6. und 5. Jahrhundert v. Chr. gehörte Alacahöyük zum Verbreitungsgebiet der Keramikproduktion des südlichen Schwarzmeergebiets. Zwei auch in Phrygien nur äußerst selten zu findende Blöcke mit einer phrygischen Inschrift wurden außerhalb des Hügels gefunden. Vermutlich entspricht der Fundort nicht ihrem ursprünglichen Standort.

2. Kulturschicht: Mit dem Tempel, den großen Gebäuden, aus Stein gebauten Privathäusern, Straßen, großen und kleinen Wasserkanälen, der Stadtmauer und den monumentalen Toren – dem Sphinxtor, dessen Orthostaten mit Reliefs verziert sind, und dem Poternentor – handelt es sich bei Alacahöyük um eine typische Siedlung aus der hethitischen Großreichszeit, die ohne natürlichen Schutz in die flache Ebene gebaut ist[Abb. 4].

Tempel: Der am Sphinxtor beginnende Weg führt von dem 950 Quadratmeter großen Platz in den Vorhof und dann durch einen zweitorigen Durchgang in den steingepflasterten Tempelhof. Der Tempel, der aus den zu beiden Seiten des Hofes befindlichen Galerien, aus schmalen, langen Korridoren, einem großen, quadratischen Saal (12 x 12 m) sowie aus Räumen unterschiedlicher Abmessung besteht, nimmt eine Fläche von 5000 Quadratmetern ein. Ein Komplex von fünf Räumen muß das Allerheiligste gewesen sein, in dem die Götterstatue aufgestellt war. Bauweise und Grundriß unterscheiden sich nicht von anderen hethitischen Tempeln. Die Abwässer aus dem Vorhof liefen über ein Abflußrohr zum Hauptkanal, die Abwässer aus den Räumen führten aus Stein gemauerte und mit Steinen abgedeckte Kanäle zum Hauptkanal; dieser wiederum mündete in den großen Stadtkanal. Auf der weitläufigen Fläche im Südwesten des Tempels standen große Gebäude mit elf bis zwölf Räumen sowie private Wohnhäuser mit Vorhof. Zwischen diesen gab es ein Netz von schmalen Straßen und kleine Plätze. In dieser Phase der hethitischen Zeit umfaßte die Stadt eine Fläche von 40 000 Quadratmetern.

Stadtmauer: Die Stadtmauer umschloß ein kreisförmiges Areal mit einem Durchmesser von 250 Metern. Auf einem angeschütteten Erdwall legte man Steinfundamente in Kastenform an, füllte sie mit Erde auf und errichtete darauf die Stadtmauer aus Lehmziegeln. Der Erdwall war innen und außen mit Kalksteinblöcken gepflastert. Die Türme weisen einen rechteckigen Grundriß auf. Die Mächtigkeit der Festungsmauer betrug 10 bis 11 Meter.

Poternentor: Das westliche Stadttor hat zwei Eingänge und liegt zwischen zwei Türmen. Als Poterne wird der Tunnel bezeichnet, der in seiner Nähe unter der Mauer hindurchführt. Die aus riesigen Blöcken gebauten Mauern des 2 Meter hohen Tunnels verjüngen sich als Kragsteingewölbe nach oben, so daß eine Art Bogen entsteht, dessen Scheitel mit großen Steinen verschlossen wurde. Der Boden des Tunnels ist mit Steinen gepflastert. Leichte Kurven sowie eine Biegung von 90 Grad sind zu beobachten. Diese Poterne ähnelt der von Boğazköy.

Sphinxtor: Das Sphinxtor liegt zwischen zwei Türmen aus Andesitblöcken auf einem Fundament aus Kalkstein. Seine Breite beträgt 10 Meter. Es handelt sich hierbei um das Monumentaltor des großen Tempels, zu dem von hier aus ein Weg führt. Die Außenflächen der beiden großen Laibungsblöcke sind mit Sphinx-Protomen verziert. Die Außen- und Innenfronten der Türme sind mit reliefierten Orthostaten geschmückt (s. auch Emre, hier S. 218ff.). Die vollständig erhaltenen Orthostaten am Westturm

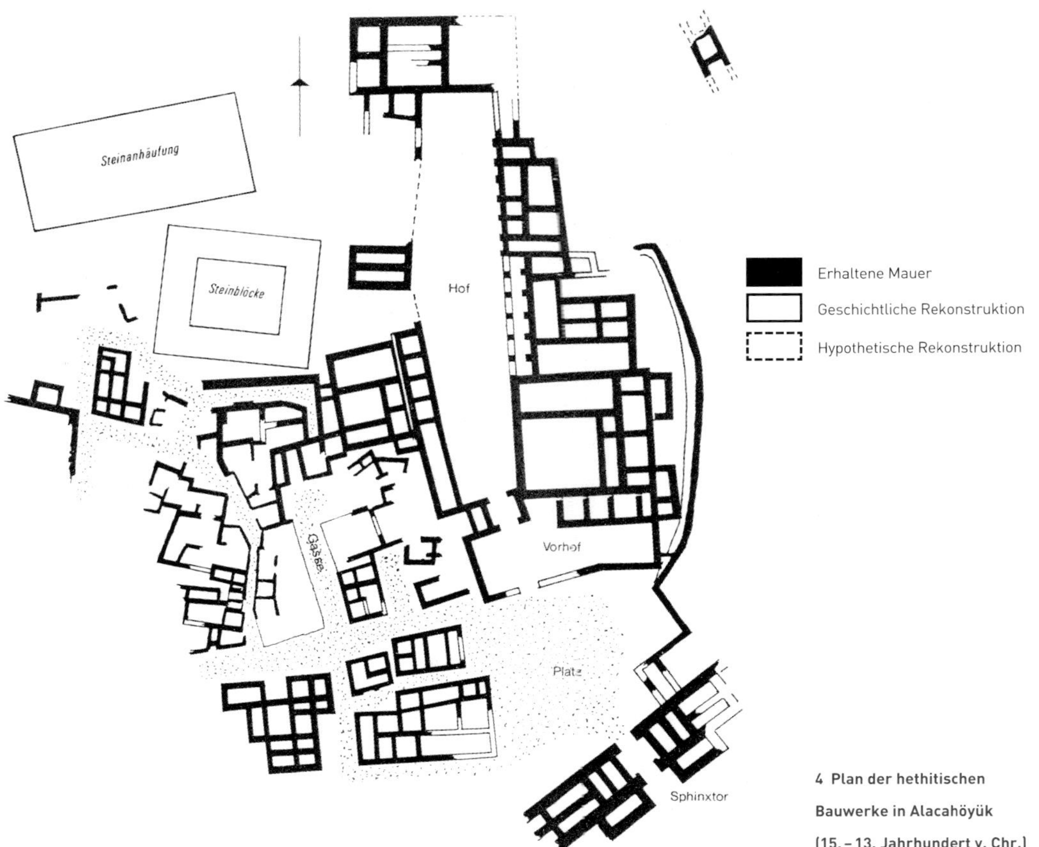

4 Plan der hethitischen Bauwerke in Alacahöyük (15.–13. Jahrhundert v. Chr.)

sind in zwei übereinanderliegenden Friesen angeordnet; von den Orthostaten des Ostturms ist heute nur noch ein Teil erhalten. Diese Darstellungen[Abb. 1, 2, 4–6], die auf den ersten Blick recht heterogen wirken, gehören jedoch zu einem aus Libation, Jagd und einer Festszene bestehenden Gesamtzusammenhang, sie schildern ein zu Ehren des Sturmgottes abgehaltenes religiöses Fest. Sie stehen in der Tradition der althethitischen Reliefvasen. Die am Beginn der beiden Friese stehenden Hauptgötter repräsentieren das Zentrum der kultischen Feierlichkeiten in Alacahöyük. Wie die Schriftquellen belegen, waren bei der dargestellten Art von Zeremonien der König und die Königin Oberpriester und -priesterin.

Auf kultische Zusammenhänge weisen auch andere in Alacahöyük gefundene Gegenstände hin: Neben den Reliefs und den Statuetten von Göttinnen und Stieren aus Metall[Abb. 9–11] (s. auch Emre, hier S. 218ff.) spielten in dieser Epoche auch die Trinkgefäße in Form der heiligen Tiere der Götter wie Stier, Löwe und Adler (BIBRUs) eine wichtige Rolle (s. Özgüç, hier S. 122ff.).

Ausgegraben wurde auch ein 11 000 Quadratmeter großer Teil der Stadt, der in die Alt- und Mittelhethitische Zeit datiert. Schon damals hatte hatte Alacahöyük das Aussehen einer Großstadt. Häuser mit rechteckigem Grundriß, mehreren Zimmern und einem Vorhof sind charakteristisch für die Architektur dieser Zeit. Der Tempel 3 a ist älter als die Tempel von Boğazköy und zeitgleich mit dem Tempel von Maşathöyük. Sein wichtigstes architektonisches Kennzeichen ist eine Galerie, die sich zum Vorhof öffnet und deren Pfeilerbasen in situ erhalten sind. Die reiche Formenvielfalt der der 2. Kulturschicht entstammenden Keramik – Libationskrüge, die Zeugnisse einer meisterlichen Handwerkskunst sind, sowie tiergestaltige Trinkgefäße – findet sich in dieser Qualität in der darauffolgenden Epoche nicht mehr.

Die älteste hethitische Bauschicht (Schicht 4 der 2. Kulturschicht) gründet auf dem Schutt einer Brandkatastrophe, die der Frühbronzezeit ein Ende gesetzt hat. Die Stadtviertel waren klein und bestanden aus privaten Wohnhäusern. Keramik, Siegel[Abb. 8] und eine kniende Figur aus Elfenbein weisen eine große Ähnlichkeit zu Funden der letzten Phase der Koloniezeit auf.

3. Kulturschicht: Die Epoche der Frühbronzezeit (2500 – 2000 v. Chr.) ist durch vier Bauschichten repräsentiert (Schichten 5 – 8), deren oberste Spuren einer gewaltigen Feuersbrunst aufweist. Die bedeutendsten Funde dieser Zeit sind die reichen Fürstengräber. Sie haben wichtige Erkenntnisse zum Verständnis der einheimischen hattischen Kultur geliefert, die sehr viel zur Herausbildung der hethitischen Kultur beigetragen hat. In der Spätphase dieser Epoche (Bauschicht 5 – 6) trennte man im südlichen Teil der Stadt die aus Wohnhäusern mit Vorhof und zwei bis sechs Zimmern bestehenden Viertel durch Straßen voneinander. Unter diesen gibt es in Alacahöyük keine Gebäude, die zu den 13 Fürstengräbern mit ihrem erstaunlichen Reichtum passen würden. Diese Bestattungen wurden innerhalb der Stadtmauern an einem speziell dafür vorgesehenen Platz angelegt. Die rechteckigen, an vier Seiten von Steinmauern eingefaßten Gräber wurden mit Holzplanken abgedeckt. Auf diese Abdeckungen legte man Köpfe und Beine geopferter Rinder.

Reiche, aus Gold, Silber, Elektron, Kupfer, Bronze, Eisen und Edelsteinen bestehende Grabbeigaben machen deutlich, daß dies die Gräber eines Fürstengeschlechts waren. Die Treib-, Guß- und Intarsienarbeiten der meist aus Gold und Silber hergestellten Gefäße und die feinen Verzierungen der goldenen Geschmeide sind das Ergebnis einer langen technischen Entwicklung. Eine Zeremonialaxt aus Silber, ein eiserner Dolch mit goldenem Griff, ein silberner Dolch, eine Steinkeule mit goldenem Griff sowie lange Schwerter fehlen als Beigaben in keinem der Männergräber. Die Statuette einer Frau, deren Brüste und Beine vergoldet sind, stellt den Prototyp für Darstellungen der Hauptgöttin in der folgenden Epoche dar.

Bei den Sonnenscheiben zwischen Stierhörnern gibt es zwar Unterschiede in Größe und Aufbau, ihre Bedeutung ist jedoch stets dieselbe. Einige von ihnen hat man als Sistrum (Rasselinstrument) verwendet. Mit seiner außergewöhnlichen Form ist das Sistrum von Horoztepe, dessen Rand mit Hirsch- und Löwenfiguren verziert ist, in Anatolien ein Unikat. Die massiven Körper der bronzenen Tiere, deren Köpfe und Leiber mit Silber oder Elektron verziert sind, kontrastieren mit den spitzen, verästelten Formen der Hörner und Geweihe. Diese heiligen Tiere und Sonnenscheiben der Hattier wurden später von den hethitischen Hauptgöttern übernommen (s. auch Özgüç, hier S. 36ff.).

Diese reichen Funde, typisch für die letzte Phase der Frühen Bronzezeit (Eskiyapar, Oymaağaç-Göller, Mahmatlar, Horoztepe), bezeugen, daß im mittleren Schwarzmeergebiet eine auf hohem Niveau stehende Kultur entstanden war.

4. Kulturschicht: Im Spätchalkolithikum wurde auf dem gewachsenen Boden die erste Siedlung in Alacahöyük gegründet. Die gefundene, dieser Zeit entstammende schwarz oder grau überzogene, glänzend polierte Keramik war im Bereich des mittleren Schwarzmeergebiets verbreitet.

Literatur

Arık 1937; Bittel 1976a; Koşay 1938; Koşay 1951; Koşay/Akok 1950; Koşay/Akok 1966; Koşay/Akok 1973; Makridy 1908; T. Özgüç 1948; T. Özgüç 1980b; T. Özgüç 1993; Özgüç/Akok 1958; Özgüç/Temizer 1993

5

6

7

5 Orthostat mit der Reliefdarstellung eines Betenden vor einem thronenden Gott aus Alacahöyük, Museum für Anatolische Zivilisationen, Ankara

6 Reliefdarstellung eines Doppeladlers mit Hasen in den Krallen von der Seitenfläche der rechten Sphinx am Sphinxtor aus Alacahöyük, Museum für Anatolische Zivilisationen, Ankara

7 Orthostat mit der Reliefdarstellung einer Jagdszene aus Alacahöyük

8

8 Siegelring aus Alacahöyük, hethitische Großreichszeit (Kat.-Nr. 138)

9 Sitzende Göttin aus Alacahöyük, hethitische Großreichszeit (Kat.-Nr. 111)

10 Bronzeplakette mit Mischwesen auf Stieren zu seiten des Lebensbaumes, oben Flügelsonne, aus Alacahöyük, hethitische Großreichszeit (Kat.-Nr. 123)

11 Schutzgott der Wildflur, Blechbeschlag aus Alacahöyük, erste Phase hethitische Großreichszeit (Kat.-Nr. 118

9

10

11

Kuşaklı-Sarissa Kultort im Oberen Land

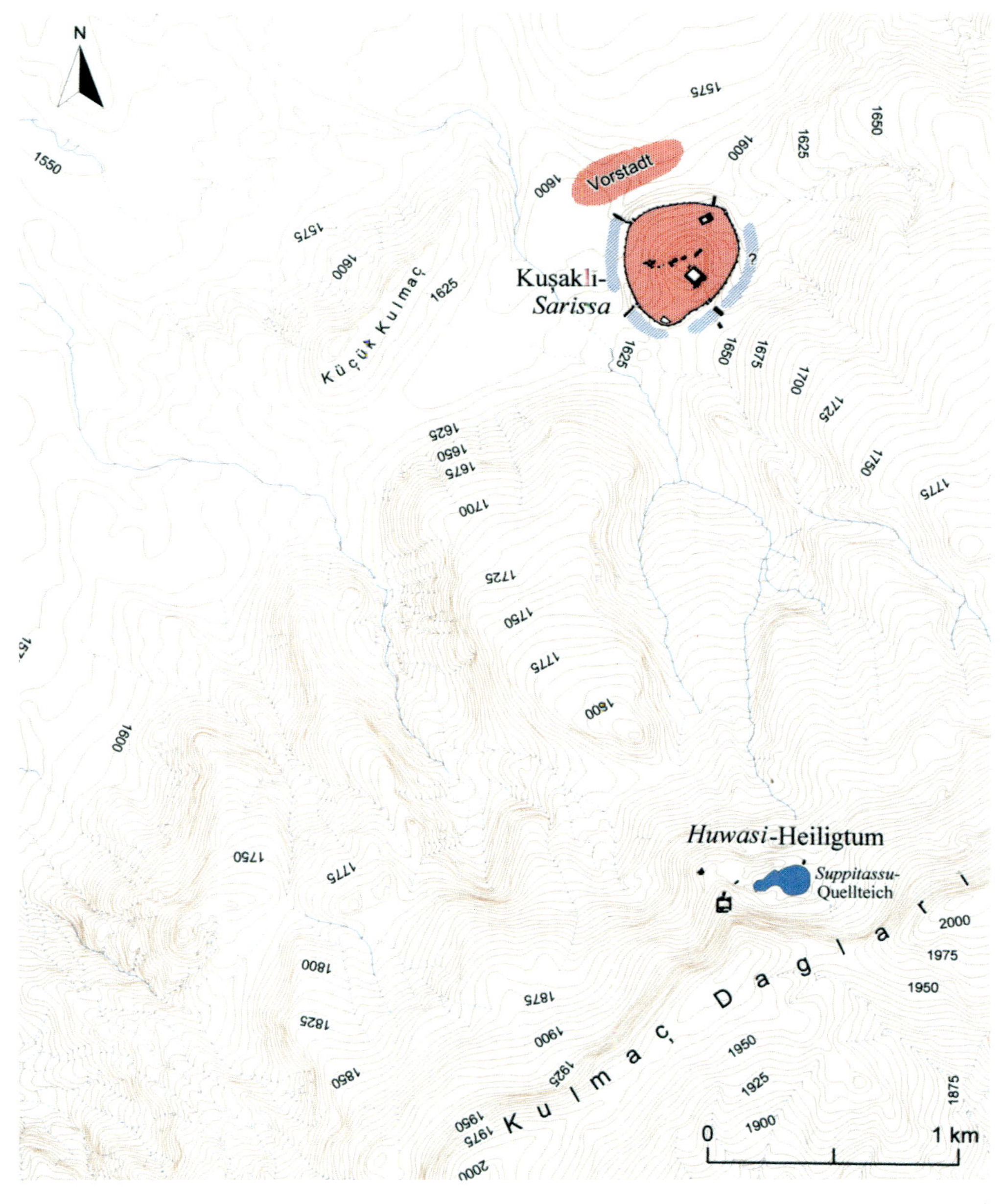

1 Lage der hethitischen Stadtruine Kuşaklı-Sarissa in Ostkappadokien am Fuß der Kulmaç Dağları

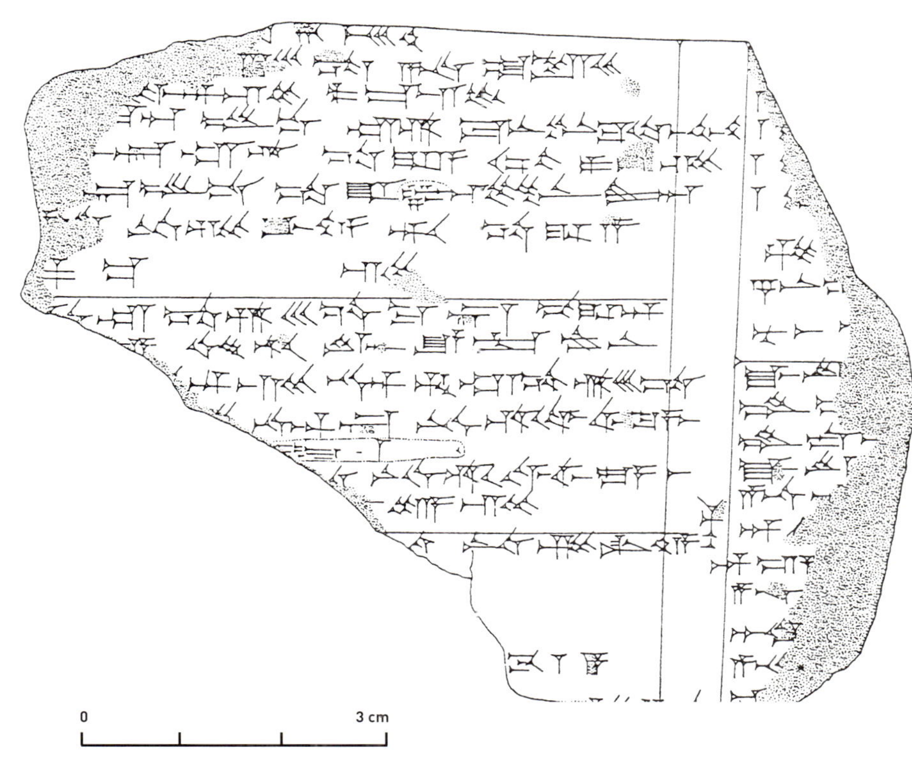

2 Fragment einer Tontafel aus dem Gebäude A auf der Akropolis von Kuşaklı mit dem Anfang der Beschreibung des Frühjahrsfestes zu Ehren des Wettergottes von Sarissa (13. Jahrhundert v. Chr.) (Kopie des Keilschrifttextes von G. Wilhelm)

Andreas Müller-Karpe

Das in den hethitischen Texten »Oberes Land« genannte Gebiet, d. h. Ostkappadokien (heute im wesentlichen der Verwaltungsbezirk Sivas), blieb lange Zeit von der archäologischen Forschung weitgehend unbeachtet. Nur den Texten aus der hethitischen Hauptstadt war zu entnehmen, daß dieser Region für die Geschichte des Hethiterreiches eine besondere Bedeutung zukam, stammte doch aus der bislang noch nicht näher lokalisierten Stadt Kussara im »Oberen Land« die Dynastie der Könige des Alten Reiches. Erst seit zehn Jahren werden systematische archäologische Untersuchungen in diesem Gebiet durchgeführt, bei denen unter anderem erstmals mehrere hethitische Stadtanlagen erfaßt werden konnten. 1992 begannen so auch die Untersuchungen in Kuşaklı, 4 Kilometer östlich des Dorfes Başören/Altınyayla. Die Ruine befindet sich auf einer natürlichen Anhöhe, die im Gipfelbereich gut 1650 Meter über NN erreicht, am südlichen Rand eines von rund 2000 Meter hohen Bergen flankierten Hochtales[Abb. 1]. Kuşaklı liegt somit mehr als 500 Meter höher als Ḫattusa in entsprechend rauhem Gebirgsklima mit durchschnittlich mehr als 100 Frosttagen im Jahr.

Bereits während der zweiten Grabungskampagne in Kuşaklı gelang die Entdeckung eines kleinen Tontafelarchivs, u. a. mit Fragmenten der Beschreibung eines Frühjahrsfestes in der Stadt »Sarissa«, zu dem der Großkönig eigens zur Ausführung der verschiedenen Kulthandlungen anreiste[Abb. 2]. Da davon auszugehen ist, daß sich dieser Text auf den Ort seiner Aufbewahrung bezieht – zudem Sarissa hier auch in einem Inventurprotokoll und (in hieroglyphischer Schreibweise) auf Siegelabdrücken vorkommt –, dürfte dies der Name des hethitischen Kuşaklı gewesen sein. Der Name »Sarissa« war bereits aus Textfunden in der Hauptstadt bekannt. Insbesondere der lokale Wettergott spielte eine bedeutende Rolle als Schwurgottheit bei internationalen Staatsverträgen. So ist sein Name auch in der ägyptisch-hieroglyphischen Fassung des berühmten Friedensvertrages zwischen Ramses II. und Ḫattusili III. an der Außenwand des Amun-Tempels in Karnak erhalten.

Die bisherigen archäologischen Untersuchungen zeigen, daß Kuşaklı-Sarissa eine mittelgroße hethitische Provinzstadt war, die sich im Unterschied zu vielen anderen Städten der Zeit nicht aus einer älteren Siedlung entwickelte, sondern im 16. Jahrhundert v. Chr. neu gegründet wurde. Gegen Ende der mittelhethitischen Zeit, im frühen 14. Jahrhundert v. Chr., wurde die Stadt vorübergehend erobert, ausgeplündert und gebrandschatzt, dann jedoch wieder aufgebaut. Vermutlich erst um 1200 v. Chr. ging sie bei einer erneuten Brandkatastrophe mit dem gesamten hethitischen Großreich unter. Nach der Zerstörung der Stadt fanden nur Teile der Ruine im 12./11. Jahrhundert eine kurzzeitige Nutzung und notdürftige Instandsetzung, bevor der Platz verlassen wurde. Erst in der Eisenzeit (7./6. Jahrhundert v. Chr.) errichtete man über den hethitischen Bauresten auf der Akropolis eine Burganlage.

Das hethitische Stadtgebiet gliedert sich in einen zentralen Felshügel, die Akropolis, mit seinen Hängen, Terrassen und ebenen Flächen am Fuß des Hügels sowie einer zweiten, etwas niedrigeren Anhöhe im Süden[Abb. 3]. Dieses gut 18 Hektar große Areal wird von einem rund 1,5 Kilometer langen ovalen Stadtmauerring umschlossen. Nordwestlich außerhalb dieses Befestigungsringes befindet sich in der Ebene zudem eine ausgedehnte Siedlungsfläche, die »Vorstadt«. Die Stadtbefestigung besteht aus zwei parallelen Mauern, die in regelmäßigen Abständen durch kurze Quermauern miteinander verbunden sind und hierdurch eine kastenartige Grundstruktur erhalten. Diese Mauerkästen waren zum Teil begehbar und als Kasematten zu nutzen; überwiegend werden sie aber in ihrem unteren Teil verfüllt gewesen sein, um die Stabilität des Bauwerks zu erhöhen. Etwa alle 25 Meter ist ein vorspringender Turm in den Mauerverlauf eingefügt. Nur der Fundament- und Sockelbereich bestand aus Kalksteinen, das aufgehende Mauerwerk hingegen aus Lehmziegeln mit einer Holzversteifung. Diese mächtige turmbewehrte Mauer ruht teilweise auf einem zuvor künstlich aufgeschütteten Erdwall, dessen Flanken mit einem Steinpflaster versehen sind. Eine solche aufwendige Konstruktion bot den besten Schutz vor feindlichen Angriffen mit Rammböcker. Sowohl auf der Ost- als auch auf der West-

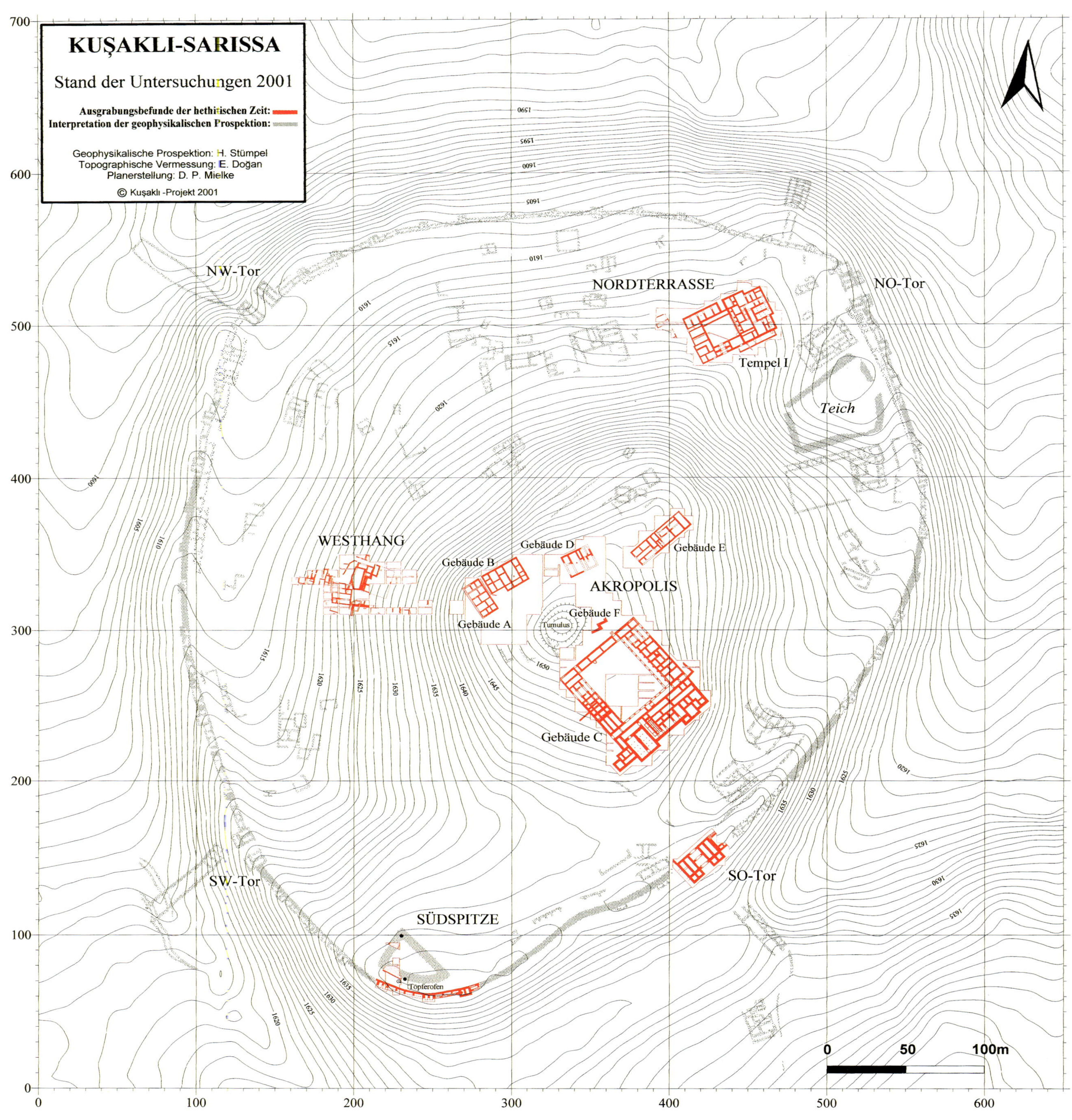
KUŞAKLI-SARISSA
Stand der Untersuchungen 2001
Ausgrabungsbefunde der hethitischen Zeit:
Interpretation der geophysikalischen Prospektion:
Geophysikalische Prospektion: H. Stümpel
Topographische Vermessung: E. Doğan
Planerstellung: D. P. Mielke
© Kuşaklı-Projekt 2001
NW-Tor
NORDTERRASSE
NO-Tor
Tempel I
Teich
WESTHANG
Gebäude D
Gebäude E
Gebäude B
AKROPOLIS
Gebäude F
Gebäude A
Tumulus
Gebäude C
SW-Tor
SO-Tor
SÜDSPITZE
Töpferofen
0
50
100m

4 

5 

3 Plan der hethitischen Stadtruine Kuşaklı-Sarissa mit den Ergebnissen der archäologischen Ausgrabungen (rot) und der geophysikalischen Prospektionen (grau)

4, 5 Luftaufnahme und Plan des Gebäudes C (vermutlicher Tempel des Wettergottes) auf der Akropolis von Kuşaklı-Sarissa

6a Luftaufnahme der hethitischen Stadtruine Kuşaklı-Sarissa. Blick von Südosten (Juni 1995). Die Stadtmauer zieht sich als Ringwall deutlich erkennbar um das Stadtgebiet (folgende Doppelseite)

6b Rekonstruktion einer Ansicht der hethitischen Stadt Sarissa im selben Blickwinkel wie die Luftaufnahme 4a (Zeichnung M. Ober)

seite von Kuşaklı wurden derartige Wälle aufgeschüttet, da dort keine fortifikatorisch ausreichenden natürlichen Geländekanten vorhanden sind. In Boğazköy und Kuşaklı gefundene Fragmente von Tonmodellen solcher Stadtmauern vermitteln einen Eindruck vom ursprünglichen Aussehen derartiger Befestigungen. Demnach waren die Mauern von gerundeten Zinnen bekrönt. Die Türme überragten deutlich die Mauern, zeigten im obersten Geschoß z. T. Fenster und schlossen ebenfalls mit einem Zinnenkranz ab (Abb. 7, S. 207).

Vier gleichmäßig auf den Mauerring verteilte Tore boten Zugang zur Stadt. Die Anlage der Tore folgte einem klaren geometrischen Grundplan, der Bezug auf die Himmelsrichtungen nimmt. Drei der Tore liegen jeweils im rechten Winkel zueinander: Das Nordost-Tor befindet sich genau östlich des Nordwesttores, dieses genau nördlich des Südwesttores, das seinerseits wiederum recht exakt westlich des Südosttores errichtet wurde. Nur das Nordost- und das Südosttor konnten auf Grund der Geländeverhältnisse nicht auf eine Nord-Süd-Achse gelegt werden. Man fand somit einen Kompromiß zwischen der angestrebten genordet-orthogonalen Struktur und einer notwendigen Anpassung an die natürliche Morphologie. Mehr noch als die West-Ost- und Nord-Süd-Achsen spielten jedoch die kreuzweise verlaufenden Diagonallinien zwischen den Toren eine Rolle bei der Stadtplanung. Allem Anschein nach orientierten sich die Bauten der Gründungsphase im Inneren der Stadt an diesen Südost-Nordwest und Südwest-Nordost-Diagonallinien. Die Kenntnis über diese raumgreifenden gestalterischen Aspekte verdanken wir im wesentlichen den flächendeckenden geophysikalischen Prospektionen, durch die es erst möglich wurde, das gesamte Befestigungssystem zu erfassen und die vier Stadttore zu entdecken. Auch wesentliche Teile der Innenbebauung wie auch Anlagen im Außenbereich sind im Prospektionsbild zu erkennen und stellen somit eine wichtige Grundlage für das Verständnis der Stadt als Ganzes dar.

Exemplarisch wurde das Südosttor ausgegraben. Es besteht aus einem aufwendig dreifach gegliederten Durchgang von 3,20 Metern Breite, der von zwei mächtigen Türmen flankiert wird. Das Lehmziegelmauerwerk ist teilweise noch gut mannshoch erhalten. Im Grundriß entspricht die Anlage dem von anderen hethitischen Zentren her bekannten Typus. Während diese Bauten sonst jedoch meist nur eine Torkammer aufweisen, sind hier zur Verstärkung des Schutzes und der Kontrollmöglichkeiten zwei solche Kammern hintereinander angeordnet. Eine ähnliche Konstruktion deutet sich beim Nordwesttor an, während die übrigen Tore in Kuşaklı dem Prospektionsbefund zufolge einfacher konstruiert waren.

Aufschlußreich sind einige Fundstücke aus dem Bereich des ergrabenen Tores: Ein bronzenes Messer fand sich unter einem ehemals senkrecht eingefügten hölzernen Stützbalken Abb. 7a. Es wird als Opfergabe im Zusammenhang mit einem Bauritual dorthin gelangt sein. Hingegen spiegelt das Fragment eines steinernen Knaufes vom Joch bzw. einem Wagen aus dem Durchgangsbereich den Alltagsverkehr durch das Tor Abb. 7b. Vergleichbare Stücke sind im gesamten Vorderen Orient bis nach Ägypten belegt und stammen von zweirädrigen Pferdegespannen. Besonders erwähnenswert ist schließlich eine gesiegelte Tonplombe mit auffälligen Holzabdrücken auf der Rückseite Abb. 7c. Dieses Stück wird erst im Zusammenhang mit einer in der Hauptstadt gefundenen hethitischen Dienstinstruktion für den Hazannu, den Bürgermeister, verständlich. Es heißt dort: »Wenn morgens die Riegelstangen des Tores gehoben werden, überprüfen sie das Siegel am Tor und entsprechend öffnen sie das Tor.« Dies bedeutet, daß die Stadttore jeden Abend neu zu versiegeln waren und die Plomben dann jeweils morgens gebrochen wurden. Erstmals wurde hier offensichtlich ein diesem schriftlich belegten Vorgang entsprechender gesiegelter Tonverschluß entdeckt – er stammt wahrscheinlich vom letzten Schließen des Tores vor der Zerstörung, da der Ton erst durch das zerstörende Feuer gebrannt und dadurch haltbar gemacht wurde.

Unmittelbar vor den Toren außerhalb der Stadt zeigten sich bei den geophysikalischen Prospektionen zunächst rätselhafte lineare Strukturen, die im rechten Winkel zur Stadtbefestigung, damit quer durch die vorgelagerten breiten Geländerinnen verlaufen Abb. 1, 3. Bohruntersuchungen lassen vermuten, daß es sich hier um Reste hethitischer Dämme handelt, mit denen in den Tälchen Wasser aufgestaut werden konnte. Diese künstlichen Teiche stellten einerseits Annäherungshindernisse im Vorfeld der Stadtmauer dar, werden aber zugleich auch in den trockenen Sommermonaten als Wasserreservoirs zur Versorgung von Mensch und Vieh bzw. der Bewässerung von Gärten und Feldern gedient haben. Tonrohrleitungen belegen, daß dieses Wasser auch ins Stadtinnere geleitet wurde, da offensichtlich eine südlich des Nordost-Tores im Stadtgebiet nachgewiesene Teichanlage den Bedarf der städtischen Bevölkerung allein nicht decken konnte. Dieses innerstädtische Becken wurde ehemals wohl von einer nunmehr versiegten bzw. heute am Nordhang Kuşaklıs entspringenden Quelle gespeist.

Neben einer gesicherten Wasserversorgung war die Versorgung mit Nahrungsmitteln, in erster Linie Getreide, Grundlage der Existenz des städtischen Gemeinwesens. Jüngste Untersuchungen haben auch hierzu entscheidende Ergebnisse geliefert, wobei erneut geomagnetische Prospektionen den

6a

Weg wiesen. Bei den Messungen wurde auf der Südspitze von Kuşaklı eine im Grundriß D-förmige Anlage von rund 50 Metern Seitenlänge entdeckt. Gezielte archäologische Sondagen ließen erkennen, daß hier mit einem mächtigen, jetzt völlig eingeebneten Erdwall eine gerundet dreieckige Fläche von knapp 1400 Quadratmetern eingefaßt war. Der Wall war auf seiner Außenseite mit einem sorgfältigen Steinpflaster befestigt. Auf dem Boden der ehemals bis zum Felsen abgetieften Innenfläche fand sich eine Schicht vergangenen organischen Materials, die andeutet, daß die gesamte Anlage ursprünglich als großes zentrales Getreidesilo diente. In gefülltem Zustand wird es oben mit einer Erdschicht abgedeckt worden sein. Der kontrollierten Entwässerung dieses Erddaches dienten Steinkanäle, die die geböschte Außenseite der Wälle hinabführten. Mit einem Fassungsvermögen von mindestens 1300 Kubikmetern, damit rund 820 Tonnen Getreide, war durch diese Siloanlage der Jahresbedarf von knapp 5000 Personen zu decken. Dies dürfte wohl in etwa der Einwohnerzahl Sarissas entsprochen haben. Allerdings wird dieser Vorrat in erster Linie als staatliche Notreserve für den Fall gravierender Mißernten angelegt worden sein. Der tägliche Bedarf wurde im Normalfall durch gewöhnliche Haushaltsvorräte gedeckt.

Botanische Untersuchungen verkohlter Pflanzenreste aus verschiedenen Gebäuden der Stadt zeigen, daß fünf Weizensorten, Gerste und Hirse die Grundnahrungsmittel waren. Hinzu traten als Hülsenfrüchte Linsen, Linsenwicke und Erbsen, sowie Sammelfrüchte wie Pistazien und Weißdorn. Aus den Funden von Knochenabfällen ist zu schließen, daß der Fleischbedarf zu rund 80 Prozent durch die Haltung von Schafen und Rindern gedeckt wurde, die zudem eine Bedeutung als Milchlieferanten hatten. Weniger wichtig waren Ziegen, während Schweinefleisch und die Jagd auf Wildtiere kaum eine Rolle für die Ernährung der städtischen Bevölkerung spielten.

Rohstoffe für die Textilproduktion wurden hauptsächlich durch den Anbau von Lein sowie von den Schafen (Wolle) gewonnen.

Einen Einblick in die Lebensverhältnisse der Stadtbewohner gibt die Freilegung eines exemplarischen Ausschnittes der Wohnbebauung am Westhang der Akropolis von Kuşaklı. Dicht gedrängt ließen sich dort auf enger Fläche Reste von neun Häusern nachweisen. Die einzelnen Bauten bestanden jeweils aus mehreren, zum Teil schiefwinklig aneinandergefügten Räumen. Nur ein 14 x 13 Meter großes Haus konnte in seinem Grundriß nahezu vollständig erfaßt werden. Es besteht aus einer langrechteckigen mittleren Halle, von der aus zu beiden Seiten die übrigen Räume zu betreten waren. Unter Ausnutzung der starken Geländeneigung

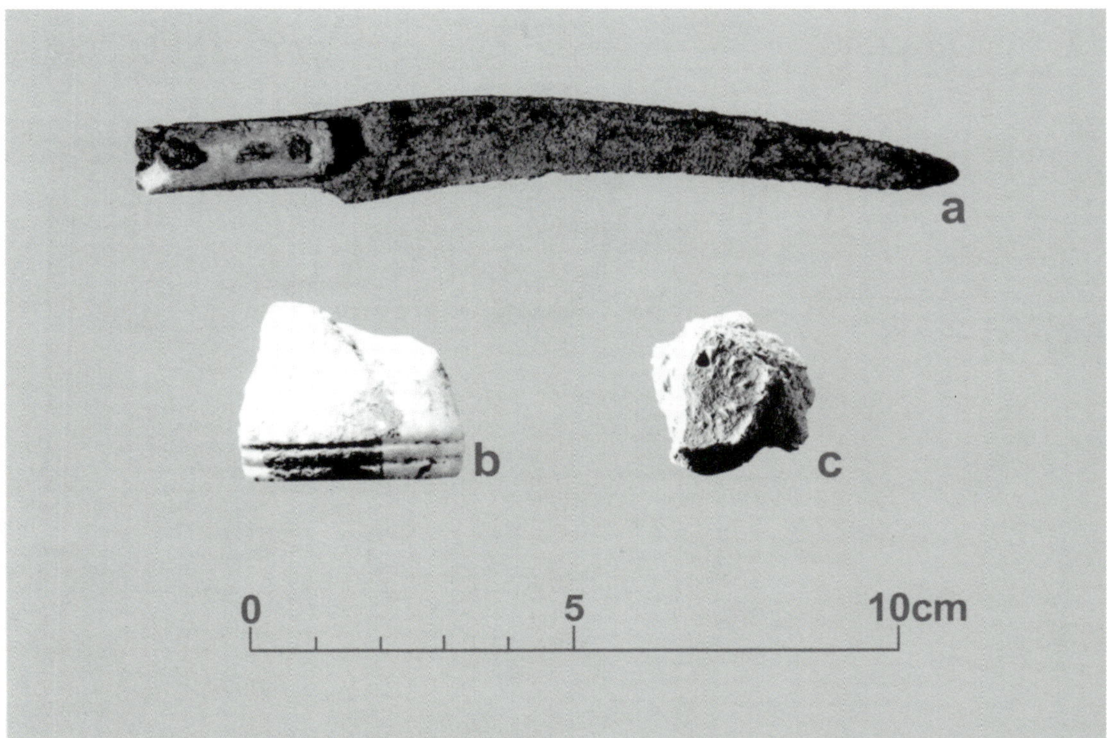

7

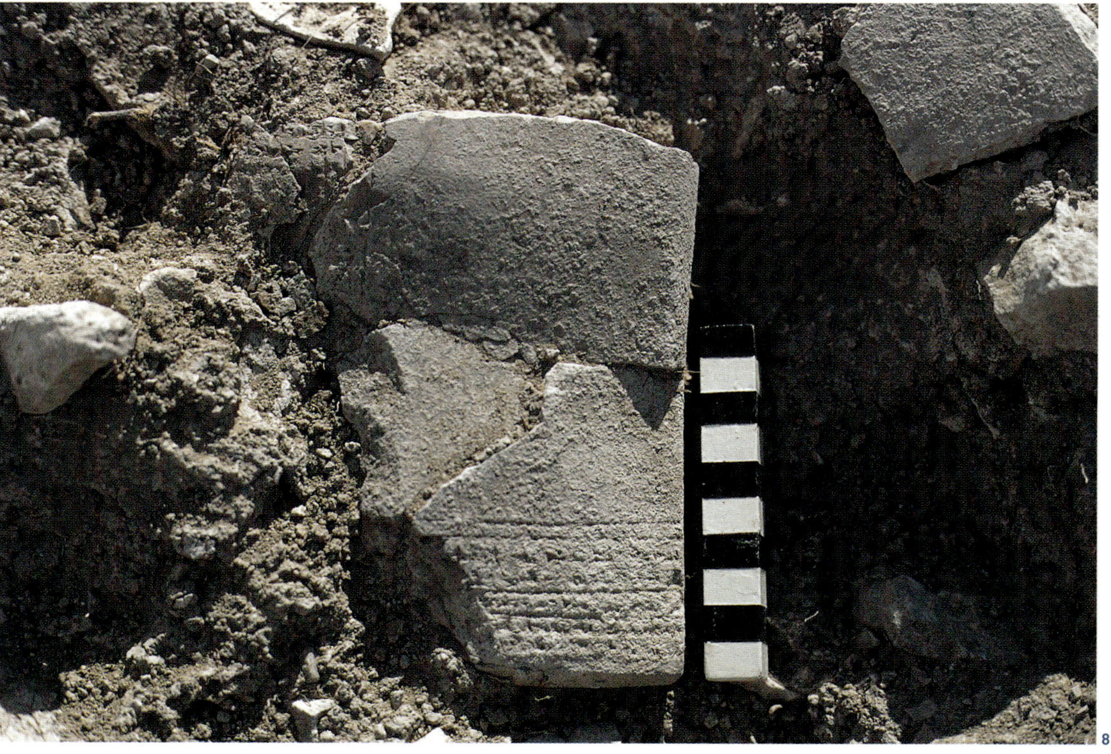
8

7 Funde aus dem Bereich des Südosttores von Kuşaklı-Sarissa: a Bronzemesser; b Steinknauf von einem Joch bzw. Wagen; c gesiegelte Tonplombe

8 Tontafel aus der Sammlung, die 2001 am Südrand von Gebäude D gefunden wurde

9 »Braustube« des Gebäudes C von Kuşaklı-Sarissa mit restauriertem Gefäßinventar

wiesen die Häuser in ihrem unteren Teil meist ein Hanggeschoß auf, waren somit zumindest partiell mehrgeschossig. Nur kleine Plätze und schmale Gassen wurden zwischen den einzelnen Anwesen freigelassen, wobei in der ausgegrabenen Fläche keine klare Parzellierung oder geplanten Verkehrswege erkennbar sind. Vielmehr macht dieses Stadtviertel einen organisch gewachsenen Eindruck und scheint sich über drei archäologisch deutlich unterscheidbare Bauschichten entwickelt zu haben. Nur das unterste Stratum aus der alt- bzw. mittelhethitischen Zeit zeigt klare Spuren einer Brandkatastrophe. Bis zum Ende der Großreichszeit, eventuell sogar etwas darüber hinaus, wurde in diesem Bereich gesiedelt. Das Fundgut spricht für eine gemischte Nutzung des Stadtviertels zu Wohn- und Gewerbezwecken. Aus entsprechenden Produktionsabfällen ist zu schließen, daß Geweih und Knochen verarbeitet wurden, zudem befand sich hier die Werkstatt eines Bronzegießers.

Wie auch in anderen orientalischen Städten nachweisbar, lagen handwerkliche Betriebe nicht abgesondert, sondern zwischen gewöhnlichen Wohnhäusern. Lediglich Töpferöfen, von denen eine erhöhte Brandgefahr ausging, wurden außerhalb des dicht bebauten Bereiches angelegt. Ein solcher Ofen konnte am äußersten Südrand des Stadtgebietes auf der Innenseite der Stadtmauer freigelegt werden.

Ganz anders ist der Baubefund auf der Akropolis. Dort finden sich durchweg sorgfältig rechtwinklig angelegte, zumeist auch größere Bauten. Allem Anschein nach wurden hier im Gipfelbereich ausschließlich öffentliche Gebäude errichtet, die gemeinsam das administrative und kultische Zentrum der Stadt darstellen. Sieben verschiedene Anlagen sind derzeit zu unterscheiden, die vorläufig mit Buchstaben als Gebäude A bis G bezeichnet werden.

Unter diesen Bauwerken auf der Akropolis ist das Gebäude C nicht nur flächenmäßig das mit Abstand größte, sondern ursprünglich wohl auch das bedeutendste[Abb. 4, 5]. Im gesamten übrigen Stadtgebiet ließ sich keine monumentalere Anlage nachweisen. Mit seinen 4660 Quadratmetern Grundfläche nahm es allein 2,5 Prozent des durch die Ringmauer befestigten Stadtareals ein und wird somit das Stadtbild dominiert haben. Da das Gelände ein starkes Gefälle aufweist, mußte der Untergrund vor Errichtung des Baues teilweise abgegraben bzw. insgesamt terrassiert werden. Entsprechend ist der gesamte Südostflügel als Hanggeschoß ausgebildet, das gegenüber dem Niveau der übrigen Räume und des Hofes um eine Geschoßhöhe (etwa 3,20 Meter) tiefer angelegt ist. Hier muß es demnach zumindest zwei Stockwerke gegeben haben. Die ursprüngliche Gesamtzahl der Räume läßt sich daher mit mindestens 110 angeben. Wie bei allen übrigen hethitischen Bauten der Stadt bestehen auch hier die Wände aus einem Kalksteinsockel mit aufgehenden Lehmfachwerkwänden. Die ehemals tragende Balkenkonstruktion brannte bei der Zerstörung des Gebäudes völlig aus. Hierbei wurde jedoch zugleich die aus ehemals nur luftgetrockneten Lehmziegeln bestehende Ausfachung gehärtet und konnte sich so großenteils erhalten. An einigen Stellen gelang es, noch gut 3 Meter hohe Lehmziegelwände freizulegen; über einigen Kellerräumen wurde sogar noch die obere Geschoßdecke intakt angetroffen. Zentrales Element des 76 Meter langen Gebäudes ist ein großer rechteckiger Innenhof, um den die verschiedenen Gebäudeflügel angeordnet sind. Der klar strukturierte Grundriß zeigt deutliche Übereinstimmungen mit den aus der hethitischen Hauptstadt Boğazköy-Ḫattusa bekannten Sakralbauten. Insbesondere entspricht eine charakteristische Raumkombination im Südflügel dem Schema der sonst mehrfach belegten »Kultraumgruppen«, so daß auch dieses Gebäude in Kuşaklı als Tempel anzusprechen ist. Die Monumentalität und die topographisch herausgehobene Lage sprechen dafür, daß dieser Sakralbau der obersten Gottheit des hethitischen Pantheons, dem Wettergott, geweiht war. Der Fund eines Paares tönerner Stiere, die auch sonst als Begleiter des Wettergottes belegt sind, unterstützt diese Deutung[Abb. 14]. Das Gebäude war freistehend konzipiert und über nicht weniger als sechs Eingänge von außen zugänglich. Ein monumental gestalteter Haupteingang befand sich nahe der Westecke, ein zweiter, der zusätzlich mit einer vorgelagerten, nach außen hin offenen Pfeilerhalle versehen war, nahe der Nordecke. Die beiden Portale waren ursprünglich mit großen zweiflügligen Holztoren zu verschließen, von denen sich die Torpfannen an den Laibungssteinen erhalten haben. Symmetrisch beidseitig der Durchgänge angelegte Wächterstuben zeigen, daß auf eine strenge Zugangskontrolle geachtet wurde. Die übrigen Außentüren waren nur schmal und einflüglig – sie dienten wohl als »Lieferanteneingänge«, über die Keller und sonstige Vorratsräume direkt zu erreichen waren.

10 Luftaufnahme des Tempels auf der Nordterrasse von Kuşaklı-Sarissa

Die Haupteingänge führten hingegen unmittelbar zu dem großen, an zwei Seiten von Pfeilerhallen umsäumten Innenhof. Alle weiteren Räume wurden von diesem Innenhof her erschlossen.

Aufgrund der Grundrißgestaltung und des Fundinventars sind verschiedene Funktionsbereiche innerhalb der Anlage zu unterscheiden. Außer den Kulträumen im Südflügel mit Vorratskammern im darunterliegenden Hanggeschoß ist der Nordteil wohl als Wirtschaftstrakt anzusprechen. Besonders aufschlußreich ist das Keramikinventar eines dem Nordportal benachbarten Raumes. Mehrere Töpfe, Schalen und Krüge unterschiedlicher Größe konnten dort zwar zerscherbt, aber doch in ihrer ursprünglichen Lage freigelegt werden. Die Untersuchung der Gefäßinhalte ergab, daß hier Bier gebraut wurde: Gerstenkörner waren teilweise deutlich angekeimt – ein klares Indiz für Malzherstellung[Abb. 9].

Das gesamte Gebäude dürfte noch im 16. Jahrhundert v. Chr. fertiggestellt worden sein. Während seiner Nutzungszeit wurde es durch ein schweres Erdbeben stark beschädigt, jedoch bald darauf wieder instandgesetzt. Endgültig zerstört wurde es nach dem derzeitigen Stand der Untersuchungen erst in der ersten Hälfte des 14. Jahrhunderts v. Chr. Pfeilspitzen auf dem Fußboden des nördlichen Haupteingangs lassen erkennen, daß dieses Ende nicht friedlich war: Die Spitzen wiesen stets in Richtung Gebäudeinneres, dürften somit von Angreifern stammen. Der Tempel wurde systematisch ausgeplündert und anschließend in Brand gesetzt.

Spuren dieser Eroberung und Zerstörung fanden sich auch an anderen Stellen der Stadt. Nach dieser Katastrophe erneuerte man die Befestigungen und manche Bauten im Inneren, nicht jedoch den großen Tempel, das Gebäude C. Um für seine Wiedererrichtung einen ausreichend stabilen Baugrund zu schaffen, hätte man die Brandruine großenteils abtragen müssen, da zu viele Hohlräume und Bereiche mit lockeren Aschefüllungen verblieben waren. Ein Neubau an anderer Stelle bedeutete in diesem Fall den geringeren Aufwand. Reste einer jüngeren, gleichfalls ehemals wohl monumentalen Anlage fanden sich im Gipfelbereich der Akropolis unmittelbar nordwestlich dem Gebäude C benachbart. Der überwiegende Teil dieses Gebäude F genannten Komplexes liegt allerdings unter dem großen hellenistisch-römischen Tumulus, der an der höchsten Stelle des Akropolisberges aus Lesesteinen aufgeschüttet wurde[Abb. 6]. Nur ein kurzer Abschnitt der starken, mehrfach winklig geführten Außenmauer ist daher bislang freigelegt. Das zugehörige Fundgut datiert in das 13. Jahrhundert v. Chr.

Inventar der gleichen Epoche erbrachten auch die (soweit erhalten) vollständig aufgedeckten Gebäude A und B am Westrand der Akropolis. Der Grundrißgestaltung nach zu schließen handelt es sich nicht um Sakralbauten, wohl aber standen sie in Verbindung mit dem Kultbetrieb. Hierauf deuten die Reste des bereits erwähnten Tontafelarchivs, das im südlichen Eckraum des Gebäudes A entdeckt wurde. Sämtliche bestimmbaren Texte der rund 50 in diesem Bereich geborgenen Tafelfragmente sind religiös-kultischen Inhalts. Zum größten Teil handelt es sich um Orakelprotokolle. Neben sogenannten Vogelflugorakeln, bei denen die Flugbewegungen bestimmter Vögel genau beschrieben und ausgedeutet werden, sind es Losorakel (sogenannte KIN-Orakel). Eine Rolle spielte zudem die Eingeweideschau – erwähnt wird ein Befund, den »die Galle ankündigte«. An zweiter Stelle stehen die Beschreibungen von religiösen Festen und zugehörigen Kultbildern. Wichtiger Bestandteil dieser sogenannten Kultinventare bzw. Festrituale ist die Auflistung von

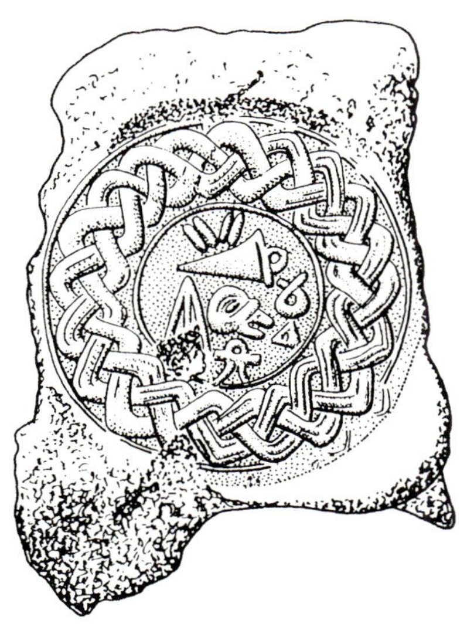
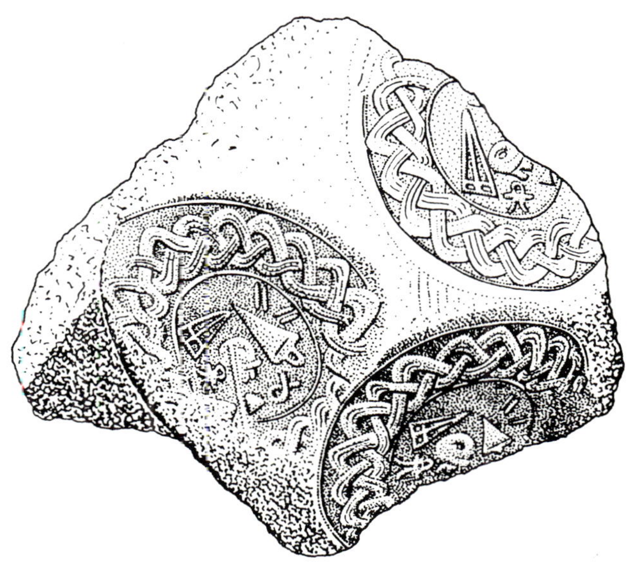

11 Tonplombe mit Abdrücken eines Siegels des Königs Mazitima

Opfergaben sowie von Lieferungen insbesondere an Lebensmitteln für die jeweiligen Feste, z. B.: »... sechs Schafe, zehn Käse ... zehn Rinder, zweihundert Schafe ... pflegt man zu geben ...«, oder »... zwei Scheffel Mehl, sechs Scheffel Gerste ...« usw. Auch der Zustand des Tempelinventars wurde protokolliert: »Nach der Angelegenheit des Tempels fragte ich. Folgendermaßen ... ein Widder[bildnis des] Tempels ... seine Hörner waren aus Silber ... die Tempelbediensteten ... jetzt aber ... ihm ein Horn ... zerstörten sie ...«. In einem anderen, ebenfalls stark fragmentarischen Text ist im Zusammenhang mit derartigen Verfehlungen, hier wohl der Veruntreuung bestimmter Brotopfer, sogar von einer Vollstreckung der Todesstrafe die Rede: »Sie töteten die Tempelleute, das heilige Brot aber ...«. Vermutlich sollte die Niederschrift der Abschreckung dienen. Insgesamt könnte es sich bei dem Gebäude A um die Wohnung eines Priesters bzw. allgemein ein Haus für Kultpersonal gehandelt haben.

Ähnlich gestaltet, jedoch etwas größer ist das Nachbargebäude B. In seinem Nordteil weist es eine dominierende Halle auf, die über einen schmalen Querraum von außen zugänglich war und seitlich von kleineren Nebenräumen flankiert wurde. Mehrere Tonverschlüsse mit Siegelabdrücken fanden sich hier ebenso wie große Keramikkrüge, verschiedene Schalen, Töpfe sowie ein Pithos.

Etwa die gleiche Ausrichtung und einen vergleichbaren Aufbau weist das westlich anschließende Gebäude D auf, das nunmehr in seinen Fundamenten weitgehend vollständig freigelegt wurde. Mit seinen 288 Quadratmetern Grundfläche war es zweifellos kein Privathaus, sondern hatte öffentliche Funktionen zu erfüllen. Hierauf weist auch die Entdeckung einer Tontafelsammlung im Herbst 2001 am Südrand der Anlage hin Abb. 8. Verschiedene mittelhethitische Texte kultischen Inhalts – in erster Linie ein größeres Festritual mit detaillierter Beschreibung der von dem König auszuführenden Kulthandlungen – fanden sich dort.

Im Nordteil der Akropolis konnte zudem das gut 41 Meter lange und 12 Meter breite Gebäude E aufgedeckt werden, das wie der große Tempelbau C offensichtlich bereits der althethitischen Gründungszeit Sarissas angehört. Noch unklar ist, ob es sich dabei um den Teil einer Palastanlage handelte, die auf der Akropolis vermutet werden kann. Ein solcher Bau oder auch Komplex aus mehreren Einzelbauten, in dem die staatliche Verwaltung untergebracht war und wo der in den Keilschrifttexten erwähnte »Herr (EN) von Sarissa« seinen Sitz hatte, wird sich wohl kaum irgendwo unten im Stadtgebiet befunden haben, sondern eher hier an »beherrschender« Stelle.

Ein weiterer Sakralbau ist hingegen auf der tiefergelegenen Nordterrasse nachgewiesen. Schon vor Beginn der Ausgrabung zeichnete sich durch freiliegende Mauersockel ein monumentales Gebäude ab, das entsprechend auch als erstes, bereits zu Beginn der Grabungsarbeiten in Kuşaklı 1993/94 vollständig aufgedeckt wurde Abb. 10. Der klar strukturierte, überwiegend regelmäßig rechtwinklige Grundriß findet gute Parallelen in den Tempeln der Oberstadt von Ḫattusa. Wenn auch wesentlich kleiner als das Gebäude C, übertrifft er mit seiner Länge von 54 Metern und einer Breite von 36 Metern jedoch bereits die meisten der bisher bekannten hethitischen Tempel an Größe. Allein das archäologisch erfaßbare Erdgeschoß weist 51 Räume auf. Zumindest teilweise ist aber auch hier mit Mehrgeschossigkeit zu rechnen, wie Reste von Treppenanlagen zeigen. Außen ist der Bau durch mehrfache Vor- und Rücksprünge in der Fassade abwechslungsreich gegliedert. Das Hauptportal befand sich im Süden, damit

12 Blick über den Bereich des mutmaßlichen Huwasi-Heiligtums mit dem Suppitassu-Quellteich zur hethitischen Stadtruine Kuşaklı-Sarissa im Hintergrund

13 Blick über den heiligen Suppitassu-Quellteich auf den Bergsporn mit den mutmaßlichen Huwasi-Steinen innerhalb einer (heute eingeebneten) Tempelruine

wie stets bei den Tempeln im oberen hangseitigen Teil des Gebäudes. Zwei jeweils von Wächterstuben flankierte Torkammern weist dieser Eingang auf. Er führte zum Innenhof, dessen Nordhälfte von zwei über Eck angeordneten Pfeilerhallen gerahmt wurde. Das auf den umliegenden flachen Dächern und im Hofbereich sich sammelnde Regenwasser wurde durch einen Kanal nach außen abgeleitet. Unter dem ehemals zumindest partiell gepflasterten Hof konnte eine entsprechende Tonrohrleitung aufgedeckt werden. Am Westrand des Hofes fand sich als »Gully« eine große runde Steinplatte mit zentraler Durchlochung.

Auch nördlich unmittelbar außerhalb des Gebäudes wurde eine derartige Leitung aus konischen, ineinandergesteckten Tonrohren angetroffen, die dort allerdings der Zufuhr von Frischwasser diente. Die einzelnen Segmente weisen auf der Oberfläche an ihrem breiten Ende auffällige ovale Öffnungen auf, die bei der Freilegung oft noch mit Steinen oder Scherben abgedeckt angetroffen wurden. Diese Öffnungen ermöglichten ein Abdichten der Nahtstelle der zusammengesteckten Rohre auf den Rohrinnenseiten wie auch später die Reinigung verstopfter Leitungen. Eine ähnliche Technik war bis in die klassische Antike hinein gebräuchlich. Die Tonrohrleitung unter dem Hof fand nach außen hin ihre Fortsetzung durch einen gedeckten Steinkanal. Die nördlich und östlich an den Hof anschließenden Gebäudeflügel weisen ein Hanggeschoß auf. Vom Niveau des Hofes her war dieser Kellerbereich über eine Treppe zu erreichen. Die schräg nach unten führenden steinernen Auflager der verbrannten Holzstufen waren noch erhalten. Am unteren Ende der Treppe konnte auf dem Fußboden des anschließenden Raumes ein besonderes Fundinventar geborgen werden: Verstreut lagen dort 65 Tonplomben, überwiegend von Ledersäcken und anderen Behältnissen. Die meisten tragen Abdrücke von Hieroglyphensiegeln mit der Nennung von Personennamen und ihren jeweiligen Titeln. Bekannte hethitische Namen wie Suppiluliuma sind darunter, wobei jedoch das Fehlen der Hieroglyphe »Großkönig« zeigt, daß keiner der beiden berühmten Herrscher gemeint ist. Bei anderen Siegelabdrücken dieses Sammelfundes ist hingegen neben einem bis dahin noch nicht belegten Personennamen »Mazitima« deutlich das Zeichen für »König« zu sehen [Abb. 11]. Der Zusatz »Groß« findet sich hier nicht, so daß es sich um einen lokalen Herrscher gehandelt haben muß, der im Schrifttum der Hauptstadt keine Erwähnung gefunden hat, möglicherweise von dem dort residierenden Großkönig auch nicht anerkannt wurde.

Vermutlich waren Lieferungen für den Tempel mit diesen gesiegelten Plomben versehen. Die Ein- und Ausgangskontrolle fand wohl in jenem Kellerraum statt, da von hier aus Durchgänge nach drei Seiten vorhanden waren und nur so alle übrigen Vorratsräume des Traktes erreicht werden konnten. Da die Plomben zudem meist lediglich in fragmentarischem Zustand angetroffen wurden, markieren sie sicher nicht den ursprünglichen Aufbewahrungsort der versiegelten Waren, sondern vielmehr die Stelle der Kontrolle und des Öffnens der Behältnisse.

Nur geringe Reste des ursprünglichen Inventars der verschiedenen Kellerräume wurden bei den Ausgrabungen angetroffen, somit wird auch dieses Gebäude vor seiner Brandschatzung ausgeplündert worden sein. Lediglich in einer Raumecke wurde ein Köcher mit Pfeilen übersehen, wie der Fund zwölf bronzener Pfeilspitzen zeigt.

Über dem tiefer gelegenen Hanggeschoß bzw. Keller des Ostflügels befanden sich – vom Haupteingang über den Hof ebenerdig zu betreten – die eigentlichen Kulträume. Von geringen Resten abgesehen, wurden sie mitsamt ihrer Einrichtung ein Opfer der Flammen und später der Erosion. Das Adyton, der Hauptkultraum, ist genau in der Mitte der östlichen Schmalseite als 74 Quadratmeter großer Saal über zwei längsparallelen Kellerräumen zu rekonstruieren. Ähnlich wie bei dem Gebäude C ist dieser Bereich architektonisch besonders herausgehoben. Er springt in der Außenfassade gegenüber dem anschließenden Südosttrakt etwas hervor; sein Fußboden wurde zudem von elf in regelmäßigen Abständen aufgestellten Holzstützen getragen. Entsprechende steinerne Basen fanden sich auf den Kellerböden. Diese auffälligen statischen Vorkehrungen deuten an, daß der Boden des Hauptkultraumes einer besonderen Belastung standhalten sollte, wie sie bei den übrigen Räumen so nicht gegeben war. Denkbar wäre, daß die Aufstellung schwerer Kultbilder hierfür den Anlaß gab. Diese Überlegungen werfen natürlich die Frage auf, welche Gottheit(en) in diesem Sakralbau verehrt wurden. Nach den in Boğazköy und Kuşaklı gefundenen Keilschrifttexten wurde in Sarissa neben dem Wettergott zudem eine Ištar-Gestalt sowie eine Schutzgottheit verehrt. Als Kriegs- und Liebesgöttin vereint Ištar sowohl männliche wie auch weibliche Aspekte und wurde entsprechend mehrfach als bewaffnete, mit Flügeln versehene, oft auch (zumindest teilweise) entblößte Gestalt wiedergegeben. Ein derartiges Elfenbeinfigürchen wurde in Tempel 7 der Oberstadt von Ḫattusa entdeckt, der von allen Sakralbauten in der Hauptstadt die engste Parallele zu dem Tempel auf der Nordterrasse von Kuşaklı darstellt (Abb. 3, S. 135). Damit könnte hier durchaus ein Bezug zum Ištar-Kult gegeben sein, wobei es durchaus nicht nur »die eine« Ištar gab, sondern bei den Hethitern verschiedene Ištar-artige Gestalten verehrt wurden. Da jedoch in dem Tempel selbst keine Tontafeln oder spezifisches Kultgerät gefunden wurden, ist letztlich eine klare Zuordnung zu einer bestimmten Gottheit kaum mehr möglich.

Anhand der Reste der Rauminventare kann hingegen zumindest eine allgemeine Aufteilung des Gebäudes nach verschiedenen Funktionsbereichen vorgenommen werden. Demnach befand sich im Westflügel der Wirtschaftstrakt. Funde eines Getreidevorrats, Teile eines Backofens sowie ein Mahlstein deuten auf die Existenz einer Tempelbäckerei bzw. allgemein der Küche in diesem Flügel. Zudem weist ein Gefäßensemble, wie es auch in der »Braustube« des Gebäudes C gefunden wurde, darauf hin, daß hier ebenfalls in einem speziellen Raum Bier gebraut wurde. Aufschlußreich sind darüber hinaus die Funde in einem sekundär an die südliche Außenmauer des Tempels angefügten schmalen Trakt. An zwei Stellen konnten Teile zerbrochener Sitzbadewannen aus gebranntem Ton sowie zugehörige Abwasserleitungen freigelegt werden. Somit befanden sich hier die Baderäume, damit vermutlich insgesamt die Sanitäranlagen des Tempels. Bei der Ausgrabung der einen Tonwanne stellte sich heraus, daß unter ihr die Reste einer zweiten im Boden lagen. Allem Anschein nach wurde nach dem Zerbrechen oder Undichtwerden der älteren Wanne einfach eine neue in diese gestellt. Auch die der Ableitung des gebrauchten Badewassers dienenden Kanäle wurden zumindest einmal erneuert: Über einem älteren Kanal aus Steinplatten fand sich eine jüngere, aus Tonrohren bestehende Leitung. Zum Schöpfen des Wassers diente wohl die in einer der Wannen gefundene Keramikschale; als Behältnis für Badeöl ist ein ebenfalls dort gefundener großer einhenkliger Krug (sog. »Spindlebottle«) aus feinem rotem Ton zu interpretieren.

All diese Beobachtungen führen anschaulich vor Augen, daß wir uns die hethitischen Tempel nicht etwa wie die der klassischen Antike vorstellen dürfen, sondern sie eher mit Klöstern vergleichbar sind, in denen auch gewohnt wurde. In einem westlich dem Tempel angefügten Baukomplex gleicher Orientierung dürften überdies zugehörige Werkstätten untergebracht gewesen sein, wie Funde von Gußformen unter anderem zur Herstellung von Bronzebeilen nahelegen.

Wie ein Großteil der übrigen Gebäude Sarissas fand auch dieser Tempel (nach zwischenzeitlicher Zerstörung und Wiederrichtung) sein Ende in einer großen Brandkatastrophe, die in die Zeit um 1200 v. Chr. zu datieren ist.

In engem Zusammenhang mit der Stadt ist ein 2,5 Kilometer südlich außerhalb gelegenes Heiligtum zu sehen. Es befindet sich in bergigem Gelände auf rund 1900 Metern über NN nur wenig unterhalb des west-östlich verlaufenden Gebirgskamms, der zugleich die Wasserscheide zwischen dem pontischen und dem mesopotamischen bzw. mediterranen Gebiet darstellt[Abb. 1]. Am Fuß einer steilen Felswand liegt hier eine mit Wasser gefüllte Doline, die von einer in der Nähe entspringenden Quelle gespeist wird. Dieser auffällig kreisrunde Teich von 150 Metern Durchmesser und einer Ausbuchtung im Westen weist an seinem Ufer noch deutlich erkennbare Abschnitte einer Böschungspflasterung auf[Abb. 12]. Im Bereich seines natürlichen Ablaufs im Norden sind Reste eines künstlichen Walls, einer Staumauer, zu sehen. Von dort führt ein von großen Steinblöcken flankierter Kanal hangabwärts, der nunmehr partiell freigelegt wurde. Bauart wie auch einige wenige Keramikfragmente deuten auf einen hethitischen Ursprung der Anlage. Magnetische Prospektionen ließen erkennen, daß der Teich in etwa 10 Metern Abstand vom Ufer kreisförmig eingefaßt war, wohl durch eine Art Temenosmauer. An seinem Ostrand konnten zudem die Fundamente eines rechteckigen, in drei Räume gegliederten Bauwerkes nachgewiesen werden. Westlich oberhalb des Teiches sind auf einem Bergsporn Reste der Mauerzüge eines 48 x 45 Meter großen Gebäudes mit gepflastertem Innenhof zu erkennen, bei dem es sich allem Anschein nach erneut um eine ausgedehnte Tempelanlage handelt. Am Südrand des Hofes unterhalb einer schroffen Abbruchkante des Berges liegen zwei verwitterte Felsbrocken[Abb. 13].

Der Gesamtbefund läßt sich anscheinend mit einem in Gebäude A auf der Akropolis von Kuşaklı gefundenen Text in Verbindung bringen[Abb. 12]. Die Tafel beginnt folgendermaßen: »Wenn der König im Frühjahr, um die Feste zu feiern, nach Sarissa geht, sobald der König sich der Stadt nähert, geht er nicht zur Stadt hinauf, sondern der König geht den oberen Weg zu den Huwasi-Steinen des Wettergottes hinauf ...« Noch wichtiger als die Stadt selbst mit ihren Sakralbauten war demnach ein außerhalb gelegenes Heiligtum, das der Großkönig auf seinen jährlichen Kultreisen entsprechend als erstes aufzusuchen hatte. Teile einer weiteren Abschrift dieses Festrituals fanden sich auch in der immerhin rund 200 Kilometer entfernten Hauptstadt. Eindeutig geht aus der Beschreibung des mehrtägigen Festes hervor, daß sich jene heiligen, sogenannten Huwasi-Steine oberhalb der Stadt befinden: Der König fährt wiederholt hinauf, übernachtet jedoch unten in der Stadt.

Oberhalb der Stadt kann nur südlich oder östlich von Kuşaklı bedeuten, im Bereich des Gebirgszuges der Kulmaç Dağları. Hier kommt nach dem derzeitigen Stand der Untersuchung aber im Grunde nur das eine Gelände mit den beiden Felsbrocken innerhalb der Tempelruine auf dem Bergsporn in Frage. Über die Gestalt der auch für andere Orte häufig erwähnten sogenannten Huwasi-Steine geben die Texte keine Auskunft. Da andere Kultbilder jedoch sehr wohl detailliert beschrieben werden (etwa menschen- oder tiergestaltige), ist davon auszugehen, daß diese heiligen Steine keine besondere, näher zu definierende Form besaßen, sondern naturbelassen waren. Die beiden in dem Ruinenbereich erhaltenen Felsbrocken könnten somit durchaus solche Huwasi-Steine gewesen sein. Die an anderer Stelle des Festrituals zu findende Formulierung »er geht zu den Huwasi-Steinen hinein« deutet eine Umhegung, eine Baulichkeit an – damit eine weitere Übereinstimmung zum archäologischen Befund. Schließlich ist in dem Text zudem von einer heiligen Suppitassu-Quelle im Umfeld der Kultmale die Rede. Bestens paßt hierzu der im Gelände vorhandene große Quellteich, der nachweislich baulich gestaltet und artifiziell aufgestaut sowie eingefaßt worden war.

Insgesamt kann somit durch die Kombination archäologischer, philologischer und verschiedener naturwissenschaftlicher Untersuchungen nach nunmehr zehn Jahren Forschungen in und um Kuşaklı bereits ein erstes Bild dieser hethitischen Stadt und ihres Heiligtums gewonnen werden.

Literatur

Jährliche Vorberichte in den *Mitteilungen der Deutschen Orient-Gesellschaft* (*MDOG* 127, 1995ff.); Müller-Karpe 1996, 350–312; Wilhelm 1997

Weiter Literaturhinweise und Informationen zu Kuşaklı im Internet unter: http://staff-www.uni-marburg.de/~kusakli

14 Zwei stierförmige Kultgefäße aus Raum 21 des großen Tempels auf der Akropolis in Kuşaklı (Gebäude C) (15./14. Jahrhundert v. Chr.), Köpfe ergänzt

Emar Eine syrische Stadt unter hethitischer Herrschaft

Betina Faist/Uwe Finkbeiner

> Die bedeutende Handelsstadt am Euphratknie wird ausgegraben

Die Region, in der Emar liegt, das sogenannte Euphratknie, nahm eine strategisch wichtige Position in der Verbindung zwischen dem mesopotamischen, dem syrisch-palästinensischen und dem anatolischen Bereich ein.[1] Bei Emar näherte sich außerdem der Euphrat am stärksten der Mittelmeerküste. Diese verkehrsgünstige Lage erklärt die historische Bedeutung, die die Stadt bereits in den Texten aus Tall Mardiḫ/Ebla um 2500 v. Chr. und insbesondere in den Keilschrifttafeln aus Tall Ḥarīrī/Mari aus dem 18. Jahrhundert v. Chr. auszeichnet, nämlich als wichtigen Handelsplatz und Kontaktzone zwischen mehreren Kulturkreisen.[2]

Im Jahre 1972 begann ein französisches Archäologenteam unter der Leitung von Jean-Claude Margueron mit Ausgrabungen und legte bis 1976 mehrere Tempel und Wohnhäuser frei sowie ca. 900 Tontafeln, überwiegend in akkadischer Sprache geschrieben.[3] Bald danach versank der größte Teil des Siedlungshügels in den Fluten des neuen Euphrat-Stausees. Die noch anstehenden Ruinen wurden bei flächendeckenden Raubgrabungen hauptsächlich nach neuem Textmaterial durchsucht. So tauchten seit etwa 1980 zahlreiche Keilschrifttafeln auf dem Antiquitätenmarkt auf. Im Jahr 1992 nahm schließlich die Antikenverwaltung in Aleppo in Zusammenarbeit mit der Universität Aleppo die Ausgrabungen wieder auf. Seit 1996 ist die Universität Tübingen an diesem Unternehmen beteiligt, seit 1997 als einziger Kooperationspartner der Antikenverwaltung in Damaskus. In den drei bisherigen Kampagnen konnte unsere Kenntnis der alten Handelsstadt beträchtlich erweitert und vertieft werden.

Der heutige Ruinenhügel zeigt sich als eine langgestreckte Halbinsel im Stausee, an deren Ende die Türme der byzantinischen Stadtmauer von Barbalissos aufragen Abb. 1. Was nach dem Aufstauen übriggeblieben ist, macht der Gesamtplan deutlich Abb. 2: Die hoch aufragende Nordwestecke, in der Margueron die Residenz des Königs von Emar vermutet, ist als kleine Insel erhalten geblieben. Folgt man dem Geländerelief nach Südwesten, so erreicht man den Doppeltempel auf der höchsten Kuppe. Dieser Tempelbezirk ragt über steilen, künstlich abgearbeiteten Hängen auf und stellt zweifellos den städtebaulichen Höhepunkt, eine Art Akropolis der Stadt Emar dar. Von hier senkt sich der natürliche Hügelrücken, wo die von uns »Ober-« und »Unterstadt« genannten Wohnviertel angelegt waren, nach Osten bis zu einer flachen Senke vor der über 1000 Jahre jüngeren Stadtbefestigung von Barbalissos. Vor dem Hintergrund der Topographie, wie sie aus alten Plänen und Fotos erschlossen werden kann, ist es schwer vorstellbar, daß die Stadt Emar hier geendet haben soll. Man ist vielmehr versucht, das Stadtgebiet bis zur Nordostecke der islamischen Stadtmauer von Bālis zu rekonstruieren, von wo eine nahezu gerade Hangkante zur Nordwestecke führte.

> Die Hethiter erobern Syrien: Gründeten sie ein neues Emar?

Im Gegensatz zu seiner handelsgeographischen Bedeutung war Emar nie das Zentrum einer politisch-militärischen Macht mit überregionalem Gewicht. Der Stadtstaat lag zudem im Grenzgebiet zwischen rivalisierenden Königreichen.

Als der hethitische König Suppiluliuma I. (ca. 1355–1320 v. Chr.) Feldzüge nach Syrien unternahm, gelang es ihm, auch die Gebiete am Euphratknie der damaligen politischen Macht in der Region, dem Mittani-Staat, abzugewinnen. In Karkamis setzte er einen seiner Söhne als König ein und gründete somit eine Sekundogenitur, die eine Scharnierfunktion

1

Emar und Balis. Gesamtplan der Ruinen

2

1 Blick von Süden auf die langgestreckte Halbinsel, auf der sich die Reste von Emar und Barbalissos/Bālis (ganz rechts) befinden

2 Gesamtplan der Ruinen von Emar und Barbalissos/Bālis einschließlich der heute überfluteten Stadtgebiete (Umzeichnung Günter Müller)

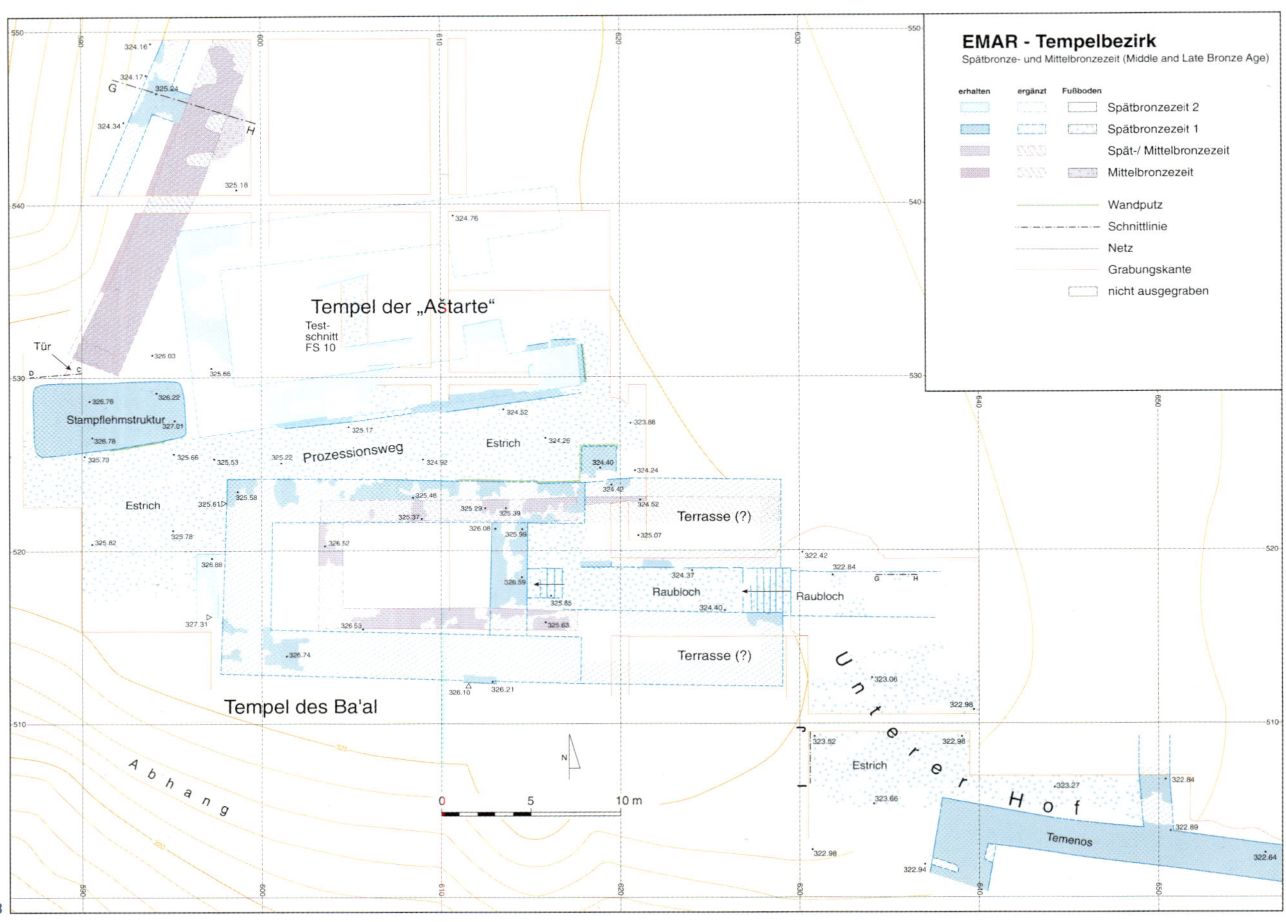

3

4

3 Gesamtplan des Tempelbezirks von Emar, schematische Darstellung (Umzeichnung Günter Müller)

4 Der Tempelbezirk von Osten mit den Heiligtümern für den Wettergott Ba'l (links) und seine Gemahlin Aštarte (Rekonstruktionszeichnung Martin Wille)

zwischen der hethitischen Hauptstadt Ḫattusa und dem nordsyrischen Staatenverband ausüben sollte.[4] Das Land Astata, zu dem Emar gehörte, wurde Karkamis direkt unterstellt und somit der Autorität seines Herrschers und dessen Vertreter. In Emar selbst regierte ein König, der aus einer lokalen Familie stammte. Allerdings war der Stadtstaat eher auf oligarchischen Strukturen aufgebaut. Der König teilte seine Macht mit kommunalen Institutionen, insbesondere mit einem Ältestenrat, der die Interessen der örtlichen Elite vertrat.[5]

Die französischen Ausgräber waren der Überzeugung, daß die bis heute über dem Wasserspiegel des Stausees anstehenden Ruinen von Emar in die Zeit nach der hethitischen Eroberung durch Suppiluliuma I. datieren und eine planmäßige Neugründung des ausgehenden 14. Jahrhunderts v. Chr. unter seinem Nachfolger Mursili II. (ca. 1318 – 1290 v. Chr.) waren. Die Lage der älteren Stadt sei indes durch die Überflutung der Region nicht mehr ausfindig zu machen.[6] Diese Ansicht läßt sich nicht mehr aufrechterhalten, nachdem in den neueren Grabungen auch Schichten älterer Epochen, die bis weit in das 3. Jahrtausend v. Chr. zurückreichen, angeschnitten wurden.[7] Die Frage nach der Datierung der einzelnen Baureste und insbesondere nach dem hethitischen Einfluß auf die Stadttopographie stellt sich damit erneut.

> Der bauliche Höhepunkt der Stadt: Der Tempelbezirk

Die Entdeckung eines großen, leider sehr stark beschädigten Torlöwen in einem Raubloch östlich des Doppeltempels führte 1996 zur Wiederaufnahme der Arbeiten an den ehemals französischen Ausgrabungsstellen in diesem Stadtteil.[8] Der südliche Tempel, sicher dem Wettergott Ba'l geweiht, wie dort gefundene Keilschrifttexte belegen, ist in hethitischer Zeit auf einer Terrasse wiedererrichtet worden. Sein Grundriß folgt dem in Nordsyrien lange üblichen Schema des Antentempels und entspricht dem kleineren, in den Proportionen jedoch vergleichbaren VorgängerbauAbb. 3. In der Achse des Tempeleingangs liegt eine mittig in die Terrasse eingeschnittene Treppe, die zu dem fast 3 Meter tiefer gelegenen »Unteren Hof« hinabführt, in dem der Löwentorso aufgefunden wurde. Der »Untere Hof« erstreckt sich im Süden bis an eine knapp 2,5 Meter breite Temenosmauer. In der Flucht der Treppe fanden sich noch zwei große, sorgfältig behauene Steinplatten, Teil eines gepflasterten Weges zu einem im Osten anzunehmenden Tor (eine mögliche Rekonstruktion der Anlage bietet die Abbildung 4.

An diesem Ort fand eines der wichtigsten religiösen Feste Emars statt, die Einsetzung der Priesterin (akkadisch *entu*) des Wettergottes, der neben Dagān und NIN.URTA[9] zu den bedeutendsten Göttern von Emar zählte.[10] Das Ritual ist in mehreren Textzeugnissen erhalten, die von den französischen Ausgräbern im Haus einer Priesterfamilie in der »Unterstadt« gefunden wurden. Die Einsetzungsfeierlichkeiten erstreckten sich über mehrere Tage; neben dem Kultpersonal, geleitet von einem Opferschauer, nahmen auch der König und die Ältesten von Emar sowie die Priesterin der Aštarte daran teil. Zu den Zeremonien gehörten die Tonsur der künftigen Priesterin »am Toreingang zum Hof« des Tempels, etliche Opferdarbringungen für Ba'l und die anderen Götter von Emar, Prozessionen zum Ba'l-Tempel und zu weiteren Heiligtümern der Stadt und schließlich die Übersiedlung der neuen Priesterin vom Elternhaus in das Haus des Wettergottes. Diese Feierlichkeiten hatten den Charakter von Übergangsriten, die die erwählte Emarerin zur Trägerin des neuen priesterlichen Status umformen sollten.

Der nördliche Tempel wird der Göttin Aštarte, Gemahlin des Wettergottes in der kanaanäischen Mythologie, zugewiesen, obwohl das Textmaterial diesbezüglich keine absolute Sicherheit bietet. Auch dieses Heiligtum weist mehrere Bauphasen auf. Die jüngste erfaßbare Phase datiert später als jene des Ba'l-Tempels, die wir oben der Hethiterzeit, also dem 13. Jahrhundert v. Chr. zugeschrieben haben. Die Erforschung des älteren, durch Feuer zerstörten Heiligtums ist noch nicht abgeschlossen und seine Einordnung in den baulichen Kontext des Tempelbezirks noch unklar.

Zwischen den beiden Tempeln führt ein mit Kalk-Estrich versehener Weg zu einer Plattform auf dem westlichen Hügelsporn. Bereits Margueron hatte den Weg als Prozessionsstraße und die Plattform als Kultterrasse gedeutet.[11]

Bei den Arbeiten nördlich des Aštarte-Tempels wurde eine Lehmziegelmauer freigelegt, die eine Breite von fast 3 Metern aufweist und Teil einer Befestigung war. Bislang läßt sich noch nicht sagen, wann diese Mauer errichtet wurde und in welchem Zusammenhang sie mit den Tempeln der hethitischen Zeit steht. Gesichert ist lediglich eine Nutzung in der Mittelbronzezeit, etwa während der Zeit des Archivs von Mari und des Königs Ḫammurapi von Babylon (18./17. Jahrhundert v. Chr.). Es ist aber durchaus denkbar, daß sie bereits in der ausgehenden Frühbronzezeit um 2250 v. Chr. gleichzeitig mit den Wohnhäusern erbaut wurde, die unter dem Ba'l-Tempel zutage kamen.

> Auf den Spuren der Hethiter in Emar

An den Tempelbezirk, dessen Architektur deutlich an die syrische Bautradition anknüpft, schließt sich auf einer tiefergelegenen Terrasse im Osten ein ausgedehntes Wohnviertel an, die sogenannte Oberstadt. Die bisherigen Ausgrabungen erbrachten eine Abfolge von mehreren Bauschichten, die hier übereinander anstehen und nach Aussage der Funde, namentlich der Keramik, von der Mittelbronzezeit bis in die Spätbronzezeit, die Zeit der hethitischen Herrschaft, datiert werden können.[12] Ein besonders schönes Zeugnis aus der Hethiterzeit ist ein silbernes Stempelsiegel mit einer luwischen Hieroglypheninschrift, die einen Mann namens Kuku als Eigentümer nenntAbb. 5.[13] Anders als die Architektur weist die Siegelkunst einen unverkennbar hethitischen Einfluß auf. Dieser läßt sich vornehmlich an der Ikonographie der Siegelbilder ablesen.[14] Andere Funde stehen wiederum ganz in der nordsyrischen Tradition, wie etwa die Terrakotten und die Keramik.[15]

An die Oberstadt schließt sich im Osten ein weiteres Wohngebiet an, das bis an die Senke vor der byzantinischen Stadtmauer von Barbalissos reicht. Dort, im Bereich des »Temple du Devin«, wahrscheinlich eher das Haus einer Priesterfamilie der Spätbronzezeit, wurde während der französischen Ausgrabungen der umfangreichste und aufsehenerregendste Tontafelfund von Emar gemacht. Neben Privaturkunden, Briefen und Verwaltungstexten fand man eine Kultbibliothek sowie eine Schul- und Gelehrtenbibliothek. Während letztere in der mesopotamischen Schreibertradition ihre Wurzeln hat, zeichnet sich die Kultbibliothek mit ihren Ritualtexten, Götter- und Opferlisten durch ihre deutlich syrischen Bezüge aus. Dies beweisen bestimmte Feste, für die es keine mesopotamischen Parallelen gibt, ferner die verehrten Gottheiten, die Ritualteilnehmer, die Kulttopographie und die Wortwahl der Schreiber.[16]

Nahezu die Hälfte aller Texte aus Emar, darunter auch ein Teil der Tafeln aus dem bereits erwähnten Haus der Priesterfamilie, wurden nach einem Schreibsystem verfaßt, dessen Einführung zweifelsfrei mit der hethitischen Machtübernahme in Verbindung steht.[17] Dieses neue Schreibsystem unterscheidet sich in seinem Tafelformat und seiner Siegelungspraxis, vornehmlich aber in den Zeichen- und Sprachformen sowie in bestimmten Rechtsklauseln von der älteren, lokalen Schreibtradition.

> Die Hethiter waren tolerante Herrscher

Wertet man die oben angeführten Beobachtungen historisch aus, so kommt man zu dem Schluß, daß der hethitische Einfluß in Emar begrenzt und die hethitische Herrschaft gemäßigt und tolerant war. Dies ist um so bemerkenswerter, wenn man die Politik betrachtet, die der Rivale Ḫattusas, Assyrien, in den von ihm einige Jahrzehnte später eroberten, einst dem Mittani-Staat unterstellten Gebieten östlich des Euphrats verfolgte: Anders als die Hethiter haben die Assyrer die lokalen Machtgefüge zerstört und ihren eigenen Verwaltungsapparat eingesetzt.

Der schriftliche und archäologische Befund ist dementsprechend sehr stark von Assyrien geprägt.

Die materielle Kultur in Emar weist indes klare syrische Merkmale auf. Selbst die neue Siegelkunst ist kein direkter Transfer aus Ḫattusa, sondern eine Kombination der syrischen Form (Zylindersiegel) mit hethitischer Ikonographie. Dasselbe gilt für das neue Schreibsystem, das in Karkamis aus dem Zusammenwirken einer hethitischen Regierung und einem syrischen Verwaltungsapparat entstand. Überdies wurde die hethitische Sprache nicht eingeführt; Schriftsprache war nach wie vor das Akkadische.[18] Die Tempelarchitektur und die religiösen Feste, die bei der Identitätswahrung einer Bevölkerung eine so entscheidende Rolle spielen, blieben ebenfalls dem einheimischen Erbe treu.[19] Schließlich reichten die Handelskontakte von Emar über die Grenzen des Hethiterreiches hinaus bis nach Sidon und Assur, der Hauptstadt Assyriens, des politischen Gegenspielers **Abb. 6**.[20] Dies deutet einmal mehr darauf hin, daß die Hethiter die Interessen Emars anerkannt und respektiert haben.

Anmerkungen

1 Emmanuel Laroche, Emar, étape entre Babylone et le Hatti, in: Jean-Claude Margueron (Hrsg.), *Le Moyen-Euphrate: zone de contacts et d'échanges*, Straßburg 1980, 235–244.

2 Alfonso Archi, Imâr au IIIème millénnaire d'après les archives d'Ebla, in: *Mari, Annales de Recherches Interdisciplinaires* 6, Paris 1990, 21–38; Jean-Marie Durand, La cité-état d'Imâr à l'époque des rois de Mari, in: *Mari, Annales de Recherches Interdisciplinaires* 6, Paris 1990, 39–92.

3 Dominique Beyer (Hrsg.), *Meskéné-Emar: Dix ans de travaux 1972–1982*, Paris 1982; Jean-Claude Margueron, Meskene (Imar/Emar). B. Archäologisch, in: *Reallexikon der Assyriologie* 8, Berlin 1993, 84–93; Daniel Arnaud, *Recherches au pays d'Aštata* (Emar VI/1–4), Paris 1985–1987; Manfried Dietrich, Die akkadischen Texte der Archive und Bibliotheken von Emar, in: *Ugarit-Forschungen* 22, Neukirchen-Vluyn 1990, 25–48.

4 Siehe Klengel, hier S. 62ff.

5 Gary Beckman, Hittite provincial administration in Anatolia and Syria: the view from Maşat and Emar, in: Onofrio Carruba/Mauro Giorgieri/Clelia Mora (Hrsg.), *Atti del II. Congresso Internazionale di Hittitologia*, Pavia 1995, 19–37 (Studia Mediterranea 9).

6 Jean-Claude Margueron, Emar: un example d'implantation hittite en terre syrienne, in: Jean-Claude Margueron (Hrsg.), *Le Moyen-Euphrate: zone de contacts et d'échanges*, Leiden 1980, 285–312.

7 Uwe Finkbeiner/Thomas Leisten, Emar & Bālis 1996–1998. Preliminary report of the joined Syrian-German excavations with the collaboration of Princeton University. I. Emar 1996–1998, in: *Berytus* 44, Beirut, 1999–2000, 5–34.

8 Uwe Finkbeiner et al., Emar 1999 – Bericht über die 3. Kampagne der syrisch-deutschen Ausgrabungen, in: *Baghdader Mitteilungen* 32, Berlin (im Druck).

9 Es ist noch nicht geklärt, welche syrische Gottheit sich hinter diesem sumerischen Wortzeichen verbirgt.

10 Daniel E. Fleming, *The Installation of Baal's High Priestess at Emar. A Window on Ancient Syrian Religion*, Atlanta 1992 (Harvard Semitic Studies 42); Manfried Dietrich, Das Einsetzungsritual der Entu von Emar (Emar VI/3, 369), in *Ugarit-Forschungen* 21, Neukirchen-Vluyn 1989, 47–100.

11 Jean-Claude Margueron, Emar, Capital of Aštata in the Fourteenth Century BCE, in: *Biblical Archaeologist* 58, Atlanta 1995, 126–138.

12 Finkbeiner (Anm. 8).

13 Frank Starke, Ein silbernes, bikonvexes Stempelsiegel mit luwischer Hieroglypheninschrift, in: Finkbeiner (Anm. 8).

14 Dominique Beyer, Quelques observations sur les sceaux-cylindres hittites et syro-hittites d'Emar, in: *Hethitica* 8, Paris 1987, 29–44.

15 S. die Beiträge in Beyer (Anm. 3) und Finkbeiner (Anm. 8).

16 Fleming (Anm. 10), Kapitel 4 und 5.

17 Claus Wilcke, AḪ, die »Brüder« von Emar. Untersuchungen zur Schreibtradition am Euphratknie, in: *Aula Orientalis* 10, Barcelona 1992, 115–150; Jun Ikeda, Scribes in Emar, in: Kazuko Watanabe (Hrsg.), *Priests and Officials in the Ancient Near East*, Heidelberg 1999, 163–185.

18 Die Muttersprache der Bevölkerung war jedoch eine westsemitische Sprache, die sich bislang lediglich in Personennamen und in manchen Einzelwörtern aufspüren läßt.

19 Daniel E. Fleming, The Emar festivals: city unity and Syrian identity under Hittite hegemony, in: Mark W. Chavalas (Hrsg.), *Emar: The History, Religion, and Culture of a Syrian Town in the Late Bronze Age*, Bethesda/Maryland 1996, 81–121.

20 Betina I. Faist, *Der Fernhandel des assyrischen Reiches zwischen dem 14. und 11. Jahrhundert v. Chr.*, Münster 2001, 129–138, 168–172, 213–218 (Alter Orient und Altes Testament 265).

Literatur

Chavalas 1996; Faist 2001

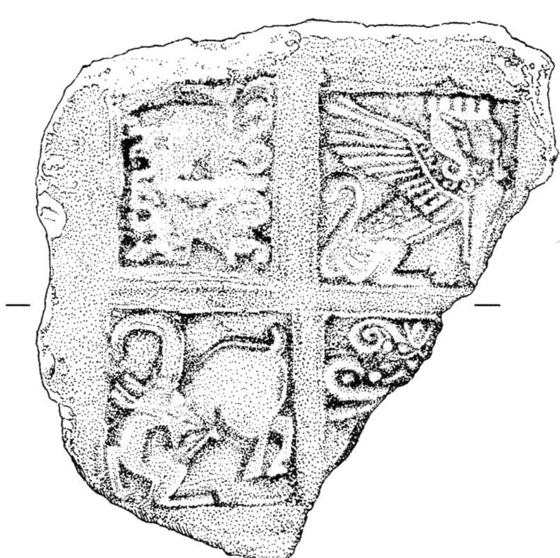

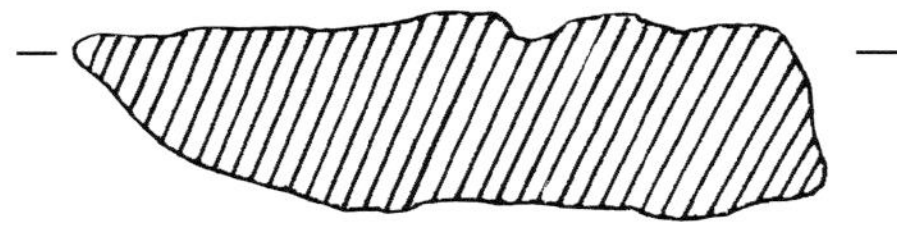

6

5

5 Bikonvexes silbernes Stempelsiegel mit luwischer Hieroglypheninschrift aus der ausgehenden Spätbronzezeit

6 Fragment eines Terrakottaobjekts in Hohlrelief. Die Motive (geflügelte Sphinx mit Federkrone, Capride mit eingeknickten Vorderbeinen; Volutenbäume) gehören zum spätbronzezeitlichen Repertoire der Levante, Nordsyriens/Anatoliens und Nordmesopotamiens (Zeichnung Martin Wille)

7 Gesamtansicht der Ruinen von Emar von Südwesten. Im Hintergrund Praetorium und SW-Turm der byzantinischen Stadt Barbalissos

Wilusa (Wilios/Troia)

Zentrum eines hethitischen Gliedstaates in Nordwest-Kleinasien*

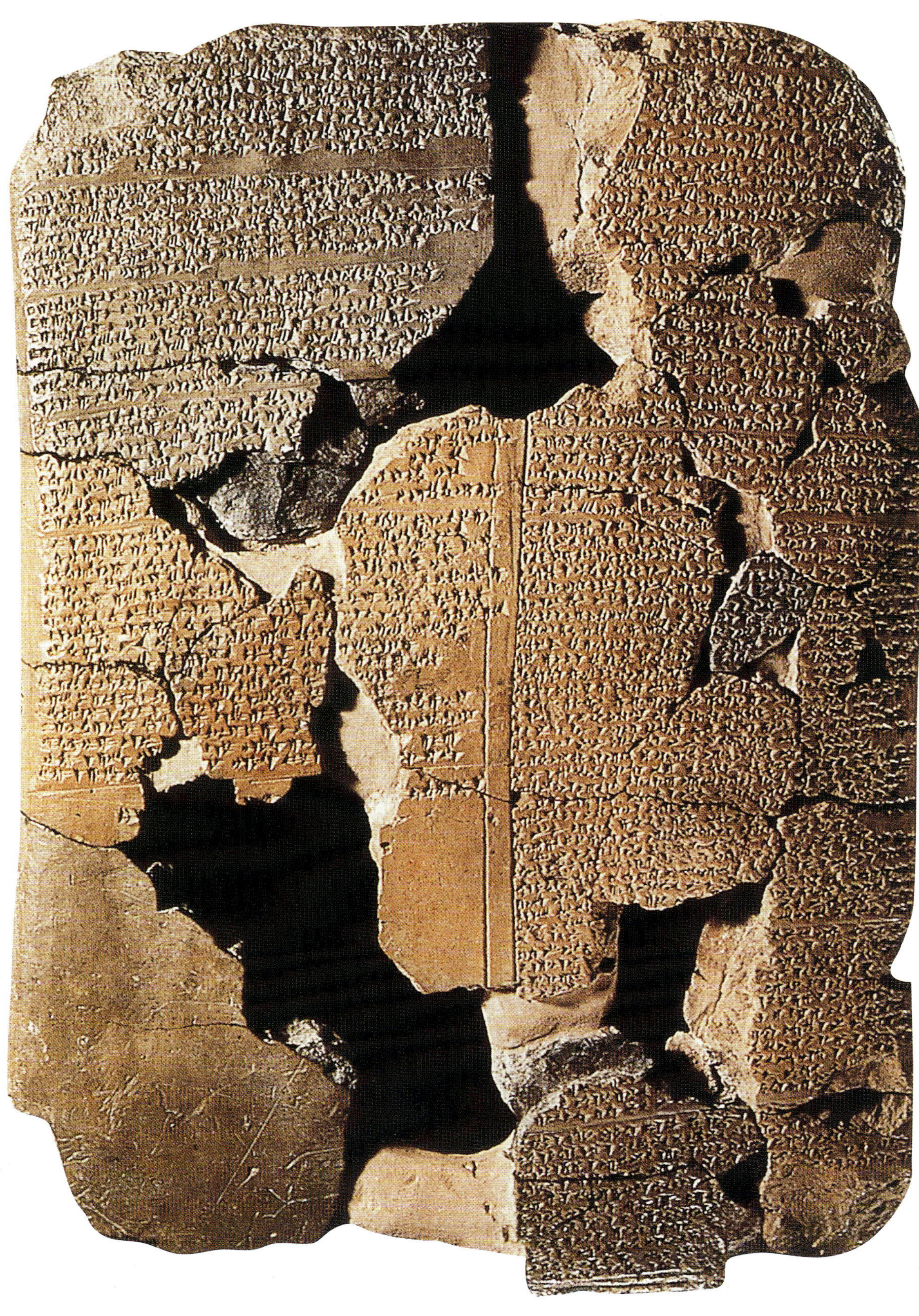

1 Der sogenannte Alaksandu-Vertrag

(© DAI Rom, Neg.-Nr. 54.1047, Foto Sansaini)

> Wilusa von außen

Ḫattusa und Wilusa

»Folgendermaßen die Majestät, Muwattalli, Großkönig, [König] des Landes Ḫattusa, Liebling des Wettergottes des Blitzes, Sohn Mursilis [II.], des Großkönigs, des Helden: ›Früher einmal hatte der Labarna, mein Vorfahr, das ganze Land Arzawa und das ganze Land Wilussa unterworfen. Später führte deshalb das Land Arzawa Krieg; jedoch kenne ich, da doch das Ereignis lange zurückliegt, keinen König des Landes Ḫattusa, von dem das Land Wilussa abgefallen ist. Doch selbst wenn das Land Wilussa vom Land Ḫattusa abgefallen ist, ist man indes aus der Ferne den Königen des Landes Ḫattusa eng befreundet gewesen und hat ihnen regelmäßig Gesandte geschickt.‹ «[1]

So beginnt der Text eines Vertrages, den der hethitische Großkönig Muwattalli II. (ca. 1290–1272 v. Chr.) mit dem damaligen Herrscher von Wilusa abgeschlossen hat[Abb. 1]. Dieser Herrscher wird in dem 21 Paragraphen umfassenden Text 23 Mal mit »Alaksandu« angeredet. Wie aus § 5 des Textes hervorgeht, ist Alaksandu der Nachfolger eines Kukkunni. Dieser Kukkunni von Wilusa war, wie es in § 3 heißt, mit dem Großvater Muwattallis, dem hethitischen Großkönig Suppiluliuma (I., ca. 1355–1320 v. Chr.), befreundet und hatte ihm regelmäßig Gesandte geschickt. Suppiluliuma wiederum war der Urenkel des hethitischen Großkönigs Tudḫalija I., der etwa von 1420 bis 1400 v. Chr. regierte. Auch von ihm heißt es in § 3: »Der König des Landes Wilusa [war] indes mit ihm befreundet, [und] er schickte [ihm] regelmäßig [Gesandte].«

Wenn dieser Vertragstext um 1280 formuliert worden ist, dann bestehen die freundschaftlichen Beziehungen zwischen der Dynastie von Ḫattusa und dem Lande Wilusa im Jahre des Vertragsschlusses seit mindestens 140 Jahren. Tatsächlich sind die Beziehungen freilich noch viel älter. Das geht aus dem eingangs zitierten Anfang des Vertrages hervor (§2): »Früher einmal hatte der labarna, mein Vorfahr, das ganze Land Arzawa und das ganze Land Wilussa unterworfen.« »Labarna« ist ein Titel, der in der hethitischen Geschichte auf die Zeit vor 1600 verweist.[2] Im Jahr des Vertragsschlusses war also das Freundschaftsverhältnis mit dem Hethitischen Reich mindestens 320 Jahre alt. Soweit die hethitische Zentrale die Kontakte zurückverfolgen kann, ist Wilusa während dieses ganzen langen Zeitraums von Ḫattusa nicht abgefallen und hat jedenfalls regelmäßig »Gesandte geschickt«.

Seit der Vertrag bekannt wurde[3], lautete die Grundfrage: Wo auf der Karte des Hethitischen Reiches lag Wilusa? Über die *ungefähre* Lage läßt der Text selbst keinen Zweifel: In § 17 wird Alaksandu als einer der »vier Könige innerhalb der *Arzawa-Länder*« angeredet: »Du, Alaksandu [von Wilusa], Manabatarḫunta [von Sēḫa], Kubantakurunta [von Mirā] und Uraḫattusa [von Ḫaballa]«, und in § 4 berichtet Muwattalli, sein Vater Mursili (II., ca. 1318–1290 v. Chr.) habe das ganze Land Arzawa besiegt und in einzelne Teilländer zerschlagen: in die Länder Mirā (sicher ergänzt), Kuwalija, Sēḫa, Appawija und Ḫaballa. In einem Atemzug mit Arzawa war Wilusa auch schon in § 2 genannt worden. Wilusa muß also seit jeher in der Nachbarschaft von Arzawa und nach dessen Zerschlagung in unmittelbarer Nachbarschaft eines der Teilländer des neuen Staatenverbandes »Arzawa-Länder« gelegen haben. Es galt also, zunächst Arzawa zu finden. Bereits 1959 hatte die Rekonstruktion der hethitischen Geographie in dem Standardwerk *The Geography of the Hittite Empire* von J. Garstang und O. R. Gurney zu dem Ergebnis geführt, daß Arzawa und folglich alle daraus hervorgegangenen und hinzugerechneten Länder in Westkleinasien gelegen haben müssen[4]; Wilusa war bereits auf der in diesem Band enthaltenen Landkarte als nördlichstes Land der Arzawa-Länder, nördlich von Sēḫa, am Südwestrand der Troas eingetragen[Abb. 2].

Die weitere Lokalisierungsgeschichte Wilusas innerhalb der Hethitologie kann hier übergangen werden.[5] Statt dessen kommen wir sogleich zum Kenntnisstand von heute: Im Jahre 1996 konnte der Tübinger Hethitologe Frank Starke auf der Grundlage neugefundener hethitischer Quellen Wilusa definitiv mit jenem Gebiet zur Deckung bringen, das wir mit den Griechen die »Troás« nennen.[6] Aus anderem hethitischen Material heraus konnte der Londoner Hethitologe David Hawkins ein Jahr später diesen Schluß bestätigen und stützen.[7] Inzwischen haben weitere Forscher sich angeschlossen, darunter 1999 der Archäologe Wolf-Dietrich Niemeier, der dabei auf neun Hethitologen, Orientalisten und Althistoriker verweisen konnte, die sich schon seit 1970 für diese Lokalisierung ausgesprochen hatten.[8] Zu betonen ist, daß dieser Nachweis rein aus den hethitischen Quellen heraus geführt wurde. Diese laufen in der Kombination ihrer Angaben auf eine enge geographische Nachbarschaft von Sēḫa, Wilusa und der Insel Lazba – eindeutig Lesbos – hinaus.[9] Schon danach ist ein anderer Schluß als der, daß Wilusa mit der Troas identisch ist, nicht möglich.

1997 kam – *nach* Starkes Lokalisierung – als letzte Bestätigung eine *archäologische* Entdeckung hinzu: Im Westbereich der Unterstadt wurde eine über 100 Meter tief in den Berg hineinführende Quellhöhle mit drei Wasserarmen freigelegt, die sich zu einem unterirdischen Stausee vereinen. Radiometrische Untersuchungen der Heidelberger Akademie der Wissenschaften aus den Jahren 1999/2000 ergaben, daß es sich um eine bereits Anfang des 3. Jahrtausends v. Chr. künstlich geschaffene Wasserversorgungsanlage handelt. Diese Entdeckung ließ eine bestimmte Einzelheit im Alaksandu-Vertrag in neuem Licht erscheinen: In § 20 dieses Vertrages, in dem die Hauptgötter der beiden vertragschließenden Parteien als Eidzeugen und potentielle Rächer des Vertragsbrüchigen beschworen werden, wird als Gottheit des Landes Wilusa auch »der Weg in die Unterwelt des Landes Wilusa« (KASKAL.KUR) angerufen. Es kann kaum ein Zweifel daran bestehen, daß damit die als göttlich verehrte unterirdische Wasserquelle gemeint ist, die von der Korfmann-Grabung aufgedeckt wurde.[10]

Die Grenzen Wilusas sind im Westen und Norden durch die natürliche Lage vorgegeben: Im Westen das Ägäische Meer und die vorgelagerten Inseln, im Nordwesten/Norden der Hellespont und ein (westlicher) Teil der Südküste des Marmara-Meeres. Im Osten und Süden sind, solange Grenzmarkierungen durch Felsreliefs, wie sie im Hethitischen Reich sonst üblich waren[11], nicht gefunden sind, vorerst nur gröbere Bestimmungen möglich: Im Osten dürfte der Fluß Makestos (heute: Simav Çayı) die Grenze zum großen Lande Māsa gebildet haben, im Süden stellten wohl die Kaz-Berge nördlich des heutigen Edremit die Grenze zum Land Sēḫa dar, das im wesentlichen das Tal des späteren Kaïkos (heute Bakır Çayı) einnahm (s. Karte S. 306). Mit insgesamt etwa 15 000 Quadratkilometern Landfläche war Wilusa größer als hethitische Gliedländer wie das nahegelegene Ḫaballa oder die südöstlichen (nordsyrischen) Länder Alalḫa, Ugaritta oder Amurra. Da die Hethiter Länder nach der Hauptstadt zu bezeichnen pflegten (Ḫattusa, Karkamissa, Alalḫa, Ḫalpa, Ugaritta usw.), muß bei ihnen der Hauptort des Landes Wilusa ebenfalls den Namen Wilusa getragen haben. Und wie bei anderen Gliedländern des Hethiter-Großreichs des 2. Jahrtausends v. Chr. ist die Wahrscheinlichkeit groß, daß Überreste des Hauptortes sich bis heute erhalten haben. Wo sind sie zu finden?

Homers Ilios

Das Groß-Epos, mit dem die Literatur der Griechen im 8. Jahrhundert v. Chr. beginnt, trägt den Titel *Ilias*. Im Griechischen ist das ein Adjektiv (mit der Betonung Iliás), das von dem Ortsnamen »Ilios« abgeleitet ist und zu dem ein Substantiv wie »poiesis« (die »Poesie«, die »Dichtung«) ergänzt

werden muß. »Iliás« bedeutet also »Ilios-Dichtung«, »Dichtung/Gedicht von Ilios«. Der Schauplatz der Handlung heißt in den 15 693 Versen der *Ilias* tatsächlich 106mal »Ilios« – und nur 53mal »Troiē« (warum er überhaupt zwei Namen hat, lassen wir hier unerörtert). »Ilios« ist also der häufigere Name. Und da dieser Name oft in der solennen Form »Ilios die Heilige« erscheint (ein Attribut, das »Troiē« nie erhält; »Troiē« ist dafür »gut-ummauert«, »gutbetürmt«, »breitstraßig« und »geräumig«), ist er, wie es scheint, auch der erhabenere Name. Darüber hinaus ist er ein alter Name, viel älter als Homer. Denn »Ilios« ist nicht die originale Namensform. Diese lautete vielmehr »Wilios«: Der Laut W, den die Griechen bis mindestens 1200 v. Chr. gesprochen und geschrieben hatten, war in demjenigen griechischen Dialekt, in dem 450 Jahre später Homer redete und schrieb (dem Ost-Ionischen), irgendwann zwischen 1200 und Homers eigener Zeit immer mehr verschliffen worden (ähnlich dem heutigen englischen W) und schließlich völlig weggefallen. Entsprechend müßte auch das Epos nicht *Ilias*, sondern »Wilias« heißen.

Wenn aber »Wilios« der Schauplatz der »Wilias« ist, wo lag dann dieses »Wilios«?

Die *Ilias* ist voller Lokalisierungshinweise. Wir greifen nur wenige davon heraus: Das Schiffslager der Achaier, also der vom griechischen Festland mit 1186 Schiffen aufgebrochenen Griechen, liegt am Hellespont. Insgesamt zehnmal ist vom Hellespont die Rede, davon zweimal in der Formel »flüchtend gelangten sie/sollten sie (die Achaier) gelangen zu den Schiffen und zum Hellespont« (15.233; 18.150) und einmal in einer Aussage über den Gott Hermes »im Nu gelangte er nach Troiē und zum Hellespont« (24.346). Ein andermal sagt Hektor in einer Aufforderung zum Zweikampf (7.77 – 86):

> »(wenn mich mein Gegner tötet, soll er meinen Leichnam herausgeben, damit er in Troia verbrannt werde)
> doch töte ich *ihn* – gibt mir also den Triumph Apollon –,
> dann zieh' ich ihm die Rüstung aus und bringe sie nach *Ilios*-der-heil'gen,[12]
> [...]
> den Leichnam aber geb' ich zu den *Schiffen*-mit-den-schönen-Ruderbänken,
> damit ihn dort bestatten die Achaier-mit-den-langen-Haaren
> und ihm ein Hügel-Grabmal schütten an dem weiten *Hellespontos*.«

Der Kampfplatz, auf dem dies gesprochen wird, liegt also zwischen Ilios und dem Hellespont. Ilios liegt damit in der Nähe des Hellespont. Wir erfahren jedoch noch Genaueres: Am Anfang des 13. Gesanges läßt der Dichter den Gott Poseidon vom höchsten Gipfel der Insel Samothrake (ca. 1600 Meter hoch) hinüberblicken *zu den Bergen des Ida* und zu *Priamos' Stadt und zu den Schiffen der Achaier,* sodann selbst ins Meer hinabtauchen, sein Gespann anschirren, übers Meer *zu den Schiffen der Achaier* aufbrechen und am Ende der Fahrt seine Rosse in einer Meeresgrotte *mitten zwischen Tenedos und Imbros* versorgen – während er selbst zum *Heer der Achaier* geht (13.10 – 38). Der Ida ist das über 1700 Meter hohe Gebirge im Südosten der Troas (heute Kazdag), in dem der Skamander entspringt; Imbros und Tenedos bilden ein »Inselbrücke« zwischen Samothrake und der Troas. Sichtkontakt zwischen den beiden Gipfeln – über eine Entfernung von rund 125 Kilometern über die Insel Imbros hinweg – ist auch heute noch gegeben. Ilios liegt also auf einer gedachten Verbindungslinie zwischen Ida-Gipfel und Samothrake-Gipfel, und dort wieder zwischen dem Ida und dem Hellespont, und zwar *nahe* dem Hellespont.

Auch über die Ausdehnung und die Bedeutung des Machtbereiches, dessen Steuerungszentrale (W)Ilios ist, gibt uns die Ilias reiche Auskunft. Hier mag es genügen, eine einzige Stelle aus dem Epos anzuführen. Im 24. Gesang läßt der Dichter den Achilleus zum König von Ilios, Priamos, sagen (24.543 – 546):

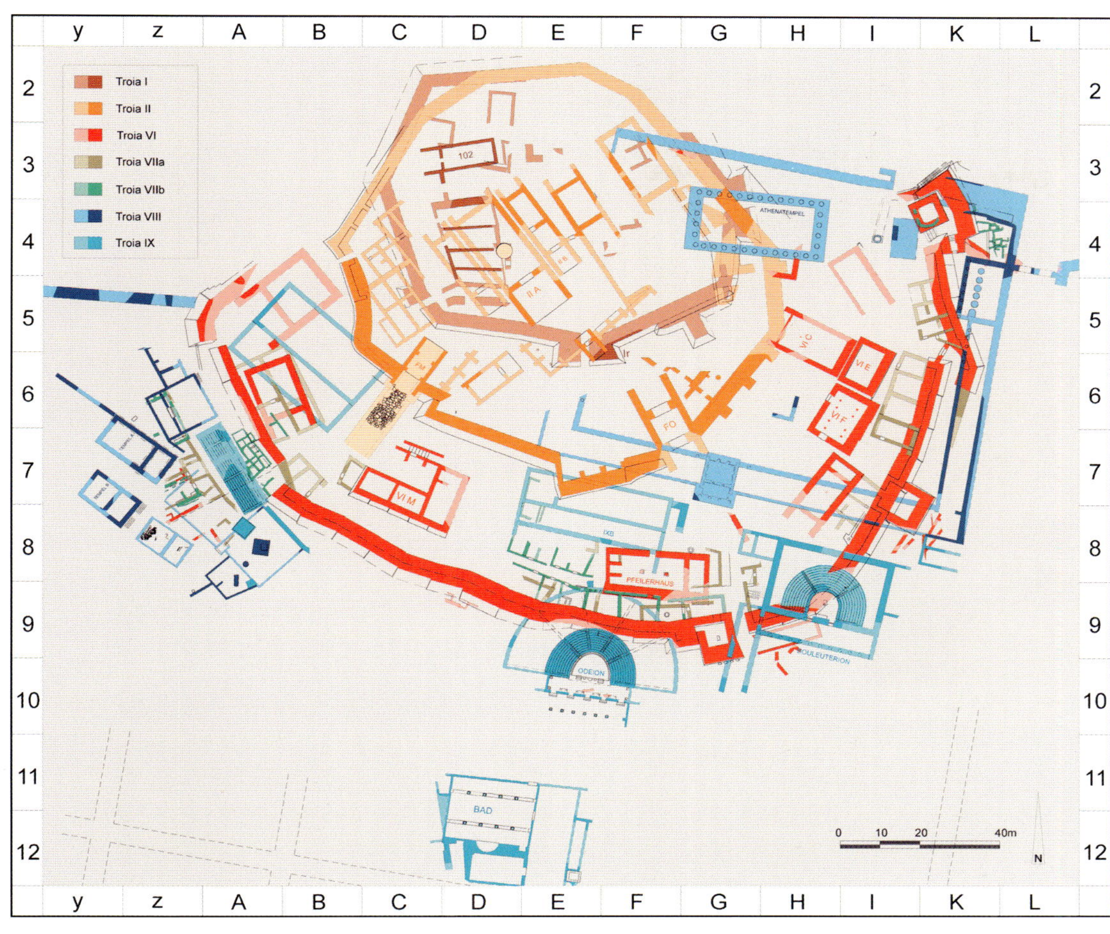

2 Die Geographie des Hethiterreiches nach dem Wissensstand von 1959 (nach Garstang/Gurney 1959, Abb. 17)

3 Die Architekturreste der verschiedenen Besiedlungsphasen von Troia im Überblick. Rot eingezeichnet: Burgmauerverlauf und Großbauten von Troia VI/VIIa (© Troia-Projekt)

»Auch Du, ehrwürd'ger Alter, bist ja früher, hören wir, im Glück gewesen:
So viel, wie Lesbos draußen [d. h. im Meer], Makars Sitz, in sich schließt
und Phrygïen dort hinten und der Hellespont, der unermeßlich weite –
darüber sollst Du, Alter, einst an Reichtum und an Söhnen Dich herausgehoben haben.«

Damit sind die Grenzen von Priamos' und so auch Ilios' Machtbereich bestimmt: Im Süden liegt die Grenze südlich der Insel Lesbos[13], im Osten irgendwo im Westteil des späteren Phrygien am Sangarios, im Norden jenseits des Hellespont, also wohl an der Südküste des Marmara-Meeres. Die grundsätzliche Übereinstimmung mit der Ausdehnung des Landes Wilusa auf der hethitischen Landkarte (s. o.) ist evident. Inwieweit das alter Überlieferung zu verdanken ist oder nur den jedem Landeskundigen sich aufdrängenden natürlichen Gegebenheiten, lassen wir hier offen.

In dem auf diese Weise exakt umschriebenen geographischen Raum – jeder Kartenbenutzer sieht heute sofort, wo er zu suchen hat – ist von Homer im 8. Jahrhundert v. Chr. bis heute – also während rund 2700 Jahren Gebietskenntnis, Gebietsbegehung und Gebietsbesiedlung – nur eine einzige prähistorische Großruine bekannt geworden, die in ihrer Dimension dieser Lokalisierung und den weiteren detaillierten Beschreibungen Homers entspricht: die Ruine auf dem heute türkischen Hügel Hisarlık.[14] Die Griechen und Römer der historischen Zeit (seit etwa 300 v. Chr., nach Alexanders des Großen Ortsbesuch) haben das Ruinengebiet sicher nicht nur wegen seiner durch Homers *Ilias* auch schriftlich fixierten mythischen Aura, sondern auch aufgrund seines überwältigenden Monument-Eindruckes wiederbelebt und zu einer großen Stadt ausgebaut (die sie »Ilion« bzw. »Ilium« nannten). Diesen Ort hat Schliemann nach Hinweisen von Calvert seit 1871 ausgegraben und zunächst korrekt »Ilios«, dann »Troja« genannt.

Was die Hethiter als »Wilusa« kannten, muß danach identisch sein mit dem, was Homer »(W)Ilios« nennt. Schliemann hat also sowohl (W)Ilios als auch, ohne es zu ahnen (die Hethiter traten erst 1915 durch Hroznýs Entschlüsselung des Hethitischen in den Gesichtskreis der Wissenschaft), »Wilusa« entdeckt. Wie der Ort von seinen *Erst*siedlern – nach dem archäologischen Befund noch vor 3000 v. Chr. – benannt wurde, wissen wir nicht. Die Hethiter, deren Erstbegegnung mit dem Ort wir nicht datieren können (sie könnte um 1700 erfolgt sein, s. u.), mögen den vorgefundenen Namen eigenen Orts-Klangbildern angeglichen haben (Ausgang *-a*, vgl. die oben angeführten Länder-/ Städtenamen, ferner Ḫattusa, Abasa [Ephesos], Millawanda [Miletos]), die Griechen, die wahrscheinlich erst um 1500 v. Chr. mit dem Ort Bekanntschaft machten, verfuhren analog und nannten ihn entsprechend ihren eigenen Klangbildern »Wilios«.[15] Die zweite Namensform war allerdings eine ausländische Variante. Als solche hat sie genaugenommen keinen Anspruch darauf, als authentischer Name des Ortes zu gelten (vgl. etwa das Verhältnis »Ljubljana – Laibach«). Da Verträge zwischen diesem Ort bzw. »Staatsgebiet« und Kleinasiens Vormacht im 2. Jahrtausend v. Chr., den Hethitern, wie wir sahen, unter dem offiziellen Ortsnamen »Wilus(s)a« abgeschlossen wurden, müßten wir den Ort in seiner archäologisch nachgewiesenen 6. Besiedlungsphase (ca. 1700 – 1200 v. Chr.) nicht »Ilios« und auch nicht »Troia VI + Troia VIIa« nennen, sondern »Wilusa«. Dieser Name scheint nach dem Ende des Großreichs der Hethiter (ca. 1175 v. Chr.) verdämmert zu sein. Die einzige Erinnerung an ihn bis zur Auffindung des hethitischen Tontafel-Archivs in Ḫattusa im Jahre 1905 bewahrte offenbar die mündliche griechische Hexameter-Sängerdichtung[16], die dann in Homers *Ilias* gegen Ende des 8. Jahrhunderts v. Chr. ihre (partielle) Verschriftlichung erfuhr.

> Wilusa von innen

Wilusa war bereits die sechste Siedlung auf dem Ausläufer des Kalksteinplateaus, der durch »Hoch-

4 Rekonstruktionsversuch von Haus VIM (© Chr. Haußner)

wohnen« – d. h. zerfallbedingtes sukzessives Einplanieren von Lehmziegelbauten der Vorgängersiedler über 2000 Jahre hinweg – zu einem rund 31 Meter hohen und etwa 150 x 200 Meter großen Hügel wurde (heute türkisch Hisarlık, »burgbewehrt«).

Nach den Siedlungsperioden Troia I – III (»Maritime Troia-Kultur«, ca. 2900 – 2300 v. Chr.) und Troia IV/V (»Anatolische Troia-Kultur«, ca. 2300 – 1700 v. Chr.) folgte eine grundlegend neue Bau- und Kulturepoche. Sie begann um 1700 und dauerte bis rund 1200 v. Chr. (Troia VI und VIIa).

Diese 500 Jahre stellen den Höhepunkt der Siedlungsgeschichte Troias dar (»Troianische Hochkultur«). Die Burgmauer wird gegenüber der Burgmauer von Troia II um durchschnittlich 35 bis 45 Meter weiter an den Rand des Hügelsporns hinausgeschoben, so daß sie eine umlaufende Länge von 552 Metern erreicht und nunmehr etwa 20 000 Quadratmeter umschließt. Diese aus großen, für ihre jeweils vorausbestimmte Position sorgfältig zurechtgehauenen Quadersteinen ohne Mörtel errichtete, bis zu 8 Meter hohe und 4 bis 5 Meter breite (Sockel-)Mauer[17], geböscht, mit Sägezahnvorsprüngen und z. T. Undulation[18] versehen sowie mit über 10 Meter hohen und 11 Meter breiten Türmen verstärkt, ist der bis heute am tiefsten beeindruckende und am meisten bewunderte Überrest der Feste auf dem Hügel Hisarlık. Die hinter diesem Bauwerk stehende Planungskompetenz, aber auch das daraus erschließbare statische, architektonische und handwerkliche Wissen und Können offenbaren eine hochentwickelte Gesellschaftsorganisation.[19]

Im umschlossenen Bezirk der »Akropolis« lagen auf ringförmig angelegten Terrassen freistehende, zum Teil zweistöckige Großbauten, deren einstiges Aussehen in mehreren Fällen aufgrund des erhaltenen aufgehenden Mauerwerks noch rekonstruierbar istAbb. 3, 4. Die zentralen Palast-, Wirtschafts- und Kultgebäude sind bei der Planierung der Hügelkuppe im Zuge des Stadtneubaus in hellenistischer Zeit (Ende 4. /Anfang 3. Jahrhundert v. Chr. und danach) vollständig abgetragen und eingeebnet worden.

Zu dieser Burganlage gehörte eine ausgedehnte Unterstadt.[20] Diese hatte schon Schliemann 1890 ans Licht zu bringen geplant.[21] Sein Nachfolger Dörpfeld konnte die Unterstadt aus Zeitmangel leider nicht mehr in Angriff nehmen. Auch Dörpfelds Nachfolger Carl W. Blegen kam über Unterstadt-Grabungen unmittelbar vor der Burgmauer von Troia VI/VIIa nicht hinaus. Die Korfmann-Grabung jedoch ging den Unterstadt-Hinweisen nach und konnte frühere Vermutungen und Befunde bereits 1991 durch die Freilegung von weiteren Überresten von Troia-VII-Häusern außerhalb der Troia-VI-Burgmauer und direkt in ihrem Schatten ergänzen und seit 1993 von Jahr zu Jahr durch Neufunde weiter absichern.[22] In den Grabungskampagnen 1993 und 1995 gelang es dann endlich, auch die Ausdehnung der Unterstadt festzustellen: Südlich der Troia-VI-Burgmauer wurden in rund 400 bzw. 500 Meter Entfernung zwei sorgfältig in den Kalksteinfelsen geschlagene Steilwandgräben aus der Troia-VI/VIIa-Phase entdeckt.[23]

Beide Gräben waren Annäherungshindernisse gegen Truppen, eventuell Belagerungsmaschinen und bis zu einem gewissen Grade wohl auch Streitwagen. Diese letztere Funktion der Gräben wird durch die hethitischen Quellen des 13. Jahrhunderts gesichert. So setzt der Alaksandu-Vertrag an mehreren Stellen mit Selbstverständlichkeit voraus, daß Wilusa über moderne Streitwagen, einsatzbereit trainierte Streitwagenpferde und kompetente Streitwagenlenker und -kämpfer verfügt (von der Verfügbarkeit der im Alaksandu-Vertrag mehrfach erwähnten einsatzbereiten Fußtruppen, die sich kaum im Bereich von nur wenigen hundert Mann bewegt haben dürften, ganz abgesehen). Danach muß Wilusa im 13. Jahrhundert v. Chr. einen Bekanntheitsgrad, eine Wirtschaftskraft und eine militärische Leistungsstärke besessen haben, die über die entsprechenden Fähigkeiten wenig beachtenswerter Kleinfürstentümer weit hinausging.

Diese herausragende Position Wilusas im Nordwesten Kleinasiens an der Meerenge der Dardanellen – d. h. am einzigen Seeweg vom Mittelmeer zum Schwarzen Meer und an einer der beiden Engstellen zwischen den beiden Kontinenten Asien und Europa – wird schwerlich nur auf Landwirtschaft und Viehzucht beruht haben. Daß die geopolitische und geographische Lage des Siedlungsortes eine entscheidende Rolle bei der Akkumulation von Werten gespielt haben wird, liegt zu deutlich auf der Landkarte, als daß daran vorbeigesehen werden könnte. Daß der Ort nicht nur ein gewöhnlicher Hafenplatz war, sondern ein »Zwangshafenplatz«, da die kontinuierlich aus Norden wehenden Winde in Verbindung mit einer starken Südströmung die Sommer-Segelschiffahrt, die das Kreuzen gegen den Wind noch nicht kannte, in der Hafenbucht der heutigen Behik-Bay häufig zum Warten zwang, ist durch entsprechende Analysen der zuständigen Spezialisten mehrfach nachgewiesen worden.[24] Zu diesen natürlichen Gegebenheiten und den daraus abzuleitenden Folgerungen treten die hethitischen Quellen: Sie machen deutlich, daß Wilusa ein ebenso selbstverständlicher Faktor in der Rechnung des Hethitischen Reiches wie etwa Ugaritta oder Amurra war. Wilusa muß infolgedessen allgemein bekannt gewesen sein, nicht nur unter den Regierenden.

Der 1995 erfolgte Fund eines beidseitig mit luwischer[25] »Hieroglyphenschrift« (einer Kombination aus Silben- und Logogrammschrift) beschriebenen Bronzesiegels im Burggebiet von Wilusa[26] bestätigt auch von der Seite Wilusas her, daß die wiederholten Aufforderungen des Hethiter-Großkönigs im Alaksandu-Vertrag, Alaksandu möge ihm in diesem oder jenem vertragserheblichen Falle unverzüglich »schreiben«, nur die Selbstverständlichkeit der regelmäßigen schriftlichen Kommunikation zwischen Wilusa und Ḫattusa – natürlich in Keilschrift und in der Staatssprache Hethitisch – widerspiegeln. Wir fassen hier ein politisches System der Herrschaftsausübung von Inneranatolien bis zur Ägäisküste, das aufgrund der natürlichen Gegebenheiten über die Jahrtausende hinweg gleichgeblieben ist – von den Hethitern über die Perser bis zur heutigen Türkei: Westgrenze ist das Meer. Daß dieses politische System nicht auch wirtschaftliche Vernetzungskonsequenzen gehabt haben sollte, ist schwer vorstellbar. An diesen Fragen wird zur Zeit intensiv gearbeitet.

Das Hethitische Reich brach um 1175 v. Chr. zusammen. In den Prozeß, der vorausgegangen sein muß, mag auch Wilusa mit seinen vertraglichen Bindungen an Ḫattusa einbezogen gewesen sein. Um 1200 jedenfalls ist Wilusa in Flammen aufgegangen – eine mehrere Meter dicke Brandschicht zeugt noch heute davon. Ob die Achijawer (»Achaier«) beteiligt daran waren – und wenn ja, in welcher Form –, ist noch nicht klar. Die Wahrscheinlichkeit einer Beteiligung ist allerdings in den letzten Jahren gewachsen.[27] Nach dem Großbrand wurde Wilusa reduziert weiterbewohnt. Die Bevölkerungsstruktur und die Kultur änderten sich jedoch durch Einwanderungsbewegungen aus dem Balkangebiet grundlegend. Um 950 v. Chr. scheint die Besiedlung erloschen zu sein.[28]

Anmerkungen

* Für Durchsicht, Hinweise und Korrekturen danke ich herzlich Manfred Korfmann und Frank Starke. Ausführliche Fassung als Sonderdruck erhältlich.

1 Übersetzung von Frank Starke (Universität Tübingen), 1999. Wilussa/Wilusa sind hethitische Schreibvarianten.

2 Starke 1997, 473f., Anm. 79.

3 Erste Erwähnung: Winckler 1907; erste Fragment-Publikation: Forrer 1920; erste vorläufige Auswertungen: Hrozný 1922; Kretschmer 1924; erste Vorlage des gesamten damals bekannten Keilschrifttextes: Götze 1928; erste Übersetzung ins Deutsche: Friedrich 1930, 42–102.

4 Garstang/Gurney 1959, 9.

5 Siehe Latacz 2001, 98–119.

6 Starke 1997.

7 Hawkins 1998.

8 Niemeier 1999, 143, Anm. 22; zuletzt Lehmann in: *Die Welt*, 27. Oktober 2001.

9 Siehe die Darlegungen von Starke 1997, 450–454; zu Lazba/Lesbos ebd. 472, Anm. 58.

10 Die Einzelheiten (mit den Belegen) zusammengefaßt bei Latacz 2001, 109f. Der Forschungsverlauf: Korfmann 1998, 57–61; Korfmann 1999, 22–25; Korfmann 2000, 32–37; M. Korfmann im »Brief an die Freunde Troias« vom 27. August 2001, S. 3f. Vgl. auch die Zeitschrift *Damals*, Nr. 4/2001, 42 (R. Aslan) und 20f. (J. Latacz).

11 Siehe die Felsinschriften von Karabel, Akpinar und seit Juni 2000 vom Latmos-Gebirge bei Milet (dazu s. den Hinweis bei Latacz 2001, 339f., und jetzt die grundlegene Publikation von Anneliese Peschlow im *Archäologischen Anzeiger* 2001).

12 Die Kopplungsstriche bezeichnen als optische Signale die in der griechischen Hexameterdichtung gebräuchlichen Nomen-Epitheton-Verbindungen, d. h. die stehenden Verbindungen von Gegenstands- (*Schiffe*) oder Personen- (*Achaier*) Bezeichnungen mit nur konventionellen, schmückenden Beiwörtern (Epitheta ornantia).

13 Das ergibt sich aus der *Ilias*-Darstellung der Insel Lesbos als zu Troia gehöriges Feindesland, das der griechische Hauptheld Achilleus erobert und plündert (*Ilias* 9.129, 271, 664). Näheres bei Latacz 1997, 31f. Die bisher bekannten hethitischen Quellen sind in der Frage, ob Lazba/Lesbos zu Wilusa oder zu Sēḫa gehörte, nicht eindeutig, s. Starke 1997, 453.

14 M. Korfmann geht sicherlich zu Recht noch weiter: Nördlich von Mykene und Tiryns sowie außerhalb des Nahen Ostens gebe es nichts Vergleichbares, und das bedeute: »In der Ägäis, in Südosteuropa, im westlichen Anatolien, im Schwarzmeerraum und im Kaukasus wird man kaum einen Ort finden mit der Architekturqualität und mit den Dimensionen Troias« (Interview mit Sigrid Löffler in *Literaturen* 10, Oktober 2001, 19).

15 Möglicherweise lernten die Griechen den Ort bereits unter seinem hethitischen Namen »Wilusa« kennen; vgl. die Übernahme des hethitischen »Abasa« (konventionelle Schreibung: »Apasa«) als griechisch »Ephesos«.

16 Siehe dazu Latacz 2001, 297–331.

17 Auf diesem Sockel erhob sich in Troia VI-Spät ursprünglich noch ein 4–5 Meter hoher Lehmziegelaufbau, so daß die Gesamthöhe der Mauer bis zu 13 Meter betrug. Der Lehmziegelaufbau wurde offenbar in Troia VIIa durch eine 2 Meter hohe Steinkonstruktion aus Quadern in Lehmziegelgröße ersetzt (M. Klinkott/R. Becks, Wehrmauern, Türme und Tore. Bauform und Konstruktion der troianischen Burgbefestigung in der VI. und VII. Siedlungsperiode, in: Stuttgart 2001, 407–414, hier: 410).

18 Unter Undulation (»Gewelltheit«) versteht man eine leichte Einkurvung horizontaler Steinlagen zwischen zwei Mauervorsprüngen nach unten zur Mitte hin. Der Zweck ist die Erzielung eines gewissen Bewegungsspielraums des gesamten Mauerabschnitts zur Erhöhung der Widerstandsfähigkeit bei Erdbeben (Klinkott/Becks [Anm. 17], 408f.).

19 Detaillierte bebilderte Darstellung und Erläuterung: Klinkott/Becks (Anm. 17).

20 Das Folgende nach M. Korfmanns Materialaufarbeitung: Die prähistorische Besiedlung südlich der Burg Troia VI/VII, in: *Studia Troica* 2, 1992, 123–146.

21 H. Schliemann, *Bericht über die Ausgrabungen in Troja im Jahre 1890*, Leipzig 1891, 24.

22 Dazu gehören u.a. auch die Steinfundamente zweier Troia-VI/VII a-Häuser in den Planquadraten KL 17/18. Zu den Fundfortschritten im einzelnen s. Korfmann 1993, 19f.; Korfmann 1994, 20, 24; Korfmann 1995, 22f.; Korfmann 1998, 31–48; Korfmann 1999, 14f.; Korfmann 2000, 25. Vgl. auch J. Weilhartner, Ober- und Unterstadt von Troia im archäologischen Befund und in den homerischen Epen, in: *Studia Troica* 10, 2000, 199–210 (hier: 200; der darauffolgende Vergleichsteil »archäologischer Befund: Ilias-Text« wird im Rahmen der umfassenden Troia-Homer-Fragestellung weiterzudiskutieren sein).

23 Zu den Einzelheiten der gesamten Verteidigungsanlage, zu der natürlich auch eine hinter dem inneren Graben umlaufende Stadtmauer gehörte, s. Jablonka 1995, 76; 1996, 86.

24 Grundlegend dazu: M. Korfmann, Troy: Topography and Navigation, in: *Troy and the Trojan War*, Bryn Mawr 1986, 1–16, hier: 7ff.

25 Luwisch ist eine eng mit dem Hethitischen verwandte anatolische Sprache, die besonders in der zweiten Hälfte des 2. Jahrtausends v. Chr. in Süd- und Westanatolien flächendeckend verbreitet war; s. dazu A. Morpurgo Davies, Artikel »Anatolian Languages«, in: *The Oxford Classical Dictionary*, Oxford/New York 1996^3, 82f., und F. Starke, Artikel »Luwisch« in: *Der Neue Pauly*, Bd. 7, 1999, Sp. 528–534.

26 Latacz 2001, 67–93 (mit der einschlägigen Literatur).

27 Latacz 2001, 338–342.

28 Korfmann/Mannsperger 1998, 41f. Vgl. Korfmann 2000, 32: »Das Thema ›Diskontinuität oder Kontinuität in Troia‹ wurde mehrfach in der Forschung angesprochen. Änderungen zu unseren bisherigen Vorstellungen [gemeint: Siedlungs-Hiatus‹ zwischen ca. 950 und ca. 700 v. Chr.] ergaben sich auch durch die 99er Grabungen nicht.« Zusammenfassende Darstellung: R. Becks/D. Thumm, Untergang der Stadt in der frühen Eisenzeit. Das Ende aus archäologischer Sicht, in: Stuttgart 2001, 419–424.

Literatur

Forrer 1920; Friedrich 1930; Garstang/Gurney 1959; Götze 1928, 1–14; Hawkins 1998, 1–31; Hrozný 1922, 67; Jablonka 1994, 51–73; Jablonka 1995, 39–79; Jablonka 1996, 65–96; Korfmann 1992, 123–146; Korfmann 1993, 1–37 (mit Orientierungsplan und 2 Tafeln); Korfmann 1994, 1–50 (mit Plänen und 2 Tafeln); Korfmann 1995, 1–38 (mit Plänen und 2 Tafeln); Korfmann 1996, 1–63 (mit Plänen und 2 Tafeln); Korfmann 1997, 1–71; Korfmann et al. 1998, 1–70; Korfmann 1999, 1–34 (mit Orientierungsplan); Korfmann 2000, 1–52 (zweisprachig in gegenüberliegenden Spalten); Korfmann/Mannsperger 1998; Kretschmer 1924, 205–213; Latacz 1997, 1–42; Latacz 2001; Niemeier 1999, 141–155; Starke 1997, 447–487; Stuttgart 2001; Winckler 1907

Ausdrucksformen der Kunst und der materiellen Kultur

Stadt, Palast, Tempel

Charakteristika hethitischer Architektur im 2. und 1. Jahrtausend v. Chr.

1 Kuşaklı-Sarissa, Blick von Südosten, Rek
tionsversuch (Zeichnung Michael Ober)

Wulf Schirmer

Wenn von hethitischer Architektur die Rede ist, dann denken wir zunächst unwillkürlich an die Bauwerke der im anatolischen Hochland gelegenen hethitischen Hauptstadt Ḫattuša, an ihre monumentalen Tempelanlagen, ihre Königsburg Büyükkale und an ihre gewaltigen Befestigungsanlagen mit den aus tonnenschweren Steinblöcken errichteten Toren und den eigentümlichen kragsteingewölbten unterirdischen Mauerdurchgängen, den sogenannten Poternen. Oder wir denken auch an die jenseits des Taurus in Kilikien und im nördlichen Mesopotamien gelegenen späthethitischen Stadtanlagen, also etwa an Karatepe, Zincirli und Karkamiš.

Tatsächlich hat auch über lange Zeit, von der Wiederentdeckung der Stätten hethitischer Kultur bis weit ins 20. Jahrhundert hinein, die Kenntnis dieser Orte unser Bild von hethitischer Architektur geprägt, doch ist die Zahl der bekannten Orte natürlich sehr viel größer, und gerade in den zurückliegenden drei Jahrzehnten sind sowohl neue Orte mit ihren Architekturen entdeckt als auch bekannte Orte mit ihren Bauwerken durch umfassende und systematische Forschungen differenzierter sichtbar geworden.

Wieweit die kulturellen Verflechtungen über das hethitische Kernland hinausreichen und welche Aspekte sich aus ihnen für eine künftige Bestimmung von hethitischer Architektur ergeben werden, soll hier mit einem Hinweis auf die Ausgrabungen in Emar-Maskane in Syrien und auf die jüngsten Forschungsergebnisse in Troia angedeutet werden, Orte, denen besondere Kapitel in dieser Publikation gewidmet sind (s. Faist/Finkbeiner, hier S. 190ff., Latacz, hier S. 196ff.).

Die Wurzeln hethitischen Bauens liegen dort, wo sich das Großreich der Hethiter im 2. Jahrtausend bilden sollte, also im anatolischen Hochland und östlich des Taurus einerseits sowie im nördlichen Syrien andererseits, doch treten in Bautechnik und Baukonstruktion sowie unter den Gebäudetypen in der zweiten Hälfte des 2. Jahrtausends v. Chr. auch Charakteristika auf, die wir im ägäischen Raum und in Mesopotamien ebenfalls beobachten können. Davon muß noch im einzelnen die Rede sein.

> Höyük und Bergstadt

Die Siedlungsform bleibt zunächst unverändert, so wie sie über Jahrhunderte und länger existiert hatte. Es ist der Höyük, der in der Ebene an günstiger Stelle gelegene Siedlungshügel, der durch fortwährende Bautätigkeit in die Höhe gewachsen ist und sich oftmals noch heute weithin sichtbar über das flache Land erhebt, manches Mal – namentlich im Frühjahr – auch erkennbar an einer von jener in der Ebene abweichenden Vegetation, die auf den Überresten menschlichen Siedelns – Holzasche und organische Stoffe – prächtiger gedeiht.

Diese Siedlungsform zeigen zum Beispiel so bedeutende Orte hethitischer Zeit wie Alacahöyük, Eskiyapar, Maṣathöyük und Kültepe, aber auch Zincirli und Karkamiš aus späthethitischer Zeit.

Daneben entsteht in hethitischer Zeit als neuer Siedlungstypus die Bergstadt, wie sie uns in der Hauptstadt Ḫattuša als großartiges Beispiel entgegentritt (s. Seeher, hier S. 94ff.), ein Typus, der dann auch in späthethitischer Zeit existiert und für den hier die Orte Karatepe in Kilikien und Göllüdağ im südlichen Kappadokien (s. u.) genannt werden sollen.

Daß landschaftliche und topographische Gegebenheiten sowie verfügbare Baumaterialien die Bautechnik und die Baukonstruktion am jeweiligen Ort in hohem Maße bestimmen, liegt auf der Hand. So sind es vor allen Dingen Lehm und Bruchstein, aus denen die Mauern der Gebäude errichtet wurden, Lehm in Form von ungebrannten Ziegeln für das aufgehende Mauerwerk und Bruchstein für die Fundamente und gelegentlich das Sockelmauerwerk. Dabei ist zu beobachten, daß namentlich kleine Bauten, also die Wohnhäuser zum Beispiel, oftmals und gerade auf den Höyüks gar keine Fundamente aufweisen, vielmehr unmittelbar auf dem geeigneten Bauplatz errichtet worden sind. Zu den genannten Baustoffen tritt im Mauerbau häufig auch Holz hinzu, das in Abständen von einigen Schichten als horizontal eingelegter Anker das Mauerwerk zusammenhalten soll. Die Dächer der Bauten waren flach ausgebildet, aus Holzbalken, Knüppeln und Astwerk konstruiert sowie mit Lehm oder Mergel abgedichtet. Es ist dieses eine Bauweise, die wir in Kleinasien über Jahrtausende beobachten können, deren flache Dächer das Bild dörflicher Ansiedlun-

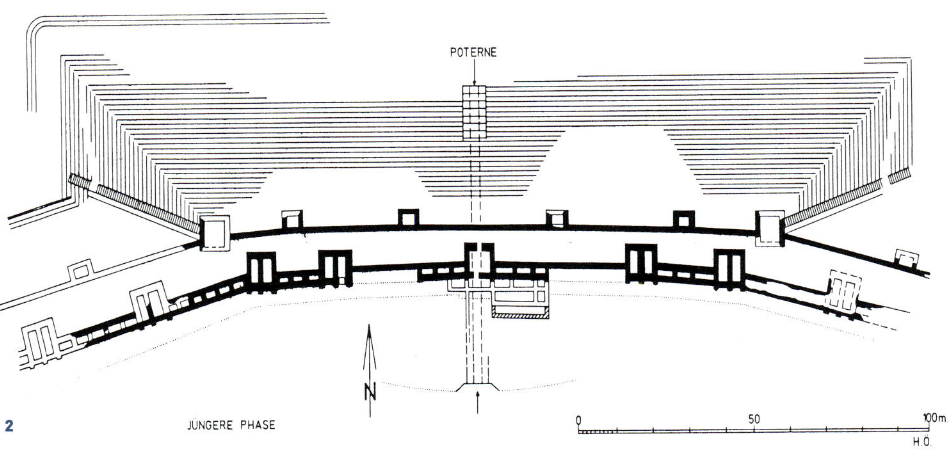

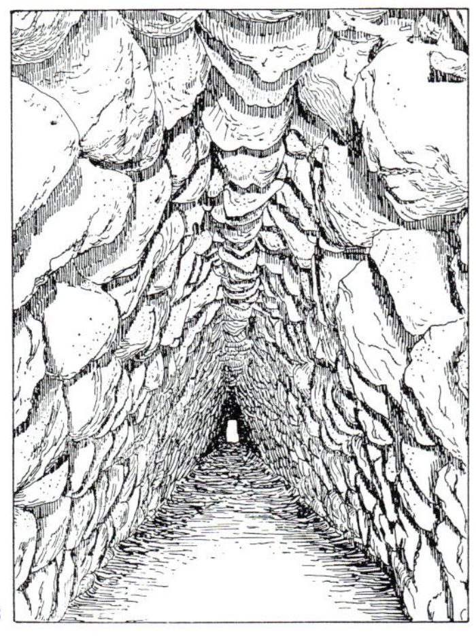

2 Ḫattuša, Sphinxtor, Plan der Gesamtanlage

3 Ḫattuša, große Poterne, Blick im Inneren nach Süden

gen bis in die zweite Hälfte des 20. Jahrhunderts weitgehend bestimmten und deren Wandkonstruktion mit ihren charakteristischen Holzeinlagen noch heute hier und da für einfache Bauten Anwendung findet.

Der innere Aufbau dieser Siedlungen folgt in der Regel keinem einheitlichen oder gar vorherbestimmten Schema. Vielmehr bilden sich Freiflächen an überkommenen und gegebenenfalls durch die Topographie bestimmten Wegeführungen, reihen sich Wohnhäuser unregelmäßig aneinander, und nur die besonderen Bauwerke treten ihrer Bedeutung entsprechend hervor. Ausnahmen bilden – soweit wir das heute wissen – lediglich die großreichszeitliche Stadt Sarissa-Kuşaklı (s. auch Müller-Karpe, hier S. 176ff.), in der Palast- bzw. Tempelanlagen und Stadttore einen deutlichen Achsenbezug zueinander zeigen, sowie die mit einem kreisrunden Mauerring umschlossene späthethitische Stadt Zincirli (Plan S. 264).

Das einfache hethitische Wohnhaus besitzt zwei bis vier Räume, die oftmals einem kleinen Hof zugeordnet sind, und ist ein-, gelegentlich auch zweigeschossig. In einem der Räume und auf dem Hof können wir in der Regel eine bescheidene Feuerstelle beobachten. Jedoch sind es nicht diese Wohnhäuser, die unser Bild von der hethitischen Architektur beherrschen, sondern vielmehr die Bauwerke der Stadtbefestigungen mit ihren monumentalen und charakteristischen Toren, die ausgedehnten Palastanlagen und die deutlich als eigenständiger Bautypus erkennbaren Tempel.

> Stadtmauern und Stadttore

Stadtbefestigungen besitzen, soweit wir das heute wissen, alle großen Orte, und bereits früh weisen sie eine baukonstruktive Besonderheit auf. Sie stellen sich als sogenannte Kastenmauer dar, ein Mauertypus, der aus zwei parallelen Mauern besteht, die in regelmäßigen kurzen Abständen durch Mauerstege verbunden sind. Die ersten Befestigungsmauern dieser Art in Alişar (Ankuwa ?) reichen wohl noch ins 3. Jahrtausend zurück. In der mittleren Bronzezeit tritt uns eine derartige Mauer dann in Karahöyük bei Konya entgegen, während die ausgeprägten Beispiele der hethitischen Großreichszeit angehören, jene in Alacahöyük, Boğazköy-Ḫattuša und im erst vor wenigen Jahren entdeckten Kuşaklı (Sarissa) südlich von Sivas [Abb. 1] (Abb. 3, S. 178). Alle Abschnitte des Systems der Befestigungsmauern in Boğazköy und auch der große Mauerring von Kuşaklı sind auf der Feldseite in kurzen Abständen mit Türmen besetzt, eine verteidigungstechnische Neuerung und zugleich eine Demonstration von Stärke und Wehrhaftigkeit, die in ägyptischen und assyrischen Darstellungen ihren Niederschlag gefunden hat.

Unter den Toranlagen dieser Befestigungswerke finden wir zwei grundsätzlich verschiedene Typen. In Alisar, Alacahöyük und in Boğazköy treffen wir auf tunnelartige, unter den Mauern hindurchführende Gänge, die mit einer Kragsteinkonstruktion überwölbt sind. Diese sogenannten Poternen (Abb. 10, 11, S. 162) waren nur zu Fuß zu durchschreiten und dienten wahrscheinlich in erster Linie als Ausfalltore bzw. zur Beobachtung des vor den Mauern liegenden Terrains. Ihre Gewölbe aus mächtigen Steinblöcken wurden unter freiem Himmel errichtet und anschließend von einem Erdwall überdeckt, der dann die eigentliche Mauer trug. Die eindrucksvollsten Beispiele finden wir in der sogenannten Poternenmauer in Boğazköy, die zwischen der Königsburg Büyükkale und dem Areal des Großen Tempels gleich acht solcher Tore aufweist, und dann vor allem am selben Ort ganz im Süden an der höchsten Stelle der Stadtbefestigung als Yerkapı (vgl. Plan S. 157, Abb. 7, S. 161) [Abb. 2, 3]. Derartige Gewölbekonstruktionen gibt es aber auch in Ras Schamra (Ugarit), einer in hethitischer Abhängigkeit stehenden Stadt in Syrien, und natürlich – wie oben schon angedeutet – in der mykenischen Baukunst des ägäischen Raumes, z. B. in den Befestigungsanlagen der Burg von Tiryns auf der Peloponnes.

Monumentale Form hat diese Art zu wölben dann an den Stadttoren der Hauptstadt angenommen. Die Gewände ihrer parabelförmigen Tordurchgänge sind zu beiden Seiten aus mehrere Meter hohen, stehenden Werkstücken gebildet, über die sich dann je zwei zur Mitte hin auskragend übereinanderliegende Blöcke vorschieben und sich so zum Bogen schließen. Das Löwentor (Abb. 3, S. 159) und das sogenannte Königstor [Abb. 4–6] (Abb. 5, S. 161) gehören zu den eindrucksvollsten Zeugen der Architektur des hethitischen Großreiches, und nur hier in Ḫattuša haben sich technisches Können und Gestaltungswillen zu derart geometrisch strenger Bogenform zusammengefunden. Das aus gewaltigen quaderartigen, buckligen Blöcken gefügte Polygonalmauerwerk zeigt die große Sorgfalt und die Meisterschaft seiner Erbauer. Die Wahl des Felsgesteins als Baumaterial ist aber wohl nicht nur wegen seines reichlichen Vorkommens und aus fortifikatorischen Überlegungen erfolgt, sondern mag in der Bergstadt Boğazköy, wie Kurt Bittel überzeugend zu bedenken gibt, auch Ausdruck eines besonderen, aus metaphysischen Ursachen hervorgegangenen Verhältnisses der Hethiter zu Berg und Fels sein.

Die Toranlagen selbst zeigen bei allen bekannten Beispielen wiederkehrende Charakteristika. Ihr Durchgang ist durch zwei hintereinanderliegende, zweiflügelige Tore verschließbar, zwischen denen eine Torkammer entsteht. Gelegentlich sind auch drei Tore mit zwei Kammern ausgebildet worden. Begleitet werden die Durchgänge von kräftigen Tortürmen, deren Dimensionen die der Türme im Mauerverlauf überragen und so den Standort der Tore deutlich markieren. Dieses gilt, wie gesagt, nicht nur für die Tore der Hauptstadt, sondern auch für die Befestigungen anderer Orte, wie das Beispiel Kuşaklı uns jetzt wieder gezeigt hat. Bekrönt waren die Tortürme, aber auch die Türme im Mauerverlauf, mit einem Kranz von Zinnen, und auch für die Befestigungsmauern dürfen wir sicher derartige Zinnen annehmen. Eine ungefähre Vorstellung sol-

4

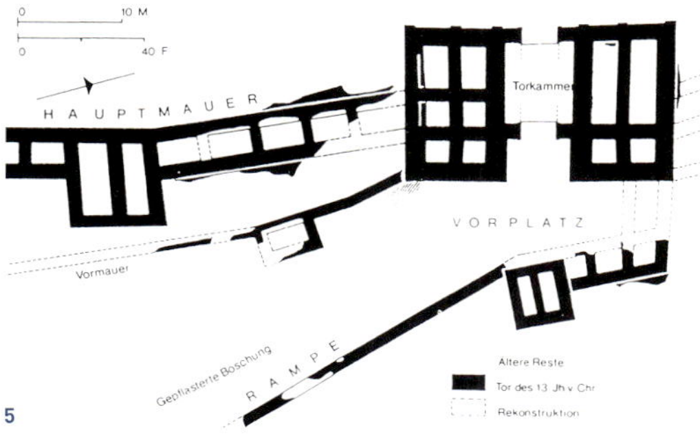

5

6

4 Das Königstor von Ḫattuša von außen, Rekonstruktion (nach Neve)

5 Ḫattuša (Boğazköy), Türkei, Königstor, Grundriß, nach P. Neve, Zeit des hethitischen Großreiches, 13. Jh. v. Chr.

6 Das Königstor von Ḫattuša von außen, Rekonstruktion (nach WVDOG 19, Abb. 46)

7 Tönernes Turmmodell (Kat.-Nr. 99)

8 Das Sphinxtor von Alacahöyük (Foto Peter Oszvald)

7

8

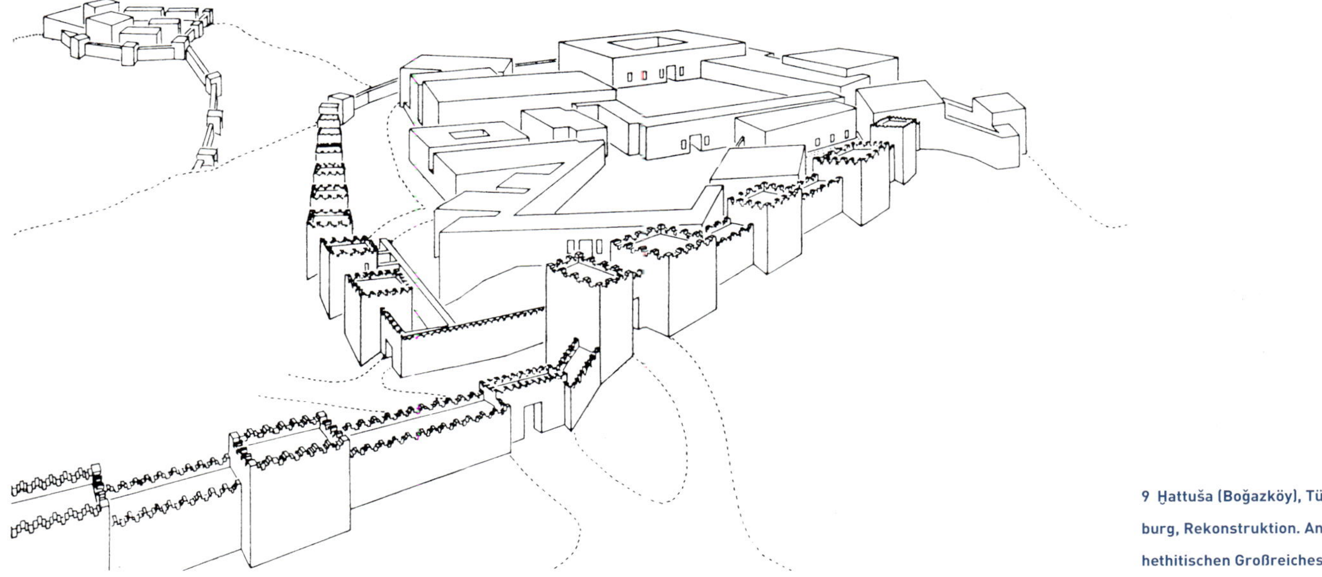

9

9 Ḫattuša (Boğazköy), Türkei, Büyükkale, Königsburg, Rekonstruktion. Ansicht von Südwest, Zeit des hethitischen Großreiches, 13. Jahrhundert v. Chr.

cher Zinnen kann uns die plastische Abbildung eines Turmes[Abb. 7] auf dem Fragment eines Gefäßes der hethitischen Großreichszeit vermitteln, doch läßt sich ihre genaue Ausbildung aus diesem Modell natürlich nicht ableiten.

Daß derartige Toranlagen, wie das Löwentor, das sogenannte Königstor und das hoch über der oben genannten Poterne Yerkapı gelegene Sphinxtor in Boğazköy, aber auch das Sphinxtor in Alacahöyük[Abb. 8], mit plastischen Bildwerken geschmückt waren, sagt schon ihre Bezeichnung und wird in anderem Zusammenhang dargestellt. Auf eine Besonderheit des Tores von Alacahöyük sei hier aber noch hingewiesen: Es ist die einzige großreichszeitliche Toranlage im hethitischen Kernland, deren Feldseite rechts und links des Durchganges mit reliefgeschmückten Orthostaten besetzt ist, während wir das sonst nur im nördlichen Syrien antreffen, worüber später noch zu sprechen sein wird. Dagegen ist die Ausbildung von ungeschmückten Orthostaten im Sockelbereich von monumentalen Bauwerken eindrucksvoll auch an den Tempelanlagen in Boğazköy zu beobachten (Abb. 7, S. 137).

> Die Paläste der Hethiter

Doch zunächst soll hier von den Palastanlagen die Rede sein. Frühe Beispiele noch aus der Zeit der assyrischen Handelskolonien begegnen uns in Karahöyük bei Konya, in Acemhöyük bei Aksaray und in Kültepe (Abb. 3, S. 44). Die enge Verbindung dieser Anlagen mit der Handelstätigkeit assyrischer Kaufleute legt es nahe, die Wurzeln dieses Gebäudetypus im – oder jedenfalls auch im – nördlichen Mesopotamien zu suchen. Bestimmt wird der Typus durch einen zentralen Hof, um den sich verschiedenartige Raumgruppen legen. Ob diese Bauanlagen zugleich auch Tempel waren oder bestimmten kultischen Zwecken dienten, konnte bisher nicht entschieden werden, doch ist es sicher nicht auszuschließen. Immerhin fällt auf, daß sie sich in ihrer Konzeption nicht grundsätzlich von den bekannten Tempelanlagen unterscheiden. Deutlicher tritt uns dann die großreichszeitliche Palastanlage von Alacahöyük (Abb. 4, S. 174) vor Augen, deren räumliche Anordnungen sich auch schon in ihrem Vorgängerbau, der noch in der ersten Hälfte des 2. Jahrtausends entstanden ist, anzudeuten scheinen. Wir finden hier eine Folge von Plätzen bzw. Höfen, die durch Toranlagen miteinander verbunden sind und an die sich einzelne Bauten oder auch Raumgruppen anfügen; der Haupthof ist durch eine offene Pfeilerhalle ausgezeichnet. Auf der Königsburg Büyükkale in Boğazköy[Abb. 9] erkennen wir eine derartige Anordnung wieder, hier jedoch in der Ausdehnung um ein vielfaches größer: An einen Vorhof schließt sich eine Folge von drei großen, mit Pfeilerhallen ausgestatteten Höfen an, um die sich einzelne stattliche und zum Teil auch monumentale Gebäude legen. Teilweise werden diese privaten, teilweise offiziellen Charakter gehabt haben; eines hat das Staatsarchiv aufgenommen, ein anderes war wohl Audienzhalle. Die ganze Anlage folgt mit ihrer Gliederung den topographischen Gegebenheiten der Bergkuppe, auf der sie errichtet wurde und die von einem starken, mit Türmen und Toren besetzten Mauerring umschlossen ist.

Ein Gebäude im Norden von Büyükkale, das sogenannte Gebäude E (vgl. Abb. 4, S. 97), dessen Grundrißkonzeption uns später in Nordsyrien häufiger begegnen wird, soll hier noch besonders angesprochen werden. Es wird zum oberen Burghof hin mit einer offenen, von zwei Pfeilern besetzten Halle rekonstruiert, an die sich ein Mittelraum anschließt, seinerseits von Räumen und kleinen Raumgruppen umgeben. Belegt wird dieser repräsentative Haus- bzw. Palasttyp mit der assyrischen Bezeichnung Bit Hilani, und es ist bemerkenswert, daß wir hier den – neben den Toranlagen – einzigen großreichszeitlichen Gebäudetypus haben, der fast vollkommen symmetrisch aufgebaut ist. Wir müssen uns das Gebäude zwei- wenn nicht gar dreigeschossig vorstellen, ebenso wie auch andere Gebäude auf Büyükkale und im weiteren Stadtgebiet.

Was wissen wir nun über die Palastbauten an anderen Orten? In Maşat (Tapigga) (Abb. 1, S. 168), südlich von Zile, ist eine Palastanlage wohl aus dem 16. Jahrhundert v. Chr. belegt, die zwar zu einem Teil durch Erosion vollkommen zerstört ist, deren nachgewiesene Strukturen aber auf einen Gebäudekomplex von wenigstens 80 x 100 Meter Ausdehnung schließen lassen und die mit ihrem pfeilerhallenbegleiteten zentralen Hof und sich angliedernden Raumgruppen deutlich die wesentlichen Charakteristika hethitischer Paläste zeigt.

Ein großartiges Beispiel einer derartigen Anlage haben wir im sogenannten Gebäude C (Abb. 4, 5, S. 179) von Kuşaklı (Sarissa) vor uns. Um einen fast quadratischen Hof legen sich hier vier Gebäudeflügel unterschiedlicher Breite. Der Hof ist an zwei Seiten mit Pfeilerhallen versehen und durch zwei sich im Norden und Westen gegenüberliegende, in ihrer räumlichen Ordnung vergleichbare Toranlagen zu betreten. Schon hierin deutet sich eine bestimmte funktionale Ordnung an, ebenso wie in den Raumgruppenbildungen dreier Flügel, deren südöstlichem mit seinen aus dem eher geschlossenen Baukörper heraustretenden Raumeinheiten eine gesteigerte Rolle zugefallen sein wird. Der Ausgräber hat in dieser Anlage zunächst einen Palast vermutet, doch sprechen seine jüngsten Grabungsergebnisse dafür, daß es sich um einen Tempel handelt.

> Hethitische Tempel und Heiligtümer

Wie ähnlich der Typus des großreichszeitlichen Tempels den hethitischen Palastanlagen ist, läßt sich besonders deutlich gerade an den Bauten in Kuşaklı (Abb. 3, S. 178) ablesen. Der im Nordosten der Akropolis nahe der Stadtmauer und in unmittelbarer Nachbarschaft eines Stadttores gelegene sogenannte Tempel I besitzt einen annähernd quadratischen Innenhof, auf den eine mit drei Verschlüssen ausgestattete Toranlage führt und an den sich auf zwei Seiten wiederum Hallen anfügen, die sich sicherlich zwischen Pfeilern zum Hof hin geöffnet haben. Aus dem nach Nordosten anschließenden vielräumigen Bereich der Tempelanlage hebt sich die Kultraumgruppe deutlich hervor, die sich aber nicht zur Pfeilerhalle direkt öffnet, sondern nur über weitere Räume betretbar ist. Über den beiden etwa gleichgroßen, in ihren Umfassungswänden erhaltenen und in der Mittelachse des Innenhofes gelegenen Kellerräumen mag sich eine einheitliche Halle befunden haben, die einst ein oder auch mehrere Kultbilder aufgenommen hat.

Deutlich sind dieser zentralen Einheit einige kleinere Nebenräume zugeordnet, wie das auch bei der Kultraumgruppe des zuvor angesprochenen Gebäudes C von Kuşaklı zu beobachten ist und die wohl der Vorbereitung von Kulthandlungen gedient haben werden. Aber auch auf eine andere Eigentümlichkeit der Tempelanlage soll hier noch hingewiesen werden: Auf der insgesamt geschlossenen Nordfront ist eine raumtiefe, nach außen gänzlich geöffnete Nische ausgebildet, die nach Ausweis der hier beobachteten Fundsituation wohl ebenfalls Kulthandlungen gedient hat. Das ist deshalb besonders beachtenswert, weil wir derartige Nischenbildungen auch bei einigen großreichszeitlichen Tempeln in Boğazköy/Ḫattuša finden.

Wenn wir uns nun den Tempeln der Hauptstadt Ḫattusa Abb. 10 zuwenden, so bestätigt sich das eben gezeichnete Bild hethitischer Tempelarchitektur nicht nur, sondern es wird deutlicher, und es zeigt in der Vielzahl der ausgegrabenen Beispiele – 31 Tempel sind bisher bekannt – nur wenige Variationen. Alle Tempel besitzen einen rechteckigen, meist annähernd quadratischen Innenhof, auf den der Weg durch eine Toranlage mit zwei Türverschlüssen führt; an wenigstens eine Seite des von Raumgruppen umsäumten Hofes schließt sich eine Pfeilerhalle an, hinter der die Kultraumgruppe liegt, deren eigentlicher Kultraum jedoch niemals von dieser Halle aus direkt, sondern nur durch einen oder mehrere Räume hindurch und in abgewinkelter Wegeführung zu betreten war. Und immer wieder sind auch den Tempeln in der Hauptstadt dem Kultraum einzelne kleinere Räume zugeordnet.

Deutlich wird bei einem Vergleich der Tempel aber auch, daß ihre innere Anlage und Ordnung nicht einer bestimmten Himmelsrichtung folgen, sondern daß es eher ihre herausgehobene Lage im Stadtgebiet war, die mit Bedacht gewählt worden ist.

Neben den bisher beschriebenen, gemeinsamen Charakteristika, die natürlich nur für die in ihrem Bestand besser erhaltenen Tempelbauten gesicherte Gültigkeit haben können, lassen sich auch Besonderheiten einzelner Tempel deutlich ausmachen. In den Tempeln I und V sind jeweils zwei getrennte Kulträume mit ihren Nebengelassen anzutreffen, was bei der Vielzahl der von den Hethitern verehrten Gottheiten auch nicht weiter verwundert. Blicken wir von hier aus noch einmal zurück auf den Tempel von Kuşaklı, so liegt es nahe, auch bei ihm eine Raumeinheit im Norden des Ostflügels als zweite Kultraumgruppe zu deuten. Welchem Gott oder welchen Göttern aber die einzelnen Tempel geweiht waren, läßt sich vorerst nicht sagen, lediglich für den Tempel I (Abb. 4, 5, S. 135), den sogenannten Großen Tempel in Boğazköy, muß als gesichert gelten, daß in seinen beiden Cellae die Kultbilder des Wettergottes von Ḫatti, Tešup, und der Sonnengöttin von Arinna, Ḫepat, ihren Platz hatten.

Als zweite Besonderheit müssen die kleinen, etwa 5 auf 5 Meter messenden Gebäude im Innenhof der Tempel I und V gelten Abb. 10, denen mit Sicherheit eine besondere Rolle im Kultgeschehen zugekommen ist, deren genauere Deutung aber bisher nicht möglich war. Diesen kleinen Gebäuden nicht unähnlich, wenn auch um einiges größer, sind drei rechteckige, einräumige Bauten innerhalb des an Tempel V anschließenden, von einer Mauer umgrenzten Temenos, in denen wir mit dem Ausgräber vielleicht unseren Kapellen vergleichbare Verehrungsstätten für vergöttlichte Großkönige sehen dürfen.

Bei den in aller Regel freistehenden Tempelbauten tritt die Kultraumgruppe nach außen mehr oder weniger deutlich aus der geschlossenen Flucht der Räume heraus und zeigt damit – vielleicht auch mit ihrer ehemals größeren Höhe – den besonderen Ort an. Dieses gilt jedenfalls für die größeren Tempel, während sich die kleineren, jüngeren im sogenannten Tempelviertel der Oberstadt von Boğazköy eher geschlossen rechteckig darstellen.

Eine Ausnahmestellung unter den Tempelbauten der Hauptstadt nimmt Tempel I aber auch noch in anderer Hinsicht ein: Er ist an allen vier Seiten von Magazinbauten umgeben, die sich zu einem weit ausgedehnten Komplex zusammenfügen, mit einer breiten gepflasterten Straße aber deutlichen Abstand vom Tempel halten (Abb. 4., S. 135). Den Zugang gewähren ein mehrfach verschließbares, repräsentatives Haupttor und drei Nebeneingänge. Die jeweils zu Gruppen zusammengefaßten Magazinräume waren – jedenfalls zu einem Teil – zur

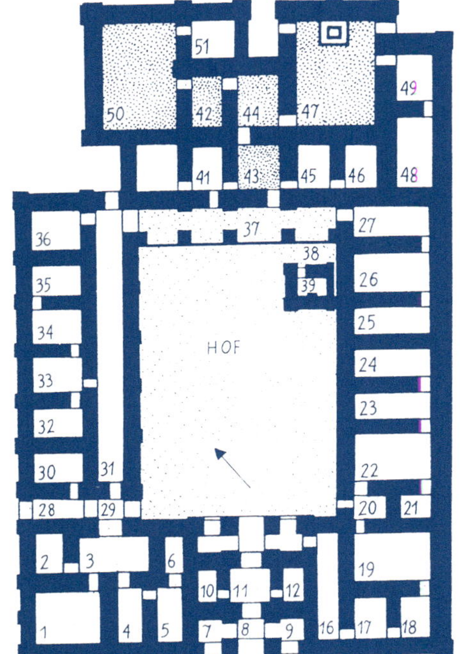

Tempel 1

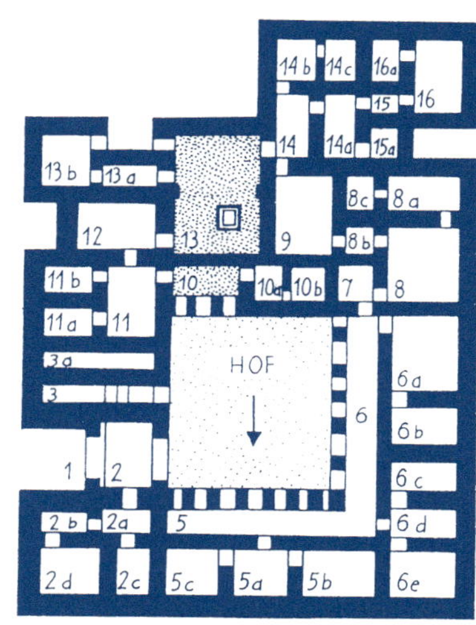

Tempel 2

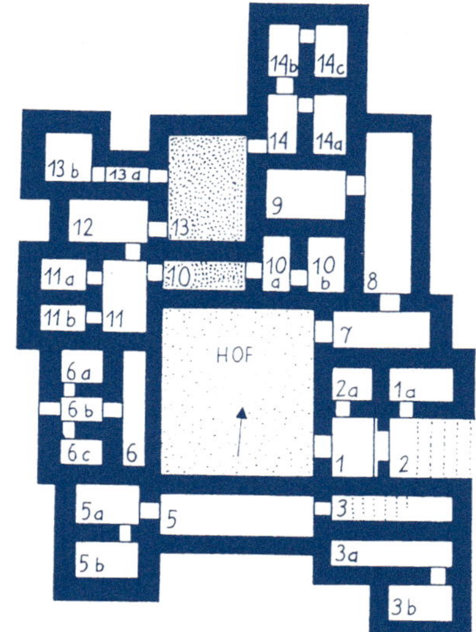

Tempel 3

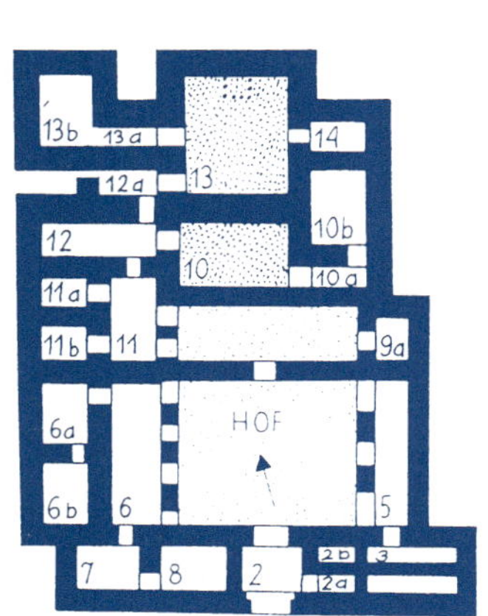

Tempel 4

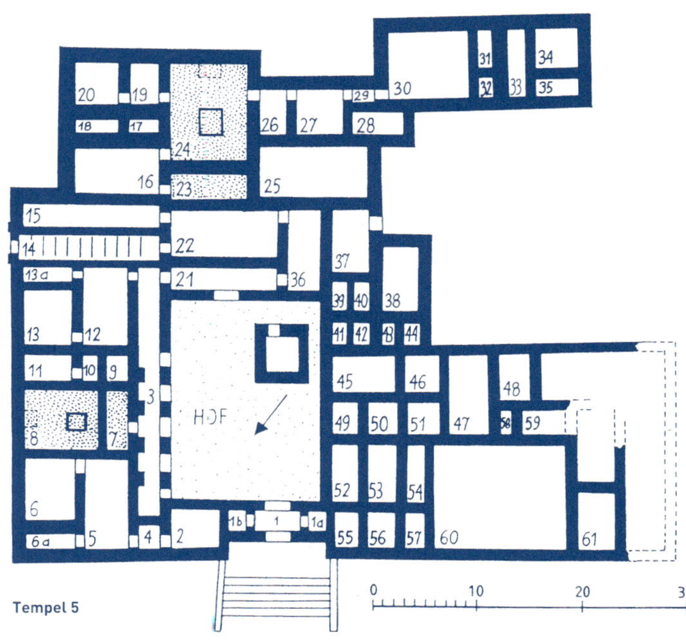

Tempel 5

10 Grundrisse der Tempel I–V in Ḫattuša

11 Der Wandaufbau des Tempels I von Ḫattuša, Blick von Norden, isometrische Rekonstruktion

Aufnahme von Vorräten bestimmt, was die in ihnen aufgefundenen langen Reihen großer Pithoi anzeigen (Abb. S. 18/19). Andere Räume bewahrten ein Archiv von Tontafeln, darunter auch bedeutende Staatsverträge, die hier dem besonderen Schutz der Götter anvertraut waren. Doch wird damit nicht die Bestimmung aller Räumlichkeiten erklärt werden können, so daß wir sowohl in einem Teil der Räume des Tempels selbst als auch in den Magazinen und schließlich ebenso in den südlich und westlich anschließenden und mit dem Tempelbezirk eng verknüpften, geschlossenen Gebäudekomplexen mit vielerlei, das staatliche wie das religiöse Leben bestimmenden Aktivitäten rechnen müssen. Der Umfang derartiger Vorgänge wird aber erst wirklich deutlich, wenn einem bewußt wird, daß ein großer Teil der Baulichkeiten zwei- und dreigeschossig ausgebildet war, daß also die zur Verfügung stehenden Nutzflächen weit größer waren, als die auf den Plänen verzeichneten das erkennen lassen.

An dieser Stelle und am Beispiel des Großen Tempels soll jetzt noch einmal etwas zur äußeren Gestalt und zur Baukonstruktion der monumentalen Staatsbauten der Großreichszeit gesagt werden. Wir müssen uns – wie gerade ausgeführt – viele dieser Bauten mehrgeschossig und mit flachen Dächern vorstellen. Die Außenwände des Tempels selbst wie auch die der Magazinbauten waren durch breite, aber flache Lisenen gegliedert, wodurch nicht nur ein belebendes Licht- und Schattenspiel hervorgerufen, sondern auch die Monumentalität der im ganzen geschlossenen und kubisch wirkenden Baukörper weiter gesteigert wurde[Abb. 11]. Diese Lisenen setzen direkt über dem Straßen- und Hofpflaster auf den gewaltigen tonnenschweren Sockelquadern an und ziehen sich über das aufgehende Mauerwerk aus luftgetrockneten Lehmziegeln mit seinen Holzeinlagen wohl bis zum Dachansatz hinauf. Auf diese Weise mögen Nischenbildungen entstanden sein, so daß die Mauern einen zweischichtigen Wandaufbau zeigen, wie wir das von mesopotamischer Architektur kennen.

Das Sockelmauerwerk ruht auf tief hinabreichenden Fundamenten bzw. auf der hangabwärts gerichteten Nordwest- und Nordostseite auf vielschichtig angelegten Terrassenanlagen aus Kalksteinblöcken. Derartige Terrassenunterbauten bilden überhaupt ein Charakteristikum großreichszeitlicher Architektur und zeigen die meisterliche Beherrschung baukonstruktiver Bedingungen. Diese wird aber auch in der vielfachen Verwendung von bronzenen Verbindungsdübeln sichtbar, mit denen einerseits die Holzkonstruktion der Lehmziegelwände auf den steinernen Sockeln verankert und andererseits einzelne Quader, wie jene der oben angesprochenen Toranlagen, unverrückbar miteinander verbunden sind.

Man hat in der Verwendung von Stein für den Mauersockel sowie Holz und Lehm für das aufgehende Mauerwerk einen Widerspruch sehen wollen oder eine Inkonsequenz, da hier Dauerhaftes und eher Vergängliches aufeinanderstoßen, doch sei hierzu angemerkt, daß sich ein derartiger Wandaufbau in weiten Teilen der altvorderasiatischen Architektur zeigt, auch wenn deren Sockel oftmals nur eine äußere Schale in Form von Orthostaten in Stein ausbilden und in ihrem Ursprung sicher dem Schutz der aus Lehm bestehenden Sockelzone vor Regenwasser dienen sollten. Als besonderer baulicher Ausdruck von Festigkeit und Standsicherheit sind derartige Sockelausbildungen durch die Jahrhunderte zu beobachten, nicht nur an den Bauten des Klassischen Griechenland, sondern auch bis in unsere Zeit, und auch dort noch, wo sie baukonstruktiv längst ihre Bedeutung verloren haben.

Regelrechte Orthostaten, so wie wir sie am Sphinxtor von Alacahöyük gesehen haben, treffen wir – wenn auch nicht mit Bildschmuck versehen – am Sockel des Tempels V in der Oberstadt von Boğazköy an. Die sorgfältige Bearbeitung der einzelnen, rechteckig aufrecht stehenden Steine, ihre dicht schließenden zurückgesetzten Fugen und die hervortretenden Quaderflächen lassen jedoch annehmen, daß sie einen bildlichen Schmuck erhalten sollten, der dann aber – vielleicht durch Umstände im Zusammenhang mit dem nahenden Ende des Großreiches – nicht mehr ausgeführt worden ist.

Bei der Erörterung hethitischer Tempelanlagen darf ein Hinweis auf einen besonderen, einräumigen, dem langrechteckigen Megaron des ägäischen Raumes vergleichbaren Typus nicht fehlen, dem wir im nordsyrischen Emar/Maskane begegnen und der uns im späthethitischen Tell Tainat abermals entgegentritt. Sodann muß ein Hinweis auf das Felsne ligtum Yazılıkaya vor den Toren der Hauptstadt Ḫattuša folgen (s. Seeher, hier S. 112ff.; Haas, hier S. 102ff.), dem ein eigenes Kapitel in dieser Publikation gewidmet ist. Und schließlich sind in diesem Zusammenhang auch die großen Wasserbecken und Teiche zu nennen, die als Quellteiche besonders gefaßt waren, wie das jüngst entdeckte, hoch am Hang gelegene Quellheiligtum südlich von Kuşaklı oder das mit reichem Bildschmuck versehene, erst kürzlich in seiner Gesamtheit erkannte Quellheiligtum von Eflatun Pınar (s. auch Emre, hier S. 218ff.) nördlich von Beyşehir.

War bisher von den Stadtbefestigungen mit ihren Toranlagen, von Wohnbauten, Palästen und Tempeln die Rede, so bleibt zu fragen, welche anderen Bauwerke bzw. Gebäudetypen wir in der Zeit des hethitischen Großreiches antreffen. Die Anlage großer Wasserbecken wurde gerade erwähnt. Dazu kommen Brückenbauten und gepflasterte Straßen, die Anlagen von Freitreppen und Rampen.

Aber auch und teilweise großangelegte Wirtschaftsbauten hat die Forschung der letzten Jahre erschlossen, wie z. B. die Silobauten am Hang von Büyükkaya in Boğazköy oder den zahlreiche Kammern umfassenden Speicherbau am Fuß von Büyükkale, Anlagen, die imstande waren, den Ge-

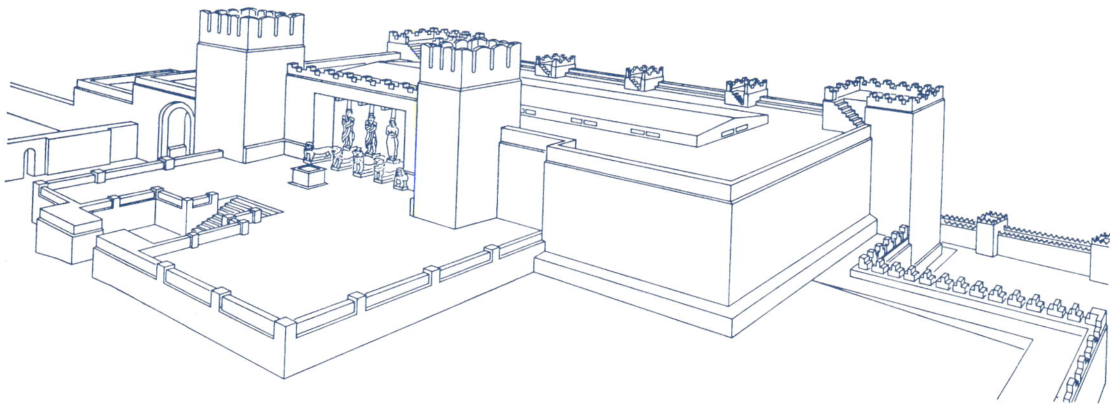

12 Tell Halaf, Palast

treidevorrat eines ganzen Jahres für Tausende von Menschen aufzunehmen.

Wenig wissen wir hingegen, wie es in der Zeit der Blüte des ausgedehnten hethitischen Reiches außerhalb der Städte und großen Ortschaften aussah. Sicherlich existierte dort eine Vielzahl von Gehöften mit ihren Vorrats- und Geräteräumen und ihren Ställen, von denen aus das fruchtbare Land bewirtschaftet wurde und die die in den Magazinen und Silos der Städte gehorteten Vorräte erwirtschaftet haben. Es ist dieses ein Feld, dessen sich die Forschung in Zukunft noch verstärkt wird annehmen müssen, damit uns auch diese Seite einer großen Kultur einmal deutlicher vor Augen tritt.

> Späthethitische Stadtanlagen und Bauwerke

Ist bisher das Bauwesen bis zum Ende des hethitischen Großreichs angesprochen worden, so gilt es nun noch, einen Blick auf das Fortleben hethitischer Kultur bzw. ihrer Äußerungen in der Architektur nach dem Untergang des Großreiches zu Beginn des 12. Jahrhunderts v. Chr. zu werfen. Es ist hier natürlich nicht der Ort, um über die unterschiedlichen Aspekte dieses einschneidenden politischen Umbruchs in Anatolien zu handeln oder die Frage zu diskutieren, ob sich der Zerfall des Reiches in einem relativ kurzen Prozeß oder in mehreren Etappen vollzogen hat. Beobachtungen und Forschungsergebnisse der letzten Jahre sprechen jedoch dafür, daß sich der Wechsel in den Machtverhältnissen in den einzelnen Regionen des Reiches auf unterschiedliche Weise vollzogen hat, was sicher auch auf in mancherlei Hinsicht unterschiedliche traditionelle Bindungen in den Landesteilen zurückzuführen ist. Jedenfalls wird bei der Betrachtung der baulichen Zeugnisse der Folgezeit deutlich, daß diese trotz gewisser Gemeinsamkeiten regionale Unterschiede aufweisen, die teilweise erheblich sind. Allerdings kann eine derartige Aussage lediglich mit der Einschränkung gelten, daß sie sich auf die Bauanlagen nur von wenigen umfassender untersuchten Orten stützen kann (s. dazu auch Hawkins, hier S. 56ff., S. 264ff.).

In Karkamiš in Nordsyrien etwa, das zur Zeit des Großreiches eine Stadt mit zentraler Bedeutung im hethitischen Herrschaftsgefüge gewesen ist, was sich durchaus auch in anatolisch-hauptstädtischer Architektur ausgedrückt haben könnte, die wir aber nicht kennen, sind im 10. und 9. Jahrhundert jedenfalls eher Elemente nordsyrischer und vielleicht lokaler Tradition anzutreffen (s. Plan S. 264). Zum Burgtor z. B. führt in Karkamis eine auf dessen Mittelachse ausgerichtete, breite, repräsentative Treppenanlage hinauf; und der Tempel des Wettergottes, einer der wenigen bekannten Kultbauten späthethitischer Zeit, besteht aus einem einzigen, in der Ecke eines Hofes gelegenen, etwa quadratischen Raum, dessen Zugang in der Mitte der Front in einer breiten Nische liegt. Deutlich zeigt sich die Neigung zur Ausbildung von Schauseiten, von Fassaden, und gerade auch von symmetrischen Ordnungen in der Architektur z. B. an den Palastbauten von Tell Halaf (Guzana) Abb. 12 und vor allen Dingen in Zincirli (Sam'al) (Abb. 3, S. 266), was wir so ausgeprägt in großreichszeitlicher Architektur nicht kennen. Hier tritt uns ein Bautyp entgegen, für den man die assyrische Bezeichnung Bit Hilani zu verwenden sich angewöhnt hat. Bestimmendes Element dieser Bauten ist eine querrechteckige Vorhalle, deren weite Öffnung durch Stützenstellungen unterteilt ist. Zwei oder drei Pfeiler oder Säulen aus Holz tragen den weitgespannten Sturz und ruhen oftmals auf steinernen Basen, die mit plastischem Schmuck oder mit geometrischer Ornamentik verziert sind. Flankiert werden diese Vorhallen von Risaliten oder turmähnlichen Baukörpern, die man sich zwei-, vielleicht gelegentlich auch dreigeschossig vorstellen muß. Der Hauptraum hinter den so ausgebildeten Eingangshallen ist ebenfalls quergelagert und von weiteren Räumen umgeben. In Zincirli sind diese Palastbauten, die nach und nach über einen Zeitraum von etwa 150 Jahren entstanden sind, derart geschlossen, daß sie keine beliebigen Erweiterungen zulassen. Ganz anders als in der Großreichszeit wird hier eine monumentale Architektur also durch symmetrisch gestaltete Fassaden und klare, geschlossene Baukörperformen gebildet.

Die Stadtanlage von Karkamiš, deren Architektur und innere Ordnung wir nur zu sehr geringen Teilen kennen, liegt in der Ebene auf einem Siedlungshügel, einem Höyük, unmittelbar am Euphrat. In Zincirli (Plan S. 264) erhebt sich die Burg mit ihren Palastbauten auf einem solchen von einer starken Mauer eingefaßten Höyük. Eine weite Unterstadt wird von einem fast kreisrunden Mauerring umschlossen, der in regelmäßigen Abständen mit Türmen und mit drei Toranlagen besetzt ist. Auffallend an diesen Anlagen ist nicht nur, daß sie zwei getrennte, auf einer Achse hintereinanderliegende, aber wohl nicht gleichzeitig entstandene Tore aufweisen, sondern vor allen Dingen, daß die inneren Tore jeweils mit quergelegten Torkammern ausgestattet sind, die beim südlichen Stadttor eine Breite von 25 Metern erreichen. Auch das Tor in der Abschnittsmauer auf der Burg besitzt diese breiten Torkammern, ein Element, das wir im späthethitischen Nordsyrien immer wieder antreffen, während es im großreichszeitlichen Anatolien vollkommen unbekannt ist. Diese Ausgestaltung der Tore ist weniger verteidigungstechnisch zu verstehen, sondern findet ihre Deutung in erster Linie in fürstlichem Machtanspruch und Repräsentationsbedürfnis, die hier, ebenso wie in der Eingangssituation des Bit Hilani, einen entsprechenden baulichen Ausdruck erfahren. Hierzu gehört auch die Ausstattung der Toranlagen mit reliefgeschmückten Orthostatensockeln, von denen an anderer Stelle die Rede sein wird.

Eine ganz andere Situation treffen wir auf dem Karatepe (Asitawadi) Abb. 15 an. Auf einer Bergkuppe

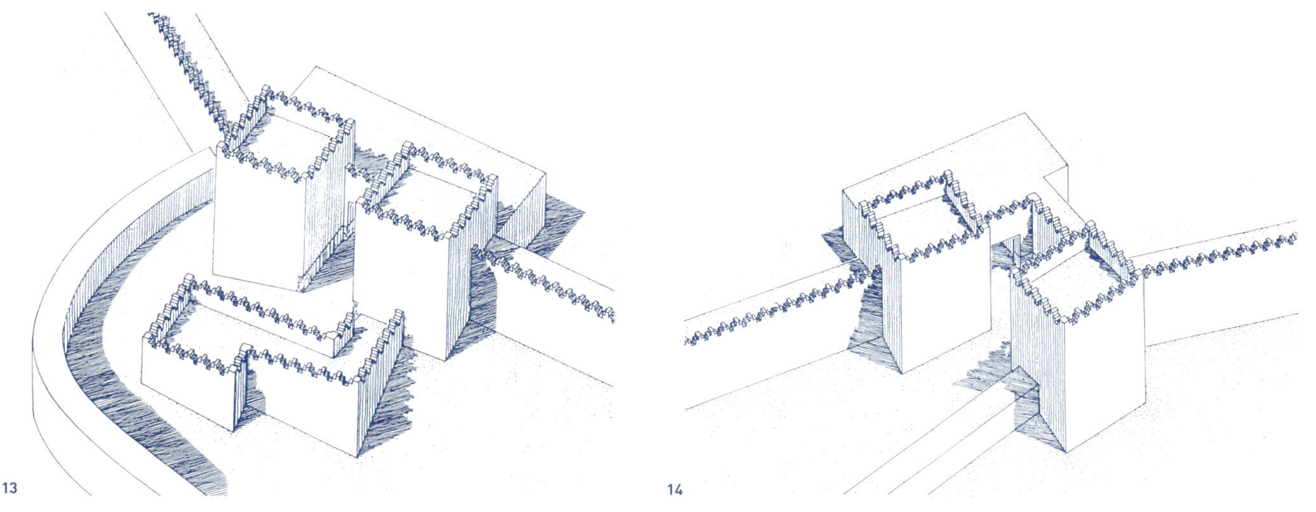

13

14

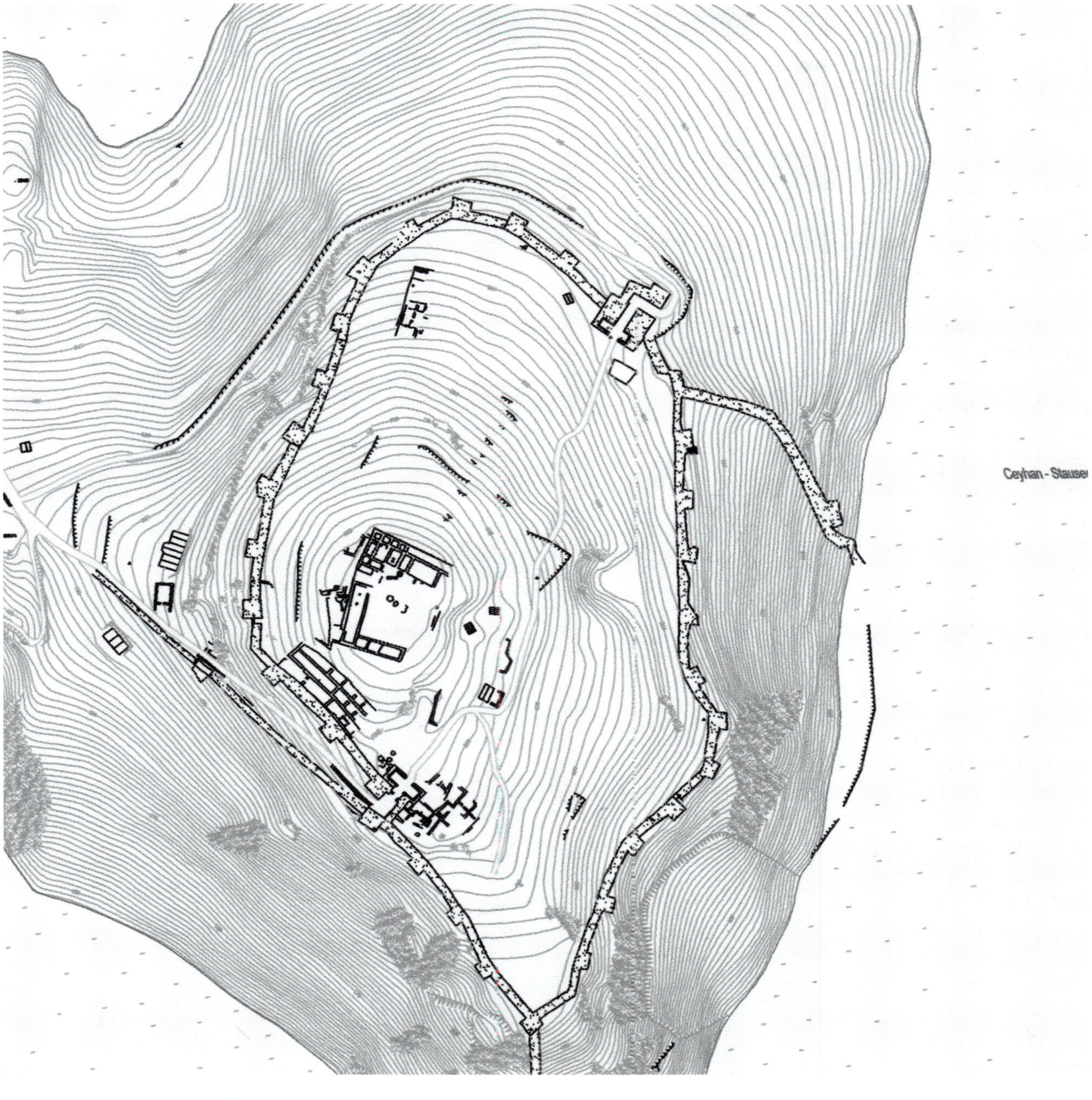

15

13 Das Nordtor von Karatepe

14 Das Südtor von Karatepe

15 Plan von Karatepe

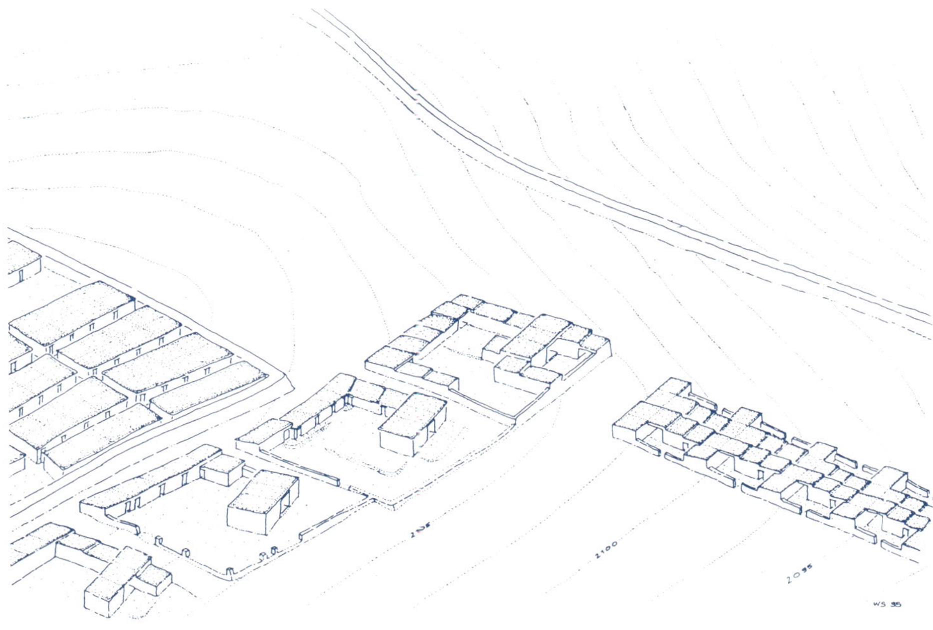

16 Göllüdağ, Typenbauten in den Abschnitten L–M/11–12, Blick von Südosten (Zeichnung W. Schnuchel)

17 Göllüdağ, Bautyp, Luftaufnahme

hoch über dem Fluß Ceyhan, dem antiken Pyramos, angelegt, war es eine Neugründung und mag als Grenzfestung gegen die ostwärts liegende Ebene gedient haben. Ihr Mauerring folgt den topographischen Vorgaben, eine nur sehr unvollkommen erhaltene Palastanlage besetzt die höchste Erhebung des Stadtgebietes. Gleicht der Ort insoweit dem Typus einer anatolischen Bergstadt der Großreichszeit, so sind andererseits den beiden Stadttoren Abb. 13, 14, die verteidigungstechnisch vorteilhaft mit versetzt vorgelagerten Bastionen oder Türmen ausgestattet sind, auf der Stadtseite jene breiten Torkammern hinzugefügt, die die inneren Tore von Zincirli auszeichnen. Gerade in diesen Toranlagen aber wird der nordsyrische Einfluß in der Architektur dann auch diesseits des Taurus deutlich, z. B. in Arslantepe (Milid) bei Malatya oder, wie wir noch sehen werden, auf dem Göllüdağ nördlich von Niğde.

Nach diesen Hinweisen zur späthethitischen Architektur in Nordsyrien bleibt noch zu fragen, welchen Weg das Bauen in den drei anderen politischen Regionen in der Nachfolge des hethitischen Großreichs genommen hat. Im Westen entsteht mit der Herausbildung des phrygischen Herrschaftsbereichs eine in stärkerem Maße vom ägäischen Raum beeinflußte Architektur, doch zeigen Bildwerke und Inschriften im Südwesten, in der Region von Konya, auch hier ein Fortleben einzelner Äußerungen hethitischer Kultur; die Anlagen auf dem Kizildağ und dem Karadağ sollen hier genannt werden, doch sind deren Bauten bisher fast gänzlich unerforscht.

In Ostanatolien bildet sich mit Urarṭu eine weit über das frühere hethitische Einflußgebiet hinausreichende, sehr eigenständige Kultur, deren architektonische Zeugnisse nur geringe Gemeinsamkeiten mit den hethitischen haben.

> Das Land Tabal und der Göllüdağ

Im südlichen Kappadokien aber lebt im Land Tabal hethitische Kultur fort. Zwar können wir uns von der Architektur dieses Raumes kein umfassendes Bild machen, da zu wenige Orte bekannt oder erforscht sind, doch erlauben die Bauanlagen auf dem Göllüdağ nördlich von Niğde immerhin einige weiterreichende Aussagen. Der Ort liegt auf einem mehr als 2000 Meter hohen, vulkanischen Bergmassiv Abb. 18, 19 und schließt einen Krater ein, in dem sich Wasser gesammelt hat. Die Bauanlagen, die gegen Ende des 8. Jahrhunderts v. Chr. entstanden sind, besetzen den Rand des Kraters und die nach innen und außen teilweise sanfter geneigten Hänge. Eine turmlose Mauer umschließt ein Gelände, das mit einer größten Ausdehnung von 1,7 Kilometern die Dimension einer bedeutenden Stadt erreicht, und als solche ist der Ort auch gedeutet worden. Die beiden Haupttore des Mauerringes sind bisher unausgegraben, ihr Bautypus ist noch nicht zu erkennen. Daneben besitzt die Mauer eine Vielzahl von jeweils in einem Abstand von etwa 60 bis 100 Metern angelegten und nur 80 Zentimeter breiten Türen, die alle zum Zeitpunkt des Untergangs oder der Aufgabe des Ortes sorgfältig zugemauert waren.

Die Bebauung im Inneren des Mauerringes tritt uns einerseits in einem etwa 110 auf 260 Meter messenden, rechtwinkligen Gebäudekomplex entgegen und andererseits in einer großen Zahl von einzelnen kleinen oder zu Einheiten zusammengefaßten Raumgruppen, die man als Wohnhäuser verstehen könnte.

Unter diesen Raumgruppen zeigen sich mehrere immer wiederkehrende Typen Abb. 16, die offensichtlich vorausgeplant und nach genaueren Vorgaben errichtet worden sind. Hervorgehoben werden sollen hier die in einer zweimal gewinkelten Kette aufgereihten Räume, die mit einer anschließenden Mauer die Form eines Gehöftes bilden, sowie zweiflügelig an einen Hof gelegte Raumeinheiten, die gereiht und gespiegelt zu einem langen Gebäuderiegel zusammengefügt sind oder sich an Gassen entlangziehen. Ein gemeinsames Charakteristikum dieser beiden Bautypen ist eine Dreiraumgruppe, deren mittlerer Raum sich in ganzer Breite ivanartig nach außen öffnet. Sodann ist bemerkenswert, daß auch bei diesen Bauten alle Türen, genauso wie die kleinen Stadtmauertüren, zugemauert angetroffen wurden.

Ein anderer Typ von Raumgruppenbildung ist im nördlichen Teil des großen Gebäudekomplexes zu beobachten. Hier sind in der Regel aus acht gleich großen Räumen Einheiten gebildet worden, die an schmalen Gassen dicht gedrängt nebeneinanderliegen. Abb. 17 Eine besondere Eigenart dieses Bautyps ist es, daß seine Räume nicht durch Türen miteinander verbunden, vielmehr alle gesondert von

18

19

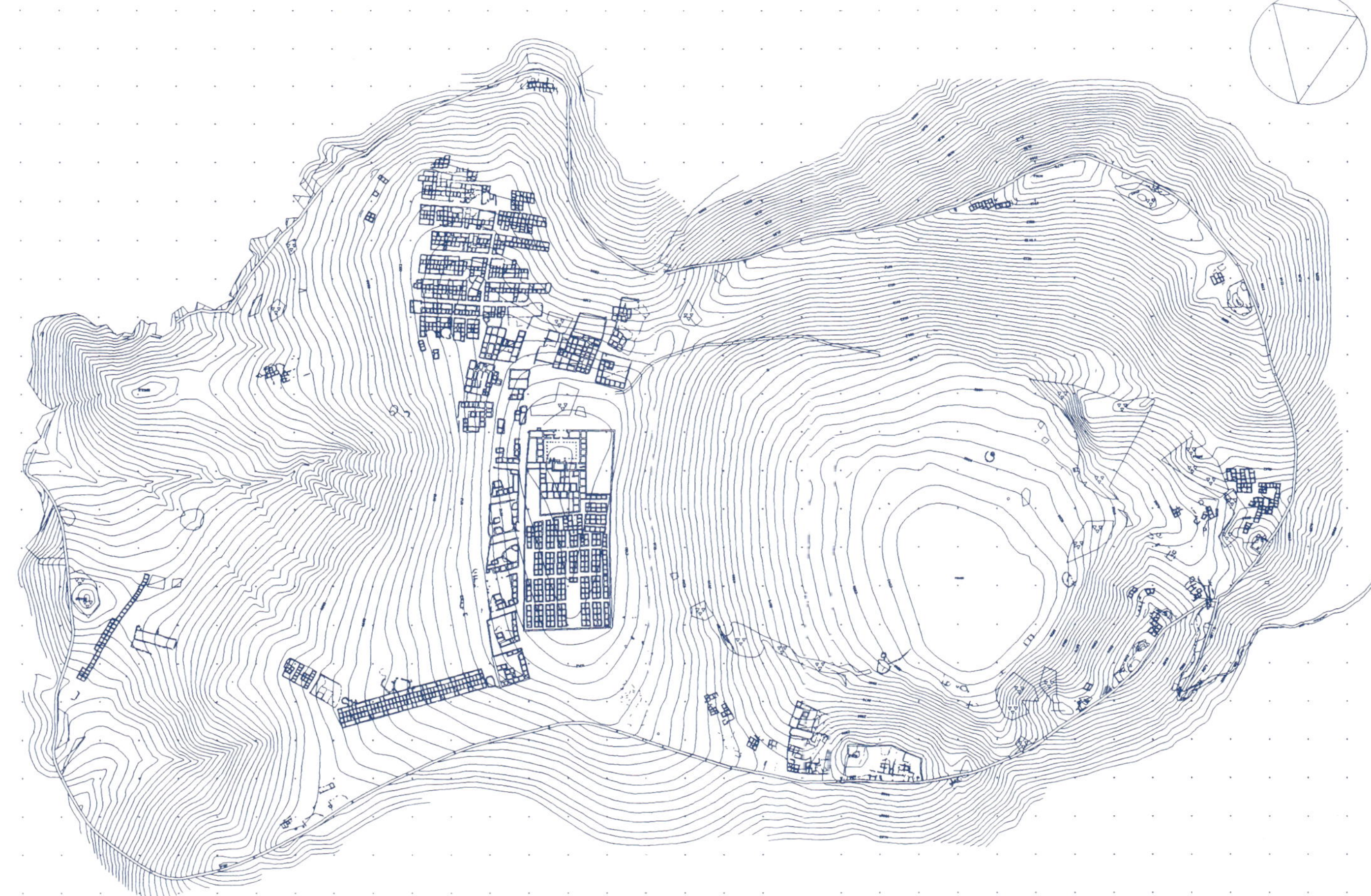

18 Göllüdağ, Luftbild

19 Göllüdağ, Stadtplan

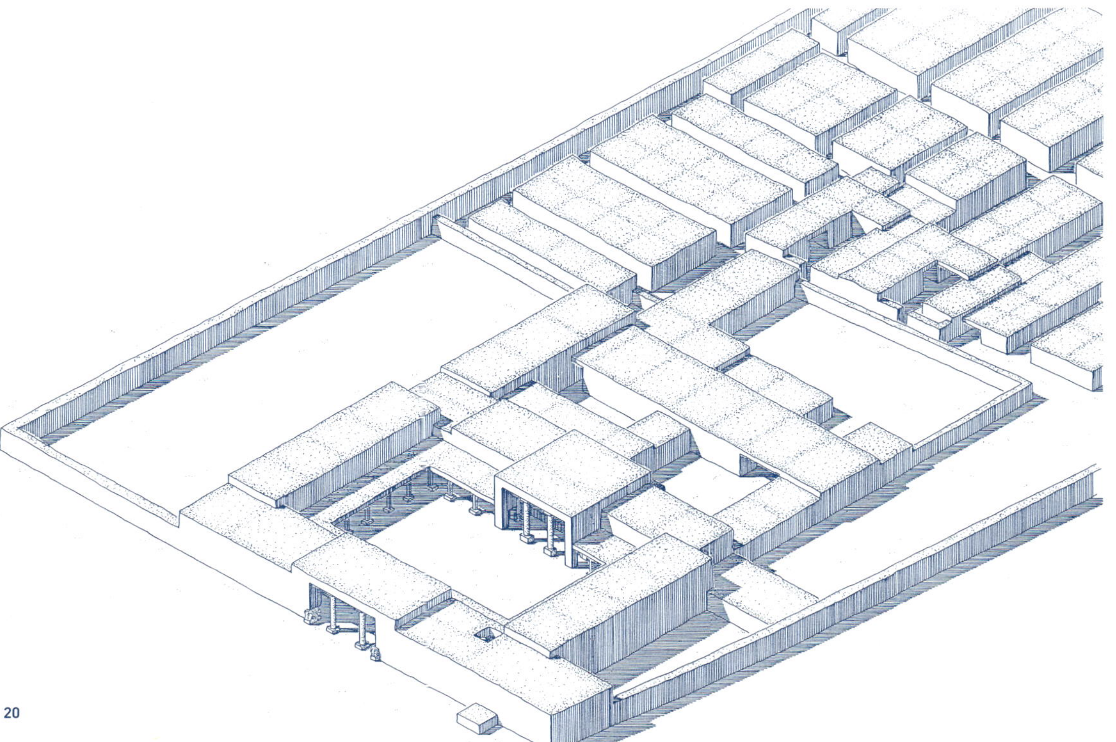

20

20 Göllüdağ, Hauptbau, isometrische Rekonstruktion

21 Göllüdağ, Orthostaten

22 Göllüdağ, schreitender Löwe

den Gassen zugänglich waren. Auch hier wurden die Türen vermauert angetroffen, und die Räume bargen, wie bei den zuvor genannten Beispielen, keinerlei Inventar.

Der Interpretation all dieser Haustypen stehen einige Schwierigkeiten entgegen, denn einerseits sind derart konsequent gebildete und streng aufgereihte Bauten sowohl im Anatolien des 2. Jahrtausends v. Chr. als auch in späthethitischer Zeit in Nordsyrien ohne Parallele, und andererseits weisen die leeren Räume und die verschlossenen Türen nicht auf eine Nutzung als einfache Wohnhäuser, sondern eher auf eine andere Bestimmung hin.

Der rechteckige zentrale Gebäudekomplex Abb. 20 besitzt eine eigene Umfassungsmauer und schließt zwei deutlich unterschiedliche Zonen ein. Im Norden liegen die eben angesprochenen, an Gassen angeordneten achträumigen Gebäudetypen. Im Süden befindet sich eine palastähnliche Anlage, deren Haupthof durch eine monumentale Toranlage in der Umfassungsmauer zu betreten ist. Dieser Torbau, dessen Eingang durch Stützen dreigeteilt und mit plastischen Bildwerken – Löwen und Sphingen – geschmückt ist, zeigt deutliche Verwandtschaft mit dem nordsyrischen Bit Hilani; Torkammern rechts und links des Durchgangs deuten eine Nähe zu den oben besprochenen Stadttoren von Zincirli an.

Auf der dem Torbau gegenüberliegenden Seite des Hofes ist eine Reihe von Räumen freigelegt worden, deren mittlerem besondere Bedeutung zugemessen werden muß, denn die ihn begrenzenden Mauern sind auf der Innenseite und auch zum Hof hin mit fast mannshohen Orthostaten Abb. 21 besetzt, die – offensichtlich unfertig – einmal einen Bildschmuck tragen sollten. Die einzige Tür zu diesem Raum liegt auf der Hofseite und hier, eigenartigerweise, in einer Raumecke. Zwar ist diese ganze Anlage erst in kleineren Teilen ausgegraben, und es läßt sich auch noch nicht entscheiden, ob die für die Südseite des Hofes nachgewiesene Halle auch an seinen drei anderen Seiten existierte und ob dem Orthostatenraum tatsächlich eine Vorhalle mit zwei Stützen in der Front zuzuordnen ist, doch es wird deutlich, daß sich eine derartige Konstellation nicht ohne weiteres in unser Bild von hethitischer oder späthethitischer Architektur einfügt. Es muß vorerst unentschieden bleiben, ob wir hier einen Palast oder eine Kultraumgruppe anzunehmen haben oder etwa eine Verbindung von beidem. Auch lassen sich zu der Frage, in welcher funktionalen Beziehung die beiden Teile dieses großen Gebäudekomplexes zueinander standen, vorerst nur Vermutungen anstellen.

Und das führt zu einer weiterreichenden, auf die Gesamtanlage auf dem Göllüdağ gerichteten Frage: Haben wir hier vielleicht weniger eine durch unsere Vorstellungen geprägte Stadtanlage vor uns, von welcher Bedeutung sie im einzelnen auch immer gewesen sein mag, als vielmehr einen umfangreich ausgestatteten Ort kultischer Handlung, dessen wesentlicher Teil das Wasser und der Berg selbst sind, in denen sich ein Fortleben hethitischer Vorstellungen anzeigt? Dieser durch Kurt Bittel früher schon angedeutete Gedanke hat jedenfalls durch die Forschungen des vergangenen Jahrzehnts weitere Nahrung erhalten.

Die auf dem Göllüdağ aufgefundenen Bildwerke Abb. 22 weisen den Ort deutlich in einen späthethitischen Zusammenhang, seine Architektur dagegen ist weit weniger bestimmt zuzuordnen. Dafür gibt es zur Zeit wenigstens zwei Erklärungen, nämlich die ebengenannte ungewöhnliche Bedeutung der Gesamtanlage und dann vor allen Dingen die Tatsache, daß wir von den regionalen Elementen baulicher Traditionen im Land Tabal, sowohl in der Zeit des Großreiches als auch in späthethitischer Zeit, noch viel zu wenig wissen.

Die Forschungen gerade auch der drei letzten Jahrzehnte haben unsere Kenntnis von der Architektur, um die es hier geht, in ganz erheblichem Maß erweitert. Es sind an neuentdeckten Orten Bauten zu Tage getreten, die es uns erlauben, diese Architektur differenzierter zu sehen. Und es sind neue Gebäudetypen hinzugekommen; man denke nur an die großen Siloanlagen in der Hauptstadt. Aber es wird auch zunehmend deutlich, daß die großreichszeitlich-hauptstädtische Architektur wohl sehr viel weniger als bisher angenommen das Bauen im ganzen Reich bestimmte und daß, neben einer in vielen Erscheinungen bekannten späthethitischen Architektur in Nordsyrien, in anderen Teilen des hethitischen Kernlandes mit dem Fortleben regionaler Traditionen in das 1. Jahrtausend hinein gerechnet werden muß.

21

22

Felsreliefs, Stelen, Orthostaten

Großplastik als monumentale Form staatlicher und religiöser Repräsentation

1 Das Sphinxtor von Alacahöyük, Umzeichnung der Reliefs (Mellink 1972, Abb. 2)

Kutlu Emre

Die »Bildkunst« der Hethiter, die in den Jahren 1600–1200 v. Chr. in Zentralanatolien eine politische Einheit schufen und sich im Laufe dieser Zeit zu einer Großmacht des Nahen Ostens entwickelten, ist in ganz unterschiedlichen Werken erhalten geblieben. Da sie für jeweils spezielle Zusammenhänge geschaffen wurden, bestanden diese Arbeiten aus vielerlei Material und waren unterschiedlich groß. Dennoch haben sie alle eine Gemeinsamkeit, nämlich den »hethitisch« genannten Kunststil. Am Beginn dieser stilistischen Entwicklung steht der »anatolische Stil« aus der Zeit der assyrischen Handelsniederlassungen; er bildet eine Synthese aus dem Zusammentreffen der einheimisch-anatolischen Kultur mit den Kulturen Nordsyrien-Mesopotamiens. Oder, anders formuliert: Dieser Stil entwickelte sich bereits in der Zeit, als noch regionale Königreiche wie Ḫatti, Kaniš/Neša und Kuššara existierten, also bevor die Hethiter in Anatolien eine Einheit schufen und sich zu einer großen politischen Macht entwickelten.

In diesem Beitrag werden Werke der Bildhauerkunst, Statuetten aus verschieden Materialien und metallene Kultgefäße vorgestellt. Glyptik und figürliche Keramik, die die hethitische Bildkunst ebenso widerspiegeln, werden an anderer Stelle behandelt (s. Dincol/Dincol, hier S. 82ff.; Özgüç, hier S. 122ff.).

> Bildhauerkunst

Die Mehrzahl der in Stein gehauenen Kunstwerke diente als Dekor an monumentalen Bauwerken. Wir begegnen ihnen als Orthostaten, in Form von Tierprotomen oder Mischwesen und als Darstellungen von Göttern mit schützender Funktion, die an den Toren von Verteidigungssystemen oder Kultgebäuden angebracht waren. Auch die heute nur in geringer Zahl erhaltenen Statuen, Statuensockel mit figürlichen Verzierungen und Stelen gehören zu dieser Gruppe. Solche Kunstwerke wurden entweder einzeln oder zusammen mit anderen aufgestellt.

> Bauornamentik der frühen Großreichszeit

Die ältesten erhaltenen Steinreliefs sind zwei Orthostatenfragmente aus Boğazköy-Büyükkale. Sie sind beide sekundär wiederverwendet und, ihrem Fundort nach zu urteilen, in das 15.–14. Jahrhundert v. Chr. zu datieren. Beide Reliefs behandeln das Thema »Krieg der Götter«. Auf dem aus Mikrogabbro ist dieses Sujet in zwei Friesen mit dynamisch bewegten Figuren wiedergegeben. Der Gott mit kurzem Rock, Schnabelschuhen und spitzer Mütze ähnelt der Figur auf dem anderen Orthostatenfragment.

Ein in der Unterstadt von Ḫattuša in der 2. Bauschicht als Spolie in einer Mauer verbaut aufgefundener, lächelnder Frauenkopf stammt ebenfalls aus dieser frühen Zeit. Die ursprünglich aus einem anderen Material bestehenden Augeneinlagen sind nicht erhalten. Die scheibenförmige Kopfbedeckung geht auf Vorläufer in der Zeit der assyrischen Handelsniederlassungen zurück. Ein weiteres Werk aus dieser frühen Phase der Steinbildhauerei ist eine in Alacahöyük gefundene, kopflose Statue. Sie wurde hinter dem Sphinxtor in sekundärer Lage in Bauschicht IIIa entdeckt, die kurz vor den Beginn der Großreichszeit datiert wird. Bei diesem Fund handelt es sich um eine Figur mit langem Gewand und vor der Brust angewinkelten Armen.

2 Der Schwertgott aus Kammer B von Yazılıkaya (Foto Peter Oszvald)

Es ist unklar, wann die Statue zerbrochen wurde und ob sie erst nach dieser Zerstörung hierher gebracht worden ist.

> Die Spätphase des hethitischen Großreiches

Aus dieser Zeit stammen die meisten heute bekannten Bildhauerarbeiten. Sie wurden nicht nur in der Hauptstadt Ḫattuša gefunden, sondern waren in einem weiten Gebiet verbreitet, das unter dem Einfluß der anatolischen Zentralmacht stand. Nach den lokalen Zentren dieses Gebietes ist die nun folgende Aufzählung von Bildwerken geordnet.

> Alacahöyük

Am Eingang des monumentalen Haupttores von Alacahöyük Abb. 1 befinden sich Sphinxprotome als Wächter, und an den Außenfronten der Türme rechts und links dieses Tores ist eine umfangreiche Serie von Orthostatenreliefs angebracht (s. auch Abb. 7a, b, S. 109). Die Reliefs auf den zum Teil in situ gefundenen Orthostaten sind auf die Darstellungen auf den Eckblöcken der Anlage ausgerichtet. Der am linken Turm auf einer hohen Basis stehende Stier symbolisiert den Sturmgott des Himmels. Die stilisierten Details des Körpers zeigen eine deutliche Ähnlichkeit mit der Stierdarstellung auf dem Siegel des hethitischen Königs Muwattalli II. Auf dem nächsten Block schreitet das Königspaar in Gebetshaltung auf einen Altar zu, ihnen folgen als Opfertiere Ziege und Schafsbock und dahinter Träger von Kultobjekten. Auf dem folgenden Block sieht man Figuren, die mit einer Leiter und einem Dolch hantieren. Die letzte Figur dieser Szene ist nicht nach rechts, sondern nach links gewandt. Zwei Figuren auf dem nun folgenden Block wenden sich ebenfalls nach links. Während eine von ihnen eine Langhalslaute spielt, trägt die andere ein kleines Tier, möglicherweise ein tierförmiges Rhyton (Libationsgefäß). Auf dem letzten Orthostaten schließlich ist ein nach rechts gewandter großer Stier auf zwei Rädern wiedergegeben. Der hohe Buckel auf seinem Rücken weist auf seine Kultfunktion hin. Dieses Relief blieb unvollendet.

Zum zweiten Reliefband an diesem Turm gehören zwei Blöcke, die je zwei Friese mit der Darstellung einer Jagd auf Hirsche und Schweine tragen. Auf dem unteren Fries sieht man einen schlecht erhaltenen Jäger mit Pfeil und Bogen, der mit Hilfe eines weidenden, domestizierten Hirsches jagt. Die erhaltenen Reste lassen erkennen, daß dieser Jäger beim Schießen dieselbe kniende Haltung einnahm wie die Figur auf dem oberen Fries. Dort ist außerdem ein Wildschwein, das sich zum Angriff gegen den Jäger wendet, sehr naturalistisch wiedergegeben. Auf den Eckblöcken des rechten Turmes sind Reliefs mit der Darstellung einer thronenden Göttin und ihrer betenden Diener erhalten.

Auf einem der verstürzt gefundenen Blöcke, deren ursprüngliche Position am Tor unbekannt ist, erkennt man eine Gestalt, wohl einen König, der den thronenden Sturmgott anbetet. Identifizieren kann man den Gott anhand seiner spitzen Hörnermütze und durch eine in Kopfhöhe angebrachte Legende in Hieroglyphenschrift.

Die weiblichen Sphinxprotome, die dem Tor seinen Namen gaben, sind mit runden menschlichen Gesichtern und kräftigen Brustkörben sowie kurzen Löwenbeinen dargestellt. An der Innenseite der rechten Sphinx ist über einem doppelköpfigen Adler eine männliche Figur angebracht. Bei der anderen Sphinx hat sich die untere Partie eines langen, diagonal plissierten Gewandes erhalten. Es ist vermutet worden, daß hier der König und die Königin dargestellt sind. Auch der zur Stadtseite gelegene innere Durchgang der Toranlage ist mit apotropäischen Protomen versehen.

Die Reliefs vom Sphinxtor in Alacahöyük geben offensichtlich die Feier eines Kultfestes wieder. Hier ist eines der an strenge Regeln gebundenen Feste dargestellt, die wir aus den hethitischen Schriftquellen kennen (s. auch de Martino, hier S. 118ff.). Unter der Führung der höchstrangigen Festteilnehmer, des Königs und der Königin, und unter den Augen des übrigen Kultpersonals werden die Kultgeräte und Opfertiere herbeigeschafft, Wildtiere, die den Gottheiten dargebracht werden sollen, werden gejagt, ein Trankopfer wird dargeboten, und Musik und verschiedene akrobatische Kunststücke kommen zur Aufführung. In dieser Bildserie wird ebenso wie bei den althethitischen Kultvasen (s. Abb. 2–5, S. 250) jede Szene in einem separaten Bild dargestellt. Haltung und Kleidung der göttlichen und sterblichen Wesen entsprechen den in der vorangegangenen Phase festgelegten Regeln und sind zweifellos von der Rolle abhängig, die ihre Träger bei der Feier spielen. Ähnlich sind jedoch bei allen Personen das Profil und die Beine wiedergegeben: Die Nasen sind gerade und spitz. Der dreieckige Zipfel hinten an den Gewändern und das Profil der Beine erinnern an die Darstellungen auf althethitischen Reliefvasen; sie unterscheiden sich jedoch von diesen durch den proportional zu kurz geratenen Unterschenkel. Auch bei den abgebildeten Tieren sind die Beine zu kurz.

Ein mit den Arbeiten aus Alacahöyük häufig verglichenes Relief stammt aus Atchana. Ein Mann mit einem beide Beine freilassenden Gewand und eine ihm folgende Frau mit langem Kleid sind hier in Gebetshaltung und nach rechts schreitend wiedergegeben. Eine zugehörige Hieroglypheninschrift ist als »Tutḫalija« gelesen worden.

3 Das Felsrelief von Fraktin (Foto Peter Oszvald)

4 Fünf Berggötter (unten) und zwei neu entdeckte Göttinnen in Eflatun Pınar (Foto Peter Oszvald)

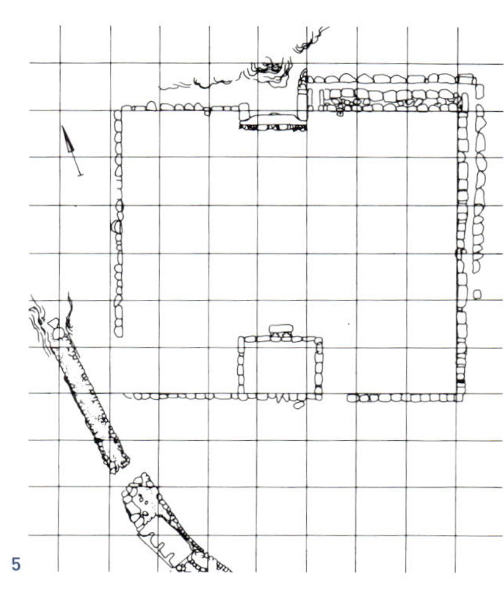

5

6

7

5 Grundriß des Quellheiligtums von Eflatun Pınar (mit freundlicher Genehmigung von A. S. Özenir)

6 Die Sonnengöttin in Eflatun Pınar (Özenir 1999)

7 Steatitrelief aus Çorum/Yeniköy (Kat.-Nr. 124)

> Boğazköy: Die Funde aus der Oberstadt

Bauplastik der Stadttore

Drei monumentale Tore, die alle im Süden der Oberstadt liegen, sind mit Werken aus der reifsten Phase der hethitischen Bildkunst verziert.

Am Königstor, dem am weitesten östlich gelegenen Tor, ist auf der der Stadt zugewandten Seite einer Torwange ein aus Kalkstein gearbeiteter Gott dargestellt (Abb. 5, S. 161). Diese überlebensgroße Figur ist nach rechts schreitend wiedergegeben. Als Segnungsgestus hat sie die linke Faust erhoben, und in der rechten Hand hält sie eine Zeremonialaxt. Abgesehen von einem kurzen Rock mit breitem Gürtel ist sie unbekleidet. Daß es sich hier um einen Gott handelt, wird durch das an dem hohen Helm angebrachte Horn deutlich. Der Unterleib und der Kopf sind im Profil, der nackte Oberkörper ist dagegen frontal wiedergegeben. Die Nase ist groß und gebogen, das Gesicht voll. Das lange Haar, die Brustbehaarung, Finger- und Zehnägel sowie das Muster des Rockes sind detailliert ausgearbeitet.

Das Sphinxtor befindet sich am Südende der Stadt. Es liegt auf einem hohen Befestigungswall genau über dem 71 Meter langen, Poterne genannten Tunnel, der unter der Stadtmauer hindurchführt. Dieses Tor ist mit weiblichen Sphinxprotomen verziert. Hier sind die Löwenkörper vollständig und die geöffneten Flügel an den Seiten im Hochrelief wiedergegeben. Die vollen Gesichter haben eine gebogene Nase und einen lächelnden Ausdruck. Wie in Alacahöyük sind hier auch an der Außenseite der Toranlage Sphinxprotome angebracht.

Das Löwentor liegt an der Westseite der Oberstadtbefestigung. Die großen Monolithe der äußeren Torwangen sind mit zwei Löwenprotomen verziert (Abb. 4, S. 161). Von den Löwenkörpern ist lediglich die vordere Hälfte dargestellt. Bei dem brüllend dargestellten, gut erhaltenen rechten Kopf hängt die Zunge auf das Kinn herab. Bart- und Mähnenhaar sind detailliert ausgearbeitet. Wie bei den Sphingen sind die ehemals separat eingelegten Augen nicht erhalten.

Bauplastik an den Kultbauten

In Tempel 2, einem der zahlreichen Kultbauten in der Oberstadt, ist ein Löwenkopf gefunden worden (vgl. Abb. 8, S. 138), der durch seine Ohren, das Maul, die Details der Nase und die Falten am Hals die Merkmale eines typischen hethitischen Löwen trägt. Der Fund eines Rohlings für einen Torlöwen, bei dem die Details noch nicht ausgearbeitet sind, sowie das Fragment eines mit Rosetten verzierten Halsbandes machen deutlich, daß die Toranlage dieses Tempels mit Löwen und weiblichen Sphingen geschmückt gewesen sein muß.

Zwei in Tempel 3 gefundene männliche Köpfe tragen spitze Göttermützen mit mehreren Hörnerreihen. Mit ihren breiten, vollen Gesichtern und den ohne separate Einlagen gearbeiteten Augen erinnern sie an den Gott am Königstor. Sie unterscheiden sich jedoch von diesen durch die gerade, nicht gebogene Nase. Diese beiden Köpfe gehörten vermutlich zu männlichen Sphingen.

Ein reliefierter Block wurde in Gebäude A gefunden, einem der drei kapellenartigen Schreine mit rechteckigem Grundriß innerhalb der Temenosmauer von Tempel 5. Auf der Vorderseite sieht man eine nach rechts schreitende Figur, die eine mit mehreren Hörnerreihen verzierte Göttermütze, große Ohrringe, einen kurzen Rock und Schnabelschuhe trägt (Abb. 9, S. 138). In der rechten Hand hält sie eine an die Schulter gelehnte Lanze, über der Faust des vorgestreckten linken Armes sind Hieroglyphen zu sehen. Diese Inschrift wird als »Großkönig Tutḫalija« gelesen. Hier sind der Kopf und die Partie unterhalb der Gürtellinie im Profil, der Oberkörper dagegen in Frontalansicht dargestellt. Physiognomisch ähnelt dieser Gott dem am Königstor, und die Wiedergabe der durch die Bewegung verursachten Muskelschwellungen ist wie bei jenem Relief ausgesprochen naturalistisch. Man vermutet, daß dieses Gebäude für den Kult des verstorbenen Königs Tudḫalija eingerichtet worden ist.

In der Oberstadt sind noch zwei weitere Reliefblöcke gefunden worden, die wohl von einem mit dem Kult in Verbindung stehenden Bauwerk stammen. Der eine Block, der in der Mauer der phrygischen »Südburg« als Spolie verbaut war, zeigt eine nach links schreitende Figur. Sie trägt eine Göttermütze, an deren Seite drei Hornreihen zu sehen sind, ein Gewand mit kurzem Rock und Schnabelschuhe. In der rechten Hand hält sie eine Lanze, in der Linken einen über die Schulter gehängten Bogen. Sowohl die Haltung als auch der Dolch im Gürtel sind als klassisch zu bezeichnen. Die in Höhe des Kopfes befindliche Inschrift lautet »Großkönig Suppiluliuma«. Die Untersuchungen haben gezeigt, daß dieser Block ursprünglich in einer vier Meter tiefen kammerartigen Nische im Wall eines hethitischen Teiches verbaut gewesen ist. Die in situ gefundene

Rückwand dieser aus großen Blöcken gemauerten und mit einem Gewölbe überdachten Nische zeigt die Darstellung eines nach links schreitenden Sonnengottes (Abb. 10, S. 162). Diese Figur, über deren Kopf eine geflügelte Sonnenscheibe angebracht ist, trägt ein langes Gewand und Schnabelschuhe. In ihrer rechten Hand sieht man das aus Ägypten entlehnte Anch-Zeichen, das »Leben« bedeutet. In der anderen Hand hält der Gott einen Krummstab (Litus). Die Blöcke auf der rechten Seite sind vollständig mit luwischen Hieroglyphen bedeckt (Abb. 11, S. 162). Hier wird über die Aktivitäten des Königs Suppiluliuma II. berichtet. Beide Reliefs sind sehr flach und ohne Wiedergabe von Details.

Unter den Trümmern des Gebäudes auf dem Felsen von Nišantepe mit der Felsinschrift von Suppiluliuma II. wurden Fragmente einer großen Sphinx und von Löwen gefunden. Sie stammen von der Dekoration dieses Kultgebäudes. Auf dem Kopf der beschädigten großen Sphinx findet sich eine Verzierung in Form von stilisierten, in drei Reihen angeordneten Doppelrosetten, wie es auch bei den Sphingen aus Yerkapı zu sehen ist.

Büyükkale – Königsburg

Vom Südwesttor von Büyükkale stammt ein kopfloses Löwenprotom, bei dem der Körper und die volle Brust sehr schematisch wiedergegeben sind. Die kurzen Beine sind sorgfältig modelliert (s. auch Seeher, hier S. 94ff.).

Die Unterstadt von Boğazköy-Ḫattuša

Eines der in Stein gearbeiteten Bildwerke aus diesem Teil der Stadt befindet sich auf einem Architekturelement aus der Quellgrotte südwestlich des Großen Tempels. In den Türsturz dieser, in die Erde eingelassenen und mit einem in Kragsteintechnik ausgeführten Gewölbe überdeckten Quellkammer ist ein nach links schreitender Mann geritzt. Die Figur ist mit einer Kappe und Ohrringen sowie einem bis zu den Waden reichenden Gewand bekleidet. Beide Hände sind in Gebetshaltung erhoben. Die Ähnlichkeit mit der Figur auf dem Felsmonument Taşçı II ist deutlich.

An den Schmalseiten des »Löwenbeckens«, das in Form eines rechteckigen Prismas aus einem Kalksteinfelsen südwestlich des Großen Tempels herausgearbeitet wurde, befinden sich je zwei typische Löwenprotome. Die Körper sind an den Längsseiten des Beckens als Relief ausgearbeitet. An den Seiten sind jeweils vier, vorn jeweils zwei Beine wiedergegeben, d. h. pro Löwe insgesamt fünf (je ein Vorderbein ist von vorn und von der Seite zu sehen). Diese Darstellungsweise ist in der hethitischen Kunst einmalig.

Zwei grob in Form eines rechteckigen Prismas gehauene Kalksteinblöcke, die je ein Zapfloch zum Einsetzen einer Statue oder Stele aufweisen, wurden an einer Stelle entdeckt, die nicht ihr ursprünglicher Standort war. Auf der Vorderseite tragen sie Hieroglypheninschriften und Reliefs, auf denen zwei Figuren vor sich genau gleichenden Altären beten. Auf dem einen Block ist ein Mann mit Ohrringen und runder Kopfbedeckung, einem kurzen Unterrock und Umhang dargestellt. Die rechte Hand befindet sich in Brusthöhe, der linke Arm ist in Gebetshaltung nach oben angewinkelt. Die Gestalt auf dem anderen Relief trägt ein langes Gewand und einen Umhang. Beide Hände sind in Gebetshaltung erhoben. Bei den Personen handelt es sich jeweils um hochrangige Palastbedienstete.

Yazılıkaya

Zwei zwischen hohen Kalkfelsen in der Nähe von Ḫattuša gelegene kammerartige Räume werden wegen der Reliefs auf den Felswänden als »Yazılıkaya« (»beschriebener Fels«) bezeichnet (s. auch Seeher, hier S. 112ff.). Obwohl diese Anlage eigentlich zu den Felsmonumenten gehört, unterscheidet sie sich von diesen durch den davor errichteten Gebäudekomplex, mit dem die Felskammern eine Einheit bilden (Abb. 1, S. 112). Dieser Gebäudekomplex entspricht im Grundriß den hethitischen Tempeln. Man gelangt vom Eingangstor aus in die große Kammer A, auf deren Felsen im Relief die Begegnung der wichtigsten Gottheiten des hethitischen Pantheons anläßlich des AN.TAH.ŠUM-Festes dargestellt ist.

Ein einzelnes Relief auf dem Weg von Kammer A zu Kammer B zeigt ein Mahl. Den Durchgang zu Kammer B, die schmaler als Kammer A ist, schützen rechts und links zwei geflügelte Löwenmenschen. Auf der rechten Felsfassade sind in der schmalen Kammer zwölf Götter Arm in Arm laufend dargestellt. Auf der gegenüberliegenden Seite befinden sich zwei voneinander unabhängige Szenen: Die eine, in einem rechteckigen Feld mit weichen Linien als Hochrelief ausgearbeitete Komposition zeigt den Großkönig Tutḫalija, der von seinem Schutzgott Sarumma umarmt wird (Abb. 9, 10, S. 116). Gut erhaltene Hieroglyphenlegenden nennen die Namen der beiden Figuren. Weiter vorn an der Felswand befindet sich die Darstellung des Schwertgottes (Nr. 82), die mit einer Höhe von 3,39 Metern die größte Reliefdarstellung von Yazılıkaya ist[Abb. 2]. Der Griffknauf des senkrecht stehenden, wie in die Erde gestoßen wirkenden Schwertes hat die Form eines männlichen Kopfes, der eine mit zahlreichen Hörnerreihen verzierte spitze Mütze sowie Ohrringe trägt; das Heft bilden zwei nach rechts und links gerichtete, sitzende Löwenprotome, und der darunterliegende Teil besteht aus zwei symmetrisch angeordneten Löwenreliefs. Man nimmt an, daß diese Darstellung den mit der Unterwelt in Zusammenhang stehenden Gott Nergal symbolisiert. Auf derselben Wandfläche befindet sich weiter vorn freistehend eine weitere

Namenskartusche des Königs Tutḫalija. Alle diese Figuren scheinen auf einen Kalksteinblock am Eingang ausgerichtet zu sein. Seine Abmessungen sind identisch mit denen einer in dem in der Nähe von Boğazköy gelegenen Dorf Yekbas entdeckten Statuenbasis aus Basalt, auf der sich zwei 68 Zentimeter lange Füße befinden. Aus diesem Grund und auch in bezug auf die Aussage von Suppiluliuma II., er habe »das Abbild seines Vaters vollenden und aufrichten lassen«, ist vorgeschlagen worden, daß sich diese Statuenbasis oder eine ähnliche einst hier befand.

Die Reliefs in Yazılıkaya müssen in der reifsten Phase der hethitischen Kunst entstanden sein. Ihre Ausführung läßt mit ziemlicher Sicherheit darauf schließen, daß sie zeitgleich mit dem Bauschmuck der großen Stadttore in der Oberstadt geschaffen wurden.

> Hethitische Felsmonumente

Ohne architektonische Fassung sind diese Monumente in Felsen geschlagen worden. Sie bestehen aus Einzelfiguren oder aber aus Szenen mit mehreren Figuren und werden von Hieroglypheninschriften begleitet. In Anatolien sind sie vor allem entlang des natürlichen Weges über den Taurus nach Süden, nach Nordsyrien verbreitet, wohin die Hethiter ihre politische Macht stets auszudehnen trachteten. In Westanatolien sind sie selten. Die bei manchen Darstellungen angebrachten Königsnamen geben Hinweise auf die jeweilige Entstehungszeit.

Fraktin

In den Fels von Fraktin [Abb. 3], vor dem ein Bach fließt, ist ein Fries mit zwei Szenen gearbeitet. Das Thema ist jeweils das gleiche: Der König bringt ein Trankopfer (Libation) vor einem Gott und die Königin vor einer Göttin dar. Die Kleidung der beiden Personen, die durch die Hieroglyphenlegenden als König und Königin identifiziert werden können, ist identisch. Beide tragen eine spitze, gehörnte Mütze, einen kurzen Rock und Schnabelschuhe. Die Griffe der kurzen Schwerter, die im Gürtel stecken, sind sichelförmig. Der Gott trägt einen gegen die Schulter gelehnten Krummstab (Lituus), der König hält einen Bogen in der Hand. In der rechten Szene nimmt die auf einem Thron sitzende Göttin Ḫepat mit ausgestreckten Händen die Gaben der Königin an. Beide sind im Profil dargestellt. Die Namenslegenden verraten, daß es sich bei den opfernden Personen um König Ḫattusili III. und seine Gemahlin handelt, die Großkönigin Puduḫeba. Eine lange Inschrift auf der rechten Seite erläutert ihre Herkunft aus Kizzuwatna.

Taşçı

Dieses Felsrelief befindet sich auf Kalksteinfelsen im Tal des Flusses Taşçı. Hier sind drei nach rechts schreitende Figuren in Gebetshaltung zu sehen. Ihre Beine und Füße sind nicht wiedergegeben, wodurch der Eindruck entsteht, daß sie direkt aus der Erde emporsteigen. Sie tragen runde Kappen und lange Gewänder. In der in Ritztechnik ausgeführten langen Hieroglypheninschrift, die die Figuren rahmt, ist der Name Ḫattusili III. zu lesen. In etwa 100 Metern Entfernung liegt das Felsrelief Taşçı II. Es ist in derselben Technik gearbeitet und zeigt eine einzelne Gestalt mit einer kurzen Inschrift.

İmamkulu

Dieses Felsrelief befindet sich an einem großen runden Felsblock auf einer Terrasse des Zamantı-Tals bei dem Dorf İmamkulu. Die Komposition besteht aus drei Teilen: Rechts ist eine nackte Göttin über einem Mischwesen mit Löwenkopf, Adlerfängen und drei ausgebreiteten Flügelpaaren dargestellt. Auf ihrem nach links gedrehten Kopf ist ein Stern zu sehen, durch den neben ihr angebrachten Vogel ist sie als Ištar gekennzeichnet. In der Mitte ist eine in drei Bildern übereinander angeordnete Szene zu erkennen. Unten tragen drei Löwenmenschen auf ihren hocherhobenen Händen drei Berggötter. Über den Berggöttern steht der Hauptgott Tešup mit seinem von einem Stier gezogenen Wagen. Der Gott schwingt mit der einen Hand eine Keule und hält in der anderen die Zügel des Stiers. Seine Identität ist nicht nur durch diese ikonographischen Details, sondern auch durch die neben ihm angebrachte Inschrift zu bestimmen. Auf der linken Seite schließlich ist eine Figur mit einer runden Kappe, einem kurzen Kleid und Schnabelschuhen zu sehen. Sie ist mit einem Dolch an der Taille, einem über die rechte Schulter gehängten Bogen sowie mit einer Lanze, die auf dem Boden aufsteht, bewaffnet.

Hanyeri/Gezbeli

Dieses Relief befindet sich links an einem Felsmassiv am Abstieg hinter dem Gezbeli-Paß, dem höchsten natürlichen Übergang über die Bergkette des Taurus. Auch bei diesem Relief gibt es rechts eine längere Hieroglypheninschrift und in der Mitte eine nach links schreitende, mit einem kurzen Gewand, einer hohen Kopfbedeckung sowie Schnabelschuhen bekleidete Figur. In der linken Hand trägt sie einen an die Schulter gelehnten Bogen, in der rechten eine Lanze. Der Griff des im Gürtel steckenden Schwertes ist sichelförmig. Vor dem Gesicht sind ein Berg und ein Berggott wiedergegeben, auf denen ein junger Stier steht. Der neben der Figur befindlichen Hieroglypheninschrift nach zu schließen, stellt diese Figur Šarumma dar. Die Inschrift erklärt, daß es sich um einen Prinzen handelt.

Sirkeli

Dieses Relief ist in die Felsen am linken Ufer des Ceyhan geschlagen worden. Hier sieht man eine nach links schreitende Figur, die die zum Gesicht erhobene rechte Hand zur Faust geballt hat und in der linken Hand einen Krummstab (Lituus) trägt. Die Figur ist mit einem langen Mantel und einer Kappe bekleidet. In dem im Profil wiedergegebenen Gesicht ist das linke Auge in Frontalansicht gearbeitet. In der auf Höhe ihres Rückens befindlichen Inschrift hat man den Namen »Großkönig Muwattalli« gelesen. Dies war jener hethitische König, der die Hauptstadt von Ḫattuša nach Süden, nach Tarḫuntassa verlegte und gegen den Pharao Ramses II. die Schlacht von Kadesch führte. Im Jahre 1992 wurde in unmittelbarer Nähe des Muwattalli-Reliefs ein zweites, ähnliches, jedoch nicht so gut erhaltenes entdeckt. Man hat vermutet, daß dieses Monument, Sirkeli II, das stellenweise nur sehr schwer erkennbar ist, unvollendet gelassen wurde, weil man befürchtete, es könne in Zeiten, in denen der Fluß über die Ufer tritt, Schaden nehmen.

Hemite

Auf diesem Felsrelief sieht man eine nach rechts schreitende Figur, deren Kleidung und Bewaffnung der des Prinzen auf dem Relief von Gezbeli ähneln. Die Hieroglypheninschrift im Hintergrund verrät, daß es sich hier ebenfalls um einen Prinzen handelt.

In den Inschriften auf dreien dieser sechs Monumente, die eine Verbreitung vom hethitischen Kernland in Richtung Süden zeigen, werden Königsnamen erwähnt. Das zeitlich früheste von ihnen ist das Monument von Sirkeli (Muwattalli II.). Der Name von Ḫattusili III., der mit Ramses II. den Vertrag von Kadesch schloß, befindet sich sowohl auf dem Monument von Taşçı I als auch auf dem von Fraktin.

Im Westen der hethitischen Hauptstadt Boğazköy/Ḫattuša treten Felsreliefs zahlenmäßig selten auf. Es gibt jedoch vereinzelte in Gavurkale, Kemalpaşa und Akpınar/Sipilos.

Gavurkale

Gavurkale liegt auf einem hohen Berg an der alten Landstraße nach Haymana im Westen von Ankara. Bei der hier durchgeführten kurzen Ausgrabung stellte man fest, daß der Berg von schlecht erhaltenen Mauern mit Türmen und die darüber befindlichen Felsen teilweise von Kyklopenmauerwerk, das in etwa einen rechteckigen Grundriß hat, umgeben waren. Auf der Außenfläche der Felsen ist ein Relief mit drei Figuren angebracht. Innen, dem Felsen gegenüber gelegen, befindet sich eine unterirdische Kammer mit einem Kragsteingewölbe. Man hält diese Kammer für ein Monumentalgrab (E.NA$_4$).

Auf dem Relief ist links eine auf ihrem Thron sitzende Göttin zu sehen, deren Kopfbedeckung zunächst wie eine Spitzmütze aussieht; heute zweifelt man allerdings nicht mehr daran, daß es sich

9

10

9, 10 Zwei Stierstatuetten aus Alacahöyük
(Kat.-Nr. 109, 110)

um eine – von der Seite gesehene – scheibenförmige Kopfbedeckung handelt. Jenseits eines Spalts im Felsen erkennt man zwei nach links schreitende Götter, die eine Geste der Ehrerbietung ausführen. Sie tragen spitze Hörnermützen, kurze Röcke sowie Schnabelschuhe. Ihre langen Schwerter stecken vorn im Gürtel, so daß der Griff über dem Bauch liegt. Die hintere Figur trägt einen Bart. Die beiden Götter sind doppelt so groß wie die Göttin.

Kemalpaša/Karabel

An der linken Felswand des schmalen, von Kemalpaša nach Torbalı führenden Passes ist eine Figur in klassischem Göttergewand dargestellt, die nach rechts schreitet und in ihrer rechten Hand einen über die Schulter gehängten Bogen und in der Linken eine Lanze trägt. An der Taille ist der sichelförmige Griff eines Schwertes zu erkennen, und zwischen der Lanze und dem Kopf ist eine Inschrift in luwischen Hieroglyphen angebracht. Nach der in den Urkunden von Boğazköy unbekannten Namenslegende könnte man schließen, daß ein lokaler König dieses Werk anfertigen ließ. Ein zweites ähnliches Relief auf einem nahe gelegenen Felsen ist weit schlechter erhalten.

Akpınar

Bei diesem Monument handelt es sich um ein an den Felsen am Nordhang des Berges von Manisa angebrachtes Relief. In einer rechteckigen, oben abgerundeten, tiefen Nische ist eine auf ihrem Thron sitzende Göttin in Frontalansicht als Hochrelief wiedergegeben. Die in der neben ihr angebrachten Hieroglypheninschrift genannten Namen stimmen mit denen der Könige von Boğazköy nicht überein.

Hatıp

Dieses Monument liegt 17 Kilometer von Konya entfernt an der Stirnseite eines Felsens, an dessen Fuß eine sehr starke Quelle entspringt. Eine Figur, auf deren ziemlich zerstörtem Kopf die mit Hörnern verzierte spitze Mütze der Götter zu sehen ist, ist nach rechts schreitend und mit Pfeil und Lanze bewaffnet wiedergegeben. Die Inschrift hinter dieser Figur wurde als »Großkönig Kurunta, Sohn des Großkönigs Muwattalli« gelesen. Der Name ist identisch mit dem des Königs von Tarḫuntassa, von dem in Boğazköy Siegelabdrücke gefunden wurden und der auch auf der Bronzetafel aus Boğazköy erwähnt wird (vgl. Kat.-Nr. 84).

Die meisten der beschriebenen Felsreliefs befinden sich in der Nähe von Flüssen und Quellen sowie an strategisch wichtigen Punkten natürlicher Wege.

> Das Quellheiligtum von Eflatun Pınar

Bei diesem Heiligtum handelt es sich um eine Kultanlage, die man an der starken Quelle des in den Beyşehir-See (Provinz Konya) fließenden Baches Eflatun Pınar errichtet hat[Abb. 4–6]. Am Rand eines Teiches, der durch einen Damm aufgestaut ist, befindet sich ein Bauwerk aus rechteckigen Trachyt-Blöcken unterschiedlicher Größe; an der Front der Anlage sind Reliefs zu sehen.

Das Museum von Konya hat hier Restaurierungsarbeiten durchgeführt, um die Schäden zu beheben, die der gestiegene Wasserspiegel am Monument verursacht hatte; dabei sind die interessantesten Funde der letzten Jahre gemacht worden. Nachdem man den Wasserzufluß des Teiches gesperrt hatte, traten an der Vorderfront eines großen Blockes aus Trachyt, der viele Jahre lang als Stauwehr gedient hatte, drei Stierprotome zutage. Es stellte sich heraus, daß dieser Block hier sekundär wiederverwendet worden ist. Oben auf dem Block befinden sich über den Stierprotomen drei tiefe Aushöhlungen; wahrscheinlich dienten sie als Zapflöcher für die Anbringung von Götterstatuen.

Je weiter der Wasserspiegel sank, desto deutlicher erkannte man ein 34 x 30 Meter großes Becken, das wie der Rest des Bauwerkes aus rechteckigen Blöcken gefügt war[Abb. 4]. Außerdem wurde klar, daß sich die Anlage von Eflatun Pınar nach unten fortsetzt: In der bis dahin unsichtbaren unteren Reliefreihe der Fassade stehen fünf Berggötter, und zudem sind zwei Statuen von thronenden Göttinnen zu beiden Seiten des Monuments an der Schmalseite des Beckens plaziert.

Trotz der Verwitterung blieben die Göttinnen und die Berggötter recht gut erhalten. Bei den drei mittleren Figuren befinden sich in den Röcken insgesamt elf Löcher. Sie sind mit einem Kanal verbunden, der den Teich mit Quellwasser versorgt und bis unter das Monument führt. Die beiden Göttinnen ähneln derjenigen auf dem Monument selbst[Abb. 5].

Eine weitere Entdeckung war ein Gebäude aus Steinquadern mit rechteckigem Grundriß an der gegenüberliegenden Schmalseite des Beckens. An seiner Fassade befindet sich das Relief eines thronenden Götterpaars. Die scheibenförmige, runde Kopfbedeckung bei der besser erhaltenen Figur ist mit stilisierten Sonnenstrahlen verziert[Abb. 6].

Es ist wahrscheinlich, daß dieser der älteren Anlage gegenüberliegende Bau, der in etwa die gleichen Abmessungen hat, auch eine vergleichbare Figurenausstattung besaß. Beim ersten Bauwerk sind über den Berggöttern fünf Reliefblöcke mit je zwei Löwenmenschen plaziert. Diese haben die Hände erhoben, als trügen sie eine Last. Die Blöcke unterhalb des in Frontalansicht wiedergegebenen und auf einem Thron sitzenden Götterpaares weisen keine bildlichen Darstellungen auf.

In der Mitte der rechten Beckenwand befindet sich ein Reliefblock mit zwei Figuren, deren oberer Teil abgebrochen ist. Es konnte noch nicht geklärt wer-

11 Götterstatuette aus Šarkıšla/Dövlek (Kat.-Nr. 88)

12 Götterstatuette aus Afyon-Ahurhisar (Kat.-Nr. 122)

13 Götterstatuette aus Karaman (Kat.-Nr. 120)

14 Anhänger in Form eines stehenden Gottes aus Boğazköy (Kat.-Nr. 116)

11

12

13

14

15 Das Silberrhyton im Museum of Fine Arts, Boston, Umzeichnung des Frieses (Güterbock/Kendall 1995, Abb. 3.5; 3.7)

den, ob es symmetrisch dazu an der gegenüberliegenden Wand auch ein Relief gibt. Ungeklärt sind auch die ursprünglichen Standorte zweier Statuen von Stieren, die auf ihren Läufen sitzen und deren Köpfe abgebrochen sind, sowie die Herkunft eines Blocks, der zu dem Oberteil eines Berggottes mit übereinandergelegten Händen und einem Loch im Bauchbereich gehört. Mit den Arbeiten im Jahr 2000 hat sich die Zahl der kopflosen Stierstatuen auf zwölf erhöht, außerdem sind bei der Freilegung auf dem Beckenboden Votivschälchen gefunden worden.

Hinter dem alten Monument liegt ein Arslantaş genannter fragmentarischer Block. Er ist thronartig gearbeitet und zeigt an beiden Seiten Löwen. Dieser Block erinnert an die Löwen auf der Stele in den Steinbrüchen des Dorfes Fasıllar. Auf dieser 7,40 Meter hohen Stele ist ein junger, schreitender Gott auf einem Berggott wiedergegeben, neben dem links und rechts je ein Löwe steht. Da der Sockel der Stele Ähnlichkeit mit dem Arslantaş aufweist, wurde vermutet, daß der Arslantaş als Stele früher auf oder direkt hinter dem Monument von Eflatun Pınar gestanden hat.

Die Darstellung auf der Stele von Fasıllar und ihre Komposition weisen Ähnlichkeit mit der auf der in Šarkišla gefundenen, 19,5 Zentimeter langen bronzenen Zeremonialaxt auf[Abb. 8]. Das Schaftloch und die Kanten der Axt sind mit Protomen von geflügelten Löwen und Greifen verziert. Die Schneide ist mit einem in zwei Adlerköpfen endenden Wulst gefaßt. Auf der Vorderseite der Axt ist unter einer von Löwenmenschen getragenen geflügelten Sonnenscheibe ein Gott wiedergegeben, der auf einem Löwenprotom steht, das seinerseits von einem Berggott emporgehalten wird.

Durch die neuen Forschungen am Quellheiligtum von Eflatun Pınar ist das ebenfalls dem Wasserkult dienende Becken von Yalburt, das auch von einer Quelle gespeist wird und an dessen Mauern sich eine lange, in luwischen Hieroglyphen abgefaßte Inschrift von Tutḫalija IV. befindet, aus seiner isolierten Stellung befreit worden. Eflatun Pınar ist nach Yazılıkaya und dem Sphinxtor von Alacahöyük das dritte Monument, an dem derart viele Beispiele hethitischer Steinmetzkunst versammelt sind.

> Stelen

Der genaue Fundort der Stelen aus Yağrı und Akçaköy ist unbekannt. Auf der Stele aus Yağrı sind links und rechts eines Altars zwei einander gegenübersitzende Figuren mit langem Gewand, Mantel und Schnabelschuhen dargestellt. Auf der Akçaköy-Stele ist eine aufgrund ihres Gewandes und ihrer Haltung als hethitisch zu identifizerende Gottheit zu erkennen, die durch die Hieroglypheninschrift als Sturmgott identifiziert werden konnte. Die Form der Dolchspitze und die florale Verzierung am unteren Rand seines Rockes zeigen Unterschiede zum Stil des Reichszentrums.

Ein nur 6,3 Zentimeter hohes Steatitrelief stammt möglicherweise aus Yeniköy/Çorum[Abb. 7]. Oben ist es wie eine Stele abgerundet. Dieses Stück zeigt die ikonographischen Charakteristika des Schutzgottes der Fluren in typisch hethitischer Weise.

> Statuetten

Die kleinen aus Metall, Elfenbein oder Bergkristall gearbeiteten Statuetten stellen einen Gott, eine Göttin oder diesen zugehörige Tiere dar. Im Gegensatz zu der geringen Anzahl von großen steinernen Statuen fanden sich solche Kleinplastiken sehr häufig. Aus den hethitischen Schriftquellen erfahren wir, daß man diese Statuetten in den Tempeln als Weihegaben darbrachte. Man setzte sie auf unterschiedliche Weise ein: Einige sind so geformt, daß sie aufgestellt werden können; manche haben unten einen Zapfen, mit dem man sie befestigen könnte. Andere haben an der Rückseite eine Öse zum Aufhängen. Sämtliche Stücke mit Ösen sind aus Metall gearbeitet.

Die ikonographische Identität der dargestellten Götter und Göttinnen ist nicht immer eindeutig. Die spitzen Mützen der männlichen Wesen – gehörnt oder ungehörnt – zeigen deren Göttlichkeit an. Eine wichtige Gruppe der stehenden Statuetten bilden die sogenannten »kämpfenden Götter«. Bei diesen ist ein Arm vorgestreckt und am Ellenbogen angewinkelt; der andere Arm ist hoch erhoben, so daß die Waffe geschwungen werden kann, ein Fuß ist vorgestellt. Die Waffen sind nicht erhalten. Das früheste Beispiel dieses Typus ist die Statuette aus Šarkišla/Dövlek[Abb. 11]. Die Mehrzahl der übrigen Arbeiten stammt aus der Großreichszeit. Exemplare aus Amarna, Lazkiye und Boğazköy sind Vertreter dieses Typs. Das zuletzt publizierte Beispiel aus Bronze stammt aus dem Gebiet Mut/ Karaman[Abb. 13]. Es wirkt wie ein kleines, 7,5 Zentimeter großes Modell des Gottes vom Monument aus Fasıllar. Auch die silberne Statuette, die in Nazaro in Thessalien gefunden worden sein soll, gehört zu dieser Gruppe der »kämpfenden Götter«.

Die größte hethitische Statuette ist die von Afyon-Ahurhisar, die trotz der fehlenden Beine 31,5 Zentimeter mißt[Abb. 12]. Sie ist innen mit Blei ausgegossen und trägt als Kopfbedeckung eine Kappe.

Im Gegensatz hierzu sind Stierstatuetten aus Alacahöyük hohl[Abb. 9, 10]. Der eine Stier ist von rechts, der andere von links wiedergegeben, aber beide wenden dem Betrachter den Kopf zu. Zusammen

16

mit Statuetten von Göttinnen bilden sie ein Ensemble, wahrscheinlich repräsentieren sie die Zwillingsstiere des Gottes Tešup.

Eine weitere, 4,1 Zentimeter hohe Bronzestatuette wird im Metropolitan Museum in New York aufbewahrt. Der untere Rand ihrer Kappe ist mit Goldfolien überzogen. Die Spitze des Attributs, das sie in der Hand hält, ist abgebrochen. Das Flügelpaar auf dem Rücken erinnert an das Relief Nr. 31 aus Kammer A in Yazılıkaya. Diese Ähnlichkeit läßt vermuten, daß es sich hier um den Gott Pirinkar handelt, dessen Äußeres aus den Götterbeschreibungen bekannt ist.

Eine kleine in Ḫattuša gefundene Elfenbeinfigur zeigt einen bärtigen Gott, der seine Hände vor dem Körper verschränkt hält (Abb. 3, S. 245). Die schuppenförmige Verzierung des Rockes kennzeichnet ihn als Berggott.

Eine weitere Elfenbeinstatuette ist als Weihegabe im Ištar-Tempel von Nuzi gefunden worden. Die Figur mit Göttermütze und einem vollen Gesicht ist nur halb bekleidet. Ein Fuß sowie der Bereich unterhalb des Bauches sind nackt. Am anderen Fuß trägt sie einen Schnabelschuh. Die Hieroglyphen auf der Brust und das Beil, das die Figur in der rechten Hand trägt, sind im Relief wiedergegeben. In der hethitischen Kunst werden auf diese Weise sowohl die weiblichen als auch die männlichen Eigenschaften der Göttin dargestellt.

Eine Bergkristallstatuette aus Tarsos zeigt einen stehenden Gott mit spitzer Mütze und langem Gewand. Seine Haltung erinnert an die Statuette von Kocabaš.

Eine in Alacahöyük gefundene Goldfolie gehörte zu einer Statuette, deren Kern verlorenging (Abb. 11, S. 175); ihre äußeren Merkmale haben sich jedoch in die Goldfolie eingeprägt. Bei der Figur, die in ihrer rechten Hand einen Vogel und in ihrer linken Hand einen Krummstab hält, handelt es sich um den Schutzgott der Fluren.

Die Mehrzahl der Statuetten von Göttinnen zeigt diese sitzend auf einem Thron ohne Rückenlehne auf einer rechteckigen Plattform. Die überwiegende Mehrzahl trägt eine scheibenförmige Kopfbedeckung. Das außergewöhnlichste Beispiel ist die bronzene Göttin aus Alacahöyük (Abb. 9, S. 175). Die feinen Strahlenbündel an ihrer sehr breiten Kopfbedeckung erinnern an die kürzlich gefundene Göttin von Eflatun Pınar und machen deutlich, daß hier die Sonnengöttin gemeint ist.

> Anhänger

Ein Anhänger aus Ḫattuša zeigt eine Figur, die in Haltung, Kleidung und vor allem mit der auf der Spitze der Mütze plazierten Stierfigur ein verkleinertes Beispiel des Gottes Kumarbi in Kammer A in Yazılıkaya darstellt[Abb. 14].

Zwei sehr kleine Anhänger, deren Fundort und -umstände unbekannt sind, bestehen aus Gold. Die beiden Figuren ähneln einander sehr: Sie tragen kurzärmlige Hemden und kurze Röcke, und die spitzen Mützen sind mit mehreren Reihen von Hörnern verziert. In ihren in Brusthöhe gehaltenen Händen tragen sie einen nach unten hängenden Stab mit leicht gebogener Spitze. Die Schuhspitzen sind nach oben gekrümmt.

Der silberne Anhänger, den man in Kalavassos-Hagios Dimitrios im Süden Zyperns in einem in das 13. Jahrhundert v. Chr. datierten Grab entdeckte, zeigt den Gott DINGIR LAMA-LIL auf einem Hirsch.

17a

17b

16 Kultgefäß in Form eines Stierkopfes aus Kastamonu (Kat.-Nr. 102)

17 Die Schale von Kastamonu (Kat.-Nr. 101)

18 Die Schale von Kastamonu, Umzeichnung (Kat.-Nr. 101)

Er hält in seiner rechten Hand einen nach unten weisenden Stab mit gebogener Spitze. Die Kleidung, die Haltung und die Physiognomie weisen große Ähnlichkeiten zu den oben erwähnten Goldstatuetten auf.

Die goldene Göttin aus der Schimmel-Kollektion stellt mit dem auf ihrem Schoß sitzenden Kind eine Besonderheit dar. Ihre Kleidung ähnelt derjenigen der bronzenen Göttin aus Alacahöyük. Eine ähnliche goldene Göttin aus Çiftlik trägt zwar kein Kind, sie hält jedoch ein Gefäß in der Hand.

Ein silberner Anhänger, den man bei den Ausgrabungen in Amarna in einem Depot fand, stammt höchstwahrscheinlich aus der Zeit Amenophis' IV. Das Zeichen auf der Unterseite der Standfläche der mit einem langem Gewand und Kappe bekleideten männlichen Figur läßt vermuten, daß dieser Anhänger auch als Siegel benutzt wurde.

In Ḫattuša ist eine Elfenbeinarbeit gefunden worden, die thematisch und kompositionell Ähnlichkeit mit einem in Ugarit gefundenen Bronzeanhänger mit drei Figuren hat (Abb. 1, S. 244). Bei beiden sieht man jeweils eine Gottheit zu beiden Seiten der zentralen Figur, die eine Stiermaske trägt.

> Kultgefäße aus Metall

Rhyta

In den hethitischen Kulttexten werden Gefäße aus Gold, Silber und Bronze erwähnt. Ein Großteil von ihnen wird im Zusammenhang mit den heiligen Tieren bestimmter Gottheiten genannt.

Von solchen seltenen Gefäßen sind bisher lediglich sieben gefunden worden. Nur ein Stück stammt aus einer systematischen Ausgrabung: Es wurde im Schachtgrab VI in Mykene entdeckt, es besteht aus Silber und hat die Form eines stehenden Hirsches. Aufgrund der offenen Nasenlöcher und des becherartigen Gefäßes auf dem Rücken ähnelt es hethitischen Tonrhyta. Leider ist das Stück so korrodiert, daß die Besonderheiten des hethitischen Stils bei der Darstellung des Hirsches nicht erkennbar sind.

Zwei weitere Silberrhyta befinden sich in der Schimmel-Kollektion. Sie haben die Form eines Stiers und eines Hirschen, die auf ihren untergeschlagenen Vorderbeinen liegen. Der Hinterleib der Tiere ist nicht wiedergegeben. Die Gefäße, deren Rand im Bereich der Lenden der Tiere liegt, haben die Form eines Bechers mit einem vertikalen Henkel; Kopf und Hals der Tiere bilden den Boden des Gefäßes. Diese Stücke wurden offensichtlich als GU-Gefäße verwendet. Sowohl bei dem Hirsch als auch bei dem Stier sind die Muskeln in hethitischer Art meisterhaft stilisiert wie Blütenblätter dargestellt.

Unterhalb des Randes des Hirschrhytons ist in Repoussé-Technik die Zeremonie der »Darbringung von Weihegaben für die Götter« dargestellt (s. de Martino, hier S. 118ff., Abb. 2, S. 119). Drei Sterbliche bringen zwei Göttern einen bei der Jagd erlegten Hirsch sowie Wein und Brot dar. Der eine Gott sitzt, der andere steht auf einem Hirsch. Die dreieckigen Zipfel, die unter den kurzen Gewändern der Gabenbringer herausschauen und ihre Beine hinten bedecken, erinnern an die Reliefs von Alacahöyük. Zwei Inschriften in luwischen Hieroglyphen auf Höhe der Götterköpfe sind mit Goldapplikationen versehen. Die eine wurde als »Aštabi« gelesen.

Das vierte bekannte silberne Kultgefäß ist der GEŠPU im Museum in Boston Abb. 15. Er ist als Henkelbecher in Form einer menschlichen Faust gearbeitet. Auf einem in Repoussé-Technik gearbeiteten Fries unterhalb des Randes ist eine mit Musikbegleitung durchgeführte Kultzeremonie dargestellt: Die »Darbringung von Getränken und Brot für den Gott«. Dieser Gott ist der Sturmgott des Himmels. In der linken Hand hält er die Zügel des ihm heiligen Stiers, mit der Rechten schwingt er die Keule. Dem König, der vor einem Altar ein Trankopfer ausgießt, folgen ein kniender Mundschenk und Musikanten. Am Ende dieser Prozession vervollständigen ein Gott zwischen Pflanzen und Bergen und ein auf einem Gebäude stehender menschlicher Kopf und Arme die Szene. Ein Zipfel der Mäntel der Kultdiener fällt auch hier, wie bei den Reliefs aus Alacahöyük, vom hinteren Teil der Kleidung hinab auf die Beine. In der in Höhe des Kopfes des Königs befindlichen Hieroglypheninschrift liest man »Großkönig Tutḫalija«. Güterbock hat darauf hingewiesen, daß diese Legende älter als Tutḫalija IV. ist und daß man kaum entscheiden kann, ob sie Tutḫalija II. oder Tutḫalija III. zuzuordnen ist.

Die an das Museum von Kastamonu verkauften drei Stierkopfrhyta, die in Kınık gefunden wurden, sind Gefäße, die von den Hethitern mit dem Ideogramm GU bezeichnet wurden Abb. 16. Hierbei handelt es sich um Becher mit einem Henkel in Form eines Stierkopfes mit Hals. Sie wurden vermutlich aus Bronze mit hohem Silberanteil hergestellt; eine Analyse konnte bisher noch nicht gemacht werden. Auf den erhaltenen Teilen ist keinerlei Inschrift zu erkennen. Die Spur eines Rechtecks auf der Nase des besser erhaltenen Exemplars könnte möglicherweise darauf hinweisen, daß hier eine heute verlorene goldene Applikation angebracht war. Stilistisch sind diese Gefäße dem Stierrhyton aus der Schimmel-Kollektion eng verwandt.

Dreifüße

Ein mit drei Stierprotomen geschmückter Dreifuß war – wie auch die in Ugarit und auf Zypern gefundenen bronzenen Tripoden – ein kleines Kultgefäß. Die Existenz solcher Objekte ist aus den Inventarlisten der Tempel bekannt.

Die Schale von Kastamonu

Diese Bronzeschale Abb. 17, die gemeinsam mit den erwähnten Stierrhyta ins Museum kam, ist mit drei konzentrischen, in Repoussé-Technik gearbeiteten Friesen verziert. In der Mitte des Bodens befindet sich eine Rosette, und in dem sie umgebenden ersten Fries sieht man antithetisch je einen Greif zu beiden Seiten von drei stilisierten Lebensbäumen. In dem Fries darüber sind sehr bewegt zwei Jäger dargestellt, die mit der Lanze Schweine und Hirsche jagen, sowie ein Kampf zwischen Löwen und Stieren. Im obersten Fries wird eine mit Hilfe eines domestizierten Hirsches durchgeführte Jagd geschildert Abb. 17b. Auf dieser Schale ist das Thema einer heiligen Jagd wiedergegeben, und auf dem oberen Fries werden die unterschiedlichen Reaktionen der Tiere auf die abgeschossenen Pfeile während der Jagd auf Damhirsch und Wildziege äußerst detailreich dargestellt. Stilistisch zeigt die Darstellung der Jäger und Tiere große Ähnlichkeiten zu den Reliefs in Alacahöyük. Die unterhalb des Ausgußrandes angebrachte Inschrift erklärt in luwischen Hieroglyphen, daß diese Schale von Taprammi, einem hochrangigen Palastangehörigen aus Ḫattuša, als Weihegabe dargebracht wurde. Die gebogenen Spitzen der Schwerter an den Hüften der Jäger ähneln denen auf den Reliefs von Yazılıkaya und am Königstor in Ḫattuša.

> Resümee

Die Werke der hethitischen Bildkunst, deren herausragende Beispiele wir hier kurz vorgestellt haben, wurden innerhalb eines Zeitraums geschaffen, der in der frühen Phase des hethitischen Großreichs beginnt und sich bis zum Untergang des Reiches fortsetzt. Unabhängig davon, ob sie im Kerngebiet der hethitischen Kultur oder außerhalb, etwa in Karabel, entdeckt wurden, präsentieren sie markant den Stil der hethitischen Kunst. In den Zeiten, als die Hethiter eine große und starke politische Macht waren, führten die friedlichen oder kriegerischen Kontakte zu Babylon, Nordsyrien und Ägypten zur Begegnung mit den Kulturen dieser Regionen. Das, was sie selbst dort sahen, sowie die Schöpfungen der von dort ins Hethiterreich gebrachten Handwerker haben für eine Bereicherung der schon entwickelten einheimischen Kunst und des anatolischen Stils gesorgt.

Im Zusammenhang mit der hethitischen Kunst ist am häufigsten von hurritischem und ägyptischem Einfluß die Rede. Es ist offensichtlich, daß der Einfluß der hurritischen Kultur, der in den frühesten Phasen der Großreichszeit einsetzte, zur Zeit Ḫattusilis III. und Tutḫalijas IV. seinen Höhepunkt erreichte. Doch wirkte er sich nicht auf den Stil der Kunstwerke aus, sondern machte sich eher in den religiösen Vorstellungen bemerkbar. Es ist den Hethitern nämlich gelungen, diese Ideen mit ihrem eigenen Stil zum Ausdruck zu bringen. Auch wenn man bei einigen Motiven, etwa der Sphinx oder der Weise, wie Kopf und Beine mancher Figuren im Profil, die Brust hingegen in Frontalansicht wiedergegeben werden, ägyptischen Einfluß sehen möchte, so unterscheidet sich die hethitische Darstellungsweise doch eindeutig von der ägyptischen.

Die stilistischen Eigentümlichkeiten werden bei der Kleidung und in der Physiognomie der menschengestaltigen Götter am deutlichsten. Die meisten Götter tragen eine spitze, mit Hörnern besetzte Mütze, einen kurzen Rock und Schnabelschuhe. Der Sonnengott sowie der König und das ranghohe männliche Kultpersonal tragen als Kopfbedeckung eine Kappe und einen langen Mantel mit Umhang. Manche Dienerfiguren sind in einen kurzen Umhang gehüllt. Der königliche Krummstab, der Lituus, ist unverzichtbares Element bei den Darstellungen des Königs und des Sonnengottes. Die scheibenförmigen Kopfbedeckungen sowie die langen Gewänder mit langen Ärmeln sind bei Göttinnen und Königinnen identisch. Auch sie tragen Schnabelschuhe. Lediglich die Göttinnen von Yazılıkaya tragen eine andere, zylindrische Kopfbedeckung. Die langen Haare fallen vom Nacken auf den Rücken, gelegentlich sind sie auch geflochten.

In der Regel werden die Augen groß und mandelförmig, die Nase gerade oder gebogen, der Mund wie mit einem gerade beginnenden Lächeln gezeigt. Ein volles Gesicht und ein fleischiges Kinn finden sich ebenfalls sehr häufig.

Die dargestellten Themen sind immer religiös. Verstorbene und vergöttlichte Könige sowie Götter werden entweder einzeln wiedergegeben oder in kultischen Szenen einander gegenübergestellt. Bei Göttern und Königen wird der Kopf und der Körper unterhalb der Taille im Profil, der Oberkörper in Frontalansicht wiedergegeben wie in ägyptischen Darstellungen. Göttinnen und Königinnen hingegen sind vollständig im Profil dargestellt. Die Gebetshaltung wird mit einer vorgestreckten Faust zum Ausdruck gebracht, wobei der Arm im Ellenbogen angewinkelt ist.

Auf dem Felsrelief von Akhisar und auf dem Monument von Eflatun Pınar sind Götter und Göttinnen auf ihrem Thron sitzend, Berggötter stehend in Frontalansicht als Hochrelief gearbeitet.

Mit diesen Merkmalen besitzt die hethitische Bildkunst eine stilistische Individualität, die, bereichert durch Errungenschaften eines großen Reiches, unter den sie umgebenden Kulturen kein vergleichbares Pendant hat.

Literatur

Akurgal 1961; Bittel 1975; Bittel 1976a; Boehmer 1979; Canby 1989, 109–129; Darga 1992; A. Dinçol 1998, 27–35; Güterbock 1983, 203–217; Güterbock 1956, 113–119; Kohlmeyer 1983, 7–153; Muscarella 1974; Neve 1992; N. Özgüç 1968; T. Özgüç 1986a; Özenir 1999, 20–21

1 Abrollung eines Rollsiegel aus Hämatit, eine Person bietet dem König eine Teekanne dar, aus Kültepe-Kaniš/Neša (19. Jahrhundert v. Chr.), Brüssel

Götterprozessionen, Kriegs- und Jagdszenen

Ein Überblick über den Motivreichtum anatolischer Roll- und Stempelsiegel des 20.–18. Jahrhunderts v. Chr.

Nimet Özgüç

Die Siegel und die Siegelabdrücke, die man bei systematischen Ausgrabungen in Zentralanatolien gefunden hat, sind für die Untersuchung der Entstehung und Entwicklung der hethitischen Kunst eine Quelle ersten Ranges. Man kann sie in zwei große Gruppen unterteilen, die der frühen und der späten Phase der Zeit der assyrischen Handelskolonien entsprechen. Die frühe Gruppe ist mit Schicht II, die späte mit Schicht Ib von Karum Kaniš gleichzusetzen.

> Die anatolischen Siegel und Siegelabdrücke der Phase Karum Kaniš II

In dem Zeitabschnitt, der in der zweiten Hälfte des 20. Jahrhunderts v. Chr. begann und sich über den größten Teil des 19. Jahrhunderts erstreckte, brachten Händler Rollsiegel in den verschiedenen Stilen Mesopotamiens und Syriens (altassyrisch, altbabylonisch, altsyrisch) nach Anatolien. Ein Teil der einheimischen Meister, die auf dem Gebiet der Bildschnitzerei große Erfahrung besaßen, wandte sich von den Stempelsiegeln ab, die – beginnend mit dem Neolithikum – seit Tausenden von Jahren in Benutzung gewesen waren. An ihrer Stelle übernahmen sie die Rollsiegel, die sich für die Darstellung von vielfigurigen Szenen wesentlich besser eigneten. In sehr kurzer Zeit befreite man sich von dem Einfluß fremder Stile, insbesondere dem altbabylonischen, und schuf eigenständige Siegel mit neuen Kompositionsschemata, die einen reichen Bestand an Motiven aufweisen. Diese erreichten nach einer Phase des Erkundens und Experimentierens ihre Reife zur Zeit des Assyrers Sargon, als der Handelsverkehr am intensivsten war. Auch die berühmten assyrischen Händler dieser Zeit haben die qualitätvollsten Rollsiegel in den anatolischen Werkstätten in Auftrag gegeben.

Wie bereits mehrfach erwähnt, sind die anatolischen Siegel dieser Schicht durchaus nicht homogen; aus diesem Grund hat man sie als »Anatolische Gruppe« bezeichnet. Ihr Stil weist in erheblichem Umfang hethitische Elemente auf, die sich in ihren Kompostionsschemata und ihrem Motivbestand gegenseitig ergänzen. Auch bei den Bildern auf den Stempelsiegeln ist dieser Stil zu finden.

Da die Anzahl der anatolischen Rollsiegel, die, abgesehen von einem Beispiel aus Kalzit, alle aus Hämatit gearbeitet sind, sehr gering ist, bilden Hunderte von Abdrücken auf Tonumschlägen und Bullen die Hauptquelle für die Siegelanalyse.

Die auffälligsten Merkmale dieser Rollsiegel lassen sich folgendermaßen zusammenfassen: Auch ihr Stil ist – wie der altbabylonische und der altsyrische – linear. Doch er unterscheidet sich von den anderen Stilen dadurch, daß die Linien runder sind und man sich bei Körperschraffierungen nach diesen Linien richtete. Bei Menschendarstellungen nehmen die Augenhöhlen, in denen die Pupillen als ovales Relief wiedergegeben sind, etwa die Hälfte des Gesichts ein. Die große Nase ist leicht gebogen und vereint sich mit dem Bogen des unteren Augenlids. Der Mund ist klein, wobei die Lippen dick und vorquellend sind. Auf dem betonten Kinn werden die Barthaare einzeln dargestellt. Der Hals ist relativ lang. Die Breite der Schultern ist abhängig von der Armhaltung. Auch wenn die Proportionen von Armen und Beinen den natürlichen nahe sind, so werden sie doch bei einigen Beispielen aufgrund künstlerischer Konventionen länger als erforderlich wiedergegeben. Die vier- oder fünffingrigen Hände, die zur Faust geschlossen oder geöffnet gezeigt werden, sind relativ groß. Besonderer Wert wurde auf die Darstellung des Daumens gelegt. Bei den nackten oder mit einem kurzen Rock bekleideten Figuren sind die Körperproportionen naturalistisch dargestellt. Die physischen Details werden ohne Übertreibung, jedoch sehr sorgfältig modelliert. Bei den Läufen, Krallen und Klauen der Tiere ist dies besonders deutlich.

Götter und Göttinnen tragen gefältelte Gewänder. Bei den stehend und laufend dargestellten Personen ist der Rock des Gewandes viereckig geschnitten, so daß ein Bein frei bleibt. Bei den Kopfbedeckungen der Götter gibt es zwei Grundformen: Die eine ist die in der Regel mit einem oder mehreren Hörnerpaaren geschmückte Spitzmütze, die gelegentlich jedoch auch ohne Hörner zu sehen ist. Manchmal befindet sich eine Sonnenscheibe auf der Spitze der Mütze. Die Göttinnen tragen hingegen eine aureolenartige Kappe. Adoranten, Jäger und

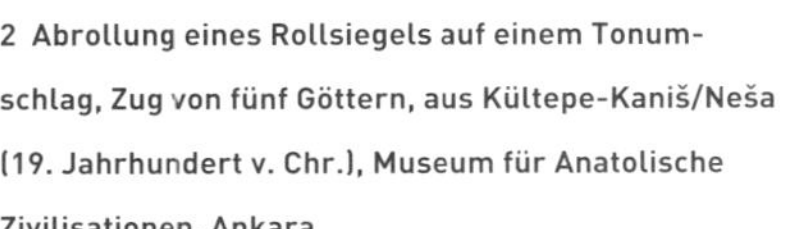

2 Abrollung eines Rollsiegels auf einem Tonumschlag, Zug von fünf Göttern, aus Kültepe-Kaniš/Neša (19. Jahrhundert v. Chr.), Museum für Anatolische Zivilisationen, Ankara

3 Abrollung eines Rollsiegels auf einem Umschlag aus Ton, drei Götter und zwei Helden vor dem Gott Ea, aus Kültepe-Kaniš/Neša (19. Jahrhundert v. Chr.), Museum für Anatolische Zivilisationen, Ankara

Krieger sind mit langen, vertikal gestreiften Gewändern oder mit kurzen Röcken bekleidet.

Der überwiegende Teil der Rollsiegel, die mit ihrem reichen Themen- und Motivrepertoire die Bildkunst und die Religionen Anatoliens getreu widerspiegeln, unterscheidet sich inhaltlich und gestalterisch erheblich von zeitgleichen Beispielen aus Mesopotamien. Der Unterschied zeigt sich schon in der Aufteilung des Siegelfeldes. Bei den importierten Siegeln im Stil von Ur III, Altbabylon und Altsyrien, auf denen lediglich Adorationsszenen dargestellt sind, befinden sich alle Figuren in gleicher Höhe. In den anatolischen Siegeln setzte sich die akkadische Tradition fort, die die vielfältigste und faszinierendste Mesopotamiens war. Szenen und vielfigurige Gruppen werden wie bei den Akkadern auf unterschiedlichen Ebenen in mehreren Reihen und so angeordnet, daß sie die Oberfläche des Zylinders ganz ausfüllen[Abb. 2]. Jedes Motiv wird mit Tierdarstellungen bereichert. Bei Jagdszenen oder in Kompositionen, in denen ausschließlich Tiere dargestellt sind, sind die Figuren frei im Siegelfeld verteilt.

Die Größe der Figuren variiert den Konventionen entsprechend, aber die Proportionen bleiben erhalten. Die anatolischen Rollsiegel bilden hinsichtlich ihres Inhalts, d. h. ihrer Themen und Motive, die prachtvollste Gruppe von Kaniš. Die Themen sind Mythen, Anbetungs- und Kriegsszenen, jagende Helden, Löwen, Landschaftsansichten und Tierfriese.

Mythen

Die einheimischen Rollsiegel sind für die Kenntnis von Repertoire und Ikonographie der anatolischen Mythen dieser Zeit von unersetzlichem Wert. Auf ihnen sind sowohl die anatolischen und mesopotamischen Götter und Göttinnen als auch Mischwesen bei Prozessionen vor hohen Göttern sowie vor Symbolen und Tieren zu sehen, die als Stellvertreter der Götter fungieren. In Kriegs- und Jagdszenen werden die Protagonisten in stilisierter und idealisierter Weise wiedergegeben. In den Götterprozessionen treffen wir auf lediglich fünf der ansonsten ausgesprochen vielfältigen Göttertypen. Einer von ihnen ist der Gott mit dem Hirsch, dessen Identität uns aus der hethitischen Großreichszeit bekannt ist: Auf einem Siegel trägt der Gott auf der rechten Hand einen Adler[Abb. 2], auf einem anderen zusätzlich in der Linken eine gebogene Waffe. Weitere Siegel zeigen ihn mit einem Adler und einem Hasen auf der rechten Hand und einer gebogenen Waffe über der linken Schulter. Auch die Flurgötter, deren Attribute ein Adler und eine gebogene Waffe sind, sowie jene ohne Hirsch dargestellten Götter, die Adler, Hasen und gebogene Waffe tragen, scheinen zu dieser Familie zu gehören.

Der zweite bei den Götterprozessionen auftretende Typus sind die Götter mit Stier. Es fällt auf, daß diese ausnahmslos paarweise wiedergegebenen Wettergötter[Abb. 1, 2, 4] auf jedem Siegel in einer anderen Umgebung dargestellt sind. So wird die Vielfalt der Wettergötter, die laut den Textquellen seit dem Beginn der hethitischen Geschichte an der Spitze des Pantheons stehen, in der Kleinkunst widergespiegelt. Diese besonders prominenten Götter verkörpern die atmosphärischen Vorgänge, so gibt es den Wettergott des Sturms, des Regens, der Wolken, des Donners und des Blitzes. Neben ihren Hauptaufgaben, die sie vom Himmel – ihrem natürlichen Aufenthaltsort – aus wahrnahmen, spielten sie eine entscheidende Rolle beim Schutz von Städten, Palästen, Toren, Festlichkeiten, Plantagen und Gärten, Bergen, Flüssen und Quellen sowie für die Gerechtigkeit und die damit zusammenhängenden Probleme. Bei den auf den anatolischen Siegeln dargestellten Götterprozessionen trägt der erste Gott mit Stier eine gehörnte Kappe und hält in seiner rechten Hand ein Trinkgefäß, in der Linken die Zügel des Tieres. Auf einem Exemplar sehen wir im Vordergrund Imdigud, den Vogel der Sumerer mit seinen kräftigen Flügeln, der Wirbel- und Sandstürme erweckt, den löwenköpfigen heraldischen Adler und den fruchtständerförmigen Altar mit Fladenbrot, eine Scheibe mit Mondsichel und einen Tierkopf.

Der zweite Gott mit Stier steht mit dem geflügelten Tor oder, nach einer anderen Deutung, mit dem geflügelten Altar in Verbindung und trägt eine ungehörnte Mütze mit einer Scheibe auf der Spitze oder eine hohe gehörnte Mütze[Abb. 1, 2]. In seiner rechten Hand hält er ein Trinkgefäß und die Zügel

4 Abrollung eines Rollsiegels auf einem Umschlag aus Ton, die Feier anläßlich der Tötung der Schlange Illuyanka durch den Wettergott, Kültepe-Kaniš/Neša (19. Jahrhundert v. Chr.), Museum für Anatolische Zivilisationen, Ankara

des Stiers, auf seiner linken Schulter trägt er eine Keule. Auf einem Siegel befindet sich vor dem Gott ein Tier, auf einem anderen ein Vogel und ein gazellenköpfiger heraldischer Adler, auf einem dritten ein Vogel und auf einem vierten Abb. 2 Regen, Wolken und ein Tierkopf.

Bei dem dritten Typus der Götterprozessionen handelt es sich um Darstellungen von auf Löwen stehenden Kriegsgöttern. Zababa, der lokale Gott der Stadt Kiš in Mesopotamien und Gemahl der Kriegsgöttin Ištar, hat im hethitischen Pantheon eine besondere Bedeutung. Auch der Kriegsgott Yarri, der bei den hethitischen Göttern an Wichtigkeit gleich hinter Zababa rangiert, steht laut einer Statuenbeschreibung auf einem Löwen. Yarri, der einen Tempel in Harran hat, ist gleichzeitig auch der Pestgott. Šulinkatte, der hattische Kriegsgott der Stadt Tamarmara, wird in den Quellen hingegen als eine auf einem Löwen stehende, in seiner rechten Hand das Schwert, in seiner linken einen Menschenkopf haltende männliche Statue aus Silber beschrieben.

Die Tatsache, daß in hethitischen Texten die Kriegsgötter mit Löwen nach ihrer Ausstattung unterschieden werden, spiegelt sich auch bei den Götterdarstellungen auf den anatolischen Rollsiegeln. Sie entsprechen den Beschreibungen nicht ganz genau, aber weil sie die wichtigsten Merkmale aufweisen, können wir sie entsprechend klassifizieren. So kann man z. B. den Gott, der mit dem rechten Fuß auf den Rücken eines Löwen tritt, in der rechten Hand ein Trinkgefäß und in der Linken eine Keule hält, sowie den Gott, der einen Bogen in der rechten und ein Schwert in der linken Hand hält Abb. 3, als Zababa identifizieren. Darüber hinaus kann man den attributlosen Gott mit dem Löwen Abb. 2, 4, 5 mit Yarri und den jungen Gott, der in seiner rechten Hand einen Löwen und in der Linken einen Menschenkopf hält, mit dem Palastwächter Šulinkatte gleichsetzen, der der lokalen Tradition von Nerik zufolge der Vater des Wettergottes war und zu den höchsten Göttern von Zalpa zählte. Dementsprechend können auch verschiedene bewaffnete, auf Löwen stehende oder sitzende Figuren und jene Gestalten, die die Krieger in Kriegsszenen beobachten, als unterschiedliche Typen von Kriegsgöttern angesprochen werden.

Der letzte dargestellte Typus in den Götterprozessionen ist der doppelgesichtige Gott auf dem Schwein. Die Gottheit mit zweihörniger Spitzmütze und Bart hält in ihrer rechten Hand einen Dolch und in der linken eine Keule. Den hohen Status dieser anatolischen Gottheit, die im Pantheon unter den einheimischen Göttern und auf demselben Niveau wie diese wiedergegeben wird, bezeugen die in Kültepe gefundenen schweinegestaltigen Gefäße und die mit Schweinen verzierten Objekte (s. auch Özgüç, hier S. 122ff.).

Auf den anatolischen Rollsiegeln finden sich auch Darstellungen der doppelgesichtigen mesopotamischen Gottheit Usmu (sumerisch Isimud). Dieser kleine Gott ist der Bote und Wesir des großen Gottes Ea, mit dem er auf den Siegeln der akkadischen Zeit stets zusammen zu sehen ist. Es wird häufig dargestellt, wie er den Vogeldämonen Zu, der Omina gestohlen hatte und später gefaßt wurde, vor Ea führt. Die akkadische Tradition hat sich mit einigen Abweichungen in Anatolien – wo Usmu sich des wichtigsten Attributs von Ea, des wassersprudelnden Gefäßes, bemächtigt – erhalten.

Die zweite Gruppe von Siegeln mit mythologischen Themen zeigt Götter vor anderen stehenden oder sitzenden Gottheiten. Auf einem Siegel ist eine nackte Göttin, die in ihrer linken Hand einen Vogel mit einer Schlange im Schnabel hält, vor dem Kriegsgott mit Löwen und dem Wettergott zu sehen. Mit der Linken hält sie die Zügel des Hirsches, auf dem sie steht, hinter ihr ist ein Gott wiedergegeben, der auf einem auf dem Rücken liegenden Mann steht und ihn an einem an dessen Nase befestigten Zügel hält. Vor dem Gott auf einem von vier Pferden gezogenen, vierrädrigen Wagen steht auf einem Löwen-Greif der Gott Adad mit Donner und Lanze.

Ein bei den einheimischen Rollsiegeln häufig zu findendes mythologisches Thema sind mit verschiedenen Attributen ausgestattete Götter, die vor thronende Götter treten. Unter ihnen hat derjenige den höchsten Status, der außer einem Trinkgefäß über kein weiteres Attribut verfügt Abb. 3 und in dessen Gegenwart sich babylonische und anatolische Götter befinden. Wenn man bedenkt, daß die prachtvollsten einheimischen Siegel von assyrischen Händlern benutzt wurden, können wir diesen

5a Stempelsiegel (18. Jahrhundert v. Chr.), Museum für Anatolische Zivilisationen, Ankara

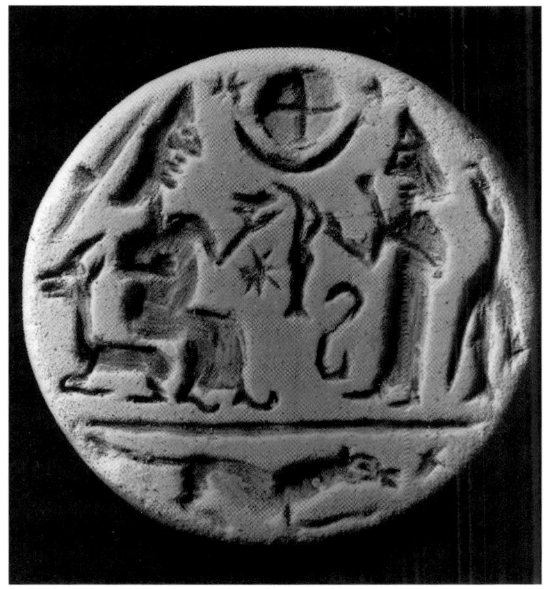

5b Bulla mit dem Abdruck des Stempelsiegels Abb. 5a: eine Person bietet der Göttin mit Bergschaf eine Kanne dar, aus Acemhöyük (18. Jahrhundert v. Chr.), Museum für Anatolische Zivilisationen, Ankara

6 Bulla mit dem Abdruck eines Stempelsiegels, eine Person bietet der hinter einer Stele sitzenden Göttin eine Kanne dar, aus Acemhöyük (18. Jahrhundert v. Chr.), Museum für Anatolische Zivilisationen, Ankara

Gott als »Gott Assur«, den Hauptgott des Staates Assur, bezeichnen.

Unter den sitzenden Göttern kommt auch Ea, der mit anderen, aber für ihn typischen Attributen ausgestattet ist, eine wichtige Bedeutung zu. Er wird in unterschiedlichen Varianten und mit verschiedenen Göttern folgendermaßen dargestellt: Sein Thron und seine Füße befinden sich auf einem Paar oder auf einem einzelnen Ziegen-Fisch[Abb. 3] oder er steht auf einem Ziegen-Fisch und einem Stier mit Menschenkopf. Auch kann er sich in seinem Meeresdomizil befinden oder mit einem wassersprudelnden Gefäß vor dem Ziegen-Fisch, der auf seinem Rücken ein geflügeltes Tor oder einen geflügelten Tempel trägt.

Bei den übrigen sitzenden Göttern, die andere Gottheiten empfangen, sind der auf einem menschenköpfigen Stier sitzende Šamaš und unter den Kriegsgöttern der auf einem Löwen stehende, in seiner Hand eine Schaftlochaxt haltende Gott, der Stier mit einem konischen Aufsatz auf dem Rücken sowie Inar, die Schutzgöttin der wilden Tiere[Abb. 4] seltener zu sehen als die beiden zuerst erwähnten Göttern Assur und Ea. Bei den Göttern, die empfangen werden, handelt es sich um Wettergötter, Usmu, Šamaš mit der Säge, Šamaš mit den Strahlen, einen Gott mit Flammen oder Strahlen (Irra oder seinen Wesir Issum), den Schutzgott Lama, Kriegsgötter, den Stiermenschen mit einer Lanze auf einer Antilope, den auf dem Rücken eines Wolfes sitzenden Gott, den Schutzgott der Fluren, den Stier mit konischem Aufsatz auf dem Rücken, Lama mit dem Vogel, den den Löwen besiegenden Helden, den den Affen haltenden Helden, den den Stier besiegenden Gott, den Gott auf dem von einem Paar Schweine gezogenen Karren, den das Schwert präsentierenden Gott, die nackte Göttin, das eine scheibenförmige Standarte mit Mondsichel tragende Stiermenschenpaar sowie den Kriegsgott Šulinkatte.

Die meisten der oben erwähnten babylonischen und anatolischen Götter sind in das Pantheon der tausend Götter des Hethitischen Großreichs eingegangen und haben dieses maßgeblich bereichert.

Ein interessantes Motiv auf den altanatolischen Siegeln ist eine Version der Illuyanka-Sage, die auf drei Abdrücken sowie auf einem Siegel aus Hämatit dargestellt ist. Hier agieren der Wettergott, die Tochter des Gottes, Inara (die Göttin der wilden Tiere auf der Flur), Illuyanka, die sterbliche Gehilfin Hušpašia aus Ziggaralla und die auf das Fest geladenen Götter. Der Wettergott bittet seine Tochter bei einem von ihm geplanten Betrug um Hilfe, denn er war in Kiškiğsa im Krieg von der Schlange Illuyanka besiegt worden und geschwächt. Inara bereitet eine aus verschiedenen Getränken und Gerichten bestehende reiche Tafel, die Hauptgeladene Illuyanka und ihre Familie verzehren das gesamte Mahl und schlafen dann ein. Hušpašia fesselt und der Wettergott tötet die Schlafenden und gewinnt so seine alte Kraft zurück. Zwei der erwähnten Darstellungen zeigen die Siegesfeier[Abb. 4] in Gegenwart des Kriegsgottes, die beiden anderen dieselbe Feier unter Beteiligung eines weiteren Kriegsgottes sowie des Schutzgottes der Fluren.

Die Abbildung 4 zeigt, wie eine kleine Figur den Becher des auf seinem Thron sitzenden und auf einen Löwen tretenden Kriegsgottes mit einem Getränk aus einer Tonkanne füllt. Der Wettergott, der eine mit mehreren Hörnern besetzte Spitzmütze trägt, tritt mit dem linken Fuß auf einen Berg mit Doppelgipfel, mit dem rechten auf die Kruppe eines Stiers. In der rechten Hand hält er ein Trinkgefäß sowie die Zügel des Tieres, mit der Linken den Kopf der am Fuß des Berges liegenden toten Schlange und seine Waffe. In Höhe seines Gesichts sind der aufgrund seiner zurückgewonnenen Kraft entstandene Regen, Wolken und die nackte Regengöttin zu sehen. Vor ihr steht der Wettergott auf dem Stier; hinter ihr nimmt ihre Tochter, die Göttin Inara, mit ihren Attributen und mit einer aus wilden Tieren, Vögeln und Mischwesen bestehenden vielköpfigen Entourage an der Zeremonie teil.

Adorationsszenen

In den Adorationsszenen ist der Adorant in langem Gewand oder mit einem kurzen Rock bekleidet dargestellt. In einigen Beispielen wird er entsprechend dem mesopotamischen Standardschema von einem Gott an der Hand vor einen sitzenden Gott geführt. Auf den Abrollungen verschiedener Siegel entbietet er stehend oder kniend eine Gazelle, eine Schaftlochaxt, eine Tüllenkanne[Abb. 1], eine Schnabelkanne[Abb. 4] oder einen Fruchtständer mit hohem Henkel. Gelegentlich füllt er das Trinkgefäß des sitzenden Gottes mit einem Getränk aus einer Tüllen- oder Schnabelkanne. Auch die in Göttergewänder gekleideten Figuren bieten den Göttern gelegentlich Trinkgefäße dar.[Abb. 3, 4].

Kriegsszenen

Auf zwei Abrollungen von Rollsiegeln im altanatolischen Stil sehen wir Kriegsszenen. Bei der einen steht der Kriegsgott in der Mitte des Schlachtfelds. Oben im Vordergrund hat ein kniender Jäger seinen Bogen gespannt, um einen Pfeil abzuschießen. Unten, weiter im Hintergrund zielt eine stehende Figur mit kurzem Rock und Kappe mit der Lanze in der rechten Hand auf die Brust eines nackten Feindes, der auf den Rücken fällt; in der linken Hand hält sie einen Menschenkopf. Über ihrem Kopf picken Geier an zwei auf dem Rücken liegenden Leichen, denen der Kopf fehlt. Auf der zweiten Abrollung befindet sich der Kriegsgott, der eine Schaftlochaxt hält, in einem von einem Stier und einem Löwen gezogenen Wagen. Vor und hinter ihm durchbohren zwei kämpfende Helden zwei auf den Rücken gefallene Männer mit der Lanze, ein dritter erdolcht gerade seinen Feind.

Jagdszenen

Jagdszenen stellen bei den anatolischen Rollsiegeln ein beliebtes Thema dar. Die gejagten Tiere sind in der Mehrzahl Mischwesen aus Tieren oder Affen, und bei den reinen Tierdarstellungen attackieren der Löwe einen Stier, einen Vogel oder eine Gazelle. Der mit kurzem Rock und Kappe bekleidete Jäger stößt die Lanze in den Hals oder die Kruppe eines Tieres. Bei einigen Darstellungen nimmt statt seiner der kniende Jagdgott im kurzen Rock mit Kappe an der Szene teil, er hält in einer Hand einen Falken, in der anderen eine gebogene Waffe.

Die Hirschjagd ist mit einem bekannten Beispiel vertreten: Der stehende, nach links gewandte Jäger im kurzen Rock und mit einer Kappe stößt seine beiden Lanzen zwei Hirschen in den Hals – das männliche Tier kniet rechts, das weibliche links unter einem Baum. Ein vor dem Hirsch stehendes kleines Reh sowie ein Damhirsch und ein Tier mit kurzem Schwanz auf der anderen Seite des Baumes vervollständigen die Szene.

Jagende Löwen

In der von zahlreichen Tieren bevölkerten Wildnis sieht man Löwen, die denen in den Jagdszenen ähneln, welche ihre Pranken in eine Gazelle, in den Kopf eines Stiers oder in den Rücken eines Vogels schlagen. Auf einigen Siegeln ist eine Gazelle der Attacke von zwei Löwen ausgesetzt.

Die Rollsiegel im altanatolischen Stil und ihre Abrollungen hat man ausschließlich in den Archiven von Kültepe gefunden; in anderen Städten derselben Epoche hat man nur Stempelsiegel angetroffen. Diese bestehen, wie die in Alişar in Schicht 11 T und in Alacahöyük gefundenen Exemplaren zeigen, aus den unterschiedlichsten Materialien wie Kalkstein, rotem Jaspis, Steatit, Serpentin, Diorit, Bronze, Knochen oder Ton. Sie sind einfach geformt mit einem konischen Schaft und einem oben runden, konischen Knauf; ihre scheibenförmigen Basen sind rund, eingeschnürt oder viereckig. Die Darstellungen auf den Stempelsiegeln zeigen einzelne oder mehrere Figuren und geometrische Muster. Die am häufigsten verwendeten Motive sind Tiere: der jagende Löwe, eine zwischen Tieren sitzende Figur, Kompositionen aus Vögeln oder Tierköpfen, um ein Zentrum angeordnete Tierköpfe und Tiere, heraldische Stiere mit Menschenköpfen, Adler, Masken mit Menschengesichtern, aber auch geometrische Motive.

> Die Glyptik der späten Phase der assyrischen Handelskolonien (Karum Kaniš I b)

Das reiche Material an Siegeln aus dieser Phase, die in erster Linie aus Kültepe (Kaniš), aber auch aus Acemhöyük, Ališar, Boğazköy und Karahöyük bei Konya stammen, konnte mit Hilfe von Urkunden, die von anatolischen Königen wie Inar und Waršama aus Kaniš, Pitḫana und Anitta aus Kuššara sowie dem Großkönig Zuzu von Alahzina signiert waren, und auf Tonumschlägen erhaltenen Siegelabdrücken chronologisch eingeordnet werden. Diese Phase, die etwa 65 bis 70 Jahre gedauert hat, beschränkt sich in Assur auf die Herrschaft von Šamši-Adad (1809 – 1776 v. Chr.) und Išme-Dagan, in Māri auf die Herrschaft von Yahdun-Lim, Yasmah-Adad und Zimri-Lim und in Babylon auf die Herrschaft von Hammurabi (1792 – 1750 v. Chr.) sowie die ersten zehn Jahre (1749 – 1740 v. Chr.) der Herrschaft seines Sohnes Šamsu-Iluna (1745 – 1712 v. Chr.).

Die anatolische Glyptik wird auch in dieser Zeit von Roll- und Stempelsiegeln sowie von ihren Abdrücken auf Tonumschlägen, -tafeln und -bullen repräsentiert. Während die Zahl der Rollsiegel stark abnimmt, gibt es einen entsprechenden Zuwachs bei den Stempelsiegeln. Die überwiegend aus Hämatit gearbeiteten Stempel-Rollsiegel mit Hammerkopf stellen eine Neuerung dieser Epoche dar. Die Siegel mit Hammerkopf und würfelförmiger Basis, die mehrere Flächen hat, und das Siegel aus Elfenbein mit einem Griffknauf, dessen oberes Ende ebenfalls als Siegel benutzt wurde und dessen dicke, scheibenförmige Basis als Zylindersiegel verwendet werden konnte, symbolisieren den Übergang zu den Stempelsiegeln. Der beliebteste Typus bei den Stempelsiegeln ist der mit scheibenförmiger Basis und konischem Knauf. Der Motivkanon reicht von Siegelflächen mit einem dreiblättrigen Kleeblatt oder einem Wirbel bis hin zu Siegeln mit bis zu 13 Unterteilungen. Gleichzeitig gibt es Stempelsiegel mit einem Griff bzw. Stiel in Form eines sitzenden Affen und mit scheibenförmiger Basis, sowie solche in Form einer Ente, eines Fußes und auch konische Stücke. Gearbeitet sind sie aus Gold, Bronze, Elfenbein, Ton, Kalkstein, Steatit, schwarzem Stein, grauem Stein und Serpentin.

Die anatolischen Siegel dieser Epoche sind stilistisch nicht homogen, und man kann sie in drei Gruppen ordnen: 1. die Siegel, die Parallelen zu den Rollsiegeln der Schicht II vom Karum Kaniš aufweisen, 2. die unter mesopotamischem Einfluß entstandenen Stücke, und 3. althethische Roll- und Stempelsiegel.

1. In dieser Gruppe behalten die Götter ihre bekannte Kleidung und Ausstattung bei. Doch im Gegensatz zum linearen Stil der frühen Phase wird bei der Modellierung der Figuren eine zunehmende Reliefierung deutlich. Auf einem Siegel sieht man zwischen den Tieren je einen stehenden und einen knienden Gott der Fluren mit einem Vogel. Der Schutzgott der Fluren auf einem Hirsch, auf einem Stier stehende Wettergötter, ein Mann, der dem Gott eine Tüllenkanne präsentiert, sowie der den Löwen besiegende Stiermensch, zwei kniende Helden, aus deren Köpfen je zwei Flüsse entspringen, Regen und Wolken und ein Tempel bzw. ein heiliges Tor hinter dem Gott sind weitere Motive, die den Bezug zur älteren Epoche belegen.

2. Ein eindeutiges Merkmal dieses Stils, der auf den Siegeln mit für Anatolien typischen Formen auftritt, ist, daß ein großer Teil der Götter die traditionelle mesopotamische Kleidung, d. h. ein Gewand mit Falten trägt. Im Grunde aber bringen die weichen, vollen Gesichtszüge der Figuren, ihre wohlproportionierten Körper und die übrigen die Szene bereichernden Details den anatolischen und den hethitischen Charakter zum Ausdruck. Das herausragende Beispiel dieser Gruppe ist das nach der Sammlung, in der es sich ehemals befand, als Tyskiewicz-Siegel bezeichnete sogenannte Bostoner Siegel. Die Figuren, die auf dem reichbebilderten Siegel zwei Szenen bilden, sind mit regelmäßigen Zwischenräumen auf dem Siegelfeld plaziert. Vor dem in der ersten Szene sitzenden Gott, der in der rechten Hand ein Trinkgefäß und in der Linken eine dreifache Volute hält, befinden sich unter Führung des doppelgesichtigen Gottes (Usmu), der in seiner rechten Hand eine Schnabelkanne hält, drei Götter, die in ihrer linken Hand den Krummstab (Lituus) halten. In der zweiten Szene sind sieben Gestalten mit ihrer Ausrüstung zu sehen: die ihren Rock aufschlagende Göttin auf einem Stier und einem Löwen, der auf seinen auf den Rücken gefallenen

Gegner tretende tötende Gott, die Leiche, die auf einem Holzgestell verbrannt wird, zur Rechten und Linken davon jeweils eine Figur, die eine Flüssigkeit ausgießt, und ganz links außen der Regenmacher. Die Zeremonie des Begießens der brennenden Leiche mit Flüssigkeit erinnert daran, daß man im hethitischen Totenkult das Feuer mit Wein und Bier löschte, um an dem der Verbrennung von König bzw. Königin folgenden Tag deren Knochen einzusammeln. Auf der Stempelfläche des Siegels sehen wir eine Doppelspirale sowie in der Mitte zwischen den beiden aus zwei Löwen, einem Stier, einem Menschen, einem Vogel und einem Gazellenkopf bestehenden Kreis ein Tier und ein Gefäß.

Das im Louvre aufbewahrte Siegel aus Aydın (?), das bezüglich seiner Form mit dem Bostoner Siegel identisch ist, unterscheidet sich von diesem jedoch hinsichtlich Darstellung, Stil und Komposition. Gegenüber dem Reliefstil des Bostoner Exemplars dominiert ein eher linearer Stil.

Bei den Darstellungen auf dem von der Hand eines anderen Meisters stammenden Berliner Siegel, das etwas später entstanden zu sein scheint als die beiden ersten Beispiele, sind die hethitischen Elemente wesentlich deutlicher zu erkennen. Bei dem Hammerkopfsiegel, dessen hohe Basis sieben Flächen aufweist, zeigt jede Fläche eine Figur. Die Figuren bilden vier Szenen: in der ersten ist der Vogelmensch vor der Pflanzengöttin zu sehen; in der zweiten der die Sternengöttin (Ištar) anbetende Mann, der einen Dolch an der Hüfte trägt und in seiner rechten Hand den Krummstab (Lituus) hält; in der dritten eine auf dem Kopf einen Korb tragende Figur vor Usmu (dem doppelgesichtigen Gott), der in jeder Hand einen langen Stab hält; in der vierten zwei erhöhte Götter, von denen der eine steht und der andere sitzt.

Bei dem Abdruck eines Stempelsiegels aus Acemhöyük ist bei dem sitzenden bärtigen Gott, der in seiner rechten Hand einen Stab mit einem Ring hält, und dem davor befindlichen Gott mit Dolch ein starker mesopotamischer Einfluß festzustellen. Das einzige hethitische Element in dieser Darstellung ist eine Schnabelkanne. Auch Siegel mit einander gegenübersitzenden Göttern und Göttinnen sowie mit unter Bäumen und Weinlauben sitzenden Göttern sind in diese Gruppe einzuordnen.

3. Die überwiegende Mehrzahl der althethitischen Siegel mit ihrem reichen Motivbestand bilden die Stempelsiegel. Die Funde von Rollsiegeln hingegen beschränkten sich auf einige wenige Abrollungen auf Umschlägen der Schicht Ib von Karum Kaniš. Eine beispielhafte Abrollung befindet sich auf dem oberen Rand des Umschlages einer von König Waršama von Kaniš beglaubigten Urkunde. Auf dem Rollsiegel mit zwei Szenen ist das Hauptmotiv eine Figur, die einer auf einem kubischen Thron unter einer Weinlaube sitzenden Göttin und einer stehenden Göttin (Ištar?), die eine gebogene Waffe hält, eine Schnabelkanne bringt.

Auch die Adorationsszenen auf den Stempelsiegeln weisen in der Regel zwei Figuren auf. Die herausragenden Beispiele für solche Darstellungen wurden in Acemhöyük gefunden. Bei der überwiegenden Mehrzahl der Exemplare präsentiert ein Adorant, der beide Hände erhoben hält, in seiner linken Hand eine Schnabelkanne. Eine der angebeteten Göttinnen sitzt auf der Kruppe eines Bergschafs, das sich auf einem Holzgestell mit menschlichen Figuren als Beinen befindet; zwei treten mit den Füßen auf einen Löwen und sitzen auf einem Bergschaf[Abb. 5]; eine vierte sitzt auf einem kubischen Thron und tritt mit den Füßen auf einen Löwen; eine fünfte sitzt hinter einer Stele, auf deren Vorderseite sich zwei Stierprotome befinden, auf einem kubischen Thron und hält eine Pflanze in ihrer rechten Hand[Abb. 6]; eine sechste sitzt unter einem Baum auf einem sanduhrförmigen Thron. Der Adorant jener Göttin auf dem kubischen Thron unter dem Baum, zu dessen Füßen ein Fluß entspringt, hat in Gebetshaltung beide Hände nach oben gestreckt. Die Köpfe der Göttinnen sind entweder unbedeckt oder, und das häufiger, mit einer runden Kappe versehe[Abb 5, 6]. Ihre bis zu den Knöcheln reichenden Gewänder sind mit Noppen besetzt. Bei den langen oder aber bis zum Knie reichenden Gewändern der Adoranten ist eine Schulter frei.

Bei einem Teil der Stempelsiegel sind ausschließlich Götter oder Göttinnen dargestellt. Die Göttin mit dem Bergschaf und der junge Gott im kurzen Rock, der Wettergott, dessen rechter Fuß auf die Kruppe eines Stiers tritt, die Göttin mit zwei Gazellen, deren Gesicht frontal gezeigt ist (die Herrin der Tiere), die Göttin auf dem kubischen Thron und die Göttin, hinter der ein Falke auf einer Stange sitzt, stellen die bedeutenden Beispiele dar, die uns bei der Identifikation der Göttertypen im Pantheon dieser Zeit behilflich sind.

Der den Löwen besiegende Held, der Stiermann, der Löwenmann, die Löwenfrau (Lamaštu?), der Vogelmann, der Vogel mit Menschenkopf, der Fischmann, das Meermädchen, der Stierfisch, der Löwenfisch, der Ziegenfisch, weibliche und männliche Sphingen, Tier-Mensch-Mischwesen oder Tiermischwesen wie Greife bereichern den Motivbestand von Phase Ib.

Unter jenen Motiven, auf die man bei den Stempelsiegeln häufig trifft, kommt den Tieren, Wappen sowie Wirbeln aus Tier- und Vogelköpfen eine besondere Bedeutung zu. Bei einem Teil der Wappen in Gestalt eines einzel- oder doppelköpfigen Adlers, wobei bei einigen Beispielen einer der beiden Köpfe der Kopf eines Löwen ist, hat der Vogel einen Löwen, Hasen oder Hirsch in seinen Fängen. Unter den Tierdarstellungen sind Löwen, Rinder, Gazellen und Hirsche die häufigsten. Je nach Zeit lassen sich diverse stilistische Unterschiede feststellen. So sind beispielsweise bei den Siegelabdrücken von Acemhöyük, die in die frühe Phase der Epoche Ib datieren, die Arm- und Lendenmuskeln der Tiere durch eine relativ hohe Reliefierung hervorgehoben. Bei dem lebendigen Stier, den wir in dem auf einer Tafel überlieferten Siegelabdruck des Großkönigs Zuzu von Alahzina, dem letzten Herrscher dieser Epoche, sehen, ist diese Art von Details verschwunden[Abb. 7].

Literatur

Alp 1972; Boehmer/Güterbock1987; Collon1987; Williams-Forte 1983, 18–43; Frankfort 1939 Haas 1994; Hoffner 1990; N. Özgüç 1965; N. Özgüç 1968; N. Özgüç 1980, 61–99; N. Özgüç 1996, 267–278

7 Siegelabdruck des Großkönigs Zuzu auf einer Keilschrifttafel aus Kültepe-Kaniš/Neša (18. Jahrhundert v. Chr.), Museum für Anatolische Zivilisationen, Ankara

Frühe Zeugnisse religiöser Volkskunst

Bleistatuetten und ihre steinernen Gußformen im 20. – 18. Jahrhundert v. Chr.

1

1 Bleistatuette eines Gottes aus Kültepe (18. Jahrhundert v. Chr.) (Kat.-Nr. 58)

Tahsin Özgüç

Die Bleistatuetten und ihre Gußformen bilden nach den Siegeln und Siegelabdrücken die zweite große Fundgruppe von hethitischen Denkmälern. Diese zu religiösen Zwecken verwendeten, kleinen, flachen Statuetten waren in Zentralanatolien weit verbreitet. Ihre unterschiedlichen Attribute verdeutlichen, daß sie verschiedene Götter, Götterfamilien und mythische Wesen repräsentieren. Die Statuetten geben eine einzelne Göttin oder einen Gott wieder, gelegentlich aber auch Gruppen, denen zusätzlich ein oder zwei Kinder oder heilige Tiere zugesellt werden können. Daß diese Bleistatuetten in Formen gegossen wurden, ist eine für Anatolien typische Technik.

Die meisten dieser Statuetten wurden in Privathäusern gefunden; sie waren die Schutzgötter des Hauses. Auch die Keilschrifttexte verweisen darauf, daß es Schutzgötter von Personen und Familien gab. Aus diesem Grund findet man dort, wo mehr Wohnhäuser freigelegt wurden – etwa in Kültepe, Alişar oder Boğazköy – auch mehr Statuetten. Nach dieser Zeit wurden Bleistatuetten in Anatolien nicht mehr verwendet.

Diese auf einer Basis stehenden Statuetten, die frontal wiedergegeben und auf der Rückseite flach sind, müssen in einer Ecke des Zimmers aufgestellt gewesen sein. Kleidung und Attribute dieser der Volkskunst zuzurechnenden einheimischen Statuetten zeigen die frühesten Charakteristika der hethitischen Bildkunst. Ihre mit Hörnern geschmückten spitzen Mützen, die Kleidung mit den kurzen Schurzröcken, die Waffen, die sie geschultert tragen, die kleinen Münder und hervorquellenden Augen, das Lächeln – all dies kann man bei den hethitischen Kunstwerken der folgenden Epoche wiederfinden (vgl. Abb. 1).

Die Bleistatuetten lassen sich chronologisch und thematisch in vier Gruppen unterteilen:

1. Am Ende der frühen Bronzezeit (2250–2000 v. Chr.) nackte Göttinnen, die ihre Brüste darbieten.

2. Statuetten von Götterfamilien am Anfang des 2. Jahrtausends v. Chr. (2000–1950 v. Chr.). Die Göttin ist nackt, der Gott trägt eine spitze Mütze und ein kurzes Gewand. Ein Kind steht zwischen den beiden.

3. Die Bleistatuetten der dritten Phase (1945–1835 v. Chr.) bilden stilistisch und hinsichtlich des Kompositionsschemas eine homogene Gruppe. Der Gott bzw. die Göttin steht auf zwei Tieren und hält in den nach oben gestreckten Händen zwei weitere Tiere. Die Göttinnen tragen hohe Kappen. Dies sind die ersten Darstellungen des Herrn der Tiere (*pothnios theron*) und der Herrin der Tiere (*pothnia theron*) Auch die Gußform mit der Darstellung eines Lyra spielenden Gottes aus Acemhöyük zeigt, daß in dieser Zeit die Vielfalt der Darstellungen zugenommen hat.

4. Es gibt zahlreiche Beispiele von Bleistatuetten und Gußformen aus der Spätphase (1800–1730 v. Chr.): Was die Identität der dargestellten Götter, Göttinnen und Götterfamilien betrifft, geben die Schriftquellen jener Zeit keine Auskunft. Man kann jedoch manche Darstellungen, bei denen es sich um eine Umsetzung von religiösen Glaubensvorstellungen in die Volkskunst handelt, mit Hilfe ihrer Attribute identifizieren:

1. Der Gott mit einer Antilopenstandarte in der Hand und seine Gemahlin: Bei einigen ist zwischen

2

3

4

2 Sandstein-Gußform aus Kültepe. Die dargestellte Gruppe besteht aus einem Gott, einer Göttin, die ihr Kind trägt, einer Antilope zwischen den beiden und einem Adler über ihren Köpfen (18. Jahrhundert v. Chr.), Archäologisches Museum, Kayseri

3 Steatit-Gußform aus Kültepe. Der Gott, der auf einer Basis mit zwei Löwen steht, hält zwei Antilopen an deren Hinterläufen fest. Er symbolisiert den »Herrn der Tiere« (18. Jahrhundert v. Chr.), Museum für Anatolische Zivilisationen, Ankara

4 Steatit-Gußform mit einer auf einem Altar stehenden geflügelten Göttin aus Kültepe (18.Jahrhundert v. Chr.), Museum für Anatolische Zivilisationen, Ankara

Gott und Göttin eine zweite Antilopenstandarte zu erkennen. Die Götter tragen Bärte und sind barfuß. Die danebenstehende Göttin präsentiert entweder ihre Brüste, oder sie trägt ihr Kind auf dem Arm. Der fliegende heilige Adler ist nur über den Köpfen der Gottheiten mit Antilope zu sehen Abb. 2.

2. Gottheiten mit einer Antilope als Attribut, die auf einem Sockel in Form eines Löwenpaares stehen Abb. 3. Sie sind in dieser späten Phase Vertreter der »Herr der Tiere«-Gottheiten aus Phase 3. Die mit der Antilope und dem Löwen vereinigte Gottheit war in Zentralanatolien weit verbreitet. Bei den im einheimischen Stil gehaltenen Rollsiegelabdrücken von Kültepe ist die Existenz von Gottheiten nachgewiesen, die mit Antilopen und Löwen in Beziehung stehen. Die mit Antilopen in Verbindung stehende Gottheit hat, der Besonderheit dieser Phase entsprechend, auch in Syrien (Aumm el-Marra) existiert.

3. Die Bleistatuetten und die geflügelten Götterdarstellungen im anatolischen Stil belegen die wichtige Rolle der Götter mit Vogelattribut in dieser Phase Abb. 4

4. Zu den qualitätvolleren Darstellungen geflügelter Gottheiten dürfte auch der Prototyp für den geflügelten Gott in Yazılıkaya gehören. Die nackte, geflügelte Ištar-Bleistatuette von Karahöyük stammt entweder aus der Gußform eines zu dieser Zeit in Anatolien arbeitenden fremden fahrenden Meisters, oder sie kommt aus Nordsyrien, mit dem sie stilistisch verbunden ist.

Die geflügelten Figuren aus Boğazköy und Kaleköyük, die wahrscheinlich aus lokaler Produktion stammen, haben strenge, furchteinflößende Gesichter, die sie von den oben erwähnten Statuetten unterscheiden.

5. Singulär ist die Darstellung eines auf einem Esel stehenden Gottes Abb. 5. Mittelpunkt der Szene ist eine frontal wiedergegebene Göttin, die hinter dem Esel steht. Oberhalb der Gürtellinie ist sie nackt, und sie präsentiert ihre Brüste. Die männliche Figur ist der Göttin zugewandt und hat die Hände in Gebetshaltung erhoben.

6. Götterfamilien: Die »Götterfamilien« haben keine Tiere als Attribut. Die Gottheiten werden entsprechend den Pflanzen, die sie in den Händen halten, oder nach ihren Waffen klassifiziert Abb. 6.

7. Lanzentragende Gottheiten: Der Gott trägt auf seiner Schulter eine Lanze und die Göttin ein Kind auf dem Arm Abb. 7.

8. Die beiden Bleifiguren, die eine sichelförmige Waffe tragen, stellen denselben Gott dar. Sie machen deutlich, daß die Ausbildung des hethitischen Stils in dieser Phase abgeschlossen war.

9. Die Göttinnen sind entweder nackt oder bekleidet wiedergegeben Abb. 8. Die ihre Brüste darbietende, breithüftige Göttin mit besonders verzierter Kopfbedeckung repräsentiert einen entwickelten Stil. Bei den bekleideten Göttinnen hat die Kleidung in bezug auf Schnitt und Dekor ihre endgültige Form erhalten.

10. Der zwei Mädchen auf den Schultern tragende Gott ist ein singuläres Exemplar. Kinder werden bei allen anderen Darstellungsbeispielen von Göttinnen getragen.

Bleistatuetten präsentieren die ältesten Darstellungen von Göttern und Göttinnen, in denen die polytheistischen hethitischen Glaubensvorstellungen zum Ausdruck kommen. Die Künstler jener Zeit arbeiteten in der frühen und in der späten Phase in unterschiedlichem Stil. Im Gegensatz zu dem schematischen Stil der ersten Phase haben die Meister der späten Phase, sowohl was die Technik als auch was den Stil betrifft, Einheitlichkeit erreicht. Physiognomische und anatomische Details ähneln einander so sehr, daß man meinen könnte, sie kämen alle aus derselben Gußform. Jedoch hat sich trotz des in der Entwicklung deutlich werdenden stilistischen Unterschieds (wie bei dem »Herrn der Tiere«) die Verwendung bestimmter Darstellungsschemata fortgesetzt.

Literatur

Alp 1993, 185–193; Bittel 1976a; Boehmer 1979; Emre 1971; Emre 1993a, 169–177; Omura 1997, S. 1–66; von der Osten 1937; N. Özgüç 1976, 555–560; Schmidt 1932

5

6

7

8

5 Steatit-Gußform mit einer ihre Brüste haltenden Göttin und einem auf einem Esel stehenden Gott aus Kültepe (18. Jahrhundert v. Chr.), Museum für Anatolische Zivilisationen, Ankara

6 Gußform aus grünem Stein mit einer Götterfamilie, bestehend aus einem Gott und einer ihr nacktes Kind festhaltenden Göttin, aus Kültepe (18. Jahrhundert v. Chr.), Museum für Anatolische Zivilisationen, Ankara

7 Steatit-Gußform aus Kültepe. Die dargestellte Gruppe besteht aus einem waffentragenden Gott, einer Göttin, die ein Kind auf den Armen trägt, und einem Kleinkind, das zwischen den beiden steht (18. Jahrhundert v. Chr.) (Kat.-Nr. 68)

8 Bleistatuette einer ihre Brüste haltenden Göttin aus Kültepe (19.–18. Jahrhundert v. Chr.), Museum für Anatolische Zivilisationen, Ankara

Erlesene Werke der Kleinkunst

Anatolische Elfenbeinschnitzereien

1 Göttertrias aus Ḫattusa

(14.–12. Jahrhundert v. Chr.)

(Kat.-Nr. 113)

3 Berggott aus Ḫattusa (14.–12. Jahrhundert v. Chr.) (Kat.-Nr. 115)

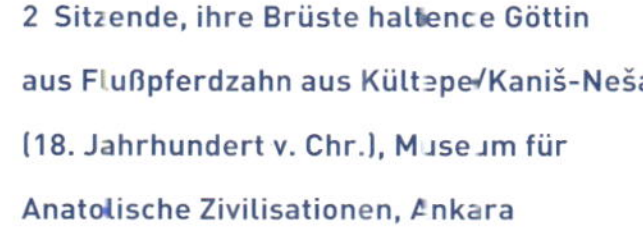
2 Sitzende, ihre Brüste haltende Göttin aus Flußpferdzahn aus Kültepe/Kaniš-Neša (18. Jahrhundert v. Chr.), Museum für Anatolische Zivilisationen, Ankara

Nimet Özgüç

Aus hethitischen Keilschrifttexten wissen wir, daß man die unterschiedlichsten Gegenstände aus Elfenbein hergestellt hat und daß dieses Material auch als Intarsien bei Möbeln aus Ebenholz und Buchsbaum verwendet wurde. Kämme, Wollkämme, Haarspangen, Schminkutensilien, Möbel, Musikinstrumente und Statuetten sind nur ein Teil der hier erwähnten Objekte.[1] Hingegen hat man in hethitischen Städten in Gebäuden, die aus der gleichen Epoche stammen wie diese Texte, weniger aus Elfenbein gefertigte Arbeiten gefunden als erwartet. Doch bei dem, was man entdeckt hat, handelt es sich um erlesene Stücke: Die in Nuzi gefundene halb männliche Figur einer Göttin, die Göttertrias[Abb. 1], der tanzende Gott und der Berggott[Abb. 3] aus Boğazköy-Ḫattusa sowie die reliefierte Elfenbeintafel aus Megiddo tragen maßgeblich dazu bei, die Kunst der hethitischen Großreichszeit zu definieren.

Auf den Tausenden von in altassyrischer Sprache geschriebenen Keilschrifturkunden aus der Entstehungs- und frühen Entwicklungsphase der hethitischen Kunst (2000–1750 v. Chr.), die überwiegend in Kültepe ausgegraben wurden, ist von Elefanten- oder Flußpferdzähnen als Arbeitsmaterial oder Handelsware keine Rede. Dennoch wurden in den Palästen, Wohnhäusern und Gräbern dieser Epoche in beträchtlicher Menge Elfenbeinschnitzereien gefunden. Darüber hinaus hat man in den Palästen von Acemhöyük auch die Existenz von Elfenbein verarbeitenden Werkstätten nachgewiesen.

> Statuetten und Reliefs

Die in Acemhöyük, Kültepe und Alacahöyük gefundenen Statuetten und die mit Reliefs und Gravuren verzierten Dosen und Siegel bieten die Möglichkeit, die Entwicklung des frühen hethitischen Stils zu verfolgen.

Die Elfenbeinobjekte von Acemhöyük gehören zu den Luxusgütern aus dem Sarıkaya-Palast. Bei der Betrachtung der Details dieser Elfenbeinarbeiten, die auf den ersten Blick eher heterogen wirken, ist leicht zu erkennen, daß sie in derselben Werkstatt gefertigt worden sind; dies gilt auch für die Stücke, die besonders starken syrischen Einfluß aufweisen. Die stilistische Einheitlichkeit von Menschenfiguren, Mischwesen und Tieren sowie bei den Darstellungen auf den Täfelchen ist sehr deutlich. Die Stücke, von denen einige rot bemalt sind, sind sorgfältig modelliert; übertrieben wiedergegebene Details bei der Darstellung von Gesichtern und Körpern finden sich nicht. Die großen Ohren, die eingetieften Pupillen, die mit einem anderen Material ausgelegt waren, volle Wangen, fleischige Nasen und schmale Lippen sind die eindeutigen Charakteristika der menschlichen Köpfe dieser Stilstufe.

Die Statuette einer nackten Göttin aus Karum Kaniš Ib besteht aus Flußpferdzahn[Abb. 2]. Sie sitzt auf einem hohen Schemel, und ihre Füße stehen auf einer halbrunden Basis. Der Kopfputz bedeckt das Haar der Göttin, die ihre Brüste umfaßt, läßt Ohren und Stirn jedoch frei. Im Gegensatz zu ihrem wohlgerundeten, aber schlanken Oberkörper hat sie breite Hüften und stämmige Beine.

Die am sorgfältigsten gearbeitete sitzende männliche Statuette aus Alacahöyük unterscheidet sich von der aus Acemhöyük durch die seitlich herabhängenden Arme und den vergoldeten Gürtel sowie durch die an die Schulter gehobene linke Hand.

Auf drei Elfenbeintafeln ist eine in derselben Weise sitzende Löwenfrau zu erkennen. Aus der Ausrichtung der dargestellten Figuren kann man schließen, daß sie einander gegenüberstehend auf ein Möbelstück montiert waren. Die Figuren mit nacktem Oberkörper halten jeweils in einer bis auf

4 Löwe mit einer Antilope im Maul aus Acemhöyük (18. Jahrhundert v. Chr.), Metropolitan Museum of Art, New York

5 Zwei weibliche Sphingen, eine bemalt, aus Acemhöyük (18. Jahrhundert v. Chr.), Metropolitan Museum of Art, New York

6 Auf vier Seiten verzierte Elfenbeindose aus Acemhöyük (18. Jahrhundert v. Chr.), Museum für Anatolische Zivilisationen, Ankara

7 Seite A der Dose, unterer Fries: Zug der Gabenträger vor dem König (18. Jahrhundert v. Chr.), Museum für Anatolische Zivilisationen, Ankara

Kinnhöhe erhobenen Hand eine Schlange. Bei dem infolge eines Brandes graublau verfärbten, am besten erhaltenen Beispiel haben sich im Weiß des Augapfels, in der Mähne und aus der Vorderseite des in Falten gelegten Rockes Spuren von Gold erhalten. Es ist wahrscheinlich, daß dieses Mischwesen aus Löwe und Frau, das aufgrund der Schlange, die es in der Hand hält, als anatolische Adaptation der ägyptischen Löwengöttin interpretiert wird, hier mit »Lamaštu« gleichgesetzt wurde, der Feindin neugeborener Kinder und Wöchnerinnen.

Die Statuette eines Stiermenschen, deren Gesicht am deutlichsten an die hethitische Physiognomie erinnert, weist wirklichkeitsgetreue Körperproportionen auf. Durch die ungehörnte Kappe, die beiden auf die Brust fallenden Hathor-Locken und die Tatsache, daß sie bartlos ist und die Hände in Brusthöhe hält, unterscheidet sich diese Statuette von den anderen anatolischen Stiermenschendarstellungen.

Unter den aus Acemhöyük stammenden Elfenbeinarbeiten bilden die Darstellungen von sitzenden Löwen und Sphingen die wichtigste Gruppe der Vorläufer der hethitischen Kunst. Dieser prototypische Charakter zeigt sich, abgesehen von den oben beschriebenen Details der menschlichen Köpfe, bei der Mähne mit krausem Haar sowie bei der Wiedergabe der Löwenkörper, die ausschließlich in dieser Gruppe vorkommt: Gemeint ist die Art, in der der Oberkörper durch vorn zusammenlaufende Bögen mit den Läufen verbunden ist, und der Stab mit knaufförmigem Ende hinter dem Vorderlauf, der bis zu den Pranken hinabreicht. Voll entwickelt können wir all diese Merkmale bei den Torlöwen von Boğazköy sehen.

Die Möbelstücke von Acemhöyük waren mit jagenden Löwen, einem beliebten Motiv der anatolischen Glyptik jener Zeit (vgl. Özgüç, hier S. 234ff.), verziert. Auf zwei in Durchbruchtechnik gearbeiteten Platten, bei denen sich oben und an der Basis viereckige Nietlöcher befinden, sind brüllende Löwen mit krauser Mähne und erhobener linker Tatze, mit der ein Beutetier geschlagen werden soll, dargestellt. Ihre Backen- und Reißzähne sowie die über das Kinn hängende Zunge sind detailliert wiedergegeben.

Auf drei Elfenbeintäfelchen, von denen zwei stark beschädigt sind, ist jeweils ein mähnenloser Löwe dargestellt, der seine Beute mit dem Maul gepackt hat. Bei dem besser erhaltenen Beispiel ist das Beutetier eine Gazelle [Abb. 4].

Die qualitätvollsten Stücke der New Yorker Sammlung sind die weiblichen Sphinxstatuetten [Abb. 5] und die Reliefplatten. Die vier im Vergleich zu anderen Arbeiten gut erhaltenen, im Durchschnitt 13 Zentimeter hohen Statuetten sind jeweils aus einem Stück Elfenbein geschnitzt. Alle haben auf der Oberseite ein recht tiefes, rechteckiges Zapfloch sowie zusätzlich über den Ohren oder an der Stirn und im Nacken kleine, runde Befestigungslöcher. Auf dem Haar über ihrer Stirn sitzt jeweils in der Mitte ein kleines Horn. Die Haare sind der Form des Möbelstücks, an das die Figur montiert werden sollte, angepaßt; auf die Außenflächen sind je drei vergoldete und auf die sichtbaren Teil der Innenseiten je zwei reliefierte Haarlocken sowie eine rahmende Locke geschnitzt. Das am besten erhaltene Stück ist ganz mit roter Farbe bedeckt (Abb. 6, links). Die Sphingen stehen auf einer runden Basis. Die Enden ihrer auf dem Rücken liegenden und bis in den Nacken reichenden Schwänze sind rautenförmig aufgefächert.

Die vollständig erhaltene der beiden Platten mit weiblichen Sphingen, von denen die eine nach rechts, die andere nach links gewandt ist, ist stark beschädigt; auf dem Körper, der sich bei einem Brand braun verfärbt hat, haben sich Blasen gebildet. Bei der besser erhaltenen Figur fehlt der untere Teil. Locken, physiognomische Details sowie der Übergang vom Körper zu den Beinen sind wie bei den Statuetten gestaltet.

> Dosen

Mit Figuren oder geometrischen Mustern geschmückte Dosen haben in der anatolischen Kunst eine ganz besondere Bedeutung.

Bei der ersten hier beschriebenen Dose handelt es sich um die älteste im hethitischen Stil verzierte Elfenbeinschnitzerei (20.–19. Jahrhundert v. Chr.). Sie wurde in Schicht II von Karum Kaniš gefunden. Auf der 3 Zentimeter hohen und 4 Zentimeter breiten rechteckigen Dose, deren Deckel verloren ist, präsentiert ein in Flachrelief gearbeiteter Löwe eine besondere Stilstufe. Der Schwanz, die Hinterläufe und der Körper des Tieres bis zum Nacken befinden sich auf der Längsseite, der runde Kopf sitzt auf der linken Ecke; die Vorderläufe greifen auf der danebenliegenden Schmalseite bis über den Ansatz des Deckels hinaus. Auf die oberen Ecken der gegenüberliegenden Schmalseite ist jeweils ein stilisierter Stierkopf geschnitzt. Die sorgfältig polierten vier Seiten sind mit konzentrischen Kreisen verziert.

Das zweite Stück ist die mit reichen Reliefdarstellungen geschmückte Dose von Acemhöyük [Abb. 6]. Der Körper der aus einem einzigen Elefantenzahn geschnitzten Dose ist viereckig; sie hat einen hohen Hals und einen ausladenden Rand. Zwei der vier reliefierten Seiten sind stark beschädigt. Die fast quadratischen Seitenflächen werden von einem 0,6 Zentimeter breiten Rahmen umfaßt und sind mit einem Trennband in der Mitte in je zwei Bildfelder unterteilt. Der äußere Rahmen ist mit goldgefaßten Kupfernägeln, das Trennband mit Eisennägeln und kleinen Scheiben aus Lapislazuli verziert [Abb. 7]. Insgesamt wurden 70 Kupfer- und 12 Eisennägel sowie 12 Lapislazulischeiben verwendet. Von acht Reliefs haben sich lediglich vier (auf den Seiten A und C) ganz oder teilweise erhalten.

Seite A: Nur auf dieser Seite haben sich in der Mitte des oberen Rahmens zwei Rosetten mit einem Kupfernagel, einem goldenen granulierten Rahmen und goldenen Blütenblättern erhalten. Bei der oberen Darstellung, die vermutlich eine Jagdszene wiedergab und zahlreiche Figuren aufweist, sind an der rechten und linken Seite einige Tiere zu erkennen. Das untere Bild blieb nahezu vollständig erhalten: Die in vier Reihen angeordneten Figuren füllen die gesamte Bildfläche aus. Dargestellt ist der König, der in einer fast mythischen Atmosphäre auf seinem Thron sitzt, während ihm der erste von sieben Männern einen Fisch und die folgenden vier abwechselnd an die Enden einer Stange gebundene Trinkgefäße und Fische darbieten, der sechste bringt eine Ziege, der siebte einen Affen. In der oberen Reihe füllen kleine Tiere, in der dritten ein Affe, zwei Löwen und eine Antilope, in der vierten Reihe eine weibliche Sphinx, zwei Affen, ein Bergschaf, ein Löwe, ein Tier, eine Ziege und drei Schafe den Raum.

Seite C: Im oberen und unteren Bild sieht man jagende Löwen. Das obere Bild ist mit einer horizontalen Linie in zwei Hälften geteilt. Im oberen Teil erkennt man auf einer schraffierten Fläche eine Herde wandernder Löwinnen, von denen sich fünf erhalten haben. Im unteren Teil schreiten vier männliche Löwen mit ihrer Beute im Maul, während der fünfte, der die Gruppe anführt, eine Antilope angreift.

In der oberen Hälfte des ebenso geteilten unteren Bildes sind in strenger Ordnung dahinziehende Schafe teilweise erhalten. Im unteren Teil greift ein Löwe ein Tier an, und zwei von drei laufenden Löwen tragen ihre Beute im Maul. Am rechten Rand greifen zwei einander gegenüberstehende Löwen ein Rind an, von dem nur der Kopf zu erkennen ist. Freie Flächen sind mit auf dem Rücken liegenden oder im Aufstehen begriffenen Tieren gefüllt.

Anmerkungen

1 Güterbock 1971, 1–17.

Literatur

Barnett 1982; Güterbock 1971, 1–7; Harper 1969; Neve 1992a; N. Özgüç 1966, 29–52; N. Özgüç 1976, 555–560

Die Keramik der althethitischen Zeit Kultgefäße

Tahsin Özgüç

Die hethitische Keramikkunst hat ihren Höhepunkt in der althethitischen Zeit im Gebiet von Nordkappadokien und dem Mittleren Schwarzmeergebiet erreicht. Sie stellt die unmittelbare Fortsetzung der Keramik der vorangegangenen Epoche dar.

Die für den täglichen Gebrauch und die Kulthandlungen bestimmten Gefäße lassen sich gut voneinander unterscheiden. Bei den Kultgefäßen hat man auf Dünnwandigkeit und metallischen Glanz Wert gelegt. Es ist ein Charakteristikum dieser Zeit, daß sich bei den Schnabelkannen mit schmalem, langem Hals und ausgeprägter Karinierung des Körpers das konkave Unterteil der Gefäße nach unten hin stark verjüngt. So wirken sie höher und schmaler und besonders elegant[Abb. 1].

Daneben bilden Vasen mit Reliefverzierung oder Bemalung, Tonaltäre, Stier- und Götterstatuetten das Ensemble der Kultobjekte.

In der zugleich sakralen und höfischen hethitischen Kunst spielen die Kultszenen eine sehr wichtige Rolle. Derartige Darstellungen tauchen in dieser Zeit zum ersten Mal auf Tonvasen auf. Solche Reliefvasen sind die frühesten Beispiele für die Bildkunst der hethitischen Großreichszeit, die sich auch in Felsreliefs, Statuen, Metallgefäßen und -rhytha widerspiegelt.

Diesen Stil zeigt auch die Reliefvase, die 110 Kilometer nördlich von Ankara in dem in die Zeit Ḫattusilis I. datierten Tempel von İnandık gefunden wurde[Abb. 2–5, 7]: Dieses Gefäß, das den althethitischen Stil präsentiert und die »Hieros Gamos« genannte Heilige Hochzeit detailliert wiedergibt, wurde neben einem Pithos gefunden, in dem eine Keilschrifttafel in akkadischer Sprache deponiert war. Die Vase hat einen Hals in Form eines langen, konkaven Zylinders, einen ovalen Körper und vier symmetrische Henkel. Der Gefäßkörper ist außen in vier reliefverzierte Friese unterteilt. Innen auf dem Rand ist eine Röhre angebracht, deren beide Enden so mit einem auf dem Rand befestigten kleinen Behälter verbunden sind, daß eine in diesen Behälter geschüttete Flüssigkeit durch die Röhre läuft und aus den Mäulern von vier symmetrisch angeordneten Stierköpfen in die Vase fließt. Somit war diese Vase ein Libationsgefäß.

Die Tonreliefs wurden zunächst in einer separaten Form modelliert und später mit der Gefäßoberfläche verbunden. Dadurch, daß sie der Rundung des Vasenkörpers meisterhaft angepaßt wurden, sind die Figuren zu einem organischen Bestandteil der Vase geworden.

Auf den Friesen der 82 Zentimeter hohen Vase sind folgende Szenen zu erkennen:

In untersten Fries sind die Vorbereitung des Geschirrs für eine Speisezeremonie mit einem Gott und einer Göttin, die zu beiden Seiten eines Altars sitzen, und zwei tanzende Priester dargestellt; als Begleitung spielen Musiker die Lyra und die Langhalslaute. In althethitischer Zeit war die Lyra im Tempelorchester vertreten, und die Langhalslaute ist das am häufigsten dargestellte Musikinstrument auf den Reliefvasen.

Im zweiten Fries wird vor einer auf einem Podest stehenden Stierstatue des Wettergottes ein Stier geopfert. Der König, der den linken Arm in Gebetshaltung erhoben hat, bietet dem Gott Stierblut in einem metallenen Trinkgefäß dar. Die Szene wird von einem Lyraspieler vervollständigt. Es handelt sich hierbei um die Darstellung bestimmter Rollen, die König und Königin bei den Festritualen spielten. Die hier wiedergegebene Stierstatue ist ein erstes Beispiel für die Darstellung von Stierreliefs wie am Sphinxtor von Alacahöyük. In der zweiten Szene führt ein hochgewachsener Mann in Gebetshaltung Personen, die Votivgaben darbieten (Priester?), vor den Gott. Sein reichverziertes Gewand, der Schal und das Diadem sind Zeichen für seine herausragende Stellung. In der dritten Szene sind zwei Männer, die jeweils einen Altar tragen, und eine kleine Figur dargestellt. In der Ikonographie der Reliefvasen ist hier zum ersten Mal die Überreichung eines Altars zu sehen. Die Altäre unterscheiden sich nicht von denen auf den Orthostaten von Alacahöyük. Auch die Brustpartie des Anführers auf der

1 Zwei Schnabelkannen für Trankopfer, die Metallvorbilder nachahmen, aus İnandıktepe

2–5 Reliefgeschmückte Vase aus İnandık

6 Bıtık-Vase, Umzeichnung eines Reliefs: Der König öffnet den Schleier der Königin

Vase von Hüseyindede ist in ähnlicher Weise gearbeitet. Dieser Fries wird durch einen Lyraspieler und eine Figur abgeschlossen, die einem Gott, der einem Altar gegenübersitzt, ein Getränk in einer Kanne darreicht.

Auf dem dritten Fries wird die Heilige Hochzeit von Gott und Göttin stellvertretend durch König und Königin vollzogen. Sie sitzen auf dem sorgfältig vorbereiteten Bett. Wie auf der Vase aus Bıtık [Abb. 6] öffnet der König den Schleier der ihm gegenübersitzenden Königin. Die Vase vor dem Bett und der Altar sind bewußt größer als die anderen wiedergegeben. Die Vase aus Hüseyindede zeigt, daß sich diese Szene auf den Reliefvasen wiederholt. Auf dem Flachdach eines Tempels tanzt eine Priesterin zwischen einer Zimbeln schlagenden Frau und einem Langhalslaute spielenden Mann. Diese sind sehr klein dargestellt, weil sie weiter vom Betrachter entfernt sind. Außerdem sind gegenüber dem Tempel zwei schwerttragende Männer zu sehen, gefolgt von einem Lyraspieler und einem Mann, der ein mit Gaben beladenes Tablett trägt. Die ihm folgende Figur trägt auf der Schulter ein Objekt, das einem Lituus/Kalmuš (Krummstab) ähnelt, wie ihn die hethitischen Könige tragen. Am Ende der Prozession sehen wir einen Priester in Gebetshaltung, dem zwei Zimbeln schlagende Frauen folgen.

Am Anfang des vierten Frieses ist eine Hochzeitsszene dargestellt. Das lange Gewand der Frau unterscheidet sich von dem der auf dem Bett sitzenden Göttin im dritten Fries, es handelt sich hierbei also nicht um dieselben Personen. In dieser erotischen Szene hat der Mann den Kopf nach hinten gewandt und schaut zu einer Frau im schwarzen Gewand, die ihm den Rücken zugekehrt hat, singt und Zimbeln schlägt. Einem Mann, der eine Langhalslaute spielt, folgen zwischen Zimbeln schlagenden Gestalten und einer weiteren kleinen Figur zwei Akrobaten. Am Ende des Zuges schreitet ein Lyraspieler. Dies ist der Fries mit den meisten Musikanten, und er zeigt die Vergnügungen der Bevölkerung, die diese Zeremonie feiert und sich der Musik und dem Tanz hingibt. Die hier geschilderte Hochzeitszene symbolisiert die Hochzeit von König und Königin. Dieser althethitische Brauch steht in Verbindung zu einem sehr alten Brauch im Nahen Osten; vor allem ist hier die Vase von Uruk zu nennen, auf der eine ähnliche Zeremonie wiedergegeben ist.

Die Personen haben die für die hethitische Bildkunst typischen vollen Wangen, große spitze Nasen, einen kleinen Mund und große Ohren. Sämtliche Figuren sind nach hethitischer Manier in Schrittstellung dargestellt.

Frauen, Priesterinnen und Priester tragen lange, Männer lange und kurze Gewänder. Die Frauen haben langes schwarzes Haar. Abgesehen von fünf Beispielen, bei denen die Brust frontal wiedergegeben ist, wird der Brustbereich bei den Männern im Profil dargestellt; Frauen werden immer im Profil gezeigt. Die tanzenden Frauen bilden dabei eine Ausnahme.

Die Reliefvasen sind Belege für die Texte, in denen die Bedeutung der Musik und des Tanzes bei den hethitischen Kultritualen immer wieder betont wird. Doch im Gegensatz zu den sumerischen werden in den hethitischen Texten keine Informationen über die Heilige Hochzeit gegeben. Bei den Figuren fehlen mit Ausnahme von drei Beispielen Attribute, die andeuten, daß es sich hier um Gottheiten handelt. Die eigentliche Zeremonie fand, wie bei den Sumerern, im Inneren des Tempels statt. Der Tempel ist auf der Vase nur symbolisch verkürzt dargestellt.

Manche Gottheiten auf den Reliefvasen kann man – z. B. auf den Vasen aus Eskiyapar und Kalehöyük – anhand ihrer spitzen Mützen, der Lanze, die sie in der Hand halten, oder mit Hilfe des heiligen Tieres, auf dem sie stehen, identifizieren. Das Relief mit dem Schutzgott der Fluren, der auf seinem heiligen Tier, einem Hirsch, steht, gehört dabei zu den seltenen Funden des entwickelten althethitischen Stils.

Eine zweite Vase aus İnandık zeigt, daß in der althethitischen Bildkunst die Kultzeremonien nicht

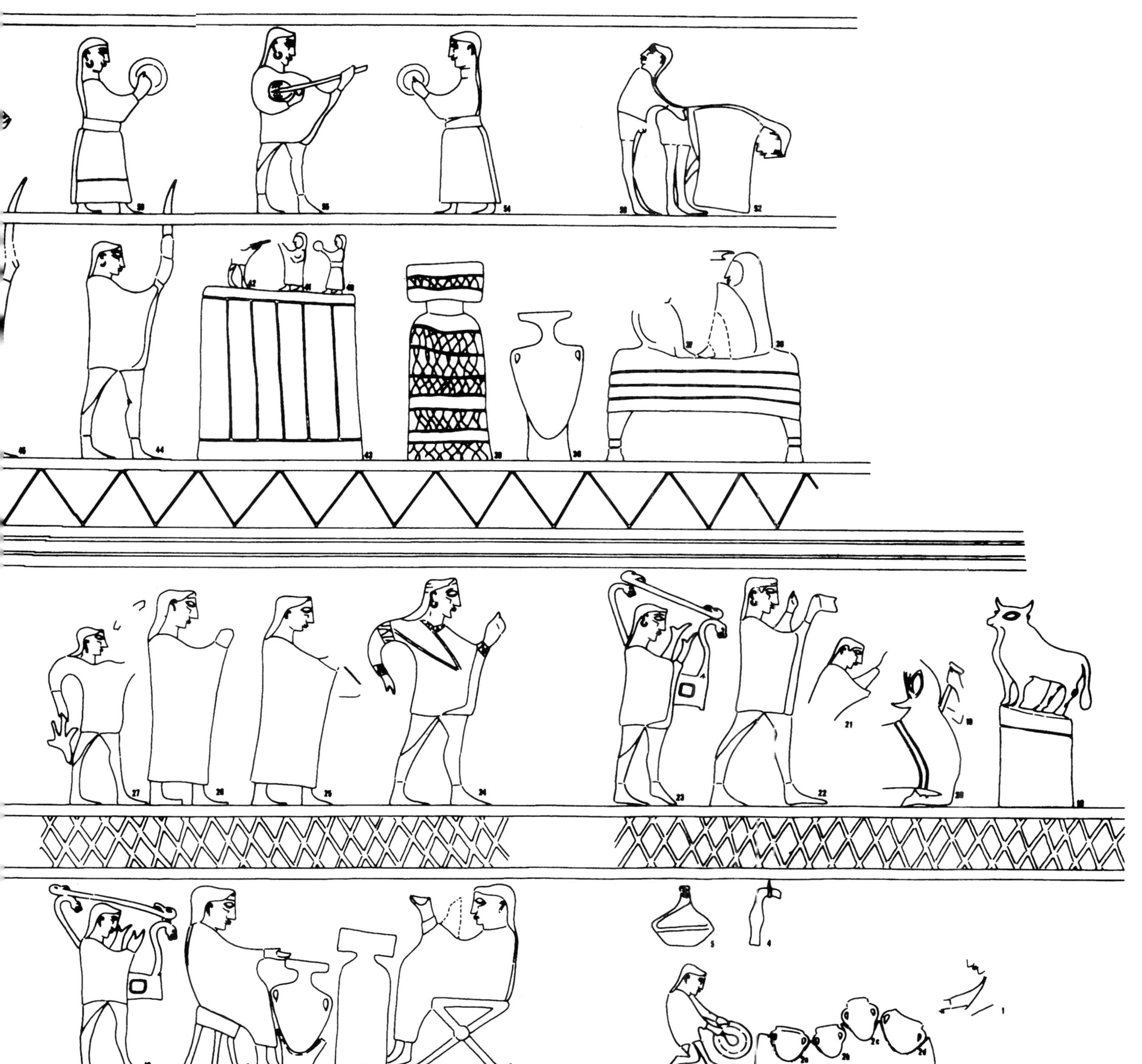

7 İnandık-Vase, Umzeichnung der Reliefdarstellungen

8

9

nur als Relief, sondern auch gemalt dargestellt wurden. Auf der Vase sind ein Altar, Lilien, das Anch-Zeichen (das ägyptische Lebenszeichen) sowie eine geflügelte Sonnenscheibe zu erkennen. Die Reliefvasen und die bemalten Vasen präsentieren eine weitverbreitete Kunstgattung, bei der die hethitischen Kultszenen in Friesen angeordnet wurden. Neben Sonnenscheibe und Anch-Zeichen ist die Darstellung der männlichen Figuren mit der Brust in Frontalansicht und Kopf und Beinen im Profil ein weiteres Beispiel für den Einfluß der ägyptisch-hethitischen Beziehungen auf die Kunst. Die bemalte Vase aus dem Palast von Acemhöyük ist das älteste Beispiel für ein derartig dekoriertes Werk.

Die Vasen aus Kültepe Ib mit einem Zug von Stieren, deren Köpfe plastisch und deren Körper als Relief dargestellt ist, bilden die frühesten Beispiele für in Friesen dargestellte Szenen (vgl. Abb. 7, 8, S. 132). Die Darstellungen auf den Reliefvasen bezeugen auch, daß nicht nur der Wettergott in Form einer Statue verehrt wird, die auf einem von einem Stier gezogenen Wagen steht, sondern auch der Schutzgott.

Die nackt auf einem Thron sitzende Kultfigur in dem kleinen, an der Front offenen Tempelmodell aus Ton ist ein Symbol für die männliche Gottheit [Abb. 8]. Es handelt sich hierbei um eine im Tempel dargebrachte Votivgabe. In einer Tasse ist eine ihre Brüste darbietende Göttin dargestellt. Sie sitzt einem Altar gegenüber, auf dem ein Brot und eine Schnabelkanne stehen. Das Innere dieser Tasse zeigt also das Innere eines Tempels [Abb. 9].

Tönerne Stierfiguren wurden in den früh- und mittelhethitischen Tempeln als Symbole der heiligen Tiere des Wettergottes aufbewahrt [Abb. 10, 11]. Sie sind mit einem roten Überzug versehen und haben einen Ausguß auf dem Rücken. Der mit einem Halfter ausgestattete Kopf und die Gesichtszüge repräsentieren den typischen hethitischen Stil.

Die wichtigste der hethitischen Kultzeremonien war das im Frühjahr gefeierte Fest der AN.TAH.ŠUM-Pflanze, das 38 Tage lang dauerte. An der Spitze der dabei auf verschiedene Art und Weise geehrten Götter steht der Sturmgott. Die İnandık-Vase zeigt eine dieser Festlichkeiten (s. auch de Martino, hier S. 118ff.).

Literatur

Balkan 1973; Boehmer 1983; Ediz et. al. 1999, 189ff.; Fischer 1963; T. Özgüç 1957, 57–78; T. Özgüç 1978; T. Özgüç 1982b; T. Özgüç 1988; T. Özgüç 2000

8 Thronender Gott in einem tönernen Tempelmodell

9 Vor einem Altar sitzende Göttin in einer Tasse (Kat.-Nr. 83)

10 Stierförmiges Kultgefäß aus İnandık (Kat.-Nr. 29)

11 Stierförmiges Kultgefäß aus İnandık (Kat.-Nr. 30)

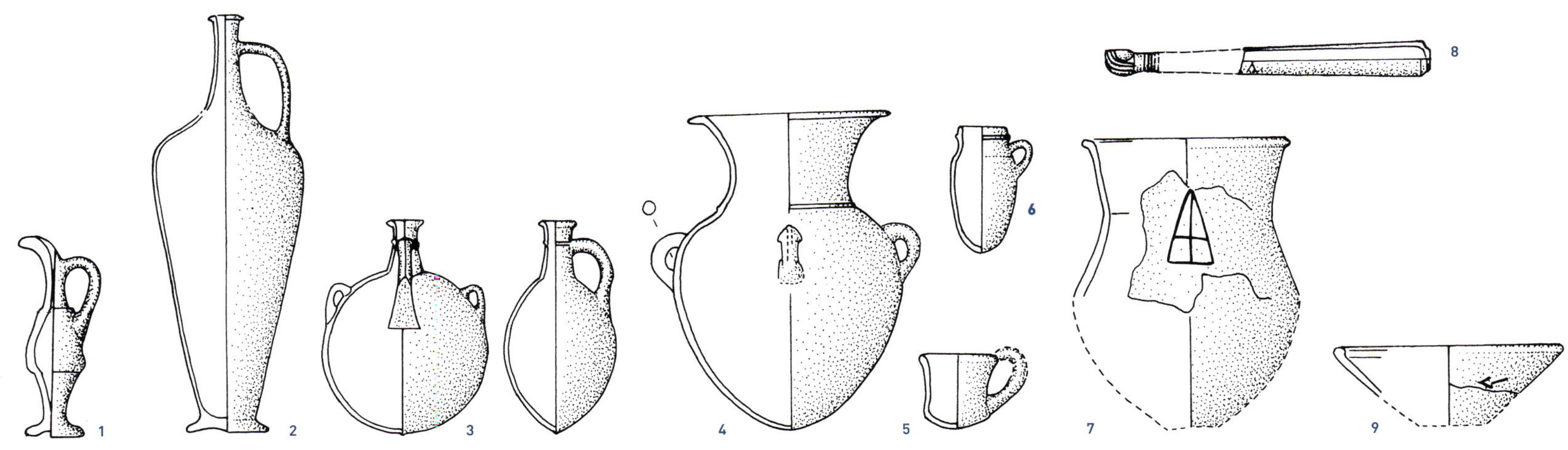

Die Keramik des Mittleren und Jüngeren hethitischen Reiches

Die Entwicklung der anatolischen Keramik – ihre Formen und Funktionen

1 Verschiedene Gefäßformen des Mittleren und Jüngeren hethitischen Reiches aus Boğazköy-Ḫattusa und Kuşaklı-Sarissa

Andreas Müller-Karpe

Die Blütezeit der anatolischen Keramikproduktion des 2. Jahrtausends ist die frühhethitische Periode (bzw. die Zeit der altassyrischen Handelskolonien) und die anschließende Zeit des Alten Reiches. Die größte Vielfalt an Gefäßformen, der höchste Qualitätsstandard wurde erreicht, und auch die ästhetisch anspruchsvollsten Produkte stammen aus dieser Epoche zwischen dem 19. und 16. Jahrhundert v. Chr. In der folgenden mittelhethitischen Zeit (zwischen Telipinu und Suppiluliuma I.) setzt ein deutlicher Abwärtstrend bezüglich Qualität und Formenvielfalt ein, der sich im Jüngeren hethitischen Reich (»Großreichszeit«, zweite Hälfte des 14. und 13. Jahrhunderts v. Chr.) fortsetzt. Gaben zunächst kunsthandwerkliche Spitzenprodukte wie die verschiedenen Kannen »toreutischer« Form der hethitischen Keramik ihr unverwechselbares Gepräge, so geht die Entwicklung ab dem 15. Jahrhundert hin zu einer Vereinfachung und Vergröberung der Formen und zu einer Standardisierung des gesamten Spektrums. Am Ende der Großreichszeit dominiert schließlich die schlichte grobtonige Massenware. Diese Entwicklung verläuft kontinuierlich ohne merkliche Brüche, aber auch ohne daß während des Mittleren und Jüngeren Reiches nennenswerte neue Impulse, etwa innovative Gestaltungselemente, zu verzeichnen wären. Die Formen wurzeln im Althethitischen.

> Verbreitung

Bemerkenswert ist die große Einheitlichkeit der Keramik innerhalb weiter Teile Anatoliens. Dieselben Gefäßtypen sind von Kilikien im Süden (Tarsus, Mersin) bis zum pontischen Bergland im Norden (Dündartepe, Oymaağaç) verbreitet. Im Westen stellt hethitische Keramik etwa im oberen Meandertal (Beycesultan) einen wichtigen Anteil unter der im übrigen lokal geprägten Ware dar. Im Osten ist hethitische Keramik bis zur Kebanregion dominierend.

Die Verbreitung dieser charakteristischen Keramik spiegelt somit die politischen Verhältnisse wider. Eine Ausnahme stellen jedoch Nordsyrien und Zypern dar. Dies sind Gebiete, die, wenn auch unterschiedliche lange, gleichfalls zum hethitischen Herrschaftsgebiet zählten, wo aber stets die eigene Keramiktradition vorherrschend blieb. Im hethitischen Kerngebiet Zentralanatoliens sind die Keramikinventare der bisher bekannten Siedlungen des 15. bis 13. Jahrhunderts nahezu durchweg übereinstimmend. Lokale Unterschiede, wie sie etwa noch in frühhethitischer Zeit zwischen Kültepe und Boğazköy vorliegen, sind nunmehr weitgehend nivelliert. Zweifellos spiegelt sich hier eine stark zentralistische Herrschaftsstruktur mit intensivem weiträumigem Warenaustausch und gezielter Siedlungspolitik wider (Umsiedlungen größerer Bevölkerungsteile). Die Schaffung des Einheitsstaates mit zudem starken staatlichen Abhängigkeiten weiter Bereiche des Wirtschaftslebens zeigt sich nicht nur in der übergreifenden Einheitlichkeit der Keramik, sondern dürfte ebenso der Standardisierung des Repertoires und einer Tendenz zur Vereinfachung der Formen Vorschub geleistet haben.

> Waren

Von wenigen Ausnahmen abgesehen, verwendeten die hethitischen Töpfer zur Herstellung ihrer Gefäße Tone, die mit mineralischen Zuschlagstoffen versehen (»gemagert«) wurden. Sand- bzw. Stein unterschiedlicher Korngröße, selten auch zerschlagene Keramik (Schamotte) mengte man den meist etwas eisenhaltigen Tonen zu. Die noch bis zum frühen 2. Jahrtausend geläufige Häckselmagerung spielt nun keine Rolle mehr.
Als besonders typisch für hethitische Keramik gilt die rotpolierte Ware. Es handelt sich hierbei um Gefäße, die mit einem fein geschlämmten, stark eisenhaltigen Tonüberzug versehen wurden, der in Folge einer oxidierenden Brandatmosphäre (unter Sauerstoffzufuhr beim Brennvorgang) eine intensiv rote Färbung annahm. Die bisweilen an blankes Kupfer erinnernde metallisch glänzende Oberfläche kennzeichnet diese Ware. Möglicherweise sollte gezielt dieser Eindruck der wertvolleren Metallgefäße hervorgerufen werden. Inwieweit der Glanz durch mechanisches Polieren der Keramikoberfläche vor dem Brand erzielt wurde oder ob teilweise bereits dünn aufgetragene Glanztone Verwendung fanden, die im Brand sinterten und so ohne weitere Behandlung zu einer dichten glänzenden Schicht wurden, bleibt noch zu untersuchen. Ebenfalls sind es handwerklich anspruchsvolle Produkte, die von speziellen Töpfern hergestellt und behandelt wurden. Allerdings ist diese zunächst recht häufige rote Feinkeramik in der Großreichszeit nur mehr selten vertreten und hat am Ende des 13. Jahrhunderts v. Chr. kaum mehr einen Anteil von einem Prozent der Gefäße. Etwas stärker vertreten ist Keramik mit einem cremeweißen Überzug. Die Masse der Gefäße weist jedoch keinen Überzug auf und ist meist grobtonig.

Von großen Töpfen bzw. Pithoi, einem Teil der Kochtöpfe, Backtellern und einigen Votivgefäßen abgesehen, ist die hethitische Keramik durchweg auf der schnellrotierenden Töpferscheibe hergestellt. Gebrannt wurden die Gefäße in Töpferöfen mit getrennter Feuerungs- und Brennkammer, die eine gute Steuerung der Temperatur- und Brandatmosphäre ermöglichten. In der Regel wurde hell oxidierend gebrannt, so daß beige, braune und rötliche Farbtöne überwiegen.

> Formen und Funktionen

Die Leitform der hethitischen Keramik, die nach ihrer charakteristischen Gestaltung des Ausgusses sogenannte Schnabelkanne, hat in der Zeit des Mittleren und Jüngeren Reiches nicht mehr die Bedeutung wie zuvor. Vergleichsweise wenige Exemplare sind erhalten. Auch Tüllenkannen und Kannen mit rinnenförmigem Ausguß sind nun relativ selten. Lediglich Exemplare mit kleeblattförmiger Gefäßmündung sind regelmäßig in Fundverbänden dieser Zeit belegt, wenn auch ihr Anteil an der gesamten Keramikmenge selten 2 Prozent übersteigt. Da bei Geschirrsätzen Kannen zweifellos ein unverzichtbarer Bestandteil waren, könnte der starke Rückgang keramischer Exemplare eventuell durch einen entsprechenden Anstieg der Häufigkeit von Metallkannen erklärt werden. Da Bronze oder Edelmetalle stets wiederverwendet werden konnten, sind bislang derartige Gefäße dieser Epoche archäologisch nicht überliefert. Aufgrund zahlreicher Erwähnungen in hethitischen Texten ist aber mit ihrer Existenz zu rechnen. Die erhaltenen Keramikkannen zeigen eine deutliche Formentwicklung. Die zuvor so beliebten breiten Schnabelkannen mit scharfem Schulterknick, konkav geschwungenem Gefäßunterteil und Tellerfuß werden nun von gerundet bauchigen Formen mit solider wirkendem Standringboden abgelöst. Als Fortführung der älteren kantig-»toreutischen« Schnabelkannen sind in der Großreichszeit lediglich einige schlanke, hohe Exemplare mit geringem Fassungsvermögen belegt. Sie sind wesentlich weniger sorgfältig gearbeitet als ihre althethitischen Vorformen und lassen auch die Ausgewogenheit der Proportionen vermissen. Mehrere Kannen dieses späten Typs wurden auf der Königsburg Büyükkale in einem Kultbau (Gebäude C) gefunden[Abb. 1.1]. Sie dienten sicher keinen profanen Zwecken, sondern sind als Libationsgefäße im Zusammenhang mit rituellen Handlungen zu deuten. Bildliche Darstellungen stützen diese Interpretation [Abb. 2.1].

In hethitischen Beschreibungen religiöser Feste werden »Išpantuzzi«-Gefäße mehrfach genannt, mit denen Trankopfer gespendet, d. h. libiert, werden. Aus den Texten geht zwar nicht hervor, welche Form diese Gefäße hatten, doch spricht vieles dafür, daß es sich hierbei um Schnabelkannen gehandelt hat.

2 Darstellungen hethitischer Keramik und ihrer Verwendung:

1 silbernes Hirschrython der Schimmel-Collection

2 Reliefvase aus Bıtık

3, 4 Siegelabdrücke aus Kültepe

5 Reliefvase aus Boğazköy

6 Orthostatenrelief aus Alacahöyük

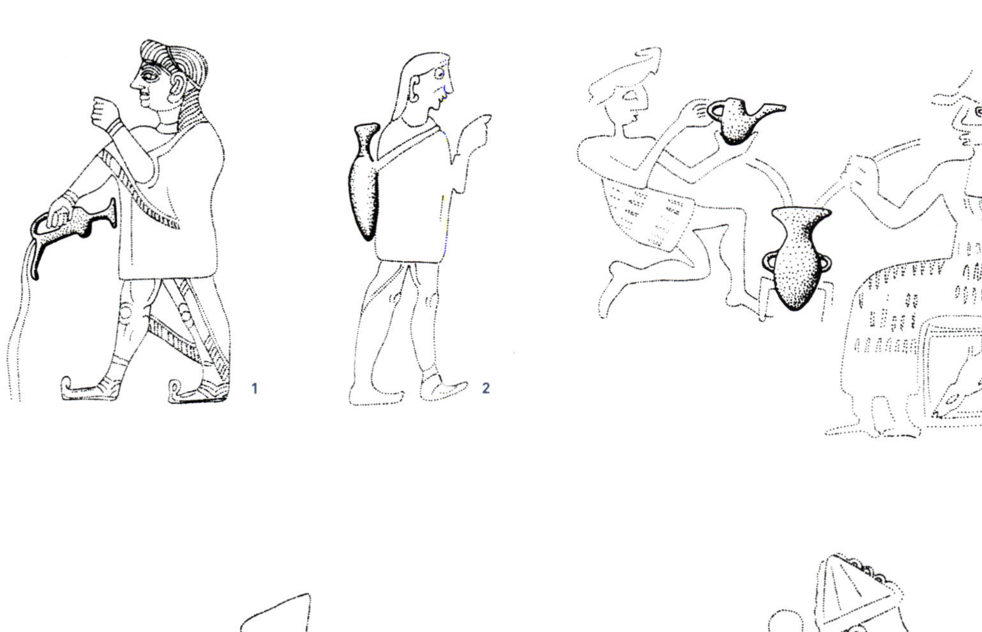

Ein häufig belegter Gefäßtyp sind lange, schlanke Krüge mit runder Mündung, die römischen Weinamphoren nicht unähnlich sind, jedoch stets nur einen Vertikalhenkel besitzen Abb. 3. Sie können eine Höhe von über einem Meter erreichen. Die mittelhethitischen Exemplare haben einen meist runden Boden, die jüngeren einen spitzen. Ist der Hals von der Gefäßschulter zunächst noch durch einen deutlichen Absatz getrennt, zeigt sich dann die Tendenz zu einem nahtlos geschwungenen Übergang. Der Verstärkungsring an der Gefäßmündung ist zu Anfang schmal und wirkt nach außen gleichmäßig rund. Im Laufe der Entwicklung wird diese Randlippe breiter und flacher, am Ende der Großreichszeit wird sie schließlich auf der Innenseite der Mündung etwas vom Hals abgesetzt. Auch der Henkelquerschnitt wandelt sich von der älteren, rundstabigen Form hin zu einem ovalen Querschnitt. Es ist somit innerhalb von rund 200 Jahren eine deutliche Formentwicklung der Krüge zu verzeichnen, die für die zeitliche Bestimmung der Fundverbände, in denen derartige Stücke auftreten, wichtige Anhaltspunkte liefern. Die Funktion dieser Krüge dürfte der römischer Amphoren durchaus ähnlich gewesen sein: Bevorratung und Transport von Flüssigkeiten wie Öl, hauptsächlich aber sicherlich Wein. Es zeigen jedoch Neufunde aus einer großen Tempelanlage auf der Akropolis von Kuşaklı, daß durchaus auch Bier in solchen Krügen gebraut werden konnte. Die in hethitischen Texten genannten »Gefäße mit langem Hals« (^{DUG} GID.DA) dürften Krüge gewesen sein.

Eine besondere Krugform stellen die sogenannten »Spindlebottles« dar, die sich durch ihre hohe, sehr schlanke Form und einem ausschwingenden Standringboden auszeichnen Abb. 1.2. Sie unterscheiden sich von der übrigen hethitischen Keramik durch den feinen hellen Ton, aus dem sie gefertigt sind, sowie ihre rotpolierte Oberfläche. Ware und Form sind fremd in Zentralanatolien. Es muß sich daher um Importgut handeln. Gefäße dieser Art sind im gesamten ostmediterranen Raum bis Ägypten verbreitet. Aufgrund der Fundkonzentration auf Zypern wird ihr Ursprung dort gesucht. Sie dienten vermutlich als Transportgefäße für kostbare Duftöle und wurden daher soweit verhandelt. Der Fund einer solchen »Spindlebottle« in einer Badewanne des Tempels auf der Nordterrasse von Kuşaklı-Sarissa legt die Deutung als Behältnis für Bade- bzw. Körperöl nahe. Nicht nur der Inhalt, sondern auch die Gefäßform erfreute sich großer Beliebtheit im hethitischen Kulturbereich, so daß auch lokale Nachahmungen aus einheimischem Ton gefertigt wurden. Als ein Gefäß für »Feinöl« ist in hethitischen Texten ^{DUG} tallai belegt. Möglicherweise sind damit »Spindlebottles« gemeint.

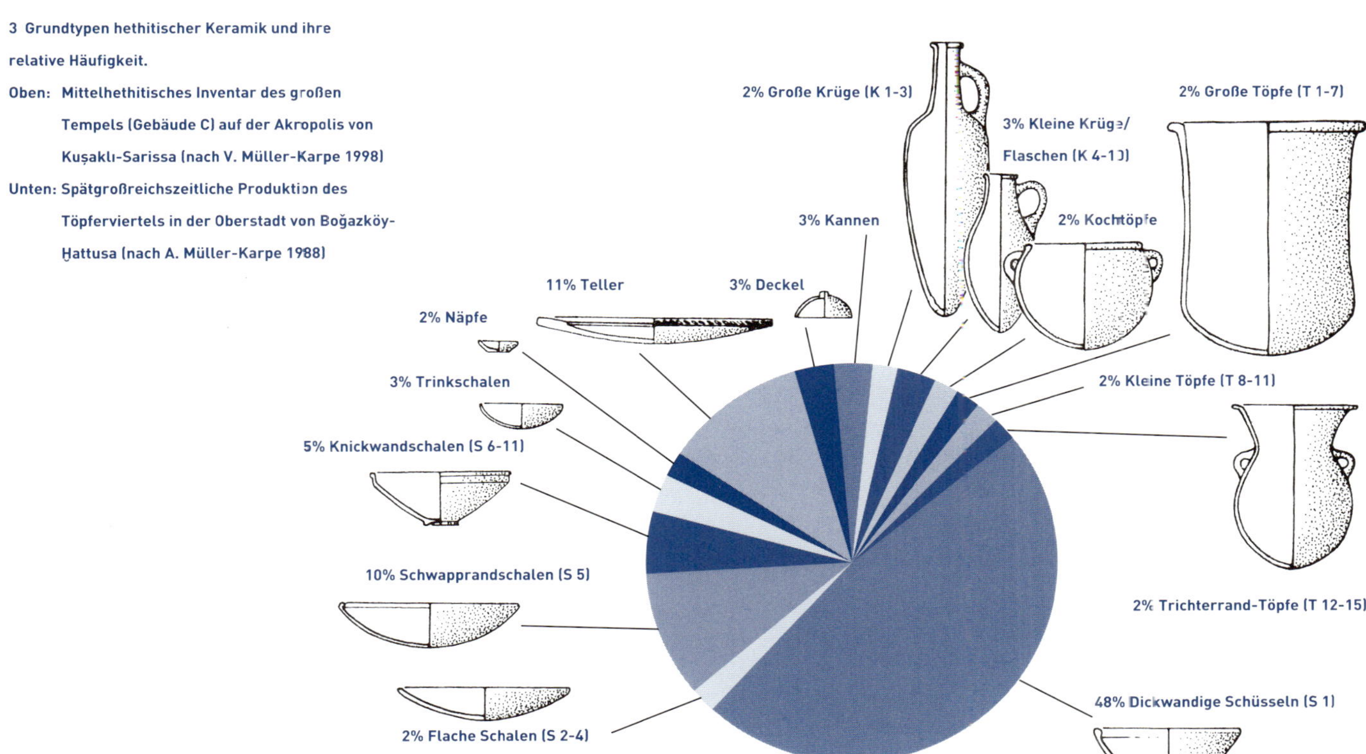

3 Grundtypen hethitischer Keramik und ihre relative Häufigkeit.
Oben: Mittelhethitisches Inventar des großen Tempels (Gebäude C) auf der Akropolis von Kuşaklı-Sarissa (nach V. Müller-Karpe 1998)
Unten: Spätgroßreichszeitliche Produktion des Töpferviertels in der Oberstadt von Boğazköy-Ḫattusa (nach A. Müller-Karpe 1988)

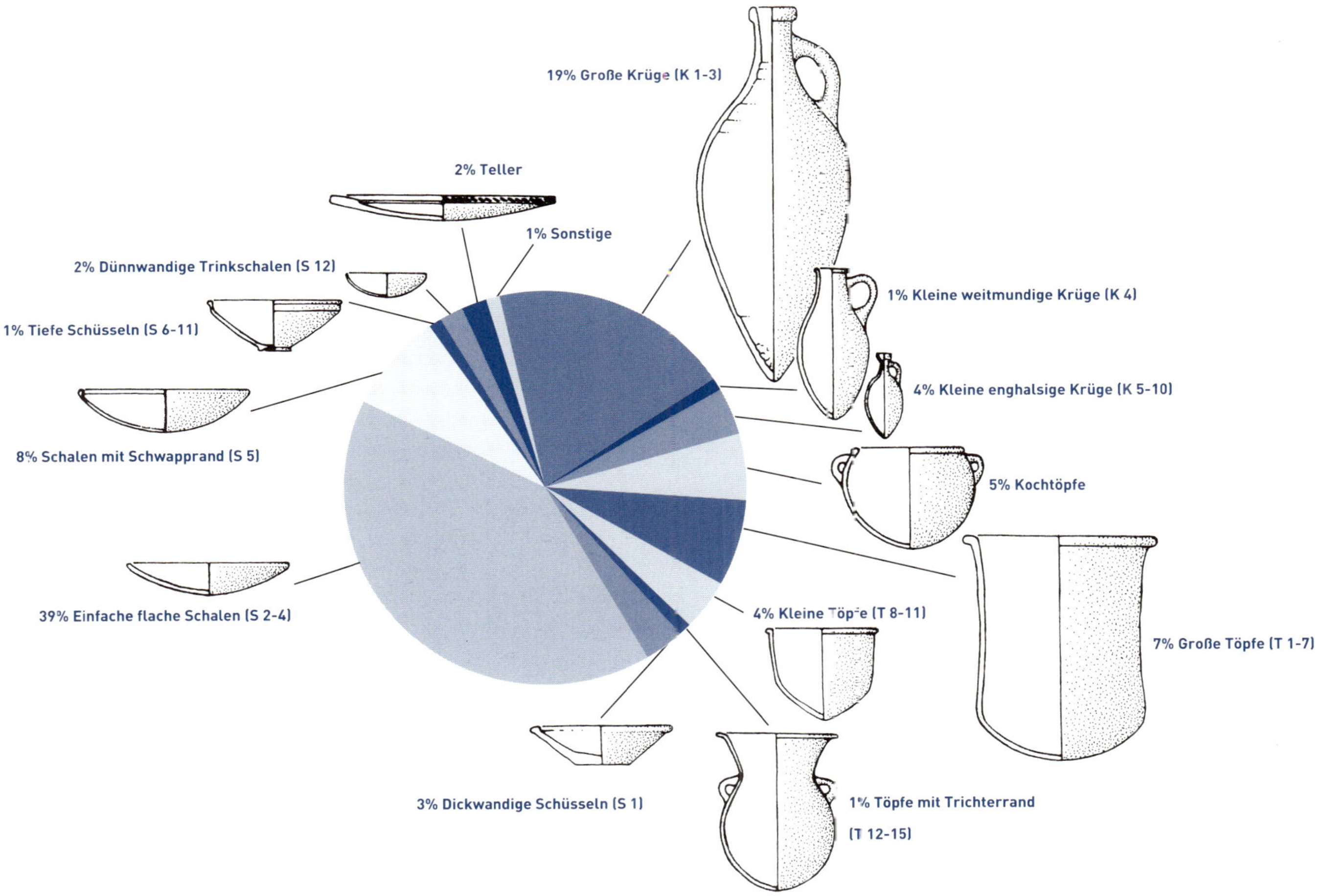

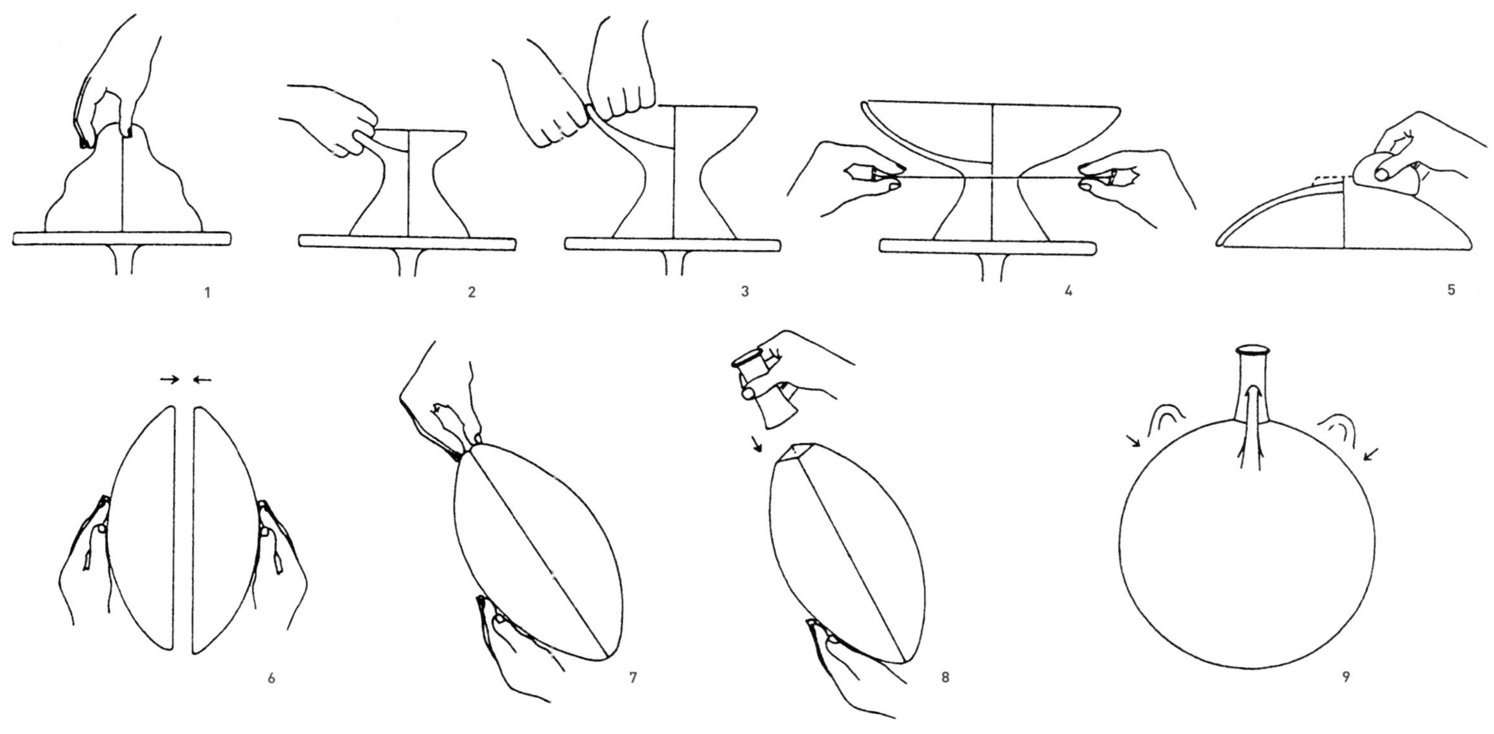

4 Rekonstruktion der beiden Herstellungsverfahren von Linsenflaschen

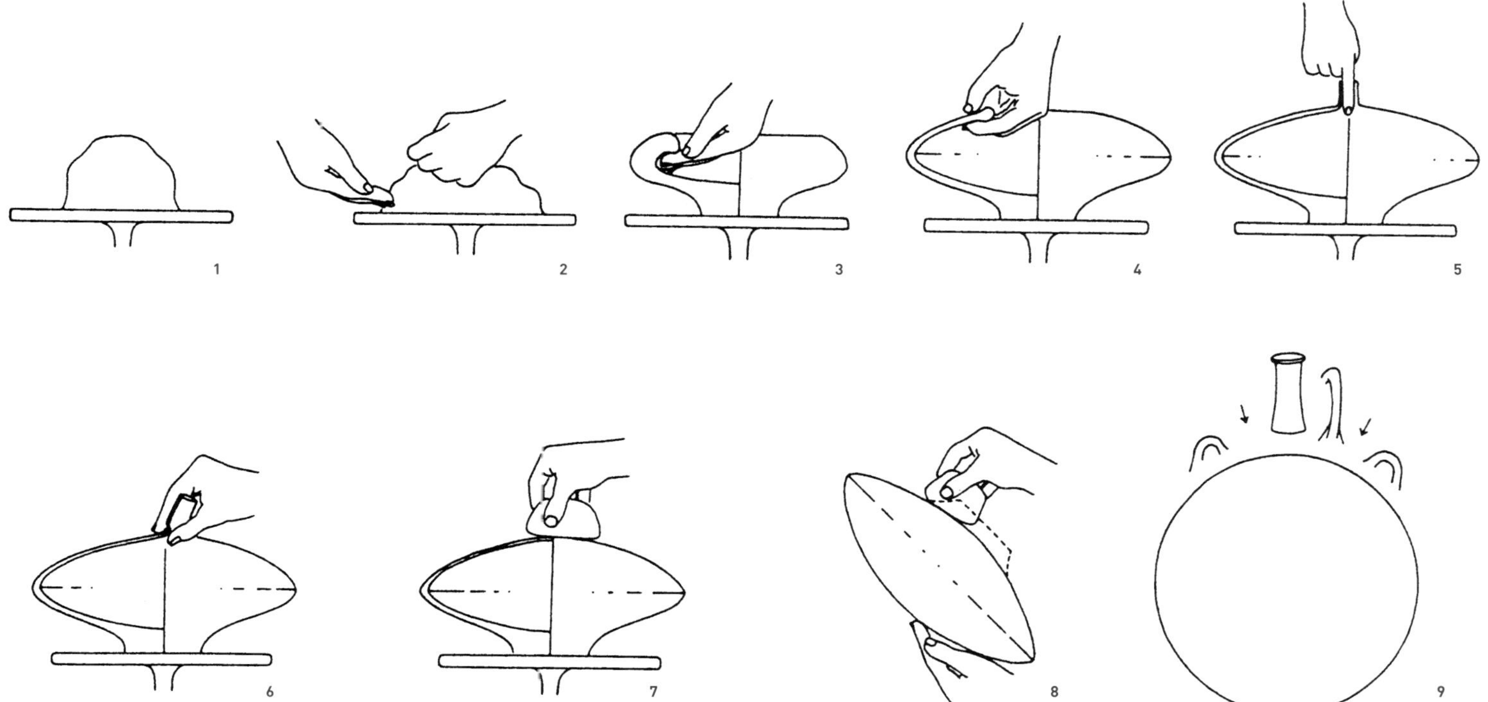

Ebenso primär als Transportgefäße für flüssige Substanzen dienten die sogenannten Linsenflaschen [Abb. 1.3]. Der im Querschnitt spitz-ovale linsenförmige Gefäßkörper ist zum Tragen am Körper von Mensch und Tier besser geeignet als andere Keramikbehältnisse [Abb. 2.2] Ösenhenkel an der Oberseite ermöglichten zudem ein Festbinden am Träger. Entsprechend den sehr unterschiedlichen Formaten (Durchmesser 9–46 Zentimeter) dienten diese Gefäße wohl wie heutige Feldflaschen dem Reiseproviant einzelner Personen oder wurden von Packtieren transportiert.

Die Herstellung der Linsenflaschen erforderte eine besondere Kunstfertigkeit der Töpfer. Zwei verschiedene Verfahren sind zu unterscheiden: Bei dem ersten wurden zwei separat auf der Töpferscheibe gedrehte, schalenartige Gefäßhälften an ihrer Mündung zusammengefügt, dann an einer Stelle der so entstandenen »Naht« eine Öffnung ausgeschnitten und der Hals eingesetzt [Abb. 4].

Gängiger scheint jedoch eine zweite Herstellungsmethode gewesen zu sein, bei der der Gefäßkörper in einem Stück auf der Scheibe gedreht wurde. Hierbei ging man vor wie bei der Formung eines bauchigen Gefäßes, wobei jedoch unter ständigem Drehen die »Mündung« immer weiter verengt wurde, bis eine schmale, röhrchenförmige Öffnung verblieb. Dieses Röhrchen wurde schließlich zusammengedrückt und abgekniffen, so daß ein geschlossener Hohlkörper entstand. Die Außenseiten waren durch Abschaben überstehenden Tons so zu überarbeiten, daß eine gleichmäßige Wölbung entstand und der Gefäßkörper somit eine linsenförmige Gestalt annahm.

Nicht nur Gefäße mit einem engen Hals dienten als Behältnisse für flüssige Substanzen, insbesondere Getränke. Eine im hethitischen Kulturbereich häufig auftretende Topfform mit kugelig gerundetem bis eiförmigem Gefäßkörper, Henkeln auf der Schulter und trichterförmig ausgestellter Mündung ist ebenso mit Getränken in Verbindung zu bringen und dürfte in erster Linie dem Biergenuß gedient haben [Abb. 1.4]. Hierauf deuten Darstellungen, die derartige Gefäße mit Trinkrohren zeigen [Abb. 2.3]. Wie in Mesopotamien wurde das obergärige Bier der Hethiter in Keramiktöpfen hergestellt. Da sich auf der Oberfläche des Getränks nicht nur Schaum bildete, sondern auch Spelzreste u. a. m. schwammen, behalf man sich beim Trinken mit langen dünnen Rohren (wohl hohle Pflanzenstengel), deren in das Bier getauchte Enden zudem mit einem Filteraufsatz versehen waren. Er bestand aus einer röhrenförmigen Metallkappe, die siebartig durchlöchert war.

Die Töpfe der genannten Form sind seit frühhethitischer Zeit geläufig. In einem Haus der mittelhethitischen Epoche der Unterstadt von Boğazköy fanden sich 23 vollständige Exemplare beieinander, deren Fassungsvermögen 19,7–36 Liter betrug [Abb. 1.4]. Auffälligerweise entsprechen diese Werte stets etwa dem vielfachen von 1,5 Liter, dem Volumen eines bei den Töpfen gefundenen kleinen Kruges [Abb. 1.6]. Der Krug wird somit wohl auch die Funktion eines »Meßbechers« für das Getränk gehabt haben. Als hethitische Bezeichnung für die Töpfe kommt [DUG]ḫanessa in Betracht.

Neben Bier spielten verschiedene andere Getränke bei den Hethitern eine Rolle, die überwiegend ohne Trinkrohre konsumiert wurden. Das verbreitetste Trinkgefäß hierfür waren halbkugelige Schalen mit rundem Boden [Abb 2.6, 3]. Sie sind vergleichsweise dünnwandig und aus feinem Ton gearbeitet. Die Gefäßoberfläche ist häufig innen und außen geglättet, zum Teil poliert, dadurch dichter und besser für Flüssigkeiten geeignet. In gewöhnlichen Hausinventaren erreichen Schalen dieser Art Anteile von bis zu 20 Prozent des Keramikgeschirrs.

Henkeltassen sind im Fundgut ungleich seltener und kommen daher kaum als alltäglich genutzte Standardtrinkgefäße in Betracht [Abb. 1.5]. Sie dürften eher die Funktion eines Schöpfers bzw. Meßbechers gehabt haben. Neben den Trinkschalen sind zahlreiche weitere, meist größere hethitische Schalen- und Schüsselformen bekannt In Siedlungszusammenhängen gehört die Hälfte bis zwei Drittel der Keramikfunde zu dieser Gefäßgattung.

Für die mittelhethitische Periode und die ältere Großreichszeit sind besonders Schalen mit einer Randverstärkung auf der Innenseite typisch [Abb. 3]. Sie sind hauptsächlich für flüssige Speisen geeignet und beugten einem Verschütten des Inhaltes vor. Ist dieser sogenannte »Schwapprand« zunächst scharfkantig von der Gefäßwandung abgesetzt, so verliert sich dieser Absatz im Laufe der Entwicklung zunehmend. In der späten Großreichszeit dominieren Schalen mit nur leicht verdicktem oder auch einfach rundem Rand. Hinzu treten dann solche Stücke mit ausbiegender Randlippe.

Die Mehrzahl der Schalen weist einen gerundeten »Wackelboden« auf. Vornehmlich in mittelhethitischer Zeit sind zudem auch Stücke mit Standringboden zahlenmäßig stark vertreten. Einen besonders guten Querschnitt durch das Typenspektrum der mittelhethitischen Zeit gibt das Inventar des Palastes eines Provinzgouverneurs in Maşat-Tapigga. Durch Tontafel- und Siegelfunde ist dieser Komplex in das späte 15./frühe 14. Jahrhundert v. Chr. datiert. Zusammen mit halbkugeligen, dünnwandigen Trinkschalen und verschiedenen sogenannten Schwapprandschalen sind hier tiefere Schüsseln bzw. Becken mit einziehender Mündung, ausgestellter Randlippe, geschwungener oder geknickter Wandung und Querhenkeln vertreten. Diese Gefäße mit z. T. kantig profiliertem Querhenkel sind bereits im ersten Drittel des 2. Jahrtausends häufig belegt und fanden weit über den hethitischen Kulturbereich hinaus von Troia bis nach Südostanatolien Verbreitung. Seit der Mitte des 2. Jahrtausends nimmt die Bedeutung dieses Typs jedoch ständig ab und ist in Fundzusammenhängen des Jüngeren Reiches nur noch selten vertreten.

Etwa in die gleiche Zeit wie der Palast von Maşat datiert das Inventar eines monumentalen Tempelbaus auf der Akropolis von Kuşaklı-Sarissa (Gebäude C). Dort ist der am häufigsten vertretene Gefäßtyp eine grobtonig-dickwandige, konische oder leicht gewölbte Schale mit Randverstärkung auf der Innenseite und meist mit Standringboden [Abb. 3]. Hunderte derartige Exemplare konnten dort auf dem Fußboden des Kellergeschosses angetroffen werden. Auffällig ist, daß zahlreiche Stücke auf der Außenseite ein vor dem Brand in den weichen Ton eingeritztes pfeilartiges Hieroglyphenzeichen aufweisen. Es hat den Lautwert »Zi« und wird als Kürzel für »Ziti« (»Mann«) gedient haben [Abb. 1.9]. Auf anderen Gefäßen ist mehrfach das Zeichen »König« angebracht [Abb. 1.7]. Da in hethitischen Texten als Lieferanten der für die religiösen Feste benötigten Lebensmittel einerseits der »König«, andererseits »die Männer der Stadt« (also die Bevölkerung) genannt werden, dürfte wohl ein Zusammenhang mit den beiden verschiedenen Zeichen auf den Gefäßen bestehen. In den Festbeschreibungen ist detailliert aufgelistet, welche Seite was in welcher Menge zu liefern hatte. Ob die Abgabenverpflichtung korrekt eingehalten wurde, konnte nur bei einer entsprechenden Markierung der Behältnisse kontrolliert werden. Vor diesem Hintergrund bekamen die eingeritzten Hieroglyphen ihren Sinn. Damit wird zudem wahrscheinlich, daß die in dem Tempel gefundenen Schalen ein bestimmtes Volumen gehabt haben dürften, also wohl auch eine Maßeinheit repräsentierten.

Eine andere Funktion kam den großen, leicht gewölbten Tellern mit getrepptem Rand zu [Abb. 3]. In mittelhethitischer Zeit stellen sie gut 10 Prozent des Keramikgeschirrs. Sie werden jedoch dann zunehmend von flachen Schalen ohne Randprofilierung abgelöst, so daß die genannten Teller im späten 13. Jahrhundert nur mehr mit einem Anteil von knapp 2 Prozent vertreten sind. Schnurabdrücke am Rand und teilweise auch auf der äußeren Gefäßwandung unterhalb des Randes sind kaum als Verzierungselemente zu deuten, sondern stehen in Zusammenhang mit einem speziellen Herstellungsverfahren. Auffällig ist, daß die Teller ähnlich Kochtöpfen aus sehr grob gemagertem Ton hergestellt sind und zudem wie diese häufig sekundäre Brandspuren aufweisen. Dies spricht gegen eine Nutzung als Tafelgeschirr und könnte darauf hinweisen, daß es sich hier um »Backteller« handelt, die als Träger einer zu backenden Speise (eines Gerichtes oder Fladenbrotes/-kuchens) in den Ofen geschoben wurde. Denkbar ist auch, daß bestimmte Speisen auf von unten beheizten Tellern zubereitet wurden.

Scherben von Kochtöpfen mit kugelförmigem Gefäßkörper, etwas einziehender Mündung, zwei Vertikalhenkeln unterhalb des Randes und rundem Boden kommen regelmäßig und zahlreich in allen Siedlungsabfällen vor [Abb. 3]. Ihre Häufigkeit ist jedoch meist etwas geringer als die der Backteller. Fleckig verfärbte Gefäßwandungen und Schmauchspuren auf der Außenseite zeigen deutlich, daß diese Henkeltöpfe auf dem Herdfeuer standen. Von den Anfängen bis zum Ende der hethitischen Keramikentwicklung sind nur geringfügige Formveränderungen zu verzeichnen. Als hethitische Bezeichnung kommt [DUG]purpuris für diese Gefäße in Frage.

Andere Topfformen, die in großer Variationsbreite vorliegen, dürften weniger der Zubereitung als primär der Aufbewahrung von Lebensmitteln gedient haben. Die Vielfalt der Formen erschwert es, klare Entwicklungstendenzen zu erkennen. Allgemein zeigt sich jedoch, daß die Randverstärkungen zunehmend kräftiger ausgebildet werden und häufiger nicht nur durch einfaches Umlegen des Randes erzeugt werden, sondern als Tonstange separat gearbeitet und angefügt wurden. Für die späte Großreichszeit sind entsprechende Töpfe typisch, die dicke runde oder eckige Randlippen aufweisen.

Die großen Töpfe konnten nicht in einem Stück auf der Töpferscheibe gefertigt werden, sondern waren in mehreren Abschnitten regelrecht aufzubauen [Abb. 5]. Zunächst wurde der Gefäßboden geformt. Bevor man diesen Teil leicht antrocknen ließ, waren am Rand Ritzlinien bzw. Kerben anzubringen. Anschließend wurde ein vorgefertigter Tonstreifen an die so aufgerauhte Naht angefügt und mit dem Bodenteil verstrichen. Dies zeigen horizontale Risse bzw. Bruchlinien an fertigen Gefäßen. Im Scherbenmaterial sind auch mehrfach die abgeplatzten Nahtstellen mit den Strichkerben erhalten. Schnurabdrücke auf der Außenseite belegen, daß den angefügten Streifen durch eine um den Bauch des Gefäßes gebundene Schnur Stabilität verliehen wurde. Sie half zu verhindern, daß der schwere, weiche Ton absackte bzw. auseinanderfiel. Je nach Größe der Töpfe wurden mit entsprechenden Trockenpausen mehrere derartige Streifen bzw. »Stockwerke« aufeinandergesetzt, bis als letztes die Randlippe und gegebenenfalls Henkel angefügt werden konnten.

Eine scharfe Trennung zwischen großen Vorratsgefäßen und Pithoi ist kaum möglich, die Übergänge sind fließend. Im Hethitischen wurden derartige Gefäße allgemein [DUG] ḫarši- bzw. *ḫaršijalli-* genannt. Für kleinere Exemplare war die Bezeichnung *ḫaršijallami-* üblich. Die größten bekannten Pithoi stammen aus den Magazinen des Tempels I in Boğazköy-Ḫattusa. Sie erreichen eine Höhe von 1,90 Metern und ein Fassungsvermögen von bis zu 1750 Litern. Mit Getreide gefüllt entspricht dies einem Jahresbedarf von 5 bis 6 Personen. Etwa 200 dieser großen Tonfässer sind in den Tempelmagazinen nachgewiesen.

Das andere Extrem der Gefäßformate sind Miniaturgefäße. In erster Linie sind kleine Nachbildungen von Krügen und Schalen angefertigt worden. Der Fundzusammenhang einiger derartiger Stücke – etwa auf dem Boden eines Wasserbeckens innerhalb eines Kultbaus (Gebäude C) auf der Büyükkale (s. auch S. 97) oder in der Vorhalle des Hauptkultraumes des Tempels VI in der Oberstadt von Ḫattusa – zeigt, daß es sich hier nicht um Kinderspielzeug, sondern um Votivgefäße handelt. Ihre weite Streuung in verschiedenen Siedlungszusammenhängen deutet auf eine Nutzung dieser Miniaturformen wohl auch im häuslichen Kult. Auffällig ist, wie nachlässig die Stücke gefertigt sind. Die kleinen Spitzkrüge mit Vertikalhenkeln und Schälchen von 4 bis 6 Zentimetern Durchmesser sind frei modelliert. Etwas größere Schälchen bzw. Näpfe wurden auf der Töpferscheibe geformt, wie Abdrehspuren am Boden belegen. Häufig verblieben beim flüchtigen Abdrehen anhaftende Tonklümpchen, so daß die Gefäße nicht einmal gerade stehen konnten.

Ebenfalls eine Bedeutung im Kontext mit bestimmten Kulthandlungen hatten die sogenannten Libationsarme [Abb. 1.8]. Es sind zylindrisch-röhrenförmige Gefäße mit einem geschlossenen Ende bzw. Boden (häufig sogar mit einem Standring versehen) und einer Öffnung am anderen Ende, die handförmig gestaltet ist. Stets ist die rechte Hand wiedergegeben, die ein Schälchen hält. Das Gefäß war somit durch Schälchen und Hand zu befüllen und wieder zu entleeren. Es handelt sich zweifellos um ein Kultgerät für Trankopfer (Libationen).

Bemerkenswert ist der Umstand, daß diese Terrakottaarme häufig aus demselben feinen hellroten Ton gearbeitet sind wie die sogenannten »Spindlebottles«. Zudem ist die Verbreitung beider Typen etwa gleich: Anatolien, Levante, Zypern bis Ägypten. Einige der in hethitischem Kontext gefundenen Libationsarme dürften somit als Importgut anzusehen sein. Zudem wurde solches Kultgerät aber auch in Zentralanatolien gefertigt. Die weite Verbreitung der Stücke zeigt, daß bestimmte Rituale im gesamten Großraum in ähnlicher Form praktiziert wurden und aller Wahrscheinlichkeit nach ihren Ursprung außerhalb des hethitischen Gebietes hatten.

Besonders typisch für Anatolien ist hingegen eine andere Art des Libationsgefäßes: stierförmige Terrakotten. Das bekannteste Beispiel ist ein Fund aus mittelhethitischem Kontext (Schicht IVb2) von der Büyükkale in Ḫattusa (vgl. Abb. 10, 11, S. 255). Die Schicht wird spätestens in die Mitte des 14. Jahrhunderts v. Chr. datiert. Die Stücke waren allerdings zum Zeitpunkt ihrer Niederlegung bereits unbrauchbar und dürften somit etwas älter sein. Es handelt sich um ein Paar gleichartiger, stehend wiedergegebener Stiere von ca. 90 Zentimetern Höhe. Lediglich in der Schwanzführung unterscheiden sie sich: Bei dem einen Tier ist der Schwanz nach links, bei dem anderen nach rechts schwingend wiedergegeben. Die Figuren sind hohl gearbeitet. Eine Einfüllöffnung auf dem Rücken und ein Ausgußloch im Maul zeigen klar ihre Funktion als Libationsgefäße. Bereits aus gesichert althethitischem Kontext sind vergleichbare, wenn auch künstlerisch weniger qualitätvolle Stücke belegt (İnandıktepe). Ebenfalls aus mittelhethitischem Fundzusammenhang stammt ein 1997 in Kuşaklı entdecktes Stierpaar, das den Exemplaren aus Boğazköy sehr ähnlich ist (Abb. 14, S. 189). Bedauerlicherweise waren die Köpfe bei dem Neufund nicht mehr erhalten. Bedeutsam ist, daß hier im Gegensatz zu den bisher bekanntgewordenen Beispielen beide Tiere durch zwei Stege an Hüfte und Schulter fest miteinander verbunden waren. Sie wurden somit bei Kulthandlungen eindeutig als Paar genutzt.

Zweifellos auch zum Kultgerät zu zählen sind Gefäße mit Reliefdarstellungen. Ihre Zahl ist so gering, daß derartige Gefäße außerordentlich kostbar gewesen sein müssen. Das Alte Reich war die Blütezeit der Reliefkeramik; aus späteren Perioden sind bis-lang noch keine vollständigen Gefäße, sondern nur einige Fragmente überliefert. Sie zeigen verschiedene Menschen- und Tierdarstellungen, wobei der ursprüngliche szenische Zusammenhang meist nicht mehr zu rekonstruieren ist. Allem Anschein nach geht die in althethitischer Zeit noch dominierende Polychromie der Figuren verloren, so daß in der Großreichszeit nur mehr monochrome Reliefkeramik belegt ist.

Im weiteren Sinn dieser Keramikgattung zuzurechnen sind die sogenannten Turmvasen (s. Abb. 7, S. 207). Es handelt sich um große Kultgefäße, bei denen der Rand- bzw. die Gefäßschulter nach Art einer Stadtmauer mit Türmen in regelmäßigen Abständen gestaltet ist. Sie stellen somit Modelle von Stadtbefestigungen dar und liefern wertvolle Hinweise zum Aussehen solcher Anlagen, von denen sonst kaum mehr als der Steinsockel erhalten ist.

Literatur

Fischer 1963; Seidl 1975; Özgüç 1982; Korbel 1985; A. Müller-Karpe 1988; V. Müller-Karpe 1998

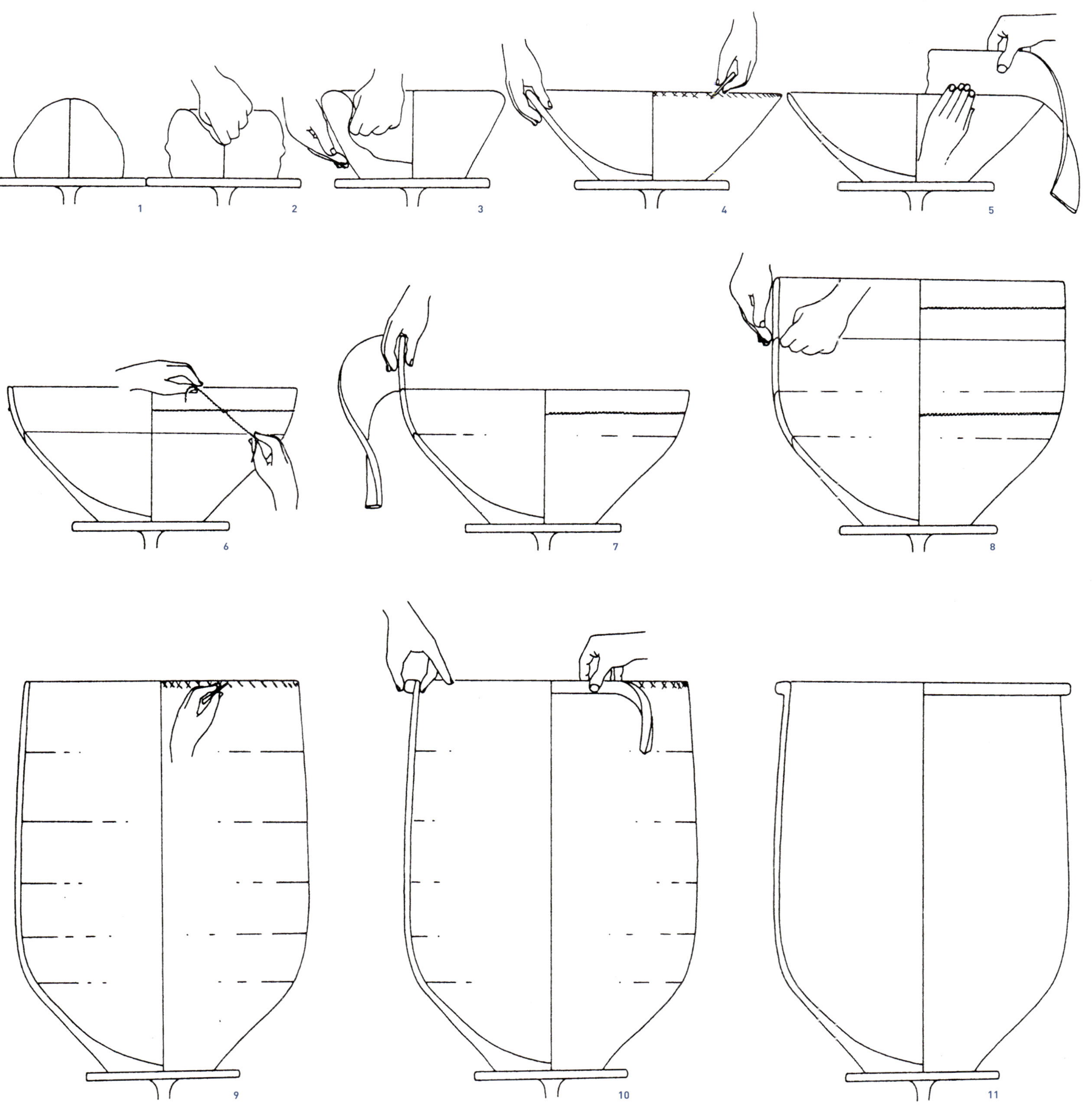

5 Rekonstruktion der Herstellung großer Töpfe

Die Erben des Großreiches II

Die archäologischen Denkmäler in den späthethitischen Kleinkönigreichen Anatoliens und Nordsyriens im Überblick (ca. 1180 – 700 v. Chr.)

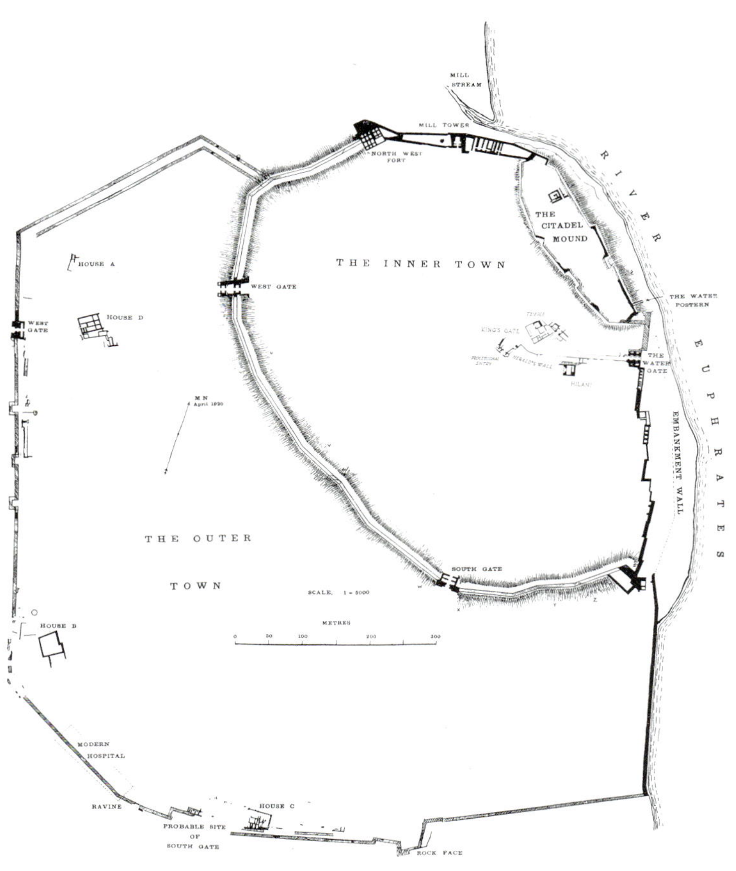

1

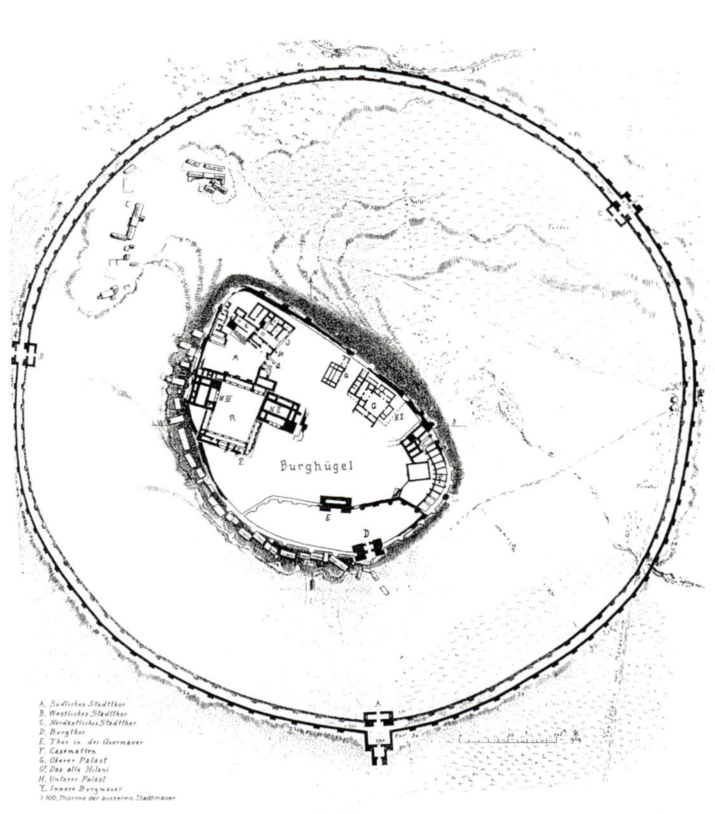

2

1 Plan von Stadt, Burg und Befestigungsanlagen Karkamis

2 Plan von Stadt, Burg und Befestigungsanlagen Zincirli

> Bauplastik

Karkamis

Aus archäologischer Sicht stellen die späthethitischen Kleinkönigreiche ein vergleichsweise nachlässig bestelltes Feld dar, weil bislang keine Ausgrabungsstätte aus dieser Zeit mit hinreichender Gründlichkeit untersucht werden konnte. Ein typisches Beispiel ist Karkamis. Die ausgedehnten Grabungen, die das British Museum in den Jahren 1911 bis 1914 unternahm, wurden durch den Ausbruch des 1. Weltkrieges unterbrochen und nie wieder aufgenommen. Darüber hinaus führten kriegerische Auseinandersetzungen in der Umgebung zur Zerstörung eines Teils der Funde und Befunde. Die Ausgrabungen legten den Grundriß der Befestigungsanlagen mit ihren monumentalen Toren frei Abb. 1. Auf dem Gipfel des Zitadellenhügels wurde lediglich ein stark zerstörtes Gebäude ergraben, das – ohne weitere überzeugende Belege – seines markanten Standorts wegen als Tempel der Stadtgöttin Kubaba identifiziert wurde. Der wichtigste Bereich, der vor Abbruch der Arbeiten untersucht wurde, war der Teil der unteren Stadt, der sich vom Wassertor am Euphrat um die südwestliche Flanke der Zitadelle herum zum Tempel des Wettergottes erstreckte, des einzigen vollständigen Gebäudes, das lokalisiert werden konnte. Dieser Bezirk war reich an mit skulptierten und beschrifteten Orthostaten verzierten monumentalen Toren und Gebäudefassaden, doch die Untersuchung wurde nicht auf die Gebäude selbst ausgedehnt. Darüber hinaus wurden nur einige Privathäuser der äußeren Stadt untersucht. Alle bekannten Überreste stammen aus der frühen Eisenzeit; sie waren allerdings von einer römischen Schicht überlagert, die unpubliziert geblieben ist. Die uns bekannte Vorgeschichte dieses Ortes erstreckt sich von seiner herausragenden Position in der späten Bronzezeit über das Königreich der Amoriter in der mittleren bis mindestens in die frühe Bronzezeit hinein, doch da man in die entsprechenden Schichten nicht vordringen konnte, kennen wir aus diesen Epochen keine aussagekräftigen Funde. Den größten Teil seiner Geheimnisse hat der Ort noch nicht preisgegeben.[1]

Zincirli und Tell Tayinat

Die neben Karkamis am gründlichsten untersuchten Ausgrabungsstätten sind die in Zincirli und Tell Tayinat, die vergleichbare Ergebnisse erbracht haben. Weil sich, wie oben bemerkt (S. 59, die Aramäer in den meisten Bereichen eng an hethitische Vorbilder anlehnten, hat Zincirli seinen berechtigten Platz in einer Übersicht über die späthethitische Kunst und Architektur. Sowohl in Zincirli als auch in Tell Tayinat konzentrierten sich die Ausgrabungen auf die Zitadellenhügel mit ihren monumentalen Tor- und Palastgebäuden. Außerdem wurden jedoch die äußeren Tore der unteren Städte untersucht, und in Zincirli wurde auch die Doppelkreisbefestigungsanlage erforscht, zu der diese Tore gehörten Abb. 2. Die Torhäuser sind mit denen vergleichbar, die in Karkamis ergraben wurden: Meist verfügen sie über ein oder mehrere Torkammerpaare, die einen zentralen Durchgang flankieren, der von manchmal skulptierten und auch mit Inschriften versehenen Orthostaten gesäumt ist. Die Portale selbst werden gewöhnlich von Wächtergestalten – Löwen oder Sphingen – flankiert. Aus den archäologischen Befunden kann man schließen, daß die Torhäuser von je zwei Türmen überragt wurden. Die Palastgebäude setzen sich für gewöhnlich aus Einzelgebäuden des als *bīt-hilāni* bekannten Typs zusammen: ein einer oder mehreren um einen Hof herum angelegten Zimmerfluchten vorgelagerter Portikus, den ursprünglich ein mit Fenstern versehener Balkon im Obergeschoß überragte Abb. 3. Die Entwicklung dieser Bauform kann man in Zincirli besonders deutlich nachvollziehen.[2]

Malatya und Hama

Zu anderen Palasthügeln in Hauptstädten späthethitischer Kleinkönigreiche, die teilweise ausgegraben wurden, gehören die in Malatya (Arslantepe) und Hama. Das bedeutendste in Malatya geborgene Monument war das Löwentor mit seinen Portallöwen und kleinen skulptierten Blöcken. Als zusätzliche Besonderheit wies dieses Bauwerk die Kolossalstatue eines Herrschers auf, die offenbar formal in einer der Torkammern »bestattet« worden war. Das Tor selbst wurde mit Hilfe der Radiokarbonmethode in die Mitte des 9. Jahrhunderts v. Chr. datiert, so daß die mit Sicherheit sehr viel älteren Skulpturen (s. u.) aus einem früheren Gebäude übernommen worden sein müssen.[3]

In Hama gingen die Ausgrabungen im Zitadellenhügel im Zentrum der Stadt noch über die Schicht der frühen Eisenzeit hinaus. Dabei wurden ein auf dem Treppenpodest errichtetes Torhaus und große Palastgebäude freigelegt, die deutlich den traditionellen hethitischen Stil zeigen und mit zahlreichen Portallöwen geschmückt sind. Von den Ausgräbern wurde das Ensemble als »aramäische Zitadelle« bezeichnet. Da die Gebäude jedoch in das 9. Jahrhundert v. Chr. datiert wurden und den luwischen Herrschern Urhilina und Uratami zugeordnet werden können, dürfte »späthethitische Zitadelle« die treffendere Bezeichnung sein.[4]

Tell Ahmar und Arslan-Tash

Die Ausgrabungen in den benachbarten Orten Tell Ahmar am Euphrat und dem nordöstlich davon gelegenen Arslan-Tash haben ummauerte Siedlungen mit assyrischen Palästen und mit von Löwen- und Stierfiguren flankierten Stadttoren freigelegt. In den Palästen residierten die assyrischen Statthalter, nachdem die Assyrer dieses Gebiet in der Mitte des 9. Jahrhunderts v. Chr. annektiert hatten. Solche assyrischen Paläste sind auch in Tell Tayinat und Malatya gefunden worden, den Städten, die 738 bzw. 712 v. Chr. zu assyrischen Provinzzentren wurden. Sowohl im Grundriß als auch bautechnisch unterscheiden sie sich deutlich von der späthethitischen Architektur.[5]

In Tell Ahmar wurden unterhalb des assyrischen Palastes Reste eines monumentalen Gebäudes ausgegraben, das von den Ausgräbern als »aramäischer Palast« bezeichnet wurde. Zwar entrissen die Assyrer die Stadt 856 v. Chr. dem aramäischen König Ahuni, doch die aramäische Herrschaft war wahrscheinlich nur kurz, vielleicht auf Ahunis eigene Regierungszeit beschränkt. Ihr ging nach den Inschriften, die vor Ort angetroffen wurden, eine späthethitische (luwische) Dynastie voraus, die sich über mehrere Generationen erstreckte, und es ist wahrscheinlicher, daß der Palast unter diesen Herrschern entstand.[6]

Sakça Gözü, Ain Dara und Aleppo

Neben den mehr oder weniger vollständig ausgegrabenen Hauptstädten bekannter Königreiche sind einige wichtige Gebäude der späthethitischen Epoche an weniger genau identifizierbaren Fundorten entdeckt worden. Der zwischen Zincirli und der Stadt Gaziantep gelegene Siedlungshügel in Sakça Gözü hat eine kleine ummauerte Einfriedung mit einem monumentalen Tor freigegeben, das von Orthostaten geschmückt wird. Innerhalb der Einfriedung fand sich ein Gebäude des *bīt-hilāni*-Typs (ein Portikus), ebenfalls mit Skulpturen geschmückt, aber ohne eine Inschrift, die Aufschluß über diesen Ort geben könnte. Während die Torskulpturen einer früheren Phase angehören, zeigen die des Portikus den Stil der spätesten späthethitischen Epoche, was sie mit denen im nahe gelegenen Zincirli und im entfernteren Karkamis in Verbindung bringt. Eine kleine Relieffigur eines Herrschers entspricht stilistisch so sehr der im Löwentor von Malatya bestatteten Kolossalstatue, daß sie als Darstellung derselben Person betrachtet worden ist. Ein später Herrscher des Königreichs Kummuh, der 708 v. Chr. von den Assyrern abgesetzt wurde, scheint der einzige König zu sein, der Malatya und Sakça Gözü gleichzeitig beherrscht haben könnte.[7]

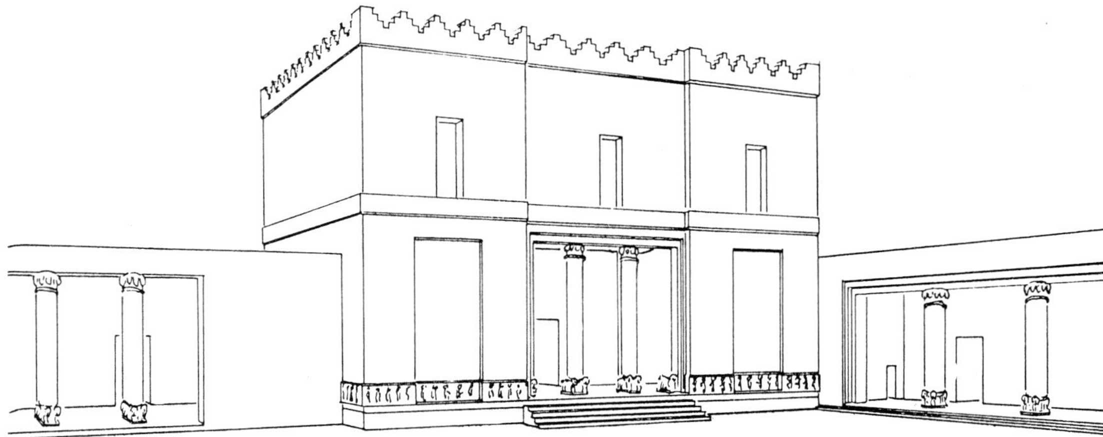

3 Unterer Palast von Zincirli, Ansicht von Südosten, Rekonstruktion (im Plan H)

In Ain Dara am Afrīn östlich der Amuq-Ebene ist auf einer »Akropolis« ein bemerkenswerter Tempel ausgegraben worden; ein einzigartiges Beispiel religiöser Architektur aus der frühen späthethitischen Epoche. Das auf einer hohen Plattform stehende rechteckige Gebäude wurde von der Frontseite durch eine Säulenvorhalle betreten, von der aus man über eine Antecella in die quadratische Cella gelangte. Die Wände der Plattform und des Tempels waren mit einem durchlaufenden schwarzen Basaltfries verkleidet, auf dem Löwen und Sphingen in einem an den des hethitischen Großreichs erinnernden wuchtigen archaischen Stil dargestellt sind (vgl. Abb. 1, S. 275). Ein außergewöhnliches Detail: In die weißen Kalksteinschwellenplatten der Antecella und der Cella waren kolossale, jeweils etwa einen Meter lange menschliche Fußabdrücke eingemeißelt, die offenbar die gigantische Gestalt der den Schrein betretenden Gottheit symbolisieren.[8]

Da auch dieses außergewöhnliche Gebäude keine erläuternden Inschriften aufweist, kann die Entstehungszeit nur mit Hilfe eines stilistischen Vergleichs der Skulpturen geschätzt werden. Genauso unbekannt ist auch sein historisch-politischer Kontext. Bei den derzeit stattfindenden Ausgrabungen auf dem Zitadellenhügel von Aleppo wird jedoch, wie oben (S. 59) bereits erwähnt, ein monumentales Gebäude mit skulptierten Orthostaten freigelegt, die klare Zusammenhänge mit Ain Dara zu zeigen scheinen. Wir dürfen also hoffen, daß der Fortgang dieser Arbeiten zur Klärung des historischen Kontextes beider Ausgrabungsstätten beitragen wird.

Kilikien

Die wichtigste kilikische eisenzeitliche Ausgrabungsstätte ist Karatepe, das im Zusammenhang mit der dort gefundenen, bedeutenden zweisprachigen Inschrift bereits erwähnt wurde. In dieser kleinen Höhenfestung haben sich die Ausgrabungen und Restaurierungsarbeiten auf die Befestigungsanlagen mit dem Nord- und Südtor und ihren Skulpturen und Inschriften konzentriert[Abb. 4]. Innerhalb der Einfriedungsmauern konnten einige Gebäude lokalisiert werden, die jedoch weder gut erhalten noch umfassend dokumentiert sind.[9] Aus der luwisch-phönizischen Bilingue wird deutlich, daß Karatepe als Grenzposten gegründet wurde und Sitz eines Gouverneurs war, der als Wächter der königlichen Familie in der Hauptstadt Adana zur beherrschenden politischen Figur des Königreiches wurde. Man darf die Zuversicht nicht aufgeben, daß das hethitische Adana unter der heutigen Stadt lokalisiert wird und erforscht werden kann. Realistischer ist jedoch vielleicht zur Zeit die Hoffnung, daß die derzeitigen Ausgrabungen in Mersin oder – sobald sie wieder aufgenommen werden – in Tarsus bedeutende Funde aus der Eisenzeit liefern werden.

Maraş und Samsat

Einige andere Hauptstädte der späthethitischen Welt sind wie Adana zwar bekannt, der archäologischen Forschung jedoch verschlossen. Ein gutes Beispiel ist das bereits erwähnte Maraş: ein hoher Siedlungshügel mit einer mittelalterlichen Zitadelle im Herzen der modernen Stadt und selbst ohne systematische Ausgrabungen die Quelle vieler Skulpturen und Inschriften. Das traurigste Beispiel ist Samsat (Samosata), zweifellos die Hauptstadt des Königreichs Kummuh, ein gewaltiger Siedlungshügel mit einer ausgedehnten Unterstadt am Ufer des Euphrat, heute im Wasser des Atatürk-Stausees verschwunden. Dies ist vielleicht die bedeutendste archäologische Stätte, die je dem wirtschaftlichen Fortschritt geopfert wurde.

Tabal

Auf der anatolischen Hochebene selbst dürften im Gebiet der Tyanitis (das späthethitische Tuwana) unter den modernen Städten Niğde, Bor und vor allem Kemer Hisar (das Tyana der klassischen Antike) bedeutende eisenzeitliche Siedlungen liegen. Zufallsfunde lassen auch unter den Städten Ereğli (das Kybistra der klassischen Antike, das hethitische Hubišna) und Aksaray (vielleicht das assyrische Šinuhtu) Siedlungen vermuten. Die einzige umfassend ausgegrabene archäologische Stätte ist die von Zeyve Höyük (Porsuk), die eine strategische Schlüsselposition auf der anatolischen Seite der Kilikischen Pforte, der Paßstraße über den Taurus, markiert. Hier sind wertvolle Zeugnisse des Übergangs von der späten Bronze- zur Eisenzeit entdeckt worden, doch die Funde sind nur unzulänglich dokumentiert.[10]

Eine ganz außergewöhnliche – seit 1934 sporadisch und inzwischen systematischer untersuchte – archäologische Stätte ist Göllüdağ, ein erloschener Vulkan zwischen Niğde und Nevşehir, auf dessen Kraterrand sich ein von einer Umfassungsmauer umgebener Gebäudekomplex befindet (s. auch

Schirmer, hier S. 204ff.). An diesem abgelegenen Ort sind die eingestürzten Mauern auf der Erdoberfläche auszumachen, da sie später nicht überbaut worden sind. Auf Luftaufnahmen sind sie besonders deutlich zu sehen. Ein mit Portallöwen und anderen, teils unvollendeten Skulpturen geschmücktes palastartiges Gebäude scheint im Mittelpunkt zu stehen. Außerdem finden sich gleichmäßige Reihen kasernenartiger Gebäude, die alle den gleichen Grundriß zeigen. Der Zweck dieser Siedlung bleibt rätselhaft: Sommerresidenz oder Notzuflucht? Eine Nutzung im Winter ist undenkbar.[11]

Ein größeres Königreich scheint im Norden existiert zu haben, in den Provinzen Kayseri und Nevşehir: das eigentliche Tabal, das Sargon II., der es eroberte, als Bīt-Burutaš bekannt war. Die Hauptstadt oder zumindest eine der Hauptstädte dürfte das heutige Dorf Kululu nordöstlich von Kayseri gewesen sein, zweifellos eine sehr bedeutende Fundstätte, die viele Inschriften und Fragmente von Monumentalskulpturen zutage gebracht hat, außer einer Oberflächenprospektion jedoch noch nicht hinlänglich untersucht worden ist. Auch in Sultanhan (zwischen Kültepe und Kululu), Çalapverdi (bei Boğazlıyan) und Eğriköy (südlich des Erciyes Dağ) sind bislang ebenfalls nur oberflächlich untersuchte Inschriftenfundstätten aus der Eisenzeit bekannt.[12] Karaburun bei Hacıbektaş war eine kleine Höhenfestung mit einer Felsinschrift in der Nähe des Eingangstors, der zufolge ein unbedeutenderer König hier seinen Sitz hatte.

4 Plan der Befestigungsmauern von Karatepe-Aslan-Tash und Domuztepe (Zeichnung Erhan Bıçakçı)

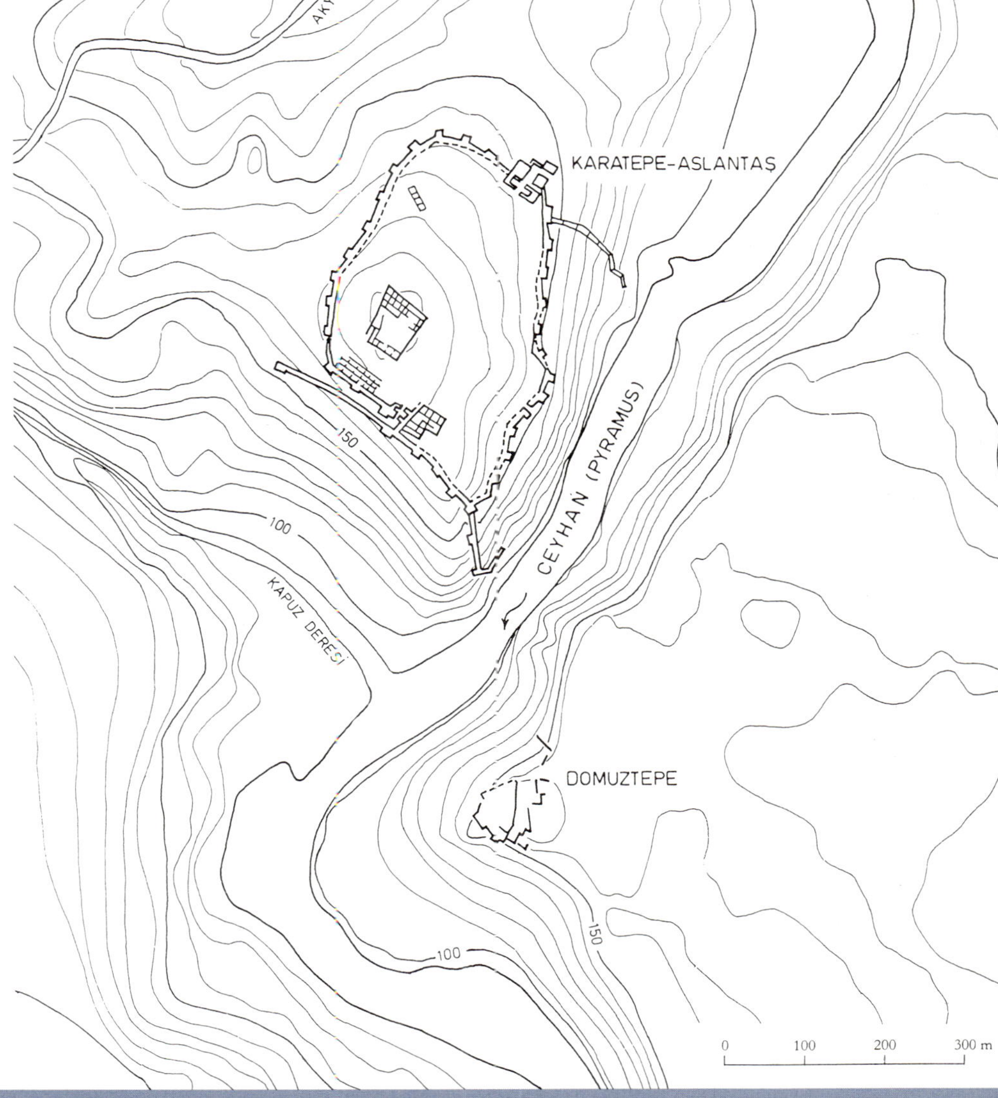

5 Stele mit der Reliefdarstellung einer Frau und eines Mannes aus Maraş, späthethitische Zeit (Kat.-Nr. 159)

6 Stele mit der Reliefdarstellung einer Frau aus Maraş, späthethitische Zeit (Kat.-Nr. 161)

> Skulpturen

Die erhaltene Kunst der späthethitischen Kleinkönigreiche steht in engem Bezug zur Architektur: skulptierte steinerne Bauelemente – Orthostaten und Türlaibungen – sowie ebenfalls Gebäuden zuzuordnende Statuen, Sockel und Stelen. Diese Skulpturen sind wiederum eng mit den Inschriften verbunden, die in den meisten Fällen auf solchen Bauteilen auf uns gekommen sind. Insgesamt haben sowohl die Skulpturen als auch die Inschriften hauptsächlich eine Gedenkfunktion.

Die meisten der oben erörterten späthethitischen Zentren haben ein reiches skulpturales Erbe hinterlassen: in erster Linie sind Karkamis, Tell Ahmar, Zincirli, Maraş, Malatya, Tabal und Karatepe zu nennen, aber auch Ain Dara und die bedeutenden jüngeren Funde in Aleppo und Adana. Einige dieser Funde sind bereits oben in ihrem historischen und archäologischen Kontext besprochen worden, andere verdienen ausführlichere Kommentare.

Karkamis

Karkamis, das wichtigste späthethitische Zentrum, bietet die qualitätvollste Folge von Skulpturen (s. auch Abb. 8). Einige sind ins 10. bis frühe 9. Jahrhundert v. Chr. zu datieren, andere ins späte 9. bis frühe 8. und wieder andere ins späte 8. Jahrhundert v. Chr. Zum größten Teil stammen sie aus dem bereits erörterten ausgegrabenen Bereich der Unterstadt. Die früheste Gruppe entstand unter der Dynastie des Suhi. Abgesehen von einem beschrifteten Löwenfragment, das Astuwatamanza als den Erbauer eines Torhauses ausweist (vermutlich das auf dem Podest der Großen Treppe, aus dem das Fragment stammen dürfte), gehen alle durch Inschriften identifizierten Monumente auf seinen Sohn Suhi II. (die »lange Skulpturenwand«, ein beschrifteter Löwe, eine fragmentarische Kolossalstatue auf einem Sockel) und seinen Enkel Katuwa (Tempel des Wettergottes, Karhuha- und Kubaba-Prozessionen, Königstor mit Atrisuha-Statue auf einem Sockel) zurück. Stilistisch ältere Skulpturen ohne Inschrift könnten Astuwatamanza und/oder seinem Vater Suhi I. zuzuschreiben sein. Hier sind insbesondere die archaisch wirkenden Skulpturen des Wassertors zu nennen und vielleicht auch die sogenannte »Herald's Wall«, wenngleich diese mit einer Inschrift Katuwas versehen gewesen sein könnte.[13]

Die andere Hauptgruppe ist mit dem Haus des Astiruwa verbunden, das vom späten 9. bis ins späte 8. Jahrhundert v. Chr. in Karkamis herrschte: zunächst mit dem Regenten Yariri (der einem Gebäude Katuwas den »Royal Buttress« hinzufügte, Abb. 1, S. 56), dann mit Astiruwas Sohn Kamani (der der Kubaba-Stele zufolge den – wahrscheinlich auf der Zitadelle gelegenen – Kubaba-Tempel errichten ließ, vielleicht auch die fragmentierte sitzende Kolossalstatue aus dem Südtor sowie die Wettergott-Stele aus Cekke außerhalb von Karkamis) und schließlich mit dem Sohn von Kamanis Wesir Sastura – vielleicht Pisiri, der letzte König von Karkamis (der den Zugang zum Torhaus auf der Großen Treppe um die reliefierten Herrscherfiguren mit stützenden Genien erweitern ließ).[14]

Einige Monumente in Karkamis und Umgebung sind einzelnen Personen zuzuordnen, zum Beispiel die Wettergottstele aus Körkün, die ein Untergebener Astiru(wa)s errichten ließ. Außerdem gibt es eine Folge beschrifteter Basaltmonumente in Form von mit Zinnen versehenen Türmen, die von den Ausgräbern als Altäre bezeichnet wurden, tatsächlich jedoch, wie die Inschriften zeigen, Grabsteine sind, die an das Leben ihrer Besitzer erinnern.[15]

Tell Ahmar

Die Skulpturen aus Karkamis stellen den wichtigsten Anhaltspunkt zur Klassifizierung der meisten anderen späthethitischen Skulpturengruppen dar. Die mit Inschriften versehenen kolossalen Wettergottstelen, die in Tell Ahmar gefunden wurden (die letzte erst 1999), sind beispielsweise in einem qualitätvollen Suhi-Katuwa-Stil – und zweifellos von Bildhauern aus Karkamis – ausgeführt (vgl. oben, S. 58).[16]

Zincirli

Auch die Skulpturen aus Zincirli – zumindest die frühen – sind eng mit denen aus Karkamis verwandt. Vor allem die Skulpturen aus dem südlichen Stadttor und dem äußeren Zitadellentor zeigen fast alle exakte Parallelen zu denen aus Karkamis, die sie in einem etwas plumpen, provinziellen Stil imitieren. Auch eine kolossale Herrscherfigur auf einem Doppellöwensockel ist offensichtlich ein gut erhaltenes Beispiel für die Gattung, für die in Karkamis die fragmentarische Statue Suhis II. steht, die ihr wohl als Vorbild gedient hat (Abb. 4, S. 276). Die aramäischen Herrscher übernahmen also, wie sich in Zincirli zeigt, im frühen 9. Jahrhundert die Formen der hethitischen Bauplastik. Die früheste Inschrift aus Zincirli, die Kulamuwas aus dem späteren 9. Jahrhundert, blickt auf die Geschichte seiner Linie bis zu ihrem Begründer Gabbar zurück; Kulamuwa selbst ist in einem unverkennbar assyrisierenden Stil dargestellt, und darin wird deutlich, daß Sam'al sich seit dieser Zeit als Vasallenstaat der Assyrer verstand.

Die aus dem 8. Jahrhundert stammenden Skulpturen aus Zincirli, deren Inschriften auf Panammu I., Panammu II. und dessen Sohn Bar-Rakib verweisen (die beiden letztgenannten waren Zeitgenossen des assyrischen Königs Tiglatpileser III.), orientieren sich deutlicher am hethitischen Stil. Bar-Rakib ließ eine kolossale Gedenkstatue für seinen Vater errichten, auf der dessen Taten verzeichnet waren. Damit folgte er einer hethitischen Tradition, die über die unbeschrifteten Kolossalstatuen von Zincirli und Karkamis (Suhi II.) mindestens bis ins späte hethitische Großreich zurückreicht, als Suppiluliuma II. seinen Vater Tudhalia IV. mit einer solchen Statue ehrte.[17]

Tell Taiynat, Hama und Samsat

Für den Bereich der Großplastik waren die Ausgrabungen in Tell Taiynat, Hama und Samsat nur wenig ertragreich. Tell Taiynat hatte offensichtlich Anteil an der Tradition der hethitischen Skulptur, doch was gefunden wurde, war – vorsätzlich von den Assyrern, wie zu vermuten ist – stark zerstört. Im östlichen Zitadellentor wurden Überreste einer auf einem kunstvoll ausgearbeiteten Thron sitzenden Kolossalstatue gefunden, die mit der Statue im Südtor von Karkamis vergleichbar ist.[18] Die einzigen Architekturplastiken aus Hama sind die auf der Zitadelle ausgegrabenen Portallöwen.[19] Eine von einem lokalen König mit einer Inschrift zu Ehren der »göttlichen Königin des Landes« versehene Stele aus der außerhalb gelegenen Fundstätte Meharde zeigt mit der Göttin, die mit einer weiteren Figur auf einem Löwen steht, eine ungewöhnliche Szene.[20] Die Rettungsgrabungen im heute überfluteten Samsat konnten die Schichten der frühen Eisenzeit nur streifen. Zwar wurden Fragmente hieroglyphischer Inschriften geborgen, aber keine Skulpturenfragmente, die den andernorts gefundenen vergleichbar wären. Eine verstümmelte Stele mit einer archaisch anmutenden Herrscherfigur wurde schon vor langer Zeit hier entdeckt.[21] Zwei Wettergottstelen aus der Umgebung von Adıyaman sind zweifellos der Herrscherdynastie zuzuordnen, ebenso die Gipfelheiligtümer in Boybeypınarı und Ancoz mit kultischen Inschriften, jedoch ohne bildliche Darstellungen der darin erwähnten Götter.[22]

Maraş

Anders als diese systematisch ausgegrabenen archäologischen Stätten hat sich die Stadt Maraş als eine Fundgrube für – oft mit Inschriften versehene – Skulpturen erwiesen. Die auf dem in Maraş gefundenen Löwen (Abb. 2, S. 57) verzeichneten sieben Herrschergenerationen stellen nicht nur eine wertvolle chronologische Richtschnur für die Zeit vom frühen 10. bis zum späten 9. Jahrhundert v. Chr. dar, sondern bieten auch wichtige Anhaltspunkte für die Entwicklung der Bildhauerei. Am Anfang dieser Entwicklung stand die beschriftete Stele des Begründers der Dynastie (ca. 1000 v. Chr.), an ihrem Ende besagter Löwe (ca. 800 v. Chr.). Von besonderer Bedeutung ist außerdem das Fragment einer Kolossalstatue mit der Inschrift Halparuntias II. (ca. 850 v. Chr.), da es den Kolossen aus Zincirli und Karkamis sehr ähnlich ist und das Bindeglied zwischen den bereits erörterten (s. S. 58) beschrifteten Statuen Panammus II. (ca. 730 v. Chr.) und Tudḫalijas IV. (ca. 1220 v. Chr.) darstellt. Darüber hinaus ist Maraş durch eine Reihe von Gedenkstelen bekannt geworden, die Einzelpersonen und Familien beim Bestattungsbankett zeigen. Zu diesen Monumenten gibt es in der späthethitischen Welt kaum eine Parallele, doch auch in diesem Fall sind einige spätere aramäische Nachahmungen bekannt (s. auch Abb. 5, 6, 7, 9).[23]

Malatya, Ain Dara und Aleppo

Die bis hierher erörterten Skulpturen können alle auf die Serie von Skulpturen aus Karkamis bezogen werden, und alle dürften in gewissem Maße von diesen Skulpturen beeinflußt worden sein. Keine der Skulpturen aus den bisher besprochenen Fundstätten, einschließlich Karkamis, scheint vor ca. 1000 v. Chr. – mehr als zwei Jahrhunderte nach dem Untergang des hethitischen Großreichs – entstanden zu sein. Die inhaltlich und selbst stilistisch offensichtlich eng an die des hethitischen Großreichs angelehnten Plastiken aus Malatya sind jedoch in die Zeit zwischen 1200 und 1000 v. Chr. zu datieren, obwohl Orthmann sie in seiner maßgeblichen Studie mit Karkamis in Verbindung brachte und eine spätere Entstehungszeit vorschlug. Vor einigen Jahren konnte jedoch nachgewiesen werden, daß eine in Malatya herrschende Dynastie den Inschriften dieser Könige zufolge von Kuzi-Tešub aus Karkamis abstammte. Diese Tatsache spricht dafür, daß die Skulpturengruppen aus Malatya dieser frühen Zeit zuzuordnen sind (s. o., S. 57).

Die beiden beschrifteten Stelen aus İspekçür und Darende zeigen zum Beispiel Kuzi-Tešubs Urur-enkel Arnuwanti II. bei der Darbringung von Trankopfern; auf der einen für seinen vergöttlichten Großvater Arnuwanti I. und seine Großmutter, auf der anderen für Hebat und ihren Sohn Šarruma. Der König auf der Löwentorskulptur (Abb. 3, S. 275) trägt denselben Namen wie Kuzi-Tešubs Sohn und Urenkel; es könnte sich bei dem Dargestellten um einen der beiden oder um einen gleichnamigen Nachkommen handeln. Er bringt Wettergöttern und anderen Gottheiten Trankopfer dar. Der Auftraggeber des Löwenjagdreliefs gehört zu einer wahrscheinlich von Kuzi-Tešub abstammenden Linie, auch wenn das direkte Verbindungsglied fehlt, und auf das Hirschjagdrelief dürfte dieselbe Vermutung zutreffen, auch wenn es hier keine direkte Verbindung gibt. Die kürzlich publizierten Skulpturen aus dem Tempel in Ain Dara und die großartigen Reliefs des Tempels, der zur Zeit auf dem Zitadellenhügel von Aleppo ausgegraben wird, dürften den Hintergrund der frühen Malatya-Gruppe erhellen (s. o., S. 57, 59).

Eine vom Großvater des Auftraggebers des Löwenjagdreliefs verfaßte Inschrift wurde in Izgın auf der Ebene von Elbistan gefunden. Sie gibt Auskunft über die Besiedlung dieses Gebietes. Nur etwa fünf Kilometer von Izgın entfernt liegt der Siedlungshügel von Karahöyük, wo in einem heiligen Bezirk in situ eine gewaltige Stele ausgegraben wurde.[24] Trotz der geographischen Nähe steht diese Stele in keinem Zusammenhang mit den Malatya-Inschriften oder auch nur mit der Stadt Malatya. Sie wurde – wie auf ihr zu lesen ist – von einem Untergebenen anläßlich des Besuchs eines Großkönigs aufgestellt, der die Neubesiedlung dieses Gebietes und die Neugründung dieser Stadt (der heutige Karahöyük) zur Folge hatte. Wie bereits erwähnt wurde, fanden sich nach dem Untergang des hethitischen Großreichs in Karkamis und im Gebiet der Ebene von Konya Prätendenten auf den Titel »Großkönig«, und der in Karahöyük erwähnte Großkönig dürfte ein Repräsentant einer dieser beiden Anwärtergruppen gewesen sein, wahrscheinlicher vielleicht des anatolischen Zweiges. Wie dem auch sei, die Stele aus Karahöyük stellt zweifellos ein außergewöhnliches Dokument der Übergangszeit zwischen dem hethitischen Großreich und der späthethitischen Epoche dar, sowohl in historischer wie auch in epigraphischer Hinsicht.[25]

Tabal und Tuwana

Die Übergangsfigur Hartapu, der in seinen Inschriften auf dem Karadağ und dem Kızıldağ auf der anatolischen Hochebene den Titel »Großkönig« für sich in Anspruch nahm, ist schon erwähnt worden, und auch, daß auf ihn in den epigraphischen und archäologischen Quellen in Tabal und Tuwana eine 400 Jahre lange Lücke folgt. Auch die bislang kaum untersuchten archäologischen Stätten in Kemer Hisar und Kululu, wo sich die Hauptstädte der beiden Königreiche befunden haben dürften, sind bereits angesprochen worden (s. o., S. 59).

Obschon die Inschriften des Hartapu inzwischen mit immer größerer Sicherheit in die Endphase des hethitischen Großreichs zu datieren sind, stellt die in eine Felswand eingemeißelte Figur des auf einem Thron mit hoher Rückenlehne sitzenden Königs ein überzeugendes Argument für eine Datierung ins 8. Jahrhundert dar. Ich habe deshalb die These aufgestellt, daß es sich bei dieser Figur um eine spätere Hinzufügung zu diesen frühen Inschriften handelt, die von Tuwati oder Wasusarma vorgenommen wurde, den Königen von Tabal, die in dieser späten Zeit den Anspruch auf den Titel »Großkönig« wiederbelebten (s. o., S. 59).[26]

Zwar wurden in Kululu und andernorts vergleichsweise viele Inschriften aus dem späten 8. Jahrhundert v. Chr. gefunden, doch Skulpturen aus dieser Zeit sind kaum bekannt, auch wenn die bisher in Kululu gefundenen Fragmente auf eine vielleicht recht ergiebige Fundstätte schließen

7

8

7 Stele mit der Reliefdarstellung eines Mannes und einer Frau aus Maraş, späthethitische Zeit (Kat.-Nr. 160)

8 Reliefdarstellung eines Königs aus Karkamis, späthethitische Zeit (Kat.-Nr. 156)

lassen. Abgesehen von Sphinxfragmenten ist die bedeutendste bislang geborgene Skulptur eine kolossale Herrscherfigur, die durch die bewußte Zerstörung des Kopfes und der Arme zu einem formlosen Rumpf verstümmelt wurde, jedoch interessante Details der Gewandung bewahrt hat.[27]

Tuwana, das südliche Königreich im Südosten der anatolischen Hochebene, hat uns hingegen einige der schönsten späthethitischen Skulpturen überliefert. Einige davon sind mit dem Namen Warpalawa verbunden, einem Zeitgenossen der assyrischen Könige Tiglatpileser III. und Sargon II. Sein großes Felsrelief in İvriz gehört zu den berühmtesten Monumenten der Eisenzeit (Abb. 6, 7, S. 279); es zeigt die kleine Figur des Königs, der in kunstvoll bestickter Kleidung ehrfurchtsvoll vor der großen Figur des Wettergottes steht, den die Trauben und das Ährenbündel als Fruchtbarkeitsbringer ausweisen. Eine ganz ähnliche Figur des Königs erscheint auf seiner in Bor gefundenen Stele, auf der berichtet wird, daß er einen dem Wettergott geweihten Weinberg anlegte. Der Wettergott als Fruchtbarkeitsbringer ist jetzt eine gängige Darstellung in diesem Gebiet. Eine sehr schöne Stele, die den Wettergott so zeigt, wurde als Schwelle in einer mittelalterlichen Moschee auf dem Zitadellenhügel von Niğde wiederverwendet. Sie geht auf Warpalawas Sohn Muwaharani zurück und muß zu den spätesten hieroglyphischen Monumenten gerechnet werden (ca. 700 v. Chr.). Eine weitere, gröber und mit unlesbarer Inschrift, wurde in Keşlik Yayla in den Bergen oberhalb von Bor gefunden. Und erst in jüngster Zeit wurde der untere Teil einer solchen Stele, die Warpalawa mit hieroglyphischen und phönizischen Inschriften versehen ließ, zusammen mit dem Kopffragment einer Kolossalstatue in İvriz entdeckt. Diese beiden Funde deuten auf die Existenz eines dem Wettergott geweihten Bezirks in dieser verständlicherweise als heilig betrachteten Gegend hin.[28]

Karatepe und Adana

Die umstrittene Datierung der Skulpturen aus Karatepe ist oben (S. 58) bereits angesprochen worden. Falls der in den Inschriften als Azatiwatas Vorgänger bezeichnete Awariku tatsächlich mit dem in assyrischen Quellen bezeugten Urikki, dem König von Que, gleichzusetzen ist, einem Zeitgenossen der assyrischen Könige Tiglatpileser III. und Sargon II., dann wären sie in die letzten Jahre des 8. Jahrhunderts v. Chr. zu datieren, wofür auch der Stil sowohl der phönizischen als auch der hieroglyphischen Schriftzeichen spräche. Die Skulpturen jedoch zeigen charakteristische Merkmale sowohl des 9. als auch des 8. Jahrhunderts v. Chr. Dem einleuchtenden Erklärungsversuch, die frühen Elemente könnten von außerhalb importiert worden sein, insbesondere aus Domuztepe auf der anderen Seite des Ceyhan, ist von der Ausgräberin nachdrücklich widersprochen worden. Ihrer festen Überzeugung nach läßt sich zeigen, daß die Orthostaten zurechtgeschlagen und in Position gebracht wurden, bevor sie mit dem Meißel bearbeitet wurden. Es bleibt eine offene Frage, ob die mutmaßlich frühen Merkmale in »provinzieller« Umgebung bis in diese späte Zeit hinein überdauern konnten.[29]

1998 wurde, wie oben (S. 58) erwähnt, bei Adana eine Kolossalfigur des Wettergottes mit einem Sockel in der Form seines von einem Stier gezogenen Wagens und mit hieroglyphenluwischen und phönizischen Inschriften entdeckt, die bislang nur in vorläufiger Form publiziert worden ist. Stilistisch ist sie eng mit Karatepe verwandt, und sie könnte auf den kilikischen König Awariku/Urikki zurückgehen.[30] Jedenfalls dürfte sie wie die Skulpturen aus Karatepe zu den letzten Zeugnissen der Tradition der späthethitischen Skulptur gehören.

Anmerkungen

1 Hogarth 1914; Woolley 1921, 1952.

2 Zincirli: von Luschan 1893, 1898, 1902, 1911; Tell Taiynat: Haines 1971.

3 Delaporte 1940; Hawkins 1988 a, S. 103, Anm. 20.

4 Fugmann 1958.

5 Arslan-Tash: Thureau-Dangin et al. 1931; Tell Ahmar: Thureau-Dangin/Dunand 1936; Tell Taiynat: Haines 1972, 61–63; Malatya: unpubliziert, vgl. Delaporte 1940, 9.

6 Thureau-Dangin/Dunand 1936, 84–96, Plan C; Bunnens 1995, 1997.

7 Garstang 1908, 1913, 1937; Hawkins 1984, 81–83.

8 Abu Assaf 1990.

9 Orthmann 1980.

10 Pelon/Dupré 1987.

11 Schirmer 1993.

12 Özgüç 1971.

13 Hawkins 1972 a; Orthmann 1971, 30–34.

14 Hawkins 1979, 157–162; Orthmann 1971, 35–37.

15 Hawkins 1989 a, 193–197.

16 Hawkins 2000, 224–226.

17 Orthmann 1971, 59–76; Hawkins 1984, 72–85.

18 Hawkins 2000, 365f.

19 Orthmann 1971, 102f. 484f.; Riis/Buhl 1990, 32–54.

20 Hawkins 1988 b.

21 Orthmann 1971, 100f. 533.

22 Hawkins 2000, 330ff.

23 Orthmann 1971, 84–90, 523–529; Hawkins 1980 a.

24 Özgüç 1949.

25 Hawkins 1993 a.

26 Hawkins 1992.

27 Özgüç 1971, 102–109.

28 Kalaç 1979; Dinçol 1994, Hawkins 2000, 424–433.

29 Winter 1979; Deshayes et al. 1981; Çambel 1999.

30 İpek/ Tosun/Tekoğlu 1999.

8 Stele mit der Reliefdarstellung eines sitzenden Mannes aus Maraş, späthethitische Zeit (Kat.-Nr. 162)

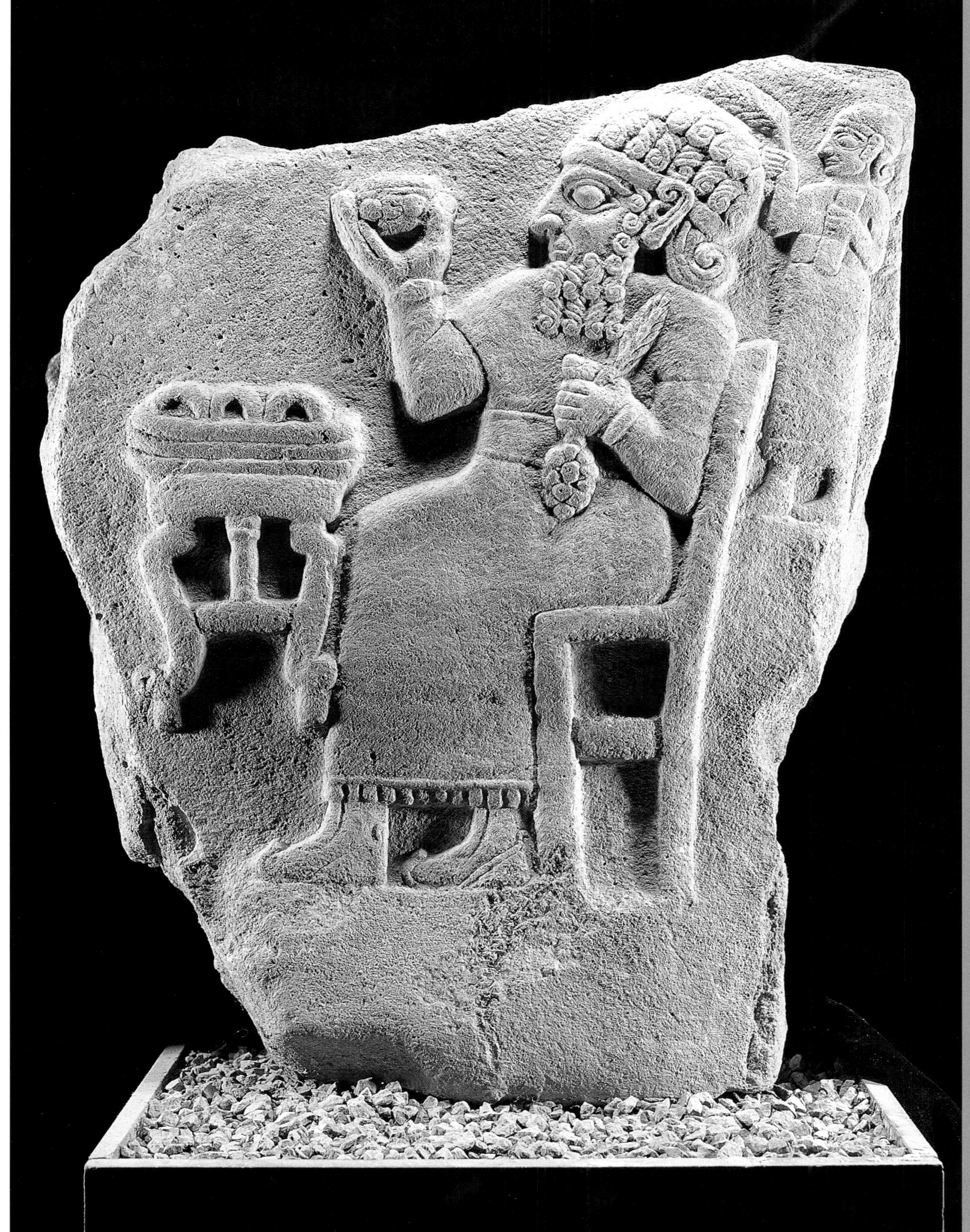

Kontinuität und neue Einflüsse

Die Entwicklung der späthethitischen Kunst zwischen 1200 und 700 v. Chr.

Winfried Orthmann

Als »späthetitisch« wird die Bau- und Bildkunst aus der Zeit zwischen dem Ende des hethitischen Großreiches um 1200 v. Chr. und der Eroberung Nordsyriens durch die Assyrer im 8. Jahrhundert v. Chr. bezeichnet. In dieser Zeit bestanden in Südostanatolien und Nordsyrien Stadtstaaten, in denen hethitische Traditionen fortlebten. Auf dem inneranatolischen Hochland sind dagegen aus den Jahrhunderten nach dem Zusammenbruch des hethitischen Großreiches und der Zerstörung der Hauptstadt Hattusa keine Zeugnisse für ein Fortleben hethitischer Architektur und Bildkunst überliefert. Man nimmt deshalb an, daß weder im unmittelbaren Einflußgebiet von Hattusa noch in den zuvor vom Großkönig abhängigen Vasallenstaaten Herrscherfamilien den Wechsel überdauerten, die anspruchsvolle Bau- oder Bildwerke hätten in Auftrag geben können; möglicherweise waren auch die Handwerker und Bildhauer umgekommen oder abgewandert.

In Nordsyrien war in der Zeit des hethitischen Großreiches Karkamis als Residenz der hethitischen Vizekönige zu einem bedeutenden Zentrum geworden. Da jedoch die Schichten dieser Periode in Karkamis bisher nicht ausgegraben wurden, kennen wir die Baukunst der Zeit vor 1200 v. Chr. nur aus Städten wie Emar und Alalah, die zwar von den Hethitern abhängig waren, aber offensichtlich ihre eigenen Traditionen bewahrt hatten: In beiden Städten unterscheiden sich die Tempel dieser Zeit deutlich von hethitischen Bauten. Die Abdrücke von Roll- und Stempelsiegeln der Könige von Karkamis zeigen, daß man in der Siegelkunst die hethitische Ikonographie übernommen hatte; auch stilistisch lassen sich diese Siegel von der großreichszeitlichen Glyptik der Hauptstadt kaum unterscheiden. Kleine Goldfigürchen, die in Karkamis in einer jüngeren Schicht zutage kamen, und ein in Megiddo gefundenes Elfenbeinrelief zeigen, daß auch das Kunsthandwerk im hethitischen Nordsyrien in Blüte gestanden hat.

Aus den beiden Jahrhunderten nach dem Ende des Großreiches, in denen Karkamis seine führende Rolle in Nordsyrien behalten und seinen Herrschaftsbereich sogar noch ausgedehnt hat, fehlen ebenfalls Denkmäler der Bau- und Bildkunst aus dieser Stadt. Zwei andere Fundorte sind es, die uns helfen, diese Lücke in der Überlieferung zu überbrücken: Ain Dara nördlich von Aleppo und Arslantepe bei Malatya.

In Ain Dara wurde vor einigen Jahren ein monumentaler Tempel ausgegraben, der in der Großzügigkeit der Planung und der Qualität der Ausführung nicht hinter den Heiligtümern der hethitischen Hauptstadt zurücksteht; im Reichtum der Bauplastik übertrifft er diese. Der Plan dieses Tempels entspricht nicht der Konzeption der typisch hethitisch-großreichszeitlichen Tempel, sondern steht in der nordsyrischen Tradition. Die halb rundplastisch gearbeiteten Löwen und Sphingen der Fassade und der Eingänge sowie die Reliefs, mit denen die Pilaster der Wand des Kernbaus und der

1 Relief mit Berggott und zwei Löwenmenschen (Relief E 6) (Abu Assaf, 1990, Taf. 45 b)

2 Orthostat mit der Darstellung des Wettergottes auf seinem Wagen aus Malatya, Museum für Anatolische Zivilisationen, Ankara (Akurgal 1961, Abb. 105 oben)

3 Orthostat mit der Darstellung einer Löwenjagd, Museum für Anatolische Zivilisationen, Ankara (Kat.-Nr. 155)

1

2

3

4

4 Statue eines Königs aus Zincirli (Sam'al), Staatliche Museen – Preußischer Kulturbesitz, Vorderasiatisches Museum, Berlin (Akurgal 1961, Abb. 127)

5 Orthostatenrelief des Königs Barrakib mit einem Schreiber, Staatliche Museen – Preußischer Kulturbesitz, Vorderasiatisches Museum, Berlin (Akurgal 1961, Abb. 131)

Unterbau des Tempels außen geschmückt waren, sind dagegen stilistisch mit den Bildwerken aus der hethitischen Hauptstadt sehr eng verwandt. Die Darstellungen von Berggöttern zwischen Mischwesen[Abb. 1], die im Innern der Cella an der Stirnseite eines Podiums angebracht waren, schließen sich auch in der Ikonographie eng an die Kunst der Großreichszeit an. Die Fundumstände machen es wahrscheinlich, daß der Bau und sein Bildschmuck erst nach dem Ende des Großreiches entstanden sind. Sie können daher an den Anfang der spähethitischen Periode gesetzt werden. Es scheint nicht ausgeschlossen, daß aus Zentralanatolien abgewanderte Bildhauer und Steinmetzen hier weitab von den Machtzentren der vorangegangenen Periode diese Meisterwerke geschaffen haben.

Ebenfalls in den ältesten Abschnitt der späthethitischen Kunst sind die Bildwerke vom Löwentor in Arslantepe bei Malatya zu setzen. Zwar sind hier aus dem Fundzusammenhang keine eindeutigen Anhaltspunkte für eine Datierung zu gewinnen, jedoch wird in den auf den Reliefs angebrachten Inschriften der Name eines Herrschers genannt, der wahrscheinlich im 11. Jahrhundert v. Chr. regiert hat. Es handelt sich um zwei Torlöwen und eine Reihe von Sockelreliefs, die an jenem Torbau, an dem man sie bei der Ausgrabung vorfand, in zweiter Verwendung angebracht worden waren. Wiedergegeben sind Kulthandlungen: Der König, einmal auch die Königin, spenden Trankopfer vor verschiedenen Göttern[Abb. 2] – ein Thema, das schon in der Kunst der Großreichszeit dargestellt wurde (vgl. Abb. 2, S. 119; Abb. 7, S. 252). Die Ikonographie der verschiedenen Götter und die Darstellung des Herrschers schließen sich eng an dieses Vorbild an. Die Qualität der Ausführung reicht allerdings nicht an die Bildwerke aus der hethitischen Hauptstadt oder die Reliefs aus Ain Dara heran: Es handelt sich um eher provinzielle Arbeiten. Offenbar war am Hof der Herrscher von Milid (Malatya) eine eigene Bildhauerwerkstatt entstanden, die sich dann in den folgenden Jahrhunderten weiterentwickelte: Das Relief mit der Darstellung einer Löwenjagd – mit Jagddarstellungen der assyrischen Paläste vergleichbar – ist wohl erst am Ende des 10. oder im 9. Jahrhundert v. Chr. entstanden[Abb. 3]. Es weist aber durchaus stilistische Gemeinsamkeiten mit den Reliefs vom Löwentor auf.

Von den zahlreichen Bildwerken, vor allem reliefierte Orthostaten, die bei den Ausgrabungen in Karkamis zutage gekommen sind, gehören die ältesten in die zweite Hälfte des 10. Jahrhunderts v. Chr. Sie repräsentieren die zweite Stufe in der Entwicklung der späthethitischen Bildkunst. Auf manchen der Reliefs oder in unmittelbarem Zusammenhang mit ihnen waren Inschriften von Herrschern von Karkamis angebracht, so auf einer Stele, die den König Katuwas zeigt. Seine Figur bildet als Hieroglyphenzeichen für »ich bin« zugleich den Anfang der Inschrift. Leider kennt man die Regierungszeiten von Katuwas und seinem Vater Suhis, mit dem sich eine Gruppe von Bildwerken verbinden läßt, nicht so genau, daß sich auf diese Weise eine zuverlässige Datierung der Reliefs gewinnen ließe. Beide haben wohl am Ende des 10. und im ersten Drittel des 9. Jahrhunderts v. Chr. regiert. Die Reliefs, die an der Außenseite der Umfassungsmauer eines Heiligtums angebracht waren, stellten ein Reihe von vier Gottheiten dar, vermutlich die Hauptgötter des Pantheons. Dahinter folgten eine en face wiedergegebene unbekleidete Göttin und die thronende Figur der Gattin des Suhis; an sie schließen sich eine längere Inschrift und Platten mit der Darstellung von Wagenkämpfern und Kriegern an. Die getöteten Feinde unter dem Bauch der Pferde und die abgeschlagenen Köpfe in den Händen der Fußsoldaten zeigen, daß es sich hier um eine Siegesdarstellung handelt. Dazu paßt der Inhalt der Inschrift. Durch die Anbringung unter freiem Himmel kam ähnlich wie bei den Reliefs der hethitischen Großreichszeit die Licht-Schatten-Wirkung weit stärker zur Geltung als bei den wenig jüngeren Reliefs, mit denen der assyrische Herrscher Assurnasirpal die Innenwände seines Palastes schmücken ließ. Ikonographisch orientieren sich die Reliefs aus der Zeit des Suhis nicht mehr unmittelbar an den Vorbildern aus dem 2. Jahrtausend v. Chr., auch wenn in der Art und Weise, wie die Götter dargestellt werden, dieses Vorbild durchaus noch erkennbar ist.

Etwas älter als diese Bildwerke sind Platten mit symbolisch-mythischen Darstellungen, die an der Außenwand eines nicht ausgegrabenen Heiligtums südlich der Straße vom »Wassertor« zum Vorplatz des Palasteinganges angebracht waren. Hier stehen die einzelnen Orthostaten mit jeweils geschlossenen Bildern unverbunden nebeneinander. Die Themen dieser Reliefs gehen nur teilweise auf Vorbilder in der Kunst der hethitischen Großreichszeit zurück; viel stärker ist der Anteil einer nordsyrischen Bildtradition, die wir aus Siegelbildern der sogenannten »Mitannizeit« (15./14. Jahrhundert v. Chr.) und der ihr im 13. Jahrhundert v. Chr. folgenden Zeit der assyrischen Herrschaft über Nordost-Syrien kennen.

In die zweite Entwicklungsstufe der späthethitischen Kunst gehören auch Bildwerke aus anderen Städten. 1997 und 1998 kamen bei Ausgrabungen auf der Zitadelle von Aleppo reliefverzierte Orthostaten zutage, die in ihrer Thematik an die Reliefs aus Malatya und Karkamis erinnern, sich aber stilistisch deutlich von ihnen absetzen. Sie zeigen, daß es in Aleppo eine eigene Bildhauertradition gegeben hat, in der das künstlerische Erbe des 2. Jahrtausends v. Chr. weiterentwickelt wurde. Diese Reliefs sind wohl ebenfalls in das späte 10. oder das frühe 9. Jahrhundert v. Chr. zu datieren.

Etwa zur gleichen Zeit wurde in Zincirli, dem antiken Sam'al, das südliche Burgtor mit reliefierten Orthostatenplatten dekoriert, auf denen sich z. T. die gleichen Sujets wiederfinden, die man auch aus Karkamis kennt. Unter anderem gibt es eine Reihung von vier Göttern und eine Wagenkampfszene. Die Reliefs wirken allerdings nicht so qualitätvoll wie die Vergleichsbeispiele, offensichtlich wurden sie durch weniger geschulte Bildhauer hergestellt, die sich am Vorbild der Kunst von Karkamis orientierten. Innerhalb der Reliefs des Burgtores läßt sich eine stilistische Entwicklung im Sinn einer allmählichen Annäherung an dieses Vorbild beobachten.

Neben Orthostatenplatten und – seltener – Stelen hat man eine größere Zahl von Löwen- und Sphinxfiguren geschaffen, die an den Toren angebracht wurden. Solche Torfiguren wurden erstmals im frühen 2. Jahrtausend v. Chr. so gestaltet, daß der Kopf und der Vorderkörper rundplastisch aus der Türwange herausragten, während die Seitenansicht des Tierkörpers als meist sehr hohes Relief den Durchgang flankierte. Daneben finden sich sogenannte Protome, bei denen auf eine Darstellung der Seitenansicht verzichtet wurde. Die Gestaltung der Löwenfiguren folgt in der zweiten Stilstufe der späthethitischen Bildkunst noch ganz der Tradition hethitischer Löwenbilder, die sich durch eine sehr blockhafte Gestaltung des Kopfes, eine besondere Form der Ohren und der Mähne sowie die aus dem aufgerissenen Maul hängende Zunge von den Löwenbildern der gleichzeitigen assyrischen Kunst unterscheiden. Solche Torlöwen finden sich über den Kreis der bisher genannten Städte hinaus bis nach Hama in Mittelsyrien, wo auf der Zitadelle außerdem Bruchstücke von zwei offenbar freistehenden Löwenfiguren im späthethitischen Stil zutage kamen.

Daneben gab es in den Hauptstädten der späthethitischen Fürstentümer teilweise überlebensgroße Statuen von Gottheiten, die an ihrer Hörnermütze zu erkennen sind, und von Figuren ohne Kopfbedeckung, die vermutlich den Herrscher repräsentieren[Abb. 4]. Unterkörper und Füße wurden oft noch recht stereometrisch-blockhaft gestaltet, während man den Oberkörper und vor allem den Kopf lebendiger modellierte. Aus der hethitischen Großreichszeit sind so wenige Überreste großformatiger Rundplastiken erhalten geblieben, daß sich nicht mehr feststellen läßt, ob die späthethitischen Herrscher auch hierin eine ältere Tradition der Bildkunst fortgeführt haben.

Gegen Ende des 9. Jahrhunderts v. Chr. beginnt die dritte Stufe in der Entwicklung der späthetitischen Kunst. Die politische Vorherrschaft der Assyrer, die sich immer stärker bemerkbar machte, führte dazu, daß man sich auch in der Bildkunst, vor allem bei der Darstellung von Details, die assyrische Kunst zum Vorbild nahm. In Karkamis stehen die Reliefs des Herrschers Yariri von der sogenannten »Royal Buttress«, die in der ersten Hälfte des 8. Jahrhunderts v. Chr. entstanden, am Anfang dieser Entwicklung. Die Figuren unterscheiden sich durch ihre Körperhaltung, ihre Haartracht und Gewänder deutlich von älteren Bildwerken. Dabei ist eine Vorliebe für eine gewisse Prachtentfaltung ebenso zu beobachten wie eine Verfeinerung der plastischen Modellierung. Etwas jünger sind die Reliefs, die am Tor zum Palastbezirk angebracht waren; sie sind durch ein teilweise sehr hohes Relief und eine Belebung der Oberfläche durch den Faltenwurf der Gewänder gekennzeichnet.

In Sam'al wird diese Stufe in der Entwicklung der späthethitischen Bildkunst durch die Reliefs aus der Zeit des Königs Barrakib repräsentiert, eines treuen Vasallen der assyrischen Könige[Abb. 5]. Die Tracht, in der er sich ebenso wie die Mitglieder seines Hofstaates darstellen ließ, entspricht jedoch nicht der assyrischen Mode. Sie kann wohl mit Recht als typisch für die aramäische Volksgruppe angesehen werden, die in dieser Zeit hier wie an anderen Orten die Führungsschicht stellte. Sie hatte seit dem 9. Jahrhundert v. Chr. die Nachkommen der Hethiter abgelöst, deren kulturelles und künstlerisches Erbe jedoch größtenteils übernommen, so daß es nicht möglich ist, eine »aramäische« Kunst von der späthethitischen Kunst zu trennen. Die Reliefs, die am Eingang des Palastes von Sakçagözü angebracht waren, ähneln in vieler Hinsicht denen, welche die dritte Entwicklungsstufe der späthethitischen Kunst in Karkamis und Sam'al repräsentieren. Eine monumentale Herrscherfigur aus Arslantepe bei Malatya belegt, daß das dortige Fürstentum an der künstlerischen Entwicklung dieser Zeit teilhatte.

Eine gewisse Sonderstellung nimmt in dieser Zeit die Bildkunst von Maraş ein. Hier wurden fast ausschließlich Stelen gefunden, meist mit der Darstellung einer Speiseszene, wohl eines Opfermahls. Da die Teilnehmer an diesem Mahl nicht als Gottheiten gekennzeichnet werden, sondern in Tracht und Frisur dem Bild des Herrschers und anderer menschlicher Gestalten entsprechen, kann man diese Bilder auf den Totenkult beziehen und die Stelen als Grabmonumente deuten. Auch ein fast rundplastisch als Hochrelief gearbeitetes Doppelsitzbild aus Maraş dürfte in einer Grabkapelle oder einem ähnlichen Gebäude aufgestellt gewesen sein. Vielleicht war die Errichtung solcher Grabmonumente eine besonders bei den Aramäern verbreitete Sitte, man findet sie schon im frühen 9. Jahrhundert v. Chr. bei den aramäischen Fürsten von Guzana in Nordost-Syrien. Das Doppelsitzbild aus Maraş zeigt in der lebendigen Modellierung der Gesichter den verfeinerten Stil der jüngsten Entwicklungsstufe der späthethitischen Kunst.

Im Verlauf des 8. Jahrhunderts v. Chr. entstehen auch im Südosten des anatolischen Hochlandes Bildwerke, die dem Kreis der späthethitischen Kunst zuzurechnen sind. Besonders beeindruckend sind die beiden monumentalen Felsreliefs, die der König Warpalawas von Tuwana bei Ivriz dort anbringen ließ, wo starke Wasserläufe aus dem Gebirge kommen und das nördliche Vorland fruchtbar machen[Abb. 6,7]. Hier wurde offenbar ganz bewußt die hethitische Tradition des Felsmonumentes im 1. Jahrtausend v. Chr. wieder aufgenommen.

Die späthethitischen Bildwerke waren – anders als die assyrischen Palastreliefs – überwiegend an den Außenseiten der Gebäude angebracht. Wie schon in der hethitischen Großreichszeit wurden Toranlagen durch Laibungsfiguren an den Durchgängen und durch Reliefs an den vorspringenden Tortürmen und im Vorhof ausgezeichnet. Die Architektur dieser Toranlagen entspricht weitgehend der, die wir schon aus dem 2. Jahrtausend v. Chr. kennen (s. Seeher, hier S. 156 ff.; Schirmer, hier S. 204 ff.). Befestigungsanlagen mit Toren umgaben nicht nur die Stadt insgesamt, auch die Zitadelle mit dem Königspalast war stark befestigt. In Karkamis wurde dieser Teil der Stadt nicht ausgegraben, so daß wir nicht wissen, wie der Palast der Herrscher dieser mächtigsten der späthethitischen Städte aussah. Am vollständigsten untersucht ist die Zitadelle von Sam'al. Hier umfaßt der innere Palastbereich mehrere Höfe mit umliegenden Gebäuden, die den Typ des »Hilani« repräsentieren. Diese für Nordsyrien im frühen 1. Jahrtausend v. Chr. charakteristische Bauform wird als »Hilani« bezeichnet, weil die Assyrer, die bei ihrem Vorstoß nach Syrien die dortigen Königspaläste kennenlernten und nach deren Vorbild Teile ihrer eigenen Paläste gestalteten, diese so nannten. Kennzeichen dieses Bautyps ist eine offene Vorhalle mit einem von Säulen getragenen Dach; der Hauptraum des Gebäudes liegt hinter dieser Vorhalle. Das Merkmal, durch das sich die Palastanlage von Sam'al und die anderer späthethitischer Zentren von den Palästen Mesopotamiens unterscheidet, ist aber nicht so sehr die Verwendung des Hilani-Bautyps, sondern vielmehr die Konzeption des Palastes als ein Ensemble einzelner Bauten, die sich um Plätze gruppieren und die teilweise durch Pfeilerhallen architektonisch miteinander verbunden werden – eine Bauweise, die schon für den Palast des Großkönigs in Hattusa kennzeichnend ist. Der Palastbereich von Tell Tayinat in der Ebene von Antakya und die nur teilweise ausgegrabene Zitadelle von Hama in Mittelsyrien waren ähnlich angelegt. Auch die aramäischen Könige von Guzana im Haburgebiet in Nordost-Syrien haben sich offenbar bei dem Bau ihrer Zitadelle im 9. Jahrhundert v. Chr. solche späthethitischen Palastanlagen zum Vorbild genommen.

Der für die hethitische Großreichszeit typische Tempelgrundriß konnte hingegen bisher in keinem der späthethitischen Zentren nachgewiesen werden. Der Tempel von Ain Dara aus dem ältesten Abschnitt der späthethitischen Periode weist zwar in manchen Elementen seines Dekors Verbindungen zu Tempeln der hethitischen Großreichszeit in der Oberstadt von Hattusa auf, mit seinem langrechteckigen Grundriß und der axialen Anordnung von Vorhalle, Eingangsraum und Cella steht er jedoch in der Tradition des »Antentempels« nordsyrischer

Prägung, der hier schon seit dem 3. Jahrtausend v. Chr. in zahlreichen Beispielen belegt ist. In Sam'al wurde auf der Zitadelle kein als Tempel zu deutender Bau freigelegt. In Aleppo hat man – nach den bisherigen Grabungsergebnissen zu urteilen – anscheinend in späthethitischer Zeit einen Tempel aus dem 2. Jahrtausend v. Chr. umgebaut und weiterbenutzt, über dessen Grundrißgestaltung bisher keine Aussagen möglich sind. In Karkamis wurden zwei kleinere Heiligtümer ergraben, die einen eher quadratischen Grundriß aufweisen; die Eingangsnische an der Frontseite und ein erhöhtes Podium an der Rückwand der Cella sind Elemente, die sie mit dem Tempel von Ain Dara verbinden; beide Heiligtümer haben nicht dessen monumentalen Charakter, vermutlich handelt es sich nicht um die Hauptheiligtümer der Stadt.

In den späthethitischen Fürstensitzen Nordsyriens muß auch das Kunsthandwerk in hoher Blüte gestanden haben. Unter den zahlreichen Elfenbeinschnitzereien, die als Beute oder Tribut in die Schatzkammern assyrischer Herrscher gelangten, gibt es neben Erzeugnissen phönizischer oder südsyrischer Werkstätten mehrere Stilgruppen, für die eine Herkunft aus dem Bereich der späthetitischen Fürstentümer angenommen wird. Eine Gruppe von Elfenbeindosen, deren Wände ein reiches Reliefdekor aufweisen, schließt sich durch eine ganz besondere Art der Stilisierung der Tierkörper zusammen. Da es Vorbilder für diese Art der Tierdarstellung in der syrischen Kunst des 2. Jahrtausends v. Chr. gibt, nimmt man an, daß diese Arbeiten des 9. und 8. Jahrhunderts v. Chr. aus einer nordsyrischen Werkstatt stammen. Eine andere Gruppe von Elfenbeinreliefs, mit denen die Lehnen von Sitzmöbeln verziert waren, weist Übereinstimmungen mit den assyrisch beeinflußten Reliefs der jüngsten Stufe der späthethitischen Reliefkunst auf. Bronzearbeiten wie die Stirnplatte eines Pferdegeschirrs aus Tell Tayinat machen deutlich, daß auch solche Arbeiten in Nordsyrien hergestellt wurden. Bruchstücke reliefierter Bronzegegenstände aus Olympia, die sich stilistisch mit der späthethitischen Kunst verbinden lassen, zeigen, daß Weihgaben nordsyrisch-späthethitischer Herkunft bis nach Griechenland gelangt sind.

6 Felsrelief von Ivriz (Akurgal 1961, Abb. 140)

7 Detail aus dem Felsrelief von Ivriz (Foto Peter Oszvald)

Das Reich und seine großen Nachbarn

Konfrontation und Koexistenz

Ḫattusa und die nordmesopotamischen Staaten Mittanni und Assyrien

Eva Cancik-Kirschbaum

> Die geopolitische Situation

Die Gebirgskette des Taurus bildet eine natürliche Grenze zwischen Anatolien und den sich nach Süden öffnenden Tiefebenen Mesopotamiens. Mehrere Gebirgsübergänge sowie die Passagen der großen Ströme Euphrat und Tigris machen diese Grenze durchlässig und ermöglichen Verbindungen zwischen den beiden Großräumen (s. Karte S. 306). Das Interesse an den jeweils verfügbaren Rohstoffen, Halb- und Fertigprodukten sowie den mit ihrer Verarbeitung verbundenen Technologien hat die Beziehungen zwischen Anatolien und Mesopotamien seit jeher befördert. Dieses Beziehungsgefüge erzeugte gleichermaßen wirtschaftspolitische Interessen wie Abhängigkeiten, die nicht selten zu heftigen machtpolitischen Auseinandersetzungen führten.

Aufgrund seiner geographischen Lage kommt dabei dem nordsyrisch-obermesopotamischen Raum als unmittelbarem Kontaktbereich zwischen den Kulturen des Zweistromlandes und Anatoliens eine Schlüsselstellung zu. Hier treffen sich die großen Handelsrouten, die die Küstenregionen des Mittelmeers, Palästina, Ägypten, das Zweistromland, den Iran, Anatolien und die nördlichen gelegenen Regionen miteinander verbanden.

Im Verlaufe der altorientalischen Geschichte unternahmen daher die anliegenden politischen Kräfte immer wieder den Versuch, diese wichtige Region direkt oder wenigstens indirekt zu kontrollieren. Es verwundert daher nicht, daß die Einbindung Nordsyriens in das Reich von Ḫattusa ein wichtiges strategisches Ziel der hethitischen Expansionsbestrebungen darstellte. Die Bedeutung, die die Herrscher von Ḫattusa diesem Gebiet zumaßen, wird durch die Einrichtung hethitischer Sekundogenituren in Karkamissa und Ḫalpa unterstrichen.

Im 14. Jahrhundert v. Chr. wurde das hethitische Reich durch seine Ausdehnung in den nordsyrischen Raum zum unmittelbaren Nachbarn anderer Großmächte. Neben Ägypten und Babylonien waren dies Mittanna (Mittanni) und Assura (Assyrien). Die Auseinandersetzung Ḫattusas mit diesen Konkurrenten hat ihren Niederschlag sowohl in der hethitischen Annalistik als auch in der historischen Überlieferung der anderen beteiligten Kulturen gefunden. Doch das daraus entstehende Bild einer im wesentlichen von Sieg und Niederlage geprägten Beziehung zwischen Ḫattusa und den übrigen altorientalischen Großmächten des 2. Jahrtausends v. Chr. ist einseitig. Aus anderen Schriftquellen wie z. B. den zwischenstaatlichen Abkommen, aus der internationalen Korrespondenz und aus Wirtschaftsurkunden wird deutlich, daß zwischen den genannten Staaten Beziehungen ganz unterschiedlicher Art bestanden. Neben den in der königlichen Annalistik dominierenden politisch-militärischen Auseinandersetzungen rücken Warenverkehr, rechtliche Regelungen, diplomatische Kontakte, familiäre Verbindungen zwischen den Herrscherhäusern und nicht zuletzt der Austausch von Technologie und Wissen in den Blick.

> Mittanna – ein einflußreicher Gegenspieler

Hurritischsprachige Bevölkerungsgruppen sind bereits gegen Ende des 3. Jahrtausends v. Chr. in den keilschriftlichen Quellen Mesopotamiens bezeugt. Mit Schwerpunkt zunächst im transtigridischen Raum haben sie sich sehr rasch in Obermesopotamien verbreitet. Um die Mitte des 2. Jahrtausends sind hurritische Sprachträger in Palästina ebenso anzutreffen wie in Südanatolien. Die Ausbildung zur überregionalen politischen Macht, die später Mittanni (hethitisch Mittanna) genannt wurde, dürfte nach derzeitigem Quellenstand gegen Ende des 17. Jahrhunderts v. Chr. eingesetzt haben. Über die innere Struktur des Reiches Mittanna ist wenig bekannt, doch mag sie der hethitischen nicht unähnlich gewesen sein.[1]

Im 16. Jahrhundert v. Chr. kamen die Hethiter im Rahmen ihrer Expansion nach Nordsyrien erstmals mit diesem hurritischen Reich in unmittelbare Berührung. Mehrere historiographische Texte, insbesondere aus der Regierungszeit Ḫattusilis I. (ca. 1565 – 1540 v. Chr.), berichten von verschiedenen militärischen Unternehmungen östlich des Euphrats, die bis in die hurritischen Länder Suda und Ilanzura führten (s. Karte S. 302). Doch als Mursili I. (ca. 1540 – 1530 v. Chr.) nach der Unterwerfung des Großkönigtums Ḫalpa (Jamḫad) 1531 v. Chr. seinen berühmten Zug nach Babylon unternahm, gab es in Nordsyrien und Obermesopotamien zunächst keine politische Macht, die sich den Hethitern ernsthaft hätte widersetzen können.

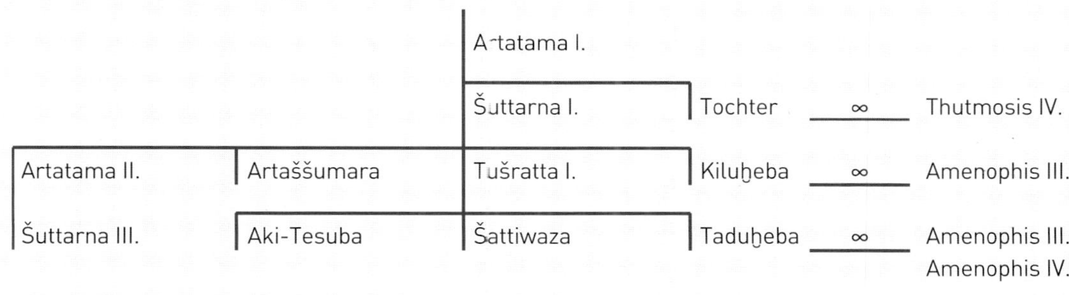

1 Mittannische Prinzessinnen am ägyptischen Hof

Gegen Ende des 15. Jahrhunderts v. Chr. begann Ḫattusa unter Tudḫalija I. (ca. 1420 – 1400 v. Chr.) erneut seine Grenzen zu erweitern, doch die Verhältnisse in Nordsyrien hatten sich grundlegend verändert: Der Pharao von Ägypten kontrollierte weite Teile Palästinas und hatte sein Einflußgebiet bis zum oberen Orontes ausgedehnt. Nordsyrien hingegen war den Königen von Mittanna untertan, deren Reich sich in jener Zeit vom Orontes bis zum Zagros erstreckte (s. Karte S. 304).

Mittanna (akkadisch Ḫanigalbat) ist der Name für ein hegemonial strukturiertes Reichsgebilde; in hethitischen Texten ist häufiger von den »Ländern des Landes Mittanna« die Rede. Es bestand aus verschiedenen – vorwiegend hurritischen – Fürstentümern unter Führung des Königs von Mittanna. Dieser Verbund hatte in der ersten Hälfte des 15. Jahrhunderts seine politische Macht soweit gefestigt, daß die nordsyrischen Kleinstaaten, die nach dem Niedergang der hethitischen Vorherrschaft gegen Ende des 16. Jahrhunderts v. Chr. zunächst selbständig geworden waren, den König von Mittanna als Oberherren anerkannten. Zwei Beispiele mögen dies veranschaulichen. Idrimi, der König von Allalaḫ/Alalḫa (Mukiš), gibt in einer Art Tatenbericht eine Schilderung der Vorgänge aus Sicht des Vasallen (s. Text 1).[2] Unter Berufung auf die lange Tradition vertraglicher Verbindungen zwischen Alalḫa und den hurritischen Königen, mit Hilfe von Ehrengeschenken an Parrattarna I. von Mittanna, durch die Zusage erhöhter Abgaben und die Restitution von Land wird schließlich der alte Eidschwur erneuert. Idrimi nimmt dabei eine ambivalente Position ein: Als König von Alalḫa ist er nun einerseits »Gefolgsmann« des mittannischen Herrschers, zugleich aber steht er seinerseits als Vertragsherr im Bunde mit einer Anzahl syrischer Kleinfürsten.

Der Vertrag zwischen Sunnassura von Kizzuwadna und Tudḫalija I. (ca. 1420 – 1400 v. Chr.) erzählt die Geschichte der wechselnden Bündnisse, die Kizzuwadna etwa seit Mitte des 15. Jahrhunderts v. Chr. mit dem jeweils mächtigeren seiner Nachbarn – Ḫattusa bzw. Mittanna – einging. Nachdem ein alter Vertrag zwischen Ḫattusa und Kizzuwadna offenbar durch einen neu geschlossenen Vertrag mit Mittanna gebrochen worden war, wird dieser wiederum durch den neu ausgefertigten Vertrag zwischen Sunnassura und Tudḫalija ungültig. Eindrucksvoll ist die Argumentation des hethitischen Königs, mit der er Sunnassura die Vorteile eines Vertragsbruchs nahebringt: »Die Hurriter nennen Sunnassura einen Diener - nun aber habe ich, die Majestät, ihn zu einem wirklichen König gemacht. Sunnassura soll vor die Majestät treten, er soll das Angesicht der Majestät sehen. Sobald er vor die Majestät tritt, sollen sich die Großen der Majestät von ihren Plätzen erheben, keiner soll seinetwegen sitzen bleiben.«[3] De facto hat diese besondere Auszeichnung keine Folgen, denn Sunnassura ist der letzte König des nur noch nominell selbständigen Kizzuwadna. Erstmals wird hier ohne vorherige militärische Unterwerfung allein durch diplomatische Mittel ein zuvor selbständiger Staat dem hethitischen Reich angegliedert. Diese politische Strategie setzen die Könige von Ḫattusa später mehrfach in Nordsyrien ein – nicht zuletzt auch bei der Eingliederung von Mittanna.

Die Herrscher von Mittanna bedienten sich offensichtlich bei der Errichtung ihres Reiches eines ähnlichen Systems wie die Hethiter: Auch hier charakterisieren die Komponenten militärische Unterwerfung und/oder vertragliche Bindung semi-autarker Kleinstaaten an die Zentralmacht die politische Expansion. Zugleich erweist sich der Vertrag (paritätisch und nichtparitätisch) als zentrales machtpolitisches Instrument: Den verschiedenen Formen vertraglich geregelter Koexistenz kam große Bedeutung nicht nur auf der (»internationalen«) Ebene der Großmächte, sondern auch im Bereich des Klein- und Klientelstaatenwesens zu. Ein anderer »Vasall« der Könige von Mittanna, das am Tigris gelegene Aššur, sollte sich wenig später als gelehriger Schüler seines einstigen Oberherrn erweisen.

Als Herrscher über andere Könige führte der König von Mittanna den Titel »Großkönig« und war dem König von Karduniaš (i. e. Babylonien), dem König von Ḫattusa und dem Pharao von Ägypten gleichgestellt. Nachdem es aufgrund des beiderseitigen Interesses an Syrien-Palästina zwischen Ägypten und Mittanna zu mehreren heftigen Auseinandersetzungen gekommen war, einigten sich die

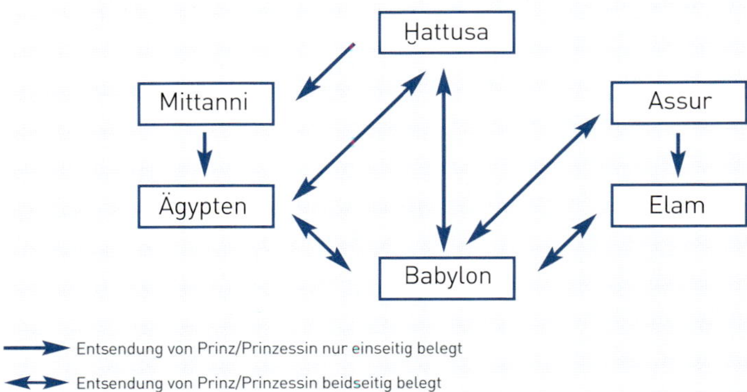

2 Schematische Darstellung der interdynastischen Verwandtschaft der altorientalischen Herrscherhäuser (nur Großmächte) zwischen dem 14. und dem 12. Jahrhundert v.Chr.

beiden Großmächte zu Beginn des 14. Jahrhunderts v. Chr. Die nunmehr angeknüpften guten Beziehungen wurden unterstützt durch den regelmäßigen Austausch von Ehrengeschenken und durch die Verheiratung von mittannischen Prinzessinnen mit dem jeweils in Ägypten regierenden Pharao**Abb. 1, 2**.[4] Hier lernen wir ein weiteres politisches Instrument kennen, das Mittanna, aber auch allen anderen Herrscherhäusern des Alten Orients zur Verfügung stand. Solche politischen Ehen sind bereits im 3. Jahrtausend v. Chr. ein wichtiges stabilisierendes Element. Aus den Quellen geht hervor, daß nahezu alle großen Herrscherhäuser des Alten Orients in der zweiten Hälfte des 2. Jahrtausends miteinander verschwägert waren.

> Aššur: vom mittannischen Vasall zur politischen Großmacht

Bereits im frühen 2. Jahrtausend v. Chr. bestanden intensive Kontakte zwischen Anatolien und dem Handelszentrum Aššur am Tigris. Durch ein Netz von kleineren und größeren Emporien in verschiedenen anatolischen Städten – darunter auch Ḫattuš(a) – wurde ein einträglicher Warenaustausch zwischen Anatolien und Mesopotamien betrieben.[5] In einigen dieser Niederlassungen kam umfangreiches Textmaterial aus dem Geschäftsverkehr der Handelskolonien zutage. Gelegentlich finden sich darin auch Hinweise auf die politischen, gesellschaftlichen und wirtschaftliche Verhältnisse der verschiedenen anatolischen Kleinstaaten. So wird dort z. B. der Zug mehrerer Fürsten unter Führung des Anitta von Kussara und Amkuwa gegen die Stadt Ḫattuš(a) erwähnt.[6] Gegen Ende des 18. Jahrhunderts v. Chr. scheint diese einträgliche Verbindung im wesentlichen unterbrochen, und eine wichtige, vielleicht die hauptsächliche Einnahmequelle des Stadtstaates Aššur versiegte. Als im 15. Jahrhundert v. Chr. das Reich von Mittanna expandiert, wird auch Aššur Teil seines Herrschaftsgebietes: ein kleines, den Königen von Mittanna tributpflichtiges Königtum, dessen Herrschaftsbereich kaum mehr als die nähere Umgebung der eigentlichen Stadt umfaßt haben dürfte.[7] Über die Verhältnisse jener Zeit ist wenig bekannt, da kaum Quellen zur Verfügung stehen. Aus der Tatsache, daß es durchgehend einen »König von Aššur« gab, kann man vielleicht schließen, daß zwischen Mittanna und Aššur ein den nordsyrischen Beispielen vergleichbares »Vasallen«-Verhältnis bestand. Gelegentliche Versuche des Kleinkönigtums, Verbündete gegen Mittanna zu finden, wurden mit Strafexpeditionen seitens des Oberherrn geahndet. So hat z. B. Saustatar von Mittanna die Stadt Aššur verwüstet und geplündert und unter anderem eine goldbeschlagene Tür in seinen Palast nach Wassukkanna verbracht.

> Mittanna zwischen Assyrien und Ḫattusa

Thronfolgestreitigkeiten in zwei aufeinanderfolgenden Generationen im mittannischen Königshaus – beginnend mit der Ermordung des Artaššumara – führen in der ersten Hälfte des 14. Jahrhunderts zu einer erheblichen innenpolitischen Instabilität. Damit bietet sich nicht nur Ḫattusa, sondern auch dem König von Aššur eine Gelegenheit, die eigenen machtpolitischen Interessen zu befördern. Zugute kommt ihnen dabei, daß in Mittanna zwei Linien um die Anwartschaft auf den mittannischen Thron streiten. Ein Blick auf die Karte macht die exponierte Position Mittannas zwischen den beiden expandierenden Reichen deutlich: die einstige Großmacht wird zu einer strategischen Größe.

Der assyrische Herrscher Aššur-uballit. I. unterstützt mit Artatama II. und dessen Sohn Šuttarna III. eine Nebenlinie des mittannischen Königshauses**Abb. 1**. Šuttarna III. liefert im Gegenzug für die assyrische Unterstützung den königlichen Schatz und einen Teil der »Großen von Mittanna« an den Assyrer aus. Zugleich tritt Assyrien durch einen Vorstoß bis nach Karkamissa erstmals als eigenständige politische Macht in das Blickfeld der Hethiter. Dieser erste assyrische »Erfolg« auf der politischen Bühne war allerdings nur von kurzer Dauer, da die Hethiter den zweiten Thronprätendenten, einen Sohn des vorigen Königs Tušratta mit Namen Šattiwaza unterstützten. Dieser hatte nach der Ermordung seiner Vaters Zuflucht in Ḫattusa gefunden. Er erhielt militärischen Beistand und konnte mit Unterstützung Sarikusuḫas, des Sohnes Suppiluliumas I. und ersten Königs der Sekundogenitur Karkamissa, das mittannische Kerngebiet zurückerobern. Bald danach wurde dieses verkleinerte Mittanna dem hethitischen Reich angeschlossen und dieser Anschluß durch die Heirat Šattiwazas mit einer Tochter Suppiluliumas I. bekräftigt. Das in diesem Kontext ausgehandelte Vertragswerk ist in zwei Fassungen überliefert: Die eine formuliert den Sachverhalt aus der Perspektive des hethitischen Großkönigs, die andere aus der des Šattiwaza von Mittanna (s. auch Quack, hier S. 288 ff.). Beide Texte sind jedoch in der hethitischen Kanzlei entstanden.[8] Wie der Anschluß von hethitischer Seite bewertet wurde, macht der Vertrag mit Šattiwaza an mehreren Stellen deutlich. So heißt es darin z. B.: »Aber das ganze Land Mittanna war (politisch) zusammengebrochen. Man hatte es als assyrisches Land und als alseisches Land aufgeteilt. (...) Da das Land Mittanna, ein großes Land, nicht zugrunde gehen sollte, hat der Großkönig, der König des Landes Ḫattusa, das Land Mittanna für seine Tochter wiederhergestellt. (...) Und ich, der Großkönig des Landes Ḫattusa, werde auch das tote (d. h. politisch unbedeutend gewordene) Land Mittanna wiederherstellen, um (es) wieder in (verfassungsmäßige) Ordnung zu bringen. Verkleinert (es) aber auf keinen Fall, zerteilt (es) nicht!«[9] In der politischen Sprache der Hethiter wird hier ein Sachverhalt geschildert, der in scharfem Kontrast zum Vorgehen der Assyrer steht: Während diese durch Ausschaltung der mittannischen Oberschicht die politische Elite und damit die Handlungsfähigkeit Mittannas zu schwächen suchten, stärkt der Hethiterkönig die vorhandenen Strukturen, unterwirft sie aber zugleich seiner unmittelbaren Kontrolle.

Obwohl es den Hethitern auf diese Weise gelingt, Šattiwaza als König von Mittanna zu etablieren – das weitere Schicksal seines Rivalen ist nicht bekannt –, nimmt der assyrische Druck auf den König von

Mittanna zu. Der Nachfolger Šattiwazas, Šattuara I., wendet sich an den hethitischen König, seinen Herrn: »Wenn nun aber einem Manne zwei Männer Gerichtsherren (d. h. Inhaber der Jurisdiktionsgewalt, hier als Umschreibung für den politischen Oberherren) sind, (und) der eine Mann macht seinen Anspruch geltend und der zweite Mann macht seinen Anspruch nicht geltend – nunmehr hat der König von Assyrien, mein Feind – eine (Orakel-)Anfrage gestellt und hat gemäß (einem Bescheid des) Wettergottes meines Herrn gehandelt. Die Majestät, mein Vater, hat es vernommen.«[10] Noch gebraucht Šattuara gegenüber seinem Oberherren die Anredeform »mein Vater«, doch die kryptische Formulierung spielt wohl auf den in mehreren Kampagnen erfolgreichen Adad-nērārī I. von Assyrien (ca. 1295–1264 v. Chr.) an. Diesem gelingt es, das mittannische Kerngebiet bis hin zum Euphrat zu unterwerfen. Damit aber war der Prozeß der Eingliederung Mittannas in das assyrische Reich endgültig in Gang gesetzt. Ein Aufstand von Šattuaras I. Sohn Wasašatta bot schließlich die Gelegenheit, Mittanna/Ḫanigalbat zur assyrischen Provinz zu machen. Der Bericht hierüber ist ein gutes Beispiel für die frühe assyrische Annalistik (s. Text 2). Die darin explizierte Vorgehensweise wird sich als Muster assyrischer Expansionspolitik etablieren. Eine erste Unterwerfung geht mit einer vertraglichen Verpflichtung zu Tributzahlungen einher. Der unterworfene Herrscher wird durch Eide an Assyrien gebunden, behält jedoch eine eingeschränkte Souveränität. Kommt es zu tatsächlichen oder fiktiven Verstößen, so wird diese Regelung aufgehoben und das gesamte Territorium unmittelbar assyrischer Verwaltung unterstellt, wobei die Assyrer die vorhandenen Verwaltungsstrukturen weiternutzen. Die mittannischen Orte wurden zum größten Teil weiterbesiedelt, wobei jeweils in den Hauptorten eine Gruppe assyrischer Verwaltungsbeamter stationiert wurde. Auf diese Weise konnten Warenverkehr und landwirtschaftliche Produktion ohne größere Unterbrechung fortgesetzt werden. Der assyrische König setzte ein Mitglied der königlichen Sippe mit dem Titel »König von Ḫanigalbat« als Verwalter des Westreiches ein. Dieser hatte seinen Sitz in Dūr-Katlimmu am Ḫābur und überwachte von dort aus sämtliche politischen und wirtschaftlichen Angelegenheiten des Gebietes.[11] Damit verschwindet der Staat Mittanna endgültig von der politischen Bühne – nur der zeremonielle Königstitel bleibt als historische Reminiszenz erhalten. Ḫattusa aber ist unmittelbar mit einer neuen Großmacht konfrontiert: Assyrien.

> Der König von Assyrien – vom Zweitbefehlenden zum Großkönig

Der »Club der großen Vier«, Ägypten, Babylonien, Ḫattusa und Mittanna, zu dem im 13. Jahrhundert v. Chr. zumindest nach hethitischer Auffassung auch Aḫḫijawa gehörte, war nicht ohne weiteres bereit, ein neues Mitglied zu akzeptieren. Voraussetzung für den Eintritt in die internationale Politik waren – wie wir sehen werden – eine genügend große militärische Schlagkraft und genaue Kenntnis internationaler Benimmregeln. Als Assur-uballiṭ I. (ca. 1355–1318 v. Chr.) den Status eines Großkönigs beansprucht, ist der ägyptische Pharao Amenophis IV. nicht ohne weiteres bereit, diese Forderung anzuerkennen. Seine Haltung spiegelt sich offenbar deutlich in Art und Umfang seiner Geschenke an den Assyrer. Daraufhin schickt ihm dieser einen vorwurfsvollen Brief: »Als Aššur-nādin-aḫḫē, mein Vater, nach Ägypten sandte, schickte man ihm 20 Eselslasten Gold. Als der König von Ḫanigalbat zu Deinem Vater nach Ägypten sandte, schickte der ihm 20 Eselslasten Gold. [Nun] bin ich doch dem König von Ḫanigalbat [ebenbürtig] und Du hast mir ?(trotzdem) nur wenig Gold gesandt (...) Wenn Deine Absicht wahrhaft auf gute Freundschaft gerichtet ist, dann sende (gefälligst) reichlich Gold (...).«[12] Letzteres benötigte der assyrische König dringend, wie er in dem Brief weiter ausführt, um sich einen standesgemäßen Palast zu bauen.

Wenige Jahre später begegnet der hethitische König Mursili III. entsprechenden Vorhaltungen des assyrischen Königs Adad-nērārī I. mit einer komplexen Beweisführung (s. Text 3). Der Brief ist der Entwurf einer Antwort auf ein (nicht erhaltenes) Schreiben des assyrischen Königs – ob eine entsprechende Ausfertigung nach Assyrien gesandt wurde, ist unbekannt. Die Argumentation des Hethiters ist ein Meisterwerk politischer Rhetorik. Als entscheidendes stilistisches Mittel wird die Umkehrung konventioneller historisch-politischer Argumentation in drei Schritten eingesetzt: Obwohl die Eroberung Mittannas durch Assyrien zweifellos eine massive Bedrohung für Ḫattuša darstellt, tut der hethitische König sie als bedeutungslos ab. Auf diese Weise wird dem auf militärische Macht gegründeten Anspruch des Assyrers der Boden entzogen. Sodann führt Mursili III. ein zentrales Bild der internationalen politischen Sprache, nämlich die Metapher der »Bruderschaft«, ad absurdum, indem er ironisch auf die – nicht vorhandenen – biologischen Voraussetzungen für einen solchen Anspruch verweist. Der Verweis auf die Vorgeschichte der nicht-existenten hethitisch-assyrischen Beziehungen schließlich dient Mursili III. als historisches Exempel und Argument für sein eigenes weiteres Handeln: Er legt keinen Wert auf Beziehungen zu Assyrien.

Erst Ḫattusili II. (ca. 1265–1240 v. Chr.) gesteht seinem Zeitgenossen Salmanassar I. (ca. 1263–1234 v. Chr.) in einem Brief die Großkönigswürde zu mit den Worten: »(...) da du ein Großkönig und nicht ein Zweitbefehlender bist (...)«.[13] Es ist aber auch hier ein ironischer Unterton nicht zu überhören, zumal diese Angabe sich in einem Passus findet, in dem der hethitische König dem Assyrer vorwirft, die grundlegenden Formen des Umgangs zwischen Großkönigen nicht zu beherrschen!

Doch trotz der letztendlichen Anerkennung des assyrischen Großkönigtums von hethitischer Seite und der Einrichtung diplomatischer Beziehungen zwischen Ḫattuša und Assyrien ist es – soweit wir wissen – nie zu einer dynastischen Verbindung zwischen den beiden Reichen gekommen. Anders als im Falle Ägyptens oder Babyloniens hat die permanente und unmittelbare Gefahr, die von Assyrien auszugehen schien, allenfalls Formen der Koexistenz, jedoch keinen wirklichen Friedensschluß zugelassen. Und so war auch die rangmäßige Gleichstellung des hethitischen und des assyrischen Königs – allen diplomatischen Floskeln zum Trotz – keineswegs gleichbedeutend mit Freundschaft. Vielmehr spitzte sich die Situation unter Tudḫalija III. und Tukulti-Ninurta I. von Assyrien zu, da die Assyrer nach der Eingliederung von Mittanna/Ḫanigalbat nach Norden expandierten. Es kommt zwischen den Städten Niḫrīja und Šúru zu einem militärischen Zusammenstoß, der offenbar mit einem assyrischen Sieg endet.[14] Wie sich die Beziehungen zwischen den beiden Staaten unter den letzten Herrschern des hethitischen Reiches entwickeln, ist unklar. Hinweise in verschiedenen Quellen deuten darauf hin, daß zumindest die diplomatischen Beziehungen aufrechterhalten wurden und nach wie vor Boten an beiden Höfen verkehrten.

Mit dem Ende des hethitischen Großreiches verschwindet nicht nur ein mächtiger Gegenspieler Assyriens von der politischen Bühne, sondern zugleich auch jene einflußreiche Ordnungsmacht, die den nordsyrischen Raum kontrolliert hat. Assyrien ist – geschwächt durch innere Zwistigkeiten – nicht in der Lage, diese Rolle zu übernehmen. Immer wieder drängen nomadische Gruppen aus dem Euphratgebiet und aus dem südöstlichen Anatolien gegen Assyrien vor und machen den Herrschern von Aššur in den folgenden Jahrhunderten schwer zu schaffen. Erst seit dem 8. Jahrhundert v. Chr. gelingt es Assyrien schließlich, den nordsyrischen Raum bis hin zum Mittelmeer dauerhaft unter assyrische Herrschaft zu bringen.

Text 1
Aus der Inschrift des Idrimi von Alalḫa

»Sieben Jahre lang war Parrattarna, der mächtige König, der König der Hurriter, mir feindlich gesinnt. Im siebenten Jahr sandte ich zu Parrattarna (...) und berichtete ihm über die Gefolgschaft meiner Vorfahren, als meine Vorfahren mit ihnen [i. e. den Hurritern] ein Abkommen schlossen. Und unsere Worte gefielen den Herrschern der Hurriter, und ein fester Vertrag bestand zwischen ihnen. Der mächtige König vernahm von der Gefolgschaft unserer Vorgänger und von dem Abkommen zwischen ihnen, er achtete den Eid (...).

Mein Ehrengeschenk nahm er an, und ich erhöhte die Gaben und erstattete ihm seinen verlorenen Besitz zurück. Einen bindenden Eid habe ich ihm geschworen betreffend meine Stellung als ein loyaler Gefolgsmann – und ich war König in Allalaḫ.«

Text 2
Aus dem Tatenbericht des Adad-nērārī I. von Aššur

»(...) Als aber Šattuara, der König des Landes Ḫanigalbat, mir gegenüber feindlich wurde, Aggressionen beging, da ergriff ich ihn auf Befehl des Gottes Assur, meines Herren (...), verbrachte ihn in meine Stadt Assur, hieß ihn einen Schwur leisten, sodann in sein Land zurückkehren. (Doch) Jahr für Jahr, so lange er lebte, nahm ich fürwahr seinen Tribut in meiner Stadt Assur entgegen.

Später empörte sich Wasašatta, sein Sohn, wurde mir gegenüber feindlich und beging Aggressionen. Er wandte sich an das Land Ḫatti um Hilfe; der Hethiter nahm (zwar) seine Bestechungsgeschenke, aber er half ihm nicht! Mit den mächtigen Waffen des Gottes Assur, meines Herrn (...) eroberte und ergriff ich Taidu, seine große Residenz, (ferner die Städte) Amasakku, Kaḫat, Šuru, Nabula, Ḫurra, Šuduḫu und Waššukanni. Die Beute dieser Städte, die Schätze seiner Väter, die Reichtümer seines Palastes nahm ich mir und verbrachte sie in meine Stadt Aššur. Irride eroberte ich, brannte es nieder, zerstörte es und säte Salzkraut über ihr aus.

Von Taidu bis Irride, von Eluḫat bis zum Kašijari-Gebirge alles zusammen, die Festung Šudu, die Festung Ḫarran, bis zum Ufer des Euphrat gaben mir die großen Götter, auf daß ich herrschen möge. Dem Rest seiner Leute erlegte ich Frondienste [wörtl. ›Hacke, Schaufel und Tragkorb‹] auf. Ihn selbst, seine Palastfrauen, seine Söhne, Töchter und sein Gefolge, ließ ich aus Irride fortführen. Gefangen und gebunden verbrachte ich sie und seinen Besitz nach meiner Stadt Aššur. Irride und die Festungen Irrides nahm ich ein, verbrannte und zerstörte sie und säte Salzkraut über ihnen aus.«

Text 3
Aus einem Schreiben des Mursili III. an Adad-nērārī I. von Assyrien

»Du sprichst wiederholt über [?die Überwältigung] des Wasašatta und die [Angelegenheit] des Landes Hurri. Mit der Waffe hast Du gesiegt, meinen [Gefolgsmann] hast Du besiegt, doch bist Du (dadurch etwa) ein Großkönig geworden? Was also sprichst Du andauernd von Bruderschaft (...) Bruderschaft – was ist das? (...) Aus welchem Grunde sollte ich Dir über Bruderschaft schreiben? Wer schreibt Wem für gewöhnlich von Bruderschaft? Schreibt man (etwa), so man nicht befreundet ist, einander gewöhnlich von Bruderschaft? Weshalb sollte ich (also) Dir von Bruderschaft schreiben? Du und ich, wurden wir etwa von einer Mutter geboren? So wie [mein Vatersvater] und mein Vater dem König des Landes Assur nicht [von Bruderschaft] schrieben, so schreibe auch Du mir nicht [von Bruderschaft] und (gar) Großkönigtum! [So ist es] mein Wunsch!«

Anmerkungen

1 Zu einem möglichen frühen Hinweis auf den föderalen Charakter des Hurriter-Staates Cord Kühne, Politische Szenerie und internationale Beziehungen Vorderasiens um die Mitte des 2. Jahrtausends vor Chr., in: Johannes Renger/Hans-Jörg Nissen (Hrsg.), *Mesopotamien und seine Nachbarn. Politische und kulturelle Wechselbeziehungen im alten Vorderasien vom 4. bis 1. Jahrtausend v. Chr.*, Berlin 1987^{2}, 237, Anm. 33. Inwieweit die recht detaillierten Kenntnisse über die Struktur des Fürstentums Arrapḫe, das zumindest zeitweise zum Mittanna-Reich gehörte, verallgemeinert werden dürfen, ist noch unklar.

2 Die entsprechende Passage der Idrimi-Inschrift findet sich in Zeile 42b–58 der »Statue des Idrimi«, Sidney Smith, *The Statue of Idri-mi,* London 1949.

3 Eine englische Übersetzung findet sich bei Gary Beckman, *Hittite Diplomate Texts,* Atlanta, Georgia, 1966, 13ff. Die Beziehungen zwischen den beiden Fassungen hat zuletzt Carlo Zaccagnini untersucht: The Forms of Alliance and Subjugation in the Near East of the Late Bronze Age, in: Luciano Canfora et al. (Hrsg.), *I Trattati del Mondo Antico. Forma, Ideologia, Funzione,* Rom 1990, 37–79, bes. 75–77. Für das Vertragswesen, insbesondere die Möglichkeit der Auflösung von zwischenstaatlichen Abkommen ohne die Zustimmung beider Vertragspartner vgl. folgenden Hinweis in dem Vertragstext: »Die Eidestafel, die ausgefertigt wurde, werden wir löschen, das Abkommen mit dem Hurriter abweisen. Und da du nunmehr nicht mehr der (Vasall) des Hurriters bist, werden wir eine andere (Eides)tafel ausfertigen« KBo XXXVIII 110:63''-65'' (Quasiparallele in KBo I 5:IV 25ff.).

4 Unsere Kenntnisse der Beziehungen zwischen Mittanna und Ägypten basieren weitestgehend auf einer Reihe von Briefen (EA 17 und 19-30), die sich in dem Keilschriftarchiv von Tell el-Amarna fanden. Übersetzungen der Briefe bietet William L. Moran (Hrsg.), *The Amarna Letters,* Baltimore/London 1992.

5 Für den Kupferhandel liegt eine detaillierte Studie vor: Jan G. Dercksen, *The Old Assyrian Copper Trade in Anatolia,* Leiden 1996.

6 Klaas R. Veenhof, The Old Assyrian Merchants and Their Relations with the Native Population of Anatolia, in: Renger/Nissen (Anm. 1), 147–160. Guido Kryszat, Altassyrische Quellen zur frühen hethitischen Geschichte, in Druck in: Jan-Waalke Meyer/Walter Sommerfeld (Hrsg.), *Colloquien der Deutschen Orient-Gesellschaft* III, Saarbrücken 2002.

7 Zu Assyrien und Mittanna/Ḫanigalbat vgl. Amir Harrak, *Assyria and Ḫanigalbat,* Hildesheim u. a. 1987, sowie Susanne Heinhold-Krahmer, Zu Salmanassars I. Eroberungen im Hurritergebiet, *Archiv für Orientforschung* 35, 1988, 79–114.

8 Eine Übersetzung findet sich bei Beckman (Anm. 3), 37–54.

9 Die Zitate sind der akkadischen Fassung des Sattiwaza-Vertrages entnommen, und zwar Vs. 49f., Vs. 57f. und Rs. 22'f.

10 Vgl. zuletzt Harrak (Anm. 7), 77–79.

11 Zu dieser Nebenlinie des assyrischen Königshauses vgl. Eva Cancik-Kirschbaum, Nebenlinien des assyrischen Königshauses in der zweiten Hälfte des 2. Jahrtausends, in: *Altorientalische Forschungen* 26, 1999, 210–222.

12 Für diesen Brief vgl. Moran (Anm. 4), 38–41.

13 Umschrift und Übersetzung bei Albertine Hagenbuchner, *Die Korrespondenz der Hethiter* 2, Heidelberg 1989, 241–245.

14 Itamar Singer, The Battle of Niḫriya and the End of the Hittite Empire, in: *Zeitschrift für Assyriologie* 75, 1985, 100–123. Dazu auch Harrak (Anm. 7), 140–142.

Literatur

Andrae 1977; Faist 2001; Harrak 1987; Larsen 1977; Maul in: Wilhelm 1998, 47–65; Veenhof 1972; Wilhelm 1982; Wilhelm1993–1997, 286–329

Da wurden diese zwei großen Länder zu einem Land

Die Beziehungen zwischen Ḫattusa und Ägypten im Lichte ihrer diplomatischen Korrespondenz

1 Ein toter Hethiter in der Schlacht von Qadeš, dargestellt im Totentempel Ramses' II. (Foto J. F. Quack)

2 Die Ankunft der hethitischen Prinzessin und ihres Vaters (rechts im Bild) aus ägyptischer Sicht, dargestellt am Tempel von Abu Simbel. Ramses thront zwischen den Göttern (aus: Lepsius, *Denkmäler*, Bl. 196, Ausschnitt)

Joachim Friedrich Quack

> Der Krieg als nicht gangbare Option

Im 5. Regierungsjahr des Pharaos Ramses II. kam es zur größten direkten Konfrontation zweier Großreiche des alten Orients im 2. Jahrtausend v. Chr. Der ägyptische Herrscher zog mit vier Heeresdivisionen in einer Stärke von insgesamt etwa 40 000 Mann nach Norden. Sein Ziel war es, in Syrien die ägyptische Vorherrschaft endgültig durchzusetzen. Ihm entgegen trat der hethitische König Muwattalli II. mit der versammelten Macht des hethitischen Reiches. Einer auch sonst üblichen Tradition folgend, stellte sich der Herrscher von Ḫattusa nicht in die vorderste Front der Schlacht, sondern überließ das Oberkommando seinem einsatzfähigen jüngeren Bruder Ḫattusili. Ramses war damals jung und draufgängerisch und wohl auch etwas zu sehr von der eigenen Macht überzeugt. So kam es zu einer fast fatalen Fehlplanung. Mangelhafte Aufklärung führte dazu, daß die noch in Marschformation aufgeteilte ägyptische Armee von einem hethitischen Streitwagenvorstoß überrascht und zersprengt wurde. Was er an vorausschauender Planung versäumt hatte, glich Ramses nun durch Bravour aus. Sein kühner Gegenangriff mit nur wenigen Begleitern sowie das glückliche Eintreffen eines Elitekorps der Ägypter retteten den Tag Abb. 1, vielleicht auch, weil die Hethiter davor zurückschreckten, ihre gesamte Heeresmacht in voller Konfrontation aufs Spiel zu setzen.

Nach Abschluß eines Waffenstillstandes zog Ramses zurück nach Süden in den Kernbereich seiner Herrschaft. Zu Hause angekommen, gab er ein gigantisches Text- und Bildprogramm in Auftrag, dessen Ziel es vor allem war, seine eigene Rolle in das bestmögliche Licht zu rücken und allen Tadel auf die angeblich inkompetenten Aufklärer sowie die Feigheit seiner Soldaten zu schieben. Die eigenen wirklichen oder vorgeblichen Heldentaten im Gegenangriff bilden dagegen den dramatischen Höhepunkt. Diesen Quellen verdankt man das meiste, was man heute über diese Auseinandersetzung weiß, doch sind sie als einseitige Version mit Vorsicht zu genießen. Kurze Andeutungen in hethitischen Quellen sowie die reale weitere historische Entwicklung zeigen deutlich, daß von einem Sieg der Ägypter keine Rede sein kann. Militärische Geplänkel auf niedrigerem Niveau gingen in den nächsten Jahren weiter, ohne daß den Ägyptern meßbare Fortschritte gelangen. Nordsyrien blieb weitestgehend hethitischer Einflußbereich.

> Der Vertrag als Lösung

Eine wichtige Veränderung ergab sich jedoch: Ḫattusili, der einst vor Qadeš gegen Ramses gekämpft hatte, war nach etlichen Wirren und inneren Zwistigkeiten auf den Thron gekommen. Diese Situation bot offenbar einiges Potential – und zwar insbesondere angesichts der prekären Stellung des Usurpators, dem daran gelegen sein mußte, einen äußeren Feind weniger zu haben und statt dessen einen Verbündeten zu gewinnen, der auch zur Verteidigung seiner Dynastielinie verpflichtet wurde. Eine weitere Person muß unbedingt genannt werden, nämlich Puduḫeba, Ḫattusilis tatkräftige Ehefrau. Ihr großer Anteil an den Verhandlungen läßt sich aus ihrer aktiven Rolle im jetzt einsetzenden diplomatischen Briefverkehr erkennen.

Wie die ersten diplomatischen Friedenbemühungen ausgesehen haben, läßt sich heute nicht mehr sagen – eventuell bestanden sie aus vertraulichen, rein mündlichen Botschaften. Als die Dokumentation einsetzt, waren offenbar die wesentlichsten Punkte bereits geklärt, so daß man an den Abschluß eines konkreten Staatsvertrages gehen konnte. Dieses Dokument ist uns leider nicht im Original, wohl aber in mehreren Abschriften erhalten. Es stellt den bislang ältesten paritätischen Staatsvertrag der Weltgeschichte dar – und gleichzeitig ist es einer der wenigen Fälle antiker mehrsprachig überlieferter Texte. Basis der Verhandlungen war sicher eine Version in Keilschrift und akkadischer Sprache, wie es damaliger Diplomatenpraxis entsprach, später kam eine Übersetzung ins Ägyptische hinzu.

Feierlicher Höhepunkt war die dauerhafte Aufzeichnung des gewonnenen Textes auf Metall. Während für weniger wichtige Staatsverträge sonst Bronze oder Eisen verwendet wurde, war der Würde der beiden explizit als gleichberechtigt und verbrüdert angesetzten Vertragspartner nur ein edleres Material angemessen, nämlich Silber. Zur Garantie wurden Siegelplaketten daran befestigt, wobei für den hethitischen Vertrag überliefert ist, daß er nicht nur mit dem Siegel des Königs, sondern auch mit dem der Königin versehen war – erneut ein Zeichen

3 Ausschnitt aus der hieroglyphischen Version des Friedensvertrages zwischen Hethitern und Ägyptern, Relief im Tempel von Karnak (aus: Edel 1997, 59*a)

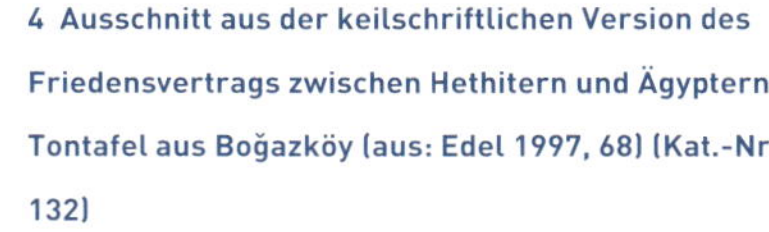

4 Ausschnitt aus der keilschriftlichen Version des Friedensvertrags zwischen Hethitern und Ägyptern, Tontafel aus Boğazköy (aus: Edel 1997, 68) (Kat.-Nr. 132)

für die Bedeutung der Puduḫeba. Jede Seite ließ eine solche Tafel ausführen, die von einer hochrangigen Delegation – zumindest auf hethitischer Seite von veritablen Prinzen – feierlich überreicht wurde. Nach der öffentlichen Verkündigung des Inhaltes wurden die kostbaren Dokumente in den Haupttempeln der Staaten deponiert und außerdem keilschriftliche und hieroglyphische Kopien angefertigt [Abb. 3, 4].

In der damaligen internationalen Welt muß die Nachricht von der beabsichtigten Vertragsschließung hohe Wellen geschlagen haben, waren ihre politisch-strategischen Folgen doch sehr weitreichend. Daß manche anderen Mächte sich von der bevorstehenden Allianz der beiden Supermächte eher bedroht fühlten, ist verständlich, und so sind Störgeplänkel nicht überraschend. Insbesondere der Herrscher von Assur, eigentlich ein ausgewiesener Widersacher der Hethiter, wollte Ḫattusili über die verletzte Eitelkeit aufstacheln, indem er suggerierte, dieser würde nicht wirklich gleichrangig behandelt. Geschickte diplomatische Wendungen der ägyptischen Seite konnten diese Hürde jedoch aus dem Weg räumen. Selbst die Aufregung über ein auf dem Transportweg verlorengegangenes kostbares Staatsgeschenk konnte den erfolgreichen Abschluß des Unternehmens im 21. Regierungsjahr Ramses' II. (1269 v. Chr.) nicht stören.

Die politischen Inhalte des Vertrages sind in mancher Hinsicht bemerkenswert. Es fehlt gerade das, was man heutzutage in einem Vertrag zuallererst erwarten würde, nämlich eine gegenseitige Festlegung der Grenzen. Der Rechtsverbindlichkeit wegen erhielt jede Seite eine Version, in der der jeweils ausländische Herrscher spricht und bei reziproken Verpflichtungen zuerst sich selbst erwähnt (s. auch Cancik-Kirschbaum, hier S. 282 ff.). Insgesamt steht das Formular deutlich in der Tradition hethitischer Staatsverträge, während die Ägypter spürbare Probleme mit einer angemessenen Wiedergabe hatten und sich sogar einen großen Patzer geleistet haben: Die fehlende Kenntnis der Kolumnenreihenfolge einer Keilschrifttafel hat dazu geführt, daß die Abfolge der Abschnitte im hinteren Textbereich verwürfelt ist (in der Graphik am Ende dieses Textes, S. 293, korrigiert).

Es versteht sich, daß den glücklichen Abschluß die entsprechende Glückwunschkorrespondenz begleiten mußte. Könige, Königinnen, Königinmutter und Prinzen ergehen sich abwechselnd in Tönen des höchsten Entzückens über die neu gewonnene Brüderschaft, betonen das eigene Wohlergehen und fragen nach dem Befinden des anderen. Uns mögen diese gleichlautenden, beständig wiederholten Wendungen langweilig und eintönig erscheinen, doch handelte es sich sicher um notwendige Floskeln des diplomatischen Fingerspitzengefühls, mit denen Vertrauen aufgebaut und jede erdenkliche scheinbare oder wirkliche Kränkung vermieden werden sollte.

Selbstverständlich blieb es nicht allein beim Austausch schöner Worte. Als realer Beweis der gewonnenen Brüderschaft sind wertvolle Geschenke selbstverständlich, und so wandern Gold- und Silberobjekte, kostbare Stoffe, Elfenbein und Edelhölzer auf den langen Wegen zwischen Kleinasien und Ägypten. Nur ein Wunsch bleibt unerfüllt, nämlich die direkte Begegnung der beiden Großkönige. Pläne über ein Treffen in den ägyptischen Vasallengebieten Vorderasiens zerschlagen sich, so daß das vielleicht erste Gipfeltreffen der Weltgeschichte nicht stattfindet.

> Ein heißes Eisen: Der eigentlich legitime Kronprätendent

Die neu gewonnene Brüderschaft mußte sogleich einen harten Test bestehen, da ein heikles Problem auftauchte. Ḫattusili verdankte seine Königswürde in Ḫattusa einer Revolte gegen den eigentlich legitimen und von ihm selbst ursprünglich eingesetzten Urḫitesuba. Dieser lebte aber weiterhin in der Verbannung. Zu einer Krise kommt es, als ihm die Flucht gelingt und ihn die Hethiter auf ägyptischem Territorium wähnen und fürchten, Ramses würde sich hinter ihn stellen. Man spürt in den Briefen die Empfindlichkeit und das noch nicht recht abgebaute Mißtrauen, Beschwerden über den unfreundlichen Ton werden laut geäußert. Wie ernst die Lage genommen wird, zeigt sich daran, daß Ramses seinem nunmehrigen Bruder mehrfach und ausdrücklich versichert, Ḫattusili sei in seinen Augen der rechtmäßige König. Diese Sicht der Dinge wird in einer ansonsten beispiellosen Weise auch dadurch verbreitet, daß Ramses sich direkt an die Könige der Gliedstaaten des Hethiterreiches wendet, um ihnen seine Version der Geschehnisse darzulegen. Am Ende löst sich alles zur Zufriedenheit auf, als der Flüchtling erneut ergriffen wird und sein endgültiges Schicksal bestimmt werden kann. Nach knappen Andeutungen in späteren Briefen verbrachte er seinen Lebensabend am Nil, also gleichzeitig weit weg von seinen potentiellen Anhängern und unter der Hand eines Herrschers, dem Ḫattusili zutraute, ihn unter Kontrolle zu halten.

> Die diplomatische Ehe als Zementierung

Zur definitiven Absicherung des Freundschaftsverhältnisses bedienten sich die beiden Großmächte eines Mittels, das auch aus der Neuzeit wohlbekannt ist, nämlich der diplomatischen Heirat. Natürlich war es Ramses, der jüngere der beiden Herrscher und zudem ein ausgesprochen polygamer Mann – er hinterließ Dutzende von Kindern –, der die Initiative ergriff und um die Hand einer Tochter Ḫattusilis anhielt. Ein reziprokes Arrangement gab es nicht.

5 Modell für einen typisch hethitischen Schild, der wohl von der hethitischen Leibgarde der Prinzessin benutzt wurde, aus Ramsesstadt (Pi-Riamasesa) (aus: *Ägypten und Levante* 1, Wien 1990, 104)

Ein solch definitiver Akt der Verbrüderung rief erneut Mißtrauen und Ängste bei den anderen Großmächten hervor, die teilweise mit allen lauteren und unlauteren Methoden die Heirat hintertreiben wollten. Der wohl wirksamste Versuch zielte auf die Sorgen und Nöte der Mutter Puduḫeba, der hinterbracht wurde, wie unglücklich Töchter anderer asiatischer Herrscher in Ramses' Harem seien. Geschickte Diplomatie, insbesondere verbriefte Kontaktrechte der künftigen Braut mit hethitischen Diplomaten, vermochte auch hier alle Hindernisse aus dem Weg zu räumen. Als Verlobungsakt wird die Prinzessin noch in Ḫattusa mit kostbarem Öl gesalbt.

Es blieb nur noch, die Mitgift der Prinzessin und die entsprechende Gegengabe des Pharaos auszuhandeln, was noch einiges Feilschen erforderte. Schließlich konnte die Braut mit großem Gefolge nach Ägypten ziehen. Die Sorge um ihre wohlbehaltene Ankunft in Ägypten führte Ramses dazu, den Wettergott um gutes Wetter auf der Reise während der winterlichen Regenzeit zu bitten, was auch Erfolg hatte. Mit der erfolgten Heirat im 34. Regierungsjahr Ramses' II. (1256/55 v. Chr.) wurden in den Augen der Vertragsparteien die beiden Großmächte endgültig zu einem einzigen Land. Die Anwesenheit einer hethitischen Ehrengarde der Prinzessin läßt sich inzwischen durch eine typisch hethitische Schildmodel belegen, die in der Ramsesstadt gefunden wurde [Abb. 5].

So sehr Ramses in seiner diplomatischen Post auch die Bruderschaft (d. h. die Gleichrangigkeit) mit Ḫattusili betonte, so nutzte er doch die Gelegenheit, um auf mehreren hieroglyphischen Stelen die Ereignisse in einer Weise zu stilisieren, die ihn als den eindeutig Mächtigeren darstellte. Entgegen der historischen Realität wird sogar Ḫattusili als unterwürfiger Begleiter dargestellt [Abb. 2]. Diese Botschaft war eindeutig an das eigene Volk gerichtet, während der Pharao davon ausging, daß keiner der hethitischen Gesandten den Text lesen konnte – wohl zu Recht, und hier erwies es sich als Vorteil für die Ägypter, daß im Diplomatenverkehr Akkadisch damals die gleiche Rolle spielte wie heute Englisch.

Aus der Ehe ging übrigens eine Tochter hervor, deren Geburt Anlaß zu Gratulationen gab, aber auch zu der Frage, ob Ramses keinen Sohn zeugen könne. Ein Götterorakel sollte der Hethiterin ein Schicksal als Königin zusichern, doch verlieren sich ihre Spuren im Dunkel der Geschichte. Jahre später heiratete Ramses noch eine zweite hethitische Prinzessin.

> Die Normalität der Freundschaft

Nunmehr hatte sich im Verkehr der beiden Großmächte eine gesunde Normalität eingepegelt, die eine gute Zusammenarbeit ermöglichte. Ein besonders hervorstechender Bereich war dabei die Medizin. Darin war Ägypten damals weltweit führend, und so ist von Anfang an der hethitische Wunsch nach Hilfe in diesem Bereich spürbar. Bereits in der Korrespondenz über den Friedensvertrag bittet Ḫattusili mehrfach um Ärzte und erhielt auch körbeweise Medikamente zugeschickt. Auch später wurden immer wieder ägyptische Spezialisten nach Ḫattusa entsandt. Heikelste Mission war der Versuch, einer Schwester Ḫattusilis trotz ihres weit fortgeschrittenen Alters noch zu einer Schwangerschaft zu verhelfen – dies dürfte selbst die besten Beschwörungspriester überfordert haben.

Weitere Gebiete der Zusammenarbeit waren die Bewässerungstechnologie sowie der Schiffbau – und gelegentlich auch der Kampf gegen gemeinsame Feinde, besonders Piraten. Wichtig für das hethitische Reich werden ägyptische Getreidelieferungen zur Zeit einer Hungersnot. Das im Gegenzug reichlich gelieferte anatolische Silber hinterläßt in Ägypten seine Spuren. Diese Ereignisse finden bereits eine Generation später statt, unter den Söhnen und Nachfolgern der einstigen Vertragspartner, und bis zum Ende des Hethiterreiches bleiben die alten Vereinbarungen gültig.

> Das Nachleben im Mythos

Blieb angesichts des Untergangs des hethitischen Reiches diese effektive Zusammenarbeit zum gegenseitigen Nutzen auch nur eine kurze Episode der Geschichte, so hat sie doch Spuren im Gedächtnis der Völker hinterlassen. Eine mythische Erzählung, die in Ägypten in viel späterer Niederschrift erhalten ist, erzählt von der Tochter des Herrschers von Bechten, die von einem bösen Dämon besessen ist. Ein erfahrener ägyptischer Beschwörer soll Abhilfe schaffen, wobei ihm als wirksamste Waffe eine wunderwirkende Götterstatue auf die weite Reise mitgegeben wird. Die Heilung gelingt, und nach mancherlei Wendungen kommen Gott und Priester wohlbehalten nach Ägypten zurück. Der merkwürdige Landesname Bechten dürfte dabei eine Verzerrung der Bezeichnung für das Hethiterland darstellen. Im Handlungsablauf scheinen Reminiszenzen an die zahlreichen Einsätze ägyptischer Ärzte vorzuliegen. Andere, noch unveröffentlichte Heldenepen zeigen Bechten als fernes Land, das unter großen Abenteuern zu erreichen ist.

Andererseits blieb auch die militärische Auseinandersetzung für die Überlieferung wirkmächtig. Die Aufzählung der hethitischen Verbündeten in der Schlacht von Qadeš wurde später als Nennung der von Ägyptern unterworfenen Völker in Kleinasien verstanden. Die Tradition verband diese Kämpfe nicht mehr mit Ramses, sondern mit dem legendären Pharao des Mittleren Reiches, Sesostris. Über griechische Historiker, vor allem Diodor, bekam so die mythisierte Geschichte eines erfolglosen Kriegszuges ihren festen und dauerhaften Platz im abendländischen Bewußtsein, während die friedliche Zusammenarbeit der Großmächte für lange in Vergessenheit geriet.

Literatur

Breyer 2000, 13–22; Edel 1976; Edel 1994; Edel 1997

Der Friedensvertrag

§	Ägyptische Version	Keilschriftliche Version
§ 1	Überschrift mit Absender und Empfänger. — Zweck des Vertrages (Bruderschaft).	Überschrift. Absender und Empfänger. Zweck des Vertrages (Bruderschaft).
§ 2	Vorgeschichte der Beziehungen.	Vorgeschichte der Beziehungen.
§ 3	Ḫattusili hat sich mit Ramses verbündet. Ḫattusili greift Ägypten nicht an. Ramses greift Ḫatti nicht an.	Ramses hat sich mit Ḫattusili verbündet. Ramses greift Ḫatti nicht an. Ḫattusili greift Ägypten nicht an.
§ 4	Der frühere Vertrag aus der Zeit des Supiluli(uma) und des Muwattalli bleibt für Ḫattusili gültig. Ramses hat diesen Vertrag ebenfalls wieder aufgenommen.	Ramses hat den für die Ewigkeit bestimmten Vertrag wieder aufgenommen —
§ 5	Ḫattusili steht Ramses gegen äußere Feinde bei. Ḫattusili steht Ramses gegen innere Feinde bei.	Ramses steht Ḫattusili gegen äußere Feinde bei. Ramses steht Ḫattusili gegen innere Feinde bei.
§ 6	Ramses steht Ḫattusili gegen äußere Feinde bei. Ramses steht Ḫattusili gegen innere Feinde bei.	Ḫattusili steht Ramses gegen äußere Feinde bei. Ḫattusili steht Ramses gegen innere Feinde bei.
§ 7	Ramses garantiert, daß Ḫattusilis Sohn einst zum König gemacht wird.	Ramses garantiert, daß Ḫattusilis Sohn einst zum König gemacht wird.
§ 8	Ḫattusili liefert hochrangige Flüchtlinge nach Ägypten aus. Ḫattusili liefert niederrangige Flüchtlinge nach Ägypten aus.	Ramses liefert hochrangige Flüchtlinge nach Ḫatti aus. Ramses liefert niederrangige Flüchtlinge nach Ḫatti aus.
§ 9	Ramses liefert hochrangige Flüchtlinge nach Ḫatti aus. Ramses liefert niederrangige Flüchtlinge nach Ḫatti aus.	Ḫattusili liefert hochrangige Flüchtlinge nach Ägypten aus. Ḫattusili liefert niederrangige Flüchtlinge nach Ägypten aus.
§ 10	—	Ramses liefert dienstunwillige hoch- und niederrangige Flüchtlinge nach Ḫatti aus.
§ 11	—	Ḫattusili liefert dienstunwillige hoch- und niederrangige Flüchtlinge nach Ägypten aus.
§ 12	Ḫattusili soll Flüchtlinge ausliefern, es soll ihnen aber in Ägypten ihr Vergehen nicht angerechnet werden.	Ramses soll Flüchtlinge ausliefern, es soll ihnen aber ihr Vergehen nicht angerechnet werden.
§ 13	Ramses soll Flüchtlinge ausliefern, es soll ihnen aber in Ḫatti ihr Vergehen nicht angerechnet angerechnet werden.	Ḫattusili soll Flüchtlinge ausliefern, es soll ihnen aber in Ägypten ihr Vergehen nicht werden.
§ 14	—	Zusammenfassende Wiederholung von § 8.
§ 15	—	Zusammenfassende Wiederholung von § 9.
§ 16	Schwurgötterliste.	Schwurgötterliste.
§ 17	—	Fluch gegen Ḫattusili und die Hethiter bei Verletzung des Vertrages, Segen für Ḫattusili und die Hethiter bei Einhaltung des Vertrages.
§ 18	—	Fluch gegen Ramses und die Ägypter bei Verletzung des Vertrages, Segen für Ramses und die Ägypter bei Einhaltung des Vertrages.
§ 19	Fluch gegen jeden Vertragsverletzer.	Segen für jeden Vertragswahrer.
§ 20	Segen für jeden Vertragswahrer.	Fluch gegen jeden Vertragsverletzer.
§ 21	Ausführliche Beschreibung der Siegel.	Siegel.

Ḫattusa und Aḫḫijawa im Konflikt um Millawanda/Milet

Die politische und kulturelle Rolle des mykenischen Griechenland in Westkleinasien

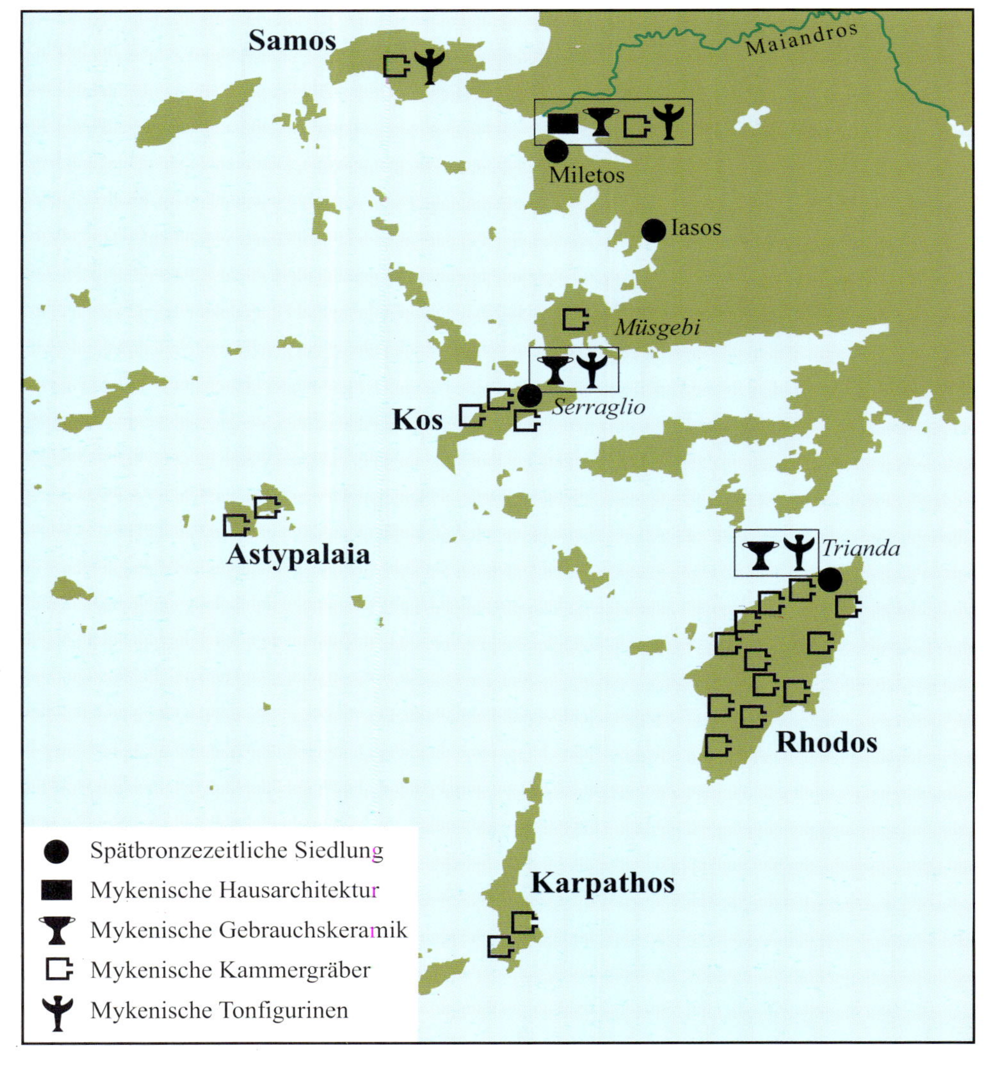

1 Indizien für mykenische Präsenz an der Südwestküste Kleinasiens und auf den ihr vorgelagerten Inseln

Wolf-Dietrich Niemeier

Die Frage, ob Hethiter und mykenische Griechen im westlichen Kleinasien miteinander in Kontakt gekommen sind, war lange umstritten. Nach dem aktuellen Forschungsstand muß sie auf der Grundlage einer Kombination archäologischer und textlicher Indizien jetzt aber eindeutig mit ja beantwortet werden.[1]

> Die Mykener im westlichen Kleinasien

Die Südwestküste Kleinasiens und die ihr vorgelagerten Inseln erlebten in der zweiten Hälfte des 15. Jahrhunderts v. Chr. einen ersten Zustrom mykenischer Siedler vom griechischen Festland. Diese eroberten anscheinend gewaltsam Orte, die zuvor schon Stützpunkte des minoischen Kreta gewesen waren wie z. B. Ialysos auf Rhodos und Milet im späteren Ionien. Die Ursache für diese Zuwanderung bildeten wahrscheinlich die Konflikte zwischen konkurrierenden mykenischen Häuptlings- oder Kleinkönigtümer in Griechenland, die zu dieser Zeit zur Herausbildung größerer, von Burg- und Palastzentren wie Mykene regierten Territorien führten. Vertriebene Aristokraten mit ihren Gefolgsleuten setzten die Segel und versuchten ihr Glück auf den Inseln und am gegenüberliegenden Ufer der Ägäis.

In der ersten Hälfte des 14. Jahrhunderts v. Chr. verstärkte sich die mykenische Präsenz in der Südost-Ägäis durch eine zweite, wesentlich stärkere mykenische Kolonisationswelle, wie besonders an dem sprunghaften Anstieg von Siedlungsplätzen auf Rhodos deutlich wird, aber auch an Indizien für die Entstehung neuer Siedlungsplätze wie z. B. die zu dieser Zeit einsetzende mykenische Kammergrab-Nekropole von Müsgebi auf der Halbinsel von Halikarnassos/Bodrum. Diese zweite Kolonisationswelle war aller Wahrscheinlichkeit nach von einem der neuen mykenischen Palastzentren organisiert, das sich Stützpunkte für den Handel mit dem an Metallen so reichen Anatolien und eine Machtbasis auf der Ostseite der Ägäis schaffen wollte. Da Kolonisten aus ihrer Heimat oft die Bautraditionen, die Küche und damit das Gebrauchsgeschirr, die Religion und die Bestattungssitten mitbrachten, zeigen die Funde von Hausarchitektur, undekorierter Gebrauchskeramik, Kammergräbern und Figurinen kultischer Funktion für das 14.–13. Jahrhundert v. Chr. eine mykenische Siedlungszone in der Südost-Ägäis an, welche die Inseln von Samos im Norden bis Rhodos im Süden und die Südwestküste Kleinasiens zwischen Milet im Norden und der Halbinsel von Halikarnassos/Bodrum im Süden umfaßte Abb. 1. Mykenische dekorierte Keramik ist auch weiter nördlich an einer Reihe von Plätzen der Westküste Kleinasiens bis nach Troia und der vorgelagerten Inseln zutage gekommen, aber immer in Siedlungen und Nekropolen lokalen Charakters. Dorthin gelangte sie wohl vor allem als Handelsware, so wie in viele andere Regionen des Mittelmeerraumes zwischen Spanien und Ägypten, möglicherweise lebten aber auch in den betreffenden Siedlungen zwischen der einheimischen Bevölkerung einige mykenische Händler.

> Aḫḫijawa-Achaier, Millawanda-Milet

Neufunde bzw. neue Untersuchungen hethitischer Texte und hieroglyphenluwischer Inschriften haben die spätbronzezeitliche politische Geographie des westlichen Kleinasien weitgehend geklärt (s. Karte S. 306).[2] Für das Land Aḫḫijawa, das einerseits in diplomatischem Kontakt mit dem hethitischen Reich stand, andererseits auch immer wieder Feinde Ḫattusas im westlichen Kleinasien unterstützte, und dessen Lage lange Zeit kontrovers diskutiert wurde, ist nun endgültig kein Platz mehr auf dem kleinasiatischen Festland. Die zuerst von E. Forrer in den 20er Jahren des 20. Jahrhunderts vertretene These einer Verbindung des Namens Aḫḫijawa mit den Achaiern Homers, d. h. mit den mykenischen Griechen, gewinnt unter den Gelehrten immer mehr Anhänger.

Wo aber ist das Zentrum des mykenischen Landes Aḫḫijawa zu lokalisieren? Die Versuche, es auf den mykenisierten Inseln Rhodos oder Kos zu suchen, vermögen nicht zu überzeugen. Es gibt dort kein Zentrum, das als Sitz eines im 13. Jahrhundert v. Chr. von den hethitischen Großkönigen zusammen mit den Großkönigen von Ägypten, Babylonien und Assyrien als gleichrangig anerkannten Herrschers gedient haben könnte. Zudem bieten diese Inseln nicht genug Ressourcen an Land und Bevölkerung, um eine internationale Großmacht zu bilden. So bleibt für das Zentrum von Aḫḫijawa eine Lokalisierung auf dem griechischen Festland, wahrscheinlich im böotischen Theben.[3] Das Toponym Achaia ist in erster Linie mit Mittelgriechenland verbunden und kam erst später auf die Peloponnes. Der Neufund eines Linear-B-Tontafelarchivs im mykenischen Palast von Theben zeigt, daß Theben das Zentrum eines bedeutenden Reiches bildete. Das Land Millawanda, ein Brückenkopf Aḫḫijawas auf dem kleinasiatischen Festland, ist nun eindeutig zwischen dem Latmischen Golf und der Halbinsel von Halikarnassos/Bodrum lokalisiert, d. h. in der Zone mykenischer Siedlungen an der Südwestküste Kleinasiens, seine Hauptstadt in Milet. Mykenisch *Millatos* und luwisch-hethitisch *Millawanda* enthalten den gleichen Bestandteil *Milla-*. Der Name ist aber wohl – wie ein Gründungsmythos Milets nahelegt – aus Kreta importiert, also minoischen Ursprungs, so daß *Millatos* und *Millawanda* jeweils verschiedene Adaptionen dieses Namens im Mykenischen und im Luwischen bzw. Hethitischen darstellen. Eine Verbindung zwischen Milet und Theben wird durch die mehrfache Nennung eines Mannes aus Milet in den thebanischen Linear-B-Täfelchen hergestellt. Nach diesen mykenischen Texten war er im Kult tätig und spielte anscheinend eine wichtige Rolle am Königshof von Theben.

2 Bronzeschwert aus Ḫattusa (Kat.-Nr. 153)

> Atarissija/Atreus: ein mykenischer Condottiere im westlichen Kleinasien des 15. Jahrhunderts v. Chr.

Die erste hethitische Erwähnung Aḫḫijawas (in der älteren Form Aḫḫija) findet sich im sogenannten »Madduwatta-Text«, einer hethitischen Anklageschrift aus der Regierungszeit des Großkönigs Arnuwanda I. (ca. 1400 – 1375 v. Chr.), die sich gegen einen im westlichen Kleinasien ansässigen Vasallen namens Madduwatta richtet und diesem zahlreiche Fälle von Treuebruch vorwirft, die bis in die Regierungszeit Tudḫalijas I. (ca. 1420 – 1400 v. Chr.), des Vaters Arnuwandas, zurückreichen. In diesem Zusammenhang ist mehrmals auch ein gewisser Attrissija erwähnt, der als »Aḫḫijäer« bezeichnet wird und teils als Verbündeter, teils als Gegner Madduwattas in Erscheinung tritt. Als Atarissija Madduwatta angriff, kam letzterem eine hethitische Armee zu Hilfe. Gleichwohl erwies sich Madduwatta als sehr undankbar. Er verbündete sich u. a. mit Arzawa, Ḫattusas Hauptfeind im Westen, und unternahm gemeinsam mit seinem vormaligen Gegner Atarissija einen Raubzug gegen die Insel Alasija (Zypern), das hethitisches Interessengebiet war.

Bei Attrissija, dessen Namen wohl die luwische Adaption des griechischen Namen Atreus darstellt, handelte es sich wahrscheinlich um einen jener oben erwähnten, um 1400 v. Chr. vom griechischen Festland vertriebenen mykenischen Aristokraten, die sich in der Südost-Ägäis niedergelassen hatten. Da Atarissija über 100 Streitwagen verfügte, operierte er aber sicherlich nicht von See her, sondern von einer mykenischen Siedlung an der Südwestküste Kleinasiens aus. Hier wird man wohl vor allem an Milet/Millawanda zu denken haben, wo die archäologischen Indizien für mykenische Präsenz bis in die zweite Hälfte des 15. Jahrhunderts v. Chr. zurückreichen.

Mykenische Griechen waren vielleicht auch an der militärischen Auseinandersetzung beteiligt, die die Hethiter nach den Annalen Tudḫalijas I. gegen Ende des 15. Jahrhunderts mit dem Staat Assuwa in Nordwestanatolien führten; denn in einem späteren, leider nur sehr fragmentarisch erhaltenen Brief des 13. Jahrhunderts, der sich auf Assuwa und damit wohl auch auf jene militärische Auseinandersetzung bezieht, wird unter anderem ein »Mann aus Aḫḫijawa« erwähnt. Das 1991 in der hethitischen Hauptstadt Ḫattusa gefundene Bronzeschwert mit einer keilschriftlichen Weihinschrift Tudḫalijas I[Abb. 2], die auf den hethitischen Assuwa-Feldzug Bezug nimmt, zeigt jedenfalls einen mykenischen Typus und wurde möglicherweise in einer mykenischen Waffenschmiede im westlichen Kleinasien hergestellt, so daß es einem Krieger aus Aḫḫijawa gehört haben könnte.[4] In diesem Zusammenhang ist ferner das Fragment einer Tonschale mit Ritzzeichnung von besonderem Interesse, das ebenfalls in Boğazköy-Ḫattusa gefunden wurde[Abb. 3]. Dargestellt ist hier ein Krieger, dessen Ausrüstung, insbesondere der Helm, nicht hethitisch ist. Es handelt sich um einen Zonenhelm minoisch-mykenischen Typs, möglicherweise um einen Eberzahnhelm.[5]

> Die Zerstörung Millawandas und die Eroberung Arzawas unter dem hethitischen Großkönig Mursili II.

Ein »König von Aḫḫijawa« wird erstmals in den Annalen Mursilis II. (ca. 1318 – 1290 v. Chr.) erwähnt, und zwar im Zusammenhang mit dem Feldzug dieses hethitischen Großkönigs gegen Arzawa. Noch vor Beginn dieses Feldzuges im dritten Regierungsjahr Mursilis II. waren die hethitischen Heereskommandeure Gulla und Malazidi mit einer Streitmacht nach Millawanda entsandt worden, um es zu zerstören, was für ein Bündnis Arzawas mit Millawanda bzw. mit dessen Oberherrn, dem König von Aḫḫijawa, spricht. Die hethitische Zerstörung Milets ist archäologisch durch einen eindrucksvollen, 30 Zentimeter starken Brandhorizont belegt, der über den Ruinen der ersten mykenischen Siedlungsphase liegt.[6] Im selben Jahr führte dann Mursili selbst ein Heer gegen Arzawa und eroberte dessen Hauptstadt Abasa, das spätere Ephesos. Der König von Arzawa, Uḫḫazidi, konnte jedoch zum König von Aḫḫijawa entfliehen. Nach dem hethitischen Annalentext erfolgte diese Flucht »übers Meer zu den Inseln«, womit sicherlich Inseln wie z. B. Kos und Rhodos gemeint sind, die dem König von Aḫḫijawa unterstanden.

Das zerschlagene Reich Arzawa löste Mursili in die Staaten Mirā, das Kernland Arzawas, und Ḫaballa auf und setzte an deren Spitze Masḫuiluwa bzw. Tarkasnalli, beide wohl Angehörige der arzawischen Dynastie, als Könige ein. Darüber hinaus wurden Mirā und Ḫaballa ebenso wie das Land Sēḫa, das als Verbündeter Arzawas nach der Niederlage Uḫḫazidis an Ḫattusa gefallen war, durch Staatsverträge dem hethitischen Großreich angeschlossen. Über das Schicksal Millawandas ist hingegen zunächst nichts Näheres bekannt. Das Fehlen eines expliziten Hinweises darauf, daß Millawanda dem Großreich einverleibt wurde, wie auch auf spätere Geschehnisse ab der Regierungszeit Muwattallis II. (ca. 1290 – 1272 v. Chr.) spricht jedoch für die Annahme, daß Millawanda wohl sehr bald wieder unter die Kontrolle von Aḫḫijawa kam.

Etwa in die Zeit der eben beschriebenen Vorgänge datieren zwei hieroglyphenluwische Felsinschriften aus der unmittelbaren Umgebung Arzawas. Die eine befindet sich rechts oben neben dem schon lange bekannten Felsmonument von Akpınar am Sipylos-Gebirge (Manisa Dağı)[Abb. 5]; bei der anderen handelt

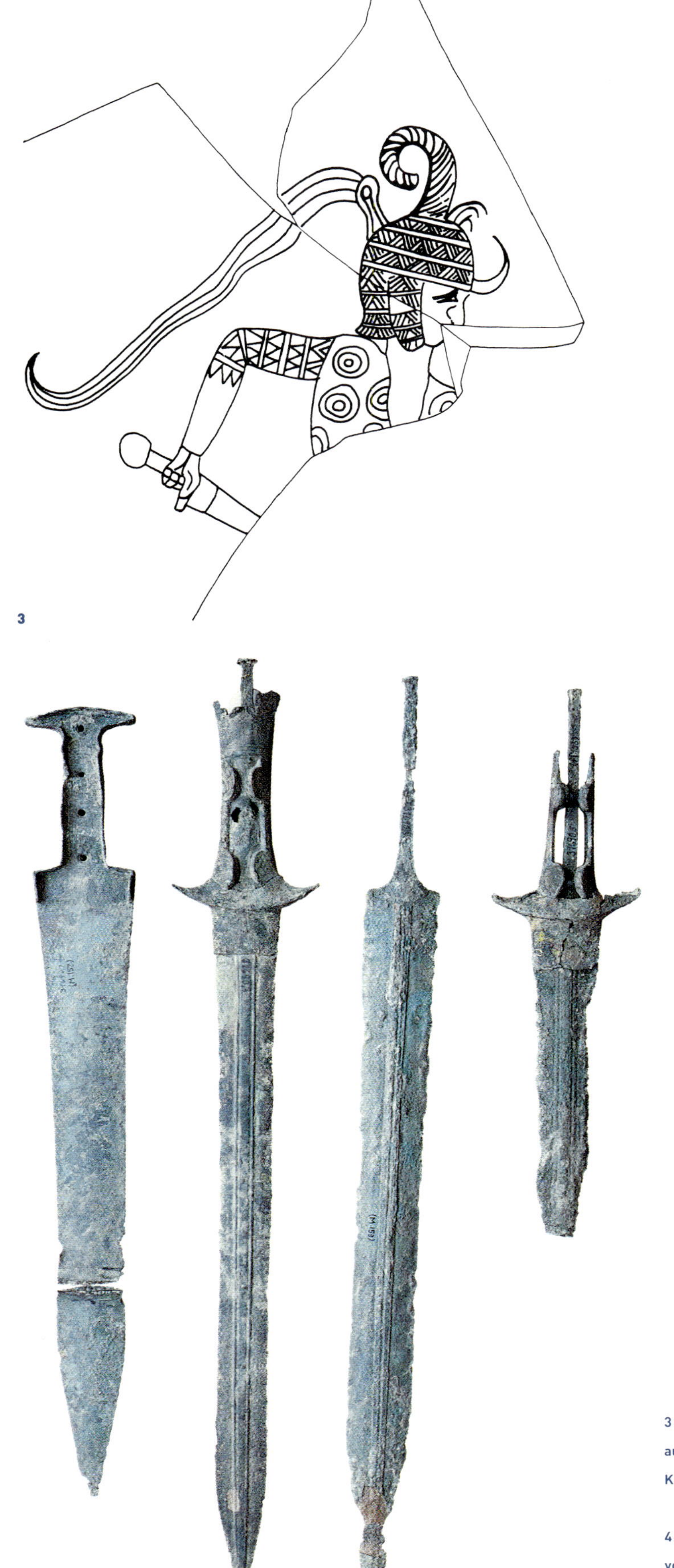

3 Umzeichnung eines Fragmentes einer Tonschale aus Ḫattusa mit der Darstellung eines mykenischen Kriegers (um 1400 v. Chr.)

4 Bronzeschwerter aus der mykenischen Nekropole von Milet (13. Jahrhundert v. Chr.). Das linke ist mykenisch, die drei anderen sind hethitisch

es sich um die erst kürzlich entdeckte Inschrift von Besparmak im nicht weit von Milet gelegenen Latmos-Gebirge (vgl. Karte S. 55). Neben dem unvollendeten Felsbild von Akpınar, bei dem es sich möglicherweise um ein lokales, westkleinasiatisches Werk aus der Zeit vor der Eroberung Arzawas durch Mursili II. handelt[7], hat sich in ein »Prinz Kuwalanamuwa« verewigt. Die Felsinschrift am Latmos-Gebirge stammt von Kubantakurunta[8], der als Adoptivsohn Masḫuiluwas von Mirā und Muwattis, der Schwester Mursilis II., bekannt ist und hier den Titel »Großprinz« führt. Nach dem Hochverrat und dem Sturz Masḫuiluwas wurde er um 1306 v. Chr. von Mursili II. als König von Mirā eingesetzt, worüber uns ein bei dieser Gelegenheit geschlossener (und erhaltener) hethitischer Staatsvertrag informiert.

> Aḫḫijawa und Millawanda im Konflikt und in diplomatischen Beziehungen mit Ḫattusa

Das Verhältnis zwischen Aḫḫijawa und Ḫattusa im 13. Jahrhundert steht vor allem im Zeichen des arzawischen Prinzen Pijamaradu, wahrscheinlich ein Enkel des nach Aḫḫijawa geflohenen Königs Uḫḫazidi von Arzawa, der erstmals während der Regierungszeit Muwattallis II. (ca. 1290 – 1275 v. Chr.) im Küstenbereich Westkleinasiens auftauchte und über mehrere Jahrzehnte hinweg mit seinen gegen Ḫattusa gerichteten politisch-militärischen Aktionen von Wilusa im Norden bis Lukkā im Süden für ständige Unruhe sorgte. Wie wir vor allem aus dem sogenannten »Tawagalawa-Brief«, einem Schreiben Ḫattusilis II. (ca. 1265 – 1240 v. Chr.) an den König von Aḫḫijawa, erfahren, bildete Millawanda die Basis der Unternehmungen Pijamaradus, die nicht zuletzt deshalb vom dortigen Repräsentanten des Königs von Aḫḫijawa gedeckt wurden, weil dieser ein Schwiegersohn Pijamaradus war. Das Schreiben Ḫattusilis II. verfolgt denn auch das Ziel, den König von Aḫḫijawa, der hier übrigens als gleichrangiger Großkönig angeredet wird, dazu zu bewegen, die Feindseligkeiten Pijamaradus zu unterbinden und diesen zu direkten Verhandlungen mit dem hethitischen Großkönig aufzufordern. Ob dieses Ziel auch erreicht wurde, ist leider nicht bekannt, doch läßt der Brief hinreichend deutlich werden, daß Ḫattusa um ein gutes Verhältnis zu Aḫḫijawa bemüht war.

Das hethitisch-aḫḫijawische Verhältnis ist im übrigen wohl auch nicht fortwährend durch die Aktionen Pijamaradus getrübt worden, wie der folgende Umstand zeigt: Tawagalawa, nach dem der Brief Ḫattusilis II. benannt worden ist, war laut ebendiesem Brief ein Bruder des Königs von Aḫḫijawa, der sich zeitweise auf kleinasiatischem Boden aufgehalten hatte. Sein Name ist die hethitische bzw. zunächst wohl luwische Wiedergabe des griechisch-mykenischen Personennamens Etewoklewēs/

5 Das Felsmonument von Akpınar am Sipylos-Gebirge (Manisa Dağı)

Eteoklēs. Wie außerdem aus dem Brief hervorgeht, war Tawagalawa schon zusammen mit dem der hethitischen Aristokratie angehörenden Wagenlenker Ḫattusilis auf dem Streitwagen gefahren. Die Erwähnung dieser Tatsache deutet auf persönliche Kontakte, gegenseitige Besuche und vielleicht sogar auf technischen Austausch zwischen Ḫattusa und Aḫḫijawa hin, worauf im folgenden noch einzugehen sein wird.

> Das Ende der Machtstellung Aḫḫijawas im westlichen Kleinasien und der Verlust von Millawanda

Aḫḫijawa wird danach noch einmal im Zusammenhang von innerdynastischen Auseinandersetzungen im westkleinasiatischen Land Sēḫa erwähnt. Aus einem Dokument der Zeit Tudḫalijas III. (ca. 1240–1215 v. Chr.) erfahren wir, daß ein gewisser Tarḫunnaradu, der vermutlich der arzawischen Dynastielinie Uḫḫazidis und Pijamaradus entstammte, den Thron von Sēḫa usurpiert und dabei auf die Unterstützung des König von Ahhijawa vertraut, diese aber letztlich nicht erhalten hatte. Die Thronusurpation wurde jedenfalls durch hethitisches Eingreifen rückgängig gemacht und anstelle Tarḫunnaradus wieder ein Angehöriger der Dynastie von Sēḫa in die Königswürde eingesetzt.

Die letzte Nennung Millawandas findet sich im sogenannten »Millawada-Brief«, den Tudḫalija III. an einen als »mein Sohn« angeredeten Empfänger im westlichen Kleinasien schickte und in dem u. a. von der Grenze Millawandas die Rede ist. Der Adressat wird im erhaltenen Teil des Dokumentes nicht benannt und ist daher nicht eindeutig zu identifizieren. Vorgeschlagen worden sind der König von Mirā und der Repräsentant des Königs von Aḫḫijawa in Millawanda. Wenn der Brief an letzteren gerichtet war, so zeigt er einen Machtwechsel an, bei dem die Vorherrschschaft über Millawanda von Aḫḫijawa auf Ḫattusa übergegangen ist.

Unabhängig vom Millawada-Brief weisen archäologische Zeugnisse auf einen solchen Machtwechsel hin. Die Befestigungsmauer der letzten mykenischen Siedlungsphase von Milet zeigt mit ihren in regelmäßigen Abständen vorspringenden rechteckigen Bastionen und wahrscheinlichem Kastenmauersystem keinen mykenischen, sondern einen anatolisch-hethitischen Typus (s. auch Schirmer, hier S. 204 ff.).[9] Unter den Beigaben des 13. Jahrhunderts v. Chr. aus der mykenischen Kammergrabnekropole Milets gibt es hethitische Schwerter[Abb. 4].[10] Das Fragment eines um 1200 v. Chr. zu datierenden mykenischen Kraters lokaler milesischer Produktion[Abb. 7] zeigt eine Hörnerkrone, wie sie von hethitischen Göttern, seit dem mittleren 13. Jahrhundert v. Chr., aber auch von hethitischen Großkönigen getragen wurde[Abb. 6]. Der Vogelkopf am rechten Rand des Fragmentes gehörte möglicherweise zur Kopie einer hieroglyphenluwischen Inschrift. In jedem Fall stellt die zu ergänzende Darstellung eines hethitischen Gottes oder Großkönigs auf einem in Milet hergestellten mykenischen Krater ein deutliches Zeichen hethitischen Einflusses dar.

Mit dem Machtwechsel in Millawanda/Milet verlor Aḫḫijawa seinen Brückenkopf, von dem aus es immer wieder Einfluß im westlichen Kleinasien ausgeübt und Ḫattusa oft Schwierigkeiten bereitet hatte. Dies erklärt wohl die Streichung des Herrschers von Aḫḫijawa aus der Liste der Großkönige in dem Vertrag zwischen Tudḫalija III. und dem König Sauskamuwa von Amurra (Nordsyrien). Mit dem Verlust von Millawanda war Aḫḫijawa für die Hethiter unwichtig geworden und verlor deshalb auch seinen Status als Großkönigtum.

Darüber, wie es zum Machtwechsel in Millawanda kam, haben wir keine direkten textlichen Informationen. Die Tatsache, daß der König von Aḫḫijawa dem Usurpator Tarḫunnaradu in Sēḫa entgegen seiner Zusage nicht zur Hilfe kam, weist auf eine Schwächung Aḫḫijawas hin, die ein Eingreifen verhinderte und es schließlich wohl Tudḫalija III. erleichterte, den Usurpator auszuschalten.

Archäologische Indizien bestätigen diese Schwächung Aḫḫijawas um die Mitte des 13. Jahrhunderts v. Chr. Zu dieser Zeit wurde eine Reihe von Herrschaftszentren des mykenischen Griechenland, darunter Theben, von Zerstörungen heimgesucht. Die Ursachen hierfür, Erdbeben oder kriegerische Ereignisse, sind noch umstritten. Eindeutig aber sind die Anhaltspunkte für eine Situation der Krise und Destabilisierung in der Folgezeit. Die Befestigungen der mykenischen Burgen wurden erweitert und verstärkt, die Wasserversorgung gesichert, Vorratskapazitäten und Werkstätten in den unmittelbaren Schutz der Burgen verlegt. Diese Probleme im Heimatland banden wahrscheinlich alle Kräfte Aḫḫijawas und verhinderten ein weiteres Engagement im westlichen Kleinasien. Nur wenige Jahrzehnte, nachdem die Hethiter Millawanda an sich gebracht hatten, brach ihr Reich zusammen, etwa gleichzeitig mit dem endgültigen Untergang des mykenischen Palastsystems.

> Kontakte und kultureller Austausch zwischen Hethitern und Mykenern

Trotz der häufigen Gegnerschaft gab es Kontakte und Austausch zwischen Ḫattusa und dem mykenischen Griechenland. Die gemeinsamen Wagenfahrten des Tawagalawa/Etewoklewēs mit dem hethitischen königlichen Wagenlenker wurden bereits erwähnt. Die »kyklopischen« Befestigungen der mykenischen Burgen wurden sicherlich durch hethitische Prototypen angeregt, was insbesondere an den Poternen und an der Kastenmauerkonstrukion der Befestigung der Unterburg von Tiryns deutlich wird.[11] Große Ähnlichkeiten mit dem mykenischen Griechenland bestehen auch in Bautechniken wie der des falschen Gewölbes[12] sowie in der Nutzung von Drillbohrern und Pendelsägen.[13]

Auch Symbole und Mythen kamen aus Anatolien nach Griechenland. Die Darstellung der Löwen auf dem einzigartigen monumentalen Steinrelief am berühmten Löwentor von Mykene wurde wahrscheinlich durch die Löwen des Löwentores von Hattusa angeregt. An beiden Toren symbolisierten die Löwen die Macht der königlichen Residenz und hatten daneben wohl auch noch eine kultisch-religiöse Bedeutung. Der starke Einfluß der orientalischen Literatur und Mythologie auf das frühe Griechenland[14] wird von vielen Gelehrten nicht vor das frühe erste vorchristliche Jahrtausend datiert. Es gibt aber Indizien dafür, daß er bereits im 2. Jahrtausend durch hethitische Vermittlung begonnen hat.[15] So hatten die Hethiter über das westliche Kleinasien mit Millawanda/Milet einen nicht unbeträchtlichen Einfluß auf die erste Hochkultur des europäischen Festlandes, die mykenische Kultur Griechenlands.

nmerkungen

Zur politischen und kulturellen Rolle des mykenischen Griechenland in 'estkleinasien s. ausführlicher und mit wissenschaftlichem Apparat: '.-D. Niemeier, Mycenaeans and Hittites in War in Western Asia Minor, in: Laffineur (Hrsg.), *Polemos. Le contexte guerrier en Égée à l'âge du bronze*, ittich 1999, 141–155 (Aegaeum 19); ders., Hethitische Quellen und spätonzezeitliche Topographie und Geschichte Westkleinasiens, in: J. Cobet u. a. Irsg.), *Das frühe Ionien: Eine Bestandsaufnahme*, Berlin, im Druck.

S. F. Starke, Troia im Kontext des historisch-politischen Umfeldes Kleinsiens im 2. Jahrtausend, in: *Studia Troica* 7, 1997, 447–487; W.-D. Niemeier, ne Mycenaeans in Western Asia Minor and the Problem of the Origins of the ea Peoples, in: S. Gitin u.a. (Hrsg.), *Mediterranean Peoples in Transition*, erusalem 1998, 17–65; J. D. Hawkins, Tarkasnawa King of Mira: ›Tarkondeos‹, Boğazköy Sealings and Karabel, in: *Anatolian Studies* 48, 1998, 1–31; W. Haider, Zur historischen Geographie Westkleinasiens im 13. Jahrhundert Chr., in: H. Friesinger/F. Krinzinger (Hrsg.), *100 Jahre österreichische Forchungen in Ephesos*, Wien 1999, 665–675.

S. J. Latacz, *Troia und Homer. Der Weg zur Lösung eines alten Rätsels*, ünchen/Berlin 2001, 285–294.

M. Salvini/L. Vagnetti, Una spada di tipo egeo da Boğazköy, in: *Parola del 'assato* 276, 1994, 215–236; E. H. Cline, Assuwa and the Achaeans: The Mycenaean‹ Sword at Hattusas and its Possible Implications, in: *Annual of the ritish School at Athens* 91, 1996, 137–151.

K. Bittel, Tonscherbe mit Ritzverzierung aus Boğazköy, in: *Revue Archéologiue* 1976, 9–14. Zu den minoisch-mykenischen Zonen- und Eberzahnhelmen J. Borchardt, *Homerische Helme*, Mainz 1972, 15-37.

S. Niemeier (Anm. 2), 32–33, 38; B. Niemeier/W.-D. Niemeier, Milet 994–1995, Projekt »Minoisch-mykenisches bis protogeometrisches Milet«: elsetzung und Grabungen auf dem Stadionhügel und am Athenatempel, in: *rchäologischer Anzeiger* 1997, 219–229, 247–248.

B. André-Salvini/M. Salvini, Fixa cacumine montis. Nouvelles considérations ır le relief rupestre de la prétendue »Niobé« du mont Sipyle, in: H. Gasche/ B. Hrouda (Hrsg.), *Collectanea Orientalia: histoire, arts de l'éspace et industrie de la terre. Etudes offertes en hommage à Agnès Spycket*, Neuchâtel 1996, 7–20.

8 A. Peschlow-Bindokat/S. Herbordt, in: *Archäologischer Anzeiger* 2001

9 S. W. Voigtländer, Die mykenische Stadtmauer von Milet und einzelne Wehranlagen der späten Bronzezeit, in: *Istanbuler Mitteilungen* 15, 1975, 17–34; W. Schiering, Eine Erweiterung der Grabung östlich des Athenatempels, in: *Istanbuler Mitteilungen* 29, 1979, 80–82; Niemeier (Anm. 2), 38.

10 Niemeier/Niemeier (Anm. 6), 203.

11 S. P. Grossmann, Zur Unterburgmauer von Tiryns, in: *Archäologischer Anzeiger* 1967, 100; F. J. Tritsch, Tirynthia Semata, in: *Kadmos* 7, 1968, 129–131; N. C. Scoufopoulos, *Mycenaean Citadels*, Göteborg 1971, 101–106; K. Bittel, Das zweite vorchristliche Jahrtausend im östlichen Mittelmeer und im Vorderen Orient: Anatolien und Ägäis, in: *Gymnasium* 83, 1976, 530; S. Iakovidis, *Late Helladic Citadels on Mainland Greece*, Leiden 1983, 106.

12 S. P. Neve, Hethitischer Gewölbebau, in: A. Hoffmann u. a. (Hrsg.), *Bautechnik der Antike*, Mainz 1991, 164 (Deutsches Archäologisches Institut: Diskussionen zur Archäologischen Bauforschung 5).

13 S. P. Neve, Eine hethitische Bronzesäge, in: *Istanbuler Mitteilungen* 39, 1989, 405; E.-L. Schwandner, Der Schnitt im Stein: Beobachtungen zum Gebrauch der Steinsäge in der Antike, in: Hoffmann (Anm. 12), 218–223 (Deutsches Archäologisches Institut: Diskussionen zur Archäologischer Bauforschung 5).

14 S. Ch. Penglase, *Greek Myths and Mesopotamia*, London 1994; M. L. West, *The East Face of Helicon. West Asiatic Elements in Greek Poetry and Myth*, Oxford 1997.

15 S. T. B. L. Webster, *From Mycenae to Homer*, London 1958, 64–90; G. L. Huxley, *Achaeans and Hittites*, Oxford 1960, 42–43; M. Gérard-Rousseau, Connections in Religion between the Mycenaean World and Anatolia, in R. A. Crossland/A. Birchall (Hrsg.), *Bronze Age Migrations in the Aegean*, London 1973, 163–167; J. Puhvel, *Homer and Hittite*, Innsbruck 1991.

6

6 Reliefdarstellung eines Gottes aus Gaziantep (Kat.-Nr. 127)

7 Fragment eines mykenischen Kraters lokaler milesischer Produktion mit Darstellung einer hethitischen Hörnerkrone

7

Anhang

Das Hethitische Reich und seine Nachbarn im 16. Jh. v. Chr.
Hethitisches Reich (Ḫattusa) zu Beginn der Regierung Ḫattusilis I. (ca. 1565 – 1540)
Ausdehnung des Hethitischen Reiches um 1531
Kaskäer-Gebiet zur Zeit Ḫattusilis I. (Ausdehnung nach Nordosten hin unklar)
Reich (Großkönigtum) Ḫalpa / Jamḫad unter Jarimlim III. (Mitte des 16. Jh.)
Hurritisches Reich, ab Anfang des 15. Jh. unter dem Namen Mittani bekannt
Ägyptisches wirtschaftliches/kulturelles Einflussgebiet, nach dem Ende der Hyksos-Herrschaft (ca. 1520) von den Königen der 18. Dynastie auch politisch beansprucht
Reststaat des altbabylonischen (Ḫammurapi-) Reiches (bis 1531)
Königreich Ḫāna (seit dem letzten Drittel des 16. Jh.)
Stadtfürstentum Aššur
Hauptstadt / Fürstensitz
minoische Siedlung
sonstiger Ort
Pass
ḪALPA [AŠŠUR] souveräner Staat
ḪAḪḪA [IRRIDE] abhängiger, konföderierter Staat (Ḫalpa, Hurritisches Reich)
Ḫurma Inneres Land (Ḫattusa)
0 50 100 200 300 km
Schwarzes Meer
Marmara Meer
Ägäisches Meer
Mittelländisches Meer
Imbros
Tenedos
Wilusa* (W)Ilios/Troia
Lesbos
Chios
Samos
Ikaria
Kalymnos
Amorgos
Kos
Knidos
Rhodos
Karpathos
Kypros
A R Z A W I J A
Karabel
Kaistros
Abāsa* Ephesos
Millawanda* Miletos
Iasos
Maiandros
Hermos
Kaikos
Makestos
Xanthos
Sangarios
Beycesultan
Akşehir See
Eğridir See
Beyşehir See
Kestros
Kastraja
Zalpa/Zalpuwa
Zalpa
Pālā
Tumanna
Taḫara
Kalasma
Nerikka
Ḫakmissa
Kāstama
Ḫanḫana
Lykos
Tibija
Ziplanda? Alacahöyük
Sabinuwa
Ḫattusa
Tāunija
Samuḫa
Sarissa
Kussara? Alişar
Saladiwara?
Turmitta
Marassanta Halys
Nēsa Kaneš Kültepe
Ḫurma
Tegarama
Tohma su
Tuz Gölü
Ullamma
Nenassa
Purushanda Acemhöyük
Kummanna*
Ikkuwanija
Lusna
Ḫulaja
Ussa
Washanija
Tuwanuwa
Ḫubisna
Kilikische Pforte
Samra Saros
Pyramos
Adanija
Adanija
Kalykadnos
Lamos
Amanische Pforte
Syrische Pforte
Warsuwa? Uršum? Gaziantep
Zalpa Zalpar Tilmenhöyük
ḪASSUWA
Ḫassuwa? Ḫaššum?
KARKAMISSA
Karkamis
Ḫaḫḫa Ḫaḫḫu Samsat
Alalḫa Alalaḫ
MUKIŠ
Purana Afrin
Ḫalpa Halab
ḪALPA [JAMḪAD]
Oronies
Ugarit
[UGARIT]
Tunip
[QAT(A)NA]
Qat(a)na
Irqata
Gubla Byblos
Tyros
Akko
Ḫaṣor
Aštarot
Litani
Jordan

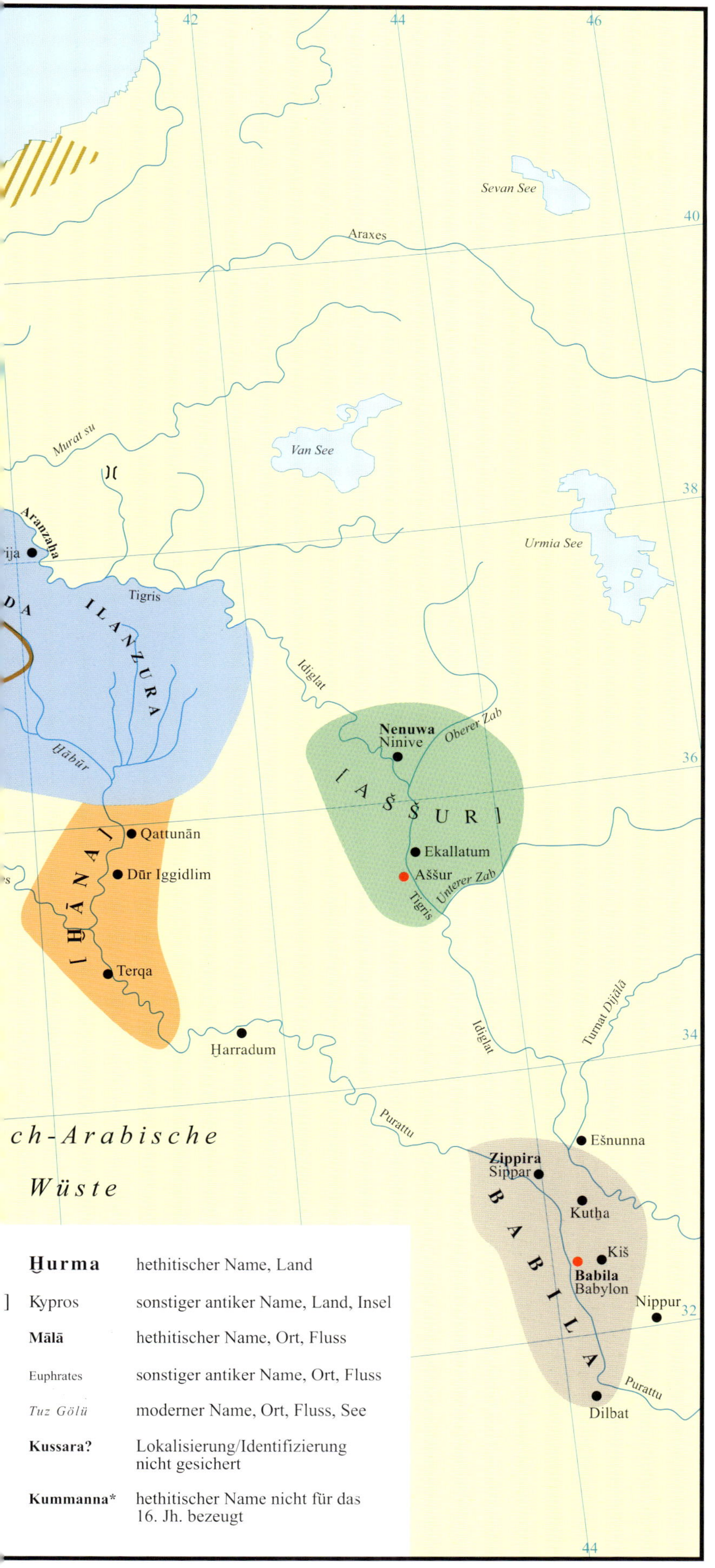

Autor: Frank Starke

Das Hethitische Reich
und seine Nachbarn
im 15. – 14. Jh. v. Chr.
Hethitisches Reich (Ḫattusa) im 15. Jh.
Von den Kaskäern besetztes Gebiet (seit Ende des 16. Jh.)
Hethitisches Einfluss-/Interessengebiet seit Telibinu (um 1500)
Ausdehnung des Hethitischen Reiches seit Tudḫalija I. / Arnuwanda I. (ca. 1420 – 1375)
Hethitisches Einfluss-/Interessengebiet unter Tudḫalija I. / Arnuwanda I.
Arzawa im 15. Jh.
Arzawisches Einfluss-/Interessengebiet (Ende 15./Anfang 14. Jh.)
Ausdehnung des arzawischen Reiches unter Tarḫuntaradu (z. Z. Tudḫalijas II., ca. 1375 – 1355)
Āssuwa (15. Jh.) bzw. Wilusa (seit Anfang des 14. Jh.)
Sēḫa im 15. – 14. Jh.
Territorium des Landes Aḫḫijawa (Griechenland) (seit der ersten Hälfte des 14. Jh.)
Reich Mittanna/Mittani im 15. – 14. Jh.
Mittelassyrischer Staat (Assura) (seit Mitte des 14. Jh. unabhängig von Mittanna)
Ägyptisches Neues Reich (Mizra) im 15. – 14. Jh.
Mittelbabylonisches Kassitenreich (Sanḫara) (seit Ende des 16. Jh.)
0
50
100
200
300 km
ARZAWA souveräner Staat
ALALḪA abhängiger Staat (Mittanna, Mizra)
Ḫurma Inneres Land / Insel (Ḫattusa, Āssuwa, Sēḫa, Arzawa, Kizzuwadna)
MĀSA sonstiges Land
Hauptstadt / Fürstensitz
sonstiger Ort
)(Pass
Schwarzes Meer
Marmara Meer
Ägäisches Meer
Mittelländisches Meer
PLĀ
TUMA
KALASMA
KASSIJA
Tahara
Ḫanḫna
TURMITTA
Tawi
Marassanta
MĀSA
Sangarios
Imbros
Wilusa
(W)Ilios/Troia
Tenedos
ĀSSUWA
(WILUSA)
Karkisa
Makestos
ḪABALLA
Kaikos
Abbawija
SĒḪA
Lazba
Lesbos
Hermos
Sijanti
Zippaslā
Lalanda
Katteres
Tuz Gölü
Purushanda
Chios
Karabel
ARZAWA
Kaistros
Kuwalija
Astarpa
Akşehir See
Pedassa
Unteres Land
Samos
Abāsa
Ephesos
Maiandros
Eğridir See
Kestros
Kastraja
Ḫ
Beyşehir See
Ikkuwanija
Uda
Ikaria
Millawanda
Miletos
Lusna
Ḫulaja
Ussa
Ḫubisna
IJALANDA
Kalymnos
Ḫinduwa
Kindya
Kalykadnos
Tarḫuntassa
Amorgos
Kos
Tlawa
Tlos
Xanthos
TLAWA
Rhodos
Karpathos
Kreta
ALASIJA
Sile
Memphis
MIZRA
Sinai
Aḫet-Aten
Tall al-Amarna
Rotes Meer
Theben

Autor: Frank Starke

Das Hethitische Großreich
und seine Nachbarn im 13. Jh. v. Chr.
Hethitisches Großreich (Ḫattusa)
Hethitisches Einfluss- / Interessengebiet
Arzawischer / nordsyrischer Staatenverband im Hethitischen Großreich
Sekundogenitur Tarḫuntassa
Kaskäer-Gebiet
Gebiet der mykenischen Kultur, Territorium des Landes Aḫḫijawa (einschließlich Kreta?)
Ägyptisches Neues Reich (Mizra)
Mittelbabylonisches Kassitenreich (Sanḫara)
Mittelassyrisches Reich (Assura) am Anfang des 13.Jh.
Mittelassyrisches Reich am Ende der Regierung Adad-nērārīs I. (1295 – 1264)
Assyrische Eroberungen unter Salmanassar I. (1263 – 1234) und Tukultī-Ninurta I. (1233 – 1197)
Walma
Inneres Land
WILUSA
Auswärtiges Land (Gliedstaat)
ḪALPA
Sekundogenitur
Māsa
sonstiges Land
Hauptstadt
sonstiger Ort
wichtiger hethitischer Kultort
mykenischer Palast
Pass
wichtiger Hafen
0
50
100
200
300 km
Schwarzes Meer
Marmara Meer
Ägäisches Meer
Mittelländisches Meer
Sinai
Imbros
Lemnos
Tenedos
Beşiktepe
WILUSA
Wilusa
(W)Ilios/Troia
Iolkos
Skyros
Lazba
Lesbos
Leukas
Ithaka
Kephallenia
Zakynthos
Gla
Euboia
Orchomenos
Amarynthos
Thebai
Chios
Mykenai
Karystos
Athenai
Argos
Tiryns
Aigina
Andros
Keos
Tenos
Syros
Mykonos
Ikaria
Samos
Delos
Paros
Naxos
Siphnos
Melos
Amorgos
Kalymnos
Kos
Thera
Messene
Lakedaimon
Amyklai
Pylos
Kythera
Rhodos
Karpathos
Kreta
Kydonia
Knosos
Amnisos
Mallia
Phaistos
Abāsa
Ephesos
Millawanda
Miletos
Müsgebi
Knidos
Karabel
SEḪA
MIRA
ḪABALLA
Māsa
Karkisa
Kaikos
Makestos
Hermos
Sijanti
Kaistros
Maiandros
Astarpa
Walma
Lalanda
Lalandos
Lukkā
Kuwalabassa
Kolbasa
Kuwalabassa
Telmessos
Tlawa
Tlos
Winuwanda
Oinoanda
Pinala
Pinara
Awarna
Xanthos
Parḫā
Perge
Kestros
Kastraja
Eğridir See
Beyşehir See
Ḫulaja
Pedassa
Katteran Unteres Land
Lusna
Lystra
Ikkuwanija
Ikonion
Tarḫuntassa?
Karaman
TARḪUNTASSA
Kalykadnos
Ura
Lamos
Purusḫanda
Acemhöyük
Nenassa
Tuz Gölü
Akşehir See
Uda
Ḫubisna
Kybistra
Marassanta
Halys
Turmitta
Tawin
Kalasma
Kassija
Ḫanḫana
Pala
Tumanna
Tabara
Sangarios
Zipla
Alaca
Ḫattusa
Boğazköy
Alasija
Makkiddā
Ašqaluna Askalon
Sile
Pi-Riamasesa
(Pr-Rʿ-mś-św)
Qantīr
Ana (ʾInw) Heliopolis
Memphis
Mizra

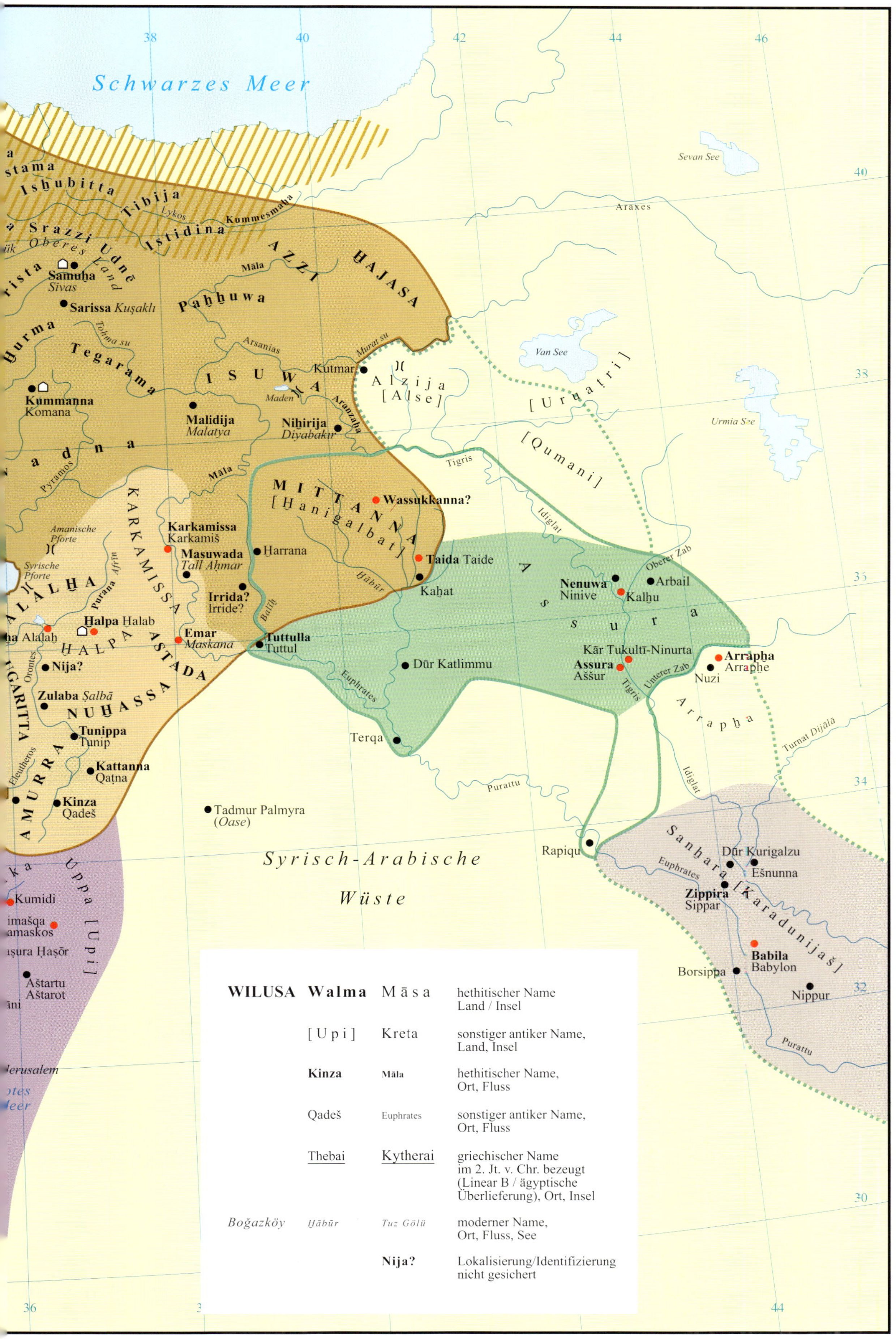
Schwarzes Meer
Sevan See
Araxes
Van See
Urmia See
Ishubitta
Tibija
Lykos
Kummesmaha
Srazzi
Oberes Land
Udnē
Istidina
Azzi
Hajasa
Māla
Samuha
Sivas
Sarissa Kuşaklı
Pahhuwa
Tohma su
Tegarama
Arsanias
Murat su
Isuwa
Kutmar
Alzija
[Alse]
Maden
Kummanna
Komana
Malidija
Malatya
Nihirija
Diyabakır
Aranzaha
[Uruatri]
[Qumani]
Tigris
Pyramos
Karkamissa
Mittanna
[Hanigalbat]
Wassukkanna?
Amanische Pforte
Syrische Pforte
Karkamissa
Karkamiš
Harrana
Masuwada
Tall Ahmar
Irrida?
Irride?
Taida Taide
Hābūr
Kahat
Idiqlat
Oberer Zab
Nenuwa
Ninive
Arbail
Kalhu
Assura
Alalhu
Alalah
Halpa Halab
Halpa
Emar
Maskana
Astada
Tuttulla
Tuttul
Balih
Dūr Katlimmu
Kār Tukultī-Ninurta
Assura
Aššur
Unterer Zab
Arrapha
Arraphe
Nuzi
Nija?
Orontes
Zulaba Šalbā
Nuhassa
Tunippa
Tunip
Euphrates
Terqa
Arrapha
Turnat Dijāla
Kattanna
Qaṭna
Eleutheros
Amurra
Kinza
Qadeš
Tadmur Palmyra
(Oase)
Puratta
Syrisch-Arabische
Wüste
Rapiqu
Sanhara [Karadunijaš]
Dūr Kurigalzu
Ešnunna
Euphrates
Zippira
Sippar
Babila
Babylon
Borsippa
Nippur
Puratta
Uppa [Upi]
Kumidi
Aštartu
Aštarot
Jerusalem
WILUSA
Walma
Māsa
hethitischer Name Land / Insel
[Upi]
Kreta
sonstiger antiker Name, Land, Insel
Kinza
Māla
hethitischer Name, Ort, Fluss
Qadeš
Euphrates
sonstiger antiker Name, Ort, Fluss
Thebai
Kytherai
griechischer Name im 2. Jt. v. Chr. bezeugt (Linear B / ägyptische Überlieferung), Ort, Insel
Boğazköy
Hābūr
Tuz Gölü
moderner Name, Ort, Fluss, See
Nija?
Lokalisierung/Identifizierung nicht gesichert

Autor: Frank Starke

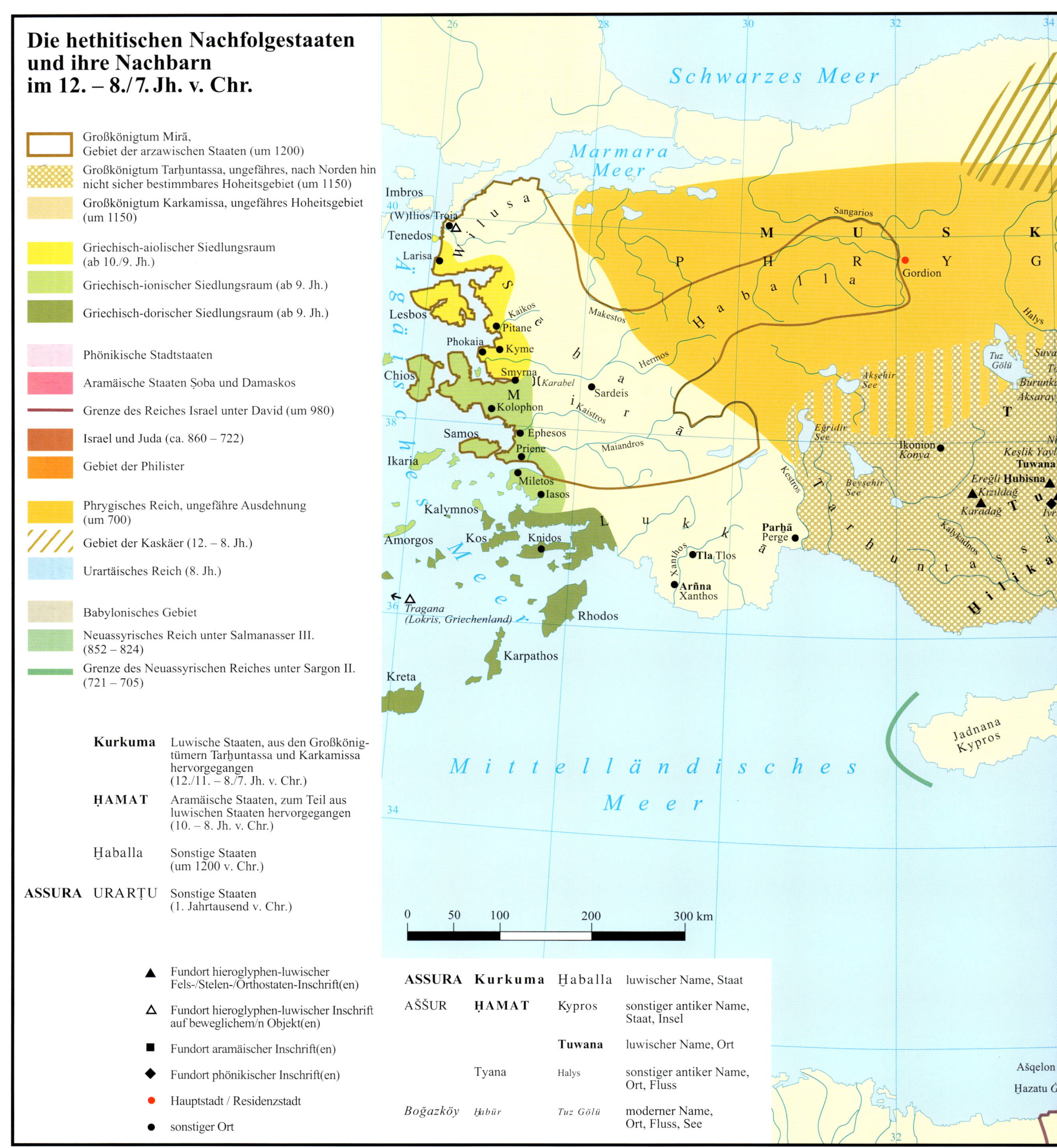
Die hethitischen Nachfolgestaaten
und ihre Nachbarn
im 12. – 8./7. Jh. v. Chr.
Großkönigtum Mirā,
Gebiet der arzawischen Staaten (um 1200)
Großkönigtum Tarḫuntassa, ungefähres, nach Norden hin nicht sicher bestimmbares Hoheitsgebiet (um 1150)
Großkönigtum Karkamissa, ungefähres Hoheitsgebiet (um 1150)
Griechisch-aiolischer Siedlungsraum (ab 10./9. Jh.)
Griechisch-ionischer Siedlungsraum (ab 9. Jh.)
Griechisch-dorischer Siedlungsraum (ab 9. Jh.)
Phönikische Stadtstaaten
Aramäische Staaten Ṣoba und Damaskos
Grenze des Reiches Israel unter David (um 980)
Israel und Juda (ca. 860 – 722)
Gebiet der Philister
Phrygisches Reich, ungefähre Ausdehnung (um 700)
Gebiet der Kaskäer (12. – 8. Jh.)
Urartäisches Reich (8. Jh.)
Babylonisches Gebiet
Neuassyrisches Reich unter Salmanasser III. (852 – 824)
Grenze des Neuassyrischen Reiches unter Sargon II. (721 – 705)
Kurkuma
Luwische Staaten, aus den Großkönigtümern Tarḫuntassa und Karkamissa hervorgegangen (12./11. – 8./7. Jh. v. Chr.)
ḪAMAT
Aramäische Staaten, zum Teil aus luwischen Staaten hervorgegangen (10. – 8. Jh. v. Chr.)
Ḫaballa
Sonstige Staaten (um 1200 v. Chr.)
ASSURA URARṬU
Sonstige Staaten (1. Jahrtausend v. Chr.)
Fundort hieroglyphen-luwischer Fels-/Stelen-/Orthostaten-Inschrift(en)
Fundort hieroglyphen-luwischer Inschrift auf beweglichem/n Objekt(en)
Fundort aramäischer Inschrift(en)
Fundort phönikischer Inschrift(en)
Hauptstadt / Residenzstadt
sonstiger Ort
ASSURA
Kurkuma
Ḫaballa
luwischer Name, Staat
AŠŠUR
ḪAMAT
Kypros
sonstiger antiker Name, Staat, Insel
Tuwana
luwischer Name, Ort
Tyana
Halys
sonstiger antiker Name, Ort, Fluss
Boğazköy
Ḫabūr
Tuz Gölü
moderner Name, Ort, Fluss, See
0
50
100
200
300 km
Schwarzes Meer
Marmara Meer
Ägäisches Meer
Mittelländisches Meer
Imbros
(W)Ilios/Troia
Tenedos
Larisa
Lesbos
Pitane
Kaikos
Phokaia
Kyme
Chios
Smyrna
Karabel
Sardeis
Kolophon
Kaistros
Samos
Ephesos
Priene
Ikaria
Miletos
Iasos
Maiandros
Hermos
Makestos
Kalymnos
Amorgos
Kos
Knidos
Rhodos
Karpathos
Kreta
Tragana
(Lokris, Griechenland)
Wilusa
Seḫa
Mirā
Ḫaballa
Lukka
Sangarios
Gordion
Phrygien
Mušku
Tlā Tlos
Arñna
Xanthos
Parḫā
Perge
Kestros
Eğridir See
Akşehir See
Beyşehir See
Ikonion
Konya
Tuz Gölü
Halys
Tuwana
Ḫubisna
Ereğli
Kızıldağ
Karadağ
Keşlik Yayla
Aksaray
Burunkaya
Ivriz
Kalykadnos
Tarḫuntassa
Ḫilikka
Jadnana
Kypros
Ašqelon
Ḫazatu

Autor: Frank Starke

Chronologische Übersicht zur Geschichte des hethitischen Reiches

Jahr	Kreta/Ägäis	West-Kleinasien	West-Kleinasien	Zentrales Kleinasien
	ALTPALASTZEIT **MM I B – II** (ca. 2000 – 1750)	ANATOLISCHE KULTUR **Troia IV – V** (ca. 2200 – 1700) *Im Unterschied zur vorhergehenden „Maritimen Kultur“ (Troia I – III) mit deutlichen Bindungen und Verbindungen ins Innere Kleinasiens.*	**Beycesultan V** (ca. 1900 – 1750) *Die Palastanlage weist auf das Bestehen eines nicht unbedeutenden Staatswesens. Dessen Beziehung zum späteren Staat Arzawa ist noch unklar.*	KĀRUMZEIT **Kārum Kaneš II** (ca. 1950 – 1780) *Politisch: Zahlreiche, rivalisierende Königtümer. Wirtschaftlich: Blütezeit des altassyrischen Fernhandels. Nēsa (altassyr. Kaneš) ist Zentrale eines dichten Netzes von Faktoreien innerhalb und um den Halys-Bogen.*
1800	*Erste minoische Niederlassungen in West-Kleinasien (Milet, Iasos, Knidos).*			**Kārum Kaneš I B** (ca. 1780 – 1680) *Zweite, durch allmählichen Niedergang gekennzeichnete Phase des altassyrischen Fernhandels mit Kleinasien.*
1750	**MM III**		**Beycesultan IV** (ca. 1750 – 1450)	**Pitḫāna (König von Kussara)** *Einnahme der handelspolitisch wichtigen Stadt Nēsa.* **HETHITISCHES REICH** **Anitta (König, Großkönig)** *Aufstieg der königlichen Sippe von Kussara zur politischen Vormachtstellung im zentralen Kleinasien durch Niederringung vor allem der bedeutenden Königtümer Zalpa, Ḫattusa (Zerstörung der Stadt Ḫattusa), Saladiwara und Purusḫanda.* *Bildung eines vom Schwarzen Meer bis zum Mittelmeer reichenden Territorialstaates. Ausbau der Stadt Nēsa.*
1700	NEUPALASTZEIT **SM I A/SH I**	TROIANISCHE HOCHKULTUR **Troia VI Früh** *Am Ort Troia entsteht in deutlichem Bruch mit der vorhergehenden Zeit ein grundlegend neuer Fürstensitz. Bildung des (seit Ende des 15. Jh. namentlich bekannten) Staates Āssuwa möglich, aber vorerst nicht beweisbar.*		
1650	*Verstärkte minoische Präsenz in Milet (u. a. Wandfresken, Linear-A-Schrift bezeugt).*			*Nach Anitta Überlieferungslücke von ca. 130 Jahren bis zum Einsetzen der hethitischen Überlieferung zur Zeit Ḫattusilis I.* *In diese Periode fallen:* *1. die Aufgabe der assyrischen Keilschrift zugunsten der babylonisch-nordsyrischen Duktusvariante,* *2. die Verlegung der Hauptstadt nach Ḫattusa, als deren Folge das Reich die Staatsbezeichnung „Land Ḫattusa“ erhält.*
1600	**SM I B/SH II A**	**Troia VI Mitte** (bis ca. 1470)	**ARZAWA** *Erste Bezeugung des Namens Arzaw(ij)a in althethitischen Texten.*	**Ḫattusili I.** (ca. 1565 – 1540) *Expansion nach West-Kleinasien (Arzawa), Nordsyrien und Obermesopotamien.*
1550				**Mursili I.** (ca. 1540 – 1530) *Vorerst größte Ausdehnung des Hethitischen Reiches.* **Ḫantili I.** **Zidanta I.** **Ammuna** **Ḫuzzija I.** **Telibinu** (um 1500) *Schwere innenpolitische Krise. Verlust aller neu hinzugewonnenen Gebiete. Verlust des pontischen Gebietes an die Kaskäer. Abspaltung Adanijas als selbständiger Staat Kizzuwadna.*
1500	**SM II/SH II B**			

Autor: Frank Starke

Syrien und Mesopotamien

NORDSYRIEN

ḪALPA / JAMḪAD

Sumuēpuḫ

Jarimlim I.

Ḫammurapi I.

Abba-El

Jarimlim II.

Niqmepa

Irkabtum

Jarimlim III.

Ḫammurapi II.

Hethit. Eroberung der Hauptstadt Ḫalpa.

NORDSYRISCH-OBERMESOPOTAMISCHER RAUM

HURRITISCHES REICH

Entstehung gegen Ende des 17. Jh.
Ab Anfang des 15. Jh. unter dem Namen „Mittani" bekannt.

ASSYRIEN

Irišum I.
(um 1830)

Ikûum

Šarrukên (Sargon) I.

Puzur-Aššur II.
(um 1780)

Narām-Sîn

Irišum II.

Šamši-Adad I.
(1748 – 1716)
Ursupator (aus Terqa?), Begründer eines fast ganz Mesopotamien umfassenden Reiches.

Išme-Dagan I.
(1716 – 1691/?))

Assyrien bleibt bis Mitte des 14. Jh. ein politisch unbedeutendes Stadtfürstentum.

MITTLERE EUPHRAT-REGION

MĀRI

Jaḫdunlim
(um 1750)

Jasmaḫ-Addu
Sohn Šamši-Adads I.

Zimrilim
Sohn Jaḫdunlims
(1711 – 1697)

Eroberung Māris durch Ḫammurapi von Babylon.

Ca. 9 Könige in der Ḫāna-Region am unteren Ḫābūr, zeitweise auch unabhängig von Babylonien regierend.

ḪĀNA

Unabhängiges Königreich in der Region des unteren Ḫābūr (bis in die erste Hälfte des 15. Jh.).

BABYLONIEN

Altbabylonische Dynastie
(1830 – 1531)

Sabium
(1780 – 1767)

Apil-Sîn
(1766 – 1749)

Sînmuballiṭ
(1748 – 1729)

Ḫammurapi
(1728 – 1686)
Begründer des Altbabylonischen Reiches.

Samsuiluna
(1686 – 1648)

Abiešuḫ
(1648 – 1620)

Ammiditana
(1620 – 1583)

Ammiṣaduqa
(1583 – 1562)

Samsuditana
(1562 – 1531)

1531: Hethitische Zerstörung Babylons.

Kassiten-Dynastie
(bis ca. 1155)

Agum II.

Ägypten

MITTLERES REICH

11.– 12. Dynastie
(ca. 2052 – 1759)

Nennung des luwischen Landes Kawizza (=hethitisch Adanija), Kilikien, in der Sinuhe-Erzählung (um 1900).

ZWEITE ZWISCHENZEIT
13.– 16. Dynastie
(1759 – 1522)

HYKSOSZEIT

15.– 16. Dynastie
Teilweise zeitgleich: die 17. (thebanische) Dynastie.

Ḫijan
(bis ca. 1582)
Erste Kontakte mit dem Hethitischen Reich? (Ägyptisches Vasenfragment mit Königskartusche in Boğazköy-Ḫattusa.)

Apophis

NEUES REICH
18. Dynastie

Ahmose
(1540 – 1517)

Amenophis I.
(1517 – 1496)
Erste Feldzüge nach Syrien.

Zeitleiste: 1800 – 1750 – 1700 – 1650 – 1600 – 1550 – 1500

	AḪḪIJAWA (Griechenland)	ĀSSUWA/WILUSA	ARZAWA	ḪATTUSA (Hethitisches Reich)
	SH II A (ab ca. 1580)		*Arzawa bleibt bis in die zweite Hälfte des 15. Jh. außerhalb des politischen Blickfeldes der Hethiter.*	
1500		**Troia VId**		**Telibinu** (um 1500) *Schriftliche Fixierung der Verfassung. Innere Neuordnung und Konsolidierung des Reiches. Beginn der hethitischen Vertragspolitik.*
1490	**SH II B**			**Taḫurwaili**
1480	*Nach der Zerstörung der kretischen Paläste (gegen Ende SM I B/SH II A) Niedergang der minoischen Macht.*			**Alluwamna** *Aufkommen der Landschenkungsurkunden (bis in die Regierungszeit Arnuwandas I.).*
1470		**Troia VIe/f (Troia VI Spät)**		**Ḫantili II.** *Die Kaskäer bedrohen zunehmend das hethitische Kerngebiet.*
1460				
1450				**Zidanta II.** *In seine Regierungszeit fällt möglicherweise der Abschluß des hethitisch-ägyptischen „Kurustama"-Vertrages.*
1440	*Erste Anzeichen mykenischer Präsenz in Millawanda/Miletos.*		*Das Erstarken Arzawas wird von seiten Ḫattusas zunehmend als Bedrohung empfunden. Gleichzeitig weist die hethitische Übernahme arzawischer Ritualliteratur auf verstärkte kulturelle Kontakte.*	**Ḫuzzija II.**
1430	MYKENISCHE PALASTZEIT **SH III A 1**	**Troia VIg**		**Muwattalli I.** *Usurpiert den hethitischen Thron und wird (nach nur kurzer Regierungszeit?) gestürzt.*
1420		*Wilusija und Truisa als Teilländer von Āssuwa bezeugt.*		**Tudḫalija I.** (ca. 1420 – 1400)
1410	*Erste hethit. Bezeugung Aḫḫija(wa)s. Millawanda/Miletos möglicherweise bereits Territorium des Landes Aḫḫijawa.*	*Āssuwa unterliegt in einer militärischen Auseinandersetzung mit Ḫattusa (Bronzeschwert mit Siegesinschrift).*	*Hethitische Feldzüge gegen Arzawa und dessen Nachbarländer (u.a. Sēḫa, Māsa).*	*Beginn einer neuen, offensiven, vor allem gegen Arzawa und Mittanna gerichteten Außenpolitik, die sich gleichermaßen auf militärische und politische Aktivitäten (Verträge) stützt.*
1400			**Kubantakurunta**	*Kämpfe gegen die Kaskäer. Eroberung des Landes Isuwa.* **Arnuwanda I.** (ca. 1400 – 1375) *Die zunächst fortgesetzte Expansionspolitik kommt, vor allem infolge der sich zuspitzenden kaskäischen Bedrohung im Innern, bald zum Erliegen. Verträge, Treueeide und administrative Gesetzgebung (sog. „Dienstanweisungen") zeugen von dem Bemühen, die inneren Verhältnisse des Reiches zu stabilisieren.*
1390	**SH III A 2** (bis ca. 1320/10)	*Die Staatsbezeichnung „Wilusa" tritt an die Stelle von „Āssuwa". Feste diplomatische Beziehungen zu Ḫattusa.*	*Die Bindung der hethitischen Kräfte im Innern des Reiches begünstigt den Aufstieg Arzawas zur Großmacht in West-Kleinasien.*	
1380				
1370		**Troia VIh**	**Tarḫuntaradu**	**Tudḫalija II.** (ca. 1375 – 1355)

KIZZUWADNA	NORDSYRIEN	MITTANNA (Mittani)	MIZRA (Ägypten)	
Das Land Adanija löst sich vom Hethitischen Reich und formiert sich als Staat Kizzuwadna.			**Amenophis I.** (1517 – 1496) *Beginn der ägyptischen Expansion nach Syrien.*	**1500**
Ispudaḫsu *Kizzuwadna wird von Telibinu vertraglich als unabhängiger Staat anerkannt und beansprucht (zumindest unter Ispudaḫsu) den Rang eines Großkönigtums.*	ca. 1490/80 – 1430: *Die nach dem Zusammenbruch der hethitischen Herrschaft zunächst unabhängigen nordsyrischen Staaten (Ḫalpa, Alalḫa, Tunippa etc.) geraten nacheinander unter mittannische Oberhoheit und verbleiben dort trotz wiederholten ägyptischen Expansionsdruckes.* *Kinza (Qadeš) und das Gebiet des sich erst im 14. Jh. formierenden Staates Amurra fallen an Ägypten. Ugaritta kann seine Selbständigkeit gegenüber Mittanna und Ägypten wahren.*	**Šuttarna I.** (Sohn des Kirta; Zeitstellung unsicher) *Der Name „Mittani" erscheint erstmals in einer ägyptischen Inschrift.*	**Thutmosis I.** (1496 – 1483/82) *Vorstoß über den Euphrat. Beginn der ägyptisch-mittannischen Rivalität um die Vormacht in Syrien.*	**1490**
Eḫeja *Zweiter hethitisch-kizzuwadnischer Vertrag.*		**Parrattarna I.** *Ausdehnung des mittannischen Herrschaftsbereiches bis zum Mittelmeer und bis nach Südost-Kleinasien. Auch das Königreich Ḫāna am unteren Ḫabūr gehört zu Mittanna.*	**Thutmosis II.** (1483/82 – 1479)	**1480**
Pattadissu *Dritter hethitisch-kizzuwadnischer Vertrag.*			**Hatschepsut** (1479 – 1459/58?)	**1470**
				1460
Pillija *Vierter hethitisch-kizzuwadnischer Vertrag.*		*Die ägyptischen Aktivitäten vermögen die Großmachtstellung Mittannas nicht entscheidend zu schwächen.*	**Thutmosis III.** (1459 – 1426) 1457 – 1438: *Siebzehn Feldzüge nach Syrien.*	**1450**
Kizzuwadna gerät unter mittannische Oberhoheit. Vertrag mit Idrimi von Alalḫa (Mukiš) unter Parrattarna I.		**Parsatatar**	1446: *Vorstoß bis Ḫalpa und Karkamis; Überschreitung des Euphrats. Aufnahme diplomatischer Kontakte mit Ḫattusa, Babylonien und Assyrien zur Bildung einer antimittannischen Allianz.*	**1440**
Talzu		**Sauštatar** *Assyrien und Arrapḫa unter mittannischer Oberhoheit. Mittanna steht kurzzeitig im Zenit seiner Macht.*		**1430**
Sunassura (Letzter König von Kizzuwadna)			**Amenophis II.** (1426 – 1400)	**1420**
Kizzuwadna wird vertraglich Gliedstaat des Hethitischen Reiches. Der spätestens seit Mitte des 15. Jh. über Kizzuwadna erfolgende hurritische Kultureinfluß, vor allem auf Religion und Kult in Ḫattusa (luwisch-hurritische Ritualliteratur), nimmt weiter zu.	*Ḫattusa sucht durch Verträge mit einzelnen nordsyrischen Staaten (Ḫalpa, Tunippa) das mittannische Machtgefüge aufzubrechen. Ḫalpa wird nach erneutem Übertritt zur mittannischen Seite zerstört.*		*Die hethitischen Erfolge in und um Nordsyrien führen zu einem grundlegenden Wandel in den ägyptisch-mittannischen Beziehungen.*	**1410**
		Parrattarna II.	**Thutmosis IV.** (1400 – 1390)	**1400**
		Artatama I.	*Ägyptisch-mittannischer Friedensvertrag.* **Amenophis III.** (1390 – 1352)	**1390**
		Šuttarna II.		**1380**
Kizzuwadna wird als Inneres Land in das Reich integriert und von einem Prinzen mit dem Amtstitel „Priester" (vermutlich von Kummanna aus) verwaltet.	*Der ägyptisch-mittannische Frieden und der hethitische Rückzug aus der Syrienpolitik bedeuten die Fortsetzung der bestehenden Machtverhältnisse für gut ein halbes Jahrhundert.*	**Artaššumara** *Seine Ermordung und ein anschließender Erbfolgestreit leiten den Niedergang Mittannas ein.*		**1370**

Autor: Frank Starke

	AḪḪIJAWA (Griechenland)	WILUSA	SĒḪA	ARZAWA/MIRĀ	ḪATTUSA (Hethitisches Reich)
	MYKENISCHE PALASTZEIT				
1370	**SH III A 2** (ab ca. 1390) *Millawanda/Miletos ist Territorium des Landes Aḫḫijawa.*	**Troia IVh** *Wilusa bleibt ungeachtet des hethitisch-arzawischen Konfliktes in freundschaftlichem Kontakt zu Ḫattusa.*		**Tarḫuntaradu** *Ḫaballa gehört zu Arzawa. Eroberung eines großen Teils des hethitischen Unteren Landes. Arzawa ist mächtigster Staat West-Kleinasiens und faktisch Großkönigtum. Korrespondenz mit Amenophis III. von Ägypten.*	**Tudḫalija II.** (ca. 1375 – 1355) *Größte Bedrohung durch die Kaskäer. Plünderung der Hauptstadt. Gebietsverluste an Arzawa und Azzi (Nordost-Kleinasien). Beginn der Rückeroberung der verlorenen Gebiete.*
1360			**Muwawalwi**		**Suppiluliuma I.** (ca. 1355 – 1320) *Kämpfe gegen Arzawa und gegen die Kaskäer. Vertraglicher Anschluß Azzi-Ḫajasas an das Reich.*
1350		**Kukkunni**			
1340					**BILDUNG DES GROSSREICHES**
1330			**Uratarḫunta** *Usurpator.* **Manabatarḫunta** *Unterstützt Arzawa gegen Ḫattusa.*	**Uḫḫazidi** (bis ca. 1316) *Usurpator. Der legitime Thronerbe Masḫuiluwa flieht nach Ḫattusa.*	ca. 1335: *Angriff auf Mittanna; widerstandslose Durch-syrischen Staaten (bis auf Karkamis) sowie Ugaritta,* 1322: *Eroberung von Karkamis. Einrichtung der Se-politischer Vorrangstellung von Karkamis. Rückeroberung*
1320	1316: *Hethitische Zerstörung von Millawanda.*		ca. 1316: *Hethitische Eroberung des Reiches Arzawa.* ca. 1315: *Vertragliche Bildung der „Arzawa-Länder" (Mirā, Sēḫa, Ḫaballa) als Staatenverband im Großreich unter politischer Vorrangstellung Mirās.*		**Arnuwanda II.** (ca. 1320 – 1318)
1310	**SH III B 1**				**Mursili II.** (ca. 1318 – 1290) *Erweiterung (West-Kleinasien, Kaskäer-Gebiet) und Festigung des Großreiches. Mursilis historiographische Werke bilden den Höhepunkt der hethitischen Geschichtsschreibung.*
1300	ab ca. 1300: *Der arzawische Prinz Pijamaradu in Millawanda. Politisch-militärische Aktionen gegen Mirā, Sēḫa und Wilusa.*	**Alaksandu** **Troia VIIa**	**Manabatarḫunta** *Weiterhin König.* *Überfall Pijamaradus auf Lazba/Lesbos. („Manabatarḫunta-Brief")*	**Masḫuiluwa** (ca. 1315 – 1307) **Kubantakurunta** (ab ca. 1307) *(Hieroglyphen-luwische Inschrift von Beşparmak, Latmos-Gebirge.)*	
1290		zw. 1290 und 1280: *Wilusa tritt vertraglich dem Hethitischen Großreich bei und wird dem Verband der „Arzawa-Länder" angegliedert.*			**Muwattalli II.** (ca. 1290 – 1272) *Weitere Rückeroberung des Kaskäer-Gebietes. Verlegung der Hauptstadt nach Tarḫuntassa. Erste Spannungen in der königlichen Sippe.*
1280					
1270			**Masturi** *Schwager Muwattallis II./Ḫattusilis II.; an der Absetzung Mursilis III. maßgeblich beteiligt.*		**Mursili III. (Urḫitesuba)** (ca. 1272 – 1265) *Rückverlegung der Hauptstadt nach Ḫattusa.*
1260				*Entschiedener Parteigänger Mursilis III., auch nach dessen Sturz (Brief an Ramses II.).*	**Ḫattusili II.** (ca. 1265 – 1240) *Seine Thronusurpation führt zur politischen Spaltung der königlichen Sippe und markiert den Anfang vom Ende des Hethitischen Großreiches. Einrichtung der Sekundogenitur Tarḫuntassa für Kurunta (Ulmitesuba), Sohn Muwattallis II. mit legitimem Anspruch auf den hethitischen Thron.*
1250	*Verschärfter Konflikt um Pijamaradu und Millawanda. „Tawaglawa-Brief" an den Großkönig von Aḫḫijawa.*			**Alantalli**	
1240					
1230	**SH III B 2**				**Tudḫalija III.** (ca. 1240 – 1215) *Bemühungen um die Einheit der königlichen Sippe. Protokollarische Gleichstellung Kuruntas von Tarḫuntassa mit dem König von Karkamis („Bronzetafel"). Kurunta erklärt sich einseitig zum Großkönig.*
1220	ca. 1223: *Letzte Bezeugung Aḫḫijawas in einem hethitischen Text.*	**Walmu** *Sturz und (mit hethitischer Hilfe) Wiedereinsetzung als König von Wilusa.*	**Tarḫunnaradu** *Sohn Pijamaradus? Usurpator in Sēḫa.*	**Tarkasnawa** *(„Tarkondemos-Siegel", hieroglyphen-luwische Inschrift vom Karabel.) Empfänger des „Milawada-Briefes".*	**Arnuwanda III.** (ab ca. 1215)
1210			**„Nachkomme Muwawalwis"**		**Suppiluliuma II.** (bis ca. 1190) *Feldzüge nach Māsa und Lukkā. Seeschlacht vor Alasija. Ein Feldzug nach Tarḫuntassa weist auf einen inzwischen auch militärisch geführten Machtkampf innerhalb des Reiches.*
1200		**Troia VIIb$_1$** *Letzte Bezeugung Wilusas in einem hethitischen Text.*		**Masḫuitta** *Mirā hat den Rang eines Großkönigtums.*	
1190					
1180	**SH III C** (bis ca. 1050/30)	*Mit dem Ende des Hethitischen Großreiches bricht die Überlieferung für Westkleinasien ab. Vorerst einziges Indiz für staatliche Kontinuität in dieser Region ist das hieroglyphen-luwische Siegel aus Troia VII b$_2$ (um 1130).*			*In Süd-Kleinasien tritt Tarḫuntassa als Großkönigtum unter Ḫartapu, Sohn Mursilis III., die Nachfolge des Großreiches an (hieroglyphen-luwische Inschriften von Kızıldağ/Karadağ und Burunkaya).*

UGARITTA (Ugarit)	AMURRA (Amurru)	KARKAMISSA (Karkamis)	MITTANNA (Mittani)	ASSURA (Assyrien)	MIZRA (Ägypten)
Ammittamru I. (bis ca. 1350) **Niqmaddu II.** (ca. 1350 – 1315)	*Amurra (und Kinza/Qadeš) unter ägyptischer Oberhoheit.* **Abdi-Aširta** (bis ca. 1345) **Azira** (ca. 1345 – 1313/14)	*Karkamis und die nordsyrischen Staaten Alalḫa (Mukiš), Ḫalpa, Barka, Nija, Tunippa, Nuḫassa, Astada, Kattanna (Qaṭna) unter mittannischer Oberhoheit.*	**Artaššumara** **Tušratta** (ca. 1365 – 1335/22) *Erbfolgestreit. Hethiter und Assyrer unterstützen den Thronprätendenten Artatama II.* 1335/22: *Ermordung Tušrattas.*	*Assyrien befreit sich zunehmend von der mittannischen Oberhoheit.* **Mittelassyrisches Reich** **Aššur-uballit I.** (1353 – 1318) *Assyrien beansprucht den Rang eines Großkönigtums.*	**Amenophis III.** (1390 – 1352) **Amenophis IV. (Echnaton)** (1352 – 1336) *Seine außenpolitische Untätigkeit begünstigt die hethitischen Aktivitäten in Nordsyrien.* **Semenchkare** **Tutanchamun** (1332 – 1322) 1322: *Schreiben der Pharaowitwe an Suppiluliuma I. Ermordung des hethitischen Thronkandidaten.* **Eje** (1322 – 1319/18) **Haremhab** (1319/18 – 1293/92) *Beginn einer neuen, offensiven Syrienpolitik.* AMARNAZEIT
querung seines Kerngebietes. Alle von Mittanna abhängigen nord-Amurra und Kinza schließen sich dem Hethitischen Reich an.			**Šuttarna III.** *Das mittannische Kerngebiet gerät vorübergehend unter assyrische Oberhoheit.*		
kundogenituren Ḫalpa und Karkamis. Vertragliche Bildung des nordsyrischen Staatenverbandes unter Mittannas zugunsten von dessen Thronprätendenten Šattiwaza.					
Ar-Ḫalba (ca. 1315 – 1313) **Niqmepa** (ca. 1313 – 1260) *Dynastische Verbindung mit Amurra.* **Ammittamru II.** (ca. 1260 – 1235) *Erneute dynastische Verbindung mit Amurra.* **Ibiranu** (ca. 1235 – 1225/20) **Niqmaddu III.** (ca. 1225/20 – 1215) **Ammurapi** (ca. 1215 – 1190/85) *Zerstörung Ugarittas durch „Seevölker“.*	**DU-Tesuba** (ca. 1314 – 1312) **Duppitesuba** (ca. 1312 – 1290/80) **Bentesina** (ca. 1290/80 – 1275) *Übertritt Amurras zu Ägypten führt zur Schlacht bei Qadeš.* **Sabili** (ca. 1275 – 1264) **Bentesina** (nochmals: ca. 1264 – 1235) *Dynastische Verbindung mit dem hethitischen Königshaus. Amurra nach Karkamis wichtigster nordsyrischer Gliedstaat des Großreiches.* **Sauskamuwa** (ca. 1235 – ?)	**Sarrikusuḫa** (ca. 1321 – 1309) nach 1318: *Gesetz über die besondere Rangstellung des Königs von Karkamis im Großreich.* **Saḫurunuwa** (ab ca. 1309) **Initesuba** *In seine Regierungszeit fällt die ausführlichste Dokumentation (aus Ugaritta und Emar) über die politische Rolle der Sekundogenitur Karkamis in Nordsyrien.* **Talmitesuba** **Kuzitesuba**	**Šattiwaza** *Das Kerngebiet Mittannas ist vertraglich Gliedstaat des Hethitischen Großreiches.* **Šattuara I.** *Mittanna gerät zunehmend unter assyrischen Druck. Vertrag mit Assyrien.* **Wasašatta** *Assyrische Eroberung der Hauptstadt Taida. Mittanna (Ḫanigalbat) sinkt zu einem bedeutungslosen Kleinstaat (mit neuer Hauptstadt Irrida) herab.* **Šattuara II.** *Kann sich mit heth. Unterstützung gegen Salmanassar I. behaupten.* *Mittanna (Ḫanigalbat) tritt als eigenständige politische Größe nicht mehr in Erscheinung.* *Das Kerngebiet Mittannas (Ḫanigalbats) gerät unter die Herrschaft aramäischer Nomadenstämme.*	**Enlil-nērārī** (1317 – 1308) **Arik-dēn-ili** (1307 – 1296) **Adad-nērārī** (1295 – 1264) *Beginn der assyr. Expansion nach Westen.* **Salmanassar I.** (1263 – 1234) **Tukultī-Ninurta I.** (1233 – 1197) *Eroberung von Alzija (Alse). Die assyrische Bedrohung Isuwas führt zur Schlacht und hethit. Niederlage bei Niḫirija.* 1223: *Eroberung Babyloniens.* **Aššur-nādin-apli** (1196 – 94) *Erneuter Niedergang Assyriens bis zur Regierung Tiglatpilesers I. (1114 – 1076).*	**19. Dynastie** **Ramses I.** (1293/92 – 1290) **Sethos I.** (1290 – 1279) **Ramses II.** (1279 – 1213) 1275: *Die ägyptische Expansionspolitik in Syrien scheitert endgültig in der Schlacht bei Qadeš.* 1259: *Hethitisch-ägyptischer Vertrag. Anerkennung der Dynastielinie Ḫattusilis II. Beginn enger hethitisch-ägyptischer Kooperation.* 1246: *Dynastische Heirat; hethitische Prinzessin „Große Königsgemahlin“.* 1239/34: *2. dynastische Heirat mit einer hethit. Prinzessin.* **Merenptah** (1213 – 1204) *Getreidelieferungen an Ḫattusa.* **Sethos II.** (1204 – 1198) **Siptah, Tausret** (1197 – 1192, 1192 – 1190) **20. Dynastie** **Ramses III.** (1187 – 1156) *Kampf gegen die „Seevölker“.*
Unter Kuzitesuba tritt Karkamis als Großkönigtum in Südost-Kleinasien (Bildung der Sekundogenitur Malida/Malatya) und in Nordsyrien die Nachfolge des Großreiches an.					

1370 · 1360 · 1350 · 1340 · 1330 · 1320 · 1310 · 1300 · 1290 · 1280 · 1270 · 1260 · 1250 · 1240 · 1230 · 1220 · 1210 · 1200 · 1190 · 1180

Autor: Frank Starke

Die Verfassung des Hethitischen Reiches

Großkönig
sallis ḫassus

- ist höchster Repräsentant des Reiches nach innen und außen
- ist oberster Priester
- hat die höchste Amtsgewalt
- hat das Oberkommando über alle Streitkräfte
- hat den Vorsitz in der Versammlung der »Gemeinschaft«
- verkündet Gesetze, Erlasse, Staatsverträge benennt den Tronfolger
- ernennt und entläßt die Großen/Vorrangigen
- ernennt neue Mitglieder der »Gemeinschaft« (»Herren«)

Großkönigin
sallis ḫassussaras

- ist oberste Priesterin
- nimmt an der Versammlung der »Gemeinschaft« teil
- kann Stattsurkunden siegeln
- kann Gesandte empfangen
- kann diplomatisch aktiv werden

- Großer der Leibgardisten
- Großer der Weinleute
- Großer der Wagenlenker
- Großer der Streitwagenkämpfer
- Großer der Mundschenke
- Großer der Palastbediensteten
- Großer der Schreiber
- Großer der Holztafelschreiber
- Großer der Hirten zur Rechten/Linken
- Großer der Gardetruppen zur Rechten/Linken
- Vorsteher der Tausend des Feldes
- Vorsteher der Truppeninspektoren
- Vorsteher der Goldenen Streitwagenkämpfer etc.
(werden von Prinzen gestellt)

bilden zusammen

Große/Vorrangige
sallaes ḫantilies

- sind einander im Amt gleichgestellt (*ares* »Kollegen«)
- bilden zusammen mit dem Großkönig die Reichsregierung
- beraten den Großkönig
- haben nach dem König die höchste Amtsgewalt
- sind als Gesandte tätig
- können ein eigenständiges Heereskommando übernehmen
- nehmen kultische Funktionen wahr

Alle Mitglieder der königlichen Sippe (*isḫes* »Herren«) darunter:
- die Prinzen
- die Könige der Sekundogenituren Karkamis, Ḫalpa und Tarḫuntassa
- die Könige der Gliedstaaten
- eingeheiratete Mitglieder

bilden zusammen

Gemeinschaft (des Reiches)
bangus

- repräsentiert das Reich (»das ganze Land Ḫattusa«)
- kontrolliert Großkönig, Großkönigin und Große/Vorrangige
- übt die Gerichtsbarkeit über alle Mitglieder der königlichen Sippe aus
- wirkt an der Gesetzgebung und an der Ausfertigung von Staatsurkunden (z. B. Verträge) mit
- hat das Recht zur Anerkennung/Ablehnung des Thronfolgers

1 Die Verfassungsorgane des hethitischen Reiches und ihre Funktionen

Frank Starke

Seinem Wesen nach war der hethitische Staat kein Volksstaat, sondern eine politische Körperschaft (*ḫassuwas twekka-* »Körper des Königs«, d. h. der öffentliche bzw. Staatskörper), dessen Haupt der König und dessen Glieder die Angehörigen der königlichen Sippe darstellten. Diese bildeten als politisches Organ den *bangu-* (die »Gemeinschaft« des Reiches), den der König in allen grundlegenden politischen Fragen zur »Versammlung« (*tulija-*) einberief.

Die königliche Sippe des 2. Jahrtausends v. Chr. bildete keinen nach außen hin abgeschlossenen Zirkel; vielmehr konnte man, sofern nicht durch Geburt dazugehörig, durch Heirat sowohl zum weiteren wie auch zum engeren Kreis der Sippe Zugang erlangen.

Den inneren Kreis der königlichen Sippe stellten die Angehörigen der Königsfamilie (»Prinzen«) dar, auch soweit sie aus den Sekundogenituren stammten. Im 16. bis 14. Jahrhundert v. Chr. wurden sie unter dem Begriff »Große«, im 13. Jahrhundert unter dem Begriff »Vorrangige« zusammengefaßt; sie waren Inhaber der höchsten Hofämter (z. B. der Große der Leibgardisten, der Große der Weinleute, der Große der Wagenlenker, der Große der Holztafelschreiber, der Vorsteher der Truppeninspektoren u. a. m.).[Abb. 1] Ungeachtet der in ihren Amtsbezeichnungen mehr oder weniger deutlich greifbaren Funktionen nahmen sie als Verwalter der Teilländer des hethitischen Kerngebietes, wie z. B. des Oberen und des Unteren Landes, politisch-administrative Aufgaben wahr. Daneben waren sie mit einem militärischen Kommando ausgestattet, traten als Gesandte auf und wirkten gemeinsam mit dem König (und der Königin) am Vollzug des Staatskultes mit.

König und königliche Sippe verband gemäß dem Auftrag der obersten Götter – in Ḫattusa: des Wettergottes und der Sonnengöttin – das gemeinsame Ziel, das Land zu erhalten, zu erweitern sowie seinen Reichtum zu mehren.

Das Königtum war erblich, doch konnte bei fehlender männlicher Nachkommenschaft ersten und (von einer Nebenfrau) zweiten Ranges die Dynastielinie auch über den (adoptierten) Ehemann einer erstrangigen Prinzessin (z. B. Arnuwanda I.) fortgesetzt werden; der vom König bestimmte Thronfolger bedurfte der Anerkennung durch den *bangu-*, der dann seinerseits einen Treueid leistete. Neben dem Königtum stand ein institutionalisiertes, auf Lebenszeit verliehenes Königinnentum, das die Hauptgemahlin des Königs, zunächst Kronprinzessin, erst beim Tod der Vorgängerin übernahm. Die Königin wirkte aktiv am politischen Leben mit, wie dies besonders für Puduḫeba, Gemahlin Ḫattusilis II., bezeugt ist.

Der König, der im rechtlichen Sinne regierte, vereinigte zwar in seiner Person die legislative, exekutive und juridische Gewalt, konnte diese jedoch nur mit der Unterstützung der königlichen Sippe verwirklichen. Die Ausübung der Königsherrschaft setzte daher einerseits notwendig voraus, daß sich die Sippenmitglieder gegenüber dem König loyal verhielten (Treueide), doch mußte andererseits auch der König sich dieser Loyalität immer wieder versichern, indem er die Mitglieder der Sippe durch Darlegung seiner Motive und durch rationale Argumentation für seine Entscheidungen zu gewinnen bzw. von der Richtigkeit seines Handelns zu überzeugen suchte.[Abb. 2]

Hier liegt wohl auch die Wurzel des politischen Denkens der Hethiter, insbesondere der in historiographischen und anderen Texten allenthalben greifbaren Einsicht, daß politisches Handeln argumentative Auseinandersetzung mit dem Standpunkt der Gegenseite sowie Überzeugungskraft voraussetzt.

Präambel
§ 1-27
Von den Anfängen (Ende des 18. Jahrhunderts) bis in die Regierungszeit Ḫattusilis I. (ca. 1565–1540 v. Chr.) garantierten Einigkeit und Loyalität in der königlichen Sippe politische Stabilität im Inneren des Staates und militärische Erfolge nach außen.

Danach führten Treulosigkeit und blutiger Zwist unter den Herren und Prinzen zum innen- wie außenpolitischen Niedergang.

»So berief ich, Telibinu, in Ḫattusa die Versammlung ein : Von jetzt ab soll niemand ein Sippenmitglied unbillig behandeln, so daß es gegen ihn das Schwert zückt!«

I. Der König
§ 28
Regelung der Thronfolge
§ 29
Verantwortung für die Einigkeit in der königlichen Sippe

II Die Gemeinschaft (*bangu-*) des Reiches
§ 30
Recht, den König zur Verantwortung zu ziehen
§ 31-33
Gerichtbarkeit über alle Sippenmitglieder (ungeachtet deren Amtsstellung) unter ausschließlicher Beachtung der persönlichen Haftung jedes einzelnen

III. Die Großen
§ 34
Bestätigung der Amtsgewalt der Großen gegenüber den (im Amt) Nachrangigen

IV. Administration
§ 35
Schutz und Wasserversorgung der befestigten Städte
§ 36
(nicht erhalten)
§ 37-38
Organisation der wirtschaftlichen Versorgung der (ca. 94, namentlich genannten) wichtigsten Orte
§ 39-47
Verantwortliches Verhalten gegenüber der Bevölkerung (größtenteils nur fragmentarisch erhalten)

V. Spezielle Bestimmungen für die Mitglieder der königlichen Sippe
§ 48
Verbot der Aufteilung von Haushalten zu Lebzeiten der Väter
§ 49
Recht des »Bluthern«, über Tod oder Ersatzleistung des Mörders zu entscheiden
§ 50
Verbot der Zauberei (als Mittel innenpolitischer Auseinandersetzungen) unter den Mitgliedern der königlichen Sippe

2 Aufbau und Inhalt der unter Telibinu (um 1500 v. Chr.) schriftlich fixierten hethitischen Verfassung. Neun Exemplare in hethitischer sowie zwei Exemplare in akkadischer Sprache – alle aus dem 13. Jahrhundert v. Chr. überliefert – weisen auf ihre Geltung bis zum Zusammenbruch des Großreiches

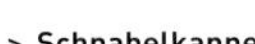

1

> Schnabelkanne

Kültepe, Karum Kaniš, Schicht Ia
Nach 1730 v. Chr.
Hellbeigefarbener Ton mit rotem Überzug, poliert
Höhe 41 cm, Breite 25 cm
Kayseri Müzesi
Inv.-Nr. 77/798
Grabungsnr. Kt. 77/k. 105

Die auf der Töpferscheibe hergestellte Kanne hat einen an der Spitze gebogenen Schnabelausguß an einem kurzen, sich nach unten erweiternden Hals. Unterhalb des Schnabels sitzen zwei dreieckige Knubben auf der Schulter. Der Körper ist oberhalb der Karinierung halbkugelförmig, unterhalb konisch, und endet in einem scheibenförmigen Fuß. Zwischen der Karinierung und dem Rand befindet sich der Henkel.

T. Özgüç 1978, 126, Taf. 66,3 a–b; Istanbul 1983, 193, Kat.-Nr. A 504

2

> Schnabelkanne

Kültepe, Karum Kaniš, Schicht Ia
Nach 1730 v. Chr.
Beigefarbener Ton mit rotem Überzug
Höhe 32 cm, Breite 20 cm
Kayseri Müzesi
Inv.-Nr. 77/799
Grabungsnr. Kt. 77/106

Die auf der Töpferscheibe hergestellte Kanne hat einen kurzen, zylindrischen Hals mit abgeschnittenem Schnabelausguß, in dem sich ein Siebeinsatz befindet. Unterhalb des Schnabels sitzen zwei dreieckige Knubben auf der Schulter. Der Körper ist oberhalb der Karinierung halbkugelförmig, unterhalb konisch, und endet in einem scheibenförmigen Fuß. Zwischen der Karinierung und dem Rand befindet sich der Henkel.

T. Özgüç 1978, 126, Taf. 66,1 a–b

3

> Schnabelkanne

Kültepe, Karum Kaniš, Schicht Ib
1800–1730 v. Chr.
Cremefarbener Ton mit hellrotem Überzug (durch Feuereinwirkung teilweise cremefarben verfärbt), glänzend poliert
Höhe 47,5 cm, Breite 22,5 cm
Kayseri Müzesi
Inv.-Nr. 81-260
Grabungsnr. Kt. 81/k. 82

Diese auf der Töpferscheibe hergestellte Schnabelkanne hat einen langen, spitzen Ausguß an einem sich nach unten erweiternden Hals. Der Körper ist kugelförmig und endet in einem Ringboden. Zwischen dem Rand und dem Bauch, über den zwei parallele Rillen laufen, befindet sich ein Henkel mit rundem Querschnitt.

T. Özgüç 1999 b, 86, Taf. 69,3, D 2

4

> Schnabelkanne

Kültepe, Karum Kaniš, Schicht Ib
1800–1730 v. Chr.
Beigefarbener Ton mit rot-beige meliertem Überzug, poliert
Höhe 16 cm, Breite 8 cm
Kayseri Müzesi
Inv.-Nr. 93/49
Grabungsnr. Kt. 93/k. 991

Die auf der Töpferscheibe hergestellte Kanne hat einen kurzen, zylindrischen Hals mit abgeschnittenem Schnabelausguß. Der kugelförmige Körper endet in einem Standring am Boden. Zwischen dem Rand und der Schulter befinden sich zwei übereinandergesetzte Henkel.

Unpubliziert. Publikations- und Abbildungsrechte vorbehalten.

5

> Tüllenkanne mit Korbhenkel

Kültepe, Karum Kaniš, Schicht Ib
1800–1730 v. Chr.
Braun-beigefarbener Ton mit rotbraunem Überzug, glänzend poliert
Höhe 28 cm, Breite 29 cm
Ankara Anadolu Medeniyetleri Müzesi
Inv.-Nr. 125-3-64
Grabungsnr. Kt. e/K. 99

Diese auf der Töpferscheibe hergestellte Tüllenkanne hat eine runde, weite Öffnung mit leicht hochgezogenem Rand, auf dem ein facettierter Korbhenkel angebracht ist. Unterhalb einer Karinierung wird der Körper nach unten schmaler und endet in einem Ringboden. Oberhalb der Karinierung sitzt eine Tülle mit abgeschnittenem Schnabelausguß.

T. Özgüç 1954, 373–390, Abb. 9

6

> Tüllenkanne mit Siebdeckel

Kültepe, Karum Kaniš, Schicht Ib, Grabbeigabe
1800–1730 v. Chr.
Rötlich-beigefarbener Ton mit rotem Überzug, glänzend poliert
Höhe 30 cm, Breite 20 cm
Ankara Anadolu Medeniyetleri Müzesi
Inv.-Nr. 160-3-70
Grabungsnr. Kt. V/k. 157

Der eiförmige Körper dieses Tüllengefäßes ist nach unten stark verjüngt und schließt mit einem scheibenförmigen Fuß ab. Die runde, sehr enge Öffnung des Gefäßes hat einen nach außen verdickten Rand. Auf der Schulter befindet sich ein vertikaler Henkel mit dreieckigem Querschnitt; eine kleinen Schlaufe mit rundem Querschnitt verbindet diesen mit dem Rand. An der Schlaufe hängt frei beweglich ein halbkugelförmiger Siebdeckel. Vorn am Bauch sitzt eine Tülle mit Schnabelausguß.

T. Özgüç 1978, 82, Taf. 60,1a–b

7

> Henkelgefäß mit drei Tüllen

Kültepe, Karum Kaniš, Schicht Ib
1800–1730 v. Chr.
Beigefarbener Ton mit rotem Überzug
Höhe 8,5 cm, Breite 8,5 cm
Ankara Anadolu Medeniyetleri Müzesi
Inv.-Nr. 13180
Grabungsnr. Kt. H/K. 86

Das auf der Töpferscheibe hergestellte Henkelgefäß endet in einem Ringboden und hat eine enge, zylindrische Öffnung mit einfachem Rand, umgeben von sieben großen Löchern. Die Karinierung auf dem Bauch und den Rand verbindet ein Henkel, der oben in einem stilisierten Tierkopf endet. Die drei Tüllen oberhalb der Karinierung sind am Ansatz miteinander verbunden, am oberen Rand jedoch getrennt.

Es handelt sich möglicherweise um eine Kopie der syrischen Tüllenkannen.

T. Özgüç 1959, 104, Taf. XXXII,3;
Emre 1963, 87–99, Abb. 1

8

> Schnabelkanne

Kültepe, Karum Kaniš, Schicht II
1945–1835 v. Chr.
Beigefarbener Ton, im oberen Bereich mit dunkelrotem Überzug, glänzend poliert
Höhe 56,5 cm, Breite 37,8 cm
Ankara Anadolu Medeniyetleri Müzesi
Inv.-Nr. 13109
Grabungsnr. Kt. d/k. 24

Die auf der Töpferscheibe hergestellte Kanne mit kleinem Standring ist charakterisiert durch einen kurzen Hals mit hohem Schnabelausguß. Zwischen dem Rand und der mit sechs Rillen verzierten Schulter befindet sich ein vertikaler Henkel; auf dem Bauch sind zwei Parallelhenkel zu sehen. Das beigefarben grundierte rechteckige Feld auf dem Bauch ist mit einem gemalten Muster aus schwarzen Wellen- und Zickzacklinien gefüllt.

9

> Kanne

Kültepe, Karum Kaniš, Schicht II
1945–1835 v. Chr.
Beigefarbener Ton mit dunkelrotem Überzug, glänzend poliert (durch Feuereinwirkung leicht gefleckt)
Höhe 17,3 cm, Breite 10,5 cm
Kayseri Müzesi
Inv.-Nr. 92-187
Grabungsnr. Kt. 92/k. 707

Die auf der Töpferscheibe hergestellte Kanne mit Standring am Boden hat eine sich nach oben erweiternde, trichterförmige Öffnung mit einfachem Rand an einem zylindrischen Hals. Auf der starken Karinierung auf dem Bauch sind drei Zweiergruppen von Knubben angebracht. Der Henkel befindet sich zwischen dem Hals und der Karinierung.

Unpubliziert. Publikations- und Abbildungsrechte vorbehalten.

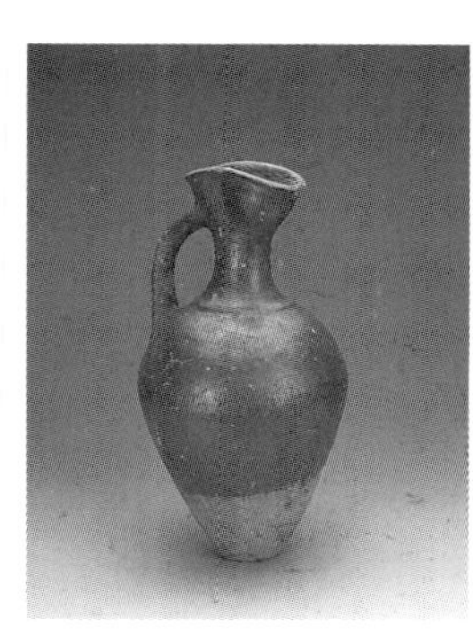

10

> Kanne mit kleeblattförmigem Ausguß

Kültepe, Karum Kaniš, Schicht II
1945–1835 v. Chr.
Rosa-beigefarbener Ton, teilweise mit rotbraunem Überzug, glänzend poliert
Höhe 28 cm, Breite 14,6 cm
Kayseri Müzesi
Inv.-Nr. 94/56
Grabungsnr. Kt. 94/k.62

Die Öffnung dieser Kanne hat die Form eines zweiblättrigen Kleeblatts an einem zylindrischen Hals. Der birnenförmige Körper endet mit einem flachem Boden und hat eine Verdickung auf der Schulter, die mit dem Hals durch den Henkel verbunden ist. Die Tülle zum Ausgießen befindet sich über dem Henkel.

Unpubliziert. Publikations- und Abbildungsrechte vorbehalten.

11

> Tüllengefäß

Kültepe, Karum Kaniš, Schicht II

1945–1835 v. Chr.

Rötlich-beigefarbener Ton, bis unter die Karinierung mit rotem Überzug, glänzend poliert

Höhe 12,4 cm, Breite 13,5 cm

Ankara Anadolu Medeniyetleri Müzesi

Inv.-Nr. 11967

Grabungsnr. Kt. g/k. 217

Das auf der Töpferscheibe hergestellte Tüllengefäß hat eine runde Öffnung mit verdicktem Rand und einen flachen Ringboden. Oberhalb der scharfen Karinierung am Bauch setzt gegenüber der hohen Tülle ein Henkel an.

Özgüç/Özgüç 1953, 160, Taf. XXVII,141; Istanbul 1983, 190, Kat.-Nr. A 497

12

> Dreifuß

Kültepe, Karum Kaniš, Schicht II

1945–1835 v. Chr.

Rötlich-beigefarbener Ton mit dunkelrotem Überzug, glänzend poliert

Höhe 17 cm, Breite 11 cm

Ankara Anadolu Medeniyetleri Müzesi

Inv.-Nr. 19546

Grabungsnr. Kt. L/k. 107

Die drei elegant geschwungenen Beine, die in Stierfüßen enden, sind durch einen Ring mit drei umlaufenden Rillen miteinander verbunden. Möglicherweise diente ein solcher Dreifuß als Ständer für ein Tüllengefäß (vgl. Kat.-Nr. 11).

N. Özgüç 1965, 55, Taf. 32,100

13

> Gefäß mit hohem Fuß

Kültepe, Karum Kaniš, Schicht II

1945–1935 v. Chr.

Beigefarbener Ton mit dunkelrotem Überzug, glänzend poliert

Höhe 57 cm, Breite 39 cm

Ankara Anadolu Medeniyetleri Müzesi

Inv.-Nr. 12505

Grabungsnr. Kt. m/K. 121

Das auf der Töpferscheibe hergestellte Gefäß hat eine runde Öffnung und einen hohen, hohlen Fuß mit verdicktem Rand. Der Körper ist mit zwei Reliefbändern vom Fuß abgesetzt. Auf der abgerundeten Schulter sitzen zwei vertikale Bandhenkel und zwei dreieckige Parallelhenkel. Zwischen den Henkeln ist jeweils eine Knubbe modelliert.

T. Özgüç 1986a, 56, Taf. 101,6

14

> Gefäß mit hohem Fuß

Kültepe, Karum Kaniš, Schicht II

1945–1835 v. Chr.

Beigefarbener Ton, teilweise mit rotbraunem Überzug, glänzend poliert

Höhe 25 cm, Breite 16 cm

Kayseri Müzesi

Inv.-Nr. 707

Grabungsnr. –

Die auf der Töpferscheibe hergestellte Schüssel ähnelt in ihrer Form einem Fruchtständer und hat einen hohen, trichterförmigen Fuß mit großer Standfläche. Die Öffnung hat einen abgeflachten Rand, der durch drei vertikale Henkel mit der Karinierung verbunden ist. Zwischen den Henkeln sind auf der Karinierung drei dreieckige Handhaben, über denen eine Rinne zu sehen ist.

T. Özgüç 1950, 178, Taf. LXVIII,441; Istanbul 1983, 185, Kat.-Nr. A 491

15

> Fruchtständer

Kültepe, Karum Kaniš, Schicht II

1945–1835 v. Chr.

Hellbrauner Ton mit dunkelrotem Überzug, glänzend poliert

Höhe 45,5 cm, Breite 31,5 cm

Ankara Anadolu Medeniyetleri Müzesi

Inv.-Nr. 11133

Grabungsnr. Kt. a/k. 794

Der auf der Töpferscheibe hergestellte Fruchtständer hat die Form eines Altars. Der Rand des flachen Tellers und der des Fußes sind verdickt. Dort, wo sich Teller und Fuß berühren, befinden sich drei Löcher, darunter vier Rillen, was auf eine Verwendung als Räuchergefäß schließen läßt.

T. Özgüç 1950, 176, Taf. XLIII,185; Emre 1963, 89, Abb. 10

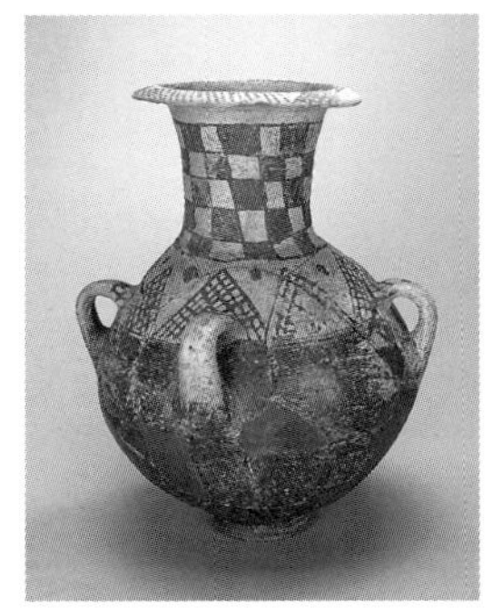

16

> Vierhenkliges Halsgefäß

Kültepe, Karum Kaniš, Schicht Ib

1800–1730 v. Chr.

Hellbrauner Ton mit beigefarbenem und dunkelrotem Überzug, glänzend poliert

Höhe 40 cm, Breite 31 cm

Ankara Anadolu Medeniyetleri Müzesi

Inv.-Nr. 177-32-74

Grabungsnr. –

Der gerundete Körper dieses Gefäßes hat einen Standring. Der Rand ist nach außen gebogen und leicht herabgezogen. Auf ihn sind diagonale Parallellinien, schraffurgefüllte Dreiecke und Punkte mit roter Farbe gemalt. Der Hals ist trichterförmig-zylindrisch modelliert und mit einem Schachbrettmuster geschmückt. Die Schulter trägt ein breites beigefarbenes Band mit aufgemalten, schraffurgefüllten Dreiecken und einzelnen Punkten in den Zwischenräumen. Auf ihr sitzen symmetrisch angeordnet vier Vertikallinien, deren Bemalung nicht mehr zu erkennen ist.

Unpubliziert. Publikations- und Abbildungsrechte vorbehalten.

17

> Halsgefäß (Hydria)

Kültepe, Karum Kaniš, Schicht Ib
1800–1730 v. Chr.
Beigefarbener Ton mit braunem Überzug, glänzend poliert
Höhe 58 cm, Breite 47,5 cm
Ankara Anadolu Medeniyetleri Müzesi
Inv.-Nr. 177-41-74
Grabungsnr. Kt. 73/t. 43

Die auf der Töpferscheibe hergestellte Hydria hat eine weite Öffnung oberhalb des zylindrischen Halses. Der ausladende Rand ist mit einem Schachbrettmuster verziert und hat innen zwei breite Rinnen. Der kugelförmige Bauch endet in einem Ringboden. Auf der Schulter ist durch Aussparung des Überzugs ein cremefarbenes Band gebildet, das mit schraffierten Dreiecken bemalt ist. Es ist oben und unten von jeweils drei Rillen begrenzt. Die vier kleinen vertikalen Henkel sitzen unterhalb dieses Frieses. Zwischen den Henkeln sind vier Abdrücke des »Signe Royal« (gestempelte Zeichen) auf cremefarbenen Aussparungen im Überzug zu sehen.

T. Özgüç 1999b, 85, Taf. 67,1 a–b, A 21

18

> Einhenkliger Krug

Kültepe, Karum Kaniš, Schicht Ib
1800–1730 v. Chr.
Beigefarbener Ton, im oberen Bereich mit rotem Überzug, glänzend poliert
Höhe 58,5 cm, Breite 41 cm
Ankara Anadolu Medeniyetleri Müzesi
Inv.-Nr. 177-40-74
Grabungsnr. –

Das auf der Töpferscheibe hergestellte Gefäß hat einen eiförmigen Körper mit gerundetem Boden und einen relativ engen Hals mit verdicktem Rand. Ein dicker Bandhenkel sitzt auf der Schulter. Auf dem Bauch und auf der Schulter befinden sich in drei horizontalen Reihen 16 kreisförmige, knopfartige Verdickungen. In der mittleren Reihe sind zusätzlich drei Abdrücke eines »Signe Royal« (gestempelte Zeichen) zu erkennen. Diese sind beigefarben, weil hier der Überzug ausgespart wurde.

Unpubliziert. Publikations- und Abbildungsrechte vorbehalten. Vgl. T. Özgüç 1999 b, 125, Taf. 104,3 a–b

19

> Zweihenkliges Tüllengefäß

Acemhöyük, Schicht III
Ende 19./18. Jahrhundert v. Chr.
Beigefarbener Ton mit hellbraunem Überzug, poliert
Höhe 16 cm, Durchmesser 13 cm
Ankara Anadolu Medeniyetleri Müzesi
Inv.-Nr. 77-42-65
Grabungsnr. Ac.d./43

Das auf der Töpferscheibe hergestellte Gefäß hat eine weite Öffnung mit einfachem Rand. Die Wandung des Gefäßes ist bikonisch und endet in einem schmalem Standring. Die beiden Henkel verbinden Bauch und Hals. Eine röhrenförmige Tülle sitzt innerhalb des Gefäßes am Rand und überragt diesen. Unter dem Rand sind auf hellem Grund schwarze, schraffierte Rauten gemalt.

N. Özgüç 1966, Taf. XII,2

20

> Badewanne

Kültepe, Karum Kaniš, Schicht Ib
1800–1730 v. Chr.
Hellbrauner Ton mit rotbraunem und fleckig-grauem Überzug
Höhe 93 cm, Breite 81 cm
Ankara Anadolu Medeniyetleri Müzesi
Inv.-Nr. 1-429-97
Grabungsnr. Kt. 97/k. 455

Der quaderförmige Körper dieser »Sitz«-Badewanne ist nach unten abgerundet und verjüngt sich. Der Boden ist flach und dick und endet in einem schmalen Fuß. Die rechteckige Öffnung hat einen dicken, ausladenden Rand. An den Schmalseiten sind vertikale Doppelhenkel angebracht. Auf der Längsseite ist – gut erhalten – ein rechteckiges Feld mit grauem Hintergrund zu sehen, neben dem sich zu beiden Seiten reliefierte Kreise mit zentraler Knubbe befinden. Dargestellt ist im Relief ein Löwe, der eine Antilope angreift und über dessen Schwanz ein Vogel sitzt.

Unpubliziert. Publikations- und Abbildungsrechte vorbehalten.

21

> Badewanne

Kültepe, Karum Kaniš, Schicht Ib
1800–1730 v. Chr.
Beigefarbener Ton, teilweise mit rotem Überzug, poliert
Höhe 86 cm, Breite 86,5 cm
Ankara Anadolu Medeniyetleri Müzesi
Inv.-Nr. 949964
Grabungsnr. Kt. 416

Die rechteckige Öffnung dieser Badewanne hat einen ausladenden, dicken, flachen Rand. Innen ist eine Sitzbank mit zwei Löchern angebracht. Die Wandung hat in der Nähe des Bodens eine starke Karinierung. Der Boden ist dick und flach und endet in einem Standfuß. Die mit breiten Reliefbändern verstärkten Ecken sind leicht abgerundet. Die Schmalseiten tragen doppelte vertikale Henkel. Auf den Langseiten sind im Relief nach unten hängende Halbmonde mit jeweils einer Knubbe angebracht.

Özgüç/Özgüç 1953, 176, Taf. XXXV,246 a–b

22

> Kultgefäß

Kültepe, Karum Kaniš, Schicht Ib
1800-1730 v. Chr.
Beigefarbener Ton mit feiner Sandmagerung und rotem Überzug, stark abgeblättert
Höhe 12,2 cm, Breite 20,8 cm
Kayseri Müzesi
Inv.-Nr. 88/525
Grabungsnr. Kt. 88/K. 944
Abb. S. 133

Bei diesem Kultgefäß handelt es sich um einen Prototyp althethitischer Gefäße mit einer Rinne im nach innen verdickten Rand. Auf ihm und auf der Innen- und Außenseite der Schale sind insgesamt neun teilweise vollplastisch ausgearbeitete Tierfiguren angebracht: Zwei Löwen liegen mit dem Kopf, dem Hals und den Vorderbeinen (unter dem Kinn) auf dem Rand, der Körper ist außen angebracht. Während die Köpfe vollplastisch dargestellt sind, werden die Hinterläufe und der nach oben gebogene, schraffierte Schwanz im Relief wiedergegeben. Die mit unregelmäßigen Ritzlinien verzierten Köpfe sind weiterhin gekennzeichnet durch zwei vertikale Kerben auf der Stirn, große Augen, Stehohren, tiefe Nasenlöcher und ein geöffnetes Maul, aus dem die Zunge heraushängt.

Den Löwen gegenüber befindet sich ein Stierkopf mit Halfter, dessen Hörner wohl separat angebracht waren und wieder entfernt werden konnten. An seinem Hals befindet sich eine kleine, zylindrische Tülle, die von einer Männerfigur in der Schale gehalten wird. Sie trägt eine runde Kappe, hat große Augen, große Ohren und eine große Nase. Die Darstellung des Geschlechtsorgans ist typisch für die Zeit. Links und rechts des Stierkopfes sitzen Antilopen mit Stehohren und spitzen Nasen auf dem Rand, sie blicken in das Gefäß. In der Schale, zwischen den Löwenköpfen, befindet sich der grob ausgearbeitete Kopf einer Löwin. Der Ausguß ist als Widderkopf mit nach vorn gebogenen Hörnern modelliert.

Außen auf der Schale ist eine weitere Löwin mit runden Ohren und großen Augen im Relief wiedergegeben.

T. Özgüç 1994a, 221–227, Taf. XXII

23

> Gefäß mit hohem Fuß

Kültepe, Karum Kaniš, Schicht II
1945–1835 v. Chr.
Rosa-beigefarbener Ton mit cremefarbenem Überzug
Höhe 21,7 cm, Breite 23 cm
Ankara Anadolu Medeniyetleri Müzesi
Inv.-Nr. 119-20-64
Grabungsnr. Kt. n/K. 68
Abb. S. 131

Die auf der Töpferscheibe hergestellte Schüssel hat eine runde Öffnung mit ausladendem Rand. Auf ihm sitzen vier mit braunen Punkten verzierte Antilopen, die in das Gefäß schauen. Auf dem Bauch ist ein Fries, gerahmt von Wellenlinien, mit stilisierten Vögeln zu sehen. Der Rand der Schüssel und der des Fußes sind mit Strichgruppen verziert.

T. Özgüç 1986a, 60–61, Taf. 108,1

24

> Gefäß mit hohem Fuß

Kültepe, Karum Kaniš, Schicht II
1945–1835 v. Chr.
Beigefarbener Ton mit cremefarbenem und rotem Überzug, poliert
Höhe 27,5 cm, Breite 24 cm
Ankara Anadolu Medeniyetleri Müzesi
Inv.-Nr. 119-6-64
Grabungsnr. Kt. m/K. 59
Abb. S. 131

Die auf der Töpferscheibe hergestellte Schüssel hat eine runde Öffnung mit ausladendem Rand, auf dem zwei vollplastisch wiedergegebene Adler und drei Antilopen sitzen, die in das Gefäß schauen. Unterhalb des Randes mit den Tieren hat das Gefäß einen cremefarbenen Überzug mit schwarzer Bemalung, der Fuß ist mit drei Reliefbändern verziert.

Emre 1963, 87–99; T. Özgüç 1986a, 61, Taf. 107,5

25

> Gefäß mit hohem Fuß

Kültepe, Karum Kaniš, Schicht II
1945–1835 v. Chr.
Beigefarbener Ton mit braunem Überzug, poliert
Höhe 49 cm, Breite 17,5 cm
Ankara Anadolu Medeniyetleri Müzesi
Inv.-Nr. 12220
Grabungsnr. Kt. J/K. 175
Abb. S. 130

Das Gefäß hat eine runde Öffnung mit verdicktem Rand und eine Karinierung an der Schulter. Der hohe, hohle Fuß hat unten drei dreieckige Ausschnitte und ist vom Körper mit vier Reliefbändern abgesetzt. Das Gefäß kennzeichnen zwei gegenüberliegende, weit hochgezogene Parallelhenkel und ein vertikaler Bandhenkel, dem gegenüber eine Tülle in Form eines Stierkopfes angebracht ist. Der Kopf des Stieres ist mit eingeprägten Kreisen verziert, die weiß inkrustiert sind. Seine Hörner sind spitz und nach hinten gebogen. Er hat runde, vorquellende Augen und ein eingekerbtes Maul , der Unterkiefer ist nur angedeutet. Die Nasenlöcher sind durchstochen, so daß eine Öffnung zum Gefäßkörper entsteht. Weil das Gefäß recht klein ist und deshalb nicht als Fruchtständer gedient haben kann, handelt es sich hier wohl um ein Kultgefäß, worauf auch der Tierkopf hindeutet.

T. Özgüç 1959, 112, Taf. XL,1a–b; T. Özgüç 1993, 483, Taf. 85,2

26

> Wannenförmiges Kultgefäß

Kültepe, Karum Kaniš, Schicht II
1945–1835 v. Chr.
Grauer Ton, außen mit dunkelgrauem Überzug, innen tonfarben, sorgfältig poliert
Höhe 6,4 cm, Breite 4,7 cm
Ankara Anadolu Medeniyetleri Müzesi
Inv.-Nr. 11118
Grabungsnr. Kt. o/K. 739

An der rechteckigen Wanne sitzt vorne ein Ausguß in Form eines Stierkopfes. Die Hörner sind im Relief wiedergegeben und reichen von der Stirn über die Wangen bis zur Nase. Von den Nasenlöchern führt eine Verbindung in die Wanne. Die Brauen sind breit und die Lider über den vorquellenden Augen als Wulst wiedergegeben. Das Maul ist durch eine horizontale Kerbe angedeutet. An dem massigen Hals ist die Kehle verdickt.

T. Özgüç 1950, 188, Taf. LXVII,433

27

> Wannenförmiges Kultgefäß

Kültepe, Karum Kaniš, Schicht II
1945–1835 v. Chr.
Hellbeigefarbener Ton, außen mit rotbraunem Überzug
Länge 18 cm, Breite 9,2 cm
Ankara Anadolu Medeniyetleri Müzesi
Inv.-Nr. 15029
Grabungsnr. Kt. f/k. 291
Abb. S. 132

Vorn an der rechteckigen Wanne ist der Kopf eines Ziegenbocks angebracht. Die mit Kerben verzierten Hörner, im Relief wiedergegeben, reichen bis an die Nase; auch der Hals trägt Ritzlinien. Von den Nasenlöchern führt eine Verbindung in die Wanne. An einer der Längsseiten des Gefäßes steht eine männliche Figur. Sie hat eine große Nase, ein volles Kinn und runde, separat eingesetzte Augen. Obwohl einer der Arme abgebrochen ist, kann man erkennen, daß der Mann sich mit beiden Händen von außen an der Wanne festhält. Eine Bruchstelle zeigt, daß er einen Gegenstand in der linken Hand hielt, möglicherweise ein Ruder. Hinten auf der Wanne ist ein Vogel zu sehen.

T. Özgüç 1959, 113, Taf. XLII,4

28

> Doppelte Tüllenkanne (Kompositgefäß)

Kültepe, Karum Kaniš, Schicht II
1945–1835 v. Chr.
Hellbrauner Ton mit dunkelrotem Überzug, hochglänzend poliert
Höhe 16,5 cm
Ankara Anadolu Medeniyetleri Müzesi
Inv.-Nr. 15028
Grabungsnr. Kt. f/k. 339
Abb. S. 132

Das auf der Töpferscheibe hergestellte Kompositgefäß ist gekennzeichnet durch eiförmige Körper mit engen, runden Öffnungen und glattem Rand sowie Knopfböden. Die langen, schnabelförmigen Tüllen enden oberhalb des Randes. Ein Adler sitzt auf dem Steg, der die beiden Henkel miteinander verbindet. Diese setzen jeweils an der Schulter und am unteren Abschnitt des Gefäßbauches an. Der Adler mit hoch erhobenem Kopf hat vorquellende, mandelförmige Augen, einen gebogenen spitzen Schnabel und sorgfältig ausgearbeitete Krallen. Die Art, in der Flügel, Beine und Krallen wiedergegeben sind, sind typisch für die Entstehungszeit des Gefäßes.

T. Özgüç 1955, 453–461, Abb. 12;
T. Özgüç 1986a, 60, Taf. 107,1a–b

29

> Kompositgefäß

Kültepe, Karum Kaniš, Schicht II
1945–1835 v. Chr.
Beigefarbener Ton mit rotem Überzug
Höhe 15,5 cm, Randdurchmesser 7,6 und 8,2 cm
Ankara Anadolu Medeniyetleri Müzesi
Inv.-Nr. 181-24-74
Grabungsnr. Kt. y/t. 120
Abb. S. 132

Die beiden nach unten enger werdenden, tiefen Gefäße haben einzelne lange Tüllen, die am Ansatz miteinander verbunden sind. Auf dem Rand der beiden Gefäße steht ein mit braunen Punkten auf cremefarbenem Überzug bemalter Stiermensch. Die Details des Gesichtes sind nicht ausgearbeitet. Er hält ein Zepter in der Hand und hat einen kleinen Schwanz. Zwischen den beiden Gefäße liegen auf dem Boden, der die beiden Kammern miteinander verbindet, zwei Antilopen mit erhobenen Köpfen und nach hinten gedrehten Ohren. Der cremefarbene Überzug der Antilopen ist mit schwarzen Strichen bemalt. Die Tiere und der Stiermensch zeigen die stilistischen Charakteristika der Funde aus Schicht II von Karum Kaniš.

T. Özgüç 1983, 425, Taf. 87,1 a–b

30

> Kultgefäß in Form eines Löwen

Kültepe, Karum Kaniš, Schicht II
1945–1835 v. Chr.
Hellgrauer Ton mit fast schwarzem Überzug, glänzend poliert
Höhe 17,6 cm, Breite 18 cm
Kayseri Müzesi
Inv.-Nr. 78.14
Grabungsnr. Kt. 78/k 14

Das handgearbeitete Gefäß stellt einen stehenden Löwen mit zum Brüllen erhobenem Kopf dar. Auf dem Rücken befindet sich eine zylindrische Füllöffnung. Der lange Schwanz ist nach oben gebogen und ruht neben der Füllöffnung. Die vorquellenden Augen, das weit aufgerissene Maul mit vier Eckzähnen und der heraushängenden Zunge sowie die großen Nasenlöcher betonen den aggressiven Gesichtsausdruck. Die Hinterbeine sind mit einem Knick am Gelenk stark betont, die vier Tatzen sorgfältig modelliert.

T. Özgüç 1986 a, 63, Taf. 114,1

31

> Kultgefäß in Form eines Löwen

Kültepe, Karum Kaniš, Schicht II
1945–1835 v. Chr.
Beigefarbener Ton mit cremefarbenem Überzug, poliert
Höhe 20 cm, Breite 22,2 cm
Kayseri Müzesi
Inv.-Nr. 86-270
Grabungsnr. Kt. 86/h 148

Das handgearbeitete Gefäß stellt einen stehenden Löwen mit zum Brüllen erhobenem Kopf dar. Auf seinem Rücken ist eine zylindrische Füllöffnung angebracht und der Ausguß befindet sich im Maul. Das Gesicht ist gekennzeichnet durch große Nasenlöcher, ein weit geöffnetes Maul, eine zwischen den unteren Eckzähnen heraushängende Zunge und ein hervortretendes Kinn. Die Lider und Augäpfel der ovalen, vorquellenden Augen sind mit brauner Farbe bemalt. Der erhobene Schwanz schmiegt sich an die trichterförmige Füllöffnung. Kopf, Hals und Vordertatzen sind mit Punkten, Wellenlinien, Strichen und Kreuzschraffuren, die Hintertatzen mit Parallellinien in brauner Farbe bemalt. Die sorgfältig ausgearbeiteten Krallen an allen vier Tatzen sind ebenfalls bemalt (vgl. Kat.-Nr. 32).

T. Özgüç 1991, 321, Abb. 1

32

> Kultgefäß in Form eines Löwen

Kültepe, Karum Kaniš, Schicht II
1945–1835 v. Chr.
Cremefarbener Ton mit cremefarbenem Überzug, poliert
Höhe 20,4 cm, Breite 30,1 cm
Ankara Anadolu Medeniyetleri Müzesi
Inv.-Nr. 12258
Grabungsnr. Kt. c/K. 228
Abb. S. 127

Das handgearbeitete Gefäß stellt einen stehenden Löwen mit zum Brüllen erhobenem Kopf dar. Der Hals ist dick und zylindrisch, und auf dem Rücken befindet sich eine zylindrische Füllöffnung. Das Gesicht wird von einer Mähne, die bis zu den Ohren reicht, gerahmt. Es ist gekennzeichnet durch ein weit geöffnetes Maul, in dem die oberen Reißzähne angegeben sind, eine zwischen den unteren Eckzähnen heraushängende Zunge und ein hervortretendes Kinn. Die durch das Brüllen weit geöffneten Nasenlöcher dienten als Ausguß. Die Augäpfel der vorquellenden Augen sind schwarz bemalt. Der gesamte Körper ist mit parallelen Linien, Wellen- und Zickzacklinien in dunkelbrauner Farbe bemalt.

Özgüç/Özgüç 1953, 219, Taf. XXXVIII,270

33

> Kultgefäß in Form eines Löwenkopfes

Kültepe, Karum Kaniš Schicht Ia
Nach 1730 v. Chr.
Beigefarbener Ton mit rotem Überzug, glänzend poliert
Höhe 10,3 cm, Breite 14 cm
Ankara Anadolu Medeniyetleri Müzesi
Inv.-Nr. 1-72-98
Grabungsnr. Kt. 98/K. 2
Abb. S. 127

Der längliche, zylindrische Körper hat eine runde Öffnung mit ausladendem Rand, und der Boden ist als Löwenkopf geformt. Die halbkreisförmigen Ohren des Löwen sind konkav modelliert, und die Mähne ist angedeutet. Der Henkel des Gefäßes befindet sich zwischen dem Rand und einem Punkt unterhalb des rechten Ohres. Die drei Wülste auf der Stirn stellen die Falten dar, die beim Brüllen entstehen. Das Gesicht ist gekennzeichnet durch große, mandelförmige Augen und eine breite, flache Nase mit eingetieften Nasenlöchern. Die Schnurrhaare, Maul und Kinn sind durch Ritzlinien stark betont.

Unpubliziert. Publikations- und Abbildungsrechte vorbehalten.

34

> Kultgefäß in Form eines menschlichen Kopfes

Kültepe, Karum Kaniš, Schicht II
1945–1835 v. Chr.
Hellbrauner Ton mit dunkelrotem Überzug, poliert
Höhe 12,7 cm, Breite 7,1 cm
Kayseri Müzesi
Inv.-Nr. 83/129
Grabungsnr. Kt. 83/K. 24
Abb. S. 132

Das Gefäß mit einer weiten, runden Öffnung und ausladendem Rand stellt das Gesicht eines Verstorbenen dar. Es ist gekennzeichnet durch geschlossene mandelförmige Augen unter wulstigen Augenbrauen, die mit der schmalen Nase zusammenlaufen. Sieben kurze Kerben unterhalb des kleinen Mundes deuten auf dem runden Kinn einen Bart an.

T. Özgüç 1986 a, 69, Taf. 119,3, F 4

35

> Kultgefäß in Form eines menschlichen Kopfes

Kültepe, Karum Kaniš, Schicht Ib

1800–1730 v. Chr.

Grauer Ton mit dunkelrotem Überzug, poliert, Brandspuren

Höhe 6,1 cm, Breite 9,2 cm

Kayseri Müzesi

Inv.-Nr. 88/440

Grabungsnr. Kt. 88/K. 749

Auf der dem Ausguß gegenüberliegenden Seite ist ein menschliches Gesicht, scheinbar lächelnd, wiedergegeben. Da das dreieckige Kinn keinen Bart trägt, handelt es sich wohl um ein weibliches Gesicht. Die wulstigen, breiten Augenbrauen laufen mit der Nase zusammen, und die Augenlider sind mit dünnen Linien angedeutet. Das linke Auge ist etwas kleiner als das rechte dargestellt. Eine lange, spitze Nase, schmale Lippen und volle Wangen kennzeichnen außerdem das Gesicht. Vor den großen Ohren sind auf die Wangen hängende Haarsträhnen mit einer Vertiefung am unteren Ende zu sehen.

T. Özgüç 1992, 425–429

36

> Gefäß mit Tülle in Form eines Tierkopfes

Kültepe, Karum Kaniš, Schicht Ib

1800–1730 v. Chr.

Beigefarbener Ton mit beige-grau geflecktem Überzug, poliert

Höhe 23 cm, Breite 22 cm

Ankara Anadolu Medeniyetleri Müzesi

Inv.-Nr. 12221

Grabungsnr. Kt. g/k. 160

Das auf der Töpferscheibe hergestellte Gefäß schließt mit einem Ringboden ab und hat eine runde Öffnung an einem kurzen Hals, der mit horizontalen Rillen verziert ist. Der Henkel sitzt zwischen der Schulter und der Karinierung. Auf dem Bauch sind dreieckige Knubbengriffe modelliert. Ein Reliefband mit eingeprägten Kreisen läuft um den Körper. Es wird gegenüber dem Henkel von der Tülle unterbrochen, deren Ende ein Stierkopf bildet. An ihm sind Details wie Hörner, Augen, Ohren sorgfältig ausgearbeitet; in seinem Maul befindet sich ein Ausguß.

T. Özgüç 1959, 103, Taf. XXXI,1

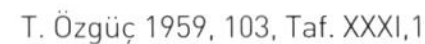

37

> Männliches Gesicht

Kültepe, Karum Kaniš, Schicht Ib

1800–1730 v. Chr.

Beigefarbener Ton, Außenseite mit braunem Überzug, poliert, innen unbearbeitet

Höhe 6,2 cm, Breite 5,9 cm

Ankara Anadolu Medeniyetleri Müzesi

Inv.-Nr. 11289

Grabungsnr. Kt. b/K. 4

Dieses Männergesicht könnte der Henkel eines größeren Gefäßes gewesen sein. Es ist geprägt durch große Ohren, vor denen kotelettenförmiges Haar zu sehen ist. Über der dreieckigen Stirn ist ein Wulst mit Riefen zu erkennen. Runde, vorquellende Augen und Augenbrauen, die über der Nase zusammenlaufen, sowie eine große Nase, ein kleiner Mund und ein hervorstehendes Kinn charakterisieren die Gesichtszüge.

Özgüç/Özgüç 1953, 202, Taf. XL, 279a–b

38

> Kultgefäß in Form eines Hasenkopfes

Kültepe, Karum Kaniš, Schicht II

1945–1835 v. Chr.

Grauer Ton mit beigefarbenem Überzug, poliert

Höhe 9,2 cm, Breite 9,4 cm

Ankara Anadolu Medeniyetleri Müzesi

Inv.-Nr. 119-4-64

Grabungsnr. Kt. m/k. 129

Abb. S. 127

Das auf der Töpferscheibe hergestellte Gefäß ist braun bemalt und weist eine starke Erodierung auf. Der konische Körper endet in einer runden Öffnung mit leicht ausladendem Rand. Die ovalen Stehohren sind innen mit fünf Punktreihen verziert. An den vorquellenden Augen sind der Augapfel und die Lider bemalt. Während die Nase und die Nasenlöcher überproportional groß modelliert sind, ist das Maul als tiefe Einkerbung wiedergegeben.

Istanbul 1983, 149, Kat.-Nr. A 518;
T. Özgüç 1986a, 62, Taf. 116,4

39

> Kultgefäß in Form eines Hasenkopfes

Kültepe, Karum Kaniš, Schicht II

1945–1835 v. Chr.

Beigefarbener Ton mit cremefarbenem Überzug, poliert

Höhe 10,7 cm, Breite 11,2 cm

Ankara Anadolu Medeniyetleri Müzesi

Inv.-Nr. 119-8-64

Grabungsnr. Kt. m/k. 128

Das auf der Töpferscheibe hergestellte Kultgefäß hat einen konischen Körper mit runder, schmaler, am Rand verdickter Öffnung. Stirn und Nase des Hasen sind mit Strichen, Wellenlinien und Dreiecken in brauner Farbe verziert. Wie bei Kat.-Nr. 38 sind Nase, Nasenlöcher und Maul überproportional groß wiedergegeben.

T. Özgüç 1986a, 66–67, Taf. 116,4

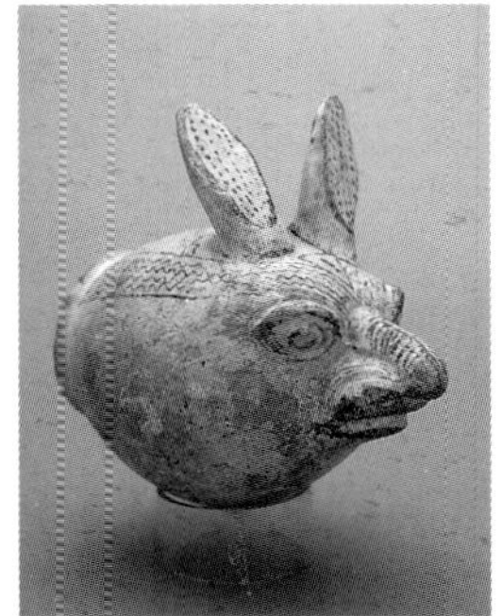

40

> Kultgefäß in Form eines Stierkopfes

Kültepe, Karum Kaniš, Schicht II
1945–1835 v. Chr.
Grau-beigefarbener Ton mit braunem Überzug
Höhe 12 cm, Breite 9,5 cm
Ankara Anadolu Medeniyetleri Müzesi
Inv.-Nr. 15016
Grabungsnr. Kt. f/k. 298

Das auf der Töpferscheibe hergestellte Kultgefäß hat eine dreieckige Öffnung. Zwischen den nach hinten gebogenen Hörnern sind auf der Stirn kurze Ritzlinien, darunter eine Zickzacklinie zu sehen. Hörner, Ohren und Augen sind plastisch modelliert, die Ohren löffelförmig. Um die runden Augen sind zwei Linien zu erkennen, die die Augenlider andeuten sollen. Die Nasenlöcher sind angegeben. Über dem Maul und bis zu den Ohren ist ein Halfter dargestellt. Unter dem Kinn sind Haare durch Ritzlinien angedeutet. In der Nase oder im Maul ist kein Loch zum Ausgießen der Flüssigkeit zu erkennen.

T. Özgüç 1986a, 66, Taf. 115,5

41

> Kultgefäß in Form eines Stierkopfes

Kültepe, Karum Kaniš, Schicht II
1945–1835 v. Chr.
Grauer Ton mit braunem Überzug, poliert
Höhe 12,2 cm, Breite 11,6 cm
Ankara Anadolu Medeniyetleri Müzesi
Inv.-Nr. 13182
Grabungsnr. Kt. f/k. 299
Abb. S. 127

Der auf der Töpferscheibe hergestellte Stierkopf hat eine dreieckige Öffnung. Zwischen den nach hinten gebogenen Hörnern sind auf der Stirn parallele Ritzlinien zu sehen, die das Haar andeuten sollen. Die Augen sind als Relief und die Ohren vollplastisch modelliert. Das Halfter ist in Form eines geritzten, reliefierten Bandes über Stirn, Maul und Wangen wiedergegeben. Wie bei Kat.-Nr. 40 ist kein Gießloch zu erkennen.

T. Özgüç 1986a, 66, Taf. 115,4

42

> Kultgefäß in Form eines Adlerkopfes

Kültepe, Karum Kaniš, Schicht II
1945–1835 v. Chr.
Beigefarbener Ton mit braunem Überzug, poliert
Höhe 7,5 cm, Breite 13,1 cm
Ankara Anadolu Medeniyetleri Müzesi
Inv.-Nr. 19076
Grabungsnr. Kt. k/k. 232
Abb. S. 124

Das Kultgefäß in Form eines Adlerkopfes hat am Hals eine runde Öffnung. Der Kopf ist durch plastisch modellierte, mandelförmige Augen und einen prominenten, nach unten gebogenen Schnabel gekennzeichnet. Die breiten, über dem Schnabel zusammenlaufenden Augenbrauen sind mit Einstichen verziert.

Wie bei den zuvor beschriebenen Kultgefäßen sind keine Gießlöcher zu erkennen.

In den hethitischen Schriftzeugnissen werden Götterstatuen mit einem Adler aus Gold, Silber, Elfenbein, Eisen oder Blei auf der Hand beschrieben.

T. Özgüç 1986a, 65, Taf. 115,1

43

> Kultgefäß in Form eines Adlers

Kültepe, Karum Kaniš, Schicht II
1945–1835 v. Chr.
Brauner Ton mit rotem Überzug (durch Feuereinwirkung teilweise braun verfärbt), glänzend poliert
Höhe 27,8 cm, Breite 12 cm
Ankara Anadolu Medeniyetleri Müzesi
Inv.-Nr. 1-37-92
Grabungsnr. –
Abb. S. 124

Dieses Gefäß aus sehr feinem Ton stellt einen sitzenden Adler mit angelegten Flügeln dar. Auf dem Rücken befindet sich ein zylinderförmiger Stutzen zum Füllen des Gefäßes, die Ausgußöffnung sitzt unter dem geschlossenen, spitz gebogenen Schnabel. Die Augen (ohne Augäpfel) sind groß, die Augenhöhlen schwarz ausgemalt. Die anliegenden Flügel verbinden sich hinten mit dem Schwanz. In den kurzen Fängen hält der Adler einen Hasen, der unter dem rechten Fang hervorblickt. Seine Augen und sein Maul sind deutlich zu erkennen, und er streckt seine Vorderbeine unter dem Kopf aus. Die langen, im Relief dargestellten Ohren des Hasen berühren das Bein des Adlers.

T. Özgüç 1995, 521, Taf. 41,c

44

> Kultgefäß in Form eines Ebers

Kültepe, Karum Kaniš, Schicht II
1945–1835 v. Chr.
Hellbrauner Ton mit dunkelrotem und cremefarbenem Überzug, glänzend poliert
Höhe 14,2 cm, Breite 23 cm
Ankara Anadolu Medeniyetleri Müzesi
Inv.-Nr. 1-20-92
Grabungsnr. Kt. 92/k. 724
Abb. S. 127

Wie bei Kat.-Nr. 30-32 befindet sich die Füllöffnung auf dem Rücken, während die Nase den Ausguß bildet. Der Kopf des Ebers ist mit einem cremefarbenem Überzug versehen und mit braunen Strichen, Wellenlinien und Spiralen verziert. Ein geöffnetes Maul, ovale, vorquellende Augen und braun bemalte Augenlider charakterisieren das Gesicht. Die Gelenke an den Beinen und die Zehen sind in Form tiefer Kerben angegeben, der Schwanz ist als Relief dargestellt.

Dieses Gefäß gehört zu einer neuen stilistischen Strömung und wurde im Haus eines assyrischen Kaufmanns gefunden.

T. Özgüç 1998, 248, Abb. 1

45

> Kultgefäß in Form eines Eberkopfes

Kültepe, Karum Kaniš, Schicht II
1945–1835 v. Chr.
Cremefarbener Ton mit rötlich-cremefarbenem Überzug, poliert
Höhe 11,5 cm, Breite 6 cm
Ankara Anadolu Medeniyetleri Müzesi
Inv.-Nr. 18464
Grabungsnr. Kt. L/k. 161

Das handgearbeitete Kultgefäß ist mit Bändern, Strichen und Zickzacklinien in roter und brauner Farbe bemalt. Der Kopf ist charakterisiert durch kleine, spitze Ohren, ovale, vorquellende Augen und ein spitzes Maul. Auch hier sind keine Gießlöcher zu erkennen.

T. Özgüç 1959, 113, Taf. XLV,4;
T. Özgüç 1998, 251, Abb. 4

46

> Kultgefäß in Form eines Schneckenhauses

Kültepe, Karum Kaniš, Schicht II
1945–1835 v. Chr.
Beigefarbener Ton mit rötlich-cremefarbenem Überzug
Höhe 15,6 cm, Breite 4,1 cm
Ankara Anadolu Medeniyetleri Müzesi
Inv.-Nr. 11354
Grabungsnr. Kt. b/k. 381
Abb. S. 127

Das Gefäß hat einen langen zylindrischen, mit horizontalen, vertikalen und diagonalen Strichen und Wellenlinien verzierten Hals und endet in einer runden Öffnung. Das runde Zentrum des Schneckenhauses ist auf beiden Seiten verdickt. Von ihm gehen auf der einen Seite wirbelförmige, auf der anderen gerade Strahlen in brauner Farbe aus.

T. Özgüç 1986a, 69, Taf. C 2

47

> Kultgefäß in Form einer Antilope

Kültepe, Karum Kaniš, Schicht II
1945–1835 v. Chr.
Rosa-beigefarbener Ton mit cremefarbenem Überzug
Höhe 19,5 cm, Breite 20 cm
Ankara Anadolu Medeniyetleri Müzesi
Inv.-Nr. 1-30-94
Grabungsnr. Kt. 94/ K. 100
Abb. S. 127

Das Kultgefäß in Form einer Antilope ist als zylindrischer Körper wiedergegeben, der Übergang vom Kopf zum kräftigen Hals ist abgesetzt. Die zylindrische Füllöffnung befindet sich auf dem Rücken des Tieres. Unter den breiten, langen, nach hinten gebogenen Hörnern sieht man die spitzen Ohren. Die vorquellenden ovalen Augen haben eine reliefierte Umrandung. Die stumpfe Nase ist mit Nasenlöchern und das Maul als horizontale Kerbe wiedergegeben. Das Gelenk am Hinterlauf ist als Knick angedeutet, der Schwanz als bemaltes Relief dargestellt. Die Läufe, Hufe, Augen, Lider, Nase, Ohren, Hörner und der Hals der Antilope sind dunkelbraun bemalt.

Unpubliziert. Publikations- und Abbildungsrechte vorbehalten.
Vgl. T. Özgüç 1996b, 66, Taf. 12,3

48

> Kultgefäß in Form einer Bergziege

Kültepe, Karum Kaniš, Schicht II
1945–1835 v. Chr.
Brauner Ton mit braunem Überzug, poliert
Höhe 18 cm, Breite 19 cm
Ankara Anadolu Medeniyetleri Müzesi
Inv.-Nr. 1-38-92
Grabungsnr. Kt. 92/K. 785
Abb. S. 127

Der zylindrischer Körper der Bergziege geht in einen langen, dicken Hals über, und eine hohe zylindrische Füllöffnung ist am Ende des Rückens angebracht. Die Hörner sind am Halsansatz mit dem Körper verbunden und mit Strichgruppen verziert. Das Gesicht ist geprägt durch kleine Stehohren, große vorquellende Augen, die mit einem Reliefband umrahmt sind, und Nasenlöchern über dem stumpfen Maul. Der kurze Schwanz und die Hinterläufe sind mit Kerben vom Körper abgesetzt. Die in Karum Kaniš entdeckten zoomorphen Gefäße sind die Vorläufer der Gefäße der Großreichszeit.

T. Özgüç 1996b, 64, Taf. 12,1, Abb. 2a

49

> Kultgefäß in Form eines Rebhuhns

Kültepe, Karum Kaniš, Schicht II
1945–1835 v. Chr.
Beigefarbener Ton mit beigefarbenem Überzug, rot und schwarz bemalt
Höhe 34,5 cm, Breite 39,5 cm
Kayseri Müzesi
Inv.-Nr. 85.3253
Grabungsnr. Kt. 85/K. 94

Dargestellt ist ein eiförmiges Rebhuhn, auf zwei kurzen Beinen sitzend, mit einem gegabelten Schwanz. Die runde Füllöffnung befindet sich auf dem Rücken. Große, vorquellende Augen sind über dem nach unten gebogenen, dunkelrot überzogenen Schnabel angebracht. Die Flügel sind halbkreisförmig mit roter und schwarzer Farbe aufgemalt. Auf der Brust sieht man zwei Felder mit jeweils drei Vögeln, die durch Striche und Wellenlinien voneinander getrennt sind. Der Nacken ist mit den gleichen Liniengruppen verziert.

T. Özgüç 1986a, 91, Taf. 133,1a–b

50

> Kultgefäß in Form eines Rebhuhns

Kültepe, Karum Kaniš, Schicht II
1945–1835 v. Chr.
Cremefarbener Ton mit cremefarbenem Überzug
Höhe 14 cm, Breite 12,5 cm
Ankara Anadolu Medeniyetleri Müzesi
Inv.-Nr. 19540
Grabungsnr. Kt. L/k. 138
Abb. S. 127

Dieses Kultgefäß ist gekennzeichnet durch einen kugelförmigen Körper auf kurzen Beinen, auf dessen Rücken oberhalb des gegabelten Schwanzes sich die Füllöffnung befindet. Der lange Hals endet in einem spitzen, geöffneten, nach unten gebogenen Schnabel. Vorquellende, konische Augen prägen das Gesicht. Das tierförmige Gefäß ist mit Strichen, Wellenlinien, Fischgratmuster und Halbkreisen in roter und brauner Farbe verziert.

T. Özgüç 1986a, 65, Taf. E 1

51

> Kultgefäß mit menschlichen Gesichtern

Kültepe, Karum Kaniš, Schicht II
1945–1835 v. Chr.
Grauer Ton mit sehr dunklem, fast schwarzem Überzug
Höhe 15,5 cm, Breite 6 cm
Ankara Anadolu Medeniyetleri Müzesi
Inv.-Nr. 11965
Grabungsnr. Kt. t/k. 267
Abb. S. 133

Das auf der Töpferscheibe hergestellte Gefäß hat einen langen zylindrischen Hals mit sieben horizontalen Rillen und einer schmalen, runden Mündung. Der birnenförmige Körper verjüngt sich nach unten und endet in einem hohen Standring. Unter dem Rand sitzen gegenständig zwei, auf der Schulter und an den Seiten weitere, insgesamt acht hornförmige, nach oben weisende Handhaben. Zwischen diesen sind auf dem Gefäßcorpus in Hochrelief ein Frauengesicht und das Gesicht eines Mannes dargestellt, die zu lächeln scheinen. Bei beiden sind die Augen groß und vorquellend, und zwischen den Augenbrauen sind Reliefscheiben zu sehen. Die Ohren haben jeweils zwei Löcher; die Nase ist groß und spitz und der Mund direkt unter der Nase mit horizontalen Rillen wiedergegeben. Die männliche Figur hat einen langen, unten abgerundeten dreieckigen Bart, der durch Einstichreihen angedeutet ist.

Das Stück könnte ein Kultgefäß gewesen sein, das den Stierkult mit einer männlichen und einer weiblichen Figur in Beziegung setzt.

T. Özgüç 1959, 113, Taf. XLVII,1–2;
T. Özgüç 1979, 267–268, Abb. 5–7;
Istanbul 1993, Kat.-Nr. 117

52, 53

> Zwei stiefelförmige Kultgefäße

Kültepe, Karum Kaniš, Schicht II
1945–1835 v. Chr.
Hellbeigefarbener Ton mit cremefarbenem Überzug, poliert
Höhe 9,5/9 cm, Länge 13,7/13,7 cm
Kayseri Müzesi
Inv.-Nr. 77-811 und 77-812
Grabungsnr. Kt. 77/k. 118 und Kt. 77/k. 119
Abb. S. 124

Die handgearbeiteten Kultgefäße stellen kurze Stiefel mit breiterer Sohle und auffällig nach oben gebogenen Spitzen dar. Auf den Schaft ist die Bindeschnur in Form einer Zickzacklinie mit dunkelbrauner Farbe gemalt. Auf der Rückseite des Schaftes sieht man hängende Spiralen, die durch Bänder aus geraden Linien und Wellenlinien voneinander getrennt sind. Die eine Seite des Fußrückens ist mit Wellenlinien, die andere mit einem mit Punkten gefüllten Motiv verziert, das möglicherweise einen dicken Zweig darstellt.

Özgüç/Özgüç 1953, 224–225, Taf. XLII,338–339; Istanbul 1983, 197, Kat.-Nr. A 513; T. Özgüç 1986 a, 69, Taf. D 1–2

54

> Kultgefäß in Form einer Weintraube

Kültepe, Karum Kaniš, Schicht II
1945–1835 v. Chr.
Beigefarbener Ton mit hellem Überzug, poliert
Höhe 15,3 cm, Breite 6,3 cm
Kayseri Müzesi
Inv.-Nr. 71-115-26
Grabungsnr. Kt. y/k. 47

Dieses auf der Töpferscheibe hergestellte Gefäß hat einen konischen Körper mit spitzem Boden. Die Wandung mit hoch ausgezogenem Korbhenkel ist mit traubenförmigen Knubben verziert.

Emre 1963, 87–99; Istanbul 1983, 184, Kat.-Nr. A 487

55

> Lampe in Form von Weintrauben

Konya, Karahöyük
Um 1750 v. Chr.
Rosa-grauer Ton
Höhe 26 cm, Breite 24 cm
Konya Müzesi
Inv.-Nr. 1971-20-163
Grabungsnr. 954/160

Um eine zentrale Weintraube sind in zwei Fünfergruppen seitlich kleinere traubenförmige Gefäße angebracht. Auf der Schulter der großen Traube mit runder Öffnung finden sich vier hängende, bogenförmige Wülste, jeweils mit einer Traube in der Mitte. Auf dem zentralen Gefäß sind Weintrauben als Knubben angebracht. Die Seitengefäße aus kleineren Trauben haben die gleiche Form. Zwischen den beiden seitlichen Traubengruppen befindet sich auf einer Seite ein breiter, hufeisenförmiger Henkel; auf der anderen Seite eine Tülle zur Belüftung. Beide sind ebenfalls mit Knubben verziert.

Weintraubengruppen mit einer zentralen Traube waren eine beliebte Lampenform. Wenn sie einen Henkel besaßen, konnten diese handgefertigten Stücke auch an die Wand gehängt werden.

Alp 2000, 68

56

> Kultgefäß in Form einer sitzenden Göttin

Konya-Karahöyük
1. Viertel 2. Jahrtausend v. Chr.
Beigefarbener Ton mit Sandmagerung, roter Überzug, poliert
Höhe 23 cm, Breite 10,9 cm
Konya Müzesi
Inv.-Nr. 1971-19-137
Grabungsnr. 953/81

Der Kopf der nackten, auf einem Hocker sitzenden Frau ist leicht nach links gewandt, das Gesicht detailliert ausgearbeitet. Auf der Stirn deutet ein mit Einstichen verzierter Wulst das Haar an. Über diesem Band befindet sich ein Diadem. Die Augen sind groß und rund als Relief mit einem Loch in der Mitte angegeben. Die überproportional großen, erhabenen Augenbrauen laufen über der Nase mit ihren großen, flachen Nasenlöchern zusammen. Der Mund ist als flache Vertiefung mit nach unten gezogenen Mundwinkeln wiedergegeben. Die Wangen sind durch eine Falte vom Mund getrennt, wodurch das Gesicht einen müden, alten Eindruck erhält. Die großen Ohren haben drei bzw. vier Löcher für Ohrringe. Zwischen den Augen und Ohren befinden sich wohl Reste von Haarsträhnen. Der Hals sitzt auf einem hohlen, zylindrischen Körper, eine Halskette ist im Relief angegeben. Beine und Arme sind auf dem Körper als Relief dargestellt, die Arme sind angewinkelt. Die Göttin hält mit beiden Händen ihre Brüste, und die Finger sind teilweise durch Rillen angedeutet. Die angewinkelten Beine zeigen, daß die Figur sitzt. Die Füße mit den durch Rillen wiedergegeben Zehen ruhen auf einer flachen Stütze. Auf dem Rücken hängt ein Zopf bis zur Taille; er bildet den Henkel des Gefäßes.

In die Unterseite ist ein Loch gebohrt, um ein Platzen des Gefäßes beim Brennen zu verhindern.

Alp 1956, 35–37; Alp 1989, 27–30; Istanbul 1993, 97, Kat.-Nr. A 119

57

> Kultgefäß in Form eines Turmes

Boğazköy/Ḫattusa
18. Jahrhundert v. Chr.
Beigefarbener Ton mit Sandmagerung
Höhe 32,8 cm, Breite 8,1 cm
Ankara Anadolu Medeniyetleri Müzesi
Inv.-Nr. 144-7-64
Grabungsnr. Bo. 62/149

Ein Beispiel für die Darstellung von Architektur ist dieses Kultgefäß in Form eines Turmes. Während der obere Teil durchgehend mit einem dunkelrotem Überzug versehen ist, befinden sich im unteren Teil schwarze Striche und Wellenlinien auf hellem Überzug. Auf der ovalen Gefäßöffnung sitzt ein Adler, dessen Kopf abgebrochen ist. Sein Körper bildet eine Art Henkel. Das Gefäß mit quadratischem Querschnitt sitzt auf zwei Tierfüßen. An den vier oberen Gefäßecken befanden sich plastische Aufsätze. Auf der vorderen Gefäßschulter liegt ein vierbeiniges Tier. Unter ihm sind zwei Widderköpfe als Protome angebracht; bei einem der Köpfe ist im Maul eine Öffnung in das Gefäß vorhanden.

Neve 1965, 32–33, Abb. 25; Bittel 1984, 61–219

58

> Statuette eines stehenden Gottes

Kültepe, Karum Kaniš, Schicht Ib
1800–1730 v. Chr.
Blei, gegossen
Höhe 6,5 cm, Breite 1,7 cm
Ankara Anadolu Medeniyetleri Müzesi
Inv.-Nr. 11379
Grabungsnr. Kt. b/k. 483
Abb. S. 238

Der frontal wiedergegebene stehende Gott trägt eine Spitzmütze, die leicht nach hinten geneigt und mit Riefen verziert ist. Er hat ein breites Gesicht und große, vorquellende Augen. Die Augenbrauen berühren sich. Unter dem Kinn ist ein rechteckiger Zeremonialbart mit Längsschraffur zu sehen. Der Mann trägt ein kurzes, kurzärmliges Gewand mit verziertem Saum. Der rechte Arm ist angewinkelt, die Hand abgebrochen. Die sichelförmige Waffe in der linken Hand lehnt gegen die Schulter. Der breite Streifen, der von der Taille zur rechten Schulter läuft, könnte der Rest eines Schals sein.

Die Rückseite ist flach.

Özgüç/Özgüç 1953, 197, Taf. XL,278 a–b; Emre 1971, 107, Kat.-Nr. 24, Taf. V,7

59

> Spule

Kültepe, Karum Kaniš, Schicht Ib
1800–1730 v. Chr.
Bronze
Höhe 10,8 cm, Breite 8,6 cm
Ankara Anadolu Medeniyetleri Müzesi
Inv.-Nr. 180-27-74
Grabungsnr. Kt. v/k. 179

Zwei Frauen mit rundem Gesicht und in der Mitte gescheiteltem Haar stehen auf dem unteren Rand eines Rahmens und bilden gleichzeitig seine Seitenteile. Sie umfassen von unten ihre Brüste. Den oberen Teil des Rahmens bildet die Spule, die die Frauen auf Ihren Köpfen tragen.

Bei dieser Kleinplastik fallen stilistische Übereinstimmungen mit syrischen Fayence-Statuetten auf.

T. Özgüç 1986 a, 76, Taf. 96,4 a–b

60

> Stempelsiegel

Kültepe, Karum Kaniš, Schicht Ib
1800–1730 v. Chr.
Gold
Höhe 1,1 cm, Breite 0,9 cm
Ankara Anadolu Medeniyetleri Müzesi
Inv.-Nr. 15152
Grabungsnr. Kt. g/K. 129

Das Stempelsiegel hat einen runden Kopf mit horizontaler Bohrung. Der konische Griff ist mit sieben Rillen verziert. Auf der runden Stempelfläche ist eine auf einem Hocker sitzende Göttin dargestellt. Sie trägt eine runde Kappe, hat eine schmale Stirn, eine große Nase, volle Wangen und langes Haar. In einer Hand hält sie ein Gefäß, die andere ist zu dem vor ihr stehenden Altar ausgestreckt, auf dem Fladenbrote liegen.

N. Özgüç 1968, 43, Taf. XXX,2 a–b

61

> Lanzenspitze

Kültepe, Hügelgrabung
18. Jahrhundert v. Chr., Hügel Schicht 7, gleichzeitig mit Karum Kaniš Schicht Ib
Original aus Bronze, in der Ausstellung Gipsabguß
Länge 29,1 cm
Ankara Anadolu Medeniyetleri Müzesi
Inv.-Nr. 19.212
Abb. S. 45

Die Lanzenspitze hat eine eckige Schulter, und die Angel ist im Verhältnis zum Blatt kurz. Die sich zur Spitze hin verjüngende Klinge ist geschwungen; ein Mittelgrat fehlt. Beide Seiten haben jeweils drei Facetten. An der breitesten Stelle befinden sich zwei Schlitze, daneben zwei nachträglich verschlossene Öffnungen. Auf der Klinge ist eine Inschrift in akkadischer Keilschrift zu lesen: »É.GAL A-ni-ta ru-ba-im« (»Der Palast von Anitta«). Über der Inschrift sieht man einen Halbmond.

Dieser Fund bestätigt die Vermutung, daß es sich bei Anitta um eine historische Persönlichkeit handelt, eine Hypothese, die man bereits für Alişar und Karum Kaniš Ib aufgestellt hatte.

Balkan 1955, 25, Abb. 12; T. Özgüç 1956, 33–36; Neu 1974; T. Özgüç 1999, 126, Taf. 107, 1 a–c

62

> Nadel mit Tierköpfen

Kültepe, Karum Kaniš, Schicht II
1945–1835 v. Chr.
Gold
Länge 8,3 cm, Kopfbreite 1 cm
Kayseri Müzesi
Inv.-Nr. 88.462
Grabungsnr. Kt. 88/k. 788

Der zylindrische Kopf der im Mittelteil verdickten Nadel ist mit sechs Stierprotomen verziert, die nach unten gerichtet sind. Am Hals befinden sich sechs Ringe, von denen einer beweglich ist.

Unpubliziert. Publikations- und Abbildungsrechte vorbehalten.

63

> Lockenring

Kültepe, Karum Kaniš, Schicht II
1945–1835 v. Chr.
Gold und Obsidian
1,8 x 1,2 cm
Kayseri Müzesi
Inv.-Nr. 83/151
Grabungsnr. Kt. 83/K. 48

Die beiden halbmondförmigen Enden des Lockenringes tragen Einlagen aus Obsidian und an den Rändern Granulat. An den Enden der Obsidian-Einlage befindet sich jeweils eine runde Fassung, die ursprünglich eine Einlage aus einem anderen Material trug.

Der Lockenring wurde wahrscheinlich aus Assyrien importiert, denn die Technik der Granulation wurde in Anatolien nur sehr selten verwendet.

T. Özgüç 1986a, 30, Taf. 68,16, H 2

64, 65

> Gußform

Kültepe, Karum Kaniš, Schicht II
1945–1835 v. Chr.
Grauer Steatit
Länge 9,3/9,3 cm, Breite 4,4/4,4 cm
Kayseri Müzesi
Inv.-Nr. 82-861 und 82-862
Grabungsnr. Kt. 82/k. 203 und Kt. 82/k. 204

Die zweiteilige Gußform für eine Schaftlochaxt ist rechteckig mit abgerundeten Ecken. Sie hat vier Verzapfungslöcher und einen Einfülltrichter. Den Schaft der Axt zieren drei Ringe, und ihre Klinge hat konkave Längsseiten.

T. Özgüç 1986a, 44, Taf. 87,3a–c

66, 67

> Gußform

Kültepe, Karum Kaniš, Schicht II
1945–1835 v. Chr.
Grauer Steatit
Länge 20,4/20 cm, Breite 4/4 cm
Kayseri Müzesi
Inv.-Nr. 82-859 und 82-860
Grabungsnr. –

Die zweiteilige, rechteckige Gußform ist für einen dreieckigen Dolch mit ausgeprägter Schulter, scharfer Spitze und kurzer Angel bestimmt. Seine Klinge hat drei Facetten. An den Seiten der Gußform sieht man vier Verzapfungslöcher, durch die Stifte geschoben werden konnten, die die beiden Hälften zusammenhielten. Auf der Rückseite befindet sich ein Feststelloch, auf der Längskante sind außen zwei tiefe Rillen angebracht sowie eine weitere Rille zum Zusammenbinden der beiden Formhälften.

T. Özgüç 1986a, 44, Taf. 87,2a–b

68

> Gußform (und Abguß)

Kültepe, Karum Kaniš, Schicht Ib
1800–1730 v. Chr.
Steatit
Höhe 6,2 cm, Breite 5 cm
Ankara Anadolu Medeniyetleri Müzesi
Inv.-Nr. 11969
Grabungsnr. Kt. h/K. 89
Abb. S. 242

Die fast quadratische Gußform zeigt rechts einen Gott, der eine gehörnte Spitzmütze, mit horizontalen Rillen verziert, trägt. Sein Gesicht ist charakterisiert durch eine schmale Stirn, über der Nase zusammenlaufende Augenbrauen und große Augen, Nase und Ohren. Der Mund ist halbmondförmig, und den kurzen Bart gliedern vertikale Linien. Die Brust ist mit zwei kleinen Wölbungen angegeben. Das gegürtete Gewand weist in der Mitte zwei vertikale Linien auf. Rechts und links dieser Linien ist der untere Bereich des Gewandes mit horizontalen Riefen verziert. Der Gott ist mit dünnen, angewinkelten Arme dargestellt und trägt in beiden Händen Waffen, die an den Schultern ruhen.

Die Göttin (links) trägt eine runde Kappe, und ihr Haar hängt in Locken zu beiden Seiten des Gesichts herab. Ihr Gesicht kennzeichnen eine schmale Stirn, große vorquellende Augen, eine große Nase und ein kleines Kinn. Um den dünnen Hals trägt sie eine zweireihige Kette. Das Gewand ähnelt dem des Gottes. Auf dem Arm trägt sie einen Säugling. Dieser und das Kind zwischen den beiden Figuren ähneln in ihrer Darstellung der der Göttin. Auch sie tragen Kappen, die mit vertikalen Linien verziert sind; beide legen die Hände an die Brust.

T. Özgüç 1959, 107, Taf. XXXIV,3; Emre 1971, 108–109, Kat.-Nr. 28, Taf. VI,3

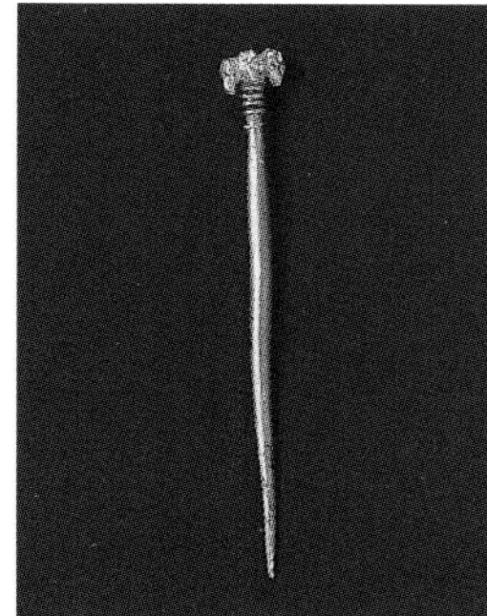

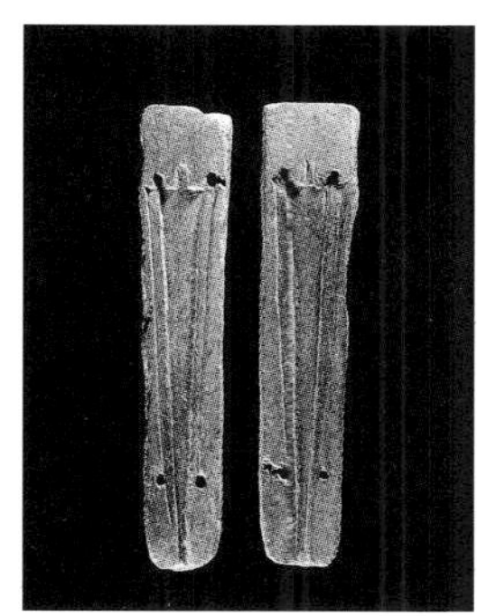

69

> Zweihenkliges Gefäß (Kantharos)

Alişar, aus einem Pithosgrab
Althethitische Zeit
Beigefarbener Ton mit rötlichem Überzug, poliert
Höhe 19,4 cm, Durchmesser 11,6 cm
Ankara Anadolu Medeniyetleri Müzesi
Inv.-Nr. 105-26-64
Grabungsnr. C.2734

Das auf der Töpferscheibe hergestellte Gefäß hat eine kleeblattförmige Öffnung, deren Ausbuchtung durch ein Sieb abgeteilt ist. Unterhalb des Randes ist der Körper konkav und nach einer starken Karinierung endet er in einem runden Fuß. Die beiden Henkel befinden sich zwischen der Karinierung und dem Hals unterhalb des Randes. Über der Karinierung sind zwei Dreiergruppen von parallelen Ritzlinien als Verzierung angebracht.

Von der Osten 1937, 138–190, Abb. 201

70

> Einhenkliger Krug

Eskiyapar
Althethitische Zeit
Hellbrauner Ton mit rotem Überzug, glänzend poliert
Höhe 29,5 cm, Durchmesser 18,2 cm, Randdurchmesser 7,2 cm
Ankara Anadolu Medeniyetleri Müzesi
Inv.-Nr. 165-83-69
Grabungsnr. Esy. 83/69

Der auf der Töpferscheibe hergestellte Krug hat einen langen schlanken Hals, eine runde Schulter und einen sich zum gerundeten Boden hin verjüngenden Körper. Der Henkel hat einen runden Querschnitt und verbindet den oberen Teil des Halses mit der Schulter.

T. Özgüç 1999a, 6, Taf. 17

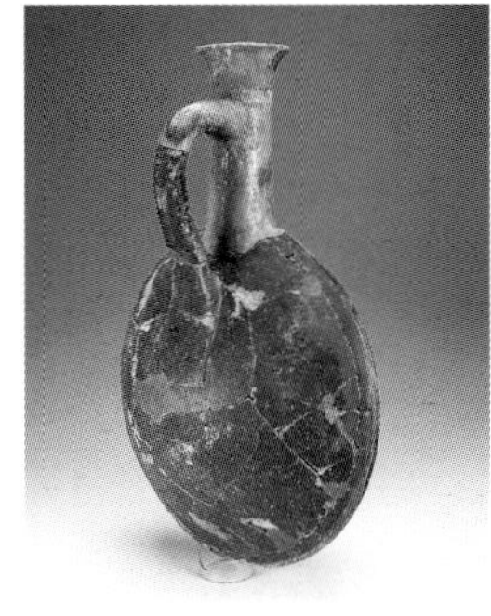

71

> Linsenflasche

İnandık
Althethitische Zeit
Beigefarbener Ton, auf der einen Seite mit grauem, auf der anderen Seite, am Hals und am Oberteil des Henkels mit rotem Überzug, poliert
Höhe 54,5 cm, Breite 37,3 cm
Ankara Anadolu Medeniyetleri Müzesi
Inv.-Nr. 72-59-66
Grabungsnr. I.k. 59/66

Die auf der Töpferscheibe hergestellte Flasche hat einen linsenförmigen Körper und einen langen, zylindrischen Hals mit sich ausbiegendem Rand. Der Henkel verbindet Hals und Schulter. Das Gefäß ist rußgeschwärzt, was mit seiner Funktion zusammenhängen könnte.

Diese Flasche kann als eines der qualitätvollsten Kultobjekte gelten, die in den Tempeln verwendet wurden.

T. Özgüç 1988, 80, Taf. 28,2a–b

72

> Schnabelkanne

Tokat
Althethitische Zeit
Hellbrauner Ton mit rotbraunem Überzug
Höhe 30 cm, Breite 11 cm
İstanbul Eski şark Eserleri Müzesi
Inv.-Nr. 12890
Grabungsnr. –

Diese auf der Töpferscheibe hergestellte Kanne hat einen bogenförmigen, wie ein Raubvogelschnabel geformten Ausguß. Dort, wo der lange, nach unten weiter werdende zylindrische Hals auf den Körper trifft, sieht man einen Kranz von Punkten. Die Schulter bildet zwei ausgeprägte Spitzen. Der flache Körper verjüngt sich nach unten und endet in einer stumpfen Spitze. Der Henkel mit rundem Querschnitt sitzt zwischen Rand und Schulter, der ganze Körper ist mit eingeprägten Kreisen verziert.

Die Kanne wurde wahrscheinlich bei Kulthandlungen verwendet und hat eine für Schnabelkannen – eine wichtige Klasse der althethitischen Keramik – sehr typische Form.

Sümer 1953, 38–40, Abb. 35–38

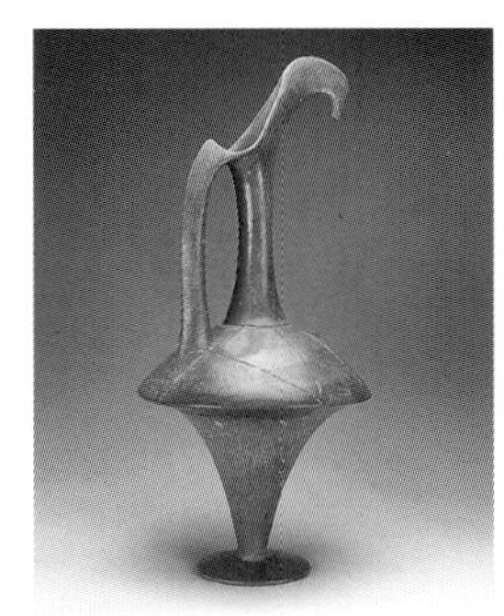

73

> Schnabelkanne

Ferzant
Althethitische Zeit
Beigefarbener Ton mit rotem Überzug, glänzend poliert
Höhe 50 cm, Durchmesser 22,5 cm
Ankara Anadolu Medeniyetleri Müzesi
Inv.-Nr. 4-10-68
Grabungsnr. –

Die Kanne ist gekennzeichnet durch einen langen, zylindrischen Hals, der in einem sehr hoch sitzenden Schnabelausguß mit nach unten hängender Spitze endet. Der Henkel mit dreieckigem Querschnitt führt vom Rand zur Schulter. Der Bauch ist mit zwei dreieckigen Knubben verziert, und unterhalb der Karinierung ist seine Wandung konkav. Der trichterförmige Fuß ruht auf einer kreisrunden Platte.

T. Özgüç 1986c, 393–402; T. Özgüç 1988, 138, Taf. 23,3a

74

> Ringförmiges Gefäß

Boğazköy/Ḫattusa, Unterstadt III
Althethitische Zeit
Hellbrauner Ton mit rotbraunem Überzug, glänzend poliert
Höhe 30 cm, Durchmesser 20 cm
Ankara Anadolu Medeniyetleri Müzesi
Inv.-Nr. 138-1-64
Grabungsnr. Bo. 373/p

Das ringförmige Gefäß steht auf einem runden Fuß. Der Henkel hat einen dreieckigen Querschnitt und verbindet Ausguß und ringförmigen Körper; der Schnabelausguß ist abgeschnitten.

Bittel 1958, 43, Abb. 43; Fischer 1963, 148, Kat.-Nr. 1080, Taf. 121

75

> Altar/Fruchtständer/Räuchergefäß

İnandık
Althethitische Zeit
Ton mit ziegelrotem Überzug, glänzend poliert
Höhe 55 cm, Breite 32 cm
Ankara Anadolu Medeniyetleri Müzesi
Inv.-Nr. 72-143-66
Grabungsnr. I.k. 170/66

Das Gefäß hat einen flachen Rand, und der Körper ist kariniert. Der Fuß erweitert sich nach unten und ist am Boden verdickt. Vier Bandhenkel verbinden den Rand mit dem Bauch. Das Gefäß ist rußgeschwärzt, was mit seiner Funktion zusammenhängen könnte.

Die tönernen Räuchergefäße und -altäre haben sich in Anatolien aus den Fruchtständern entwickelt, die eine lange Tradition haben. Bei ihnen handelt es sich um die qualitätvollsten Kultobjekte, die in den Tempeln verwendet wurden.

T. Özgüç 1988, 81, Taf. 31,1, Abb. 19

76, 77

> Zwei stierförmige Kultgefäße

İnandık
Althethitische Zeit
Ziegelfarbener Ton mit rotem Überzug, glänzend poliert
Höhe 67/62 cm, Länge 47/40 cm
Ankara Anadolu Medeniyetleri Müzesi
Inv.-Nr. 157-30-67 und 157-31-67
Grabungsnr. I.k. 30/67 und I.k. 31/67
Abb. S. 255

Der Körper und der überproportional lange Hals der Zeremonialgefäße in Stierform sind zylinderförmig. Die Läufe, deren Ansatz betont ist, sind gerade und kompakt, die Hufe sind zweigeteilt. Knie und Fersen sind als dornartige Ausbuchtungen angegeben. Unter dem geschwungenen Schwanz befindet sich ein Loch, am Nacken ein konischer Fülltrichter.

Die nach oben gebogenen Hörner sind bis zur Hälfte mit einem hellen Überzug bedeckt. Unterhalb der Hörner sind löffelförmige Ohren mit Ritzungen modelliert. Zwei parallele Linien, die unter den Ohren ansetzen und über das Maul laufen, deuten ein Halfter an. Das Maul ist in Form eines Bogens geritzt und geschlossen. Ein heller Überzug befindet sich auch auf dem Dreieck unter zwei parallelen Linien auf der Stirn und an den Augen. Die heute fehlenden Augäpfel waren aus einem anderen Material eingelegt. Die Augenlider sind als Relief wiedergegeben, die Augenbrauen in Form von Ritzlinien. Die Flüssigkeit wurde bei Kulthandlungen wahrscheinlich aus den Nasenlöchern, deren Rand verdickt ist, gegossen.

T. Özgüç 1988, 111, Taf. 60, 61, E1

78

> Kultgefäß in Form eines Stierkopfes

Eskiyapar (kein Grabungsfund)
Althethitische Zeit
Beigefarbener Ton mit bräunlichem Überzug, poliert
Höhe 7,2 cm, Durchmesser 5,4 cm
Ankara Anadolu Medeniyetleri Müzesi
Inv.-Nr. 10238a

Das Gefäß in Form eines Tierkopfes mit zylindrischem Hals und runder Öffnung wurde für Kulthandlungen verwendet. Die löffelförmigen Ohren und die Hörner bilden eine durchgehende Linie. Auf der Stirn ist eine dreieckige Vertiefung zu sehen. Die Augen sind in den Ton als Kreisformen eingeprägt und die Augenbrauen als zwei halbkreisförmige Rillen wiedergegeben. Die Nasenlöcher werden ebenfalls von zwei Rillen umrahmt. Das Maul ist als horizontale Kerbe modelliert. Zwischen den Hörnern und um den Kopf herum befinden sich dreieckige Einkerbungen in zwei Reihen. Der Hals ist mit den gleichen Einkerbungen sowie mit Zickzacklinien verziert.

Akurgal 1995, 88, Abb. 22a

79

> Kultgefäß in Form eines Stierkopfes

Eskiyapar (kein Grabungsfund)
Althethitische Zeit
Beigefarbener Ton mit bräunlichem Überzug, poliert
Höhe 7,7 cm, Durchmesser 5,3 cm
Ankara Anadolu Medeniyetleri Müzesi
Inv.-Nr. 10238b

Das Gefäß ist mit Kat.-Nr. 78 nahezu identisch.

Im Gegensatz zu diesem hat es einen Schlaufenhenkel.

Akurgal 1995, 88, Abb. 22a

80

> Kultgefäß in Form eines Katzenkopfes

Alişar

Althethitische Zeit

Grauer Ton mit dunkelgrauem und braunschwarzem Überzug, glänzend poliert

Höhe 8,9 cm, Breite 8,6 cm

Ankara Anadolu Medeniyetleri Müzesi

Inv.-Nr. 12391

Grabungsnr. e 1776

Das auf der Töpferscheibe hergestellte Kultgefäß in Form eines Katzenkopfes gibt die Gesichtszüge überdeutlich wieder. Das runde Gesicht ist außerdem durch große, konische, innen ausgehöhlte vollplastisch dargestellte Ohren gekennzeichnet. Die runden Augen und das Maul sind eingeritzt, während die kleine, schmale Nase fein modelliert ist. Nase und Maul bilden den Boden des Gefäßes. Es hat eine runde Halsöffnung und einen Horizontalhenkel, der abgebrochen ist.

Von der Osten 1937, 165, 191, Abb. 208

81

> Henkelgefäß mit widderkopfförmiger Tülle

Eskiyapar

Althethitische Zeit

Hellbrauner Ton mit rotem Überzug, poliert

Höhe 12,3 cm, Durchmesser 12,7 cm

Ankara Anadolu Medeniyetleri Müzesi

Inv.-Nr. 109-368-68

Grabungsnr. –

Das auf der Töpferscheibe hergestellte Gefäß hat einen engen Hals mit aufgebogenem Rand, einen breiten Körper mit zwei horizontal verlaufenden Knicken und einen Standring. Ein hochgezogener bandförmiger Henkel führt vom Schulterknick zum Bodenknick. Die Schulter ist mit einer Reihe von dreieckigen Öffnungen versehen. Eine als Widderkopf gestaltete Tülle entspringt am Schulterknick links neben dem Henkel. Die anliegenden Hörnern des Widders sind bis an die Schnauze geführt, durch die die Flüssigkeit ausgegossen werden konnte. Rechts und links des Widderkopfes sind Rehköpfe im Relief dargestellt.

T. Özgüç 1999a, 2, Taf. 2

82

> Gefäß mit plastischer Verzierung

Eskiyapar (kein Grabungsfund)

Althethitische Zeit

Hellbrauner Ton mit blaßrotem Überzug, sorgfältig poliert

Höhe 59,7 cm, Bauchdurchmesser 40,5 cm, Randdurchmesser 38,5 cm

Ankara Anadolu Medeniyetleri Müzesi

Inv.-Nr. 73-1-67

Das Gefäß hat einen trichterförmigen Hals mit runder Öffnung. Der ovale Körper endet in einem runden Boden. Innen, unterhalb des oberen Gefäßrandes, ist eine umlaufende Röhre angebracht. Durch eine rechteckige Öffnung kann in diese Flüssigkeit gefüllt werden, die dann aus den nach innen gerichteten Mäulern von vier auf dieser Röhre sitzenden Stierköpfen in das Gefäß fließt. Zwischen den Hörnern der Stiere sieht man eingekerbte Fischgratmuster, und auf ihrer Stirn ist ein Dreieck eingeritzt. Der Ansatz des Gefäßhalses ist mit drei umlaufenden Rillen dekoriert. Auf der Schulter sitzen symmetrisch angebracht vier Vertikalhenkel mit dreieckigem Querschnitt.

Zwischen den Henkeln befinden sich vier auf der Gefäßschulter sitzende Stierfiguren. Ihr Körper ist stilisiert im Hochrelief, der Hals und der nach außen gewandte Kopf vollplastisch wiedergegeben. Zwischen ihren Hörnern sind Reihen von Ritzlinien angebracht. Das eingeritzte Dreieck auf ihrer Stirn ist mit kurzen Ritzlinien gefüllt. Nasenlöcher und Falten im Bereich des Maules sind ebenfalls mit Linien angedeutet. Eine vom Nacken ausgehende Punktreihe verläuft hinter den Ohren und unter den Augen entlang bis auf die Nase und stellt eine Trense dar. Der im Relief dargestellte Schwanz ist ebenfalls mit einer Punktreihe dekoriert, und auf dem Körper der Stiere sind einzelne Kreise eingeprägt. Zwischen den Stieren ist jeweils ein weiterer Kreis eingeprägt, der von einem Ring aus Punkteinstichen umgeben ist. Unter den Stieren befinden sich vier mit demselben Siegel geprägte Abdrücke des »Signe Royal« (gestempeltes Zeichen).

T. Özgüç 1982b, 153, Taf. 87,3, Abb. 164 a–b; T. Özgüç 1988, 145, Taf. D,3

83

> Gefäß mit Kultszene

İnandık

Althethitische Zeit

Dunkelbrauner Ton mit Sand und organischen Bestandteilen gemagert, Überzug durch Feuereinwirkung fleckig dunkelbraun, poliert

Höhe 8,4/7 cm, Randdurchmesser 12,6 cm

Ankara Anadolu Medeniyetleri Müzesi

Inv.-Nr. 109-372-68

Grabungsnr. 372/68

Abb. S. 254

Die auf der Töpferscheibe hergestellte Henkeltasse hat einen weiten Rand, der leicht nach außen ausladt. Die Wandung ist steil, der Knick liegt tief, und der Boden hat einen Standring. Oberhalb des Knicks ist die Wandung mit horizontalen Rippen und Reihen von runden und länglichen Einstichen verziert, die sich nach innen in Form kleiner Wölbungen durchdrücken. Der vom Rand steil aufsteigende Henkel besteht aus zwei Tonwülsten.

Das Innere des Gefäßes stellt einen Kultraum dar und ist mit entsprechendem Miniaturinventar ausgestattet. Eine Göttin sitzt auf einem Schemel und lehnt an der Gefäßwand; ihr Kopf ragt über den Rand der Tasse hinaus. Auf dem Kopf trägt sie einen großen, scheibenförmigen Schmuck, dessen Rand mit nachträglich angebrachten kleinen Tonscheiben verziert ist. Die Nase endet in einer Kerbe, die den Mund angibt. Auch die großen Augen bestehen aus nachträglich angebrachten Tonscheiben. Der Hals ist kurz, und mit beiden Händen hält die Figur ihre als Relief angegebenen Brüste. Die einzeln geformten Beine sind grob modelliert und unproportional kurz. Der Göttin gegenüber steht ein Tisch mit breitem, zylindrischem Fuß. Bei dem darauf liegenden halbkreisförmigen Gegenstand dürfte es sich um einen Brotlaib handeln. Ein zweites ähnliches Objekt liegt neben der Göttin auf dem Boden, dahinter steht das Modell einer Schnabelkanne, wie sie bei Trankopfern im Rahmen von Kulthandlungen verwendet wurde.

T. Özgüç1988, 145, Taf. D,1; T. Özgüç 1999a, Taf. 6a–c

84

> Gefäßscherbe mit Reliefverzierung

Eskiyapar

Althethitische Zeit

Grauer Ton mit Glimmermagerung und grauem Überzug, poliert

Höhe 10 cm, Breite 12 cm

Ankara Anadolu Medeniyetleri Müzesi

Inv.-Nr. 121-184-82

Grabungsnr. Esy. 184-82

Auf der Gefäßscherbe ist ein liegender, im Profil nach links wiedergegebener Stier auf der Trennungslinie zwischen zwei Friesen dargestellt. Am Kopf sind alle Details dargestellt, die vier Beine sind sorgfältig modelliert.

T. Özgüç 1988, 120, Taf. 75,1

85

> Gefäßscherbe mit Reliefverzierung

Eskiyapar

Althethitische Zeit

Grauer Ton mit Glimmermagerung und grauem Überzug, poliert

Höhe 15,5 cm, Breite 13 cm

Ankara Anadolu Medeniyetleri Müzesi

Inv.-Nr. 121-184-82 c

Grabungsnr. Esy. 184-82c

Dargestellt ist ein auf einem Hirsch stehender Gott im Profil, der einen kurzen Rock mit breitem Gürtel und Schuhe mit nach oben gebogenen Spitzen trägt. Er hat lange Beine, und die Knie sind detailliert wiedergegeben. Ein Zopf hängt auf seinem Rücken bis weit über den Rocksaum hinab. An seinem linken Knie befindet sich die Begrenzungslinie des Frieses, den er überragt. Das zwölfendige Geweih des Hirsches berührt diese Linie. Ohr, Auge, Nasenloch und Maul, der schlanke Hals, Rumpf und Schulter des Tieres sind noch zu erkennen. Vor dem Gott befindet sich der Rest eines nicht identifizierbaren Objektes.

T. Özgüç 1988, 121, Taf. 76,1

86

> Fragment eines Gefäßes mit Reliefverzierung

Bitik

Althethitische Zeit

Beigefarbener Ton mit Sand- und Steingrusmagerung und rotem Überzug, glänzend poliert

Höhe 35,5 cm, Dicke 1,3 x 1,8 cm

Ankara Anadolu Medeniyetleri Müzesi

Inv.-Nr. 5671

Grabungsnr. –

Sechs Fragmente wurden zu einem Gefäß mit zylindrischem Hals und vier Henkeln rekonstruiert. Es wurde auf einer Töpferscheibe hergestellt und ist hellbeige, rot und schwarz bemalt.

Im oberen der drei Friese ist die Fassade eines Tempels oder Palastes dargestellt. Die Mauer besteht aus Holzbalken und Lehmziegeln. Rechts neben der Mauer sieht man ein Vordach und ein Fenster mit Läden. Unter dem Vordach sitzen ein Mann (links) und eine Frau auf Hockern. Der Mann trägt einen Ohrring und hat keinen Bart, aber langes Haar, das auf dem Rücken bis auf die Hüfte fällt. Seine Kleidung besteht aus einem weit geschnittenen, langen Gewand mit langen Ärmeln. Die Frau trägt ein Gewand, das sie von Kopf bis Fuß einhüllt. Beide Personen tragen rote Schnabelschuhe. Der Mann hält in der linken Hand eine Schale, mit der Rechten hebt er den Schleier vom Kopf der Frau. Außerhalb des Tempels ist der Unterkörper einer im Profil wiedergegebenen stehenden Frau mit langem Gewand und den typischen Schuhen zu erkennen.

Im mittleren Fries sind von den dargestellten sechs Männern nur zwei vollständig erhalten. Frisur und Gesicht gleichen denen des Mannes im oberen Fries. Die Männer tragen kurze Tuniken und helle kurze Stiefel mit nach oben gebogenen Spitzen. Er hat die linke Hand geschlossen und den Daumen in Bethaltung nach vorn gedreht, über der Schulter trägt er eine Kanne, die an einem Band befestigt ist. Der Mann vor ihm trägt ein Gefäß mit Speisen.

Im unteren Fries sind nur die Köpfe von zwei Männern erhalten. Sie scheinen zu tanzen oder einen Kampf vorzuführen.

T. Özgüç 1957, 57–58, Taf. I–IV

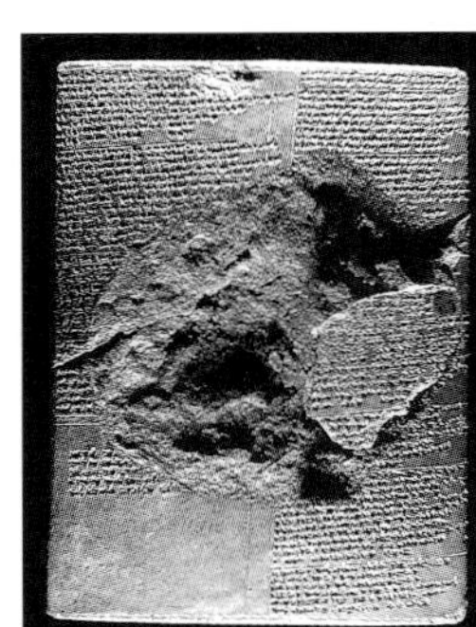

87

> Gefäß mit zwei Tüllen

Yanarlar, aus Grab 33
Althethitische Zeit
Ziegelroter Ton mit rotem Überzug, glänzend poliert
Höhe 21,5 cm, Breite 18 cm
Afyon Müzesi
Inv.-Nr. E. 7372
Grabungsnr. Yan. 76/52

Dieser auf der Töpferscheibe hergestellte Topf hat eine enge, runde Öffnung mit nach außen gezogenem, verdicktem Rand, einen kurzen, zylindrischen Hals und eine Karinierung an Bauch und Standring. Der Henkel mit ovalem Querschnitt verbindet die Schulter mit der Karinierung. Dem Henkel gegenüber sitzt eine Tülle in Form einer Antilope mit zylindrischem Hals, die den Rand des Gefäßes überragt. Die Hörner der Antilope sind mit dem Bauch des Gefäßes verbunden und bilden somit weitere Henkel. Der Kopf der Antilope ist mit eingeprägten Kreisen verziert, ihr Hals und ihre Hörner verlaufen parallel zueinander und sind mit diagonalen Ritzlinien geschmückt. Eine zweite Tülle, deren Ende abgebrochen ist, befand sich zwischen dem vertikalen Henkel und dem linken Horn.

Emre 1978, 103, Taf. XXXVII,3a–b; Istanbul 1983, 247, Kat.-Nr. A 655

88

> Statuette eines laufenden Gottes

Sivas-Şarkışla-Dövlek
(kein Grabungsfund)
Althethitische Zeit
Bronze, gegossen
Höhe 11,4 cm, Breite 4,2 cm
Ankara Anadolu Medeniyetleri Müzesi
Inv.-Nr. 8825
Abb. S. 229

Die hohe Mütze der Statuette weist an ihrem Rand zwei Hörner auf. Das Haar, das unter der Mütze hervorkommt, fällt in Dreiecksform bis auf die Taille. Das eckige Gesicht mit hohen Wangenknochen, vollem bartlosem Kinn und großer Nase wirkt ernst. Der dreieckige Oberkörper wie auch die betonten Knie und kräftigen Waden wirken athletisch. Der Gott ist laufend dargestellt, der linke Fuß nach vorn gesetzt. Der rechte angewinkelte Arm ist erhoben, und die Hand hielt vermutlich eine Waffe. Da der linke Arm ebenfalls angewinkelt und nach vorn gestreckt ist, kann man vermuten, daß hier der Augenblick eines Angriffs dargestellt ist. Die Zapfen unter den Füßen zeigen, daß die Statuette auf eine Basis montiert war.

N. Özgüç 1949, 45–51, Abb. 13, 14

89

> Keilschrifttafel

Boğazköy/Ḫattusa
Althethitische Zeit
Roter Ton
Höhe 26,5 cm, Breite 17,1 cm
Ankara Anadolu Medeniyetleri Müzesi
Inv.-Nr. 21346
Grabungsnr. 174/p + 201/p
Abb. S. 50

Auf der aus zwei Fragmenten zusammengesetzten Tafel finden sich auf der Vorderseite 48 und auf der halbseitig beschriebenen Rückseite mit einer Paragraphentrennlinie am Ende des Textes 25 Zeilen.

Im Text werden die Taten des hethitischen Königs Ḫattusili I. beschrieben.

Kbo X,1; Otten 1962, 73

90

> Keilschrifttafel

Boğazköy/Ḫattusa
Althethitische Zeit
Roter Ton
Höhe 26,5 cm, Breite 19,5 cm
Ankara Anadolu Medeniyetleri Müzesi
Inv.-Nr. 11510 und 14146
Grabungsnr. 1781/c + 1817/c
Abb. S. 46

Auf der Vorder- und Rückseite befinden sich jeweils zwei Spalten. Auf der Vorderseite stehen mit zweimal 65 Zeilen insgesamt 130, auf der Rückseite 93 Zeilen. Auf der Rückseite befindet sich unter der letzten Zeile ein Kolophon, d. h. eine Zusammenfassung des gesamten Textes.

Wie auch der Anfang der ersten Spalte erklärt, wird hier von dem religiösen Fest berichtet, das in der Stadt Lavazantiya für den Gott Teššup und die Göttin Hepat gefeiert wurde.

Kbo XXI,34

91

> Landschenkungsurkunde

Boğazköy/Ḫattusa

Althethitische Zeit

Heller ziegelfarbener Ton

Höhe 8 cm, Breite 5,7 cm

Boğazköy Müzesi

Inv.-Nr. 1-746-90

Grabungsnr. Bo. 90/750

Abb. S. 88

Auf der gewölbten Vorderseite dieser rechteckigen Landschenkungsurkunde befindet sich, gerahmt von einer Ritzlinie, der Abdruck eines anonymen Tabarnasiegels. Im Zentrum des Siegelabdrucks befindet sich, wiederum von einer Linie gerahmt, eine achtblättrige Rosette, daneben das Lebenssymbol und ein Dreieck. Gerahmt wird das Siegel von einer umlaufenden zweizeiligen Keilschriftlegende.

Die Rückseite ist flach.

Neve 1992, 60, Abb. 163, unterste Reihe, 3. von links

92

> Landschenkungsurkunde

Boğazköy/Ḫattusa

Althethitische Zeit

Grauer Ton

Höhe 8,8 cm, Breite 7,2 cm

Boğazköy Müzesi

Inv.-Nr. 1-724-90

Grabungsnr. Bo. 90/728

Diese rechteckige Landschenkungsurkunde ist bei einem Brand grau geworden. In der Mitte der gewölbten Vorderseite befindet sich der Abdruck des Siegels des Königs Ḫantili II., in dessen Zentrum eine achtblättrige Rosette sitzt. Den Abdruck rahmt eine umlaufende zweizeilige Keilschriftlegende. Außerhalb des Abdrucks ist die Schrift in drei Paragraphen angeordnet.

Auf der flachen Rückseite der Urkunde befinden sich – von zwei Linien getrennt – zwei Paragraphen. Am unteren Rand der Umrandung ist ein Schnurloch.

Rüster 1993, 63

93

> Landschenkungsurkunde

Boğazköy/Ḫattusa

Althethitische Zeit

Hellbrauner Ton

Höhe 10,5 cm, Breite 8 cm

Boğazköy Müzesi

Inv.-Nr. 1-754-90

Grabungsnr. Bo. 90/758

Bei diesem Stück handelt es sich um eine typische, im mittelhethitischen Duktus geschriebene Landschenkungsurkunde. Auf der gewölbten Vorderseite sieht man 16, auf der Rückseite 14 Zeilen. Auf der Vorderseite befindet sich in der Mitte der Abdruck des Stempelsiegels des hethitischen Großkönigs Ḫantili II., in dessen Zentrum eine achtblättrige Rosette mit einem rahmenden Kreis. Gerahmt wird das Siegel von einer umlaufenden zweizeiligen Keilschriftlegende.

Außerhalb der quadratischen Umrahmung des Siegelabdrucks sind auf Vorder- und Rückseite je drei Paragraphen durch Linien getrennt. Am unteren Rand befindet sich in der rechteckigen Umrandung ein Schnurloch.

Die Rückseite der Urkunde ist flach.

Rüster 1993, 63–70

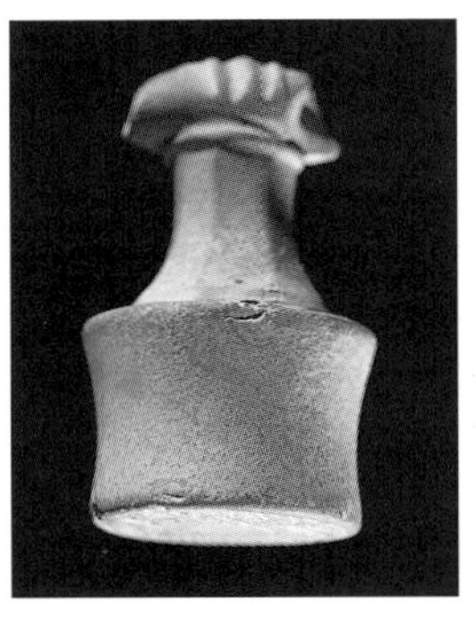

94

> Siegel

Alacahöyük

Mittelhethitische Zeit

Grünlich-schwarzer Stein

Höhe 2,7 cm, Breite 1,5 cm

Ankara Anadolu Medeniyetleri Müzesi

Inv.-Nr. 8574

Grabungsnr. Al. D. 13

Abb. S. 173

Der quaderförmige Stein ist auf vier seiner Flächen verziert. Dargestellt sind:

1 Ein nach links gewandter sitzender Gott, der eine runde Kappe mit Horn trägt. Der Stuhl ist nicht wiedergegeben, obwohl der Gott sitzend dargestellt ist. Die rechte Hand ist auf Schulterhöhe angehoben, die linke Hand ruht auf dem Knie. Die Arme sind schematisch wiedergegeben. Die Beine (ohne Füße) sind unter dem Rock zu erkennen. Vor dem Gott ist ein Altar mit konischem Fuß zu sehen. Hinter dem Altar verläuft eine vertikale Linie, über der eine Gazelle mit rückwärts gewandtem Kopf zu erkennen ist.

2 Eine nach rechts laufende Gestalt mit Menschen- oder Tierkopf, deren Körper frontal wiedergegeben ist. Das Wesen hat Flügel, trägt einen kurzen Rock und Schnabelschuhe. Vor und hinter ihm sind Hieroglyphenzeichen zu lesen: Links oben und unten jeweils ein Dreieck, das Heilssymbol, sowie andere nicht identifizierbare Zeichen.

3 Ein nach links gewandter sitzender Gott (?) mit gehörnter Spitzmütze und langem Gewand. Die linke Hand ist erhoben, in der rechten hält er ein Blitzbündel, über dem sich zwei Dreiecke befinden, eines mit horizontalen Rillen. Die Beine des Hockers sind gekreuzt. Vor dem Sitzenden steht ein Altar mit konischem Fuß.

4 Aufgrund der Abnutzung sind keine Details zu erkennen, so sind auch die Hieroglyphenzeichen neben der Gestalt sind nicht zu entziffern. Ihr Körper ist unproportioniert rund und mit Strichen verziert. Der Kopf erinnert eher an einen Vogel als an einen Menschen.

Güterbock in: Koşay 1951, 191, Taf. LXXXI, 5 a–b; T. Özgüç 1993, 485, Taf. 83, 2 a–d

95

> Stempelsiegel

İnandık, Tempelhof

Früheste Phase der althethitischen Zeit

Kalkstein

Höhe 4,4 cm, Breite 2,3 cm

Ankara Anadolu Medeniyetleri Müzesi

Inv.-Nr. 72-99-66

Grabungsnr. I.k. 112/66

Dieses Siegel mit runder Stempelfläche hat einen hammerkopfförmigen Griff mit achteckigem Querschnitt. Der Kopf ist gerillt und weist eine horizontale Bohrung auf. In der Umrandung der Siegelfläche sind neben zwei stilisierten Bäumen zwei Greifen (mit Vogelkopf, Flügeln und schmalem Löwenkörper) und eine Antilope mit Hörnern dargestellt. Die Leerräume zwischen den Figuren sind mit vegetabilen Motiven gefüllt. Die Mitte, die den Namen des Siegelinhabers tragen sollte, blieb leer, d. h. das Stück ist unvollendet.

T. Özgüç 1988, 112, Taf. 64,1 a–c

96

> **Stempelsiegel**

Bitik, Nordschnitt
Althethitische Zeit
Kalkstein
Höhe 3,2 cm, Basis 1,9 x 1,3 cm
Ankara Anadolu Medeniyetleri Müzesi
Inv.-Nr. 9381
Grabungsnr. BT. 64

Das Siegel hat einen hammerförmigen Griff, der mit drei durch tiefe Rillen voneinander getrennten Reliefbändern verziert ist. Im Griff mit achteckigem Querschnitt befindet sich eine horizontale Bohrung. Der Kopf ist mit einem Reliefband vom Griff getrennt. Die untere Stempelfläche wird von einer tiefen Rille begrenzt. Ein einfaches Zopfmuster umgibt die quadratische Fläche in der Mitte, auf der der Name des Inhabers stehen sollte, die jedoch leer blieb. Der Bereich über der Stempelfläche hat vier Flächen, die durch konkave Rinnen voneinander getrennt sind. Die vier Seitenflächen sind für unterschiedliche Darstellungen genutzt worden:

1 Auf einem Thron mit hoher Rückenlehne ist ein sitzender Gott zu sehen, der eine Kappe mit Hörnern trägt. Das Gesicht ist im Profil, der Körper frontal wiedergegeben. Der Gott trägt ein langes Gewand und Schnabelschuhe. Vor ihm steht ein konischer Altar und ein anderes konisches Objekt. Der Gott streckt die Hand zum Altar aus. Zwischen ihm und dem Altar sieht man oben einen Stern. Hinter dem Gott ist die Oberfläche erodiert, sie wurde jedoch wohl nicht vollendet.

2 In der Mitte zwei Lebenssymbole. Oben Dreieck – Stern – Dreieck, unten Stern – Dreieck.

3 In der Mitte ein Lebenssymbol. Oben Stern, unten Stern mit acht Armen. Links zwei Sterne, ein Dreieck.

4 In der Mitte zwei Lebenssymbole. Oben Dreieck – Stern – Dreieck, unten Stern – Dreieck – Stern.

T. Özgüç 1993, 468, Abb. 12a–e, Taf. 84,1a–f

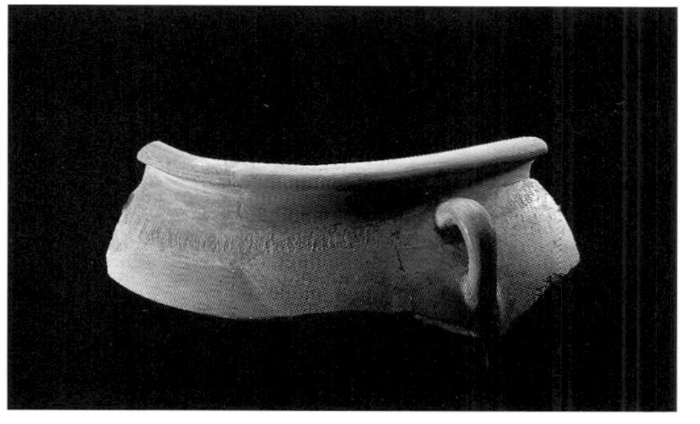

97

> **Abrollung eines Zylindersiegels auf einem Großgefäß**

Fundort unbekannt
15.–14. Jahrhundert v. Chr.
Ziegelfarbener Ton mit beigefarbenem Überzug
Höhe 17,5 cm, Breite 65 cm
İstanbul Eski şark Eserleri Müzesi
Inv.-Nr. 13078

Von diesem Großgefäß mit ausladendem, verdicktem Rand hat sich nur ein Teil von Rand und Schulter sowie einer der vier vertikalen Henkel erhalten. Oberhalb der Henkel wurde vor dem Brand ein Siegel abgerollt.

Die Darstellung auf dem Siegel wird von zwei vegetabilen Motiven gerahmt und ist durch eine Palme zweigeteilt. Links steht ein hethitischer König in Zeremoniakleidung vor dem Wettergott und bringt aus einer Schnabelkanne ein Trankopfer dar. Der Wettergott mit langem Bart, langem Haar und vorgestelltem rechtem Fuß hält sein dreizackiges Attribut in der Hand. Rechts unter der geflügelten Sonnenscheibe sieht man einen vor dem Sturmgott knienden Mann in Adorationshaltung. Der Sturmgott trägt eine spitze, gehörnte Mütze und hält sein Attribut in der rechten Hand.

Uzunoğlu 1978, 179–192

98

> **Verkohltes Getreide**

Boğazköy/Ḫattusa
Althethische Zeit, 16. Jahrhundert v. Chr.
Boğazköy Müzesi
ohne Inventarnummer

1999 wurde in Boğazköy/Ḫattusa ein teilweise verbrannter unterirdischer Getreidespeicher mit außergewöhnlichen Abmessungen ausgegraben. Hier konnten ursprünglich 7000 bis 9000 Tonnen Getreide gelagert werden. Man nimmt an, daß an dieser Stelle noch heute mehrere hundert Tonnen verkohltes Getreide begraben liegen – ein weltweit einzigartiger Fund.

Bei dem Getreide handelt es sich meist um Gerste, aber man lagerte auch Einkorn-Weizen. Zusammen mit dem Getreide gerieten auch die Samen anderer Pflanzen in den Speicher, was den Botanikern Rückschlüsse auf die damalige Landwirtschaft und die Wildflora (Ackerunkräuter) ermöglicht.

Seeher 2000a, 261–301; Seeher 2000b, 356–367

99

> Fragment eines Gefäßrandes mit einem Turmmodell

Boğazköy/Ḫattusa
Hethitische Großreichszeit
Beigefarbener Ton mit weißlichem Überzug, poliert
Höhe 12 cm, Breite 14 cm
Ankara Anadolu Medeniyetleri Müzesi
Inv.-Nr. 138-2-64
Grabungsnr. Bo. 342/p
Abb. S. 207

Bei diesem Stück handelt es sich um die Randscherbe eines großen Gefäßes. Zu erkennen sind eine Festungsmauer mit Zinnen und ein zweistöckiger Turm. Die vier schmalen Fenster, zwei vorn und zwei an den Seiten, sind länglich und offen; das im Untergeschoß befindliche fünfte Fenster ist breiter und mit einem Kreuzgitter versehen. Unter den Zinnen und dem unteren Fenster ragen die Köpfe von Holzbalken hervor.

Solche Architekturdarstellungen sind in der hethitischen Kunst sehr selten.

Bittel 1958, 31, Abb. 34a–b; Fischer 1963, 148, Kat.-Nr. 1080, Taf. 121

100

> Kultgefäß in Armform (Libationsarm)

Eskiyapar
Hethitische Großreichszeit
Rot-orangefarbener, feiner Ton mit rot-orangefarbenem Überzug, poliert
Länge 67 cm, Durchmesser 7,2 cm
Ankara Anadolu Medeniyetleri Müzesi
Inv.-Nr. 165-11-69
Grabungsnr. Esy. 11/69

Es handelt sich um ein Gefäß in Armform, das bei Kulthandlungen für Libationen (Trankopfer) verwendet wurde. Die Öffnung ist als Schale mit einfachem Rand geformt, die von einer Hand gehalten wird. Der Daumennagel ist sehr deutlich wiedergegeben. Die Nägel von Mittel- und Zeigefinger sind ebenfalls zu erkennen, die der anderen Finger sind erodiert. Das Handgelenk ist mit fünf Reliefbändern verziert. Der lange Arm, der sich nach unten erweitert, endet in einem Ringboden.

Unpubliziert. Publikations- und Abbildungsrechte vorbehalten.

Emre 1966, 99–153, Taf. XXXV,4; N. Özgüç 1966, 29–52, Taf.XII,2

101

> Reliefverzierte Schale

Kastamonu, Devrekani, Kinik Köyü, Kulaksizlar Baraji
Hethitische Großreichszeit
Bronze
Höhe 6,4 cm, Durchmesser 18,7 cm
Kastamonu Müzesi
Inv.-Nr. 946
Grabungsnr. –
Abb. S. 231

Die halbkugelförmige Schale mit runder Öffnung hat einen einfachen, stegartig erhöhten Rand. Außen ist die Fläche durch vier 2 Millimeter breite, erhabene Bänder in drei Friese unterteilt. Die Verzierungen sind von außen als Hochrelief, von Innen als Relief zu sehen. Das runde Feld am Boden (Durchmesser 3,8 cm) ist mit einer fünfzehnblättrigen Rosette geschmückt. Im unteren Fries (2,4 cm breit) sind in drei Gruppen Greifen mit erhobenen gebogenen Schwänzen jeweils links und rechts eines Lebensbaumes wiedergegeben. Auf dem mittleren Fries (2,7 cm breit) sieht man zwei Jäger, einen Kampf zwischen Stieren und Löwen sowie einen Baum mit fünf Ästen. Die Jäger tragen Kappen, kurze, kurzärmlige Gewänder und Schnabelschuhe. In ihren Gürteln stecken gebogene Dolche mit halbmondförmigem Griff. Der Jäger vor dem Baum hat den rechten Arm erhoben. In der Linken hält er eine Lanze, mit der er das vor ihm stehende Schwein ersticht. Der andere Jäger bohrt die Lanze, die er mit beiden Händen umgreift, in den Körper des Hirsches. In der Mitte sieht man einen Stier mit gesenktem Kopf, links einen brüllenden Löwen in Angriffshaltung. Auch der rechte Löwe steht im Begriff, den Stier von hinten anzugreifen. In der rechts folgenden Szene ist ein auf den Hinterläufen aufgerichteter Stier mit gesenktem Haupt und vor der Brust des Löwen befindlichen Hörnern wiedergegeben; der Löwe versucht, dem Stier in den Hals zu beißen. In der letzten Szene richtet der Jäger seine Waffe direkt auf den Hirsch vor ihm. Hinter dem Jäger befinden sich zwei brüllende Löwen, die mit gekreuzten Vorderpranken auf den Hinterläufen stehen. Das einhenklige Gefäß zwischen dem Baum und dem Jäger, die Rosette zwischen dem Jäger und dem Schwein

und der Blumenstrauß über dem Wildschwein sind Füllmotive.

Der abschließende Fries, der direkt unter dem Rand sitzt und deshalb das längste Bildfeld bietet, ist auch der breiteste. Hier findet sich die größte Motivvielfalt. Das Thema ist erneut die Jagd. Am Anfang sieht man einen stilisierten Lebensbaum, davor steht ein Mann mit einer Kappe. Er trägt ein kurzärmliges Hemd, einen kurzen Rock und Schnabelschuhe. Am Gürtel sieht man einen Krummdolch mit halbmondförmigem Knauf. Der Mann hat das Halfter des vor ihm stehenden Hirsches um seine Taille gebunden (Abb. S. 231). Hirsche, die sich seinem gezähmten Tier nähern, wird er mit seinem Pfeil töten. Diese Tiere sind in zwei Reihen übereinander dargestellt. Neben den Hirschen sind im Hintergrund auch zahlreiche Bergziegen wiedergegeben. Der Hirsch, der vor dem zahmen Hirsch steht, ist noch unverletzt, der hinter ihm ist bereits von einem Pfeil getroffen; er hat sein Kopf nach hinten gewandt und ist kurz vor dem Zusammenbrechen. Ein anderer Hirsch ist in die Brust getroffen und in die Knie gebrochen. Der ihm folgende Hirsch liegt im Hintergrund auf dem Rücken. Ein weiterer Hirsch ist ebenfalls im Rücken getroffen und hat den Kopf nach hinten gewandt. Der Hirsch vor ihm liegt mit gespreizten Hinterbeinen und herabhängendem Kopf. Über den ersten fünf Hirschen sieht man die auf dem Rücken liegende Hirsche. Auf die Hirschgruppe folgen die Bergziegen. Die springende Bergziege ist in die Brust getroffen und wird gleich umfallen. Tote Bergziegen liegen in verschiedenen Positionen und Höhen. Dahinter befinden sich weitere tote und sich bewegende Bergziegen. Zwischen den Tieren sind Rosetten und, vor allem zwischen den Bergziegen, Blumen als Füllmotive eingesetzt worden.

In den freien Streifen zwischen Rand und oberem Fries ist über den gejagten Hirschen eine Inschrift in hethitischen Hieroglyphen eingeritzt.

Emre/Çınaroğlu 1993, 675, Abb. 23; Czichon 1995, 5–12

102

> Kultgefäß in Form eines Stierkopfes

Kastamonu, Devrekani, Kinik Köyü, Kulaksizlar Baraji

Hethitische Großreichszeit

Bronze

Höhe 12,5 cm, Breite 14 cm

Kastamonu Müzesi

Inv.-Nr. 939

Grabungsnr. –

Abb. S. 231

Ein Stierkopf bildet das aus einem Metallblech hergestellte Gefäß mit ovaler Öffnung. Das Halfter am Hals fehlt teilweise. Zwei Niete, ein Nietloch für das Halfter und zwei für den Henkel sind erhalten. Die Ohren und die Hörner wurden separat hergestellt und an den Kopf genietet. Das rechte Horn fehlt, der Niet ist noch vorhanden. Die Spitze des linken Horns ist abgebrochen. Ein Wulst zwischen den Ohren und Hörnern deutet die Stirnfalte an. Unterhalb der vorquellenden Augen sind die mandelförmigen Wangen und der Nasenbereich mit kurzen Linien verziert. Das Maul ist als gebogene Linie wiedergegeben. Der flache Bandhenkel trägt drei Rillen und hat abgerundete, freistehende Enden.

Emre/Çınaroğlu 1993, 677, Taf. 129,1 a–b

103

> Henkelbecher

Kastamonu, Devrekani, Kinik Köyü, Kulaksizlar Baraji

Hethitische Großreichszeit

Bronze

Höhe 8/9,2 cm, Durchmesser des Bauches 7,4 cm, Durchmesser des Randes 6,4 cm

Kastamonu Müzesi

Inv.-Nr. 950

Grabungsnr. –

Der Bronzebecher mit weiter Öffnung und leicht ausladendem Rand hat einen konisch-zylindrischen Hals, einen scharfen Schulterknick, einen halbkugelförmigen Körper und einen abgeflachten, leicht gerundeten Boden. Der flache, bandförmige Henkel hat verbreiterte, abgerundete Enden; oben ist er mit zwei Nieten unter dem Rand, unten mit fünf Nieten an der breitesten Stelle des Körpers befestigt. Neben dem Henkel ist außen am Hals mit sechs Nieten eine Blechplatte mit sechs Fortsätzen befestigt

Emre/Çınaroğlu 1993, 680, Taf. 131,1, Abb. 8

104

> Dreifuß

Kastamonu, Devrekani, Kinik Köyü, Kulaksizlar Baraji

Hethitische Großreichszeit

Bronze

Höhe 8,7 cm, Durchmesser 8,2 cm

Kastamonu Müzesi

Inv.-Nr. 951

Grabungsnr. –

Ein flaches Band verbindet drei nach außen gebogene Füße. Zwischen den Beinen sind in regelmäßigen Abständen drei Stierprotome angebracht.

Emre/Çınaroğlu 1993, 679, Abb. 130,1

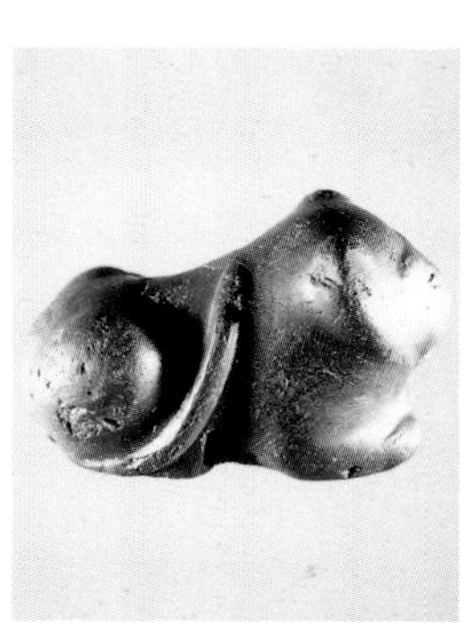

105

> Gewicht in Form eines Löwen

Boğazköy/Ḫattusa

Hethitische Großreichszeit

Hämatit

Höhe 5,3 cm, Länge 8,5 cm

Boğazköy Müzesi

Inv.-Nr. 1-113-85

Grabungsnr. Bo. 85/110

Dargestellt ist ein Löwe, der auf seinen Pfoten liegt. Das dreieckige Gesicht, die Ohren und die buschigen Augenbrauen sind im Relief angegeben. Die Nase steht unter den in der Mitte zusammenlaufenden Augenbrauen hervor, und das Maul ist bogenförmig. Die Knie der angewinkelten Vorderläufe und das Gesäß sind betont. Der Schwanz windet sich über den Körper bis zum Nacken.

Unpubliziert. Publikations- und Abbildungsrechte vorbehalten.

106

> Löwenkopf

Boğazköy/Ḫattusa
Hethitische Großreichszeit
Gabbro-artiges Gestein
Höhe 36 cm, Breite 39 cm, Tiefe 46 cm
Boğazköy Müzesi
Inv.-Nr. 1-29-87
Grabungsnr. Bo. 87/25
Abb. S. 138

Die rechte Gesichtshälfte dieses Kopfes einer Löwenskulptur wurde im Feuer zerstört. Die linke Seite ist gut erhalten und zeigt eine naturalistische Darstellung von Ohr, Mähne und Maul mit Zähnen. Die Augen waren aus einem anderen Material gefertigt und separat eingesetzt.

Neve 1992b, Abb. 112

107

> Wasserspeier in Form eines Stieres

Boğazköy/Ḫattusa, Oberflächenfund zwischen Derbent und Kayalıboğaz
Hethitische Großreichszeit
Kalkstein
Höhe 90,7 cm, Breite 76,5 cm, Tiefe 54 cm
Boğazköy Müzesi
Inv.-Nr. 1-542-85

Der in etwa prismenförmige Steinblock trägt auf der Vorderseite die Darstellung eines knienden Stiers in Frontalansicht. Die Hörner des Stiers werden durch den oberen Rand des Blockes gebildet. Die Ohren sind innen mit rillenförmigen Längsstreifen versehen. Die Augen sind oval, die Nase halbmondförmig gebogen. Auf den Wangen verlaufen jeweils vier Rillen bis zu den Ohren. Die Öffnung im Maul ist kreisrund und bildet das Ende einer Röhre, die mit einer kleinen, beckenförmig erweiterten Rinne auf der Rückseite des Blockes verbunden ist. Die Wamme des Stieres ist zickzackförmig als Relief angegeben, die Knie sind deutlich ausgearbeitet.

Die drei anderen Seiten des Blockes sind nur grob zurechtgeschlagen.

108

> Anhänger in Form eines Buckelrindes

Boğazköy/Ḫattusa, Unterstadt
14.–13. Jahrhundert v. Chr.
Silber
Höhe 2,6 cm, Länge 2,4 cm
Boğazköy Müzesi
Inv.-Nr. 1-83-66
Grabungsnr. Bo. 217/p

Auf dem Rücken dieses auf einer Standplatte angebrachten Buckelrindes befindet sich eine kreisförmige Schlaufe. Die Hörner und die Ohren direkt darunter sowie die vorquellenden großen Augen sind im Relief wiedergegeben. Im Nacken sieht man einen Buckel. Die Wamme hängt stegartig bis zu den Beinen. Der Körper ist sehr naturalistisch wiedergegeben, die Beine sind detailliert ausgearbeitet und stehen dicht nebeneinander auf der Platte. Der Schwanz hängt über die Hinterläufe.

Statuetten, vor allem Stiere, symbolisieren Götter. Die als Amulette getragenen Statuetten, darunter dieses silberne Exemplar aus Boğazköy, zeigen das hohe Niveau der hethitischen Kunst.

Bittel 1958, 21, Abb. 19; Bittel 1976, 158, Abb. 179; Darga 1992, 105

109

> Statuette eines liegenden Stieres

Alacahöyük
Hethitische Großreichszeit
Bronze, gegossen
Höhe 6,2 cm, Länge 8,2 cm
Ankara Anadolu Medeniyetleri Müzesi
Inv.-Nr. 5685
Grabungsnr. Al. b/11
Abb. S. 227

Dargestellt ist ein liegender Stier mit nach links gewandtem, leicht erhobenem Kopf. Die Stirn ist oval und mit den zur Seite gedrehten Hörnern und Ohren in einer durchgehenden Linie geformt. Die ovalen Augen und die Nasenlöcher sind ausgearbeitet, die Wamme als Falte modelliert. Auf dem Rücken ist ein dreieckiger Buckel angedeutet. Alle Läufe sind angewinkelt, nur der rechte vordere steht vertikal auf dem Boden.

Der sehr naturalistisch wirkende Stier wurde in Gußtechnik hergestellt und ist innen hohl. Das Innere wurde später mit Blei gefüllt. In Ägypten und im östlichen Mittelmeerraum wurden im späten 2. Jahrtausend v. Chr. häufig Gewichte in Menschen- oder Tiergestalt verwendet.

Emre 1993b, 241, Taf. 24,4–6.8; Koşay 1951, Taf. LXVII,67

110

> Statuette eines liegenden Stieres

Alacahöyük
Hethitische Großreichszeit
Bronze, gegossen
Höhe 6,3 cm, Länge 8,1 cm
Ankara Anadolu Medeniyetleri Müzesi
Inv.-Nr. 5686
Grabungsnr. Al. b/12
Abb. S. 227

Dargestellt ist ein liegender junger Stier mit nach rechts gewandtem Kopf. Die Stirn ist oval und mit den zur Seite gedrehten, leicht gebogenen Hörnern und Ohren in einer durchgehenden Linie geformt. Augen, Nase, Maul und Kinn sind ausgearbeitet, die Wamme als Falte modelliert. Alle Läufe sind angewinkelt, der linke hintere befindet sich wie der Schwanz unter dem Körper. Der linke Vorderlauf steht vertikal auf dem Boden. Die Form der Muskeln harmoniert mit der Körperbewegung, und man hat den Eindruck, als sei der Stier im Begriff aufzustehen und horche mit leicht erhobenem Kopf.

Der sehr naturalistisch wirkende Stier wurde in Gußtechnik hergestellt und ist innen hohl.

Emre 1993b, 241, Taf. 24,1–3.7; Koşay 1951, 127, Taf. LXVII,7

111

> Statuette einer sitzenden Göttin

Alacahöyük
Hethitische Großreichszeit
Bronze, gegossen
Höhe 10,5 cm, Breite 5,1 cm
Ankara Anadolu Medeniyetleri Müzesi
Inv.-Nr. 5684
Grabungsnr. Al. B/10
Abb. S. 175

Die Göttin sitzt auf einem Thron ohne Rückenlehne. Es handelt sich jedoch nicht um einen einfachen Block, denn die Armlehnen sind angedeutet, und hinten sieht man drei Reliefbänder. Die Beine des Thrones haben die Form von Tierläufen mit Hufen. Angedeutet sind vermutlich Stierläufe.

Die große scheibenförmige Kopfbedeckung, die über die Schultern hinausragt, läßt die Ohren frei, bedeckt das Haar und endet über den Augenbrauen. Diese Scheibe weist strahlenförmig angeordnete Ritzlinien auf, woraus man schließen kann, daß es sich hier um die Sonnengöttin handelt. Das Gesicht zeigt volle Wangen, große, mandelförmige Augen und eine sehr große Nase. Der Mund ist eine flache Vertiefung. Der Hals ist kurz, die Schultern sind rund und die Arme angewinkelt. Das eng anliegende Gewand bedeckt die großen runden Brüste, betont die Knie und läßt die Fußgelenke frei. Vor dem Thron ruhen die zusammengestellten Füße in spitzen Schuhen auf einer Bank.

Unten am Thron befindet sich ein Zapfen zur Befestigung der Statuette in einer Basis.

Emre 1993b, 235, Taf. 23,1–2; Koşay 1951, 24, Taf. LXVII,1a–b

112

> Statuette einer sitzenden Göttin

Boğazköy/Ḫattusa, Tempel 8
Hethitische Großreichszeit
Bronze
Höhe 5,7 cm, Breite 2,6 cm
Boğazköy Müzesi
Inv.-Nr. 1-21-84
Grabungsnr. Bo. 84/22

Der Kopf der Göttin, die auf einem würfelförmigen Hocker sitzt, ist nach hinten geneigt. Möglicherweise trägt sie eine Kopfbedeckung. Die Haare sind zu beiden Seiten des Kopfes hochgesteckt. Die Details des Gesichts wie Augen, Nase und Mund sind nur grob angedeutet. Der kurze Hals ist nur auf der Vorderseite ausgearbeitet, hinten gehen Kopf und Körper ineinander über. Der linke, angewinkelte Arm trifft den nach vorn gestreckten rechten Arm in Brusthöhe; die Hände sind nicht angegeben. Die Taille ist als Rinne ausgearbeitet. Das lange Gewand, unter dem man die Füße erkennt, bedeckt die Beine, die als dreieckiger Block wiedergegeben sind.

Neve 1985, 335, Abb. 13a–b

113

> Göttertrias

Boğazköy/Ḫattusa, Tempel 20
Hethitische Großreichszeit
Elfenbein, geschnitzt
Höhe 3,7 cm, Breite 3,7 cm
Boğazköy Müzesi
Inv.-Nr. 1-164-84
Grabungsnr. Bo. 84/169
Abb. S. 244

Die Göttertrias ist auf einer Plattform stehend wiedergegeben, der mittlere, von Göttern gerahmte Stiermensch ist unter einer Sonnenscheibe dargestellt. Charakterisiert ist er durch die langen gebogenen Hörner, die bis an die Nase reichen, eine hervortretende Stirn und eine lange Nase. Die Augenhöhlen sind angegeben. Außer den nach vorn gestreckten Armen sind keine weiteren Körperdetails zu sehen.

Die links und rechts neben dem Stiermenschen stehenden Götter ähneln einander: Spitze Mützen, große vorquellende Augen, große Höckernasen, volle Wangen und überproportional große Ohren kennzeichnen sie. Die Haare hängen als Zopf bis zu den Fersen. Die nach vorn gestreckten Arme sind angewinkelt und die Hände in Brusthöhe zusammengelegt. Beide tragen einen nach links gebogenen Krummstab (Lituus). Ihre Röcke werden zum Saum hin weiter, die Rillen auf den Röcken könnten eine Verzierung darstellen.

Neve 1992b, 29, Abb. 81

114

> Statuette eines tanzenden Gottes

Boğazköy/Ḫattusa, Oberstadt, Tempel 7
Hethitische Großreichszeit
Elfenbein
Höhe 5,8 cm, Breite 3,3 cm
Boğazköy Müzesi
Inv.-Nr. 1-166-82
Grabungsnr. Bo. 82/170
Abb. S. 111

Dargestellt ist ein tanzender Kriegsgott, der einen Helm mit drei Hörnerpaaren trägt. Das Haar, das an beiden Seiten unter dem Helm hervorkommt, bildet vorn auf den Schultern Hathorlocken. Das ovale Gesicht mit der schmalen Stirn und Pagenfrisur ist außerdem gekennzeichnet durch große Augen mit eingetiefter Iris, Augenbrauen, die über der breiten Nase zusammenlaufen, und einen geschlossenen Mund. Der Gürtel mit Ritzlinien hält den Dolch. Der enge Wickelrock ist mit tiefen Rillen verziert, und vorn ist die vertikale Kante mit einem Saum angegeben. Die seitlich ausgestreckten Arme und die gekreuzten Beine vermitteln eindringlich die Bewegung der Figur.

Darga 1992, 110; Neve 1992b, 29, Abb. 82

115

> Statuette eines Berggottes

Boğazköy/Ḫattusa, Dreschplatz
Hethitische Großreichszeit
Elfenbein
Höhe 3,6 cm, Basis 1,4 cm
Ankara Anadolu Medeniyetleri Müzesi
Inv.-Nr. 136-1-64
Grabungsnr. Bo. 387/n
Abb. S. 245

Der Gott trägt eine Spitzmütze mit Hörnern. Die Gesichtszüge – große, mandelförmige Augen in tiefen Höhlen, spitze Nase, kleiner geschlossener Mund und langer Bart – sind sehr sorgfältig wiedergegeben. An den überproportional großen Ohren sieht man Ohrringe. Der Gott trägt langes Haar, das hinten zu einem Dreieck zusammengebunden ist. Die Arme, von denen der rechte teilweise abgebrochen ist, sind angewinkelt, die Hände vor dem Gesicht zusammengelegt. Der Oberkörper ist nackt und der konische Rock mit Schuppen verziert, die Berge symbolisieren.

Das kleine Loch an der Unterseite könnte zur Befestigung gedient haben.

Vermutlich befand sich die Figur in der Hand einer großen Statue.

Bittel 1976, Abb. 248; Darga 1992, 110, Abb. 111

116

> Statuette eines stehenden Gottes

Boğazköy/Ḫattusa, Tempel 4
Hethitische Großreichszeit
Bronze
Höhe 4 cm, Breite 1,5 cm
Boğazköy Müzesi
Inv.-Nr. 1-545-84
Grabungsnr. Bo. 84/563
Abb. S. 229

Die Statuette eines stehenden Gottes ist auf einer Standplatte angebracht, unter der sich ein Zapfen befindet. Auf seinem Rükken erkennt man eine Schlaufe.

Die hohe, spitze Mütze endet in einem T-förmigem Aufsatz, und auf der Stirn ist ein wulstförmiges Band zu erkennen. Große vorquellende Augen, eine spitze Nase und auffällige Ohren kennzeichnen das volle Gesicht des Gottes. Der Bart hängt in Dreiecksform bis auf die Brust. Die vom Körper gelösten Arme an den breiten, runden Schultern sind angewinkelt, und die Hände liegen in Brusthöhe zusammen. Ein Krummstab (oder Dolch) lehnt an der rechten Schulter. Der lange Mantel wird in der Taille enger und hängt säulenartig bis auf die Standfläche.

Neve 1985, 348, Abb. 26; Neve 1992b, 29, Abb. 228

117

> Anhänger in Form einer sitzenden Göttin

Boğazköy/Ḫattusa, Kayalıboğaz
Hethitische Großreichszeit
Gold, gegossen
Höhe 1,8 cm, Breite 0,9 cm
Ankara Anadolu Medeniyetleri Müzesi
Inv.-Nr. 13164
Grabungsnr. Bo. 70/L
Abb. S. 53

Die auf einer leicht geneigten Basis auf einem Thron ohne Rückenlehne sitzende Figur wird als Göttin gedeutet. Auf der Rückseite erkennt man, daß der Thron halbmondförmig ist und Armlehnen hat. Die Details der Figur sind ziseliert. Auf dem Kopf trägt die Göttin eine Kappe, und die langen Haare hängen bis auf den Rücken. Das Gesicht ist geprägt durch eine große Höckernase. An den Ohren sind Ohrringe zu sehen. In der rechten Hand hält sie eine große Schale. Das Gewand betont die Knie und läßt die Füße mit Schnabelschuhen frei.

Mit Hilfe der genieteten Schlaufe auf dem Rücken konnte man die Statuette mit einer Schnur oder Kette um den Hals tragen. Sie diente wohl als Amulett und ist die Kopie einer Großplastik.

Bittel 1976, Abb. 171

118

> Schutzgott der Wildflur

Alacahöyük
Hethitische Großreichszeit
Goldblech
Höhe 2,9 cm, Breite 1,2 cm
Alacahöyük Müzesi
Inv.-Nr. 1-16-81
Grabungsnr. Al.Kk. 16.18
Abb. S. 175

Diese Blechummantelung für eine Statuette wurde wahrscheinlich gegossen und war auf einen Kern genietet. Aus welchem Material dieser bestand, ist nicht bekannt. Aus den hethitischen Schriftquellen kennt man Kultstatuen, die mit Gold und Silber ummantelt waren. Bei diesem Stück haben zwei kleine Löcher seitlich des Kopfes zur Befestigung gedient.

Der obere Teil des Kopfes ist verloren; deshalb kann man nicht erkennen, ob eine Kopfbedeckung vorhanden war. Das Gesicht ist charakterisiert durch große Augen, und unter den in der Mitte zusammenlaufenden Augenbrauen steht die Nase spitz vor. Die Nase und die linke Wange sind eingedrückt. Die Lippen sind wulstig aufgeworfen, das Kinn und der Hals breit. Die Arme an den runden Schultern sind angewinkelt, und die Hände mit den durch Ritzlinien angedeuteten Fingern liegen am Körper. Auf der linken Hand trägt die Figur einen Vogel (Adler), in der rechten hält sie einen Krummstab (Lituus). Das lange, langärmlige Gewand hat einen V-förmigen Ausschnitt, jedoch keinen Gürtel. Der Rocksaum ist durch ein Band angedeutet. Weil das Blech am unteren Rand abgerissen ist, kann man über die Füße oder eine Standfläche keine Aussagen machen.

Diese Figur ist ein interessantes Beispiel für die Darstellung des Schutzgottes der Wiesen, den man aus der hethitischen Kunst und Religion kennt.

T. Özgüç 1993, 487, Taf. 84,2a–b

119

> Statuette eines schreitenden Mannes

Angeblich in der Nähe von Sidon/Libanon gefunden, Ankauf 1913
14./13. Jahrhundert v. Chr.
Bronze
Höhe 14,7 cm
Staatliche Museen zu Berlin – Preußischer Kulturbesitz, Vorderasiatisches Museum
Inv.-Nr. VA 4853

Die schreitende Figur mit vorgesetztem linken Bein trägt einen kurzen, eng am Körper anliegenden Schurz mit Fransensaum, der in der Taille von einem Gürtel mit Verschluß zusammengehalten wird. Beide Arme waren einzeln gearbeitet und mittels kleiner Stifte von der Rückseite im Bereich der Schulterblätter angestückt. Der linke Arm der Figur fehlt, der angewinkelte rechte ist nach vorne geführt. Die rechte Hand umfaßte einen heute verlorenen Gegenstand, nach Vergleich mit verwandten Darstellungen wahrscheinlich eine Axt. Die Füße, die unten in den Zapfen für eine Aufsockelung enden, stecken in bis über die Knöchel reichenden glatten Stiefeln.

Die Figur weist mehrere Schlitze auf (beidseitig Schulter bis zum Hals, linke Hüfte, beide Beine hinten), in denen Reste von Goldblech stecken. Diese Spuren belegen, daß die Bronzefigur völlig mit einer Goldfolie plattiert war. Der Bereich des Kopfes oberhalb der Stirn war separat gearbeitet und angesetzt. In der Mitte der oben auf dem Kopf glatt abschließenden Fläche findet sich ein kleines Stiftloch für die Montage des fehlenden oberen Abschlusses, bei dem es sich nach Vergleichsstücken um eine Kappe/Helm oder eine hohe spitze Mütze gehandelt haben dürfte. Die Augen waren einst eingelegt.

Trotz der bescheidenen Maße ist die Figur sehr sorgfältig ausgearbeitet. Die Details – winzige runde Ohrstecker, Halsschmuck als ziselierte Doppellinie, Angabe von Körperdetails wie die winzigen Brustwarzen, Kniescheibe und Wadenmuskeln, feine Schraffur am Fransensaum des Schurzes –, die Modellierung insbesondere des Gesichtes, die technisch aufwendige Fertigung aus mehreren Teilen sowie die Goldplattierung belegen die besondere Bedeutung des Dargestellten, bei dem es sich um einen Herrscher oder eine Gottheit gehandelt haben wird.

Bittel 1976a, 227, Abb. 262; Seeden 1980, 113f., Nr. 1740, Abb. Taf. 105

120

> Statuette eines schreitenden Gottes

Karaman (Mut?) (kein Grabungsfund)
Hethitische Großreichszeit
Bronze, gegossen
Höhe 7,5 cm, Breite 2,7 cm
Karaman Müzesi
Inv.-Nr. 2626
Abb. S. 229

Bei dieser Götterfigur ist der linke Fuß ist wie in Angriffsstellung vor- und der rechte zurückgesetzt. Der Gott trägt eine hohe Spitzmütze mit fünf Wülsten auf der Vorderseite, deren Rand durch einen umlaufenden Wulst angedeutet ist. Die Haare schauen hinten in Dreiecksform unter der Kopfbedeckung hervor und reichen bis über die Taille. Die Augenbrauen sind erhaben wiedergegeben, die Nase, der eingetiefte Mund und die vollen Wangen naturalistisch ausgearbeitet. Die Ohren wirken überproportional groß. Das enge Gewand hat einen V-förmigen Ausschnitt und einen kurzen Rock. Der rechte Arm ist angewinkelt, die Hand, in der wahrscheinlich eine Waffe steckte, ist hoch erhoben. Der linke Arm ist nach vorn gestreckt; er hielt wohl einen Schild.

Aydal 1987, 15–17; Özgüç 1993, 491–492, Taf. 1a–d

121

> Statuette eines stehenden Gottes

Amasya (Zara-Doğantepe) (kein Grabungsfund)
Hethitische Großreichszeit
Bronze, gegossen
Höhe 21,5 cm, Breite 5,8 cm
Amasya Müzesi
Inv.-Nr. A.64-1-1

Die Figur trägt eine spitze Mütze mit verdicktem Rand. Die über der Nase zusammenlaufenden Augenbrauen sind erhaben wiedergegeben, die großen Augen als Vertiefungen (möglicherweise waren sie ursprünglich aus anderem Material eingelegt), auffällig groß sind die Ohren. Im Nacken an der Spitzmütze verläuft eine vertikale, flache Rille, die zu beiden Seiten des Nackens unter den Armen bis zum Rocksaum führt. Das Gewand mit V-förmigem Ausschnitt hat auf dem Oberkörper unter der Brust eine Falte. Der Gürtel ist als Band mit erhabenen Rändern und konvexen Enden wiedergegeben und wurde wahrscheinlich von einer Schnalle zusammengehalten. Der enge Rock ist mit Ritzlinien verziert, der Rocksaum hinten mit Zickzacklinien. Wie die Löcher deutlich machen, waren die heute fehlenden Arme und Beine an den Körper angenietet.

Alp 1961/62, 217–243, Taf. 23–28

122

> Statuette eines stehenden Gottes

Hocalar – Ahurhisar (Ahur Dagi) (kein Grabungsfund)
13. Jahrhundert v. Chr.
Bronze
Höhe 31,5 cm, Breite 13,5 cm
Afyon Müzesi
Inv.-Nr. E 10393
Abb. S. 229

Die stehende Figur stellt das linke Bein vor. Sie trägt eine runde Kappe mit einem Band um den Rand. Die Stirn ist breit und flach. An der Spitze der linken Augenbraue kann man erkennen, daß die Brauen über der Nase zusammenliefen, die Lider über den mandelförmigen Augen sind angedeutet. Die Nase ist erodiert, die Lippen des geschlossenen, kleinen Mundes sind voll. Die erodierten Ohren waren wohl recht groß. Der Steg unter dem rechten Ohr könnte ein Ohrring oder ein Hörnerpaar gewesen sein. Das runde Gesicht wirkt weich und jugendlich. Ein leises Lächeln ist zu erkennen. Der kurze, breite Hals sitzt auf breiten Schultern und diese auf einem dreieckigen Oberkörper, dessen Brustmuskeln sorgfältig ausgearbeitet sind.

Eine V-förmige Linie deutet an, daß die Figur bekleidet ist. Das Hemd ist durch den Gürtel mit dem Rock verbunden. Der mit erhabenen Rändern verzierte schnallenlose Gürtel ist nur vorn und an den Seiten wiedergegeben. Von der Mitte des Gürtels hängt ein Band schräg bis auf die Knie. Der kurze Rock ist eng. An der Rückseite der Beine erkennt man an den Nietspuren, wie die Beine am Körper befestigt waren. Der linke Arm hing wohl herab und war leicht nach vorn gestreckt, der rechte Arm ebenfalls. Auf der Rückseite sind keine Details angegeben, vielleicht blieb das Stück unvollendet. Unterhalb der Kappe, hinter und vor den Ohren, auf dem Rücken vom Hals bis zum Rocksaum, über den Schultern, an den Achseln und vom Bauch bis zum Rocksaum sind Rillen zu erkennen. Sie machen deutlich, daß die Figur aus verschiedenen Einzelelementen zusammengesetzt wurde. Spuren von Gold in der Rille auf der Kappe sowie andere Indizien weisen darauf hin, daß die Figur vergoldet war. Die Oberfläche ist erodiert. Da die Figur innen mit Blei gefüllt wurde, ist sie recht schwer. Dargestellt ist wohl ein mächtiger Gott des hethitischen Pantheons.

İlaslı 1993, 301–308, Taf. 55–58

123

> Plakette mit Mischwesen

Alacahöyük

Hethitische Großreichszeit

Bronze

Höhe 15,2 cm, Breite 6,8 cm

Ankara Anadolu Medeniyetleri Müzesi

Inv.-Nr. 6242

Grabungsnr. Al B/9

Abb. S. 175

Die rechteckige Platte mit unbearbeiteter Rückseite hat einen Aufsatz, auf dem undeutlich ein Stern zu erkennen ist. Darunter befindet sich als Hauptmotiv eine geflügelte Sonnenscheibe, die von zwei Stiermenschen getragen wird. Bei den bärtigen Stiermenschen sind die Köpfe und Oberkörper frontal, die Unterkörper und die Beine im Profil dargestellt. Zwischen ihnen steht ein Lebensbaum. Die Stiermenschen stehen jeweils auf einem Stier und diese auf Berggipfeln.

Der Zapfen unten macht deutlich, daß diese Tafel in einer Basis befestigt und vielleicht auch als Standarte verwendet wurde.

Das Motiv der Stiermenschen, die Symbole tragen, findet sich bereits in der Zeit der assyrischen Handelskolonien in Anatolien.

Emre 1993b, 236, Taf. 23,1; Koşay 1951, 127, Taf. LXVII, 4

124

> Stele mit der Reliefdarstellung des Schutzgottes der Fluren

Çorum-Yeniköy (kein Grabungsfund)

Hethitische Großreichszeit

14./13. Jahrhundert v. Chr.

Steatit

Höhe 6,3 cm, Breite 4,9 cm

Ankara Anadolu Medeniyetleri Müzesi

Inv.-Nr. 12467

Abb. S. 223

Auf der oben abgerundeten, stelenartigen Reliefplatte ist der Schutzgott der Fluren auf einem Hirsch stehend dargestellt. Er trägt eine gehörnte Spitzmütze mit vertikalen Rillen. Während Kopf und Beine mit den Schnabelschuhen im Profil zu sehen sind, ist der Körper frontal wiedergegeben. Der Gott trägt ein kurzes, enges, kurzärmliges Gewand, und am Gürtel ist ein halbmondförmiger Schwertgriff zu erkennen. Auf der rechten Hand hält er einen Vogel, mit der linken umfaßt er einen Krummstab (Lituus), der gegen die Schulter lehnt. Bei dem Hirsch sind Details von Kopf, Geweih und Hufen wiedergegeben. Die Muskeln des Vorderlaufes sind in Form einer Rille angedeutet.

Arık 1937, 26, Abb. 36

125

> Orthostat mit der Reliefdarstellung eines Großkönigs

Boğazköy/Ḫattusa, Tempel 5

Hethitische Großreichszeit

Kalkstein

Höhe 91,1 cm, Breite 78,5 cm

Boğazköy Müzesi

Inv.-Nr. 1-541-85

Grabungsnr. Bo. 85/540

Abb. S. 138

Die fast quadratische Fläche des Orthostaten ist mit einer männlichen, nach rechts schreitenden Figur im Hochrelief geschmückt. Die spitze Mütze mit vier Hörnerpaaren macht deutlich, daß es sich um einen Gott handelt: Es ist ein toter König, der den Götterstatus erlangt hat.

Das im Profil wiedergegebene eckige Gesicht ist gekennzeichnet durch Augen, die mit Doppellinien umrahmt sind, eine Nase in der Flucht der Stirnlinie, volle Wangen und schmale Lippen. Ein großer Ohrring ist deutlich am großen Ohr zu sehen. Der Oberkörper der Figur ist frontal wiedergegeben. Über dem kurzen Rock sitzt ein Gürtel mit zwei Kerben. Mit der rechten Hand umfaßt der Gott eine Lanze, die an der Schulter ruht. Über der linken Hand steht in hethitischen Hieroglyphen »Großkönig Tutḫalija« geschrieben. An beiden Händen sind die Finger ausgearbeitet. Der Rocksaum und die Kante des Wickelrocks sind mit Ritzlinien verziert. Über den Schnabelschuhen ist an den Beinen die sorgfältig ausgearbeitete Muskulatur zu erkennen.

Neve 1986, 395, Abb. 29 a–b; Darga 1992, 196, Abb. 196–198; Neve 1992b, 35, Abb. 100

126

> Relief mit einem doppelköpfigen Adler

Alacahöyük, östlich vom Sphinxtor

Hethitische Großreichszeit

14. Jahrhundert v. Chr.

Original aus Stein/in der Ausstellung Gipsabguß

Höhe 126 cm, Breite 165 cm

Ankara Anadolu Medeniyetleri Müzesi

Ohne Inv.-Nr.

Ein doppelköpfiger Adler – für die Hethiter ein heiliges Tier – ist hier im Flachrelief wiedergegeben. Über ihm sieht man die Füße und das lange Gewand einer Göttin, die in der ursprünglichen Anbringung auf das Stadtinnere zuschreitet.

Die Köpfe, mit detailliert ausgearbeiteten Augen und Schnäbeln, blicken in entgegengesetzte Richtungen; der rechte Kopf berührt mit dem Schnabel den Flügel. Die beiden Hälse sind mit jeweils drei reliefierten Ringen verziert. Der unbearbeitet belassene Körper wird in der Mitte durch eine Linie geteilt, an deren unterem Ende sich ein kleiner Kreis befindet. Der Schwanz verbreitert sich nach unten, und seine drei horizontalen Abschnitte sind mit vertikalen Linien schraffiert. Die Flügel sind ebenfalls in drei Abschnitte gegliedert, die – wie beim Schwanz – die Struktur des Federkleides andeuten. Unter den Flügeln sieht man die weit gespreizten Beine, und in den Fängen hält der Adler zwei Hasen mit eingezogenem Kopf. Bei dem besser erhaltenen linken sind die Details von Kopf und Beinmuskulatur sowie der kleine Schwanz zu erkennen.

Koşay/Akok 1966, 124

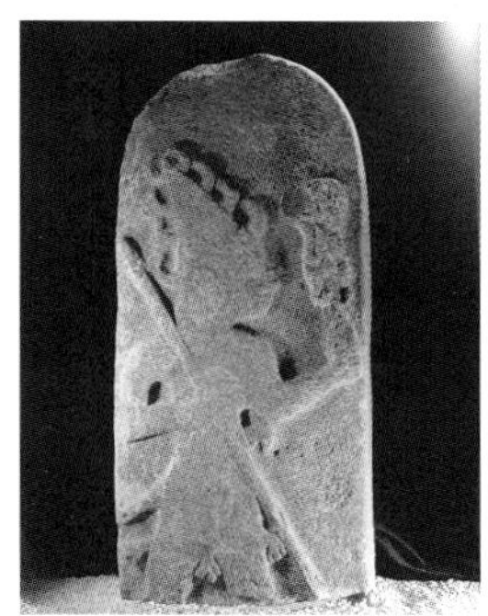

127

> Stele mit der Reliefdarstellung eines Gottes

Gaziantep, Akacaköy, Cagdin, südöstlich von Gaziantep
Hethitische Großreichszeit
Basalt
Höhe 140 cm, Breite 62,5 cm
Adana Müzesi
Inv.-Nr. 1982
Grabungsnr. –
Abb. S. 299

Das obere Ende der Stele ist abgerundet, das untere gebrochen. Vor sorgfältig geglättetem Hintergrund steht im Relief ein junger Gott. Der Kopf ist im Profil nach rechts wiedergegeben, der Körper bis in Kniehöhe frontal. Vier Hörnerpaare sitzen auf der Spitzmütze über den feinen Gesichtszügen. Der Nasenrücken fluchtet mit der Stirnlinie, die Augenbrauen sind mit Ritzlinien angedeutet. Ein großer Ohrring schmückt das Ohr, und den Hals ein Band mit einem Anhänger. Auf dem kurzen Rock sieht man eine strahlen- oder blattförmige Verzierung. Am Rocksaum hängen in der Mitte und zu beiden Seiten Troddeln. Die linke Schulter und der Arm sind kräftiger als die rechte Seite dargestellt. Der rechte Arm ist angewinkelt, die Hand hält eine Lanze, der linke ist nach vorn gestreckt; über der Faust ist in hethitischen Hieroglyphen »Wettergott« zu lesen. Die Finger sind sorgfältig ausgearbeitet. Die Spitze des Schwertes mit halbmondförmigem Knauf hat drei Zacken.

Bittel 1976, Abb. 207

128

> Keilschrifttafel

Boğazköy/Ḫattusa
Hethitische Großreichszeit, 13. Jahrhundert v. Chr.
Original aus Bronze/in der Ausstellung Kopie aus Kunstharz
Höhe 35 cm, Breite 23,5 cm, Gewicht des Originals 5 kg
Ankara Anadolu Medeniyetleri Müzesi
Inv.-Nr. 166-1-86
Grabungsnr. Bo. 86/299

Die rechteckige Bronzetafel ist mit eingeschlagenen Keilschriftzeichen beschriftet. An einer Schmalseite finden sich zwei kreisrunde Löcher, durch die ursprünglich Bronzeketten mit jeweils 13 Gliedern geführt waren. An ihnen waren Siegelplomben oder -kapseln zur Beglaubigung des Textes auf der Tafel angebracht. Auf beiden Seiten sind je zwei Kolumnen zu erkennen: Auf der Vorderseite hat Kolumne 1 101, Kolumne 2 102 Zeilen; auf der Rückseite hat Kolumne 3 98 und Kolumne 4 51 Zeilen. Zwei vertikale Linien trennen die Kolumnen und einfache horizontale Striche die Absätze.

Wichtige Verträge wurden bei den Hethitern auf Metalltafeln aus Bronze oder Silber fixiert. Dies ist das bislang einzige gefundene Beispiel für ein solches Schriftstück. Der Inhalt ist ein in hethitischer Sprache abgefaßter Staatsvertrag zwischen dem Großkönig Tudḫalija IV. von Ḫattusa und dem König Kurunta von Tarḫuntassa – ersterer war der Sohn von Ḫattusili III., der durch die Absetzung von Kuruntas älterem Bruder Mursili III./Urḫitesup an die Macht gekommen war. Eigentlich war also Kurunta der rechtmäßige Erbe des Thrones von Ḫattusa, aber laut dem Vertragstext wurde er durch umfangreiche Zugeständnisse an der Geltendmachung seines Anspruchs gehindert. Die Grenzen seines Landes Tarḫuntassa werden großzügig festgelegt, und es wird in der Bedeutung als hethitisches Vizekönigtum Karkamis gleichgestellt. Außerdem wird Kurunta das Recht zugestanden, seinen Nachfolger selbst zu bestimmen. Am Ende des Textes folgt eine Auflistung der Zeugen des Vertrages sowie die Angabe, daß sieben Kopien der Tafel angefertigt und mit dem Siegel der Sonnengöttin von Arinna und dem des Wettergottes von Ḫatti gesiegelt worden sind und an verschiedenen Orten aufbewahrt werden.

Otten 1988

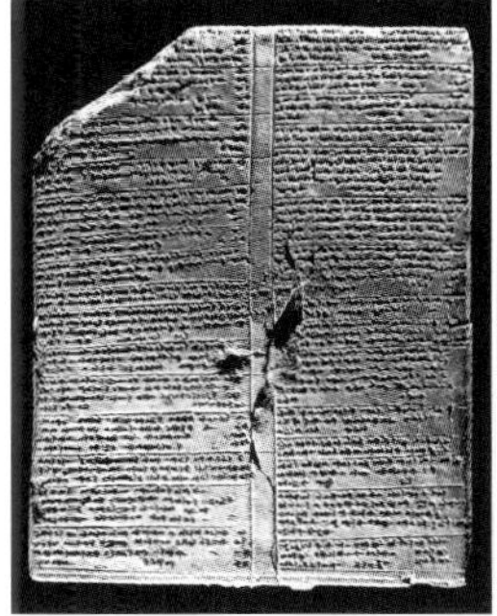

129

> Keilschrifttafel

Boğazköy/Ḫattusa
Hethitische Großreichszeit
Roter Ton
Höhe 21,5 cm, Breite 17,5 cm
Ankara Anadolu Medeniyetleri Müzesi
Inv.-Nr. 11511
Grabungsnr. 1780/c
Abb. S. 49

Auf der Vorder- und Rückseite befinden sich jeweils zwei Spalten, die obere linke Ecke ist abgebrochen. Mit 106 Zeilen auf der Vorder- und 82 Zeilen auf der Rückseite hat der Text insgesamt 188 Zeilen. Auf der Vorderseite finden sich 30, auf der Rückseite 22 Paragraphentrennlinien, von denen zwei doppelt sind.

Der Text beschreibt, wie der die königlichen Symbole und Titel erhaltende König den Palast mit Erlaubnis der Götter bauen ließ; das Fest am Anfang der Bautätigkeit; die symbolischen Kulthandlungen für das Wohl der königlichen Familie; wie die Bäume, die für den Palast verwendet werden sollten, gefällt wurden und wie den Beschützern religiöser Rat gegeben wurde für die Genehmigung, die Bäume zu fällen.

KUB XXIX, 1

130

> Keilschrifttafel

Boğazköy/Ḫattusa (der untere Teil aus der Grabung von 1950, der obere 1988 angekauft)
Hethitische Großreichszeit, 13. Jahrhundert v. Chr.
Zwei Fragmente, dunkelgrauer Ton
Höhe 15,2 cm, Breite 9,7 cm
Ankara Anadolu Medeniyetleri Müzesi
Inv.-Nr. 136-1-88
Grabungsnr. 335/o

Auf der Vorderseite befinden sich 27, auf der Rückseite 4 Zeilen. Es handelt sich um den akkadischen Brief von Naptera, der Frau des ägyptischen Königs Ramses II. (Regierung 1290–1224 v. Chr.), an Puduḫeba, die Frau Ḫattusilis III. Auf dieser Tafel, die wichtige Informationen über die politischen Kontakte zwischen den beiden Staaten gibt, ist von guten Beziehungen und von gegenseitigen Geschenken die Rede. Am Anfang dieses und anderer Briefe werden die Namen der Absender und Empfänger angegeben. Im zweiten Teil schickt der Absender dem Haus, der Familie, den Adeligen, dem Militär und dem Land seine besten Wünsche und erklärt, daß es ihm selbst auch gut gehe. Im dritten Teil kommt man zum eigentlichen Thema.

»Also spricht Naptera, die Großkönigin von Ägypten, zu Puduḫeba, der Großkönigin von Ḫatti, meiner Schwester. Mir, Deiner Schwester, geht es gut. Meinem Land geht es gut. Dir, meiner Schwester, möge es gutgehen, Deinem Land möge es gutgehen! Nun habe ich gehört, daß meine Schwester zu mir geschickt hat, um sich nach meinem Befinden zu erkundigen, und daß sie auch schickt zu mir wegen des Verhältnisses des günstigen Friedens und wegen des Verhältnisses der schönen Brüderschaft, (die) der Großkönig, der König von Ägypten, in seinem Innern mit dem Großkönige, dem König von Ḫatti, seinem Bruder, (geschlossen hat).

Der Sonnengott und der Wettergott erheben Dein Haupt, und der Sonnengott schenkt zur Verschönerung Frieden und günstige Brüderschaft für den Großkönig, den König von Ägypten, mit dem Großkönige, dem Könige von Ḫatti, seinem Bruder, auf ewig. Und ich bin in Frieden und verschwestert mit meiner Schwester - ich ebenfalls.«

Ün 1989, 3–7; Istanbul 1993, 108, Kat.-Nr. A 141; Edel 1994, Bd. I, 40f., Taf. XXff.; Alp 1997, 16–18

131

> Keilschrifttafel

Boğazköy/Ḫattusa
Hethitische Großreichszeit
Gebrannter Ton
Höhe 27 cm, Breite 19 cm, Tiefe 4,3 cm
İstanbul Eski şark Eserleri Müzesi
Fundnr. Bo. 2001
Grabungsnr. –

Aus mehreren Fragmenten zusammengesetzt, ist der Text (jeweils zwei Spalten mit 58 und 57 bzw. 55 und 43 Zeilen auf Vorder- und Rückseite) jedoch vollständig lesbar. Die Hethiter glaubten, daß alles Übel durch rituelle Reinigung vertrieben werden kann, und so erklären sich die zahlreichen Riten und Opfer für die Götter. In diesem Text wird berichtet, daß bei einer Geburt das Bein eines Gebärstuhls brach, weil »die Gebärende kultisch nicht rein war und die Götter verärgert hat«. Die Gründe für diesen Zorn werden in einem Ritual erforscht, und man opfert den erzürnten Göttern. »Folgendermaßen (spricht) Papanikri, der *patili*-Priester vom Lande Kummanni: Wenn eine Frau sich im Gebärgestell befindet und die Wanne des Gebärgestells beschädigt oder ein Pflock zerbrochen wird, und wenn nun die Frau noch nicht niederkommt, so bleibt sie ebendort drinnen, das Bretterwerk (?) baut man wieder auf. Sie ist nun nicht mehr (kultisch) rein. Der *patili*-Priester nimmt nun das Gebärgestell hoch, auch die Utensilien, die darin sind, nimmt er hoch. Wenn er dies zum Tor hinaustransportiert, dann bringt er vor dem Tor einen Vogel der Gottheit Alitapara als Brandopfer dar, einen Vogel aber bringt er den Gottheiten der Stadt als Brandopfer dar. Dann bringt er das Gebärgestell und die Utensilien zum Īnapī, er stellt diese an dem andern Platze ringsherum hin, dann kommt die Frau ebendarin nieder, und der *patili*-Priester spricht zur Frau folgendermaßen: ›Erfrage nun durch Orakelspruch, was Dir im *karimmi*-Hause zur Störung (???) geworden ist.‹

Nun läßt sie die Orakelanfrage erfolgen, und wenn irgendeine Gottheit sich als erzürnt (?) erweist, so bringt er ihr ein Gußopfer dar, dann fertigt er zwei Wannen eines Gebärgestells an, und als Bedeckung für sie fertigt er zwei Wannen an, auch vier Pflöcke fertigt er an.« – Es folgt die ausführliche Beschreibung weiterer Sühneopfer und eines Opfermahls.

Sommer/Ehelof 1924, 1–77; Istanbul 1993, 105, Abb. 135; KBo V, 1

132

> Keilschrifttafelfragmente

Boğazköy/Ḫattusa
Hethitische Großreichszeit, 13. Jahrhundert v. Chr.
Original aus Ton/in der Ausstellung Gipsabguß
Höhe 13,8 cm, Breite 17,6 cm
İstanbul Eski şark Eserleri Müzesi
Inv.-Nr. Bo. 10.403-6549-6674
Abb. S. 49

In der damaligen Diplomatensprache Akkadisch beschriftete, fragmentarisch erhaltene Keilschrifttafel mit dem Text des Friedensvertrages zwischen Pharao Ramses II. von Ägypten und Großkönig Ḫattusili III. von Ḫattusa. Der Vertrag wurde im 21. Regierungsjahr Ramses' II. geschlossen und wird häufig auch – fälschlich – als »Kadesch-Vertrag« bezeichnet. Der Originaltext stand auf einer Silbertafel und ist bislang nicht gefunden worden. An den Wänden des Tempels von Karnak und im Ramesseum in Luxor finden sich ägyptische Fassungen in Hieroglyphenschrift.

Nach einleitenden umfangreichen Freundschaftserklärungen werden in diesem ältesten bekannten paritätischen Staatsvertrag folgende Punkte aufgeführt: Ein gegenseitiges Nichtangriffsversprechen, ein Defensivbündnis gegen innere und äußere Feinde, eine gegenseitige Garantieerklärung für die Thronfolge, ein Abkommen über die Auslieferung von Flüchtlingen und Flüchtlingsgruppen mit der Zusage, sie nicht zu bestrafen, eine Schwurgötterliste sowie Fluch- und Segensformeln, die die Einhaltung des Vertrages sichern sollen.

KBo I,7/KUB III,121; Weidner 1923, 112ff.; Edel 1997

133

> Modell einer Leber

Boğazköy/Ḫattusa

Hethitische Großreichszeit

Beigefarbener Ton

Höhe 13,1 cm, Breite 9,7 cm

Ankara Anadolu Medeniyetleri Müzesi

Inv.-Nr. 17451

Grabungsnr. 20/k

Abb. S. 140

Das in akkadischer Keilschrift beschriftete Lebermodell ist auf einer Seite mit einem siebenzeiligen Text versehen. Mit Hilfe solcher Tierlebermodelle und über den Vergleich mit den Organen frisch geschlachteter Opfertiere befragten die hethitischen Priester bei wichtigen Ereignissen die Götter nach ihrem Willen.

KBo VII, 5

134

> Modell einer Leber

Boğazköy/Ḫattusa

Hethitische Großreichszeit

Beigefarbener Ton

Höhe 11,4 cm, Breite 9,5 cm

Ankara Anadolu Medeniyetleri Müzesi

Inv.-Nr. 17479

Grabungsnr. 59/k

Abb. S. 141

Das in akkadischer Keilschrift beschriftete Lebermodell ist auf der einen Seite mit sechs, auf der anderen Seite mit zehn Schriftzeilen versehen. Zur Bedeutung siehe Kat.-Nr. 133.

KBo VII, 7

135

> Stele mit Hieroglypheninschrift

Boğazköy/Ḫattusa, Oberstadt

Hethitische Großreichszeit

Höhe 114 cm, Breite 55 cm

Boğazköy Müzesi

Inv.-Nr. 1-698-83

Grabungsnr. Bo. 83/1010

Die oben abgerundete Stele trägt eine dreizeilige Inschrift in hethitischen Hieroglyphen, über denen eine Flügelsonne mit nach oben gebogenen Flügeln zu sehen ist. Angegeben ist der Name und die Genealogie des Königs: Großkönig, Tabarna Tudḫalija; Sohn des Großkönigs, des tapferen Ḫattusili, Enkel des Großkönigs Mursili; danach ein weiterer Tudḫalija. Der letzte Name ist abgebrochen.

Darga 1992, 198; Neve 1992b, 34, Abb. 84–85

136

> Stempelsiegel

Fundort unbekannt

Hethitische Großreichszeit

Silber oder Silberlegierung

Höhe 2,1 cm, Breite 2,1 cm

İstanbul Eski şark Eserleri Müzesi

Inv.-Nr. 12899

Der Griff hat die Form von drei Löwenpranken. Die Krallen sind als Rillen wiedergegeben. Die drei Pranken treffen sich oben an einer kleinen zylindrischen, rohrförmigen Öse. Die Siegelfläche zeigt einen runden Fries aus zehn kleinen Dreiecken zwischen zehn kleinen Kreisen und ein Mittelfeld mit Hieroglyphenzeichen. Die Namenselemente sind (nach Laroche) L. 209 + L. 383 und noch einmal L. 209. Demnach kann der Name des Siegelbesitzers Aria, Eria, Iria oder Yar(r)i lauten, Namen, die sich auch auf anderen Urkunden finden. Links des Namens sieht man L. 370, darunter L. 438. Hierbei muß es sich um den Titel handeln, der als »Schäfer« oder »der oberste der Handwerker« gelesen werden kann. Rechts des Namens L. 370, darunter L. 186 und auch am linken Rand L. 186 könnten als Symbol oder Verzierung betrachtet werden.

Dinçol 1983, 179–180, Taf. IV

137

> Siegelring

Sivas, Kangal/Yarhisar, zwischen den Dörfern Yukarı Höyük und Aşağı Höyük gefunden

1312–1285 v. Chr., Zeit des Großkönigs Muwattalli

Gold

Breite 7 mm, Durchmesser 2,5 cm

Sivas Müzesi

Inv.-Nr. 88/5

Der Ring ist aus einem gebogenen Goldblech gearbeitet, dessen Enden sich berühren. Die ellipsoide Siegelfläche wird von einer Rille gerahmt. An den beiden Enden der Siegelfläche befindet sich jeweils ein doppelköpfiger Adler, daneben eine Schnabelkanne und darüber ein Dreieck. Im Zentrum der Darstellung steht ein Buckelrind mit separat wiedergegebenem Kopf und Extremitäten. Darüber sieht man ein Kreuz, links davon ein Dreieck. Unter dem Stier, zwischen zwei Dreiecken sowie zwischen den Beinen und der Kanne sind Hieroglyphen zu erkennen, die wahrscheinlich zu einer Legende gehören.

Ökse et al. 1992, 217–225

138

> Siegelring

Alacahöyük

Hethitische Großreichszeit

Gold

Höhe 1,9 cm, Breite 2,5 cm

Ankara Anadolu Medeniyetleri Müzesi

Inv.-Nr. 13185

Grabungsnr. Al. e. 198

Abb. S. 175

Die scheibenförmige Siegelfläche mit vier Hieroglyphenzeichen wird von einem Flechtband gerahmt. Der Name »La-la-su« und ein Lebenszeichen sind zu lesen.

Der Griff hat die Form eines Ringes mit Rillenverzierung und ist durch Nieten mit der Siegelfläche verbunden. An der Verbindungsstelle ist eine halbmondförmige Verzierung angebracht.

Koşay 1941, Taf. XI; Koşay/Akok 1966, 168

139

> Bulla

Boğazköy/Ḫattusa

Hethitische Großreichszeit

Beigefarbener Ton

Höhe 8,5 cm, Breite 7,3 cm

Boğazköy Müzesi

Inv.-Nr. 1-267-90

Grabungsnr. Bo. 270/90

Abb. S. 93

Das obere Ende der konischen Bulla ist abgebrochen. Die Schnurabdrücke sind als spiralförmige Rille zu erkennen. Auf der konkaven Siegelfläche ist unter der geflügelten Sonnenscheibe Tudḫal ja IV. in Gestalt eines Berggottes dargestellt. Zu beiden Seiten des Gottes sind Labarna- und Großkönigszeichen in Hieroglyphen wiedergegeben. Unter dem Gott sieht man Hieroglyphenzeichen: ein liegendes Bein (»tu«) und zu beiden Seiten palmettenartige Blüten (»la«), was zusammen mit dem oberen Zeichen „Labarna« zu lesen ist. Unten in der Mitte steht ein doppelköpfiger Adler mit ausgebreiteten Flügeln, gerahmt von zwei knienden Greifen mit nach außen gewandten Köpfen. Eine umlaufende Keilschriftlegende faßt die Darstellung ein.

Neve 1992, Abb. 159

140

> Bulla

Boğazköy/Ḫattusa

Hethitische Großreichszeit

Teilweise grau gewordener brauner Ton

Höhe 9 cm, Breite 5,7 cm

Boğazköy Müzesi

Inv.-Nr. 1-424-90

Grabungsnr. Bo. 427/90

Abb. S. 92

Die konische Bulla hat am oberen Ende zwei Schnurlöcher. In der Mitte des konkaven Siegelfeldes ist oben eine geflügelte Sonnenscheibe wiedergegeben, darunter sieht man einen Berggott, der seine rechte Hand ausstreckt. Unter und über der Hand kann man »Ar-nu-ta« lesen. Gemeint ist hiermit Arnuwanda III. Gerahmt wird die Darstellung von einer zweizeiligen Keilschriftlegende. Insgesamt wurde der Siegelabdruck auf der Bulla 21 Mal wiederholt.

Vgl. Neve 1992, Abb. 160

141

> Bulla

Boğazköy/Ḫattusa

Hethitische Großreichszeit

Ziegelfarbener Ton

Höhe 5,8 cm, Breite 4,4 cm

Boğazköy Müzesi

Inv.-Nr. 1-447-90

Grabungsnr. Bo. 450/90

Abb. S. 92

Die beiden Schnurösen in dieser konischen Bulla sind gebrochen. Auf der konkaven Siegeloberfläche sieht man oben eine geflügelte Sonnenscheibe; darunter steht der Wettergott auf einem vogelförmigen Wagen, der von heiligen Stieren gezogen wird. Der Gott hält in seiner erhobenen Rechten eine Keule. Mit der nach vorn gestreckten linken Hand umfaßt er die Zügel des Wagens. Über den Zügeln ist der Name des Großkönigs Mursili III. in Hieroglyphen zu lesen. Hinter dem Gott im Zentrum steht ein zweiter Gott, der Pfeil und Bogen trägt. Unter einer zweiten Sonnenscheibe unten ist noch einmal der Name des Großkönigs Mursili III. in Hieroglyphen geschrieben. Auf der konischen Fläche sind weitere Abdrücke zu erkennen.

Neve 1992, 54–55; Güterbock 1993, 113, Taf. 8,1

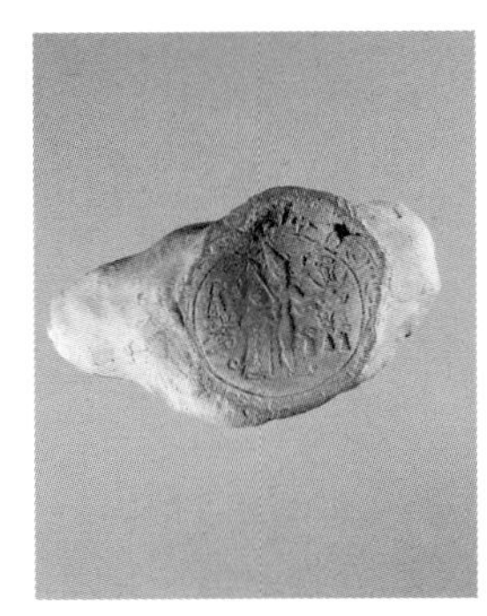

142

> Bulla

Boğazköy/Ḫattusa, aus dem Westbau nordwestlich von Nisantepe

Hethitische Großreichszeit

Beigefarbener Ton

Höhe 9,2 cm, Breite 5,3 cm

Çorum Müzesi

Inv.-Nr. 1.1025.90

Grabungsnr. 1029/90

Abb. S. 92

Auf dieser Bulla mit konischem Ende und Schnurloch sieht man zwei einander gegenüberliegende Abdrücke.

Auf dem einen sind der König und sein Schutzgott dargestellt. Seitlich der beiden Figuren sind die Namen des Gottes und des Großkönigs Muwattalli II. in Hieroglyphen geschrieben. Hinter dem König und dem ihn umarmenden Gott steht »Mu(wa)-ta-li (MAGNUS)-«, über der ausgestreckten Hand des Gottes »GRAND + W + CIEL«, darunter unter einer geflügelten Scheibe »W« und darunter dreimal das Wort Großkönig.

Auf dem zweiten Abdruck sind in der Umrahmung oben eine geflügelte Sonne, rechts die Namen des Großkönigs Urḫitesub (Mursili III.) und links die der Großkönigin Danuḫepa in Hieroglyphen wiedergegeben.

Neve 1992, Abb. 149

143

> Bulla

Lidarhöyük, Schicht VIII

Hethitische Großreichszeit

Grauer Ton

Höhe 5 cm, Breite 5,5 cm

Urfa Müzesi

Inv.-Nr. 85-157

Grabungsnr. Li. 85/157

In der Mitte des Stempelfeldes dieser konischen Bulla sieht man den nach rechts gewandten Sturmgott. Kopf und Beine sind im Profil, der Körper frontal dargestellt. Der Gott hat hohe Wangenknochen, sein Mund ist geschlossenen, und er trägt einen Bart. Das Haar bildet im Nacken einen runden Zopf. Der Gott trägt ein enganliegendes, kurzärmliges Gewand, das in der Taille gegürtet ist; im Gürtel steckt ein Dolch mit halbmondförmigem Knauf. Die Arme sind angewinkelt: die rechte Hand hält eine Waffe, der linke Arm ist nach vorn gestreckt. Der Sturmgott hat lange Beine, und seine in Schnabelschuhen steckenden Füße stehen auf den Kopfbedeckungen zweier stehender Berggötter, die nach rechts gewandt und deren Köpfe nach vorn gebeugt sind. Ihre nach vorn gestreckten Hände deuten eine Adorationshaltung an. Vor den Berggöttern befindet sich ein springender Stier.

Die Hieroglyphenzeichen sind wie Zierelemente frei über die gesamte Fläche verteilt. Die Stempelfläche wird von einer umlaufenden Keilschriftlegende gerahmt, in der der Titel und die Genealogie des Königs angegeben sind.

Die menschlichen Gestalten und die Schrift auf der Außenseite kann man nur undeutlich erkennen.

Dieses Siegel gehörte Kuzitesub, dem Sohn von Talmitesub und Enkel von Initesub.

Sürenhagen 1986, 183–190; Hawkins 1988a, 99–108

144

> Nadel mit Kopf

Boğazköy/Ḫattusa

Hethitische Großreichszeit

Bronze

Länge 9 cm, Durchmesser des Kopfes 1,1 cm

Boğazköy Müzesi

Inv.-Nr. 1-102-79

Grabungsnr. Bo. 79/112

Die gegossene Nadel mit rundem Querschnitt hat einen flachen, scheibenförmigem Kopf.

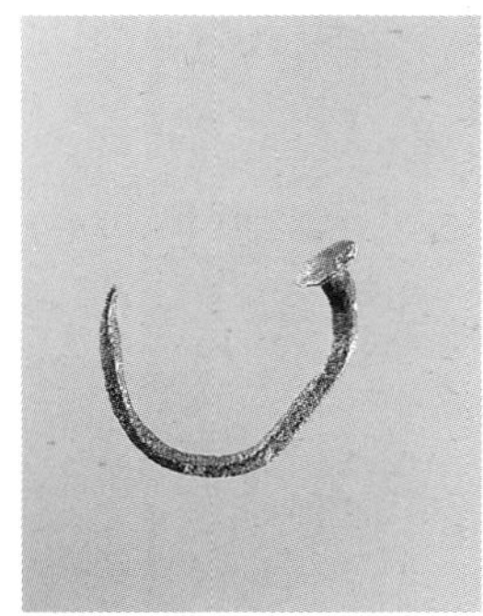

145

> Sichel

Boğazköy/Ḫattusa

Hethitische Großreichszeit

Bronze

Länge 21,4 cm, Breite 2,5 cm, Stärke 0,4 cm

Boğazköy Müzesi

Inv.-Nr. 1-144-82

Grabungsnr. Bo. 82/142

Die Sichel ist aus einem flachen, gebogenen und zum Ende hin schmaler werdenden Band gefertigt. Die Spitze ist stumpf und die Schneide scharf. Der im Querschnitt quadratische Stiel ist am Ende abgestumpft.

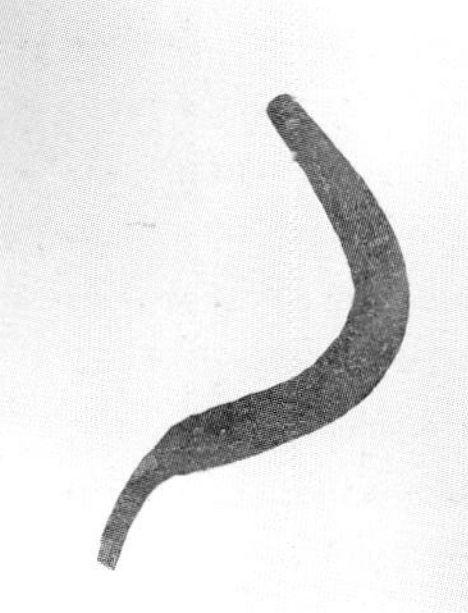

146

> Schreibgriffel

Boğazköy/Ḫattusa

Hethitische Großreichszeit (?)

Bronze

Länge 2[illegible],6 cm, Breite der Spitze 1,7 cm

Boğazköy Müzesi

Inv.-Nr. [illegible]-84-78

Grabungsnr. Bo. 78/113

Das Funktionsende dieses Griffels ist flach und fächerförmig ausgezogen mit spitzen Enden. Der Stiel hat einen runden Querschnitt und wird zum hinteren Ende hin spitz.

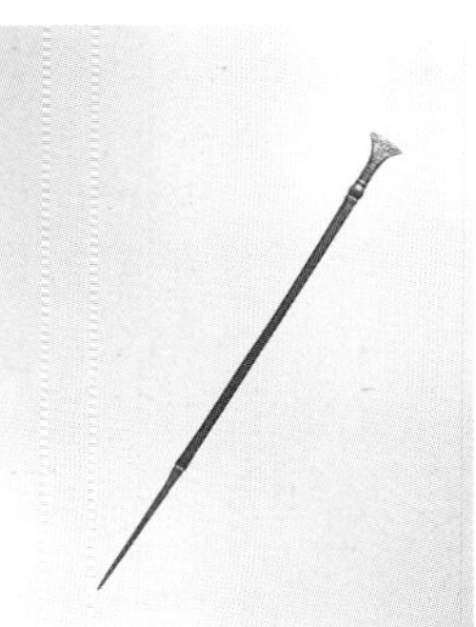

147

> Zeremonialaxt

Angeblich aus Šarkišlar/
Kappadokien, Ankauf 1956
14./13. Jahrhundert v. Chr.
Bronze
Länge 19,5 cm
Staatliche Museen zu Berlin – Preußischer Kulturbesitz, Vorderasiatisches Museum
Inv.-Nr. VA 15652
Abb. S. 225

Diese Prunkaxt gehört zum Typ der Schaftlochäxte. Der reiche Figurenschmuck und die stumpf endende Schneide der Axtklinge weisen darauf hin, daß es sich nicht um eine funktionsfähige Waffe zum Schneiden, sondern vielmehr um ein besonderes Schaustück handelt, das möglicherweise bei kultischen oder weltlichen Zeremonien verwendet worden ist. Die Mitte des Axtnackens, der sonst zumeist stachelartig ausgebildet ist, wird betont durch einen vierkantigen Zapfen, von dem sich insgesamt sechs Tierprotome – je Breitseite drei geflügelte Greifen bzw. je Schmalseite eine geflügelte Löwenfigur – nach außen wenden.
Die stumpf abgerundete Schneide läuft beidseitig in Vogelköpfen aus. Zwei weitere Protome von Flügellöwen sitzen seitlich unter dem Schaftloch und korrespondieren mit den gleichartigen Mischwesen an den Seiten des Axtnackens. Beide Seiten der Axt sind zwischen Randleisten mit identischen Darstellungen verziert (von unten nach oben): Eine bärtige Berggottheit mit spitzer Mütze stützt ein Löwenprotom, auf der eine weitere männliche Gottheit mit spitzer Mütze und langem Gewand steht, wohl der Sonnengott. Über den Schultern dieses Gottes stützen zwei kniende Vogelmenschen eine Flügelsonne, auf der die Greifprotome des Axtnackens ruhen. Die tiefe Zerklüftung zwischen den Figuren auf dem Axtnacken, Unterschneidungen sowie der Detailreichtum in der Ausführung belegen, daß die Axt im Wachsauschmelzverfahren gegossen worden ist. Ungewöhnlich ist die Metallegierung, die auch die silbrige Farbe der mit einer gleichmäßigen dunkelbraunen Patina überzogenen Axt erklären dürfte.

Bittel 1976a, 299, Abb. 341; Bittel 1976b, 19ff.

148

> Mehrfachmeißel oder Goldschmiedeamboß

Boğazköy/Ḫattusa
Hethitisch (aus hethitischem Schutt)
Bronze
Länge 10,9 cm, obere Breite 7,9 cm
Boğazköy Müzesi
Inv.-Nr. 1.147.85
Grabungsnr. Bo. 85/144

Das Gerät hat einen langen, spitz zulaufenden Fortsatz, dessen breites oberes Ende Spuren von Schlägen zeigt und krempenartig verbreitert ist. Kurz unter diesem Ende gibt es vier Fortsätze, von denen zwei kurz und stumpf sind. Der dritte Fortsatz ist flach mit rechteckigem Querschnitt, und der vierte hat einen runden Querschnitt und verjüngt sich zum Ende hin. Die ursprüngliche Vermutung, daß es sich hier um einen Mehrfachmeißel handelt, ist inzwischen durch die Annahme, daß das Gerät als Goldschmiedeamboß fungierte, relativiert worden: Mit dem langen, dornartigen Fortsatz wurde das Stück in eine hölzerne Halterung eingesetzt; die verschiedenen Fortsätze des oberen Endes dienten dann als Amboßhörner für das Formen verschiedener kleiner Objekte aus Metall.

Neve 1992b, Abb. 69

149

> Säge

Boğazköy/Ḫattusa
Hethitische Großreichszeit
Bronze
Länge 67,5 cm, Breite 12,1 cm,
Stärke 0,45 cm
Boğazköy Müzesi
Inv.-Nr. 1-146-77
Grabungsbnr. Bo. 77/146

Ein Ende des langen Sägeblattes, das zum anderen Ende hin schmaler wird, ist abgebrochen. Die Zähne sind teilweise geschärft und geschränkt (seitlich ausgebogen).

Boehmer 1979, 33, Taf. XLII, 3420 D

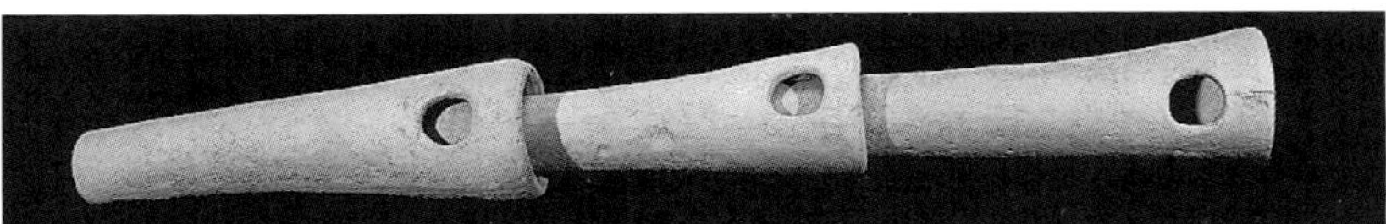

150

> Wasserleitungsrohr

Boğazköy/Ḫattusa

Hethitische Großreichszeit

Hellroter Ton

Länge 83 cm, Öffnungsdurchmesser 25 cm und 13 cm

Boğazköy Müzesi

Inv.-Nr. BO/2/78 Etüdlük

Konisch zulaufendes Rohr mit einfachen abgerundeten Rändern. Mit solchen ineinandergesteckten Rohren wurden lange Wasserleitungen konstruiert. In 6 Zentimetern Abstand vom weiteren Ende befindet sich in der Seite des Rohres eine runde Öffnung. Diese wurde mit einem Stein und Lehm verschlossen, und sie diente zur Wartung der Leitung: Durch diese Öffnungen konnte man verstopfte Abschnitte gezielt reinigen, ohne daß die gesamte Leitung aufgebrochen werden mußte.

Seeher 1999, Abb. 89

151

> Wasserleitungsrohr

Boğazköy/Ḫattusa

Hethitische Großreichszeit

Hellroter Ton

Länge 87 cm, Öffnungsdurchmesser 24 cm und 14 cm

Boğazköy Müzesi

Inv.-Nr. BO/3/78 Etüdlük

Beschreibung wie Kat.-Nr. 150.

Seeher 1999, Abb. 89

152

> Wasserleitungsrohr

Boğazköy/Ḫattusa

Hethitische Großreichszeit

Hellroter Ton

Länge 83 cm, Öffnungsdurchmesser 24 cm und 14,5 cm

Boğazköy Müzesi

Inv.-Nr. BO/1/78 Etüdlük

Beschreibung wie Kat.-Nr. 150.

Seeher 1999, Abb. 89

153

> Schwert

Boğazköy/Ḫattusa, 750 m südwestlich vom Löwentor, in Eski Örenyeri Mevkii gefunden

1430 v. Chr., Zeit Tudḫalijas II.

Bronze, gegossen

Länge 79 cm, Breite 7,5 cm

Çorum Müzesi

Inv.-Nr. 10.1.92

Grabungsnr. –

Abb. S. 296

Das breite Griffende mit vier Nietlöchern ist gehämmert. Die scharfen Kanten der Klinge bilden eine schmale Spitze. Die zentrale Rippe auf der Klinge hat einen runden Querschnitt. Rechts und links der Zentralrippe, die am Griffende ausläuft, nachdem sie sich gegabelt hat, befinden sich Nebenrippen, zwischen ihnen sieht man sogenannte »Blutrillen«.

Beide Seiten sind symmetrisch. Am Griffende sind die Kanten verdickt und enden in einer Angel. Auf einer Seite ist eine Inschrift in akkadischer Keilschrift angebracht: »*i-nu-ma* ^{m}*Du-ut-ḫa-li-ya* LUGAL.GAL KUR ^{URU} *A-aš-šu-wa ú-ḫal-liq* GÍR $^{\mathrm{HI.A}}$ *an-nu-tim a-na* ^{D}IŠKUR *be-lí-šu ú-še-li*« (»Als Großkönig Tudḫalija das Land Assuwa zerstörte, weihte er diese Schwerter, dem Wettergott, seinem Herrn«).

Ertekin/Ediz 1993, 719–725, Taf. 146–147; Neve 1993, 648, Abb. 270 b; Ünal 1993, 727–730

154

> Säulenbasis

Sakçagözu

Späthethitische Zeit

Original aus Basalt / in der Ausstellung Gipsabguß

Höhe 85 cm, Breite 90/105 cm

Ankara Anadolu Medeniyetleri Müzesi

Inv.-Nr. 10.118

Die Säulenbasis hat die Form zweier Sphingen mit Frauenköpfen und geflügelten Löwenkörpern, allerdings fehlen Kopf und Brustpartie der linken Sphinx. Auf dem Rücken tragen die Sphingen eine runde Scheibe, deren Rand mit einem Reliefband mit vertikalen, fingerförmigen Feldern versehen ist. Kopf, Vorderleib sowie Vorder- und Hinterbeine sind vollplastisch wiedergegeben, der langgestreckte Leib, schreitend dargestellt, dagegen im Hochrelief. An den Seiten des Leibes sind die Rippen zu erkennen. Der Kopf mit einem Hörnerpaar ist im Vergleich zum Körper zu groß. Das breite Gesicht ist voll, und mit der ebenmäßigen Nase und dem geschlossenen Mund macht es einen naturalistischen Eindruck; in die tiefen Augenhöhlen waren aus einem anderen Material gefertigte Augäpfel eingesetzt. Vor und hinter den Ohren fällt je ein Zopf bis auf die Brust hinunter. Sowohl die Haarlocken als auch die Büschel der Löwenmähne sind in Reihen angeordnet. Hinter der Löwenmähne sind auf dem Rücken und an den Seiten die Federreihen der angelegten Flügel dargestellt. Der Schwanz ist zwischen die Hinterbeine gelegt und hat eine büschelförmige Spitze.

Orthmann 1971, Taf. 50B

155

> Orthostat mit der Reliefdarstellung einer Löwenjagd

Malatya-Arslantepe

Späthethitische Zeit

Kalkstein

Höhe 55 cm, Breite 123 cm

Ankara Anadolu Medeniyetleri Müzesi

Inv.-Nr. 12245

Grabungsnr. –

Abb. S. 275

Auf der Vorderseite des quaderförmigen Orthostaten ist eine Jagdszene mit einem Pferdewagen dargestellt. Unten begrenzt ein schmaler Rand das Bildfeld, oben ein breiteres Band mit einer Hieroglypheninschrift. Der glatte Hintergrund ist fast ohne Freiräume mit verschiedenen Motiven gefüllt.

Die beiden Figuren links in dieser bewegten Szene sind dicht nebeneinander in einem Streitwagen stehend wiedergegeben, so daß der hintere Jäger nur teilweise zu sehen ist. Die Bewegung wird durch die unterschiedlich hoch erhobenen Schultern des Bogenschützen und durch den anderen Jäger betont, der sich nach vorn beugt. Die Verbindung der Arme mit den Schultern und die Bewegungen der Arme sind exakt wiedergegeben. Dargestellt sind die Jäger schematisch und im Profil. Die Köpfe mit den breiten Gesichtern sitzen auf einem kurzen Hals, und die Haare sind im Nacken zusammengebunden. Der Rücken der großen Nase fluchtet mit der Stirnlinie. Schmale Lippen, ein kleiner Mund und ein fliehendes Kinn prägen darüber hinaus das Gesicht. Das Gewand ist tunikaartig, mit kurzen Ärmeln und schmalem Gürtel. Die Körperproportionen sind genau erfaßt.

Eine Lanze lehnt hinten an dem Wagen mit einem sechsspeichigen Rad. Er wird von einem sehr bewegt dargestellten Pferd gezogen. Die Details auf dem glatten Körper sind mit Ritzlinien und Kerben angedeutet. Die Hinterläufe des Pferdes berühren den schmalen unteren Rahmen, die Vorderläufe stehen höher und in Schrittposition. Ein laufender Hund ist unter dem Pferd zu sehen; seine Darstellungsweise entspricht der des Pferdes. Vor dem Pferd steht ein auf den Hinterpfoten aufgerichteter Löwe. Die Mähne und die Krallen, die Art, wie er sich – in den Rücken getroffen – hoch aufbäumt und den Kopf zurückwirft, ist sehr bewegt und lebendig.

Orthmann 1971, 93–97, Taf. 42a; Darga 1992, 239, Abb. 246

156

> Reliefdarstellung eines Königs

Karkamis, in der Nähe der Prozessionsstraße, genauer Fundort unbekannt

Späthethitische Zeit

Basalt

Höhe 128 cm

Ankara Anadolu Medeniyetleri Müzesi

Inv.-Nr. 89

Grabungsnr. –

Abb. S. 271

Rechts neben einer neunzeiligen Inschrift in hethitischen Hieroglyphen steht ein König. Sein Oberkörper ist frontal, der Kopf sowie die Beine und Füße sind im Profil wiedergegeben. Die Details des Gesichtes sind deutlich zu erkennen. Der Bart ist unten gerade abgeschnitten und wie das Haar, das hinter dem Ohr in Strähnen auf die Schulter hängt, gelockt. Das kurzärmlige Gewand mit breitem Gürtel reicht bis über die Füße und hat Fransen am Saum. Am Gürtel hängt ein Schwert mit halbmondförmigem Knauf. In der rechten Hand, an deren Gelenk ein Armreifen zu erkennen ist, hält der Gott einen Stab; die linke Hand ist in Kopfhöhe erhoben. Die Füße sind nicht detailliert ausgearbeitet.

Wooley 1921, Taf. A 13d; Orthmann 1971, 516, Taf. 35g

157

> **Reliefdarstellung der Göttin Kubaba**

Karkamis, in der Nähe der großen Treppe
Späthethitische Zeit
Original aus Basalt / in der Ausstellung Gipsabdruck
Höhe 83 cm, Breite 57 cm
Ankara Anadolu Medeniyetleri Müzesi
Inv.-Nr. 103
Umschlagabbildung

Auf der Vorderseite eines fast quadratischen Steines ist die Göttin Kubaba im Profil wiedergegeben; in Brusthöhe ist die Figur abgebrochen. Am oberen Rand sieht man Reste einer Inschrift in hethitischen Hieroglyphen. Auf der glatten Oberfläche sind weiche Konturen mit runden Linien ausgearbeitet.

Ein besonderes Merkmal der Göttin ist die nach hinten geneigte Kopfbedeckung (Polos), verziert mit großen Rosetten und Perlenreihen, in Stirnhöhe ist vorn ein Horn angebracht. Ein Zopf kommt im Nacken hinter dem großen Ohr unter dem Polos hervor und rollt sich volutenförmig auf der Schulter ein. Der Schal, der vom Polos auf den Rücken fällt, das Gesicht und den Körper jedoch freiläßt, reichte ursprünglich wohl bis auf die Füße. Die großen, mandelförmigen Augen sind umrahmt, Mund und Nasenflügel mit tiefen Rillen getrennt. Die große, elegante Nase, der wohlproportionierte Mund und das zarte Kinn betonen die Erhabenheit der Göttin. Der Ausschnitt des Gewandes ist mit einer Reihe gefüllter Kreise verziert. In der rechten, nicht erhaltenen Hand hält die Göttin einen Granatapfel.

Wooley et al. 1952, 165, Taf. B 39 a; Orthmann 1971, Taf. 23 b

158

> **Orthostat mit der Reliefdarstellung eines Gottes**

Kültepe, aus den Grabungen von Hrozný
Nach der Mitte des 9. Jahrhunderts v. Chr.
Basalt
Höhe 92 cm, Breite 78 cm
Kayseri Müzesi
Inv.-Nr. 1
Grabungsnr. –

Dargestellt ist ein nach rechts schreitender Gott mit spitzer Mütze, an der vorne und hinten jeweils zwei Hörner zu sehen sind. Im oberen Bereich einer Schmalseite befindet sich ein quadratisches Loch für die Verbindung mit dem nächsten Orthostaten.

Das Gesicht des Gottes ist unvollständig erhalten: die Nase und ein Teil des Kinns sind abgebrochen. Zu erkennen ist das gelockte Barthaar und das Haupthaar, das in zwei Zöpfen auf die Schulter hängt. Die Kerben am Hals gehören wohl zur Verzierung des kurzen, gegürteten, kurzärmligen Gewandes. Mit der rechten Hand umfaßt der Gott eine Lanze, auf der Linken, von der ein toter Hase baumelt, trägt er einen Adler.

T. Özgüç 1971, 82–83, Taf. XI–XII; Bittel 1976

159

> **Stele mit der Reliefdarstellung einer Frau und eines Mannes**

Maraş
Späthethitische Zeit
Basalt
Höhe 102 cm, Breite 70 cm
Adana Müzesi
Inv.-Nr. 1756
Grabungsnr. –
Abb. S. 268

Auf einer Seite des grob zurechtgeschlagenen Blockes ist eine auf einem hohen Stuhl sitzende Frau in langem Gewand wiedergegeben. Der Kopf ist im Profil nach rechts, der Körper und die Beine im Halbprofil wiedergegeben. Sie trägt einen zylindrischen, flachen Polos, dessen unteren Rand ein mit Rosetten verziertes Band schmückt. Von dieser Kopfbedeckung fällt ein Schal mit Fransensaum herab, der die Ohren freiläßt und bis zum Saum des Gewandes reicht. Auf der Stirn liegt eine kurze Haarlocke. Eine glatte Stirn, eine große, gerade Nase, schmale Lippen, ein kleines, rundes Kinn und volle Wangen charakterisieren das Gesicht. Am mandelförmigen Auge sind die Lider und eine Umrandung im Relief ausgearbeitet. Im Ohr sieht man neben einem Ohrring mit drei Anhängern kleine ringförmige Stecker am Rand der Ohrmuschel. Um den kurzen Hals trägt die Frau eine Perlenkette. Das langärmlige Gewand wird in der Taille von einem Gürtel aus sechs horizontalen Rillen zusammengehalten, sein gefranster Saum läßt die Füße frei. An jedem Fußgelenk befinden sich sechs feine Ringe, und die Schuhe der Dargestellten haben gerundete Spitzen. Der rechte Arm ist unter dem Schal zu erkennen, was deutlich macht, wie dünn dessen Stoff ist. In der linken Hand hält die Frau eine Spindel, in der rechten einen gesponnenen Faden. Das Ende des Fadens befindet sich in einem Kasten, der vor der Frau steht. Die sichtbaren Finger der rechten Hand tragen Ringe. Ihre Füße stehen auf einer kleinen Fußbank.

Der Frau gegenüber steht ein junger Mann auf einem Podest, wahrscheinlich ihr Sohn. Der Kopf ist im Linksprofil, der Körper und die Beine im Halbprofil wiedergegeben. Der junge Mann trägt eine Kappe mit zweischichtiger Verzierung. Breite, gebogene Augenbrauen, mandelförmige, detailliert wiedergegebene Augen, große, gerade Nase, ein Mund mit schmalen Lippen, ein glattes Kinn und kleine Ohren kennzeichnen sein Gesicht. Das Haar, das hinten unter der Kappe hervorkommt, dreht sich in einer Volute nach außen. Der Saum des engen, langen Gewandes ist mit Fransen besetzt, die Taille hält ein breiter Gürtel. Die Fersen der Sandalen reichen bis zum Fußgelenk. In der rechten Hand hält er einen Stift, in der linken eine Schreibtafel. Zwischen den beiden Figuren steht ein Tisch mit Lebensmitteln.

Orthmann 1971, Taf. 47f, 74f; Darga 1992, 318, Abb. 304; Istanbul 1993, 114, Kat.-Nr. A 153

160

> **Stele mit der Reliefdarstellung eines Mannes und einer Frau**

Maraş, Yörük Selim Mahallesi

(in situ)

Späthethitische Zeit

Basalt

Höhe 105 cm, Breite 56 cm

Adana Müzesi

Inv.-Nr. 1755

Grabungsnr. –

Abb. S. 271

Auf der geglätteten Seite eines großen Basaltblocks sind im Hochrelief ein Mann und eine Frau wiedergegeben. Die Seiten sind nur grob bearbeitet und nicht zu einer Stele geformt.

Die auf Stühlen mit hoher Rückenlehne sitzenden, frontal dargestellten Figuren – links der Mann, rechts die Frau – umarmen sich. Der Mann trägt eine enge Kappe. Unter den breiten Augenbrauen sieht man mandelförmige Augen. Ein Teil der schmalen, langen Nase ist abgestoßen. Die schmalen Lippen und die herabhängenden Mundwinkel lassen den Eindruck von Traurigkeit entstehen. Der Bart kommt links und rechts unter der Kappe hervor und hängt in Lockenreihen auf die Brust, die einen quadratischen Block bildet. Sein kurzärmliges, enges Gewand hat Fransen am unteren Saum, und unter dem breiten Gürtel hängt eine gefranste Schürze. Mit dem linken Arm umfaßt er seine Frau, in der Rechten hält er eine Weintraube. An den Füßen, die wie die der Frau auf einer niedrigen Basis stehen, trägt er Sandalen mit einem Riemen zwischen den Zehen. Will man die Weintraube als Hinweis auf den Beruf des Mannes interpretieren, so deutet sie vielleicht auf einen wohlhabenden Weinhändler hin.

Die Frau trägt einen flachen zylindrischen Polos, der am unteren Rand mit einem von Rosetten verzierten Band geschmückt ist. Das kurze Haar in der Stirn ist in der Mitte gescheitelt, und zwei Locken schmücken die Schläfen. Die breiten Augenbrauen laufen über der Nase zusammen. Bei den mandelförmigen Augen sind Details wie die Lider und die Umrandung im Relief angegeben. Die Nase ist ebenmäßig; die Vertiefungen neben den Nasenflügeln geben auch diesem Antlitz einen Zug von Melancholie. Der geschlossene, schmallippige Mund sitzt in einem runden Gesicht mit kurzem, rundem Kinn, während die Ohren auffällig groß sind. Neben den Ohrringen sieht man kleine Stekker an den äußeren Rändern der Ohrmuschel. Das kurzärmlige, schmale Gewand mit rundem Ausschnitt wird durch einen hinter den Ohren vom Kopf herabhängenden Schal ergänzt, dessen Enden in den breiten Gürtel gesteckt sind. Den aus elf horizontalen Rillen bestehenden Gürtel hält auf der linken Seite eine Fibel zusammen. Mit dem rechten Arm, den sie unter der linken Schulter des Mannes durchschiebt, umarmt sie diesen, und unter dem Schal kann man erkennen, daß der linke Arm angewinkelt ist. In der linken Hand hält sie einen mit Voluten verzierten Spiegel. An jedem Fußgelenk der Frau befinden sich vier schmale Reifen, und sie trägt die gleichen Sandalen wie der Mann.

Die Kleidung und der aufwendige Schmuck geben einen Hinweis auf den Reichtum des Paares.

Bittel/Schneider 1940, 565, Abb. 3; Orthmann 1971, Taf. 43 h; Darga 1992, 314, Abb. 302; Istanbul 1993, 113, Kat.-Nr. A 154

161

> **Stele mit der Reliefdarstellung einer Frau**

Maraş, Merkez Mağralı Mahallesi

Späthethitische Zeit

Basalt

Höhe 78 cm, Breite 52 cm, Tiefe 22 cm

Kahramanmaraş Müzesi

Inv.-Nr. 198

Abb. S. 268

Dieser Steinblock wurde nur ansatzweise in die Form einer Stele gebracht. Auf der Vorderseite ist in Seitenansicht eine nach rechts gewandte, stehende Frau dargestellt. Auf dem Kopf trägt sie einen zylindrischen Polos. Das darunter hervorschauende Haar ist im Nacken zu einer üppigen Volute eingedreht und läßt das Ohr frei. Die Frau hat ein rundliches Gesicht mit großen Augen und in ausgeprägtem Relief wiedergegebenen Ohren. Nase, Mund und Kinn sind gebrochen. Der Hals ist sehr kurz. Die Frau trägt einen bodenlangen, umhangartigen Mantel, der den rechten Arm bedeckt. Das lange Kleid hat einen mit Fransen verzierten Saum und wird in der Taille von einem breiten, durch horizontale Rillen gebildeten Gürtel zusammengehalten. Die zur Faust geschlossene rechte Hand schaut aus dem Mantel hervor. Der rechte Arm ist vorgestreckt und im Ellbogen nach oben angewinkelt; diese Hand hält den Griff eines runden Spiegels. Drei weitere runde Reliefscheiben erkennt man neben dem Spiegel, hinter dem Polos und unterhalb des rechten Ellbogens. Die Füße stecken in Schnabelschuhen.

162

> Stele mit der Reliefdarstellung eines sitzenden Mannes

Maraş, Merkez Mağralı Mahallesi
(kein Grabungsfund)
Späthethitische Zeit
Kalkstein
Höhe 76 cm, Breite 54 cm
Kahramanmaraş Müzesi
Inv.-Nr. 223
Abb. S. 273

Auf diesem ursprünglich größeren Steinblock ist eine sitzende männliche Figur auf einem Stuhl mit hoher Rückenlehne wiedergegeben. Kopf und Füße sind im Profil dargestellt. Das Haar, das auf dem Kopf zwei Lockenreihen bildet, wird auf der Stirn von einem Band gerahmt. Unter dem Band hängt das Haar im Nacken in einer nach außen aufspringenden Volute auf die Schulter. Vor dem großen Ohr sitzt eine Schläfenlocke, die mit dem ebenfalls in Schneckenlocken gedrehten Bart zusammenläuft. In dem rundlichen Gesicht fallen große, mandelförmige Augen und die ausgeprägte Nase auf. Der kleine Mund ist geschlossen. Der rechte Arm ist angewinkelt und erhoben, in der Hand hält der Mann eine Schale. Der linke Arm ist ebenfalls angewinkelt und auf Brusthöhe erhoben, wobei die Hand nach unten hängende Weintrauben und eine nach oben weisende Feder hält. Beide Handgelenke sind mit einem Armband geschmückt. Das kurzärmlige Gewand ist gegürtet und am unteren Saum mit Fransen besetzt. Die Spitzen der Sandalen weisen nach oben. Die beiden Füße des Stuhles sind mit einem horizontalen Steg verbunden.

Hinter dem Kopf des Mannes steht eine kleine Person, deren Füße und Kopf im Profil und deren Körper frontal dargestellt ist. Das unter der Kappe herabhängende Haar endet in einer großen Locke auf der Schulter. Die Augenbrauen sind als Relief wiedergegeben, große mandelförmige Augen, eine große Nase mit Höcker und der geschlossene Mund charakterisieren das Gesicht. Das lange Gewand mit kurzen Ärmeln und rundem Ausschnitt ist gegürtet. Der Rocksaum ist mit einem horizontalen Band verziert, während die Füße nur grob ausgearbeitet sind. Der rechte angewinkelte Arm des Mannes ist erhoben, und in der Hand hält er eine Art Federfächer, mit dem er dem vor ihm sitzenden Mann (vielleicht ein reicher Kaufmann) Luft zufächelt. Mit der linken Hand umfaßt er in Brusthöhe eine Rolle.

Vor dem sitzenden Mann steht ein Tisch mit einer durch drei Bänder verzierten Lebensmittelschale. Die beiden Füße des Tisches, die mit einem Steg verbunden sind, ahmen möglicherweise Löwenklauen nach.

Auf der anderen Seite des Tisches muß es eine weitere Figur gegeben haben; dieser Teil des Reliefs ist jedoch abgebrochen.

Kalaç 1967, 283, Taf. X B; Orthmann 1971, Taf. 46 a; Darga 1992, 319, Abb. 305

163

> Reliefdarstellung eines Gottes

Gaziantep, Körkün Köyü nordwestlich der Straße
Späthethitische Zeit
Basalt
Höhe 135 cm, Breite 72 cm
Gaziantep Müzesi
Inv.-Nr. 4136
Grabungsnr. –

Das Bildfeld dieses auf der Rückseite gewölbten Blockes ist rechteckig; auf der Unterseite befindet sich eine Bosse, mit der das Relief in einer Basis befestigt werden konnte.

Unter einer geflügelten Sonnenscheibe ist der Wettergott Tešup wiedergegeben. Der Kopf und die Beine sind im Profil, der Körper frontal dargestellt. Der Kopf, auf dem der Gott eine Mütze mit drei Hörnerpaaren trägt, ist in den Nacken gelegt. Das volle Gesicht ziert ein Bart. Das kurzärmlige, kurze Gewand hat einen breiten Gürtel und ist wie auch der Rand des Wickelrocks am Saum mit Fransen verziert, eine typische hethitische Bekleidung. Am Gürtel hängt auf dem Rücken ein Dolch mit halbmondförmigem Knauf. Die rechte Hand ist erhoben und hält eine Doppelaxt, während der linke angewinkelte Arm nach vorn gestreckt ist und in der Hand ein Blitzbündel mit ährenförmigem Griff trägt. Unterhalb des rechten Armes sieht man das Ende der Haarlokke. Der Gott trägt Schnabelschuhe und steht auf einer im Relief gearbeiteten Standlinie.

Schulter- und Hüftlinien, Beinmuskulatur und Knie sind sorgfältig ausgearbeitet, die Figur ist jedoch nicht gerahmt.

Die freie Fläche des Hintergrundes ist mit hethitischen Hieroglyphen bedeckt, und die nach oben durch zwei Reliefbänder abgeschlossene Rückseite trägt ebenfalls eine Inschrift, die etwa zwei Drittel der Fläche einnimmt. Eine untere Begrenzung fehlt. Der untere Teil des Blockes ist erodiert.

Die geflügelte Sonnenscheibe ist in den späthethitischen Kultbauten ein Symbol für Gottheiten. Anhand der Attribute, die die Dargestellten in der Hand halten, kann man die einzelnen Götter identifizieren.

Kalaç 1969, 160–163; Orthmann 1971, Taf 38

Literaturverzeichnis

A

Abu Assaf 1990
Ali Abu Assaf, *Der Tempel von 'Ain Dara,* Mainz 1990 (Damaszener Forschungen 3)

Akurgal 1961
Ekrem Akurgal, *Die Kunst der Hethiter,* München 1961

Akurgal 1995
Ekrem Akurgal, *Hatti ve Hitit Uygarlıkları,* Istanbul 1995

Alexander 1986
R. L. Alexander, *The sculptures and sculptors of Yazılıkaya,* Newark 1986

Alp 1956
Sedat Alp, Konya-Karahöyük Hafriyatı. 1953 Kazısı, in: *Türk Arkeoloji Dergisi* VI/1, 1956

Alp 1962
Sedat Alp, Eine hethitische Bronzestatuette und andere Funde aus Zara bei Amasya, in: *Anatolia* VI, 1961/62

Alp 1968
Sedat Alp, Zylinder- und Stempelsiegel aus Karahöyük bei Konya, in: *Türk Tarih Kurumu Yayınları* V/31, Ankara 1968

Alp 1969
Sedat Alp, Ein hethitisches Stempelsiegel aus der Umgebung von Afyonkarahisar und ein Knopfsiegel aus Yazırhöyük bei Nevšehir, in: *Athaneum* 47, 1969 (Festschrift P. Meriggi)

Alp 1972
Sedat Alp, Zylinder- und Stempelsiegel aus Karahöyük bei Konya, in: *Türk Tarih Kurumu Yayınları* V/31, Ankara 1972

Alp 1974
Sedat Alp, Eine neue hieroglyphenhethitische Inschrift der Gruppe Kızıldağ-Karadağ [aus der Nähe von Aksaray und die früher publizierten Inschriften derselben Gruppe], in: Kurt Bittel et al. (Hrsg.), *Anatolian Studies presented to Hans Gustav Güterbock on the occasion of his 65th birthday,* Istanbul (Nederlands Historisch Archaeologisch Instituut in het Nabije Oosten) 1974

Alp 1980
Sedat Alp, Die hethitischen Tontafelentdeckungen auf dem Maşat-Höyük, in: *Belleten* XLIV/173, 1980

Alp 1989
Sedat Alp, Konya-Karahöyük'te Bulunan Bir Ana Tanrıça Heykeli, in: *Festschrift für Jale İnan,* Istanbul 1989

Alp 1991a
Sedat Alp, Hethitische Briefe aus Maşathöyük, in: *Türk Tarih Kurumu Yayınları* VI/35, Ankara 1991

Alp 1991b
Sedat Alp, Hethitische Keilschrifttafeln aus Maşat Höyük, in: *Türk Tarih Kurumu Yayınları* VI/34, Ankara 1991

Alp 1993
Sedat Alp, Eine kârum-zeitliche Gußform und die Siegel von Karahöyük, in: *Istanbuler Mitteilungen* 43, 1993

Alp 1997
Sedat Alp, *Hititlerin Mektuplašmaları, Eskiçağ Bilimleri Enstitüsü Yayınları,* Istanbul 1997

Alp 1998
Sedat Alp, IV. Tuthaliya'nın Tahta çıkmadan Önceki Diğger Adı, in: Sedat Alp/Aygül Süel (Hrsg.), *Acts of the IIIrd International Congress of Hittitology, çorum 6-22 September 1996,* Ankara 1998

Alp 2000
Sedat Alp, *Song, Music and Dance of Hittiteș Grapes and Wines in Anatolia during the Hittite Period,* Ankara 2000

Andrae 1977
Walter Andrae, *Das wiedererstandene Assur,* München 1977[2]

Archi 1975
Alfonso Archi, L'ornitomanzia ittita, in: *Studi Micenei ed Egeo-Anatolici* 16, 1975

Archi 1987
Alfonso Archi, Hethitische Mantik und ihre Beziehungen zur mesopotamischen Mantik, in: *Mesopotamien und seine Nachbarn. Politische und kulturelle Wechselbeziehungen im alten Vorderasien vom 4. bis 1. Jahrtausend v. Chr.,* hrsg. von H. J. Nissen und J. Renger, Berlin 1987[2] (Berliner Beiträge zum Vorderen Orient 1)

Archi 1991
Alfonso Archi, Die hethitischen Orakeltexte, in: *Ägypten, Vorderasien, Turfan. Probleme der Edition und Bearbeitung altorientalischer Handschriften,* hrsg. von H. Klengel und W. Sundermann, Berlin 1991 (Schriften zur Geschichte und Kultur des Alten Orients 23)

Arık 1937
Remzi Oğuz Arık, Les Fouilles d'Alaca Höyük entreprises par la Société d'Historie Turque. Rapport Préliminaire sur les Travaux en 1935, in: *Türk Tarih Kurumu Yayınları* V/1, Ankara 1937

Aro 1998
Sanna Aro, Tabal. *Zur Geschichte und materiellen Kultur des zentralanatolischen Hochplateaus von 1200–600 v. Chr.,* Helsinki 1998

Aydal 1987
S. Aydal, Karaman Müzesinde Bulunan Bir Hitit Heykelciği, in: *Karaman Müzesi Yıllığı* 1987

Balkan 1955
Kemal Balkan, Observations on the Chronological Problems of the Karum Kaniš, in: *Türk Tarih Kurumu Yayınları* VII/28, Ankara 1955

Balkan 1957
Kemal Balkan, Letter of King Anum-Hirbi of Mama to King Warshama of Kanišh, in: *Türk Tarih Kurumu Yayınları* VII/31a, Ankara 1957

Balkan 1973
Kemal Balkan, *Eine Schenkungsurkunde aus der althethitischen Zeit, gefunden in İnandık,* Ankara 1973

Barnett 1982
Richard D. Barnett, *Ancient Ivories in the Middle East and Adjacent Countries,* Jerusalem 1982

Barth 1860
Heinrich Barth, *Reise von Trapezunt durch die nördliche Hälfte Klein-Asiens nach Scutari im Herbst 1858,* Gotha 1860

Baurain/Bonnet/Krings 1991
C. Baurain/Corinne Bonnet/V. Krings, *Phoinikeia Grammata. Lire et écrire en Méditerranée,* Liège/Namur 1991

Beckman 1996
Gary Beckman, *Hittite Diplomatic Texts,* Atlanta, Georgia, 1996

Beran 1967
Thomas Beran, *Die hethitische Glyptik von Boğazköy,* Berlin 1967 (Wissenschaftliche Veröffentlichungen der Deutschen Orient-Gesellschaft 76)

Bernabo Brea 1976
L. Bernabo Brea, *Poliochni,* Rom 1976
Bilgi 2001
Önder Bilgi, *Metallurgists of the Central Black Sea Region,* Istanbul 2001
Bittel 1959
Kurt Bittel, Beitrag zur Kenntnis anatolischer Metallgefäße der zweiten Hälfte des dritten Jahrtausends v. Chr., in: *Jahrbuch des Deutschen Archäologischen Instituts* 74, 1959
Bittel 1969
Kurt Bittel, Bericht über die Ausgrabung in Boğazköy im Jahre 1968, in: *Mitteilungen der Deutschen Orient-Gesellschaft* 101, Berlin 1969
Bittel 1976a
Kurt Bittel, *Die Hethiter*, München 1976
Bittel 1976b
Kurt Bittel, *Beitrag zur Kenntnis hethitischer Kunst,* Heidelberg 1976 (Sitzungsberichte der Heidelberger Akademie der Wissenschaften, Phil.-hist. Klasse, Jg. 1976, Abh. 4)
Bittel 1983
Kurt Bittel, *Hattuscha, Hauptstadt der Hethiter,* Köln 1983
Bittel 1989
Kurt Bittel, Bemerkungen zum hethitischen Yazılıkaya, in: Kutlu Emre et al. (Hrsg.), *Anatolia and the Ancient Near East: Studies in Honor of Tahsin Özgüç,* Ankara 1989
Bittel et al. 1958
Kurt Bittel et al., Vorläufiger Bericht über die Ausgrabungen in Boğazköy im Jahre 1957, in: *Mitteilungen der Deutschen Orient-Gesellschaft zu Berlin* 91, 1958
Bittel et al. 1975
Kurt Bittel et al., Das Hethitische Felsheiligtum Yazılıkaya, in: *Bogazköy-Hattuša* IX, Berlin 1975
Bittel et al. 1984
Kurt Bittel et al., *Boğazköy VI, Funde aus Grabungen bis 1979, Ausgrabungen des Deutschen Archäologischen Instituts,* Berlin 1984
Bittel/Schneider 1940
Kurt Bittel/A. M. Schneider, Archäologische Funde aus der Türkei im Jahre 1939, in: *Jahrbuch des Deutschen Archäologischen Instituts mit dem Beiblatt Archäologischer Anzeiger* 55, 1940
Boehmer 1975
Rainer M. Boehmer, Kleinasiatische Glyptik, in: Winfried Orthmann, *Der alte Orient*, Propyläen Kunstgeschichte Bd. XIV, Berlin 1975
Boehmer 1979
Rainer M. Boehmer, Die Kleinfunde aus der Unterstadt von Boğazköy, in: *Boğazköy-Hattuša* VI , Berlin 1979
Boehmer 1983
Rainer M. Boehmer, *Die Reliefkeramik von Boğazköy,* Berlin 1983
Boehmer/Güterbock 1987
Rainer M. Boehmer/Hans Gustav Güterbock, *Glyptik aus dem Stadtgebiet von Boğazköy,* Berlin 1987
Boehmer/Güterbock 1988
Rainer M. Boehmer/Hans Gustav Güterbock, Früheste Abbildungen von Lautenspielern in der althethitischen Glyptik, in: Erich Neu/Christel Rüster (Hrsg.), *Documentum Asiae Minoris Antiquae, Festschrift H. Otten,* Wiesbaden 1988[2]
Bonatz 2000
Dominik Bonatz, *Das syro-hethitische Grabdenkmal. Untersuchungen zur Entstehung einer neuen Gattung im nordsyrisch-südostanatolischen Raum der Eisenzeit,* Mainz 2000
Breyer 2000
Francis Amadeus Karl Breyer, Redaktionsgeschichte und Siegelungspraxis des Ägyptisch-Hethitischen Staatsvertrages, in: *Discussions in Egyptology* 46, Oxford 2000
Bunnens 1995
Guy Bunnens, Hittites and Arameans at Til Barsib: a reappraisal, in: K. van Lerberghe/A. Schoors (Hrsg.), *Immigration and Emigration within the Ancient Near East, Festschrift Edward Lipinski,* Löwen 1995 (Orientalia Lovanensia Analecta 65)
Bunnens 1997
Guy Bunnens, New Texts from Til Barsib. The Archaeological Context, in: *Abr-Nahrain* 34, 1997
Burckhardt 1822
Johann Ludwig Burckhardt, *Travels in Syria and the Holy Land,* London 1822

C

Çambel 1999
Halet Çambel, *Karatepe – Arslantaš. The Inscriptions: Facsimile Edition, Corpus of Hieroglyphic Luwian Inscriptions* II, Berlin/New York 1999
Canby 1989
Jeanny V. Canby, Hittite Art, in: *Biblical Archaeologist* 52/2–3, 1989
Cancik 1970
Hubert Cancik, *Mythische und historische Wahrheit. Interpretationen zu Texten der hethitischen, biblischen und griechischen Historiographie,* Stuttgart 1970 (Stuttgarter Bibelstudien 49)
Cancik 1976
Hubert Cancik, *Grundzüge der hethitischen und alttestamentlichen Geschichtsschreibung,* Wiesbaden 1976 (Abhandlungen des deutschen Palästinavereins)
Cancik 1991
Hubert Cancik, Geschichte, Geschichtsschreibung, in: M. Görg/B. Lang (Hrsg.), *Neues Bibellexikon,* Bd. 1, Zürich 1991
Cancik 1993
Hubert Cancik, ‚Herrschaft' in historiographischen und juridischen Texten der Hethiter, in: Kurt Raaflaub (Hrsg.), *Anfänge politischen Denkens in der Antike. Die nahöstlichen Kulturen und die Griechen,* München 1993 (Schriften des Historischen Kollegs. Kolloquien 24)
Carruba 1967
Onofrio Carruba, Rhyta in den hethitischen Texten, in: *Kadmos* 6, 1967
Carruba 1992
Onofrio Carruba (Hrsg.), *Per una grammatica ittita,* Pavia 1992 (Studia mediterranea, 7)
Carruba 1998
Onofrio Carruba, Hethitische Dynasten zwischen altem und neuem Reich, in: Sedat Alp/Aygül Süel (Hrsg.), *Acts of the IIIrd International Congress of Hittitology, çorum 6-22 September 1996,* Ankara 1998
Çelebi 1145
Kâtip Çelebi, *Cihannümâ,* Istanbul 1145 (=1732 AD)

Ceram 1955
C. W. Ceram, *Enge Schlucht und Schwarzer Berg,* Hamburg 1955
Chantre 1898
Ernest Chantre, *Mission en Cappadoce* 1893–1894, Paris 1898
Chantre 1898
Ernest Chantre, *Mission en Cappadoce,* Paris 1898
Chavalas 1996
Mark W. Chavalas (Hrsg.), *Emar: The History, Religion, and Culture of a Syrian Town in the Late Bronze Age,* Bethesda, Maryland, 1996
Collon 1987
Dominique Collon, *First Impressions, Cylinder Seals in the Ancient Near East,* London 1987
Cumont 1932
F. Cumont, A Propos d'un Decret d'Anisa en Cappadoce, in: *Revue des Etudes Anciennes* 34, 1932
Czichon 1995
Rainer M. Czichon, Zur Komposition der Taprammi-Schale, in: *Istanbuler Mitteilungen* 45, 1995

D

Darga 1992
Muhibe Darga, Hitit Sanatı, in: *Akbank Kültür ve Sanat tapları* 56, Istanbul 1992
De Martino 1995
Stefano de Martino, Music, Dance, and Processions in Hittite Anatolia, in: Jack M. Sasson (Hrsg.), *Civilizations of the Ancient Near East,* Bd. IV, London/Mexico City/Neu Delhi/Singapur/Sydney/Toronto 1995
De Roos 1995
Johan de Roos, Early Travellers to Boğazköy, in: Theo P. J. van den Hout/Johan de Roos (Hrsg.), *Studio Historiae Ardens. Ancient Near Eastern Studies Presented to Philo H. J. Houwink ten Cate on the Occasion of his 65th Birthday,* Istanbul 1995
De Vaux 1967
Roland de Vaux, Les Hurrites de l'histoire et les Horites de la Bible, in: *Revue Biblique* 1967
Del Monte 1993
Giuseppe F. del Monte, *L'annalistica ittita,* Brescia 1993
Delaporte 1940
Louis Delaporte, *Malatya. Arslantepe. I. La Porte des Lions,* Paris 1940
Delitzsch 1893
F. Delitzsch, Beiträge zur Entzifferung und Erklärung der kappadokischen Keilschrifttafeln, in: *Abhandlungen der Königlichen Sächsischen Gesellschaft der Wissenschaft* 14, Leipzig 1893
Deshayes 1981
Jean Deshayes et al., Remarques sur les monuments de Karatepe, in: *Revue d'Assyriologie* 75, 1981
A. Dinçol 1983
Ali M. Dinçol, Hethitische Hieroglyphensiegel in den Museen zu Adana, Hatay und Istanbul, in: *Jahrbuch für kleinasiatische Forschung* IX, 1983
A. Dinçol 1988
Ali M. Dinçol, Neue hethitische Hieroglyphensiegel in den staatlichen Museen in Istanbul, Ereğli, Karaman und im privaten Sadberk-Hanım-Museum, in: *Orientalia* 59, 1990 (Gedenkschrift Einar von Schuler)
A. Dinçol 1993b
Ali M. Dinçol, Interessante Beispiele von Schreibersiegeln aus Boğazköy, in: Machteld J. Mellink et al. (Hrsg.), *Aspects of Art and Iconography: Anatolia and its Neighbours. Studies in Honor of Nimet Özgüç,* Ankara 1993
A. Dinçol et al. 1993a
Ali M. Dinçol et al., The Cruciform Seal from Boğazköy-Hattuša, in: *Istanbuler Mitteilungen* 43, 1993 (Festschrift P. Neve)
A. Dinçol 1998
Ali M. Dinçol, Die Entdeckung des Felsmonuments in Hatip und ihre Auswirkungen auf die historischen und geographischen Fragen des Hethiterreichs, in: *Turkish Academy of Sciences Journal of Archaeology (TÜBA-AR)* I, 1998
B. Dinçol 1982
Belkıs Dinçol, Bir Alacahöyük Mührünün Okunušu Hakkında, in: *Anadolu Araštırmaları* VIII, 1982
B. Dinçol 1994
Belkıs Dinçol, New Archaeological and Epigraphical Finds from İvriz, in: A. Rainey (Hrsg.), *Kinattğutu ğsa dğarâti, Gedenkschrift R. Kutscher,* Tel Aviv 1994
B. Dinçol 1999
Belkıs Dinçol, Bemerkungen über die hethitischen Siegelinhaber mit mehreren Titeln, in: *IV. Internationaler Kongreß für Hethitologie,* Würzburg, 4.–9. Oktober 1999, im Druck (Texte der Hethiter)
Dinçol/Dinçol 1983
Ali M. Dinçol/Belkıs Dinçol, Zwei hethitische Hieroglyphensiegel im Elazığ Museum, in: *Jahrbuch für kleinasiatische Forschung* IX, 1983
Dinçol/Dinçol 1986
Ali M. Dinçol/Belkıs Dinçol, Hethitische Hieroglyphensiegel in den Museen zu Samsun, Gaziantep und Kahramanmaraš, in: *Jahrbuch für kleinasiatische Forschung* X, 1986
Dinçol/Dinçol 1988
Ali M. Dinçol/Belkıs Dinçol, Hieroglyphische Siegel und Siegelabdrücke aus Eskiyapar, in: Erich Neu/Christel Rüster (Hrsg.), *Documentum Asiae Minoris Antiquae, Festschrift H. Otten,* Wiesbaden 1988[2]
Donner 1959
Herbert Donner, Art und Herkunft des Amtes der Königinmutter im AT, in: Richard von Kienle (Hrsg.), *Festschrift Johannes Friedrich,* Heidelberg 1959

E

Edel 1976
Elmar Edel, Ägyptische Ärzte und Ägyptische Medizin am hethitischen Königshof. Neue Funde von Keilschriftbriefen Ramses' II. aus Boğazköy, in: *Rheinisch-westfälische Akademie der Wissenschaften, Geisteswissenschaften. Vorträge* G 205, Opladen 1976
Edel 1994
Elmar Edel, Die ägyptisch-hethitische Korrespondenz aus Boghazköi in babylonischer und hethitischer Sprache. Bd. I: Umschriften und Übersetzungen, Bd. II: Kommentar, in: *Abhandlungen der rheinisch-westfälischen Akademie der Wissenschaften* Bd. 77, Opladen 1994
Edel 1997
Elmar Edel, *Der Vertrag zwischen Ramses II. von Ägypten und Hattušili III. von Hatti,* Berlin 1997 (95. Wissenschaftliche Veröffentlichung der Deutschen Orient-Gesellschaft)
Ediz et al. 1999
İsmet Ediz/Önder İpek/Tunç Sipahi/Tayfun Yıldırım, Yörüklü/Hüseyindede Kurtarma Kazısı, in: *IX. Müze Kurtarma Kazıları Semineri,* Ankara 1999

Elliger 1947
Kurt Elliger, Sam'al und Hamat, in: Johann Fück (Hrsg.), *Festschrift Otto Eissfeldt,* Halle 1947
Emre 1963
Kutlu Emre, The Pottery of the Assyrian Colony Period According to the Building Levels of the Kaniš Karum, in: Anatolia VII, 1963
Emre 1966
Kutlu Emre, The Pottery from Acemhöyük, in: *Anatolia* X, 1966
Emre 1971
Kutlu Emre, Anatolian Lead Figurines and their Stone Moulds, in: *Türk Tarih Kurumu Yayınları* VI/14, Ankara 1971
Emre 1978
Kutlu Emre, Yanarlar. A Hittite Cemetery Near Afyon, in: *Türk Tarih Kurumu Yayınları* VI/22, Ankara 1978
Emre 1979
Kutlu Emre, The Early Bronze Age at Maşathöyük, in: *Belleten* XLIII/169, 1979
Emre 1993a
Kutlu Emre, New Lead Figurines and Moulds from Kültepe and Kızılhamza, in: Machteld J. Mellink et al. (Hrsg.), *Aspects of Art and Iconography: Anatolia and its Neighbors. Studies in Honor of Nimet Özgüç,* Ankara 1993
Emre 1993b
Kutlu Emre, A Group of Hittite Statuettes from Alaca Höyük, in: *Istanbuler Mitteilungen* 43, 1993
Emre 1996
Kutlu Emre, The Early Bronze Age at Maşathöyük, in: *Bulletin of the Middle Eastern Culture Center in Japan* IX, 1996
Emre/Çınaroğlu 1993
Kutlu Emre/Aykut Çınaroğlu, A Group of Metal Hitite Vessels from Kınık-Kastamonu, in: Machteld J. Mellink et al. (Hrsg.), *Aspects of Art and Iconography: Anatolia and its Neighbors. Studies in Honor of Nimet Özgüç,* Ankara 1993
Ertekin/Ediz 1993
Ahmet Ertekin/İsmet Ediz, The Unique Sword from Boğazköy/Hattuša, in: Machteld J. Mellink et al. (Hrsg.), *Aspects of Art and Iconography: Anatolia and its Neighbors. Studies in Honor of Nimet Özgüç,* Ankara 1993

F

Faist 2001
Betina Faist, *Der Fernhandel des assyrischen Reiches zwischen dem 14. und 11. Jahrhundert v. Chr.,* Münster 2001 (Alter Orient und Altes Testament 265)
Fischer 1963
Franz Fischer, Die hethitische Keramik von Boğazköy, in: *Boğazköy-Hattuša* IV, Berlin 1963 (Wissenschaftliche Veröffentlichungen der Deutschen Orient-Gesellschaft 75)
Forrer 1920
E. Forrer, in: *Keilschrifturkunden aus Boghazköi* IV, 1920
Frankfort 1939
Henri Frankfort, *Cylinder Seals, A Documentary Essay on the Art and Religion of the Ancient Near East,* London 1939
Friedrich 1925
Johannes Friedrich, Aus dem Hethitischen Schrifttum, in: *Der Alte Orient* 24/3, 1925
Friedrich 1930
Johannes Friedrich, *Staatsverträge des Ḫatti-Reiches in hethitischer Sprache,* 2. Teil, Leipzig 1930
Friedrich 1960
Johannes Friedrich, *Hethitisches Elementarbuch,* 1. Teil: Kurzgefaßte Grammatik, 2. überarbeitete Auflage, Heidelberg 1960
Fugman 1958
Ejnar Fugman, *Hama II/1. L'Architecture des Périodes Pré-Hellénistiques,* Kopenhagen 1958

G

Garstang 1913
John Garstang, Second interim Report on the Excavation at Sakje-Geuzi in North Syria, 1911, in: *University of Liverpool. Annals of Archaeology and Anthropology* 5, 1913
Garstang 1908, 1913, 1937
John Garstang, Excavations at Sakje-Geuzi, in North Syria, in: *University of Liverpool. Annals of Archaeology and Anthropology* 1, 1908, 5, 1913, 24, 1937
Garstang 1910
John Garstang, The *Land of the Hittites,* London 1910
Garstang 1929
John Garstang, *The Hittite Empire,* London 1929
Garstang/Gurney 1959
John Garstang/Oliver Robert Gurney, *The Geography of the Hittite Empire,* London 1959
Gibson 1975, 1982
J. C. L. Gibson, *Textbook of Syrian Semitic Inscriptions,* Bd. 2, Aramaic Inscriptions, Bd. 3, Phoenician Inscriptions, Oxford 1975, 1982
Götze 1928
Albrecht Götze (Hrsg.), in: *Keilschrifturkunden aus Boghazköi* XXI, 1928
Götze 1933
Albrecht Götze, *Die Annalen des Muršiliš,* Leipzig 1933 (Nachdruck Darmstadt 1967)
Greenfield 1991
Jonas C. Greenfield, Of Scribes, Scripts and Languages, in: C. Baurain/Corinne Bonnet/V. Krings, *Phoinikeia Grammata. Lire et écrire en Méditerranée,* Liège/Namur 1991
Grothe 1911
H. Grothe, *Meine Vorderasienexpedition 1906–1907,* Bd. 1, Leipzig 1911
Gurney 1977
O. R. Gurney, *Some Aspects of Hittite Religion,* Oxford 1977 (The Schweich Lectures of the British Academy 1976)
Güterbock 1940
Hans Gustav Güterbock, Siegel aus Boğazköy I, in: *Archiv für Orientforschung,* Beiheft 5, Berlin 1940
Güterbock 1942
Hans Gustav Güterbock, Siegel aus Boğazköy II, in: *Archiv für Orientforschung,* Beiheft 7, Berlin 1942
Güterbock 1944
Hans Gustav Güterbock, Ein hethitischer Brief aus Maşat bei Zile, in: *Dil ve Tarih-Coğrafya Fakültesi Dergisi* II/3, 1944
Güterbock 1946
Hans Gustav Güterbock, *Kumarbı Mythen vom churritischen Kronos aus den hethitischen Fragmenten zusammengestellt, übersetzt und erklärt,* Zürich/New York 1946
Güterbock 1956
Hans Gustav Güterbock, Hittite kursa «Hunting Bag», in: Albert Leonard/Bruce B. Williams (Hrsg.), *Essays in Ancient Civilization Presented to Hellen S. Kantor,* Chicago 1956

Güterbock 1959
Hans Gustav Güterbock, Kanes and Neša, in: *Eretz Israel* 5, 1958
Güterbock 1971
Hans Gustav Güterbock, Ivory in Hittite Texts, in: *Anatolia XV*, 1971
Güterbock 1977
Hans Gustav Güterbock, The Hittite Seals in the Walters Art Gallery, in: *The Journal of the Walters Art Gallery* 36, 1977
Güterbock 1983
Hans Gustav Güterbock, Hethitische Götterbilder und Kultobjekte, in: Rainer M. Boehmer/Harald Hauptmann (Hrsg.), *Beiträge zur Altertumskunde Kleinasiens, Festschrift für K. Bittel,* Mainz 1983
Güterbock 1993
Hans Gustav Güterbock, Gedanken über ein Hethitisches Königssiegel aus Boğazköy, in: *Istanbuler Mitteilungen* 43, 1993
Güterbock/van den Hout 1991
Hans Gustav Güterbock/Theo P. J. van den Hout, *The Hittite Instruction for the Royal Bodyguard,* (The Oriental Institute of the University of Chicago) Chicago 1991 (Assyriological Studies, 24)

H

Haas 1977
Volkert Haas, *Magie und Mythen im Reich der Hethiter. I. Vegetationskulte und Pflanzenmagie,* Hamburg 1977
Haas 1982
Volkert Haas, *Hethitische Berggötter und hurritische Steindämonen,* Mainz 1982
Haas 1994
Volkert Haas, *Geschichte der hethitischen Religion,* Leiden/New York/Köln 1994 (Handbuch der Orientalistik I/15)
Haines 1971
Richard C. Haines, Excavations in the Plain of Antioch. II: The structural remains of the later phases, in: *Oriental Institute Publications* 95, Chicago 1971
Hamilton 1842
William J. Hamilton, *Researches in Asia Minor,* Pontus and Armenia I/II, London 1842
Harper 1969
Prudence O. Harper, Dating a Group of Ivories from Anatolia, in: *The Connoisseur, The Centennial of the Metropolitan Museum of Art,* November 1969
Harrak 1987
Amir Harrak, *Assyria and Ḫanigalbat,* Hildesheim u. a. 1987
Hawkins 1972a
J. David Hawkins, Building Inscriptions of Carchemish, in: *Anatolian Studies* 22, 1972
Hawkins 1972b
J. David Hawkins, Hamath, in: *Reallexikon der Assyriologie und Vorderasiatischen Archäologie* IV/1, 1972
Hawkins 1973
J. David Hawkins, Hattin [Pattin], in: *Reallexikon der Assyriologie und Vorderasiatischen Archäologie* IV/2–3, 1973
Hawkins 1979
J. David Hawkins, Some historical problems of the Hieroglyphic Luwian inscriptions, in: *Anatolian Studies* 29, 1979
Hawkins 1980a
J. David Hawkins, Late Hittite funerary monuments, in: Bendt Alster (Hrsg.), *Death in Mesopotamia,* Kopenhagen 1980 (Mesopotamia 8)
Hawkins 1980b
J. David Hawkins, The »Autobiography of Ariyahina's Son«, in: *Anatolian Studies* 30, 1980
Hawkins 1980c
J. David Hawkins, Karatepe A. Inschriften, Geschichte; Karkamiš, in: *Reallexikon der Assyriologie und Vorderasiatischen Archäologie* V/5–6, 1980
Hawkins 1982
J. David Hawkins, The Neo-Hittite States in Syria and Anatolia, in: *The Cambridge Ancient History* III/1, Cambridge 19822
Hawkins 1983a
J. David Hawkins, The Hittite name of Til Barsip, in: *Anatolian Studies* 33, 1983
Hawkins 1983b
J. David Hawkins, Kummuh, in: *Reallexikon der Assyriologie und Vorderasiatischen Archäologie* VI/5–6, 1983
Hawkins 1984
J. David Hawkins, The Syro-Hittite States, in: John Boardman (Hrsg.), *The Cambridge Ancient History,* Tafeln zu Bd. III, Cambridge 1984
Hawkins 1986
J. David Hawkins, Rulers of Karkamiš: the house of Astiruwas, in: IX. *Türk Tarih Kongresi,* Ankara 1981: Kongreye sunulan bildiriler, I. Cilt, Türk Tarih Kurumu, Ankara 1986
Hawkins 1988a
J. David Hawkins, Kuzi-Tešub and the »Great Kings« of Karkamiš, in: *Anatolian Studies* 38, 1988
Hawkins 1988b
J. David Hawkins, The lower part of the Meharde stele, in: *Anatolian Studies* 38, 1988
Hawkins 1989a
J. David Hawkins, More Late Hittite funerary monuments, in: Kutlu Emre et al. (Hrsg.), *Anatolia and the Ancient Near East: Studies in Honor of Tahsin Özgüç,* Türk Tarih Kurumu, Ankara 1989
Hawkins 1989b
J. David Hawkins, Maraş, Marqas, in: *Reallexikon der Assyriologie und Vorderasiatischen Archäologie* VII/5–6, 1989
Hawkins 1992
J. David Hawkins, The Inscriptions of the Kızıldağ and the Karadağ in the light of the Yalburt inscription, in: Heinrich Otten et al. (Hrsg.), *Hittite and other Anatolian and Near Eastern Studies in Honor of Sedat Alp,* Türk Tarih Kurumu, Ankara 1992
Hawkins 1993a
J. David Hawkins, The historical significance of the Karahöyük (Elbistan) stele, in: Machteld J. Mellink et al. (Hrsg.), Aspects of Art and Iconography: *Anatolia and its Neighbors. Studies in Honor of Nimet Özgüç, Türk Tarih Kurumu,* Ankara 1993
Hawkins 1993b
J. David Hawkins, Melid A. Historisch, in: *Reallexikon der Assyriologie und Vorderasiatischen Archäologie* VIII/1–2, 1993
Hawkins 1995a
J. David Hawkins, The Hieroglyphic Inscription of the Sacred Pool Complex at Hattusa (Südburg), in: *Studien zu den Boğazköy-Texten,* Beiheft 3, Wiesbaden 1995
Hawkins 1995b
J. David Hawkins, »Great Kings« and »Country-Lords« at Malatya and Karkamiš, in: Theo P. J. van den Hout/J. de Roos (Hrsg.), *Studio Historiae Ardens. Ancient Near Eastern Studies presented to Philo H. J. Houwink ten Cate on the Occasion of his 65th Birthday,* (Netherlands Historical-Archaeological Institute) Istanbul 1995

Hawkins 1995c
J. David Hawkins, The Political Geography of North Syria and South-East Anatolia in the Neo-Assyrian period, in: Mario Liverani (Hrsg.), *Neo-Assyrian Geography,* Rom 1995 (Quaderni di Geografia Storica 5)
Hawkins 1998
J. David Hawkins, Tarkasnawa King of Mira. ›Tarkondemos‹, Bogazköy Sealings and Karabel, in: Anatolian Studies 48, 1998
Hawkins 2000
J. David Hawkins, *Inscriptions of the Iron Age, Corpus of Hieroglyphic Luwian Inscriptions* I, 3 Bde., Berlin/New York 2000 (Studies in Indo-European Language and Culture 8.1)
Helck 1995
Wolfgang Helck, *Die Beziehungen Ägyptens und Vorderasiens zur Ägeis bis ins 7. Jahrhundert,* 1979[1], 2. von Rosemarie Drenkhahn durchgesehene und bearbeitete Neuauflage, Darmstadt 1995
Hoffner 1968
Harry A. Hoffner, Hittite Tarpis and Herbrew Teraphim, in: *Journal of Near Eastern Studies* 27, 1968
Hoffner 1980
Harry A. Hoffner, Histories and Historians of the Ancient Near East: The Hittites, in: *Orientalia* 49, 1980
Hoffner 1990
Harry A. Hoffner Jr., *Hittite Myths,* Atlanta, Georgia, 1990
Hogarth 1914
D. G. Hogarth, *Carchemish I. Introductory,* London 1914
Hrozný 1915
Bedrich Hrozný, Die Lösung des hethitischen Problems, in: *Mitteilungen der Deutschen Orient-Gesellschaft* 56, 1915
Hrozný 1917
Bedrich Hrozný, *Die Sprache der Hethiter, ihr Bau und ihre Zugehörigkeit zum indogermanischen Sprachstamm. Ein Entzifferungsversuch,* Leipzig 1917
Hrozný 1922
Bedrich Hrozný in: *Journal of the Society of Oriental Research* 6, 1922
Hrozný 1926
Bedrich Hrozný, in: *The Illustrated London News,* 2. Oktober 1926
Hrozný 1927
Bedrich Hrozný, Rapport Préliminaire sur les Fouilles Tchécoslovaques du Kultepe, in: *Syria* 8, 1927
Humann/Puchstein 1890
Karl Humann/Otto Puchstein, *Reisen in Kleinasien und Nordsyrien,* Berlin 1890
Hutter 1988
M. Hutter, *Behexung, Entsühnung und Heilung. Das Ritual der Tunnawiya für ein Königspaar aus mittelhethitischer Zeit,* Göttingen 1988 (Orbis Biblicus et Orientalis 82)

I

İlaslı1993
A. İlaslı, A Hitite Statue Found in the Area of Ahurhisar, in: Machteld J. Mellink et al. (Hrsg.), *Aspects of Art and Iconography: Anatolia and its Neighbors. Studies in Honor of Nimet Özgüç,* Ankara 1993
İpek/Tosun/Tekoğlu 1999
İsmet İpek/Kazim Tosun/Recai Tekoğlu, *Adana Geç Hitit Heykeli Kurtarma Kazısı 1997 Yılı Çalışması Sonuçları, IX. Müze Kurtarma Kazıları Semineri Antalya,* Ankara 1999
Istanbul 1983
Anatolian Civilisations I: Prehistoric/Hittite/Early Iron Age, Ausstellungskatalog The Council of Europe XVIIIlth European Art Exhibition, Istanbul 1983
Istanbul 1993
Woman in Anatolia. 9000 Years of the Anatolian Woman, Ausstellungskatalog Istanbul, Topkapı Museum, 1993/94, hrsg. vom Turkish Republic Ministery of Culture General Directorate of Monuments and Museums, Istanbul 1993
Istanbul 2001
Fatma Canpolat (Hrsg.), *Boğazköy'den Karatepe'ye. Hititbilim ve Hitit Dünyasının Keşfi/From Boğazköy to Karatepe. Hittitology and the Discovery of the Hittite World,* Ausstellungskatalog Istanbul 2001

J

Jablonka 1994
Peter Jablonka/Heike König/Simone Riehl, Ein Verteidigungsgraben in der Unterstadt von Troia VI. Grabungsbericht 1993, in: *Studia Troica* 4, 1994
Jablonka 1995
Peter Jablonka, Ausgrabungen südlich der Unterstadt von Troia im Bereich des Troia VI-Verteidigungsgrabens. Grabungsbericht 1994, in: *Studia Troica* 5, 1995
Jablonka 1996
Peter Jablonka, Ausgrabungen im Süden der Unterstadt von Troia. Grabungsbericht 1995, in: *Studia Troica* 6, 1996
Jakob-Rost 1965
Liane Jakob-Rost, Beiträge zum hethitischen Hofzeremoniell (IBoT I 36), in: *Mitteilungen des Instituts für Orientforschung* XI, 1965
Jensen 1894
P. Jensen, Die kappadocischen Keilschrifttäfelchen, in: *Zeitschrift für Assyriologie* 9, 1894

K

Kalaç 1967
Mustafa Kalaç, Eine Wettergott-Stele und drei Reliefs im Museum zu Maraš, in: *Jaarbericht (Van Het Vooraziatisch-Egyyptisch Genootschap) Ex Oriente Lux* (Annuaire De la Société Orientale ,Ex Oriente Lux', Deel VI. Nr. 16–19, 1959–1966), Leiden 1967
Kalaç 1969
Mustafa Kalaç, Körkün'de Bulunan Hiyeroglifli Hava Tanrısı Steli, in: *Athenaeum* N. S. 47, 1969
Kalaç 1979
Mustafa Kalaç, Niğde' de bulunan bir havatanrısı steli, in: VIII. *Türk Tarih Kongresi,* Ankara 1979
Kammenhuber 1969
Annelies Kammenhuber, Hethitisch, Palaisch, Luwisch und Hieroglyphenluwisch, in: *Altkleinasiatische Sprachen. Handbuch der Orientalistik* I/2, 1.–2. Abschnitt, Lfg. 2, Leiden/Köln 1969
Kammenhuber 1976
Annelies Kammenhuber, *Orakelpraxis, Träume und Vorzeichenschau bei den Hethitern,* Heidelberg 1976 (Texte der Hethiter 7)

Khayyata/Kohlmeyer 1998
Wahid Khayyata/Kay Kohlmeyer, Die Zitadelle von Aleppo – vorläufiger Bericht über die Untersuchungen 1996 und 1997, in: *Damaszener Mitteilungen* 10, 1998

Klengel 1975
Horst Klengel, Zur ökonomischen Funktion der hethitischen Tempel, in: *Studi Micenei ed Egeo-Anatolici* 16, Rom 1975

Klengel 1992
Horst Klengel, *Syria 3000 to 300 B.C.,* Berlin 1992

Klengel 1999
Horst Klengel, *Geschichte des hethitischen Reiches,* Leiden/Boston/Köln 1999 (Handbuch der Orientalistik I/34)

Klengel-Brandt 1997
Evelyn Klengel-Brandt (Hrsg.), *Mit sieben Siegeln versehen,* Mainz 1997

Klinger 1996
Jörg Klinger, Untersuchungen zur Rekonstruktion der hattischen Kultschicht, in: *Studien zu den Boğazköy-Texten* 37, Wiesbaden 1996

Klinger 2000
Jörg Klinger, Zur Geschichte des hethitischen Reiches, in: *Orientalistische Literaturzeitung* 95, 2000

Košak 1995
Silvin Košak, The Palace Library »Building A« on Büyükkale, in: Theo P. J. van den Hout/J. de Roos (Hrsg.), *Studio Historiae Ardens. Ancient Near Eastern Studies Presented to Philo H. J. Houwink ten Cate on the Occasion of his 65th Birthday,* Leiden 1995

Koşay 1938
Hamit Z. Koşay, Ausgrabungen von Alaca Höyük 1936, in: *Türk Tarih Kurumu Yayınları V/2,* Ankara 1938

Koşay 1941
Hamit Z. Koşay, Les Fouilles d'Alacahöyük, Entreprises par la Sociéte d'histoire Turque, in: *Belleten* V/17, 1941

Koşay 1951
Hamit Z. Koşay, Les Fouilles d'Alaca Höyük 1937–1939, in: *Türk Tarih Kurumu Yayınları* V/5, Ankara 1951

Koşay/Akok 1950
Hamit Z. Koşay/Mahmut Akok, Amasya Mahmatlar Köyü Definesi, in: *Belleten* XIV/55, 1950

Koşay/Akok 1966
Hamit Z. Koşay/Mahmut Akok, Ausgrabungen von Alaca Höyük. Vorbericht über die Forschungen und Entdeckungen von 1940–1948, in: *Türk Tarih Kurumu Yayınları* V/6, Ankara 1966

Koşay/Akok 1973
Hamit Z. Koşay/Mahmut Akok, Alaca Höyük Excavations 1963–1967, in: *Türk Tarih Kurumu Yayınları* V/28, Ankara 1973

Kohlmeyer 1983
Kai Kohlmeyer, Felsbilder der hethitischen Großreichszeit, in: *Acta praehistorica et archaeologica* 15, Berlin 1983

Korbel 1985
G. Korbel, *Die spätbronzezeitliche Keramik von Norşuntepe,* Hannover 1985 (Institut für Bauen und Planen in Entwicklungsländern, Mitteilungen Nr. 4)

Korfmann 1992
Manfred Korfmann, Die prähistorische Besiedlung südlich der Burg Troia VI/VII, in: *Studia Troica* 2, 1992

Korfmann 1993
Manfred Korfmann, Troia. Ausgrabungen 1992, in: *Studia Troica* 3, 1993

Korfmann 1994
Manfred Korfmann, Troia. Ausgrabungen 1993, in: *Studia Troica* 4, 1994

Korfmann 1995
Manfred Korfmann, Troia. Ausgrabungen 1994, in: *Studia Troica* 5, 1995

Korfmann 1996
Manfred Korfmann, Troia. Ausgrabungen 1995, in: *Studia Troica* 6, 1996

Korfmann 1997
Manfred Korfmann, Troia. Ausgrabungen 1996, in: *Studia Troica* 7, 1997

Korfmann 1999
Manfred Korfmann, Troia. Ausgrabungen 1998, in: *Studia Troica* 9, 1999

Korfmann 2000
Manfred Korfmann, Troia. Ausgrabungen 1999/Troia. 1999 Excavations, in: *Studia Troica* 10, 2000

Korfmann et al. 1998
Manfred Korfmann et al., Troia. Ausgrabungen 1997, mit einem topographischen Plan zu ›Troia und Unterstadt‹, in: *Studia Troica* 8, 1998

Korfmann/Mannsperger 1998
Manfred Korfmann/Dietrich Mannsperger, *Troia. Ein historischer Überblick und Rundgang,* Stuttgart 1998

Kretschmer 1924
P. Kretschmer, Alaksandus, König von Vilusa, in: *Glotta* 13, 1924

Kümmel 1968
Hans Martin Kümmel, Hethiter, in: Herbert Haag (Hrsg.), *Bibellexikon,* Einsiedeln/Zürich/Köln 19682

L

Landsberger 1924
Benno Landsberger, Über die Völker Vorderasiens im dritten Jahrtausend, in: *Zeitschrift für Assyriologie* 35, 1924

Laroche 1960
Emmanuel Laroche, *Les hiéroglyphes hittites* I, Paris 1960

Laroche 1971
Emmanuel Laroche, *Catalogue des textes hittites,* Paris 19712 (CTH; Nachträge durch B. Jean Collins, www.asor.org/hittite)

Larsen 1977
Mogens T. Larsen, *The Old Assyrian City State and its Colonies,* Kopenhagen 1977

Latacz 1997
Joachim Latacz, Troia und Homer. Neue Erkenntnisse und neue Perspektiven, in: *Troia. Mythen und Archäologie,* hrsg. von Hannes D. Galter, Graz 1997 (Grazer Morgenländische Studien 4)

Latacz 2001
Joachim Latacz, *Troia und Homer. Der Weg zur Lösung eines alten Rätsels,* München/Berlin 20013

Lebrun 1998
R. Lebrun, Hittites et Hourrites en Palestine-Canaan, in: *Transeuphratene* 15, 1998

Lutz/Langer 1999
Albert Lutz/Axel Langer, *Orakel – Der Blick in die Zukunft,* Ausstellungskatalog Rietberg Museum, Zürich 1999

M

Macridy 1908
Theodor Macridy, La Porte des Sphinx à Euyuk. Fouilles du Musée Imperial Ottoman, in: *Mitteilungen der Vorderasiatischen Gesellschaft* 13/3, 1908

Maul 1998
Stefan M. Maul, 1903–1914: Assur. Das Herz eines Weltreiches, in: Gernot Wilhelm (Hrsg.), *Zwischen Tigris und Nil. 100 Jahre Ausgrabungen der Deutschen Orient-Gesellschaft in Vorderasien und Ägypten,* Mainz 1998

Melchert 1994
H. Craig Melchert, *Anatolian Historical Phonology,* Amsterdam/Atlanta 1994 (Leiden Studies in Indo-European, 3)

Mellink 1956a
Machtelt J. Mellink, *A Hittite Cemetery at Gordion,* Philadelphia 1956

Mellink 1956b
Machtelt J. Mellink, The Royal Tombs at Alacahöyük and the Aegean World, in: *The Aegean and the Near East, Studies Presented to Hetty Goldman,* New York 1956

Messerschmidt 1900
Leopold Messerschmidt, Corpus inscriptionum Hettiticarum, in: *Mitteilungen der Vorderasiatischen Gesellschaft* 5, 1900, Heft 4 und 5

Meyer 1975
Reinhold Meyer, Die Hethiter und das AT, in: Heribert Rossmann (Hrsg.), *Mysterium der Gnade. Festschrift Johann Auer,* Regensburg 1975

Michel 2001
Cécile Michel, *Correspondance des marchands de Kaniš,* Paris 2001

Müller-Karpe 1988
A. Müller-Karpe, *Hethitische Töpferei der Oberstadt von Ḫattuša. Ein Beitrag zur Kenntnis spät-großreichszeitlicher Keramik und Töpferbetriebe,* Marburg 1988 (Marburger Studien zur Vor- und Frühgeschichte Bd. 10)

Müller-Karpe 1996
Andreas Müller-Karpe, Kuşaklı. Ausgrabungen in einer hethitischen Stadt, in: *Antike Welt* 1996/4

Müller-Karpe 1997
Andreas Müller-Karpe, Untersuchungen in Kuşaklı 1996, in: *Mitteilungen der Deutschen Orient-Gesellschaft* 129, 1997

Müller-Karpe 1998
V. Müller-Karpe, Keramikfunde aus dem Gebäude C der Akropolis von Kuşaklı, in: A. Müller-Karpe, Untersuchungen in Kuşaklı 1997, in: *Mitteilungen der Deutschen Orient-Gesellschaft* 130, 1998

Müller-Karpe 1999
Andreas Müller-Karpe, Untersuchungen in Kuşaklı 1998, in: *Mitteilungen der Deutschen Orient-Gesellschaft* 131, 1999

Muscarella 1974
Oscar W. Muscarella (Hrsg.), *Ancient Art, The Norbert Schimmel Collection,* Mainz 1974

N

Naumann 1971
Rudolf Naumann, *Architektur Kleinasiens,* Tübingen 1971

Neu 1974
Erich Neu, Der Anitta-Text, in: *Studien zu den Boğazköy-Texten,* Heft 18, Wiesbaden 1974

Neu/Meid 1979
E. Neu/W. Meid (Hrsg.), *Hethitisch und Indogermanisch. Vergleichende Studien zur historischen Grammatik und zur dialektgeographischen Stellung der indogermanischen Sprachgruppe Altkleinasiens,* Innsbruck 1979 (Innsbrucker Beiträge zur Sprachwissenschaft, Bd. 25)

Neve 1965
Peter Neve, Die Grabungen auf Büyükkale im Jahre 1962, in: *Mitteilungen der Deutschen Orient-Gesellschaft zu Berlin* 95, 1965

Neve 1982
Peter Neve, Büyükkale. Die Bauwerke, in: *Bogazköy-Ḫattusa* XII, Berlin 1982

Neve 1986
Peter Neve, Die Ausgrabungen in Boğazköy-Hattusa 1985, in: *Archäologischer Anzeiger* 1986

Neve 1988
Peter Neve, Die Ausgrabungen in Boğazköy-Hattuša 1987, in: *Archäologischer Anzeiger* 1988

Neve 1989
Peter Neve, Einige Bemerkungen zu der Kammer B in Yazılıkaya, in: Kutlu Emre et al. (Hrsg.), *Anatolia and the Ancient Near East: Studies in Honor of Tahsin Özgüç,* Ankara 1989

Neve 1991a
Peter Neve, Die Ausgrabungen in Boğazköy-Hattuša 1990, in: *Archäologischer Anzeiger* 1991/3

Neve 1991b
Peter Neve, Hethitischer Gewölbebau, in: A. Hoffmann et al. (Hrsg.), *Bautechnik der Antike,* Mainz 1991

Neve 1992a
Peter Neve, Hattuša, *Stadt der Götter und Tempel,* Mainz 1992

Neve 1992b
Peter Neve, Hattuša: Stadt der Götter und Tempel, in: *Antike Welt,* Sonderheft, Mainz 1992

Neve 1993
Peter Neve, Die Ausgrabungen in Boğazköy-Hattusa 1992, in: *Archäologischer Anzeiger* 1993

Neve 1995/96
Peter Neve, Der Große Tempel (Tempel 1) in Boğazköy-Ḫattusa, in: *Nürnberger Blätter zur Archäologie* 12, Nürnberg 1995/96

Neve 1996
Peter Neve, *Ḫattusa, Stadt der Götter und Tempel,* Mainz 19962

Neve 1999
Peter Neve, Die Oberstadt von Ḫattusa. Die Bauwerke.1. Die Bebauung im Zentralen Tempelviertel, in: *Boğazköy-Ḫattusa* XVI, Berlin 1999

Niemeier 1999
Wolf-Dietrich Niemeier, Mycenaeans and Hittites in War in Western Asia Minor, in: *Aegaeum* 19, 1999

O

Ökse et al. 1992
Tuba Ökse/Metin Akyurt/Musa Törnük, Sivas Yöresinde Bulunan Bir Altın Yüzük Mühür, in: *Türk Arkeoloji Dergisi* XXX, 1992

Omura 1997
Sachihiro Omura, A Preliminary Report on the 11th Excavations at Kaman Kalehöyük, in: *Anatolian Archaeological Studies* 6, 1997

Orthmann 1971
Winfried Orthmann, *Untersuchungen zur späthethitischen Kunst,* Bonn 1971 (Saarbrücker Beiträge zur Altertumskunde 8)

Orthmann 1980
Winfried Orthmann, Karatepe B. Archäologisch, in: *Reallexikon der Assyriologie und Vorderasiatischen Archäologie* V/5–6, 1980
Orthmann 1984
Winfried Orthmann, Die Gebrauchskeramik der Schicht IVd, in: Kurt Bittel et al., *Boğazköy VI, Funde aus den Grabungen bis 1979,* Berlin 1984
Otten 1958
Heinrich Otten, *Hethitische Totenrituale,* Berlin 1958
Otten 1964
Heinrich Otten, Aufgaben eines Bürgermeisters in Ḫattusa, in: *Bagdhader Mitteilungen* 3, 1964
Otten 1981
Heinrich Otten, *Die Apologie Hattusilis III.,* Wiesbaden 1981
Otten 1987
Heinrich Otten, Das hethitische Königshaus im 15. Jh. v. Chr., in: *Anzeiger der phil.-hist. Kl. der Österreichischen Akademie der Wissenschaften 123,* Jg. 1986, 1987
Otten 1988
Heinrich Otten, *Die Bronzetafel aus Boğazköy. Ein Staatsvertrag Tudhalijas IV.,* Wiesbaden 1988 (Studien zu den Boğazköy-Texten, Beiheft 1)
Otten 1989
Heinrich Otten, Tiergefäße im Kult der späten hethitischen Großreichszeit, in: Kutlu Emre et al. (Hrsg.), *Anatolia and the Ancient Near East: Studies in Honor of Tahsin Özgüç,* Ankara 1989
Otten 1993a
Heinrich Otten, Zu einigen Neufunden hethitischer Königssiegel, in: *Abhandlungen der Akademie der Wissenschaften und der Literatur,* Mainz, Geistes- und Sozialwissenschaftliche Klasse, Stuttgart 1993
Otten 1993b
Heinrich Otten, Ein Siegel Tuthalijas IV. und sein dynastischer Hintergrund, in: *Istanbuler Mitteilungen* 43, 1993 (Festschrift P. Neve)
Otten 1995
Heinrich Otten, Die hethitischen Königssiegel der frühen Großreichzeit, *Abhandlungen der Akademie der Wissenschaften und der Literatur, Mainz, Geistes- und Sozialwissenschaftliche Klasse,* Stuttgart 1995
Otter 1748
Jean Otter, *Voyage en Turquie et en Perse; avec une relation des expéditions de Tahmas-Kauli-Khan,* Paris 1748
Özenir 1999
A. S. Özenir, Eflatunpınar: Tanrısal Havuz, in: *Atlas* 78, 1999
N. Özgüç 1953
Nimet Özgüç, Tiergestaltige Gefäße, die in Kültepe im Jahre 1948–1950 gefunden wurden, in: Tahsin Özgüç/Nimet Özgüç, Ausgrabungen in Kültepe – 1949, in: *Türk Tarih Kurumu Yayınları* V/12, Ankara 1953
N. Özgüç 1957
Nimet Özgüç, Marble Idols and Statuettes from the Excavations at Kültepe, in: *Belleten* XXI/81, 1957
N. Özgüç 1959
Nimet Özgüç, Seals from Kültepe, in: *Anatolia* IV, 1959
N. Özgüç 1965
Nimet Özgüç, The Anatolian Group of Cylinder Seal Impressions from Kültepe, in: *Türk Tarih Kurumu Yayınları* V/22, Ankara 1965
N. Özgüç 1966
Nimet Özgüç, Excavations at Acemhöyük, in: *Anatolia* X, 1966
N. Özgüç 1968
Nimet Özgüç, Seals and Seal Impressions of Level Ib from Karum Kanish, in: *Türk Tarih Kurumu Yayınları* V/25, Ankara 1968
N. Özgüç 1976
Nimet Özgüç, An Ivory Box and a Stone Mould from Acemhöyük, in: *Belleten* XL/160, 1976
N. Özgüç 1977
Nimet Özgüç, Acemhöyük Saraylarında bulunmuš olan mühür baskıları, in: *Belleten* XLI, 1977
N. Özgüç 1979
Nimet Özgüç, Some Contributions to Early Anatolian Art from Acemhöyük, in: *Belleten* XLIII/170, 1979
N. Özgüç 1980
Nimet Özgüç, Seal Impressions from the Palaces of Acemhöyük, in: Edith Porada (Hrsg.), *Ancient Art in Seals,* Princeton 1980
N. Özgüç 1986
Nimet Özgüç, Seals of the Old Assyrian Colony Period and some Observations on the Seal Impressions, in: J. Vorys-Canby et al. (Hrsg.), *Ancient Anatolia, Festschrift Machteld J. Mellink,* Wisconsin 1986
N. Özgüç 1987
Nimet Özgüç, Bullae from Kültepe, in: Kutlu Emre (Hrsg.), *Anatolia and the Ancient Near East: Studies in Honor of Tahsin Özgüç,* Ankara 1987
N. Özgüç 1994
Nimet Özgüç, Dövlek Köyünden (Šarkıšla İlçesi) Getirilen Eti Heykelci$gi, in: *Türk Tarih Arkeologya ve Etnografya Dergisi* V, 1949
N. Özgüç 1996
Nimet Özgüç, Seal Impressions on Kültepe Documents Notarized by Native Rulers, in: H. Gasche/-Barthel Hrouda (Hrsg.), *Collectanea Orientalia, Histoire, Arts de l'Espace et Industrie de la Terre. Etudes offertes en hommage à Agnès Spycket,* Neuchâtel/Paris 1996
T. Özgüç 1948
Tahsin Özgüç, *Die Bestattungsbräuche im vorgeschichtlichen Anatolien,* Ankara 1948
T. Özgüç 1950
Tahsin Özgüç, Ausgrabungen in Kültepe. Bericht über die im Auftrage der Türkischen Historischen Gesellschaft 1948 durchgeführten Ausgrabungen, in: *Türk Tarih Kurumu Yayınları* V/10, Ankara 1950
T. Özgüç 1954
Tahsin Özgüç, Die Grabungen von 1953 in Kültepe, in: *Belleten* XVIII/71, 1954
T. Özgüç 1955
Tahsin Özgüç, Excavations at Kültepe. Level II Finds, in: *Belleten* XIX/76, 1955
T. Özgüç 1956
Tahsin Özgüç, The Dagger of Anitta, in: *Belleten* XX/77, 1956
T. Özgüç 1957
Tahsin Özgüç, The Bitik Vase, in: *Anatolia* II, 1957
T. Özgüç 1959
Tahsin Özgüç, Kültepe-Kaniš, New Researches at the Trading Center of the Assyrian Trade Colonies, in: *Türk Tarih Kurumu Yayınları* V/19, Ankara 1959
T. Özgüç 1963
Tahsin Özgüç, Early Anatolian Archaeology in the Light of Recent Research, in: *Anatolia* VII, 1963
T. Özgüç 1966
Tahsin Özgüç, New Finds from Horoztepe, in: *Anatolia* VIII, 1966
T. Özgüç 1971
Tahsin Özgüç, Kültepe and its vicinity in the Iron Age, in: *Türk Tarih Kurumu Yayınları* V/29, Ankara 1971
T. Özgüç 1978
Tahsin Özgüç, Excavations at Maşathöyük and Investigations in its Vicinity, in: *Türk Tarih Kurumu Yayınları* V/38, Ankara 1978

T. Özgüç 1979
Tahsin Özgüç, A Vessel in the Form of a Human of the Assyrian Trading Colony Period, in: *Belleten* XLIII/170, 1979
T. Özgüç 1980a
Tahsin Özgüç, Excavations at the Hittite Site Maşathöyük: Palace, Archives, Mycenaean Pottery, in: *American Journal of Archaeology* 84, 1980
T. Özgüç 1980b
Tahsin Özgüç, Some Early Bronze Age Objects from the District of Çorum, in: *Belleten* XLIV/175, 1980
T. Özgüç 1982a
Tahsin Özgüç, Maşat Höyük II. Boğazköy 'ün kuzeydoğusunda bır hitit merkezi, in: *Türk Tarih Kurumu Yayınları* V/38a, Ankara 1982
T. Özgüç 1982b
Tahsin Özgüç, Maşathöyük II, A Hittite Center Northeast of Boğazköy, in: *Türk Tarih Kurumu Yayınları* V/38a, Ankara 1982
T. Özgüç 1983
Tahsin Özgüç, New Finds from Kanesh and what they mean for Hittite Art, in: *Beiträge zur Altertumskunde Kleinasiens, Festschrift für Kurt Bittel,* Mainz 1983
T. Özgüç 1986a
Tahsin Özgüç, Kültepe-Kaniš II, New Researches at the Trading Center of the Ancient Near East, in: *Türk Tarih Kurumu Yayınları* V/41, Ankara 1986
T. Özgüç 1986b
Tahsin Özgüç, New Observations on the Relationship of Kültepe with Southeast Anatolia and North Syria during the Third Millennium B.C., in: *Ancient Anatolia, Aspects of Change and Cultural Development. Essays in Honor of Machteld J. Mellink,* Wisconsin 1986
T. Özgüç 1986c
Tahsin Özgüç, The Hittite Cemetery at Ferzant. New Observations on the Finds, in: *Belleten* L/197, 1986
T. Özgüç 1988
Tahsin Özgüç, İnandıktepe, An Important Cult Center in the Old Hittite Period, in: *Türk Tarih Kurumu Yayınları* V/43, Ankara 1988
T. Özgüç 1991
Tahsin Özgüç, The Newly Discovered Cult Objects from the Karum of Kanesh, in: *Near Eastern Studies, dedicated to H. I. H. Prince Takahito Mikasa on the Occasion of his Seventy-Fifth Birthday,* Wiesbaden 1991
T. Özgüç 1992
Tahsin Özgüç, An Anthropomorphic Vase from Karum Kanesh, in: *Hittite and other Anatolian and Near Eastern Studies in Honour of Sedat Alp,* Ankara 1992
T. Özgüç 1993
Tahsin Özgüç, Studies on Hittite Relief Vases, Seals, Figurines and Rock-Carvings, in: Machteld J. Mellink et al. (Hrsg.), *Aspects of Art and Iconography: Anatolia and its Neighbors. Studies in Honor of Nimet Özgüç,* Ankara 1993
T. Özgüç 1994a
Tahsin Özgüç, A Cult Vessel discovered at Kanish, in: *Beiträge zur Altorientalischen Archäologie und Altertumskunde, Festschrift für Barthel Hrouda zum 65. Geburtstag,* Wiesbaden 1994
T. Özgüç 1994b
Tahsin Özgüç, A Votive Foundation-Nail in the Temple of Maşathöyük, in: *Beschreiben und Deuten, Festschrift Ruth Mayer-Opificius,* 1994 (Altertumskunde des Vorderen Orients 4)
T. Özgüç 1995
Tahsin Özgüç, Two Eagle Shaped Cult Vessels discovered at Kanish, in: *Beiträge zur Kulturgeschichte Vorderasiens, Festschrift für Rainer Michael Boehmer,* Mainz 1995
T. Özgüç 1996a
Tahsin Özgüç, A Boat-Shaped Cult-Vessel from the Karum of Kanish, in: H. Gasche et al., *Cinquante-deux Réflexions sur le Proche-Orient Ancien. Mesopotamian History and Environment,* Occasional Publications, Bd. II, Leuven 1996
T. Özgüç 1996b
Tahsin Özgüç, Two Antelope-shaped Cult Vessels Discovered at Kültepe, in: *Istanbuler Mitteilungen* 46, 1996
T. Özgüç 1998
Tahsin Özgüç, Boar-shaped Cult Vessels and Funeral Objects at Kaniš, in: *Altorientalische Forschungen* 25/2, 1998
T. Özgüç 1999a
Tahsin Özgüç, Vases used for Ritual Purposes from Eskiyapar, in: *Bulletin of the Middle Eastern Culture Center in Japan* XI, 1999
T. Özgüç 1999b
Tahsin Özgüç, The Palaces and Temples of Kültepe-Kaniš/Neša, in: *Türk Tarih Kurumu Yayınları* V/46, Ankara 1999
T. Özgüç 2000
Tahsin Özgüç, Vases Used for Ritual Purposes from Eskiyapar, in: *Bulletin of the Middle Eastern Culture Center in Japan* XII, 2000
Özgüç/Akok 1957
Tahsin Özgüç/Mahmut Akok, Objects from Horoztepe, in: *Belleten* XXI/82, 1957
Özgüç/Akok 1958
Tahsin Özgüç/Mahmut Akok, Horoztepe, An Early Bronze Age Settlement and Cemetery, in: *Türk Tarih Kurumu Yayınları* V/18, Ankara 1958
Özgüç/Özgüç 1949
Tahsin Özgüç/Nimet Özgüç, Ausgrabungen in Karahöyük. Bericht über die im Auftrage der Türkischen Geschichtskommission im Jahre 1947 durchgeführten Ausgrabungen, in: *Türk Tarih Kurumu Yayınları* V/7, Ankara 1949
Özgüç/Özgüç 1953
Tahsin Özgüç/Nimet Özgüç, Ausgrabungen in Kültepe. Bericht über die im Auftrag der Türkischen Historischen Gesellschaft 1949 durchgeführten Ausgrabungen, in: *Türk Tarih Kurumu Yayınları* V/12, Ankara 1953
Özgüç/Temizer 1993
Tahsin Özgüç/Raci Temizer, The Eskiyapar Treasure, in: Machteld J. Mellink et al. (Hrsg.), *Aspects of Art and Iconography: Anatolia and its Neighbors. Studies in Honor of Nimet Özgüç,* Ankara 1993

P

Pelon/Dupré 1987
Olivier Pelon/Sylvestre Dupré, Porsuk, une fouille française au pied du Taurus, in: *Archéologia* 221, Februar 1987
Perrot/Chipiez 1887
Georges Perrot/Charles Chipiez, *Histoire de l'art dans l'antiquité,* Bd. IV, Paris 1887
Perrot/Guillaume/Delbet 1872
Georges Perrot/Edmond Guillaume/Jules Delbet, *Exploration archéologique de la Galatie et de la Bithynie,* Paris 1872
Pinches 1881
T. Pinches, in: Proceedings of the *Society of Biblical Archaeology* 4, 1881

Poetto/Salvatori 1981
Massimo Poetto/Sandro Salvatori, La collezione Anatolica die E. Borowski, in: *Studia Mediterranea* 3, Pavia 1981

Popko 1995
Maciej Popko, *Religions of Asia Minor,* Warschau 1995 (Academic Publications Dialog)

Porada 1981/82
E. Porada, The Cylinder Seals Found at Thebes in Boeotia, in: *Archiv für Orientforschung* 28, 1981/82

Porzig 1930
Walter Porzig, Illuyankas und Typhon, in: *Kleinasiatische Forschungen* I., hrsg. von Ferdinand Sommer und Hans Ehelolf, Weimar 1930

Puchstein 1912
Otto Puchstein, *Boghasköi. Die Bauwerke,* Leipzig 1912

R

Riemschneider o. J.
Kaspar Klaus Riemschneider, *Die akkadischen und hethitischen Omentexte aus Boğazköy,* unveröffentlichte Habilitationsschrift, München o. J.

Riis/Buhl 1990
P. Riis/Marie-Louise Buhl, *Hama II/2. Les Objets de la période dite Syro-Hittite (Âge du Fer),* Kopenhagen 1990

Rüster 1993
Christel Rüster, Eine Urkunde Hantili's II., in: *Istanbuler Mitteilungen* 43, 1993

Rüster/Neu 1989
Ch. Rüster/E. Neu, *Hethitisches Zeichenlexikon. Inventar und Interpretation der Keilschriftzeichen aus den Boğazköy-Texten,* Wiesbaden 1989 (Studien zu den Boğazköy-Texten, Beiheft 2)

S

Sader 1987
Hélène S. Sader, Les états araméens de Syrie depuis leur fondation jusqu'à leur transformation en provinces assyriennes, in: *Beiruter Texte und Studien 36,* Beirut 1987

Sayce 1888
Archibald Henry Sayce, *The Hittites. The Story of a Forgotten Empire,* London 1888

Schaeffer 1956
Claude F.-A. Schaeffer, in: *Ugaritica* III, Paris 1956

Schatz 1972
Werner Schatz, *Genesis 14. Eine Untersuchung,* Bern 1972

Schirmer 1993
Wulf Schirmer, Die Bauanlagen auf dem Göllüdağ in Kappadokien, in: *Architectura,* Jg. 1993, München/Berlin 1993

Schmidt 1932
Erich F. Schmidt, The Alishar Höyük Seasons of 1928 and 1929, in: *Oriental Institute Publications* 19, Chicago 1932

Schmidt 1998
Klaus Schmidt, Frühneolithische Tempel. Ein Forschungsbericht zum präkeramischen Neolithikum Obermesopotamiens, in: *Mitteilungen der Deutschen Orient-Gesellschaft* 130, 1998

Seeden 1980
H. Seeden, The Standing Armed Figurines in the Levant, in: *Prähistorische Bronzefunde,* Abteilung I, Bd. 1, München 1980

Seeher 1998
Jürgen Seeher, Die Ausgrabungen in Boğazköy-Hattuša 1997, in: *Archäologischer Anzeiger* 1998

Seeher 1999
Jürgen Seeher, *Hattuscha-Führer. Ein Tag in der hethitischen Hauptstadt,* Istanbul 1999

Seeher 2000a
Jürgen Seeher, Getreidelagerung in unterirdischen Großspeichern: Zur Methode und ihrer Anwendung im 2. Jahrtausend v. Chr. am Beispiel der Befunde in Ḫattusa, in: *Studi Micenei ed Egeo-Anatolici* 42/2, Rom 2000

Seeher 2000b
Jürgen Seeher, Die Ausgrabungen in Boğazköy-Hattuša 1999, in: *Archäologischer Anzeiger* 2000

Seeher 2001
Jürgen Seeher, Die Zerstörung der Stadt Ḫattusa, in: *IV. Internationaler Hethitologie-Kongreß, Mainz 2001* (Studien zu den Bogazköy-Texten)

Seidel 1975
U. Seidel, Keramik aus Raum 4 des Hauses 4, westlich der Tempelterrasse, in: K. Bittel et al., *Boğazköy V. Funde aus den Grabungen 1970 und 1971,* Berlin 1975

Singer 1983, 1984
Itamar Singer, The Hittite KİLAM Festival, in: *Studien zu den Bogazköy-Texten,* hrsg. von der Kommission für den Alten Orient der Akademie der Wissenschaften und der Literatur, Heft 27 und 28, Wiesbaden 1983 und 1984

Singer 1994
Itamar Singer, A Hittite Signet Ring from Tel Nami, in: A. Rainey (Hrsg.), *Kinattğutu ğsa dğarâti, Gedenkschrift R. Kutscher,* Tel Aviv 1994

Singer 1996
Itamar Singer, Great Kings of Tarhuntašša, in: *Studi Micenei ed Egeo-Anatolici* 38, 1999

Singer 1999
Itamar Singer, in: W. G. E. Watson/N. Wyatt (Hrsg.), *Handbook of Ugaritic Studies,* Leiden/Boston/Köln 1999

Sommer/Ehelolf 1924
Ferdinand Sommer/Hans Ehelolf, Das Hethitische Ritual des Papankiri von Kommana, in: *Boghazkoi-Studien* 10, Leipzig 1924

Soucek 1979
Vladimir Soucek, Soziale Klassen und Schichten in der hethitischen Tempelwirtschaft, in: *Archiv Orientální* 47, Prag 1979

Soucek/Siegelová 1998
Vladimír Soucek/Jana Siegelová, Systematische Bibliographie der Hethitologie 1915–1995, in: *Handbuch der Orientalistik* I/38, Leiden 1998

Starke 1997
Frank Starke, Troia im Kontext des historisch-politischen und sprachlichen Umfeldes Kleinasiens im 2. Jahrtausend, in: *Studia Troica* 7, 1997

Starke 1999a
Frank Starke, Kleinasien III. C: Hethitische Nachfolgestaaten, in: *Der Neue Pauly,* Bd. 6, 1999

Starke 1999b
Frank Starke, Luwisch, in: *Der Neue Pauly,* Bd. 7, 1999

Steiner 1964
Gerd Steiner, Die Aḫḫijawa-Frage heute, in: *Saeculum* 15, 1964

Stuttgart 2001
Troia. Traum und Wirklichkeit, Wissenschaftlicher Begleitband zur gleichnamigen Ausstellung, Stuttgart 2001

Süel 1998
Aygül Süel, Ortaköy-Shapinuwa: A Hittite Center, in: *Turkish Academy of Sciences Journal of Archaeology (TÜBA-AR)* I, 1998

Sümer 1953
O. Sümer, Bir Hitit Libasyon Vazosu, in: *Istanbul Arkeoloji Müzeleri Yıllığı* 6, 1953

Sürenhagen 1986
D. Sürenhagen, Ein Königssiegel aus Kargamiš, in: *Mitteilungen der Deutschen Orient-Gesellschaft zu Berlin* 118, 1986

Szemerényi 1988
Oswald Szemerényi, Hounted out of the Academe …: The sad fate of a genius, in: F. Imparati (Hrsg.), *Studi di storia e di filologia anatolica dedicati a Giovanni Pugliese Carratelli,* Florenz 1988 (Eothen 1)

T

Taner 1971
Saadet Taner, Kültepe Kazŝnda bulunan Sikkeler, in: *Anatolia* 15, 1971

Taner 1974
Saadet Taner, Kültepe Sikkeleri, 1967, 1973, in: *Belleten* XXXVIII/152, 1974

Temizer 1954
Raci Temizer, Kayapınar Höyüğü Buluntuları, in: *Belleten* XVIII/71, 1954

Texier 1839
Charles Texier, *Description de L'Asie Mineure* I, Paris 1839

Thureau-Dangin et al. 1931
François Thureau-Dangin et al., Arslan Tash, in: *Bibliothèque archéologique et historique* XVI, Paris 1931

Thureau-Dangin/Dunand 1936
François Thureau-Dangin/Maurice Dunand, Til-Barsib, in: *Bibliothèque archéologique et historique* XXIII, Paris 1936

Tischler 1982
Jochan Tischler, *Hethitisch-deutsches Wörterverzeichnis,* Innsbruck 1982

U

Ün 1989
Gül Ün, *Müzemize Londra'dan Satın Alınarak Getirilen Bir Tablet Parçası Anadolu Medeniyetleri Müzesi 1988 Yıllığı,* Ankara 1989

Ünal 1993
Ahmet Ünal, Boğazköy Kılıcının Üzerindeki Akadça Adak Yazısı Hakkında Yeni Gözlemler, in: Machteld J. Mellink et al. (Hrsg.), *Aspects of Art and Iconography: Anatolia and its Neighbors. Studies in Honor of Nimet Özgüç,* Ankara 1993

Ünal 1998
Ahmet Ünal, *Hittite and Hurrian Cuneiform Tablets from Ortaköy (çorum), Central Turkey,* Istanbul 1998

Uzunoğlu 1978
Edibe Uzunoğlu, Küp Üzerinde Bir Hitit Silindir Mühür Baskısı, in: *Anadolu Araštırmaları* VI, 1978

Van den Hout 1995
Theo van den Hout, Der Ulmitešub-Vertrag, in: *Studien zu den Boğazköy-Texten* 38, Wiesbaden 1995

Van Lennep 1870
Henry J. van Lennep, *Travels in little-known parts of Asia Minor* I/II, London 1870

Veenhof 1972
Klaas R. Veenhof, *Aspects of Old Assyrian Trade and its Terminology,* Leiden 1972

Von der Osten 1937
Hans H. von der Osten, The Alishar Höyük, Seasons of 1930 – 32, in: *Oriental Institute Publications* 29, Chicago 1937

Von Luschan 1893, 1898, 1902, 1911
Felix von Luschan, Ausgrabungen in Sendschirli I–IV, in: *Mitteilungen aus den Orientalischen Sammlungen* XI–XIV, Berlin 1893, 1898, 1902, 1911

Von Schuler 1965
Einar von Schuler, Kleinasien. Die Mythologie der Hethiter und Hurriter, in: *Wörterbuch der Mythologie,* hrsg. von Hans Wilhelm von Haussig, Bd. I: Götter und Mythen im Vorderen Orient, Stuttgart 1965

Wäfler 1983
Markus Wäfler, Zu Status und Lage von Tabal, in: *Orientalia* 52, 1983

Weidner 1917
F. Ernst Weidner, Aus den Hethitischen Urkunden von Boghazköi, in: *Mitteilungen der Deutschen Orient-Gesellschaft zu Berlin* 58, 1917

Weidner 1923
F. Ernst Weidner, Politische Dokumente aus Kleinasien, in: *Bogazköy-Studien* 8–9, Leipzig 1923

Wilhelm 1982
Gernot Wilhelm, *Grundzüge der Geschichte und Kultur der Hurriter,* Darmstadt 1982

Wilhelm 1993–1997
Gernot Wilhelm, Mittan(n)i, in: *Reallexikon für Assyriologie* VIII, 1993–1997

Wilhelm 1997
Gernot Wilhelm, Keilschrifttexte aus Gebäude A, *Kusakli-Sarissa* Bd. 1: Keilschrifttexte, Faszikel 1, Rahden/Westfalen 1997

Williams-Forte 1983
Elizabeth Williams-Forte, The Snake and the Tree in the Iconography and Texts of Syria during the Bronze Age, in: Leonard Gorelick/E. Williams-Forte (Hrsg.), *Ancient Seals and the Bible,* Malibu 1983

Winckler 1906
Hugo Winckler, Die im Sommer 1906 in Kleinasien ausgeführten Ausgrabungen, in: *Orientalistische Literaturzeitung* 9, 1906

Winckler 1907
Hugo Winckler, Vorläufige Nachrichten über die Ausgrabungen in Boghazköi im Sommer 1907, in: *Mitteilungen der Deutschen Orient-Gesellschaft 35,* 1907

Winckler 1913
Hugo Winckler, Nach Boghazköi!, in: *Der Alte Orient* 14/3, 1913

Winter 1979
Irene J. Winter, On the problems of Karatepe: the reliefs and their context, in: *Anatolian Studies* 29, 1979
Winter 1983
Irene J. Winter, Carchemish ša kišad Puratti, in: *Anatolian Studies* 33, 1983
Wooley 1921
C. Leonard Wooley, *Carchemish II. The Town Defences. Report on the Excavations at Jerablus on behalf of the British Museum,* London 1921
Wooley et al. 1952
C. Leonard Wooley et al., *Carchemish III. The Excavations in the Inner Town. Report on the Excavations at Jerablus on Behalf on the British Museum,* London 1952
Wright 1884
William Wright, *The Empire of the Hittites,* London 1884

HİTİTLER VE HİTİT İMPARATORLUĞU

1000 TANRILI HALK

İçindekiler

Devletin ve Toplumun İfade Şekilleri 413

Din ve Kültün İfade Şekilleri 438

Hitit Başkenti ve İmparatorluğun Diğer Şehir Merkezleri 459

Sanat ve Maddi Kültürün İfade Şekilleri 482

Hitit İmparatorluğu ve Güçlü Komşuları 514

Ekler 524

Önsöz

M. İstemihan Talay
Türkiye Cumhuriyeti Kültür Bakanı

Anadolu, insanlık tarihinin çeşitli dönemlerinde ön sırada yer almış ve birçok uygarlığın beşiği olmuştur. Dünyanın pek az bölgesi, bu yarımadada birbirini izleyen uygarlıklardan günümüze kalan daha zengin bir mirasa sahip olduğunu iddia edebilir.

Anadolu'nun dünyaya sunduğu sayısız uygarlık ürününün arkasında, hiç kuşkusuz bu topraklarda özenle yaşamış binlerce yılın insanları durmaktadır. Bu insanlar, bu topraklardaki yağma ve yangınlara karşın yaşamları adına bırakmak istediklerini büyük bir coşku ve özenle üretmesini bilmişler, uygarlık tarihinin büyük bölümünde yer alacaklarını düşünmeden sürekliliği egemen kılmışlardır.

Kültür ve sanat ulusların ortak dilidir. Bu dilin, uluslararası dostlukların ileriye götürülmesinde payı büyüktür. Osmanlı Devleti zamanında başlayan, günümüze kadar devam eden Türkiye-Almanya kültürel ve bilimsel işbirliği *"Bin Tanrılı Halk, Hititler"* sergisi ile bir kez daha perçinlenmektedir. Türkiye, kültür varlıklarının ait oldukları topraklarda korunması gerektiğine inanmakta, yurtdışında düzenlediği sergilerle, bu kültür zenginliğinin tüm insanlık tarafından tanınmasını sağlamayı amaçlamaktadır.

Türkiye'nin uluslararası işbirliğini en iyi şekilde yerine getirdiğini bir kez daha gösteren bu güzel serginin gerçekleşmesinde katkıda bulunanlara teşekkür ederim.

Önsöz

Julian Nida-Rümelin
Kültür ve Medya İşleri
Federal Hükümet Temsilcisi

Bir zamanlar Mısır firavunları ve Babil kralları kadar güçlü olan Hititler, binlerce yıl tarihin karanlıklarında kalmışlardı. Kutsal Kitap'ta Hititler'e yalnızca kısaca değinilmiş, Herodotos, yanlışlıkla Mısırlılar'a atfettiği, bir Hitit kabartmasını betimlemiştir. Tüm bunlara rağmen, arkeologlar, filologlar ve tarihçiler, 4000 yıl karanlıkta kalmış, bu halkın kültürünü yeniden kurgulayabilmişler, dört bir yana dağılmış verilerden yola çıkarak, bir bütüne ulaşabilmişlerdir. Araştırmaların başlangıcında, ne Hitit İmparatorluğu'nun azameti, ne başkenti, ne de kökenleri ve dilleri üzerine bir şeyler bilinmekteydi.

Artık Hititler'in Anadolu'nun büyük bir bölümüyle Kuzey Suriye'ye egemen olduklarını, Hint-Avrupa ailesine giren bir dili konuştuklarını, hem çiviyazısı, hem de hiyeroglif yazısını kullandıklarını biliyoruz. Hititler, geride pek çok yazılı kaynak bırakmıştır. Tarihi olayların kapsamlı bilgilerini, devlet işlerini ve inançla ilgili kültleri aktaran bu metinler, Hint-Avrupa gurubundan bir dilin, en eski, yazılı belgeleridir. Hititler'le Mısır arasında, MÖ 1259 yılında yapılan barış antlaşmasıysa, iki ülkenin imzaladığı, ilk yazılı antlaşmadır.

Hitit araştırmalarının tarihçesi, Alman ve Türk bilimciler arasındaki sıkı ve dostane çalışmaların da tarihçesidir. Alman bilim adamları, Hitit araştırmalarının öncüleri arasındadır. Pek çok kazıyı yönetmişler, haritalar çizmişler, Hitit dilinin çözülmesine önemli katkıda bulunmuşlar, Hititoloji Bilimi'nin temellerini atanlar arasında yer almışlar ve hem Alman, hem de Türk üniversitelerinde eğitimini üstlenmişlerdir. Alman Doğu Cemiyeti ve Alman Arkeoloji Enstitüsü, birkaç çeyrek asırdan beri, Hitit Kültürü'nün aydınlanması, bilgilerin daha da derinleştirilebilmesi amacıyla, arkeolojik kazılara kaynak aktarmakta ve uzmalar görevlendirmektedir. Bu nedenle Hititleri konu eden, bu güne dek yapılmış en kapsamlı serginin, Federal Alman Cumhuriyeti Sanat ve Sergi Salonlarında düzenlenlenmesinden büyük kıvanç duymaktayız. Bu projenin gerçekleştirilmesini mümkün kılan, Türkiye'deki çok sayıdaki kişiye en içten teşekkürlerimi sunarım. Serginin, hakettiği büyük ilgiyi uyandırması dileğiyle.

Önsöz

Dr. Alpay Pasinli
Türkiye Cumhuriyeti Kültür Bakanlığı
Anıtlar ve Müzeler Genel Müdürü

Anadolu yarımadasının bugün için bilinen en eski adı "Hatti Ülkesi" idi. MÖ 3. binde çok gelişmiş Hatti Uygarlığı'nın ardından, MÖ 2. binde Hitiler aynı topraklarda yaşamlarını sürdürmüşlerdir. Zamanla gelişme olanakları bulan Hititler, Hattiler'den aldıkları zengin kültür mirası ile dünya tarihinin en ilginç ve özgün uygarlıklarından birini yaratmışlardır.

Hititler'in MÖ 18. yüzyılda Anadolu'nun gelişmiş ticaret hayatına katılmış olduklarını, adı geçen tarihlerde özellikle Kültepe-Kaniş'in Eski Assurca yazılı belgeleri kanıtlamaktadır.

Aynı belgeler içinde Hitit sözcükleri, yer adları, kişi adları ve sonraki dönemlerde tanıdığımız Hitit tanrı adlarına rastlanmış olması, Hititler'in Kaniş/Neşa şehrinde varlıklarına tanık olmaktadır.

Hititler, zamanının üç büyük ve güçlü ülkesinden biri; 13. yüzyılda ise Mısır'la birlikte dünyanın iki süper devletinden bir tanesi idi. Hititler federatif sistemde bir imparatorluk kurmuşlar ve Suriye ile Mezopotamya üzerinde egemen olmuşlardır. Bu Hitit ülkesi, kadınları erkeklerle eşdeğerde tutan, kölelerin bile haklarını koruyan bir hukuk devleti olarak eşsiz olup hoşgörülü, insancıl yasaları ile Eskiçağ'ın en özgür uygarlıklarından biridir.

Hitit sanatının mayası, Anadolu'nun bütün geçmiş kültlerinin özümlenmesi ve çok usta bir sentezinden oluşmaktadır. Hititler, sanatı din ve politik gücün propagandasında aracı olarak düşündükleri için ona önem vermişler ve özgün eserler ortaya koymuşlardır.

Hitit Devleti'nin federal düzende olması, onun din konusunda hoşgörülü bir davranışta bulunmasını gerekli kılmış inanç dünyasını federatif bir anlayış içinde bütünlüğe ulaştırmanın yolunu bulmuştur. Hititler, tabletlerde sık sık "Hatti Ülkesi'nin Bin Tanrısı"ndan söz ederler. Metinlerdeki uzun tanrı listeleri göz önünde tutulursa, bu deyişin pek abartılı olmadığı düşünülebilir.

Bu önemli sergide Türkiye'nin 16 ayrı müzesinden toplam 154 eser yer alacaktır.

"Bin Tanrılı Halk, Hititler" adını da bu tarihi gerçekten alan serginin tarihsel ve kültürel önemi yadsınamaz. Hitit uygarlığı ve sanatının, sergilenen bu özgün örneklerle sergiyi gezen insanların belleklerinde yer edeceğini umuyoruz.

Böyle bir dev projenin hayata geçirilmesinde her türlü desteği sağlayan yöneticilere ve uluslararası işbirliğinin güzel bir örneği olan bu sergide emeği olan iki ülkenin müzecilerine teşekkürlerimi sunuyorum.

Önsöz

Wenzel Jacob
Federal Alman Cumhuriyeti Sanat ve Sergi Salonu Müdürü

Federal Alman Cumhuriyeti Sanat ve Sergi Salonu, kısa aralıklarla düzenlediği iki sergiyi, Türk kültür çevresine ayırmıştır. Önce Troia ve tarihte nasıl algılandığının öyküsüyle ilgilendikten sonra, şimdi de Türk halkının atalarından sayılan Hititliler'e yöneldik.

İki denizi, Ege ve Marmara'yı birbirine bağlayan noktada yer alan liman kenti Troia, yüzyıllar boyu varlığını sürdürüp, Antik Dönemler'de de pek çok olayın merkezini oluştururken, Hititler'in kurduğu büyük imparatorluk, neredeyse tümüyle unutulur. Halbuki, MÖ 2. binde, döneminin süper güçlerinden biriydi

Geçen yüzyıl içinde yapılan bilimsel çalışmalar sayesinde, artık Hititler'in tarihi ve kültürleri hakkında, ayrıtılı bilgilere sahibiz. Geçen zaman içinde, binlerce çiviyazılı tablet, gün ışığına kavuşturuldu ve çözülebildi. Hititler, arkalarında, tarihi olaylar hakkında ayrıntılı kayıtlar, kanun metinleri, diplomatik yazışmalar, devletler arası antlaşmalar, kült ve sunu törenlerini anlatan pek çok yazılı belgeyle birlikte, edebi metinler de bıraktılar.

Sergimizin alt başlığı olan – *1000 Tanrılı Halk* – deyimi de bu metinlerde geçen bir tanımlamadır. Hititler, bir ülkeyi kendi egemenlik alanlarına kattıklarında, onların tanrılarını ve kültlerini ortadan kaldırmazlar, tam tersi, kendi panteonları ve inanç yaşamlarına katarlardı. Yabancı kültürlere bu denli açık fikirli yaklaşımları, başka halkların değerlerine ve geleneklerine karşı gösterdikleri saygıyla Hititler'i, kendi yaşadığımız çağ için de örnek alabiliriz. Çünkü, karşılıklı hoşgörüye duyduğumuz gereksinim, hiç bu kadar kuvvetle kendini hissettirmemişti. Bu ve benzer türden sergi projeleriyle bağlantılı kültür alışverişinin önemi, bu bağlamda daha da artmaktadır.

Sergi kataloğu Hititolojinin ulaştığı en son seviyeyi yansıtmaktadır ve Hitit Kültürü'nün yazı ve dil, tarih, iç ve dış politika, sanat, mimari, din, kült ve bunların yanı sıra günümüzde de süregelen, önemli arkeolojik kazılar gibi çeşitli ögelerini, değişik araştırma yöntemlerinin bakış açısından da aktarmaya çalıştık. Dileriz, bu kitabın sayfaları arasında yapılan, günümüz Hititolojisi'ne özgü, canlı tartışmalar, diğer Eski Çağ Bilimleri'ne de yeni ivmeler kazandırsın.

Sergi, Türkiye'deki çeşitli kurumlarla gerçekleştirilen, üç yıllık sıkı bir çalışmanın ürünüdür. Bu bağlamda, yerinde kararları, uyarıları ve yapıcı destekleriyle katkıda bulunan herkese, en içten teşekkürlerimi sunarım. İlk olarak, olumlu yaklaşımlarından kuvvet aldığımız, Türkiye Cumhuriyeti Kültür Bakanı M. İstemihan Talay'a şükranlarımı sunmak isterim. Projeye değerli katkılarından dolayı, Kültür Bakanlığı Anıtlar ve Müzeler Genel Müdürü (Ankara) Alpay Pasinli'ye teşekkür borçluyum. Onun sayesinde, burada yine teşekkürlerimi sunmak istediğim pek çok müzenin katılımı sağlanabildi. Özel olarak teşekkür etmek istediğim Anadolu Medeniyetleri Müzesi eski müdürü İlhan Temizsoy serginin küratörlerindendir ve teşhire giren eserlerin seçiminde yardımcı olmuştur; eserlerin önemli bir bölümü de zaten kendilerinin müzesinden ödünç alınmıştır. Tahsin Özgüç ve eşi Nimet Özgüç'ün katkıları olmasaydı, bu sergi yaşama geçirilemezdi. Tahsin Özgüç, 50 yıldan daha uzun bir zamandan beri Hititler'e yönelmiş ve eşiyle birlikte önemli kazıları yönetmiştir. Sergi kataloğunun genel çizgilerini büyük oranda belirleyen Özgüç, serginin de küratörlerindendir. Küratörlük kurumunun üçüncü üyesi Susanne Kleine'dir. Diplomatik becerisi, konuya hakimiyeti ve özverisiyle serginin proje başkanlığını da üstlenmiştir. Serginin hazırlanmasında, Berlin'deki Türkiye Cumhuriyeti ve Ankara'daki Federal Alman Cumhuriyeti Sefaretleri'nin katkıları büyüktür. Her iki kuruma, Berlin Sefiri Osman Taney Korutürk ve Türkiye'de taraflar arasındaki ilk bağlantıları kuran, eski Kültür Ataşesi Halil Akdeniz'in şahıslarında teşekkür ederim. Ankara Sefiri Rudolf Schmidt'e ve bizler için hiç yorulmadan haber akışını sağlayan, yardımcısı, Ingeborg Sonsuz'a da teşekkür borçluyuz. Burada sergimizi destekleyen herkesi saymak olanaksız da olsa, özellikle danışman olarak desteklerini aldığım Hititolog ve Tübingen Üniversitesi Serbest Doçenti Frank Starke'ye; Alman Arkeoloji Enstitüsü görevlisi Hattuşa kazısı başkanı Jürgen Seeher'e; Türkçe Katalog metinlerinin çevirilerinden ve redaksiyonundan sorumlu Ayşe Baykal-Seeher'e; İstanbul Alman Arkeoloji Enstitüsü eski müdürü Harald Hauptmann'a ve şimdiki müdürü Adolf Hoffmann'a; Alman Doğu Cemiyeti'nin uzun yıllar başkanlığını yürüten Gernot Wilhelm'e ve son olarak Hattuşa kazılarının ilk başkanlarından Peter Neve'ye şükranlarımı sunarım.

Hititler'in Türkiye Kültür Mirası İçindeki Yeri

Tahsin Özgüç

İki kıta arasındaki konumunun, coğrafyasının, başta madene dayanan zenginliklerinin sağladığı olanaklar, Anadolu'nun Yakındoğu insanlık tarihinin ilk evrelerinden itibaren gelişmeye başlamış yüksek kültürlerin sahibi olmasını, doğu – batı kültürleriyle sürekli ilişki içinde kalmasını sağlamıştır. Ancak bu yarımadanın anıt ve şehirlerinin araştırılması, komşu ülkelere bakınca, çok geç başlamıştır. Yakındoğu'nun, Doğu Akdeniz'in, hatta Batı Anadolu'nun büyük tarih ve sanat merkezlerinin çok erken tarihlerde gün ışığına çıkarılmasına karşın, Anadolu'nun zengin kültür bölgeleri karanlıkta kalmıştı. 19. yüzyılın ilk çeyreğinin sonundan itibaren batının bilgin, araştırıcı, aydın seyyahlarının Boğazköy'ü, Alacahöyük'ü, Eflatunpınar'ı, Gavurkale'yi görmeleri, Yazılıkaya kabartmalarının alçı kopyalarını almalarına, hatta Boğazköy, Alacahöyük, Kültepe gibi büyük merkezlerde, kısa süreli kazı yapma çabalarına rağmen, Anadolu araştırmaları beklenen düzeye erişememişti. Ancak 1881'de "Müze'i Humayûn" müdürü olan Osman Hamdi'nin, Anadolu'nun ortasında, Kuzey Kapadokya ve Orta Karadeniz bölgesinde uzun ömürlü siyasal hakimiyeti, kültürel etkisi geniş bir coğrafya alanına yayılmış olan Hitit kültürünün aydınlanmaya başlamasında büyük hizmeti ve payı olmuştur. O, 1906'da müzesi adına Makridi'nin sorumluluğunda Boğazköy kazılarına başlamış, zamanın çiviyazısı uzmanı Assiriyolog Hugo Winckler'i de kazı heyetine almıştır (Bkz. Burada Seeher, S. 390 vdd.). Kazılara daha sonraları, değişik bilim dallarına mensup Alman uzmanlar da katıldı. 1907, 1911 – 1912 yıllarında devam edilen kazılarda, 10 000' den çok tablet keşfedildi. Bunlar "Hititoloji" nin başlangıç evresini, gelişmesini, Hititler'in yalnız Anadolu'da değil, insanlık tarihinde sahip oldukları yerin kanıtlanmasını sağladılar. Çünkü B. Hrozný 1915'de, keşifleri izleyen üç yıl içinde, o zamana kadar bilinen eski Yakındoğu dillerine yabancı bir dili, Hititçe'yi, Hint-Avrupalı bir dilde yazılmış belgeleri çözdü, okudu. Müzeler müdürü Halil Edhem 1917'de tabletlerin yayını ve parçaların birleştirilmesini kolaylaştırmak maksadıyla geçici olarak Berlin'e gönderilmesini uygun buldu. Başlangıçtan beri Alman bilim kurumlarına, bilim adamlarına duyulan güven ve iyi ilişkiler, iki ülke müzecileri arasındaki işbirliği, Hititoloji'nin Almanya'da kurulup gelişmesinde çok etkin olmuştur. İkinci (1931 – 1939) ve üçüncü dönem (1952 – devam ediyor) kazı izinleri de iki büyük Alman kurumuna (DOG ve DAI) verildi. 1931 – 33'de bulunan 3740 tablet de yayınları Berlin'de hazırlandıktan sonra Türkiye'ye gönderildi.

Türkiye'de arkeolojinin üniversitelerde bir bilim dalı olarak kurulup gelişmesini, Hitit kültürünün ve ona kaynaklık eden daha eski yerli Anadolu kültürlerinin sistemli kazılarla araştırılmasını Atatürk'e borçluyuz.[1] Üzerinde yaşadığı toprağının, vatanının ilkçağlardan beri süregelen tarihini, kendi tarihinin bölümleri olarak kabul eden Atatürk'ün tarih ve arkeolojiye verdiği önem, bilim adamlarının kendi zengin geçmişlerine sahip çıkma, O'nun vasiyetini, idealine bağlılığını artan bir hızla geliştirme, yaşatma kararlılığı içinde olmalarının nedeni, O'nun yarattığı heyecan ve etkide, Türk Tarih Kurumu'nun çalışmalarına bizzat katılmasında ve ona yaptığı maddi ve manevi desteğin anlamında aranmalıdır. Çünkü, Atatürk üstünde yaşadığı toprağının her şeyinin, mazisinin, kültürünün, geleneğinin, felaket ve mutluluklarının bilincine sahip bir milletin, varlığını kesintisiz olarak sürdürebileceğine inanıyordu.

Atatürk'ün bu konuda ilk etkin girişimini 1931'de, Türkiye Cumhuriyeti'nin kuruluşundan 8 yıl sonra Hükümet Başkanı İsmet İnönü'ye Konya'dan çektiği telgraf belgelendirmektedir: "Memleketimizin hemen her tarafında emsalsiz defineler halinde olan kadim medeniyet eserlerinin ileride tarafımızdan meydana çıkarılarak ilmi bir surette muhafaza ve tasnifleri ve geçen devirlerin sürekli ihmali yüzünden pek harab bir hale gelmiş olan abidelerin muhafazaları için daha fazla ihtimam gösterilmesi, arkeoloji için daha fazla talebe gönderilmesi".

O, tarih bilimleri grubuna giren arkeolojiyi, 1931'de kurduğu, koruyucu başkanı olduğu Türk Tarih Kurumu'nun tarih araştırmalarından ayırmamış ve kurumun görevini belirleyen tüzüğüne "Türk tarihini aydınlatmaya yarayacak vesaik ve malzemeyi elde etmek için icab eden yerlere taharri, hafr ve keşif heyetleri göndermek" maddesinin konulmasını öngörmüştür. Bununla da yetinmeyen Atatürk, İş Bankası'ndaki tasarrufunun önemli bir bölümünün nemasını tarih ve arkeoloji araştırmalarına vasiyet etmiştir. O, aynı sene *"Révue Hittite et*

Asianique" in yayınını yüksek himayesine almış, finanse etmiştir.

Atatürk arkeolojinin omurgasını öğrenime dayatmış; çoğu Almanya'ya olmak üzere önce yurtdışına arkeoloji ve Hititoloji öğrenimi için öğrenci göndermiştir. 1933'de İstanbul Üniversitesi'nde, 1935'de Ankara'da kurulan Dil ve Tarih-Coğrafya Fakültesi'nde Önasya Arkeolojisi, Sümeroloji Assirioloji, Hititoloji ve Klasik Filoloji bölümleri kurulmuş; Benno Landsberger, Hans Gustav Güterbock, Georg Rohde gibi Almanya'dan ve Hans Henning von der Osten gibi Chicago'dan davet edilen ünlü öğretim üyeleri, bu bilim dallarının kurulup gelişmesinde, bilim adamlarının yetişmesinde büyük hizmetleri olmuştur.

Türk Tarih Kurumu kazıya 1935'de Kurt Bittel'in de görüşüne uyarak, Hitit kült ve sanat merkezi Alacahöyük'te başladı. Hitit kültürünün bütün evrelerinin temsil edildiği Alacahöyük'te bir kült ve sanat merkezine uygun anıtsal yapılar, altın, tunç ve fildişi heykelciklerin her türü, yalnız Boğazköy'de kazanılan bilgilerin artmasını sağlamakla kalmadı; Hititlere öncülük eden, onların kaynağını oluşturan, MÖ 3. binin ikinci yarısında gelişimini tamamlamış, beklenmeyen, yeni, yerli, Orta Kuzey Anadolu'ya, Hitit çekirdek bölgesine özgü Hatti kültürü bütün zenginliğiyle gün ışığına çıkarıldı. Alacahöyük Atatürk vasiyetine sadakatın ilk simgesidir. Bugün Türkiye'de yürütülen kazılar Atatürk'ün idealine bağlı bütün kurumların ortak eseridir.

Yurtiçinde ve dışında arkeoloji öğrenimini tamamlamış olanların artması, yabancı kazı heyetlerine kazı izinlerinin, bilimsel ve yönetsel şartların en uygun ölçüleri içinde verilmesi, Türkiye'yi Yakındoğu'da en çok kazı yapılan, araştırılan bir arkeoloji ülkesi durumuna getirmiştir. Paleolitik Çağ'dan itibaren bütün Anadolu kültürlerine dönük kazılar, Türkiye'ye yayılan müzelerin çoğunun, kısa sayılabilecek bir zaman içinde zengin koleksiyonlara sahip olması, bilgimizin geçmişle mukayese edilemeyecek ölçüde artmasını sağladı: Mabet ve saraylarla donatılmış yeni Hitit şehirleri, çiviyazılı tablet arşivleri keşfedildi. İki üniversitemizde Hititoloji'yi temsil eden uzmanlarımıza düşen görev bu metinlerin zamanında bilim dünyasına duyurulmasıdır. MÖ 20. – 18. yüzyılın iki büyük krallığının merkezi Kaniş ve Puruşhattum kazıları kesintisiz olarak sürdürülmektedir. Boğazköy'den önceki ilk Hitit merkezi Neşa (Kaniş) arşivlerinde keşfedilen ve yayınlanmalarına devam edilen 19 000'den fazla Assurca çiviyazılı metnin, Hattiler'in Hititler'le yan yana yaşadıklarının, şehir devletleri sisteminin, yerli kral ve Büyük Krallar'ın aralarındaki ilişkilerin, yerli kültürün gelişiminde büyük etkisi olan Yakındoğu'nun yüksek kültür bölgeleriyle kurduğu ticaret, kültür ve sanat bağlarının aydınlanmasına çok önemli katkıları oldu.

Bonn'da açılan "Hitit Sergisi" nin Eski Dünya'nın üç süper gücünden biri olan Hititler'in 1300 yıl boyunca yarattıkları kültür ürünlerinin tanıtılmasında, Anadolu'ya özgü Hitit uygarlığının araştırılmasında, öğrenilmesinde, unutulmayacak katkısı olanların hatırlanmasında övgüyle karşılanacak payı olacaktır.

Makalemi, yaşamının uzun bölümünü, reformların gerçekleştirildiği dönemde Türkiye'de geçiren, bu gelişmelerin tanığı olan Kurt Bittel'in Atatürk'ün anısına hazırlanan Belleten'de yayınlanan çok anlamlı, duyarlı tümcesiyle tamamlıyorum:[2] "Anadolu'nun ve Türk milletinin mazisinin araştırılması üzerinde çalışan ecnebi alimler, Atatürk'ün bu hatırasını, kendi memleketinin çocukları kadar büyük bir sadakatla muhafaza edeceklerdir".

Dipnotlar

1 Bkz. T. Özgüç, Atatürk ve Arkeoloji, Mémorial Atatürk. Études d'archéologie et de Philologie Anatoliennes, Institut Français d'études Anatoliennes, Paris 1982 9 – 12

2 Belleten III/10, 1939, 205.

Batı ve Doğu Arasında Anadolu

Gernot Wilhelm

Anadolu sıklıkla Avrupa ile Asya arasında bir köprü olarak tanımlanır. Ancak pek çok tarihsel genellemede olduğu gibi, çizilen bu tablo bir anlamda doğru, bir anlamda da yanlıştır. Avrupa ve Asya arasındaki coğrafi konumu itibariyle ve doğal yapısından kaynaklanan doğu-batı doğrultusunda uzanan ulaşım yolları nedeniyle Anadolu, binlerce yıl boyunca gerçekten de değişik kültürlerin buluşmasına yardımcı olmuştur.

Uzun zaman dilimleri boyunca Anadolu, kültürel olarak ya tümüyle Batı'ya, ya da Doğu'ya yönelmiştir. Söz konusu yönlenme değişiklikleri, 18. yüzyılın sonlarından başlamak üzere yakın tarihte, II. Mahmut döneminde ve özellikle 20. yüzyılda Atatürk dönemindeki yönetimin bilinçli girişiminde olduğu gibi, her zaman bu denli bilinçli şekilde yapılmamıştır. Hızla uygulanmaya başlanması ve gönüllü bir hamle olması nedeniyle karşı hareketlere de maruz kalan Atatürk dönemi kültürel değişimi, belki de sosyopolitik olgu ve kurumlarda gerçekleşen değişimlerden daha hızlı olarak, kültürel kimliği büyük ölçüde belirleyen Harf Devrimi'nde kendini göstermektedir.

Türkiye 20. yüzyılda yazı kültüründeki Arap, Fars ve Osmanlı mirasını, modern Avrupa'yı örnek alarak değiştirmiştir. Kendisini Avrupa'dan farklı tutma çabası yanı sıra, bilinçli dil özleştirmesi, soylu köklerini bilimsel olarak kanıtlayabilme ya da öz dilini eski bir geçmişe dayandırma, ulusal tarihini prehistorik çağlardan kesintisiz olarak günümüze dek ulaştırma gibi bazı eski Avrupa modellerine rağbet etmiştir.

Anadolu'da yazı kültüründe değişime daha eski bir örnek, Bizans'ın düşüşüyle Arap-Fars ağırlıklı Doğu Kültürü'ne yönelindiği Selçuklular devrinde yaşanmıştır. Elbette buradaki Batı ve Doğu (Orient – Okzident) Kültürü kavramları Avrupa'daki, dönemin ideolojisini yansıtan kavramlar olarak kullanılmaktadır.

Türkleşme ve İslamlaşma evrelerinden önce, Anadolu'da, yukarıda sözü edilen Doğu ile Batı arasındaki köprü işlevinin yoğun bir biçimde gerçekleştiği bir dönem bulunmaktadır. Bu, Anadolu'nun doğuda Erken İslam Dünyası'na, daha güçlü olarak da Orta ve Batı Avrupa'ya yansıyan zengin gelenekli bir kültürün merkezi olmasından kaynaklanmaktaydı; tersi bir etkileşime pek gerek duyulmuyordu.

Geç Antik ve Ortaçağ Bizans İmparatorluğu'nun merkezi işlevi, Anadolu'nun Grek dünyasıyla var olan, yüzyıllara dayanan derin bağından kaynaklanmaktaydı. Anadolu'nun Helen dünyasında yerini alması (Helen dünyasının yaratıcı biçimlenmesinde kıyı kentlerinin hatırı sayılır bir payının olduğunu biliyoruz) MÖ 1. binin ilk yarısında başlamıştır. Anadolu'nun Helenleşmesi MS 2. yüzyılda Roma İmparatorluğu yönetiminde, kıtanın en ücra köşelerinde bile eski yerel dillerin çoğunun yerini Grekçe'ye bırakmasıyla tamamlanmıştır.

Anadolu'nun coğrafi olarak Batı dünyası sayılan Grekçe konuşulan bölgelere kademeli biçimde dahil edilmesi öncesinde, MÖ 2. binlerde (Orta ve Son Tunç Çağları'nda), Anadolu'ya olasılıkla MÖ 3. binin sonlarında gelmiş olan Hititler'in ve dilleri Hititçe ile akraba olan Luviler'in politik ve kültürel gelişimi belirlediği, yaklaşık 800 yıllık bir dönem vardır. Hititler ve Luviler'de kalburüstü sınıfın kültürü, özellikle yazı kültürü, Suriye-Mezopotamya yazı kültürü örnek alınarak oluşturulmuştu; metinlerini, bu bölgelerden alarak benimsedikleri çiviyazısıyla yazmaktaydılar. Burada, belli bir ölçüde, temelde doğuya yönlenmeden söz edilebilir. Bu etkilenme sadece yazı kültüründe değil, politika, ekonomi ve bir anlamda dinde de kendini göstermektedir. Ancak metinler ve maddi kalıntılar, Anadolu'da bu devirde yoğun biçimde kökleri tarihöncesine dayanan yerli geleneklerin baskın olduğunu göstermektedir. Anadolu'nun Hitit dönemindeki kimliğini belirleyici özellik, eski Önasya'nın kültürlerinden açık bir biçimde farklı olan yerli eski geleneklerle, Suriye ve Mezopotamya'dan gönüllü olarak alınmış ve yaratıcı bir şekilde değiştirilmiş dürtülerin yelpazesi oluşudur.

Hitit tarihinin araştırılması, giderek çağdaş uluslararası kültür halini alan Avrupa kökenli kültüre geçmeyi uygun bulan 20. yüzyıl Türkiyesi için büyük bir önem kazanmıştır.

Avrupa örneğine dayanarak modern bir devlet kurmak için tarihin yeniden araştırılması ve yorumlanması gerekiyordu. Avrupa devletleri de ulus olma sürecinde tarihlerini araştırarak yeniden yorumlamışlardı. İslam öncesi döneme eğilmek de özel bir önem taşıyordu: Yalnızca İslam kültürüne değil, Anadolu topraklarında başlangıçtan bu yana süregelmiş tüm kültürlere dayanmak, yeni kurulmuş olan laik devlete belirli bir onay sağlıyordu. Bu yaklaşımda, Anadolu toprağına yerleşmiş, gelmiş geçmiş tüm halkları Türk Tarihi'nin bir parçası sayan yeni bir Türkiye tasarımı bulunmaktaydı. Hem arkeolojik buluntularla hem de zengin bir yazılı aktarımla üstün benliğini kanıtlamış, Anadolu'nun tümüne yayılmış en eski kültür olması nedeniyle Hititler bu konuda önemli bir rol almaktaydı.

Osmanlı İmparatorluğu'nun Hitit tarihi ve kültürününün araştırılmasındaki payı çok büyük değildi. 19. yüzyılın ikinci yarısında, İmparatorluk topraklarında bulunan eski kültürlerin arkeolojik ve yazılı kalıntılarının korunması ve araştırılması alanında devletin, daha fazla da münferit kişilerin enerjik bazı girişimleri olmuştu.

Bu konuda emeklerinin anılması gereken kişi, 1869'da kurulan ve sonraları hızla büyüyen İstanbul Arkeoloji Müzesi'nin yönetimini 1881 yılından itibaren üstlenen Osman Hamdi Bey'dir. Ardılı olan Halil Edhem Bey de müzenin gelişmesine katkıda bulunmuştur. Ancak bu dönemde İstanbul'da bulunan eserler çoğunlukla Klasik Çağa aitti. Her ikisi de Osman Hamdi Bey'in girişimleri olan Sidon Nekropolü'nün ve Nemrut Dağı'nın araştırılması türündeki büyük çaplı bilimsel araştırmalar için gerekli olan ve aslında diğer sayısız buluntu yeri için de ayrılması gereken yeterli miktarda para, nadir olarak sağlanabiliyordu. Bu nedenle yabancı araştırma gruplarına, cömertçe kazı izinleri veriliyordu. 1906 ile 1912 yılları arasında Hititler'in başkenti olan Boğazköy/Hattuşa'da çalışan Önasya bilimcisi Hugo Winckler'in kazılarının bu konuda yeri özeldir. Söz konusu kazılar resmi olarak Winckler'in eski arkadaşı ve meslektaşı olan Theodor Makridi'-nin temsil ettiği İstanbul Arkeoloji Müzesi'nin bir girişimiydi.

İlk olarak Atatürk devrinde, Türk bilim adamları ve bilim kurumlarının Klasik Çağ öncesi eski Anadolu kültürlerinin araştırılmasına yoğun biçimde katılabilmeleri için temeller atılmıştır. Atatürk tarafından özellikle Almanya ve Fransa'da eğitim görmeleri için desteklenen genç Türk bilim adamlarının bu konudaki payları büyüktür. Ancak genç bilimadamları dış ülkelerden Türkiye'ye kazandırılan yabancı bilim adamları tarafından da eğitilmişlerdir. Söz konusu değerli bilim adamlarının Türkiye'ye gelmeleri 30'lu yıllarda Nazi rejimindeki Almanya'da çalışan üst düzey Yahudi araştırmacıların, orada işlerine son verilmesinin ardından kolaylaşmıştı. Böylece çok iyi eğitim görmüş, kentli, birkac dil bilen ve kendi çağının bilim düzeyini en iyi şekilde temsil eden bir bilim adamı kuşağı oluşturuldu. 1931 yılında Atatürk Türk Tarih Kurumu'nu kurarak hamiliğini üstlenmişti. Atatürk'e göre Türk Tarih Kurumu, Türkiye'deki arkeolojik araştırmalardan da sorumlu olmalıydı. Bu nedenle kuruluşu izleyen yıllarda Türk arkeologları Türkiye'nin çeşitli bölgelerinde birçok kazı başlattılar. Arkeolojik kazılar, özellikle yeni başkent Ankara'yı ve yakın çevresini kapsıyordu.1935 yılında, ilk büyük Türk kazısı olan ve Boğazköy'ün kuzeydoğusunda yer alan Alaca Höyük kazısına başlandı. Aynı zamanda yabancı araştırma gruplarına da Türkiye'de arkeolojik araştırma yapmaları için yeni olanaklar tanındı. 1920'lerde Chicago Üniversitesi Doğu Araştırmaları Enstitüsü (Oriental Institute) Yozgat ve Kayseri arasında yer alan Alişar Höyük kazılarına başlamıştı. Bu kazı yardımıyla Orta Anadolu'nun MÖ 3. bin başlarından itibaren kültür silsilesinin, olabildiğince kesin biçimde araştırılması amaçlanıyordu. 1931 yılında, Boğazköy'de Kurt Bittel başkanlığındaki Alman kazılarına yeniden başlandı. Söz konusu kazılara İkinci Dünya Savaşı sırasındaki kesinti dışında halen aralıksız devam edilmektedir.

Atatürk'ün Eski Anadolu Tarihi ve Arkeolojisi'ne gösterdiği ilgi sadece kişisel ilgisi ile sınırlı değildi; bu ilgi Türk Ulusu'nun kimliğinin yeniden tanımlanmasıyla ilintili politik amacından da kaynaklanmaktaydı. Ölümünün hemen ardından Türk Tarih Kurumu'nun Atatürk'ü anma oturumunda okunan ve sonradan *Belleten*'de de yayınlanan yazılarda, Atatürk'ün amaçlarının çağdaşları tarafından anlaşıldığı gözlemlenmektedir. Almanya'dan Türkiye'ye göçmüş olan büyük Assiriolog Benno Landsberger bu konuyu Atatürk'ü anma konuşmasında en iyi şekilde dile getirmiştir: "Türkiye'nin genç tarihçileri, Atatürk'ün, en eski çağlardan başlayarak Anadolu'nun tarihini kendi öz tarihleri olarak benimseme vasiyetini, büyük bir bağlılıkla gönüllerine yerleştirmelidirler". Günümüzde Türkiye'de Türk ve yabancı arkeologlarca yapılan, kazıların çokluğu göz önüne alındığında, Atatürk'ün başlattığı akımın hedef ne ulaştığı söylenebilir.

Bonn'da gerçekleştirilen "Hitit Sergisi" Eski Dünya Kültürleri'nden en ilginçlerinden birinin kapsamlı tanıtımı olmanın yanı sıra, kültür ve kültür politikası açısından 20. yüzyılın olağanüstü bir çabasının ürünü olma özelliğine sahiptir.

Unutulmuş Bir Kültür Yeniden Canlanıyor

1950'ye Kadar Hitit Araştırmaları

Jürgen Seeher

Eski çağlara ait pek çok halkın başına geldiği gibi, Hititler de imparatorlukları çöktükten sonra unutuldular. Yalnızca İncil'de adlarının anılması Suriye'de bulunan Geç Hitit krallıklarıyla ilgili bulanık bir anıyı canlı tutabildi (Bkz. Hawkins S. 410 vdd.). Hititler'in eskiden hüküm sürdükleri, Grek, Roma ve Bizans dönemlerinde de önemini yitirmeyen Anadolu ve Suriye topraklarında korunagelmiş Hitit anıtları, hiç dikkati çekmedi.

Bir Hitit anıtı ile ilgili tek antik kayıt „tarihin babası" olarak bilinen Herodot 'a aittir. Herodot İzmir yakınlarında, Karabel'de bulunan kabartmayı tanımlamakta ve onun efsanevi bir seferle Trakya'ya dek dayandığı söylenen Mısır Firavunu III. Sesostris'e ait olduğunu düşünmektedir[1] **(Res. 1 ve 2)**. Ancak bugün, burada, Hitit İmparatorluğu'nun Batı Anadolu vasallarından biri olan Mira'lı Kral Tarkasnava'nın, tümüyle Hitit betim sanatı geleneğinde yaptırdığı bu kabartmayla kendisini ölümsüzleştirdiği bilinmektedir.

Görüldüğü gibi, Herodot yanılmıştı; ancak bu öykü Hitit araştırmalarının başlangıç noktasındaki durumunu en iyi şekilde gözler önüne sermektedir. Başlangıçta Hititler hakkında hiçbir şey bilinmiyor, hatta araştırmacılar yanlış bilgilerle doğrudan uzaklaşıyorlardı. Adı geçen kabartma 1839'da yeniden keşfedilip Fransız araştırmacı Charles Texier tarafından çizilerek Avrupa'da yayımlandıktan sonra, Mısır bilimci Karl Richard Lepsius gibi büyük bilim adamları idealize edilmiş çizimlere dayanarak, kabartmanın kökeninin Mısır olduğunu onaylamakta tereddüt etmemişlerdir.

> İlk Keşif Gezileri

18. yüzyıldan itibaren, ama özellikle 19. yüzyılda, giderek daha çok araştırmacı hem Önasya'ya, hem de dünyanın başka yerlerine geziler düzenlemişlerdir. Bunların çoğu da resmi görevlerle ve ülkelerinden büyük miktarda maddi yardım alarak yola çıkmışlardı. Bu araştırmacılar gezdikleri ülkeler, bu ülkelerin insanları, dilleri, tarihleri, bitki ve hayvan toplulukları hakkında bilgi toplamaktaydılar. Araştırılan ülkelerin gerçeğe en yakın haritaları çıkartılıyor, toprakaltı varlıkları ve iklimsel özellikleri saptanıyordu.Yapılan araştırmalar kısmen ekonomik çıkarlar ve büyük güç amaçlarıyla da yakından ilgiliydi. Politika ile bilimin söz konusu bağlantısı, kendini Napolyon'un Mısır harekatından, Bağdat Demir Yolu Hattı'nın yapılmasına kadar her alanda belli ediyordu.

Her şeye rağmen güncel olan, Klasisizm etkisinde yeni bir albeni kazanan, geçmişin araştırılması konusuydu. Bunun yanı sıra, o güne dek bilinmeyen yazı ve dillerin çözülmesiyle yeni ufuklar açılmıştı: 1802 yılında Georg Friedrich Grotefend, Assur çiviyazısını çözdü, 1824'de ise Jean François Champollion ilk Mısır hiyeroglifini okudu. Eski Doğu'nun araştırılması tümüyle yeni bir nitelik kazanmıştı.

Yakın Çağ'da bir Hitit anıtından ilk kez söz eden Osmanlı ansiklopedisti Kâtip Çelebi'dir. Güney Anadolu'da Toroslar'ın kuzey ucunda, 17. yüzyıl ortalarında Geç Hitit kaya kabartması İvriz'i görüp yayımlamıştır.[2] Yerel söylenceye göre, kabartmayı „...Ebrindos nam bir kafir yiğit..." olarak tanımlamıştır. Bu kabartmayı vaktiyle ziyaret eden diğer bir seyyah ise, Fransa'nın İran ile ticari ilişkilerini arttırmak için 1736/37 yıllarında Türkiye'den geçen Jean Otter'dir.[3] Bundan neredeyse yüzyıl sonra 1834'de, devlet göreviyle yola çıkmış olan mimar Charles Texier Orta Anadolu'da, Boğazköy'de Hitit başkenti Hattuşa'nın kalıntılarını saptamıştır.[4] Texier burada 10 gün kalmış, kalıntıların birçoğunu çizmiş ve şehrin bir planını çıkarmıştır **(Res. 9)**. Ancak Texier'yi en çok etkileyen anıt Yazılıkaya kaya kabartmalarıydı. Şehre yakın bir kaya kütlesinin içinde adeta saklı bir konumda silahlı adamların, uzun giysili kadınların, aslan, panter ve demonların betimleriyle karşılaşmıştır **(Res. 4)**.

O güne dek bu tür kabartmalara hiçbir yerde rastlanmamıştı; bu nedenle Texier'nin keşfettiği yeri yanlış anlamış olması şaşırtıcı değildir: Başka karşılaştırma olanağı olmadan, sadece elindeki antik yazarların metinlerden yola çıkarak, Texier burada Herodot'un söz ettiği, İranlı Medler'in Pteria kentini bulduğunu düşünmüştür. Sonraları başka araştırmacılar burada Tavium'un bulunduğuna inanma eğilimi göstermişlerdir. Yazılı aktarıma göre, Tavium Anadolu'daki Galatlar'ın Trokmi kaviminin merkeziydi ve Roma Devri'nde de önemli bir yerleşmeydi.

1835'de *Journal des Savants*'da yayınlanmış olan Texier'nin raporları ve çizimleri, burada yalnızca birkaçına değineceğimiz, başka gezginlerin de yolunun Boğazköy'e düşmesine neden oldu: 1836 yılında İngiliz William J. Hamilton Boğazköy'e geldi, ayrıca Boğazköy/Hattuşa'nın 25 km kuzeydoğusunda bulunan Hitit kült kenti Alacahöyük kalıntılarının da ilk dokümantasyonunu yaptı (Res. 5, 6). Gezilerini sürdürürken Hamilton, 1837 yılında Beyşehir Gölü kenarındaki Eflatunpınar anıtını da keşfetmiştir (Res. 7).[5] Ünlü Afrika kâşifi Heinrich Barth, 1858'de Anadolu'nun kuzey kesiminde çıktığı bir dinlenme gezisinde Boğazköy'e uğramış ve Texier ile Hamilton'dan sonra Hattuşa Aşağı Şehir'de bulunan Büyük Tapınağın üçüncü bir plan çeşitlemesini çizerek yayımlamıştır.[6] 1861 yılında Fransız devleti adına yola çıkan bir araştırma grubu daha söz konusu bölgeye uğramıştır: Doğubilimci Georges Perrot, mimar ve çizimci Edmond Guillaume, tıp doktoru ve fotoğrafçı Jules Delbet burada bir haftadan fazla kalmışlardır. Sonraları yayınlanmış olan etraflı raporda, Yazılıkaya (Res. 8) ve Alacahöyük'teki kabartmaların çizimlerinin yanı sıra, kalıntıların en eski fotoğrafları da yer almaktadır.[7] Boğazköy ve Alacahöyük'e gelirken Ankara'nın güneybatısında yer alan ve iki Hitit savaşçısı kabartmasının bulunduğu Gavurkalesi'ni de saptamışlardır (Res. 3). Texier'nin yayınladığı Ege kıyısına yakın Karabel'de bulunan benzer savaşçı kabartmalarını da tanıdıklarından, Perrot ve ekibi, raporlarında sayfalar boyunca, Anadolu'nun bu denli geniş bir kesimini yönetim altında tutmuş olan halkın kimliği hakkında fikir yürütmüşlerdir. Ancak kendilerinden önceki araştırmacıların durumundan farksız olarak, doyurucu bir yanıta ulaşamamışlardır. Ninive ya da Persepolis gibi Mezopotamya buluntu yerlerinden bilinen kabartma betimlerine dayanarak, Anadolu'daki kabartmaların da Grek-Roma geleneğinden farklı bir Eski Önasya geleneğini yansıttığı genel sonucuna varılmıştır.

Hattuşa/Yazılıkaya'ya ait çizimler yayımlayan erken dönem ziyaretçilerinden biri de İngiliz misyoner Henry J. van Lennep'tir. 1864 yılında bir gün kalabildiği Hattuşa için şunları diyor: „.....bu kalıntılar tüm Anadolu yarımadasının en dikkate değer ve önemli kalıntıları olmalılar".[8] Daha evvel değinilen kitaplardan daha da çok, ülke ve insanlar hakkında bilgi veren bu kitapta, Alacahöyük heykel ve kabartmaları da etraflıca işlenmekte. Van Lennep Karabel'deki Firavun Sesostris'e ait olduğunu sandıkları kabartmadan ve büyük Alacahöyük kapı sfenksinin, gerçekten de Mısırlı Hathor betimlerinden etkilenmiş olan saç tuvaletinden de esinlenerek, bunları tipik Mısır'lı olarak tanımlamakta.

> Araştırma Zemini Sağlamlaşıyor: Başka Kabartmalar ve Hiyeroglifler

Kaya kabartmalarının yaratıcılarının kimliği konusunda ortaya atılan tüm savlarda hemen hiç dikkate alınmayan bir nokta bulunmaktaydı. Karabel'de de, Yazılıkaya'da da betimlerin yanında resimli işaretler görülmekteydi: Bunlar Luvi hiyeroglifleriydi. Hattuşa'da Perrot ve arkadaşları bir de kayaya kazılmış on bir satırlık yazıt saptamışlardı, ancak bu yazıtın aynı yazı ile yazıldığı, kayadaki aşınma nedeniyle fark edilememişti. İzleyen yıllarda bu tür yazıtlar giderek çoğalınca Hitit İmparatorluğu'nun ilk tanımına da varılmış oldu.

Bu tür yazı işaretleri ilk kez 1812 yılında gözlemlenmişti. İsviçreli Johann Ludwig Burckhardt, Suriye'de Hama şehrinde çarşıda bir duvarda kullanılmış bir taşın üzerinde bu tür bir yazıt saptamıştı.[9] Afrika'nın İç Kesimlerinin Keşfini Destekleme Derneği'nin (London Association for Promoting the Discovery of the Interior Parts of Africa) görevlisi olarak sonraları Ürdün'deki Petra harabelerini ve Abu Simbel'deki Ramses Tapınağı'nı da Burckhardt keşfetmiştir.

Hama'da bulunan söz konusu taşla birlikte hiyeroglif işaretli diğer üç taş, 1872 yılında İrlandalı bir misyoner olan William Wright'ın talimatı üzerine koruma altına alınmış, kopya edilmiş ve İstanbul'da dönemin padişahına yollanmıştır. W. H. Skeene ve George Smith günümüz Suriye – Türkiye sınırı yakınında, Fırat kenarında bulunan Cerablus'da başka kabartmalar ve hiyeroglifli yazıtlar görmüşlerdir. Böylece bir Hitit krallık merkezi ve bir Geç Hitit şehir merkezi olduğu sonradan anlaşılan Karkamış kenti bulunmuştu. Bunun yanı sıra, üzerlerinde ilk saptandıkları yere atfen "Hama Hiyeroglifleri" olarak adlandırılan işaretlerin bulunduğu, mühür baskılı kil bullalar ortaya çıkmaya başlamıştı.

Doğal olarak, bu buluntuların tümünü tek bir halka yormak akla yakın görünüyordu. Ancak bu halkın kimliği belli değildi. Geçen zaman zarfında eskiçağ bilimcileri Eski Dünya'nın diğer hükümdarlıklarına ait pek çok metni çözme başarısını göstermişlerdi: Hem Assur çiviyazılı metinlerinde, hem de Mısır hiyeroglif metinlerinde Suriye ve Anadolu'da güçlü bir rakip olarak Hititler'in adları geçmekteydi. Hititler'in İncil'de değinildiği gibi önemsiz bir grup olamayacağı anlaşılmaya başlandı. Wright daha 1872'de Hama Taşları'nı bir Hitit ürünü olarak değerlendirmişti. 1874 yılında bu konuda bir makalesi yayınlanmıştır, bundan iki yıl sonra da dilbilimci Archibald Henry Sayce, Hititler'in "Hama Hiyerogliflleri" yazı şeklini bulan halk olduğunu öne sürmüştür.[10]

Böylece Suriye ve Güneydoğu Anadolu'da Hitit varlığı somutluk kazanmış ve artık Hititler'e ait ilk arkeolojik buluntulardan söz edilebilecek duruma gelinmişti. Pek çok bilim adamı bu konuyla ilgilenmeye başlamış ve masabaşı çalışmalarıyla Hititler hakkındaki bilgileri bir araya getirme denemelerine girişmişlerdi. Bu konudaki ilk büyük derlemeler de çok kapsamlı bir hal almıştı: W. Wright'ın 1884 yılında yayımlanan eseri *"The Empire of the Hittites"* (Hitit İmparatorluğu) 200 sayfalık bir çalışmaydı, bu kitapta A. H. Sayce'ın yazdığı bir bölümde hiyeroglif yazıtların ilk çözüm denemeleri yer almaktaydı. Georges Perrot ve Charles Chipiez'in 1887 yılında yayınlanan *Histoire de l'Art dans l'Antiquité* (Antik Dönemde Sanat Tarihi) serisinin dördüncü cildinde yer alan *"Les Hétéens"* (Hititler) başlıklı bölüm ise 320 sayfa tutmaktaydı. A. H. Sayce 1888 yılında *"The Hittites. The Story of a Forgotten Empire"* (Hititler. Unutulmuş Bir İmparatorluğun Öyküsü) adlı eserini yayınlamıştır. Doğal olarak bazı yaklaşımlar varsayımdan ibaretti, Mısır bilimci Auguste Mariette'in Mısır Hiksos Hanedanlığından birini Hitit kökenli olarak değerlendirmesi türünde bazı bilgiler ise tümüyle yanlıştı. 1880'de Sayce tarafından ortaya atılan, Hititler'in başkentinin Karkamış olduğu savı da doğru değildi. Perrot ise konu hakkında doğru yoldaydı. Perrot, Anadolu'nun Toroslar'ın ötesinde kalan bir kentten yönetilemeyeceğini öne sürüyor ve şöyle devam ediyordu: "Kilometrelerce uzanan kütlesel sur duvarlarına ve kentin tanrılarının, krallarının, din adamlarının ve savaşçılarının betimlendiği kabartmalara bakıldığında, Boğazköy'ün gerçek bir başkent olduğu sonucuna ulaşılır".[11] Neden sonuç ilişkilerinden hareketle Perrot, Güney – Güneydoğu Anadolu buluntularına dayanarak buradakileri "Doğu Hititler" ve Anadolu'da hüküm sürenleri de "Batı Hititler" şeklinde ikiye ayırmıştır. O zamanlar bilinmeyen nokta ise, bu iki grubun farklı evreleri temsil ettiği gerçeğiydi: Anadolu'daki buluntular MÖ 2. bin de hüküm sürmüş olan Hitit Büyük İmparatorluğu'na, Güneydoğu Anadolu ve Suriye'de rastlanan izler ise MÖ. 1. binin başlarına ait Geç Hitit Krallıkları'na aitti.

Bu arada arazi araştırmaları sürmekteydi. 1882'de ilk Pergamon hafiri Karl Humann ve Otto Puchstein Prusya Kraliyet Akademisi'nin görevlisi olarak Anadolu'da yola koyuldular.[12] Suriye sınırı yakınlarında, Gaziantep'in batısında yer alan Sakçegözü ve Zincirli (Sam'al) Geç Hitit kabartmalarını ilk kez yayımladılar. Ayrıca Humann, Boğazköy'e giderek, Yazılıkaya kabartmalarının en iyi korunagelmiş olanlarından Berlin Müzesi'ne götürülmek üzere mulajlar aldı. Bir mühendis olarak arazi ölçümleri konusunda büyük çapta deneyimi bulunan Humann, Hattuşa'nın yeni bir topografik planını da çıkartmıştır. 1888 yılından itibaren Humann, Felix von Luschan ve sonraları da Robert Koldewey Zincirli'de kazılara başlamışlar[13] ve kral kalesi olan bir Geç Hitit kenti ile çok sayıda kabartma ve heykel ortaya çıkarmışlardır. Söz konusu girişimlerin ve Doğu'ya yapılmış olan diğer erken gezilerin öykülerini okurken, araştırmacıların ne denli bir cesaret ve yılmaz bir şevkle güçlüklere karşı durduklarına hayret etmemek elde değildir. Yollar, eğer varsa kötü durumdadır; beslenme koşulları yetersizdir, gerekli malzeme ya bulunmamaktadır, ya da yitirildiğinde yerine konamamaktadır. Kolera, tifo, sıtma ve diğer hastalıklarla her an yüz yüze gelinebilir. Bir çift çizme ve bir palto için hiç düşünmeden adam öldüren yol kesenleri ve eşkıyaları da unutmamak gerekir. Askeri koruma ve diplomatik tavsiye mektupları olmadan hemen hiçbir araştırmacı yola çıkmamaktaydı.

> Yüzyılın Sonu: Kazılar ve Kil Tabletler

1893 – 94 yılları Hitit araştırmaları açısından özel bir önem taşıyordu. Ernest Chantre Fransız Kültür Bakanlığı adına Alacahöyük, Boğazköy **(Res. 10)** ve Kayseri yakınındaki Kültepe'de ilk kazılara başladı.[14] Chantre, Perrot'nun Anadolu'da erken dönemlerde kabartma ve mimari bulunduğu, ancak keramik ve günlük yaşamın diğer nesnelerinin olmadığı konusundaki yanlış fikrini düzeltmek istiyordu. Kültepe'de höyükteki yerleşmede, o sıralarda antika pazarlarında satışa sunulan kil tabletlerin kökenine ulaşmak için kazılar başlattı. Kil tabletlerin kaynağına ulaşamasa da köylülerden pek çok parçayı satın aldı. Nihayet Chantre, Boğazköy'de aradığını buldu. Hiç beklenmedik bir anda, kral sarayının hemen kenarında, günlük yaşama ait eşyalarla birlikte çiviyazılı kil tablet parçalarını da ortaya çıkardı. Çiviyazısı o zamanlar çoktan okunabiliyordu ve Akkadca, daha doğrusu Babil veya Assur dillerinde yazılmışsa anlamları da anlaşılıyordu. Ancak aynı durum Boğazköy metinleri için geçerli değildi. Söz konusu metinlerin çoğu anlaşılamadan kaldı, zira metinlerin büyük kısmı bilinmeyen bir dilde yazılmışlardı. Ancak Arzava mektupları olarak anılan iki çiviyazılı metinle olan benzerlik hemen dikkati çekti. Arzava mektupları, kısa süre önce, Mısır firavunu Ekhnaton'un başkenti olan Amarna'da bulunmuştu. Anlaşılan, metinlerde kullanılan dil, geniş bir kullanım alanına sahipti.

Dönemin önde gelen çiviyazısı araştırmacısı rahip Jean Vincent Scheil o sıralar İstanbul'da yeni kurulmuş olan Arkeoloji Müzesi'nin eserlerini düzenlemek ve envanterlemekle görevlendirilmişti. Scheil'e Boğazköy'de, Chantre tarafından bulunmuş iki kil tablet incelemek üzere verildi. Araştırmacı, kullanılan dili belirleyemedi, ancak buluntu durumundan yola çıkarak vardığı sonuç adeta kehanet niteliğindeydi: "Kullanılan dil, hiyeroglifle değil de, çiviyazısı ile yazılmış Hititçe ise hiç şaşmam" demekteydi.[15] Bu arada Anadolu'da ve Suriye'de bir dizi hiyeroglif yazıt bulunmuştu. Bu nedenle, Leopold Schmidt de o döneme dek bilinen tüm metinleri bir araya getirerek yayınladı.[16] Yine de metinler henüz okunamıyordu.

> Başkent Saptanarak İlk Kez Sistemli Olarak Araştırılıyor

Amarna arşivinde bulunmuş çiviyazılı metinler, Alman assiriolog Winckler tarafından incelenerek yayınlanmıştı. Anlaşılamayan iki Arzava mektubundan birisi, Mısır Firavunu'nun Arzava kralına yazdığı mektuptu. Arzava krallığının Anadolu'da olması gerektiği biliniyordu. Winckler Boğazköy kil tabletlerinde aynı dilin kullanıldığından hareketle, burada Arzava'nın başkentinin bulunabileceği kanısına vardı; zira kalıntıların yayıldığı alan başkent olabilmeye elverecek kadar genişti.[17] Bu konu ancak yeni tabletlerle aydınlatılabilirdi, bu da Boğazköy'de kazı yapmak demekti. Winckler İstanbul Arkeoloji Müzesi'nin müdürü olan Osman Hamdi Bey'in desteğini kazandı ve 1905 yılında müzenin konservatörü olan Theodor Makridi Bey ile Boğazköy'e doğru yola çıktılar. Kazılarda hemen bazı kil tablet parçaları buldular. Bunların bazıları "Arzava Dili"ndeydi, bazıları da Winckler'in okuyabildiği Akkadca metinlerdi. Örneğin metinlerin birinde "Büyük Kral", "Kardeş"ine sesleniyordu; metinlerin Eski Önasya devletleri arası yazışmaları içerdiği kuşkusuzdu.

Böylece 1906 yılında Boğazköy'de ilk büyük çaplı kazıya başlandı. Makridi arazi çalışmalarını yönetirken, Winckler de çok sayıda kil tabletin değerlendirilmesiyle uğraşıyordu. Bulunan metinler arasında yine devletlerarası yazışmalar yer alıyordu; ancak bu kez Firavun II. Ramses ile Hitit Büyük Kralı III. Hattuşili arasında yapılan antlaşmanın taslakları ve mektuplar söz konusuydu. Boğazköy'deki kalıntılar gerçekten de bir başkentin kalıntılarıydı, yalnız söz konusu başkent, Arzava'nın değil, Hatti Ülkesi'nin, Hitit İmparatorluğu'nun başkenti olan Hattuşa idi.

Bu, ilgili çevrelerde derin yankılar uyandıran büyük bir olaydı, böylece 1907 yılında daha kapsamlı ikinci bir kazı mevsimi başlatıldı. Deutsche Orient-Gesellschaft'ın (Alman Şark Cemiyeti) maddi olarak desteklediği Makridi ve Winckler'in grubunun dışında, Alman İmparatorluğu Arkeoloji Enstitüsü'ne bağlı olarak Otto Puchstein başkanlığında ikinci bir araştırma grubu da çalışmalara katıldı. Yoğun bir kazının ardından çok sayıda çiviyazılı tablet ortaya çıkarıldı; kazıların yanı sıra yüzeyde görülebilen yapı kalıntılarının ve şehir surunun fotoğrafları çekiliyor (Res. 1, 2, S. 29), ölçümleri yapılıyor, ayrıca dakik bir topografik plan çiziliyordu.[18]

1908 ve 1911 yıllarında, Liverpool Üniversitesi'nde Profesör John Garstang tarafından Gaziantep yakınlarındaki Sakçegözü'nde bir Geç Hitit payitahtı daha ortaya çıkarıldı.[19] 1912 – 14 ve 1920 yıllarında Leonard Woolley ve T. E. Lawrence ("Arabistan'lı Lawrence") ve beraberindekiler Fırat nehri kenarındaki Karkamış'ta kazılar yaparak,[20] Geç Hitit dönemine ait çok sayıda kabartma ve hiyeroglifli yazıt buldular.

> Dilin Çözülmesi

1910 yılında yayınlanan yapıtında Garstang,[21] Orta Anadolu'da Hitit başkenti bulunduktan sonra açıkça farklı bir görünüm kazanan bilimsel araştırmaların son durumunu ortaya koymuştur. Bunun yanı sıra Garstang, dilleri henüz çözülemediği için, Hitit tarihini komşu devletlerin tanımlarıyla, sadece dışarıdan edinilen bilgiler yoluyla öğrenebildiğimize işaret etmektedir. Araştırmaların ivedi amacı artık Hitit yazısını çözmek olmalıydı. Gerçekten de, Garstang'ın önerisi hedefini bulmuştur, zira I. Dünya Savaşı ve onu izleyen Türk Kurtuluş Savaşı, kazıları ve arazi çalışmalarını bir süre engellemiştir.

Tabii ki, hiyeroglif ve çiviyazısı metinleri çözmek için başlangıçtan itibaren pek çok girişimde bulunulmuştur. Söz konusu girişimlerden bazıları ciddiyken, bazıları da kabul göremeyecek nitelikteydi. 1915 yılında Çek bilim adamı Bedrich Hrozný ilk kez çiviyazısını okumayı başarmış ve Hint-Avrupa dil grubuna girdiğini kanıtladığını yayımlamıştır. Norveçli Doğu Bilimleri araştırmacısı J. A. Knudtzon Amarna'da bulunmuş Arzava kil tabletleri yardımıyla, sözü edilen düşünceyi, 1902 yılında öne sürmüş, ancak sonraları savını geri almıştı. Hint-Avrupa dilleri uzmanı Ferdinand Sommer bu yolu izleyerek, Hrozný ile birlikte, Hitit Filolojisini kuran ilk bilim adamları olmuşlardır.

Johannes Friedrich, Albrecht Goetze, Hans Ehelolf ve Heinrich Forrer, 1920'li yıllarda çabalarıyla, Hitit dilinin çözümünde büyük yol katedilmesini sağlayan diğer bilim savaşçılarıdır. 1929'da Louis Delaporte, Hitit Grameri'nin ilk dilbilimsel özetini yayımlamıştır.1931 yılında sonraları birkaç kez ek yapılan Edgar H. Sturtevant'ın, 1952 yılında ise Johannes Friedrich'in sözlükleri yeni yayınlar arasına katılmıştır.[22] Kısa sürede Eski Önasya Filolojisi'nin uluslararası yerleşmiş bir branşı halini alan Hititoloji, başlangıçtan bu yana metinleri sadece dilbilimsel yönünden değil, kültür tarihi açısından da değerlendirme ve böylece Hitit uygarlığının olabildiğince ayrıntılı bir tablosunu ortaya çıkarma olgusunu ödev olarak görmüş bir bilim dalıdır. İlk sonuçları Garstang, 1929'da yeni bir adla yeniden derlenerek yayımlanan kitabına aktarmıştır.[23] Hititoloji literatürünün ne denli kapsamlı olduğu hakkında fikri, yakın geçmişte yayımlanmış olan üç ciltlik Hitit Bibliyografyası adlı çalışma vermektedir.[24]

Hiyeroglif ise bir süre daha çözülmeye direnç göstermiştir. Birisi okunabilen, kapsamlı, çift dilli uzunca bir metnin bulunmaması asıl sorunu oluşturmaktaydı. Böylece her bir hiyeroglif işaretinin çözümü, anlam bağını bulma denemelerine kalıyordu. 30'lu yılların başlarında bazı hiyeroglif işaretlerinin anlamları -ilk kez kullanılabilir nitelikte- Piero Meriggi, Ignace W. Gelb, Emil Forrer, H. Theodor Bossert ve Bedrich Hrozný tarafından ortaya konuldu. Başka araştırmaların yanı sıra, 1931'de, o sıralar 24 yaşında olan Kurt Bittel'in başkanlığında Boğazköy/Hattuşa'da tekrar başlatılan kazılardan yeni atılımlar için gerekli cürtüler geldi. Hattuşa'daki kral sarayında bulla adı verilen kil kapama parçaları bulundu. Söz konusu bullalar, kraliyet ailesinin ve yüksek memurların mühürlerinin baskılarını taşıyordu. Mühür baskılarının üzerinde sahiplerinin adları ve kökenleri ile ilgili bilgiler hem çiviyazısı, hem de hiyeroglif ile olmak üzere iki kez kaydedilmişti. Benzer bullalar, 1950'li yılların başlarında, Suriye'de Ras Şamra'da (Ugarit) gün ışığına çıkartılmıştı ve nihayet beklenen uzun çift dilli yazıt da bulunmuştu: Adana civarındaki Karatepe'de 1946/47 yıllarında Theodor Bossert, Halet Çambel ve Bahadır Alkım, hiyeroglif Luvicesi ile Fenikece ve kelimesi kelimesine uyan uzun bir metin keşfettiler. Bu metinler o güne kadar ortaya çıkarılmış sonuçları onaylamanın yanı sıra, 20. yüzyılın 50'li ve 60'lı yıllarında hiyeroglif Luvicesi'nin çözülmesine son derece önemli katkıda bulundular.

Karatepe'nin keşfi, Hitit araştırmalarının "ilk dönemi"nin sonunu oluşturmaktadır. C. W. Ceram bu dönemi anlattığı kitabı ile bu dönem için ölümsüz bir eser oluşturmuştur. Önsözünde, dünya çapında başarı kazanan *"Tanrılar, Mezarlar ve Bilginler"* adlı kitabının bir devamı olarak adlandırdığı *"Tanrıların Vatanı Anadolu"*[25] adlı kitapla araştırma tarihçesinin bu erken dönemi için ölümsüz bir eser yaratmıştır. Sözü edilen kitaptan esinlenerek, İstanbul'da 2001 yılının ilkbaharında bu dönemi konu alan, *"Boğazköy'den Karatepe'ye"* adlı bir sergi düzenlenmiştir.[26] Kaşiflerin, maceracıların, öncülerin, tahminlerin, yanlış yorumların ve tesadüflerin dönemi kapanmış, artık Hitit araştırmaları çocukluk dönemini atlatmıştı.

Dipnotlar

1 Historien II, 106.
2 Katip Çelebi 1732, 615.
3 Otter 1748.
4 Texier 1839.
5 Hamilton 1842.
6 Barth 1860.
7 Perrot/Guillaume/Delbet 1872.
8 Van Lennep 1870, 111.
9 Burckhardt 1822.
10 J. de Roos1995, 266 vd.
11 Perrot/Chipiez 1887, 796; de Roos 1995, 269'ya göre Perrot hatta 1886 yılında aynı yorumu yapmıştır.
12 Humann/Puchstein 1890.
13 von Luschan 1893 ve sonrası.
14 Chantre 1898.
15 Chantre 1898, 58.
16 Messerschmidt 1900.
17 Winckler 1913, 14 vd.
18 Puchstein 1912.
19 Garstang 1908, 1913.
20 Hogarth 1914; Woolley 1921, 1952.
21 Garstang 1910.
22 Ayrıntılar için: Kammenhuber 1969.
23 Garstang 1929.
24 Soucek/Siegelová 1998.
25 Ceram 1955 (orijinali)
26 İstanbul 2001.

Kaynakça

Barth 1860; Burckhardt 1822; Ceram 1955; Chantre 1898; Garstang 1908, 97 – 117; Garstang 1910; Garstang 1913, 68 – 72; Garstang 1929; Hamilton 1842; Hogarth 1914; Humann/Puchstein 1890; Kâtip Çelebi 1732; Kammenhuber 1969, 127 – 141; İstanbul 2001; Laroche 1960; van Lennep 1870; von Luschan 1893, 1898, 1902, 1911; Messerschmidt 1900; Otter 1748; Perrot/Chipiez 1887; Perrot/Guillaume/Delbet 1872; Puchstein 1912; de Roos: van den Hout/ de Roos 1995, 261 - 269; Sayce 1888; Soucek/Siegelová 1998; Texier 1839; Winckler 1913, 3 – 32; Woolley 1921; Woolley 1952; Wright 1884

Resim altları

1 Karabel kaya kabartması (Texier 1839, Lev. 132)
2 Karabel kaya kabartması: Mira kralı Tarkasnava'nın betimi
3 Gavurkalesi kaya kabartması (Perrot ve Guillaume ve Delbet 1872, Lev. 10)
4 Yazılıkaya tanrılar alayının ana sahnesi (Texier 1839, Taf. 78)
5 Alacahöyük Sfenksl kapı (Hamilton 1842, 382 karşısında I)
6 Alacahöyük Sfenksli kapı (van Lennep 1870, kapak sayfası)
7 Eflatunpınar kutsal havuzu (Perrot/Chipiez 1887, Res. 356)
8 Koruyucu tanrısı Şarruma tarafından kucaklanan ve yönlendirilen kral IV. Tudhaliya (Perrot/Guillaume/Delbet 1872, Lev. 50)
9 Texier tarafından yayınlanan ilk Hattuşa planı (Texier 1839, Lev. 73 – 74)
10 Chantre'nin Yazılıkaya küçük B Odası'ndaki kazısı (Chantre 1898, Res. 18)
11 Hama taşları üzerindeki hiyerogliflerin çizimi (Wright, 1884, Lev. 1)

Hititoloji

Yeni Sayılabilecek Bir Araştırma Dalının Doğuşu ve Gelişimi

Jörg Klinger

İkinci Dünya Savaşı, Boğazköy-Hattuşa'daki Alman kazılarına da sekte vurmuştur. Alman Arkeoloji Enstitüsü adına, 1951 yılında yeniden başlatılan çalışmalara, Alman Bilimsel Araştırma Kurumu da, 1952 yılından itibaren, düzenli katkıda bulunmayı üstlenmiştir. Günümüze değin kesintisiz süregelen Boğazköy kazıları, bu özelliğiyle,Yakın Doğu'nun en eski ve devamlı arkeolojik araştırma projelerinden biridir.

Gün geçtikçe, bu devasa kent alanının, yazılı belgelerin yanı sıra, özellikle Hitit dönemi mimari kalıntıları açışından, pek çok şaşırtıcı ve hiç kuşkusuz, anıtsal diye tanımlanabilecek, maddi kalıntıyı barındırdığı, daha da iyi anlaşılmıştır. Yeniden başlatılan kazılar çerçevesinde, kent alanının gün ışığına kavuşması, üç kazı başkanıyla doğrudan ilintilidir: İlk başta Kurt Bittel araştırmalarına başlamış, 1978 yılında Peter Neve görevi ondan devralmış, 1994 yılından itibaren de başkanlık Jürgen Seeher'e geçmiştir (Bkz. Burada Seeher S. 435 vdd., 443 vdd., 450 vdd., 461 vdd.).

Geride bıraktığımız yüzyılın ikinci yarısını kapsayan bu çalışmalar, genel çizgileriyle, üç ana evreye ayrılır. Başlangıçta hedef, geleneksel kent dokusunun en ilgi çekici noktalarına, bir diğer söylemle, belgelenmesi 1966 yılında tamamlanan, Büyükkale'deki etrafı tahkimli kraliyet sarayına ve Büyük Tapınak ile Aşağı Şehir'e odaklanmıştır. Bunların yanı sıra, kentin hemen yakınında bulunan, Yazılıkaya Açık Hava Kutsal Alanı kapsamlı şekilde ele alınarak tümüyle açığa çıkarılmış, hem sanat tarihi, hem de Hititler'in inanç tarihi açısından yadsınamayacak derecede önem taşıyan, Büyük İmparatorluk Dönemi kaya kabartmaları, belgelenerek yayımlanmıştır. Bu kabartmaların bire bir kopyaları, Berlin'deki Bergama Müzesi'nde sergilenmektedir. 1978'den sonra başlayan arkeolojik çalışmalar, o güne değin ancak rastgele yapılan tek tük sondajdan elde edilmiş birkaç bilgi kırıntısıyla yetinilen Yukarı Şehir'e, Yukarı Şehir sınırları içinde kalan Nişantepe'ye ve Kurt Bittel tarafından kazısı yapılan Tapınak 5'e yönlendirilmiştir. Yüksek bir kayalık üstünde olan Nişantepe yerleşimine giriş, kaya kütlesinin hemen yanında belirlenen, büyük yapı kompleksi üzerinden sağlanmaktaydı.

Araştırmalar, önceden de varsayıldığı gibi, genel hatlarıyla Yukarı Şehir'deki yapılaşmanın, diğer alanlara göre, daha geç bir döneme tarihlendiğini doğrulamıştır. Yukarı Şehir'in etrafı, bezendikleri sanat eserlerine dayandırılarak Aslanlı Kapı, Sfenksli Kapı ve Kral Kapı olarak ünlenen, anıtsal girişlerin de yer aldığı, görkemli bir savunma sistemiyle çevrilmişti [Res. 1, 2]. Büyük surun içinde kalan kesimde, kazılarla açığa çıkarılan, çok sayıda tapınağın bulunması, "Eski Kent" olarak da tanımlanabilecek Aşağı Şehir'le Yukarı Şehir arasındaki temel farkı da vurgulamıştır. Hattuşa'nın Yukarı Şehir'i, onyılları ya da yüzyılları kapsayan bir süreç içinde, kendiliğinden gelişmiş tek tek yapılar, ya da bu yapıların meydana getirdiği kümeleri yansıtmaktadır. Burada söz konusu, bir genel tasarımdır. Bu tasarımda, üç büyük kapıyla birlikte, bu üç büyük kapıdan uzandığı varsayılan eksenlerin kesişme noktasına oturtulmuş, tapınak alanına açılan merkezi girişin konumları bile önceden belirlenmiştir.

Tapınakların bazılarında, hiç beklenmezken, çiviyazılı tabletler ortaya çıkarılmıştır. Bu tabletlerin bir bölümü, o güne değin hiç bilinmeyen edebi metinleri içermektedir. Gılgamış Destanı ya da Nuh Tufanı'yla eş değerde tutulabilecek bu metinler, Eski Doğu edebiyatının en önemlilerindendir. Hurrice ve Hititçe olarak, iki dilde yazıya dökülmüş, kâh mitolojik bir söylencenin, kâh hayvan masallarından (fabl) bilinen sahnelere benzer olayların yer aldığı bu öyküler, kent pazarlarında hikâyeler anlatan bir kişinin ağzından aktarılmaktadır. Metinler hem içerik, hem de Hititçe çeviri sanatı açısından, çok üst düzeydedir. Gene en çarpıcı buluntulardan biri de, tunçtan bir tablet üzerine (Kat. No. 128) kazınmış anlaşma metnidir. Bu buluntu, türünün eldeki tek örneğidir. Önemli anlaşma metinlerini, madeni ve hatta altından tabletler üzerine yazarak belgeleme alışkanlığının olduğu bilinmektedir. Ekonomik değerleri göz önünde tutulduğunda, madeni tabletlerin günümüze kadar neden erişemediği kolayca anlaşılır. Buna karşın kilden tabletlerin, Hitit sonrası dönemlerde hiçbir önemi kalmamıştır. Tunç tabletin bulunuş şekli, antlaşma metninin özel bir törenle gömüldüğü varsayımını ortaya atmıştır. Hitit kralı IV. Tuthaliya ile anlaşan Tarhuntaşşa'lı Kurunta, kurallara uymayınca, taraflar arasındaki akit geçerliliğini yitirmiştir. Antlaşma metnindeki geleneksel yemin ve lanetleme pasajları doğrultusunda tanrıları kızdırmamak için, tableti tahrip etmektense, gömmeyi yeğledikleri önerilmektedir. Yukarı Şehir Tapınak Alanı girişi yakınlarında bulunan, azımsanamayacak sayıda damga mühür baskıları ve mühürlü toprak bağış belgeleri, buluntu yoğunluğunu ikiye katlamıştır. Artan buluntular bağlamında, mühürlerin anlamı, tipolojik özellikleriyle birlikte gelişimleri ve Hitit mühürcülüğünde kullanılan hiyerogliflere yönelik daha pek çok araştırma gerekecektir.

Yukarı Şehir'de yapılan kapsamlı çalışmalarla mimari sistemin belirlenmesi, bazı metinlerden bilinen ve yıllardır filologların başını ağrıtan bir detayın da çözümlenmesini sağlamıştır. Tören kutlama metinlerinde sıkça tekrarlandığı üzere, kral, yüksek konumuyla kenti taçlandıran Büyükkale'deki sarayına, savaş arabasıyla çıkardı. Geçen yüzyılın başlarından itibaren kazıya gelen ziyaretçilerin Büyükkale'yi gezmek için kullandıkları tek yolsa, eski bir savaş arabasının kullanımına hiç de uygun olmayan, basamakları sarp kayaya oyulmuş, dar bir merdivendi. Bu yakınlarda, Yukarı Şehir'le Büyükkale arasında yeralan çukurluğun üstünü kapatan akıntı toprağın temizlenmesiyle, kiklopik denebilecek boyutta, düzgün işlenmiş taş bloklardan, yüksekliği yer yer 4 metreye ulaşan bir altyapı ortaya çıkarılmıştır. Bu altyapı, Yukarı Şehir ile kral sarayı arasındaki düzlem farkını gideren ve girişi Nişantepe yakınlarındaki Tapınak Alanı ile kral sarayını doğrudan bağlayan, 85 metre uzunluğunda, yüksekliği en az 8 metreyi bulan, 7 metre genişliğinde bir rampayı taşımaktaydı. Eski Doğu'nun bu en eski örneğinde, o vakitler henüz çözülemeyen, bazı teknik sorunlarla da karşılaşıldığı anlaşılmıştır. İlk viyadüktün temelleri, sel baskınları sonucu giderek oyulunca, ikinci bir viyadüktün yapımı zorunlu hale gelmiştir.

Hititli yapı ustalarının – şayet gerçekten Hititliydilerse – teknik açıdan üstünlüklerini, 1988 yılında, Güney Kale olarak adlandırılan kesimde saptanan bir buluntu, en iyi şekilde belgeler. Güney Kale, Yukarı Şehir'in kuzeyinde yer alır. Burada açığa çıkarılan yapay havuzun köşelerinde, yapısal açıdan, o güne değin bilinen kapı geçitlerinden değişiklik gösteren, iki oda/mekan belirlenmiştir. Bu odalar, diğerleri gibi bindirme tonoz tekniğinde değil, gerçek tonoz tekniğinde inşa edilmiştir. Bu özellikleriyle, antik dünyanın taş örgülü, en eski gerçek tonoz örneklerini yansıtırlar. Vurgulanması gereken bir diğer önemli noktaysa bu mekanların, eldeki koşullara uygun bir çözüm arayışı sonucunda tesadüfen değil, yapı ustalarının becerileri doğrultusunda, önceden tasarlanmış yapı öğeleri niteliğinde uygulanmış olmalarıdır (Bkz. Res. 10, 11, S. 162).[1]

Hattuşa'daki kazı faaliyetleri, 1993 yılından başlayarak, Büyükkale'nin karşısında, boğazın diğer yakasında yükselen Büyükkaya'ya kaydırılmıştır. Bu kazılar, kent tarihçesinin Hitit hükümranlığının yıkılış süreci ve ardından gelen dönemlerini aydınlatacak verilere götürmüş ve kentin eski yerleşme alanının, boğazın batısında kalan bölümlerde yoğunlaştığı varsayımının değişmesi gerektiğini de ortaya koymuştur. Kazı başkanı Jürgen Seeher, Büyükkaya'nın, bilinenden çok daha eski bir evrede, başkent surları içine alınarak, esas şehir alanını koruyacak bir sitadel işlevini üstlendiğini düşünmektedir. 6 x 6 dan 12 x 18 metreye ulaşan devasa boyutlarıyla tahıl ambarları bu alandaki büyük bir iş gücünü gerektiren çalışmaların nedeni olmalıdır. Buluntuların değerlendirilmesi henüz tamamlanmadığına göre, kesin bir yargıya varmak için de henüz çok erkendir.

Geçen yüzyılın başlarından beri süregelen Boğazköy-Hattuşa kazılarındaki, bitmek tükenmek bilmeyen yazılı belge bolluğunu, hiç kimse önceden tahmin edemezdi; giderek dünyanın pek çok yerinde değerli uzmanların katıldığı çalışmalar, kuşkusuz daha uzun süre yoğun olarak devam edecektir. Günümüzde, başlı başına bir bilim dalı olan Hititolcji'nin başlangıcı pek de kolay olmamıştı. 1910 yılına gelindiğinde, çiviyazısı dilbilimi, ele geçen her kil tableti okuyacak aşamaya gelmişti. Sorun tabletlerin okunabilmesinde değil, dilin anlaşılmasındaydı.

Berlin'de yaşayan Eski Doğu Bilimcisi Hugo Winckler, 1887'de Amarna'da bulunan Arzava Mektupları ve E. Chantre'nin Boğazköy harabelerinden topladığı çiviyazılı tablet parçaları arasında benzerlik olduğunu düşünmekteydi. Varsayımının doğruluğunu sağlam temellere oturtabilmek için, meselenin kaynağına, Anadolu'ya gitmeliydi. 1906 yılında amacına erişmiş, Anadolu'da çalışmaya başlamıştı. İlk yıllarda açığa çıkarılan yazılı belgelerin yoğunluğu bile umulanın çok üstündeydi. Buna karşılık „Hitit Sorunu"nu çözecek anahtara da henüz ulaşılamamıştı. Bu sorun, Boğazköy tabletlerinin çoğunluğunda kullanılan Hititler'in ana dilinin çözülememesiydi. Çözüm ancak 10 yıl sonra geldi ve ne yazık ki, 19 Nisan 1913'te vefat eden Hugo Winckler, bunu göremedi.

Ancak birkaç yazıtın bilindiği 19. yüzyıl boyunca, Eski Diller ve Hint-Avrupa dilbilimcilerini en çok ilgilendiren sorulardan biri, antik dönemlerde Anadolu'da konuşulan dillerin kökeniydi. Genel kanı, Anadolu'ya göçlerle gelen Frigler'in dışında, Anadolu'da Hint-Avrupa kökenli dilleri konuşan grupların bulunmadığıydı.

Bir süre sonra Prag Üniversitesi rektörlüğünü üstlenecek Friedrich Hrozný'nin, kısa bir makalesinde ele aldığı "Hitit Sorununun Çözümü"nün,[2] bilim dünyası tarafından neden hemen kabul görmediği de, bu bağlamda kolayca anlaşılır. Ortaya atılan tezin bazı bölümlerinin, kısmen yayınlanmamış belgelere dayandırılarak sınanmayı olanaksız kılması, bu karşı koyuşu arttıran etkenlerden biriydi. Etimolojiye dayandırılan bazı çeviri önerileri şüpheyle karşılanırken, gramer ilkelerinin karşılaştırma yoluyla elde edilmesi yöntemiyse çok yerindeydi. Hrozný'nin ileri sürdüğü tezleri, çiviyazılı belgelerden kontrol edecek filolojik bilgilerden yoksun, bazı Hint-Avrupa dil bilimcileri, ileri sürülen tezleri kabullenmemekte direndiler. Bunun sonucunda başlayan metod tartışmaları, Hititçe'nin araştırılmasında, metinleri filolojik açıdan da inceleyen, çeşitli öğelerin birbirleriyle karşılaştırılması prensibine dayalı çalışmaları başlattı. Bu çalışmalar sırasında, en önemli katkı, ağırlıklı olarak çiviyazısıyla ilgilenen ilk Hint-Avrupa dil uzmanlarından biri olan Ferdinand Sommer'den geldi. Başta Hrozný'nin yöntemlerini tasvip etmese de, prensipte onun ortaya attığı teze katılarak, önerinin kabul görmesine yardım etti. 1920 ve 30 yıllarına gelindiğinde, Hitit devlet anlaşmaları, III. Hattuşili'nin (günümüzde II. olarak sayılır) Apolojisi, ya da II. Murşili'nin yıllıkları gibi, klasik olarak tanımlanabilecek metinler çözülmüştü. Yazılı belgelerin vakit kaybetmeden yayımlanması, sayıları 10000'e varan numaralanmış metnin, yaklaşık 100 ciltte toplanmasını sağladı. Hititolojinin konumu, başlangıcından itibaren, birbirinden çok farklı araştırma geleneklerinin arasında olmuştur: Kültür tarihi açısından Eski Doğu'yla yakın ilişkilidir. Assiriologlar ya da Eski Doğu bilimcilerinin ana konusunu oluşturan, çiviyazısını kullanmasıyla, Eski Doğu ve Sami dilleri uzmanlarının da etki alanına girer. Dil olarak Hititçe, çiviyazılı diller filolojisiyle ancak marjinal bir bağlantı kurabilen Hint-Avrupa, ya da karşılaştırmalı dilbilimcilerini de ilgilendirir. Karşılaştırmalı dilbiliminin yöntem ve sonuçlarının, Hititoloji araştırmalarına entegre edilmesi epeyce bir zaman almıştır. Buna karşılık, Hint-Avrupa dilbilimcileri, Hititçe'yi hemen benimsemişlerdir. İlk karşılaştırmalı Hititçe gramerinin 1933 yılında yayınlanmasına rağmen, 20. yüzyılın ikinci yarısına değin, Hititoloji araştırmalarının büyük bölümü, filolojik temele dayandırılmıştır. Buna en güzel örnek, J. Friedrich'in (1. baskı 1940) çok köklü, detaylı bir metin bilgisine ve zengin filolojik deneyime dayanan ama bir o kadar da tanımlayıcı kaleme alınmış Hititçe grameridir.[3] Süreç içinde, bu tutum terkedilerek, Hititçe'nin dil bilimi açısından özelliklerini öne çıkaran araştırmalara yer verilmeye başlanmıştır.[4] Luvice'nin çok yönlü araştırılmasından gelen ivmeyle, Hititçe'nin gelişimi ve Hint-Avrupa dilleri arasındaki yeri gibi konular, giderek öne çıkmıştır.

Hititli yazıcıların kullandıkları çiviyazısı işaretlerin ve bu işaretlerde yaptıkları değişimlerin dikkatlice incelenmesi sonucunda, yazının geçirdiği aşamaların kronolojik bir sıraya sokulması ve çiviyazılı tabletlerin salt işaret özelliklerine bakarak tarihlenebilme olasılığı[5], bazı ilginç sonuçlara götürmüştür. Bu yöntemle aynı dönemde yazılmış metinlerle, bunların daha sonraki kopyalarının ayırt edilebilmesi, başka araştırma yöntemlerinin de önünü açmıştır. Örneğin, Hititçe'nin kendi içindeki gelişiminin incelenmesi artık yeni bir temele dayandırılmaktadır. MÖ 2. ve 1. bin yıllarında, Hint-Avrupa kökenli Anadolu dillerinin gelişimi ve akrabalık derecelerinin anlaşılmasına yönelik, sayısız bireysel gözlem gerçekleşmiştir.[6] Metin kronolojileri ve yazı geleneklerinin irdelenmesi, siyasal olaylarla ilgili belgelerin yazılım tarihlerinin daha doğru belirlenmesini ve önemli kaynakların yeniden tarihlenmesini sağlamıştır. Metin tarihlemede kullanılan yöntem, meslek içi pek çok tartışma ve karşıt görüşe yol açmışsa da, metodun vardığı noktaya bakılınca, artık gelişimini tamamladığı söylenebilir.[7] Hititolojide çok başarılı sonuçlar veren paleografik tarihleme, giderek çiviyazılı diller filolojisinin diğer kollarınca da benimsenmiştir. Yazılı tarihe karşı duyulan ilginin artması, Eski Doğu uygarlıkları arasındaki kültürel ilişkiler, geleneklerin etkileşimi ve bilgi alışverişinin, değişik bakış açılarından ele alınmasına da olanak sağlayacaktır.

Hint-Avrupa dilleri bilimiyle ilişkiler, her zaman olduğu gibi şimdi de çok yoğundur. Dilleri tarihi gelişimleri içinde birbiriyle karşılaştıran araştırma enstitülerinin çoğunda, Hint-Avrupa grubu dillerin Anadolu koluyla uğraşmak, günlük işlerden sayılır. Çünkü, yazılı belgelerle kanıtlanan en eski Hint-Avrupa dilleri Hititçe, Luvice ve Palaca' dır. Hititçe ve kardeşleri, Hint-Avrupa grubunun köken dili açısından, uzun süre temel alınan, Eski Hintçe ve Yunanca'dan oldukça farklıdır. Bu bağlamda, köken dili yeniden canlandırmada kullanılacak modelin, yöntemini belirlemede ortaya çıkan temel bazı soruları aydınlatmada, Hititçe ve kardeşlerine, azımsanamayacak bir görev düşmektedir. Diğer taraftan, bu soruların irdelenmesinden elde edilen verilerse, Hint-Avrupa kökenli Anadolu dilleri ve bu dillerin kendilerine has özelliklerinin daha iyi anlaşılmasını sağlayarak, metin çözümünde çıtayı yükseltmiştir.

Bu araştırmaların, tarih ve kültür gelişimiyle ilgili sorunların aydınlatılmasındaki önemi, uzun süredir gündemde kalarak, sert tartışmalara da yol açan, "Ahiyava" sorununun açıklığa kavuşturulmasında, somut şekilde görülmüştür. "Ahiyava" sorununun temelinde, Hititçe metinlerde, Eski Yunan tarihi ve Batı Anadolu'daki Miken yerleşmelerine ait göndermelerin bulunup bulunmadığı yatar. Hititoloji, Emil O. Forrer ve Ferdinand Sommer arasındaki tartışmalarda, Forrer'in ortaya attığı "Yunanlılar Tezi"'ne, uzun süre şüphe duyarak bakmıştır.[8] Son dönemlerde ele geçen Hititçe ve Luvice kaynakların ışığı altında, hem Batı Anadolu'nun politik coğrafyasının şekillenmesi, hem de Hititçe'nin yakın akrabası Luvice'nin Anadolu'nun batısı ve güneyinde oynadığı baskın rolün anlaşılması, bu tutumun, yavaş yavaş değişmesini sağlamıştır. "Yunanca" yer ve şahıs adlarının, Hititçe metinlere nasıl aktarıldığının saptanmasında da, bu yaklaşımın rolü büyüktür.[9] Hititolojinin, halen gündemde tutulan, "Troia Araştırmaları" nda da giderek ağırlık kazanması, yeni bulunan, hiyeroglif yazıtlı, bir yazıcı mühürüyle daha da belirginleşmiştir. Bu mühür, Arzava Mektupları'ndaki bazı ipuçlarından da tahmin edildiği gibi, çiviyazısının Anadolu'nun batısına kadar yayıldığı ve Hitit Anadolusu'nda yazma yetisinin, başkent Hattuşa'yla sınırlı kalmadığı savını da pekiştirmektedir. Boğazköy kazılarının başlamasından yaklaşık üç çeyrek asır sonra, 1975 yılında, Boğazköy'ün kuzeybatısında yer alan Maşat Höyük'te (Hititçe adıyla Tapikka), bir taşra merkezinin yerel temsilcileriyle krallık başkenti arasında yürütülen resmi yazışmaları yansıtan, küçük bir arşiv ortaya çıkmıştır. 1975 – 1984 yılları arasında Tahsin Özgüç başkanlığında (Bkz. Burada Özgüç, S. 466 vdd.) yürütülen Maşat Höyük kazılarında bulunmuş olan arşivdeki yazılı belgeler, özellikle hasat, idari formaliteler, kuzeydeki göçebe gruplarla çatışmalar gibi konuların yanı sıra, günlük yaşama da şaşırtıcı biçimde ışık tutan içerikleriyle dikkat çekmektedir. Boğazköy ile Maşat Höyük arasında yer alan Ortaköy/Şapinuva'da, Hititler'e ait, yerel bir kült merkezi konumundaki kentte, 1989 yılından beri, Türk arkeolog ve filologlarından oluşan bir ekip, düzenli kazılar yapmaktadır. Bu kazılar sırasında, sayıları birkaç bini bulan, henüz yayınlanmamış çiviyazılı belgeyi içeren, büyük arşivler açığa çıkarılmıştır. Yazılı belgelerin ele geçtiği dördüncü kazı alanıysa, 1995 yılından beri Alman arkeolog Andreas Müller-Karpe'nin başkanlığını üstlendiği Kuşaklı, Hitit başkentinin doğusunda, Sivas yakınlarındaki Sarissa'dır (Bkz. Burada Müller-Karpe S. 470 vdd.). İleride, bu sayının daha da artacağına kesin gözüyle bakılmaktadır.

Dipnotlar

1 Neve 1991b.

2 Hrozný 1915.

3 Friedrich 1960.

4 Neu/Meid 1979; Carruba 1992.

5 Rüster/Neu 1989; Klinger 1996.

6 Carruba 1992; Melchert 1994; Starke 1999.

7 Klengel 1999; Klinger 2000.

8 Steiner 1964.

9 Starke 1997.

Kaynakça

Carruba 1992; Friedrich 1960; Hrozný 1915, 17 – 50; Hrozný 1917; Klengel 1999; Klinger 1996; Klinger 2000, 5 – 16; Craig Melchert 1994; Neu/Meid 1979; Neve 1991b, 161 – 265; Rüster/Neu 1989; Starke 1997, 447 – 487; Starke 1999b, 528 – 534; Steiner 1964, 365 – 392; Szemerényi 1988, 257 – 290

Resim altları

1 1907 Boğazköy kazıları sırasında Aslanlı Kapı (Garstang 1910, Lev. 60)

2 1907 Boğazköy kazıları sonrasında Aslanlı Kapı (Puchstein 1912, Lev. 16)

"Het Ülkesinin Tümü" Kutsal Kitap'ta "Hititler" ve Luvi Devletleri

Hubert Cancik

Hans Martin Kümmel'in anısına
30 Aralık 1937 – 30 Temmuz 1986

> Davud ve Hititli Uriya

"Ve Davud, Uriya'nın karısından olan Süleyman'ın babası idi": Matta, İncili'nde Nasıralı İsa'nın kök ağacını böyle kurar (1,6). Kadının ismi iyi bilinir: Elyam'ın kızı Bat-Şeba. Matta, babanın adını niye anmaz? Kurtarıcı'nın evrenselliğini vurgulamak için mi, Kenanlı ve Moablı iki kadının, Rahab ve Rut'un yanına, bir de Hititli koymuştur? Her nedense, Hititli'nin adını da İncili'ne katar **(Res. 1)**.

Antik bir yazar değil, sadece Kutsal Kitap'tır, Yakın Çağ'a, Klasik ve Orta Çağ boyunca unutulmuş bir kültürün adını kazandıran: Het, İbraniler'in bir halkı tanımlamak için kullandıkları Hittîm "Hititliler" (çoğul) kelimesi gibi, Het adı da, Hititler'in, MÖ 2. binde, kendi imparatorluklarını tanımlamakta kullandıkları Hattusas (udne) "Hattusa (ülkesi)" adıyla bağlantılıdır. Bu tanımlama, Eski Doğu ve Mısır'da, çoğunlukla Akkadca'daki (ma t) Hatti "Hatti (ülkesi)" karşılığıyla yerleşmiştir. Hitit İmparatorluğu'nun yıkılmasından (MÖ 1180 yılları) sonra, Suriye ve Mezopotamya'daki komşuları, Hatti adını, (Luvice konuşan) Geç Hitit Devletleri ve özellikle de Karkamış ve Karkamış Büyük Krallığı'ndan türeyen diğer devletlerin tümü için kullanırlar. Halbuki Hititler'in yerini alan bu selef devletler, kendilerini hiç bu şekilde (ve Hititçe Hattusa olarak) adlandırmamışlardır (Bkz. haritalar S. 308/309). Asurlular da, doğal olarak bu devletin halkına Hattû, ya da Hattaya "Hititli" derler; bu etnik belirlemelerle, özellikle Suriye'de, MÖ 1. bin'in başlarından itibaren yaşayan Aramiler'le, Luvice konuşan halk kesimi birbirinden ayırılmaktaydı.[1]

O halde Kutsal Kitap, uzun süredir yer etmiş bu isimleri kabullenir ve iki şekilde kullanır: a) İsrail ülkesinin kuzeyinde bulunan Luvi ("Hitit") devletleri; b) Kenan ülkesinde, İbraniler'den sayılmayan, belirli bir halk gurubu. Kutsal Kitap'ta verilen halk listelerinde, yirmi kezden fazla "Hititli", halk adlandırması olarak sayılır. Bunların yanı sıra, pek çok kişi de, özellikle "Hititli" olarak tanımlanır.

Karısı Bat-Şeba'yı arzuladığı için,[2] Hazreti Davud'un öldürttüğü Uriya, yakın çevresindeki tek Hititli değildir. Davud'un savaşçıları arasında, "Hititli" olarak ünlenen, Ahhimelek de vardır.[3] MÖ 9. yüzyılın sonuna kadar bir Luvi hanedanı tarafından yönetilen, Hamat (Luvice: Imat) kralı To'i de, yandaşlarındandır. Hiyeroglif Luvicesi yazıtları da 9. yüzyılın ikinci yarısına tarihlenir. Hazreti Davud (MÖ 980 yılları), ortak düşmanları Hadadlar'ı ve Şamlı Aramiler'i yendiğinde, To'i, altın, gümüş ve madenden kıymetli, gönül alıcı hediyelerini sunsun, hayır dualarını iletip kutsasın diye, oğlu Yoram'ı Kudüs'e yollar.[4] Bu denli yüksek düzeyde bir elçinin gönderilmesinin politik nedeni ve sonuçlarıysa, bilinmez. Yoram'ın adı şaşırtıcı şekilde İbranice'dir ve büyük olasılıkla uzun bir süreden beri İsrail ile yürütülen ilişkiye işaret eder. Bilinen, Hazreti Davud döneminde, Geç Hitit Devletleri'nin en güneydekiyle, doğrudan ilişki kurulduğudur. İsrail'den, iadei ziyarette bulunduğunu varsayacağımız tüccarlar ve diplomatlarsa, Hamat'a vardıklarında, ortostatları, kabartmaları, kapı arslanları ve yapı kitabeleriyle, bir Hitit sitadeliyle karşılaşırlar.[5] Karkamış'tan da bilindiği üzere[6], burada pek çok dil konuşulmakta ve dört yazı türü kullanılmaktaydı: Luvi hiyeroglifleri, Asur çiviyazısı, Fenike ve Arami harf yazısı. Buradaki çeşitlilikten yola çıkarak, yoğun bir kültür alışverişine hükmedilebilir.[7] Bu bağlamda Hamat'da, bazıları hiyeroglifli, bazılarıysa Arami harf yazılı mühür baskılarını ve mal teslimatlarına ait notları içeren, pek çok bulla ele geçmiştir.[8]

> Kutsal Kitap'taki "Hitit" (Luvi) Devletleri

İsrailoğulları'nın boyundurukları altına alacakları memleketler sayılırken "Tüm Het ülkesi" diye hikaye edilir (Yoşua 1,4). Bozkırlardan başlayıp Lübnan'dan büyük nehir Fırat'a, oradan da güneşin battığı denize kadar uzanır hükmedilecek topraklar (Krş. harita

S. 33). Bu yayılma isteği, Davud zamanında bile gerçekleşmez. Düşüncenin aktarılış biçimiyse, İbraniler'in yer yüzü coğrafyasını nasıl algıladıklarını yansıtır. Bir süre sonra Assurlular (MÖ 8. yüzyılın sonları), bütün Het ülkesiyle birlikte, Suriye'nin Arami devletlerini ve (Kuzey) İsrail devletini de kendilerine bağlayacaktır (Res. 2).

Kutsal Kitap'ta, değişik nedenlerle, bu bölge ülkeleri ve halklarından söz edilir. Hazreti Süleyman, önce Kave'den -Doğu Kilikya'da Adana Luvi Devleti- atlar satın alır, sonra satın aldığı atları Hitit krallarının tümüne ve Suriye krallarına satar.[9] Herodotos da (3,90), Kilikya'daki at yetiştiriciliğinden söz eder. Karkamış'dan bilinen çağdaşı (MÖ 10. yüzyıl sonu/9. yüzyıl başı) bir yazıtta adı geçen "Kave savaş arabası" bağlamında, oradan savaş arabalarının da temin edildiği öğrenilir.[10] "Kaveli" tanımlaması, Kave kelimesinden türetilmiştir. Bu, İbranice'deki Qoe'nin (*Qvh*), Luvice'deki karşılığıdır;[11] MÖ 13. yüzyılda, aynı adın Mısır'daki Have (*Hv*) şeklindeki yazılımıysa, Kutsal Kitap'ta sıkça adı geçen ve Kave'de yaşayanları tanımlayan, Hivvitliler'den alınmadır.[12]

Süleyman, Hamat-Soba'ya karşı yürür ve onu alır.[13] O "firavunun kızının yanısıra başka yabancı kadınları da severdi...", – "Hititli kadınları" da (1 Krallar 11,1). Bu türden davranışlar, Tyros Hiram'ı örneğinde olduğu gibi (1 Krallar 5,26), dış ilişkilerin iyileştirilmesine ya da büyük olasılıkla antlaşmaları pekiştirme amacını güden, politik evliliklerin bir işaretidir. Özellikle MÖ 9. yüzyıldan itibaren İsrail ve Suriye'deki komşu devletlerin, giderek Assur'un yayılımcı politikasının baskısını hissetmeleri, durmadan genişleyen Assur askeri gücüne karşı savunma paktları oluşturmaya götürmüştür. Asi Nehri dolaylarında dövüşülen Karkar (MÖ 853) savaşında, İsrail kralı Ahab, Imat kralı Urhilina, Şam kralı Hadadeser ve yedi müttefik devlet daha birleşerek, Asur kralı III. Salmanasser'e karşı koymayı başarırlar.

Bu politik konstellasyon sonucu Kutsal Kitap'ta çoğunlukla "Hitit" (ve Arami) müttefiklerin başkentlerinden aynı adla söz edilir.

Assur: "Kalno, Karkamış gibi, Hamat, Arpad gibi, Samiriye, Şam gibi değil mi?" diye sorar[14].

Assur sonunda hepsini alt etmiştir. Luvi Pat(t)ina, MÖ 738 yılında Assur boyunduruğuna girer ve Kullani eyaletine dönüşür. Kullani'nin İbranice karşılığı Kalne'dir. Luvi devletlerinin en önemlisi Karkamış da (İbranice Karkemiş) sonunda, 717 yılında, Assur karşısında pes eder. Luvi devleti Halpa'dan (9. yüzyılın başına kadar) türeyen, Arami Arpad'sa, 740 yılında düşmüştür. 8. yüzyıldan itibaren, Arami yönetimine geçen ve son kralı Yaubi' di'nin II. Sargon tarafından "kötü Hititli" olarak tanımlandığı[15] Imat/Hamat ise, Samiriye'nin düşmesinden iki yıl sonra, Arpad, Şam ve İsrail Kuzey Krallığı'yla birlikte çöker. Yeremya'daki, yabancı halklar kehânetlerinde (49,23): "Hamat ve Arpad kötü durumdalar" diye vurgulanır. İsrail'le birlikte Luvi-Arami komşuları da aynı kaderi paylaşırlar: yıkım ve sürgün. Assur kralı, Babil, Kuta ve Avva'dan, Hamat ve Sefarvaim'den pek çoğunu Samiriye'ye götürür. İmparatorluk kurumu, dinlerin karışımını destekler. Samiriye'de her halk kendi tanrısına tapar: Babilliler Sukkot-Benot'a, Sefarvaimliler Addrammelek'e, Hamatlılar ise Asima denen bir tanrıçaya.[16] Sanherib'in elçileri (MÖ 705 – 681) teslim olması için Yuda kralı Hizkia'yla: "Her halkın kendi tanrısı, memleketini Assur kralının pençesinden kurtarabildi mi? Hamat ve Arpad'ın tanrıları neredeler? .... Samiriye'yi de elime düşmekten kurtarabildiler mi?" diye alay eder.

> Soy Ağacı Hikayeleri ve Halk Listelerinde "Hititler"

Kutsal Kitap'ta ataların, Hititli kadın ve erkeklerle karşılaşmalarına yönelik bildirimleri tarihi açıdan değerlendirmek zordur. Burada sözü edilenlerin, geçmişe yönelik anılar bağlamında, MÖ 2. bin'de yaşamış, Hitit İmparatorluğu vatandaşları mı olduğu, yoksa 1. binin koşullarının daha önceki bir döneme yansıtılarak mı aktarıldığı bilinemez.

MÖ 15. yüzyılda, Hititler'e ait bir Evokasyon ritüelinde,"Kinahha" ülkesinden söz edildiğine göre –"Ziduna ülkesinin (Sidon) yanı sıra- Kenan ülkesinin Hititlerce tanındığı kesindir (krş. harita S. 304/ 305).[18] 15. yüzyıla ait bir Hitit-Mısır anlaşma metninin konusu, Anadolu'nun kuzeyinde bir yerde bulunan Kurustamma ahalisinin (yeri henüz saptanamamış), Mizra ülkesi'ne (Mısır) yerleştirilmesidir.[19] Burada, halkın yerleştirildiği bölge olarak, Mısır'ın kendisinden çok, Mısır egemenliğinde bulunan Suriye-Filistin yöresi (Amka, Kinahha) düşünülmelidir.

Yukarıdaki verilerin ışığı altında, İbrahim'e karşı savaşan Tid'al, Hititçe'deki Tuthaliya adıyla bağdaştırılabilmektedir.[20] İbrahim, mezar yerini, Hebron'da oturan, Efron adında, bir Hititli'den satın alır.[21] Hititli kadınlar sadece Davud'un değil atalarının da başını döndürmüşlerdir. Esav, Hititli Beeri'nin kızı Yudit ve Hititli Elon'un kızı Besemat'ı eş olarak alır.[22] Ana baba, hiç sevinmez ve bu iş anası Rebeka'ya yürek acısı olur. Yakub da Hititli bir kızla evlenmeğe gönüllü olunca, oğlanın babası İshak, bu evliliği yasaklar.[23] Halkların birbirine katışması önlenemez; peygamber Hezekiel (MÖ 600 yılları), Kudüs şehrini yerer:[24] "Baban bir Amorit, anansa bir Hititli".

İbrani bilginlerinin, yaklaşık 1000 yıllarında, çağdaşları, Hititli komşularına uygun gördükleri yer, halklar dizininden (Tekvin 10) anlaşılmaktadır (Res. 3). İnsanla simgeleşen coğrafya, mekansal ilişkileri, köken bölgeyle bağdaştırır. Bu nedenle, Tubal (Anadolu'daki Luvi devleti Tabal) ve Het (Suriye-Filistin) ayrı ana babalardan doğmadır. Hitit İmparatorluğu'nun bir tür devamı olmalarına rağmen Ham ve Yafet, Kimerler ve Aşkenazlar da olmak üzere, tüm kuzey halklarının babaları sayılır. Ama gene de aradaki bağlantıyı kurmak üzere, Kenan diyarından gelen Het ve Hamat birbiriyle kardeştir, Tubal da Yava'nın (İyonya) erkek kardeşidir.[25]

Dipnotlar

1 Hatti/Hattu/Hattya adlarının kullanımı hakkında detaylı olarak J. David Hawkins, Hatti: *Reallexikon der Assyriologie* 4, 1975, 152 – 159.

2 2 Samuel 11 – 12; krş. 2 Sam. 23,39: Davud'un savaşçılar listesinden "Hititli Uriya".

3 1 Sam. 26,6. İsim İbranice'dir. Yebusit Arauna ismini "hür" anlamına gelen Hititçe ve Luvice arava, aravani kelimeleriyle ilişkilidir. Davud kendisinden Kudüs'te bir tarla satın alır (2 Samuel 24, 18).

4 J. David Hawkins, *Inscriptions of the Iron Age, Corpus of Hieroglyphic Luwian Inscriptions* I, Berlin/New York 2000, 398 – 423. S. 400[30] hurri kökenli (Tahe) To'i adı, Hittitlere bağımlı Astada ülkesinin başkenti Emar'da MÖ 13. yüzyılda görülüyor.

5 2 Sam. 8. Bu aktarımın yapısı için bkz. Cancik, *Grundzüge der hethitischen und alttestamentlichen Geschichtsschreibung*, Wiesbaden 1976, §17.

6 Frank Starke, Sprachen und Schriften in Karkamis: Beate Pongratz-Leisten/Hartmut Kühne/Paolo Xella (Derl.), *Ana šadî Labnāni lū allik*, Wolfgang Röllig Armağan Kitabı, Neukirchen-Vluyn 1997, 381 – 395.

7 Krş. Burada Hubert Cancik, 78 vdd.

8 Hawkins (Dipnot 4), 403, 422 – 423. Bullaların tarihlenmesi kesin değildir; Hamat devletinin Arami hanedanlığı tarafından idare edildiği bir döneme ait olmaları muhtemeldir.

9 1 Krallar 10,28 vd.; 2 Chron. 1,16 – 17; 2 Chron. 9,13 – 28.

10 Hawkins (Dipnot 4) 103 (§7)

11 Frank Starke, *Untersuchung zur Stammbildung des keilschrift-luwischen Nomens*, Wiesbaden 1991, 340[1203a].

12 Manfred Görg, Hiwwiter im 13. Jh. v. Chr.: *Ugarit-Forschungen* 8, 1976, 53 – 55.

13 2 Chron. 8,3 vd., 1 Krallar 11,1.

14 Yesaya 10, 9. Krş. Amos 6,2.

15 Hawkins (Dipnot 4) 401.

16 2 Krallar 17

17 2 Krallar 18, 33 – 34: Sanherib'in elçilerinin konuşması; 2 Krallar 19, 12 – 13: Sanherib'in Yuda'lı Hiskia'ya mesajı.

18 Volkert Haas/Gernot Wilhelm, *Hurritische und luwische Riten aus Kizzuwatna*, Kevelaer/Neukirchen-Vluyn 1974, 188 – 189 (Satır 55).

19 Dietrich Syrenhagen, *Pritätische Staatsverträge aus hethitischer Sicht*, Pavia 1985.

20 Tekvin 14,1. 9.

21 Tekvin 23.

22 Tekvin 26,34 vd. – bütün isimler Hititçe-Luvice

23 Gen. 27,46 – 28,1.

24 Ezechiel 16,3; 16,48.

25 Meslekdaşım Frank Starke'ye (Tübingen) yardım ve desteklerinden dolayı teşekkür ederim.

Kaynakça

Donner 1959, 105 – 145; Elliger 1947, 69 – 108; Helck 1995; Hoffner 1968, 61 – 68; Kümmel 1968, 728 – 732; Lebrun 1998, 153 – 163; Meyer 1975, 65 – 73; Schatz 1972; Riis 1990; de Vaux 1967, 481 – 501

14 Nesil	İbrahim Yahuda .... Yesse Elyam
14 Nesil	Davut ∞ (2) Bat-Şeba (1) ∞ "Hititli" Uriya Süleyman .... Yoşiya
14 Nesil	Yekonya (Sürgün) .... Yusuf ∞ Meryem Nasıralı İsa

1 İsa'nın soy ağacındaki Hititli (Matta 1,6; 2 Samuel 11-12'yle tamamlanmış)

16.yüzyıldan itibaren	Hattuşa Hititler'in başkenti. Aynı adla anılan Hitit Krallığı "Hattuşa (ülkesi), Anadolu dışında (Suriye, Mezopotamya, Mısır), Akkadca karşılığıyla Hatti olarak tanımlanır.
15. yüzyıl	Bir Hitit Çağırma ritüeli aracılığıyla belgelenen "Kinahha ülkesi".
	Kurustama halkının Mizrai ülkesine (Mısır egemenliğindeki Suriye-Filistin yöresi anlamında: Amka/Kinahha?) taşınmasıyla ilgili Hitit-Mısır antlaşması
yaklaşık 1180	Yıkılan Hitit İmparatorluğu'nun yerini Tarhuntaşşa ve Karkamış Büyük Krallıkları'nın alması.
12. – 11. yüzyıl	Tarhuntaşşa ve Kargamış Büyük Krallıkları'ndan 1. bin'in bağımsız "Hitit" (Luvi) devletleri doğuyor.
	Kaynak ve tarihi gerçekliği kuşkulu, devletler öncesi Hazreti İbrahim, Yakup, Esav ve Hititli kadınlar gelenekleri.
1100 civarı	I. Tiglatpileser dönemi Assur yazıtlarında, ilk olarak, Karkamış ve Malida (Güneydoğu Anadolu) bağlamında, Luvi devletlerini tanımlayacak şekilde Hatti adına rastlanılması.
980 civarı	Hazreti Davut'un Hamat (Imat) kralı To'i'yle anlaşması
960/50 civarı	Hazreti Süleyman'ın Hamat-Soba'ya gidişi ve Kave'den (Adana) aldığı atları "Hitit" ve Arami krallara satışı.
853	İsrail kralı Ahab ve Imat kralı Urhilina'nın diğer müttefik sekiz kralla bir Qarqar'da, Assur kralı III. Salmanassar'a karşı başarıyla savaşmaları.
740'dan itibaren	III. Tiglatpileser (745 – 727) ve II. Sargon'un (721 – 705) aldıkları, Suriye'nin "Hitit" ve Arami devletlerinin, Assur krallığına eyalet olarak katılmaları.
722 – 720	Samaria'nın fethi. Arpad, Hamat, Şam ve İsrail (Kuzey Krallığı) devletlerinin yıkılışı. Genel sürgün çerçevesinde, Hamat halkının Samaria'ya gönderilişi.

2 Kronolojik olarak Kenan/İsrail ve "Hitit" (Luvi) ilişkileri (tüm tarihler MÖ)

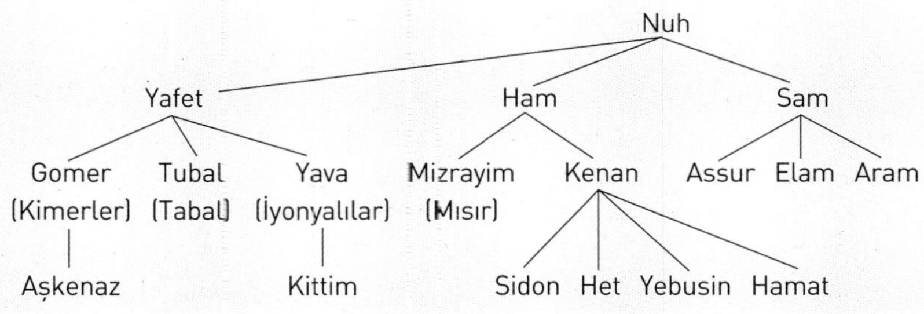

3 Halklar dizininde Het, Tubal, Yava (Tekvin 10)

Eski Tunç Çağı Hitit Kültürünün Kaynağı Olarak Hatti Kültürü

Tahsin Özgüç

Türkiye'de 1930 yılından sonra, Hitit kültürü hakkında Boğazköy'de kazanılan bilgilerin ve Alişarhöyük kazılarının (1926 – 1932) aydınlığında Hitit kültürüne öncülük eden daha eski kültürlerin araştırılması için planlı bir çalışma başlatıldı. 1935'de Türk Tarih Kurumu adına başlanan Alacahöyük kazıları bu bilimsel ilginin ilk girişimidir. Bu kazılar Kuzey Kapadokya ve Orta Karadeniz bölgesinin madenleriyle zengin, ormanlarla kaplı dağlık yöresinde, Hitit çekirdek bölgesinde Hititler'den önce, MÖ 3. binin son çeyreğinde yüksek bir kültürün varlığını kanıtladı. Bu çalışmaları izleyen yıllarda yapılan yeni kazı ve araştırmalar, bu kültürün bu bölgede çok yaygın olduğunu gösterdi.

Orta Anadolu'nun bunu izleyen, MÖ 20. – 18. yüzyıla ait ilk tarih dönemlerinde olduğu gibi, bu çağda da prensliklerle yönetildiğine ışık tutan keşifleri 13 krali Alacahöyük mezarı temsil etmektedir. Taş örülü, dikdörtgen planlı, tabanları kerpiç döşeli mezarların üstleri toprak örtülü yatay kalaslarla kapanmış. Onlara erkek, kadın yetişkinler gömülmüş; bir mezara erkek ve kadın aynı zamanda gömülmüştür. Mezarların damları üstüne, düzenli sıralar halinde, öküz başları, bacakları bırakılmıştır. Bunlar, ritüelde gömüyü kurban kültünün, ölü yemeğinin izlediğine işarettir. Köpeği mezar dışına, hemen yanına gömülmüş.

Eski Tunç Çağı'nın son evresinde (MÖ 2300/2200 – 2000) beklenmeyen, şaşırtıcı zenginlikteki bu mezarlara Hatti ülkesinin prens ve prensesleri, aynı zamanda, rahibi veya rahibesi olanlar gömülmüştür. Ölü hediyelerinin çoğunu altın, gümüş, elektron, bakır, tunçtan yapılanlar; azını kehribar, akik, kil ve demirden olanlar oluşturur. Bunların çok önemli bir bölümü Anadolu'da ve dışında benzeri olmayan, çoğu öteki dünya tasavvurlarına bağlı, dinsel objelere aittirler.

Yerel prenslerin bölgenin doğal maden zenginliğinden yararlanmaya özen göstermeleri, Orta Karadeniz bölgesine ekonomik ve kültürel bir ayrıcalık tanınmasının nedeni olmuştur. Yüksek teknik, şekil ve üslup birliği içinde birbirlerine yakın benzerlik gösteren eserler üreten atölyelerin yerli prenslerin denetiminde olduğu, hatta bunların saraylarda çalıştıkları düşünülmektedir. Halkın büyük bir bölümü ziraatçı, hayvan yetiştirici idi. Bunların yanında iki önemli işi, metalurji ve ticareti de çok iyi öğrenmişlerdi. Bunu ayrı bölgelere yayılan maden objelerin, teknik ve şekillerinin birbirlerine çok benzemeleri kanıtlamaktadır. Mahir ustalar döküm, kakma, lehim, appliqué, granülasyon, kabartma, repousé ve telkari gibi her tür madeni işleme tekniğini uygulamışlardır. Muhakkaktır ki, mineroloji büyük bir organizasyonun eseri idi; bu çağda madenci-demirci sınıfı oluşmuş olmalıdır.

Bu çağın yangınla sona ermesini izleyen dönemin başında Anadolu'nun gümüş ve altınını kazanma amacıyla başlayan Assur Ticaret Kolonileri sisteminin kurulmuş olması, tesadüf değildir. Bu, Anadolu'nun zenginliğini Akkad (MÖ 2334 – 2193) ve Post Akkad (MÖ 2192 – 2112) döneminden beri öğrenmeye başlamış olanların girişimidir.

Mezarlara bırakılmış eserler, sadece, ölünün yaşamındaki zenginliğinin simgesi değildir; onlar, aynı zamanda, ritüelde kurban kültünün yansıdığı Anadolu/Hatti yaratıcılığının, türü kendine özgü, belgeleridir. Bunların başında, tunç döküm boğa, geyik, aslan figürleri, standart başlıkları ve sistriumlar gelmektedir.

Ay şeklinde kıvrık boynuzlu boğalar, ağaç standarta geçirilen çatallı ayakları üzerinde durmaktadırlar **(Res. 1)**. Bazılarının boyun, alın ve gövdelerinin bir kesimi kakma gümüşle süslüdür. Baş ve boynuzları elektron kaplı Horoztepe figürü ince bir realizmin eseridir; bu onun çağın son evresine ait olduğunu gösteriyor.

Geyik figürleri arasında baş ve gövdelerinin bir kısmı gümüş kakmalı olanlar Eski Tunç Çağı ustalarının yarattığı ender örneklerdendir **(Res. 2)**. Boğalarda olduğu gibi, geyik figürlerinden bazılarının bacak ve kalçalarının doğallığına özen gösterilmesine rağmen, çoğu üsluplaştırılmış, soyutlaştırılmıştır. Bunlar törenlerde kült standartı olarak kullanılmıştır.

Basit standart başlıklarının çoğu kurs, yay ve dikdörtgen şeklinde olup, içleri çerçeve tarzında, süslenmiştir. Bunlara takılan peykler, standart sallandıkça, ses çıkartmakta ve sistrum olarak görev yapmaktadır.

Şekilleri, ekleri ve üslupları bakımından benzerlerine raslanmayan, Anadolu'ya, Hatti kültürüne özgü, yay çemberi içinde yan yana ayakta duran üç boğa veya üç geyikten **(Res. 3)**, bir geyik iki aslandan oluşan kutsal hayvan grupları, etrafı ışınlarla bezeli kurs çemberi içindeki tek geyik örneği **(Res. 4)** bu görünümleriyle eşsizdirler. K. Bittel ışınlarla bezeli kurs çemberlerinin, göğün, gök kubbesinin ve gök ışınlarının abstrakt sembolleri olduğunu belirtmektedir.[1] Standart başlıklarının kurs çemberi üzerindeki çiçek, tomurcuk, kuş takılı olanları ayrı grupları oluşturur. Standart başlığının çemberi içindeki geyiğin gümüş kaplı başı ince altın safihayla örtülü, iki yanındaki aslanların da başları gümüş kaplıdır.

Çorum'un 50 kilometre kuzeydoğusundaki Oymaağaç mezarlığında bulunmuş standartın çemberi, 51 halkanın yan yana dökümüyle oluşmuştur. Bu, döküm tekniğindeki ustalığın ayrı bir örneğidir. Çemberin alt uçlarını bağlayan çubuğa basan iki boğa, iki boğalı standart başlığının ilk örneğidir. Bunu da, bazı Alacahöyük başlıklarında da olduğu gibi, alttan iki boğa boynuzu çevirmektedir. Boğaların birleşik iki boynuzu üstünde 11 dişli küçük bir kurs vardır.[2] Bu, kursların detayları bakımından, yerel özelliklere sahip olduklarını göstermektedir. Bu standart başlıkları öteki dünya tasavvurlarına bağlı birer kült objeleridir. W. Orthmann bu başlıkların mezarlara ölülerle beraber gömülen ağaç arabaların ok ve boyunduruklarına takılmış olabileceklerini belirtmektedir.[3] Çemberler içindeki bu hayvanların teknik ve üslupları, boğa ve geyik figürlerinden farklıdır; bunlarda soyutlaşma ve bir dereceye kadar doğallık bir arada görülmektedir.

Anadolu'da ilk defa bu çağda, gelişmiş tunç döküm sistrumlar Horoztepe'nin extramural mezarlarında bulunmuştur. Dikdörtgen çerçevenin içindeki çubuklar üstünde hareket edebilen yassı maden levhalar, sistrum elde sallandıkça, ses çıkarmaktadırlar. Çerçevenin üst çubuğu üstünde, erkek geyiğin önünde üç yavru veya dişi geyik görülür; iki yan çubukta da ikişer dağkeçisini birer aslan izlemektedir. Geyiklerin ve öteki sistrumlardaki dağkeçilerinin, kuşların üslubunda naturalizm çok belirgindir.

Orta Karadeniz bölgesinde geniş bir alana yayılan ağır boğa ve geyik figürleri, standart başlıkları ve sistrumlar teknik, üslup ve anlamlarıyla yerli, Anadolu'ya özgü yapıtlardır. Köklerinin Kafkasya, Asya'da olduğu kanıtlanamadı. Buna rağmen bu konu bir çalışma hipotezi olarak varlığını korumaktadır.[4]

Alacahöyük'ün antropomorfik döküm figürleri yassı idollerin tekamülüdür. Biri iki elinde testi tutmaktadır. Bacak ve kalçalarının tabiiliğe yakın olmalarıyla idollerden ayrılırlar. Horoztepe'nin ayakta duran, göğsünde çocuğunu emziren figürü, bu grup içinde en tabii olandır. O, Assur Koloni çağının geç evresinde göğsünde çocuğunu tutan baş tanrıçanın ilk örneğidir. Çoğaltıcı bereket tanrıçaları mezarlara, koruyucu tanrıçalar olarak bırakılmışlardır. Bunlar plastik sanatta ilerlemenin başladığını göstermekle beraber, boğa ve geyik figürlerinin üslup düzeyine henüz erişememişlerdir.

Orta Karadeniz bölgesinde Alacahöyük, Eskiyapar, Horoztepe, Mahmatlar'ın altın, elektron, gümüş, tunç, bakır kapları ince teknik, şekil ve süsleriyle yerli atölyelerin temsilcileridir. Süslü altın ve gümüş gaga ağızlı testiler [Res. 5], meyvelikler [Res. 6], altın veya altın kaplamalı gümüş vazolar, karneol boncuklarla bezeli altın kaplar, sepet kulplu yılan kabartmalı gümüş çaydanlık, tunç masalar, çalparalar, aynalar, tarak yüksek kaliteli işçiliğin krali örnekleridir. Bu çağda diğer kültür çevrelerinde bunlarla mukayese edilebilecek buluntulara sahip değiliz. Bu şekil anlayışı Hitit seramiğinin kaynağı olmuştur.

Bunların yanında mücevheratın her çeşidi de zengin kolleksiyonlar oluşturmuşlardır [Res. 7]. Merasimde kullanılmış gümüş, elektron baltalar, mızrakuçları, gümüş hançerler, sapı altın kaplı topuzbaşı, kabzası altın kaplı demir hançer mezara, gömünün yanına bırakılmışlardır. Alacahöyük-Eskiyapar'dan İkiztepe'ye kadar uzayan geniş alana yayılan tunç silahlar Yakındoğu silah repertuarında çok önemli bir yer tutmaktadır. Maden yatakları zengin, ticaret ilişkileri ve atölyeleri gelişmiş prenslerin, muhtemel iktidar mücadelelerine karşı, silah imaline büyük önem verdiklerini bu yeni buluntular belgelendirmektedir.

Bu bölgenin güney kesimi Boğazköy'ün 51 kilometre güneyindeki Alişar ile, Boğazköy'ün 124 kilometre, Kızılırmak'ın 20 kilometre güneyindeki Kültepe bu çağın yerel özelliklere sahip bir kültür çevresini oluşturmuşlardır. Bunu, sitadeli ve aşağı şehri surlarla çevrili Alişar ve Eski Tunç Çağı'nın son 300 yılında alışılmamış anıtsal yapılarıyla Kültepe temsil etmektedir. Ayrıca Kültepe, monokrom seramiğin yanında, Kayseri ovasına özgü, boya nakışlı bir seramik türüne sahiptir. Boya nakışlı III. Alişar seramiği bu seramik türünden gelişmiştir. Kültepe seramik atölyelerinin bu ürünü Alişar üzerinden, azalarak, Boğazköy-Alacahöyük-Maşathöyük'e kadar yayılmıştır.

Kültepe'nin plastik eserler bakımından, yerel özelliğini kurs gövdeli, uzun boyunlu alabaster idollerden başka, tahtlarında oturan, göğüslerini tutan, çıplak alabaster tanrıça figürleri belgelendirir [Res. 8]. Alabaster tanrı ve tanrıçaların, yüksek aslan kabartmalarının üslubu, kuzeyin maden figürlerine bakınca, daha doğaldır [Res. 9, 10].

Eskiyapar mücevheratı, gümüş-elektron kaplarının bir grubu, Troia-Troad ve Poliochni'de bulunanların yakın benzerleridir ve yalnızca 20 kilometre mesafedeki Alacahöyük'ten çok, Troia-Poliochni mücevheratına benzemektedir. Bu benzerlik veya ayniyet münferit objelere inhisar etmez, genelde benzerlik vardır. Bununla beraber, bu ayrı bölgelere özgü objeler de çok önemli bir yer tutmaktadırlar. Alacahöyük'ün, Horoztepe'nin, Mahmatlar'ın boğa-geyik figürlerini, standart başlıklarını, sistrumlarını, altın ve gümüş kaplarının çoğunu, antropomorfik figürlerini kuzeybatıda, güney ve güneydoğuda bulmak mümkün değildir.

Bölgeler arasındaki direkt bağlar, yalnız, ticaret ilişkilerinin sonucu değildir. Prenslerin kontrolündeki atölyeler birbirlerinin yapıtlarını model olarak almışlar, onları çoğaltmışlar ve benzer örneklerin artmasını sağlamışlardır. İki kültür çevresinde mineroloji endüstrisinin zenginliği aralarındaki karayolu trafiğini de çok arttırmıştır. Kuzey Kapadokya ve Orta Karadeniz bölgesindeki yeni keşifler bu trafiğin bilinenden daha kuvvetli olduğunu kanıtladı. Eskiyapar ve Alacahöyük'ten başka, Kültepe'de bulunan Orta Anadolu'ya yabancı mücevherat, Ur Kral mezarlarında, III. Er Hanedan ve Akkad çağında bulunanların benzeri olup, Güney Mezopotamya ve Kuzey Suriye'den getirilmişlerdir. Kültepe'de Akkad ve Post Akkad silindir mühürlerinin ve güney, güneydoğu kökenli yabancı seramiğin varlığı da bu ilişkilerin sürekliliğini kanıtlamaktadır.

Bu çağda, yazıyı bilen, kültürleri yüksek ülkelerle ilişki kurulmuş olmasına rağmen, Anadolu'da henüz yazı yoktur. Bu çağa ait en eski haberi Akkad kralı Sargon'un (MÖ 2340 – 2284) ve torunu Naramsin'in "Savaşan Kral-Sar tamhari" efsanevi metinlerinin, Sargon'un ölümünden 800 sene sonra Hititçe yazılmış nüshasında buluyoruz. Bunlarda savaşın kralının, Puruşhattum (Acemhöyük) şehrindeki tüccarların şikayeti üzerine, bu şehire açtığı savaş ve daha sonraki yıllarda Naramsin'in (MÖ 2260 – 2223) aralarında Hatti kralı Pampa'nın ve Kaniş kralının da bulunduğu 17 kraldan oluşan koalisyonu mağlup ettiği anlatılmaktadır.

Kültepe'de Akkad kralı Sargon'a ait eski Assur lehçesince, bu çağın yazısı ile yazılmış bir hikaye metni Karum'un II. katında, Sargon'dan 400 yıl sonraya ait olan Assurlu bir tüccarın arşivinde keşfedildi. Tek nüsha olan bu önemli metni, Kaniş'de yaşayan Assurlu tüccar, anılarında yaşattığı efsanevi kralın bir kahramanlık öyküsü olarak, evinde korumuştur.[5]

Bu metinler ne kadar geç veya ne kadar efsanevi olursa olsunlar, arkeoloji belgeleri bu iki Akkad kralının hakimiyetleri döneminde, Anadolu'nun onların etki alanındaki Kuzey Suriye ve Mezopotamya ile ilişki kurduğunu kanıtlamaktadır.

Hititler MÖ 3. binin sonunda küçük gruplar halinde, Anadolu'ya girmeye başladıkları zaman kendilerini bu yüksek Hatti kültürü içinde buldular. Onların büyük başarısı, zaman içinde bu yerli kültüre adapte olmaları ve yeni göç edenlere özgü dinamik çaba ve katkılarıyla onu özümsemeleri ve ona kendi kültürleri olarak "Hitit Kültürü" adını verebilmeleridir.

Kaynakça

Akurgal 1995; Arık 1937; Koşay 1938; Koşay 1951; Bernabo Brea 1976; Bilgi 2001; Bittel 1959, 1 – 34; Bittel 1976; Emre 1996, 1 – 67; Koşay/Akok 1950, 481 – 487; Mellink 1956; von der Osten 1937; N. Özgüç 1957, 61 – 70; T. Özgüç 1963, 1 – 21; T. Özgüç 1966, 1 – 17; T. Özgüç 1980, 467 – 474; T. Özgüç 1986b, 31 – 47; Özgüç/Akok 1957, 211 – 219; Özgüç/Akok 1958; Özgüç/Temizer 1993, 613 – 628; Temizer 1954, 317 – 330

Dipnotlar

1 Bittel 1976, 38.

2 T. Özgüç 1980, Lev. 2 – 4.

3 Orthmann 1967, 34 vdd.

4 Bittel, 1976, 38.

5 Günbattı 1997, 132.

Resim altları

1 Alacahöyük, tunç boğa figürü

2 Alacahöyük, tunç geyik figürü

3 Alacahöyük, tunç standart başlığı çemberi içinde bir geyik, iki boğa figürü

4 Alacahöyük, ışınlı tunç standart başlığı çemberi içinde geyik

5 Alacahöyük, gaga ağızlı altın testi

6 Alacahöyük, yüksek kaideli kap/meyvelik

7 Alacahöyük, altın diadem

8 Kültepe, tahtında oturan alabaster çıplak tanrıça

9 Kültepe, kurs gövdeli alabaster tanrı

10 Kültepe, alabaster kurs üstünde iki yüksek aslan kabartması

Anadolu Şehir Devletleri

Eski Tunç Çağı'ndan Assur Ticaret Kolonilerine

Tahsin Özgüç

MÖ 2. binin ilk çeyreği, Orta Anadolu'da, ülkenin şehir devletleri krallarıyla yönetildiği, büyük şehirlerin oluştuğu dönemdir. Bu şehirlerin çoğu, aynı zamanda, birer şehir devleti merkeziydi. Aşağı yukarı 200 sene devam eden bu çağda yerli halk ve krallar eski yüksek kültürlerin temsilcileriyle ticaret ve kültür ilişkileri kurmuşlar, aralarında Assurca ve çiviyazısıyla yazışmışlar, kâtipler ve tercümanlar aracılığıyla anlaşmışlardır. MÖ 3. binin son çeyreğinden beri büyümekte olan Anadolu şehirleri anıtsal surlar, poternler, saraylar ve mabetlerle donatılmışlardır. Bu çağı ilk Hitit devletinin, Neşa krallığının merkezi, Hitit diline Naşili olarak adını veren, ilk iki Hitit kralı, Pithana'nın ve oğlu Anitta'nın zapt edip merkezleri yaptıkları Neşa temsil etmektedir.

Bu çağın en parlak evresi Kültepe'de varlığını en az 100 sene (MÖ 1945 – 1835, Tepe'de 8. kat, aşağı şehirde II. kat) sürdürmüştür. Geç evresi MÖ 1800 – 1730 tarihleri arasında olup aşağı şehirde Ib katı, Tepe'de 7. kattır. Çağın şehircilik ve mimarlık üslubu bakımından en önemli yeniliği bereketli ovalarda, ana yollar boyunca veya korunmaya uygun kaya kitleleri üzerinde Alişar, Acemhöyük, Karahöyük, Boğazköy gibi büyük şehirlerin oluşmasıdır. Sitadele sahip yukarı şehirlerin, büyük aşağı şehirlerin en tipik ve en büyük örneği Neşa'dır. Hepsi, üzerine kuruldukları Eski Tunç Çağı'nın yerleşim alanlarına bakınca, boyutlarını genişletmişler, büyük şehirler haline gelmişlerdir. Kültepe, Alişar ve Boğazköy'ün yan yana sık olarak inşa edilmiş evlerden oluşmuş düzenli mahalleleri, istikametleri belli sokakları, meydanları, birbirlerine çok benzeyen, aşağı şehirleri şekillendirmişlerdir. Şehirlerin büyümeleri şehir devletleri sisteminin siyasal birliği sağlama amacının, rekabetin, ekonomik yükselişin sonucudur. Bu yalnız şehircilikte, mimarlıkta değil, kültürün her alanına bütün şeffaflığıyla yansımaktadır.

Taş temellerin iç ve dış yüzüne konulan yatay kalaslara ağaç dikmeler basmaktadır. Bunlar çatıyı, üst katı taşıyan kirişlerdir. Ağacın çok ve özenle kullanılmış olması bu çağın yeniliğidir. Evlerin duvarları ya ortak veya birbirlerine bitişiktir. Evlerin bir kısmı sonradan ihtiyaca, arsa imkânına göre ilavelerle genişletilmişler ve agglutinant yapının çeşitli örnekleri sağlanmıştır.

4 – 6, 6 – 8 evden oluşmuş mahalleleri birbirinden sokaklar ayırmıştır [Res. 6]. Sitadele doğru uzayan sokakları, dikey olarak, kuzey-güney sokakları kesmektedir. Çoğunluğu 40 – 80 m^2 lik evlerle 105 – 130 m^2 lik evler oluşturur. Ancak 190 – 198 m^2 olanlar da vardır. Evler çoğunlukla iki katlıdır. Evlerin esas planı iki odalı, dikdörtgen şeklindedir. Çok odalı yapılar, bunların gelişimidir. Alişar, Boğazköy şehirleri Kültepe'den farksızdır. Bu uygulama bu çağı izleyen Hitit mimarlığının esasını oluşturmuştur.

Sokaklar toprak tabanlı veya taş döşelidir. Atık su kanalları döşemenin altındadır. 2 metre genişliğindeki sokaklar yüklü arabaların geçmesine uygundur.

Şehir dışı mezarlık adeti yoktur; ölüler odaların tabanları altına gömülmüştür.

Anıtsal saraylar iki büyük merkezde, Kaniş ve Acemhöyük/Puruşhattum'da bulundu. Kaniş'te 7. katı sarayı, aynı zamanda sitadel suru olan dış duvarı, 120 x 110 metrelik bir alanı çevirmektedir (Res. 1 - 4). Saray, sitadelin topografik şekline uygun olarak kurulmuştur. Taş ve kerpiç örgüde yatay ve verev ağaç kalaslar, sık dikmeler kullanılmıştır. Odaları sura bağlı saraylar dışa kapalıdır. Saray ve sur aynı zamanda inşa edilmişlerdir. İki odalı sitadel kapısı Alişar'dakinden farksızdır. Onlar Boğazköy kapılarının da prototipidir. 1 – 6 no. lu odalar sura sonradan eklenmişlerdir. Potern bunların altındadır. Sahte kemerli poternin yüksekliği 2 metre olup, üzeri yassı taşlarla kapatılmıştır. Şehirlerin korunmasında surla bir bütün oluşturan potern sistemi, Anadolu'da ilk kez bu çağda görülmekte ve Hitit İmparatorluk döneminde bir mimarlık anıtı şeklini almaktadır.

Sarayın dikdörtgen şeklindeki kuzey kısmı tümüyle korunmuştur. Zemin katındaki 42 oda ve salonların birer bölümleri, sıralar halinde sura bağlanırken, bir bölümü de avluya dönüktür. Saraylardaki küçük merdiven odaları üst katın varlığını kanıtlamaktadır. Odaların fonksiyonları şekillerinden ve buluntularından anlaşılmaktadır. In situ olarak bulunan bullalar, düzenli küp sıraları depoları belirlemektedirler. Bu odalar arasında, depolar amirine bağlı personelin çalışma odaları ve ikamete ayrılanlar da vardır. Kral daireleri üst katlardadır. Kültepe, Acemhöyük sarayları yönetim, ekonomi ve kültür merkezleridir. Saray ticarete katılır; yabancı tüccarlardan vergi alırdı. Memur listelerine ait bir saray metninde (40 kişi) en fazla memur (23 kişi) depolar amirinin emrindedir. Sarayların profan ağırlığı çok yüksektir.

Kaniş kralı Varşama'ya yazılan bir mektubun bulunduğu saray, Anadolu saraylarının yazılı belge ile tarihlenen en eski örneğidir. Saray ve aşağı şehrin Ib katı aynı yangında tahrip edilmişlerdir. Anitta metnine göre Kuşşara kralı Anitta'nın babası Pithana, Neşa'yı zapt etmiş ve kralını esir almıştır; bu kralın Varşama olması çok muhtemeldir. Baba-oğul krallar Kaniş ülkesini ve Orta Anadolu'ya hakim olma savaşlarını, bu saraydan yönetmiş olmalıdırlar.

50 ve 70 odalı iki Acemhöyük sarayı birbirlerinin aynıdır. Ancak ikinci saray (Hatipler) birincisine bakınca (Sarıkaya) ekonomik ağırlıklıdır.

Düz dış cepheli sarayların sıralar halinde düzenlenmiş dikdörtgen odaları dışa kapalı bir bütünü oluşturmuşlardır. Küçük iç avlu sarayın ortasına yakındır. Erzak küpleriyle dolu, bullaların özenle korunduğu, kıymetli maden ve taş objelerin saklandığı, fildişi sanat eserleriyle süslü tahtın bulunduğu yerlere göre odaların fonksiyonlarını belirlemek kolaylaşmıştır. Sarayların zemin katları ambar, hizmet, ikamet odaları, kıymetli eşyanın korunduğu mekanlar olarak kullanılmışlardır. Mimarlık özelliklerini koridorları, küçük iç avluları ve kuzey cephedeki portiko temsil etmektedir. Acemhöyük saraylarında orta avlu yoktur. Kral dairesi üst kattaydı.

Saray bullaları arasında Kuzey Suriye ve Assur bölgesiyle sürdürülen ticaret ve kültür ilişkilerini kanıtlayan silindir mühür baskıları yanında krali silindir mühür baskıları da önemli bir yer tutmaktadır.

Bu çağın ilk evresine, 8. yapı katına ait iki saraydan biri Kaniş sitadelinde, diğeri tepenin güneybatısındadır. Sitadelde yan yana kurulmuş üç ayrı binadan oluşan bu saray, şekli homojen tipi temsil eden Kültepe Acemhöyük'ün geç evre saraylarından farklıdır. Bu saraylar kompleksi Boğazköy/Büyükkale'de, Gordion'da, Topkapı sarayında olduğu gibi, eski bir Anadolu geleneğidir.

İkinci saray tipi de ötekilerden farklıdır. O, tabanı taş döşeli bir avlu ve bir koridorun iki yanındaki odalardan oluşmuştur. Koridor, kuzeyden girilen avluya açılmaktadır. Bu yönde oda yoktur. Korunan uzunluğu 47 metre olup, 13 metrelik kesimi meşe kalaslarla, 34 metresi taşla döşelidir, genişliği 6 metredir. Odaların bazıları koridora açılmaktadır. Doğu kanadında 14, batısında 15 oda korunmuştur. Zemin katın büyük ocaklarla ısıtılan odaları, hizmet bölümleri, mutfaklar, erzak küpleriyle dolu ambarları, küçük merdiven odaları, sıralar halinde, koridora paralel olarak düzenlenmişlerdir. Koridor çok odalı homojen bir görünüme sahip olan bir bütünü ikiye bölmüş izlenimi vermektedir. Saray, yeni bir planın örneğini, Orta Anadolu mimarlığına yapılan bir katkıyı belgelemektedir.

Orta Anadolu'nun tarihlenen ilk mabetleri Kaniş'te 7. katta, sitadelin batısına, bir arada kurulmuştur. İkisi iyi korunagelmiş dört müstakil yapıdan oluşan bu mabetler aynı plana göre inşa edilmiştir. 580 m^2 lik mabetler, ortadaki büyük salonun kuzey ve güneyindeki iki odadan (10 x 3 m.) oluşmuşlardır (Res. 5). Köşelerde dört kütlevi rizalit vardır. Doğu giriş cephelerindeki rizalitler gövde duvarından 4 metre ileri çıkıntılıdır.

Mabetlerin benzerleri ve öncüleri yoktur. Kültepe'ye özgüdürler. İlk bakışta Urartu mabetlerini hatırlatmaktadırlar. Ancak aralarındaki zaman boşluğu Anadolu geleneğinin sürekliliğini kanıtlamaya yeterli değildir.

Bunlar, kral Anitta'nın Neşa'da inşa ettirdiğini bildirdiği mabetlerden ikisidir. Anitta mızrak ucunun (Res. 7) bulunduğu büyük yapı, mabetlerin yakınında olup onlarla birlikte yapılmıştır.

Yerli şehir devletleri krallarının aralarındaki anlaşmazlıklar, savaşlar, yukarı şehirlerdeki anıtsal yapıların ve aşağı şehirlerin yakılıp yıkılmalarının, parlak bir çağın sona erdirilmesinin nedeni olmuştur.

Kaynakça

Bittel 1975; Bittel 1976a; Naumann 1971; Neu 1974; Neve 1988, 357 – 390; von der Osten 1937; N: Özgüç 1966, 1 – 28; N. Özgüç 1979, 281 – 287; T.Özgüç 1959; T.Özgüç 1986a; T. Özgüç 1999b

Resim Altları

1 Kaniş/Nesa. Sarayı yanık kerpiç ve taş duvarları (13. oda)

2 Kaniş/Nesa. Sarayın yanık kalıntıları (25. oda)

3 Kral Anitta'nın Kaniş/Neşa krallığını yönettiği Geç Saray'ın planı (MÖ 18. yüzyıl)

4 Kaniş/Neşa. Sarayın taş duvarlarının yapı tekniği

5 Kaniş/Neşa. Büyük Kral Anitta tarafından inşa edilmiş 2. mabet (MÖ 18. yüzyıl)

6 Kaniş/Neşa. Aşağı şehrin taş döşeli sokaklarla ayrılmış mahalleleri (MÖ 19. – 18 yüzyıl)

7 Anitta mızrak ucu (Kat. No. 61)

Hitit İmparatorluğu'nun Dilleri

Gernot Wilhelm

> Eski Anadolu Dilleri'nin Çözümlenmesi

Eski Anadolu dillerinin bilimsel olarak çözümlenmesi ve Anadolu-Kuzey Suriye Hiyeroglif Yazısı'nın okunması, sosyal bilimlerin 20. yüzyılda gerçekleştirdiği en büyük başarılardan biridir. Sonradan "Hitit Hiyeroglifi" olarak tanımlanan yazı türüyle kaleme alınmış yazıtların 1812 yıllarında bulunmasına[1] (krşl. Res. 11, S. 25) ve Babil çiviyazısıyla yazılmış Hitit kil tabletlerinin de Orta Mısır'daki Amarna'da, 1887 yılında ele geçmelerine karşın,[2] Hitit dilinin çözümlenmesi ve hiyerogliflerin okunmasına yönelik ilk ciddi adımlar, 20. yüzyılda atılmıştır.

Hitit dilinin çözümlenmesinde en büyük etken, 1906 yılından itibaren, Hititler'in başkenti Hattuşa'da çok sayıdaki kil tabletin bulunduğu arşivlerdir. (Bkz. Burada Seeher, S. 390 vdd). 1915 yılında Viyana Üniversitesi'nde ders veren, Çek asıllı Bedrich Hrozný, Hititçe'nin Hint-Avrupa dil grubuna girdiğini belgelemiştir.[3] Hece işaretlerinin yanı sıra, kelimelerin yerine geçen işaretleri de içeren, çiviyazısının yapısı **(Res. 1, 2)**, kendisine yardımcı olmuştur. Çiviyazısında, kelimelerin yerini tutan işaretlerin (logogramlar), her dilde değişik şekilde okunmalarına karşılık, anlamları değişmemektedir; bizim sayılar için kullandığımız işaretler gibi: "4" işareti, Almanca, İngilizce, Fransızca ya da Türkçe bir metinde, "vier", four", "quatre" ya da "dört" olarak okunur. İncelenmesinde oldukça uzun bir yol katedilmiş Babilce ve Assurca'dan iyi tanınan bu logogramların, henüz anlamları çözülemeyen, Hititçe metinlerde de keşfedilmesi, bir anlamda, yol gösterici olmuştur. Hrozný, metodunu, aşağıda verilen, eş güdümlü kurulmuş iki cümleyle açıklar: nu NINDA-*an e-ez-za-at-te-ni wa-a-tar-ma e-ku-ut-te-ni.* NINDA logogramının "ekmek" anlamına geldiğini bilmekteydi; ikinci cümlede aynı pozisyondaysa, Hrozný'nin, Almanca ve İngilizce'de su anlamına gelen, "Wasser" ve "water" kelimeleriyle eşleştirdiği, *watar(-ma)* kelimesi bulunmaktaydı. Her iki kelimenin ardından -teni şahıs takısıyla gelen *e-ez-za-* ve *e-ku-* çekimli fiilerini de Latince *ed-* "yemek" ve *aqua* "su" kelimeleriyle karşılaştırarak, cümleyi "sizler ekmek yiyecek ve su içeceksiniz" diye çevirmeyi başardı. Hrozný'nin bakış açısı haklı çıktı ve takip eden çeyrek yüzyıl içinde, "hititoloji" olarak adlandırılan bu yeni bilim dalı, kesin yöntemlerle çalışan bir filoloji (dilbilim) durumuna geldi.

Aradan geçen süre zarfında, Boğazköy'de ele geçen kil tabletlerin çoğu, yüzden fazla yayında toplandı.[4] Hititolojiye ayrılmış bir çok monografi serisiyle[5] çeşitli dergilerin[6] yanı sıra, kelime hazinesini derleyecek iki sözlük projesi[7] ve ayrıca Hititçe'nin etimolojisine eğilen iki çalışma da[8] halen sürdürülmektedir. İvedilikle giderilmesi gereken bir eksiklikse, bugün bilinenlerin tümünü yansıtacak bir gramer çalışmasıdır.[9]

Hiyerogliflerin çözümlenmesinde, çok önceleri yapılan bazı işaret tanımlamaları dışında, en büyük ilerleme, 1930 yılından sonra kaydedildi.[10] Bu çalışmalar sırasında, hiyeroglif yazıtlarda kullanılan dilin Hititçe olmayıp, Hititçe'yle büyük benzerlik gösteren Luvice'nin bir türü olduğu saptandı. Hitit hiyerogliflerinin okunmasında, Hattuşa'da 1934 yılından beri ele geçen aynı metnin iki değişik yazı türüyle, hiyeroglif ve çiviyazısıyla verildiği bigraf mühürler[11] ve 1947 yılında, Karatepe'de bulunan, aynı metnin, Hiyeroglif-Luvice ve Fenike dilinde olmak üzere iki değişik dilde yazıldığı bir bilingual yazıt,[12] ayrı bir yer tutar. Giderek ilerleyen çalışmalar sonucunda, MÖ 1. binyılından kalma, hiyeroglif yazıtların çok büyük bir bölümü, artık rahatça okunup anlaşılabilmektedir (Bkz. Burada Hawkins, S. 410 vdd., 506 vdd.). Geçen süre içinde, Büyük İmparatorluk Dönemi'nin geç evresinden itibaren, hiyerogliflerle kaleme alınmış, uzunca metinlerin de varlığı öğrenildi. Hattuşa'da, 1988 yılında ele geçen, son Hitit Büyük Kralı'na ait bir yazıtın da ortaya koyduğu üzere,[13] bu eski metinlerde henüz çözümlenemeyen bazı logogramların sıkça kullanılması, bu tür metinlerin tam olarak anlaşılmasını zorlaştırmaktadır.

> "Hatti Ülkesinin Sekiz Dili"

Hititolojinin öncülerinden Emil Forrer, Hrozný'nin devrim yaratacak makalesini yayınlamasından 7 yıl sonra, 1922 yılında, Hattuşa'da ele geçen çiviyazılı tabletlerde, sekiz ayrı dile ait ögelerin bulunduğunu açıkladı **(Res. 3)**.[14] Bu, değişik dillerden alıntıların Hititçe metinlerdeki karşılıklarının, kelimelerin sonuna eklenen *-ili* takısıyla verildiğini saptadı.

Hitit dili, *neşili* ya da *neşumnili* diye adlandırılır. Buna göre dilin adı, başkenti Hattuşa olan Hatti ülkesine işaret etmeyip, başka bir yöreyi tanımlayan *Neşa*, bir başka deyişle, Ethnikon *Nesumna* (= Neşalılar) kelimesinden türetilmiştir. Neşa, Anadolu'yla ticaret yapan Assurlu tüccarların merkezi Kaniş'le, yani Kayseri yakınlarındaki Kültepe'yle bir tutulur. Bu da, "Hititçe" dediğimiz dilin, çok önceden o bölgede konuşulduğu anlamına gelir (Bkz. Burada Oettinger, S. 407 vdd.)

Hattice ya da Protohattice diye çevirdiğimiz, Hatti

ülkesi adından türetilmiş *hattili* ünlemesi, Hititçe'nin tam anlamıyla yaygınlaşmasından önce, Orta Anadolu'nun kuzey kesimlerinde konuşulan ve Hititler tarafından da özellikle kült ve ayinlerde kullanılarak geleneği sürdürülen, eski dili tanımlar.[15] Artık günümüzde, Hatti ülkesinin, Hint-Avrupa grubundan sayılan dilini, başka hiçbir bilinen dille yakınlığı olmayan, öncüsünün adıyla değil de, "Hititçe" olarak tanımlamaktayız. Bunun gerekçelerini de, aşağıda görüldüğü gibi sıralayabiliriz: Başlangıçta, Orta Anadolu'nun bir yöresini tanımlayan Hatti ülkesi deyimi, Hitit Büyük Kralları'nın kendilerini "Hatti ülkesi kralı" olarak nitelendirmelerinden sonra, egemenlikleri altındaki tüm ülkeleri de çatısı altında toplayacak şekilde, Anadolu sınırları ötesine taşıp, Suriye'nin büyük bölümünü de içeriğine katarak, kavramını genişletmişti. İmparatorluğun çöküşünden sonra anlamını yitirmesi gereken bu kavram, Kuzey Suriye'de geleneğini sürdürüp, Hatti adı (Kuzey) Suriye'yi tanımlamak üzere yerleşti. Tevrat'ta, *hittîm* olarak sözü edilen halk, MÖ 1. binyıldaki bu gelişmenin bir yansımasıdır. Bu *hittîm* kelimesinin, Luther'in Tevrat çevirisinde, "Hititliler" olarak verilmesiyle de, bir dili tanımlamak üzere kullanılan "Hititçe" kelimesi, dağarcığımıza katılmıştır.

Hititçe'yle yakın akraba iki dil daha bilinir. Hititçe ve bu iki akraba dil, Hint-Avrupa dil grubunun Anadolu kolunu oluşturur :

Luvice *(luvili)*, Batı ve Güney Anadolu'da konuşulan bir dildi.[16] Belirlenebildiği kadarıyla bu dil, en geç Hitit Büyük İmparatorluk Dönemi'nde, giderek yaygınlaşıp, Hititçe'nin yerini almış ve Hitit devletinin yıkılışından sonra da, güneydoğu bölgelerinde, "Hiyeroglif-Luvicesi" denilen türüyle, devam etmiştir. Likçe de, Luvice'nin bir lehçesinin kullanılmasının sürdürülüşüdür. Dile verilen ad, Batı Anadolu'nun büyük bir bölümünü tanımlamak için kullanılan, fakat daha sonraları "Arzava" olarak değiştirilen, Luvia kelimesinden türetilmiştir.

Palaca *(palaumnili)*, Kuzey Anadolu'nun Pala ülkesinde konuşulurdu. Hattuşa tabletleri arasında, bu dilde kaleme alınmış, çok az sayıda metin bulunur.[17] Büyük bir olasılıkla, bunun nedeni, Pala ülkesinin Orta Krallık Dönemi'nde Kaşkalar tarafından ele geçirilerek, Hitit etki alanından çıkarılmasıdır.

Hurri dili, Hititçe metinlerde, *hurlili* tanımlamasıyla verilmektedir. Bu tanımlama, Yukarı Mezopotamya'nın Hurri ülkesinde yaşayan bir kişiyi anlatmak için kullanılan Hititçe *hurla*- ethnikon'undan türetilmiştir. Hurrice, ne Hint-Avrupa, ne Sami, ne de Eski Doğu dil gruplarından birine girmektedir.[18] Tek akrabalığı, yakın benzeri Urartu diliyledir. (Urartu dili, merkezi Doğu Anadolu'nun Van bölgesinde bulunan, Urartu krallığı sınırları içinde yer alan, pek çok yazıttan tanınmaktadır. Bu yazıtlar, MÖ 9. – 7. yüzyıllara tarihlenir).

Son olarak değinilmesi gereken *babilili*, Hititler'in, Sami dil grubuna giren Akkadca'nın bir lehçesi olan, Babilce'ye verdikleri addır.[19]

Forrer, başta değindiğimiz makalesinde yedinci dil olarak, şimdiye değin bilinen başka hiçbir dille bağlantısı kurulamayan ve MÖ 2. binyılın başlarında ortadan kalkan, Güney Mezopotamya kökenli Sümerce'yi saymıştı.[20] Hattuşa'da, Sümerce metinlerin de ele geçmesine karşın, Hititçe'deki karşılığı saptanamamıştır.

Forrer'in sekizinci dili, Hintçe'nin arkaik bir şeklini yansıtan, buna göre de Hint-Avrupa dillerinin Hint-İran koluna dahil edilen, Hint-Arya diliydi.[21] Bu dile ait kelimeler, atların terbiyesini konu eden bir metinde, mesleki terimler olarak karşımıza çıkmaktadır. Bununla ilgili tarihi gerçeklerin, Yukarı Mezopotamya'da aranması gerekecektir: Adı geçen bölgede, isimleri ve tanrılarından yola çıkarak öğrenildiğine göre, MÖ 15. ve 14. yüzyıllarda, Hint-Arya ataları olan bir sülale hüküm sürmekteydi. Hint-Arya diliyse, hiç kuşkusuz, Hititler'in Anadolusu'nda konuşulmamıştı.

> Dil Çeşitliliğinin Nedenleri

Bu zenginliğin pek çok nedeni vardır:Hititler, dillerini yazıya dökebilmek için, başlangıcı MÖ 4. binin sonlarına kadar giden, bir tür kelime ve hece yazısının karışımı olan, çiviyazısını seçmişlerdi. Bu yazıyı ilk kullananlar Sümerler idi. MÖ 3. binin ikinci yarısına gelindiğinde, Akkadlar ve Önasya'nın diğer dil grupları, çiviyazısını kendi dilleri için de kullanmaya başladılar. Akkadca konuşulan bölgeden başlayan devletçilik akımıyla, Akkadca (Babil Assurcası), kendi yayılım alanı dışındaki bölgelerde de, çok özel bir anlam kazandı.

Çiviyazısı, MÖ 2. binyılın ilk yüzyıllarında, Assurca'ya özgü eski yazılış türüyle, Anadolu'da faaliyet gösteren, Assurlu tüccarlarca da kullanılmaktaydı. Büyük olasılıkla daha da geriye götürülebileceği gibi, çiviyazısı en geç MÖ 16. yüzyılda, Eski Hitit Dönemi başlangıcından itibaren, Babil etkisindeki Kuzey Suriye tarzıyla ve kısmen daha da modernleşmiş olarak, Orta Anadolu'ya geçmişti.

Çiviyazısının alınması, sadece bir iletişim aracının kullanımı olarak algılanmamalıdır. Bu alıntı süreci,

Hitit alimlerinin Akkadca'yı, Sümerce'yi öğrenmeleriyle ve Sümer-Babil geleneğindeki metinleri incelemeleriyle başa baş gitmiştir. Bundan dolayı, Eski Hitit'li kâtipler bile Akkadca yazarlardı; bu dilde daha çok "arazi bağış belgeleri" (Kat. No. 91 – 93) ve tarihi olayları anlatan metinler kaleme alınırdı. MÖ 15. yüzyılın sonlarına doğru gelindiğinde, Babilli usta kâtiplerin öğretilerini içeren eserlerin kopyalandığı da bilinmektedir. Bu kopyalar arasında, Akkadca'nın yanı sıra Sümerce kaleme alınmış, büyük çoğunluğunu, bir olasılıkla hastalıkların sağaltılmasında kullanıldığı düşünülen, büyü metinleri başta gelirdi. Kâtiplerin eğitilmesinde, Sümerce ve Akkadca, iki dilde yazılmış söz dizinleri, büyük önem taşırdı. Hattuşa'da, bu dizinlerdeki sözcüklerin yanına, bazen Hititçe'deki karşılıkları da eklenirdi.

MÖ 2. binyıllarında, kendi sınırlarını çoktan aşan Akkadca, uluslararası diplomasi dili konumuna gelmişti. Bu nedenle, MÖ 1259 yıllarında, Mısır Firavunu II. Ramses'le III. Hattuşili arasında imzalanan antlaşma metninde olduğu gibi, Hitit Büyük Kralları, Anadolu ve Ege ile yürütülen ilişkiler dışındaki resmi yazışmalarda, Akkadca kullanırlardı **(Res. 4)**.[22]

Eski Hitit kültürü, Kuzey ve Orta Anadolu'da (Proto) Hattiler'ce geliştirilen, kurumlar, düşünce biçimleri, örf ve adetlerden etkilenmişti. Bu nedenle olsa gerek, yazılı belgelerde de, çok önceden ölü bir dil haline gelmiş, (Proto) Hatti dili geleneği sürdürülürdü.

Hitit krallarının, MÖ 15. yüzyılın sonlarına doğru, Hurri etkisindeki Kilikya ve Güney Kapadokya'yı alarak, yeniden devlet sınırları içine katmalarıyla, Kuzey Suriye kökenli bu kültürün etkileri, Hititler arasında giderek hissedilmeye başladı. Nedenleri hakkında kesin bilgilere erişilemese bile, MÖ 1400 yıllarında, Hitit hanedanının, Hurri dili ve dinine büyük bir ilgi gösterdiği kesindir. Böylece Hurri dili, büyü sanatıyla, fal metinlerinin yanı sıra, dualar, ilahiler, mitler ve halk söylencelerinde de kullanıldı.

> Hititçe'nin Filoloji Tarihi İçindeki Yeri

Başta da değinildiği gibi Hititçe (Luvice ve Palacayla birlikte), birçok kola ayrılan, aralarında Hint-İran, Yunan, İtalik, Kelt, Cermen ve Slav dillerinin de bulunduğu, Hint-Avrupa diller grubundandır. Bilinen en eski Hint-Avrupa dili, Hititçe'dir: En eski Hititçe yazılı metinler, MÖ 16. yüzyıla tarihlenmekte, bir örnekte de, eldeki kopyaların, birbuçuk asır öncesine kadar giden orijinallere dayandığı görülmüştür.[23] Hititçe'nin gramer yapısı, örneğin Yunanca ya da en eski Hintçe ile (Veda) karşılaştırıldığında, bu iki dilin Eski Anadolu dillerine göre daha zengin ve ayrıntılı bir gramer yapısına sahip olduğu dikkat çeker. Örneğin, Yunanca'da bulunan sübjonktif, istek kipi (obtativ), veya geniş zaman kipi (aorist) gibi haller, Hititçe'de bulunmaz. Bu durumu açıklamak için karşıt görüşlü fikirler ortaya atılabilir: Anadolu kolunda saptanan dillerin (Hititçe, Luvice, ve Palaca), gelişimini kategorik gramer açısından tamamlamış, bir tür Eski Hint-Avrupa dilinden ayrılmalarından sonra, gruptan ayrılan bu dillerin, geçen süreç içinde kategorik bazı gramer öğelerini terkettikleri önerilebilir. Diğer bir bakış açısıysa, bu yol ayırımının, (yeniden rekonstruksiyonu gerekecek) Eski Hint-Avrupa dilinin kategorik gramer gelişimini henüz tamamlamadığı bir dönemde gerçekleşmesinin ardından, Hint-Avrupa dilinin Yunan ve Veda dillerinde görüldüğü gibi gelişimine devam ettiğidir. Son yıllarda yapılan araştırmalar, ikinci şıkkın daha gerçekçi bir yaklaşım olduğuna işaret etmektedir.[24]

Dipnotlar

1 Buluntu yerlerine atfen, "Hama Taşları" olarak adlandırılan bu yazıtları keşfeden, İsviçreli doğu gezgini, Johann Ludwig Burckhardt (1784 – 1817), Mısır örneklerinden tümüyle ayrılan, "hiyeroglif lerden" söz etmektedir.

2 Mısır ve Kıbrıs (Alasiya) hükümdarlarının yazışmalarıyla ilgili iki mektup için bkz. Liane Rost, Die außerhalb von Boğazköy gefundenen hethitischen Briefe, *Mitteilungen des Instituts für Orientforschung* 4, 1956, 328 – 350.

3 Friedrich Hrozný, Die Lösung des hethitischen Problems, *Mitteilungen der Deutschen Orientgesellschaft* 56, 1915, 17 – 50

4 Özellikle *"Keilschrifttexte aus Boghazköi"* (1916 yılından itibaren) ve "Keilschrifturkunden aus Boghazköi" (1921 – 1990)

5 Özellikle *"Studien zu Boğazköy-Texten"* (1965 yılından itibaren), *"Texte der Hethiter"* (1971 yılından itibaren), *"Studia mediterranea"* (1979 yılından itibaren), *Bulletin of the Middle Eastern Culture Center in Japan"* (1984 yılından itibaren), *"Eothen"* (1988 yılından itibaren).

6 Ayrıca bkz. *"Revue hittite et asianique"* (1978 yılında yayını durmuş), *"Studi micenei ed egeo-anatolici"* (Eski Anadolu sayıları 1971 yılından itibaren Mikenoloji'yle dönüşümlü olarak), *"Hethitica"* (1972 yılından itibaren), *"Archivum anatolicum"* (1995 yılından itibaren).

7 Johannes Friedrich ve Annelies Kammenhuber, *Hethitisches Wörterbuch* (A – Ha), Heidelberg 1975; Hans G. Güterbock ve Harry A. Hoffner, *The Hittite Dictionary of the Oriental Institute of the University of Chicago* (L – P), Chicago 1980.

8 Johannes Tischler, *Hethitisches Etymologisches Glossar* (A – T, T/D), Innsbruck 1977; Jaan Puhvel, *Hittite Etymological Dictionary* (A – L), Berlin 1984 – .

9 Artık güncelliğini yitirmiş, son Hitit grameri Johannes Friedrich, *Hethitisches Elementarbuch*, 1. Teil: Kurzgefaßte Grammatik, Heidelberg 1960.

10 Araştırmaların tarihçesi için bkz. Johannes Friedrich, *Entzifferung verschollener Schriften und Sprachen*, Berlin, Göttingen, Heidelberg 1954, 72 – 84; Annelies Kammenhuber, Hethitisch, Palaisch, Luwisch und Hieroglyphenluwisch, *Altkleinasiatische Sprachen*, Handbuch der Orientalistik I/2, 1. – 2. Abschnitt, Lfg. 2, Leiden/Köln 1969, 148 – 161. Kaynakça ve yeni sentezler için bkz Massimiliano Marazzi, *Il Geroglifico anatolico*, Roma 1990.

11 Hans G. Güterbock, *Siegel aus Boğazköy*, Berlin 1940 ve 1942

12 Halet Çambel, *Karatepe-Arslantaş. The Inscriptions: Facsmile Edition.* With a contribution by Wolfgang Röllig and tables by John David Hawkins (Corpus of Hieroglyphic Luwian Inscriptions II), Berlin 1999

13 J. David Hawkins, *The Hieroglyphic Inscription of the Sacred Pool Complex at Hattusa (SÜDBURG)*, Wiesbaden 1995

14 Emil Forrer, Die Inschriften und Sprachen des Hatti-Reiches, *Zeitschrift der Deutschen Morgenländischen Gesellschaft* 76, 1922, 174 – 269

15 Annelies Kammenhuber, Das Hattische, Altkleinasiatische Sprachen, Handbuch der Orientalistik I/2, 1. – 2. Abschnitt, Lfg. 2, Leiden / Köln 1969, 428 – 546

16 Luvice üzerine, güncel bilgileri de içeren her hangi bir yayın bulunmamaktadır; gene de bkz. Frank Starke, *Die keilschrift-luwischen Texte in Umschrift*, Wiesbaden 1985; Frank Starke, *Untersuchungen zur Stammbildung des keilschrift-luwischen Nomens*, Wiesbaden 1990; H. Craig Melchert, Cuneiform Luvian Lexicon, Chapel Hill, N.C. 1993.

17 Onofrio Carruba, *Das Palaische.* Texte, Grammatik, Lexikon, Wiesbaden 1970; Onofrio Carruba, *Beiträge zum Palaischen*, İstanbul 1972

18 Günümüz bilgilerini yansıtan bir gramer kitabı ve sözlük henüz yazılamamıştır; güncelliklerini yitirmelerine karşın bu konularda yararlı olanlarsa: Frederic W. Bush, *A Grammar of the Hurrian Language*, Brandeis Üniversitesi Doktora Tezi, 1964; Emmanuel Laroche, *Glossaire de la langue hourrite*, Paris 1980

19 Wolfram von Soden, *Grundriß der akkadischen Grammatik*, Roma 1995^3, araştırmaları daha da ileriye götüren, pek çok yararlı yayına rağmen, Akkadca'yı en iyi tanımlayan, temel yayın olarak kabul edilir.

20 Marie-Louise Thomsen, *The Sumerian Language*, Copenhagen 1984

21 Manfred Mayrhofer, *Die Indo-Arier im Alten Vorderasien*, Wiesbaden 1966; Manfred Mayrhofer, *Die Arier im Vorderen Orient – ein Mythos?*, Wien 1974; Manfred Mayrhofer, Welches Material aus dem Indo-Arischen von Mitanni verbleibt für eine selektive Darstellung?: Erich Neu (yayl.), *Investigationes philologicae et comparativae*, (Heinz Kronasser Anı Kitabı), Wiesbaden 1982

22 Elmar Edel, *Der Vertrag zwischen Ramses II. von Ägypten und Hattusili III. von Hatti*, Berlin 1997

23 "Anitta Metni" olarak bilinen belgenin dayandığı – daha o zamanlarda Hititçe olarak kaleme alınmış olması gereken – orijinallerin de, büyük olasılıkla, Assur Koloni Çağı sonlarında doğru (MÖ 18. yüzyıl) hüküm süren Anitta'ya kadar uzandığı sanılmaktadır; Anitta Metni için bkz. Ehrich Neu, *Der Anitta-Text*, Wiesbaden 1974

24 En güncel yayın ve kapsamlı kaynakça için bkz. Elisabeth Rieken, *Untersuchungen zur nominalen Stammbildung des Hethitischen*, Wiesbaden 1999

Resim altları

1 Boğazköy/Hattuşa'dan çiviyazılı tablet. Ön ve arka yüzleri (Kat. No. 90)

2 Salgın hastalık yüzünden II. Murşili'nin tanrılara yakarış metninden bir bölüm (Yaklaşık MÖ 1300)

a Çiviyazılı tabletten ayrıntı

b Otografisi (kopyası)

c Transkripsiyonu (Latin harfleriyle yazılmış hali)

d Çevirisi

a

b

c *[k]i-nu-na* DINGIR^{MEŠ}EN^{MEŠ}*-IA A-NA* KUR ^{URU}*Ḫa-at-ti ge-en-zu nam-ma da-a [t-tén nu(-kán)] [ḫ]i-in-kán ar-ḫa nam-ma u-i-ia-at-tén*

d "Şimdi ama, tanrılar, Efendilerim, Hatti ülkesine yine acıyın [ve] [salgını] yine yok edin!"

3 Boğazköy/Hattuşa'dan çiviyazılı tablet. Büyük İmparatorluk Dönemi. Ön ve arka yüzleri (Kat. No. 129)

4 Yaklaşık MÖ 1259'da III.Hattuşili'nin, Mısır Firavunu II. Ramses'le imzaladığı antlaşma (Kat. No. 132)

Hint-Avrupa Dilleri Grubuna Ait Dilleri Konuşanlar Anadolu'da MÖ 3. Binyıldan Bu Yana Yaşıyorlardı.

Anadolu Dillerinin Oluşumu

Norbert Oettinger

> Başlangıçta Efsane Vardı

MÖ 16. yüzyıla tarihlenen bir Eski Hitit çiviyazılı metin şu sözlerle başlar:

"Neşa kraliçesi tek bir yılda 30 oğlan doğurdu. 'Nasıl da doğa üstü şeyler doğurdum' dedi. Kraliçe sepetleri yağ ile yalıttı, oğullarını sepetlere koydu ve nehre bıraktı. Nehir bebekleri Zalpa Ülkesi'ne denize kadar taşıdı. Ama tanrılar, oğulları denizden çıkardılar ve büyüttüler. Yıllar geçtikten sonra kraliçe yine doğurdu. Bu kez 30 kızı oldu. Kraliçe kızlarını kendi yetiştirdi".

Metin, 30 erkek çocuğun büyüdükten sonra yine Neşa'ya geldiklerini anlatır. Tanrılar bu çocuklara başka bir görünüm verdiğinden, anneleri onları tanımadı ve 30 erkeğe 30 kızını eş olarak verdi. Yaşları büyük olan oğullar bir şey fark etmediler; ancak en küçük oğul durumu fark ederek kardeşlerini kızlara dokunmamaları için uyardı. Burada metin kesilmektedir. Metin kırık olduğu yerden sonra şöyle devam etmektedir: "Sabah olunca Zalpa'ya gitti(ler)." Bundan sonra metin Güneş Tanrısı'nın Zalpa'yı kutsamasıyla devam etmektedir. Arkasından metin tarihi zamanlara geçer ve Zalpa ile en eski Hitit Krallığı arasındaki çatışmaları anlatır. Bu çatışmalar Zalpa'nın yıkılmasıyla son bulmuştur.

Zalpa Kızılırmak'ın Karadeniz'e döküldüğü yerde olmalıydı, buna karşın Neşa Hititler'in Kızılırmak'ın başlangıcında yer alan eski merkezidir. Söz konusu efsanenin, tarihi gerçekleri yansıttığına inanılırsa, Zalpa'lı 30 oğlun doğdukları şehir olan Neşa'ya geri dönüşlerini göç olarak değerlendirmek olasıdır. Geri dönüşlerle ilgili bilgiler halkların yeni bölgeri istilasını ya da bu bölgere göçlerini ahlaksal açıdan haklı çıkarmak için düşünülmüş öykülerdir. Bu nedenle yukarıda anlatılan üstü kapalı bilgi, Hitit boyunun Karadeniz'den İç Anadolu'ya, yani Neşa'ya yaptığı erken göçle ilgili bir efsane olabilir.

Ancak burada Hititler'in bir iç göçü anlatılsa gerek. Efsanenin Hint-Avrupa kavimlerinin Anadolu'ya göçleriyle ilgili olduğu konusunda ise hiç bir kanıt bulunmamaktadır.

> Hint-Avrupalılar Çoktan Beri Oradaydılar

Hititler'in menşei ile ilgili diğer bir kaynak, kişi ve tanrı adlarının dil yapısıdır. Bu durumu anlaşılır kılmak icin konuyu biraz genişletmek gerekir. Dil açısından Hititler bugünkü bazı Avrupa dilleriyle akraba bir Hint-Avrupa dili konuşmaktaydılar. Örneğin Hititçe'de "su" *vadar* (Almanca "Wasser"), "yedi" ise *siptam* (Almanca "sieben") demekti. Hint-Avrupa dil grubu olasılıkla Karadeniz'in kuzeyinde bulunan bir bölgeden, içinde Batı Avrupa ve Hindistan'ın da bulunduğu diğer bölgelere yayılmıştır. Ancak bu dil grubu içinde kaynaklara sahip olduğumuz en eski dil Hititçe'dir. Anadolu'nun eski halkları diyebileceğimiz Hititler'in ataları Anadolu'ya çok erken devirlerde göç etmiş olmalıdırlar. Söz konusu göçün ne denli erken olduğu konusu, metnin ilerleyen bölümlerinde ele alınacaktır.

Res. 2'de kökünü en eski Anadolu dilinden alan dillerin MÖ 1600'lerde yayılmış olabileceği alanlar görülmektedir. Bu devirde Hititçe, Hattuşa kentinde ve Nesa'da konuşulmaktadır; bölgenin kuzeybatısında Palaca, batısında ise Lidce konuşulmaktaydı. Lidce MÖ 1. binde İzmir'in doğusunda konuşulmaya devam etmiştir. Hititler'in güneyinde ve Anadolu'nun tüm güney yarısında konuşulan dil Luvice'ydi.

Res. 3 Anadolu dillerinin birbirleriyle olan ilişkilerini bir aile ağacı üzerinde göstermektedir. Gelişmelerinden sonra diller mekan olarak birbirlerinden ne denli uzakta olurlarsa ve dili konuşanlar birbirleriyle ne denli az ilişki içinde bulunurlarsa, bu model, akrabalık ilişkilerini anlamak açısından, o denli iyi işlemektedir. Ancak Anadolu'da diller yalıtılmış değillerdi, böylece söz konusu model sınırlı derecede kullanım bulabilmiştir. En azından Hititçe'nin "en eski Anadolu dili"nden çok erken sıyrıldığı ve doğuda konuşulan bir dil olarak uzun süre yalıtılmış durumda kaldığı saptanabilmiştir. Geriye kalan Batı Anadolu kökdilinden Erken Luvice, Lidce ve Palaca türemiştir. Söz konusu diller sonraları birbirlerini yoğun biçimde etkilemişlerdir, bu nedenle bu dillerin bir aile ağacı yapılamamaktadır. Erken Luvice'den ilk önce Likçe ayrılmıştır. Likçe'nin konuşulduğu yerleşmelerin bulunduğu Antalya'nın batısı, dağlarla çevrili bir bölge olduğundan, bu bölgede dil fazla değişim göstermemiştir. MÖ 2. binde çiviyazısı Luvicesi ve hiyeroglif Luvicesi, MÖ 1. binde ise Luvi diline dahil olan Sidece, Pisid dili ve kısa süre önce çözülen Karca konuşulmaktadır.

MÖ 1800'de Hititçe ve Luvice birbirlerinden ayrılmış bulunuyorlardı. Bu durum Assur ticari belgelerinde aktarılan çok sayıda özel ad yoluyla açıkça anlaşılmaktadır. Farklılıklarına ve başka eski dillerin gelişim hızıyla karşılaştırılmalarına bakarak, MÖ 1800 yılı ile, konuşulan dillerin birbirlerinden pek de farklı olmadıkları en eski Anadolu dili evresi arasında, en az 500 yılın bulunduğu söylenebilir. Bu durumda "en eski Anadolu dili" en geç MÖ 2300 civarında konuşuluyor olmalıdır. Bunun yanı sıra diğer Hint-Avrupa dilleriyle karşılaştırıldıklarında Anadolu dilleri oldukça birbirlerine benzerler. Bu durum Anadolu dillerinin birbirlerinden uzaklaşmalarının ilk kez Anadolu topraklarında gerçekleştiği savını destekler. Hint-Avrupa kökenli erken Anadolulular büyük olasılıkla en geç MÖ 2300'lerde Anadolu'ya göç etmiş olmalıdırlar;[1] bu olgu arkeologların tartışma konuları arasına henüz tam girememiştir.

> Hititçe ve Almanca Ne Derece Akrabadır?

Hint-Avrupa dillerinin ve bunlardan hareketle bütünlenebilen Hint-Avrupaca'nın kökdilinin araştırılmasıyla ilgilenen Indogermanistik açısından Anadolu dilleri büyük önem taşırlar (Bkz. Burada Wilhelm, S. 404 vdd.). Günümüzde, "en eski Anadolu dili"nin diğer Hint-Avrupa dillerinden çok daha önce, kök (temel) Hint-Avrupa dilini terk ettiği söylenebilmektedir. Bu durumda söz konusu dil "normal" Hint-Avrupa dillerinin kardeşi yerine teyzesi konumuna geçmektedir. Örneğin Hint-Avrupa dillerine kardeş bir dil Germen dilidir (Almanca, İngilizce vs. gibi diller). Germence, bu nedenle daha çok eskiye yönelik özellikler gösterir. "Eski Anadolu dili", Hint-Avrupa kökdilini araştırmak açısından bu bağlamda büyük önem taşımaktadır.

> Erken Dönemde Alış Veriş: Hititler ve Hattiler

Anadolu'da Hint-Avrupa'lı ile Hint-Avrupa'lı olmayan diller arasındaki ilişkilere gelince: MÖ 1600'lere ya da bundan kısa bir zaman önce Hattuşa ile Anadolu'nun kuzey kıyıları arasında kalan bölgede bir başka dil daha konuşulurdu. Bu dil Protohattice de denilen Hint-Avrupa dili olmayan bir Hattice'dir. Hattice olasılıkla Hint-Avrupa kökenli Anadolular'ın buraya gelmesinden önce Anadolu'da konuşulan dildir. Hattice Kuzey Anadolu'da konuşulan Palaca ve Hititçe'yi etkilemiştir. Hattice'nin Hititçe üzerinde yaptığı büyük etki açıkça belli olmaktadır. Hititler'in en eski dinsel metinlerinde tüm önemli tanrılara Hattice de seslenilmekteydi; bu seslenişe Hititçe açıklama da çoğu zaman eklenmekteydi, zira Hattice giderek anlaşılmaz olmuştu. Bunun dışında, Eski Hitit döneminde gelişen krallık kavramı da geniş anlamda Hatti altyapılıdır. Yaşamın efsane (mit) ve dinsel tören (rit) gibi önemli bölümleri de Hatti etkisindedir. Bir halk boyunun yaşamın hemen her alanında kendi geleneklerinden cayarak yabancı bir düzeni benimsemesi oldukça olağan dışıdır. Bunun nasıl oluştuğu tam olarak bilinmese de, olasılıkla uzun bir zaman diliminde, adım adım gerçekleşmiş olmalıdır.

> Hattuşa Yolunda Atlama Tahtası: Neşa

Asıl Hitit İmparatorluğu'nun kurulmasından önce Hititler'in ağırlıklı olarak yerleştikleri yer başkent Hattuşa civarı değildir. Bu erken dönemde Hititler Hattuşa'nın güneydoğusunda kalan Neşa'ya yerleşmişlerdir. Neşa kenti MÖ 19. ve 18.yüzyıla ait Assur ticari belgelerinden bilinmektedir. Assurlu tacirler o dönemlerde Anadolu'da ticaret kolonileri kurmuşlardı. Söz konusu metinlerde Neşa'nın eski adı Kaneş geçmektedir. Hititler, dillerinin Neşa'dan Hattuşa'ya geçtiğini bilmekteydiler; zira Hititler'de "Hititçe" *"neşili"* demekti. Hititçe'de *"hatt-ili"* dendiğinde ise kendi öz dilleri olmayan "Hattice" anlaşılırdı; yani Hattuşa ülkesinin Hint-Avrupa dilinden olmayan eski dili "(proto) Hattice".

MÖ 19. ve 18. yüzyılda Neşa'da konuşulan en eski Hititçe, Assur ticari belgelerinde geçen yerel kişi ve tanrı adları yoluyla bilinmektedir. Ayrıca Hattuşa kaynaklı Hititçe metinlerin Neşa ile ilişkili kısımlarında da en eski Hititçe isimler geçmektedir. "Neşa'lı Şarkıcı" olarak bilinen kişi tarafından söylenen Hititçe yakarışlarda da en eski Hititçe tanrı adlarına rastlanır.

Bu durumda Hititler'in kişi adları ile, tanrı adlarını üç farklı evre içinde birbiriyle karşılaştırma şansına sahip bulunmaktayız. Söz konusu üç evre aşağıda görüldüğü gibi tanımlanabilmektedir:

> Yabancılardan Öğrenmek. Karşılaştırmalı Üç Evre

İlk evre: Bu evre yaklaşık MÖ 3000 yıllarına karşılık gelir. Söz konusu devirde Hititler (ve Anadolu'nun yerli halkı) en eski Hint-Avrupa dil birliğinden ayrılmamışlardı. Yani en eski Hint-Avrupa dili evresi.

İkinci evre: Bu evre yaklaşık MÖ 1800 yıllarına karşılık gelir. Söz konusu devirde Kaneş'de (Neşa) Assur ticari belgeleri yazılmaktaydı. Burada bu evreden Neşa-Hitit evresi olarak söz edilecektir.

Üçüncü evre: Hattuşa-Hitit evresi diyebileceğimiz bu evre, MÖ 1600 – 1200 yıllarına düşer.

Bu evreleri karşılaştırdığımızda nasıl bir sonuç elde etmekteyiz?

> Şan ve Şeref Belirten Adlar

İlk evre: En eski Hint-Avrupa özel isimleriyle ilgili sistemde "Şan, şeref terminolojisi" tipiktir. Bu sistemde iki ayrı sözcüğün birleşmesinden oluşan ve benzerlerine günümüz Almancası'nda da rastlanan kişi adları yer alır: Almanca isimlere örnek olarak şunlar sayılabilir: *Rüdi-ger* yani, "ünlü mızrağı olan erkek", *Ger-linde* "kalkan sahibi dişi", *Hild-run* "savaş naraları bilen dişi", *Lud-wig* "savaşması ünlü erkek", *Adal-bert,* "parlak soydan gelen erkek".

Eski Hint-Avrupa dillerinden örnek olarak Yunanca *Andro-menes,* "erkekçe cesareti olan er" ve Farsça **Nr.-manah* Yunanca ile aynı anlama gelir; söz konusu iki ayrı dildeki addan **Nr.-menes* şeklindeki en eski Hint-Avrupa kişi adı türetilebilmektedir. Bu ad MÖ 3000'lerde Karadeniz'in kuzeyinde kullanılmış olmalıdır.

> Hint-Avrupa Panteonu'nda Aile Hayatı

En eski Hint-Avrupa dilinde tanrı adları arasında, baş tanrının adı olarak *Djeus adı tümlenebilmektedir; bu tanrı gün aydınlığındaki gökyüzünün tanrısıdır. Söz konusu tanrı eski Yunanca'da *Zeus*'a, Latince'de *Iu-piter*'e, Eski Hintçe'de *Dyaus*'a dönüşür. Bu tanrının ikiz oğulları olan Almanca'daki "Dioskurlar" Grekçe kökenli isimlerdir; **Divos Suneves* yani, "göktanrının oğulları". Bunun dışında oldukça serbest bir kız olan genç tanrıça **Ausos* yani, "tan kızıllığı" mevcuttur. Bir çeşitlemede bu kız Saveljos adlı güneş tanrısının kızıdır ve Dioskur'lar kızı arabalarıyla kaçırmışlardır. Bu ailelerin dışında, hava tanrısı **Perkvunos* gibi (bir adı da **Terhunos*'-tur ve "fırtınalı" anlamına gelmektedir) başkaları da vardı.

> Eski Tanrıların Yok Oluşu

Bunları, Neşa-Hitit evresi olarak adlandırdığımız ikinci evre ile karşılaştırmaya tanrılardan başlayalım. Bu dönem için tanrı ailelerine ait hiç bilgimiz olmamakla beraber, genel görünüm bir önceki evreye göre değişmiştir. Atalardan miras kalmış tanrılar, Hava Tanrısı Tarhunna dışında, büyük ölçüde terk edilmiştir. Bunların yerine kullanılan isimler diğer dillerden alınmayıp, Hitit dilinin imkanlarıyla yeniden türetilmişlerdir. "Neşa'lı Şarkıcı"nın anlatıları arasında adı geçen tanrı *Suvaliyatt-* bir bitki tanrısıdır. Grek dünyasında Hermes'in Zeus'un ulağı olduğu gibi, bu tanrı da Hava Tanrısı'nın aracısı görevini üstlenmiştir. Bu tanrının adı *-att-* eki ile türetilmiştir, bu ek Hititçe'de de bulunur; ancak yalnızca Neşa-Hititçesi'nde[2] bu ekle kişi ve tanrı adları türetilirdi. Söz konusu ad olasılıkla MÖ 2000'lerde türetilmiştir. Neşa için tipik olan adlar arasında sonu *-seba-* "Cin" takısıyla biten tanrıça adları da bulunur. Örneğin *Kamru-seba-*, yani "sis cini"; bu tanrısal varlığa bulanık halden (örn. başağrısından) kurtulmak için yakarılırdı. *Damnassra* tanrısal varlıkları da gerçek Hitit sözcük yapısını gösterirler. Bunlar evin koruyucu tanrılarıdır ve adları **dom-* yani, "ev" sözcüğünden türetilmiştir.[3]

> Hatti Etkisi Ne Zaman Başlamıştır?

Hattice'den doğrudan Neşa Hititçesi'ne alınan ad olarak yalnızca taht tanrıçası *Halmasuitt*'in adı bilinirken, dolaylı biçimde etkilenmenin bu dil yoluyla yayıldığı kanısına varılmaktadır. Kanıtlanamamakla birlikte, *Dagan-ziba* yani, "toprak cini", *Kamru-seba-* yani, "sis cini" gibi adların Hatti tanrı adlarının *Hatebinu* yani, "denizin çocuğu" türünde olanlarından alınmış olması kuvvetle mümkündür. Tanrıça *Hassussar(a)* yani, "kraliçe" adı ele alındığında daha kesin şeyler söylenebilmektedir. Bu ad Neşa'da , örneğin İspanyolca'da Jesus adının erkek adı olması gibi, kadın adı olarak da kullanılmıştır (Türkçede de İsa, Musa, Muhammed gibi peygamber adlarında da olduğu gibi [Türkçe redaksyonun ilavesi]). Adı, Hatti tanrıçası **Kattahh*'ın yani "kraliçe'nin" Hititçe'ye tercüme edilmiş hali olarak *Kattahha-* dır.

Kelime anlamı "soyun en eski kadını" anlamına gelen tanrıça *Hannahanna* adı da bu çerçeveye girer. Bu ad gerçek Hitit dil gereçleriyle türetilmiştir; zira çiftlenmemiş, tek *hanna-* "soyun en eski kadını, nine" demektir ve Hint-Avrupaca'dan geçmiş bir sözcüktür. Sözcüğün çiftlenmiş hali de Anadolu uygulamasıdır; bu uygulama Luvice'de de *hartu-* yani "ardıl" sözcüğüne dayanarak *hartuva-hartu*, "ardıldan sonraki" biçiminde görülür. Öte yandan bu tür oluşumların bulunmadığı Anadolu dışında kullanılan Hint-Avrupa dilleri ile karşılaştırıldığında, söz konusu uygulamaların en eski Hint-Avrupaca'dan aktarılmış olamayacakları anlaşılmaktadır. Hattice'de ise bu tür sözcük oluşumları yaygındır. Olasılıkla bunlar Hattice'nin ve Hatti manevi dünyasının Hititler üzerinde dolaylı etkisi sonucu türetilmiş sözcüklerdir.

Türetilmiş bu tür sözcükler yalnız Hititçe'nin değil, Güney Anadolu'da konuşulan Luvice'nin ya da en erken dönemlerde en eski Anadolu dilinin de Hattice'den etkilendiği anlamına gelebilirler.

> Yeni Kişi Adları

Şimdi bu ikinci dönemin Neşa Hititçesi'ndeki kişi adlarına bir göz atalım. Hemen hemen tüm eski dönem Hint-Avrupa dilleri eski isim sistemlerini muhafaza ederken, Hititçe'de bundan tamamen ayrılınmıştır. Bunun yerine Neşa'da bulunmuş Asur ticari belgelerinde, yeni oluşturulmuş bir sistemle karşılaşıyoruz. Bu sistem kendi Hitit öğeleri ile, eskiler kullanılmaksızın yeni oluşturulmuştur. Kelime anlamı "soğukkanlılık" anlamına gelen *Kuliyatt-* ve "önem" anlamına gelen *Nakiliyatt-* gibi erkek isimlerindeki *att-* ekiyle oluşturulan soyutlamalar vardır. Ayrıca aile bağlarını ya da köken bildiren *-uman-* ekiyle oluşturulmuş kişi adları da çok sayıdadır: *Supiahsu-* "temizin oğlu" (*suppi-* temiz anlamına gelmektedir), *Supiahsusar* "temizin oğlunun karısı", *Supianiga-*, "temizin kız kardeşi", *Nakiahsu-* "önemlinin oğlu", *Supiuman* "soyu temizden gelen".

> Hitit İmparatorluğu Aynı Yönde Devam Ediyor

Üçüncü evrede, yani Hattuşa'nın başkent olduğu (yaklaşık MÖ 1600 – 1200) Büyük İmparatorluk Çağı'ndaki gelişmelere önce kişi adlarından başlayalım. Kaneş (Neşa) döneminde Hititler'in taşıdığı adlara bu evrede yalnızca pek az metinde rastlanır. Bunlar MÖ 1600 civarına ve biraz öncesine ait tarihi metinlerdir. Luvi sözcük kökenli adlar dışında, Hitit adları ne Hitit döneminden ne de ondan önceki erken dönemlerden tanımlanabilmektedir. Yapısal olarak Hattuşa'lı iki kralın Hattice adlarını anımsatmaktadırlar. Bu adlar *Piyusti-* ve *Pamba-* (telaffuzu Pampa olsa gerek)'dır ve MÖ 1800'ler ve MÖ 3. binin son bölümünde yaşanmış olaylarla ilgili aktarımlarda geçerler. Sonraları kullanılan "normal" Hitit adları arasında *Piyusti-* benzer yapıdaki *Kasilti-* adıyla, ya da Pampa'nın tekrarıyla oluşan *Pippapa-, Lulu-, Tatta-*, ve *Duddusi-* türünden adlarla karşılaştırılabilir. Bu adlar Maşat Höyük'ten bilinmektedir. Hitit İmparatorluk Çağı'nda yaşıyan Hititler, Neşa-Hititçesi'nde oluşturulan yeni gerçek Hitit kişi adlarını bırakmışlardır; bunun yerine eski Hatti halkının kullandığı kişi adlarını yeğledikleri konusunda veriler bulunmaktadır **(Res. 4)**.

Aynı tablo Eski Hitit Çağı tanrı adlarında da ortaya çıkmaktadır. Neşa'dan alınan tanrılar ve Hava Tanrısı'nın adı dışında kullanılan adlar ya Hatti tanrı adlarının uyarlanmış halidir, ya da doğrudan Hattice'den alınmışlardır. Örneğin *Anna-Daganzipa-*, yani, "ana toprak cini", Hatti tanrıçası *Vurun-semu*'nun "ana toprak cini"[4] bir tür çevirisidir. Buna karşın örneğin *Istanu-* (Hattice *Estan*), yani yeryüzünün güçlü Güneş Tanrıçası, ve *Telibinu-*, yani Bitki Tanrısı ve Hava Tanrısı'nın oğlu, doğrudan Hattice'den alınmıştır.

Söz konusu özel isimlerin ve Hatti dininin iki aşamada gerçekleşen adaptasyon, Anadolu'da kültür geleneğinin ne denli güçlü olduğunu göstermektedir. Eski Hitit Çağı kültürü kendinden önceki Hatti kültürünün bir devamıdır.

Dipnotlar

1 Hint-Avrupalılar'ın asıl vatanı, kısmen düşünüldüğünün aksine Anadolu'da değildi. Bu makalede Hint-Avrupa sözcükler basitleştirilmiş halde yazılmışlardır.

2 Frank Starke'nin verdiği bilgiye göre.

3 H. Craig Melchert'in verdiği bilgiye göre.

4 Hattice *Vurunsemu*'nun anlamı için bkz. Jörg Klinger, *Untersuchungen zur Rekonstruktion der hattischen Kultschicht*, Wiesbaden 1996, 147.

Resim altları

1 Boğazköy/Hattuşa'dan çiviyazılı tablet. Eski Hitit Krallığı Dönemi. Ön ve Arka yüzler (Kat. No. 87)

2 MÖ 1600'lerde Anadolu dilleri

3 Anadolu dillerinin sınıflandırılması

4 Boğazköy/Hattuşa'dan oturan tanrıça biçimli altın kolye ucu (Kat. No. 117)

Büyük İmparatorluğun Mirasçıları I

Anadolu ve Kuzey Suriye'de Geç Hitit Krallıkları Tarihçesine Genel Bakış (yaklaşık MÖ 1180 – 700)

John David Hawkins

> Hitit İmparatorluğu'nun Ardılları

Hitit İmparatorluğu'nu uzun vadede zayıf düşüren ve MÖ 1200 yılını izleyen yıllarda imparatorluğun çökmesine neden olan olaylar dizisi, yeni verilerin ışığı altında yoğun biçimde tekrar araştırılmaya başlanmıştır. Kesin olan, Hattuşa'da hüküm süren hanedanlığın ve hanedanlıkla birlikte simgelediği emperyal yönetim düzeninin de sona erdiğidir. Günümüzde geçerli olan arkeolojik veriler yaygın bir tahribatın varlığıyla kentlerin yakılıp yıkılma senaryosunu önermektedir; buna bağlı olarak yaklaşık üç yüzyıl boyunca Hitit uygarlığının yayıldığı tüm bölgelerde gerilediği vurgulanmakta, ancak bazı bölgelerde kültür devamlılığının bulunduğu da giderek daha çok doğrulanmaktadır.

İmparatorluk yönetim işlemlerinin belkemiğini oluşturan kil tabletler üzerine çiviyazısı yazma geleneği Anadolu'da tümüyle ortadan kalkmış, buna bağlı olarak da Hitit dili yok olmuştur. Buna karşın, Hattuşa'nın Büyük Kralları anıtsal yazıtlarında hiyeroglif de kullanmışlardır; söz konusu yazıyla aktarılan dilin Orta Anadolu'nun dili olan Hititçe olmadığı, ancak Anadolu'nun batısında ve güneyinde kullanılan ve Hititçe ile akraba, Luvice olduğu da böylece açıklık kazanmıştır. Hititler'in ve Hitit geleneği olan çiviyazılı kil tabletlerin imparatorluğun merkezini de kapsayacak biçimde ortadan kaybolmaları Luvice'nin ve hiyeroglif yazısının yaşamasına, söz konusu dil ve yazının eski Hitit Güneydoğu Anadolu eyaletlerinde, Kuzey Suriye'de ve Fırat sınırında yayılmasına neden olmuştur. Adı geçen yazılı kültür ile birlikte Hitit İmparatorluğu'nun mimari geleneği ve anıtsal heykeltraşlığı da bölgenin Hitit ardılı yerel devletlerince yaşatılagelmiştir; günümüzde bu merkezler çağdaş Türkiye'nin bazı bölgelerine karşılık gelmektedirler (bkz. harita S. 308).

Fırat kenarında yer alan Karkamış bu konuda bir istisna oluşturmaktadır. I. Şuppiluliuma'nın Suriye'yi kuşattığı dönemde Hitit İmparatorluğu'na bağlı bir krallık merkezi olarak kurduğu Karkamış'ı, kökleri Büyük Kral'ın oğullarından birisine dayanan ve beş kuşak süren bir hanedanlık yönetmiştir. Söz konusu sülalenin en sonuncu üyesi ve I. Şuppiluliuma'nın torununun torununun torunu olan Kuzi-Teşup bilim adamlarınca daha yeni saptanabilmiştir,[1] Kuzi-Teşup Hitit İmparatorluğu'nun çöküşünü izleyen karışık dönemde kültür devamlılığının sağlanması açısından odak noktasındaki kişilik haline gelmiştir. Politik kargaşalara rağmen Fırat eyaletlerini bir arada tutabilmiş ve doğrudan I. Şuppiluliuma'nın soyundan gelmesi hakkına dayanarak aslında Hattuşa krallarına özgü olan "Büyük Kral" unvanını almasına neden olmuştur. İmparatorluğun Orta Anadolu'daki merkezi olan "Hattuşa ülkesi" nin bu dönemde ortadan kalkmasına rağmen, Suriye'deki eski eyaletleri için, Akkadca adı olan Hatti kullanılmaya devam edilmiştir. Bu eyaletler içinde Karkamış politik merkez olma özelliğini uzun süreli koruyamamış olsa da, kültürel merkez olma özelliğini devam ettirebilmiştir. Sözü edilen uygulama günümüzde "Geç Hitit" teriminin kullanılmasına da yansımaktadır.

Son yıllarda elde edilen bir bilgi de Hattuşa hanedanlığının son üç kuşağı döneminde Güney Anadolu'daki Tarhuntaşşa krallığının büyüklüğü ve politik önemi konusunu kapsamaktadır. Söz konusu veriler Tarhuntaşşa kralı Kurunta ile kuzeni IV. Tuthaliya arasında yapılan bir antlaşmanın tunç bir levha üzerine kakılan metninin bulunmasıyla elde edilmiştir.[2] Bu antlaşma Hattuşa ile Tarhuntaşşa arasındaki sınırların kapsamlı tanımlarını içermekte, Tarhuntaşşa krallarına kesin olarak Karkamış krallarıyla eş statü vermektedir. Bu olgular Kurunta'nın mühürlerinde "Büyük Kral" unvanını kullanmasının gözlemlenmesi ve kısa bir süre önce Konya dolaylarında saptanan Hatıp Kaya Kabartması'ndaki betimlerinin yorumuyla örtüşmektedir.[3] Bir başka olgu da Hattuşa'nın sonunun yakın olduğu bir dönemde, kısa süreli bir utku ve sahiplenmenin yaşandığı II. Şuppiluliuma zamanında Hattuşa ve

Tarhuntaşşa arasında açık bir çatışmanın bulunduğu önerisidir.[4] Hem Tarhuntaşşa'da hem de Karkamış'da, Konya Ovası'nın güneyinde Karadağ ve Kızıldağ'da bulunan yazıtlar grubunda kültürel bir devamlılık saptanmaktadır. Sözü edilen yazıtları "Büyük Kral ve Kahraman" unvanlarına sahip Murşili'nin oğlu Hartapu yaptırmıştır; bu unvanlar hem Murşili hem de oğlu Hartapu için geçerlidir.[5] Anıtların yerleştirildiği yer Hartapu'nun Tarhuntaşşa hanedanlığı ile ilişkilerine işaret etmektedir; hem Hartapu hem de Kuzi-Teşup'un Hitit İmpartorluk Devri ile bunu izleyen dönem arasındaki geçişi simgeleyen yöneticiler olma olasılıkları vardır. Ancak, Anadolu'nun söz konusu bölgelerinde bunu takibeden 400 yıl için arkeolojik ve epigrafik kaynaklara rastlanmamaktadır.

> Tarih ve Kaynaklar

Malatya

Kuzi-Teşup'u gelecek döneme bağlayan veriler Karkamış yerine, Yukarı Fırat'ın batı sekilerinde yer alan ve Hitit İmparatorluğu Devri'nde politik bir güç merkezi olmayan Malatya (Malatya-Arslantepe) yerleşmesinden elde edilmektedir. Malatya heykelleri dizisinin Hitit İmparatorluk Devri sanatıyla yakın ilişki içinde olduğu öteden beri kabul edilmekteydi (Bkz. Burada Orthmann S. 511 vdd.) ancak saptanan benzerliklerin tarihleme kıstası olarak kullanılmasına hoş bakılmaması nedeniyle bu heykeller MÖ 10., hatta 9. yüzyıllara tarihleniyordu.[6] Ancak Malatya'nın iki farklı kralının büyükbabası olarak Kuzi-Teşup adının saptanması, kökleri kendisine dayanan dört kuşaklı bir hanedanın yapılandırılmasına olanak tanımaktadır; böylece heykeller söz konusu hanedanlıkla bağdaştırılabilmekte ve MÖ 12. yüzyılla 11. yüzyıl başlarına tarihlendirilebilmektedirler.[7]

Malatya yazıtlarından bir başka grupta kökleri açıkça Kuzi-Teşup'a dayanan üç kuşaklı bir hükümdarlar dizisi kanıtlanmaktadır. Böylece rahatlıkla MÖ 11.yüzyıla dek uzanma olasılığı doğmaktadır. Aslında Hitit İmparatorluk Devri'nin sonundan itibaren kanıtlanabilen yönetici kuşaklarının sayısı, en az iki yüzyıllık bir zaman dilimini doldurur. Yazıtları kaleme aldıran kişilerin köklerinin Karkamış'lı Kuzi-Teşup'a dayanmakla beraber Malatya'nın kendi haklarına sahip, bağımsız yöneticileri oldukları anlaşılmaktadır. Atalarının "Büyük Krallık" unvanının yanlızca kendi hükümdarlık dönemlerine sınırlı kaldığı yazıtlardan çıkarılmaktadır.[8]

> Karkamış

Öte yandan Karkamış'da gün ışığına çıkarılan en önemli anıtların MÖ 1000 yılından daha erken bir döneme tarihlenmesi olası gözükmemektedir. Yazıtlarda olasılıkla MÖ 10. yüzyıla tarihlenen ve dört kuşaktan oluşan "Suhi" adlı bir yönetici hanedanlığı saptanmaktadır. Söz konusu hanedanın yöneticileri "Dere Beyi" unvanını taşımışlar ve Karkamış'ta, olasılıkla Kuzi-Teşup'un ardılları olan ve tam netlik kazanmamış bir dizi "Büyük Kral" ile aynı zaman diliminde hüküm sürmüşlerdir. Anıtların çoğu bu çizginin son iki üyesi olan II. Suhi ve oğlu Katuva döneminde yapılmışlardır. Ayrıca yazıtlı bir kapı aslanı yoluyla Suhi'nin babası Astuvatamanza'nın yaptırdığı bir bina bulunduğu öğrenilmektedir; yazıtları bulunmayan diğer yapılar ise II. Suhi ve babası I. Suhi devrine ait olmalıdır.[9]

Karkamış anıtları arasında diğer bir ana grubu "Astiruva Hanedanı" üyeleri yaptırmıştır (Res. 1). Söz konusu hanedan MÖ 9. yüzyıl sonlarında başlamakta, Karkamış bağımsız krallığının sonu olan MÖ 717 yılında sona ermekte ve en az üç kuşak sürmektedir. Bu hanedanlık dönemi heykelleri ve yazıtları kral naibi Yariri, sonraları Astiruva'nın oğlu Kamani ve sonuncu kral Pisiri'yi de içeren bir kuşağı kapsayan yöneticilerin zamanında oluşmuştur.[10]

> Til-Barsip

Fırat Nehri'nin doğu yakasında , Karkamış'tan nehrin aşağısına doğru 20 km kadar ilerlendiğinde Til Barsip yerleşmesi, Tall Ahmar yerleşmesiyle karşılaşılır. Adı geçen yerleşmede II. Suhi ve Katuva devri üslubundaki Karkamış yapıtlarıyla belirgin biçimde benzeşen yontulu ve yazıtlı steller gün ışığına çıkarılmaktadır. Yapıtların nitelik ve niceliğindeki benzerlik o denli büyüktür ki, eski Hitit başkentine kültürel açıdan bir bağımlılık söz konusu olabilir. Yazıtlar hükümdar ailesinin iki kolu arasında birkaç kuşak boyunca süren bir güçler rekabetine işaret etmektedir. Şehrin en tanınmış krallarından biri, ikisi yakın zamanda ortaya çıkarılmış olan, en az dört stelin sahibi Hamiyata'dır. Hamiyata adı bunlar dışında daha üç stelde de geçmektedir. Anıtların tümü Karkamış'daki Suhi-Katuva grubu gibi, MÖ 10.yüzyıl sonları, 9.yüzyıl başlarına tarihlense gerektir.[11]

> Gurgum

Karkamış'ın kuzeybatısında başkenti Markas olan Gurgum ülkesi yer alır. Markas adı günümüzde Maraş'da yaşatılagelmektedir. Maraş'ın merkezinde, en üstünde bir Ortaçağ kalesi bulunan ve günümüze dek hiçbir arkeolojik araştırmaya konu olmamış büyük bir höyük bulunmaktadır. Buna karşın, şehirde hatırı sayılır miktarda heykel ve yazıt ele geçmiştir. Söz konusu eserler olasılıkla eski mezarlıkta ve Kale'de ortaya çıkarılmışlardır. Yazıtlar Gurgum'un birkaç kralından söz etmektedir. Bunlar arasında en tanınmışı olan yazıtlı aslanda III. Halparuntiya adı okunmaktadır (Res. 2); Halparuntiya kendi soyunun kurucusu için altı kuşak geriye gitmektedir. Söz konusu hanedanlık pek çok noktada çağdaşı Assur krallarının daha emin kronolojisiyle bağdaştırılabilmektedir. Kuşaklar açısından bakıldığında, yaklaşık MÖ 850'de III. Halparuntiya'nın büyük babası II. Halparuntiya üzerinden ve onun da MÖ 10. yüzyılda yaşamış olan büyük – büyük babası üzerinden yaklaşık MÖ 800 tarihine (III. Halparuntiya) varılmaktadır. Bu olgu, burada bu dönemde üretilmiş heykeltraşlık ürünlerini ve başka yerlerdeki benzer üslupları tarihleyebilmek için değerli bir kronoloji ölçeği sunmaktadır. Gurgum Karkamış hanedanlığının kolu olarak yorumlanabilir.[12]

> Unki ve Kue

MÖ 9. ve 8. yüzyıl Assur kaynakları Unki (günümüz Amik Ovası) ve Kue'de (modern merkezi Adana olan Kilikya düzlüğü) Geç Hitit yerel krallıklarından söz etmektedir. Amik Ovası'nda başkent Tell Tayinat'ta (olasılıkla Patina başkenti eski Kunulua) kapsamlı arkeolojik araştırmalar yapılmış olmasına rağmen, çok az sayıda son derece kötü biçimde tahrip görmüş heykel ve yazıt bulunabilmiştir; bu nedenle Unki krallığından söz edecek denli veri mevcut değildir. Olasılıkla günümüz Adana kentinin altında bulunan Kilikya bölgesindeki Eski Adana'nın yeri kesin biçimde saptanamamaktadır. Ancak Kilikya Ovası'nın kuzeydoğusundaki dağlık alanda, Ceyhan Nehri kenarında bulunan Karatepe'de Fenikece ikinci bir yazıtın eşlik ettiği (aynı metinin iki dilde ifade edildiği) önemli bir hiyeroglif yazıt ortaya çıkmıştır (Res. 3). Söz konusu yazıtlar yalnızca türlerinin en uzun yazıtları olmaları açısından değil, aynı zamanda antik dünyanın en önemli çift dilli yazıtı olmaları açısından da dikkat çekicidir. Adana'da hüküm süren, "Mopsos Hanedanı" olarak anılan[13] hanedanlığın üyesi kral Azativada tarafından yaptırılan, tepe üstündeki küçük bir kalenin kuzey ve güney kapı ortostatlarında olmak üzere iki nüsha halinde yazılmışlardır. Yazıtların ve yazıtlara eşlik eden heykellerin tarihlendirilmesi tartışmalıdır (Bkz. S. 510), ancak MÖ 7. yüzyılın başına, yani daha geç bir devre tarihlendirilmeleri olasıdır. Karatepe'nin ve Ceyhan Nehri'nin karşı çaprazında kısmen araştırılmış olan Domuztepe yerleşmesi bulunmaktadır. Domuztepe'de olasılıkla MÖ 9. yüzyıla tarihlenen anıtsal yapıların kalıntıları ve heykeller saptanmıştır. Bunun dışında Kilikya bölgesinde Demir Çağı'na tarihlenen az sayıda eser gözlemlenmektedir; ancak yakın bir geçmişte Adana yakınlarındaki bir tarlada Hava Tanrısı'nın anıtsal bir betimi ve boğalar tarafından çekilen arabasının yontularak biçimlendirildiği, üzerinde hiyeroglif ve Fenikece yazıtın görüldüğü bir kaide bulunmuştur. Söz konusu anıt Karatepe buluntularıyla çağdaş gibi görülmektedir (Bkz. S 510). Bunun dışında Kilikya'da pek fazla Demir Çağı'na ait anıta rastlanmamıştır.

> Halep ve Bit-Agusi

Karkamış'la Unki arasında en az MÖ 3. binden itibaren Hava Tanrısı'nın önemli bir kült merkezi olan Halep kenti yer alır. Hitit İmparatorluğu'nun yönetimi altında doğrudan I. Şuppiluliuma'dan gelen bir rahip hanedanlığının başkenti olmuş, Demir Çağı'nda ise önemli bir kült merkezi olma özelliğini korumakla birlikte politik merkez olma özelliğini yitirmiştir. Bu dönemde yeni bir Arami boyunun kurduğu devletin sınırlarına dahil olmuştur; Arpad'daki başkenti olasılıkla Halab'ın yakın kuzeyinde yer alan Tell Rifa'at olan Bit-Agusi'dir. Assur kaynakları söz konusu devletin MÖ 9. ve 8. yüzyılda hüküm sürmüş ve Assur yayılım politikasına muhalefet oluşturmuş krallarının adlarını vermektedir. Ancak devletin başkentinin az bir bölümü ortaya çıkarılmıştır.[14] Büyük Halep Höyüğü'nde yapılan en son kazılar kabartmalı ortostatları bulunan anıtsal bir yapının yerini saptamışlardır; söz konusu yapı olasılıkla kentin Hava Tanrısı'nın Erken Demir Çağı'ndaki tapınağıdır.[15]

> Sam'al

Unki ve Gurgum arasında kuzeyden güneye uzanan derin vadide, Amanos sıradağlarına ait ana geçidin doğu çıkışını denetim altında tutan bir noktada, Zincirli (Sam'al) yerleşmesi çok sayıda heykel ve yazıt kalıntısıyla küçük Sam'al devletini temsil etmektedir. Sam'al, üyeleri Sami ve Luvi adları taşıyan Bit-Gabbar adlı bir hanedan tarafından yönetilmekteydi. Bu olgu Sami-Fenike-Arami özellikleri taşıyan Karkamış-Hitit üslubunda yapılmış melez karakterli anıtların neden böyle olduklarını açıklamaktadır (Res. 4, S. 276). Fenikece-Aramice yazıtlar, Sam'al krallarının genelde Assur'a bağlı oldukları MÖ 9. ve 8. yüzyıllar boyunca süren hanedanlık hakkında bilgi vermektedir.[16]

> Kummuh ve Hamat

İki çağdaş devlet hiyeroglif yazıtlarla temsil edilmektedir. Bunlardan biri Malatya ile Karkamış arasında bulunan Kummuh (Klasik devirde Kommagene, günümüzde Adıyaman kenti), diğeri de Asi Nehri üzerinde Halep ile Şam arasında yer alan Hamat'dır (günümüz Hama kenti). Kummuh'daki yazıtlarda Şuppiluliuma ve oğlu Hattuşili'nin adları okunmaktadır. Şuppiluliuma olasılıkla MÖ 805 ve 773 yıllarına ait Assur kaynaklarında adı geçen Uspilulume'ye karşılık gelmektedir. Kummuh devletinin yazıt bırakmamış diğer Geç Hitit krallarına MÖ 866 – 853 ve MÖ 750 – 708 yıllarına tarihlenen Assur kaynaklarında rastlanmaktadır. Hamat'da ise yazıtlar Urhilina ve oğlu Uratami dönemi ürünleridir; Urhilina MÖ 853 – 846 yıllarında III. Salmanasar tarafından Irhuleni olarak tanıtılmaktadır. Hamat'da Geç Hitit hanedanlığı MÖ 8. yüzyılın başlarında yerini bir Arami hanedanlığına terk etmiştir.[17]

> Tabal

Anadolu'da Konya Ovası'nın güneyinde bir dizi yazıt saptanmıştır; söz konusu yazıtlar Hitit İmparatorluk Devri'nin sonlarına ya da onu izleyen devre tarihlenmekte ve MÖ 13. yüzyıl Tarhuntaşşa devleti ile bağdaştırılmaktadır. Bu dönemden sonra tarihsel ve arkeolojik kayıtlara 400 yıllık bir ara girmektedir. Söz konusu olgunun uygarlık çizgisinde büyük bir gerilemeye işaret edip etmediği ya da arkeolojik araştırmalar yönünden bir şanssızlık olup olmadığı kesin değildir. MÖ 8. yüzyıl sonlarına dek yazılı kaynak bulunmamaktadır. Bu dönemde Assur kaynaklarında "Tabal" olarak geçen bölgede iki yazıt grubu ortaya çıkmaktadır: Bir grup Tuvana'da (Klasik dönemde Tyanitis, günümüzde Niğde kenti) Varpalava ve oğlu Muvaharani'nin adlarıyla ilişki kurulan bir gruptur; bir diğer grup ise daha kuzeyde bulunmuş olan ve Tuvati ile oğlu Vasusarma'nın adlarını içeren gruptur. Bu yazıtlarda Tuvati (Assurca Tuatti) ve oğlu Vasusarma "Büyük Kral" unvanıyla anılmakta, ayrıca hizmetkarlarının, bağımsız yöneticilerinin ve özel şahısların da adları geçmektedir. Edinilen izlenim, söz konusu "Büyük Krallar"ın bölgenin yönetimini ellerinde tutma nedenlerini -tarihi gerçeklere dayanarak yada sahte bir sahiplenme ile- Tarhuntaşşa krallığı kökenli olduklarına bağlamalarıdır.[18]

> Yıkım ve Yok Oluş

Geç Hitit devletlerinin dünyası Hitit İmparatorluğu'nun yıkılışından sonra Luvice konuşan halkların doğuya göç etmiş kolları tarafından şekillendirilmişti. Söz konusu halk, bölgeye yeni ulaşmış olan Arami dalgalanmalarıyla karşılaşırlar ve bu iki halkın yaşam alanları "Hatti ve Aram" olarak adlandırılır. Aramiler anıtsal mimari ve heykeltıraşlığı da kapsayacak şekilde komşularının uygarlıklarının büyük bir kısmını özümsemişlerdir; Sam'al'da kazıyarak yazılan geleneksel İbrani-Fenike alfabesinde değişim yaparak Hititler'in kullandığı kabartma üslubuna yönelmişlerdir. Hattiler ve Aramiler kendilerine politik baskılar uygulayan ve kültürel etki altında bırakan, geniş topraklara sahip devletlerle çevrilmişlerdi. Kuzeydoğuda Hurri devleti Urartu'nun gücü MÖ 8. yüzyıl başlarında kral Menua döneminde Malatya'ya ve diğer Fırat boyu devletlerine kadar ulaşmıştı; MÖ 8. yüzyıl sonlarında ise Muşki'li Mita (Antik Yunan'da Midas olarak bilinir) önderliğinde Orta Anadolu'da Frig hakimiyeti ağırlık kazanmıştı. Güneyde Şam'daki Arami devleti Hamat'a ve kuzeyindeki diğer komşu devletlere baskı yapmaktaydı. Ancak bunlardan da tehlikeli olan, doğuda Fırat'ın karşı kıyısında kültürel ve politik gücüyle MÖ 9. ve 8. yüzyıllarda yeniden doğan Assur devletiydi.

Bu bölgelerden Hatti ve Aramiler'e iki farklı dönemde saldırılar düzenlenmiştir: Bunlardan ilki MÖ 870 – 830 yıllarında, II. Assurnasirpal ve III. Salmanassar hükümdarlıkları sırasında düzenlenen akınlar ile vergi vermeye zorunlu tutulmaları dönemidir. MÖ 745 – 705 yılları arasında III. Tiglatpilesar, V. Salmanassar ve II. Sargon devirlerinde süren emperyalist saldırılar da ikinci grubu oluştururlar. İlk dönemde ve geçiş döneminde etkileşimler karşılıklı olmuştur; özellikle güçle hissedilen etki batıdan Assur'a doğru yönelendir; sonraki devirlerdeki etkileşim ise Assur kökenlidir. Ancak ikinci dönemde, Assur geniş kapsamlı sürgün ve yerleşik halkı farklı bölgelere iskan etme politikalarıyla doğrudan devlet bütünlüğü kurma yoluna gidince baskı dayanılmaz boyutlara ulaşmıştır. Geç Hitit devletleri açısından bu olgu yıkım anlamını taşıyordu. Kendileriyle birlikte, Hitit İmparatorluk Devri'nde 500 yıl önce geliştirilen gelenekleri simgeleyen dilleri, yazıları, sanatları ve mimarileri tarihe karışmıştı. Daha dayanıklı ve olasılıkla da sayıca çok olan Aramiler işgalleri altına girdikleri devletlere yazılarını ve dillerini aktarmış olmakla birlikte, Geç Hitit devletleri ile benzer yazgıyı paylaşmışlardır.[19]

Dipnotlar

1 Hawkins 1988a.
2 Otten 1988; Beckman 1996, Nr. 18c; yeni yayınlar için: van den Hout 1995, 326.
3 Singer 1996.
4 Hawkins 1995a.
5 Alp 1974; Hawkins 1992.
6 Orthmann 1971.
7 Hawkins 1993b, 91 – 100; krş. Hawkins 1998a, 103, Dipnot 20.
8 Hawkins 1995b.
9 Hawkins 1995b.
10 Winter 1983; Hawkins 1986.
11 Hawkins 1980b, 1983b.
12 Hawkins 1989b.
13 Hawkins 1980c.
14 Sader 1987, 136 – 152; Hawkins 2000, 388 – 390.
15 Khayyata/Kohlmeyer 1998.
16 Gibson 1975, 60 – 93, 1982, 30 – 41; Sader 1987, 172 – 184.
17 Kummuh: Hawkins 1983b, 2000, 330 – 333; Hamat: Hawkins 1972b, 2000, 398 – 403; Gibson 1975, 6 – 17.
18 Wäfler 1983; Hawkins 1979, 162 – 167, 1992, 272.
19 Hawkins 1982; yeni keşifler ışığında politik coğrafya için: Hawkins 1995c.

Resim altları

1 Karkamış'tan kabartma ve yazıtlı ortostatlar; yaklaşık MÖ 800. Ankara Anadolu Medeniyetleri Müzesi
2 III. Halparuntiyas'ın yazıtını taşıyan Maraş kapı aslanı; MÖ 9. yüzyıl sonu. İstanbul Eski Şark Eserleri Müzesi
3 Karatepe-Arslantaş Kuzey Kapı'dan iki kapı aslanı (Çambel 1999)

Hitit Tarihi

Horst Klengel

> Yazılı Kaynaklar

Hititler'den söz edildiğinde, Anadolu'da MÖ 2. binde yaşamış olan bir halk kastedilir. Hitit sözcüğü Tevrat'ta "Khittim" olarak geçer, alışılmış Almanca karşılığı Martin Luther'in İncil çevirisiyle verilmektedir. Tevrat'ta bu adla, MÖ 1. binyıl başlarında yaşamış bir halk topluluğu anılmaktadır. İlk kez 19. yüzyılın sonuna doğru, özellikle Orta Mısır'da Tell el-Amarna'da ele geçen çiviyazılı metinler sayesinde, Hititler'in MÖ 2. binde Anadolu'da yaşadıkları ve kendilerine Akkadca "Hatti" şeklinde yazılan "Hattuşa şehri ülkesinin halkı" adını verdikleri anlaşılmıştır. Hitit krallarının saraylarının bulunduğu Hattuşa, günümüzde Çorum ili, Sungurlu ilçesi yakınlarında Boğazkale'de (eski adı: Boğazköy) yer alır. Bazı kısa aralar dışında 1906'dan bu yana Boğazköy'de sürdürülen kazılarda (Bkz. Burada Seeher, S. 435 vdd.) binlerce çiviyazılı kil tablet bulunmuştur. Çiviyazısı, Hititler tarafından, Hint Avrupa dil grubuna giren Hitit dilini yazıya dökmek üzere, Kuzey Suriye-Mezopotamya bölgelerinden alınmıştır (Bkz. Burada Wilhelm, S. 404 vdd.). Ayrıca bu yazı, Babilce-Assurca (Akkadca), Hurrice, Luvice ve Hattice sözlü aktarımları da yazıya geçirmek üzere kullanılmıştır. 20. yüzyılın başında, özellikle 1915'de Çekoslavak bilim adamı B. Hrozný'nin Berlin'de verdiği bir konferansın katkısıyla Hititçe'nin Hint-Avrupa dil grubuna girdiği anlaşıldığında, Anadolu Hitit Devleti'nin tarihçesi de kademeli olarak bir araya getirilebildi. Hattuşa'dakilere ek olarak, şimdilerde Anadolu'da bazı merkezlerde ele geçen yazılı kaynaklar dışında, Hitit tarihi, Mezopotamya (Assur), Suriye (sahil şeridindeki Ugarit, Fırat kenarındaki Emar) ve Mısır'da (Amarna ve hiyeroglif metinleri) bulunmuş olan çiviyazılı kaynaklar yoluyla öğrenilmektedir. Sözü edilen geniş kapsamlı yazılı gelenekte, yine de anlaşılmayan bazı noktalar ve boşluklar bulunmaktadır. Bunun nedenlerinden biri, Hitit tarihi metinlerinin politik amaçlar için kullanılmış olma olasılığının, söz konusu kaynakların güvenilirliğini sarsmasıdır.[1]

> Eski Assur Devri Yerel Krallıklarında "Hitit" Kanıtları

Tarım ve hayvancılık öğelerini taşıyan, yerleşik yaşam biçimine geçiş olarak açıklanabilecek Neolitik dönem başlarından, MÖ 3. binyılın sonuna dek geçen zaman dilimini kapsayan zengin arkeolojik belgeler, Anadolu halkının etnik bileşimini anlamaya yarayan verileri içermezler. Anadolu'nun en geç MÖ 3. binde belirli yöneticilerin "kralların" yönettiği çeşitli bölgelere ayrıldığı, sonraki dönemlerin yazılı kaynaklarından çıkarılabilmektedir. Bu durumun Mezopotamyalı hükümdarlar Sargon ve Naram-Sin (24./23. yüzyıl) etrafında örülü edebi metinlere yansıdığı da görülür; metinler bölgeler arası ticari ilişkilere ve bir dizi yönetim bölgesinin varlığına işaret etmektedir.[2] Aynı yazılı gelenek, bazı Anadolu yerleşmelerine saldıran, "canavar" olarak adlandırılan yabancı insan gruplarının varolduğu, güvensiz şartlardan da söz eder.[3] Sözü edilen yabancı halk gruplarının Kuzey Karadeniz Bölgesi'nden Anadolu'ya giren ve sonradan Hitit adını alan Hint-Avrupa kavimleriyle ilişkisinin bulunup bulunmadığı belirsiz kalmaktadır. Kesin olan, Kültepe/Kaniş'te Assurlu tacirlerin arşivlerinde bulunan ve MÖ 2. binin başlarına tarihlenen Eski Assur metinlerinde, günümüzde Hititler olarak adlandırdığımız halkın varlığına işaret eden Hint-Avrupa adları ve deyimlerinin görüldüğüdür. Bunlardan bazıları sarayda bazı memurlukları yürütüyordu ve yüksek bir sosyal sınıfa dahildiler.[4] MÖ 1800'lere tarihlenen Kültepe metinlerinde adı geçen Pithana'nın oğlu kral Anitta'nın, Hint-Avrupa kökenli ya da yerli Hatti halkından olup olmadığı ise tartışmalıdır. Hitit dilinde günümüze kalan bir metinde, Anitta döneminde Nesa/Kaniş'in bir krallık merkezi olarak yeniden yükseldiğinden söz edilir.[5] Bunun yanı sıra, Eski Assur metinlerinde, içlerinde sonraları Hitit devletinin başkenti olan Hattuş(a)'un da adının geçtiği, en az 20 küçük krallık merkezinden daha bahsedilmektedir. Bir yandan birbirleriyle rekabet içinde olan ayrı ayrı bir dizi krallığın varlığı, öte yandan yerel kralların Assur ve Suriye merkezleriyle yapılan ticaretten elde ettikleri zenginlik, Anadolu merkezlerinin arasındaki askeri anlaşmazlıkları körüklemiş olmalıdır. Neşa'lı Anitta da Hattuşa'yı kuşatmış, şehri açlığa terkettikten sonra ele geçirip, yakıp yıkmıştır. Kendi tabiriyle "Yerine yaban otu ektim", diyerek, buraya asla yeniden yerleşilemeyeceğini göstermek istemiştir. Ancak yaklaşık bir yüzyıl sonra, Hattuşa yeniden Hitit devletinin payitahtı olmuştur.

> Hitit Devlet Düzeni: Komşuların Boyun Eğmesi ve Torosları Aşarak Yayılma

MÖ 17. ve 16. yüzyıllarda Anadolu'da tarih metinlerinde alışılagelinmiş ayırımla "Eski Hitit Krallığı" döneminde bazı politik gelişmeler olmuştur.[6] Anadolu'da Eski Assur Ticaret Kolonileri devrinin sonunda Eski Assur yazısı terk edildiğinden, söz konusu bölgedeki politik gelişim hakkında erken dönemler için fazla kesin bilgi edinilememektedir. Bu durum, sonraları bir kral sıfatı halini alan Labarna adlı kralın Hattuşa'yı başkent yapıp, kendisine "Hattuşa'lı" anlamına gelen "Hattuşili"(I) adını vermesinden itibaren değişir. Anlaşıldığına göre, aynı dönemde büyük olasılıkla Suriye-Yukarı Mezopotamya bölgelerinden alınan çiviyazısı yeniden kullanılmaya başlanmıştır. Söz konusu yazı, yönetime, geleneklerin ve kültün kaleme alınmasına, aynı zamanda devletin pekişmesine katkıda bulunmuştur. Hattuşili Orta Anadolu'da bir dizi yerleşimi ele geçirdikten sonra, Toroslar aşılması gereken bir meydan okuma halini almıştı: Toroslar'ın güneyinde, merkezi Halep'te (Halab) Hava Tanrısı'na adanmış önemli bir kült merkezinin de bulunduğu Kuzey Suriye bitek bölgesi yer almaktaydı. Hava Tanrısı Anadolu'da kuru tarımın yapıldığı bölgelerde de öncelikle yüceltilmiştir. Sonraki bir aktarımda anlatıldığına göre, Hava Tanrısı'nın kendisi de, Hitit askeri birliklerine Toros Dağları'nı aşmada yardımcı olmuştur.[7] Akınlar sırasında Halab'da bulunan bir Hava Tanrısı heykeli de ganimet olarak alınmış ve Hattuşa'ya getirilerek dikilmiştir. Hattuşili, anlatılan olayların da katkısıyla, diğer krallardan üstün bir konuma gelerek "Büyük Kral" olmuştur. Hitit etkisi zaman zaman Kuzey Mezopotamya'ya kadar yayılmıştır. Genişleme sırasında Hititler, MÖ 3. binden itibaren varlıkları bilinen, zaman içinde Güneydoğu Anadolu ve Suriye'den ve Yukarı Mezopotamya'ya kadar yayılan Hurriler'le[8] de çatışmalar yaşamışlardır. Hititler Toroslar'ın ötesinde hükümdarlıklarını sürdürmek istemişler; ancak gelenekleri giderek Orta Anadolu'yu da kuvvetle etkisi altına alan Hurriler'in Hurri Devleti'ni kurmasıyla, bunu izleyen dönemde de bu olguyla sürekli uğraşmak zorunda kalmışlardır (Krşl. Burada Haas, S. 438 vdd. ve Wilhelm, S. 404 vdd.). Hattuşili Kuzey Suriye'nin kült merkezi Halab'ı ele geçirememiş ve Suriye'de Hitit varlığını sürekli kılamamış olsa da, Hattuşa'dan yönetilen krallık, askeri başarılarıyla Önasya'nın önemli güçleri sırasına yükselmiştir.

Yakın aile çevresinde kötü deneyimler edinen Hattuşili Hitit tahtına kendi ardılı olarak genç Murşili'yi (I) atamıştır. I. Murşili özellikle Toroslar'ın ardında Hitit varlığını güçlendirme görevini üstlenmiştir. Bu amaçla Yamhad krallığının başkenti olan Halab'ın alınması gerekmiştir. I. Murşili'nin hükümdarlığı çok uzun sürmemekle birlikte, sözü edilen görevi yerine getirmeyi başarmıştır. Hitit birlikleri bu hedeften sonra kral ve kanun koyucu Hammurapi'nin başkenti olan, ancak Hammurapi'nin ardılları tarafından giderek iç sorunlara ve dış saldırılara terk edilen Babil'e dek yürümüşlerdir. Murşili'nin Hurri topluluklarıyla yeniden başetmek zorunda kaldığı, Fırat'ın aşağı kısmına yönelen söz konusu askeri harekatı hangi nedenlerle göze aldığı, Hititler'in kendi yazılı kaynaklarından anlaşılamamaktadır. Babil yazılı geleneğinde ise Babil'in işgaline yalnızca kısaca değinilmektedir. Halab gibi, Suriye'ye Fırat üzerinden yapılan ticaret yoluyla bağı olan Babil de köklü bir geçmişi olan ve o dönemde de parlak bir ad taşıyan bir kenttir. Kenti alanların politik yönden, hem içte hem de dışta şanının kuşku götürmez bir biçimde artması beklenmektedir. Anlaşıldığı kadarıyla Murşili'nin bu şanı taşıması oldukça kısa sürmüştür. I. Murşili, sarayda yüksek bir memuriyette bulunan eniştesi Hantili'nin de katıldığı bir komplo sonucu öldürülmüştür.

> Güçten Düşüş. Sallantı Dönemi ve Yeniden Yapılanma: I. Murşili ve I. Tuthaliya Zamanında Hitit Devleti

Hitit tarihinde I. Murşili'nin öldürülmesini izleyen dönemde, hanedanın içinde beliren birtakım anlaşmazlıklar ön plana çıkar. Söz konusu anlaşmazlıklar kral Telipinu'nun MÖ 16. yüzyılda kaleme aldırdığı ve daha yeni bir kopyasıyla günümüze ulaşmış olan buyruğun özellikle giriş bölümü yoluyla öğrenilmektedir.[9] Ancak bu metinden Telipinu'nun asıl amacının ne olduğu anlaşılmaktadır: Kendinden önceki Hantili, Zidanta, Ammuna ve Huzziya adlı kralları, adları bir dizi kanlı olaya karışmış "felaket hükümdarları" olarak betimletmektedir [Res. 1]. Bu durum Telipinu'ya Hattuşa'da bir danışma kurulu toplantısı ("tuliya") yapmak ve bir dizi yeni düzenlemeyi bildirmek için neden oluşturmuştur. Söz konusu girişimlerin amacı, hanedanı yeni suikastlardan korumak, bir tahta çıkış düzeni belirlemek ve devlet yönetiminde üst düzeyde bütünlüğü sağlamaktır. Bu bağlamda "panku" adlı bir kurula büyükçe bir rol verilmiştir.[10] "Panku" sarayda girişilecek suikastlarda suçluya ceza biçecek, ancak suçlunun ailesinden ya da mesken sakinlerinden intikam almayacaktı. Ayrıca "panku", çeşitli asalet unvanları taşıyanlar hakkında da hüküm verebilecekti. Açıklanan önlemlerin yanı sıra, krallığın korunması için şehirlerin su ve tahıl gereksiniminin karşılanması düzenlenmiş, tahıl ürününün naklinde yapılacak yolsuzluklarda suçlunun ölümle cezalandırılması yasası konulmuştur. Aile malının bölünmesini önlemek için varislere hisselerini vaktinden önce elden çıkarmaları yasaklanmıştır; ayrıca şahsi kan dökülmeleri durumunda "kanın sahibi" suçlunun ölüm cezası mı çekmesi, yoksa zarar tazminine mi gitmesi gerektiğine kendi karar verebilecekti.

Telipinu'nun getirdiği kuralların politik uygulamada ne denli etkili olduğu ve Hitit devletinin istikrarını ne derece desteklediği belirsizdir. Geleneksel Hitit tarihi çağ ayırımına göre Telipinu devrini "Orta Krallık" adı verilen dönem izler. Bu dönemde kısmen paleografik verilere dayanarak, sıra düzeninden az ya da çok emin olunan bir dizi kral ortaya çıkar. Sıkça rastlanan toprak bağış belgelerinde şu koruyucu sözler görülür: "Büyük Kral Tabarna'nın sözleri demirdendir. Bu sözler ne atılabilir, ne kırılabilir. Onları kim değiştirirse onun başı kesilecektir".[11] Tam hanedanlık içi çatışmaların olduğu bir dönemde, bu armağanlardan faydalanan kişilerin, daha sıkıca kral ailesine bağlılık göstermelerinin amaçlandığı düşünülebilir.

Hatti ülkesindeki bu iktidar mücadelelerinin, Hitit hükümdarlarının Toros sıradağlarının güneyindeki bölgelerin denetimini kaybetmelerinde etkili olduğu kesindir. Bu durumun Yukarı Mezopotamya'da küçük krallıkları kendisine boyun eğdirerek kurulan genç Hurri-Mitanni devletinin Fırat'ı geçerek, Kuzey Suriye'ye kadar ilerlemesini ve böylece deniz ve kara yoluyla bölgeler arası ilişkilerin yoğunlaştığı bir dönemde, bölgede söz sahibi olmasını kolaylaştırdığı da kuşkusuzdur. Kilikya'da bu dönemde Kizzuvatna krallığı kurulmuş olduğundan, Hitit kralları önceleri Kizzuvatna krallarıyla anlaşmalar yaparak, hem ekonomik hem de stratejik açıdan önemli olan söz konusu bölgede, bir başka Mitanni yayılımını engellemeye çalışmışlardır. Kuzey Suriye'de Mitanni etkisi, Mısır'ın 18. hanedanının ilk firavunlarının askeri hareketleriyle, özellikle III. Tutmosis'in Fırat'a dek ulaşan girişimiyle, kısa bir süre için bastırılmıştır. Bu nedenle, bir Hitit kralının Tutmosis'i başarılarından ötürü kutlamasına da şaşmamak gerekir. Hitit Büyük Kralları Tuthaliya(I) ve Arnuvanda (I)'nın dikkatleri zaman zaman Hitit etki alanının Batı Anadolu'ya uzanması yolunda yoğunlaşmış olsa da, Hititler I. Hattuşili ve I. Murşili'nin başarılarından sonra yeniden Kuzey Suriye'de etkili olmayı sürdürme isteğinden vazgeçmemişlerdir. Tuthaliya'nın Ege kıyılarında Aşşuva'ya dek uzanan başarılı bir askeri harekatının anlatıldığı savaş ganimeti olan tunç bir kılıç üzerindeki yazıt bu bağlamda yorumlanabilir.[12] Aynı zamanda I. Tuthaliya, Kaşkalar'la da baş etmek zorunda kalmıştır. Kaşkalar Anadolu'nun kuzeyi ve kuzeydoğusunda dağlarda boylar halinde yaşayan, özellikle de hasat zamanı Hitit sınırları içinde kalan bölgelere saldırılar düzenleyen bir topluluktu. Tuthaliya zamanında Fırat'ın yukarı yatağında kalan bölgelere ve Kuzey Mezopotamya'da Hurriler'e karşı yapılan askeri harekatlardan da söz edilir. İmparatorluk devrinde yapılan bir anlaşmanın tarihçe veren giriş kısmında da, Tuthaliya'nın Kuzey Suriye'yi kontrol ettiği ve Halab'ı yakıp yıktığı, Mitanni birliklerini de dağıttığından söz edilir. Ancak sözü edilen olgudan, aynı zaman dilimine tarihlenen kaynaklar yoluyla bilgi edinilememektedir. Her şeye rağmen I. Tuthaliya'nın, Hatti ülkesinde krallığın gücünü yeniden yerine getirdiği ve dış başarılarla bunu pekiştirdiği anlaşılmaktadır. I. Tuthaliya, Kizzuvatna ile Hitit

Büyük Kralı'nın giderek artan egemenliğinin açıkça hissedildiği bir anlaşma yapmıştır. Orta Suriye'deki Tunip, Fırat dirseğindeki Aştata gibi ülkelerin yerel krallarıyla yapılan anlaşma türünden paktlarla, yerel Suriye krallarına Hititler'in Toroslar'ın güneyinde yeniden güçlenen etkinliklerinin gösterilmesi de bu döneme tarihlendirilebilir.

Yine de I. Tuthaliya'nın hükümdarlık alanı genelde Anadolu ile sınırlıdır. Yukarı Mezopotamya'da yer alan Mittani krallığı Kuzey Suriye'yi denetlemeyi sürdürmüştür. 18. Mısır hanedanlığının firavunları, özellikle III. Thutmosis ve ardılı II. Amenophis, etki alanlarını en azından Orta Suriye'ye dek uzatıp devam ettirme arzusundaydılar. Babasıyla birlikte, bir dizi askeri harekata katıldığını yıllıklardan bildiğimiz I. Arnuvanda, kendisini giderek artan zorluklar içerisinde buldu: Batı Anadolu'da düşmanca bazı saldırılar oluyordu, kuzeyde Kaşkalar Hitit bölgesine yeniden saldırılar düzenleyip köyleri yağmalıyor ve tapınaklarla kült heykellerini tahrip ediyorlardı. Farklı Kaşka topluluklarının temsilcileriyle anlaşma yapmak ne uzun süre etkili olabiliyordu, ne de anlaşmalar tüm Kaşka boylarını kapsayabiliyordu. Özellikle Maşat Höyük'de (Hititçe adı Tapiga) ortaya çıkarılan[13] ve II. Tuthaliya[14] dönemine tarihlenen mektuplar, Hattuşa'nın yalnızca 100 kilometre doğusunda bulunan sınır bölgesindeki Hitit yönetim düzenini yansıtmaktadır. Hattuşa'da ele geçen metinler de, Hurriler'in özellikle din-kült alanlarında ve Hitit kral ailesi üyelerinin Hurrice adlar almalarıyla vurgulanabilecek, kültür yönünden kuvvetlenen etkisini kanıtlar. Sonraları Hitit İmparatorluğu'nu kuran prens Şuppiluliuma'nın babası II. Tuthaliya, Orta Mısır'daki Amarna'da bulunan mektuplar yoluyla, hakkında bilgi edinilen bir dönemde yönetime geçmiştir. Örneğin Batı Anadolu'da Arzava ülkesinde, yerel bir kralın kendi bağımsızlığını kazanıp etkisini arttırdığını hatta, Mısır firavunu III. Amenophis ile Mısırlı bir prensesle evlenmek için yazıştığını söz konusu mektuplardan öğrenmekteyiz.[15] Bu bağlamda, Hitit Büyük Kralları'nın hüküm alanındaki yakın bir yerlerde "zor bir durumla" uğraştıklarından da söz edilmektedir. II. Murşili, babası Şuppiluliuma'nın etkinlikleri hakkında bilgi verirken,[16] Tuthaliya'nın tek başına ya da oğluyla birlikte yürüttüğü çok sayıda askeri harekata işaret ettiği görülmektedir. Anlaşılan Büyük Kral, ordusuyla bizzat savaşa gidemeyecek kadar hastadır. Bu nedenle, baş kaldıran Orta Anadolu yerel krallarıyla savaşan daha ziyade prens Şuppiluliuma olmalıdır. Böylece Hatti'nin Anadolu'da hükümdarlık hakları uğruna, yinelenen uğraşlara giriştiği bir kez daha görülmektedir.

> Şuppiluliuma ve Büyük Hitit İmparatorluğu'nun Oluşması

I. Şuppiluliuma'nın hükümdarlığı sırasında, önceleri aslen yalnızca Anadolu ile sınırlı kalan Hitit Krallığı'nı, Suriye ve Mezopotamya'nın bazı bölgelerinin de dahil olduğu bir imparatorluk haline getirmeye yönelik birtakım değişiklikler gerçekleşmiştir. Eski ve Orta Krallık devirlerinden ayrılan söz konusu yeni dönem, hanedanlık, devlet ve tarihsel, kültürel açıdan gösterdiği devamlılığa rağmen Şuppiluliuma'nın yönetime geçmesiyle hemen başlamamıştır. Şuppiluliuma da kendinden önce gelen krallar gibi, öncelikle Anadolu'daki hakimiyetini pekiştirmek zorunda kalmış, bu amaçla da Kaşkalar'ı geri püskürtmüştür. Bu nedenle maiyetini güven altına alması ve girişimlerini kurban törenleriyle kült açısından iyi hazırlaması gerekmiştir. Toroslar'ın ötesindeki olaylara müdahale etme zamanı, o bölgedeki kuvvetler politikasının durumuyla da belirlenmekteydi. Dicle'nin doğu kollarından olan Büyük Zab Suyu ile Kuzey Suriye'nin Akdeniz kıyıları arasında kalan bölgeyi kontrol eden Mitanni krallığı ile kıyıda ve iç kesimde Suriye'de Hemş'in güneybatısına kadar olan bölgeyi kontrol altında tutan Mısır, Hatti ülkesinin "Güçler Korosu'nda" söz sahibi olmak istediğinde, başetmek zorunda kaldığı önemli ülkelerdi. Özellikle Kuzey Suriye-Yukarı Mezopotamya Bölgesi, kuru tarım yapılan alanlarıyla, ticaret yerleri ve önemli ulaşım yollarıyla MÖ 2. bin başlarından itibaren, Önasya ve Orta Akdeniz bölgelerinin buluşup birbirleriyle temas ettikleri bir konuma ulaşmıştı. Söz konusu bölgeye egemen olmak, Hitit Devleti için, Orta Anadolu'da aynı ölçüde elde edilemeyecek ekonomik zenginlik anlamına gelmekteydi. Bu egemenlik aynı zamanda da politik açıdan kullanılabilecek büyük bir şan ve nam kazancı anlamını da taşımaktaydı.

Hitit devletinin Suriye'ye doğru yayılımının muhalifi, önderleri kral Tuşratta olan ve Dicle'den Asi nehrinin ağzına kadar yayılan bölgede "verimli hilali" egemenliği altında tutan Mitanni devletiydi. Mitanni birlikleriyle ilk askeri karşılaşmalar, Yukarı Fırat Bölgesi'nde gerçekleşmiş olmalıdır. Bu çatışmalar Hititler açısından pek başarılı olmamışa benzemektedir. Amarna'da bulunmuş, Tuşratta'nın Mısır firavununa, beraberinde savaştan elde ettiği ganimetlerden de yolladığı bir mektupta (No.17) bildirdiği bir utkunun, Hititler'le olan çatışmalarla ilgili olup olmadığı kesin değildir. Mitanni kralının, Mısır sarayı ile hanedanlar arası evlilikler yoluyla da pekiştirmeye çalıştığı iyi ilişkiler isteği, anlaşılır bir istektir. Bu istek, Assur ülkesinin, Mitanni ülkesinin güneydoğu sınırında bağımsızlık kazanma girişimleri nedeniyle daha fazla anlam kazanmaktadır.

Mitanni'li Şattivaza ile sonraları yaptığı bir anlaşma dikkate alındığında, Şuppiluliuma'nın (Res. 2) Suriye'ye ilk harekatının Niblani dağlarına dek uzandığı görülmektedir. Söz konusu dağların Lübnan'ın doğu sınırında bulunmaları olasıdır. Aynı metinde aktarıldığına göre, bu harekat bir yıllık bir askeri seferdir. Yapılan sefer Şuppiluliuma'nın gerçekleştirdiklerini aktardığı sonraki bir bildiride ve bazı Amarna metinlerinde yansıtılmaktadır. Şuppiluliuma, seferine Yukarı Fırat bölgesinde başlamış, kral Tuşratta'nın geri çekildiği Mitanni başkenti Vaşşukkanni'ye (Habur Nehri'nin kaynağı) ve Batı Fırat kıyısındaki Mitanni kalesi Karkamış'a ulaşmıştır. Rakibinin savaş meydanına çıkmaması üzerine, Hitit ordusunun yürüyüşü Halab/Halep'ten Asi Irmağı'nın denize döküldüğü yerdeki Mukiş ülkesine kadar sürmüştür. Eskiden Mukiş ülkesinin kraliyet şehri olan Alalah'ta, Ugarit kralı II. Nikmadu'nun teslimiyetini kabul etmiştir. Şuppiluliuma, II. Nikmadu'ya Kuzey Suriye'deki öteki ülkelerin saldırılarına karşı Hitit korumasını temin eden bir anlaşma vermiş, karşılığında da bağlılık ve vergi istemiştir. Mısır sarayı ile geleneksel ilişkisi sürmekle birlikte, Kıbrıs'a, Ege Bölgesi'ne ve Mısır'a uzanan deniz ticareti yollarının geçtiği önemli liman kenti bu dönemde Hitit yönetiminde kalmıştır. Hitit yazılı geleneğinde algılandığı biçimiyle, bu durum Suriye içlerinde kızgınlığa neden olmuş ve Hititler de güneye doğru akınlarını sürdürmüşlerdir. Asi Irmağı kenarında Niya ülkesini dize getirmişler, Homs'da Katna'yı yağmalamışlar, ancak Mısır himayesindeki Kadeş kentine (Kinza, günümüzde Homs yakınlarındaTell Nebi Mend) saldırmaktan kaçınmışlardır.[17] Şehrin yerel kralı Hititler'e karşı geldiğinden, bir savaşla bastırılmış ve Hatti'ye getirilmiştir. Kadeş'te onun yerine oğlu Aitaggama geçmiştir. Sonraki dönemde Şuppiluliuma Mitanni anlaşmasının giriş kısmında, bu harekatın Suriye'nin güneyine dek uzanmasının, Mitanni'li Tuşratta ile yaptığı uğraş kapsamında olduğunun altını çizmiştir. Böylece girişimlerinin Mısır'a karşı olmadığını vurgulamak istemiştir. Mitanni ülkesi, artık bir birlik komutanının yönettiği, Batı Fırat kıyısında yer alan Karkamış (günümüzde Türkiye-Suriye sınırındaki Cerablus) şehrinden ibaret kalmıştır. Bundan sonra Şuppiluliuma Anadolu'ya geri dönmüş, kültle ilgili görevlerini yerine getirmiş ve kuzeyde Kaşkalar'la savaşmıştır.

Şuppiluliuma'nın, Suriye'de Hitit savaş mevsimini kısaltan, kış aylarında karla örtülü Toros geçitlerinin ötesindeki fetihleri, Suriyeli bir dizi yerel kralın hizaya getirilmesini sağlamakla birlikte, Fırat boyundaki Mitanni ülkesi özellikle Karkamış çevresinde varlığını korumuştu; hatta zaman zaman bazı çatışmaları da kendi lehlerine çevirmeyi başarabiliyorlardı. Aynı dönemde Mısır askeri birlikleri artık dönek bir tutum gösteren Kadeş'i sıkıştırmaya başlamışlardı. Mitanni kralı Tuşratta'nın gaddarca öldürülme haberi Hititler'e işte bu zaman ulaştı. Tuşratta, anlaşıldığına göre hanedanlık içi bazı hesaplaşmaların kurbanı olmuştu. Hititler'in anlattıklarına göre,Tuşratta'nın oğlu Şattivaza, Maraşşantiya nehri (Kızılırmak) kenarında Şuppiluliuma'nın ayaklarına kapanmıştı. Böylece Hitit kralı, yasal veliahtın hamisi rolüne bürünebilecekti. Ancak Şuppiluliuma Mitanniler'in çekirdek bölgesi olan Yukarı Mezopotamya'ya yürümemiş, başka bir Hitit birliği Mısır yönetimindeki Lübnan ve Antilübnan'a saldırırken, kendisi de tüm gücünü Karkamış'ın kuşatılmasına yoğunlaştırmıştı. Şuppiluliuma'ya göre bu girişim, Kadeş'e saldıran Mısır'dan öç almaya yönelik bir harekattı. Şuppiluliuma, Mısır'da Tutankhamon'un ölümünden sonra çıkan güç çatışmalarını fırsat bilmişti. Söz konusu güç çatışmaları nedeniyle, Şuppiluliuma Karkamış önlerindeyken Mısır firavununun dul eşi, Akkadca bir bölümü korunmuş olan ve sonraları Şuppiluliuma'nın gerçekleştirdiği önemli işleri anlattığı metinde de kısmen sözü edilen bir mektupla birlikte bir elçi göndermişti. Tutankhamon'un dul eşi, "hizmetkarlar"ından biriyle evlenmek zorunda kalmamak için Hitit Büyük Kralı'nın oğullarından birini kendisine eş olarak almayı önermektedir. Öneri karşısında şaşkınlığa kapılmış olan Şuppiluliuma firavunun dul karısından mektup için onay rica etmiştir. Karkamış'ı alıp Fırat'ın doğusunda Mitanni hükümdarlığını ortadan kaldıran Şuppiluliuma, Anadolu'da kışı geçirdikten sonra istediği onay eline geçmiştir. Hitit kralının güvensizliğine içerleyen Tutankhamon'un dul eşi, bir Hitit prensiyle evlilik isteğini yinelemiştir. O döneme kadar olan Hitit-Mısır ilişkilerininin arşivlere bakılıp incelenmesinden sonra Şuppiluliuma öneriyle ilgilenmiş ve oğullarından birini Mısır'a yollamıştır. Ancak prensin yaşamını yitirmesi nedeniyle bu evlilik gerçekleşememiştir. Bu ölümün ne zaman ve nasıl olduğu şimdiye dek anlaşılamamıştır. Ancak, söz konusu ölüm, Şuppiluliuma'ya yeni Mısır firavunu Eye'ye bir mektupla savaş çağırısında bulunma bahanesi olmuştur. Şuppiluliuma yeni firavunu oğlunun ölümünden sorumlu kılmıştır. Sonraki dönemde Hititler ile Mısırlılar arasında savaş çıkmamış olsa da, bundan böyle her iki gücün arasında düşmanca bir ilişki hüküm sürmüştür. Bu düşmanlık ancak III. Hattuşili ile II. Ramses arasında bir barış anlaşması yoluyla resmi olarak giderilebilmiştir.

Büyük Kral olarak Şuppiluliuma'nın, kültle ilgili görevleri gibi Anadolu'da bulunmasını gerektiren bir dizi görevi vardı. Kuzey Suriye üzerindeki Hitit denetimini güvencede tutmak amacıyla orada bizzat bulunamıyordu, bu nedenle de bir dizi önlem alması gerekti. Fırat boyunda en önemli kale olan Karkamış'a, bölgedeki halkın konuştuğu dilde, yani Hurrice Şarri-Kuşuh adını taşıyan oğlu Piyaşşili'yi oturttu. Piyaşşili'nin Hurrice adı gibi önemli bir görevi de bulunmaktaydı. İltica etmiş olan Mitanni prensi Şattivaza ile birlikte, başkent Vaşşukkanni çevresinde yer alan Mitanni'nin çekirdek bölgesini de ele geçireceklerdi. Şattivaza Hititler'in yardımıyla, babası Tuşratta'nın yasal varisi olarak tahta çıkabilecekti. Şuppiluliuma, Tuşratta'ya bağımsız bir kral ile Hitit Büyük Kralı'na bağlı yerel bir kral arası bir statü vermişti; bir Hitit vasal krallığının hükümdarı olmuştu. Şuppiluliuma'nın kızlarından birini de eş olarak almıştı. Tuşratta'nın eşi olan prensesin görevlerinden biri de kuşkusuz Mitanni/Hanigalbat ülkesinde meydana gelen önemli haberleri Hitit Büyük Kralı'na düzenli olarak aktarmaktı. Suriye ile ilgili kararlarda Şuppiluliuma uzun zamandan beri uygulanan bir geleneği sürdürmekteydi. Hitit hanedanından kişiler Büyük Kral'a bağlı olarak daha az önemli alanlarda görevlendiriliyorlardı. Karkamış kralı Piyaşşili babası Şuppiluliuma tarafından Hitit hiyerarşisinde ve Suriye'de özel bir yere getirilmişti. Hem Fırat'ın batısında Kuzey Suriye'deki toprakları denetleyecek, hem de Şattivaza'nın Yukarı Mezopotamya yerel krallığını gözetim altında bulunduracaktı. Karkamış'ta olduğu gibi, Şuppiluliuma zamanında Halab'da da yerel bir hanedanlık bulunmadığı için, Şuppiluliuma buraya oğlu Telipinu'yu yollamıştı. Telipinu Kizzuvatna ülkesinde Hava Tanrısı Teşub'un ve Teşub'un karısı Hepat ile oğlu Şarruma'nın rahibi olarak yetiştirilmişti. Bu özelliği nedeniyle, Hava Tanrısı'nın Suriye'deki en önemli kült merkezinde, Hitit hükümdarlığını temsil etmeye kuşkusuz hak kazanmıştı. I. Şuppiluliuma zamanında son derece önemli askeri-politik görevlerle tanışık olan Karkamış, Piyaşşili/Şarri-Kuşuh'un ardılları zamanında, Hitit egemenliğindeki Suriye'nin yönetim merkezi olma gelişimini göstermişti. Şehrin yerel halkının bir kısmının sürülmesinden sonra Karkamış, etnik yönden de güçlü bir Hitit özelliği gösteren bir şehre dönüşmüştü. Karkamış'ın bağımsızlığı, Anadolu'daki sürtüşmelerin Hitit Büyük Kralı'nı Suriye'ye şahsen müdahaleden geri bırakması nedeniyle artmaktaydı. Sonunda Piyaşşili'nin ardıllarından Talmi-Teşub, II. Şuppiluliuma'yla formel bir anlaşma da yaptı. Bu tür anlaşmalar I. Şuppiluliuma'dan bu yana bir dizi Suriye yerel kralıyla yapılmaktaydı. Söz konusu anlaşmaların yapıldığı yerel krallıklar arasında, Suriye kıyılarında deniz ticaretindeki konumları ve Mısır firavunuyla ilişkileri yüzünden Büyük Kral'ın özel olarak dikkatini yönelttiği Ugarit ve Amurru da bulunmaktaydı. Güney Suriye ve Filistin'de kesin Mısır egemenliğine karşın, Suriye'deki Hitit toprakları Hitit devletinin bölünmez bir parçası değillerdi. Burada coğrafi bazı özelliklerin rol oynadığı da göz ardı edilmemelidir. Yine de Suriye'de birkaç başarılı askeri harekat yardımıyla Hitit krallığı, Mısır firavunları ve Assur ve Babil krallarıyla aynı kefeye konulabilecek bir imparatorluğa dönüşmüştü.

> II. Murşili : İmparatoluğun Korunması Uğruna Verilen Savaş

I. Şuppiluliuma yönetimde kaldığı son yıllarını, hanedanın Anadolu'daki konumunu savunmakla geçirmiştir. Özellikle kuzeyde yaşayan ve sürekli huzursuzluk yaratan Kaşkalar, Büyük Kral'ın uzun süre Suriye'de bulunmasını fırsat bilip, Hitit topraklarına saldırılar düzenlemişlerdi. Bunun dışında, bambaşka bir olgu da imparatorluğa sorun yaratıyordu: Olasılıkla veba olan bir salgın hastalık.[18] Suriye'den Anadolu'ya taşınmıştı, aralarında saray halkının da bulunduğu birçok kurban almaktaydı. II. Murşili'nin [Res. 3 a, b] "veba duaları"[19] ve bu konu ile ilgili fal sorularından anlaşıldığına göre, söz konusu salgın Şuppiluliuma'nın tahta çıkmak için pervasızca her yolu denemiş olmasına bağlanmaktadır. Öç almak için tanrılar bir salgın hastalıkla hem Şuppiluliuma'yı, hem de kısa süre tahtta kalan oğlu II. Arnuvanda'yı öldürmüşlerdir. Hitit İmparatorluğu, çevredeki düşman ülkelerin komplolarına kurban olmamayı, önemli "Aşağı Ülkeler" in valisi Hannutti ve Karkamış kralı Piyaşşili'ye borçluydu. O yıllarda Murşili'nin ardılı Arnuvanda henüz çok gençti ve deneyimi de o ölçüde azdı. Özellikle Suriye'de, salgın hastalık ve iki Hitit Büyük Kralı'nın art arda gelen ölümleri yeniden huzursuzluk yaratmıştı. Yazdırdığı yıllıklarına göre[20] Murşili, varılan kritik durumu, Şuppiluliuma'nın uzun süre Anadolu'da bulunmadığından, Arinna'nın Güneş Tanrıçası için düzenli aralıklarla yapılan bayramları layığıyla kutlamadığına bağlıyordu. Murşili eksik olan kült törenlerini yerine getirmiş ve tanrıçaya kendisini düşmanlarına karşı koruması için yakarmıştı.

Kendinden önceki hükümdarlar gibi Murşili de askeri birlikleriyle Toroslar'ı aşmadan önce, dikkatini Anadolu'da Hitit hakimiyetini sağlamlaştırmaya yöneltmişti. Bu girişim Kaşkalar'a karşı harekat anlamını taşıyordu, ancak Kaşkalar'ın farklı boylar halinde dağınık yaşamı ve zorluk çıkaran konumdaki topraklar nedeniyle, birden fazla askeri harekata gereksinim vardı. Murşili'ye göre, Anadolu'nun en kuzeydoğusunda yerleşmiş olan ve Büyük Kral'a bağlı bazı yöneticilerin sığınmış olduğu Azzi-Hayaşa adlı yerel krallığın saldırgan tutumu da bazı müdahaleleri gerektiyordu. Azzi-Hayaşa'nın şehirlerinin temsilcileri olan yaşlılarının söz vermesi ve Hitit mültecilerinin geri verilmesinden sonra, Azzi-Hayaşa sorunu da düzene girmişti. Hattuşa'daki taht değişimi yerel krallara yeminlerini unutturup, onlara Ege'deki Ahhiyava ülkesine yaklaşma cesareti verdiğinden, Hititler'in Anadolu'nun batısı ve güneybatısı (Arzava) üzerinde öne sürdükleri hakkı da yeniden elde etmeleri gerekmekteydi. Ahhiyava, Batı Anadolu ve burada yaşayan, genelde Luvice konuşan halk topluluğu[21] üzerinde nüfuz sahibi olabilme konusunda, Hititler'le rekabet halindeydi.

Murşili'nin, Anadolu'nun kuzeyinde ve batısındaki bu girişimleri, Hitit çekirdek ülkesinde vebanın hüküm sürdüğü ve giderek artan Assur etkisiyle Suriye'de huzursuzluklar yaşandığı bir döneme rastlamıştı. Bu arada Assur, Yukarı Mezopotamya'nın batısında Yukarı Belih Bölgesi'ne ve onu sınırlayan Karkamış'a kadar etki alanını genişletmişti. Ayrıca Mısır firavunu Haremhab Orta Suriye'de aktifdi; önemli bir stratejik konuma sahip, Bika Ovası'na açılan Lübnan ve Antilübnan arasında, Orta Asi kenarında bir şehir olan Kadeş (Kidşu, Kinza) konu olarak yine gündemdeydi. Bir Hitit birliğinin gelmesi ve Karkamış kralının müdahalesiyle durum biraz sakinleşti, ancak Büyük Kral'ın 9. hükümdarlık yılında Karkamış'ı yöneten Murşili'nin erkek kardeşi Piyaşşili/Şarri-Kuşuh, Kizzuvatna ülkesinde, birlikte bir kült törenine katıldıkları sırada öldü. Suriye'de yeniden huzursuzluk baş göstermişti. Büyük Kral'ın şahsen Suriye'ye gitmesi gerekti. Bu sırada Assur kralı I. Adad-nirari Doğu Fırat'ta Hitit denetimindeki topraklara saldırı düzenlemeyi fırsat bilmişti. Bu nedenle, Murşili'nin ordusunun başına geçerek Karkamış'a gelmesi, sonra da nehir boyunca aşağı doğru ilerleyerek Aştata ülkesiyle, ülkenin merkezi Emar'a varması, orada bir kale yaptırması ve garnizon kurması rastlantı olmasa gerektir. Şarri-Kuşuh/Piyaşşili'nin oğullarından Şahurunuva'yı ardıl olarak Karkamış tahtına oturtmuş ve böylece Karkamış ülkesini düzene sokmuştur. Murşili, Halab'da Telipinu'nun ölmesiyle boşalan yere oğlu Talmi-Şarruma'yı yerel rahip-kral olarak atamış ve bir anlaşmayla kral unvanını onaylamıştır. Hitit topraklarındaki Suriye yerel krallıkları Ugarit ve Amurru'yla olan ilişkiler de yeniden düzenlenmiştir. Ugarit kralı Nikmepa'ya, sınır düzenlenmesiyle ilgili bir anlaşma verilmiştir: Ugarit'i güneyde sınırlayan Siyannu ülkesi Karkamış'ın doğrudan denetiminde bir yerel krallık haline getirilmiştir. Ugarit'in kuzeyinde, Asi nehrinin ağzında yer alan Mukiş ülkesi de Karkamış'a bağlandığından, Anadolu'nun güneyindeki Ura'ya ulaştırılan Suriye mallarının da gemilere yüklendiği, Hititler açısından büyük önem taşıyan liman şehri Ugarit, Karkamış kralına bağlı topraklarla çevrelenmişti. Mısır topraklarına karşı bir sınır ülkesi olan, Lübnan ile Antilübnan arasındaki önemli ticaret yollarının Akdeniz'e ulaştığı noktada bulunan Amurru'nun yeni yerel kralı Duppi-Teşup da, bir anlaşmayla Büyük Kral'ın yönetimine girmişti. Kendisinin de babası Aziru gibi Büyük Kral'a vergi ödemek zorunda olmasına rağmen, aynı vergiyi Mısır'a yollamasının yasaklanması ilginç bir noktadır. Oysa, Duppi-Teşup'un babası Aziru "iki efendinin hizmetkarı" olarak kendini kanıtlamıştır. II. Murşili'nin 9. hükümdarlık yılında, Kuzey Suriye yeniden Büyük Hitit Kralı'nın sıkı denetimi altına girmişti. Tarım, ticaret ve özel bir zanaat olan erguvani boya üretimi (Purpur) yoluyla bölgeden elde edilen gelir, Hattuşa başkentinin ve önemli kült merkezlerinin imarına ve bakımına büyük maddi katkı sağlamış olmalıdır.

> II. Muvattalli ve Kadeş Savaşı

Anlaşıldığına göre, prens Muvattalli **(Res. 4)** babası Murşili'nin ardılı olarak fazla zorluk çekmeden tahta geçmiştir; Muvattalli yirmi yıldan fazla Büyük Kral olarak hüküm sürmüştür. Muvattalli'nin küçük kardeşi Hattuşili'yle olan iyi ilişkilerinden, sonraları II. Ramses bir mektubunda söz edecektir. Gerçekten de Hattuşili askeri birliklerin başı, saray memuru, kuzey sınırının sürekli huzursuz bölgelerinde ve Hattuşa'da vali olarak, yeni hükümdara birçok alanda hizmet vermiştir. Böylece imparatorluğun en güçlü ikinci adamı olarak Hattuşili'nin yükselişi başlamıştır. Hattuşili'ye bir iftira sonucu açılan mahkeme araştırmasında, hiçbir kanıt bulunamamıştır. II. Murşili'nin genç dulu Büyük Kraliçe Danuhepa ile Hattuşili arasında ise bazı sorunlar yaşanmıştır. Muvattalli Danuhepa'yı saraydan sürmüştür, ancak Danuhepa III. Murşili zamanında politikaya geri dönmüştür. II. Muvattalli'nin hükümdarlığı hakkında Hattuşa'dan elde edilen yazılı belgeler, diğer Büyük Krallar'dan kalanlar kadar geniş kapsamlı değildir. Ancak Muvattalli'nin sarayını Hattuşa'dan Tarhuntaşşa'ya taşımış olması nedeniyle, Muvattalli'nin yönetiminden kalma yazılı metinlerin Tarhuntaşşa'da bulunma olasılığını göz ardı etmemek gerekir. Tarhuntaşşa kentinin kesin yeri henüz belli olmamakla birlikte, Tarhuntaşşa ülkesinin Kilikya kıyılarına dek uzandığı düşünülmektedir. Muvattalli'nin tüm tanrı heykelleriyle, atalarının heykellerini de kapsayan bu taşınmayı gerçekleştirmesinin nedeni, ancak tahmin olarak kalabilir: Tarhuntaşşa, bir yandan Kaşkalar tarafından tehdit edilen bölgenin dışında kalırken, öte yandan da Ura limanından Anadolu'nun içlerine ulaşan önemli bir güzergah üzerinde, denize yakın bir konumda bulunmaktaydı. Dinsel ve kültle ilgili bir amaçla da Büyük Kral'ın sarayını Tarhuntaşşa'ya taşıdığı düşünülebilir.[22]

Başkentin taşınmasından önce de Kaşkalar Hitit topraklarına yeniden saldırmaya başlamışlardı; ayrıca Anadolu ile Yukarı Mezopotamya arasındaki önemli bir bağlantı yolunu tehdit ediyorlardı. Söz konusu saldırılar Hattuşili'nin askeri birliklerin kumandanı olarak kendini kanıtlaması için bir fırsat yaratmıştı. Kaşkalar Yukarı Fırat'ta yenilerek geri püskürtüldüler. Hattuşili yinelenen bir Kaşka saldırısını da başarıyla savuşturdu. Muvattalli bölgeye bizzat gelerek, Anziliya ve Tapikka'da (bügünkü Maşat Höyük) birer kale yaptırdı. Batı Anadolu'da, Hitit metinlerinde rekabet içerisinde olan krallıklar için kullanılan genel terim olan "Arzava ülkesi"nde, Muvattalli, bir de boyun eğme antlaşması yaptığı Vilusa'lı Alaksandu[23] adlı bir kraldan destek görmüştür. Antlaşma çerçevesinde Alaksandu'nun desteğinin talep edildiği krallık karşıtları arasında Mısır firavunları, Babil, Yukarı Mezopotamya'daki Hanigalbat ve Assur krallarının adları geçmektedir. Adı geçen krallıklar Ön Asya'da dönemin tüm önemli krallıklarını kapsamaktadır. Muvattalli zamanında Orta Suriye'deki Amurru nedeniyle, Hititler'in anlaşmazlığa düştüğü ülke Mısır'dı. Bu anlaşmazlık Kadeş Savaşı ile doruk noktasına ulaşmıştır.

Günümüzde Abydos, Luksor, Abu Simbel'in duvarları ve Ramesseum'un pylonlarının üzerindeki kabartmalarda, Yakındoğu'nun geçmişinde en ünlü savaşlardan birinin betimlerini görürüz **(Res. 5)**. Kabartmalara, Ramses'in Hitit kralı Muvattalli'yi yenerek elde ettiği büyük utkunun kutlandığı hiyeroglif metinler eşlik etmektedir. Kabartmalarda, Ramses'in kendi savaş arabasından bizzat yönettiği, Muvattalli emrindeki Ön Asya yerel krallarından oluşan, kaçarken gösterilen birliğe yönlendirdiği bir saldırı betimlenmektedir.[24] Firavunun çok iyi hazırlanarak şahsen savaş alanında bulunmasına rağmen, Hititler savaştan kazançlı çıkmış ve savaşın esas galibi olmuşlardır: Hititler ve Mısır arasında sorun haline gelen Amurru yeniden Hitit yönetimi altına girmiş, ayrılıkçı yerel kral Benteşina ise Anadolu'ya sürülmüştür. Kadeş Kalesi Hitit denetiminde kalmıştır. Mısır'ın Suriye kıyılarında sonradan gerçekleştirdiği çeşitli askeri harekat da durumu değiştirememiştir. Mısır'ın Hititler yönetimindeki Suriye'ye girmesi önlenmiş olmakla birlikte, Fırat kıyılarındaki sınırın durumu yeniden bozulmuştur. Assurlular Yukarı Mezopotamya'daki etki alanlarını genişletince, Hititler'in Toroslar'ın ötesinde uğraş vermesi gereken yeni rakipleri, bu kez Fırat boylarında sahneye çıkmıştır. Olasılıkla Assurlular'ın eski Hitit tampon bölgesindeki Mitanni/Hanigalbat'a karşı yürüttükleri başarılı savaşlar, Hitit Büyük Kralı'nın Mısır'a politik açıdan yaklaşmasına neden olmuştur. II. Ramses tarafından uzun yıllar yönetilen Mısır'ın Hititler ile barış yapması, ancak II. Muvattalli'nin ikinci ardılı ve kardeşi Hattuşili zamanında gerçekleşebilmiştir.

> III. Murşili/Urhi-Teşub – Bir Ara Dönem?

Büyük Kral Muvattalli öldüğünde, eski bir kurala uyulmuş ve imparatorluğun en güçlü adamı olan kardeşi Hattuşili'nin yerine, ikinci kadınlardan birinden olan oğlu tahta geçmiştir. Muvattalli'nin oğlunu daha sağlığında yönetimde görevlendirdiği bir mühür baskısından (= Bulla) anlaşılmaktadır. Söz konusu Bulla, baba ve oğlun mühürlerini birlikte taşımaktadır. Başa geçip Büyük Kral olduğunda mühürlerinde de Murşili (III) adını kullanmış olmasına rağmen **(Res. 6)**, sonraları kendisini tahttan uzaklaştıran amcası Hattuşili, yeğeninden sürekli Hurrice adı olan Urhi – Teşub olarak bahsetmiştir. Hattuşili'nin yeğenine karşı takındığı bu çelişkili tutum, III. Murşili'nin Hitit yazılı tarihinde de kötülenmesine neden olmuştur; ancak ününden daha başarılı olduğunu biliyoruz.[25] III. Murşili hakkında bazı belgelerin azlığı ve hükümdarlığı sırasında gelişen politik olaylarla ilgili kayıtların hiç bulunma-

ması, ardılı III. Hattuşili tarafından yürütülmüş bir ad karalama girişimine (damnatio memoriae) bağlanabilir. Ugarit'te de III. Murşili'nin Büyük Krallığı döneminde gerçekleştirdikleri ile ilgili belgeler gün ışığına çıkarılmıştır. Boğazköy/Hattuşa'da kazı çalışmalarında III. Murşili'ye ait şaşırtıcı derecede çok miktarda mühür baskısına rastlanmıştır.
III. Murşili, başkenti, Tarhuntaşşa'dan, yeniden Hattuşili'nin görev bölgesi olan Hattuşa'ya taşımıştır. Hattuşili sonraları kaleme aldırdığı apolojisinde (= savunma) tüm Hitit çekirdek bölgesini kendiliğinden yeğenine teslim edip, Hakpişşa/Hakmiş krallığıyla yetindiğini vurgulamaktadır. Anlaşıldığı kadarıyla, bir süre Büyük Kral ve amcası arasında ciddi bir sorun yaşanmamıştır; Mısır ve Assur'da da Urhi Teşub/III. Murşili onay görmüştür. Kadeş Savaşı'ndan sonra Büyük Kral'a ihanet etmesi nedeniyle Hattuşa'ya sığınan Amurru kralı Benteşina, olasılıkla III. Murşili devrinde Orta Suriye'deki görevine geri verilmiş; bu durum da III. Hattuşili tarafından bir belgeyle onaylanmıştır.[26] Benteşina'nın oğlu Şauşgamuva önceden Hattuşili'nin kızlarından biriyle evlendiği için, Amurru'nun, Suriye'nin Hititler'e ait topraklarına dahil olması hanedanlar arası evlilik yoluyla da güvence altına alınmıştır. Söz konusu olaylar, belli bir süre için Büyük Kral'la imparatorluğun ikinci adamı Hattuşili arasında bir uzlaşmanın bulunduğunu göstermektedir.

Zamanla, Urhi Teşub/III. Murşili ile Hattuşili'nin arası bozulmuştur. Hattuşili bu durumu, tanrıların karar verdiği bir "hak sorunu" olarak göstermiştir. Uzmanlar tarafından çoğunlukla apoloji (= savunma) olarak adlandırılan[27] ve içeriğinde oğlu Tuthaliya'nın tahta çıkışının hazırlıklarının yapıldığı[28] kapsamlı bir belgede, Hattuşili sözü edilen olaylar hakkında bilgi vermektedir. Kuşkusuz bu belge ile Hattuşili kendisini hem tanrılara karşı haklı çıkarmak istemiş, hem de Hattuşa'daki sürgün Büyük Kral'ın taraftarları ile diplomatik ilişkiler içinde olduğu devrin diğer önemli devletlerinden Mısır, Assur ve Babil hükümdarlarıyla da arasını düzeltmek istemiştir. Urhi Teşub yakalanarak önce Kuzey Suriye'deki Nuhaşşe'ye, oradan da "deniz kıyısında aşağılarda bir yere" sürülmüştür. Tahttan devrilen Büyük Kral, Hattuşili ile II. Ramses arasında yapılan ünlü barış antlaşmasının hazırlanma aşamasında, hanedanlar arası yazışmalarda önemli bir rol oynamıştır. Devrilmesinden sonra Urhi-Teşub'un Suriye'de bazı hükümranlık haklarına sahip olduğu da varsayılabilir. "Urhi-Teşub olayı" ancak Hattuşili'nin ardılı IV. Tuthaliya zamanında tümüyle kapanmıştır. Uygun bir fal sonucundan sonra, Urhi-Teşub'un oğulları Kuzey Suriye'de Niya ülkesini pay olarak almışlardır.

> Hattuşili ve Mısır ile Barış Antlaşması

II. Murşili'nin oğlu Hattuşili **(Res. 7 a, b)** tahta çıktığında pek de genç değildi, buna karşın savaş ve politikada deneyime sahipti. II. Muvattalli ve III. Murşili zamanında kendisini en güçlü adam konumuna ulaştıran Hattuşili, kariyerini daha çocukluğundan beri hizmetinde bulunduğu tanrıça İştar'ın, yazgısını iyi niyetle yönlendirmesine bağlıyordu. Yasal biçimde tahta geçmediğinin bilincinde olduğu için, Hattuşili, kültsel ve diplomatik görevlerine çok sıkı bir şekilde bağlıydı. Kült görevlerinde, zeki ve politikayla yakından ilgili olan eşi Büyük Kraliçe Puduhepa kendisine yardımcı oluyordu. Puduhepa birkaç erkek çocuk dünyaya getirmişti ve Hattuşili'nin anlattığına göre, kendisine sevgiyle bağlıydı. Metinlerde anlatılanların yanı sıra, kabartmalarda da birlikte katıldıkları kült törenleri betimlenmiştir; ayrıca Mısır sarayıyla sürdürülen yazışmalarda Puduhepa önemli bir rol oynamıştı.

III. Hattuşili'nin Mısır'la anlaşarak barış yapmasında, Orta Assur İmparatorluğu'nun Suriye'ye doğru yayılmasının etken olduğu da düşünülebilir. Bölgede II. Muvattalli döneminden ve Kadeş Savaşı'ndan bu yana firavun II. Ramses hüküm sürmekteydi. Hattuşili bilinçli olarak Assur ve Babil hükümdarları ile olduğu gibi, II. Ramses'le de hükümdarlar arasında olağan karşılanan alışılmış ilişkileri sürdürmüştü. Hattuşili, söz konusu hükümdarlara ve firavuna elçiler yollamış, armağan alışverişinde bulunmuş ve böylece hükümdarlığının yasal olduğunun altını çizmişti. Artık, I. Şuppiluliuma'dan bu yana kemikleşmiş bir şekilde süregelen savaş durumunu sona erdirip, Mısır ile barış yapma zamanıydı. Devletler arası ünlü antlaşmaya, Babil-Assur dilinde yapılan ve her iki tarafın da kardeşçe ilişkiler içinde bulunmaları nedeniyle duydukları memnuniyeti vurguladıkları, antlaşma nedeniyle birbirlerine verecekleri armağanlardan söz ettikleri bir yazışma eşlik etmektedir. Yazışmanın Hititçe taslakları da bulunmaktadır. Eşitlik şartlarına dayanan antlaşma gümüş bir tablet üzerine kakılmıştır ve orijinal haliyle günümüze ulaşmamıştır. Antlaşma günümüzde Hattuşa'da gün ışığına çıkarılan, Babilce-Assurca (Akkadca) olarak hazırlanan kil tabletler yoluyla bilinmektedir. Ayrıca Mısır-Karnak'taki Ramesseum'daki steller üzerinde, Mısır hiyeroglifiyle kaleme alınmış kopyaları görülmektedir. Antlaşma kesin şekliyle günümüze ulaşan ilk uluslararası barış antlaşması olma özelliğini taşımaktadır.[29] Kadeş antlaşmasıyla, Mısır ve Hatti arasındaki eski dostluğu tazelemek, hükümdarlar arası barış ve iyi kardeşliği "sonsuz kılmak" amacı güdülmüştür. Antlaşmada ayrıca bir saldırmazlık sözü de bulunmaktadır, böylece her iki taraf da dış ve iç düşmanlara karşı birbirini kollayacak ve Mısır firavunu, Hattuşili'nin oğullarının taht verasetlerini garanti altına alacaktır. Hattuşili'nin söz konusu isteği kendisinin bu konudaki olumsuz deneyimleriyle ilgilidir. Ancak Hattuşili'den, Mısır taht verasetini kollamak türünde bir teminat alınması gerekli görülmemiştir. Antlaşmada Mısır'lı ve Hitit'li, hem üst derecede hem de adi mültecilerin iadesiyle, afları da kararlaştırılmıştır. Antlaşma, yemin tanrılarından oluşan bir liste ile kararları kollayan tarafın kutsanması ve antlaşmayı bozan tarafın lanetlenme formülüyle son bulmaktadır. Gümüş tabletin önüne ve arkasına basılan mühürlerin tanımlanması da ilginçtir: Mühürlerde Hattuşili ve Puduhepa'nın betimleri yer alır. Bu betimlemede kralla kraliçenin koruyucu tanrıları olan Hava Tanrısı'nın ve Arinna'nın Güneş Tanrıçası'nın her ikisini de kucaklama sahnesi görülmektedir. Yazılıkaya kabartmalarında ve mühürlerde betimlenen söz konusu koruma sahnesi, yazıtlarda da aktarılan, tanrıların "elinden tutması" deyimine eş düşmektedir. Hattuşili'nin eşi Puduhepa'nın da antlaşmaya katılmış olması dikkate değer bir noktadır. "Sonsuza dek" sürmesi istenen bu kardeşlik için hanedanlar arası bir bağın kurulması gerekliydi; prensesin çeyizinden damat evine teslimine kadar tüm detaylar yazışmalarla ayarlanarak yerine getirildikten ve barıştan ancak on üç yıl sonra söz konusu bağ kurulabildi.[30] Ramses'in 34. hükümdarlık yılında, Hitit Büyük Kralı'nın en büyük kızının firavunla evliliği gerçekleşebildi; Ramses, Hitit prensesiyle evlendiği sırada artık genç sayılmazdı. Yukarı Mısır'daki Abu Simbel Tapınağı'ndaki "evlilik steli"nde, Hattuşili'nin, kızını firavun Ramses'e verme sahnesi betimlenmiştir **(Res. 8)**.[31] Aslında Ramses'in Hitit tahtının olası bir varisi durumuna geldiği de düşünülebilir.

Mısır firavunuyla yapılan barış antlaşması ve sonradan kurulan hanedanlar arası bağ, Büyük Kral olarak Hattuşili'nin hükümdarlık devrinde ulaştığı zirvedir. Söz konusu başarılar, Hattuşili'nin Ön Asya'daki rakipleri Assur ve Babil ile Ege'deki rakibi Ahhiyava karşısında konumunu pekiştirmesine yaramıştır. Bir dizi beylik ve yerel krallık şeklinde düzenlenmiş olan ve ağırlıklı olarak Luvice konuşulan Batı Anadolu, burada sürekli bir şekilde bir Hitit ordusunun hazır bulunmasını gerektiriyordu. Hitit Büyük Kral'ı, Ahhiyava'nın Batı Anadolu üzerindeki etkisini geri tepme başarısını da gösterdi. Muvattali'nin oğullarından Kurunta'nın Tarhuntaşşa'ya kral olarak atanması, Batı Anadolu'nun daha iyi denetlenebilir hale gelmesini sağladı. Suriye'deki Hitit topraklarının yönetimi son derece etkin bir kral olan Karkamış kralı Ini-Teşub'a verilmişti. Günümüze ulaşan yazışmalardan Hattuşili'nin kendisini özellikle Assur ve Babil ilişkilerine adadığı anlaşılmaktadır. Assurlular'ın Yukarı Mezopotamya'da gösterdikleri askeri başarılar, Babil'le yapılan işbirliğinin asıl nedenini yansıtmaktadırlar. Babil'deki iç çatışmalarda yardımcı olabilmek için Hitit hükümdarının bir askeri harekata da hazırlandığı anlaşılmaktadır. Ancak bu girişim, Babilliler'in kendi iç işlerine karışılması şeklinde algılanmıştır. Buna rağmen Babil'le hanedanlar arası bir bağ da kurulabilmiştir. Hitit metinlerinde sarayda bir "Babilli kız"ın bulunduğundan da söz edilmektedir.

> IV. Tuthaliya ve Tunç Tablet Üzerindeki Antlaşma

Kurallara uygun olmaksızın tahta çıkmış olmasına rağmen, Hattuşili önemli politik başarılar ve uluslararası takdir kazanmıştı; ancak Hattuşa'da tahtına çıkacak ardılla ilgili düzenlemeyi yapmak da kendisi için önemliydi. Önceden seçilen varisten vazgeçilmiş ve yerine Hattuşili'ninkine benzeyen bir mesleki çizgi için yönlendirilen prens Tuthaliya seçilmişti [Res. 10, 11]. Belki de Tuthaliya sonraları bu nedenle ülkenin kült yerleri, kült yerlerinin düzenlenmesi ve düzenlerinin korunması için çaba göstermişti. Tahta çıktıktan sonra Tuthaliya yerel krallık Tarhuntaşşa ile olan ilişkilere özellikle yönelmişti. Hattuşa'da Yukarı Şehir'de bulunan 30 x 23,5 cm boyutlarındaki bir tunç tablette, söz konusu ilişkilerle ilgili bir antlaşma metni yer alır. Antlaşma IV. Tuthaliya ile Tarhuntaşşa yerel kralı Kurunta arasında yapılmıştır; metnin son derece özenli olarak kazınmış ve antlaşma taraflarının mühürleriyle de onaylanmıştır. Antlaşmada Tarhuntaşşa ülkesinin sınırları yeniden çizilmiş ve II. Muvatalli'nin oğlu olarak hanedandan gelen krala, imparatorluk hiyerarşisi içinde Karkamış kralı ile aynı düzeyde bir yer verilmiştir.[32] Böylece Karkamış ve Tarhuntaşşa Hitit İmparatorluğu içerisinde eşit haklara sahip ülkeler haline gelmişlerdir.

Tuthaliya dönemine tarihlenen çok sayıda belge arasında, önemli bir Orta Suriye ülkesi olan Amurru'nun kralı ile yapılan anlaşma türünde belgeler, ya da Hitit Büyük Kralı açısından da Toroslar'ın ötesinde önemli bir yere sahip olan Ugarit ile Amurru arasına gerginlik sokan bir boşanma olayı üzerine yazılan genelge türünde belgeler günümüze ulaşmıştır. Bu tür belgelerin dışında, "batıya yönelik politika" yürüten Assur kralları I. Salmanassar ve I. Tukulti-Ninurta ile yapılan yazışmaları da günümüze dek korunagelmiş belgeler arasındadır. Assur krallarının yürüttükleri söz konusu batı politikası, I. Şuppiluliuma zamanında kurulmuş olan Hanigalbat yerel krallığının kralını "iki efendi" arasında büyük sıkıntıya sokmuş ve Assur askeri birlikleriyle Hititler açısından oldukça başarısız bir çatışma yaşanmasına neden olmuştur.[33] IV. Tuthaliya Hattuşa'da ve başka yerlerde tapınaklarla kültlerin denetlenmesini istemiş ve özellikle Nerik'in Hava Tanrısı onuruna verilen şölenlerle yakından ilgilenmiştir. Hattuşa'da bulunan bir mühür baskısında kral Kurunta hem Büyük Kral hem de Labarna olarak tanımlanmıştır. O döneme dek yalnızca Hattuşa'da oturan krallar bu biçimde adlandırılırdı. Bu nedenle adı geçen mühür baskısı bilimsel tartışmalarda farklı değerlendirmelere neden olmaktadır. Bir darbe olduğu görüşü kabul edilmese bile, Hitit imparatorluğunda politik durumun giderek karmaşıklaştığı açıktır. Tuthaliya'nın oğlu III. Arnuvanda'nın kısa süren hükümdarlık devrinde huzursuzluklar olduğu bildirilmektedir. III. Arnuvanda daha sonraları tahta varis bırakmadan ölmüştür. Bu kez de tahta IV. Tuthaliya'nın başka bir oğlu geçmiştir. Yeni Büyük Kral, Hitit krallığını imparatorluk haline getiren kralla aynı adı taşımaktaydı: Şuppiluliuma. Ancak II. Şuppiluliuma'nın hükümdarlığı ile imparatorluğun da sonu gelmiştir.

> II. Şuppiluliuma ve Hitit İmpartorluğu'nun Sonu

Hitit İmparatorluğu'nun bilinen son hükümdarı II. Şuppiluliuma, baş gösteren yiyecek sıkıntısıyla daha da gerginleşen duruma rağmen[34] bazı askeri başarılar göstermiştir. Hattuşa'da, bugün Güney Kale olarak adlandırılan kesimdeki bir yazıtta,[35] II. Şuppiluliuma'nın askeri birliklerinin Orta ve Güneybatı Anadolu'da başarıyla savaştığından, Tarhuntaşşa'da da hükümdarın yeniden otorite kurduğundan söz edilir. Çiviyazılı belgeler, Karkamış kralı ve doğrudan Büyük Kral tarafından denetlenen Alaşiya (Kıbrıs) ülkesiyle antlaşma yapıldığına dikkat çeker [Res. 9]. Alaşiya kralının Ugarit kralına yolladığı bir mektupta, "gemilerde yaşayan" Şikila halkının saldırıları konusunda kral uyarılmaktadır. III. Ramses sözü geçen halk grubundan, gemileriyle Suriye kıyılarında gözüken ve bir dizi yerleşmeye saldırılar düzenleyen "deniz kavimleri" olarak bahseder.[36] Ege tarafından kara yoluyla Suriye'ye dek ulaştıkları söylenen başka kavimler de, Güney Anadolu'dan geçmiş olmalıdırlar. Arkeolojik buluntular yoluyla kıyıdaki değişik yerlerde tahribat izlerine rastlanmış olmasına rağmen, Hitit yazılı kaynakları bu konuda kesin bilgi vermemektedir.

Hitit İmparatorluğu'nun MÖ 1200'den kısa bir süre sonra yıkılma nedeni hâlâ tam olarak anlaşılamamıştır. İmparatorluğun yıkılmasına etken nedenler olasılıkla birden fazladır. Yapılan yeni araştırmalar da (Bkz. Burada Seeher, S. 156 vdd.), eski Hitit başkenti ve kült şehri Hattuşa'da bulunan yapıların hangi nedenle giderek yıkıntı halini aldığını açıklayamamaktadır. Son Büyük Kral'ın hüküm sürdüğü dönemde, halk içinde husursuzluklar ve Hitit aristokrasisinde giderek çatışmalar baş göstermişti. Hükümdarların, memurlarıyla maiyetinde bulunanları sürekli bağlılık yeminlerine zorlaması, söz konusu sallantı ile ilgili belirtileri doğrular niteliktedir. Yapılan kazılarda, çağdaşı Ugarit'teki durumun aksine, yabancı düşman silahlarına rastlanmamıştır. Kapsamlı saray yaşamı ve kült ödevleri açısından bağımlı olduğu bölgelerin, artık denetim altında bulunmamasından kaynaklanan bir durumla, Hattuşa'nın, imparatorluğun başkenti ve kült merkezi olarak işlevini yitirdiği de akla gelmektedir. Hitit Devleti'nin ayakta olduğu son yıllara tarihlenen yazılı kaynaklar, sefalet içinde olduğu belirtilen Anadolu'ya Suriye ve Mısır'dan büyük miktarlarda tahıl sevk edildiğini kanıtlamaktadır.[37] Kuzey Suriye'de, Ugarit'te bulunan yazılı kaynaklardan, MÖ 13. yüzyılın sonunda, Mısır'a, aslında hiçbir zaman tümüyle terk edilmemiş olan geleneksel bağlılığın yeniden vurgulandığı anlaşılmıştır. Örneğin, Ugarit kralı bir mektup yollayarak, Mısır'dan hükümdarlık ettiği şehirdeki Baal Tapınağı'na koymak üzere, yeni firavun Merneptah'ın bir suretini (resmini/heykelini) rica etmektedir.[38] Suriye'nin liman şehrinde, Mısır firavunu Merneptah'ın adının üzerine kazındığı bir kılıcın bulunduğunu da belirtmek gerekir. Merneptah "yaşamını sürdürebilmesi" için Hatti ülkesine tahıl yolladığı bilinen firavundur. Anadolu'da huzursuzluklar ve Suriye üzerinde Hitit etkisinin azalması da Hitit İmparatorluğu'nun yıkılmasında neden ya da sonuç olarak değerlendirilebilir. Hitit İmparatorluğu'nun sonunu, geniş bir ilişkiler bütününde değerlendirmek daha sağlıklı bir yaklaşımdır. MÖ 1200 dolaylarında, Son Tunç Çağı'nın sonlarında ortaya çıkan bunalım Ön Asya'nın büyük bölümünü kapsamıştır. Aynı dönemde Levant bölgesinin (güneydoğu Akdeniz) içlerini fazla etkilememiş olan, "deniz kavimleri" adı verilen yeni halk gruplarının hareketleri de bunalımın nedeni olarak gösterilir.[39] Bu tür bir bunalımın başlangıcını MÖ 14. ve 13. yüzyıllarda Suriye'de saptamak olasıdır.[40] Büyük aile türünden geleneksel sosyal yapılar giderek önemini yitirmiştir. Ekonomik ve sosyal alanlarda toplumun artan biçimde bireyselleşmesi, toplum dışına itilenlerin yoksullaşması, kaçması ve suç işler hale gelmesiyle sonuçlanmıştır; dolayısıyla ticaret yolları da güvenliklerini yitirmeye başlamışlardır. Tarıma açık araziler giderek azalmış, tarım, nehir vadileri ve kıyı ovaları türü, doğanın iyi şartlar sunduğu arazilerde yoğunlaşmaya başlamıştır; olasılıkla kuru tarım yapılan bölgelerde, kurak geçen yılların artması da sözü edilen gelişime etken olmuştur. Artık tarım yapılmayan tarlalar ve yerleşmeler daha çok hayvancılıkla geçinen gruplarca işgal edilmeye başlanmıştır. Hitit devletinin Anadolu'daki çekirdek bölgesinin de bu gelişmelerden etkilenmemiş olma olasılığı azdır. Ön Asya'nın varsıl bölgelerinin desteği olmaksızın, tanrıların hoşnut edildiği ve Hattiler'in iç birliğini sağlayan eski kült merkezlerini alışılmış biçimde çekip çevirmek de kolay olmasa gerektir. Görüldüğü üzere, Hitit devletinin yıkılması konusunda yanıtlardan ziyade sorular bulunmaktadır. Kesin olan sonuç, Anadolu'daki Hitit devletinin varlığını sürdüremediği ve yirminci yüzyılda yapılan kazılar ve bu kazılarda bulunan yazılı metinler sayesinde yeniden insanlık tarihinin bilinen bir bölümü olana dek, izleyen binyıllarda tümüyle yazılı bellekten silindiğidir.

Dipnotlar

1 Hitit yazılı tarihi problematiği için krşl. Mario Liverani, Memorandum on the Approach to Historiographic Texts, *Orientalia* NS 42, Roma 1973, 178 – 194; Hubert Cancik, *Grundzüge der hethitischen und alttestamentlichen Geschichtsschreibung*, Wiesbaden 1976; Harry A. Hoffner, Jr., History and Historians of the Ancient Near East: The Hittites, *Orientalia* NS 49, Rom 1980, 283 – 332.

2 Krşl. Hans Gustav Güterbock, Die literarische Tradition und ihre literarische Gestaltung bei Babyloniern und Hethitern bis 1200, *Zeitschrift für Assyriologie* 44/NF X, Berlin 1938, 45 – 93.

3 Oliver R. Gurney, The Cuthaean Legend of Naram-Sin, *Anatolian Studies* 5, London 1955, 93 – 113.

4 Krşl. Johann Tischler, Die kappadokischen Texte als älteste Quelle indogermanischen Sprachgutes: Onofrio Carruba/Maurizio Giorgieri/Clelia Mora (Derl.), *Atti del II Congresso Internazionale di Hittitologia*, Pavia 1995, 359 – 368.

5 Erich Neu, *Der Anitta-Text*, Wiesbaden 1974 (Studien zu den Boğazköy-Texten 18).

6 Burası ve bundan sonrası için krşl. Trevor Bryce, *The Kingdom of the Hittites*, Oxford 1998 ve Horst Klengel, *Geschichte des Hethitischen Reiches*, Leiden/Boston/Köln 1999 (Handbuch der Orientalistik, I. Abt., Bd. 34). Son eserde Hitit Büyük Kralları'na göre sıralanmış ve değerlendirilmiştir.

7 Heinrich Otten, Aitiologische Erzählung von der Überquerung des Taurus, *Zeitschrift für Assyriologie* NF 21, 1963, 156 – 168.

8 Krşl. Mirjo Salvini, The Earliest Evidence of the Hurrians Before the Formation of the Reign of Mittanni: Giorgio Buccellati/Marilyn Kelly-Buccellati (Derl.), *Urkesh and the Hurrians. Studies in Honor of Lloyd Cotsen*, Malibu 1998, 99 – 115, ayrıca Hurrilerin yayılımı için Gernot Wilhelm, The Hurrians in the Western Parts of the Ancient Near East: Meir Malul (Derl.), *Mutual Influences of Peoples and Cultures in the Ancient Near East*, Hayfa 1996, 17 – 30.

9 Inge Hoffmann, *Der Erlaß Telipinus*, Heidelberg 1984 (Texte der Hethiter 11).

10 *panku* ve "toplantı" ("tulija") tartışması için krşl. Fiorella Imparati, Die Organisation des hethitischen Staates: Horst Klengel, *Geschichte des Hethitischen Reiches*, Leiden/Boston/Köln 1999, 345 – 349.

11 Bkz. Kaspar Klaus Riemschneider, Die hethitischen Landschenkungsurkunden, *Mitteilungen des Instituts für Orientforschung* 6, Berlin 1958, 321 – 381, özellikle 332 vdd.

12 Ahmet Ertekin/İsmet Ediz, The unique sword from Bogazköy/Hattusa: Machteld Mellink/Edith Porada/Tahsin Özgüç (Derl.), *Aspects of Art and Iconography: Anatolia and its Neighbors* (Nimet Özgüç Armağanı), Ankara 1993, 719 – 725; yazıtı için Ahmet Ünal, Ein hethitisches Schwert mit akkadischer Inschrift aus Boğazköy, *Antike Welt* 23, 1992, 256 – 257. Hititlerin Anadolu'nun Ege kıyı bölgesiyle ilişkileri için krşl. Frank Starke, Troia im Kontext des historisch-politischen und sprachlichen Umfeldes Kleinasiens im 2. Jahrtausend, *Studia Troica* 7, Mainz 1997, 447 – 487.

13 Sedat Alp, *Keilschrifttafeln aus Maşat-Höyük*, Ankara 1991.

14 I.Tuthaliya'dan önce başka bir kral Tuthaliya'nın geldiği varsayımıyla bilimsel literatürde III.Tuthaliya olarak da adlandırılır

15 31 ve 32 no. lu Amarna mektuplarının son çevirisi için Volkert Haas: William L. Moran, *The Amarna Letters*, Baltimore/London 1992.

16 Hans Gustav Güterbock, The Deeds of Suppiluliuma, *Journal of Cuneiform Studies* 10, New Haven 1956, 41 – 68, 75 – 98, 107 – 130.

17 Suriye'de gelişen olaylar ve şehir krallıkları için bkz. Horst Klengel, *Syria 3000 to 300 B. C.*, Berlin 1992, 100 – 180.

18 Doğu Akdeniz bölgesinde pek çok kez patlak veren bu salgınlar için bkz. Horst Klengel, Epidemien im spätbronzezeitlichen Syrien-Palästina: Yitzhak Avishur/Robert Deutsch (Derl.), *Michael. Historical, Epigraphical and Biblical Studies In Honor of Prof. Michael Heltzer*, Tel Aviv/Yaffa 1999, 187 – 193.

19 Albrecht Götze, Die Pestgebete Mursilis, *Kleinasiatische Forschungen* 1, Weimar 1930, 161 – 251.

20 Albrecht Götze, Die Annalen des Muršili, *Mitteilungen der Vorderasiatisch-Aegyptischen Gesellschaft* 38, Leipzig 1933; Heinrich Otten v.d., Neue Fragmente zu den Annalen des Muršili, *Mitteilungen des Instituts für Orientforschung* 3, Berlin 1955, 153 – 179.

21 Bu konuda özellikle bkz. Frank Starke, Troia im Kontext des historisch-politischen und sprachlichen Umfeldes Kleinasiens im 2. Jahrtausend, *Studia Troica* 7, Mainz 1997, 447 – 487.

22 Itamar Singer, From Ḫattuša to Tarḫuntaša: Some Thoughts on Muwatalli's Reign: *Acts of the IIIrd International Congress of Hittitology*, Ankara 1998, 535 – 541.

23 Ilion'lu Alexandros ile aynı kişi olup olmadığı konusundaki tartışmalar için bkz. Wolfgang Röllig, Achäer und Trojaner in hethitischen Quellen: Ingrid Gamer-Wallert (Derl.), *Troia. Brücke zwischen Orient und Okzident*, Tübingen 1992, 183 – 200.

24 Krşl. Alan Gardiner, *The Kadesh Inscriptions of Ramesses II*, Oxford 1960, ayrıca Walter Wreszinski, *Atlas zur altägyptischen Kulturgeschichte*, II, Leipzig 1935, Lev.16 – 25, 63 – 64, 92 – 106, 169 – 178. Savaşın akışı pek çok kez ayrıntılarıyla ele alınmıştır; özet için bkz. Arnulf Kuschke, Qadesch-Schlacht: *Lexikon der Ägyptologie*, Bd. V, Wiesbaden 1984, 27 – 37.

25 Krşl. Philo H. J. Houwink ten Cate, Urhi-Tessub revisited, *Bibliotheca Orientalis* 51, Leiden 1994, 233 – 259.

26 III. Muršili ya da III. Hattušili zamanında Benteşina'nın yeniden göreve gelmesi sorunu hakkında bkz. Houwink ten Cate (bkz. dipnot 25), 242 – 247, ayrıca Victor Parker, Hattušili III., *Altorientalische Forschungen* 26, 1999, 285.

27 Heinrich Otten, *Die Apologie Hattusilis III. Das Bild der Überlieferung*, Wiesbaden 1981 (Studien zu den Boğazköy-Texten, 24).

28 Fiorella Imparati, Apology of Ḫattušili III or Designation of his Successor?: Theo P. J van den Hout/Johan de Roos (Derl.), *Studio Historiae Ardens. Ancient Near Eastern Studies Presented to Philo H. J. Houwink ten Cate*, Leiden 1995, 143 – 157.

29 Elmar Edel, *Der Vertrag zwischen Ramses II. von Ägypten und Ḫattušili III. von Hatti*, Berlin 1997 (Wissenschaftliche Veröffentlichungen der Deutschen Orient-Gesellschaft, 95); ayrıca Babilce ve Mısır dilindeki metinlerin çevirisi için bkz. Elmar Edel: Otto Kaiser (Derl.): *Texte aus der Umwelt des Alten Testaments, I/2: Staatsverträge*, Gütersloh 1983, 135 – 153.

30 Yazışmalar için bkz. Elmar Edel, *Die ägyptisch-hethitische Korrespondenz aus Boghazköi in babylonischer und hethitischer Sprache*, I ve II, Opladen 1994. Burada yanıt yazısının Hititçe denemelerinin bir kısmı yer almaktadır.

31 Krşl. Horst Klengel, *Geschichte des Hethitischen Reiches*, Leiden 1999, Res. 44.

32 Heinrich Otten, *Die Bronzetafel aus Boğazköy. Ein Staatsvertrag Tuthalijas IV*, Wiesbaden 1988 . (Studien zu den Boğazköy-Texten, Beiheft 1).

33 Horst Klengel, Zum Brief eines Königs von Hanigalbat, *Orientalia* 32, Roma 1963, 280 – 291. Tam kesin olmamakla birlikte metin IV. Tuthaliya'ya atfedilmektedir. Nihriya'daki Assur zaferi konusunda I.(?)Tukulti-Ninurta'nın Ugarit kralına yazdığı mektup için bkz. Sylvia Lackenbacher, Lettres et Fragments, in: Pierre Bordreuil (Hrsg.), *Une bibliothèque au sud de la ville*, Paris 1991, 90 – 100 (Ras Shamra-Ougarit VII).

34 Horst Klengel, Hungerjahre in Hatti, *Altorientalische Forschungen* 1, Berlin 1974, 165 – 174; ülkeyi "hayatta tutmak için" hükümdarlığının 5. yılında firavun Merneptah'ın Hatti ülkesine yolladığı tahılla ilgili yazıt için bkz. James Henry Breasted, *Ancient Records of Egypt*, Chicago 1906 – 1907, III Abschnitt 580.

35 John David Hawkins, *The Hieroglyphic Inscription of the Sacred Pool Complex at Hattusa (Südburg)*, Wiesbaden 1995 (Studien zu den Boğazköy-Texten, Beiheft 3).

36 Manfried Dietrich/Oswald Loretz, Das „seefahrende Volk" von Šikila (RS 34.129): *Ugarit-Forschungen* 10, Kevelaer/Neukirchen-Vluyn 1978, 53 – 56.

37 Krşl. Itamar Singer, A Political History of Ugarit: Wilfred G. E. Watson/Nicolas Wyatt (Derl.), *Handbook of Ugaritic Studies*, Leiden/Boston/Köln 1999, 715 – 723.

38 Sylvie Lackenbacher, Une correspondance entre l'administration du pharaon Merenptah et le roi d'Ougarit: Marguerite Yon/Maurice Sznycer/Pierre Bordreuil (Derl.): *Le pays d'Ougarit autour de 1200 av. J.-C.*, Paris 1995, 77 – 83 (Ras Shamra-Ougarit XI), (Ugarit Kralı Hammurapi'nin bir mektubuna yanıt)

39 Bu konu hakkında geniş kapsamlı bilimsel tartışma sürmaktedir; krşl. William A. Ward/Martha Sharp Joukowsky (Derl.), *The Crisis Years. The 12th Century.* Dubuque 1992; Seymou Gitin/Amihai Mazar/Ephraim Stern (Derl.), *Mediterranean Peoples in Transition. Thirteenth to Early Tenth Centuries BCE* (T. Dothan Armağan kitabı), Jerusalem 1998.

40 Krşl. Mario Liverani, *Antico Oriente. Storia Società Economia*, Rom/Bari 1988, 629 – 660.

Resim altları

1 Hitit kralı Huzziya'nın mühür baskısı (Otten 1987, Res. 8)

2 a, b Büyük Kral Şuppiluliuma'nın mühür baskısı; b kralın yanı sıra Büyük Kraliçe'nin adı da verilmiş (Otten 1995, Res. 1, 37, Ugarit'ten bir tablet üzerine baskı)

3a Şuppiluliuma'nın oğlu Büyük Kral II. Murşili'nin mühür baskısı; Büyük Kraliçe'nin adı da verilmiş. Yaklaşık MÖ 1300 (Otten 1995, Abb. 30)

3b II. Murşili'nin haç biçimli mühür baskısı. Geçmiş dönem kral ve kraliçelerin adları da verilmiş (A. Dinçol/B. Dinçol/J. D. Hawkins/G. Wilhelm, Festschrift P. Neve, Istanbuler Mitteilungen 43, 1993, 88)

4 Firavun II. Ramses'in Kadeş savaşındaki rakibi Büyük Kral II. Muvattalli'nin mühür baskısı. Koruyucu tanrısının himayesinde betimlenmiş (Beran 1967, No. 250a)

5 II. Ramsesi Kadeş savaşının galibi olarak gösteren Ramesseum'daki duvar resmi F. Lepsius, Denkmäler III, Lev. 164a, 165; krşll. Ch. Kuentz, La bataille de Qadesh, Kairo 1934, Lev. 41)

6 Koruyucu tanrısı himayesinde III. Murşili (Urhi-Teşub) (Otten 1993, Res. 17)

7a, b III. Hattuşili'nin mühür baskısı; b ayrıca eşi Büyük Tanrıça Puduhepa'nın adı verilmiş (Otten 1993, Res. 27 ve Beran 1987, No. 229a)

8 Abu Simbel (Yukarı Mısır) "Düğün Steli" olarak adlandırılan stelden Büyük Kral Hattuşili, Mısır giysili kızını firavun II. Ramses'e gelin verirken (R. Lepsius, Denkmäler aus Ägypten und Äthiopien, Tafelband III, 196)

9 Karkamış Hitit kralı Ini-Teşub'un mühür baskısı (Ugaritica III, Paris 1956, Res. 34, Ugarit'ten bir tablet üzerine yuvarlanmış, Çizim W. Forrer)

10 Koruyucu tanrısının himayesinde Büyük Kral IV. Tuthaliya'nın mühür baskısı; karşısında Güneş Tanrıçası (Otten 1993, Res. 29, Ugarit'ten bir tablet üzerine baskı)

11 Boğazköy/Hattuşa yakınındaki kaya tapınağı Yazılıkaya'daki Büyük Kral IV. Tuthaliya kabartması. Büyük Kral sol elinde ucu kıvrı asasıyla iki dağ zirvesi üzerinde ayakta duruyor. Sağ eli üzerinde hiyeroglifl erle ismi yazılı (K. Bittel v.d. 1975, Lev. 60)

Hititler'de Tarih Yazımı

Helen Öncesi Tarih Yazımı I.

Süreç	Metin	Tür, biçim, kalıp
18. yüzyıl sonu	Anitta Metni Hitit yazısı ve dili, Eski Hitit kopya)	Savaş anlatımı, yıllık kalıpları, yükseliş öyküsü
Eski Hitit 16. yüzyıl	Zalpa Kenti üzerine öyküler (Eski Hitit nüshası mevcut)	Mitos-Tarih
	I. Hattuşili'nin Yıllıkları (Hititçe-Akkadca; gelişkin Hitit kopyalar)	Yıllıklar
	I. Hattuşili'nin çiftdilli metni (Hititçe-Akkadca; gelişkin Hitit kopya)	Politik vasiyet, tarih konulu giriş
	Urşu Ablukası (Akkadca)	Savaş öyküsü, yerine getirilemeyenler, krala övgü
	Saray güncesi (Eski Hitit yazı ve dili çoğu gelişkin Hitit kopyaları)	Örnekler – Olaylar – Öyküler
	I. Murşili'nin Suriye ve Babil'de yaptığı kahramanlıklar (Gelişkin Hitit kopya)	Yıllık kalıpları
1550 civarı	Ammuna "Güncesi" (Gelişkin Hitit kopya)	Yıllıklar, birinci ve üçüncü tekil şahısta gelişkin hikaye kipi
Orta Hitit 1500 civarı	Telibinu Duyurusu (Akkadca; dokuz Hititçe örnek: MÖ 14./13. yüzyıl kopyaları)	"Buyuru", "Anayasa"; tarih konulu giriş
MÖ 14. yüzyıl başları	Madduvatta'nın politik ihanetleri	"Suçlama"?
MÖ 15. yüzyıl sonları	I. Tuthaliya'nın Assuva, Vilusija, Truvisa'dan bahis (1 çağdaş örnek; 1 gelişkin Hitit kopya)	Gelişkin Yıllık yazımı
MÖ 14. yüzyıl başları	I. Arnuvanda'nın Yıllıkları (gelişkin Hitit kopyası)	Gelişkin Yıllık yazımı
Gelişkin Hitit yak. 1318 – 1290	II. Murşili'nin Yıllıkları ve babası I. Şuppiluliuma'nın "kahramanlıkları"; antlaşmalardan tarihi pasajlar; veba duaları	Gelişkin tarih yazımı
yak. 1290 – 1272	Hattuşa ve Vilusa arasındaki antlaşma (II. Muvattalli ve Alaksandu)	Antlaşma; tarih konulu giriş
yak. 1265 – 1240	II.Hattuşili'nin (apoloji de denen) "Büyük Metni"	Savunma içerikli otobiyografi; tahta çıkış öyküsü; bağış
1200 civarı	II. Şuppiluliuma'nın yazıtları (hiyeroglif Luvicesi; çiviyazısıyla Hititçe)	Kült bağışları, savaş anlatısı, bina yapım raporları
Hiyeroglif Luvicesi 10. yüzyıl/9. yüzyıl başı	Karkamış kralı Katuva'nın yazıtı (hiyeroglif Luvicesi)	Bina yapım raporları, kült kurallarıyla kült bağışları; yıllık kalıplarıyla savaş anlatıları, geçmişe dönük anlatı
800 civarı	Kurkuma kralı (III.) Halparuntiya anıtı (hiyeroglif Luvicesi; aslan heykeli)	Soy ağacı (altı halkalı)
730 civarı	"Büyük Kral" Vasusarma'nın arkaik karakterli yazıtı (Tabal, Kapadokya; hiyeroglif Luvicesi)	Savaş anlatısı
7. yüzyıl başı	Adana kralı Azativada'nın yazıtı (Karatepe, Kilikya; Fenikece-hiyeroglif Luvicesi çiftdilli yazıt)	Şehir kuruluşu, kült bağışı

1 Hitit ve Luvi tarih yazımının önemli metinleri

> MÖ 1280 Yıllarında Tanık Olarak Tarih

Hattuşa ülkesinin Büyük Kralı, II.Muvattalli, MÖ 1280 dolaylarında, batıda, başkentten uzaktaki bir yandaşıyla akdetmeyi düşündüğü, yeni bir antlaşmanın tarihsel dayanağını oluşturmak üzere haberleşir. Vilusa kralı Alaksandu'ya yazar:[1]

"Bir zamanlar Labarna, benim atam, bütün Arzava ülkesi ve bütün Vilusa ülkesini, boyunduruğu altına almıştı. Daha sonra bu nedenle, Arzava ülkesi savaş açmıştı; ama ben, çok eskiden olduğu için, Vilusa'nın Hattuşa ülkesinin hiçbir kralından ayrıldığını bilmiyorum. Ama Vilusa ülkesi, Hattuşa ülkesinden ayrılmış olsa bile, uzaktan, Hattuşa ülkesi krallarıyla sıkı sıkıya dost kalmışlar ve sürekli elçiler yollamışlardır. Ben Tuthaliya (I)..."

Metindeki ilk cümleler, 300 yıllık tarihsel bir zaman dilimine sığan bir kurgu oluşturmaktadır: Labarna, zaten Hitit Krallığı'nın başlangıcını belirler (MÖ 18./17. yüzyıl). Olumsuz tanıysa -"... bilmiyorum"- aslında bütün olayların, en ince noktasına kadar, bilindiğini gösterir. Assuva ülkesinin, I.Tuthaliya (yaklaşık MÖ 1420 – 1400) yönetiminde yaptığı savaşlara, Vilusa'nın da katıldığı, çok dikkatli, üstü kapalı ve ince bir mantık dizini içinde vurgulanır. Metinde bolca kullanılan bağlaçlar, zamirler ve çekimlerle, gelişmiş bir düz yazı ortaya çıkar; zamansal, kişisel, toparlayıcı ve varsayımsal ilişkiler, doğru şekilde açıklanır.

Muvattalli'nin metni, tarihin tanıklığı altında, isteğini dikte etmektir. Bu tanık tutmanın ardında, hem tarihi belgeler, elçiler arası yazışmalar, eski antlaşma metinleri, hem de düzenli tutulmuş bir "arşiv", işinin ustası 'kütüphaneciler' ve üçyüz yıllık bir tarihi, bir karışlık düz yazıya sığdıracak şekilde özümleyebilen bilginler yatar.

Muvattalli, ortağı, Vilusa kralı Alaksandu'nun elinde de, aynı kurumların bulunduğunu ve bu nedenle konu hakkındaki görüşlerinin kabul göreceğini bekler: tarih bilinci olmadan, politika yapılamaz. Hükümranlık, adalet ve tarih, bir bütün olarak ele alınır. Büyük olasılıkla, yazılı bu belge, Vilusa'da iyi korunmuştur. Nedenine gelince, antlaşma metninin, başta tarihin kanıt tutulduğu giriş bölümünden, sondaki antlaşmaya şahit tutulan tanrılar listesine kadar, yılda üç kez okunacağıdır: bu yazılı ve sözlü dağıtımının yapılmadığı anlamına da gelmez. Buna göre, Vilusa'daki, okuma yazma bilmeyen saray erkânı da, antlaşmanın içeriğinden, Hititler'in tarihe nasıl baktıklarından ve kendi görüşleri doğrultusunda tarihten ne şekilde yararlandıklarından haberdardır. Antlaşmanın "yayınlanması", Hitit İmparatorluğu'nda tarih yazımıyla doğrudan ilgilenen ve konunun ulaştırıldığı kesimleri tanımak için bir ipucudur.

Hitit hanedanı soyundan, Halpa (Halep) kralı Talmisarruma olayı, antlaşmalarla ilgili düzenlemelerin, imparatorluğun doğusunda ve batısında, aynı olduğunu gösterir. Muvattalli'nin babası II. Murşili, krala, bir antlaşma metni yollar.[2] Bu antlaşma metninin başına da, Suriye'de savaşan I. Hattuşili'ye (yaklaşık MÖ 1565 – 1540) kadar uzanan, 'tarihi bir giriş' konmuştur. Talmisarruma, kaybolan metnin yerine yenisini isteyince, Muvattalli de, doğruluğu tasdiklenmiş bir kopya iletir. Bundan anlaşılan, belgenin orijinalinin, Hattuşa'da saklandığı ve istenildiği anda bulunabildiğidir. Günümüze değin antlaşmaya ait dört arşiv kopyası belgelenmiştir; Hattuşa'da, Alaksandu Antlaşması'nın da altı örneği ele geçmiştir: bu kopyalar neden ve kimler için saklanmıştır?

Tarihin adalet ve politikaya yönelik söylemlerde kullanılmasına götüren nedenler, Hitit toplumunda, toplumun dışa vurumunda, yapısında ve tarihinde aranmalıdır.[3] Hitit devletinin başlangıcından itibaren, değişik yazı türleri ve dillerde, önce Hititçe ve Akkadca, daha sonraları (13. yüzyıl) Luvice'nin de katıldığı, Hititler'e özgü bir tarih yazımı gelişir.

Geçmiş olaylar, davranışlar, deneyimler, çeşitli nedenlerle, değişik malzemeler (kil, ahşap, taş, kurşun) ve biçimlere aktarılıp, gerektiğinde çoğaltılırlar: ganimetler üzerindeki yazıtlar, adaklar, dualar, fal metinleri, kanunlar, antlaşmalar, diplomatik yazışmalar, bağış belgeleri, yapı yazıtları, ders alınacak olayların yanı sıra anıtlar üzerinde ve başlı başına tarih anlatımına ayrılmış eserlerde [Res. 1].[4]

> II. Murşili'nin (yaklaşık MÖ 1318 – 1290) Historiyografik Eserleri

İmparatorluğun yükseliş dönemine rastlayan, MÖ 1300 yılları dolaylarında, II. Murşili adına kaleme alınmış historiyografik eserler, Hitit tarih yazımının doruk noktasını oluşturur. Eserlerin sayısı ve boyutları, kaynağını köklü bir gelenekten alan edebi tarz, olaylar karşısında 'tarihsel' bir mesafe koyma, kendi yaptıklarının ve yapılan işin doğrudan yansıtılması, Hitit tarihinin bu evresinde, en yüksek noktasına ulaşır.

Murşili'nin historiyografik üç eseri, -"Onyıl Yıllıkları", "Şuppiluliuma'nın Kahramanlıkları", "Kapsamlı Yıllıklar" - Karadeniz'den Akdeniz'e, Çanakkale Boğazı'ndan Fırat'a kadar uzanan geniş coğrafyada yaşayan insan topluluğunun, uzun bir zaman dilimine yayılmış tarihçesini yansıtır. Öyküsel üslupta tutulan eserlerde kullanılan verilerin derlenmesi bile, büyük bir başarıdır. Eğlendirici, öğretici ve politik propagandayı da amaçlayan, çok üst düzeyde, yeni edebi bir tarz yarattıkları da söylenebilir. Tarihi konu alan bu eserler, yüzleşmekten çekinilmeyen sayısız kriz ve çöküntüye rağmen, kraliyet ailesi ve yakın çevresinden pek çok kişinin, bireysel ama krallığa sadık çabalarıyla, nasıl bir "imparatorluk" kurulduğunu anlatır [Res. 2].

Onyıl Yıllıkları'nın sonunda, Murşili, vurgulamak istediği konuyu, olumsuz bir tümceyle belirler:

"Bu düşman ülkeleri ben (önceden de değinildiği gibi) kendi elimle alt ettim. Prenslerin ve beylerin alt ettiği düşman ülkelerse aralarında değildir."

Bu cümle, hem prenslerin ve beylerin, yani hanedan üyeleri ve yakınlarının işlerini konu eden diğer eserlere yapılan gönderinin, hem de edebi refleksiyonun kesin ipuçlarını içerir.

Murşili, tahta çıkışının onuncu yılında, aradan geçen süre içinde gerçekleştirdiği faaliyetlerini, kapsamlı şekilde anlatan yıllıklarını, ya bizzat kendi dikte etmiş ya da yazıya dökülmesini sağlamıştır. Eserin 'yazarı' belli değildir. Aradan yüz yıl kadar bir süre geçmesine rağmen, esere karşı duyulan ilgi azalmamış, Tek tablet ve Çift tablet olarak bilinen, iki yeni edisyonu yapılmıştır. Hattuşa'da, bu edisyonlara ait beş örnek bulunmuştur. Bu edisyonlara hangi olay yol açmış, yapılmasını kim ve kimler için buyurmuştur?

Onyıl Yıllıkları, küçük (Tek tablet edisyonunda 366 satır), ama kendi içinde bir bütünlüğü ve edebi değeri olan bir eserdir. [Res. 3]

Arzava fethedilmiş, temel yasaya uygun düzen (taninu-) kurulmuş, hükümranlığın üçüncü ve dördüncü yıllarında da, "Ahhiyava ülkesinin kralıyla" bağlantı sağlanmıştır. Bu askeri ve politik olayların etkileri, Büyük İmparatorluk sonrasında da devam etmiştir. Hitit politikasında ve tarih yazımında, hükümranlığın, yasama ve tarihin birbirinden ayrılamaz biçimde, iç içe geçtiği, Onyıl Yıllıkları'nın kısa ve öz betimlemelerinde bile belirgindir. Büyük bir şans eseri, Hititler'in Arzava ülkeleri (Mira, Haballa, Seha) yöneticileriyle akdettiği antlaşmaların metinleri de günümüze kadar ulaşabilmiştir. Bu antlaşmaların başında da, Murşili'nin Onyıl ve Kapsamlı Yıllıklar'dan bilinen tarihi olaylar yer alır. "Bütün" Arzava ülkesinin politik düzeni, özetlenerek vurgulanır: Onyıl Yıllıkları'nın ilk yarısı bu satırlarla sona erer.

Murşili'nin adını taşıyan, bütün tarihsel eserlerde, sadece yerine getirilmiş görevler ve davranışlar anlatılmamıştır. Bu eserlerde, gerçekleştirilemeyen, gerçekleşmesi olanaklı ya da tümden olanaksız, planlanmış ve ileride olması muhtemel davranışlar düşünülmüştür. Cümlelere katılan, açıkça varsayımsal, karşıt ve şarta bağlı, anlam pekiştirici öğelerle, olayların karmaşıklığı vurgulanır. Kendi atılımlarının veya kayıtsız kalışlarının nedenleriyle birlikte sorgulanması kadar, dost ve düşmanların da yapıp yapmadıklarının aynı şekilde sorgulanması, tarihi gerçekçiliğe yönlendirir. Kapsamlı Yıllıklar'ın önsözünde, karşıtların düşünce tarzı, kurgusal dolaysız tümcelerle ve gerçek dışı, belirsiz bir geçmişte hikaye edilir:[5]

"Benim saygımı kazanabilen kişi, senin en büyük ağabeyin [olurdu], babasının önünde ordularını ve savaş arabalarını yöneten, ayrıca babasının politikasını (?) bilen ve kemale ermiş bir erkek. Benim saygımı kazanmak isteseydin, [sen] onun gibi [olmalısın]".

Hiç başlanmamış bir olaya, karşı tarafın politik tepkilerinin nasıl olabileceği de, aynı tarzda ve benzer bir dil kullanılarak anlatılır:[6]

"Şayet [Istitina'nın yar]dımına koşsaydım, [ben Hayasalılar'ı Kannuvar]a'dan çıkartırdım. Ama Assur ülkesinin kralı Karkamış ülkesini yendi ve [...] onu. Şayet ben o [Hayasa'nın] düşmanına karşı [sefere çıksaydım ve onu yen]seydim, onlar [Assurlular] ve yapılan işi duyanlar şöyle demezler miydi: Babası Karkamış ülkesini yendi ve o duruyor [...]. Bu arada Karkamış'a kral yaptığı oğlu öldü. Ama o [Murşili] Karkamış üzerine yürümedi ve Karkamış'ı hizaya getirmedi, başka bir memleket üzerine gitti? Durumu böylece toparladıktan sonra, Nuvanza'ya, Şarabın Büyüğü'ne, kuş ve ete bakarak yanıtlasın diye sordum ve (sonuç) kuş ve ete bakarak ona malum oldu."

Kendi tarafında dursa da, başkalarının davranışlarını sorgulama, oldukça yaygındır; başka davranışları konu eden kritiklere ben rastlamadım. Ama, mahkemeye sunulan deliller ve belgelerin nasıl korunması gerektiği hususlarına (fides diplomatica) yönelik davranışlarda, bir hakikat/dürüstlük kavramı kullanıldığı tanısı da ileri sürülmektedir.[7]

> Hanedanda Ata Kültü ve MÖ 1200'lerde Tarih Yazımı

Ölen kralın bir tasviri, önce gömü ritüeli, daha sonra da ölünün ve gelecek kuşaklardaki ataların kült ayinleri için gereklidir. III. Tuthaliya (yaklaşık MÖ 1240 – 1215), haleflerinin tasvirlerine sunular yapar; kendinden önceki kralların isimleri, 15. yüzyılda Tuthaliya'yla aynı adı taşıyan, ilk Büyük Kral'a kadar sayılır. Babadan oğula geçen hanedanın ata kültü, geçmiş hükümranlığın kültsel korunması ve unutulmadan hazır tutulması anlamına gelir.

II. Şuppiluliuma (yaklaşık 1190'a kadar), bu gelenekten yola çıkarak, babası III. Tuthaliya'nın önce bir "tasvirini" (Hititçe isri-) yaptırır, ardından da anısına bir "sonsuz higur" kurdurtur. Yaptırdığı heykeli, içine koyar ve üzerine ya da kaidesine, ebediyete intikal edenin "Kahramanlıkları"nı - büyük olasılıkla Luvi hiyeroglifiyle- "kazıtır" (andan guls-'). Bu, Hitit-Luvi kültüründe, heykeller ve külte bağlı bir dizi tarihi yazıtın ilk örneğidir. Tuthaliya'nın gömülmesi olgusuyla ilgili kült mekanı ve yazıtı bulunamamıştır. Hititçe çiviyazılı bir tablette (CTH 121), kralın anısına yaptırılan binanın inşası, heykelin yapılıp dikilmesi ve yazıtın "kazınması" aktarılmaktadır.[8] Bundan başka, bir kralın "kahramanlıkları", özellikle Kıbrıs üzerine düzenlediği seferler, geleneksel Hitit savaş menkıbeleri tarzında kurgulanmıştır. Şuppiluliuma, babası hakkında anlatılanların doğruluğunu şu sözlerle vurgulamaktadır:

"Tıpkı benim babam Tuthaliya, Büyük Kral, nasıl gerçek kralsa (asanz hassus), ben de gerçek kahramanlıklarını (asanta pesnadar) kazıttım. Ne bir şeyi unuttum, ne de gizledim."

Kült, heykel ve yazıt, birbirine sıkı sıkıya bağlıdır. Hitit devletinin çöküşünden sonra, MÖ 12. – 8. yüzyıllarda, Güney ve Güneydoğu Anadolu'nun yanı sıra Kuzey Suriye'de mirası devralan Luvi devletleri, tarihi belgelemek ve açıklamak için, bu üç öğeden yararlanmıştır. Şuppiluliuma örneği, bir metnin nası dil, yazı, malzeme (taş, kil) ve mekan (anıt, arşiv/kütüphane) değiştirebildiğidir. Bu örnek, 1. binyıl Luvi hiyeroglifi yazıtlarını da, tarih yazımının varlığı için bir ipucu olup Hitit Büyük İmparatorluk edebiyatının da bir devamı şeklinde algılama imkanı vermektedir.[9]

Dipnotlar

1 Almanca'ya çeviri: Frank Starke: Joachim Latacz, *Troia und Homer, Der Weg zur Lösung eines alten Rätsels,* München Berlin 2001, 133vd. Krşl. Gary Beckman, *Hittite Diplomatic Texts,* Atlanta 1996, 82 – 88. Coğrafi durum için krşl. harita S. 306.

2 Yalnız Akkadca olarak ele geçmiş örnek: Beckman (Dipnot 1), 88 – 90.

3 Krşl. Hubert Cancik, *Grundzüge der hethitischen und alttestamentlichen Geschichtsschreibung,* Wiesbaden 1976; Hubert Cancik, ‚Herrschaft' in historiographischen und juridischen Texten der Hethiter: K. Raaflaub (Derl.), *Anfänge politischen Denkens in der Antike. Die nahöstlichen Kulturen und die Griechen,* Münih 1993, 115 – 134.

4 Buraya alınan metinlerin adlandırılması, geleneksel olarak yapılmış ve her zaman pek de uygun düşmemiştir. "Metni yazan" olarak, çoğunlukla, dizeleri kaleme alan kişi yerine, olayın baş kahramanı olan kişinin belirtilmesi de gelenekseldir. - metin türünün saptanmasındaki zorluklar ve anlatı öğelerinin tek tek belirlenebilmesinin, burada olanaksızlığı (birinci tekil ve üçüncü tekil şahıslı anlatı, mektup, söylev, konudan sapma v.b.), 'tür, biçim, kalıp' sütünlarındaki açıklamaları da yetersiz kılmaktadır. Metin tarihçelerinin bilinmesi tarih yazımı açısından önemli ipuçları verir. Politika ve edebiyat alanlarında yaygınlaştırılması ve kullanımı için de önem taşır. Tüm bunlara karşın, yazıya dökülen metinlerin serileri, kaç adet elde olduğu ve hangi yıldan kaldıkları açıklanmaz. S, ayet başka türlü belirtilmemişse, dil Hititçe, yazı türü çiviyazısıdır.

5 Çeviri: Albrecht Götze, *Die Annalen des Muršiliš,* 1933, (tekrar basım) Darmstadt 1967, 16 – 19 (Frank Starke'nin düzeltmeleriyle).

6 Kapsamlı Yıllıklar'dan, 9. yıl; krşl. Götze (Dipnot 5), 116 – 119 (Frank Starke'nin düzeltmeleriyle).

7 Hubert Cancik, Mythische und historische Wahrheit. *Interpretationen zu Texten der hethitischen, biblischen und griechischen Historiographie,* Stuttgart 1970.

8 Hans Gustav Güterbock, The Hittite Conquest of Cyprus Reconsidered, *Journal of Near-Eastern Studies* 26, 1967, 73 – 81 (metin ve çevirisiyle).

9 Meslekdaşım Frank Starke'ye (Tübingen), değerli uyarıları ve yapıcı destekleri için teşekkür ederim.

Kaynakça

Beckman 1996; Cancik 1970; Cancik 1976; Cancik 1993, 115 – 134; Cancik 1991, Sp. 809 – 813, Sp. 813 – 822; Götze 1933; Hoffner 1980, 283 – 332; Laroche1971; del Monte 1993; Otten 1958; Otten 1981; Starke 1999b, 518 – 533

Modern Tanım	I. Şuppiluliuma'nın Kahramanlıkları	Onyıl Yıllıkları	Kapsamlı Yıllıklar
Hititçe adlandırma	"Şuppiluliuma'nın kahramanlıkları"	günümüze ulaşamamış, olasılıkla: "Murşili'nin kahramanlıkları"	günümüze ulaşamamış
Konu	II. Murşili'nin babasının icraatı	hükümdarlığının ilk on yılında Murşili'nin icraatı	kraliyet ailesinin önemli fertlerinin icraatı
Dönem	Prens ve Büyük Kral olarak (yak. 35 – 40 yıl)	hükümranlığın ilk on yıl	1. – yak. 24./25. hükümranlık yılları
Olay kahramanları	Murşili'nin babası, büyük babası, erkek kardeşleri ve diğer aile fertleriyle çok sayıda düşman	Murşili'nin kendisi, bazı kraliyet ailesi mensupları çok sayıda düşman	Murşili ile birlikte kraliyet ailesinin önemli kişileri (20 kişiden fazla) çok sayıda düşman
Eserin boyutları	7 + x tablet	1 tablet (yak. 360 satır)	13 (+ x?) tablet
Prolog (Giriş)	ufak bir parça dışında bilinmiyor	26 satır	1 tablet (en az 240 satır; kötü korunagelmiş)
Epilog (Bitiş)	bilinmiyor	5 satır	bilinmiyor
Stilistik özellikler (seçilmiş)	aynı zamanda gelişen üç olay gerçekleşmeyen olaylar nadiren varsayılan olaylar geçmiş dönemlere atıf yok hitap/mektup kullanımı nadiren konudan sapma	aynı zamanda gelişen üç olay gerçekleşmeyen olaylar varsayılan olaylar geçmiş dönemlere atıf hitap/mektup kullanımı nadiren konudan sapma	sürekli aynı zamanda gelişen, iki/üç, yer yer dört ayrı olay gerçekleşmeyen olaylar çoğunlukla varsayılan olaylar geçmiş dönemlere kapsamlı atıf hitap/mektup kullanımı sık sık konudan sapma

2 Murşili'nin tarih konulu eserleri

Geçmiş dönemler tarihçesi Düşmanların doğrudan seslenişi Murşili'nin duası, konu	Prolog (Giriş)	
Basit olay (savaş anlatımı)	1. yıl	KAŞKALAR I (kuzey)
Basit olay (savaş anlatımı)	2. yıl	
Karmaşık olay: Geçmiş dönem tarihçesi Uhhazidi'nin mektupları Mektuplar Üç ayrı sütunda anlatılan olay yan sıra, habercinin anlatısı Gerçekleşmeyen olay, politika	3. yıl 4. yıl	ARZAVA (batı) ARZAVA (batı)
Politika: Arzava ülkelerinin düzenlenmesi	Ara sonuç	Orta
Basit olay	5. yıl	KAŞKALAR II
Basit olay	6. yıl	ARAVANA (kuzeybatı)
Karmaşık olay: geçmiş dönem tarihçesi Kaşka'lı Pihhuniya, Azzi'li Anniya Konudan ayrılma, yazışma (yak. 25 satırlık eksik) Paralel olay Hikaye kipi (3. şahıs)	7. yıl (29 satır) 8. yıl 9. yıl (35 satır)	YUKARI ÜLKE
Basit olay	9. yıl (IV 24'-34')	KAŞKALAR III
Basit olay	10. yıl	AZZI (kuzeydoğu)
Özet – geleceğe bakış	Epilog (son)	

3 II. Murşili'nin, yaklaşık 1308 yılından sonra derlenmiş, Onyıl Yıllıkları'nın kurgulanması, konular ve fasılları. Eldeki metin yaklaşık 1230/1200 yıllarına tarihlenir. Şemadaki parçaların değişik boyutları, ana metinde çeşitli uzunlukta tutulmuş bölümlerinkiyle bağdaştırılmıştır.

Luvice Tarih Yazımı Helen Öncesi Tarih Yazımı II

Hubert Cancik

> Aktarımlar: Metinler ve Betimler

MÖ 12. – 8. yüzyıllar arasına rastlayan, Luvi hiyeroglifli yazıtları, kamuya yönelik, anıtsal, karmaşık bir aktarım sisteminin parçalarıdır: Büyük kaya yazıtları -çoğunlukla kabartmalar ve bazen bir kült alanının eşliğinde-, anıtsal kapılardaki ortostatlar, mezar stelleri, devasa tanrı ve kral heykelleri. Taşlara kazınmış bu yazıtlarda, şehirlerin kuruluşu, savunma sistemleriyle tapınakların yapımı, hükümdarlar ve hizmetkârlarının askeri ya da sivil alandaki başarıları gibi konular işlenmiştir.

Temel fikre indirgenmiş, anlatılmak isteneni özetleyen bir edisyon niteliğindeki bu yazıtların, historiyografik biçimleri ve motifleri, şimdiye değin neredeyse hiç irdelenmemiştir.[1] Anıtlar yoluyla gerçekleştirilen bu aktarımın tek yanlı oluşu kaçınılmazdır, çünkü Orta Anadolu'dan Asi Nehri'nin yukarı havzasına kadar uzanan bölgedeki devletlerin, kültürel, askeri ve dini gerçeklerinin, ancak bir bölümünü yansıtır.

> Yazı, Betim, Tarihi Kişilik

Yazıtlar, kamuya yöneliktir: kapı binasında, Hava Tanrısı tapınağının cellasına (kutsal odasına) açılan kapının pervazlarında, tapınağın avlusunda. Yazıtları kaleme aldıranlar, metinleri bizzat okuyan, ya da yüksek sesle okunan içeriklerini dinleyip, verilen mesajı algılayan bir topluluğa konuşurlar. Çoğunlukla metin, bir betimlemeye yöneliktir; adını koyar, soyağacını ve yapılış nedenini açıklar. Yazıt, özel giysileri, soyağacının sembolleri, statüsü, görevi betimleneni, belirli bir şahsiyetin "portresine" dönüştürür. Kadınlar da toplum içinde, adları ve tasvirleriyle temsil edilirler: Kargamış kralı II. Suhi'nin eşi (MÖ 10. yüzyıl), kabartmasını özel bir ortostat üzerine işletir; yazıt, konumuna açıklık getirir: "Her nerede kocam adını kutsarsa, benimkini (adımı) de saygıyla kutsar" (Res. 1).[2]

Kurkuma'dan (Maraş, 8. yüzyılın ikinci yarısı) bilinen bir mezar stelinde, bir kadının kucağında duran çocuk, elinde yazı tahtası, yazı gereçleri ve oyuncak kuş tutar. Okuma yazma, bu toplulukta bu denli yaygın ve önemlidir. Çocuk bile adını belirtir. (Res. 2)

Sadece krallar ve eşlerinin değil, hizmetkârlarının da betimlenebilme, yazıt ve mezar kültü oluşturma hakları vardır. Tabal Büyük Kralı Tuvati'nin (yaklaşık MÖ 750) hizmetkârı, Ruva "tanrıların katına" gitti (yani öldü); ama yapı eserleri ve kült vakfı, "Tuvati'nin hakseverliği sayesinde" yaşayacaktır.[3] Mezar stelinde, kendini "ben Ruva'ydım" şeklinde, geçmiş zamanda tanımlar.

Gömü adetleriyle ilgili anıtlar olan bu mezar stelleri, yeni geliştirilen bir betimleme tarzıdır.[4] Mezar anıtları, isim, başarı, tasvir aracılığıyla bireysel sürekliliği sağlamayı amaçlayan, kişilik bilincini belgeler. Ölen hükümdar, tanrılar gibi, bir hayvanın üstünde durur. Yazıtta, kısa ve öz şekilde tanımlanan kült kuralları doğrultusunda düzenlenen törenler ve kurbanlar, anısını canlı tutar. Kazandığı tarihi başarılarsa, kült bağışının nedenidir: kent kurma, yol inşası, kazanılan bir savaş, zengin hasat dönemleri. Soyağacında, Kurkumalı (Maraş) III. Halparuntiya olayındaki gibi, altı göbek sayılabilir:[5] Bu, Halparuntiya (MÖ 800 yılları) hanedanı sırasında kurgulanabilen, tarihi mekânın derinliğinin bir işaretidir. Buna benzer soyağaçlarından, Herodotos'un Lidya hanedanları için kurduğu gibi,[6] yöneticilerin hangi sıra ile başa geçtiğini gösteren listeler haline getirilebilir.

> Yazıcılar, Sanatçılar, Yazarlık

Mezarlarda, kapılarda, kült alanlarında, kutsal tören alayı güzergâhlarında gözlemlenen yazıtlar, Luvi devletlerinde yazının yayılımını ve taşıdığı önemi vurgular. Sözü yazıya dökenler, kabartmaları ve heykelleri yontanlar, tüm becerilerini ortaya koyar. İsimleri ve unvanlarıyla, yapılan işin altına imzalarını atarlar:

La, Tabal Büyük Kralı Vasusarma'nın tarih konulu büyük kaya yazıtını taşa kazıyarak yazar. Ilali, MÖ 8. yüzyılda, bir başka Tabal kralının yazıcısı, kendisi için bir mezar steli yaptırır ve bu stele mesleğini yazdırır.[7] MÖ 10. yüzyılda, İsrail krallığıyla doğrudan komşu olan, Luvi devletlerinin en güneydeki Imat/Hamat'ın sınırları içinde yer alan, Haizar ve Mahrada'daki (tarihlenmeleri sorunlu) mezar stelleri, birbiriyle yakından ilişkilidir. Bir kısmı kabartmalı bu mezar stellerinin yazıları, "İyi Yazıcı" Pidantamuva ya da Ahuza tarafından yazılmıştır.[8] "Yazıcı" Alani'ye ait kil üzerine, silik, tek bir damga mühür baskısı bilinirken, Karatepe'deki (Adana, Kilikya; MÖ 7. yüzyıl başları) Luvice-Fenikece çiftdilli yazıtlarının Luvi hiyeroglifleriyle yazılmış olanının sonunda: "Bu yazıtı Massani ve Massanazami taşa oydular" ibaresi yer alır.[9]

Bu yazıcıların bazıları, saygın konumda, diplomatik yazışmalardan haberdar, birkaç dil bilen, yazıtları değişik ortamlara (taş, kil, kurşun, ahşap) uygulayabilen kişilerdi. Formüler oluşturmayı, binaların yapımı ve zaferlerle ilgili anlatı kalıplarını iyi bilirlerdi. Tüm bunların yanı sıra, kitaplıklarındaki eski/arkaik metinleri temel alıp, yeniden arkaik metinler tasarlayıp, bunları yazıya dökebilirlerdi. Bu kurumlarda -meslek olarak yazıcılık, kütüphane ve arşivcilik, yazı bilen kamu kesimi- tasarlanır, formule edilir ve sürekliliği gözetilirdi. İşte bu sayılanlar bu kültürün tarih bilincinin göstergesi olarak tanımlanabilir. Kuzey Suriye kültüründe, "yazıcılar"ın "özgüvenlerine" yönelik erken örneklerden biri, Alalah kralı Idrimi'nin heykeli üzerindeki yazıtta adı geçen "yazıcı" Sarruva'dır (MÖ 15. yüzyıl). Ankara gümüs kasesi (15. yüzyıl) üzerinde de, "Benti, ikinci dereceden yazıcı" ibaresiyle, sunuyu gerçekleştiren Samaya'nın yanında yer almayı becermiştir.

> Tipler, Biçimler, Motifler

Tek taraflı ve doğrulukları kuşkuyla karşılanması gerekli olduğu halde, değişik tipte yazıtlar, biçim ve motiflerine göre ayrılabilmektedir. Kurkuma kralı I. Lamas (Maraş; yaklaşık MÖ 1000 – 900 yılları) yazıtı örnek alındığında, erken metinlerde bile, üç kısımlı bir yapılanma geliştirildiği görülür:[10]

A Kişinin kendini adı, unvan(lar)ı, soy kütüğüyle tanıtımı;

B Başarıları:

1 çoğunlukla "benden önceki krallar" kalıbıyla, geçmişe gönderi;

2 ekonomik, dini, politik, askeri başarılar;

C Yazıtın, şehir kurmanın, yapıların, betimin korunmalarına yönelik, kutsama ve lanetleme cümleleri.

Bazı yazıtlar, 'geçmiş zamanda', veliaht prenslerin kahramanlıkları ve tahta çıkışlarını anlatır; bu sırada otobiyografik ve savunma içerikli motifler de yazıta dahil edilebilir. Karkamış'ın sondan bir önceki ya da son kralı olan (MÖ 8. yüzyılın 2. yarısı) „Sastura'nın oğlu" (II. Astiru ?) ve Kurkuma kralı II Halparuntiya (MÖ 850 civarı) yazıtları, buna en iyi örneklerdir.[11] Hitit Büyük İmparatorluk döneminde, koşut anlatım yöntemlerinin bulunduğu, örneğin II. Hattuşili'nin Savunması'r da ("III"; yakl. MÖ 1265 – 1240) gözlemlenmektedir.[12]

Metinde, çoğunlukla, birinci tekil şahıs hikâye kipi kullanılır. Katuva (10. yüzyılın sonu), Yariri (8. yüzyıl başı) ve Karkamış kralı Kamani (8. yüzyıl ortaları)[13] yazıtlarından bilinen, doğrudan sözlü konuşma, azdır. Massuvara kralı Hamiyata (Karkamış karşısında Fırat'ın doğu kıyısı) ve aynı devletin bir başka kralının (10. yüzyıl sonu/9. yüzyıl başı)[14] yazıtlarında okunan, gelecekten haber verme ve tanrılara yakarı gibi öğelere de pek rastlanmaz. Yerine gelen kehanetlerse, sözel tekrarlarla belirtilir. Savaşlarla ilgili metinler, bazen ataların dönemine kadar geri giden bir giriş, tanrıların desteği, zafer ve ganimet, düşman ülkelerin yerle bir edilmesi, betimlemeli ve yazıtlı bir zafer anıtının kurulmasını yansıtır. Bir zaferin ardından yeni yapılar inşa edilir. Kült binalarıysa, tanrı desteğine bir şükran göstergesidir.[15] Hitit Dönemi'nden de bilinen kendini abartılı biçimde yükseltme motifi[16] -"Benim babalarımın, büyük babalarımın, atalarımın hiçbiri bu başarıyı gösteremedi"- çok kısıtlı ve kalıplaşmış bir soy bildirimiyle, geçmişe de ışık tutar.

> Bir Örnek: Tabal Büyük Kralı Vasusarma'nın Anlatısı (MÖ 730 yılları)[17]

"Büyük Kral" Vasusarma, Orta Anadolu'da (Tabal/Kapadokya), bakıldığında rahatça okunabilecek yükseklikte bir kaya duvarına, MÖ 730 yıllarında, Parzuta kenti ve yandaşlarına karşı yürüttüğü savaşı anlatan bir yazıt kazdırttı. Yazıtı taşa kazan ve belki de metni tek başına ya da kralla birlikte oluşturan, Büyük Kral'ın yazıcısı olduğu sanılan, La idi.[18] Yazı tarzı ,"bilerek arkaizan" tarzda tutulmuştu.[19] O halde yazıcı, arkaik metinleri biliyordu. O da, sembolik değerlerinden yararlanarak, tıpkı Vasusarma'nın unvanındaki "Büyük Kral'ın, Kahramanı" şeklindeki gönderi gibi, Hattuşa'daki Hitit Büyük İmparatorluk dönemiyle bağlantı kurmayı amaçlamıştı. Şayet Kızıldağ'daki, Tarhuntassa Büyük Kralı Hartapu'nun eski yazıtına (MÖ 12. yüzyılın 1. yarısı) kabartmayı ilave ettiren Vasusarma ise,[20] bu MÖ 8. yüzyıldaki arkaizan eğilime yeni bir kanıttır. O halde, La ve ona kabartmayı ısmarlayanlar da, yazı karakterinin inceliklerini algılayacak, eğitimli, okur yazar bir topluluklа karşı karşıya bulunduklarını varsaymıştı.

Metin, oldukça uzundur: 8 satır, yaklaşık 400 kelime. Yazıtta tek bir kahramanın yaptıkları değil, değişik yörelerde, pek çok kişinin yer aldığı, üç yıl süren bir savaş anlatılmıştır. Metin, aşağıda görüldüğü şekilde düzenlenmiştir:

I Her iki taraf ve yandaşları.

II Savaş:

1. Meydan savaşının yapıldığı ilk yıl;
2. Düşman kentin kuşatılması ve alınışı;
3. Düşmanın son bir saldırısı.

III Sonuç: "Ben gelecekte ..."

Olaylar birinci tekil şahısta anlatılmaktadır; karşıtın yaptırımları ayrı bir dizidedir. Bu iki koldan anlatı, karşıt Parzuta kenti ve yandaşlarından sekiz kralın harekatıyla başlar. Ancak bundan sonra anlatıcının tepkisine yer verilir. Anlatıda, çiviyazılı Hitit tarih yazımındaki savaş edebiyatından bilinen, örneğin "Tanrılar benim önümde koştular" gibi, kalıplar kullanılır.[21] Eski Aramice yazıtlı Tel Dan (Galile, MÖ 9. Yüzyıl) stelinde de, buna benzer bir deyim izlenir: "Ve Hadad benim önümde gitti".[22] Luvice'dekiyle Hititçe anlatı kalıbının sözel benzerliği, betimleme türünün geniş bir alana yayıldığını, ama dil bilimi açısıdan, Hitit-Luvi geleneğinin ağır bastığını vurgular. Geleceğe gönderi yapılan son bölüm (III) için de, Hitit Büyük İmparatorluk dönemine tarihlenen öncü örnek vardır: Hattuşili ‚Savunması'.[23]

Bu savaş anlatımı, kısa tutulmuş anıtsal bir yazıttan beklenebileceği kadar, hem karşıtı, hem de kendi yandaşlarına yeterince yer vererek, iyi bölümlenmiştir. Askeri harekâtın süreci, mekansal dağılımı ve çeşitliliği, anlatım düzeyini oldukça yüksek tutmaktadır. Bu saptama, bazı soruları da beraberinde getirir:

Tür ve içerik açısından bu yazıtın kaynakları hangileridir: yoğunlaştırılmış hali yazıta yansıtılan, başka bir malzeme üzerinde daha uzun yazıya dökülmüş, bir savaş anlatımı mı vardır? Kurşun şeritler üzerine yazılmış, Kululu Ekonomi Metinleri ve Assur Mektupları,[24]

1 hiyeroglif yazısının yönetim ve serbest ticarette kullanımı;
2 idari mekanizmayla ilgili olayların hangi kapsam ve doğrulukta belgelendiği;
3 listenin biçimi açısından önemli birer belgedir. Askeri konular hakkında da benzer belgeler vardı mutlaka.

Hawkins'in paleografide arkaik unsurlar konusundaki araştırmaları sonucu mevcudiyetlerinin kesinleştiği varsayılan, arşivcilik ve tarih yazımı gelenekleri hangileridir?

Edebiyat açısından geç dönem Hiyeroglif Luvicesi tarih yazımının, Büyük İmparatorluk Dönemi Hiyeroglif Luvicesi ve çiviyazılı tarih yazımına olan bağının derecesi ve sürekliliği nedir?

Luvi devletlerinin doğusu ve güneyinde yer alan, aynı dönem Assur, Arami ve İbrani tarih yazımlarıyla bağlantılarının yanı sıra,[25] 8. yüzyılda, Tuvana/Tyana'da (Kemerhisar), Hiyeroglif Luvicesi yazıtlarıyla kesişen Frig yazıtlarıyla da bağlantıları hangileridir?

Tevrat'ın İbranicesi'nde, "tüm Het ülkesine" yönelik, hiç de az sayılamayacak bağlantılar bulunur. Çok daha batıda, Tebai'daki (Boiotia/Yunanistan; 14./13. yüzyıllar) Miken sarayında, iki Luvi hiyeroglifli yazıtıyla, bir silindir mühür (13. yüzyıl) ele geçmiştir **(Res. 3)**.[26] Lokris'te (Tragana), Geometrik Dönem'e tarihlenen bir Grek mezarının zengin hediyeleri arasında, gene Luvi hiyeroglifleriyle sahibinin adı yazılı bir de kâse mevcuttur: "Muvizi'nin (kâsesi)".[27]

Mısır ve Mezopotamya'daki büyük medeniyetlerin çevresindeki küçük devletlerin azımsanamayacak etkilerini, Otto Neurath, Hitit ve Luvi metinlerinin keşfedilmesinden çok önce, şu sözlerle özetlemişti:[28]

"Yüksek kültür düzeyine erişmiş bu devletler politik yaptırım gücünden yoksundular; bu nedenle kültürleri, boyunduruk altına almaksızın canlandırıcı bir etki oluşturmuş ve böylece eğitsel bir etki yaratmıştır".[29]

Dipnotlar

1 John David Hawkins, *Inscriptions of the Iron Age, Corpus of Hieroglyphic Luwian Inscriptions* I, Berlin/New York 2000.

2 Hawkins (Dipnot 1), 92; çeviri Frank Starke.

3 Hawkins (Dipnot 1), 443.

4 Dominik Bonatz, *Das syro-hethitische Grabdenkmal. Untersuchungen zur Entstehung einer neuen Gattung im nordsyrisch-südostanatolischen Raum der Eisenzeit*, Mainz 2000.

5 Hawkins (Dipnot 1), 262.

6 Herodot 1,6 vdd.; Herakles, Ninos ve MÖ 1250 ye tarihlediği Troia Savaşı'ndan hareketle.

7 Hawkins (Dipnot 1), 490 – 491.

8 Hawkins (Dipnot 1), 417.

9 Hawkins (Dipnot 1), 69.

10 Hawkins (Dipnot 1), 253.

11 Hawkins (Dipnot 1), 160, 256 – 257.

12 Krşl. Heinrich Otten, *Die Apologie Hattusilis III.*, Wiesbaden 1981.

13 Hawkins (Dipnot 1), 119 – 120, 124 – 125, 145 – 146.

14 Hawkins (Dipnot 1), 232, 240 – 241.

15 Örnekler Karkamis kralı Katuwa ve Kurkuma kralı II. Halparuntiya; krşl. Hawkins (Dipnot 1), 103, 104, 256.

16 Krşl. Otten (Dipnot 12), 26 – 27 (§ 12b).

17 Topada yazıtı; Hawkins (Dipnot 1), 452 – 454.

18 Kululu'da bulunmuş kurşun şeritler üzerine yazılmış Ekonomi metinlerinde La adı birkaç kez geçer (MÖ 8. yüzyıl ortaları) Bkz. Hawkins (Dipnot 1), 507.

19 Hawkins (Dipnot 1), 452, 460vd. (işaretler listesi).

20 Krşl. J. D. Hawkins, The Inscriptions of the Kızıldağ and the Karadağ in the light of the Yalburt Inscription: Heinrich Otten v.d.(Derl.), *Hittite and other Anatolian and Near Eastern Studies in Honour of Sedat Alp*, Ankara 1992, 259 – 275 (272).

21 Krşl. Hubert Cancik, *Grundzüge der hethitischen und alttestamentlichen Geschichtsschreibung*, Wiesbaden 1976, §12.

22 S. J. Tropper, Eine altaramäische Steleninschrift aus Dan, *Ugarit-Forschungen* 25, 1993, 395 – 406 (401vd., 5. satır).

23 Krşl. Otten (Dipnot 12), 30 – 31 (§ 13 – 14): „Ama gelecekte her kim..."

24 Hawkins (Dipnot 1), 503 – 513, 533 – 555.

25 Sanna Aro, *Tabal. Zur Geschichte und materiellen Kultur des zentralanatolischen Hochplateaus von 1200 - 600 v. Chr.*, Helsinki 1998, 137vdd.

26 E. Porada, The Cylindar Seals Found at Thebes in Boeotia, *Archiv für Orientforschung* 28, 1981/82, 1 – 70, No. 25.

27 Hawkins (Dipnot 1), 569, Res. 327; yazıt "olasılıkla MÖ 8. yüzyıl"

28 Otto Neurath, *Antike Wirtschaftsgeschichte*, Leipzig 1909, 25.

29 Meslektaşım Frank Starke'ye (Tübingen) yardım ve eleştirilerinden dolayı teşekkür ederim.

Kaynakça

Aro 1998; Baurain/Bonnet/Krings 1991; Bonatz 2000; Çambel 1999; Greenfield: Baurain/Bonnet/Krings 1991, 173 – 185; Hawkins 1980a, 213 – 225; Hawkins 2000; Mellink 1956; Orthmann 1971

Resim altları

1 Karkamış kralı II Suhi'nin eşi (MÖ 10. yüzyıl), Ankara Anadolu Medeniyetleri Müzesi (Hawkins 2000, Lev. 8)

2 Annesinin kucağında Tarhupia, Maraş mezar steli, Paris, Musée du Louvre (Hawkins 2000, Lev. 125)

3 Luvi hiyeroglif yazıtlı silindir mühür (olasılıkla Kuzey Suriye kökenli, 13. yüzyıl), Tebai Miken Sarayı'ndan (Boiotia, Yunanistan, MÖ 14./13. yüzyıllar) (Porada 1981/82, 49)

Büyükler, Prensler, Beyler

Mühürleri Işığında İmparatorluk Yönetiminin Zirvesindekiler

Ali Dinçol/Belkıs Dinçol

> Mühür Buluntularının Önemi

Hitit uygarlığından günümüze gelebilmiş belgeler içinde mühürlerin özel bir yeri vardır. Mühürler üzerinde sadece Hitit memurlarının veya herhangi bir unvana sahip olmayan erkek ve kadınların adlarının yazıldığı hiyeroglif işaretleri değil, dekoratif malzeme olarak, insan ve hayvan tasvirleri bulunmaktadır ki, bunlar Hitit insanı tarafından yaratılan heykelcikler ve kabartmalar dışında, görsel sanat ürünlerinin en güzel ve en fazla sayıdaki örneklerini oluştururlar. Ayrıca, Hitit yazılı belgelerinde okuduğumuz birçok dini ritüelin resim olarak anlatımlarını içerirler. Bu sahnelerde, metinlerden sadece adlarını bildiğimiz birçok kült eşyasının, mobilyanın, giysinin ve keramik türünün, bazı bitki ve hatta ekmek cinsinin yer alması nedeniyle, Hitit maddi kültürüne ait bilgilerin bir kısmını da mühürlerden öğreniyoruz. Diğer yandan, mühürlerin gösterdiği gelişim, tarihleme için de bazı kriterler sunmaktadır. Bu bakımdan, mühürler yalnız filolojik değil, arkeolojik yönden de çok değerli belgelerdir.[1]

> Mührün İşlevleri

Mühür kullanan tüm toplumlarda olduğu gibi, Hitit kültüründe de mühürlerin üç ana fonksiyona sahip oldukları saptanmaktadır: a-) onama/tasdik etme, b-) güvenlik garantisi, c-) mülkiyet göstergesi. Birinci fonksiyon, günümüzdeki imzanın işlevine benzer; belgelerde, onları yazdıranın ve şahitlerin mühürleri bulunur. İkinci fonksiyonda söz konusu olan, yazılı belgeden çok, bir kap, paket ya da bir mekânın içeriğinin güvenliğidir. Mühür kullanımının bu işlevi, yazının icad edilmediği dönemlerde de mühürlerin var olmasının nedenidir. Üçüncü fonksiyon olarak, herhangi bir keramik kap üzerine basılan mühür, ya da bir kil parçasına basılıp, bir sepete, kaba ya da herhangi bir pakete bağlanan mühür baskısı, bunların kime ya da saray, tapınak gibi hangi kuruma ait olduğunu da belirtmekteydi.

> Mühürler ve Mühür Baskıları

Kil tabletler üzerine çiviyazısı ile yazılmış belgelerin mühürlenmesi, bunların üzerine mühür bastırılması sonucu, mühür yüzeyine kazınmış hiyeroglif işaretlerin ya da bitkisel, geometrik süslerin tablet üzerine kabartma olarak aktarılması anlamına gelir. Kap, paket veya mekanların mühürlenmesi ise, bunların ağızlarına sokulmuş ya da bağlandıkları iplere sarılmış kil topaklarının üzerine mühürlerin bastırılması ile yapılır; kilin sertleşmesi ile, kırılmadan açmak imkânsız hale gelirdi. Kapılar da aynı yöntemle mühürlenirdi. Arkeolojik literatürde "bulla" adı verilen mühür baskılı kil topaklarının arka yüzlerinde, üzerine bastırıldıkları iplerin veya çuval türü kaba dokunmuş bezlerin izlerine raslanmaktadır. Bullaların özel bir türü, sivri uçları ince bir sicim geçirilmek üzere delinmiş, koni biçimli gövdeli ve daire biçimli tabanları mühürlenmiş olanlarıdır (Res.1). Bu tip konik mühür baskılarının bir nesneye bağlanmış oldukları anlaşılmaktadır. Büyük bir olasılıkla, Hitit metinlerinden bildiğimiz GIŠ.HUR = "tahta tablet"lere bağlanarak, bunlar üzerine hiyeroglifle yazılmış belgeleri tasdik etmiş olan bu bullalar, kazılarda sıklıkla ve çok sayıda ele geçmektedir. Anadolu iklim koşullarında, günümüze kadar gelebilmeleri çok zor olan tahta tabletlere yazılmış belgelerin sadece "imzaları"nı bulmuş oluyoruz.

> Mühürler Üzerindeki Yazılar ve Diller

Hitit mühürleri, Hitit toplumu tarafından kullanılmış olan çiviyazısı ve hiyeroglif yazı sistemleri ile yazılmıştır. Ancak çiviyazısı kullanımının sadece kral, kraliçe ve bazı kral ailesi mensuplarının mühürlerine özgü bir ayrıcalık olduğu anlaşılmaktadır. Genel olarak, memur ve halk mühürlerinde sadece hiyeroglif yazısı yer almakta, krali mühürlerde ise, hiyeroglif işaretlerin yer aldığı orta alanı çerçeveleyen dış kenarda çiviyazılı bir lejand bulunmaktadır. Unvanlı veya unvansız kişilerin mühürlerinde sadece hiyeroglif kullanılmış olması ve böyle mühürler içeren konik bullaların tahta tabletlere bağlanmış olması, halka açık yerlerdeki anıtlar üzerinde de yalnızca hiyeroglif yazıtların bulunması, Hititler döneminde yaygın olan yazı sisteminin hiyeroglif, yaygın olarak konuşulan dilin ise, bu yazı sisteminin uygulandığı Luvice olduğunu ortaya koymaktadır. Çiviyazısı ve Hititçe'nin resmi yazı ve dil halinde kaldığı görülmektedir. Halka ait hiçbir yazışmanın çiviyazılı belgelerde bulunmaması da bu kanıyı doğrular niteliktedir.

> Mühür Sahiplerine Genel Bir Bakış

Unvan veya görevleri yazılmış kişilerin yanında,

sadece "kadın" veya "erkek" olarak cinsiyetleri belirtilmiş mühür sahipleri de vardır ve bunlar sayıca diğerlerinden az değildir. İki yüzü de yazılı mühürlerde, bazen her iki tarafta da aynı ad bulunmakta, bazı hallerde ise, iki ayrı ad görülmektedir. Bunlardan birinin kadın olduğu durumlarda, evli bir çiftin mührünün söz konusu olduğu düşünülebilir. Diğer yandan, Anadolu kökenli kadın mühürleri üzerinde kraliçe ve prenses unvanları dışında, hiçbir meslek veya görev adına rastlanmaması ilgi çekici bir durumdur. En çok geçen görev adı "kâtip"tir. Yazı işlerinden sorumlu kişiler olmaları bakımından bu doğal karşılanmalıdır. Ayrıca, kâtipler, öğrenimleri nedeniyle başka idari görevleri de üstlenecek yetenekte sayıldıklarından, birden fazla unvan ya da memuriyete sahip olabiliyorlardı. Asiller arasında da prens unvanı taşıyanlar iki ayrı görevi yürütebiliyorlardı. Mühürler üzerinde görülen ve unvan olması gereken hiyeroglif işaretlerinin tümü henüz çözülmüş değildir. Bunların çiviyazılı metinlerde geçen çok sayıdaki unvan ve meslek adından hangileri ile eşitleneceği, eldeki belge sayısı arttıkça anlaşılacaktır. Anlamı bilinen unvanlara dayanarak, mühür sahiplerinin aşağıdaki görevlerde bulunduklarını söyleyebiliriz: saray görevlisi, saray muhafızı, general, arabacı, rahip, çoban, mühür kazıyıcı, asa taşıyıcı, sâki, ülke beyi, şehir beyi.[2] Bunların bazılarının bugünkü anlamlarına bakarak sıradan işler olduğu kanısına varılmamalıdır; örneğin "arabacı" önemli bir askeri görevdi, "sâki" kralın en yakınında bulunma ayrıcalığına sahip bir kişiydi, çiviyazılı tabletlerde geçen ^{LÚ}NAGAD karşılığında kullanılan "çoban" unvanı ise, belki büyük krali sürülerden sorumlu olan bir mevkide bulunuyordu. "Mühür kazıyıcısı" da, "kâtip" gibi okuryazar olma önceliği nedeniyle, önemli bir meslek mensubuydu. Mühür buluntuları, bazı kâtiplerin değişik biçimlerde birden çok mühür yaptırdıklarını göstermektedir. Kâtipler arasında bir hiyerarşi bulunduğunu gösteren bazı ipuçları vardır. Kanımızca, bir "baş kâtip", yönettiği büroda, alt dereceden kâtipler çalıştırmakta, içlerinden kendi adına belge düzenleme yetkisi verdiği bazılarına mührünü de teslim etmektedir. Aynı kâtibin niçin birden fazla mühür yaptırdığı, böyle bir sistemin varlığı ile açıklanabilmektedir.[3]

> Hitit Mühürcülüğünün Biçimsel Gelişimi

Anadolu'da geleneksel mühür biçimi, damga mühürdür. Kil tabletler üzerinde yuvarlanarak, izi aktarılan silindir mühür Mezopotamya kökenlidir ve Anadolu'ya MÖ II. binyıl başlarında, 19. ve 18. yüzyıllarda Assur'lu tüccarlar tarafından getirilmiştir. Ancak, bu tür Anadolu'da benimsenmemiş ve kullanım alanı daha çok Kuzey Suriye ve etkisinin görüldüğü Kilikya ile sınırlı kalmıştır. Hititçe'de "mühürlemek ve mühür" kelimelerinin *şai-/şiya-* "bastırmak" fiilinden türetilmiş olması da, yumuşak yüzeyler üzerinde yuvarlanarak değil, bastırılarak kullanılan damga mühürlerin Hitit mühürcülüğünün asıl biçimi olduğunun işaretidir.[4]

Assur Ticaret Kolonileri çağında kullanılan damga mühürler, Kültepe, Acemhöyük,[5] Konya Karahöyük[6] ve Boğazköy[7] gibi merkezlerden elde edilen gliptik malzemeden dolayı iyi bilinmektedir. Bunlar genellikle kurs biçimli mühür yüzeylerine sahip, konik sapları çoğunlukla fasetli, sapın bitimi yumru veya çekiç biçimli ve ip geçirmek üzere delinmiş damgalardan oluşmaktadır. Aynı dönemde Anadolu silindir mühürle de tanışmış ve bunlar içinde de bir Anadolu üslubu geliştirmiştir.[8] Assur Ticaret Kolonileri zamanından başlayarak,[9] onu izleyen Eski Hitit çağında (Orta Kronolojiye göre MÖ 1700 - 1400) bu yeni mühür biçimiyle, geleneksel damga mühürler birleştirilmeye çalışılmış ve ortaya değişik formların çıkması sağlanmıştır.[10] MÖ 17 yüzyıla tarihlenen bu yeni silindir-damgalarda, saplar çekiç veya yumru başlı ve konik, fakat gövdeler silindiriktir. Silindirin yüzeyi kil üzerinde yuvarlamaya, ve alt tabanı da damgalamaya uygun olduğundan, yazı ve bezemeler için iki yüzeyden de yararlanılmış ve böylelikle silindir ve damga işlevleri tek mühürde kombine edilmiştir **(Res. 2)**. Bu tip mühürlerden çok sayıda örnek yoktur; eldeki mühürler, içlerinde en eskisi olan ve mührü satın alan kişinin adıyla tanınmış olana izafeten Tyskiewicz grubu olarak anılırlar. Bu grup içindeki Tyskiewicz mührü 17. yüzyıl başlarına, satın alındığı yere göre Aydın mührü olarak nitelenen, yine aynı yüzyılın ilk yarısına, saklandığı Louvre Müzesi'nin adıyla anılanı ise, öncekinden biraz daha yeni bir evreye, 17. yüzyılın ortasına tarihlendirilmektedir. Yaklaşık aynı dönemin ürünleri olan bu mühürlerin tümünün aynı coğrafi bölgede, Kilikya'da yapılmış oldukları düşünülmektedir.

Berlin Müzesi'nde bulunan bir mühür, Tyskiewicz grubuna göre bazı değişiklikler göstermekte ve yeni bir formun öncülünü oluşturmaktadır. Bu mührün silindirik gövdesi üzerinde sürekli bir sahne yerine, derin oluklarla ayrılmış metoplar üzerinde birer figür yer almaktadır. Metopların yüzeyi dışbükey olduğundan, gövde silindir mühür işlevini görebilmektedir; silindirin tabanı da metoplara uygun olarak sekiz yapraklı bir rozet biçimdedir ve damga olarak kullanılmaktadır. Yüzeyin bölünmesi, bu dönemden sonra ortaya çıkan küp gövdeli ve çekiç başlı mühürlerin ilk işaretini vermektedir.
17. yüzyılın ikinci yarısında ilk örnekleri görülen, köşeleri hafifçe yuvarlatılmış, dört yan yüz ve bir tabandan oluşan küp gövdeli mühürler ile,[11] silindir mühür kulanımının Anadolu'da sona erdiği anlaşılmaktadır. Bu tipin her zaman beğenilen bir mühür türü olduğu, haç biçimli,[12] ellipsoid biçimli[13] baskı alanları gibi yenilikler yaratılarak, 14. yüzyıl başına kadar sürmüş olmasından anlaşılmaktadır.

Bu yenilik denemelerinin dışında, geleneksel biçimdeki, taş ya da maden, kurs gövdeli, konik saplı damgalar, her zaman kullanımda kalmıştır. Bunların madenden (gümüş alaşımı) yapılmış güzel örnekleri İstanbul Eski Şark Eserleri Müzesi'nde saklanmaktadır.[14] 17. yüzyılın başına ve ortasına tarihlenen bu mühürlerden bir tanesinin tam bir düplikasının Boston'da Walter's Art Gallery'de bulunması ilginçtir **(Res. 3)**.[15] Walter's Art Gallery'deki hematit taşından yapılmış çekiç başlı bir başka mühür[16] 15. yüzyılın ilk yarısına, Afyon Müzesi'ndeki yine hematitten bir diğeri ise[17] 15./14. yüzyılın geçiş evresine aittir. Adana Müzesi'nde saklanan madeni bir yumrubaşlı mührü ise,[18] 14. yüzyılın başlarına tarihlemek mümkündür. Bu tipin işçilik ve malzeme bakımından pahalı olması dolayısıyla terk edildiği düşünülmekteyse de, 13. yüzyılda bile unutulmadığını, Boğazköy'de (Bo 82/70) ele geçen pişmiş toprak bir örnek kanıtlamaktadır.

Çekiç ya da yumru başlı damgaların saplarının masif yapılarını kaybetmeye başladığını ve böylece yeni bir biçimin ortaya çıktığını, Adana Müzesi'nde saklanmakta olan gümüş alaşımı bir madenden yapılmış damga mühür **(Res. 4)** kanıtlamaktadır. Bu mühür, dört yapraklı yonca biçimli bir mühür yüzeyine ve her bir yaprak üzerinde yükselen ve bir yumruda birleşen dört ayaktan oluşan bir sapa sahiptir. Henüz hiyerogliflerle isim işlenmemiş bir taslak olmasına karşın, orta alanın gevşek bir örgü bandı ile çerçevelenmesi, mührün 15. yüzyılın ikinci yarısına tarihlenebileceğine işaret etmektedir. Sap kısmı dörde ayrılmış olan bu mühür, genellikle disk biçimli bir mühür yüzeyine bağlı, aslan pençesi şeklindeki üç ayağın, içi boş silindirik bir başa birleşmesinden oluşan tripodlara geçiş aşamasını temsil etmektedir. Elimizde bunlara ait en eski örnek, sap kısmı kaybolmuş olmasına karşın, bunun mühür diskinin arkasına bağlandığı yerlerin izinden tripod olduğu kesin olan, Alacahöyük'te bulunmuş olan bir mühürdür[19] ve 15. yüzyılın sonlarına tarihlenmektedir. 14. yüzyıla ait tripodlara bir örnek, Walter's Art Gallery'de bulunmaktadır.[20] Tripod mühürlerin 13. yüzyıla ait olanları, İstanbul Eski Şark Eserleri Müzesi ile Adana[21] ve Elâzığ Müzeleri[22] koleksiyonları içinde yer almaktadır **(Res. 5)**. Bu türün 14. yüzyılda yaygınlaştığını ve 13. yüzyıl boyunca sevilerek kullanılan bir mühür formu olarak kaldığını söylemek mümkündür.

Sabit saplara sahip mühürlerin yapımında, maden veya taş olsun, fazla malzeme harcanması ve bu formların daha uzun ve ustalık isteyen işçilik gerektirmesinin, sapların ortadan kalkmasını sağlayan arayışlara neden olduğu anlaşılmaktadır. Eskiyapar kazılarında bulunan,[23] 16. yüzyıla tarihliyebildiğimiz, yukarı doğru kesik koni gibi daralan, yaklaşık 2 cm yüksekliğinde silindirimsi gövdeli, yüzeyinin yarısı beş fasetle işlenmiş, iki tabanı da damga mühür yüzü olarak kullanılmış olan bir taş mühür, sapın eliminasyonu denemelerindeki bir aşamayı temsil etmektedir **(Res. 6)**. Gövde fasetlerinden biri üzerine işlenmiş güzel bir örgü bandı bulunmasına karşın, diğerinde yarım bırakılmış bir bezemenin varlığı ve gövdenin üzengi biçimli madeni bir sap takılmak veya sadece ip geçirilmek üzere, ekseni boyunca delinmiş olması, mührün önce çekiç başlı mühürler gibi düşünüldüğünü, fakat sonradan bir konsept değişikliği ile, sadece iki yüzü mühür işlevine sahip, disk formunun bir prototipinin yaratıldığını göstermektedir. Gerçekten de, çeşitli taşlardan yapılan, iki yüzü düz, ekseni boyunca delinmiş, kenarı genellikle düz ya da hafif içbükey olan disk biçimli bu mühürlerin en eski örneklerinden biri,[24] henüz üzerine mühür sahibinin adının yazılmadığı bir taslak olmasına rağmen, çerçevelerindeki örgü motiflerine dayanarak, 16. yüzyılın ikinci yarısına tarihlenmektedir. Günümüze gelebilen çok sayıdaki disk mühürlerden, bu türün, dekoratif elemanları her dönemin modasına uygun değişimler göstererek, 13. yüzyıl sonuna kadar kesintisiz olarak kullanıldığı anlaşılmaktadır **(Res. 7)**.

Disk mühürlerin kullanımı sırasında, 14. yüzyıl başlarında yeni bir madeni mühür biçiminin ortaya çıktığı görülmektedir. Az sayıdaki örnekle belgeleyebildiğimiz bu tip, birbirine lehimlenmiş, orta alanları dışbükey iki tunç disk, üzengi biçimli bir tutamak ve bunun iki ucuna bağlandığı, disklerin ortasından geçen bir şafttan oluşmaktadır.[25] Hem mühür, hem de mühür baskısı olarak ender bulunan bu mühür tipinin de 13. yüzyıl sonuna kadar kullanımda kaldığı, bir kaç örneğe[26] dayanarak iddia edilebilmektedir.

II. Murşili'ye ait bir mühür baskısı Malta haçı biçimindeki dört kanadı ve bunların birleştiği daire biçimli orta alanı ile belki de sadece krallara özgü yeni bir mühür biçiminin denenmiş olduğunu kanıtlamaktaysa da, madeni olması muhtemel bu türe ait başkaca hiçbir kalıntıya henüz raslanamamıştır.[27]

15. yüzyıldan 14. yüzyıla geçiş evresinde yaratılan yeni bir tür de, yarım küre biçimi gövdeleri ve yine üzengiye benzer sapları olan mühürlerdir. Bunların hem tabanları, hem kubbe gibi dışbükey olan üst kısımları yazılı olabilmektedir **(Res. 8)**. Mühür baskıları arasında çok içbükey olanların bu tür mühürlerden kaynaklandığı anlaşılmaktadır. Kalot adı da verilen bu mühür tipinin özellikle 13. yüzyılda yaygınlaştığı görülmektedir. Genellikle taştan yapılmasına karşın, biri Boğazköy Yukarı Şehir'de (Bo 86/357) bulunmuş, diğeri Sadberk Hanım Müzesi'nde saklanan iki mühür,[28] bu türün güzel madeni örneklerini oluşturmaktadır. Diğer yandan, kalotların sap olarak tripodlarla kombine edildiği de belgelenmiştir. Kıbrıs'ta bulunmuş olan üçayak saplı, oval gövdeli kalot altından yapılmıştır,[29] Boğazköy kazılarında keşfolunan ise, fildişindendir.[30] Değerli maddelerden üretilmiş olmaları, bu tipin mühür formları içindeki özel yerini vurgulamaktadır.

Hitit mühürcülüğünde en yaygın olarak kullanılan form, çoğunlukla çeşitli taş cinslerinden yapılan, her iki yüzü dışbükey, ekseni boyunca sap geçirmek üzere delinmiş, kenarları yivli, kurs biçimli mühürlerdir.[31] Bunlara "düğme mühür" adı da verilir. Bu türün 13. yüzyılın bir keşfi olduğu anlaşılmaktadır. Eldeki bazı örneklerden, bu türün de üzengi tarzında madeni saplara sahip olduğu anlaşılmaktadır **(Res. 9)**. Düğme mühürler, Hitit İmparatorluğu'nun yıkılışından sonra da kullanılmaya devam eden mühür tipidir. 12. yüzyıl başlarına tarihleyebildiğimiz mühürler geleneğe uygun olarak taştan yapıldıkları gibi, Boğazköy (Bo97/28) ve Troia'da bulunan bronz örneklerle kanıtlandığı gibi,[32] madeni de olabilmektedirler

Mühürlerin morfolojik gelişimi içinde, buraya kadar sayılanların dışında bir çizgi izleyenlere de raslanmaktadır. Taştan yapılanlar arasında çeşitli prizma biçimli olanlar sıkça görülmektedir. Fakat, sanatçı olarak mühür kazıyıcısının yaratıcı gücünü kanıtlayan çok ilginç mühürler de vardır. Bunların içinde ünik bir parçayı, Samsun Müzesi'nde saklanan, üst kısmı gözleri, kulakları ve burnu ile bir sığır başı; altı ise, sığırın, tırnağın öndeki ayırımına varıncaya kadar işlenmiş, ayak tabanı biçiminde yapılmış; tabanda ve ensede hiyeroglifle yazılmış iki ayrı ad içeren; 13. yüzyıla tarihlenen mühür oluşturmaktadır.[33]

Mühürlerin morfolojik gelişimi içinde gözlenen ilginç bir tür de mühür yüzüklerdir. Bunların en eski örnekleri Boğazköy ve Alacahöyük'te bulunmuştur.[34] Madeni bir diskin, yine madeni bir halkaya monte edilmesinden oluşan bu mühürlerden Boğazköy'de ele geçeni tunçtan, Alacahöyük örneği ise, altından yapılmıştır. İkisi de 16. yüzyıla tarihlenmektedir. Bu yüzük türünün 13. yüzyılda yerini, bir halkanın yaklaşık yarısının dövülerek genişletilmesi sonucu elde edilen, ovalimsi kesiminin mühür yüzeyi olarak kullanıldığı yeni bir tip almıştır [Res. 10]. Bu tip, diğerine göre çok yaygınlaşmıştır. Konya kökenli olup ta, halen Ashmolean Museum'da saklanan[35] ve Sivas yakınında ele geçerek, orada müzede teşhir edilen[36] bu tür yüzükler altından yapılmıştır. Filistin'deTel el Fara'da bulunanı gümüş,[37] yine Filistin'de Tel Nami'de ortaya çıkarılanı ise[38] bronzdur. Boğazköy Yukarı Şehir glyptik malzemesi arasında bulunan bir mühür baskısı ise (Bo 85/412), yukarıda söz edilen tiplere ek olarak diğer bir mühür yüzük tipinin daha varlığına işaret eder. Baskı yüzeyinden anlaşıldığına göre, yüzük halkasının üzerine, herhangi bir genişletme işlemi yapılmadan, isim hiyeroglifleri ve süsleme elemanları kesintisiz olarak, çift başlı kartallar arasına, az farklarla iki defa işlenmişti ve böylece halkanın kil üzerinde yuvarlanmasıyla, sınırsız uzunlukta bir baskı elde edilebilmekteydi.

> Hitit Mühürcülüğünde Görülen Bezeme Elemanlarının Gelişmesi

Hitit mühürcülüğünün zaman içindeki evrimini izlemek için, sadece mühürlere değil, bunlardan elde edilmiş, çok sayıdaki baskılara da başvurmak gerekmektedir. Baskıların biçimlerine ya da baskı yüzeylerinin düz ya da içbükey olmalarına bakarak, hangi tip mühürler ile meydana gelmiş olduklarını saptamak, her zaman mümkün değildir. Örneğin baskı yüzeyi düz olan bullaların kurs biçimli taş damgalardan mı, yoksa madeni tripodlardan mı kaynaklandığını anlamak her zaman kolay değildir ve üzerlerindeki bezeme elemanlarının da gelişimini bilmeyi gerektirmektedir.

Assur Ticaret Kolonileri çağında kullanılan damga mühürler üzerinde en çok görülen örgü ve spiral bantlardır. Ayrıca çift başlı kartallar, dağ keçileri gibi hayvanlar tüm gövdeleriyle gösterilirler, bazen de çeşitli hayvan başlarından oluşan anafor motifleri kullanılır.

Eski Hitit döneminde, 17. yüzyıla tarihlenen Tyskiewicz grubuna giren mühürlerde, ilmik, ve örgü dekoratif motifleri oluştururlar. Silindirik gövdelerinde dinsel tasvirler sürekli sahneler halinde yer alır. Küp gövdeli mühürlerde ise, bunlar metoplara bölünmüştür. Yine Eski Hitit dönemine giren 16. yüzyıla ait mühürlerde, örgü, ilmik ve spiral motiflerinin yanında, eski geleneği devam ettiren hayvan başı anaforları bulunmaktadır. Bunlar üzerindeki hiyeroglif işaretleri arkaik formdadır ve anlamı henüz belirlenemeyen bazı ligatürler de dikkati çekmektedir. İsimlerin yer aldığı orta alan oldukça dar, buna karşın çerçeveler daha geniş tutulmuştur. 16. yüzyıldan 15. yüzyıla geçiş evresinde ise, orta sahanın genişlediği ve hiyeroglif işaretlerinin gelişmiş biçimlerini almaya başladıkları gözlenmektedir.

15. yüzyılda ise, mühür çerçeveleri geyik, dağ keçisi, aslan, boğa gibi hayvanlardan oluşan frizler ve bunların arasına yerleştirilmiş, eya-ağacı ve yere dikilmiş mızraklar gibi, Hitit dini metinlerinde geçer bitki ve eşyalar ile süslenmiştir. Bu yüzyılın diğer bir karakteristik çerçeve bezemesi, kurban sunma gibi birtakım kült sahnelerinin ayrıntılı olarak bu alanlara işlenmesidir. Burada, oturan tanrılar, ellerinde çeşitli kült objeleri ile yürüyenler, libasyon yapanlar, diz çökmüş tapınanlar gibi insan figürleri ve altarlar, tahtlar, tabureler v.s. gibi eşyalar tasvir edilmiştir. Diğer taraftan, içi taranmış üçgenler gibi geometrik motifler ve biraz özensiz olmakla beraber geleneksel örgü bandları da bu yüzyılın bezeme elemanlarındandır.

15. yüzyıl sonları ve 14. yüzyıl başında eski tarz örgü, ilmik ve spirallerin, çok zengin çerçeveler halinde yeniden moda olduğu anlaşılmaktadır. Orta alan bazen çift çerçeve bandı ile sınırlanmaktadır. Fakat bu dönemde yeni ortaya çıkan hayat sembolleri ve yaprak rozetleri, geleneksel elemanlarla birlikte kullanılmakta, bazen her iki bant iç içe iki çerçevede yer almaktadır.

14. yüzyılda hayat sembolleri ve rozetler kullanılmaya devam ederken, nar ağacı dallarından oluşan örgüler, üçgen - daire sıraları, nadiren çift spiraller ve dört geçişli fiyonklar da süsleme elemanlarına katılmıştır. Ayrıca, bu yüzyılda mühür sahibinin adı ve unvanlarını yansıtan hiyeroglifler de çerçevede yer alabilmektedir.

13. yüzyılın tipik çerçevesi ise, merdiven şeridi ya da basit çemberdir. Ancak, küçük üçgen ve dairelerden ya da narlardan oluşan sıralar, ya da çift başlı kartallar veya yan yana dizilmiş, "kâtip", "rahip" gibi, mühür sahibinin unvanını gösteren hiyeroglif işaretlerinden oluşan zincirler de, çerçeve süslemesi olarak yaygın biçimde kullanılmıştır.

Dipnotlar

1 Eski Doğu'da mühürler ve mühürcülük hakkında bkz. Klengel-Brandt 1997.
2 Dinçol 2000.
3 Dinçol 1993.
4 Tischler, Hethitisch-deutsches Wörterverzeichnis, Innsbruck, 75.
5 N. Özgüç 1959, 1977, 1986, 1989.
6 Alp 1968.
7 Beran 1967; Boehmer/Güterbock 1987.
8 Özgüç, N. 1965.
9 Boehmer 1975, Lev. 374m.
10 Boehmer 1975, Lev. 375a-b. Bu metindeki tüm tarihler Orta Kronoloji'ye göre verilmiştir.
11 Boehmer 1975, Lev. 375c.
12 Boehmer/Güterbock 1987, No. 155.
13 Poetto/Salvatori 1981, No. 33.
14 Dinçol 1983, No. 1 ve 2.
15 Boehmer 1988.
16 Güterbock 1977, No. 2.
17 Alp 1969, Lev. I, 1.
18 Dinçol 1983, No. 3.
19 Dinçol 1982.
20 Güterbock 1977, No. 3.
21 Dinçol 1983, No. 4, 5, 6.
22 Dinçol/Dinçol 1983, No. 1.
23 Dinçol/Dinçol 1988, No. 2.
24 Poetto/Salvatori 1981, No. 58.
25 Boehmer 1975, Lev. 377a.
26 Boehmer/Güterbock 1987, No. 215.
27 Dinçol v.d. 1993.
28 Dinçol 1990, No. 6.
29 Boehmer 1975, Res. 143d.
30 Boehmer/Güterbock 1987, 74, Res. 54.
31 Boehmer 1975, Lev. 377d, Res. 143f.
32 Korfmann 1996, 25 vdd; Seeher 1998, 231 vdd.
33 Dinçol/Dinçol 1986, No. 1.
34 Boehmer/Güterbock 1987, 51.
35 Boehmer 1975, Lev. 377e.
36 Ökse v.d. 1992.
37 Boehmer/Güterbock 1987, 76, Dipnot 70 ve Res. 55 c, d.
38 Singer 1993.

Kaynakça

Alp 1968; Alp 1969, 1 – 6; Beran 1967; Boehmer 1975, 437 – 453; Boehmer/Güterbock 1987; Boehmer/Güterbock 1988, 51 – 58; Dinçol 1983, 213-249, Lev. XXXV; Dinçol/Dinçol 1986, 233 – 244, Lev. I – VIII; Dinçol/Dinçol 1988, 87 – 97; Dinçol 1988, 150 – 156, Lev. VIII – XI; Dinçol 1993b, 127 – 130; Dinçol v.d.1993, 87 – 106; Dinçol 1982, 59 – 61; Dinçol/Dinçol 1983, 289 – 294; Dinçol (baskıda)1999; Güterbock 1977, 7 – 16; Klengel-Brandt 1997; Korfmann 1996, 1 – 63; Ökse v.d. 1992, 217 – 225; N. Özgüç 1959, 43 – 53; N. Özgüç 1965; N. Özgüç 1977, 357 – 381; N. Özgüç 1986, 48 – 53; N. Özgüç 1987, 377 – 405; Poetto/Salvatori 1981; Seeher 1998, 215 – 241; Singer 1994, 189 – 193

Resim altları

1 Bulla, Eskiyapar'dan (Dinçol/Dinçol 1988, Lev. III)
2 Tyskiewicz Mührü, Museum of Fine Arts, Boston (Propyläen Kunstgeschichte 14, Lev. 375a)
3 Düplikası Walter's Art Gallery'de (Baltimore) bulunan İstanbul Eski Şark Eserleri Müzesi'ndeki mühür (Dinçol 1983, No. 2)
4 Dört ayaklı mühür, Adana Müzesi (Yayınlanmamış Foto)
5 Tripod mühür, Borowski koleksiyonu (Poetto/Salvatori 1981, No. 27)
6 Silindirik gövdesinin yarısı fasetli, iki yüzlü mühür, Eskiyapar'dan (Dinçol/Dinçol 1988, Lev. II)
7a, b Disk mühürlere örnek, Tarhan Mührü, İstanbul Eski Şark Eserleri Müzesi (Dinçol 1983, No. 7)
8 Kalot'lara bir örnek, Borowski koleksiyonu (Poetto/Salvatori 1981, No. 16)
9 Üzengi saplı düğme mühür, Ras Şamra-Ugarit (Propyläen Kunstgeschichte 14, 451, Res. 143f)
10 Konya'da bulunmuş yüzük mühür. Oxford-Ashmolean Müzesi (Propyläen Kunstgeschichte 14, Lev. 377e)

"Tabarna" ve "Aedikula" Mühürleri

Hitit Büyük Kral ve Büyük Kraliçelerinin Mühürleri

Ali Dinçol/Belkıs Dinçol

> Kral Mühürlerinin Gliptik'teki Yeri

Hitit kral mühürlerinin Hitit gliptik sanatı içinde özel bir yeri vardır. Memur ya da unvan sahibi olmayan halktan kişilerin mühürlerinin aksine, krali mühürlerde önce "hayat" ve "sağlık" sembolleri ve bazı unvanların dışında sadece çiviyazısı kullanılmış, zamanla gelişen hiyeroglif sistemi de buna eklenerek, bigraph mühürler ortaya çıkmış ve bu çift yazı sistemini uygulama özelliği, sadece Hitit Büyük Kralı'na, Büyük Kraliçesi'ne ve nadiren de bazı prenslere özgü bir ayrıcalık olarak kalmıştır.

> Anonim "Tabarna" Mühürleri

İlk Hitit kral mühürlerine ait baskılar (Res. 1), Eski Hitit Devleti'nin ilk dönemine tarihlenirler ve hepsi de daire biçimli mühürlerin yüzeylerinde, orta alanda "hayat" sembolü olan fiyonk; "iyilik, sağlık" sembolü olan üçgen ve neyin sembolü olduğu belli olmayan bir rozet ve kenar kesiminde ise, çiviyazısı ile, Akkadca "Büyük Kral'ın, Tabarna'nın mührü; kim değiştirirse, ölecek" ifadesi yer alır. Tabarna, ilk Hitit Büyük Kralı I. Hattuşili ile eşitlenen bir addır. Bazı araştırıcılar bu tür adsız, anonim mühürleri, belli bir krala değil, "kraliyet idaresine" özgü resmi mühürler olarak kabul ederler.[1] Anonim Tabarna Mühürleri içinde de biçimsel değişikliklerin varlığı anlaşılmaktadır. Bunlarda çiviyazılı lejandda çivi başlarının bazı mühürlerde içe, bazılarında dışa bakması ve bazen yazı yönünün ters olması[2] dışında belirgin farklar saptanamazken, bazı mühür baskılarında, sınırları kenar kesiminden çizgi ile ayrılmış orta alanlarında "sağlık" sembolü olan üçgenin,[3] anlamı belirsiz rozetin,[4] ya da "kâtip" veya "çoban" unvanlarını[5] ifade eden hieroglif işaretlerinin tek başlarına yer aldığı görülmektedir.

> Tabarna Unvanlı Kral Mühürleri

Eski Hitit dönemi içinde Telipinu sonrasına yani yaklaşık MÖ 1500 yılına kadar başa geçen kralların anonim mühürler kullandıkları, bundan sonra ise, bir üslup değişimi meydana geldiği ve elli yıl kadar da bu yeni biçimin sürdüğünü anlıyoruz. Bu evrede Hitit tahtına oturan krallara ait mühür baskıları ortaya çıkarılmıştır. Bunların içeriğindeki en önemli değişiklik, çiviyazılı iki satırlık lejandda kralın adının yer almasıdır. Görünümdeki değişiklikler ise, orta alanın ve satırların, bir örnek dışında, çizgi ile birbirinden ayrılmasıdır.

> Sadece Çiviyazılı Mühürler/Tavananna Mühürleri

15 yüzyılın ikinci yarısında yeni bir mühür tipinin ortaya çıktığı görülür. Bu tipin en büyük özelliği, kendisinden önceki mühürlerde görülen hiyeroglif sembollerin veya unvanların yerini, tümüyle çiviyazısının almış olmasıdır. Oradaki "iyilik, sağlık" sembolü olarak kullanılan "üçgen"in yerine, bu yeni tipteki mühürlerin bir kısmı üzerinde aynı anlama gelen Sümerce SIG_5 işareti,[6] eski tür mühürlerde "hayat" sembolü olan "fiyonk"un yerine ise, bu yeni tipte aynı kavramı ifade eden Sümerce TI işareti kullanılmaktadır. Bazı mühürlerde SIG_5 ile TI birlikte[7] orta alanda yer almaktadır. Diğer bir özellik de, bu mühürlerin çoğunda çerçeve kısmında kraliçelerin adlarının ve bazılarında Tabarna mühürlerindeki gibi bir lanetleme formülünün bulunmasıdır. Bu kraliçeler, Tavananna ve Nikalmati kızı Aşmunikal adlarını taşımaktadır. Tavananna, özel ad olabileceği gibi, kraliçelere verilen bir unvan olarak ta görülür ve bu bakımdan Tabarna unvanı ile karşılaştırılır. Nikalmati, Büyük Kral II. Tuthaliya'nın, Aşmunikal ise, Büyük Kral I. Arnuvanda'nın eşidir. Eğer biri üzerinde[8] Büyük Kral Tuthaliya oğlu Büyük Kral Arnuvanda adları bulunmamış olsaydı, bu tip mühürlerin hepsini de Tavananna ya da kraliçe mühürleri olarak nitelemek mümkün olurdu. Adı geçen bu kral mühründe de Aşmunikal mühründe olduğu gibi, lanetleme ifadesi yer almaz. Üzerinde lanetleme formülü bulunmayan bir başka mühür de, içeriği açısından çok tartışmalıdır. Mührün geniş orta alanında Malnigal MUNUS.LUGAL ve çerçevesinde ise Murşili ve belki Tavananna adları ve MUNUS.LUGAL unvanı görülmektedir. Malnigal, I. Şuppiluliuma'nın Babil'li ikinci eşidir ve Tavananna adıyla da anılır. Söz konusu mühür, uzun yaşamış bu kraliçenin, II. Murşili'nin krallığı sırasında ana kraliçe olarak yerini koruduğu sırada yapılmış olmalıdır. Mühürde, gerçekten de, I. Şuppiluliuma öncesinin üslubuna uygun olarak tümüyle çiviyazısı kullanılmıştır.

> Kral Adlarının Hiyeroglifle Yazıldığı Mühürler

Hiyeroglif yazı sisteminin mühürler üzerinde kralların ya da kraliçelerin adlarının yazılması için kullanılmaya başladığı dönem, eldeki belgelere göre II. Tuthaliya'nın krallık zamanıdır. Onu izleyen Arnuvanda'nın ise, iki tür mühür kullandığı saptanmaktadır; a) sadece çiviyazılı olanı,[9] b) iç içe üç satırlık çiviyazılı lejandında kendisinin ve kraliçe olarak ta Aşmunikal'in adları bulunan ve orta alanda -sağlam kalan kısmından görüldüğü kadarıyla- hiyeroglifle yazılı Büyük Kral unvanı yanında yine hiyeroglifle kendi adının yer aldığı mühür tipi.[10] Kırık olan orta alanın sağ tarafında da, çiviyazılı lejanddaki gibi, kraliçenin adının hiyeroglifle yazılmış olması beklenmelidir **(Res. 2)**. II. Tuthaliya'nın başlattığı yenilik, yani orta alanda hiyeroglifle yazılmış kral ve kraliçe adları ve unvanları, dış çerçevede ise aynı şeylerin çiviyazısı ile (bazen soylarına ait adların da eklenerek) yazılması, Hitit İmparatorluğu'nun yıkılışına kadar, II. Murşili'nin Malta Haçı biçimli ve IV. Tuthaliya'nın dörtgen yüzeyli mühürleri gibi, bir iki istisna dışında, kral mühürlerinin değişmez şablonu olarak kullanılmıştır.

Arnuvanda'dan sonra, oğlu III. Tuthaliya'nın da aynı tip mühürleri sürdürdüğü anlaşılmaktadır: Bir mühründe[11] orta alanda hiyeroglifle Büyük Kral Tuthaliya adı ve altta çiviyazısı ile TI LUGAL "krala hayat" ibaresi yer almaktadır. Maşat Höyük'te bulunmuş aynı tür bir mühürde[12] bu kralı Büyük Kraliçe ile birlikte görmekteyiz . Buradaki kraliçenin adı Sataduhepa olarak okunmakta, altında ise, çiviyazılı TI MUNUS.LUGAL "kraliçeye hayat" ibaresi bulunmaktadır.

> Aedicula Mühürleri

I. Şuppiluliuma zamanında, kral mühürlerinin orta alanına, değişmez unsurlardan birisi olan "kanatlı güneş kursu" eklendi. Çiviyazılı tabletlerde "majeste" karşılığı kullanılan ^{DINGIR}UTU^{ŠI} "güneşim" unvanının hiyerogliflerle yazılmış biçimi olduğu kabul edilen bu sembol, orta alanın en üstüne yerleştiriliyor. Kanatların uçları, kral adını veren hiyerogliflerin sağına ve soluna simetrik olarak konmuş, üzerlerindeki volütlerle birer İon sütununu andıran koni biçimli Büyük Kral işaretleriyle adeta destekleniyordu. Eğer kraliçenin adı da eklenmişse, o zaman bunlardan birisinin yerini, üstü yine volütlü özel başlıklı kadın başı biçimli Büyük Kraliçe işareti alıyordu. Bundan dolayı bu kompozisyona sahip mühürler, Latince "niş, küçük yapı veya şapel, tapınakçık" anlamlarına gelen aedicula mühürleri olarak nitelenmektedir. Bir İmparatorluk arması halindeki bu kompozisyon, devletin yeni ve güçlü bir evreye girmiş olmasının da işareti sayılmalıdır.

Aedicula mühürlerinin yaratıcısı Şuppiluliuma'nın, sadece kendi adını içeren mühürleri yanında kraliçeleri Hinti ve Tavananna ile mühürler bulunmaktadır.[13]

> Malta Haçı Biçimli Mühür

Kısa bir süre tahtta kalan II. Arnuvanda'dan sonra II. Murşili de aedicula tipi mühür kullanmayı sürdürmüştür. Bu kralların mühürlerinin çaplarının büyüdüğü ve baskılarının içbükey olduğu saptanabilmektedir. II. Murşili'nin Hattuşa ve Ugarit'te bulunan mühürlerinde orta alanda eski geleneğe uygun olarak iyilik ve (uzun) ömür dileklerini belirten TI-SIG$_5$-TI işaretlerine paralel olarak, çerçevedeki çiviyazılı lejandda Akkadca NARAM ^{DINGIR}x = "tanrı ...'in sevgilisi" formülünün de benimsendiği görülmektedir.[14] II. Murşili'nin, Ugarit kazılarında 1950 yılında bulunan siyahımsı gri renkli steatitten yapılma 5 cm çapında, 1, 3 cm yüksekliğindeki, plano-konvex, mercek biçimli mührü, elimizdeki tek krali mühür matrisidir **(Res. 3)**. Düz tarafı yazısız olan taşın, tahta ya da fildişi gibi zamanla yokolabilen bir malzemeden yapılma bir montüre yerleştirilmiş olduğu sanılmaktadır.[15] Ne yazık ki, Hitit başkentinde değil de, Kuzey Suriye sahilindeki Ugarit'te bulunması, bunun Hitit Büyük Kralı adına düzmece belge hazırlamak için zamanında yapılmış sahte bir mühür olduğu kuşkusunu yaratmıştır.[16]

Murşili'nin Hitit kral mühürleri gelişiminde yaptığı en büyük değişiklik ise, gliptik sanatı içinde ünik olan, Malta Haçı biçimindeki mühürdür **(Res. 4)**.[17]

Ele geçen tüm baskılardan çıkan sonuca göre, mühür, ortada yüzeyi dışbükey dairesel bir merkez ve ona bağlı trapez biçimli dört kanattan ibaret olan, bir "Malta Haçı" formunda ve iki taraflıdır. Her yüzde beş olmak üzere, toplam on mühür yüzeyine sahip olduğundan, mühür sahibine kendisinden önce tahta geçmiş kralların uzun bir listesini verme olanağı sağlamaktadır. Mühür yüzeylerinde Büyük Kral ve Büyük Kraliçeler'in adları hiyeroglifle yazılmıştır ve mühürde çiviyazısı sistemine ait tek bir işaret dahi yoktur. Bu mührün en yakın benzerinin yine

Boğazköy'de bulunan, ortası dışbükey, disk biçimli ve özengi saplı, madeni mühür[18] olabileceği düşünüldüyse de,[19] baskılar üzerinde 1999 yılında tekrar yapılan incelemede, kanatların arasında bir diskin kenar izine rastlanmadığı için, merkezden çıkan trapez kanatların birbirlerine dıştan bağlanmadıkları ve mührün orijinalinin tam bir Alman Demir Salip Nişanı biçiminde olduğu daha güçlü bir olasılık gibi görünmektedir. Mühürdeki bazı kesin olmayan okunuşlar ve kırıklar ile bunların sırası konusunda çeşitli görüşler bulunmaktadır.[20]

Üzerine çok ad yazılabilen ve gerçekten krali bir form olan Haç Mühür niçin bir daha hiç kullanılmamıştır? Belki de bunun nedenini, tahta geçenlerin bazı adları, bir tür damnatio memoriae gibi, özellikle anmak istememeleri ve bu yüzden geleneksel kurs biçimli mühür formuna geri dönmüş olmalarında aramak gerekir.

> "Kucaklama" Mühürleri

II. Murşili'den sonra kral olan II. Muvattalli'nin mühürlerinde kendine özgü bir kompozisyon bulunmaktadır.[21] Orta alanda bir tanrı, kendisinden çok daha küçük tasvir edilen kralın boynuna sağ koluyla sarılmış ve onun yukarı kaldırdığı sol elini tutar vaziyette görülmektedir. Üstte yer almayan aedicula, tanrının ileri doğru uzattığı elinin altındadır ve içinde kralın doğum adı olan Şarri-Teşup'un hiyeroglifleri vardır. Elin üstünde ise "Gökyüzünün Büyük Fırtına Tanrısı" olarak okunan işaretler bulunur. Figürlerin arkasında ise, Büyük Kral Muvattalli adı görülmektedir **(Res. 5, 6)**. II. Muvattalli'nin "kucaklama" figürlü mühürlerinin yanı sıra, geleneksel aedicula mühürleri de bulunmaktadır.[22] Bunlar üzerinde kralın sadece taht adının varlığı ilginç bir husustur.

Hitit tahtında onu izleyen III. Murşili'nin (doğum adı Urhi-Teşup) mühürleri de yine iki türdedir. Bu kralın hem tek başına[23] hem de taht ya da doğum adıyla, Büyük Kraliçe Tanuhepa ile birlikte aedicula tipinde mühürleri bulunmaktadır.[24] III. Murşili'nin "kucaklama" sahnesi içeren mühürleri, bu sahneyi ilk kullanan II. Muvattalli'ninkilerden detaylarda farklıdır. III. Murşili'nin gliptik ikonografisine yenilik getiren bir mührünün baskısı, Boğazköy Nişantepe yakınındaki Batı Yapısı'nda bulunan bullalar arasında ortaya çıkmıştır. Bunun üzerinde, en yukarda kanatlı güneş kursu ve orta alanın sağında iki Büyük Kral işareti arasında kralın ad hiyeroglifleri yer almaktadır. Orta alanın merkezini, bir çift boğanın çektiği, kartal biçimli bir arabaya binen Fırtına Tanrısı ve arkasında duran, boynuzlu külahı,[25] omuzladığı yayı, elinde mızrağı ile betimlenen, muhtemelen "Koruyucu Tanrı" DINGIRLAMMA işgal etmektedir **(Res. 7)**.

> Aedicula Mühürlerine Dönüş

III. Hattuşili ve kudretli eşi Puduhepa zamanında tekrar aedicula mühürlerine dönüldüğü görülmektedir. Kralın tek başına yaptırdığı mühürlerin[26] yanı sıra, eşi ile birlikte olan mühürleri de bulunmaktadır.[27] Puduhepa'nın tek başına kullandığı mühürler ise, çok ilginçtir **(Res. 8)** ve hem Ugarit'te hem Hattuşa'da bulunmuş örneklerinin biçimleri krallarınkine tam uygunluk gösteren aedicula türündedir.[28]

> Labarna Unvanlı Mühürler

Son dört kralın mühürlerindeki ortak özellik, aedicula içine, kral işaretlerinin içe bakan yanlarına Labarna unvanını simgeleyen hiyeroglif işaretlerinin eklenmiş olmasıdır. IV. Tuthaliya mühürlerinde bu unvanın yanı sıra, kanatlı güneş kursunun üzerinde ikinci bir "güneş" sembolü daha görülür.[29] Tuthaliya'nın ad hiyeroglifi "dağ" sembolünü içerdiğinden, bazen mühürlerinde bu hiyeroglif yerine bir Dağ Tanrısı figürü de adı belirtmekte kullanılmaktadır **(Res. 9, 10)**.[30] Aynı figür, oğlu III. Arnuvanda'nın mühürleri üzerinde de, belki babasını anımsatmak amacıyla yer almaktadır.[31] IV. Tuthaliya'nın bir mühründe tüm aedicula çömelmiş iki karışık varlığın yukarı kaldırdıkları elleri ve ortalarındaki çift başlı kartalın kanatları tarafından taşınmaktadır **(Res. 11)**.[32] Ugarit'te bulunmuş bir başka mühür bask ısı üzerindeki kompozisyon da ilgi çekicidir.[33] Bunca, çift güneş sembollü ve Labarna unvanı eklenmiş aedicula'nın içinde, kralın doğum adı Taşmi-Şarruma'nın hiyeroglifleri görülmektedir.[34]

Diğer taraftan, aedicula içinde sadece Labarna unvanı bulunan mühürler, herhangi bir kral adı içermemelerine karşın, genelde IV. Tuthaliya'ya izafe edilirler.[35]

Ayrıca IV Tuthaliya'nın dörtgen biçimli ve Assur etkisi ile "evrenin kralı" unvanını kullandığı mühür baskıları da bulunmaktadır.[36]

Tarhuntaşşa kralı iken, kanımızca, Tuthaliya'nın ölümü üzerine, yasal hakkı olan Hitit tahtına geçen Kurunta (Ulmi Teşup) mühürleri de Labarna türündedir **(Res. 12)**; birinin baskısında, kralın adının sembolü olan geyik figürünün üzerinde, elindeki mızrağı ile bir tanrı betimi görülmektedir.[37] Hitit İmparatorluğu'nun son kralı II. Şuppiluliuma'nın mühürler nde[38] ise, Labarna unvanlı aedicula türünde olmaktan başka farklı bir özelliğe henüz rastlanmamıştır.

Dipnotlar

1 Beran 1967, 67.

2 Boehmer/Güterbock 1987, No 250 A.

3 Boehmer/Güterbock 1987, No 251.

4 Beran 1967, No 145.

5 Beran 1967, No 148 – 149; Bunların dışında, Kuşaklı'da bulunan iki mühür baskısı üzerinde, anlamı saptanamayan iki işaret daha bulunmaktadır: Müller-Karpe 1997, S. 117, Res.18 ve Müller-Karpe 1999, 63, Res. 6a.

6 Beran 1967, No 151 – 153.

7 Beran 1967, No 156 – 158.

8 Beran 1967, No 153; Otten 1987, Res. 8.

9 Beran 1967, No 153; Otten 1993b, Res. 14.

10 Beran 1967, No 162.

11 Beran 1967, No 203; Otten 1995, 10, Res. 8.

12 Otten 1995, 10, Res. 9.

13 Otten 1995.

14 Otten 1995, Res. 38 ve 43.

15 Schaeffer 1956, 87 vdd.

16 Klengel 1999, 170.

17 Dinçol v.d. 1993.

18 Boehmer/Güterbock 1987, No 214.

19 Dinçol v.d. 1993, S. 88.

20 Dinçol v.d. 1993, 96 vdd.; Carruba 1998, 92 vdd.

21 Beran 1967, No 250 – 253.

22 Güterbock 1940, No 42 ve Güterbock 1942, No 1.

23 Beran 1967, No 180.

24 Beran 1967, No 226 – 228.

25 Bu nedenle Neve 1991, 328'de ifade edildiği gibi "kral" değil.

26 Beran 1967, No 184 – 189; Otten 1993b, 28 vdd.

27 Beran 1967, No 229 – 233.

28 Otten 1993a, 109, Res. 3, 4.

29 Beran 1967, No 190 – 196.

30 Beran 1967, 160.

31 Beran 1967, No 161; Neve 1992, Res.160.

32 Neve 1992, Res.159.

33 Schaeffer 1956, Res. 24.

34 Alp 1998.

35 Beran 1967, No 234b, 236, 240b, 242, 248.

36 Beran 1967; No 247.

37 Neve 1992, Res. 40 – 42.

38 Beran 1967, No 165 – 167.

Kaynakça

Alp 1998, 21 – 26; Beran 1967; Boehmer/Güterbock 1987; Carruba 1998, 87 – 107; Dinçol v.d. 1993, 87 – 106; Güterbock 1940; Güterbock 1942; Klengel 1999; Müller-Karpe 1997, 103 – 142; Müller-Karpe 1999, 57 – 113; Neve 1991a, 299 – 348; Neve 1992; Otten 1987, 21 – 34; Otten 1993a, 107 – 112; Otten 1993b; Otten 1995; Schaeffer 1956

Resim altları

1 Anonim Tabarna mühürlü toprak bağış belgesi (Kat. No. 91)

2 Kral Arnuvanda ve Kraliçe Aşmunikal'in mührü (Beran 1967, No.162)

3 II. Murşili'ye ait, Ras Şamra-Ugarit'te bulunmuş mühür matrisi (Schaeffer 1956, Res.110)

4 Malta Haçı biçimli mühür baskılarının çizimi (Dinçol v.d. 1993, Res. 1 – 2)

5, 6 Büyük Kral II. Muvattalli'nin mühür baskısı (Kat. No. 142)

7 Büyük Kral III. Murşili'nin mühür baskısı (Kat. No. 141)

8 Büyük Kraliçe Puduhepa'nın mührü (Otten 1993a, Res. 4)

9, 10 Büyük Kral III. Arnuvanda'nın mühür maskısı (Kat. No. 140)

11 Büyük Kral IV. Tuthaliya'nın mühür baskısı (Kat. No. 139)

12 Büyük Kral Kurunta'nın mühür baskısı (Neve 1991, Res.35b)

Büyük Kral'ın Sarayı – Resmi Yaşamın Odak Noktası

Hitit Başkenti Hattuşa'daki Saray Kompleksi

Jürgen Seeher

Hitit metinlerinde "saray" dan söz edildiğinde, her zaman başkentteki kraliyet sarayı kastedilmemektedir. Mecazi anlamda kullanıldığında bu kavram krallık kurumu, resmi ve ekonomik yaşamın odak noktası olan saray anlamına geliyordu.

Ayrıca kraliyet sarayları yalnız başkentte değil, ülkenin diğer merkezlerinde de bulunuyordu. Kral kült takvim yıllığında yer alan yolculukları sırasında veya sefere çıktığında ya da diğer vesilelerle eyaletlere gittiğinde buraları ziyaret ediyordu. Kralın, özellikle seyahate elverişli olmayan kış aylarını eyalet saraylarında geçirmesi hiç de nadir bir durum değildi.

> Hattuşa Kraliyet Sarayı

Bir kral nerede ve nasıl yaşar? Yönetici merkezlerinde binlerce yıllık tarihi süreç içinde çok çeşitlilik görülürse de -bu ister Windsor Castle, St. Petersburg Kışlık Sarayı, Topkapı Sarayı, isterse Khorsabad Sarayı olsun- birtakım temel unsurlar her zaman aynı kalmıştır: kabul ve konaklama olanakları sağlayan görkemli mimari, yönetici aile bireyleri için mekanlar, çok sayıdaki görevli için çalışma ve barınma yerleri ve askeri koruma sağlayan özel muhafız bölüğü. Unutulmaması gereken bir nokta da, halk ile aralarına konulmak istenen mesafenin, bir sur inşa ederek vurgulanması ve garanti altına alınması.

Hattuşa'daki Büyük İmparatorluk Çağı sarayı da bu özellikleri taşıyordu. Saray bugün Büyükkale adı verilen ve kentin doğusunda yer alan bir kaya üzerinde kurulmuştu [Res. 1, 2]. Burası kurulduğu dönem olan MÖ 17. yüzyılda kentin en yüksek yeriydi; çünkü güneye doğru uzanan Yukarı Şehir o zamanlar henüz yoktu. Yöneticinin Aşağı Şehre ve bölgeye hakim harika manzaralı bu yeri seçmesinin sebebi, kolaylıkla bir içkale yapılarak koruma altına alınabilmesiydi. Hititler bu konumdan yararlananların ne ilki ne de sonuncusuydu: Büyükkale'de öncül bir Hatti yerleşmesinin (MÖ 3. bin sonları/ 2. bin başları) izleri saptanmıştır. Hititler'den sonra ise Orta Demir Çağı'nda ("Frig" MÖ 7. – 6. yüzyıl) ve Hellenistik/Roma döneminde (MÖ 2. yüzyıl – MS 3. yüzyıl) aynı kaya üzerinde surlarla çevrili saraylar vardı.

> Yapılar, Tadilat, Yeni Yapılar

Büyükkale sarp kayalığının üzerindeki Hitit sarayı, uzun tarihçesi boyunca birkaç kez değişime uğramıştır.[1] Erken döneme ait basit yapıların yerine yenileri yapılmıştır. Büyük İmparatorluk Dönemi'nin gelişkin evrelerine ait anıtsal yapıların altında, bu öncül yapılardan pek az iz günümüze kalmıştır. Böyle onarımların bazen zorunlu olduğunu gösteren çiviyazılı iki tablet vardır: Büyük Kral II. Tuthaliya (yaklaşık MÖ 1375 – 1355) döneminden olan bir tablette "ve Hattuşa kenti yandı, ama ... ve *hesta*-evi kurtuldu" yazılıdır.

Saray önceleri yalnızca platonun kuzeydoğusundaki yüksek kesimi kapsıyordu. Güneybatıda ise saray görevlileri için daha basit konaklama ve çalışma yerleri bulunuyordu. Bu durum MÖ 14. yüzyıl Büyük İmparatorluk Dönemi'nin başlarında da böyleydi, ama daha sonra kale platosunda tamamen yeni bir planlama dahilinde yapılaşma başlamıştır. Bugün temellerini görebildiğimiz, III. yapı evresindeki yaklaşık 250 x 140 metre ölçülerindeki Büyük İmparatorluk dönemi saray yapısı [Res. 3, 4] birkaç evrede oluşmuştur.

"Saray" sözcüğü birçoğumuz için anıtsal taş mimariyle eşanlamlı kabul edilir. Hitit saray yapıları çok sade idi ve o dönemin tipik mimari ilkelerine göre yapılmıştı: Genellikle iyi işlenmiş kireçtaşı bloklardan oluşan bir subasmanı kesimi üzerinde, kalın ağaç hatıl ve direklerle desteklenen kerpiç duvarlar yükselmekteydi. Yamaçta bulundukları konuma göre bazı yapılar iki katlıydı ve içten merdivenliydiler. Üst katı da ahşap hatıllardan bir döşeme/tavan taşıyordu. Düz damlarda ağaç hatılların üstü kalın killi toprak tabakasıyla kaplanıyordu. Duvarlar balçıkla sıvanıyordu, iç mekanlar ise -en azından kısmen- boyalıydı: G yapısının molozları arasında üzerleri beyaz, sarı, koyu kırmızı, açık mavi ve siyah boyalı küçük sıva parçaları bulunmuştur; bunlar, Hattuşa Yukarı Şehir'deki 9 no. lu Tapınak'daki sıva parçalarıyla aynı renktedir.[2] Kazılarda çok sayıda rastlanan hayvan heykellerine ve kabartmalarına ait (aslan ve boğa) parçalar, yapıları süsleyen diğer sanat ürünleri olmalıydı.

Evler arasındaki avlular, yollar ve sokaklar taş döşeliydi. Kanalizasyon ağları sayesinde, yağmur suyu ve atık su yeraltından yerleşim alanı dışına çıkarılıyordu: toprak künkler olduğu gibi 1 m yüksekliğinde ve 50 cm eninde taş örülü kanallar da vardı ve bunlar su geçirmez kalın bir kil tabakasıyla sıvalıydı. Arazideki basamakların oluşturduğu ani yükseklik farkı olan yerlerde su, taşlarla örülü kuyu gibi oluşumlarla bir alt seviyeye indirilir oradan da yeniden kanallara verilirdi.

> Saray Hakkında Hitit Yazılı Kaynakları

Hattuşa'nın saray alanı içindeki çok sayıda yapıdan ne yazık ki hiçbirinin işlevi kesin olarak teşhis edilememiştir, çünkü aydınlatıcı buluntulara rastlanmamıştır. Bununla birlikte, muhafız alayı için yazılmış hizmet talimatnamesi günümüze ulaşmıştır ve bize bir ölçüde yardımcı olur.[3] Talimatnamede Hitit kraliyet sarayının inşaası, donanımı ve personeli hakkında bilgiler vardır. Burada kralın oturduğu bölümlerin (Hititçe *halentuva*-), erzak depolarının, mutfak, silah ve mühimmat deposunun, ahırların, işliklerin, bir kutsal alanla, bir sunağın adı geçer. Ayrıca saray alanı içinde yüksek rütbeli memurlar için oturma olanaklarının yanı sıra, 12 kişi olarak görev yapan kraliyet muhafız alayı için barınaklar da bulunuyordu. Bir "muhafız alayı avlusu" ve bir *"halentuva"* avlusu vardı. Adı geçen birçok kapı arasında saray alanının içindeki "Büyük Kapı" kral ile yüksek makam sahiplerine ayrılmıştı; diğer kimseler ise yan kapıları kullanacaklardı. Çok ayrıntılı yönetmeliklerde nöbetçiler ve subaylar, muhafızlar, hizmetkârlar, odacılar, kapıcılar, seyisler, mutfak hizmetçileri, doktor, berber ve diğer görevliler belirtilir. İlginç olan, bu yönetmeliklerin sadece başkentteki saray için değil, aynı zamanda, şu talimatnameden anlaşılacağı gibi, taşradaki diğer saraylarda da geçerli olmasıdır: "Muhafız nöbetçileri ise *arkiu* binasında sağa geçsinler. Ancak herhangi bir kentte sağa geçmek imkansız ise, o zaman sola geçsinler".

Saray personeli için yazılmış bir başka hizmet talimatnamesinden ahçıların ve diğer mutfak görevlilerinin, fırıncıların, kilercibaşıların, su taşıyıcıları, sofra hazırlayıcıları ile zanaatkârların varlığını öğreniyoruz. Her ay yeminlerini tekrarlayan bu görevliler, bu yeminle ayrıntılı arınma/temizlik yönetmeliklerine uyacaklarına ant içmektedirler. Kral aynı zamanda en yüksek rahip de olduğu için, ritüel temizliğe son derece dikkat edilmektedir.

> Saray Alanında Bir Gezinti

Hattuşa Sarayı'nın iki, belki de üç girişi vardı **(Res. 4)**. Kalenin güneybatı ucunda, Aşağı Şehir'den, yani kuzeybatıdan ulaşılabilen küçük bir kapı bulunduğu düşünülmektedir (No. 17). Kale surunun iç tarafında bu noktada bir rampa bulunuyordu ve buradan, aşağıya sarayın tek su kaynağına ulaşılabilirdi. Buna karşılık saray platosunun güneydoğu tarafında varlığı kanıtlanan bir kapı daha vardır (No.15). Buradan hemen sarayın iç alanına giriliyordu; bu da bizi kapının herkese açık olmadığı sonucuna götürmektedir. İçkalenin güneybatı ucundaki Güney Kapı denilen ve en az 100 metre uzunluğundaki bir viyadükle (No. 1) ulaşılabilen kapı (No. 2) ana giriş görevini görüyordu. Olasılıkla üzerinden arabaların da geçebildiği bu viyadük kale önündeki çukurluğu aşırmaya yarıyordu. Güney Kapı, yakınlarda bulunan bir parçadan anlaşıldığı üzere, aslan heykelleriyle bezeli olmalıydı. Kapının arkasında, sarayın başlıca görsel ve işlevsel özelliğini oluşturan dört avlusundan birincisi (No. 3) başlıyordu: "Uzun taraflarda kesintisiz devam eden ve müstakil yapıları birleştiren direkli galeriler ve duvarlar, kısa taraflardaki kapı binaları, avluların gösterişli anıtsal meydanlar haline getirildiğini açıkça göstermektedir".[4] Kapı avlusu denilen bu birinci avlunun özelliği, Güney Kapı'dan, bir sonraki avlunun girişine (No. 4) uzanan kesimin kırmızı renkte, yassı taşlarla 5 metre genişliğinde bir döşemeyle kaplanmış oluşuydu. Bu adeta günümüzdeki "kırmızı halı" olgusunu hatırlatır. Bu giriş Güneybatı Galerisi denilen ve belki nöbetçilerin barınması amacıyla, silah deposu ve ahır olarak kullanılmış bir dizi odadan meydana gelen uzun bir yapı içinden geçiyordu.

Buradan 72 metre uzunluğundaki Aşağı Avlu'ya (No. 5) ulaşılıyordu. Yan taraflarında uzun ve açık direkli galeriler (No. 6) bulunan bu avlunun her iki tarafında, işlevleri bilinmeyen değişik yapılar bulunuyordu: N Yapısı'nın, kalenin kuzeybatı tarafında bulunan rampadan gelenlerin denetlenebildiği bir kapı yapısı olabileceği düşünülüyor. M Yapısı, büyük mekanları nedeniyle, reprezantasyon amaçlı kullanılmış olabilir; aynı durum Aşağı Avlu'nun karşı tarafında yer alan G yapısı için de söz konusudur.

Aşağı Avlu'nun kuzeydoğu köşesinde olasılıkla kabartmalarla bezeli bir kapı yapısı (No. 7) vardı. Burası acaba, yazılı kaynaklarda geçtiğine değindiğimiz "Büyük Kapı" mıydı? Aynı kapıdan geçilerek doğrudan 66 x 62 metre boyutlarındaki Orta Avlu'ya (No. 9) ve bunun ardında yer alan küçük Yukarı Avlu'ya (No. 13) ulaşılıyordu.

Kale platosunun batı tarafında bir dizi başka yapılar uzanıyordu. Bu yapıların bir bölümüne Aşağı Avlu'nun batısındaki ikinci kapıdan (No. 8) ulaşılıyordu. B ve C yapılarıyla H yapısı burada işlevsel bir bütünlük oluşturmaktadır. Ortasında dev taş bloklarla örülmüş, 5,2 x 6 metre boyutlarında ve yaklaşık 2,3 metre derinliğinde bir havuzun bulunduğu C yapısının bu bütünün merkezi olduğu düşünülüyor. Bir zamanlar suyla dolu bu havuzun dip birikintisi içinde, yüzden fazla adak kabı ile kült etkinliklerine işaret eden diğer eşyalar bulunmuştur. Bu nedenle buranın, havuzun üzerine gelen orta bölümü açık olan bu yapının ritüel bir işlevi olmalıdır. "Kale Şapeli" tanımlaması önerilmektedir. B ve H yapıları ise buraya ait idare, depo ve işlik mekanları olarak yorumlanabilir.

Hemen doğuda D yapısı, 39 x 48 metrelik ölçüleriyle sarayın en büyük yapısıdır. Alt katta, 4,2 metre genişliğinde ve 32 metre uzunluğunda 6 oda göze çarpar. Depo mekanları olan bu odalarda, 280 adet, üzerinde kral ve memurların mühürlerinin baskıları bulunan kil kapatacakların ve çok sayıda çiviyazılı tablet parçalarının dışında başka hiç buluntu ele geçmemiştir. D yapısının asıl önemi, üst katın biçiminde ortaya çıkmaktadır: R. Naumann burada, tavanı beş sıra ahşap direğe oturan 32 x 32 metre büyüklüğünde bir salonun rekonstrüksiyonunu yapmıştı. Bu direkler alt kattaki depo odalarının 5 ara duvarı tarafından taşınıyordu **(Res. 5)**.

Yapının Hitit Büyük Kralları'nın kabul salonu olduğu düşünülmektedir. Salonun ana girişi (No. 10) Orta Avlu'ya açılan güneydoğu kenardaydı. Ancak yapıya alt kattaki bir yan girişten, doğrudan Aşağı Avlu'dan gelip B yapısının güneybatısındaki bir sokaktan da ulaşılabiliyordu. Belki bu şekilde, saray maiyeti dışında kalan yabancılar ile alt rütbeli görevliler, sarayın içindeki Orta Avlu'ya girmeden, doğrudan kale kapısından buraya getiriliyordu.[5] Sarayın tüm yapıları gibi bu salon da büyük bir yangınla tahrip olmuştu. Hem bu yüzden, hem de Demir Çağı'ndaki ("Frig") geç yapılaşma nedeniyle yapının iç donanımına ilişkin tüm bilgiler kaybolmuştur.

Batıdaki yapı sırasının sonunda, Yukarı Avlu'nun biraz ötesinde ve kalenin en dip ve korunmaya en müsait bölgesinde E ve F yapıları bulunmaktadır. Yapıların konumu, buranın sarayın özel bir bölümü, başka bir deyişle kral ailesinin oturduğu yapılar olduğunu doğrular. Bu iki yapı da iki katlıydı. F yapısı yaklaşık 33 x 29 metrelik boyutlarıyla E yapısının iki katı büyüklüğündeydi, ancak o denli tahrip olmuştu ki, orijinal hali ve işlevi hakkında fazla bir şey söylenememektedir. E yapısında, alt katın zemininin de ahşap döşeli olduğu saptanabilmiştir. 1906 yılında burada, belki kralın kütüphanesi olarak yorumlanabilecek büyük bir çiviyazılı tablet arşivi bulunmuştur.

Yukarı Avlu (No. 13) çevresindeki yapıların varlığı ancak kayaya oyulmuş temel yatakları ile kanıtlanabilmiştir. Büyükkale'nin Hititler'den sonraki sakinleri özellikle buradan bol miktarda yapı malzemesi aldıkları için, günümüze bu kadar az kalıntı korunagelmiştir. Yukarı Avlu'nun doğu tarafında, içine 1,8 ve 1,9 metre genişliğinde ve 3 metre derinliğinde iki adet fıçı biçiminde çukurun oyulduğu bir kaya kütlesi bulunur. Çukurları sarnıç olarak yorumlamak, akropolisin en yüksek noktasında bulunduğu için kuşkuludur: Sarnıçlar genel olarak biriktirme alanından azami yararı sağlayabilmek için mümkün olduğunca alçak yerlere yapılmaktadır. Çukurların daha çok tahıl silosu olabileceği düşünülmektedir. Sarayın ihtiyacı için yedek erzak burada saklanabiliyordu.

Bir başka büyük yapı (A Yapısı), güneybatıdan Orta Avlu'ya bitişiktir. 36 x 34 metre boyutundaki yapı iki kanattan oluşur: kuzeyde uzun bir galeri ve güneyde dar, uzun dört mekan ile iki dar oda. Uzun odalarda tabana oyularak yerleştirilmiş kireçtaşı ve granitten iki direk kaidesi bulundu. P. Neve, çiviyazılı tabletlerin dizildiği serbest rafların ayaklarının bu kaidelere tutturulduğunu düşünmektedir. Anlaşıldığı kadarıyla esas saray kütüphanesi buradaydı, çünkü yaklaşık 5000 kil tablet parçası arasında tören ve kutlama metinleri, dualar, mitolojik metinler, edebi eserlerin yanı sıra tarihi metinler, yasalardan derlemeler ile birkaç devletlerarası anlaşma ve mektuplar vardır.[6] Yapının inşa tarihi olasılıkla MÖ 13. yüzyıl olmakla birlikte, burada 16. – 14. yüzyıllara ait metinler de ele geçti. Daha önceki kütüphanelerin envanterlerinin burada yeniden dizildiği anlaşılıyor. Kütüphanenin idaresini kolaylaştırmak için rafların üzerinde kilden etiketler vardı. Bu etiketler üzerinde çiviyazılı tablet guruplarının içerikleri kısaca yazılıydı.

Büyükkale'nin güneyinde günümüze yalnızca zayıf kalıntıları ulaşmış K yapısında, küçük bir odada 200 adet çiviyazılı tablet parçası daha bulundu. Burada da ahşap raflar için iki taş kaide vardı. Yapının bir arşivden ziyade, belki de hemen aşağısındaki Güneydoğu Kapısı'yla (No.15) bağlantılı görülebilecek, görkemli bir yapı olduğu anlaşılıyor. Buradan küçük bir kapıdan (No.14) geçilerek doğrudan Orta Avlu'nun güney köşesine ulaşılabiliyordu. Diğer yönde güney sokağı, kale suru boyunca ilerleyerek güneydoğu uçtaki ana kapıya gidiyordu. Burada yol üzerinde A, G ve J yapılarının çevirdiği 24 x 1,5 – 5 metre genişliğinde ve yaklaşık 2 metre derinliğinde bir havuz bulunuyordu (No. 16) **(Res. 6)**. Yan duvarları eğimli ve taş döşeli havuz, saray bölgesi içinde bulunan tek büyük su deposuydu. Havuz, kalenin daha yukarı kesimlerinden toplanan yağmur suyuyla besleniyordu. Ayrıca belki yük hayvanları veya arabalarla da su taşınıyordu. Havuz tabanındaki kumlu dolgu içinde yine adak kaplarının bulunmuş olması, burada da kült etkinliklerinin varlığına işaret etmektedir. Havuzun yalnız kült işlevi mi taşıdığı ya da ek olarak, örneğin yangın söndürme gibi kült dışı bir işlevinin de olup olmadığı bilinemiyor.

> Buluntusuz Yangın Yıkıntıları

Hattuşa Büyük Kralları'nın sarayının kazıları 20. yüzyılın 60'lı yıllarında bitirilmişti. Yapıları MÖ 1200 dolayında yok eden yangın felaketi nedeniyle buradan, Hitit mimarlığına ilişkin, hiç bir yerde olmadığı kadar zengin bilgi kazanılmıştır. Metrelerce kalınlıktaki kerpiç duvarlar, yanarak sertleşmiş ve böylece korunagelmiştir. Ne yazık ki aynı durum, yapıların içindeki buluntular için geçerli değildir; çünkü çiviyazılı tablet koleksiyonları, çok sayıda kil mühür baskısı ve birkaç erzak küpü dışında, sarayın son günlerine tarihlendirilebilecek önemli bir buluntu yoktur. Aslında yangın nedeniyle, yapıda kullanılmış birçok eşyanın enkaz içinde kalması gerekirdi: her yerde keramik ve madenden kap kacak, taştan kaplar ve araç gereç, madeni alet ve silahlar, kemik ve fildişi süs eşyaları bulunmalıydı. Ayrıca mobilya, müzik aletleri, tören araç gereci, kapılar, arabalar, koşum takımları, üniforma parçaları, silahlar ve zırhlar gibi bazı kısımları kalıcı maddelerden yapılmış deri ve ahşap eşyalar da olmalıydı. Bunların birçoğu çöken çatı ve duvarların tonlarca ağırlıktaki molozu altında kalacak ve kazılarda bulunacaktı. Ancak kazılarda bu tür buluntular ele geçmemiştir ve bu durum, kral ile maiyetinin yangından çok önce sarayı terk ettiğinin kesin kanıtıdır. Büyük yangın başladığında saray yapıları çoktan işlevlerini yitirmişti.[7]

Dipnotlar

1 Genel: Neve 1982.

2 Neve 1996[2], Res. 75

3 Jacob-Rost 1965; Güterbock/van den Hout 1991

4 Neve 1982, 131

5 Neve 1982, 101

6 Košak 1995

7 Seeher 2001

Kaynakça

Güterbock/van den Hout 1991; Jacob-Rost 1965, 165 – 225; Košak 1995, 173 – 179; Neve 1982; Neve 1996; Seeher 2001

Resim altları

1 Başkent Hattuşa'daki kral sarayı, Büyükkale (Fotoğraf Peter Oszwald)

2 Hattuşa Büyük İmparatorluk dönemi sarayının hava fotoğrafı (Fotoğraf Peter Oszwald)

3 Kral sarayının rekonstrüksiyon çizimi (U. Betin, P. Neve'ye göre)

4 Hattuşa Büyük İmparatorluk dönemi sarayının planı: 1 Viyadük; 2 Güney Kapı; 3 Kapı Avlusu; 4 Aşağı Avlu'ya giriş; 5 Aşağı Avlu; 6 Direkli galeriler; 7 Kapı yapısı, Orta Avlu'ya giriş; 8 Yan Kapı; 9 Orta Avlu; 10 D yapısındaki "Kabul Salonu"na giriş; 11 Kuzeybatı sur; 12 Kaya basamağı ve tahıl siloları (veya sarnıçlar?); 13 Yukarı Avlu; 14 Yukarı Avlu'ya açılan küçük kapı; 15 Doğu Kapı; 16 Havuz; 17 Güneybatı Kapısı; 18 Poternli surdaki kapı. A – N yapılar (tanımları için bkz. metin)

5 D yapısındaki "Kabul Salonu"nun rekonstrüksiyonu (U. Betin, R. Naumann'a göre)

6 Büyükkale'de G ve J yapısıyla birlikte havuzun rekonstrüksiyonu, kuzeydoğudan bakış (P. Neve, U. Betin tarafından yeniden çalışılmış)

Hitit Dini

Volkert Haas

Dinsel dünya görüşlerinin en eski belgelerine MÖ 10. binyılda rastlanmaktadır. Bu dönem Üst Paleolitik avcı kültürlerin hayvan evcilleştirmeye ve yabani tahılları kültüre almaya başladıkları geçiş dönemine denk düşmektedir. Şimdiye kadar araştırılmış olan Urfa ilindeki Göbekli, Nevali Çori; Diyarbakır ilindeki Çayönü Tepesi yerleşmelerindeki Erken Neolitik kutsal alanlar, dinsel yaşamda ata kültünün ön plana çıktığını akla getirmektedir. Buna karşın bir tanrılar topluluğunun yüceltildiği konusunda bir kanıt bulunmamaktadır.

Söz konusu Akeramik Neolitik kültür geleneğini MÖ 8. binyıla tarihlenen, Konya Ovası'ndaki Hacılar ve Çatal Höyük yerleşmeleri de sürdürmüştür. Buluntular köklü bir ata kültünün yanı sıra, Hacılar ve Çatal Höyük'te odak noktasında boğa, büyük tanrıça ve genç tanrıların bulunduğu, tanrılar grubuna tapınmanın da varlığına işaret etmektedir. Kuru tarımın yapıldığı Kuzey Suriye, Anadolu ve Akdeniz ülkelerindeki tarıma geçilmiş Neolitik dönem dinlerinin temel prensipini erkek üretkenliğini simgeleyen, yağmur getiren bir Gök Tanrı (Çatal Höyük'te boğa), toprağı simgeleyen bir tanrıça ve bitki topluluğunu simgeleyen genç tanrılar oluştururlar: Yağmur tarafından döllenen toprak, bu büyük çiftin çocuğu olarak algılanan bitki topluluğunu yaratır [Res. 1].

> Eski Kültür Evrelerinden Aktarılan Gelenekler

Hitit başkenti Hattuşa'daki arşivlerinden elde edilen yazılı belgelerinin din bilimleri açısından önemi, dinsel törenler ve dinsel tören kurallarını anlatan belgelerin -eski dünya kültürleri arasında yalnızca Eski Hint edebiyatında olduğu kadar- çok ve kapsamlı oluşudur. Dinsel uygulamalar, gerçek anlamları çoktan unutulmuş toplumsal yapıların, mitosların ve söylencelerin içinde barındığı köklü geleneklerle ilintilidir. Bu nedenle, sözü edilen uygulamalar dinsel imgelerin anlaşılmasında mitoslardan, eposlar ve dualardan daha çok anlam taşırlar. Her bir dinsel-törensel öğenin kökenini geçmişte izlemek olasıdır. MÖ 3. bine tarihlenen Ebla yazılı kaynaklarında Hitit törenlerinde yaşatılması sürdürülmüş farklı ritler bulunmaktadır: örneğin, eski yılın gömülmesi törenleri, ölüler tapınağındaki yeni yıl kutlamaları olarak Hitit döneminde yaşatılmaktadır. Ebla'dan MÖ 2350 yılı civarına tarihlenen iki tören bilinmektedir: ölülerin arındırılması için, lekelenmişliğin aracı gibi algılanan keçilerin bozkırlara doğru sürülmesi, Hititler'de hem yaşayanlar, hem de ölüler için uygulanan bir büyüsel tören olarak sürmüştür. Sam'al'daki bir tören metninden ve Tevrat'ın 3. kitabından (Leviticus 16,10.21vd.) anlaşıldığı üzere sözü edilen tören Demir çağ içlerine dek uzanmıştır. Bazı dinsel tören ayrıntılarının ve panteonların kökleri çok daha eskiye, ata kültünün, çeşitli tanrı topluluklarının ve çeşitli ölü ritlerinin var olduğu Anadolu ve Suriye'nin neolitik kültürlerine gidebilmektedir. Örneğin leoparlarla bağlantılı bazı dişil figürler [Res. 2] ya da Konya Ovası, Çatal Höyük'te duvar resimlerinde betimlenen leopar postlarına bürünmüş avcılar Hitit geleneklerinde yaşamaya devam etmişlerdir. Yazılıkaya betimlerinde, Orta Krallık Dönemi'nden beri Hitit panteonunun en büyük tanrıçası olan Hepat, leoparlarla birlikte görülür. Hitit dinsel törenlerindeki şamanist öğeler arasında yer alan leopar adamların avcı kastının, av geleneklerinin ya da transa geçmiş sağıltıcıların kökleri olasılıkla tarih öncesi bazı kültür evrelerindeki birtakım uygulamalara kadar dayanmaktadır.

Hititler'in kült şehri Zippalanda olması gereken Alaca Höyük'te, Alişar Höyük'te, Horoztepe ve diğer yerleşmelerdeki İlk Tunç Çağı'na tarihlenen yerleşme ve saraylardan elde edilen buluntular, sonraki dönemde Hitit yazılı belgeleriyle aktarılan fenomenleri yansıtmaktadır. Böylece, bazı durumlarda tanrı heykelcikleri ile Hitit heykelcik tanımları arasında benzerliklerle karşılaşılabilmektedir. Alacahöyük Kral Mezarları'ndan bulunan standartlar da olasılıkla Hitit başkenti Hattuşa'da gerçekleştirilen tören alaylarında kullanılan kült araçlarıyla aynı işlevi görmüşlerdir.

> Hattuşa Panteonu

Hitit Devleti'nin panteonu Anadolu ve Suriye şehirlerinin çeşitli yerel panteonlarının zamanla bir araya getirilip bütünleştirilmesinden oluşmuştur.

Hitit Devleti'nin tarihsel oluşumu çerçevesinde, Hattice konuşan halkın kültlerinin ve tanrılarının Eski Hitit Krallığı'nın Hattuşa'daki ilk tanrılar topluluğunu meydana getirdiği görülür (MÖ 1600 – 1450). Söz konusu erken dönemde Hititler Güney Anadolu (Kizzuvatna) yazılı geleneğiyle aktarılan panteonu ve Kuzey Suriye panteonunu benimsemişler, böylece de kendi devlet tanrılar topluluğunu oluşturmuşlardır. I. Hattuşili (MÖ 1560) zamanında Hitit devlet gücünün kuzeybatı Suriye'ye ulaşması Hititler'in bu bölgenin tanrılar topluluğu öğelerini benimsemelerinin nedenidir.

Hitit tarihinin başlangıcından itibaren devlet panteonunun baş tanrısı Hatti'nin Hava Tanrısı'dır.

Kozmik düzeni sağlayan, krallığı ve ülkenin yasal düzenini koruyan hep Hava Tanrısı'dır. Kral, efendisi adına Hatti ülkesini yönetir; ülkenin asıl efendisi odur. Başlangıçtaki krallar Pithana ve Anitta döneminde de Hava Tanrısı en fazla yaptırıma sahip tanrıydı: Ele geçirdikleri şehirleri yakıp yıkarken ve harabelerini kutsal ve dokunulamaz olarak tanımlarken yaptıkları her şeyi Hava Tanrısı'nın isteği üzerine gerçekleştirdiklerini öne sürmüşlerdir. I. Hattuşili devrinde, güneş ve yeraltı ile ilgili özellikler taşıyan Güneş Tanrıçası Arinna, kızı Mezzulla ve zaman zaman boğa şeklinde ya da boğaların üzerinde durur vaziyette betimlenen, Hitit-Luvi dilindeki adı Tarun/Tarun(t)a olan Hava Tanrısı hep birlikte panteonun başında yer alırlardı. "Güçlü delikanlı" olarak kendi mitosuna sahip Telipinu'nun da aralarında bulunduğu bir dizi bitki tanrısı ise adı geçen çiftin çocuklarıdır. Bunlar dışında cinsellik, savaş ve salgın hastalık tanrılarıyla doğa, kaynak, nehir, dağ tanrılarının yanı sıra, av ile av hayvanlarının koruyucu tanrıları da bulunmaktadır.

Orta Krallık ve İmparatorluk Dönemleri'nde Hitit Panteonu: Hattuşa panteonu Orta Krallık Dönemi'nden başlayarak (MÖ 1450 – 1345) kapsamlı adak listelerinde yazıya dökülmüştür. Aynı dönemde devlet dini Hurri tanrılarının, kült ve mitoslarının sahiplenilmesiyle köklü biçimde genişlemiştir. Bu dönemde önemli tanrılar Hurri Hava Tanrısı Teşup, kız kardeşi Şavuşka ve karısı Hepat sayılabilir. Artık devlet panteonu "Hatti ülkesinin bin tanrısı" kavramına yaklaşacak denli büyümüştür.

Orta Krallık'tan bu yana Hitit devlet panteonunu etkilemiş olan Mitanni tanrılar dünyasında, tanrılar zirvesinde kardeş çift Teşup ve İştar ya da Ninova'daki adıyla Şavuşka oturmaktadır. Suriye geleneğini izleyen Hitit rahipleri, eski Güneş Tanrıçası Arinna ile eş değerde olan tanrıça Hepat'ı, Teşup'un karısı olarak tanımışlardır. Hepat'a eskiden eşlik eden Şarruma ile diğer yerel tanrılar, yeni oluşan çiftin kızları ve oğulları durumuna geçmişlerdir. Böylece dağınık bir tanrılar grubundan, Hatti ülkesinin Hava Tanrısı'na dayanan bir tanrısal aile, bir tanrılar sistemi oluşmuştur. Bu tür düzenlemeler ve bağlantılarla rahipler hemen hemen içinden çıkılamayan bir tanrılar topluluğu sistemi yaratmağa çalışmışlardır.

> Tanrılar Topluluğu

Eski Doğu'nun temel imgeleminde tüm doğanın bir dizi güçle çevrelenerek canlı tutulduğu fikri yatar. Bu olgu, insanın görerek deneylediği gök ve yıldızlar, toprak, dünya, bitkiler, hayvanlar, kayalar, deniz, göller, nehirler ve kaynaklar gibi tüm maddi dünyanın yanı sıra; fırtına, gök gürültüsü, şimşek, yağmur ve bunların sonucu olarak oluşan verimlilik ve kuraklık gibi doğa olaylarını da kapsamaktadır. Kozmik güçler ve doğanın yansımaları bilinçle hareket eden bireysel varlıklardır. Bütün nesneleri görülmez güçlerle dolduran bu animizm, doğadaki yansımasıyla tüm evreni üniversal bir birlik olarak algılar. Kültlerde söz konusu doğa yansımaları büyük tanrı suretleri olarak bireyselleştirilirler. İnsan ve hayvandaki üreme güçleri Hava Tanrısı'nın kız kardeşi İştar ya da Şavuşka'da bireye dönüşür. Hurri Güneş Tanrısı Şimegi adaletin koruyucusudur. Savaş, tanrı Zababa ya da Vurunkatte'nin, salgın hastalıklar da tanrı Yarri'nin kişiliğinde temsil edilmiştir.

Hava Tanrısı'nın hakim olduğu bölgeler doğallıkla gök ve dağlardır. Yaptıkları da atmosfer hareketleri olan gök gürültüsü, yıldırım, yağmur ve fırtınalar yoluyla algılanabilir. Anadolu'da ve Kuzey Suriye'de kuru tarımın yapıldığı yerlerde toprağı yağmuruyla verimli kılan tanrı Hava Tanrısı'dır. Yağmur yağdırmadığında kuraklık ve kıtlık meydana gelir. Bu nedenle Hava Tanrısı adı geçen bölgelerin tanrılar topluluğundaki en önemli tanrıdır.

Malatya'da [Res. 3], Halep'te ya da İmamkulu kaya kabartmalarındaki betimlerde iki boğa tarafından çekilen arabasında gösterilen Hava Tanrısı savaşa hazırlanan tanrı mitosundaki tanıma uygun düşmektedir: arabasının tekerleklerinin önünü kesen kayaları kaldırması, arabasının gürleyerek ilerlemesi uzaklara yankılanan gök gürültüsüne nedendir. Bulutları kovalayan fırtına, "Hava Tanrısı'nın öz kardeşi" Taşmişu, arabaya güçlü bir esintiyle eşlik eder. Böyle bir yolculuktan önce boğalar otlaklarından, tanrısal bir varlık olan yıldırım da uykuya çekildiği yerden geri çağrılır. Gökten düşen ay konulu Hatti mitosunda da, yağmur, gök gürültüsü ve fırtına Hava Tanrısı'na eşlik ederler. Luvi etkisindeki Zarpiya yakarış törenlerinde Hava Tanrısı'nın arabasına boğalar yerine, Babil Güneş Tanrısı'nın ya da tanrı Assur'un arabası gibi, atlar koşulmuştur.

Bir şölen duasında rahip yakarır: "Hava Tanrısı, Efendim! Bol yağmur boşalt ve kara toprağı doyur; böylece, Hava Tanrısı, ekmek (için tahıl) büyüsün". Zaman zaman özlenen yağmurun gelişi Hava Tanrısı'nın gelişiyle bir tutulur: "Hava Tanrısı ülkenin yağmur(udur)" ya da "Nerik'in Hava Tanrısı, gökten (susuzluk) dindiren yağmur ol, düş" şeklinde Nerik'in yağmur duasında kullanılmıştır. Luvice konuşulan bölgelerde Hava Tanrısı, aynı zamanda tanrının adı da olan Piaşşaşşi sıfatını taşır. Söz konusu isim çiviyazılı Luvice sözcük *pihaş/pihatta* "şimşek, pırıltı" sözcüğünden türetilmiş ve Yunanca Pegasos ismiyle bağlantısı kurulmuştur. Böylece sözcük etimolojisi en eski haliyle, Hesiodos'un "Theogonia"sında (285) Kilikya kökenli kanatlı atın Zeus'un yıldırımını ve gök gürültüsünü taşıdığı anlamını kazanır.

Hayvansal ve bitkisel üretkenlik güçlerinin somutlaşmış hali olan kızkardeşi İştar [Res. 4], Sümer "Gök Tanrıçası" Inanna'nın geleneğini sürdürür. Orta Krallık'tan itibaren Ninova'lı İştar Hurrice adı Şavuşka ile devlet panteonunda tapınım görmüştür. Tanrıçanın astral boyuttaki görünümü Venüs yıldızıdır. Sabah yıldızı olarak Akkad devrinden itibaren yazılı gelenekte "savaşın saldırgan-atak efendisi" ve "meydan savaşının efendisi" şeklinde adı geçmektedir. Akşam yıldızı olarak insan, hayvan ve bitki dünyasında üretkenlikten sorumlu, cinsel canlılığın hetero-agressif tanrıçasıdır. Savaşçı tanrıça olarak silahlı betimlenir; aşk tanrıçası sıfatındaysa farklı çeşitlemelerle çıplak tanrıça olarak gösterilmiştir. Tanrıçanın kültü MÖ 15. yüzyılın ortalarından itibaren Ninova'dan Anadolu'ya ve Suriye'ye, oradan da Akdeniz kıyısının yakınlarına kadar yayılmıştır.

İkonografik olarak Şavuşka hem kadın hem de erkek giysileri içinde görülür. Yazılıkaya Kaya Tapınağı'nda hem erkek (no. 35, bkz. Res. 6b) hem de kadın (no. 51) [Abb. 5] tanrıçalar arasında yer alır. Hiyeroglifle yazılı ismi yoluyla tanınabilmektedir. İki kanat, bacağını açıkta bırakan yırtmaçlı etek, tanrılara özgü sivri takke ve bir halka küpe taşımaktadır. Uç kısmı yuvarlanmış uzun bir saç örgüsü saç tuvaletini oluşturur. Bu tür saç tuvaleti yalnızca tanrıçalara özgüdür. Şavuşka'yı nedimeleri Ninatta ve Kulitta izlemektedirler. Yazıtlarla kimliği açıkça bilinen tanrıça Şavuşka betimleri Malatya'da iki kabartma üzerinde görülür. Satın alma yoluyla elde edilmiş ve Konya'da bulunmuş olan bir yüzükte tanrıça biri insan biri aslan başı olan çift başlı bir aslan üzerinde durur vaziyette betimlenmiştir. İki kez betimlenmesine uygun olarak Şavuşka Hitit-Hurri adak listelerinde de tanrı ve tanrıça sıralarında ayrı ayrı görülür. Tanrı haliyle "kırların Şavuşka'sı" ya da "göklerin Şavuşka'sı", tanrıça haliyle ise "Hattarina, Tameninga ve Lavazantiya kentlerinin Şavuşka'sı" biçiminde anılmaktadır. Tanrıçanın çift yönlü görünümünün nedeni, savaş ve cinsellik işlevlerinin varlığıdır. Eril savaşçı Şavuşka'nın kült eşya listesi arasında topuzlar, tören ve savaş baltaları, zırhlar, okdanlık, ok ve yay yer alır. Tanrıçaya dişil haliyle adak eşyası olarak altından meme biçimli objeler bırakılmıştır.

Yakındoğu'da yaygın çıplak tanrıça ikonografik tipinin Suriye kökenli olduğu kesindir [Res. 4]. MÖ 3. binden itibaren varlığı bilinen çıplak tanrıça tipi "doğulu" Aphrodite şekliyle, daha seyrek olarak ta kanatlı Nike olarak varlığını kesintisiz bir şekilde Hellenistik devre dek aktarmıştır. Çıplak tanrıça, değişik Suriye tanrıçaları Işara, Anat ve Astarte'nin cinsel boyutunun vücut bulmasıdır.

Savaş tanrıları arasında Hava Tanrıları ve "Kırların İştar'ı"nın yanı sıra, Zababa, Hattili tanrılar Vurunkatte ile Şulinkatte, Hurri tanrıları Aştabi, Nubadig, Heşui ile Taşmişu, Kuzey Babil tanrıları Ner(i)gal ve Ugur, Batı Sami tanrısı Rasap ya da Reşef sayılabilir. Etki alanları savaş, salgın hastalıklar ve ürünü kurutan şiddetli yaz sıcağıdır. Sözü edilen tanrıların etki alanları ölüm getirdiğinden, bunlardan bazıları yeraltı dünyası (öteki dünya) ile ilintilidir. Ancak bazıları da yine kendilerinin yolladığı belalardan insanları kurtarır ve onlara yardım eder.

Bitki örtüsünü genç tanrılar, esas olarak da tarımın tanrısı olan Telepinu simgelemektedir (yukarıya bakınız).

> Mitoslar

Genellikle mitoslar dinsel kutlama törenleri içine yerleştirilmiş olan öğelerdir. Örneğin *Purulliya* yeni yıl töreni, Hava Tanrısı Tarunta'nın kışı simgeleyen yılan Illuyanka ile uğraşı mitosunun iki farklı çeşitlemesini içerir. Söylencenin iki farklı biçimi de Nerik kentinin Hava Tanrısı'nın rahibi olan Kella tarafından yazıya aktarılmıştır. Söylenceye konu olan figürler Hava Tanrısı Tarunta, yılan Illuyanka, karaların tanrıçası Inar(a); söylencenin ilk çeşitlemesinde Hupaşiya adlı bir insan ve ikinci çeşitlemesinde Hava Tanrısı'nın oğludur. Sonbaharda hasattan sonra, tarım yılının başladığı dönemde, Illuyanka işlev dışı kalmış olan Hava Tanrısı'nı yener. Ancak Hava Tanrısı ilkbaharda oğlunun, yani Hupaşiya adlı insanın yardımıyla, girdiği paralize durumundan kurtulur ve ikinci bir uğraşla Illuyanka'yı yener. İlk çeşitlemede Illuyanka tarafından alt edilen Hava Tanrısı tüm tanrıları yardımına çağırır: Inar(a) bir şölen hazırlar ve Hupaşiya'nın yardımını garanti altına alır. Şölende Illuyanka ve çocukları sarhoş olurlar, böylece Hupaşiya Illuyanka'yı bağlar ve Hava Tanrısı da Illuyanka'yı yener. Inar(a) Hupaşiya'yı evine "Tarukka ülkesindeki bir kayaya" götürür ve orada sevgisiyle ödüllendirir. Ancak bu arada Hupaşiya'nın asla pencereden dışarı bakmamasını emreder. Hupaşiya yasağa uymayınca ailesini görür ve dünyadaki yaşamına geri dönmek ister. Bunun üzerine hiddetlenen tanrıça Hupaşiya'yı öldürür. Hupaşiya ve Inar(a)'nın öykülerinin düzeni cinsel karşılaşma, aileden ayrılma, uzaktaki bir eve tıkılma, felakete neden olan "kapalı kapı masal motifini", yani pencereden dışarı bakma yasağını içeren mitoslara özgü bilindik anlatı şemasını sergiler düzendedir. Söylencenin ikinci çeşitlemesinde Illuyanka mücadelede yenilen Hava Tanrısı'nın kalbini ve gözlerini çalar. Hava Tanrısı çalınan organlarını yeniden ele geçirmek için Armer adlı bir adamın kızından bir oğul sahibi olur. Hava Tanrısı'nın oğlu Illuyanka'nın kızıyla evlenir ve damatlık armağanı olarak kayınpederinden Hava Tanrısı'nın çalınan organlarını ister. Hava Tanrısı'nın oğlu armağanları alır ve babasının eski haline dönmesine yardım eder. Hava Tanrısı Illuyanka ile deniz kenarında savaşır, onu öldürür ve Illuyanka'nın ailesine girmiş olan kendi oğlunu da öldürür. Sözü edilen bu ikinci çeşitleme Apollodoros Kitaplığı'ndan ele geçen Antik Yunan Typhon söylencesine yansımıştır (I 6, 3, 7 vdd). Olayın geçtiği yer Silifke'deki Koryka mağaralarıdır. Kommagene'de Typhon, Zeus'in liflerini çalmıştır; bu lifler de ancak Typhon'un soyundan gelen bir bakire yardımıyla geri alınabilir. Bu mitos kutsal krallığın kökeni ya da hiyeros logos'u olarak işlev görmektedir. Mitosun her iki çeşitlemesinde de mitolojik olayın içinde ve Illuyanka'nın etkisiz hale getirilmesinde bir insanın katkısı vardır: ilk çeşitlemesinde bu insan Hava Tanrısı'nın oğlu, ikinci çeşitlemesinde ise Hupaşiya adlı adamdır. Inar(a) ile kutsal evlenmeyi gerçekleştirip tarım yılının sonunda ölen Hava Tanrısı'nın oğlu ya da Hupaşiya ilk kral olarak algılanmaktadır.

Tarım tanrısı Telipinu'nun Orta Anadolu kaynaklı mitosu tanrının kaybolmasından kaynaklanan bir darlık zamanının betimlenmesiyle başlar. Tanrılar Güneş Tanrısı'nın bir şöleni sırasında Telipinu'nun ortada olmadığını fark edince, kaybolan tanrıyı arama motifi başlar. Ne Hava Tanrısı, ne "büyük tanrılar", ne "küçük tanrılar", ne de Güneş Tanrısı'nın yolladığı kartal aramada başarılı olurlar. Yalnızca ana tanrıça Hannhanna tarafından görevlendirilen arı kaybolan tanrıyı Kuzey Anadolu kenti Lihzina yakınlarında bir korulukta bulur. Arı uyuyan tanrıyı sokarak uyandırır ve tanrıyı balmumuyla arındırır. Yeniden uyanan ve kızgınlıktan köpüren tanrı için ayinleri iyi bilen tanrıça Kamrusepa ve insanlar sakinleştirme ve arınma törenleri düzenler. Bunu tanrılar toplantısı ve sarayı arındırma töreni izler. Söylence odak noktasında krallığın kutsal nesnesi ve Telipinu'nun simgesi bir meşe ya da porsukağacı olan her dem yeşil *eya(n)* ağacının yer aldığı iyileşme durumunun tanımlanmasıyla son bulur. Söz konusu kutsal ağaçta içinde hiyeroglif biçiminde yeni yıl için sağlık dilekleri bulunan bir çanta asılı durmaktadır. "Telipinu krala baktı. Telepinu'nun önünde bir *eya(n)* ağacı duruyor. *Eya(n)* ağacının dalında koyun postundan bir çanta asılı duruyor. Ve çantanın içine önce koyun yağı, sonra da arpa taneleri ve şarap konmuştu. Sonra da sığır ve koyun kondu. Sonra da uzun yaşam ve üreme kondu. Sonra kuzunun parlak müjdeleri (iyimser fal) kondu" vb. Krallığın bu kutsal ayini Antik Yunanca ve Latince yazılı aktarımıyla anlatılan Jason'un Iolkos krallığını ele geçirebilmek için, Doğu Karadeniz kıyılarında

Kolchis'ten kaçırarak getirdiği altın koç postu söylencesini anımsatmaktadır. Telipinu'nun eya(n) ağacına asılı koyun postu çantası söylencesi, MÖ 1450'lerde Karadeniz kıyılarında Kızılırmak ağzına dek ulaşmış olan Miken tacirlerinin öğrenip aktardıkları bir söylence olmalıdır.

> Tanrı Kumarbi'nin Söylenceleri

Hititçe ve parçalar halinde Hurrice olarak aktarılan söylenceler dizisi "şarkı" olarak tanımlanır. Şiir bağlamalı bir dille yazılmış ve böylece söylenmiştir. Söz konusu mitolojik olayın geçtiği yer Yukarı Habur bölgesinde günümüzdeki adı Tell Mozan olan Kumarbi'nin kült kenti Urkeş ve Dicle'nin kaynadığı yerdir. Söylencede yer alan tanrılar -Kumme'nin Hava Tanrısı Teşup ve Ninova'lı Şavuşka- da Dicle ve Habur kaynak bölgelerine işaret etmektedirler. Kuzey Suriye tanrıları ise bu söylencede yalnızca figüran rollerindedirler.

Çevrim, üç döneme karşılık gelen ve birbirini izleyen üç tanrısal dünya hükümdarının egemenlik sırası mitosuyla başlar. Tanrı Alalu ve Gök Tanrı Anu'nun zamanları, durağan ve evrenin oluşmasından önceki bir dönemde takılı kalmıştır. Anu'nun devri Kumarbi tarafından kendisinin hadım edilmesiyle son bulur. Gökyüzü ve yer, evrenin varlığından önce birlik oluşturduklarından, Gök Tanrı'nın hadım edilmesi gök ve yerin birbirinden ayrılmasının ve böylece yeryüzünün yaratılmasının mitsel imgesi olmuştur. Arpa Tanrısı Kumarbi gökyüzünü yerden ayırarak kaos dönemini sona erdirip dünyayı yaratandır. Bu durum anlatılan mitosta Gök Tanrı'nın hadım edilmesiyle tanımlanmaya çalışılmıştır. Evrenin yaratıcısı, Gök Tanrı tarafından gebe bırakılarak Teşup görünümüne bürünen atmosferi, olasılıkla fırtına olan Taşmişu'yu ve Dicle Nehri olan Aranza'yı doğurmuştur. Yaratıcı girişimi, kozmik güçlerin yaratıcısı olarak "baba" ve "tanrıların babası" ek sıfatlarında anlam bulmuştur. Kumarbi'nin devri Kumme'li Teşup'un hükümdarlığıyla son bulur. Bir yakarış töreninin bir paragrafına göre sözü edilen devir, Teşup'un Kumarbi ve çevresindeki tanrıları -Hititçe "eski tanrılar", Hurrice "ata tanrılar"- yeraltı dünyasına (öbür dünyaya) sürülmesiyle biter.

Tanrıların egemenlik sırası mitosu, takvim mitosu olarak yorumlanabilir; aynı konu günümüze Babilce ulaşmış olan takvim mitosundan kaynaklanmaktadır. Mart ayında tahıl ürünü yeşerir ve gökyüzünün yeryüzünden ayrılmasıyla yıl başlar. Tahıl tanrısı Kumarbi olduğuna göre, Kumarbi'nin Teşup tarafından yeraltı dünyasına yollanması eylül/ekim aylarında gerçekleşen ekim zamanı olarak anlaşılabilir. Haziran ayında hasattan sonra Teşup hükümdarlıkta Kumarbi'nin yerine geçer. Alalu'nun hükümdarlığı da sıfatının "fırtına seli" olmasıyla kış aylarına uygun düşer. Böylece takvim yaklaşık şu şekilde bölümlendirilebilir: Alalu kasımdan ocak ayına kadar, Anu da şubattan marta kadar takvim kralı olacaktır. Mart ayında hükümdarlık Kumarbi'ye, haziran/temmuz aylarında da Teşup'a geçer. Tanrıların egemenlik sırası mitosu, yazıldığı dönemde artık yeni yıl töreninin takvim mitosu olarak kullanılmıyordu. Zaten mitosta tören öğesi görülmemektedir.

Tanrıların egemenlik sırası mitosuna, ortak konuları kozmik düzenin tehdit altında bulunması olan diğer üç mitos daha eklenmektedir. Kumarbi' nin girişimiyle evrenin dengesini bozmak isteyen üç yaratık Kumarbi tarafından yaratılmıştır. Bunlardan ilki gümüş demon, ikincisi deniz ejderi Hedammu ve sonuncusu diorit demon Ullikummi'dir.

Gümüş güneşi, yani ışığı tehdit eder. Bu tehdit gece ve gündüz ayırımına, aya, dolayısıyla da zaman hesabı ya da ay takvimine yöneliktir.

Çevrim içine alınmış olan Kuzey Suriye kökenli Hedammu mitosu kentleri tahrip eden ve herşeyi yutan sürüngenden söz etmektedir.

Üçüncü tehdit ise denizde duran Atlas'ın Hurri çeşitlemesi olan Upelluri'nin omuzlarında duran taş yaratık Ullikummi'dir. Ullikummi sürekli büyüyerek Teşup'un çevresindeki tanrıları gökten düşürecek biçimde tehdit etmektedir.

Teşup ve kızkardeşi tehdit altında olan evrensel düzeni sürekli biçimde korumaktadırlar. Aşk tanrıçası cinsel çekiciliğini kullanarak, Hedammu'nun elini kolunu bağlamaktadır. Eskiden göğü ve yeri birbirinden ayırmış olan, yeraltı dünyasının mühürlü evlerinde saklı bulunan orakla Ullikummi, Upelluri'nin omuzlarından kurtarılır. Gümüş mitosunun kolofonuna göre, söz konusu üç hikayede savaşın yakıp yıkıcılığı, kıtlık ve salgın hastalıklar için mitsel benzeştirme yoluna gidilmiştir.

> Dini Şölenler

Hitit dini törenleri ve bu törenlerle ilgili kuralları içeren metinler Eski Anadolu kültleri ve dinsel halk gelenekleri hakkında, içlerine kurgulanmış olan mitoslar, dualar ve yakarışlarıyla, kapsamlı bilgi vermektedir. Eski Hitit Dönemi'nden Hitit İmparatorluk Çağı'nın sonuna dek, kült şölenlerinin bir parçası olan dinsel ritüeller yazıya dökülülerek gelenekselleştirilmiştir. Zaman zaman aynı dinsel törenlerin kurallarıyla ilgili yazılı belgelere birbirlerinden çok az ayrılık gösterir biçimde, Eski Hitit, Orta Hitit ve İmparatorluk çağının geç dönemlerine ait çiviyazılı tabletlerde rastlanmaktadır. Bu tören uygulamalarında değişiklik yapıldığında, yönlendirici yazılar nedenini açıklamaktadır. Dinsel tören kurallarını içeren metinler, ayrıntılı bilgiler veren ve çoğu zaman karmaşık ve çok anlamlı olan seremonilere katılanların kusursuz uygulayabilmeleri için gerekli rol dağılımını sağlayan kitaplar olarak düşünülmelidir. Bunların bazıları kral ve kraliçeyle saray maiyetinin saray seremonilerindeki rollerine yönelik kuralları anlatırlar. Açıklamalar okunacak mitosların, duaların ya da şölen şarkılarının metinlerini aktarırlar; kurban töreniyle, çeşitli adetlerle ve şölen halkının ağırlanmasıyla ilgili teknik ayrıntıları düzenlerler. Kült uygulamalarının başkent dışında da düzgün biçimde yürütülebilmesi için eyalet kentlerine tabletlerin kopyaları yollanırdı.

Takvim yılının şölenleri hem kültsel-sakral hem de toplumsal-dünyevi nitelikli kapsamlı kutlamalardır. Kutlamalar bol yağış alabilmek, ürün bereketini sağlamak, besi ve av hayvanlarının üremelerini arttırmak, kralın karizmatik gücünü pekiştirip kral ailesinin çoğalmasını sağlamak için, tanrıların sahip oldukları yaşam gücünü canlandırmak amacıyla yapılır. Tarıma, hayvancılığa ve ava bağlı olan insan yaşamı, törenlerin yerine getirilip getirilmemesiyle doğrudan bağlantılı olduğundan, törenlerin uygulanması da şölen topluluğu tarafından temsil edilen toplumun ortak amacına hizmet eder. Törenlere insanların yanı sıra, tören sırasında maddi yansımaları kült heykelleri ile temsil edilen tanrılar da katılır. Kurallara özenle uyulan törenler yardımıyla insanlar tanrılarla bağlantı kurabilir ve bu bağlantıyı sürdürebilirler. Böylece törenin yapılması insanlar için yaşamsal bir gereksinim haline gelir. Dini tören kuralları tanrılara karşı alınacak tutumu ve tanrılarla ilişki kurma biçimlerini düzenler. Tanrıların varlığı kurban törenleri ve kült yemeklerinin birbirleriyle ilişkisinde belirgin hale gelir, çünkü kurban törenleriyle doğrudan ilişkili olan kült yemeklerinde insanlar ve tanrılar bir arada yemek yiyen bir topluluğa, aynı ortamı paylaşan davetlilere dönüşürler. Kurban etinden yemek, insan ve tanrıları uyum içinde birbirlerine bağlayan ortak tören yemeğine katılmak anlamını taşır. Söz konusu bağ töreni, özellikle kraliyet çifti ile tanrıları bir kılan "tanrıları içme" kutsal işlemiyle doruk noktasına ulaşır (Bkz. Burada de Martino S. 445 vdd.).

Büyük şölenlerde hem baş rahip hem de kutlayan rolündeki kral, bir anlamda da kraliyet çifti, kutsal Tabarna ya da Labarna adını taşır. Bu törenlere katılan kraliçe de Tavananna unvanını almaktadır. Veliaht da zaman zaman kurban sahibi olur. Kült etkinliklerinde bir tür oyunculuk yapan ve çoğunlukla Hititçe meslek adlarını taşıyan yakarış rahipleri, rahibeler, kültlerin kadın ve erkek bekçileri, demircilik, çobanlık ve avcılık gibi meslek gruplarının temsilcileri, şarkıcılar, tapınak müzisyenleri, kadın ve erkek dansçılar, sakiler, aşçılar, sofracılar gibi çok sayıda saray görevlisi de töreni asıl yöneten rahiplerin yanında yer alırdı.

Tören uygulamaları Alaca Höyük sarayının çevirme duvarındaki ortostatlarını ve Malatya (Arslantepe) sarayını süsleyen kabartmaların [Res. 7a, b] yanı sıra, İnandık vazosunda görüldüğü gibi (Bkz. Res. 2 – 5, S. 250), Eski Hitit Devri tören kaplarının üzerlerinde de betimlenmişlerdir. Söz konusu vazoda betimlenen törenin doruk noktasını, ülkenin verimliliğini desteklemek amacıyla kraliyet çiftinin cinsel birleşmeleri, kutsal evlenme (Hieros gamos) motifi oluşturur. Son araştırmalar bu olgudan tören kuralları metinlerinde de söz edildiğini göstermektedir.

> Açık Hava Kutsal Alanları

Tanrılara karşı olan günlük kült görevlerinin yerine getirildiği tapınakların yanı sıra özellikle dağlık bölgelerde, kaya gözlerinde ya da kaynaklarla göllerin kenarında çok sayıda açık hava tapınağı da mevcuttu.

Büyükkaya'nın birkaç yüz metre uzağında bulunan Yazılıkaya açık hava tapınağında [Res. 6a, b] yaklaşık Orta Krallık adak listelerindeki sıra düzeninde betimlenmiş tanrılar, İmparatorluk devri Hitit devlet panteonunu oluştururlar (Bkz. Burada Seeher S. 443 vdd.). Burada solda tanrılar, sağda tanrıçalar olmak üzere iki tanrı grubu betimlenmiştir. Tanrılar alayına, insan şeklinde betimlenmiş iki dağın üzerinde duran Hava Tanrısı, tanrıçalar alayına ise Hepat ve en yakınları öncülük etmektedir. Yazılıkaya'nın pek çok kez tartışılmış olan işlevi, 1986 yılında IV.Tuthaliya dönemine tarihlenen ve bir antlaşma metnini içeren bronz tabletin bulunmasından sonra yeni anlamlar kazanmıştır. Buna göre, kaya tapınağı, içine girilmesine yalnızca doğrudan hanedandan gelenlere hak tanınan Hitit kuruluşu *ekur* olarak tanımlanabilmektedir. Büyük Hitit-Hurri dinsel töreni *itkalzi*'de adları geçen tanrıların Yazılıkaya tanrılar düzeniyle örtüşmesi, burada taç giyme törenlerinin yapıldığını akla getirmektedir.

Beyşehir Gölü'nün doğu kıyısında yer alan Hitit Kutsal Kaynak Anıtı Eflatun Pınar'da yapılan yeni kazılar ele alındığında, bir Hitit duasının resitasyonunda betimlenen kaynak çeşmesine dikkat çekmek gerekir. Bir Eski Hitit kil tabletinin Orta Hitit döneminde yapılan kopyası bir dizi resitasyonu içermektedir. "Çakıl taşlarının sözleri" olarak tanımlanan ve kralın sağlığı için okunan resitasyonda iki kaynak çeşmesi anlatılmaktadır. Bunlardan birisi Güneş Tanrıçası'na, diğeri ise Hava Tanrısı'na adanmıştır. Güneş Tanrıçası'nın kaynağının tanımında oturan bir Güneş Tanrıçası'ndan ve leopar heykellerinden söz edilmesi nedeniyle, bu tanım ile Büyük İmparatorluk döneminde inşa edilmiş olan Eflatun Pınar Kutsal Kaynak Anıtı ile karşılaştırma yapılabilir. Eflatun Pınar'da hem oturan Güneş Tanrıçası'nın yüksek kabartması, hem de bir dizi leopar heykeli gün ışığına çıkarılmıştır. "Güneş Tanrıçası'nın bir kaynağı fışkırmaktaydı. Ve şimdi (nasıl yapılmış?) Aşağısı (ve) yukarısı taştan yapılmış; ... kaplı... O'nu leoparlar koruyor. Suyu ( ) bir havuz(dan) akıyor. Çakıl taşları Büyük Kral Labarna'yı korusun. Ve O Güneş Tanrıçası'nın demiri olsun!" Bu kısmı Hava Tanrısı'nın kaynağının betimlenmesi izlemektedir: "Hava Tanrısı'nın *vattaru*-kaynağını yapıyorlar. Kaynak nasıl yapılmış? O bakırdan? İnşa edilmiş; harç? ile sıvanmış; üstüne demir sürülmüş (boyanmış)". Eflatun Pınar Kutsal Kaynak Anıtı'nda Güneş Tanrıçası'na ait küçük bir tapınağın yanı sıra, tümüyle tahrip olmuş bir başka tapınma alanı daha bulunmaktadır; bu metne bakıldığında bunun da Hava Tanrısı'na ait olduğu düşünülebilir (Bkz. Burada Emre S. 487 vdd.). Eflatun Pınar anıtı Büyük İmparatorluk Dönemi'nin sonlarına tarihlense de, eldeki metne bakıldığında benzer anıtların Eski Hitit Dönemi'nden itibaren var olduğu anlaşılmaktadır.

Kuşaklı yakınlarında saptanmış taş çevrili havuz, Kuşaklı kazısında ele geçirilen iki mektuba göre bir tür Hitit kehanet yöntemi olan kuş uçuşunu izleme uygulamasında kullanılmıştır. Hemen yakınındaki bir taş duvarla çevrilmiş kayalar ise, bir kutsal tören betimlemesine göre Hava Tanrısı'nın stelleridir (Bkz. Burada Müller-Karpe S. 470 vdd.)

Günümüzdeki adı Alaca Höyük olan Hitit kenti Zippalanda'ya birkaç kilometre uzaklıktaki Çerkez Kalehisar tepesinde, üzerinde bir Frig yazıtı bulunan kayaya oyulmuş bir taht bulunmaktadır [Res. 8, 9]. Kalehisar'ı, Zippalanda kutsal törenlerinde Hava Tanrısı kültünün odak noktası olan Hitit dağı Taha olarak tanımlamak olasıdır.

Şarkışla ve Kuşaklı arasında bulunan ve sığır başı, geyik başı(?), kartal ve tavşan hiyerogliflerinin bulunduğu bir mağara, Hitit mağara kültü ile bağdaştırılabilir. Söz konusu mağara kültü, yeraltı dünyası tanrıçası için yapılan törenlere ait metnin bir bölümünde tanımlanmaktadır.

Pazarlı'da bir başka Hitit ve Frig kült yeri bulunmaktadır. Söz konusu kült yeri Çorum ve Alaca arasındaki yoldan biraz uzaktadır. Kült yeri dar ve birbirinin üzerinde yer alan mağaramsı tüneller ve yarın üzerindeki Hitit mimari kalıntılarıyla dikkati çekmektedir [Res. 10].

> Hitit Sonrası Dönem

Hitit İmparatorluğu'nun çöküşünden sonra bazı kültler ve mitoslar söz konusu devri izleyen devletler tarafından (Luvi) yaşatılmıştır.

Frigya'da tanrıların adlarının değişmesine karşın, Frig kisvesinde pek çok eski kültün ve kült yerinin kullanımı sürmüştür. Frig ana tanrıçası Kibele, "dağ anası", Lidya'nın Kibebe'si için kullanılan ad MÖ 3. binin ortalarından itibaren varlığı kanıtlanan Karkamış kenti tanrıçası Kubaba kökenlidir. Pessinus'taki Frig Kibele kültüne Hitit-Hurri mitosundaki taş yaratık Ullikummi girmiştir. Burada Ullikummi'nin yerini taştan doğan Agdistis alır. Anadolu'lu Artemis ve leoparlı Aphrodite Urania, Kibele-Rhea ilişkisi de eski Anadolu geleneği kökenlidir.

Bir ya da iki boğanın üzerinde duran Anadolu-Suriye Hava Tanrısı (Res. 11) hemen hemen aynı ikonografik özellikleri göstererek Jupiter Dolikhenus olarak Kommagene'den Roma'lı lejyonerler yoluyla İngiltere, Ren ve Tuna kıyılarına dek ulaşmıştır [Res. 12]. Kommagene'de Hellenistik devirde, çıplak ve peçesini açan İştar (Urfa Müzesi bahçesindeki eser), Nike görünümündedir [Res. 13]. Fildişinden bir Hitit heykelinde [Res. 15] olduğu gibi dansın hareketsiz bir figür olarak birbirine sarılı bacaklarla betimlenmesi, Etruria'da MÖ 5. yüzyıla tarihlenen *"Donna con specchio"* tunç heykelciğinde devam etmiştir (Volterra Müzesi) [Res. 14].

Karaciğer falı ve Hititler'e özgü kuşları inceleyerek yapılan kehanet yönteminin, başka dini uygulamalarla birlikte, MÖ 1. binde Klasik Dünya tarafından besimsendiği de hemen hemen kesinlik kazanmıştır.

Kaynakça

Archi 1975, 119 – 180; de Martino 1995, Bd. IV, 2661 – 2669; Gurney 1977; Güterbock 1946; Haas 1977; 1982; 1994; Hoffner 1990; Kammenhuber 1976; Popko 1995; Porzig 1930, 379 – 386; Schmidt 1998, 17 – 49; von Schuler 1965, Bd. I, 143 – 216; Singer 1983; Singer 1984

Resim altları

1 Çatal Höyük'ten pişmiş toprak heykelcik: Yanlarında iki leoparın bulunduğu tahtta oturan tanrıça. II. kata ait bir tahıl ambarında bulunmuştur

2 Çatal Höyük'ten bir duvar kabartması: Boya bezekli iki leopar

3 Malatya'dan kabartmalı ortostat: İki boğanın çektiği arabasında Hava Tanrısı

4 Karkamış'tan çıplak, kanatlı İştar kabartması

5 Yazılıkaya İştar kabartması

6a Yazılıkaya Hitit Kaya Tapınağı

6b Yazılıkaya'da betimlenmiş tanrıların hiyeroglifle yazılmış adları

7a Alaca Höyük Sfenks Kapısı

7b Alaca Höyük Sfenks Kapısı'ndaki kabartmalı ortostatlar (Rekonstrüksyon M. J. Mellink)

8 Alaca Höyük'e yaklaşık 2 kilometre uzaklıkta, Çerkeskalehisar köyü yakınlarında Kalehisar tepesi (Hititçe adı Taha)

9 Kalehisar'ın zirvesinde yer alan tanrı tahtı

10 Pazarlı mağaraları

11 Arslantepe steli (Malatya'nın kuzeydoğusu): Boğa üzerinde ayakta duran, elinde yıldırım tutan Hava Tanrısı

12 Tuna havzasından Roma dönemi heykelciği: Jupiter Dolichenus

13 İştar ikonografisinde Nike heykelciği

14 Etrüsk tunç heykelciği: Dans eden Donna con specchio (Museo Etrusco Guarnacci, Volterra)

15 Hitit Fildişi heykelciği: Dans eden tanrı (Kat. No. 114)

İmparatorluk Panteonu'na Bakış

Yazılıkaya Kaya Tapınağı

Jürgen Seeher

Hattuşa'da Aşağı Şehir'de yeralan Büyük Tapınak'ın yaklaşık 1,5 kilometre kuzeydoğusunda, bir dağ yamacında Yazılıkaya Kaya Tapınağı bulunur.[1] Bu yerin 1834 yılında Charles Texier tarafından keşfi, Hitit kültürünün tanınmasında çok büyük rol oynamıştır: Burada sınırlı bir alanda kaya yüzeyine 90'dan fazla şahıs, hayvanlar ve hayal ürünü yaratıklar işlenmiştir ve o güne kadar hiç bilinmeyen stilleri nedeniyle büyük bir ilgi uyandırmıştır. Gizem dolu bu yer olmasaydı, Hitit başkentinin harabeleri, kesinlikle uzun bir süre daha dikkatleri çekmeyecekti.

> Açık Havada Bir Kutsal Alan

Hititler'in çok sayıdaki diğer tapınaklarıyla Yazılıkaya karşılaştırıldığında, belirgin farklar göze çarpar: Her şeyden önce, bir surla çevrili olmaksızın yerleşim yerinin dışında bulunması önemli bir farktır. İkinci fark ise her iki kült odasının da (A ve B Odaları) 12 metreye kadar yükselen kireçtaşı kayalıklarının arasında oluşmuş doğal mekanlarda ve açık havada bulunmasıdır. Açık havada olmalarına rağmen bu kutsal odalar önlerine inşa edilmiş bir yapı kompleksi ile dış dünyadan ayrılmaktaydı: Kentten bir vadi içinden geçip gelindiğinde, tapınağa bir kapı yapısından giriliyor, sonra bir geçitle etrafı çeşitli mekanlarla çevrili bir avluya varılıyordu [Res. 1]. Tören kıyafetlerinin giyilmesi ve temizlik gibi bazı kült hazırlıklarının burada yapıldığı sanılmaktadır. Avluda sunak olarak yorumlanan küçük bir kalıntının olması, duaların ve ilk kurban adaklarının burada yapılmış olabileceğini göstermektedir. Buradan diğer bir kapı geçidinden geçilerek asıl kült mekanlarına ulaşılıyordu. Yazılıkaya'yı diğer normal tapınaklardan ayıran üçüncü fark ise, burada tek bir tanrıya tapınılmadığıdır; çünkü burada yer alan çok sayıdaki kabartma çeşitli tanrı ve tanrıçalara aittir.

> Bir Dizi Tanrı

Yazılıkaya büyük A Odası'nda kayaya işlenmiş kabartma figürlerin özel bir düzeni ve tertibi vardır: Burada sol kaya yüzeyinde yalnız tanrılar (ikisi hariç), buna karşın sağ tarafta da yalnız tanrıçalar betimlenmiştir [Res. 2, 3, 5]. Öne doğru uzanan el üzerinde her figürün adı, hiyeroglif Luvicesi ile belirtilmiştir. En üstte, yatan bir oval içinde dik çizgiden oluşan tanrı sembolü her defasında ismin önünde yer alır. Tüm tanrı ve tanrıçalar, uzun bir tören alayında, art arda yürüyorlarmış gibi betimlenmişlerdir. Ana sahnenin yer aldığı kaya odasının arka duvarına doğru yönelmişlerdir. Ana sahnede Hava Tanrısı ile eşi Güneş Tanrıçası ve ortak çocuklarının karşılaşması betimlenmiştir. A Odası'ndaki diğer tanrılarda olduğu gibi, bu tanrı ve tanrıçanın adları da Hurri-Luvi dilinde yer alır; Hava Tanrısı "Tisubo", Güneş Tanrıçası "Habatu" (Hurrice Teşşop ve Hebat).

Tanrı ve tanrıça dizileri olasılıkla, İmparatorluk panteonunun baş tanrıları olan bu iki tanrının maiyetini oluşturuyorlardı. Bu yorum sonucunda, Yazılıkaya "Yeni yıl şenlikleri evi" olarak tanımlanabilir: Hitit kült metinlerine göre yeni yıl ve İlkbahar törenlerinde bir araya gelen tüm tanrılar "Hava Tanrısı'nın Evi" nde toplanırdı. Bu şenlikte kentin diğer tüm tapınaklarından tanrı heykellerinin törensel bir alayla Yazılıkaya'ya taşınmış olabileceği düşünülebilir.

> A Odası Kabartmaları

Yaklaşık 22 metre uzunluğundaki ana mekan olan A Odası'nda bulunan kabartmalar, çok çeşitli ve ayrıntılı betimlenmiştir. Ayrıca zamanında belki de renkli boyamalarla bu kabartmalar, bireysel özellikler taşıyor olabilirler: Tanrıçalar geniş bir şal altında kemerli ve pliseli uzun bir etek, geniş kollu bir bluz ile ucu sivri ve yukarı kalkık pabuçlar giymektedir. Küpelidirler; başlarında yüksek ve üstü çıkıntılı başlık vardır. Saçlar tutam halinde sırta iner. Yumruk şeklindeki sağ el ileriye uzatılmış, sol el ise başa doğru kalkık ve açık bir biçimde betimlenmiştir. Bu alana Luvice isimleri yazılmıştır. Ancak bazı hiyeroglif işaretlerinin iyi durumda olmamasından dolayı tüm isimler okunamamıştır. Tanrıçalar arasında isimleri kesinlikle okunabilenler şunlardır: Hutena (No. 47), Hutellurra (No. 48), Allatu (No. 49), Salusa (No. 52), Bilgelik Tanrısı Iya'nın eşi Tapkina (No. 53) ve Ay Tanrısı'nın eşi Nikkala (No. 54).

A Odası'nın diğer tarafında yer alan tanrılarda ise daha çok bireysel özellikler taşıyan hatlar görülmektedir [Res. 2 – 4]. Bu tanrılar da Hititler'in tipik sivri ucu yukarı kalkık ayakkabısıyla betimlenmiştir. Çoğu kısa bir etek giymektedir ve bazen eteğin üzerinde, arkadan uzun bir etek yere kadar iner. Yalnız başının üzerindeki kanatlı güneş kursundan tanınan, Gökyüzünün Güneş Tanrısı (No. 34), uzun bir paltoyla örtünmüştür. Dağ tanrıları, üzerinde dağ doruklarını temsil eden pullar bulunan uzun etek giyerler (No. 13 – 15, 16a, 17). Birçok tanrı topuz ve orak biçimli kılıç kuşanmıştır ve bazılarının kemerinde yarımay şeklinde kabzası olan kılıç bulunur. Çoğu, tanrısallığın sembolü olan alın üzerinde bir boynuzu bulunan yüksek sivri külah giyer; yuvarlak takkeler ise nadirdir. Tanrılardan üçü kanatlı betimlenmiştir: Tanrı Pirinkir (No. 31), Ay Tanrısı (No. 35, başlığındaki hilal sayesinde de tanınmaktadır) ile savaşçı özelliği vurgulandığından erkek tanrılar arasında yer alan Savaş ve Aşk Tanrıçası Şavuşka (No. 38). Bu tanrıçanın arkasındaki iki dişi figür (No. 36, 37) hizmetkârları Ninatta ve Kulitta'dır. Savaş Tanrıları Hesue (No. 30) ve Astabi (No. 33), Bilgelik Tanrısı Iya (No. 39), Hava Tanrısı'nın babası Tahıl Tanrısı Kumarbi (No. 40) ve yine olasılıkla aynı tanrının erkek kardeşlerinden biri (No. 41) tanımlanabilen diğer tanrı figürleridir. 28 ve 29 numaralı, boğa ile insan karışımı iki yaratık ilginçtir: Yeryüzü anlamına gelen hiyeroglif işaret üzerinde ayakta duran ve yukarıya doğru kaldırdıkları ellerinde gökyüzü işaretini taşıyan bu figürlerin, gökyüzünün boğaları Hurri ve Şeri olmaları mümkündür.

A Odası'nın arka duvarındaki ana sahne, boyutları ve ek atribüleriyle özellikle dikkat çeker [Res. 7, 8]: Burada Hava Tanrısı (No. 42) iki Dağ Tanrısı üzerinde ayakta dururken karşısındaki Güneş Tanrıçası (No. 43) ve oğlu Şarrumma (No. 44) birer leopar üzerine basmaktadır. Hemen ardında Hava Tanrısı ile Güneş Tanrıçası'nın kızları ve kız torunu olması muhtemel iki tanrıça (No. 45, 46), çift başlı bir kartalın biraz yukarısında betimlenmişlerdir. Hem Hava Tanrısı'nın hem de Güneş Tanrıçası'nın arkasında tanrısal sivri külahlı, sıçrayan bir boğa görülmektedir.

Ana sahnenin karşısındaki duvarda, ana sahnedeki tanrı figürlerinden daha büyük boyutlarda Büyük Kral III./IV. Tuthaliya betimlenmiştir. Kral, Güneş Tanrısı'nın törensel kıyafetinde, uzun mantolu, yuvarlak takkeli ve elinde egemenlik sembolü olan ucu kıvrık bir asa tutar durumda, pullarla dağ konisi oldukları belirtilen iki tepe üzerinde dururken tasvir edilmiştir (No. 64). Kutsal Alan'ın bu kral tarafından yaptırıldığı, ya da son şeklini almasında onun rol oynadığı ve burada kendisini ebedileştirmek istediği sanılmaktadır. Ortaçağ ve Rönesans dönemi dinsel yapılarında kurucu figürlerinin küçüklüğünü göz önüne getirdiğimizde, burada kralın kabartmasının boyutu, kralın özgüveninin derecesini göstermektedir. Böylece kaya mekanları son şekliyle MÖ 13. yüzyıla tarihlenirse de Yazılıkaya'da MÖ 15. yüzyıldan itibaren bir kült yerinin var olduğunu gösteren çeşitli buluntular vardır.

Yukarıda değinildiği gibi Yazılıkaya'da Hitit panteonuna ait tanrılar, Hititçe değil, Hurri kökenli isimlerle belirtilmiştir. Daha MÖ 15. yüzyıldan itibaren Hurri ülkesinden (özellikle Kuzey Suriye ve Kuzey Mezopotamya) Hitit kültürüne yoğun etki başlamıştır. MÖ 13. yüzyıl ortalarında Büyük Kral II. Hattuşili ve oğlu III./IV. Tuthaliya tarafından uygulanan kült ile ilgili büyük çaplı reformlarda bu eğilim daha da güçlendi. Bunda Büyük Kraliçe Puduhepa'nın da katkısı olduğu sanılmaktadır: II. Hattuşili'nin karısı ve III./IV. Tuthaliya'nın annesi olan güçlü ve siyasi bakımdan da aktif bir kişiliğe sahip bu kraliçe, Hurri kültünün kaynağı olan Güney Anadolu'da Kizzuvatna'lı bir rahibin kızıydı.

> B Odası

18 metre uzunluğunda, ancak 2,5 – 4 metre genişliğinde olan bu odadaki kabartmalar daha iyi koruna gelmiştir. A Odası gibi binlerce yıl hava koşullarından etkilenmemiş, çünkü ancak 19. yüzyılın ikinci yarısında kazılarak ortaya çıkarılmıştır. Burada kabartmalar ana odadaki gibi kuşaklar halinde değildir; yan duvarlara dört bağımsız figür işlenmiştir [Res. 4, 6, 9, 10]. A Odası'nın başlangıcında tanrılar geçidinde de tasvir edilen ve orak biçimli kılıç taşıyan On İki Tanrı (No. 69 – 80) ve "Kılıç Tanrısı" Nergal (No. 82), öbür dünya ile ilişki kuran yeraltı tanrıları anlamında olmalıdır. Kabartma No. 81'de Büyük Kral III./IV Tuthaliya'nın koruyucu tanrısı olan Şarrumma, krala sarılmış ve ona yol gösteren bir durumda tasvir edilmiştir [Res. 9, 10]. Hiyeroglifle yazılı ismi, B odasının sağ duvarının ön tarafında bir defa daha yer alır (No. 83). Hemen yakınında ise bir heykel kaidesi olabilecek bir taş blok yerde durmaktadır. Olasılıkla burada kralın bir heykeli bulunuyordu, çünkü Tuthaliya'nın oğlu II. Şuppiluliuma'nın babası için anılacağı bir yer, bir "Ebedi *hegur*" yaptırdığı ve içine bir heykelini koydurduğu, çiviyazılı bir tablette anlatılmaktadır. Bu teşhis doğruysa, bu kralın ölümünden sonra "kendi yaptırdığı" tapınağın içinde, B odasında ikinci bir yer edindiği anlamı çıkarılmalıdır.

Dipnotlar

1 Ayrıntılar için Bkz. Bittel vd. 1975.

Kaynakça

Alexander 1986; Bittel 1975; Bittel 1989, 33 – 38; Kohlmeyer 1983, 7 – 153; Neve 1989, 345 – 355

Resim altları

1 Yazılıkaya planı
Korunagelmiş duvarlar
Rekonstrüksyonu kesin olan kesimler
Kabartma bezeli kayalar
1 – 42: Tanrı kabartmaları
43 – 63: Tanrıça kabartmaları
64: IV. Tuthaliya kabartması
69 – 80:On iki tanrı kabartması
81: IV. Tuthaliya ve Şarruma kabartması
82: Kılıç tanrı kabartması
Su künkleri

2 A Odası tanrılar alayı, çizim (No. 1 – 39)
3 A Odası tanrıçalar alayı, çizim (No. 46a – 63)
4 B Odası tanrılar dizisi, çizim (No. 69 – 80)
5 A Odası tanrılar alayı (No. 25 – 32)
6 B Odası tanrılar dizisi (No. 69 – 72)
7 A Odası ana sahne (No. 41 – 46)
8 A Odası ana sahne, çizim (No. 41 – 46)
9 Büyük Kral IV. Tuthaliya, koruyucu tanrısı Şarruma'nın himayesinde. B Odası kabartmalarından (No. 81)
10 Büyük Kral IV. Tuthaliya, koruyucu tanrısı Şarruma'nın himayesinde. B Odası kabartmalarından, çizim (No. 81)

Hitit İmparatorluğu'nda Kült ve Bayram Kutlamaları

Din-Devlet Bağımlılığının Aleni İfadesi

Stefano de Martino

> Bayram Törenleri Uygulamaları

Hitit başkentindeki arşivlerde bulunmuş olan çiviyazılı tabletlerin çoğu dinsel içeriklidir. Bunların bir çoğu Hattuşa'da ve Hitit devletinin diğer kentlerinde belirli aralıklarla kutlanan törenlerin akış düzenini en ince ayrıntılarına dek betimler.

Törenlerin amacı, tanrıları onurlandırıp tanrılarla doğru ve kalıcı ilişkilere girerek, Hitit İmparatorluğu ve hanedanlığı için gerekli tanrısal korumayı sağlamak, tarlaların ve hayvanların verimliliğini arttırmak, Hitit birliklerini askeri girişimlerde başarıya kavuşturmak ve tüm ülkenin dirliğini güvence altına almaktı.

Kültün doğru bir şekilde uygulanması devletin sürekliliği açısından vazgeçilmez bir koşul olduğundan, kesin bir şekilde her törensel işlemi belirlemek ve bunların yerini ve uygulama zamanını kesin olarak saptamak gerekli görülürdü.Tören metinleri, kutlamaların akışını ayrıntılarıyla tanımlayan "rol dağılım metinleri"[1] ya da "reji bilgileri"[2] görünümüne bürünürler.

Aynı tören uygulamasının açıklandığı metnin, çok sayıda kopyası günümüze ulaşmıştır. Bunun nedeni iki şekilde açıklanabilir: Tanrıların kültü yalnızca Hitit başkentinde değil, aynı zamanda taşrada da uygulanırdı; bu nedenle çevre tapınakların arşivlerinde de tören kutlamalarıyla ilgili yönetmelikler bulunurdu. Ayrıca Hitit kült dünyasındaki bazı törenler eski geleneklere dayanırdı; zamanla Hitit Tanrılar Topluluğu (Pantheon) köklü değişikliklere uğramışsa da söz konusu törenler uzun zaman kutlanmıştır. Bu nedenle metinler Hitit devletinin varlığını koruduğu yüzyıllar boyunca pek çok kez kopya edilmiştir. Hitit dinsel belgelerindeki dil gelişiminin incelenmesi günümüzde Hititoloji'nin en ilginç konuları arasındadır. Her kil tablet ya da tablet parçasının metin tarihlendirmesi yalnızca içerik öğelerinin açıklanıp yorumlanmasının yanı sıra, paleografi ve dilbilgisi açısından yapılan incelemelerle mümkün olmaktadır.

Hitit tören uygulamaları Hititçe yazılmıştır; ancak rezitation, ilahiler ve yakarışlar türünde tüm ya da parçalar halinde ele geçen, başka dilde yazılmış metinler de bulunmaktadır. Kullanılan diller Hattice, Palaca, Luvice, Hurrice ve Babilce'dir. Hitit İmparatorluğu çok uluslu bir kültüre sahipti ve farklı gelenek öğelerini özümsemişti. Hattice ve Palaca yazılmış belgeler Eski Hitit kültüne aittir ve Orta Anadolu'nun kuzeyine özgü geleneklere dayanırlar. Eski Hitit döneminde başlayan, MÖ 14. ve 13. yüzyılda giderek çoğalan Luvice belgelerin Güney Anadolu kökenli oldukları düşünülmektedir. Hurri ve Mezopotamya kültürlerinin büyük etkisi ise MÖ 15. yüzyılda başlar ve Büyük İmparatorluk Dönemi'nde daha da güçlenir. Hitit metinlerinde birçok tören/bayramdan söz edilir.[3] "Sabit Bayramlar" adıyla da anılan bazı kutlamalar yılın belirli zamanlarında tekrarlanan türdendi, bazı bayramlar ise altı yılda ya da dokuz yılda bir olmak üzere ender kutlanırdı.[4] Belirli bayramlar yılın belirli bir mevsiminde gerçekleşirdi. Bahar ve güz başlangıcı, tarımsal üretim dönüşümüne bağlı önemli kutlama tarihleriydi. Bayramların birisi "Çiğdem Bayramı" (AN.TAHSUM^{SAR}) ve diğeri de "Hız Bayramı" (*nuntarriyasha-*)idi. Her iki bayram da Büyük Kral'ın ve Kraliçe'nin Hitit Devleti'nin birçok kentine yaptığı yıllık kült gezisini öngörürdü. Böylece hem ülkenin çevre/kenar kentlerinin yerel tanrıları da kutlamaya katılmış olurdu, hem de hükümdarın bizzat bulunmasıyla, hakimiyet alanına giren bölgede kralın otoritesi ve iktidarının tanrılar katında kabul görüşü pekiştirilmiş olurdu. Hitit İmparatorluğu'nun sonlarına doğru, III. Tuthaliya yönetiminde kültün merkezileştirilmesi yoluna gidilince, o döneme dek kült gezileriyle kutlanan törenler artık yalnızca imparatorluğun tüm tanrıların bir arada toplandığı Yukarı Şehir Tapınak Mahallesi'nin bulunduğu başkent Hattuşa'da yapılmaya başlanmıştı.[5]

> Kült Ayinleri

En üst düzeydeki rahip olan kral, törenleri/bayramları kutlayan kişiydi; çoğunlukla kraliçe ve veliaht prens (*tuhkanti-*) de törenlere katılırdı. Kült görevlerinin uygulanmasında aralarında rahiplerin yanı sıra sakilerin, aşçıların, sofrabaşlarının, müzisyenlerin, şarkıcı ve dansçıların da bulunduğu kült görevlileri krala yardımcı olurlardı. Bunun yanı sıra bazı memurlar ve devletin paye taşıyan üyeleri de törenlere katılırdı.

Törenin odak noktası tanrılara adanan kurbanlardı: Bunlar hayvanlar ya da kurban edilen hayvanların bölümleri, ekmek, meyve, sebze, peynir, bal, şarap, bira gibi maddelerdi.[6] Adaklar sunaklara yerleştirilirdi; içecekler ise sunağın, ya da tanrı betimlerinin önüne dökülürdü. Metinlerde adakları tanrıya bırakmadan önce kralın, ya da sunuyu yapan kişinin elini, sunulanların üzerine doğru uzattığı bildirilir. Bu davranışla adağı yapan kişinin kimliği açıklanmış olurdu.

Çok sayıdaki metin tanrılara adanan sunuları ve kurban uygulamalarının niteliğini ve birbirleriyle ilişkisini tasvir eder. Bazı ikonografik (betimsel) belgeler törenlerin nasıl yapıldığını gösterirler. Örneğin Schimmel Koleksiyonu'nda bulunan bir rhyton üzerindeki kabartmada kral olabilecek bir erkek figürü gaga ağızlı bir kaptan tanrıya sunu dökerken betimlenmiştir **(Res. 2)**. Erkeğin arkasında görülen bir rahip ekmek taşımaktadır. Dizleri üzerine çökmüş bir saki de, bu görev için tipik bir duruşla testi sunmaktadır. Hitit metinlerinde "diz çöken saki"den sıkça söz edilir.[7]

Bazen de tanrıya adak yapıldıktan sonra kral ve kraliçenin, rahiplerin ve kraliyet ailesinin üyelerinin katıldığı bir kült yemeği verilirdi.[8] Kült yemeği tanrıların insanlarla bütünleşmesini temsil etmesi nedeniyle törenin kilit taşını oluştururdu.

"İçki töreni" Hitit kült metinlerinde sıkça geçen bir başka uygulamadır. Bu tören kral ya da kraliyet çifti tarafından yapılırdı. Hitit metinlerinde "kral (ya da kraliyet çifti) tanrıyı içiyor..." şeklinde bir ifade geçer. Bu ifadenin yorumu bilimsel çevrelerde tartışma konusudur. Cümle "tanrıya içirmek" ya da "tanrıların şerefine içmek" şeklinde anlaşılmaktadır; ancak sözcüğü sözcüğüne çeviri "tanrıyı içmek" şeklindedir.[9] Son yorum -bizim görüşümüze göreen ikna edici açıklamadır ve hükümdarın kutsal kaptaki sıvıyı içme işlemiyle, tanrının doğaüstü varlığını paylaşması anlamını taşımaktadır.[10]

Törenlerdeki tüm dinsel uygulamalarına, özellikle "içki törenine" müzik ve şarkılar eşlik eder. Hititlerin birçok çalgı aleti vardı.[11] Yaylı çalgılar arasında lir en yaygın olanıydı; Mezopotamya'da sevilen bir çalgı olan arp Anadolu'da daha az kullanılır gözükmektedir. Lir farklı boyutlarda olurdu, tek bir lirci ya da birkaç lirci bir arada çalardı. Lir, telleri ya elle çekilerek ya da mızrap yardımıyla çalınırdı. Lire şarkı ya da rezitasyon (=bir metnin ezberden okunması) eşlik ederdi. Lirin şarkılara eşlik eden bir çalgı olarak kullanılması oldukça değişik bir uygulamadır. Homer'den bu uygulamanın var olduğunu öğrendiğimiz Miken Yunanistanı ile de bir bağ oluşturmaktadır. Bunun yanı sıra udun kullanıldığı da belirlenmiştir. Davul, zil ve çalpara Hitit kült metinlerinde en sık adı geçen vurmalı çalgılardır. Üflemeli çalgılar arasında ise boru ve flüt sayılabilir. İnandık Vazosu'nun kabartmalarında lir, zil ve bir ud betimlenmiştir **(Res. 1)**.

Belli durumlarda salt enstrümantal müzik eserleri çalınırdı. Müziğe şarkının eşlik edişi Hitit metinlerinin yanı sıra Hattice, Hurrice ve Luvice metinlerde de geçmektedir.

Müzik çalıp şarkı söyleyenler çoğunlukla meslekten müzisyen ve şarkıcı olanlardı; ancak bunların yanı sıra Hitit İmparatorluğu'nun farklı yerlerinden gelen yerel gruplar da gösterilere katılırlardı. Bayramların önemli bir kısmını dans oluştururdu.[12] Müzisyen ve şarkıcıların tersine dans edenler tapınak görevlileri arasında bulunan saki, aşçı ve hatta bir kez kraliçenin kendisidir.

Tören uygulamalarını betimleyen metinler tören akışı içinde ne zaman dans edildiğini vermekle yetinmektedir. Dansçılar tarafından hangi hareketlerin yapıldığı yazık ki, ender olarak tanımlanmıştır. Olasılıkla büyük bir kült metninin bir bölümünü oluşturan bir Hitit tableti eşsiz bir belgedir. Metne bir tür "dans librettosu (libretto = opera metni)" denilebilir. Metinde sırasına göre dans adımları tanımlanmaktadır; ancak dansın hangi kapsamda yapıldığı anlaşılmamaktadır. Bazı durumlarda yerel danslara değinilerek "...kentine özgü dans" tan söz edilir.

Söz konusu zorluklara rağmen bazı dans hareketleri tanımlanabilmiştir. Örneğin, tüm dansçıların daire halinde dönerek yaptıkları bir dans mevcuttur. Bu dansta çember içinde dönüldükten sonra yerinde sayarak ya da öne çıkarak sıralar oluşturulmaktadır. Günümüzde de Akdeniz ülkelerinin halk danslarında benzer hareketleri gözlemlemek olasıdır.

Hatti tanrısı Teteshapi kültüyle ilgili, olasılıkla *purulli(ya)-* bayramıyla bağıntılı bazı metinlerde[13] törensel av danslarından söz edilir. Bu danslarda dansçılar ayı ya da leopar maskeleri takarlar. Teteshapi yaban hayvanlarının ve avın tanrıçasıdır ve söz konusu danslar da külte uygun düşer.

Hitit törenlerinde av sahnelerinin yanı sıra, savaş sahneleri de yer alır. *(h)isuva* törenlerinin bir bölümünde[14] tef çalgıcılarının (^{GIS}BALAG.DI) bazıları bir savaş dansı yaparlar; bu dansı yaparken tef ve zil çalıp bir yandan da şarkı söylerler. Dansçılar birbirlerine gerçek bir askeri çarpışmadaymışçasına saldırırlar; ezgiler ise savaş çığlıklarını andırır, tef ve zil de tutku ile duyulan kini vurgulardı. Müzik, şarkı ve dans burada birbirlerini ayrılmaz bir biçimde tamamlar ve gerçek bir seyirlik oyunun parçaları olurlar. Kült kapsamında bu törenler Hititler'in gelecekteki olası düşmanlarını yenme başarısını güvence altına alma işlevini üstlenseler de, bazen evvel zaman savaşlarını anımsatırlar. Böyle bir tören uygulaması, iki genç grubunun Hititler ile Kuzeybatı Anadolu'da bulunan Masalılar arasındaki çelişkiyi canlandırdıkları oyundur. Tunç silahlarla donanmış Hititler'in kamıştan silahlarla savaşan Masalıları püskürtme töreni anlatılmaktadır. Bir başka metinde bir Hitit'li ile yenilmekte olan düşmanının güreş sahnesi anlatılır. Savaş sahnesi, katılanlar arasında savaş naraları atma isteğini de ateşlemektedir.[15]

Söz konusu savaş ve çarpışma gösterilerinin yanı sıra gülle atma, koşu, halat çekme ve araba yarışları türünde atletik yarışmalar da mevcuttu.[16] Bazı bilim adamları Hitit törenlerinde atletik yarışmaların bulunmasını, Grek-Miken dünyasıyla Hititleri bağlayan bir öğe şeklinde yorumlamışlardır. Örneğin İlyada'nın 23. faslında betimlenen Patroklos için yapılan yas törenindeki yarışlarla karşılaştırılır.[17]

Av ya da savaş seyirlikleri ile atletik yarışmalar, daima tanrılara sunulmaktadır. Tanrılara insani özellikler yakıştırılmıştır. Tanrılar hem en iyi yiyeceklerle beslenmeliydi, hem de en hoş biçimde eğlenmeleri sağlanmalıydı. Atletik oyunlar, belli bir kapsamda müzik ve dans da tanrıların eğlenmesine hizmet ederdi; bu etkinlikler sırasında da tanrıların kendi onurlarına düzenlenen şenliklere katıldıklarına inanılırdı.[18]

> Kültle İlgili Aktarımlar

Bayramların kutlanması büyük bir ekonomik yük oluşturmaktaydı. Kült görevlilerinin geçimi, tapınak komplekslerinin yönetimi ve kutsal tören gereçleri ile tören kıyafetlerinin temini, büyük miktarda kurban hayvanları (özellikle sığır, koyun ve keçi) ve kült yemeklerinde kullanılan diğer yiyecek maddeleri (örneğin: tahıl, şarap ve yağ) için yapılan masraflara eklenmekteydi.

Devlet tapınak yapımı ve donanımı için gereken mali yükü üstlenmişti. Tapınakta kullanılan araç gereç bazen fethedilen başka kentlerin yağmalanan tapınaklarından sağlanmaktaydı. Burada I. Hattuşili'nin (MÖ 1565 – 1540) fethettiği Kuzey Suriye kentlerinden getirip Hattuşa tapınaklarına armağan ettiği tanrı heykelleri/betimleri ile kült araçları örnek gösterilebilir. Söz konusu olayla ilgili veriler I. Hattuşili yıllıklarından öğrenilmektedir.[19]

Tapınak depolarında bir kısmı tapınak görevlilerinin geçiminde, bir kısmı da bayram kutlamalarında kullanılan büyük miktarda besin maddesi saklanırdı. Hitit tapınakları, Mezopotamya'da olduğu gibi, mal dolaşımı ile depolama işlerinin bir arada yürütüldüğü önemli bir ekonomik işlevi üstlenmişlerdi. Bu konuda hem yazılı kaynaklar, hem de özellikle arkeolojik buluntular bilgi vermektedir: Hitit tapınak komplekslerine kült mekanlarının yanı sıra, çok sayıda ve kapsamlı ekonomik işlemlerle ilgili bölümler de dahildi. (Bkz. Burada, Seeher, S. 450 vdd.).[20]

Devlet yönetimi her bayramın masraflarını üstlenirdi. Bazen de kendi gelirleri olan belli kült kurumları masraflara katkıda bulunurdu.[21] Büyük bayramlarda yapılan kült gezilerinde ziyaret edilen ve yerel tanrıların kutsandığı diğer taşra merkezleri de kutlamalara maddi destek verirdi.

Bunun dışında, tanrıların tapınakları politik yönden Hitit devletine bağımlı olan devletlerin ödedikleri vergilerle de sübvanse edilirdi. Örneğin, III. Tuthaliya devrinde Alasiya kralı Hitit Tanrılar Topluluğu'nun baş tanrıları için vergi ödemek zorunda bırakılmıştı.[22]

Hitit İmparatorluğu'na bağlı devletlerin kralları, yönettikleri ülkelerdeki tapınak ve kutsal alanları finanse etmekle yükümlüydüler. III. Tuthaliya ve Tarhuntaşşa'lı Kurunta arasında yapılan bir antlaşmada Hitit Büyük Kral'ı ülke tanrılarının kültleri için gerekli yıllık sevkiyatın miktarını belirlemektedir (§ 12); ancak Büyük Kral, Tarhuntaşşa bütçesine fazla yüklenmemeye de özen göstermektedir.[23]

Büyük Kral ve Kraliçe'nin kişisel nedenlerle belirli tanrıların kültü için alışılmışın dışında büyük armağanlar verdikleri de bilinir. İç politik bunalımların olduğu dönemlerde belirli tanrılara armağanlar vererek söz konusu tanrıların korumasını dilemek zaman zaman rastlanan bir uygulamadır. Kral özel olarak bazı durumları yasal kılmak istediğinde böyle uygulamalara başvururdu. II. Hattuşili'nin kendi koruyucu tanrıçası olan Samuha'lı Şavuşka'nın kültü için yaptırılan törenleri burada anımsamak gerekir.[24] III. Murşili de „Büyük Tanrı"ya zengin armağanlar sunmuştur. Bu kutlamalardan Puduhepa'nın firavun II. Ramses'e yazdığı mektupta söz edilmekte ve harcamaların Hitit sarayını nasıl yıkımın eşiğine getirdiği anlatılmaktadır.[25]

Dipnotlar

1 Volkert Haas, *Geschichte der hethitischen Religion*, Leiden 1994, 674.

2 Jörg Klinger, *Untersuchungen zur Rekonstruktion der hattischen Kultschicht*, Wiesbaden 1996, 728.

3 Önemli Hitit bayramları hakkında bkz. Haas (Dipnot1), 696 – 875; Maciej Popko, *Religions of Asia Minor*, Varşova 1995, 147 – 151.

4 Krş. Haas (Dipnot 1), 692 – 695.

5 Krş. Haas (Dipnot 1), 680, 775; Horst Klengel, *Geschichte des hethitischen Reiches*, Leiden 1999, 293; dipnot 631.

6 R. Lebrun, Aspects particuliers du sacrifice dans le monde hittite: *Ritual and Sacrifice in the Ancient Near East*, Jan Quaegebeur (Derl.), Leuven 1993, 225 – 236; Haas (Dipnot 1), 640 – 673.

7 Krş. Hans Gustav Güterbock, Hittite *kursa*- „Hunting Bag": *Essays in Ancient Civilizations presented to Helene J. Kantor*, Albert Leonards jr. ve Bruce Beyer Williams (Derl.), Chicago 1989, 114.

8 Krş. Alfonso Archi, Das Kultmahl bei den Hethitern, *Türk Tarih Kurumu Yayınları* IV/8 (1979), 197 – 213.

9 Krş. en son A. Kammenhuber, *Hethitisches Wörterbuch* II, Heidelberg 1983, 30

10 Krş. en son Hans Gustav Güterbock, To Drink a God: *XXIV.ème Rencontre Assyriologique Internationale*, Ankara 1998, 121 – 129.

11 S. E. Badali, *Strumenti musicali, musici e musica nella celebrazione delle feste ittite*, Heidelberg 1991; Stefano de Martino, Music, Dance and Processions in Hittite Anatolia: *Civilizations of Ancient Near East*, J. Sasson (Derl.), New York 1995, 2661 – 2669; Stefano de Martino, Musik. Bei den Hethitern: *Reallexikon der Assyriologie*, Bd.8, 1997, 483 – 488; Belkıs Dinçol, *Eski Önasya ve Mısır'da Müzik*, İstanbul 1999, Sedat Alp, *Song, Music and Dance of Hittites: Grapes and Wines in Anatolia during Hittite Period*, Ankara 2000, 1 – 65.

12 Stefano de Martino, *La danza nella cultura ittita*, Floransa 1989.

13 Krş. örneğin de Martino, a.e. 68 – 71

14 Krş. KBo XV 52 + KUB XXIV 118 V 2'-22'.

15 Krş. Ahmet Ünal, Hittite Architect and a Rope-Climbing Ritual, *Belleten* 52, 1988, 1490, 1496 – 1497.

16 Krş. Charles Carter, Athletic Contests in Hittite Religious Festivals, *Journal of Near Eastrern Studies* 47, 1988, 185 – 187; de Martino (Dipnot 12), 66 – 67.

17 Krş. Jaan Puhvel, Hittite Athletics as Prefigurations of Ancient Greek Games: *The Archaeology of the Olympics*, Wendy J. Raschke (Derl.), Madison 1988, 26 – 31.

18 Krş. Ahmet Ünal (Dipnot 15), 1498.

19 Krş. Fiorella Imparati/Claudio Saporetti, L'autobiografia di Hattušili I, *Studi Classici e Orientali* 14, 1965, 40 – 85

20 Krş. Horst Klengel, Zur ökonomischen Funktion der hethitischen Tempel, Studi Micenei ed Egeo-Anatolici 16, 1975, 181 – 200

21 Krş. örneğin Fiorella Imparati, Le istituzioni cultuali del ^{na4} hékur e il potere centrale ittita, *Studi Micenei ed Egeo-Anatolici* 18, 1977, 19 – 64

22 Krş. Hans G. Güterbock, The Hittite Conquest of Cyprus Reconsidered, *Journal of Near Eastern Studies* 26, 1967, 73 – 81.

23 Krş. Heinrich Otten, *Die Bronzetafel aus Boğazköy*, Wiesbaden 1988, 1617.

24 Krş. René Lebrun, *Samuha, foyer religieux de l'empire hittite*, Louvain-la-Neuve 1976, 61 – 65.

25 Karşl. Elmar Edel, *Die ägyptisch-hethitische Korrespondenz* I, Opladen 1994, 216 vd.; Ph.Houwink ten Cate, Urhi-Tessub revisited, *Bibliotheca Orientalis* 51, 1994, 237, 255 – 259.

Resim altları

1 İnandık Vazosu'nda yer alan kabartmalar, çizim.

2 Schimmel ritonunun boyun frizi, çizim.The Metropolitan Museum of Art, Norbert Schimmel Koleksiyonu, 1989 (H. Güterbock, Anadolu 22, 1981/83'den uyarlanmış çizim)

> Önemli Hitit Bayramlarına örnekler

purulli(ya) **Bayramı**

Bayramın adı Hattice *purilli(ya)* yani "toprak" sözcüğünden alınmadır. Bu bayram Hatti geleneğidir. Kutlamalar sırasında yılan Illuyanka'nın Hava Tanrısı ile olan savaşı söylencesi okunur ve temsil edilirdi. Söz konusu mitos Hava Tanrısı'nın yenilgisini ve tanrısal gücünü yeniden elde edişini anlatır. Söylence krali tahakkümün kuvvetlenmesi ve ülkenin üretim yeteneklerinin yenilenmesi öğelerine değiniyor olabilir. Bu nedenle *Purulli(ya)* Bayramı'nın yılın başında kutlandığı düşünülmektedir.

KI.LAM Bayramı

Bayram adını KI.LAM „Kapı Yapısı" sümerogramından alır. Olasılıkla Hattuşa Sarayı'nın kapı yapısı ile ilişkilidir; zira bu yapı bayram kutlamalarının odak noktasını oluştururdu. Kutlamalar başkentte yapılırdı ve üç gün sürerdi. KI.LAM Bayramı bir Eski Hitit geleneğine dayanır.

AN.TAH.SUM^{SAR} Bayramı

Bu Bayram adını AN.TAH.SUM^{SAR}, yani „çiğdem" ya da "rezene" bitkisinden almaktadır. Bayram ilkbaharda kutlanırdı ve 38 gün sürerdi. Kesin olarak I. Şuppiluliuma (yaklaşık 1355 – 1320) döneminde bu kutlamalara başlanmıştır. Köklerinin MÖ 15. yüzyıla ulaşması da mümkündür. Söz konusu bayram hakkında bilgi veren metinlerin büyük bir bölümü III. Tuthaliya dönemine tarihlenmektedir. Bayram sırasında ülkenin başlıca merkezlerini kapsayan bir geziye çıkmak gerekmekteydi.

nuntarriyasha **Bayramı**

Sonbaharda kutlanan bu bayram sırasında da kral ve kraliçe Hitit İmparatorluğu'nu kapsayan bir kült gezisine çıkarlardı. Bayram, sözcüğü sözcüğüne "Hız Bayramı" olarak çevirilebilir. Olasılıkla kral ve kraliçenin bir kentten diğerine giderken acele etmelerine gönderme yapılmaktadır. Bu bayramın kutlanması Büyük İmparatorluk Dönemi'nin başlarına rastlar. Kutlanma süresi ise AN.TAH.SUM^{SAR} Bayramı'na benzese gerektir.

(h)isuva **Bayramı**

Kraliçe Puduhepa söz konusu Hurri geleneğini Hitit kült takvimine eklemiştir; böylece eski ülkesi Kizzuvatna'nın tanrı ve kültlerini kutlama olasılığını elde etmiştir. Bayramın adı bir yandan Doğu Anadolu'da bulunan Isuva ülkesinin adından, öte yandan da bu kutlamaların anlatıldığı metinlerin bazılarında adı geçen tanrı ^{D}(H)isuva/^{D}Esuve'den kaynaklanmaktadır.

Adak ve Libasyon

Tahsin Özgüç

> Hayvan Biçimli Kaplar

Yakındoğu'da ilk çağlardan beri bilinen zoomorfik kaplar ilk Hitit merkezi Kültepe atölyelerinin de özelliğidir. Evcil ve yabani hayvan türleri şeklindeki bu kil içki kapları, Orta Anadolu'nun 20. – 18. yüzyıl seramik sanatı hakkındaki bilgimizi arttıran buluntulardır. Bunlar evin mütena bir odasında raflar üstüne, dolaba, küp içine seçkin vazolarla birlikte yerleştirilmişlerdir. Bunlar ev sahibinin özel bir maksat veya törende, evin koruyucu tanrısı veya tanrıçasının kültünde kullanılmak üzere hazırlanmış kült objeleri takımını oluşturuyorlardı.

Hitit metinlerinde BIBRU'ların kültte önemli dini fonksiyonları olduğu bilinmektedir. Bunların kıymetli maden, taş ve ağaçtan yapıldıkları yazılmakta; kilden olduklarına dair bir kayıt yoktur. Hayvan biçimli kil libasyon kapları Hitit BIBRU'larının şekilleri hakkında bilgi edinmemize yardımcı olmaktadırlar. Metinlerde tanımlanan BIBRU'lardan çoğunun şekli arkeolojik buluntulara uymaktadır. Bu çağda, Yakındoğu dinlerinde tanrı atribütleri olarak bilinen her türlü yabani veya evcil hayvan, kuş şeklindeki kabı bulmak mümkündür.

Kil içki kapları dört ayağı üzerinde duranlar ve tüneyenler; hayvan, kartal başı şeklinde olanlar ve yatanlar olmak üzere üç gruba ayrılırlar:

Eski evrenin boya nakışlı veya kırmızı astarlı aslan şeklindeki içki kapları dört ayağı üzerinde duran pozdadır (krş. Res.14). Bunlar çağın ilk evresinde kullanılmışlardır (MÖ 1945 – 1835). İçki, sırtındaki emzikten doldurulur, ağızdan boşaltılır. Ağız açık, dil dışarı sarkıktır. Başları canlı, doğal bir işçiliğin eseri; gövde ve bacakları organik yapılarından çok farklı, cansız, etkisizdir.

Kırmızı astarlı aslan başı, kulbuyla silindir şeklindeki gövdeye bağlıdır [Res. 13]. Aslanın ağzı kapalı, üslubu eski evre aslanlarının üslubundan farklıdır. Bunlar ön bacakları üzerine yatmış Hitit çağı ritonlarının, henüz, bacakları gösterilmemiş olan, ilk örneklerini temsil etmektedir.

Hitit metinlerinde kral ve kraliçenin tanrı Zababa onuruna ayakta duran aslan ritonundan içtikleri bildirilmektedir. Boya nakışlı antiloplar (krş. Res. 17) aslanlarla bir arada bulunmuştur. Bu çağ mühür baskılarında kutsal hayvanı antilop olan iki tanrı vardır. Dört bacağı üzerinde yatan antilop azdır.

Ayakta duran, yatan domuz biçimli kapların yanında, domuz başı şeklindekiler de az değildir (krş. Kat. No. 45, Res. 15). Bunlarla tanrıya içki sunulmamıştır, tanrı onuruna içilmiştir. Yatan domuz şeklindeki riton Kaniş halkı tarafından iki yüzlü tanrı Usmu kültünde kullanılmıştır. Hitit metinlerinde kral domuz şeklindeki kapla "mızrağın koruyucu tanrısı"na içki sunmaktadır.

Yeşil taştan domuz şeklindeki kozmetik kutu ve akikten domuz başı MÖ 18. yüzyıl Kültepe sanatkârlarının taş işçiliğinde eriştikleri üslup inceliğinin örnekleridir [Res. 1].

Bu çağda yalnız boğa başı şeklindeki içki kapları kullanılmıştır. Bunlar bir arada çift olarak bulunmuşlardır [Res. 2] (ayrıca krş. Kat. No. 40, Res. 10). Başları yularlıdır. Obsidyen boğa başı, serpantin allık kutusu, domuz başlarında olduğu gibi, taş işçiliğindeki ince maharetin simgeleridir [Res. 3].

Koç başlı tek kulplu Karahöyük içki kabının yüzünü çevreleyen keskin profilli boynuzları, burun ve çenenin doğal üslubu, onu öteki ritonlardan ayırmaktadır [Res. 4]. Hitit metinleri koç ritonlarının varlığını belgelemektedir.

Siyah astarlı kedi başı, kulplu silindirik kaba bağlıdır. O, bu çağın tek örneğidir.

Kartal ritonları dik duran kartal ve kartal başı şeklindedir [Res. 5, 7, 8]. Beraber bulunmuş iki kartaldan biri pençesi altında tavşanı/avını tutarken; öteki uçar pozda şekillendirilmiştir. İkincisi gözden uzak olduğu düşünüldüğü için diğerinden daha küçük yapılmıştır. Kartalın pençesi altındaki tavşan, Alaca Höyük sfenksindeki çift başlı kartalın pençeleri altındaki tavşanlardan ayrı tutulamaz. Bu kil kartallar Hitit geleneğinin, sanatının Koloni Çağı'nda tekâmülüne eriştiğini kanıtlayan çarpıcı örneklerdir. Kartal Hitit dininde kutsaldır; tanrılardan bazıları, onu ellerinde tutar. Ancak metinler kartalın hangi tanrının kutsal kuşu olduğunu belirtmemektedir.

Kültepe ve Boğazköy kökenli kısa bacaklı, iri keklik biçimli içki kapları bu çağın karakteristiğidir (krş. Res. 12). Gövdeleri geometrik motifler ve silüet kuşlarla süslüdür. İçki sırttaki emzikten doldurulur, ağızdan boşaltılır.

Tavşan başı biçimli içki kapları da daima bir arada, çift olarak, bulunurlar (krş. Kat. No. 30, Res. 9).

Köpek biçimli iki kap da yan yana bulunmuştur. Biri uyurken, öteki çevreyi gözetler pozda şekillendirilmiştir.

Kültepe'ye özgü salyangoz biçimli içki kapları (krş. Res. 11) daima aslan, antilop ve çizmelerin yanında bulunmuşlardır. Bunlar çağın ilk evresinden sonra kullanılmamıştır.

> Çizme Biçimli Kaplar

Çift olarak bulunan kil çizme şeklindeki içki kapları [Res. 6] çağın ilk evresinde polikrom, son evresinde monokromdur. Geç evrenin bu çizme şekilleri Hitit İmparatorluk Çağı kaya kabartmalarındaki tanrı çizmelerinin aynıdır.

20. – 18. yüzyıllarda Kültepe atölyeleri plastik hayvan tasfirlerinde soyutlama ve doğallıkta yüksek bir düzeye erişti. Plastik sanat ve kabartma arasındaki anlam bağının kurulması sağlandı. Bu yeni üslup daha sonraki çağın, Hitit döneminin ilk evresi, kaynağıdır.

Kaynakça

Carruba 1967, 88 – 97; Fischer 1963; Haas 1994; Otten 1989, 365 – 368; N. Özgüç 1953, 218 – 225; T. Özgüç 1959; T. Özgüç 1986; T. Özgüç 1998, 247 – 256; T. Özgüç 1996b, 61 – 66

Resim altları

1 Pembe, yarı şeffaf taştan domuz başı. Küçük delikleri ayrı bir malzemeye geçirilmesini sağlamış. Gözleri lapis lazuli, göz bebekleri kavkı kakma. Kültepe (MÖ 18. yüzyıl), Ankara Anadolu Medeniyetleri Müzesi

2 Boğa başı biçimli, boya bezemeli kap. Kültepe (MÖ 19. yüzyıl) Ankara Anadolu Medeniyetleri Müzesi

3 Yatan boğa biçimli allık kutusu, serpantin. Kabartma başı geriye dönük, kakma gözleri kayıp. Kültepe (MÖ 18. yüzyıl), Ankara Anadolu Medeniyetleri Müzesi

4 Fildişi koç heykelciği. Bükülmüş bacakları üzerine oturmuş. Kültepe (MÖ 18. yüzyıl), Ankara Anadolu Medeniyetleri Müzesi

5 Tünemiş kartal biçimli kap. Kültepe (MÖ 19. yüzyıl) (Kat. No. 43)

6 Çizme biçimli, boya bezemeli iki kap. Kültepe (MÖ. 19. yüzyıl) (Kat. No. 52, 53)

7 Kartal başı biçimli kap. Kültepe (MÖ 19. yüzyıl) (Kat. No. 42)

8 Kanatları açık, uçar durumda betimlenmiş kartal biçimli kap. Kültepe (MÖ 19. yüzyıl), Ankara Anadolu Medeniyetleri Müzesi

9 Tavşan başı biçimli kült kabı Kültepe (MÖ 19. yüzyıl) (Kat. No. 39)

10 Boğa başı biçimli kült kabı. Kültepe (MÖ 19. yüzyıl) (Kat. No. 41)

11 Salyangoz biçimli kült kabı. Kültepe (MÖ 19. yüzyıl) (Kat. No. 46)

12 Keklik biçimli kült kabı. Kültepe (MÖ 19. yüzyıl) (Kat. No. 50)

13 Aslan başı biçimli kült kabı. Kültepe (MÖ 18. yüzyıl) (Kat. No. 33)

14 Aslan biçimli kült kabı. Kültepe (MÖ 19. yüzyıl) (Kat. No. 32)

15 Domuz biçimli kült kabı. Kültepe (MÖ 19. yüzyıl) (Kat. No. 44)

16 Dağ keçisi biçimli kült kabı. Kültepe (MÖ 19. yüzyıl) (Kat. No. 48)

17 Antilop biçimli kült kabı. Kültepe (MÖ 19. yüzyıl) (Kat. No. 47)

Karum Dönemi Kült Kapları

Tahsin Özgüç

Bu çağ seramiği yerli halk Hattiler'in ve onların ülkesine sonradan yerleşmiş ve zamanla, ülkeye hakim olmuş Hititler'in ortak ürünüdür. O, 20. yüzyılın sonundan itibaren Hititler'in yaşadığı geniş alanda "Hitit seramiği" olarak adlandırılan tek seramik türüdür. O çağın ilk evresinde, tekâmülünün doruğuna Kaniş/Neşa'da erişmiştir.

Seramiğin çoğu monokrom (tek renkli), azı polikromdur (boya bezemeli). Şekilleri arasında fark yoktur. Kırmızı, kahverengi motifler düz, dalgalı şeritlerden, içleri taranmış üçgenlerden, eşkenar dörtgenlerden, zikzaklardan, siluet gövdeli kuşlardan, çengellerden oluşmuştur. Dört frize bölünmüş büyük Acemhöyük banyo kabının dört yanının, kabartmalı vazolarda olduğu gibi, hareket halindeki tasvirlerle donatılması bu çağa özgüdür.

Üslup bütünlüğü gösteren tek renkli seramiğin ömrü uzun, kullanıldığı alan geniştir. Kendine özgü üslubunu, teknik ve morfolojik özelliğini tekamül ettiren tek renkli seramik, Hitit devletinin sonuna kadar kullanılmıştır. Sınırlı bir alana, Kaniş/Neşa çevresine yayılan nakışlı seramik 18. yüzyıldan sonra ortadan kalkmıştır.

Seramiğin tekniği, şekil zenginliği bu çağ atölyelerinin karakteristiğidir. Kilden yapılması mümkün olan bütün şekiller denenmiştir. İnce hamur, ince cidar, parlak perdah seramiğe sıcak kadife görünümü vermiştir. Kapların keskin profilli gövdelerinin, omuzlarının, üçgen kulplarının, dik, öne uzayan gagalarının, emziklerinin birbiriyle uyum içinde yapılmış olmaları, onların güzelliğini, seyirci üzerindeki etkisini arttırmıştır [Res. 1]. Kapların güzel görülmesini sağlama arzusu, gördükleri iş kadar önemli sayılmıştır. Her şeklin birden çok çeşidi vardır. Seramik şekilleri arasında günlük işlerde kullanılmaya uygun olmayanlar mezarlara bırakılmışlardır. Kıymetli eşyanın yanında saklanmış, özenle hazırlanmış kapların çoğu törenlerde, libasyonlarda kullanılmıştır. Kil kapların önemli bir bölümü maden kapları model seçmiş, onları taklit etmiştir.

Seramiğin her tür hayvan ve kuş figürüyle donatılması çok sevilen bir uygulamadır. Gaga ağızlı testi ya da emzikli ibrik kulpları üzerinde duran at, tüneyen kartal figürleri Neşa'ya özgü sanat eserleridir.

Testi, ibrik ve çaydanlıkların gaga ve emzik uçları hayvan başı biçimindedir [Res. 2]. Emzikleri boğa başı biçimli yüksek meyvelikler libasyon kaplarıdır.

Ağız kenarları üzerinde yatan antilop bulunan kulpsuz vazolar, tüneyen kartal figürlü kaplar evlerin zarif takımlarını oluşturur [Res. 3, 4].

Bitişik/ikiz kapların kaidelerine yakın kısımları çift hayvan başı kabartmalarıyla süslüdür [Res. 5, 6].

Çağın geç evresinde boğa protomları veya gövdeleri kabartma boğa başları, plastik boğa figürleri, sıralar halinde birbirlerini izlemektedir [Res. 7, 8]. Hareket halindeki boğalar frizi Eski Hitit Çağı'nın kabartmalı vazolar frizlerinin ilk örnekleridir.

Kült objeleri arasında antropomorfik kil içki kapları da önemli bir yer tutmaktadır. Cepheden tasvir edilmiş kabartmaların yüzlerinde gülümseyen ifade vardır. Fizyonomi ve üslupları daha sonraki Hitit sanatının karakteristiğidir. Sakallı, ölü insan yüzü kabartmalı kadeh [Res. 9]; plastik koç başlı, kayık biçimli kap [Res. 10, 11] ve bir yanında kadın, ötekinde sakallı erkek kabartmalı, boynuzlarla donatılmış vazolar [Res. 12] çağın ender kült objelerini temsil etmektedirler. Tanrısal varlıkların, hayvan heykelciklerinin kült objesi olarak hazırlanmış kil kaplar üzerinde oluşturdukları kompozisyonlar bu çağ seramik sanatının yeniliğidir.

Evin kutsal odasındaki taş stelin önünde, etrafı adak kaplarıyla çevrili taş yalağın yanında bulunmuş çanağın kalın ağız kenarı içinde, içkinin akması için, kanalı vardır. Ağız kenarı ve emziği üzerinde, içinde ve dışındaki insan figürininden başka, sekiz figürün başları (aslan, boğa, antilop) plastik, gövdeleri kabartma olarak işlenmiştir [Res. 13]. Kutsal hayvanların, kuşların, insan figürinlerinin 20,8 cm çapında, 12,2 cm yüksekliğindeki bir çanak üzerinde oluşturduğu kompozisyon bu çağ seramik sanatının yeniliğidir.

Ayrıca yerli sanatkârlar Hitit üslubunda hazırladıkları kil kült objelerinde Eski Mezopotamya geleneğinin Anadolu'da yaşamasını sağlamışlardır. Bunun en çarpıcı örneğini Sumer tanrı kayığı temsil eder [Res. 14]. Dikdörtgen prizma şeklindeki kayığın ortasındaki platform üzerinden yükselen kule şeklindeki mabedin önü açık, üç yanı pencerelidir. Uzun elbiseli, kollarını göğüsleri üzerinde birleştirmiş tanrıça heykelciği mabedin içinde ayakta durmaktadır. Kutsal varlıklardan biri mabed platformunu tutmakta, ikincisi kayığı yönetmektedir. Çok sivri siyah serpuşları Hitit başlıkları şeklindedir.

Kaniş/Neşa yalnız büyük bir ticaret merkezi veya Hitit devletinin ilk başşehri değil, aynı zamanda Anadolu'yu Kuzey Suriye'ye, Assur aracılığı ile Mezopotamya'nın yüksek uygarlıklarına bağlamış büyük bir kültür merkezidir.

Kaynakça

Emre 1963, 86 – 99; Emre 1966, 99 – 153; Fischer 1963; Orthmann 1984, 34 – 62; von der Osten 1937; N. Özgüç 1966, 29 – 52; T. Özgüç 1950; T. Özgüç 1986; T. Özgüç 1994a, 221 vdd.; T. Özgüç 1996a, 369 – 375

Resim altları

1 Yüksek sepet kulplu çaydanlık. Kültepe (MÖ 18. yüzyıl), Kayseri Arkeoloji Müzesi

2 Yüksek ayaklı, boğa başı biçimli emzikli kap. Kültepe (MÖ 19. yüzyıl) (Kat. No. 25)

3 Yüksek ayaklı, ağız kenarını dört antilopun süslediği kap. Kültepe (MÖ 19. yüzyıl) (Kat. No. 23)

4 Yüksek ayaklı, ağız kenarını üç antilopun ve iki kartalın süslediği kap. Kültepe (MÖ 19. yüzyıl) (Kat. No. 24)

5 Çifte çaydanlık; iki kabı birleştiren çubuk üzerine kartal tünemiş. Kültepe (Kat. No. 28)

6 Boğa-adamın ve iki antilopun süslediği kompozit kap. Kültepe (Kat. No. 29)

7 Omuzu üzerinde boynu çeviren yüksek kasnak ve kulplar arasında birer boğa protomunun bulunduğu kap. Kültepe (MÖ 18. yüzyıl), Ankara Anadolu Medeniyetleri Müzesi

8 Omuzu üzerinde sekiz boğa figürü ile bezeli kap. Kültepe (MÖ 18. yüzyıl), Ankara Anadolu Medeniyetleri Müzesi

9 Ölü yüzünün betimlendiği kap. Kültepe (MÖ 19. yüzyıl), Ankara Anadolu Medeniyetleri Müzesi

10 Emziği koç başı şeklinde tekne biçimli kap. İçki oturan koçun ağzından akmakta. Kültepe (MÖ 19. yüzyıl), Ankara Anadolu Medeniyetleri Müzesi

11 Emziği koç başı biçimli tekne biçimli kap. Teknenin yanında bir erkek ayakta duruyor, teknenin arkasına kartal konmuş. Kültepe (MÖ 19. yüzyıl) (Kat. No. 27)

12 Bir kadın ve bir erkek yüzünün betimlendiği kap. Kültepe (MÖ 19. yüzyıl) (Kat. No. 51)

13 Aslanlar, antiloplar, bir boğa başıyla bezeli, emziği koç başı biçimli kap. Kültepe (MÖ 19. yüzyıl) (Kat. No. 22)

14 Emziği koç başı biçimli ritüel sandal. İçinde ayakta duran tanrıçanın bulunduğu tapınağın çatısına dikilen direğin tepesine kartal tünemiş. Kültepe (MÖ 19. yüzyıl), Ankara Anadolu Medeniyetleri Müzesi

Kutsal Alanlar – Kült Yerleri ve Çok İşlevli Kuruluşlar

Hitit Başkenti Hattuşa'da Büyük Tapınak ve Tapınak Mahallesi

Jürgen Seeher

Hitit devletinde dünyevi ve ruhani alan arasındaki sınır net değildi. Bu durum ekonomi konusunda da böyledir, çünkü ülkenin en büyük rahibi olan kral, tapınakların ihtiyaçlarının karşılanmasını da düzenliyordu. Tapınaklara toprak ve savaş ganimetleri devreden kral aynı zamanda, kentler ve eyaletlerin tapınaklara ödemeleri gereken vergileri de belirlerdi. Tapınakların bakımından ve korunmasından sorumlu olduğu gibi, tapınak eşyaları ve personeli ile, tapınak malı olan toprak ve ürünler üzerinde yaptırım gücü de vardı.

> Tanrılar'ın Evleri

Başkent Hattuşa'da bugüne kadar 31 yapı, tapınak olarak tanımlanmıştır. Kentin bütününde henüz kazılmayan çok geniş alanların varlığı dikkate alındığında bu sayının, daha yüksek olması gerektiği sonucunu çıkarabiliriz: Hitit metinlerinde sık sık "Hattuşa ülkesinin bin tanrısından" söz edilmektedir. Kuşkusuz bu tanrıların çoğu imparatorluk ve kült başkenti Hattuşa'da kendilerine bir tapınım yeri edinmişlerdi. Ancak yazılı kaynaklar, sadece yüksek düzeydeki tanrılar için ayrı "evler" inşa edildiğini de bildirmektedir. Diğer tanrılar için daha küçük yapılar, steller, kutsal taşlar veya korular yeterli oluyordu. Çoğu zaman bir tapınakta birden fazla tanrı da tapınım görebiliyordu.

Kent alanı içindeki tapınakların düzensiz dağılımı - yalnız bir tapınak Aşağı Şehir'de, diğerleri Yukarı Şehir'de bulunuyor- kısmen kazı alanlarının eşit olmayan dağılımıyla açıklanabilir. Gerçekten de Yukarı Şehir'de tam anlamıyla bir tapınak mahallesi vardı ve burada çanak biçimli bir alan içinde 24 tapınak bir arada ve beş tapınak da bunlardan biraz uzakta bulunuyordu. Kentin bu kesiminde tapınakların böyle yoğunlaşması belki raslantı değildir, çünkü bu yoğunlaşma aynı zamanda dünya düzenini de simgeler: Tanrıların evleri ayrı yerde ve kral sarayının yukarısında, saray ise "sıradan" kent sakinlerinin konutlarının bulunduğu Aşağı Şehrin yukarısında bulunmaktadır.

> Kült Yeri Olarak Tapınak

Hitit tapınaklarının özellikleri şöyle belirlenebilir: Kentin tüm yapıları gibi, tapınaklar da taş örülü subasmanı kesimi üzerine kerpiç duvarlarla inşa edilip; düz damla örtülüydü. Her tapınakta, tapınağın büyüklüğüne ve konumuna göre düzeni ve biçimleri farklı, bir dizi mekan ve odacığın yer aldığı, temel kalıntılarından anlaşılmaktadır [Res. 2]. Dışarıdan bir kapı yapısından geçilerek ulaşılan üstü açık bir iç avlu ise ortak özelliktir [Res. 3]. Bu avlunun bir tarafınca, çatısı direklerle taşınan ince, uzun bir ön galeri vardı. Buradan geçilerek birkaç ön mekandan sonra asıl kült odasına, tapınağın en kutsal bölümüne ulaşılıyordu. Burada tanrının tasviri olan, genellikle bir heykel veya heykelcik, bazen de bir stel duruyordu. Heykeller ya bütünüyle madenden (tunç, demir, gümüş, altın) ya da üstü maden kaplama ve lapislazuli gibi değerli taşlarla bezeli ahşap idi. Hiçbir tapınakta bu tür heykellerden günümüze ulaşanı olmamıştır; yalnız en kutsal bölümün ortasında ya da duvar önündeki büyük taş bloklardan oluşan heykel kaideleri hala görülebilmektedir. Bilgi verici başka ipuçları da bulunmadığından -Mezopotamya'daki inşa yazıtları Hititler'de yoktur- şu ana kadar belki biri dışında, başkentteki hangi tapınağın hangi tanrıya ait olduğunu söylemek mümkün değildir.

Tapınağın en kutsal bölümüne olasılıkla yalnız rahipler ile ülkenin en büyük ruhani başkanları olmaları sıfatıyla kral ve kraliçe girebiliyordu. Hitit metinlerinden, kült törenlerinin büyük bir kısmının, tapınağın en kutsal bölümünde değil de avluda, kapı civarında, bir pencere kenarında, damda veya tapınağın diğer yerlerinde gerçekleştiği öğrenilmektedir. Böylece dua ve ilahilere, resitasyonlara ve müzikli gösterilere, geçit törenlerine, yiyecek, içecek ve hayvan kurbanlarına daha çok kişi katılabiliyordu. Belli bazı bayramlarda ayin alayları düzenleniyor ve çok sayıda tapınak ziyaret edilerek kült işlemleri yapılıyordu. Başkentteki bazı tapınaklar imparatorluk tanrılarına değil, diğer merkezlerin kent tanrılarına adanmıştı. Bu tapınaklar aynı zamanda temsil ettikleri kentlerin elçilerinin ikamet ettikleri yer olarak kullanılmış olabilirler.[1]

Kült metinlerinde çoğu kez dini işlerden sorumlu görevlilerden -rahip ve rahibeler, kâhinler, şarkıcı ve müzisyenler- söz edilmektedir. Bunlar kısmen tapınaklarda yaşıyorlardı. Bunların yanı sıra çok sayıda dünyevi görevli de bulunuyordu ve bu durum bizi Hitit tapınaklarının ekonomik boyutuna götürür.

> Ekonomik İşlevi Açısından Tapınak

Hitit tapınakları, diğer Eski Doğu kültürlerinde olduğu gibi yalnız kült merkezi ve tanrıların evi değildi. Tapınaklar, görevlileri tarafından işletilen topraklara ve işliklere sahipti. Dolayısıyla Hitit tapınakları Hıristiyan manastırlarına benzetilebilir. Tapınaklara ait arazilerin varlığı kadastro belgelerinden anlaşılıyor. Bu belgelerde "tanrının tarlaları" ndan söz edilmektedir. Tapınak görevlileri için yazılmış bir talimatnamede "tanrının mutfak görevlileri" yanında "tanrının çiftçileri" ve "tanrının büyük ve küçükbaş hayvan çobanları" sayılır. Bu görevliler tarım ürünlerinin yetiştirilmesi ve önemli kült bayramlarında tapınaklara gönderilen hayvanların beslenmesinden sorumluydular. Aynı zamanda tapınak görevlilerinin ihtiyacı da bu yolla karşılanıyordu. Tapınaklar için tarım işlerinde çalışan görevlilerin büyükçe bir bölümünün Hatti ülkesine getirilmiş ve kral tarafından tapınaklara bağışlanmış esirlerden meydana geldiği anlaşılıyor. Ancak esirler hakları bulunmayan köleler değillerdi, çünkü toprak sahibi olup bunları işleme hakları vardı.[2] Kralın tapınaklara gönderdiği tohumluk, sığır ve koyunların kaynağı da herhalde yine savaş ganimetleriydi. Tapınaklar yalnızca tarımla uğraşan çiftliklere sahip değildi. Kült metinlerinde bir dizi zanaatkâr da sayılmaktadır: hasır örücüler, çömlekçiler, ayrıca mutfak görevlileri ile su taşıyıcılar, ön avlu süpürgecileri vb. Unutulmaması gereken bir meslek grubu da katiplerdir: Tapınaklarda kült metinlerinin yazılmasının yanında, tapınağa giren ve çıkan malların listeleri, siparişler ve faturalar gibi nispeten az sayıda günümüze ulaşan belgeleri yazmak ta tapınakta görevli katiplerin göreviydi. Bu tür belgelerin az sayıda oluşunun nedeni de, bunların yazıldığı malzemenin dayanıksız olmasıdır. Kil tablet yazıcılarının yanı sıra tahta tablet yazıcıları da vardı. Bunlar balmumu kaplı ahşap tabletlere yazı kalemiyle veya doğrudan tahta üzerine mürekkeple yazıyorlardı. Kil tabletlerin aksine tahta tabletler binlerce yıla karşı koyamamışlardır.

> Büyük Tapınak

Hattuşa'nın en büyük dini yapısı olan Büyük Tapınak, Aşağı Şehir'deki konutların ortasında tek tapınak olarak yükselir [Res. 1, 4, 5].[3] Bu konumu çok erken dönemlerden kaynaklandığını gösterir. Her ne kadar bugün görülen yapı Büyük İmparatorluk Dönemi'ne tarihlendirilirse de, burada öteden beri önemli bir tapınağın, daha doğrusu kentin en önemli kutsal alanının bulunduğu düşünülebilir. Ayrıca bu tapınakta iki kült odası olduğu için tapınağın, imparatorluğun tanrılarının en büyükleri olan Hava Tanrısı ile Arrina'nın Güneş Tanrıçası'na adanmış olduğunu düşünmek yanlış olmaz.

Asıl tapınak yapısı yaklaşık 65 x 42 metre ölçülerindedir. Tapınak, dört yanını kuşatan geniş depo kanatlarıyla birlikte yaklaşık 14 500 metrekarelik bir alanı kaplar [Res. 4]. Bu büyük komplekse güneydoğudaki ana kapıdan (No. 2) giriliyordu ve 8 metre genişliğindeki, büyük yassı taşlarla döşeli yoldan geçilerek asıl tapınağın girişine (No. 5) ulaşılıyordu. Yolun kenarındaki su tekneleri (No. 1 ve 4) olasılıkla geçit alayları sırasındaki kült işlemlerinde kullanılıyordu.

Tapınak yapısında, yine büyük taşlarla döşeli ve her tapınakta bulunması kaçınılmaz olan, üstü açık iç avlu (No. 6) görülmektedir. Karşı ucunda açık, direkli galeri (No. 8) vardı ve buradan tapınağın en kutsal bölümüne giriliyordu. En kutsal bölüm birkaç ön oda ile sağda ve solda, tanrı heykellerinin konduğu iki kült odasından oluşuyordu (No. 9, 10). Alçak pencere pervazlarından anlaşıldığı üzere, bu odalarda, neredeyse tabana kadar inen pencere açıklıkları vardı. Bu pencere açıklıklarından gerektiğinde en kutsal bölüme bol ışık girmesi sağlanıyordu. Bu noktada Mezopotamya ve Mısır tapınaklarındaki gizemli, karanlık kült odalarından açıkça ayrılan bir özellik karşımıza çıkıyor. Ancak mutlaka, kutsallığını korumak amacıyla Hitit tapınaklarının kült odaları da ahşap kepenklerle kapatılabiliyordu. Büyük Tapınağın kült odalarının subasmanı kesiminde bir başka cins taş kullanılmıştır: Hattuşa'da yapıların subasmanı blokları genellikle kireçtaşı iken, burada koyu yeşil renkte, ince tanecikli bazaltı anımsatır bir kayaç olan gabro kullanılmıştır. Sert gabro blokları, biçimlendirip işlenmeleri daha zor olmakla birlikte, düzeltilip cilalandıktan sonra çok güzel görünür ve bu nedenle de çok değerlidir. Gabro, Büyük Tapınak'ta ayrıca galerinin direk kaideleri ile avlunun güneybatı köşesindeki küçük bir yapıda da -belki bir sunak- (No. 7) kullanılmıştı.

Asıl tapınak yapısının geri kalan odaları başka kült etkinliklerinde kullanılıyordu; ancak rahiplerin oturdukları ve sayısız kült araç gerecinin de deposu olmalıydı. Merdiven sahanlığı bulunmadığından tapınağın tek katlı olduğu sonucu çıkarılabilir. Tapınağı çevreleyen depo odaları ise iki katlı, hatta belki yer yer üç katlıydı. Depo odaları kanadında ilk katta 82 oda vardı; bu sayıya üst katlar da eklendiğinde Büyük Tapınağı çevreleyen 150 – 200 depo odasının bulunduğu sonucu çıkar. Dev kireçtaşı bloklardan yapılmış tonlarca ağırlıktaki kapı eşikleri özellikle etkileyicidir (Res. 6). Bu eşiklerden geçilerek bir depo odasından diğerine giriliyordu.

Kuzeybatıdaki depo odalarının alt katlarında (No. 11) toprak erzak küplerinden yüzlercesinin kalıntıları ele geçti (Res. S. 18/19). 1750 litreye kadar ulaşan hacimleriyle bu küplerde, tapınağa vergi olarak gönderilen tahıl, baklagiller, kuru meyva, şarap ve yağ gibi erzak muhafaza ediliyordu. Küplerin çoğunun omuz kısmında içindekilerin ne olduğunu gösteren kazınmış işaretler bulunuyor. Ne yazık ki küpler bulunduklarında boş durumdaydı. Diğer depo odalarında çok sayıda kil mühür baskısı ele geçti. Bunlar bir zamanlar çuval, sandık ve balyalar ile küplere takılıyor olmalıydı. En önemli buluntu, 1907 yılında, tapınak kompleksinin güneydoğusundaki iki depo odasında ele geçti: binlerce parçadan oluşan çiviyazılı tablet arşivi. Bu arşiv Hitit dilinin çözülmesine önemli bir malzeme sundu. Bir başka çok odalı, yaklaşık 5 300 metrekarelik alan kaplayan yapı kompleksi, Büyük Tapınağın hemen güneybatısındadır. Yapının tek girişi tapınağın yan kapısının tam karşısında olduğundan, yapının tapınakla ilişkili olduğu düşünülüyor. Olasılıkla burası tapınak görevlilerinin çalıştıkları ve belkide kısmen yaşadıkları bir É GIS.KIN.TI, " İş Evi" dir. Bu yapıda bulunmuş bir kil tablette şöyle bir sıralama vardır: "É GIS.KIN.TI'nin, 18'i rahip, 29'u müzisyen, 19'u tablet yazıcısı, 33'ü tahta tablet yazıcısı, 35'i kâhin rahip, 10'u Hurrice şarkıcı... olmak üzere toplam 208 üyesi".[4] Ne yazık ki metnin eksiği vardır ve bu nedenle diğer 64 kişinin görevleri belirlenememiştir. Görüldüğü gibi en azından burada tahta tablet yazıcıları, kil tablet yazıcılarından daha çoktu. Bu alanda da bir zamanlar büyük miktarda erzak depolandığını, kuzeydeki oda grubunda ele geçmiş 110 büyük erzak küpü kanıtlıyor.

> Yukarı Şehir'deki Büyük Tapınaklar

Yukarı Şehir'deki tapınaklarda iki kategori ayırt edilebilir: Çevreye hakim konumlarıyla, dış duvarlarının girinti ve çıkıntılar yapan planlarıyla ve çok iyi işlenmiş kireçtaşı bloklarla oluşturulmuş subasmanı kesimleriyle (Res. 7) dikkat çeken birkaç büyük tapınak vardır. Yukarı Şehrin güney bitimine yakın, arazideki burun gibi iki yükselti üzerindeki 2 ve 3 no. lu tapınaklar (Res. 2, 11) ile bunların kuzeyinde daha alçakta yer alan yine bir yükselti üzerinde bulunan 4 no. lu tapınak bu gruba aittir. Bu tapınaklar, büyük iç avlularıyla ve kült odalarıyla, daha önemli tanrılara adanmış olmalıydılar. Bunların önemini heykellerin varlığı da göstermektedir, çünkü 2 no. lu tapınakta en az on (Res. 8) ve 3 no. lu tapınakta ise dört aslan heykeli vardı. 3 no. lu tapınakta ayrıca dev boyutlu iki insan başı bulundu. İnsan başları sfenks heykellerine ait olmalıydı.[5]

Yukarı Şehrin güneydoğusunda, Kral Kapı yakınında, Büyük Tapınak'tan sonra kentin ikinci büyük dini yapısı olan 5 no. lu tapınak vardır. Bu tapınakta da bir değil, iki kült odası, ayrıca avlusunda da bir sunak yapısı bulunuyordu. Batıda ayrıca bir de eklenti kanat vardı. Bu kanat belki makam sahiplerinin ikametgahıydı. 5 no. lu tapınak, çevresinde geniş bir "kutsal alanı" sınırlayan temenos duvarının saptandığı tapınaklardan biridir. Bu alanda şapel benzeri üç küçük yapı bulunuyordu. Bu küçük yapıların kült işlevi olduğu sanılmaktadır. Batıdakinde, üzerinde Büyük Kral Tuthaliya'nın mızrak taşıyan savaşçı olarak kabartmasının işlendiği stel bulundu (Res. 9). Kralın başlığındaki boynuzlar, tanrılaşma işaretleridir. Belki bu "şapel"de, ölmüş bir kral tapınım görmekteydi.

Biraz uzakta, Aslanlı Kapı yakınında güney şehir surunun karşı tarafında, Yukarı Şehrin eski tapınakları arasında sayılan 30 no. lu tapınak bulunuyordu. 31 no. lu tapınağın pek iyi korunagelmemiş kalıntısı ise Yukarı Şehrin kuzeydoğusunda, Kral Sarayı'nın yakınında ortaya çıkarılmıştır.

> Merkezi Tapınak Mahallesi

Yukarı Şehir'deki ikinci büyük tapınak grubunu, 4 no. lu tapınak gibi, Yukarı Şehir'deki çanak biçimli merkezi ovada bulunan 23 yapı oluşturmaktadır (Res.10, 11). Bir başka daha büyük yapı ise bu bölgenin kuzeyindedir (Sarıkale arkasındaki 7 no. lu tapınak). Yapıların tapınak olarak saptanması daha önce sözü edilen tipik mekan sıralamasına dayanır: avlu – dar direkli galeri – ön oda – kült odası. Yapılar yamaçtaki konumlarına göre kısmen bodrum katlıdır. Yukarıda tanımlanan büyük tapınakların aksine bu yapıların planları düzenli bir dikdörtgen biçimi gösterir ve 400 – 600 metrekare ve 1200 – 1500 metrekarelik yüzölçümüne sahiptirler (Res. 11). Subasmanı kesimi anıtsal taş bloklarla değil, daha küçük ölçüdeki taş bloklarla örülmektedir. Buradaki tapınakların bazıları sıralar halinde inşa edilmiştir; yine de çoğunun konumu rastgele seçilmiş, daha doğrusu, 2 – 5 no. lu büyük tapınaklarda olduğu gibi araziye uydurulmuştur. Hititler'de tapınakların belli yönlere veya kozmik olgulara göre yönlendirilmesine ilişkin kurallar olmadığı anlaşılıyor.

Şu anki bilgilerimize göre Yukarı Şehir'deki tapınaklar Büyük İmparatorluk Dönemi'ne tarihlenmektedir. Şimdilik Eski Hitit Çağı'na ait hiç tapınak saptanamadı. Ancak bu tapınakların hepsi aynı zamanda inşa edilmemişti ve çoğu da kentin MÖ 1200'lerde terk edilmesine kadar ayakta değildi. Merkezi tapınak mahallesindeki 23 tapınağın en az 15'i daha kent sona ermeden epeyce önce terk edilmiş ve tahrip olmuştu.[6] Bununla beraber bu bölge uzun zaman tanrılar için ayrılmıştı; çünkü bugüne kadar yapılan araştırmalar, Yukarı Şehrin merkezinde ve doğu kesiminde, ancak yerleşim tarihinin en sonunda sivil yapılaşmanın gerçekleştiğini göstermektedir.

Dipnotlar

1 Haas 1994, 631.

2 Soucek 1979, 79.

3 Genel: Neve 1995/96.

4 Bittel 1969, 11.

5 Neve 1996^2, 40 vdd.

6 Neve 1999, 72.

Kaynakça

Bittel 1969, 5 – 13; Haas 1994; Klengel 1975, 181 – 200; Neve 1995/96, 41 – 62; Neve 1996; Neve 1999; Soucek 1979, 78 – 82

Resim altları

1 Büyük Tapınak, hava fotoğrafı (Foto Peter Oszvald)

2 3 no. lu tapınak planı

3 7 no. lu tapınağın rekonstrüksyon çizimi, doğudan bakış

4 Büyük Tapınak planı

5 Büyük Tapınak ve depoların rekonstrüksiyonu

6 Depo odaları arasındaki eşik taşları (Foto Peter Oszvald)

7 Blok taşlardan duvar örgüsü (Foto Peter Oszvald)

8 2 no. lu tapınakta bulunmuş aslan başı (Kat. No. 106)

9 5 no. lu tapınakta bulunmuş Tuthaliya steli (Kat. No. 125)

10 Merkezi Tapınak Mahallesi hava fotoğrafı (Foto Peter Oszvald)

11 Hattuşa Yukarı Şehir, Merkezi Tapınak Mahallesi planı

Karaciğer Falı, Talih Falı, Kuş Uçuşu Falı ve Düş Yorumları

Alamet Yorumunun Türleri ve İşlevleri

Daniel Schwemer

Antik Çağ'dan bu yana fal ve alamet yorumlarına batıl inanç ve aldatmaca kuşkuları eşlik eder. Hitit kültürüyle uğraşıldığında, bu konudaki metinlere önyargıyla yaklaşıp, onlara yeterince önem vermeme eğilimine kapılmamak gerekir. Hitit kültüründe dua ve kült işlemlerinin yanı sıra, alamet yorumları dinsel yaşamın, etkileri küçümsenemeyecek olan temel taşları arasındadır.

> Tanrıların İstekleriyle Uyum İçinde Yaşamak

MÖ 14. yüzyılın ilk yarısında yaşamış asil bir Hitit rahibi olan Kantuzili'nin duasından bir bölüm, Hitit dininde falcılığın önemini açıkça ortaya koymaktadır: "Ama (şimdi) tanrım kalbinin derinliklerinden gelerek isteğini ve rızasını açsın! O bana hatamı [açıklama] lütfunda bulunsun ve ben de hatamı kabul edebileyim! Tanrım ya düşümde benimle konuşsun, tanrım bana isteğini açsın, [bana] [hata]mı tanıtsın da, ben de bileyim! Ya da falcı kadın benimle konuşsun, (ya da) kurban falcısı karaciğeri (okuyarak) bana seslensin!"[1] Yakardığı tanrı tarafından terk edildiği anlaşılan duacı, tanrısal hiddetin olası nedenlerini araştırmaktadır: tanrıların istekleriyle çelişen ve böylece de dünyanın düzenine aykırı düşen girişimler ya da davranışlar. Tanrının duaya verdiği yanıt, fal yöntemleriyle anlaşılmaya çalışılır. Tanrısal bir kehanenette onaylanan bir günahın hafife alınmadığını, Hitit edebiyatındaki en çarpıcı politik dualardan birinde, fal yorumunun geçtiği bölümden anlamaktayız. II. Murşili (yaklaşık MÖ 1318 – 1290) ülkeyi saran korkunç bir salgın hastalık yüzünden tanrılara yakarmaktadır. Murşili'nin babası olan I. Şuppiluliuma (yaklaşık MÖ 1355 – 1320), Tuthaliya'yı öldürerek Hitit Büyük Kralı unvanını aldığı için tanrılar gazaba gelmişlerdir: "Hattuşa ülkesi öylece ölüp gittiğinden, Genç Tuthaliya ile ilgili olay (benim) vicdanımı rahatsız etti; ben de tanrıya fal soruları yönelttim. (Ve orada) genç Tuthaliya ile ilgili olay tanrı tarafından da saptandı"[2]

> Tanrısal İsteğin Sistematik Olarak Araştırılması

Bir tanrının öfkesini uyandıran kötü durumların ya da hataların olduğu, bir fal sonucu belirlenecekse, soru sorulan tanrının kesin ve çift anlam ifade etmeyecek yanıtlarına gereksinim duyulur. Bu tür sonuçlara ulaşabilmek için Hititler'in gayet detaylı fal yöntemleri vardı. Söz konusu uygulama, yöntemi açısından, bazı önemli öğeleri Babil ve Hurriler'den alınmış olsa da, Eski Doğu Dünyası'nda eşsizdir.

Temel ilke iki birimden oluşan bir şemaya dayanır. Genelde ayrıntılı olarak yöneltilen fal sorularına, falcı varsayılan bir sonuç ekler; sonucu eklerken de soruya konu olmuş olayların uygun ya da uygun düşmeyen durumlarından hareket eder: "Şu ve şu, şöyle ya da böyle ise, fal sonucu uygun düşmesin (ya da uygun düşsün)!" Gerçek fal sonucu, varsayılan sonuçla uyuşursa, soruda yöneltilen varsayılan durum da tanrısal irade tarafından onaylanmış demektir.[3]

Bu yalın ana şema iki yönden genişletilir: Bir yandan birbirini mantıksal açıdan tamamlayan sayısız fal sorusu ardı ardına eklenir; böylece adım adım kesinliği artan bir sonuca varılmış olur (Grafik 1).[4] Öte yandan Hititler yalnız bir tekniği değil, birkaç fal tekniğini birden bilirlerdi (Grafik 2); bu nedenle belirli bir teknikle elde edilen sonuç alternatif yöntemlerin yardımıyla doğruluğu açısından denetlenebilirdi. Bu yolla son derece kesin ve güvenilir yorumları güvence altına alan, karmaşık bir fal sistemi ortaya çıkmıştı.

> Karaciğer Falı: Hattuşa'da Babil Geleneği

MÖ 3. binden itibaren Babil'de adak hayvanlarının, özellikle de en baş kurbanlık olan koyunun iç organlarında olağan dışı oluşumları gözlemlemek yaygın bir uygulamaydı. Bu uygulama sırasında karaciğerin yanı sıra akciğerin, yüreğin, kalın barsakların, göğüs kemiğinin ve omurganın durumu otopsi yoluyla incelenirdi. Genelde on bir kısmın ya da organın durum ve biçimleri gözlemlenirdi; aralarında safra kesesi de bulunan bu organlara karaciğerin bölümleri gözüyle bakılırdı. Karaciğer kurtçuklarının açtıkları delikler türündeki türlü ek özellikler de fal açısından önem taşırdı. Ayrıntılı gözlemler sonucu elde edilen olumlu ya da olumsuz sonuçlar kurban işleminden önce yöneltilen fal sorularına evet ya da hayır biçiminde yanıt sayılırdı. Soru genelde Güneş Tanrısı Şamaş'a ve Hava Tanrısı Adad'a yöneltilirdi; zira bu tanrılar Babil inancında kehanet tanrıları olarak geleceği iç organlara işlerlerdi.[5]

Örnek uygulamalar ve sonuçları MÖ 2. bin başlarından itibaren bir araya getirilmiş, sistematize edilmiştir ve kısaca kehanet metinleri (omina) olarak adlandırılmıştır. Bu tür kehanet dizileri ve karaciğer falı Babil dışına da yayılmıştır. Hititler, kültürleri MÖ 2. binde Yukarı Mezopotamya ve Kuzey Suriye'yi etki altına almış olan Hurriler'in karaciğer ve iç organ fallarını kendilerine uyarlamışlardı. Söz konusu uyarlama işlemi, kullanılan terimlerde özellikle canlanmaktadır: Karaciğerin belirli bir bölümüne Babiller *sulmu* yani, "sağlık" adını verirlerdi. Hititler'de bu bölüm uygun Hitit adını taşımakla kalmayıp, Hurrice "sağlık/esenlik/yaşam" anlamına gelen *keldi* sözcüğüyle de anılırdı. Bu tür bilimsel adlar dışında, karaciğer falları için tutulan sayısız Hitit yazılı kayıtları Hititçe yazılmıştır. Ayrıca Babilce ve Hurrice olan kehanet metinleri Hititçe'ye çevrilmiştir.

Tüm eski Önasya'da bilinen koyun karaciğeri modelleri, ders malzemesi ve başvuru eserleri olarak kullanılırdı. Etrüskler'de karaciğer falı uygulamasının yanı sıra, bu tür modellerin de bulunmasına, doğu mirası gözüyle bakılır.[6] Res. 1 ve 3'de Hattuşa'da bulunmuş olan karaciğer modeli, önemli Hurri-Hitit organ adlarının yer aldığı bir çizim ve gerçek bir koyun ciğeri görülmektedir. Hitit uzmanları Sümer dilinde ^{lú}HAL ve ^{lú}AZU ile tanımlanan karaciğer falına ait tutanak düzenlemezlerdi; Hititler açısından tüm fal işlemini içeren ayrıntılı tutanaklar daha önemliydi (Grafik 1).

Aynı uzmanlar koyunların kurban edilmeden önceki garip davranışlarını gözlemlemekle de görevliydiler. Bir duvar nişine özel bir kuş türünün yerleştirildiği, başka bir fal tekniği de onların görevleri arasındaydı. Söz konusu kuşun Akkadca adı ISSÛR HURRI yani, "delik kuşu"dur. Hititler bu kuşa

"Hurri kuşu" demekteydiler. Olasılıkla bir iç organ falı olan bu fal tekniğinin kullanıldığı uygulamanın Hititler'e Hurri kültüründen aktarıldığı düşünülebilir.[7]

> "İşte O Zaman Kuşların Yardımıyla Fal Bakmaya Giriştik"

Kuşlar bir başka fal tekniğinin de odak noktasını oluşturur: kuş uçuşunun gözlemlenmesi. İç organların yardımıyla fala bakılması gibi, kuş falı da tüm Eski Önasya kültürlerinde bilinen bir uygulamaydı. Bu uygulama da Grek ve Roma dünyasına Doğu'nun mirası olarak geçmiştir. Söz konusu türdeki falcılığın kökeni Yukarı Mezopotamya- Suriye bölgelerinde yatar gözükmektedir.[8] Anadolu'da ise kuş uçuş gözlemleri, ayrıntılı kuş falı protokollerinden de anlaşıldığı üzere, başka hiçbir yerde görülmeyen titizlikle uygulanmıştır. Geç Assur devrinde falcılıkla uğraşanların bu konuda Anadolu-Suriye etkisi altında kalmaları bir raslantı olmasa gerektir.

Hitit kuş falcısı belirli bir zaman süresinde, görüş alanı içinde kalan yaban kuşlarının davranışlarını gözlemlerdi; yazılı kaynaklarda bu bağlamda tam 30 kuş adı geçmektedir. Kuşların hareketleri, falcının bakış açısından kaydedilirdi. MÖ 14. yüzyıla tarihlenen ve kuş falını anlatan bir Hitit mektubunun bir bölümü bu konuda örnek olarak verilebilir: "'Hareketin' kuşları havalandılar: İlk olarak bir *marassi*-kuşu inişe geçti...; bir kartal...; bir *alliya*-kuşu arkadan inişe geçti...; o arkadaşlarına aşağıda rasladı. ... Yolun ardında: kartal arkadan inişe geçti..."[9] Bu tür bir gözlemin sonucunu öğrenemeмekteyiz; ancak burada da fal sorusu varsayılan bir sonuca büründürülmüştür; böylece metinlerde söz edildiği gibi, kuşlar ya "belirlemektedir", yani onaylamaktadır, ya da reddetmektedirler.

> Bilge Kadın Kaderi Sorguluyor

Kurban ve kuş falcılarının yanı sıra metinler, fal dünyasında bir başka uzmandan söz ederler: "Bilge Kadın/Yaşlı Kadın" (Sümerce: ^{MUNUS}SUGI "yaşlı", Hititçe olasılıkla hasava-). Bilge Kadın, Hititler'in kısaca "icraat/talih" (*aniyatt-*, işareti KIN) dedikleri bir tür falcılıkta uzmandır. Bilge Kadın türlü simgesel nesnelerin arasındaki ilişkileri yorumlar. Bu faldaki simgesel nesnelerin en az bir kısmı hareketli/değişkendir. Bilge Kadın'ın simgesel nesneleri nasıl harekete geçirdiğini ve bu simgesel nesnelerin neye benzediklerini bilmemekteyiz. Bu nesnelerin zaman zaman yöneltilen sorunun içeriklerine göre adlandırıldıkları görülür; genelde ise her fal için sürekli hazır bulundurulan simgeler mevcuttu.[10] Hakkında soru sorulan Sauskatti adlı bir kadın için yapılan bu tür bir falın yazılı kaydı şöyledir (sembolik nesneler büyük harfle yazılmıştır.): "KRAL HAKİKATİ eline aldı ve SAUSKATTİ'nin sağına koydu. İkinci "gün" KÜÇÜK HASTALIK alındı ve o İYİleşti. Üçüncü "gün" TANRILARIN GAZABI alındı ve GÖK YÜZÜNÜN GÜNEŞ TANRISI'na verildi. (Sonuç:) Olumlu." Belki de Bilge Kadın bu falda simgesel nesneleri sallayarak yere atıyordu. Eğer böyleyse, bu işlemi günümüz Türkiyesi'nde kullanılan bir fal tekniğiyle karşılaştırmak mümkündür. Bu falda, farklı simgesel anlamlarıyla birkaç tane bakla, bir parça kömür, bir küp şeker ve bir metal para karıştırılır ve atılır; sonuç fırlatılan malzemenin aldığı duruma göre yorumlanır.

Talih falıyla yakın ilişkili, gelecekten haber veren bir başka yöntem, Bilge Kadın'ın eline aldığı canlı bir yılanı izlemesidir. Falcı belli simgesel nesneler arasında yılanın yaptığı hareketleri yorumlar.

> Evrensel Aydınlanma Aracı

Karşı kontrollerle sonuçları onaylatılan türlü fal tekniklerinin bir arada kullanılması ve birbirlerini dikkate alan fal sorularının art arda sıralanması yoluyla, yalnızca belli bir tanrının hiddetinin nedeni öğrenilmek istenmiyordu. Tam aksine falcılık, neredeyse akılcı- bilimsel şekilde işleyen evrensel bir aydınlanma aracına dönüşmektedir. Askeri harekat sırasında doğru rotanın çizilmesi, kralın düşmanlarının kimliği ve yapacakları kötülükler, saray entrikaları, yeni kralın tahta çıkması için uygun zaman[11] ya da kült işlemlerinin tanrının isteğine uygun bir biçimde gerçekleştirilmesi gibi kuşkulu görünen önemli durumlarda bir fal sorusuyla tanrıya başvurulurdu. Falcılığın beceriyle biçimlendirilmiş yöntemleri bir Hitit kralının, Kroisos'un durumuna düşmemesi için gereğini yapar ve iki anlam birden çıkarılabilecek bir kehanetin yol açabileceği yanılgıyı ortadan kaldırır.

> Kâbus ve Güneş Tutulması

Tanrıların doğrudan insanlarla konuştukları huzursuzluk veren rüyalar, fal sorularının sorulması için tipik bir neden oluştururlardı. Böylece bir rüyanın aydınlatılması için yukarıda parçalar halinde verilen kuş falı uygulanırdı (bu rüyada "kız çocuk ikide birde dövülüyordu"). Bir de rüyalardan etkin bir fal tekniği olarak yararlanılırdı. Tapınakta yatılan uyku (istihareye yatmak) yalnızca rahiplere özgüydü. Yazık ki metinlerde gelecekten haber vermenin bu biçimi hakkında fazla bilgi bulunmamaktadır. Metinlerin yine pek az bilgi verdiği bir konu da kendinden geçerek gelecekten haber veren "tanrı adamı" (*siuniyant-*) dır.

Tanrı mesajı olarak algılanan olağandışı doğa olayları da anlamları açısından fallarla sorgulanırdı: Örneğin II. Murşili, Azzi'ye (Kuzeydoğu Anadolu'ya) yaptığı askeri harekat sırasında, yaşadığı ve açıkça kötü bir işaret olan güneşin özel durumunun, bir fal sonucu, kendisiyle ilişkili olmadığını anlamaktadır. Güneş olaylarının yorumu sırasında Babil kökenli astrolojik işaret bilgileri kaynaklarına başvurulmaması dikkat çekicidir. Oysa söz konusu bilgiler kısmen Hattuşa'da da bulunmaktaydı. Anlaşıldığına göre, bu bilgi kaynakları Hititler'in kehanet ilmine tutarlı bir şekilde uyarlanmamışlardı; ayrıca Babil örneğine benzer fal arşivi de oluşturulmamıştı.

Dipnotlar

1 *KUB* 30.11 Vs. 24'-28' (René Lebrun, Hymnes et prières hittites, *Homo Religiosus* 4, Louvain-la-Neuve 1980, 111 – 120).

2 Albrecht Götze, Die Pestgebete des Muršiliš, *Kleinasiatische Forschungen* I/2, Weimar 1929, 164 vd.

3 Mezopotamya'da da garip olguların sonuçlarını denetlemek için başka bir fal tekniği daha kullanılırdı (bir kehanetin, karaciğer falı ile tekrar sınanması gibi); ancak Hititler'dekiyle karşılaştırılabilecek bir sistem geliştirilememiştir.

4 KUB 22.70 Vs. 1vdd; karşl. Ahmet Ünal, *Ein Orakeltext über Intrigen am hethitischen Hof (KUB XXII 70= Bo 2011)*, Heidelberg 1978, (Texte der Hethiter 6); tarihsel bağlam için bkz. Itamar Singer, The Title „Great Princess in the Hittite Empire", *Ugarit- Forschungen* 23, Kevelaer/Neukirchen-Vluyn 1991, 327 – 338.

5 Wilfred G. Lambert, Questions Addressed to the Babylonian Oracle. The Tamítu Texts: Jean-Georges Heinz (Derl.), *Oracles et prophéties dans l'antiquite*, Paris 1997, 85 – 98; Ivan Starr, *Queries to the Sungod. Divination and Politics in Sargonid Assyria*, Helsinki 1990 (State Archives of Assyria 4).

6 S. Walter Burkert, *The Orientalizing Revolution. Near Eastern Influence on Greek Culture in the Early Archaic Age*, Cambridge/London 1992, 46 vdd.

7 Annelies Kammenhuber, *Orakelpraxis, Träume und Vorzeichenschau bei den Hethitern*, Heidelberg 1976, 11 (Texte der Hethiter 7).

8 Krşl: Alfonso Archi, L'ornitomanzia ittita, *Studi Micenei ed Egeo-Anatolici* 16, Rom 1975, 119 – 180; Gilbert J. P. McEwan, A Seleucid Augural Request, *Zeitschrift für Assyriologie und Vorderasiatische Archäologie* 70, Berlin 1980, 58 – 69.

9 Gernot Wilhelm, Zwei mittelhethitische Briefe, *Mitteilungen der Deutschen Orient-Gesellschaft* 130, Berlin 1998, 175 – 187.

10 Alfonso Archi, Il sistema KIN della divinazione ittita, *Oriens Antiquus* 13, Rom 1974, 113 – 144; alıntı için bkz. Theo van den Hout, The Purity of Kingship, *Documenta et Monumenta Orientis Antiqui* 25, Leiden/Boston/Köln 1998, 208 vd. Assur'da genel öğeleri ile karşılaştırılabilecek bir fal tekniği için bkz. Irving L. Finkel, In Black and White: Remarks on the Assur Psephomancy Ritual, *Zeitschrift für Assyriologie und Vorderasiatische Archäologie* 85, Berlin 1995, 271 – 276.

11 Krşl. Theo van den Hout, Hethitische Thronbesteigungsorakel und die Inauguration Tudhaliyas IV, *Zeitschrift für Assyriologie und Vorderasiatische Archäologie* 81, Berlin 1991, 274 vdd.

Kaynakça

Archi 1987, 279 – 293; Archi 1991, 85 – 90; Kammenhuber 1976; Lutz/Langer 1999; Riemschneider, yılı yok.

Resim altları

1 Hattuşa'dan karaciğer modeli, Ön yüz (Kat. No. 133)

2, 3 Hattuşa'dan karaciğer modeli, Ön ve arka yüz (Kat. No. 134)

4 Koyun karaciğeri (Rosemarie Leiderer, Anatomie der Schafsleber im babylonischen Leberorakel. Eine makroskopisch-analytische Studie, München v.d. 1990, 169, Res. 23).

5 Koyun karaciğeri ve Hurrice-Hititçe adlarıyla karaciğerin özellikleri (Monika Schuol, Die Terminologie des hethitischen SU-Orakels, Altorientalische Forschungen 21, Berlin 1994, 73 – 124, 247 – 304, burada 301, uyarlanmış).

Soru 1: Büyük Kral'ın (III. Tuthaliya) hastalığı bu konuda henüz fikri sorulmamış olan Arusna şehri tanrısının hiddetinin bir belirtisi mi?

Varsayılan sonuç (karaciğer falı) :	İlk kısmi sonuç olumlu, ikinci kısmi sonuç olumsuz.
Gerçek sonuç:	İlk kısmi sonuç olumlu, ikinci kısmi sonuç olumsuz.

Soru 2: Tanrı'nın hiddeti tapınağındaki bazı olaylar/durumlar sonucu mu doğdu?

Varsayılan sonuç (karaciğer falı):	olumsuz
Gerçek sonuç:	olumsuz.

Soru 3: Arusna şehri tanrısının hiddeti tümüyle tapınak içindeki olaylar sonucu mu ve kesinlikle kralın kendisine yönelik değil mi?

Varsayılan sonuç (karaciğer falı):	olumlu
Gerçek sonuç:	olumsuz.

Soru 4: Tanrı'nın krala karşı hiddeti, kraliçe'nin (Büyük Kral'in annesi Puduhepa) Ammattalla adlı birini yaptığı türlü olumsuz işler yüzünden Arusna şehri tanrısının önünde lanetlemesinden mi kaynaklanıyor?

Varsayılan sonuç (karaciğer falı):	olumsuz
Gerçek sonuç:	olumsuz

Sınama: Yeniden soru 4, bu kez HURRU-Kuşu falı ile:

Varsayılan sonuç (karaciğer falı):	olumlu
Gerçek sonuç:	olumsuz

Soru 5: Açıkça bu (tek) sebep olmadığına göre: Tanrının hiddeti kraliçenin Arusna şehri tanrısı verdiği sözü tutmadığı için mi Büyük Kral'a yöneldi?

Varsayılan sonuç (karaciğer falı):	olumsuz
Gerçek sonuç:	olumsuz

Soru 6: S¸imdi bu tanrının hiddeti için tek neden mi?

Varsayılan sonuç (karaciğer falı):	olumlu
Gerçek sonuç:	olumsuz

Soru 7: Bu söz konusu olmadığına göre: Hiddet nedeni olarak Büyük Kral'ın (Babil'li) eşinin bu Ammattalla'yı gizlice saraya getirmesini mi görmek gerekir?

Varsayılan sonuç (karaciğer falı):	olumsuz
Gerçek sonuç:	olumsuz

Vs. vs.

Grafik 1: Çok basamaklı bir fal sorgulamasının başlangıcının şematik betimi

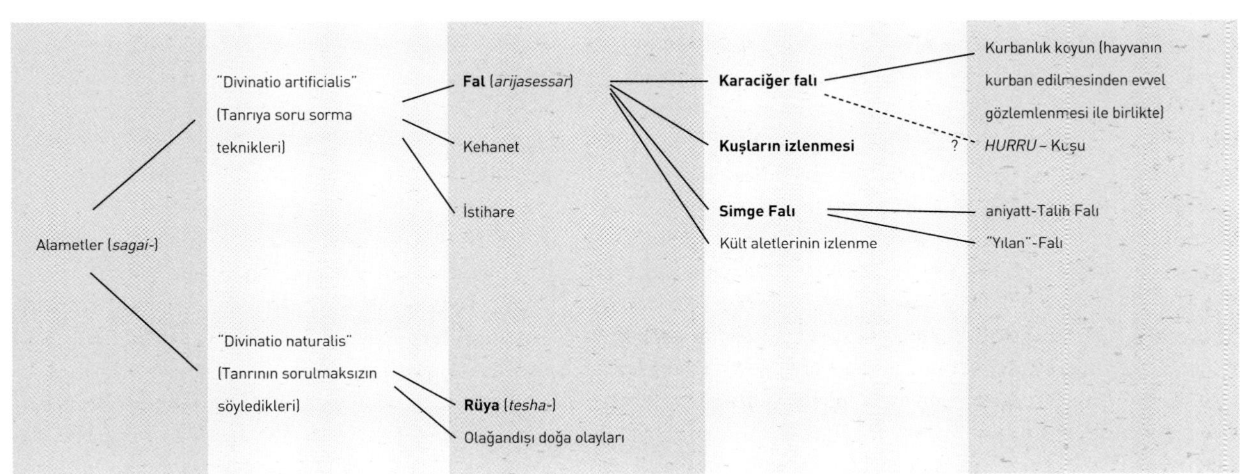

Grafik 2: Hitit kehanet geleneğinde tanrı ile insanın iletişim yolları

Arınma Ritüelleri ve Kötülükleri Defetme Büyüleri

Büyü ritüellerinin Hititler'deki İşlevi ve Önemi

Jörg Klinger

Büyü kavramının, doğru bir tanımını yapmak neredeyse imkânsızdır; günümüzde çeşitli konularda ve hatta bilimsel yaklaşımlarda bile, renk katmak üzere, abartılı bir tarzda kullanılmaktadır. Rastgele bazı köşe taşlarını belirlemek için, örneğin, G. Frazer ya da J. Evans-Pritchard, M. Maus veya H. P. Duerr'in büyüyü nasıl yorumladıklarına bakmak yeter.[1] Büyü ne dinin tamamen dışında kalan bir alanı tanımlar, ne de bilim kavramının karşıtı olarak algılanabilir. Bu yazıda durmadan büyüden, ritüellerden ve yakarışlardan söz ediliyorsa, bunun amacı, yazıya konu edilen konunun, daha iyi anlaşılacağının ümit edilmesidir. Hitit metinlerinin pek çoğu, ritüeller, daha da doğrusu yakarış ritüelleri çatısı altında toplansa da, bu metinler hem içerik, hem de biçim açısından çok çeşitlilik gösterirler. Pragmatik nedenlerden dolayı, büyü ritüelleriyle benzer öğeleri taşımalarına rağmen, zengin çeşitlemeleriyle kült ve dini bayram metinleri, diğer gruptan ayrı tutulmaktadır. Bu iki grubu birbirinden ayırmak için Hitit yazıcılarının kullandıkları terminolojiye bakmakta yarar vardır: Sumerogramı SISKUR ya da SÍSKUR ve "ritüel" diye çevirilen ve Akkadca metinlerdeki "kurban" anlamına gelen *niqu*, *niqû*, veya "dua/yakarı" anlamına gelen *ikrubu* için kullanılıyorsa da, bunların Hititçe'deki karşılığı tek değildir. Hititçe karşılığı olarak *malteşşar*, ancak ritüel törenleriyle birlikte kullanıldığında "tefekkür, dua", geniş anlamıyla "ritüel" olarak çevirilebilir. Diğer taraftan, "yakarı" anlamına gelen, *mugeşşar* kelimesiyse, içerik açısından çok daha geniş bir alanla örtüşür. Her iki kelime de, daha çok ritüellerin sözel içeriklerini vurgulayan soyutlamalardır.

Düzenli tekrarlanan kurbanları veya tanrılara yönelik belirli kült kutlamalarını aktaran, Sumerogramı $EZEN_4$, "kutlama" anlamına gelen metinlerse farklıdır. Burada sözü edilen kutlama metinleri, devlet eliyle kültlerin idaresine, tanrıların doğru şekilde kutsanması ve kurbanların yeterli sayıda yapılmasına yöneliktir ve daha çok idari metinleri hatırlatmaktadır. Kutlama metinlerinde, ayinlerin nasıl yapılması gerektiğine dair detaylı bilgi verilmez, daha çok yapılacak ayinlerde okunacak ilahiler veya duaların adları verilerek, daha detaya inilmez. Ayinlerde yer alanların doğal olarak bilmesi gereken hususları ayrıca bildirmek gereksizdir. Töreni yöneten veya törenin sahibi olarak, bir kişinin, ismen, "yazar" şeklinde bildirildiği, yakarı ritüelleriyse, çok daha kendine özgü yapıdadır. Törenlerde, çok sayıda "efsunlama rahibi"nin yanı sıra, "yaşlı" ya da "yaşlı kadın/bilge kadın" diye belirtilen büyücü veya yakaran kadınlar da bulunur.

Büyü ritüellerini, Hattuşa'da, 16. yüzyılın ortalarından beri bilinen arşiv ve kitaplık geleneğiyle başlayıp, bu geleneğin sona erdiği, MÖ 1200 yıllarının hemen sonrasına kadar takip etmek mümkündür. Ancak yazılı belgeler, günümüzde anlaşılması çok zor, bir dizi değişimden geçmiş olduklarından, bu yakarı ritüellerinin gelişimini kurgulamak zordur. Ancak bu denli uzun bir dönem içinde süregelmiş olmaları, bunlara karşı duyulan, sönmeyen ilginin işaretidir.

En eski yakarı metinlerinden biri olan, kısmen Eski Hitit Dönemi'nde yazıya geçirilmiş nüshasının bulunduğu metinde, çok sayıda daha sonraki evrelere ait ritüel edebiyatında yaygın olan öğe görülmektedir. Töreni uygulayan kişi, birinci tekil şahısta konuşur; ancak metinde bu kişinin kimliğine değinilmediğinden, konuşanın "yaşlı kadınlar"dan biri mi olduğu belirtilmemiştir. İçerik açısından kadın olsa gerektir.

Günler süren ritüel, kral ve kraliçe için düzenlenmiştir. Tören sırasında gerçekleştirilen değişik etkinlikler, kökeni karanlıkta kalmış ama çok gelişkin büyü teknikleriyle karşı karşıya olduğumuzu gösterir. Anadolu'nun yerli halkı Hattiler'in de, gelişmiş ritüel gelenekleri bulunduğu düşünülmelidir. Hatti geleneğinin özelliği, mitos ve ritüel arasındaki bağdır. Anlaşılabildiği kadarıyla, Hattice-Hititçe çift dilli olan tüm Hatti kökenli mitolojik öyküler aynı zamanda, bir ritüelin de parçasıdır. Mitos, tıpkı fırtınanın tehlikelerine karşı yürütülen bir ritüelde, ayın gökten yere düşmesine hiddetlenen Hava Tanrısı'nın, ardından şimşek ve gök gürültüsünü yollayışı hikayesinin anlatılması gibi, ritüelin yapılma nedenini, içinde barındırır. Hatti kökenli, bereket tanrısı Telipinu'nun yokoluş öyküsünde de, büyü ritüeli, mitolojik hikâyenin bir parçasıdır. Tanrının ancak ritüel sonunda yatıştırılıp, geri dönüşünün sağlanabilmesi, ritüellerin tanrılar tarafından da onaylandığının bir simgesidir. Luvice ile Palaca, Hititçe'nin yakın akrabası, Anadolu Hint-Avrupa dilleri ailesindendir. Yukarıda aktarılan, Eski Hitit ritüelinden kısa bir süre sonra kaleme alınmış, her iki dilde, bazı ilginç sözleri de içeren ritüel metinleriyse, günümüze ancak bölük pörçük ulaşabilmiştir. Bu metinlerden Luvice'nin etki alanına girenler, hem bu gruba giren halkların, hem de bu dili konuşanların, çok daha eskilere dayanan, bir ritüel geleneğine sahip olduklarını gösterir.

Luvi etki alanı doğudaki Kizzuvatna'yla etkileşim içindedir. Kizzuvatna bölgesinde, Hurrice konuşan halk gruplarının oranı yüksektir. Hitit sınırlarının, 15. yüzyılda genişlemesi, Hititler üzerindeki Hurri kültür etkilerini de arttırır. Bu dönemden itibaren, Hattuşa kitaplıkları ve arşivlerine, tekrar tekrar elden geçirilip, kopya edilen Luvi ritüel metinleri gibi, çok sayıda, Hurriler'den alınma, yakarı ritüeli girer. Bu iki değişik dil ve kültür çevresinden yapılan alıntılarda, ritüellerin yapıları, törenlerin kurguları, uygulanan büyü tekniklerinde vs. de ayrılıklar olup olmadığı, ya da Hititçe'ye aktarılmaları sırasında, belirli bir yazı geleneği doğrultusunda, standartlaştırmaya uğramış olup olmadıklarını anlamak zordur. İlk çalışmaların ardından,[2] günümüzde bu konuya daha çok eğilinmektedir.

Değişik biçimlerde Assur-Mitanni, ya da doğrudan Babil okulu geleneğinden kaydedilen, Mezopotamya ritüellerinin, Hititler'de uygulanan ritüelleri doğrudan etkilediği söylenemez. Babil ve Assur yakarış ritüelleri serilerinin yazılı metinleri, sıkı kuralcı yapıdadır; törenleri uygulayan yakarış rahiplerinin eğitilmesi bir eğitim programı kapsamında gerçekleşir ve bilgileri de kapalı bir gruba özgüdür. Bütün bunlar Hititler'e yabancıdır. Hitit metinlerinden bilinen yakarış ritüellerinin özelliği, törene yönelik bağlayıcı kuralların verilmediğidir. Her ritüel, kadın ya da erkek, bir yazarın tarzını yansıtır. Genelde, birkaç kurala dayandırılan, özel bazı öğeleri içerirler. Art arda sıralanan bu öğeler, kombinasyonları, bireysel uygulanışları, gösterilen özen ve kapsamları açısından, törenden törene, oldukça farklılaşır.

Tüm farklılaşmalara rağmen, Eski Hitit Çağı'ndan başlayarak, bazı ortak noktalar sıralanabilir: sözlü birimlerin kombinasyonu, benzetmeler, yakarışlar, çeşitli kült gereçleriyle ya da çok sık rastlanan iftira veya büyüyü sembolize eden yapay dil modelleri gibi nesnelerle, yün iplikler, ipler veya kumaş şeritleriyle temsili olarak bağlama ya da ayırıp çözme gibi ve daha pek çok mekanik aktiviteler.

Yakarış metinleri, önce yapılma nedeninin anlatılmasıyla başlar; "Şayet bir kişi büyülenmişse, o zaman ona şunu uygularım", ya da daha basit bir ifadeyle: "büyülenmiş bir kişiyi arındırırsam". Diğer bir ritüelin yapılma nedeniyse, daha da kolay anlaşılır: "Ülkede insanlar ölürse ve buna düşman (ülkenin) tanrısı neden olursa". Bazı ritüellerin yapılış nedeni, daha değişik biçimde ortaya konup, asıl nedenin anlaşılmasını zorlaştırabilir. Buna iyi örneklerden biri, en inceliklerine kadar tasvir edilen, "Gece Tanrıçası'nın rahibi, Valkui'nin ritüeli"dir. Ritüel: "Şayet bir insan rüyasında *uruan* otu veya domuz eti yerse, ya da tanrı buyruğuyla *uruan* otu domuz etine katıldıysa (...) – bu onun için ritüeldir" sözleriyle başlar.

Ritüel gelişiminin anlatılmasının ardından, ritüel donanımına ilişkin bilgiler gelebilir: Değişik büyü işlemlerinde kullanılacak malzemeler ve kurbanlar, bazı hallerde yardımları için tanrılara seslenişler, ya da ritüeli gerçekleştirenin tanrıların vekilliğini üstlendiği, törenlere yönelik hazırlıklar.

Esas ritüel, genel bazı kurallara uyan, değişik sayıda, tek tek büyü işlemlerinden oluşur. Ritüelin temel öğesi, ritüelin adına yapıldığı kişi ya da nesneyi sembolize eden, değişik görünüm ve yapıda, ama aralarında ilişki kurmayı sağlayabilecek üstlenici bir nesnedir. Bu bağlantı, üstlenici nesnenin görünümü üzerinden sağlanabilir. Pek çok törende, ritüelin adına yapıldığı kişi, ya da nesnenin yerini tutan, küçük bir heykel veya modelin kullanıldığı bilinir. İlişki, ritüel sahibinin uzuvlarıyla, sembolize eden hayvanın uzuvları arasında kurulabileceği gibi, ritüelin adına yapıldığı nesneyle model arasındaki yaklaşık benzeşme yoluyla da kurulabilir. Yerini tutma/üstlenme, ya fiziksel dokunuş, ritüel sahibinin yerini tutacak nesneye dokunması, ya da üstlenmesi dilenenin, sözlü tanımıyla gerçekleşir. Ritüel sahibinin "kirlenmesi", çeşitli uygulamalarla arındırılmasına olanak sağlamak üzere, maddesel anlamdadır. Bu sayede, arındırılması gereken, yani ritüelin adına uygulandığı kişi/nesne, türlü biçimlerde yıkanıp paklanır ve kapılardan, dehlizlerden ve birtakım sınırlardan geçirilir. Tören sona erdiğinde, kült sahibinin yerini tutan, "kirlenmiş" üstlenicinin, uzaklastırılması veya göz önünden kaldırılması gerekir. Nesne gömülebilir, bir hayvan kullanılmışsa -ki çoğunlukla kuşlar kullanılır- azat edilir, ya da üstlenici nesne, küçük bir kayık içinde nehrin akıntısına bırakılır. En sonunda sıra kült sahibinin yıkanarak, okunmuş yağlarla kutsanıp temizlenmesine gelir. Ritüel, tanrılara sunularda bulunulup, hayır duaları edilmesiyle sona erer.

Uygulama sırasında gerçekleştirilen temel davranışlar, her yeni aşamadan sonra tekrarlanabilir. Örneğin bir kapıyı aştıktan sonra fırçalanma, ya da art arda birkaç sınırdan geçme gibi. Benzer ve değişik davranışların tekrarlanmasının amacı, ritüelin etkisini arttırmaktır. Büyü prensiplerinin ritüele dönüştürülmesinin, bu kapsama sığamayacak kadar çok çeşitlemesi olduğundan[3] ancak birkaç örnekle yetinilecektir. En basit örneklerden biri, Hitit kanunlarında (§ 55*) verilmiştir: "Şayet bir kişi bir yılan öldürür(ken) ve bir başkasının adını söylerse". Çok katı ve ürkütücü geçiş tekniklerinden biri, yenilgiye uğramış ordunun büyü yoluyla arındırılması ritüelinde görülür. Bu ritüelde askerler, önce dikenlerden yapılma bir kapıdan, iki ateş, ortadan yarıya bölünmüş bir oğlak, domuz yavrusu, köpek ve bir insanın arasından geçerler. Yakarış ritüeli düzenleyen Zuvi'nin uygulamasıysa, çok daha zararsızdır. Zuvi şöyle seslenir: "Nasıl küçük bir köpek dokuz yerini yalarsa, bunun gibi – kişinin adını söylüyorum – onun uzuvlarından hastalığı da yalasın". Bunun üzerine, ritüel sahibini, elinde tuttuğu köpeğe yalatır. Temel büyü uygulamalarını ritüelleştirmekte, fantazilere sınır konmamıştır.

Metinlerin günümüz insanına ilginç gelmesinde, "yazarın" kişiliğini de yansıtan, yakarış deyişleri, büyük önem taşır; bir örnek verilmek istenirse: "Ve yakarıcı, tanrıların önüne bir koç ve koyun koyup şöyle konuşur: Koç koyunu (nasıl) aşarsa, koyun nasıl gebe kalırsa, bu kenti de (öyle) bir koça dönüştür ve bırak dışarıdaki koyu toprağı döllesin. Ve bırak koyu toprak kana, kötülüğe (ve) günaha gebe kalsın. Nasıl gebe bir kadın ve yüklü bir koyun doğurursa, bırak bu kent ve yerleşme de kötülük (ve) kan doğursun – ve bırak koyu toprak onu tutsun".

Yakarış ritüellerinin hem nedenleri, hem de hedefleri, çok çeşitlidir. Büyü işlemleri sadece kişiler için değildi: basit nesnelerden evlere, kentlere ve hatta tüm bir ülkeye, ne türlü olursa olsun, felakete uğramış, bundan kurtulmak isteyen bir insandan krala, kraliçeye ve kraliyet ailesine ve hatta tanrılara kadar uzanan, geniş bir yelpaze sergiler.

Örneğin günümüze kadar ulaşabilmiş bir ritüel metni parçasında: "Dileriz Hava Tanrısı yeryüzünü kendisi için arındırsın ve dileriz gökyüzünün Hava Tanrısı gökyüzünü kendisi için arındırsın" denir. Büyük olasılıkla Eski Hitit Dönemi'ne kadar uzanan bir başka ritüelde de, "Tanrıça Kattahzipuri ocağı temizler, memleketini temizler, sığırlarını ve koyunlarını temizler ve tüm belâyı/pisliği kralın başından defeder". Bu son örnek, çoğu defetme ritüelinde kullanılan bir yöntemin izlerini taşır: kötülüğü defedecek olan, doğrudan ritüeli yöneten değil, ritüel sırasında yardımı dilenen tanrıdır. Ritüeli yöneten, kendini sadece aracı olarak tanımlar. Yeri geldiğinde "yaşlı kadın" Tunnaviya: "Ey, nehir kıyısının tanrıçası Hannahanna, sensin o, vücudun 12 parçasını silen ve kirden temizleyen, kendi elinle" diye seslenirken, ritüelin adına yapıldığı kişiye kirlilikten arındırma büyüsünü uygulayan, aslında kendisidir.

Yakarış ritüellerinde, en önemli öğelerden biri temizlenme, arınmadır. Buradaki arınma, genel anlamda ve soyut bir arınmadır. Teknikler, temizlemeye yönelik geliştirilmiş olsa bile, günümüz ölçütlerine uyacak türden, belirli "kirlenme" nedenleri yoktur. Geniş anlamda, düzenin bozulması da, bir "kirlenme" nedenidir. Örneğin bir ritüelde, hanenin temizlenmesini gerektirenler arasında, kan dökme, tinsel kirlenme, yaralanma, yalan yere yemin gibi şeyler sayılırken, bir diğer metin de "çatal dil" (dedikodu) veya "günah işleme"yi katar. Bilerek, ya da bilmeden yapılan bir yanlış davranış kirlenmeye yol açarken, çoğunlukla başkasına yapılan ve bir büyücünün marifeti diye tanısı konan kötülük de, kirlenmeye yol açar. O halde, kült töreni sahibi, örneğin "yaşlı kadın" Zuvi'nin ritüelinde, "büyü ve lânetten" arındırılmalıdır.

Metinlerden anlaşıldığına göre, "zarar verme büyüsüne" karşı duyulan korku, oldukça yaygındır. Bu tür büyü yapanlar cezalandırılıyordu. Aynı tekniklerden yararlanıldığı halde, bunu "kara" ve "ak" büyüyle karıştırmamak gerekir. Hititler'de büyü yapma değil, büyünün kötü bir nedene yönelik olması yasaklanmıştır. Bu kültürde büyülenme, bedene yapılan doğrudan bir saldırıyla eşdeğerdedir. Karşılaştırmalı kültür tarihi çerçevesinde belgelenen çoğu olayda uygulanan büyü teknikleri evrensel karakterdedir ve bir kültürün düşünsel yapılanmalarından ayrılamaz.

Bu dışavurum, gelişim psikolojisi terminolojisinde, bilgi durumu olarak tanımlanabilir. Bu bilgi seviyesi, olayların nedenlerini tecrübelere dayandıran objektif gerçekler ile, dileme, düşünme ya da konuşma gibi sübjektif durumlar arasında ayırım yapmaz. Sübjektif olan bilgiye dayalıymış etkisi yapabileceği gibi, objektiv olan da belirli bir amaca yönelikmiş gibi gözükebilir. O halde, "sihir düşüncesi"nde, kendiliğinden var olan bir mantık yatar; ancak bu mantık, biçimsel mantıkla karıştırılmamalıdır. Bu daha çok reel algılama yapılarıyla birlikte, akla, mantığa uygunluğa erişemeden kalır. Bu türden bir düşünce tarzı, algılama ve yaşam çerçevesinin her yerinde hazır ve nazırdır. Buna göre, büyü teknikleri ve büyüye yönelme, sadece arınma ritüelleriyle kısıtlı kalamaz. Her objektif olguya karşılık, bir sübjetif neden aranabildiğine göre, bunun tersi de mümkündür. Yukarıda sözü edilen defetme ritüelinde, Tunnaviya, şayet, "bir erkeğin ya da bir kadının cinsel uzuvları, temiz olmayan bir lafla bozulmuşsa" diye, çocuksuz kalmaya karşı harekete geçer. İstenmeyen her olgunun arkasında, kendini iyi hissetmemek ya da ağır hasta yatmak, kötü hasatlar ya da çocuk sahibi olamama, politik gerilimler veya askeri hezimet, ne olursa olsun, sübjektif bir neden yatabilir. Bu da beraberinde, büyü eylemleri, yardımı dokunacak yakarı ritüelleri için, potansiyel bir uygulama alanı yaratır.

Tüm ülkenin saadeti ve refahının kralın kişiliğinde temsil edildiği düşünüldüğünde, devlet arşivlerinde, hepsi krala ya da ailesine ait olmasa bile, neden o kadar çeşitli ve çok sayıda ritüel metni bulunduğu kolayca anlaşılır. Resmi arşivlerden ele geçenlerde, kötülüğe karşı büyüyle uygulanacak defetme ritüelleri bulunurken, kötülüğü davet edecek ritüel bulunmaz. Bu metinlerin çoğu, olayları basitçe aktaran, yapılacak kurban ve üstlenicilerin alternatiflerini de mümkün kılan bir yapıdadır. Ritüel sahibi yeterince varlıklı değilse, örneğin kurbanlık bir boğa alacak gücü yoksa, boğanın yerini tutacak başka bir hayvan, ya da bir boğa heykelciği adayabilir.

Büyü yoluyla etkileme ve hatta bir insanın canına kastetmeye karşı duyulan yaygın korku karşısında, ritüel metin kolleksiyonları arasında, devletin, herkes tarafından uygulanabilecek, kontrolü güç bu eylemleri, bir şekilde denetlemeye yönelik, yaptırımların da bulunması gerekir. Hitit tarihi, bu konuda büyük bir ihtiyacın var olduğunu değişik olaylarla kanıtlar. I. Hattuşili (yaklaşık MÖ 1556 – 1540), politik vasiyetinde, yerini alacak olası ardılına, çok fazla "yaşlı kadınların" etkisinde kalmamasını öğütler. Bir kaç nesil sonra, Telipinu (yaklaşık MÖ 1500) kanunlarıyla, kraliyet ailesi mensuplarına büyü yapma yasağı getirilirse de başarılı olunamaz. Yaklaşık bir asır sonra, I. Tuthaliya (yaklaşık MÖ 1420 – 1400), kız kardeşi Ziplantavi'nin, yazılı belgede açıkça belirtilen büyüler yoluyla, kendisine, eşine ve çocuklarına zarar vermek istemesi üzerine, kendini ve ailesini bir yakarış ritüeliyle korur. Kraliyet ailesi içindeki iktidar kavgalarında, defetme ritüelleri, önemli rol oynar. Bu bağlamda II. Murşili (yaklaşık MÖ 1318 – 1290), büyü yoluyle eşini öldürdüğü iddiasıyla, dul kraliçe Tavananna'ya karşı soruşturma açtırır ve dava sonucu haklı çıkar. Tıpkı III. Hattuşili'nin (yaklaşık MÖ 1265 – 1240 yılları), tahtı ele geçirmeden önceki iç çatışmalarda, kendisine karşı büyü yaptığını ileri sürerek, rakiplerinden birini bertaraf etmesi gibi, bu yönden suçlamalar, politika sahnesinde de etkili birer silahtı.

Burada aktarılan, rastlantısal ama tek tek iyi belgelenmiş tüm olayları, günümüz bakış açısından anlamakta güçlük çekilebilir. Büyü, yakarış ve defetme ritüelleri, Hitit toplumu ve kültürünün her döneminde, onlar için yaşamlarının her alanında etkilerini hissettikleri gerçeklerdir.

Dipnotlar

1 Yönlendirici olarak bkz. Hans G. Kippenberg, „Magie": H. Cancik/B. Gladigow/K.-H. Kohl (Derl.), *Handbuch religionswissenschaftlicher Grundbegriffe*, Bd. IV, Stuttgart/Berlin/Köln 1998, 85 – 98 (geniş kaynakça ile).

2 V. Haas/G. Wilhelm, *Hurritische und luwische Riten aus Kizzuwatna*, Kevelaer/Neukirchen-Vluyn 1974 (Alter Orient und Altes Testament – Sonderreihe 3).

3 Bazı ritüellerin Almanca'ya çevirisi için bkz. H.-M. Kümmel: Otto Kaiser (Derl.), *Texte aus der Umwelt des Alten Testamentes*, Bd. II/2, Gütersloh 1987, 282 vdd. Bkz. Hitit yakarış metinlerinin derlendiği A. Ünal, The Role of Magic in the Ancient Anatolian religions according to the Cuneiform Texts from Boğazköy-Hattusa: H. I. H. Prince/Takahito Mikasa (Derl.), *Essays on Anatolian Studies in the Second Millennium B. C.*, Wiesbaden 1988, 52vdd. Aşağıda metinler üzerine yapılmış araştırmalar ve daha derin bilgi edinmek için kullanılabilecek kaynakça listelenmiştir

Kaynakça

Gurney 1977, özellikle 44 vdd.; Haas 1994, 876 vdd.; Hutter 1988; Popko 1995, özellikle 80 vdd., 104 vdd.

Neşa Bir Şehrin Gelişim Öyküsü

Tahsin Özgüç

Hitit diline adını veren, ilk Hitit başşehri Neşa ve Anadolu'daki Assur Ticaret Kolonileri'nin merkezi Kaniş aynı şehrin adlarıdır. Neşa'nın bugün de, Kültepe ve Karahöyük olmak üzere, iki farklı adı vardır. Hititler kendi dillerine bu şehrin adına göre ni-şi-li, na-şi-li, na-eş-um-ni-li, yani "Neşaca" demişlerdir. Neşa, ilk defa, Hititçe yazılmış en eski tarih belgesi olan Anitta metninde geçmektedir.

Neşa, Sivas-Kayseri doğrultusundaki tarihi doğu-batı yolunun üzerinde, son 55 yılda çok büyüyen Kayseri'nin 8 kilometre kuzeydoğusundadır. Kuzey ve güney dağ etekleri arasında tektonik çöküntülerle doğan ovanın Neşa çevresinde deniz seviyesinden yüksekliği 1017 metredir. O, ovanın en çukur kesimine, sazlığın çok yakınına kurulmuştur. Neşa'yı kuzey Hitit çekirdek bölgesine, Kayseri yakınındaki Erkilet üzerinden Kızılırmak (Halys) platosuna erişen, Boğazlayan-Alişar yönünü izleyen yol bağlamaktadır. Neşa'yı iki önemli yoldan biri Bünyan'dan ayrılan Pınarbaşı ve Gürün üzerinden Malatya'ya, güneydoğu'ya; diğeri de Pınarbaşı-Göksun üzerinden Maraş'a, güneye, Kuzey Suriye ve Kuzey Mezopotamya'ya bağlayan yoldur. Neşa'yı yüksek kültür bölgelerine bağlayan bu doğal olanaklar onun parlak bir ticaret, kültür ve artistik bir merkez olmasını çok kolaylaştırmıştır.

Neşa harabeleri Höyük/Yukarı Şehir ve Aşağı Şehir'den oluşmuştur. Höyüğün ova düzeyinden yüksekliği 20 metre, kuzey-güney yönünde 550 metre, doğu-batı yönünde 500 metredir. Sitadelin çevresinden yüksekliği 5 metredir. Her iki bölüm de birer surla çevrilidir.

Yaklaşık 2 kilometre çapındaki Aşağı Şehir, höyükten çok daha sonra kurulmuş ve çok daha erken terk edilmiştir. Neşa, boyutu ve şekliyle, Yakın Doğu'nun en büyük merkezlerinden biridir. Kısa ömürlü (yaklaşık 250 yıl) bir çağın kendine özgü kültürünün, birbirinden farklı dillerin konuşulduğu kozmopolit bir çevrenin, 1000 kilometreyi bulan bir uzak mesafe ve uluslararası ticaret merkezlerinin ilk temsilcisidir. Höyük ondan çok daha evvel iskan edilmiş ve çok daha sonra terk edilmiştir.

Assurlu tüccarlar keşfedilen arşivlerine göre , Aşağı Şehirdeki II. katın kuzeydoğusuna bir arada, yaklaşık 400 x 300 m. boyutundaki bir kesimine yerleşmişlerdir. Burası Assurca metinlerde "Kaniş Karumu-Kaniş Ticaret Merkezi" denilen yabancılar mahallesidir. Yabancılar yerlilerin yaşadığı hazır, kurulu bir şehre gelmişlerdir. Arkeoloji verilerine göre II. kat Assurlular'ın gelmeye başladıklarından kısa bir süre önce kurulmuş olmalıdır. Nehir trafiğindeki "Liman" anlamına gelen "Karum", II katın yalnızca tüccarlar tarafından iskan edilmiş belirli bir bölümünün adıdır. Bu yerleşim şekli geç çağların koloni sistemine çok benzemektedir. Yabancılarla, evlenme veya sıkı iş ilişkisi gibi nedenlerle yakınlık kurmuş yerli tüccarlar da bu mahallelerde yaşamışlardır.

Neşa tabletleri hakkında ilk haberi 1881'de T. Pinches vermiştir. O belgelerin bulunduğu yerin adı bil nmediği için onlara "Kapadokya tabletleri" demiştir. Bunu izleyen yıllarda 1891'de W. Golenischeff, 1893'de F. Delitzsch, 1894'de P. Jansen, belgeler hakkında, ilk bilgileri duyurmuşlardır.

P. Jansen tabletlerin eski adı Kaniş olan bir şehirde bulunduğunu, B. Landsberger de 1924'de Kaniş'in Kültepe olduğunu kanıtlamışlardır.

E. Chantre ilk Karahöyük kazılarına 1893 – 94'de başlamış, ancak bu çalışmalarını sürdürmemiştir. H. Winckler de kısa süreli kazısını devam ettirmemiş, ilgi ve çalışmalarını Boğazköy'de yoğunlaştırmıştır. H. Grothe de aynı sene Kültepe'de çok kısa süreli kazı yapmıştır. Bulduğu objeler L. Curtius tarafından yayınlandı.

B. Hroznýnin 1925'deki kazılarında (Res. 1) Neşa'nın sırrı çözüldü. O, sitadelde başladığı kazılarda aradığı tabletleri bulamadı; ancak faytoncusunun sırrı ifşa etmesi, tabletlerin çıkarıldığı tarlayı göstermesi üzerine, Assurlular'ın yerleştikleri alan ve tabletlerin kaynağı aydınlığa kavuştu. Her iki şehirde açığa çıkarılan yapılar ve küçük objeler, henüz yayınlanmadı.

1943 yılında Türk Tarih Kurumu adına, bu satırları yazanın yönetimindeki heyet tarafından başlanan Neşa/Kültepe kazılarına, kesintisiz olarak devam edilmektedir [Res. 2].

Tepede sürdürülen kazılarda Eski Tunç Çağı ilk evresinin (ETÇ I) son yapı katına kadar kazılmıştır (18. yapı katı). Yukarı Şehrin (Tepe'nin) son iki kültürünü Roma (1 – 2 yapı katları) ve Helenistik

(3. yapı katı) kültürler temsil etmektedir. Kültepe bu çağlarda da kuvvetli bir şehir suruyla tahkim edilmiştir. Her iki evrenin mezarlıkları Aşağı Şehir-de'dir. Mezarlara bırakılan tunç ve gümüş sikkeler MÖ 323 ve MS 180 yılları arasında darb edilmişlerdir. F. Cumont Kültepe'de bulunduğu bildirilen Yunanca yazıttaki Anişa'nın, burasının Helenistik ve Roma çağındaki adı olduğunu; Kaniş ile Anişa'nın aynı şehrin adları olduğunu vurgulamıştır. Neşa Bizans, Selçuklu ve Osmanlı dönemlerinde iskan edilmemiştir.

Geç Hitit Çağı'nın MÖ 9 – 8. yüzyılına tarihlenen 4. ve 5. yapı katları büyük Tabal ülkesinin önemli şehirlerinden birini temsil etmiş olmalıdırlar. Kabartmalı ortostat ve hiyeroglifli steller, Assur krallarının Orta Anadolu'da siyasal güçlerini arttırdıkları zamana veya onu hemen izleyen döneme, yani, MÖ 9. yüzyılın ikinci yarısından sonraki tarihe ait olmalıdırlar. Neşa'da MÖ 8. yüzyıla ait steller de olasılıkla, yine Assurlular tarafından parçalanmışlardır.

Aşağı Şehirde sonuncusu iki evreli olan 5 yapı katının Tepe'deki çağdaşları:

Aşağı Şehir	Yukarı Şehir/Tepe
Ia	6
Ib	7
II	8
III	9
IV	10

Tepe'nin 11. – 13. yapı katları Eski Tunç Çağı'nın son evresine (MÖ 2250 – 2000) aittir [Res. 5, 6]. Bu evrede, henüz, Aşağı Şehir kurulmamıştır. Neşa, bu çağda, ilk defa anıtsal yapılarla donatılmış, kuzeybatı Anadolu, kuzey-güney Mezopotamya ve kuzey Suriye ile ticaret ilişkileri kurulmuştur [Res. 4]. Bunu Neşa'da bulunan Akkad ve post Akkad silindir mühürleri, seramik ve mücevherat kanıtlamaktadır. Tepe'nin 14. – 17. yapı katları ETÇ II'yi, 18. kat da eski evrenin sonunu (ETÇ I) temsil ederler.

Aşağı Şehrin III – IV, Tepenin 9. – 10. katları, arkeoloji verilerine göre, yaklaşık 70 yıl sürmüşlerdir. Bunlar Neşa'da yazının bilinmediği son iki kattır. Hitit seramiği ilk defa bu iki katta kullanılmıştır. Assur Ticaret Kolonileri Çağı Aşağı Şehir'de II, Tepe'de 8. kat döneminde, Assur kralı I. IRISUM'un (MÖ 1974 – 1935) krallığında, yaklaşık MÖ 1945'de başlamış; MÖ 1835'de Assur kralı Naram-Sin'in krallığı zamanında sona ermiştir. Ib ve Tepe'deki 7. katlar Samsi-Adad (MÖ 1808 – 1776) ve oğlu Isme-Dagan'la çağdaştır; MÖ 1800 yıllarında başlamış, 18. yüzyılın 2. yarısının içlerine doğru (MÖ 1800 – 1730) sona ermiştir. Buna göre Koloni Çağı'nın ilk evresi 110; geç evresi 70 – 66 yıl, iki evre arasındaki interval de 35 yıl sürmüştür. Ia, yani 6. katın sonu ile Eski Hitit devletinin kuruluşu arasındaki karanlık dönem ise, yaklaşık 1700 yıllarına tarihlenebilmektedir.

Bundan sonra bütünüyle Aşağı Şehir, tüccar mahalleleri bir harabe olarak terk edilirken, Tepe de MÖ 9. yüzyıla, Geç Hitit Çağı'na kadar iskan edilmemiş, Eski, Orta ve Yeni Hitit devletleri zamanında bir harabe yeri olarak terk edilmiştir.

Koloni sisteminin başşehri Kaniş'in yönetim merkezi, beyni (Bit Karim-Karum evi) ve varlığı bilinen Assur mabedi keşfedilememiştir. Buna karşın yerli kralların saraylarından söz eden metinleri, 7. – 8.katlarda keşfedilen anıtsal saraylar doğrulamaktadır [Res. 3]. Kaniş ve Purushattum sarayları, Mari sarayı dışında, boyutları bakımından, Eski Babil sarayları arasında yer almaktadırlar.

Yerli krallar Karum'un yöneticileriyle, Assurlu tüccarlarla ilişki kurmuşlar, onların ekonomi, ticaret sistemine, hukuk düzenine ilgi duymuşlardır. Bu ilişkilerin ortaya koyduğu yeni fiziki gereksinmeler sarayların büyüme nedeni oldu. Zenginleşen, güçleri artan, birbirlerinin rakibi olan krallar eski Babilonya saraylarından ilham aldılar, saraylarını onların normlarına göre inşa ettirmek arzusunu duydular. Yabancı katip ve tercümanların (targumannum, Türkçede aynı anlamda kullanılan kelime) çalıştığı bu saraylarda yerli prensler Assurca yazışmışlardır; örneğin adı Hurrice olan Mama kralı Anum-Hirbi'-nin, adı Hititçe olan Kaniş kralı Varsama'ya yazdığı mektup Assurca idi. Bu çağda diplomatik dil de Akkadca/Assurca idi. Bu çağda Neşa'da, Orta Anadolu'da Hattice ve Hititçe konuşuluyordu.

Metinlerden edinilen bilgilere göre Kral Labarsa ve adını bilmediğimiz bir kraliçe, krallıklarını sitadelin 8. katındaki saraydan yönetmiş olmalıdırlar. Neşa krallığını 7. kat sarayından yöneten krallar da Inar, oğlu Varsama ve Anitta metnine göre Neşa'yı bir gece baskınıyla zapteden, kralını esir alan, halka iyi muamele eden, Neşa'yı tahrip etmeyen Anitta'nın babası Pithana ve merkezi Hitit devletini kurma çabası içinde büyük zaferler kazanan, Neşa'yı tahkim eden, mabetlerle donatan Anitta'dır.[1]

Anitta'nın inşa ettirdiğini bildirdiği mabetlerden ikisi tam planlarıyla, ikisi de çok tahrip edilmiş durumda açığa çıkarıldılar (Bkz. Burada T. Özgüç, S. 402 vdd.). Boğazköy Yukarı Şehir mabetlerinde olduğu gibi (Bkz. Burada, Seeher, S. 450 vdd.) yan yana, aynı kutsal alana inşa edilmişledir. Bu arkeolojik veriler Anitta metninde yazılanları doğrulamaktadır. Kral Anitta'nın kişiliğini kanıtlayan Akkadca yazıtlı tek otantik belge olan mızrakucunun bulunduğu yapı da mabetlerin yakınındadır (Res. 7, S. 45).

Ancak bu krali yapılar, mabetler ve Aşağı Şehir'deki düzenli, zengin mahalleler şiddetli yangınlarla tahrip edilmişler, Assur ile ticaret sona ermiş, kral Anitta'nın Hitit çekirdek bölgesinde merkezi Hitit devletini kurma ideali gerçekleşememiş; Eski Hitit devletinin kurulabilmesi için uzun süre beklemek zorunda kalınmıştır.

Dipnotlar

1 Balkan 1957, 52

Kaynakça

Balkan 1957; Chantre 1898, 72; Cumont 1932, 135 – 138; Delitzsch 1893; Jensen 1894, 62 – 81; Grothe 1911; Güterbock 1958, 187; Hrozný 1926, 601; Hrozný 1927; Landsberger 1924, 213 – 238; Michel 2001, 23 vdd.; Neu 1974; T. Özgüç 1950; T. Özgüç 1959; T. Özgüç 1986a; T. Özgüç 1971; T. Özgüç 1999b; Pinches 1881, 11 – 32; Taner 1971, 139 – 160; Taner 1974, 583 – 595; Winckler 1906, 621 vdd.

Resim altları

1 B. Hrozný'nin Neşa sitadelindeki saray kazısı.

2 Neşa-Kaniş, Tepe, Aşağı Şehir, Karum ve Karahöyük köyünün havadan görünümü

3 Neşa/Kaniş sitadelinin 7. ve 8. kat surlarının temelleri

4 Neşa/Kaniş Eski Tunç Çağı III evresi mabedi

5 Neşa/Kaniş tahtında oturan "alabaster" tanrıça, Eski Tunç Çağı III

6 Neşa/Kaniş polikrom seramik, Eski Tunç Çağı III evresi sonu

Hattuşa-Boğazköy, Hitit Devletinin Başkenti

Kentin Gelişimi ve İmparatorluk Metropolü Oluşu

Jürgen Seeher

Orta Anadolu'da, Ankara'nın yaklaşık 150 kilometre doğusunda, antik Kapadokya Bölgesi'nin kuzey sınırına yakın bir yerde Hititler'in başkenti Hattuşa yer almaktadır. Arkeolojik kazılarla gün ışığına kavuşturulup restore edilen ve artık bir açık hava müzesi niteliğinde ziyaret edilebilen kalıntılar, Boğazköy Tarihi Milli Parkı'nın da nüvesini oluşturmaktadır. Hattuşa 1986 yılından beri, Türkiye'de UNESCO'nun, Dünya Kültür Mirası Listesi'ne alınmış dokuz noktadan biridir. Ayrıca 2001 yılından itibaren de yine UNESCO'nun "Memory of the World" ("Dünya Hafızası") listesinde yer almaktadır. Kazılar Alman Arkeoloji Enstitüsü tarafından, uzun yıllar Alman Doğubilimleri Kurumu'nun da (Deutsche Orient-Gesellschaft) katkılarıyla gerçekleştirilmektedir.[1]

> Kentin Konumu

Pek çok başkentinki gibi, Hattuşa'nın konumu da ilk bakışta pek de uygun bir seçim olarak algılanmaz: kent, sadece kuzeyinde tarıma uygun araziler bulunan, büyük bir ovanın sonunda, parçalanmış dik kayalık yamaçlar üzerine kurulmuştur. Şehri, dere tepe demeden uzayıp giden, kayalık yarları aşan, 6 kilometrelik bir sur çevreler [Res.1]. Aşağı Şehir'le, Yukarı Şehrin en yüksek noktasının bulunduğu Yerkapı (denizden yüksekliği ± 1250 metre) arasındaki yükseklik farkı, arada sadece 2 kilometre bulunmasına rağmen, 300 metreyi bulur. Ama bir daha dikkatlice bakıldığında, kentin kurulduğu yerin, bir başkent ve payitahtın tüm gereksinimlerine cevap verecek bir topografyaya sahip olduğu fark edilir – doğuda ve batıda derin bir vadi dışarıdan gelecek saldırılardan korurken, diğer yönlerdeki doğal arazi basamakları, üstlerindeki surlarla, aşılması olanaksız bir savunma sistemine dönüşür. Şehre hakim bir yerde yükselen, günümüzde Büyükkale diye tanınan kayalık sırtsa, adeta kraliyet sarayı için yaratılmıştır. Bu vadilerle bölünmüş arazide, yaz kış demeden yeterli su sağlayan kaynakların bulunması, yüksek Anadolu platosunun, sıcak ve kuru ikliminde pek de olağan sayılmaz.

Hitit İmparatorluğu yayılım haritasına bakılacak olursa, şehrin konumunun çok da avantajlı olduğu söylenemez: hemen hemen kuzey sınıra yakın, güneydeki merkezlerden ve ticari ilişkilerde bulunulan Suriye ve Mezopotamya'dan yüzlerce kilometre uzaklıkta. Bu konum Eski Hitit çekirdek bölgesinin İç Anadolu'yla sınırlı olduğu erken dönemleri yansıtmaktadır. Başkenti imparatorluğun kenarındaki konumuna getiren doğu, güneydoğu ve batıya yayılma daha sonraları olmuştur. Yine de başkentin rolü o zamanlar öylesine sağlamlaşmıştı ki, yerinin değiştirilmesi uygun görülmüyordu. Bu durum bugünkü Amerika Birleşik Devletleri'nin başkentiyle benzerlik gösterir, kuruluş döneminde Washington ortalarda yer alırken, batıya yayılma sonucunda en doğuda, ülkenin coğrafi merkezinden 2000 kilometre uzakta kalmıştır.

> Kentin Tarihçesi

Bu önemli konumun sunduğu nimetlerden ilk defa yararlananlar, Hititler değildi. İlk yerleşimin izleri, Kalkolitik Çağ'a kadar (MÖ 6. bin) gider. Kesintisiz yerleşilmeye başlanmasıysa, İlk Tunç Çağı'nın bitimine yakın, diğer bir söylemle, MÖ 3. bin sonlarına doğru olmuştur. Bölgenin yerlileri Anadolu'lu Hattiler, burada bir kent kurup, Hattuş adını vermişler. Bu addan türeyen Hititçe ad Hattuşa'ya ise ilk defa, MÖ 18. yüzyıl sonlarında Mari'de (Suriye) bulunmuş Akkadca bir metinde rastlanmıştır.[2] Bu öncü kentin yayılım alanı, Aşağı Şehir denilen bölümünün neredeyse tümüyle, Büyükkale ve Büyükkaya'nın da zirve düzlüklerindeki Eski Hitit başkenti Hattuşa'nın kapladığı alan ile örtüşmekteydi. Çok sonradan Hitit krallarının saraylarının kurulduğu Büyükkale de, daha o dönemde Hatti beylerinin oturduğu surlu bir yerleşime sahne oldu.

MÖ 19. yüzyıla gelindiğinde, Orta Dicle Bölgesi'nden gelen Assurlu tüccarlar, Hatti yerleşmesinin hemen dışında, bir *karum*, bir ticaret kolonisi kurmuşlardı. Bu yıllarda, Kaniş/Neşa'nın (Kapadokya Bölgesi'nde Kayseri yakınlarında, günümüz Kültepe'si) denetimi altındaki, Assur Ticaret Kolonileri, Doğu ve Orta Anadolu'ya yayılmıştı. Bu koloniler, Anadolu'dan temin ettikleri, altın, gümüş ve bakır gibi malların, eşek kervanlarıyla Assur ülkesine gönderilmesini sağlarlardı. Bunlara karşılık tüccarlar Assur'dan, kalay, kumaş ve giysi gibi pek çok şey getirirdi. Bu koloniler, Anadolu'nun iç ticaretinde de etkindi. Ticaret kolonisi, Hattuş beyinin sağladığı korumaya karşılık, kente mütevazi bir zenginlik sağlardı.

Hatti kenti Hattuş(a), MÖ 18. yüzyılın sonlarına doğru yerle bir edildi: "Kenti geceleyin yaptığım bir saldırı ile aldım. Yerine yaban otu ektim. Benden sonra her kim kral olur ve Hattuş'u yeniden iskan ederse, gökyüzünün Hava Tanrısı'nın laneti üzerine olsun". Çiviyazılı bir tablette okunan bu sözler, Hattuş(a) kralı Piyuşti'yi yendiğini söyleyen, ilk Hitit Büyük Kralı Kuşşara'lı Kral Anitta'nın ağzından aktarılma.[3] Kentin kurulduğu yerin uygun konumundan olsa gerek, bu lanet pek çabuk unutulmuş. Kent, kısa bir süre sonra yeniden kurulmuş ve Hitit yazılı kaynaklarından anlaşıldığına göre, I. Hattuşili'nin (yaklaşık MÖ 1665 – 1640) iktidara gelmesiyle Hattuşa başkent yapılmıştır. Kısa bir süre sonra mevcut surlar genişletilmiş ve en geç MÖ 16. yüzyılda kentin ilk anıtsal suru, poternli sur inşa edilmiştir. Surları yaptıran Büyük Kral I. Hantili olabilir, çünkü bir Hitit metninde "daha önce hiçbir korunması olmayan" Hattuşa'yı surlarla çevirdi denmektedir.

Maalesef kentin tarihçesiyle ilgili hemen hemen hiçbir Hitit metni yoktur. Bir metinde Büyük Kral II. Tuthaliya (yaklaşık MÖ 1375 – 1355) döneminde kentin yıkıldığı yer almaktadır: "ve Hattuşa şehri yanıp kül oldu, ancak ... ve *hesta* evi kurtuldu..."[4] Ülkenin kuzeyinde bulunan Hititler'in amansız komşuları Kaşkalar'ın bundan sorumlu olduğu, aynı metinde yer almaktadır. Yine de bu tahribat beraberinde büyük değişimler getirmemiştir, zira Hattuşa yine başkent olmayı sürdürmüştür. Hitit yazılı kaynaklarının azlığından ne yazık ki kent topografyası da payını almıştır: metinlerde ara sıra tapınaklar, kapılar ve diğer yapılardan isim vererek söz ediliyorsa da, kesin teşhis edilmeleri için yeterli bilgi yoktur.

Hattuşa, Hitit devletinin merkezi olma işlevini, MÖ 13. yüzyılın başlarında, geçici olarak yitirmiş. O yıllarda, Büyük Kral II. Muvatalli (yaklaşık MÖ 1290 – 1272) başkentini, daha güneyde bir yerlerde olduğu bilinen, ancak yeri henüz saptanamamış olan Tarhuntaşşa'ya nakletmiş. Ama selefi III. Murşili, yeniden eski başkente dönmüş ve Hattuşa MÖ 1200 yılının hemen sonrasında, Hititler'in yıkılışına kadar, başkent olarak kalmıştır. Kentin çeşitli noktalarında tahribat ve yangın gibi şiddet izleri bulunmasına karşın, pek çok somut veri de, şehrin düşman eline geçmeden önce boşaltılıp terk edildiğine işaret etmektedir.

> Savunma Sistemleri

Hititler'in başkenti, çeşitli savunma sistemleriyle çevrilmişti. Eski sur kraliyet sarayının bulunduğu Büyükkale'den kuzeybatıdaki vadiye doğru indikten sonra, büyük bir yay çizerek önce kuzeye, oradan da doğuya yönelip Aşağı ve Kuzey Şehri çevrelemekteydi. Kuzeydoğuda, yüksek Büyükkaya sırtını da sarmaladıktan sonra, Büyükkaya Deresi'nin sarp vadisi üzerinden yeniden Büyükkale'ye ulaşırdı. Bu 3,6 kilometre uzunluğundaki sur, yaklaşık 75 hektarlık bir alanı çeviriyordu.

Sandık duvar tekniğinde, 6 – 8 metre genişliğinde inşa edilmiş, hem eski hem de daha sonraki savunma hatlarından günümüze arda kalan, ancak kireçtaşından örülmüş temeller ve subasmanı kesimidir. Ancak surların, zamanında çok daha yüksek olduklarını ve bu taş kesimin üzerinde güneşte kurutulmuş kerpiç tuğlalarla örülmüş metrelerce yükseklikte duvarların olduğunu biliyoruz. Surlar boyunca, 15 – 25 metre aralıklarla yükselen kuleler ve sur bedenleri, pişmiş topraktan modellerden öğrenildiğine göre, üçgen mazgallarla taçlandırılmıştı (Res. 7, S. 207). Bu eski tahkimat sisteminin bir diğer özelliği ise, 80 – 100 metre aralıklarla, duvarların altından geçen, potern adlı tünellerdir. Bunların, barış dönemlerinde yayaların kullanımına açık yeraltı geçitleri mi, yoksa savaş dönemlerinde düşmana saldırmak için kullanılan dehlizler mi olduğu, henüz açıklanamamıştır (Krş. Res. 9).

Hitit Büyük İmparatorluk Dönemi'nde, yani MÖ 14. ve 13. yüzyıllarda, eski savunma sistemlerine, Aşağı Şehir ve Büyükkaya'da, bazı ilaveler yapılır. En kapsamlı yapı etkinliğiyse kentin güneyinde gerçekleşir: Yukarı Şehir denilen kesimde, 3,4 kilometre uzunluğunda yeni bir sur duvarı inşa edilerek, surlarla çevrili alan, iki katını aşarak, yaklaşık 181 hektara ulaşır [Res. 2]. Daha geç bir imar evresinde, bu surların önüne ikinci bir duvar daha örülerek, kent daha sıkı bir savunmaya alınır. Bu yeni surda bulunan, anıtsal şehir kapılarının çoğu, günümüze değin oldukça sağlam kalmıştır: Güneybatıda, dış yüzünde aslan yontuları bulunan Aslanlı Kapı'yla [Res. 3, 4], iç yüzünde, silahlı bir tanrının, görkemli bir şekilde betimlendiği Kral Kapı [Res. 5, 6] bunların en görkemlileridir. Her kapıda, ağır ahşap kanatlarla örtülen, iki kapı geçidi bulunurdu. Kapı odalarının içinde yan duvarlarda, kapı sürgüsünün girdiği delikler görülmektedir: "Sabahları kapının sürgülerini kaldırmak için gönderdiğin oğlun veya hizmetlin, kapıdaki mührü çevirdiğinde, "Hattuşa'nın bir beyi" veya bir komuta subayı veya bu işle görevlendirilmiş "bey" ile birlikte kapının mührünü kontrol etsinler ve kapı öyle açılsın. Fakat bakır sürgüleri senin evine geri götürüp yerine yerleştirsinler". Büyük Kral I. Arnuvanda'nın (yaklaşık MÖ 1400 – 1375) Hattuşa kentinin belediye başkanına verdiği talimatta böyle denmektedir.[5] Kapıların akşamları kapatılıp mühürlendiği ve sabahları mührün kurcalanmamış olduğu resmen saptandıktan sonra açılması gerektiği anlaşılmaktadır (Bkz. Burada Müller-Karpe, S. 470 vdd.).

Kentin güney ucundaki Yerkapı'nın özel bir rolü olmalıydı. Burada dış tarafta 30 metre yüksekliğinde, 250 metre uzunluğunda ve 80 metre genişliğinde bir toprak set oluşturulmuştur. Bu set, çok uzaklardan bile kolayca görülmesini sağlayan beyaz kireçtaşı ile döşeliydi [Res. 7, 8]. Bu set üzerinden geçen kent surunun ortalarında Sfenksli Kapı yer alır. Kapının şehre bakan tarafını anıtsal sfenksler süslüyordu. Sfenksler gövdelerinin alt kesimi kanatlı aslan, üst kesimi ve başı insan olarak biçimlendirilmiş, boynuzlu miğfer taşıyan karışık yaratıklar olarak betimlenmişti. Bu kapının diğer tarafında, yani şehrin dışına bakan tarafında da sfenksler vardı. Burası olasılıkla kentin en yüksek yerindeki bir kutsal alanın bir bölümü olmalıdır.Tam bu kapının altında, Hattuşa'nın bugün içinden geçilebilen tek poterni vardır: 71 metre uzunluğunda ve 3 – 3,3 metre yüksekliğindeki bu poternden geçilerek surun dışına çıkılıyor [Res. 9].

> Büyükkale Sarayları ve Aşağı Şehir

Şehirde ayakta kalmış, izlenebilen yapıların büyük bölümü, tıpkı surlar gibi, MÖ 13. yüzyıldan kalmadır. Kraliyet yapılarının yer aldığı Büyükkale'de, direkli galerilerle çevrili avlular, konutlar, depo binaları ve büyük bir kabul salonuyla, büyük bir saraya ait kalıntılar ortaya çıkarılmıştır. Bir kaya sırtı üzerine yerleşmiş bu alan, kentin diğer bölümlerinden, hükümdarı iç saldırılara karşı da korumak üzere olsa gerek, kulelerle desteklenen, sağlam bir surla ayrılmıştı (Bkz. Burada Seeher, S. 435 vdd.).

Hattuşa'nın Aşağı Şehri, saray yapılarının bulunduğu Büyükkale'nin eteklerinden başlayıp, dıştan gelecek saldırılara karşı, yer yer yapay olarak yükseltilmiş bir set üzerindeki sur duvarıyla çevrelenerek, vadiye doğru 1 kilometre kadar uzanır. Aşağı Şehrin merkezinde, ülkenin en büyük tanrılarına, gökyüzünün Hava Tanrısı ve Arinna'nın Güneş Tanrıçası'na adanmış olduğu düşünülen, görkemli bir çifte tapınak yükselirdi (Bkz. Burada Seeher, S. 450 vdd.).

Şehir planında da görüldüğü gibi, tapınağın etrafında, yüzyıllar boyu işlevini yitirmeyen, ama o denli de değişime uğrayan, ufak konutlardan oluşan, bir mahalle yerleşmişti. Alt tabakaların konut tipleri ortası açık avlulu evleri yansıtırken, daha sonraki dönemlerde, şehir mimarisine daha çok uyan, üstü kapalı, sofalı evlere geçilmiştir. Bu evlerde, ancak rahipler, memurlar, tüccarlar ve zanaatkârlar oturken, tarımla uğraşan halk kesimi de kent çevresindeki köyler ve mezraalarda yaşardı. Konutların da, tıpkı tapınaklar ve saraylar gibi, damları düzdü ve kısmen ahşap çatkılı duvarları, güneşte kurutulmuş kerpiç tuğlalarla örülüydü. İçme suyu, halka açık çeşmelerden temin edilirken, sokaklar ve caddelerin altından geçen atık su kanalları, evlere kadar bağlanmıştı.

> Hattuşa'nın Yukarı Şehri

Başta da değinildiği üzere, Hattuşa'da Yukarı Şehir büyük olasılıkla Hitit İmparatorluk Dönemi'nde etrafı surla çevrilerek, kent alanına katılmıştı. Eskiden beri, beş büyük tapınağın varlığı bilinirken, P. Neve'nin yetmişli ve seksenli yıllarda gerçekleştirdiği kazılarla, bu sayı 30'a yükselmiştir: sadece Tapınak Mahallesi olarak adlandırılan merkezi alanda, değişik boyutlarda, 24 tapınağa ait temel duvarları gün ışığına kavuşmuştur (Res. 11, S. 139). Buna göre, Yukarı Şehrin hiç olmazsa bir bölümü, sadece kült amaçlı kullanılmaktaydı, çünkü tapınaklar arasında sıradan insanlar için konutlar yoktu (ancak kentin son evresinde Tapınak Mahallesi yerleşim yeri olarak kullanılmıştır). Hattuşa, bir metropol ve idari merkez olmanın yanı sıra, imparatorluğun dini merkeziydi: Hititler'in devletlerarası anlaşmalarında şahit olarak gösterilen ve çiviyazılı tabletlerde adı geçen "Hattuşa Ülkesi'nin Bin Tanrısı" nın oturduğu kentti. Kazılar ilerledikçe, gelecekte tapınak sayısının daha da artması mümkündür. Şehrin biraz dışında yer alan Yazılıkaya kaya tapınağı da başkent karakterine layık bir düzey sergiler (Bkz. Burada Seeher, S. 443 vdd., Schirmer, S. 482 vdd.)

Doğal olarak, Yukarı Şehir'de sadece tapınaklar yoktu. Kraliyet saraylarının bulunduğu Büyükkale' nin önünde, uzun bir viadüktün, kale kapısından aşağıya doğru inmeye başladığı güney kesimde, resmi işlere ayrılmış, bazı anıtsal yapılar açığa çıkarıldı. Bunlardan birinin alt katında, üzerlerine Büyük Krallar'ın, prenslerin, yüksek rütbeli saray görevlilerinin ya da kâtiplerin mühürleriyle damgalanmış, kilden, 3300 adet mühür baskısı ele geçti. Tahta tabletlere, kutulara ve mal denklerine asılan bu damgalar, imza ve garanti belgesi yerine geçerdi. Şehrin yine bu bölümünde, son Hitit Büyük Kralı II. Şupiluliuma'nın, Luvi hiyeroglifleriyle, taş üzerine kazınmış, kendisi ve babası IV. Tuthaliya'nın yaptığı işleri anlatan, iki büyük yazıt bulunmaktadır. Binlerce yıl hava şartlarından çok aşınmış olan Nişantepe'de kaya yüzeyine işlenmiş olan yazıtın ancak pek azı okunabiliyorken, 2 no.'lu Oda'daki yazıt çok iyi korunagelmiştir [Res. 10, 11]. Yazıtın sonunda şu cümle yer alır: "bu yıl burada tanrısal yeraltı yolunu yaptım". Burada kastedilen odanın kendisi ise, o zaman bu odanın yeraltı dünyasının sembolik girişi olarak tasarlandığı düşünülebilir. 2 no.' lu Oda, hemen arkasında havuzların bulunduğu bir yığma set içine inşa edilmiştir. Eskiçağlarda havuzlar ve su kaynakları daima öbür dünya/yeraltı dünyası ile ilişkili görüldüğünden bu odayı da aynı olgu ile ilişkilendirmek mümkündür.

Bu havuz Yukarı Şehir'in doğusunda bulunan yapay iki su deposundan biridir. Yukarı Şehir'in güneyinde, merkezi Tapınak Mahallesi'nin batısında, bu alana hakim bir yükselti üzerinde, 2000 yılı kazılarında bulunan, Güney Havuzlar adı verilen beş havuz daha vardır. Her iki havuz kompleksine de olasılıkla, güneyde şehir dışından de su sağlanmış olmalıdır.

Yukarı Şehrin, özellikle batı alanları, arkeolojik olarak bir bilinmeyendir. 2001 yılında bu bölgede yeni ve uzun vadeli bir kazı projesine başlandı. Şehrin bu bölgesinin yerleşim tarihçesi üzerine bilgi edinilebilirse, Yukarı Şehrin ilk olarak hangi bölümlerinde oturulduğu ve yerleşmenin birbiriyle ilintili olarak nasıl geliştiği, bu alanların kült yaşamı içindeki olası işlevleri ve başkentin nüfusu gibi sorular da yanıtlanabilecektir. Cevap bulunamayan bir başka konu da şehrin mezarlıklarının nerede olduğudur. Şehrin 450 yıllık tarihi içinde ortalama 100 000 kadar insanın ölmüş olması gerektiği halde, şimdiye dek ancak 100'den az Hitit mezarının kazılmış olması şaşırtıcıdır. Ayrıca bugüne kadar hiçbir kral mezarı da bulunamamıştır.

> Hattuşa Devlet Ekonomisine Bakış

Tahılların saklandığı, çeşitli ambarların saptanmasıyla, dikkatler ekonomi tarihiyle ilgili sorunlara yöneltilmiştir.[6] İmparatorluk döneminde, MÖ 13. yüzyılda, kentin kuzeydoğusunda yükselen, Büyükkaya sırtında, çok büyük boyutlarda, yeraltı siloları oluşturulmuştur. Sayıları, şimdilik 11'i bulan bu silolar içinde, en büyüğünün boyutları 12 x 18 metre, derinliği de en azından 2 metredir. Yalnızca bu silonun kapasitesi, yıllık ortalama 1400 insana yetecek, 260 ton tahıla tekabül eder. Eski Hitit Çağı'na ait çok daha büyük bir siloya 1999 yılında rastlanmıştır: Aşağı Şehir'de, poternli surun arkasında, gene toprak içine kazılmış, 118 metre uzunluğunda ve 30 – 40 metre genişliğinde, bir silo kompleksidir [Res 12]. Bu silonun bir bölümü, yangınla tahrip olmuştur. Başta arpa olmak üzere, aralarında tek sıralı buğdayın da bulunduğu tahıl yığınlarının bir kısmı, odun kömürü ocaklarında olduğu gibi, için için yanarak kömürleşince, günümüze değin ulaşabilmiştir (Kat. No. 98). Silo yapısının 32 gözünde, 23.000 – 32.000 kişinin bir yıllık gereksinimini karşılayacak miktarda, 4200 – 5900 metreküp tahıl depolanabilmekteydi. Bu kadar tahılla, hiç kuşkusuz, sadece başkent halkının ihtiyaçları giderilmemekteydi; bu, devlet hazinesinin bir bölümüydü, diğer bir deyişle, kralın gücüne temel oluşturuyordu.

> Hititler Sonrası Hattuşa

Hitit İmparatorluğu'nun MÖ 1200 yıllarından hemen sonra yıkılmasıyla, Anadolu Tunç Çağları da sona erer. Bununla beraber, Hattuşa şehrinin arazisinin yerleşim tarihi devam eder. Hatti ve Hititler'i buraya çeken, suyu kesilmeyen kaynaklar, yörenin verimli toprakları ve kentin savunulmaya uygun konumuna, bir de yeniden imarı kolaylaştıran, neredeyse sonsuza kadar yetecek yapı molozu eklenmişti: konutların yapımında kullanılabilecek nitelikte, her yana dağılı, işlenmiş taşların yanı sıra, pek çok işe yarar nesneyi de harabede bulmak mümkündü. Bu bağlamda, çöküşün hemen ardından, MÖ 12. yüzyılın başlarında, yeni bir iskânın oluşmasına şaşmamak gerekir. Erken Demir Çağı'na tarihlenen bu yeni küçük yerleşmenin, Frig etkilerini yansıtan bir taşra kasabasına dönüşüp, büyümeye başlamasıysa, ancak birkaç yüzyıl sonra, MÖ 8. yüzyılda gerçekleşir. Yerleşim, Pers döneminde de devam etmiştir. Helen/Galat ve Roma/Bizans'a ait yerleşme ve tahkimat izleri de görülmektedir. Bir Türkmen aşiretinin, 16. yüzyılda buraya yerleşmesiyle, bugünkü Boğazkale köyüne götüren süreç başlar. Eski adı Boğazköy olan bu yerleşme, Hititler'in başkentine de yeni adını vermiştir.

Dipnotlar

1 Geniş kaynakçalarıyla genel: Bittel 1983, Neve 1996[2], Seeher 1999.

2 Heinrich Otten, *Eine althethitische Erzählung um die Stadt Zalpa*, Wiesbaden 1973, 61.

3 Erich Neu, *Der Anitta-Text*, Wiesbaden 1974, 13.

4 Krş. Albrecht Goetze, *Kizzuwatna and the Problem of Hittite Geography*, New Haven 1940, 22; Jörg Klinger, Das Corpus der Mašat-Briefe und seine Beziehungen zu den Texten aus Ḫattuša, *Zeitschrift für Assyriologie* 85, 1995, 74 – 108 (S. 84 – 85).

5 Otten 1964, 92.

6 Seeher 2000.

Kaynakça

Bittel 1983; Neve 1996; Otten 1964, 91 – 95; Seeher 1999; Seeher 2000a, 261 – 301

Resim altları

1 Hattuşa'nın topografik planı

2 Hattuşa surlarının havadan görünümü (Foto Peter Oszvald)

3 Hattuşa Aslanlı Kapı (Foto Peter Oszvald)

4 Hattuşa Aslanlı Kapı'daki aslanlardan biri (Foto Peter Oszvald)

5 Hattuşa Kral Kapı'nın şehre bakan yüzündeki silahlı tanrı kabartması (Foto Peter Oszvald)

6 Hattuşa Kral Kapı'nın rekonstrüksiyonu (Uğurhan Betin)

7 Hattuşa'nın en güney ucunda bulunan Yerkapı (Foto Peter Oszvald)

8 Yerkapı'nın beyaz kireçtaşı kaplı yüzü (Foto Peter Oszvald)

9 Yerkapı'daki potern (Foto Peter Oszvald)

10 2 no. lu Oda, genel (Foto Peter Oszvald)

11 2 no. lu Oda'daki hiyeroglif yazıttan ayrıntı (Foto Peter Oszvald)

12 Poternli surun arkasında MÖ 16. yüzyıla ait tahıl silosunun planı

Hitit Büyük İmparatorluk Dönemi'nde Karkamış

Kentin Tarihçesine Genel Bakış

Horst Klengel

MÖ 14. yüzyılın 30'lu yıllarında, o zamanda kadar Mitanni'nin hakimiyetinde bulunan Kuzey Suriye'yi, Hitit Büyük Kralı I. Şuppiluliuma (yaklaşık MÖ 1355 – 1320) büyük Suriye seferinde fethettiği zaman, Fırat'ta ona karşı koyan yalnız Karkamış (Hititçe Karkamisa) kalmıştı. Burayı Mitanni'li bir komutan yönetmiş ve kenti birkaç ay daha savunabilmişti. Karkamış kuşatması sırasında Şuppiluliuma, hiç beklemediği bir durumla karşılaşmıştır: Mısır'dan elçiler gelip, kısa bir süre önce ölen firavun Tutankhamon'un dul karısından bir mektup getirirler. Mektupta, bir an önce oğullarından birini kendisine eş olarak göndermesi talep edilir. Bu teklife şaşıran Hitit Büyük Kralı, güvensizlik duyarak bu teklifin doğruluğunun onaylanmasını talep eder. Ertesi ilkbaharda onay geldiğinde ise, o tam da Karkamış'ı dize getirip bütün Suriye'yi topraklarına katmak üzeredir. Bu teklifin tek nedeni yalnızca Suriye'deki başarılı girişimleri sonucu Mitanni ülkesinin kralı yerine geçip, Mısır'a daha doğrusu onun Suriye içlerine kadar uzanan işgal ettiği topraklara komşu olacak olması değildir. Bu teklif yüzünde iki ülke arasında düşmanlık doğacaktır: Sonunda I. Şuppiluliuma oğullarından birini, firavunun dul karısına eş olması amacıyla gönderir. Hitit kaynaklarına göre oğlu orada öldürülür. Şuppiluliuma, oğlunun öldürülmesinden yeni firavun Eye'yi sorumlu tutar: "Şahin" -bu kelimeyle firavunun Horus (Şahin) rolü ima edilmiştir- "civciv"i-yani genç Hitit prensini-öldürtür. Aynı mektubunda firavuna savaş açtığını da bildirir. Daha sonra Kadeş Savaşı ile (MÖ 1275) doruk noktasına ulaşan sürekli bir düşmanlık oluşur. Kadeş Savaşı'nda Büyük Kral II. Muvattalli ve Firavun II. Ramses karşı karşıya gelirler ve savaş Hititler'in lehine sonuçlanır. Ancak 16 yıl sonra (MÖ 1259), Şuppiluliuma'nın torunu III. Hattuşili II. Ramses ile eşitliğe dayalı barış antlaşmasını imzalar. Bu antlaşmada Hattuşa ile Mısır arasındaki düşmanlığın yerini "güzel barış" ve "güzel kardeşlik" alır ve bu barış Hitit İmparatorluğu'nun çöküşüne kadar korunur.

Karkamış kralının rolünü anlamak için, Hitit-Mısır ilişkilerinin niteliğini ve hiç şüphesiz sonraları Yukarı Mezopotamya'da hissedilmeye başlanan Assur varlığını göz önüne almak gerekir. İlk Karkamış kralı Şuppiluliuma'nın oğullarından biri olan Şarrikuşuh'dur (bu isim Hurri kökenlidir, Hititçe adı Piyassili'dir).

Sadakatlerine daha çok güvenildiğinden, fethedilen toprakların, imparatorluğun diğer asillerinden çok, hükümdar ailesinin mensupları tarafından yönetilmesi çok yaygındı. Bu dönemde bu Fırat kalesinin yerel bir haneden olmaksızın, Hitit saldırılarına karşı savunmayı da üstlenen Mittannili bir vali tarafından yönetildiği anlaşılmaktadır. Daha sonraları II. Murşili babası Şuppiluliuma'nın icraatını içeren tarihi eserinde anlattığı üzere, Karkamış kenti fethinden sonra yağmalanmış ve boşaltılmış ama belli ki tahrip edilmemiştir. II. Murşili'nin bu metninde şöyle geçer: "Aşağı kentin halkını kaldırdı, onları ve gümüş, altın ve bronz ganimetleri Hattuşa'ya getirtti. 3330 kişiyi (Büyük Kral) sarayına gönderdi, aslında sürülenlerin sayısı çok daha fazlaydı." Her ne kadar bu yuvarlak sayıya şüpheyle bakmak gerekiyorsa da, bize o dönem için Karkamış kentinin nüfusunun kalabalık olduğunu gösteriyor. Kral sarayı ve silolarının bulunduğu yukarı kentin kaderi hakkında Murşili bilgi vermemektedir. Olasılıkla buradaki idare binaları ve tapınaklar tahrip edilmemiştir. Fetihten belli ki kısa süre sonra şehir özellikle Hititler tarafından yeniden yerleşilir ve Toroslar'ın güneyinde, yani Hattuşa'nın işgal ettiği Suriye topraklarındaki en önemli Hitit idare merkezinin kurulmasına başlanır. Artık yukarı kentte hüküm süren Karkamış'ın Hititli kralının yönetimine ırmağın doğusundaki bölgeler de katılır. Böylece kentin hakim olduğu alan ilk kez bu kadar genişletilmiş olur ve aynı zamanda şehir artık tam sınırda da değildir. Şuppiluliuma ile Karkamış'ı yöneten oğlu arasındaki bir sözleşmede Asi ırmağının (Orontes) denize döküldüğü yerde, Akdeniz kıyısında yer alan Alalha'nın da Karkamış krallığının bir kısmı olduğundan ve hatta önemli bir şehir olan Ugarit'in güney bölgelerinin de daha sonra Karkamış hükümdarlarının doğrudan idaresine verildiğinden söz edilir. Ve böylece ekonomi ve strateji açısından önemli bu liman şehri de Karkamış krallarının etki alanı ile çevrili olmaktadır.

Piyassili'nin Karkamış krallığına atanmasıyla, kendini çabucak toparlayan Fırat kenti ile Hattuşa Büyük Krallığı arasında oluşan bağ sayesinde, Karkamış Suriye'deki yerel hanedanlar tarafından yönetilen diğer yönetim bölgeleri arasında yükselir. Yeni kralın ilk görevi, Karkamış'ın yeniden kurulmasının yanı sıra, hala var olan Mittanni ülkesinin geri kalanını fethetmektir. Bu askeri harekat, Mitanni'deki taht kavgaları nedeniyle Şuppiluliuma'ya sığınan prens Sattivaza'nın da bu harekata katılmasıyla resmen onaylanır. Savaştaki askeri başarıdan sonra, Şuppiluliuma'nın bir antlaşmasını bağlılık yemini ederek kabul eder ve Mitanni'ye bağlı Yukarı Mezopotamya'nın Hitit Büyük Krallığı'nın egemenliğinde olduğunu onaylar.

Şuppiluliuma'nın ölümünden sonra, ayrıca genç Büyük Kral II. Murşili'nin (yak. MÖ 1318 – 1290) bir genelgesinde, Karkamış tahtının yalnız ağabeyi Piyassili/Şarrikuşuh'a değil, onun haleflerine de ait olduğunu onaylamasıyla, Karkamış kralının önemi büyür. Böylece Karkamış'ta, Hitit devletinin sonuna kadar hatta ondan daha sonra bile hüküm süren yeni bir hanedanlık doğar. Karkamış kralı hatta resmi olarak -Büyük Kral ve veliaht prensden sonra-imparatorluğun üçüncü önemli pozisyonuna hak kazanır. Toroslar'ın güneyinde boyunduruk altındaki bölgelerde Büyük İmparatorluğun çıkarlarını temsil etmekle özel olarak görevlendirilmişti. Anlaşılıyor ki Suriye beylikleri elçilerini artık Karkamış sarayına yollamaktadırlar. Devlet sözleşmelerine Karkamış kralları da imza atarlar (yani mühür basarlar) ve bir dizi genelge ve yazılı yönergeler Karkamış'taki yönetimin etkinliğini gösterir. Hattuşa veya Karkamış'tan çeşitli Suriye merkezlerine gönderilmiş Babilce çiviyazılı metinler, Ugarit kral sarayı arşivi kazılarında gün ışığına çıkarılmıştır.

Bu metinler sadece Suriye'deki Hitit yönetim faaliyetlerini değil, aynı zamanda Ugarit'in Karkamış makamlarının özel ilgisini çektiğini de yansıtırlar. Bu da, bu liman kentinin Hititler için oynadığı rolden kaynaklanır. Fırat havzasından Suriye sahiline giden ticaretin Karkamış kraliyet ailesi tarafından kontrolünün elinde olması dışında, ayrıca Ugarit, Güney Anadolu'daki liman kenti Ura'nın yanı sıra, Hititler tarafından Doğu Akdeniz'den Mısır'a uzanan deniz trafiğinde önemli bir üs olarak kabul edilir. Karkamış'ta yıllarca hüküm sürmüş olan kral Ini-Teşup'un Ugarit'de bulunan belgelerdeki mührü de [Res. 1, 2] Hitit egemenliğindeki Suriye'nin Karkamış'tan yönetildiğinin delilidir. Karkamış'ta yapılan kazılarda Bronz Çağı tabakalarına inilememiştir. Belki de Karkamış kralı, önemli belgelerde Büyük Kral adına kullanmak üzere, Büyük Kral mührüne de sahipti (Bkz. Burada Dinçol/Dinçol S. 428 vdd.). Ugarit'in Karkamış krallının bölgesindeki özel rolü, belki de bu krallığın -orta Suriye'deki Amurru gibi- Mitanni devleti vasallarından olmaması ve böylece Mitanni zaferi sonunda Hititler'e kalan "miras"ın parçası olmaması ile açıklanabilir.

Karkamış kralının yanında belli ki birkaç dil bilen memurlar görevliydi; Hititçe'nin yanı sıra Babilce-Assurca, Hurrice ve mutlaka Mısırca da haberleşmede kullanılmıştır. Kuzey Suriye'nin kuru tarım bölgelerinin en büyük tanrısı Hava Tanrısı'nın en önemli kült yeri olan Halpa (Halab) da Karkamış kralının yetki alanın içindeydi ve aynı zamanda Şuppiluliuma'nın diğer bir oğlu Telipinu burada Hava Tanrısı'nın hizmetinde yerel bir bey olarak görevliydi.

Ugarit arşivlerindeki Hitit yönetimi ile ilgili metinlerde Ugarit sarayındaki aile çatışmalarının uzlaştırılmaları, sınır düzenlemeleri ve vergi bilgileri gibi Hitit İmparatorluğu için önemli olaylardan söz edilmektedir. Anadolu'nun genellikle sert ve kar yağışlı geçen kışları Hattuşa ile Toros sıradağlarının güneyinde bulunan bölgeler arasındaki haberleşmeyi sekteye uğrattığından Hitit yönetimindeki Karkamış'ın ayrıca bir önemi vardı. Hitit savaş raporlarında Büyük Kral'ın girişimlerini sürdürmesi için "sene kısaldı", yani sefer "mevsimi" nin sona erdiğine dair bilgilere sık sık rastlanmaktadır.

I. Şuppiluliuma'nın yönetimi döneminde, hem Anadolu'yu hem de Suriye ve Mısır'ı olasılıkla Karkamış'ı da kasıp kavuran ve çok sayıda kurban verdiren bir salgın hastalık ortaya çıkar. Çiviyazılı metinler ve Mısır hiyerogliflerinde Suriye kentlerinin sakinlerini kaçmaya zorlayan ve sarayın da nasibini aldığı bu hastalıktan bahsedilir: Şuppiluliuma ve oğlu II. Arnuvanda'nın da (yak. MÖ 1320 – 1318) bu hastalığın kurbanı oldukları sanılıyor. Salgın uzun yıllar sürmüş olmalıdır, çünkü Şuppiluliuma'nın en küçük oğlu II. Murşili zamanında bile tanrılara hastalığı sona erdirmeleri için dualar ettirilmiştir. Bu tür salgın hastalıklar Doğu Akdeniz Bölgesinde sık sık belgelenmiştir ve Nil deltasının doğusundaki Hiksos başkenti Auaris kazılarında salgın kurbanı olarak tanımlanabilecek insan iskeletleri bulunmuştur. Eğer tıbbi bilgilerin verildiği papirüslerin verilerini yorumlarsak, bu salgın bir çeşit hıyarcıklı vebadır ve uzun yıllar Mısır ile olan ilişkileri koparmış ve askeri girişimlere izin vermemiştir.

II. Murşili'nin dokuzuncu yönetim yılında (yak. MÖ 1309) Karkamış'ta Piyassili/Şarrikuşuh'dan sonra oğlu Sahurunuva tahta geçer. I. Şuppiluliuma'nın torunu olan bu kral, Hititler'in başarısıyla sonuçlanan, Hattuşa (II. Muvattalli) ve Mısır (II. Ramses) arasındaki Kadeş Savaşı'nda görev alan Karkamış kralı olmalıdır. Yine bu kral, Yukarı Mezopotamya'ya saldırıları sırasında, I. Adadnirari komutasında Karkamış yakınlarına kadar gelen Assurlular ile mücadele eder. Firavun II. Ramses'in 21. yönetim yılında (MÖ 1259), haksız yere tahtı ele geçiren III. Hattuşili'nin (yak. MÖ 1265 – 1240) ünlü barış anlaşmasını imzalaması döneminde (Bkz. Burada Quack, S. 518 vdd.), Karkamış'ın yönetiminde Ini-Teşup vardır. Kendisinin yönetimde kaldığı uzun yıllara ait -60 yıl olduğu tahmin edilir- çok sayıda idari evrak Ugarit'de gün ışığına çıkarılmıştır; bunlardan bazıları imparatorun bilinen beş mühründen birini taşımaktadır (Res. 3). Karkamış elçileri de, Hattuşa'dan Ramses'in Doğu Nil deltasındaki payitahtı Pi-Riamasesa'ya, gümüş tablet üzerine yazılmış antlaşma ile birlikte gönderilen Hitit delegasyonuna dahildirler. Karkamış kralının önemli rolü, daha sonraları Hattuşili'nin oğlu ve halefi IV. Tuthaliya (yak. MÖ 1240 – 1215) tarafından bir kez "büyük bir kral" olarak tanımlanmasıyla ("Büyük Kral" ile eşit anlamda değil) belirginleşmektedir. Mısır'da bulunan bir hiyeroglif ostrakon, II. Ramses ile Ini-Teşup arasındaki özel yazışmanın var olduğuna işaret etmektedir.

Ini-Teşup döneminde Kral I. Salmanassar (MÖ 1263 – 1234) yönetimindeki Assur ordularının başarıyla Yukarı Mezopotamya'ya saldırıları sırasında, Mısır'la iyi ilişkiler içinde olmak çok gereklydi. Daha önceleri Şarrikuşuh da Assur saldırılarından ötürü Büyük Kral'ın gönderdiği general tarafından desteklenmişti. İçeriğinin kuşkuyla yorumlanması gereken bir yazıta göre, Assur orduları I. Tukulti-Ninurta döneminde "28800 Hititli" yi Karkamış yakınındaki Fırat bölgesinde esir aldıkları zaman, Ini-Teşup belki de hala Karkamış kralı idi. Bununla birlikte Ugarit'de bulunmuş bir dizi metinde, Yukarı Mezopotamya'da Hitit sınır bölgelerindeki sorunlu askeri duruma değinilmiştir. "Assur tehlikesi" Karkamış krallarını özellikle meşgul etmiştir.

Bu dönemde Hitit Büyük İmparatorluğu, Hattuşa'daki Büyük Kral'ın üstünlüğü ve devlet kültlerinin koruyucusu olarak tanınması şartıyla, üçe bölünmüştür. Hattuşa'da Büyük Kral kendisi yönetimdedir. Güney Anadolu'daki Tarhuntaşşa kentine Hattuşili yeğeni Kurunta'yı kral olarak atamıştır ve bu kral, Hattuşili'nin ardılı IV. Tuthaliya döneminde, Karkamış kralı ile aynı mevkiye yükseltilmiştir. Suriye'yi de Karkamış kralı yönetmektedir. Hitit Büyük İmparatorluk Çağı'nın geç dönemlerinde imparatorluğun içinde bulunduğu politik ve ekonomik zor durum, bu kontrol bölünmesini gerektirmiştir. Hem Karkamış kralı, hem de şimdi Tarhuntassa, Büyük Kral ve tahtın planlanmış varisinden sonra imparatorlukta önem açısından üçüncü pozisyondadırlar. Karkamış'ın güneyinde, Fırat kıyısında yer alan Emar'da bulunan metinlerde görüldüğü üzere, Karkamış krallığı, her birinde yerel asilzadeler ve yaşlılar meclisinin temsilcilerinin bulunduğu alt krallıklara ayrılmıştır. Doğu Akdeniz havzasının durumu, "Deniz Kavimleri" denilen halkın saldırıları, yiyecek maddelerinin, özellikle de tahılın kıtlığı ve pahalılığı gibi kriz görüntüleri ve kara yoğunun -sosyal problemler sonucu olsa gerek- gittikçe artan emniyetsizliği nedeniyle kötüleşmektedir. Bu konuya Ugarit'de bulunan metinler değinmektedir. Ayrıca II. Hattuşili ve oğlu IV. Tuthaliya'nın Mısır'la yaptıkları yazışmalarda Mısır'dan deniz yoluyla Anadolu sahillerine gelen tahıl sevkiyatı önemli rol oynamaktadır. Karkamış'a bağlı Emar şehrindeki kazılarda gün ışığına çıkarılan metinlerde de bu kriz durumuna değinilmiştir (Bkz. Burada Faist/Finkbeiner, S. 475 vdd.). Ini-Teşup'un Karkamış tahtındaki ardılı Talmi-Teşup, çağdaşı olduğu son Hitit Büyük Kralı II. Şuppiluliuma'dan kendisini aslında uzak akraba olduğu Hattuşa Kraliyet Sarayı ile daha yakın bir ilişkiye geçiren resmi bir antlaşma alır. Doğu Akdeniz sahillerinde, Mısır önlerine kadar ulaşan ve burada, bir yazıtında anlatıldığı üzere, firavun III. Ramses tarafından yok edilen "Deniz Kavimleri" etkilerini göstermektedirler.

Orta Anadolu'da yaklaşık MÖ 1190/80 de Hitit İmparatorluğu yıkılıp başkent Hattuşa terk edildiği zamanlarda, Karkamış hanedanlığı hala ayakta kalmayı başarır. Talmi-Teşup'un bir oğlu Kuzi-Teşup, mührünün baskılarından da görülebileceği gibi, babasından sonra tahta geçer. Olasılıkla, etkisini Malatya civarlarına kadar genişleterek, Hitit İmparatorluğu'nun çöküşünden yararlanmış bile olabilir. Daha sonraları, MÖ 1100 civarında, kral I. Tiglatpilesar komutasındaki Assurlular Kuzey Suriye'ye girdiklerinde, bu bölgeyi "Hatti ülkesi" olarak adlandırmışlardır. Ancak bu dönemde Anadolu Hitit İmparatorluğu çoktan tarih olmuştur ve belleklerden silinmeye başlamıştır bile. Bu arada Suriye ve Yukarı Mezopotamya'da MÖ 2. bin yılından gelen "Luvi hiyeroglifleri" kullanan ve diğer Hitit dönemi Suriye geleneklerini sürdüren devletler oluşmaya başlar. Bugün tam Türkiye-Suriye sınırında yer alan Karkamış'ta yapılan arkeolojik kazılar belki bir gün Hitit kentini de gün ışığına çıkaracaktır ve Karkamış'ın Hitit krallarının Suriye'deki idare merkezi olduğu döneme ait çiviyazısı tablet arşivine de rastlanacaktır.

Kaynakça

Klengel 1992, 120 vdd.; Klengel 1999, özellikle 135 vdd; Singer 1999, 603 vdd.

Resim altları

1 Karkamış kralı Ini-Teşup'un Ugarit'de bulunan bir tabletteki mühür baskısı

2 Ini-Tesup'un mühür baskısının çizimi (Çizim: W. Forrer, Ugaritica III, 1956, Res. 29'a göre)

3 Karkamış kralı Ini-Teşup'un Ugarit'te bulunan bir çiviyazılı metindeki mühür baskısı (Ugaritica III, 1956, Res. 34'e göre)

Maşathöyük

Kaşka Sınır Bölgesinde Bir İdare Merkezi

Tahsin Özgüç

Eski adı Tapigga olan Maşathöyük, Hattuşa'nın 150 km. kuzeydoğusundadır. Tapigga'dan Çekerek-Alaca üzerinden Hattuşa'ya ulaşım her mevsimde kolaydır. Eski kuzey-güney yolu Tapigga'nın doğusundan geçer.

I. Zamanın mermerleşmiş sarp bir kaya kütlesi üzerine kurulmuş Tapigga, etrafı ormanlık dağlarla çevrili bereketli ovanın ortasında stratejik ve ekonomik önemi belirgin bir çevrenin merkezidir. Maşat adı Meşhed'den gelmektedir. Köyü Horasan'ın başşehri Meşhed bölgesinden gelmiş Türkler kurmuştur.

Kaya kütlesinin ova seviyesinden yüksekliği 29 metre, yerleşim alanının boyutu 450 x 225 metre, deniz seviyesinden yüksekliği 886 metredir. Sitadelin üç yönü dik kaya kütleleri halindedir, aşağı şehrin en geniş bölümü onun güney-güneydoğusunu kaplamıştır. Yüzeyde bulunmuş çiviyazılı bir Hitit metni, arkeoloji edebiyatının Tapigga'yı tanıma nedeni olmuştur.

Orta Karadeniz-Hitit çekirdek yöresinde Hitit yerleşim yerleri, ovalara, akarsu veya kaynakların yakınına (Alaca Höyük, Eskiyapar) veya savunması kolay sarp kaya kütleleri üzerine (Hattuşa, Tapigga) kurulmuşlardır. Bunlar, şiddetli yangınlara rağmen, varlıklarını Hitit tarihi boyunca, kesintisiz olarak sürdürmüşlerdir. Bu ikinci gruba girenlerden yalnız ikisi, büyük merkez Hattuşa ve bir sınır komuta merkezi Tapigga kazılabilmiştir. Buna karşın çekirdek bölgenin güneyindeki büyük merkezler (Kültepe, Acemhöyük, Karahöyük) MÖ 2. binin ilk çeyreğinden sonra varlıklarını sürdürmemişler, Alişar, Kalehöyük Hitit İmparatorluk Çağı'nda önemlerini yitirmişlerdir.

1945'te kısa süren kazı ve araştırmalardan sonra, Türk Tarih Kurumu ve Anıtlar ve Müzeler Genel Müdürlüğü adına 1973'de başlanan kazılar Tahsin Özgüç başkanlığındaki heyet tarafından 1984'e kadar devam ettirildi. Burada üç kültür çağı saptandı: a. Demir Çağı-Frig; b. Hitit; c. Eski Tunç Çağı.

a. Frigler yalnız sitadele yerleşmişler. Tapigga bu çağda çok küçülmüştür. Bu uygarlık evresi MÖ 8. yüzyılla MÖ 300/275 arasına tarihlenir. Hitit yapılarının enkazı üstüne kurulmuş evler, onların tahribine neden olmuştur. Eski evrede (MÖ 800 – 650) Orta Anadolu üslubuna bağlı seramik, 2. yapı katının orta ve son evresi (MÖ 650 – 450) ile birinci katın (MÖ 450 – 300/275) büyük bölümünde Med-Pers egemenliğinde yerli seramik kullanılmıştır. Bu evrede Samsun (Amissos) üzerinden gelen, Doğu Yunan seramiğinin etkisi MÖ 375 – 350 arasında artmıştır. Tapigga bundan sonra iskan edilmemiştir.

b. Tapigga'nın en parlak dönemini beş yapı katına sahip Hitit çağı temsil eder. Hititler sarp kaya tabanını ve eteklerini iskan etmişlerdir. Son yapı katı (kat I), her Hitit şehrinde olduğu gibi, yangınla tahrip edilmiştir. MÖ 1300 – 1200'e tarihlenen bu evrede İmparatorluk Çağı yazı stilinde dini tablet, hiyeroglifli bullalar, Hitit seramiği yanında Miken IIIB tipi testiler, Kuzey Suriye'den ithal şişeler, libasyon kapları bulundu. Bu evrede hem sitadelde hem de aşağı şehirde, II. – III. katların aksine, büyük yapılar inşa edilmemiştir.

II. Hitit katı, yangınla tahrip edilmiş III. katın üzerine kurulmuştur. Bu evrenin, planı ve buluntuları bakımından en öğretici yapısı 16 odası korunmuş, büyük binadır. O, bu evrede Tapigga'nın yönetildiği resmi binadır. Onun batı kanadı, altındaki ana kayanın üzerine Hititler'e özgü bir örgü tekniği doğrultusunda kurulmuştur. Özenle hazırlanmış sunaklı odasında Orta Hitit yazısı stilinde tabletler, şahıs adları okunan hiyeroglifli bullalar ve I. Şuppiluliuma'nın lejandını taşıyan bulla keşfedildi. Bütün belgelere göre şehir bu güçlü Hitit kralıyla çağdaştır. O Hititlerin amansız düşmanı Kaşka'ların tahrip ettiği Hattuşa'yı ve Tapigga'nın III. katını yeniden imar eden büyük kraldır. Ondan sonra, Hattuşa'nın aksine, Tapigga'ya büyük yapılar inşa edilmemiştir.

Tapigga'da Hitit çağının en parlak evresini III. kat şehri temsil eder. İki anıtsal yapıdan sitadele inşa edileni, 72 x 62 metre boyutuna, planına, arşivini oluşturan çiviyazılı tabletlerinin içeriğine göre saraydır [Res. 1]. Onun yalnız kuzey ve doğu kanadı korunmuş, öteki kanatları sonraki çağlarda tümüyle süpürülmüşlerdir [Res. 5]. Temel taşlarının üzerindeki yatay hatıllar, kerpiç duvarlardaki dikey ağaç direkler yangının şiddetini arttırmıştır. İnce sıvası açık kırmızıyla badanalı ve koyu kırmızı şeritlerle süslü iki katlı sarayın zemin ve bodrum katının 45 odası açığa çıkarıldı. 3 x 20 metre boyutundaki depolara yerleştirilmiş küplerin omuzları üzerindeki işaretler, içindekinin miktar ve cinsini bildirmektedir. Depo ve ambarlara en çok testi, şişeler ve şahıs adları yazılı, hiyeroglifli bullalar bırakılmıştı. Saray arşivi yan yana inşa edilmiş iki odada bulundu. Sarayın ortadaki büyük avlusu ve onun iki yanındaki galerileri iyi korunmuştur. Galeri çatılarını taşıyan iç ve dış direklerin bastığı dikdörtgen prizma şeklinde, ustaca işlenmiş zıvana delikli taş kaideler kendi yerlerinde bulundular [Res. 4]. Hitit ustaları ana kayanın düz olmayan çukur ve dik yerlerini tesviye ederek yapı alanı için geniş, suni bir teras meydana getirmişler ve Hattuşa'da olduğu gibi, Hitit kaya ve taş işçiliğine özgü bütün teknik becerilerini göstermişlerdir.

Bu çağda Tapigga Hattuşa'daki büyük krala bağlı bir sınır beyinin, yerel kral veya komutanın merkezidir. Saray, direkt büyük kralla yazışmalarda "ᴰUTUşi" ("Majesteleri") ile hitap eden güçlü temsilcinin, merkezi anlamına uygun, anıtsal bir görünüme sahiptir.

Tabletlerin yazı üslubu Orta Hitit yazı üslubundadır. Hattuşa dışında keşfedilmiş bu ilk Hitit arşivini, çoğunlukla Büyük Kral'ın Tapigga'daki temsilcisine (45 adet), oradaki yetkililerin de krala (6 adet); Tapigga'da, Hattuşa'da ve diğer şehirlerdeki yetkililerin birbirlerine yazdıkları mektuplar (23 adet) oluşturmuştur. Dini, edebi metinler yoktur.

Tapigga Kaşkalılar'ın sürekli tehdidi altında bulunan bölgenin sınırına kurulmuş, stratejik önemi büyük askeri, idari, ekonomik merkezdir. Mektupların içeriğini güveni sağlayacak ordunun harekatı, kaçaklar, esirler, teslim olanlar, sürgün edilenler ve yerinden olan halkın iskanı, suçluların cezalandırılması, hasatın, ekinlerin güvenliği hakkındaki konular oluşturmuş. Envanter metinleri (17) şahıs, rehineler, asker, ekin, günlük ve savaş aletleri listelerinden oluşmuştur.

İki tablet üzerindeki iki damga mühür baskısında II. Tuthaliya'nın ve kraliçenin adları vardır. Tablet sarayın Kaşkalılar tarafından bu kral zamanında (MÖ 1410 – 1380) tahrip edildiğini kanıtlamaktadır. Bu felaketten Hattuşa da kurtulamamıştır. Saray, bu plandaki avlulu, revaklı anıtsal Hitit yapılarının en eski örneklerinden biridir.

Aşağı şehirde sarayla çağdaş mabedin 50 metre uzunluğundaki güney kanadı, doğu kanadının bir bölümü ve taş döşeli avlunun bir kısmı korunmuştur. 20 mekanı açığa çıkarılmış olan mabet, sağlam taş blokaj üzerine kurulmuştur. Kutsal bölümlerdeki odalardan birinin temel taşı altına bırakılmış gümüş kaplanmış tunç çivi «temel adak çivisi» olarak konulmuştur. Mabet de sarayla beraber yakılmıştır. Mabet ve sarayda iki büyük tanrının kutsal hayvanları kilden boğa ve geyik figürleri, hayvan biçimli içki kapları, seramik, damga mühür ve lejandlı bullalar zengin bir koleksiyon oluşturmaktadır [Res. 3].

Sitadelin iki ucu ana kayaya bağlı, 55 metre uzunluğundaki, şevli, taş örülü destek duvarının en iyi korunmuş kesimindeki yüksekliği 3 metredir [Res. 2]. Aşağı terası çeviren dış surdan günümüze iz kalmamıştır.

Eski Hitit Çağı'nı IV. yapı katı temsil eder. Tapigga bu evrede de büyük şehirdir. Mühürlerin üslubu, seramiğin teknik ve şekilleri Eski Hitit Çağı için karakteristiktir.

V. kat Eski Tunç Çağı'nın yangın enkazı üstüne kurulmuştur. Yangına dayanabilen bütün objeler, aşağı büyük terasın dikdörtgen planlı, 2 – 4 odalı evlerinin tabanları üstünde kalmıştır. Yerel özelliklere sahip, homojen bir karakter gösteren seramikte, damga mühürlerde Kültepe geç evresinin etkisi, açık bir şekilde yansımaktadır.

c. Tapigga'da en eski kültür katı, ana kaya üzerine kurulmuş VI. kat, yani Eski Tunç Çağı'dır (MÖ 2500 – 2000). En eski Tapigga altın, gümüş, bakır işçiliği, zengin atölyeleriyle Hitit çağına öncülük etmiş, ona kesintisiz olarak bağlanmış Orta Karadeniz kültür çevresinin tipik bir temsilcisidir.

Kaynakça

Alp 1980; Alp 1991a; Alp 1991b; Emre 1979; Emre 1996; Güterbock 1944; T. Özgüç 1978; T. Özgüç 1980a; T. Özgüç 1982a; T. Özgüç 1988; T. Özgüç 1994b

Resim altları

1 Maşathöyük sarayının izometrik planı (MÖ 15. yüzyılın ikinci yarısı)

2 Sitadelin sarayla birlikte inşa edilmiş şevli destek duvarı

3 Mabette bulunmuş kil boğa başı (MÖ 15. yüzyılın ikinci yarısı), Tokat Müzesi

4 Saray, avluya açılan galeri, çatıyı taşıyan direklerin bastığı taş kaideler

5 Sarayın kuzey yönü odaları

Alaca Höyük

İmparatorluğun Çekirdek Bölgesinde Bir Kült Merkezi

Tahsin Özgüç

Ankara'nın 160 kilometre doğusunda, Boğazköy'ün 25 kilometre kuzeydoğusundadır. W. G. Hamilton tarafından keşfedildi. 1907'de Th. Makridi, İstanbul Müzeleri adına, kazıyı yürüttü. Sistemli kazılara 1935'de Türk Tarih Kurumu adına Dr. H. Koşay ve R. O. Arık tarafından başlandı; 1936'dan sonra H. Koşay, daha sonra H. Koşay ve M. Akok, son senelerde de Mahmut Akok tarafından 1983'e kadar sürdürüldü. Çapı 250 metre; en yüksek yeri 15 metreydi. Güney ve batı yönleri alçak, düz tarlalar seviyesindedir. Yakınından akan Hurmanözü çayı çevreyi yeşil ve münbit kılmıştır. O, eski doğu-batı, kuzey-güney yollarına kolay bağlanan bir bölgededir. 1 kilometre güneydoğusunda, taş örgüsü korunmuş, Hitit İmparatorluk çağına ait 110 metre uzunluğunda, 14,5 metre genişliğinde bir su bendi vardır.

Eski Tunç ve Hitit çağında çok önemli bir kült ve sanat merkezi olan Alaca Höyük'te 4 uygarlık çağı açığa çıkarılmıştır.

1. kültür katı: Alaca Höyük'te bir yapı katına bağlanmamakla beraber, Helenistik, Roma, Bizans, Selçuklu-Osmanlı çağlarına ait dağınık, az sayıda seramik parçası ve sikke bulunmuştur. 1. katta Geç Frig çağında höyüğün her yanı iskân edilmiştir. Küçük evlerden oluşan bu kat, seramiğine göre, MÖ 650'den daha eski değildir. MÖ 6. ve 5. yüzyılda Alaca Höyük Güney Karadeniz seramik türlerinin yayılış alanı içindedir. Frigya'da da çok ender raslanan Frig yazıtlı iki blok, höyüğün dışında, atılmış olarak bulundu.

2. kültür katı: Mabedi, büyük yapıları, özel-blok evleri, sokakları, büyüklü küçüklü su kanalları, şehir suru, biri kabartmalı ortostatlarla süslü sfenksli, öteki poternli anıtsal kapılarıyla Hitit İmparatorluk Çağı'nın tabiattan müstahkem olmayan, düz ovaya kurulan tipik bir temsilcisidir [Res. 4].

Mabet: Sfenksli kapıdan başlayan yol ile 950 metrekarelik meydandan ön avluya, iki kapılı geçitle de tabanı taş döşeli mabet avlusuna girilir. Avlunun iki yönündeki galerilerden, dar ve uzun koridorlardan, kare planlı geniş (12 x 12 metre) salondan ve değişik boyutlu odalardan oluşan mabet 5000 metrekarelik bir alanı kaplar. Tanrı heykelinin konulduğu kutsal bölümü 5 odalı kompleks temsil etmiş olmalıdır. İnşa tarzı ve planı öteki Hitit mabetlerinden farksızdır. Ön avlunun sularını künklü kanal, odalarınkini taş örülü, taş kapalı kanallar, ana kanala, o da büyük şehir kanalına taşır. Mabedin güneybatısındaki geniş alana 11 – 12 odalı büyük yapılar, ön avlulu özel meskenler inşa edilmiştir. Bunlar arasında dar ve düzenli sokaklar, küçük meydanlar vardır. Hitit çağının bu evresi 40 000 metrekarelik bir alanı kaplar.

Şehir suru: Daire şeklinde 250 metre çapındadır. Dışarıdan taşınan toprakla yükseltilen şev seddin üzerine önce içleri toprak doldurulmuş taş temelli kasalar, onların da üzerine kerpiç sur duvarı inşa edilmiştir. Toprak şev sed, içten ve dıştan, kalker bloklarla kaplanmıştır. Kuleler dikdörtgen planlıdır. Sur kalınlığı 10 – 11 metredir.

Poternli kapı: Şehrin batı kapısı; iki kule arasında ve iki girişlidir. Potern giriş kısmının altındadır. İri bloklarla dikine yükselen örgü, yukarıya doğru, bindirme tekniğinde daralmakta, yani, kemerleşmekte; en üstteki açıklık da, giydirme tarzında, büyük taşlarla kapatılmıştır. Yüksekliği 2 metre olup, tabanı taş döşelidir. Hafif dönemeçleri ve 90 derecelik dirseği gözlenebilir. Boğazköy poterninin benzeridir.

Sfenksli kapı: Kalker temel üzerine andezit bloklarla inşa edilmiş iki kule arasındadır. Genişliği 10 metredir. O, bir yolla bağlandığı büyük mabedin anıtsal geçididir. Dış girişin iki yanındaki büyük söğe bloklarının dış yüzleri sfenks protomlarıyla süslüdür. Kulelerin dış ve iç yüzleri kabartmalı ortostatlarla bezelidir (Bkz. Burada Emre, S. 487 vdd.). Tamamı korunmuş olan batı kulesi ortostatları üst üste iki sıra halinde düzenlenmiş, doğu kulesindekilerin ancak yarısı zamanımıza kalmıştır. İlk bakışta birbirinden farklıymış gibi görünen bu tasvirler [Res. 1, 2, 4 – 6] gerçekte libasyon, av, eğlenceden oluşan bir bütünü, Fırtına Tanrısı onuruna kutlanan bir kült festivalini, Eski Hitit Çağı'na ait kabartmalı vazoların geleneğini yansıtmaktadır. İki ayrı frizin başındaki iki baş tanrı Alaca Höyük'teki kült festivalinin odağını temsil etmektedirler. Yazılı belgelerin de kanıtladığı gibi, bu tür büyük törenlerin baş rahibi ve rahibesi kral ve kraliçedir.

Alaca Höyük'te bu çağda maden tanrıça ve boğa heykelcikleri ve kabartmalı plaketten başka [Res. 9 – 11] (Bkz. Burada Emre S. 487 vdd.)., tanrıların kutsal hayvanları şeklindeki boğa, aslan, kartal biçimli içki kapları (BIBRU'lar) (Bkz. Burada T. Özgüç S. 448 vdd.) önemli bir yer tutmaktadır

Eski ve Orta Hitit Çağı şehrinin 11 000 metrekarelik bir bölümü açığa çıkarıldı. Alaca Höyük bu dönemde de büyük şehir görünümündedir. Dikdörtgen planlı, çok odalı, ön avlulu evleri Hititler'in karakteristiğidir. Boğazköy mabetlerinden eski olan 3a mabedi Maşathöyük mabedinin çağdaşıdır. En önemli mimarlık özelliği avlunun bir yönüne açılan, direk kaideleri yerinde kalmış galerisidir.

Seramiğin şekil zenginliği, sanatkârane bir işçilik gösteren libasyon testileri ve hayvan biçimli içki kapları bu özellikleriyle, bu evreyi izleyen dönemde görülmezler.

4. kat en eski Hitit katı, Eski Tunç Çağı'nı sona erdiren yangın enkazı üstüne kurulmuştur. Mahalleler küçük özel evlerden oluşmuş. Seramik, mühürler [Res. 8], diz çökmüş fildişi figürin, Koloni Çağı'nın son evresi buluntularına büyük bir yakınlık göstermektedir.

3. kültür katı: Eski Tunç Çağı (MÖ 2500 – 2000) 4 yapı katına sahiptir (5 – 8). Sonuncu yapı katı şiddetli bir yangınla sona ermiştir. Hitit kültürüne kaynaklık eden kültürlerin önde geleni olan yerli Hatti uygarlığının aydınlanmasında çok katkıları olan Alaca Höyük Eski Tunç Çağı hanedan mezarları, bu çağın en önemli buluntularıdır. Çağın geç evresinde (5 – 6) şehrin güney kesiminde 2 – 6 odalı, avlulu özel evlerin oluşturduğu mahalleleri birbirinden sokaklar ayırmıştır. Bunlar arasında Alaca Höyük'te şaşırtıcı bir zenginliğe sahip 13 mezara uyacak büyük yapılar yoktur. Intramural mezarlar özel olarak ayrılmış bir alanda toplanmıştır. Dört yanı taşla örülmüş dikdörtgen mezarlar ahşap hatıllarla kapatılmış, damları üzerine kurban edilmiş sığır başları, bacakları yerleştirilmiştir.

Altın, gümüş, elektrum, bakır, tunç, demir ve değerli taşlardan oluşan zengin ölü hediyeleri onların hanedana ait olduklarını göstermektedir. Çoğu altın, gümüş kapların dövme, dökme, kakma teknikleri, altın mücevheratın ince süsleri uzun bir gelişmenin ürünleridir. Gümüş tören baltası, altın kabzalı demir hançer, gümüş hançer, sapı altın taş topuz, uzun kılıçlar erkek hanedan mezarlarında eksik olmayan objelerdir. Göğüsleri, bacakları altın kaplı kadın figürini sonraki dönemin baş tanrıçasının prototipidir.

İki boğa boynuzu arasındaki güneş kurslarının boyut ve kompozisyonları farklı olmakla beraber, anlamları birbirinin aynıdır. Bunlardan bazıları sistrum olarak kullanılmıştır. Çerçevesi geyik, aslan figürinleriyle bezeli Horoztepe sistrumu kendine özgü şekliyle Anadolu'da eşsizdir. Başları, gövdeleri gümüş, elektrum kakmalı kaplamalı geyik ve tunç boğa heykellerinin sivri uçlu, çok çatallı boynuzları, masif gövdelerine bakınca, tezat teşkil ederler. Hattiler'in bu kutsal hayvanları ve güneş kursları, sonradan Hitit baş tanrılarının da kutsal hayvanları ve alâmetleri olmuşlardır (Bkz. Burada T. Özgüç S. 400 vdd.).

Eski Tunç Çağı'nın son evresini karakterlendiren bu zengin buluntular (Eskiyapar, Oymaağaç-Göller, Mahmatlar, Horoztepe) Orta Karadeniz bölgesinde yüksek kültür çevresinin oluştuğunu kanıtlamaktadır.

4. kültür katını oluşturan Geç Kalkolitik Çağ anatoprak üzerine kurulmuş ilk uygarlık katıdır. Bu çağın siyah, gri astarlı, parlak perdahlı seramiği Orta Karadeniz yöresinde yaygındır.

Kaynakça:

Arık 1937; Bittel 1976a; Koşay 1938; Koşay 1951; Koşay/Akok 1950; Koşay/Akok 1966; Koşay/Akok 1973; Macridy 1908; T. Özgüç 1948; T. Özgüç 1980b; T. Özgüç 1993; Özgüç/Akok 1958; Özgüç/Temizer 1993

Resim altları

1 Alaca Höyük, kabartmalı ortostat. Kral ve kraliçe sunağın huzurunda. Ankara Anadolu Medeniyetleri Müzesi

2 Alaca Höyük, kabartmalı ortostat. Hava Tanrısı'nın boğası. Ankara Anadolu Medeniyetleri Müzesi

3 Alaca Höyük'ten dört baskı yüzlü mühür (Kat. No. 94)

4 Alaca Höyük Hitit yerleşiminin planı (MÖ 15 – 13. yüzyıl)

5 Alaca Höyük, kabartmalı ortostat. Tahtında oturan tanrı karşısında tapan. Ankara Anadolu Medeniyetleri Müzesi

6 Alaca Höyük Sfenksli Kapı'nın sağ kanadınının yan yüzünde yer alan pençelerinde tavşan tutan çift kartal kabartması (Kat. No. 126)

7 Alaca Höyük, kabartmalı ortostat. Aslan avı sahnesi

8 Alaca Höyük'ten mühür yüzük. Hitit Büyük İmparatorluk Dönemi (Kat. No. 138)

9 Alaca Höyük'ten oturan tanrıça heykelciği. Hitit Büyük İmparatorluk Dönemi (Kat. No. 111)

10 Alaca Höyük'ten tunç levha. Yaşam ağacının iki yanında boğalara basan karışık yaratıklar; üstte kanatlı güneş kursu. Hitit Büyük İmparatorluk Dönemi (Kat. No. 123)

11 Alaca Höyük'ten Kırların Koruyucu Tanrısı heykelciğinin altın kaplaması. Hitit Büyük İmparatorluk Dönemi başları (Kat. No. 118)

Kuşaklı-Sarissa Yukarı Ülke'de Bir Kült Merkezi

Andreas Müller-Karpe

Hitit metinlerinde "Yukarı Ülke" olarak tanımlanan, Doğu Kapadokya bölgesi (günümüzde Sivas ilinin kapsadığı bölge) arkeolojik araştırmalar çerçevesinde uzun süre dikkate alınmamıştır. Yalnızca Hitit başkentinde bulunan metinlerden bölgenin Hitit Büyük İmparatorluğu tarihinde önemli bir konuma sahip olduğu ve Eski Krallık Dönemi hanedanının "Yukarı Ülke" de bulunan ancak kesin olarak yeri belirlenemeyen Kuşşara kökenli olduğu bilinmekteydi. Yaklaşık on yıldan bu yana söz konusu bölgede sistemli arkeolojik araştırmalar sürdürülmektedir ve bu araştırmalarda ilk olarak birkaç Hitit kenti birden saptanmıştır. 1992 yılında, Başören/Altınyayla köyünün 4 kilometre doğusunda bulunan Kuşaklı'da araştırmalara başlanmıştır. Kent kalıntıları, doğu kenarında 2000 metre yüksekliğinde bir dağ ile sınırlanan bir vadide, zirve kısmı deniz seviyesinden yaklaşık 1650 metre yükseklikteki doğal bir tepe üzerinde yer alır [Res. 1]. Böylece Kuşaklı Hattuşa'dan 500 metre daha yüksekte, yılda yaklaşık 100 don yapan günle, buna yol açan sert dağ iklimine sahip bir coğrafi konumdadır.

Kuşaklı'da daha ikinci kazı mevsiminde küçük bir kil tablet arşivi bulunmuştur. Kırık bir çiviyazılı kil tablette "Sarissa" kentinde yapılan ve değişik kült işlemlerini yerine getirmek için Büyük Kral'ın da bizzat katıldığı ilkbahar törenleri anlatılmaktadır [Res. 2]. Söz konusu metnin korunduğu yerle ilgisinden hareketle, Hitit dönemi Kuşaklı yerleşmesinin adının "Sarissa" olduğu varsayılabilir; ayrıca "Sarissa" adı hem bir envanter kaydında, hem de hiyeroglifle yazılmış olarak bir mühür baskısının üzerinde görülmektedir. Sarissa adı Hattuşa'da bulunan bazı çiviyazılı metinlerden bilinmekteydi. Özellikle yerel Hava Tanrısı, uluslararası devlet antlaşmalarında yemin tanrısı olarak önemli bir rol oynamaktaydı. II. Ramses ve III. Hattuşili arasında yapılan ünlü barış antlaşmasının Mısır hiyerogliflerıyle yazılmış biçiminde, Karnak'taki Amun Tapınağı'nın dış duvarında da söz konusu yerel Hava Tanrısı'nın adı geçmektedir.

Bugüne dek yapılan arkeolojik araştırmalar Kuşaklı-Sarissa'nın orta büyüklükte bir Hitit kenti olduğunu göstermektedir. Başka kentlerle karşılaştırıldığında Sarissa'nın ancak MÖ 16. yüzyılda, yeni bir yerleşme olarak kurulduğu ve köklerinin daha eski bir yerleşmeye uzanmadığı anlaşılmaktadır. Orta Hitit Dönemi'nin sonunda, MÖ 14. yüzyıl başlarında kent geçici olarak kuşatılmış, yağmaya ve yangına uğradıktan sonra yeniden kurulmuştur. Büyük olasılıkla MÖ 1200'lerde bir başka yangın felaketiyle ve tüm Hitit İmparatorluğu'nun çöküşüyle aynı dönemde Sarissa yıkılmıştır. Kentin yıkılmasından sonra MÖ 12. ve 11. yüzyılda kalıntıların bir kısmı kısa bir süre için kabaca tamir edilerek kullanılmıştır, ancak kent hemen sonra yine terkedilmiştir. MÖ 7./6. yüzyılda, Demir Çağı'nda Hitit mimari kalıntılarının üzerine tepede (akropoliste) bir kale kurulmuştur.

Hitit yerleşimi, akropolis olarak anılan merkezi bir kayalık tepe, yamaçlar, teraslar, tepenin eteğindeki düz alanlar ve güneyde biraz daha alçakta kalan ikinci bir yüksek kesimden oluşmaktadır [Res. 3]. Hemen hemen 18 hektarı kaplayan bu büyük alan 1,5 kilometrelik uzun ve oval bir kent duvarı ile çevrilmiştir. Söz konusu sur duvarının dışında ve kuzeybatı yönündeki düzlükte yaygın bir alanda bir yerleşim alanı bulunmaktadır. Şehir suru düzenli aralıklarla yerleştirilmiş kısa dik duvarlarla bağlantılarının kurulduğu, birbirine paralel uzanan iki duvardan oluşmaktadır. Böylece sandık biçimli bir ana yapı öğesi yaratılmıştır. Söz konusu sandık duvarların bir kısmına girilebiliyordu ve kazemat olarak kullanılmışlardı, ancak sandıkların çoğunun alt kısmı genelde yapının mukavemetini arttırmak için doldurulmuş olmalıdır. Yaklaşık her 25 metrede bir sur duvarına öne doğru çıkıntılı bir kule eklenmiştir. Yalnızca temel ve subasmanı kısmı kireçtaşından yapılmıştır. Sur bedenleri ise bağlayıcı ahşap iskelet arasına yerleştirilmiş kerpiç tuğlalardan oluşur. Kulelerle desteklenmiş söz konusu görkemli sur duvarı kısmen, taş döşeli yapay toprak yığıntısı üzerinde yükselir. Uygulanması büyük işgücü gerektiren bu tür bir tasarım, koç başlarıyla yapılacak olası bir düşman saldırısına karşı en iyi korunma yöntemidir. Kuşaklı'nın hem doğusu hem de batısındaki arazilerde doğal savunma sağlayacak yeterli formasyon bulunmadığından, sözü edilen türde toprak yığma setler oluşturulmuştur. Boğazköy'de ve Kuşaklı'da bulunmuş pişmiş toprak modeller söz konusu sur duvarlarının aslında neye benzedikleri hakkında bir fikir vermektedir. Bu modellerden anlaşıldığına göre, sur duvarları yuvarlatılmış mazgallarla bezenmekteydi. Kuleler sur duvarından daha yüksekti, pencere açıklığı mevcuttu ve yine mazgallarla son buluyorlardı (Res. 7, S. 207).

Sur duvarına eşit aralıklarla yerleştirilmiş dört adet kapı ile kente girilmekteydi. Kent, kapı yapıları yönlere göre yerleştirilmiş olan, belirgin bir geometrik plan şeması göstermekteydi. Kapıların üçü birbirlerine dik açı ile yerleştirilmiştir. Kuzeydoğu kapısı kuzeybatı kapısının tam doğusunda, kuzeybatı kapısı güneybatı kapısının tam kuzeyinde, güneybatı kapısı ise güneydoğu kapısının tam batısında yer alır. Sadece kuzeydoğu ve güneydoğu kapıları arazi yapısı nedeniyle kuzey-güney doğrultusunda yerleştirilememişlerdir. Böylece amaçlanan dikaçılı düzen ile arazinin yapısına gerekli uyum arasında bir yerde karar kılınmıştır. Batı-doğu ve kuzey-güney doğrultularından ziyade, kent planlamasında kapılar arasında çaprazlamasına yerleştirilmiş olan verev hatlar önemli bir rol oynamaktadır. Anlaşıldığı kadarıyla, kentin kuruluş aşamasının yapıları, güneydoğu-kuzeybatı ve güneybatı-kuzeydoğu verev doğrularına göre yerleştirilmişlerdir. Geniş alanların kullanım şekli konusundaki bilgiler jeofizik prospeksiyon yöntemiyle elde edilmektedir. Jeofizik prospeksiyon yardımıyla tüm savunma sistemi anlaşılabilmekte ve kentin dört kapısının da yeri saptanabilmektedir. Yapı içlerinin önemli kısımları ve dış birimlerdeki yapı kompleksleri prospeksiyonla tanımlanabilmekte, böylece kentin bir bütün olarak anlaşılabilmesi ile ilgili önemli temel verilere ulaşılmaktadır.

Örnek olarak güneydoğu kapısı kazılmıştır. Güneydoğu kapısı iki yanında görkemli iki kuleyle sınırlanan, 3,20 metre genişliğinde üç bölümlü bir geçitten oluşmaktadır. Kerpiç duvar yer yer bir insan boyunda korunagelmiştir. Kapı yapısı, plan olarak başka Hitit merkezlerinden bilinen tiptedir. Ancak bu yapılar genelde bir kapı odasına sahipken , Kuşaklı'da korunmayı ve denetlemeyi güçlendirmek amacıyla art arda iki oda yapılmıştır. Aynı türde bir başka kapı yapısının, kuzeybatı girişinde yer alması mümkündür; ancak Kuşaklı'daki diğer kapılar jeofizik prospeksiyon verilerine göre daha basit bir yapı tasarımı göstermektedirler.

Kazılan kapı bölgesinde gün ışığına çıkarılan bazı buluntular bilgilendirici niteliktedir. Orijinalde dikey olarak yerleştirilmiş ahşap bir direğin altında bir tunç bıçak bulunmuştur [Res. 7a]. Olasılıkla yapı kutsanması töreni sırasında sunu olarak bırakılmıştır. Ayrıca boyunduruk ya da araba parçası olabilecek bir taş nesne kapının günlük trafiği ile ilgili görünümü yansıtmaktadır [Res. 7b]. Benzer buluntular Önasya ve Mısır yerleşmelerinden bilinmektedir, iki tekerlekli at arabalarına aittirler. Üzerinde özellikle durulması gereken buluntu ise üst kısmında ahşap izlerinin görülebildiği mühürlü bir kil kapama parçasıdır [Res. 7c]. Buluntu, başkentte ele geçen belediye başkanı Hazannu'ya verilen Hititçe bir hizmet talimatıyla ilişkilendirildiğinde yorumlanabilmektedir. Söz konusu talimatta şöyle denilmektedir: "Sabahları kapının sürgüleri kaldırıldığında, kapıdaki mührü denetledikten sonra kapıyı açarlar". Bu olgu kent kapılarının her akşam yeniden mühürlendiği ve mühür baskılarının her sabah kırılarak kapının açıldığı anlamına gelmektedir. İlk kez burada, yazılı aktarımla günümüze ulaşan söz konusu uygulama, bir mühür baskı parçası yoluyla kanıtlanmaktadır. Anlaşıldığı kadarıyla, bu mühür baskılı kil kapatma kentin yıkımından önce son kapamadaki mühürlemeden kalmıştır, zira kil yangın sırasında pişmiş ve böylece kalıcı olmuştur .

Jeofizik prospeksiyon çalışmaları, kentin kapılarının hemen önünde tahkimata dik açıyla, arazi oluklarına dik yerleştirilmiş bazı çizgisel oluşumlar göstermiştir [Res. 1, 3]. Alınan karotlar burada küçük vadilerde su tutmaya yarayan Hitit barajlarının kalıntılarının bulunduğunu akla getirmektedir. Söz konusu göletler hem kent tahkimatının önünde aşılması gereken bir engel, hem de kurak yaz aylarında insanların bahçe, tarla ve hayvanlarını sulama gereksinimlerini karşılayan bir rezerv işlevini görmektedirler. Kuzeydoğu kapısının güneyinde, kentin içinde varlığı saptanan bir gölet tek başına halkın gereksinimini karşılayamayacağı için dıştaki göletin suyunun pişmiş toprak künklerle kente akıtıldığı kanıtlanmıştır. Kentin içindeki bu su deposu, günümüzde kurumuş olan ya da bugün Kuşaklı'nın kuzey yamacında yüzeye çıkan bir kaynaktan beslenmekteydi.

Güvence altına alınan su gereksinimin yanı sıra, başta tahıl olmak üzere yiyecek ihtiyacının karşılanması kent yaşamının bel kemiğini oluşturmaktaydı. Son araştırmalar yardımıyla bu konuda da kesin bilgiler edinilmektedir. Söz konusu bilgilenmede jeomanyetik prospeksiyon yönteminden yararlanılmıştır. Ölçümler sırasında Kuşaklı'nın güney zirvesinde D biçimi bir plana sahip, boyu 50 metreye varan bir yapı saptanmıştır. Arkeolojik sondajlar yardımıyla burada günümüzde tümüyle düzlenmiş olan bir toprak setin varlığı ortaya konmaktadır. Toprak set köşeleri yuvarlatılmış, 1400 metrekarelik üçgen biçimli bir alanı çevrelemektedir. Setin dış kenarı özenli bir biçimde taş döşeme ile kaplanmıştır. Geçmişte anakayaya kadar derinleştirilmiş olan iç alanda tabanda bir tabaka halinde çürümüş durumda organik kalıntıya rastlanmıştır. Kalıntılardan yapının tümünün eskiden büyük bir tahıl ambarı olduğu anlaşılmaktadır. Dolu haldeyken üstünün bir toprak tabakasıyla örtülmüş olduğu düşünülebilir. Taş kanallar yardımıyla sağlanan drenaj, toprak örtünün nemlenmesini engellemiştir. Kanallar setin dış kenarlarından geçmektedir. Silo en az 1300 metreküplük bir hacme sahipti ve 820 ton kadar tahıl alabiliyordu. Böylece yaklaşık 5000 kişinin yıllık tahıl gereksinimi karşılanabilmekteydi. Verilen rakam yaklaşık olarak Sarissa'nın nüfusuna eş düşse gerektir. Ancak söz konusu tahıl stoğu öncelikle hasatın başarısız olduğu mevsimler için ön görülmüş olmalıdır. Günlük gereksinim normal şartlarda evlerdeki stoklardan sağlanmaktaydı.

Kentin değişik yapılarından elde edilen kömürleşmiş bitki kalıntılarının analizleri beş buğday cins nin, arpa ve darının temel besin kaynakları arasında olduğunu göstermektedir. Bunun dışında mercimek, bezelye ve şam fıstığı ve akdikenin de besin maddeleri arasında olduğu anlaşılmaktadır. Kemik atıklarından et gereksiniminin % 80'inin koyun ve sığırdan karşılandığı saptanmıştır; bu hayvanların ayrıca sütünden de yararlanılmıştır. Keçiden pek az yararlanıldığı, domuz etinin ve yaban hayvan avının kent halkının beslenmesinde önemli bir rol oynamadığı görülmektedir.

Dokumada kullanılan ana hammaddeler keten ekiminden ve koyun yününden sağlanmaktadır.

Kent sakinlerinin yaşam biçimleri hakkında Kuşaklı'da akropolisin batı yamacında örnekleme yöntemiyle kazılan yerleşmede belli bir izlenim elde edilebilmektedir. Burada dar bir alanda yan yana dokuz evin kalıntıları ortaya çıkarılmıştır. Her bir yapı birbirine eğri açılarla yerleştirilmiş, ekleme mekanlardan oluşmaktadır. Yalnızca 14 x 13 metre boyutlarında tek bir evin planı hemen hemen tam olarak ortaya çıkarılabilmiştir. Ev, uzun dikdörtgen biçimli bir orta avludan ve bunun iki yanında avludan geçilen yan mekanlardan oluşmaktadır. Arazinin eğiminden yararlanılarak evlerin yamaca gelen kesimine bir alt kat eklenmiştir, böylece evler kısmen çokkatlı hale getirilmişlerdir. Binaların arasında yalnızca küçük meydanlar ve dar sokaklar bırakılmıştır. Kazılarak açılmış olan alanda kesin bir parselizasyona ya da planlı bir ulaşım ağına rastlanmamıştır. Kazılan yerleşim birimi daha çok organik biçimde gelişmiş izlenimi uyandırmaktadır. Bu birim arkeolojik açıdan üç kesin yapı katı göstermektedir. Yalnızca en alttaki Eski/Orta Hitit Dönemi'ne tarihlenen yapı katında bir yangının kesin izleri saptanmıştır. Hitit İmparatorluk Çağı'nın sonuna kadar, belki de bundan bir süre sonraya dek söz konusu alan yerleşim görmüştür. Buluntular söz konusu yerleşim alanının hem ikamet için kullanıldığına, hem de işlikleri barındırdığına işaret etmektedir. Artıklardan burada boynuz ve kemikten aletler yapıldığı anlaşılmaktadır; ayrıca burada bir tunç döküm işliği de bulunmaktaydı.

Diğer Yakındoğu yerleşmelerinden de bilindiği gibi, küçük işlikler yaşamın sürdürüldüğü evlerin arasında yer almaktadır. Söz konusu işler için kentte ayrı bir bölge bulunmamaktadır. Yalnızca çanak çömlek fırınları yerleşmenin yoğun olduğu bölgenin uzağına kurulmuştur. Bu uygulamanın nedeni yangın tehlikesidir. Kent yerleşiminin güney sınırında, kent suru içinde bu tür bir çömlekçi fırını gün ışığına çıkarılmıştır.

Tepedeki mimari görünüm ise çok farklıdır. Burada birbirlerine dik açıyla yerleştirilmiş genelde büyük boyutlu yapılar bulunmaktadır. Anlaşıldığı kadarıyla, yalnızca resmi binaların bulunduğu tepenin en yüksek noktası (akropolis), kentin idari ve kült merkeziydi. Günümüze dek sürdürülen çalışmalarda söz konusu bölgede A'dan G'ye harflerle adlandırılan yedi farklı yapı topluluğu bulunmuştur.

Akropolis'te bulunan yapılar arasında C yapısı, yayılım alanı açısından en büyük ve en önemli yapıdır [Res. 4, 5]. Kentin kalan kısmında C yapısından daha anıtsal başka bir yapı bulunmamaktadır. Yapı, 4660 metrekare ile surla tahkim edilmiş kentin % 2,5'luk bir bölümünü kapsamaktadır; böylelikle yapı kentin görünümüne hakim olmuş olmalıdır. Arazinin eğimi nedeniyle inşaattan önce kazı ve teraslama yapılmıştır. Buna bağlı olarak tüm güneydoğu kanadı bodrum katı olarak hazırlanmıştır. Söz konusu kat diğer mekanların ve avlunun seviyesine göre yaklaşık 3,20 metre daha derindedir; bu yükseklik bir kata karşılık gelmektedir. Buna göre bu yapının en az iki katlı olduğu söylenebilir. Bu durumda bu yapıdaki toplam oda sayısı en az 110 olmalıdır. Kentin tüm Hitit yapılarında olduğu gibi, burada da duvarlar kireçtaşı subasmanı üzerine ahşap destekli kerpiçten yapılmıştır. Ahşap hatıllar yangın sırasında tümüyle tahrip olmuşlardır. Kerpiç tuğlaların oluşturduğu duvarlar yangın nedeniyle pişerek sertleşmiş ve böylece hemen tümüyle korunagelmiştir. Kerpiç duvarlar yer yer 3 metre yüksekliğe kadar açığa çıkarılabilmiştir; bazı bodrum mekanlarının üzerinde üst katın tabanı bile bozulmadan ele geçmiştir. 76 metre uzunluğundaki yapının ana öğesi dikdörtgen biçimli büyük bir iç avludur. Avlunun çevresine değişik yapı kanatları yerleştirilmiştir. Kesin anlaşılır belirgin bölümleri olan plan, Hitit başkenti Boğazköy-Hattuşa'dan bilinen dini yapıların planı ile benzeşmektedir. Özellikle güney kanatta karakteristik olan bir mekan düzeni, pek çok kez karşılaşılmış olan "kült mekan grupları" şemasına uygundur. Bu nedenle Kuşaklı'daki söz konusu yapıya da tapınak gözüyle bakılabilir. Yapının anıtsallığı ve inşa edildiği yerin hakim konumu, bu tapınağın Hitit panteonunun en önemli tanrısı olan Hava Tanrısı'na adandığını göstermektedir. Burada gün ışığına çıkarılmış olan bir pişmiş toprak boğa çifti de öne sürülen yorumu desteklemektedir; çünkü boğa, Hava Tanrısı'na daima eşlik eden hayvandır [Res. 14]. Yapı serbest nizamda tasarlanmıştır ve dıştan en az altı girişi bulunmaktadır. Anıtsal olarak tasarlanmış ana giriş batı köşesine yakındır. Dışta üstü açık, payeli bir ön kısmı bulunan ikinci anıtsal kapı kuzey köşeye yakındır. Her iki giriş kapısı da zamanında iki büyük tahta kanatla kapanmaktaydı. Tahta kanatların üzerinde oynadığı söve taşları günümüze ulaşabilmiştir. Geçitlere simetrik biçimde yerleştirilmiş olan muhafız kulübeleri sıkı geçiş denetlemesine özel bir önem verildiğini kanıtlamaktadır. Diğer kapılar dar ve tek kanatlıdır, olasılıkla mal getiren tacirlerin kullandığı kapılardır; bu kapılardan bodrum ve diğer depo mekanlarına doğrudan ulaşılmaktadır. Buna karşın, ana girişlerden iki yanı payeli geçitlerle kuşatılmış büyük bir iç avluya varılmaktadır. Diğer bütün odalar bu avluya bağlanmıştır.

Plan ve buluntu envanterine bakıldığında kompleksin kendi içinde farklı işlev bölümleri bulunduğu görülmektedir. Güney kanattaki bodrum katında depo odaları bulunan kült mekanları bir yana, kuzey kısma hizmet bölümü gözüyle bakılabilir. Kuzey ana girişe komşu olan bir mekanda ele geçen çanak çömlek topluluğu zengin bilgi verici niteliktedir. Farklı büyüklükteki çanak, çömlek ve testiler tümlemeye elverecek türde kırık yığınları halinde, yerinde bulunmuşlardır. Kapların içinden alınan analiz örnekleri burada bira mayalandığını ortaya koymuştur. Arpa tanelerinin filizlenmesi malt üretimine bir işarettir [Res. 9].

Yapının tümü MÖ 16. yüzyılda tamamlanmış olmalıdır. Kullanıldığı dönemde ağır bir depremde hasar görmüştür; ancak hemen sonra onarım geçirmiştir. Son araştırmalara göre yapı MÖ 14. yüzyılın ilk yarısında bir saldırıya uğramış ve sonra da yakılmıştır. Kuzey ana girişin tabanı üzerinde bulunan ok uçlarının sivri uçları yapının içine bakmaktadır; bu da dışarıdan bir saldırı anlamına gelmektedir. Tapınak sistematik olarak yağmalanmış ve en sonunda da yakılmıştır.

Söz konusu kuşatmanın ve yıkımın izlerine kentin başka yerlerinde de rastlanmaktadır. Felaketten sonra savunma duvarları ve içerideki bazı yapılar yenilenmiştir; ancak C yapısı (büyük tapınak) bu yenilemenin dışında kalmıştır. Yapının yeniden inşası için sağlam bir zemin oluşturmak için yangın molozunun büyük kısmını kaldırmak gerekecekti, çünkü yangından sonra aralarda çok boşluk kalmış ve gevşek kül dolgular oluşmuştur. Başka bir yerde yapılacak yeni bir yapı daha az zahmet getirecekti. Anıtsal, daha yeni başka bir kompleksin kalıntıları akropolisin zirve kısmında, C yapısının hemen kuzeybatısında bulunmuştur. F yapısı olarak adlandırılan söz konusu kompleksin büyük bir kısmı akropolisin en yüksek yerinde devşirme taşlardan kurulan büyük Hellenistik-Roma Çağı tümülüsünün altında kalmıştır (Res. 6). Bu nedenle, kalın ve girintili çıkıntılı dış duvarın ancak kısa bir bölümü ortaya çıkarılabilmiştir. Buradan ele geçen buluntular ise MÖ 13. yüzyıla tarihlenmektedir.

Akropolisin batı kenarında tümüyle kazılarak ortaya çıkarılmış olan buluntu grupları da aynı dönemin özelliklerini yansıtmaktadır. Plan şemasına bakılacak olursa, gün ışığına çıkarılan yapılar dini yapılar değildir, ancak kült işleriyle ilişkilidirler. A yapısının güney köşe mekanında ortaya çıkarılan ve yukarıda sözü edilen kil tablet arşivinin kalıntıları kült ilişkilerine işaret etmektedir. Burada bulunan yaklaşık 50 kil tablet parçasından okunan metinler, din ve kült konuludur. Çoğu fal metinleridir. Belirli kuşların uçuş hareketlerinin kesin tanımı ve yorumunu içeren kuş uçuşu fallarının yanı sıra, burada bulunan fal metinleri niyet fallarına (KIN-falları) aittir. Bunun yanı sıra, iç organların durumuna bakılarak yapılan falcılık ta önemli bir rol oynamaktaydı: burada "safradan anlaşıldığına göre" tanımlaması vardır. İkinci sırada dinsel törenlerin ve bunlara ait kült betimlerinin tanımı yer alır. Söz konusu kült envanteri ve tören uygulamalarının en önemli öğesi adak listeleri ve çeşitli törenler için getirilen yiyecek içeceklerin listeleridir, örneğin „altı koyun, on peynir, on sığır, ikiyüz koyun... verilir...", ya da „ ...iki ölçek un, 6 ölçek arpa..." vs. Ayrıca tapınak eşya envanterinin durumu hakkında da protokol tutulmuştur: "Tapınağın durumu hakkında soru sordum. Bu şekilde... tapınağın bir koçunun (betiminin)... boynuzları gümüşten.... tapınak görevlileri...şimdi...bir boynuzunu...kırmışlar...". Parçalar halinde günümüze ulaşmış bir başka metinde bu tür kusurlarla ilgili olarak (burada belirli ekmek sunularına sadakatsizlik göstermek) infaz edilecek bir ölüm cezasından bile söz edildiği görülmektedir: "Tapınağın adamlarını öldürdüler, ancak kutsal ekmek..." Olasılıkla durumun yazıya geçirilmesi caydırıcı bir işlev görmekteydi. Genel olarak A yapısı bir rahibin ikametine hizmet etmiş olmalıdır, ya da kült görevlilerinin yaşadığı bir evdir.

Benzer bir biçimde , ancak biraz daha büyük olarak yapılmış komşu yapı, B yapısıdır. Kuzey kısmında bir sofa ön plana çıkmaktadır, buraya dik, dar bir diğer mekandan geçerek dıştan girilmektedir ve her iki yan kanadında küçük mekanlar bulunmaktadır. Burada mühür baskılı birkaç kil kapama parçası ele geçmiştir. Ayrıca büyük testiler, çeşitli çanaklar, çömlekler ve bir küp bulunmuştur.

Batıda, kazılarak tümü açığa çıkarılan D yapısı da yaklaşık olarak aynı yönde inşa edilmiştir. Kapladığı alan 288 metrekare ile özel bir konut olmak için çok büyüktür; ayrıca 2001 Sonbaharı'nda bulunmuş kil tablet arşivi de bu yapının resmi işlevine işaret etmektedir [Res. 8]. Bu arşivde kralın uyguladığı bir kutlama ritüeli ayrıntılarıyla anlatıldığı metinin yanı sıra Orta Krallık Dönemi'ne tarihlenen kült içerikli çeşitli metinler ele geçmiştir.

Kuzey kesimde, 41 metre uzunluğunda ve 12 metre genişliğindeki E yapısı da C tapınağı gibi, Sarissa'nın kurulduğu Eski Hitit Dönemi'nin başlarına tarihlenmelidir. Buradaki kalıntıların, akropoliste varlığı beklenebilecek bir saraya ait olup olmadığı ise kesin değildir. Devlet yönetim işlerinin yürütüldüğü ve çiviyazılı metinlerde adı geçen "Sarissa'nın efendisinin (EN)" ikamet ettiği böyle bir yapının ya da birkaç münferit yapıdan oluşan bir kompleksin kent yerleşim alanında bulunması hemen hemen olanaksızdır. Bu tür bir yapının çevreye hakim bir konumdaki bu alanda olması akla yakın gelmektedir.

Buna karşın daha alçaktaki kuzey terasta bir başka kutsal yapı saptanmıştır. Kazılara başlanmadan önce yüzeyden izlenebilen duvar kalıntıları anıtsal bir yapıya işaret etmekteydi. Yapı 1993/94'te ilk kazı mevsiminde tümüyle ortaya çıkarılmıştır [Res. 10]. Genelde düzenli dik açılı olan yapı planının benzerleri, Hattuşa Yukarı Şehir'de de görülmektedir. C yapısından küçük olmakla birlikte, 54 metrelik uzunluğu ve 36 metrelik genişliğiyle günümüzde bilinen çoğu Hitit tapınağından daha büyüktür. Yalnızca kazılarla belgelenebilen bodrum katında 51 mekanı bulunmaktadır. Söz konusu yapının kısmen çok katlı olduğu merdiven ve merdiven boşluğu kalıntılarından anlaşılmaktadır. Yapının dışı, girme ve çıkmalarla hareketlendirilmiştir. Tüm tapınaklarda olduğu gibi, ana giriş yamaca bakan üst tarafta ve güneydedir. Girişin her iki kanadındaki kapı hücrelerinde muhafız kulübeleri yer alır. Buradan iç avluya geçilmektedir. Avlunun kuzey yarısında köşelerde iki direkli geçit bulunur. Avlunun çevresinde bulunan düz damlarda ve avlu kısmında toplanan yağmur suları bir kanal yardımıyla dışa akıtılmaktadır. İlk yapıldığı dönemlerde kısmen de olsa, taş döşeli olan avluda, pişmiş toprak künk dizisi açığa çıkarılmıştır. Avlunun kuzey sınırında büyük, ortası delik, yuvarlak yassı bir taş bulunmuştur. Bu taş su gideri olarak kullanılmıştır.

Yapının hemen dışında, kuzeyde de konik ve iç içe geçirilmiş pişmiş toprak künkler saptanmıştır; ancak söz konusu künkler temiz su getirmek için kullanılmıştır. Künklerin geniş bitimlerine yakın, oval açıklıklar dikkati çekmektedir. Sözü edilen açıklıklar taş ya da çanak parçalarıyla kapatılmıştır. Bu açıklıklar birbirlerine eklenen künklerin ek yerlerinin içten yalıtılmasını sağlamaktaydı; ayrıca zamanla tıkanan künkler de bu deliklerden temizlenebilmekteydi. Benzer bir teknik antik çağ içlerine kadar kullanılmıştır. Avlunun altındaki künk sırası, dışarıda üzeri kapalı taş bir kanala bağlıdır. Avluya kuzey ve doğudan bağlanan yapı kanatlarının bir bodrum katı bulunmaktadır. Avludan bodrum katına bir merdivenle ulaşıldığı anlaşılmıştır. Yangında ortadan kalkmış tahta basamakların içine oturduğu ve yukarıdan aşağıya bağlanan taş basamak altlıkları günümüze dek korunagelmiştir. Merdivenin alt bitiminde, buraya bağlanan mekanın tabanında özel bir buluntu topluluğu gün ışığına çıkarılmıştır: Taban üzerinde dağınık durumda, deriden ya da benzeri maddelerden torbaları mühürlemeye yarayan kil kapama parçaları bulunmuştur. Kil kapama parçalarının çoğu ait oldukları şahısların adlarıyla unvanlarını tanımlayan hiyeroglif mühür baskılarını taşımaktadır. Şuppiluliuma gibi bilinen Hititçe isimlere sıkça raslanmıştır, ancak adın başında "Büyük Kral" unvanı bulunmamaktadır. Böylece mühürlerin aynı adla anılan iki ünlü krala ait olmadıkları da anlaşılmaktadır. Söz konusu toplu buluntunun diğer mühür baskılarının birinde, günümüze dek hiç raslanmamış "Mazitima" adının yanında, kral olduğunu tanımlayan hiyeroglif işareti açıkça görülmektedir [Res. 11]. Kral işaretinin yanında "büyük" işareti yoktur. Bu durum Mazitima'nın başkent Hattuşa'da kayıtlara geçmemiş yerel bir kral olduğunu göstermektedir. Olasılıkla da söz konusu yerel kral Hattuşa'daki Büyük Kral tarafından onay görmemiştir.

Tapınağa yapılan mal sevkleri, ele geçen kil kapamalarla mühürlenmiş olmalıdır. Giriş ve çıkışların denetimleri olasılıkla ortaya çıkarılan odada yapılmıştır. Söz konusu odadan üç yana koridorlar bağlanmaktadır, böylece buradan, bu kanadın tüm diğer depo odalarına ulaşılmaktadır. Kil kapama parçalarının çoğunun kırık olması nedeniyle malların muhafaza edildikleri yerin bu oda olmadığı, söz konusu odada daha çok denetim yapılmış ve malların açılmış olduğu sonucuna varılabilir.

Kazılarda bodrum mekanlarında saklanan malzemelerin kalıntılarına az miktarda rastlanmıştır. Bundan da malların yangın çıkarılmadan önce talan edildiği izlenimi doğmaktadır. Mekanlardan birinin bir köşesinde oklarıyla birlikte bir okluk unutulmuştur. Bu 12 bronz ok ucunu içeren buluntu topluluğundan anlaşılmaktadır.

Doğu kanadının daha derinde bulunan bodrum katının üzerinde, asıl kült mekanları yer almaktadır. Kült mekanlarına ana girişten avlu geçildikten sonra düz ayak ulaşılırdı. Az miktardaki kalıntının dışında, kült mekanları ve donanımı önce yangına sonra da erozyona kurban gitmişlerdir. Kült odası (adyton), doğu dar kenarın tam ortasında 74 metrekarelik büyük bir oda olarak, birbirine paralel iki uzun bodrum mekanının üzerinde bulunmaktaydı. C binasında olduğu gibi, adı geçen bölüm mimari açıdan ön plana çıkarılmıştır. Kült odası dış cephede, güneydoğu kanada göre öne çıkma yapmaktadır; tabanı eşit aralıklarla yerleştirilmiş olan on iki ahşap direk tarafından taşınmaktadır. Bodrum tabanı üzerinde direkleri destekleyen taş kaideler saptanmıştır. Dikkati çeken statik önlemler, kült odasının tabanının diğer mekanlardan farklı olarak yük bindirmeye daha dirençli biçimde inşa edildiğini göstermektedir. Ana kült odasına ağır kült heykel ve betimlerinin yerleştirilmiş olabileceği akla gelmektedir. Bu tür savlar söz konusu kutsal yapıda hangi tanrıya tapınıldığı sorusunu akla getirir. Boğazköy ve Kuşaklı'da bulunan çiviyazılı metinlere bakılırsa, Sarissa'da Hava Tanrısı'nın yanı sıra, İştar ve koruyucu bir başka tanrıya da tapınılmaktaydı. Savaş ve aşk tanrıçası olarak İştar hem erkeksi hem de kadınsı öğeleri bünyesinde barındırır. İştar zaman zaman silahlı, zaman zaman kanatlı olarak, sıklıkla da çıplak ya da kısmen çıplak olarak betimlenmiştir. Bu tür bir fildişi figürin Hattuşa'da Yukarı Şehir'de, 7 no. lu tapınakta bulunmuştur. Söz konusu tapınak başkentteki kutsal yapılar arasında Kuşaklı'nın kuzey terasında bulunan tapınağa en yakın düşen yapıdır (Res. 3, S. 135). Burada İştar kültüyle ilişki kurmak da olası görünmektedir; ancak Hititler'de tek bir İştar bulunmadığını, değişik İştar benzeri varlıklara tapınıldığını da belirtmek gerekir. Ancak tapınakta kil tabletlere ya da özel kült araç gerecine rastlanmadığı için tapınılan tanrıyı kesin olarak belirlemek mümkün görünmemektedir.

Mekan içi buluntuların yardımıyla yapının kabaca değişik işlev bölümlerine ayrılması söz konusu olmaktadır. Buna göre batı kanadı hizmetle ilgilidir. Tahıl depo edildiği verisiyle ilgili buluntular, bir ekmek fırını kalıntıları ve bir öğütme taşı, tapınağa ait bir ekmek fırınının varlığını akla getirmektedir, ya da bu bölümde mutfağın bulunduğu da düşünülebilir. Ayrıca bir çanak çömlek topluluğu burada özel bir mekanda bira mayalandığına işaret etmektedir. C yapısının bira mayalama mekanında da benzer buluntular ele geçmişti. Ayrıca tapınağın güney dış duvarına sonradan bitiştirilmiş olan dar bir bölümde bilgi verici türde buluntular gün ışığına çıkarılmıştır. İki yerde pişmiş topraktan banyo küveti kırıklarıyla bunlara ait olan su giderleri saptanmıştır. Böylece burada banyo mekanları ile tapınağın temizlik ve tuvaletle ilgili tüm mekanlarının bulunduğu anlaşılmaktadır. Banyo küvetlerinden birisinin kazılarak ortaya çıkarılması sırasında küvetin tam altında eski bir küvetin parçalarına rastlanmıştır. Anlaşıldığına göre, ilk küvetin kırılması ya da su sızdırır hale gelmesinden sonra eskisinin içine yeni bir küvet öylece oturtulmuştur. Kullanılmış suyun akıtılmasına yarayan oluklar da en az bir kez yenilenmiştir. Taş levhalardan oluşan eski kanalın üzerine pişmiş toprak künklerle yeni bir su yolu yapılmıştır. Küvetlerden birinin içinde bulunan bir keramik çanağın hamam tası olarak kullanıldığı düşünülebilir. Aynı yerde bulunan ince kırmızı hamurlu, tek kulplu bir testinin (Spindle-Bottle) banyo yağını saklamaya yaradığı şeklinde bir yoruma gitmek de olasıdır.

Tüm bu gözlemler Hitit tapınağını Klasik Çağ tapınaklarıyla karıştırmamak gerektiğini açıkça ortaya koymaktadır. Hitit tapınaklarını daha çok, içinde yaşanan manastırlarla karşılaştırmak mümkündür. Sarissa'daki söz konusu tapınağın batı tarafına aynı yönde sonradan eklenen bir yapı kompleksinde ise tapınakla ilgili araç gerecin yapıldığı işlikler yer almış olmalıydı. Tunç balta ve diğer nesnelerin dökümünde kullanılan kalıplar gibi buluntular söz konusu işleve işaret etmektedir.

Sarissa'da bulunan diğer yapıların çoğu gibi, söz konusu tapınak da arada bir yıkım görmesi ve yeniden onarılmasının ardından MÖ 1200'lere tarihlenen büyük yangınla son bulmuştur.

Kentin 2,5 kilometre dışında bulunan bir kutsal alan kentle yakından ilişkili olmalıdır. Söz konusu kutsal alan deniz seviyesinden kabaca 1900 metre yüksekte, batı-doğu yönünde uzanan dağlık kuşağın biraz altında, sarp bir arazide yer alır. Dağlık kuşak aynı zamanda Pontus ile Mezopotamya/Akdeniz Bölgeleri arasındaki su çatındadır (Res. 1). Burada, dik bir kayanın dibinde su dolu bir dolin bulunmaktadır. Söz konusu dolin yakında bir yerde kaynayan bir gözeden beslenmektedir. 150 metre çapında, dikkat çekecek biçimde dairesel göletin ve batısındaki bir koyun kıyısında, bir taş döşemenin kalıntıları iyice belirgindir (Res. 12). Kuzeydeki doğal uzantısının sınırları içinde yapay bir su bendinin kalıntılarına rastlanmaktadır. Buradan büyük taş bloklarla sınırlanmış bir kanal yamaç aşağı uzanmaktadır. Söz konusu kanalın bir kısmı kazılarak açılmıştır. Yapı tekniği ve burada bulunan az da olsa birkaç çanak çömlek kırığı, yapının Hitit kökenli olduğunu göstermektedir. Manyetik prospeksiyon çalışmaları göletin, kıyıdan 10 metre uzaklıkta dairesel bir temenos duvarıyla çevrildiğini ortaya koymaktadır. Göletin doğu kenarında üç mekandan oluşan, dörtgen planlı bir yapının kalıntıları da saptanmıştır. Göletin yukarısında, kuzeyde öne çıkıntı yapan bir sırt üzerinde 48 x 45 metre boyutlarında, avlusu taş döşeli büyük bir binanın duvar kalıntıları fark edilebilmektedir. Söz konusu yapı kalıntısının da bir tapınak kompleksine ait olması olasıdır. Avlunun güney bitiminde, tepenin sarp olarak kesildiği yerde hava şartlarıyla aşınmış iki adet kaya kütlesi bulunmaktadır (Res. 13).

Yapı topluluğu Kuşaklı akropolisindeki A yapısında bulunan bir metinde tanımlanan durumla bağdaştırılabilir (Res. 12). Tablet şöyle başlamaktadır: "Kral baharda şölenleri kutlamak için Sarissa'ya gittiğinde ve kente yaklaştığında hemen kente çıkmaz, Hava Tanrısı'nın Huvaşi Taşları'na ulaşan yukarı yola çıkar...". Metne göre, kutsal yapılarıyla bile kentten daha önemli konumda olan, kentin dışındaki kutsal alandır. Büyük Kral yıllık kült gezilerinde ilk önce buraya uğramaktadır. Söz konusu tören uygulamalarına ait metnin bir kopyasının parçaları Sarissa'dan yaklaşık 200 kilometre uzaktaki başkentte bulunmuştur. Birkaç gün boyunca kutlanan törenin tanımlamalarından, Huvaşi Taşları olarak anılan kutsal taşların kentin yukarısında bulunduğu anlamı çıkmaktadır. Kral birkaç kez buraya çıkmakta, ancak gecelemek için kente geri dönmektedir.

Kentin yukarısı tanımlaması Kuşaklı'nın güneyi ya da doğusu anlamına gelmektedir. Bu da Kulmaç sıradağlarının alanı içindedir. Son araştırmalara göre öne çıkıntı yapan sırtın üzerinde bulunan tapınak kalıntılarının sınırları içinde kalan ve içinde iki kayanın bulunduğu alan, söz konusu olabilecek tek seçenektir. Başka yerlerde de sıkça adları geçen Huvaşi Taşları'nın şekli hakkında yazılı kaynaklar bilgi vermemektedir. Ancak metinlerde insan ya da hayvan biçimli diğer kült betimleri ayrıntılı olarak tanımlandıklarından, söz konusu kutsal taşların belirli bir biçimleri olmadığı ve doğal durumlarını korudukları akla yakın gelmektedir. Ören yeri sınırları içinde kalan bu iki kayayı Huvaşi Taşları olarak görmek kuvvetle olasıdır. Tören uygulamalarının anlatıldığı metnin başka bir yerinde geçen "O, Huvaşi Taşları'nın içine girer" ifadesinden etrafı çevrilmiş bir alana, bir mekana girmek anlamı çıkmaktadır; bu da arkeolojik verilerle örtüşmektedir. Aynı metinde kült alanı içinde kutsal bir Suppitassu kaynağından söz edilmektedir. Söz konusu alanın içinde bulunan, yapay olarak biriktirilmiş ve çevrilmiş büyük kaynak göleti tanımlanan tabloya tümüyle uymaktadır.

Sonuç olarak arkeolojik, filolojik ve türlü doğabilimsel araştırmaların birlikte uygulanmasıyla, Kuşaklı ve çevresinde hemen hemen on yıldır yapılan çalışmaların yardımıyla, söz konusu Hitit kenti ve kutsal alanı hakkında ilk izlenimlerin oluşturulduğu söylenebilir.

Kaynakça

Yıllık kazı raporları için: *Mitteilungen der Deutschen Orient-Gesellschaft (MDOG* 127, 1995ff.); Müller-Karpe 1996, 350 – 312; Wilhelm 1997

Kuşaklı hakkında diğer kaynaklar ve bilgiler için internet adresi: http://staff-www.uni-marburg.de/~kusakli

Resim altları

1 Doğu Kappadokya'da Kulmaç Dağları'nın eteklerindeki Kuşaklı-Sarissa Hitit kentinin konumu

2 Kuşaklı akropolündeki A yapısında bulunan ve MÖ 13. yüzyıla tarihlenen kil tablet parçası. Sarissa'nın Hava Tanrısı'nı onurlandırmak için yapılan ilkbahar şenliklerinin betimlendiği metnin başlangıcı. Çiviyazısının kopyası G. Wilhelm tarafından yapılmıştır

3 Hitit kenti Kuşaklı-Sarissa'nın arkeolojik kazı (kırmızıyla) ve jeofizik prospeksiyon (gri) sonuçlarını gösterir planı

4, 5 Kuşaklı-Sarissa akropolü üzerinde yer alan C Yapısı'nın (olasılıkla Hava Tanrısı'nın tapınağı) hava fotoğrafı ve planı

6a Hitit kenti Kuşaklı-Sarissa'nın hava fotoğrafı. 1995 yılının Haziran ayında çekilen fotoğrafta kente güneydoğudan bakılmaktadır. Sur duvarının kenti çepeçevre doladığı açıkça görülmektedir

6b Hitit kenti Sarissa'nın hava fotografıyla (6a) aynı açıdan yapılmış bir rekonstrüksiyonu. (Çizim M. Ober)

7 Kuşaklı-Sarissa'nın güneydoğu kapısının bulunduğu bölgede ele geçen buluntular: a Bronz bıçak; b Bir araba ya da boyunduruğa ait taş tutamak; c mühür baskılı kil kapama parçası

8 D Yapısı'nın güney kenarında 2001 yılında bulunan kil tablet arşivi

9 Kuşaklı-Sarissa'nın C yapısındaki bira mayalama mekanı ve burada bulunduktan sonra tümlenmiş çanak çömlek topluluğu

10 Kuşaklı-Sarissa'nın kuzey terasında bulunan tapınağın hava fotografı

11 Kral Mazitima'ya ait bir mühür baskısı taşıyan bir kap kapama parçası

12 Suppitassu su kaynağı göletiyle birlikte olası Huvaşi kutsal alanının bulunduğu bölgeye bir bakış. Arka planda Hitit kenti Kuşaklı-Sarissa

13 Dağın öne çıkıntı yaptığı yere kurulmuş olan kutsal Suppitassu kaynak göleti. Şimdilerde düzletilmiş olan tapınak arazisi içinde kalan Huvaşi Taşları da resim de görülmektedir

14 Kuşaklı akropolündeki büyük tapınağın 21 no.lu odasında bulunmuş çift boğa biçimli kült kabı (MÖ 15./14. yüzyıl). Başlar alçıyla tümlenmiş

Emar Hitit Egemenliğinde Bir Suriye Şehri

Betina Faist/Uwe Finkbeiner

> Fırat Dirseği'nde Önemli Bir Ticaret Şehri Kazılılıyor

Emar'ın bulunduğu Fırat Dirseği adlı bölge, Mezopotamya'yı Suriye-Filistin ve Anadolu ile bağlaması nedeniyle, stratejik bakımdan önemlidir.[1] Aynı zamanda Emar'ın bulunduğu bölge, Fırat Nehri'nin Akdeniz'e en çok yaklaştığı yerdir. Şehrin ulaşım açısından elverişli bir konumda bulunması nedeniyle kazandığı tarihsel önem, MÖ 2500'lerde Tall Mardîh/Ebla'daki metinlerde ve özellikle de MÖ 18. yüzyıla tarihlenen Tall Harîrî/Mari'deki çiviyazılı tabletlerde, çeşitli kültürlerin karşılaştığı önemli bir ticaret merkezi olarak bahsedilmesinden anlaşılır.[2]

Emar'da kazılar 1972 yılında Jean-Claude Margueron başkanlığında bir Fransız arkeolog ekibi tarafından başlatılmış ve 1976 yılına kadar sürdürülmüş kazılar sonucunda çok sayıda tapınak, konut ve sayıları 900'ü bulan, çoğunluğu Akkadca yazılmış kil tabletler ortaya çıkarılmıştır.[3] Kısa bir süre sonra ise höyüğün büyük bir kısmı Fırat Barajı'nın yükselen suları altında kalmıştır. Su altında kalmayan kalıntılarda ise kil tablet bulmak amacıyla geniş çaplı kaçak kazılar yapılmıştır. Bu yüzden 1980 yılından itibaren antika pazarında Emar'dan gelen tabletlerin sayısı artmıştır. Sonunda 1992 yılında Halep Eski Eserler Müdürlüğü ile Halep Üniversitesi yönetiminde Emar'da kazılar tekrar başlatılmıştır. 1996 yılından itibaren de Tübingen Üniversitesi bu çalışmalara katılmaktadır. 1997 yılından itibaren kazılar Tübingen Üniversitesi ile Şam Eski Eserler Müdürlüğü'nün ortak projesi olarak yürütülmektedir. Şimdiye kadar gerçekleştirilen üç kazı sezonu boyunca bu eski ticaret şehri hakkındaki bilgilerimiz artmış ve derinleşmiştir.

Günümüzde höyük, baraj sularının içine bir yarımada gibi uzanır ve bu uzantının ucunda da Bizans şehri Barbalissos'un surlarına ait kuleler görünür (Res. 1). Baraj sularının yükseltilmesi sonrasında günümüzde su altında kalmayan kesimler genel planda görülmektedir (Res. 2): Margueron'un Kral Sarayı olarak yorumladığı, yüksek kuzeybatı köşesi, bir ada olarak kalmıştır. Arazi topografyası güneybatıya doğru takip edildiğinde ise, en tepede çift tapınağa ulaşılır. Yapay olarak oluşturulmuş dik yamaçların üzerindeki Tapınak Bölgesi, şehir planlamacılığının tereddütsüz doruğunu oluşturarak, Emar şehrinin bir çeşit akropolisini temsil eder. Buradan "Yukarı Şehir" ve "Aşağı Şehir" olarak isimlendirilen yerleşim alanlarının bulunduğu doğal tepe doğuya doğru alçalarak iner ve üzerinde 1000 yıl sonrasına tarihlenen Barbalissos şehrinin surlarınının bulunduğu hafif bir çukurluğa ulaşılır. Eski fotoğraf ve planlar ışığında arazinin topografyası gözönünde bulundurulduğunda, Eski Emar şehrinin bu bölgede son bulduğuna inanmak güçtür. Bu yüzden şehrin kapsadığı alanın, Bâlis'in İslam dönemine tarihlenen surlarının kuzeydoğu köşesine kadar ulaştığını düşünmek gerekir.

> Hititler'in Suriye'yi İşgali: Acaba Yeni Bir Emar Kurdular mı?

Emar, ticari ve coğrafi bakımdan önemli bir konumda olmasına karşın hiçbir zaman sınırlar ötesi askeri ve politik güce sahip olmamıştır. Bu şehir devleti aynı zamanda rakip kraliyetlerin sınır bölgesinde bulunmaktaydı.

Hitit Kralı I. Şuppiluliuma (yak. MÖ 1355 – 1320) Suriye'ye seferler yaptığı sırada, dönemin Fırat Kıvrımı'ndaki politik gücü olan Mitanni devletine ait bölgeleri de ele geçirmeyi başarmıştır. Oğullarından birini Karkamış şehrine kral yaparak bir çeşit bağımlı krallık oluşturmuştur. Hitit başkentine bağımlı bu krallık, Hattuşa ile Kuzey Suriye Devletleri arasındaki ilişkilerde bir tampon görevi üstlenmişlerdi.[4] Emar'ın ait olduğu Astata ülkesi doğrudan Karkamış şehrine ve onu idare eden kral ile temsilcilerinin otoritesine bağlanmıştı. Emar şehri ise yerel aileden gelen bir kral tarafından yönetiliyordu. Ancak bu şehir devleti, daha çok oligarşik bir düzen üzerine kurulmuştu. Kral hakimiyetini yerel bir kuruluşla, genelde bölgenin soylu tabakasının çıkarlarını koruyan Yaşlılar Heyeti *(şîbût Emar)* ile paylaşıyordu.[5]

Fransız arkeologlar Emar'ın günümüzdeki baraj su seviyesinin üzerinde kalan kalıntılarının, I.Şuppiluliuma dönemindeki Hitit işgalinden sonraki dönemde, yani MÖ 14. yüzyılın sonlarında, I. Şuppiluliuma'dan sonraki kral II. Murşili (yak. MÖ 1318 – 1290) tarafından tamamen yeniden planlanıp inşa edildiğine inanıyorlardı. Eski şehrin durumu hakkında ise bölgenin baraj suları altında kalması nedeniyle, bir fikir yürütmenin güç olduğunu belirtmişlerdir.[6] Yeni kazılar ışığında bu düşünceyi kabul etmek artık mümkün değildir. Yapılan sondajlarda MÖ 3. bine kadar tarihlenen eski tabakalar da tespit edilmiştir.[7] Bu yüzden yapıların tarihlenmesi, özellikle de Hitit etkisi altında kurulan şehrin planı konusundaki soruları yeniden ele almak gerekir.

> Şehrin Mimari Açıdan Ulaştığı Doruk Noktası: Tapınak Bölgesi

Çift tapınağın doğusunda definecilerin açtığı bir çukurda, ne yazık ki çok tahrip edilmiş durumda bir kapı aslanının bulunmasıyla, 1996 yılında daha önce Fransız arkeologların çalıştığı şehrin bu bölgesindeki kazılar tekrar başlatılmıştır.[8] Hava Tanrısı Ba'l'e adandığı, burada bulunan çiviyazılı tabletlerden kesin olarak anlaşılan güneydeki tapınak, Hitit Dönemi'nde yapay bir teras üzerine tekrar inşa edilmiştir. Tapınağın planı Kuzey Suriye'de çok eskiden beri bilinen anteli tapınak planındadır. Oranları açısından, daha küçük boyutlu öncü yapılara benzer **(Res. 3)**. Tapınak girişi ile aynı eksen üzerindeki terasa oyulmuş merkezi bir merdiven ile aslan torsosunun bulunduğu, yaklaşık 3 metre derinlikteki "Aşağı Avlu"ya ulaşılır. "Aşağı Avlu"nun güneyi, kalınlığı 2,5 metreyi bulan bir temenos duvarı ile sınırlanmaktadır. Ayrıca merdivenin hizasında bulunan özenle işlenmiş taş levhaların, doğuda bulunması muhtemel bir kapıya doğru giden taş döşemeli bir yola ait olduğu anlaşılıyor. (Yapının olası bir rekonstrüksiyonu Res. 4'te gösterilmiştir).

Bu alanda, Emar şehrinin en önemli dini ayinlerinden biri olan, Dagân ve NIN.URTA'nın[9] yanı sıra en önemli tanrı sayılan Hava Tanrısı'nın rahibelerinin (Akkadca *entu*) atanması töreni yapılmaktaydı.[10] Bu ayine, Fransız arkeologların "Aşağı Şehir"de" bir rahip ailesinin evinde bulduğu birden fazla tablette değinilmektedir. Rahibelerin atanma ayinleri günlerce sürmekteydi; ayine katılanlar arasında ise ayin personeli ve kurbancının yanı sıra kral, Emar'ın en yaşlıları ve Aştarte rahibesi yer almaktaydı. Ayindeki seremoniler arasında rahibe adayının "tapınak avlusunun kapısının önünde" saçlarının kesilmesi, Tanrı Ba'l ve Emar'ın diğer tanrılarına çeşitli adakların sunulması, Ba'l tapınağına ve şehrin diğer tapınaklarına yapılan tören alayı ve son olarak ta rahibe adayının ailesinin evinden alınıp Hava Tanrısı'nın evine yerleştirilmesini sayabiliriz. Dönüşüm ritüelleri karakterindeki bu kutlamalar, seçilen Emarlı kızı yeni rahibelik görevine hazırlama amaçlıydı.

Kuzeydeki tapınağın, yazılı kaynaklardan kesin olarak bilinmemesine rağmen, Kenan mitolojisinde Hava Tanrısı'nın eşi olarak bilinen Tanrıça Aştarte'ye ait olduğu düşünülmektedir. Bu tapınakta da çeşitli yapı katları izlenir. En erken evre, Hitit Dönemi'ne, yani MÖ 13. yüzyıla tarihlediğimiz Ba'l tapınağından daha geç bir döneme tarihlenir. Bir yangınla tahrip olmuş en erken evredeki çalışmalar henüz bitirilmediği için, burasının Tapınak Bölgesi'ndeki mimari konumu henüz kesin olarak belli değildir.

İki tapınak arasında, höyüğün batı ucunda bulunan bir platforma giden, kireç sıvalı bir yol bulunmaktadır. Margueron tarafından bu yol, tören alayının geçtiği yol ve platform da dini ayinlerin yapıldığı teras olarak yorumlanmıştır.[11]

Aştarte tapınağının kuzeyindeki bölgede yapılan çalışmalarda, savunma sisteminin bir parçası olan yaklaşık 3 metre kalınlığında, kerpiçten yapılmış bir duvar ortaya çıkartılmıştır. Bu duvarın ne zaman inşa edildiği ve Hitit dönemine tarihlenen tapınaklarla ilişkisi henüz kesin olarak belli değildir. Kesin olarak bilinen, duvarın Orta Tunç Çağı'nda, Mari arşivi ve Babil kralı Hammurabi döneminde (MÖ 18./17. yüzyıl) kullanılmış olduğudur. Ancak bu duvarın İlk Tunç Çağı sonlarında, MÖ 2250 civarında, Ba'l tapınağının altında bulunan yerleşimle aynı dönemde inşa edildiğini düşünmek yanlış olmaz.

> Emar'da Hitit İzleri

Mimarisi Suriye geleneği gösteren Tapınak Bölgesi'nin doğusunda, daha alçak seviyede bir teras üzerinde, Yukarı Şehir olarak isimlendirilen bir yerleşim bölgesi vardır. Yapılan kazılar sonucunda burada üst üste birçok tabaka tespit edilmiş ve buluntuların, özellikle de çanak çömleğin incelenmesi sonucunda bunlar, Orta Tunç Çağı'ndan Son Tunç Çağı'na kadar olan döneme, yani Hitit egemenliği dönemine tarihlendirilmiştir.[12] Hitit dönemine ait çok güzel bir buluntu, üzerinde Luvi hiyeroglifi ile sahibinin ismi Kuku yazılı gümüşten bir damga mühürdür **(Res. 5)**.[13] Mimarinin aksine mühürlerde Hitit etkisi hakimdir. Hitit etkisi özellikle mühürlerin ikonografisinde belirgindir.[14] Ancak pişmiş toprak nesneler ve çanak çömlek gibi diğer buluntular yine Kuzey Suriye geleneğindedir.[15]

Yukarı Şehrin doğusunda, Bizans şehri Barbalissos'un savunma duvarının bulunduğu çukur alana kadar yayılan bir başka yerleşim bölgesi vardır. Burada, Fransız arkeologların yaptığı kazılarda, "Temple du Devin" olarak bilinen ve Son Tunç Çağı'na tarihlenen, bir rahip ailesinin evi olması muhtemel yapıda, bugüne kadar Emar'da bulunan en kapsamlı ve en önemli tabletler ortaya çıkartılmıştır. Tabletlerin arasında özel belgeler, mektuplar ve idari metinlerin yanı sıra kült metinlerinden oluşan bir kütüphane ile okul ve bilginler kütüphanesi vardır. Bilginler kütüphanesinin kökenlerinin Mezopotamya'da olmasına karşın tören metinlerini, tanrı ve adak listelerini içeren dini işlerle ilgili kütüphane açıkça Suriye etkilidir. Bunu Mezopotamya'da benzeri olmayan şenliklerin yanı sıra tapınılan tanrılardan, ayine katılan kişilerden, sözü edilen tapınak ve kutsal alanların adlarından ve yazıcının seçtiği kelimelerden anlamak mümkündür.[16]

Rahip evinde bulunan tabletlerin bir kısmı da dahil olmak üzere, Emar'da bulunan yazılı metinlerin hemen hemen yarısı, Hititler'in hakimiyetiyle ortaya çıkan bir yazım sitemi ile oluşturulmuştur.[17] Bu yeni yazım siteminin eski yerel geleneksel yazım siteminden farklılığı, tabletlerin boyutlarında ve mühürleme şeklinde, ayrıca yazı ve dil şeklinde ve yazım kurallarında görülür.

> Hitit Hükümdarları Hoşgörülüydüler

Yukarıda sayılan izlenimler tarihsel açıdan değerlendirilecek olursa, Emar'da Hitit etkisinin sınırlı olduğu ve Hitit egemenliğinin ölçülü ve toleranslı olduğu sonucuna varılır. Bu durumun önemi, bir süre sonra Fırat'ın doğusundaki Mitanni devletlerini ele geçiren, Hititler'in rakibi Assur'un politikası göz önüne alındığında, daha da öne çıkmaktadır: Hititler'in aksine Assurlular, ele geçirdikleri devletlerin yerel idaresini yok edip, kendi idare mekanizmalarını kurmuşlardır. Bu duruma uygun olarak, yazılı ve arkeolojik buluntularda kuvvetli bir Assur etkisi gözlenir.

Emar'ın maddi kültür ürünleri açıkça Suriye etkisi gösterir. Yeni mühürcülük sanatı bile Hattuşa'dan doğrudan alınmamıştır; Suriye'den bilinen silindir mühür tipi ile Hitit ikonografisi bir arada kullanılmıştır. Aynı durum Karkamış'ta Hitit hakimiyeti ve Suriye idare mekanizmasının karşılıklı etkileşimiyle oluşan yeni yazı sisteminde de izlenebilir. Hititçe dil olarak yerleşmemiştir; yazışma dili eskiden olduğu gibi Akkadca kalmıştır.[18] Bir toplumun kimliğini korumasında büyük önem taşıyan tapınak mimarisi ve dinsel kutlamalarda yerel geleneklere sadık kalınmıştır.[19] Emar'ın ticari ilişkileri Hitit İmparatorluğu sınırlarını aşarak Sidon'a ve Hititler'in politik rakipleri olan Assurlular'ın başkenti Assur'a kadar uzanmıştır **(Res. 6)**.[20] Bu da Hititler'in Emar'ın çıkarlarını tanıyıp, saygı gösterdiklerini gösteren bir başka kanıttır.

Dipnotlar

1 Emmanuel Laroche, Emar, étape entre Babylone et le Hatti: Jean-Claude Margueron (Derl.), *Le Moyen- Euphrate: zone de contacts et d'échanges*, Leiden 1980, 235 – 244.

2 Alfonso Archi, Imâr au IIIème milléinnaire d'après les archives d'Ebla: *Mari, Annales de Recherches Interdisciplinaires* 6, Paris 1990, 21 – 38; Jean- Marie Durand, La cité-état d'Imâr à l'époque des rois de Mari: *Mari, Annales Recherches Interdisciplinaires* 6, Paris 1990, 39 – 92.

3 Dominique Beyer (Derl.), *Meskéné-Emar: Dix ans de travaux 1972 – 1982*, Paris 1982; Jean-Claude Margueron, Meskene (Imar/Emar). B. Archäologisch: *Reallexikon der Assyriologie* 8, Berlin 1993, 84 – 93; Daniel Arnaud, *Recherches au pays d'Aštata* (Emar VI/1 – 4), Paris 1985 – 1987; Manfried Dietrich, Die akkadischen Texte der Archive und Bibliotheken von Emar: *Ugarit-Forschungen* 22. Neukirchen-Vluyn 1990, 25 – 48.

4 Bkz. Burada Klengel S. 62 vdd.

5 Gary Beckman, Hittite provincial administration in Anatolia and Syria: the view from Maşat and Emar: Onofrio Carruba/Mauro Giorgieri/Clelia Mora (Derl.), *Atti del II. Congresso Internazionale di Hittitologia*, Pavia 1995, 19 – 37 (Studia Mediterranea 9).

6 Jean-Claude Margueron, Emar: un example d'implantation hittite en terre syrienne: Jean-Claude Margueron (Derl.), *Le Moyen-Euphrate: zone de contacts et d'échanges*, Leiden 1980, 285 – 312.

7 Uwe Finkbeiner/Thomas Leisten, Emar & Bâlis 1996 – 1998. Preliminary report of the joined Syrian-German excavations with the collaboration of Princeton University. I. Emar 1996 – 1998, *Berytus* 44, Beyrut, 1999 – 2000, 5 – 34.

8 Uwe Finkbeiner v.d., Emar 1999 – Bericht über die 3. Kampagne der syrisch-deutschen Ausgrabungen, *Baghdader Mitteilungen* 32, Berlin (Baskıda).

9 Bu Sümerogram'ın hangi tanrıyı ifade ettiği belli değildir.

10 Daniel E. Fleming, *The Installation of Baal's High Priestess at Emar. A Window on Ancient Syrian Religion*, Atlanta 1992 (Harvard Semitic Studies 42); Manfried Dietrich, Das Einsetzungsritual der Entu von Emar (Emar VI/3, 369): *Ugarit-Forschungen* 21, Neukirchen-Vluyn 1989, 47 – 100.

11 Jean-Claude Margueron, Emar, Capital of Aštata in the Fourteenth Century BCE, *Biblical Archaeologist* 58, Atlanta1995, 126 – 138.

12 Finkbeiner (Dipnot. 8).

13 Frank Starke, Ein silbernes, bikonvexes Stempelsiegel mit luwischer Hieroglypheninschrift: Finkbeiner (Dipnot 8).

14 Dominique Beyer, Quelques observations sur les sceaux-cylindres hittites et syro-hittites d'Emar, *Hethitica* 8, Paris 1987, 29 – 44.

15 Beyer (Dipnot 3) ve Finkbeiner (Dipnot 8).

16 Fleming (Dipnot 10), Bölüm 4 ve 5.

17 Claus Wilcke, AH, die „Brüder" von Emar. Untersuchungen zur Schreibtradition am Euphratknie, Aula Orientalis 10, Barcelona 1992, 115 – 150; Jun Ikeda, Scribes in Emar: Kazuko Watanabe (Derl.), *Priests and Officials in the Ancient Near East*, Heidelberg 1999, 163 – 185.

18 Halkın anadili bir Batı Sami dilidir ancak bu şimdilik yalnızca kişi isimlerinden ve bazı kelimelerden anlaşılıyor.

19 Daniel E. Fleming, The Emar festivals: city unity and Syrian identity under Hittite hegemony: Mark W. Chavalas (Derl.), *Emar: The History, Religion, and Culture of a Syrian Town in the Late Bronze Age*, Bethesda/Maryland 1996, 81 – 121.

20 Betina I. Faist, *Der Fernhandel des assyrischen Reiches zwischen dem 14. und 11. Jahrhundert v. Chr.*, Münster 2001, 129 – 138, 168 – 172, 213 – 218 (Alter Orient und Altes Testament 265).

Kaynakça

Chavalas 1996; Faist 2001

Resim altları

1 Üzerinde Emar ve Barbalissos/Bâlis'in (en sağda) kalıntılarının bulunduğu yarımacaya güneyden bakış

2 Emar ve Barbalissos/Bâlis'in baraj suyu altında kalan kısımlarının da yer aldığı genel plan (Çizim Günter Müller)

Emar ve Balis. Kalıntıların genel planı

1 Tapınak alanı (STÇ)
1a Ba'al tapınağı
2 Aştarte tapınağı (?)
3 Yukarı şehir (OTÇ – STÇ)
4 Aşağı şehir (STÇ)
5 Şehir suru (OTÇ – STÇ)
6 Praetorium (Bizans)
7 Kasr (İslami dönem)
8 Büyük cami (İslami dönem)
9 Şehir suru (Bizans, İslami dönem)

Baraj suyu altında kalan bölge

Emar kazıları

1972 – 76 (Fransız)
1992 – 95 (Suriye)
1996 – halen sürüyor (Suriye, Almanya)

3 Emar Tapınak bölgesi genel şematik planı (çizim Günter Müller)

4 Hava Tanrısı Ba'l (soldaki) ve eşi Aştarte'nin tapınaklarının bulunduğu Tapınaklar Bölgesine doğudan bakış (Rekonstrüksiyon çizimi Martin Wille)

5 Son Tunç Çağı'nın sonlarına tarihlenen, üzeri Luvi hiyeroglifi yazılı, gümüş bikonveks damga mühür

6 Kabartma bezekli pişmiş toprak nesneden bir parça. Üzerindeki motifler (başında tüyden taçı olan kanatlı sfenks, ön ayaklarını içe doğru çekmiş keçiler; volüt biçimli ağaçlar) Son Tunç Çağı'nda Levante, Kuzey Suriye/Anadolu, ve Kuzey Mezopotamya'da bilinen motiflerdir. (Çizim Martin Wille)

7 Emar harabelerinin güneybatıdan görünümü. Arka planda Barbalissos şehrinin Praetorium'u ve güneybatı-kulesi

Vilusa (Vilios/Troia)

Kuzeybatı Anadolu'da Hititler'e Bağlı Bir Devletin Merkezi*

Joachim Latacz

> Vilusa'ya Dışarıdan Bakış
Hattuşa ve Vilusa

"Majesteleri, Muvattalli, Büyük Kral, Hattuşa ülkesi [Kralı], Şimşeğin Hava Tanrısı'nın sevgili kulu, kahraman Büyük Kral [II.] Murşili'nin oğlu şöyle der: Benim atam olan Labarna eskiden tüm Arzava ülkesini ve tüm Vilussa ülkesini ele geçirmişti. Bu yüzden sonraları Arzava ülkesi savaş başlatmıştır; ancak bu olay eski olmasına rağmen ben Vilussa ülkesinin ayrıldığı hiçbir Hattuşa ülkesi kralı tanımıyorum. Hattuşa ülkesinden ayrılmış olsalar bile, uzaktan da olsa krallar yakın dosttular ve düzenli aralıklarla birbirlerine elçiler gönderdiler".[1]

Hitit Büyük Kralı II. Muvattalli (yak. MÖ 1290 – 1272) ile dönemin Vilusa yöneticisi arasında yapılan bir antlaşmanın **(Res. 1)** metni bu şekilde başlar. Toplam 21 paragraftan oluşan bu metinde Vilusalı yöneticiye 23 kez "Alaksandu" ismiyle hitap edilmiştir. Ayrıca 5. paragrafta Alaksandu'nun Kukkunni isimli bir yöneticinin halefi olduğu belirtilmiştir. 3. paragrafta ise Vilusalı Kukkunni'nin Muvattalli'nin büyükbabası Büyük Kral I. Şuppiluliuma ile (yak. MÖ 1355 – 1320) yakın dost olduğu ve ona düzenli olarak elçiler gönderdiğinden bahsedilir. I. Şuppiluliuma yaklaşık MÖ 1420'den 1400'e kadar hüküm sürmüş olan Büyük Kral I. Tuthaliya'nın torununun oğludur. Bu kraldan da 3. paragrafta şu şekilde bahsedilir: "Vilusa ülkesi kralı onunla dost[tu] [ve] düzenli olarak [ona] [elçiler] gönderiyordu."

Bu antlaşma metninin MÖ 1280 yılında yazıldığını kabul edersek, o zaman Hattuşa hanedanlığı ile Vilusa ülkesi arasında, antlaşmanın yapıldığı yıl, en az 140 yıllık bir dostluğun varolduğu anlaşılır. Gerçekten de ilişkiler çok daha eskiye dayanmaktadır. Bunu antlaşmanın giriş bölümünden de anlamak mümkündür (2. Paragraf): "Benim atam olan Labarna eskiden tüm Arzava ülkesini ve tüm Vilussa ülkesini ele geçirmişti". "Labarna" unvanı Hitit tarihinde MÖ 1600'lerden öncesine işarettir.[2] Öyleyse antlaşmanın yapıldığı yıl Hitit İmparatorluğu ile olan dostluk ilişkileri en az 320 yıl öncesine dayanmaktaydı. Hitit merkezi idaresinin takip edebildiği kadarıyla, geçen uzun zaman süresince Vilusa Hattuşa'dan ayrılmamıştır. Ayrılmış olsa bile düzenli olarak „elçiler gönderilmiştir".

Antlaşmanın ortaya çıkmasından sonra[3] sorulan asıl soru, Hitit İmparatorluğu haritasında Vilusa'nın nerede yer aldığıydı. Metne göre aşağı yukarı nerede bulunduğuna hiç şüphe yoktur: 17. paragrafta Alaksandu'ya "Arzava-ülkeleri'nin dört kralından biri" olarak hitap edilir: "Sen, [Vilusa]lı Alaksandu, [Seha]lı Manabatarvunta, [Mira]lı Kubantakurunta ve [Haballa]lı Urahattusa". 4. paragrafta Muvattalli, babası II. Murşili'nin (yak. MÖ 1318 – 1290) tüm Arzava ülkesini yenip birkaç devlete böldüğünden bahseder: Bu ülkeler Mira, Kuvaliya, Seha, Appaviya ve Haballa'dır. 2. pragrafta bir yerde Arzava ile birlikte Vilusa'dan da bahsedilir. Öyleyse Vilusa, Arzava ülkesi ile ve parçalandıktan sonra oluşan yeni "Arzava ülkeleri" devletlerinden biri ile komşu olmalıdır. Bu yüzden ilk önce Arzava'nın yerini tespit etmek gerekiyordu. J. Garstang ve O. R. Gurney tarafından 1959 tarihli, Hitit coğrafyasının rekonstrüksiyonunu içeren ve bu konuda başyapıt olan, *The Geography of the Hittite Empire* isimli çalışmada, Arzava ve parçalanmasından sonra oluşan devletlerin Batı Anadolu'da olduğu sonucu ortaya çıkmıştır.[4] Bu çalışmada yer alan haritada ise Vilusa, Troas Bölgesi'nin güneybatı kenarında, Arzava ülkeleri'nin en kuzeydeki devleti olarak, Seha devletinin kuzeyinde gösterilmiştir **(Res. 2)**.

Hititoloji kapsamı içinde Vilusa'nın yerinin tespit edilmesi uğraşına burada değinmeyeceğiz.[5] Bunun yerine hemen bugün bu konuda neler bilindiğine geçmekte yarar vardır: 1996 yılında Tübingen'den Hititolog Frank Starke yeni bulunan Hitit metinleri ışığında Vilusa bölgesinin kesinlikle, Yunanlıların "Troàs" olarak isimlendirdiği ve bugün bizim de aynı adı verdiğimiz bölge olduğunu ortaya çıkarmıştır.[6] Bir yıl sonra ise İngiliz Hititolog David Hawkins, başka bir Hitit kaynağından yola çıkarak bu tezi doğrulamış ve desteklemiştir.[7] Gün geçtikçe bu tezin doğruluğuna inanan bilim adamlarının sayısı da artmaktadır. 1970 yılından itibaren bu lokalizasyonu kabul eden dokuz ayrı Hititolog, Doğu Bilimci ve Eskiçağ Tarihçisi'nin varlığına 1999 yılında değinen, arkeolog Wolf-Dietrich Niemeier bu bilim adamlarındandır.[8] Kullanılan kanıtların yalnızca Hitit kaynaklarından yola çıkarak oluşturulduğunu söylemek gerekir. Bu kaynaklardan Seha, Vilusa ve Lazba Adası'nın (Lesbos/Midilli Adası olduğu kesinlikle anlaşılmıştır) birbirlerine komşu oldukları anlaşılır.[9] Yalnızca buna dayanarak bile, Vilusa'nın Troia ile aynı yer olduğunun aksini iddia eden bir sonuç mümkün değildir.

Starke'den sonra, tezin doğruluğunu onaylayan son kanıt ise 1997 yılındaki bir arkeolojik buluştur: Troia'da aşağı şehrin batı kesiminde toprak altına 100 metre kadar ilerleyen, içinde üç su kolunun bir yeraltı gölünde birleştiği bir kaynak mağarası bulunmuştur. 1999/2000 yıllarında Heidelberg Bilimler Akademisi'nde (Heidelberger Akademie der Wissenschaften) yapılan radyometrik ölçümler sonucunda, kaynak mağarasının MÖ 3. binin başında yapay olarak oluşturulmuş bir su kaynağı olduğu anlaşılmıştır. Bu buluş ile Alaksandu Antlaşması'ndaki bir detay yeniden öne çıkmıştır: 20. paragrafta tarafların antlaşmayı bozacak kişilerin cezalandırıcısı olarak seçtikleri tanrısal şahitlerin arasında, Vilusa ülkesi tanrısı olarak, "Vilusa ülkesinin yeraltı/ölüler dünyasına giden yolu" (KASKAL.KUR) yer almaktadır. Hiç şüphesiz burada söz edilen, Korfmann'ın kazılarında ortaya çıkarılan tanrısal olarak tapınılan yeraltı kaynak mağarasıdır.[10]

Vilusa'nın batı ve kuzey sınırları doğal oluşumlarla belirlenmiştir: Batı sınırını Ege Denizi ve Anadolu kıyılarına yakın adalar, kuzeybatı ve kuzey sınırını ise Çanakkale Boğazı (Hellespont) ve Marmara Denizi'nin güney sahilinin bir kısmı oluşturur. Doğuda ve güneyde ise Hitit İmparatorluğu için tipik olan sınır belirleyicisi kaya kabartmaları[11] bulunmadığı sürece, sınırları yalnızca kabaca belirlemek mümkündür: Doğuda Masa ülkesi ile sınırı olasılıkla Makestos Nehri (bugünkü Simav Çayı) oluşturuyordu. Güneyde ise Edremit'in kuzeyinde yer alan Kazdağları, Kaikos Vadisi'nin (bugünkü Bakır Çay) belirli bir kısmını içeren Seha ülkesi ile sınır teşkil ediyordu (Harita S. 306). Yaklaşık 15 000 kilometre karelik bir alana sahip olan Vilusa ülkesi, yakındaki Haballa ya da güneydoğudaki Hititler'e bağlı ülkeler olan Alalha, Ugaritta yada Amurra'dan daha büyüktü. Hititler, ülkeleri başkentlerine göre isimlendirdikleri için (Hattuşa, Karkamissa, Alalha, Halpa, Ugaritta vs.) Vilusa ülkesinin başkentinin ismi de Vilusa olmalıdır. Ayrıca Hititler'e bağlı diğer devletlerin başkentlerinde olduğu gibi, Vilusa devletinin başkentinin kalıntıları da günümüze değin ulaşmış olmalıdır. Bu kalıntıları nerede bulabiliriz?

Homeros'un İlios'u

MÖ 8. yüzyılda Yunan edebiyatının başlangıcı sayılan büyük destan'ın ismi *Ilias* (Türkçe'de *İlyada*) dır. Ilias Yunanca bir yer ismi olan Ilios'tan oluşmuş bir sıfattır (Iliàs olarak vurgulanır) ve "poiesis" (Poesie, şiir yazmadır) gibi bir isme tümlenebilir. Iliàs öyleyse "Ilios şiiri", yani "Ilios'un şiiridir". 15 693 dizeden oluşan İlyada'da olayların geçtiği yer 106 kez "Ilios" ve yalnızca 53 defa "Troie" olarak geçmiştir (Bu yerin neden iki ismi olduğuna burada değinilmeyecek). Demek ki "İlios" ismi şehrin daha çok kullanılan ismidir. İlios isminin daha çok "tanrısal/kutsal İlios" gibi saygı ifade eden bir formda kullanılması, onun aynı yerin daha yüceltici adı olduğunu gösterir. "Troie" ismi hiçbir zaman bu sıfatlarla anılmamış, daha çok "güçlü surlara sahip", "güçlü kuleli", "geniş sokaklı", "ferah" gibi özellikleriyle kullanılmıştır. Ayrıca "İlios" ismi Homeros'tan bile daha eski bir isimdir. Çünkü bu ismin orijinal formu „İlios" değil, daha ziyade "Vilios" olmalıdır: V sesi Yunanlılar tarafından MÖ 1200'lere kadar konuşulmuş ve yazılmış, yaklaşık 450 yıl sonra Homeros'un yaşadığı dönemde kullanılan diyalekte kadar olan geçen süreçte ise giderek körelip tamamen ortadan kaybolmuştur (Günümüz İngilizcesi'ndeki W gibi). Bu yüzden de Homeros'un destanının ismi *İlias* (İlyada) değil „Vilias" olmalıydı.

"Vilias'ın" geçtiği yer eğer "Vilios" ise, öyleyse "Vilios'un" yeri neredeydir?

İlyada destanı bu yerin coğrafi konumunu belirleyen delillerle doludur. Bunlardan yalnızca birkaçına değinelim: Kara Yunanistanı'ndan 1186 gemiyle yola çıkan Akhalar'ın gemilerinin barınağı Hellespont 'tadır (Çanakkale Boğazı). İlyada'da *Hellespont* kelimesi on kez geçer. Bunlardan ikisi "(Akhalar) kaçarcasına gemilerine ve Hellespont'a ulaştılar/ulaşsınlar" (15.233;18.150) şeklinde ve bir kez de tanrı Hermes'i anlatırken "Bir anda geldi Troie'ye ve Hellespont'a" (24.346) şeklinde kullanılmıştır. Hektor'un rakibini teke tek dövüşe davet ettiği bir sahnede ise Hellespont şu şekilde kullanılmıştır (7.77 – 86):

> "(eğer rakibim beni öldürürse cesedimi versin ki,
> Troia'da yakılabilsin)
> Ben onu alt edersem, ama
> Apollon verirse bana bu ünü, silahlarını soyup
> tanrısal- *Ilias*'a götüreceğim,[12]
> [..]
> geri vereceğim sağlam tekneli gemilere ölüsünü.
> Götürsün gür- saçlı- Akhalar gömsünler onu, bir
> mezar döksünler yaygın Hellespont kıyılarında"

Çeviri için A. Erhat/A. Kadir, Ilyada, İstanbul 2001 esas alınmıştır

Demek ki dövüşün yapıldığı yer İlios ile Hellespont arasında bir yerdedir. Buradan da İlios'un Hellespont'un yakınlarında bir yerde bulunduğu anlaşılır. Ancak İlyada'dan İlios'un yeri hakkında daha da kesin veriler alabiliyoruz: Ozan 13. fasılda tanrı Poseidon'u Samothrake Adası'nın en yüksek tepesinden (yak. 1600 metre yüksekliğinde) *İda Dağları*'na, *Priamos'un Şehri*'ne ve *Akhalar'ın gemilerine* baktırır, sonra Poseidon denize dalar, koşumlarını takar ve denizden atla Akha gemileri yanına gelir. Yolculuğunun sonunda beygirlerini *Tenedos* (Bozcaada) ve İmbros (Gökçeada) adaları arasındaki bir deniz mağarasına bırakır; kendisi de *Akha Orduları* yanına gider (13.10 – 38). İda, Troas'ın güneydoğusunda yer alan ve Skamender (Karamenderes) Nehri'nin kaynağının bulunduğu, yüksekliği 1700 metreyi aşan dağlık bölgedir. Günümüzdeki ismi Kazdağları'dır. İmbros ve Tenedos adaları Samothrake Adası ile Troas Bölgesi arasında bir "adalar köprüsü" gibidir. Her iki bölgede bulunan zirve -aradaki mesafe İmbros Adası üzerinden yaklaşık 125 kilometredir- günümüzde de çıplak gözle birbirini görür. Öyleyse İlios, İda zirvesi ile Samothrake zirvesi arasındaki saymaca bir hatta, Hellespont ile İda arasında, Hellespont'a yakın bir yerdedir.

Yönetim merkezi (V)İlios olan idari gücün etki alanı ve önemi hakkında da bize İlyada oldukça iyi bilgi verir. Bu konu hakkında destanın yalnızca bir bölümünü anımsatmak yeterli olacaktır. 24. fasılda Ahileus kral Priamos'a şöyle der (24.543 – 546):

"Bir zamanlar duyardık, ihtiyar, senin de mutlu olduğunu:
Makar'ın ili Lesbos'tan ta Phrygia'ya, ordan ucu bucağı yok Hellespont'a dek
ne kadar toprak varsa, işte oralarda, zenginliğinle, bol çocuklarınla geçermişsin herkesi

Çeviri için A. Erhat/A. Kadir, Ilyada, İstanbul 2001 esas alınmıştır

Böylece Priamos'un sınırlarını ve aynı zamanda İlios'un etki alanını da öğrenmiş oluyoruz: Güneydeki sınırı Lesbos Adası'nın[13] güneyi oluştururken, doğudaki sınırı sonraki dönemlere ait Sangarios (Sakarya Nehri) kıyısındaki Frigya'nın batı kısmı oluşturur. Kuzeydeki sınırı ise Hellespont'un ötesinde Marmara Denizi'nin güney sahilleri oluşturmaktadır. Burada verilen sınırlar ile yukarıda değinilen Hitit haritasında gösterilen sınırlar arasındaki benzerlik apaçıktır. Homer'in bu bilgileri, dilden dile aktarılmış eski anlatımlara dayanarak mı, yoksa bu bölgeyi tanıyan herkesin açıkça görebileceği coğrafi konuma dayanarak mı yaptığı sorusuna burada değinilmeyecek.

Homeros'un yaşadığı MÖ 8. yüzyıldan günümüze değin (yani yaklaşık 2700 yıllık bir bölge bilgisi, bölge araştırması ve bölge yerleşimi neticesinde) bu şekilde kesin olarak tanımlanan coğrafi bölgede (günümüzde harita okumasını bilen herkes bu bölgeyi nerede arayacağını bilir), Homeros'un yer tanımına, büyüklüğüne ve saydığı diğer özelliklere uyan yalnızca bir tane prehistorik yerleşim vardır: günümüzde Türkçe ismi Hisarlık olan höyükteki harabeler.[14] Eski Yunanları ve Romalıları bu ören yerinin yalnızca Homeros'un yazdığı mistik çekiciliği değil, aynı zamanda etkileyici anıtsal büyüklüğü de cezbetmiş ve böylece burasını büyük bir şehre dönüştürmüşlerdir (bu şehre İlion yada İlium ismini vermişlerdir). Calvert'in tavsiyesi ile burada Schliemann 1871 yılında kazılara başlamış ve doğru olarak burası için önce "İlios", sonra ise "Troia" ismini kullanmıştır.

Tüm bu verilerden sonra Hititler'in "Vilusa" olarak tanıdıkları kent, Homeros'un (V)İlios olarak tanımladığı kent ile aynı olmalıdır. Öyleyse Schliemann (V)İlios ile birlikte aynı zamanda farkında olmadan „Vilusa"'yı da keşfeden kişidir. Bu merkezin, arkeolojik verilere göre MÖ 3000 öncesinde, ilk yerleşenleri tarafından hangi adla anıldığını bilmiyoruz. Bu merkezle ne zaman karşılaştıklarını bilmediğimiz Hititler (MÖ 1700'lerde olmalıdır, bkz. takip eden sayfalar) herhalde burasının ismini kendi yer isimlerinin ses uyumu kurallarına uydurmuşlardır (-*a* harfinden yola çıkılmıştır, az önce saydığımız Hattuşa, Abasa [Efes], Millavanda [Milet] gibi yer/ülke isimleri ile karşılaştırınız). MÖ 1500'lerde yöreyle tanışan Yunanlılar, kendi ses uyumu kurallarına uydurarak burasını "Vilios" olarak isimlendirmişlerdir.[15] Ancak bu ikinci isim formu "yabancı" bir çeşitlemedir ve bu yüzden yerin gerçek ismi olarak kabul edilemez (krş. "Ljubljana"nın "Laibach" olması gibi). Bu şehrin ya da ülkenin, Anadolu'da dönemin en büyük gücü olan Hititler'le yaptığı antlaşma resmi olarak „Vilus(s)a" ismi adı altında yapıldığı için, Troia kazılarında 6. yapı katı olarak bilinen bu evrenin (yak. MÖ 1700 – 1200) ismi de "İlios" yada "Troia VI + Troia VIIa" değil "Vilusa" olmalıdır. Bu isim Hitit İmparatorluğu'nun yok oluşu ile birlikte (yak. MÖ 1175) yavaş yavaş ortadan kalkmıştır. 1906 yılında Hattuşa'daki tablet arşivi bulununcaya kadar bu isim yalnızca sözlü Yunan heksametrik şiirlerinde[16] ve MÖ 8. yüzyılın sonlarına doğru Homeros'un İlyada'yı kaleme alması ile (kısmen) yazılı olarak hafızalarda kalmıştır.

> Vilusa'ya İçeriden Bakış

Vilusa, bir kireçtaşı plato üzerinde, iki bin yıl boyunca kerpiç evlerin yıkılıp tekrar inşa edilmeleri ile gittikçe yükselerek oluşmuş, 31 metre yüksekliğinde ve yaklaşık 150x 200 metre boyutlarındaki höyük üzerindeki 6. yerleşimdir. Höyüğün Türkçe ismi Hisarlık'tır.

Troia I – III dönemine tekabül eden "Denizsel Troia Kültürü" (yak. MÖ 2900 – 2300) ve Troia IV/V tabakalarında izlenen "Anadolu Troia Kültürü"nden (yak. MÖ 2300 – 1700) sonra, tamamen yeni bir mimari ve kültür evresi başlamaktadır. Bu evre yaklaşık MÖ 1700'lerde başlar ve yaklaşık MÖ 1200'lerde son bulur (Troia VI ve VIIa).

Yaklaşık 500 yıl süren bu dönem Troia yerleşim tarihinin en parlak dönemini oluşturur ("Troia Yüksek Kültürü"). Troia II şehrinin savunma duvarından 35 – 45 metre daha açığına, höyük yamacına inşa edilen yeni şehrin savunma duvarı, 552 metre uzunluğundadır ve yaklaşık 20 000 metrekarelik bir alanı çevreler. 8 metre yüksekliğinde, 4 – 5 metre kalınlığındaki savunma duvarı, özenle oturacağı yere göre biçimlendirilmiş, dörtgen taş bloklardan harç kullanmaksızın, hafif meyilli olarak inşa edilmiştir.[17] Testere dişi biçimli çıkıntılara sahip olan duvar kısmen "undulation" denilen hafif kıvrımlarla da güçlendirilmiştir.[18] Yaklaşık 10 metre yüksekliğinde ve 11 metre genişliğindeki kulelerle de desteklenmiş olan bu duvar, günümüzde Hisarlık Harabeleri'nin en etkiliyici kalıntısıdır. Bu yapının arkasında yatan planlama yeteneğinden ve ayrıca yine bu yapıda kullanılan statik, mimari ve ustalık bilgisi ve becerisinden, döneme hakim olan gelişmiş toplum organizasyonu açıkça anlaşılır.[19] Etrafı çevrili "Akropolis" te ise halka biçimli teraslar üzerinde, bugünkü kalıntılarından rekonstrüksiyonu mümkün olan, kısmen iki katlı, bağımsız büyük yapılar bulunmaktaydı **(Res. 3, 4)**. Merkezdeki saray, idari yapılar ve kült yapıları maalesef, Hellenistik dönem şehri için, höyük tepesinin düzletilmesi yüzünden (MÖ 4. yüzyıl sonu ve 3. yüzyıl başı) tamamen yok olmuşlardır.

Surlarla çevrili bu yerleşim sistemine (kale) ait geniş bir alana yayılmış bir de aşağı şehir vardı.[20] Aşağı şehrin ortaya çıkartılması, Schliemann'ın 1890 yılındaki kazı planlaması içinde de yer almaktaydı.[21] Ondan sonra gelen Dörpfeld de aşağı şehri zamanın kısıtlı olması nedeniyle araştıramamıştır. Dörpfeld'ten sonra Carl W. Blegen de aşağı şehri ancak Troia VI/VIIa kalesi duvarının hemen dışında araştırabilmiştir. Korfmann dönemi kazılarında, eski çalışmalardan elde edilmiş kalıntılar ve tahminler, 1991 yılında Troia VI surunun hemen önünde ortaya çıkartılan Troia VII dönemine ait yapı kalıntıları ile sağlamlaştırılmış, 1993 yılından itibaren de her yıl yeni buluntularla kesinleştirilmiştir.[22] 1993 ve 1995 yıllarında yapılan kazılar sonucunda da aşağı şehrin kapladığı alanın sınırlarını belirlemek mümkün olmuştur: Troia VI kalesine ait surun yaklaşık 400 – 500 metre güneyinde, Troia VI/VIIa dönemine ait anakayaya özenle oyulmuş iki hendek ortaya çıkartılmıştır.[23]

Her iki hendek te düşman ordularının yaklaşmasını önlemeyi amaçlayan, olası kuşatma silahlarını durdurmaya yönelik, özellikle de savaş arabalarına karşı savunma amaçlı yapılmış çukurlardır. Hendeklerin savaş arabalarına karşı etkin bir önleme unsuru olduğu MÖ 13. yüzyıla tarihlenen Hitit metinlerinden bilinmektedir. Alaksandu Antlaşması'nın birçok yerinden de anlaşılacağı üzere, Vilusa'da modern savaş arabalarının, iyi yetiştirilmiş atların, araba sürücülerinin ve araba savaşçılarının olduğuna kesin gözüyle bakılmaktadır. Ayrıca Alaksandu Antlaşması'nın birçok yerinde göreve hazır ve kalabalık piyade ordularından da söz edilmektedir. Buna göre MÖ 13. yüzyılda Vilusa ekonomik ve askeri gücüyle, az öneme sahip küçük prensliklerden çok daha iyi tanınıyor olmalıydı.

Kuzeybatı Anadolu'da Çanakkale Boğazı kenarında, Akdeniz'den Karedenize açılan tek yolun ve Asya ile Avrupa'yı ayıran iki boğazdan biri üzerindeki bu önemli pozisyonda bulunan Vilusa'nın, bu güce, yalnızca tarım ve hayvancılıkla ulaştığını düşünmek yanlış olur. Bu yerleşmenin coğrafi ve jeopolitik konumunun, buranın zenginleşmesinde ve güçlenmesinde önemli rol oynadığını anlamak için haritaya bakmak yeterlidir. Yaz aylarında sürekli esen kuzey rüzgarı ile güney akıntısı ve dönemin insanlarının yelkenli tekneleriyle rüzgara karşı seyretmeyi henüz başaramadıkları de hesaba katıldığında, burasının yalnızca sıradan bir liman olmayıp, Beşik Koyu'nda uzun süre beklemeyi mecbur kılan, "zorunlu bir liman" olduğu sonucu ortaya çıkar. Durumun böyle olduğunu konunun uzmanlarının yaptığı birçok araştırma kanıtlamıştır.[24] Doğal koşulların getirdiği sonuçlara Hitit yazılı kaynakları da eklenmektedir: Vilusa'nın Hitit İmparatorluğu tarafından Ugaritta ve Amurra gibi ciddiye alındığı açıktır. Bundan ötürü Vilusa yalnızca yöneticilerin değil herkes tarafından bilinen bir yer olmalıydı.

Alaksandu Antlaşması'nda Hitit Büyük Kralı birkaç kez Alaksandu'yu antlaşmayla ilgili konular hakkında kendisine yazması için uyarır. Bu durum, Vilusa ile Hattuşa arasında düzenli olarak yazışmanın varlığını gösterir; tabii ki bu yazışma Hitit dilinde ve çiviyazısıyla yapılacaktır. Vilusa açısından bakıldığında, bu yazışmaların varlığını ispatlayan bir buluntu da 1995 yılında Vilusa'da kale bölgesinde bulunmuş, her iki yüzü de Luvi hiyeroglifli (hece ve ideogram kombinasyonundan oluşan bir yazıdır)[25] bronz mühürdür.[26] Burada Orta Anadolu'dan Ege kıyısına kadar uzanan bölgeye hakim olan gücün, coğrafi koşullar nedeniyle binlerce yıl boyunca değişmemiş politik sistemini görebiliyoruz; Hititler'den, Persler'e ve hatta günümüzün Türkiyesi'ne kadar: Batı sınırını deniz oluşturmaktadır. Bu politik sistemin ekonomik açıdan da ortak sonuçları olmalıydı. Bu konu hakkında günümüzde yoğun çalışmalar sürdürülmektedir.

Hitit İmparatorluğu MÖ 1175 yılı civarında çökmüştür. Bir antlaşma ile Hattuşa'ya bağlı Vilusa da bundan payını almış olmalıdır. Her ne sebeple olursa olsun Vilusa'nın MÖ 1200'lerde bir yangınla son bulduğu kazılarda ortaya çıkartılan metrelerce kalınlığındaki yangın tabakasından kesinlikle anlaşılmaktadır. Bu olayda Ahiyava'lıların (Akhalar) bir rolü olup olmadığı, eğer varsa ne şekilde olduğu henüz bilinmemektedir. Ancak son yıllarda yapılan araştırmalarda bu olasılık gittikçe güçlenmiştir.[27] Büyük yangından sonra Vilusa'da yaşam seyrek yapılaşma ile devam etmiştir. Ancak Balkanlar'dan buraya gerçekleşen göçler sebebiyle halk ve kültür tamamen değişmiştir. MÖ 950'lerde ise yerleşim tamamen son bulmuştur.[28]

Dipnotlar

* Bu metnin gözden geçirilmesinde, düzeltmelerde ve verdikleri fikirlerle bana yardımcı olan Manfred Korfmann'a ve Frank Starke'ye çok teşekkür ederim.

1 Frank Starke'nin çevirisi (Tübingen Üniversitesi), 1999. Wilussa/Wilusa Hitit yazım çeşitlemeleridir.

2 Starke 1997, 473 vd. Dipnot 79.

3 Antlaşmadan ilk olarak bahseden: Winckler 1907; ilk olarak bir bölümünün yayınlanması: Forrer 1920; geçici olarak ilk defa değerlendirilmesi: Hrozný 1922; Kretschmer 1924; çiviyazılı metnin o dönem bilinen kısmının tümünün ilk sunuluşu: Götze 1928; Almanca'ya ilk çevirisi: Friedrich 1930, 42 – 102.

4 Garstang/Gurney 1959, 9.

5 Bk. Latacz 2001, 98 – 119.

6 Starke 1997.

7 Hawkins 1998.

8 Niemeier 1999, 143 Dipnot 22; Lehmann: *Die Welt*, 27, Ekim 2001.

9 Starke'nin açıklamaları için bkz. Starke1997, 450 – 454; Lazba/Lesbos için aynı yayın sayfa 472 Dipnot 58.

10 Detaylar (kanıtlarıyla birlikte) bir özet halinde Latacz 2001, 109 vd. toplanmıştır. Araştırmalar için bkz. Korfmann 1998, 57 – 61; Korfmann 1999, 22 – 25; Korfmann 2000, 32 – 37; M. Korfmann'ın „Troia Dostları"na 27 Ağustos 2001 tarihinde yolladığı mektup, sayfa 3 vd. Ayrıca karşılaştırmak için bkz. *Damals*, Nr. 4/2001, 42 (R. Aslan) ve 20 vd. (J. Latacz).

11 Bkz. Karabel, Akpınar ile 2000 yılının Haziran ayından beri araştırılan Milet yakınlarındaki Latmos Dağları'ndaki yazıtlar (bkz. Latacz 2001, 339 vd.; yine bu konu hakkındaki asıl kaynak için bkz. Anneliese Peschlow, *Archäologischer Anzeiger* 2001.

12 Tire çizgileri Yunaca'daki isim ve sıfat bağlantısını gösterir, yani nesnelerin *(gemiler)* ve kişilerin *(Akhalar)* daha önceden belirlenen süslü sözlerle anlatımını temsil eder (Epitheta ornantia).

13 Lesbos Adası, İlyada'da Ahileus tarafından yağmalanan, Troialılar'a ait bir düşman ülkesi olarak görünür (Ilyada, 9.129, 271, 664). Bu konu hakkında ayrıntılı bilgi için bkz. Latacz 1997, 31 vd. Şimdiye kadar bilinen Hitit kaynaklarında ise Lazba/Lesbos'un, Vilusa'ya mı yoksa Sehva'ya mı ait olduğu belli değildir, bkz. Starke 1997, 453.

14 M. Korfmann haklı olarak bu konu hakkında daha da ileri gider: Yakındoğu'nun dışında ve Miken ile Tiryns'in kuzeyinde burası ile kıyas edilebilecek bir yer olmadığını söyler; bu şu anlama gelir: "Ege'de, Güneydoğu Avrupa'da, Batı Anadolu'da, Karadeniz Bölgesi'nde ve Kafkaslarda boyutları ve mimari kalitesi Troia seviyesinde başka bir yerleşim yoktur" Sigfrid Löffler'in yaptığı röportajdan alınmıştır, *Literaturen* 10, Ekim 2001, 19).

15 Büyük olasılıkla Yunanlılar burasını Hititçe ismi "Vilusa" ile tanımışlardır; krş. Hititçe "Abasa"'nın (kabul gören yazım şekli "Apasa"'dır) Yunanca "Ephesos" olması gibi.

16 Latacz 2001, 297 – 331.

17 Bu kaide üzerinde Troia VI-Geç döneminde 4 – 5 metre yüksekliğinde bir kerpiç duvar bulunmaktaydı. Böylece duvar yaklaşık 13 metre yüksekliğe ulaşıyordu. Bu kerpiç duvarın yerine Troia VIIa döneminde, kerpiç büyüklüğünde taşlardan oluşan 2 metre yüksekliğinde bir taş duvar inşa edilmiştir (M. Klinkott/ R. Becks, Wehrmauern, Türme und Tore. Bauform und Konstruktion der troianischen Burgbefestigung in der VI. und VII. Siedlungsperiode: *Stuttgart* 2001, 407 – 414, burada 410).

18 "Undulation" kelimesinden, iki duvar çıkıntısı arasındaki yatay taş sıralarının ortaya doğru hafifçe aşağıya meyilli oluşu anlaşılır. Yapım amacı ise deprem tehlikesine karşı duvarın direncini arttırmaktır (Klinkott/Becks (Dipnot 17), 408 vd.).

19 Daha detaylı açıklamalar ve resimler için bkz. Klinkott/Becks (bk. Dipnot. 17).

20 M. Korfmann yaptığı malzeme araştırmalarına göre: Die prähistorische Besiedlung südlich der Burg Troia VI/VI, *Studia Troica* 2, 1992, 123 – 146.

21 H. Schliemann, *Bericht über die Ausgrabungen in Troja im Jahre 1890*, Leipzig 1891, 24.

22 Ayrıca KL 17/18 plan karelerinde bulunan Troia VI/VIIa dönemine tarihlenen iki eve ait temeller de bu aşağı şehre aittir. Diğer buluntuları takip etmek için bkz. Korfmann 1993, 19 vd.; Korfmann 1994, 20, 24; Korfmann 1995, 22 vd.; Korfmann 1998, 31 – 48; Korfmann 1999, 14 vd.; Korfmann 2000,

25. Karşılaştırmak için bkz. J. Weilhartner, Ober- und Unterstadt von Troia im archäologischen Befund und in den homerischen Epen, *Studia Troica* 10, 2000, 199 – 210 (burada: 200; bunu takip eden karşılaştırma bölümü "Arkeolojik Buluntu: İlyada Metni", Troia-Homer sorunu çerçevesi kapsamında tartışılmaya devam edilecektir).

23 İçteki savunma hendeğinin arkasında yer alan şehir surunun da ait olduğu tüm savunma sisteminin detayları için bkz. Jablonka 1995, 76; 1996, 86.

24 Bu konu hakkındaki ana kaynak M. Korfmann, Troy: Topography and Navigation: *Troy and the Trojan War*, Bryn Mawr 1986, 1 – 16, 7 vdd.

25 Luvice, Hititçe'yle yakından ilişkili ve özellikle MÖ 2. binin ikinci yarısında Güney Anadolu ve Batı Anadolu'da yaygın olan bir Anadolu dilidir; bunun için bkz. A. Morpurgo Davies, "Anatolian Languages": *The Oxford Classical Dictionary*, Oxford/New York 19963, 82 vd. ve F. Starke, "Luwisch": *Der Neue Pauly*, cilt 7, 1999, Sp. 528 – 534.

26 Latacz 2001, 67 – 93 (seçilmiş bibliyografya ile birlikte).

27 Latacz 2001, 338 – 342.

28 Korfmann/Mannsperger 1998, 41 vd.; krş. Korfmann 2000, 32,: "'Troia'da Devamlılık ve Kesintiler' konusu çok kez bilimsel olarak tartışılmıştır. Bu konu hakkında, 1999 yılı araştırmaları da, şimdiye kadar bilinenden farklı bir sonuç vermemiştir [burada kastedilen yerleşmede yak. MÖ 950 ile yak. MÖ 700 yılları arasındaki kesinti, hiatustur]. Bu konu hakkındaki genel bir değerlendirme için bkz. R. Becks/D. Thumm, Untergang der Stadt in der frühen Eisenzeit. Das Ende aus archäologischer Sicht: *Stuttgart* 2001, 419 – 424.

Kaynakça

Forrer 1920; Friedrich 1930; Garstang/Gurney 1959; Götze 1928, 1 – 14; Hawkins 1998, 1 – 31; Hrozný 1922, 67; Jablonka 1994, 51 – 73; Jablonka 1995, 39 – 79; Jablonka 1996, 65 – 96; Korfmann 1992, 123 – 146; Korfmann 1993, 1 – 37 (Genel Plan ve 2 levha); Korfmann 1994, 1 – 50 (Planlar ve iki levha); Korfmann 1995, 1 – 38 (Planlar ve iki levha); Korfmann 1996, 1 – 63 (Planlar ve iki levha); Korfmann 1997, 1 – 71; Korfmann v.d. 1998, 1 – 70; Korfmann 1999, 1 – 34 (Genel plan ; Korfmann 2000, 1 – 52 (karşılıklı sütunlarla iki dilde yazılmıştır); Korfmann/Mannsperger 1998; Kretschmer 1924, 205 – 213; Latacz 1997, 1 – 42; Latacz 2001; Niemeier 1999, 141 – 155; Starke 1997, 447 – 487; Stuttgart 2001; Winckler 1907

Resim altları

1 Alaksandu Antlaşması © Alman Arkeoloji Enstitüsü- Roma (Neg. No. 54.1047, Foto Sansaini)

2 1959 yılı bilgi seviyesine göre Hitit coğrafyası (Garstang/Gurney 1959, Res. 17)

3 Troia çeşitli yapı katlarını gösteren plan. Kırmızıyla gösterilen sur ve yapılar Troia VI/VIIa katlarına ait (© Troia-Projesi)

4 VI M Yapısı'nın rekonstrüksiyon denemesi (© Chr. Hausner)

Şehir, Saray, Tapınak

MÖ 2. ve 1. Bin Hitit Mimarisinin Özellikleri

Wulf Schirmer

Hitit mimarisi denildiğinde öncelikle Orta Anadolu platosunda yer alan Hitit başkenti Hattuşa'da karşılaşılan anıtsal tapınak kompleksleri, kral sarayı Büyükkale ve tonlarca ağırlıkta taş bloklardan yapılmış kapılarıyla muazzam savunma sistemi, potern adı verilen, özel taşlarla yalancı tonoz tekniğinde, sur altından geçen tüneller akla gelmektedir. Akla gelen diğer isimler de Kilikya'da Toros Dağları'nın ötesinde ya da Kuzey Mezopotamya'da bulunan Karatepe, Zincirli, Karkamış gibi Geç Hitit Çağı yerleşmeleridir.

Hitit kültürünü yansıtan kentlerin keşfinden 20. yüzyılın içlerine kadar geçen uzun zaman içinde adı geçen bu yerleşmelerden elde edilen bilgiler, Hitit mimarisi konusunda gözlerde canlandırılan tabloyu belirleyici olmuştur. Gerçekte bilinen Hitit buluntu yerlerinin sayısı çok daha fazladır; özellikle son 30 yılda hem mimari öğeler içeren yeni yerler keşfedilmiş, hem de bilinen eski yerleşmelerdeki yapılar kapsamlı ve sistematik olarak araştırılarak anlaşılır hale getirilmiştir.

Kültürel etkilerin Hitit çekirdek bölgesinin ne kadar dışına taştığına ve bu etkilerin Hitit mimarisinin tanımlanmasına hangi yenilikleri getirebileceği konusuna, bu katalog içinde de ele alınan Emar-Meskane (Suriye) kazıları ve Troia örneklemeleriyle değinilmelidir (Bkz. Burada Faist/Finkbeiner, S. 475 vdd.; Latacz, S. 478 vdd.).

Hitit yapı tarzının kökleri MÖ 2. binde Hitit İmparatorluğu'nun oluştuğu Orta Anadolu'da ve Toroslar'ın doğusunda, öte yandan da Kuzey Suriye'de yatmaktadır. Ancak MÖ 2. binin ikinci yarısında yapı tekniği, kontrüksiyonu ve yapı tipleri açısından Ege ve Mezopotamya'da görülen bazı özellikler de ortaya çıkar. Söz konusu özelliklere yeri geldiğinde tek tek değinmek gerekecektir.

Başlangıçta yerleşme biçiminde bir değişiklik gözlenmez. Yüzyıllar boyunca alışılageldiğinden farklı bir durum mevcut değildir. Ovada uygun yerlerde kurulan ve aynı yerde üst üste tekrarlanan yapı etkinlikleri sonucu yükselen höyük geleneği sürdürülmüştür. Bu höyükler, ovalardaki bitki örtüsünden farklı bir bitki örtüsünü de barındırdıklarından dikkat çekicidir. Bitkiler höyüklerdeki kül dolgu ve organik maddeler üzerinde daha gösterişli bir şekilde ürerler. Önemli Hitit yerleşmelerinden Alaca Höyük, Eskiyapar, Maşat Höyük, Geç Hitit Çağı yerleşmelerinden Zincirli ve Karkamış bu tür yerleşmelere örnekdir.

Ayrıca Hitit Dönemi'nde yeni bir yerleşme tipi olan dağ kentleri ortaya çıkar. Söz konusu yerleşme tipine en kusursuz örnek başkent Hattuşa'dır (Bkz. Burada Seeher S. 435 vdd.). Dağ yerleşmeleri Geç Hitit döneminde de sürmüştür; bunlara örnek olarak Kilikya bölgesinde Karatepe ve Kapadokya'nın güneyinde bulunan Göllüdağ sayılabilir.

Bölgesel ve topografik konumun ve doğal çevredeki kullanıma el veren yapı malzemelerinin, yapı tekniğini ve konstrüksiyonunu belirleyeceği açıktır. Yapıların duvarlarının inşaatında özellikle kullanılan malzeme kerpiç ve taştır. Kerpiç fırınlanmamış tuğla olarak duvarların üst yapısında; taşlar ise yapıların temellerinde ve zaman zaman da bloklar halinde subasmanlarının yapımında kullanılır. Burada gözlemlenen olgu, konut türünde küçük yapıların çoğunlukla ve özellikle de höyüklerde temelsiz olarak, düzlenen bir alan üzerine inşa edilmesidir. Yukarıda kullanıldığı belirtilen malzemenin yanı sıra, birkaç tabakalık aralarla yatay olarak yerleştirilen ahşap hatıllar da yapıların duvarlarını sağlama almaktadır. Damlar, ahşap hatıl ve dalların balçıkla yalıtılmasıyla, düz biçimde inşa edilmiştir. Bu yapı tarzı Anadolu'da binlerce yıl süreyle kullanılagelen bir tarzdır. Düz damlar Anadolu'daki köy görünümünü 20. yüzyılın ortalarına dek belirleyen özelliktir; aynı yapı tarzınının bir öğesi olan ahşap hatıllı duvar örgü tekniği günümüzde de basit yapılarda yer yer kullanım bulmaktadır.

Yerleşmelerin iç planlaması genelde önceden düşünülerek hazırlanmış bir şemayı izlemez. Yerleşme boşlukları çoğunlukla rastlantısaldır, zaman zaman da topografyaya uygun düşen yolları izlerler. Evler düzensiz olarak birbirlerine bağlanır; ancak özel yapılar önemleri doğrultusunda ön plana çıkar. Sarissa/ Kuşaklı'daki İmparatorluk Dönemi saray, tapınaklar ve şehir kapılarının bir eksen sistemi içinde yerleştirilmiş olmaları (Bkz. Burada Müller-Karpe, S. 470 vdd.) ve Zincirli'deki Geç Hitit Dönemi dairesel şehir suru (Bkz. Plan S. 264) istisna oluştururlar.

Basit planlı bir Hitit evinin bazen iki kat üzerinde yükselen, çoğunlukla bir avluya açılan iki ile dört arası odası bulunur. Odaların birinde ve avluda genelde bir ateş yerinin olduğu gözlenir. Ancak Hitit mimarisi hakkında oluşan tablo, ev yapıları kaynaklı değildir. Anıtsal ve tipik kapı girişleriyle kent surları, geniş alanlara yayılan saray kompleksleri ve açıkça kendilerine özgü bir yapı tarzı gösteren tapınaklar Hitit mimarisinin görkemli yanıyla anımsanmasına neden olan öğelerdir.

> Şehir Surları ve Kapıları

Günümüzde bilindiği kadarıyla, tüm büyük yerleşmelerde bir kent savunma sistemi bulunmaktadır. Savunma sistemleri erken dönemlerden itibaren mimari tekniği açısından dikkat çeken bazı özellikler gösterir. Savunma sistemlerinde tanımlanan tekniklerden ilki sandık duvar tekniğidir. Söz konusu duvar tipi, düzenli ve kısa aralıklarla dik ara duvarlarla birbirine bağlanan, iki uzun ve paralel duvardan oluşur. Alişar'da (Ankuva ?) bulunan bu türdeki ilk savunma duvarının geçmişi MÖ 3. bine dek uzanmaktadır. Orta Tunç Çağı'nda sandık duvar tekniği Konya-Karahöyük'te görülmektedir. Söz konusu duvarların en çarpıcı örneklerine Hitit İmparatorluk Çağı'nda Alaca Höyük'te, Boğazköy'de (Hattuşa) ve birkaç yıl önce Sivas'ın güneyinde saptanan Kuşaklı'da (Sarissa) **(Res. 1)** (Res. 3, S. 178) rastlanmaktadır. Boğazköy ve Kuşaklı'daki savunma duvarı bütün kesimlerde dışa bakan yüzde kısa aralıklarla yerleştirilen kulelerle desteklenmiştir. Söz konusu sistem savunma tekniği açısından bir yeniliği oluşturur, aynı zamanda bu uygulama Mısır ve Assur betimlerine de yansıyan bir güç ve dayanıklılık göstergesidir.

Savunma sistemlerinin kapı yapıları temelde iki farklı tip gösterir. Alişar, Alaca Höyük ve Boğazköy'de sur duvarlarının altından geçen ve yalancı tonoz tekniğinde örülmüş tünelimsi geçitlere rastlanır (Res. 10, 11, S.162). Söz konusu geçitlere potern adı verilir ve poternlerden ancak yaya olarak geçilebilir. Poternler olasılıkla kaçış kapısı olarak kullanılmışlardır; ayrıca buradan sur duvarlarının dışında kalan alan gözetlenmiş olmalıdır. Büyük taş bloklardan örülmüş olan yalancı tonoz, önce üzeri açık olarak inşa edilmiş, sonra da üzerine asıl sur duvarını taşıyan toprak bir yığma set geçilmiştir. Söz konusu uygulamaya yönelik en görkemli örnekler Boğazköy'de bulunmaktadır. Burada Büyükkale ile Büyük Tapınak arasında tam 8 adet poternli geçit/giriş saptanmıştır. Ayrıca Boğazköy'ün tam güneyinde, kent surunun doruk noktasındaki Yerkapı'da bir potern bulunmaktadır (Bkz. Plan S. 157; Res. 7, S.161) **(Res. 2, 3)**. Söz konusu poternlere Anadolu dışında, Suriye'de Hitit İmparatorluğu'na bağımlı Ras Şamra'da (Ugarit) ve yukarıda da değinildiği gibi, Ege Uygarlığı çerçevesinde ele alınan Miken mimarisinde, örneğin Peloponnes'te Tiryns'te rastlanmaktadır.

Bu tür kemersi konstrüksiyonlar başkentin kapı girişlerinde anıtsal bir görünüm alır. Parabol biçimli kapı girişlerinin duvarları her iki yanda birkaç metre yüksekliğe ulaşan işlenmiş taş bloklardan oluşur. Bu bloklar ortaya doğru kaydırılarak birbiri üzerine bindirilir; böylece kemer görünümü oluşturulur. Arslanlı Kapı (Res. 3, S. 159) ile Kral Kapı [Res. 4 – 6] (Res. 5, S. 161) Hitit İmparatorluk Devri mimarisinin en etkileyici örnekleri arasında yer alır. Yalnızca Hattuşa'da böylesine mükemmel bir kemer oluşturmak için gerekli teknik beceriye ulaşılmıştır. Dışa hafif bombeli dev bloklardan yapılmış olan poligonal duvarlar yaratıcılarının büyük özenine ve ustalığına tanıklık eder. Malzeme olarak taşın seçilmesi, yalnızca söz konusu kayaçların çevrede bol miktarda bulunması ve savunma amacına olağanüstü bir biçimde hizmet etmesi nedenlerine dayanmamaktadır. Kurt Bittel'in de savunduğu gibi, bir dağ kenti olan Boğazköy'de Hititler'in dağ ve kayalara karşı geliştirdikleri metafizik kökenli bir bağ, söz konusu malzeme seçimine yansımış olmalıdır.

Kapı yapıları tüm bilinen örneklerde kendilerini yineleyen özellikler gösterir. Geçişler birbiri ardına yerleştirilmiş, iki kanatlı kapıyla kapanmaktadır; böylece arada bir kapı odası oluşmaktadır. Zaman zaman iki odalı, üç kapılı girişler de görülür. Kapı geçitlerine güçlü kapı kuleleri eşlik ederler. Bu kulelerin yüksekliği sur boyunca aralıklarla yerleştirilmiş olan kulelerin boylarını aşar; böylece kapıların bulundukları yer açıkça belirlenmiş olur. Söz konusu durum sadece başkentin kapıları için geçerli değildir; şimdilerde Kuşaklı örneğinin de gösterdiği gibi, başka yerleşmelerin savunma sistemlerinde de aynı şema kullanılmaktadır.

Sur duvarları boyunca aralıklarla yerleştirilmiş olan kuleler ve kapı kuleleri dişli mazgallarla taçlandırılmışlardır. Sur duvarlarında da bu tür mazgalların bulunduğu varsayılabilir. Sözü edilen mazgalların nasıl oldukları konusunda, Hitit İmparatorluk Çağı'na tarihlenen bir keramik kap parçası üzerinde üç boyutlu olarak betimlenen kule modeli bir fikir vermektedir [Res. 7]; ancak eldeki modelden mazgal ve kulelerin gerçek yapısı konusunda kesin bir çıkarıma varılamaz.

Boğazköy'deki Arslanlı Kapı, Kral Kapı ve Yerkapı'daki yukarıda sözü edilen poternin üstünde yer alan Sfenksli Kapı, bunların yanı sıra Alaca Höyük'teki Sfenksli Kapı [Res. 8] türündeki kent giriş kapılarının kabartmalarla süslü oldukları kendilerine verilen adlardan da anlaşılmaktadır; bu konuya ileride başka bir bağlamda değinilecektir. Ancak Alaca Höyük kent kapısının bir özelliği üzerinde durmak gerekir. Alaca Höyük'teki kapı yapısı Hitit çekirdek bölgesinde bulunan, dışa bakan yüzü girişin sağında ve solunda kabartmalı ortostatlarla süslenmiş tek Hitit İmparatorluk Çağı kapı yapısıdır. Söz konusu uygulama Alaca Höyük dışında yalnızca Kuzey Suriye Hitit yerleşmelerinde görülmektedir. Bu noktaya da metnin ilerleyen bölümlerinde değinilecektir. Buna karşın, Boğazköy'de de tapınak alanlarında anıtsal yapıların subasmanı kısımlarına kabartmasız ortostatların oturtulduğu gözlemlenmektedir (Res. 7, S. 137).

> Hitit Sarayları

Metnin bu kısmında değinilecek diğer bir konu da saray kompleksleridir. Assur Ticaret Kolonileri Devri'nde, Anadolu'da saray komlekslerinin erken örneklerine Konya Karahöyük'te, Aksaray ilindeki Acemhöyük'te ve Kayseri'deki Kültepe'de (Res. 3, S. 44) rastlanmaktadır. Bu sarayların Assurlu tacirlerin ticari alış verişleriyle yakından ilgili olmaları yüksek bir olasılıktır. Söz konusu yapı tipinin köklerini Kuzey Mezopotamya'da aramak doğru olsa gerektir. Bu yapı tipi, çevresinde farklı mekan gruplarının oluştuğu bir merkezi avlu ile belirginlik kazanır. Söz konusu yapı komplekslerinin tapınak olarak da kullanılıp kullanılmadığı, ya da belirli kült işlevlerine hizmet edip etmedikleri şimdiye dek aydınlatılabilmiş değildir; ancak bu nokta da göz ardı edilmemelidir. Bunların tasarım olarak, bilinen tapınak komplekslerinden temelde ayrılmadıkları dikkat çekicidir. MÖ 2. binin birinci yarısında yapılmış olan öncü komplekste mekan dağılımının belirginleşmiş olduğu izlenimini uyandıran ve Hitit İmparatorluk Çağı'na tarihlenen Alaca Höyük'deki saray kompleksi (Res. 4, S. 174) bu bağlamda akla gelmektedir. Kompleks kapsamında kapı yapılarıyla birbirine bağlanan ve kendilerine münferit yapıların ya da oda gruplarının eklendiği alan ve avlu dizileri görülmektedir. Ana avlu açık bir direkli galeri ile çevrilmiştir. Boğazköy'de Büyükkale kral sarayında bu tür bir düzen yeniden karşımıza çıkmaktadır (Res. 9); ancak yayıldığı alan çok daha büyük tutulmuştur. Burada bir ön avluya üç adet, direkli galerilerle çevrilmiş büyük avlu bağlanmaktadır. Söz konusu avluların çevresine de boyutları zaman zaman anıtsallığa varan gösterişli yapılar yerleştirilmiştir. Bunların bir kısmı özel, bir kısmı resmi binalardır: birisi devlet arşiv binasıdır, bir diğeri ise kabul salonunu barındırır. Mekan düzenlemesine bakıldığında, kompleksin tümünün üzerinde bulunduğu tepenin topografik özelliklerine uydurulduğu gözlemlenmektedir; ayrıca bu tepe kuleler ve kapı girişleriyle desteklenmiş bir savunma duvarıyla çevrelenmiştir.

Büyükkale'nin kuzeyinde yer alan ve planına sonraları Kuzey Suriye'de sıkça rastlanacak olan E yapısına (Krş. Res. 4, S. 97) burada özellikle değinmekte yarar vardır. Yapı kral sarayının yukarı avlusuna doğru, çift paye ile desteklenmiş açık bir sofaya bağlanan bir orta odadan oluşur. Söz konusu orta odayı da diğer odalar ve küçük oda grupları çevrelemektedir. Bu tür görkemli ev ya da saray tipine Assurca Bit Hilani adı verilir. Kapı yapılarının yanı sıra, hemen tümüyle simetrik olarak yapılmış tek Hitit İmparatorluk Çağı yapı örneğinin söz konusu yapı olması ilginçtir. Yapı Büyükkale'de ve kentin içinde bulunan diğer binalar gibi, olasılıkla üç, en az iki katlıdır.

Diğer yerleşmelerden bilinen saray komplekslerine gelince: Zile'nin güneyinde bulunan Maşat'da (Tapigga) MÖ 16. yüzyıla tarihlenen bir saray kompleksi saptanmıştır (Res. 1, S. 168). Söz konusu kompleks erozyon nedeniyle kısmen tahrip olmuştur; ancak saptanan bölümde en az 80 x100 metrelik bir alana yayılmış olan bir yapı kompleksinin bulunduğu sonucuna varılabilir. Burada direkli galerilerle çevrili bir merkezi avlu ve onun çevresine yerleştirilmiş oda gruplarıyla açıkça Hitit saray yapılarının özelliklerini gösteren bir kompleks bulunmaktadır.

Bu tür yapılara kusursuz bir örnek olarak Kuşaklı-Sarissa'da bulunan C binası gösterilebilir (Res. 4, 5, S. 179). Hemen hemen kare bir avlunun çevresine farklı genişliklerde dört kanat yerleştirilmiştir. Avluya mekan tasarımı açısından birbirlerine benzeyen, biri kuzeyde diğeri ise batıda karşılıklı olarak yerleştirilmiş kapılardan girilmekte ve avlunun iki yanında direkli galeriler bulunmaktadır. Burada işlevsel bir düzen kendini hemen belli etmektedir; aynı işlevselliği sözü edilen üç kanadın mekan dağılımında da görmek olasıdır. Kanatlardan güneydoğuda bulunanı, kendi içinde kapalı izlenimi uyandıran mekan birim dağılımı ile daha önemli bir rol üstlendiği etkisini yaratmaktadır. Sarissa'nın hafiri önceleri burada bir saray kompleksi bulunduğu fikrine kapılmışsa da, şimdilerde sağlanan veriler doğrultusunda söz konusu yapı topluluğunun bir tapınağa ait olduğunu düşünmektedir.

> Hitit Tapınakları ve Kutsal Alanları

İmparatorluk devri tapınaklarının Hitit saray kompleksleriyle ne denli benzeştiğini özellikle Kuşaklı'da izlemek mümkündür (Res. 3, S. 178). Kent savunma duvarının yakınında, Akropolis'in kuzeydoğusunda, bir kent kapısının çok yakınında bulunan Tapınak 1, yaklaşık kare bir iç avluya sahiptir. İç avluya art arda yerleştirilmiş üç kapı geçiti bulunan bir kapı yapısından girilmektedir. Kapılar büyük bir olasılıkla direklerin arasından avluya açılmaktaydılar. Kuzeydoğuya bağlanan çok odalı tapınak bölümünde bir kült odaları grubu açıkça ön plana çıkmaktadır; ancak bu oda grubu doğrudan direkli avluya açılmamakta, buraya ancak başka odalardan ulaşılabilmektedir. İç avlunun orta aksı üzerinde yer alan ve dış duvarları korunagelmiş olan, yaklaşık aynı büyüklükteki iki bodrum odasının üzerinde, olasılıkla tek bir büyük salon bulunmaktadır. Söz konusu büyük salonun bir ya da birkaç kült heykelini barındırmış olması olasıdır. Bu merkezi biriminin çevresine kült törenlerinin hazırlıklarının yapıldığı daha küçük yan odalar yerleştirilmiştir. Aynı durum Kuşaklı'nın C binası için de geçerlidir. Ancak burada, tapınak kompleksinin ilginç bir özelliğine daha değinmek gerekir. Hemen tümüyle kapalı inşa edilmiş olan kuzey yüzde, oda derinliğinde dışa doğru açılmış bir niş oluşmuştur. Buluntu durumuna bakıldığında söz konusu nişin de kültsel işlemlerde kullanıldığı anlaşılmaktadır: Bu tür niş oluşumlarına Boğazköy-Hattuşa'da bulunan bazı İmparatorluk Devri tapınaklarında da rastlanmaktadır.

Başkent Hattuşa'nın tapınakları ele alındığında (Res. 10), çok sayıdaki mimari buluntunun Hitit tapınak mimarisinin yukarıda çizilen tablosuna uyduğu gözlemlenmektedir; öte yandan şimdiye dek kazılan 31 tapınağın, mimari açıdan çok çeşitlilik göstermediği de açıkça anlaşılmaktadır. Tapınakların tümü genelde kareye yaklaşan dörtgen bir iç avluya sahiptir; avluya art arda yerleştirilmiş iki kapı girişinden ulaşılır. Oda grupları tarafından en az bir yanda çevrilen avluya, bir direkli galeri açılır. Söz konusu direkli galerinin arkasında kült odaları grupları bulunur. Ancak asıl kült odasına bu direkli galeriden doğrudan girilmez. Kült odasına varmak için bir ya da birkaç mekandan geçilmesi ve karmaşık bir yolun izlenmesi gerekmektedir. Başkentteki tapınakların asıl kült odalarının çevresine de küçük odalar ilave edilmiştir.

Tapınaklar karşılaştırıldığında, ne tapınak yapısının tümünün, ne de tapınakların iç mimari düzenlerinin belirli yönleri izlemediği gözlemlenmektedir. Yer seçiminde etkili olan, tapınak alanının kent içinde önemli bir konuma sahip olması ve bu konumun özenle saptanmasıdır.

Şimdiye dek tanımlanan ortak özelliklerin yanı sıra, bazı tapınakların kendilerine özgü özelliklerinin bulunduğu da dikkati çekmektedir. Ancak söz konusu durumun araştırılan tapınağın iyi korunagelmiş olup olmamasıyla yakın ilişkili olduğu da akıldan çıkarılmamalıdır. I ve V no.lu tapınaklarda yan odalarıyla birlikte iki ayrı kült odası saptanmaktadır. Hititler'in tapındığı tanrı sayısının çokluğuna bakıldığında bu duruma şaşırmamak gerekir. Kuşaklı'da bulunan tapınağa tekrar dönüldüğünde, doğu kanadının kuzeyinde yer alan bir odayı da ikinci kült odaları grubu olarak yorumlama olasılığı akla gelmektedir. Tapınakların hangi tanrıya ya da tanrılara adanmış oduğu henüz anlaşılmış değildir; ancak Boğazköy'de I no.lu tapınağın iki kült odasında (Res. 4, 5, S. 135) Hatti'nin Hava Tanrısı Teşup'un ve Arinna'nın Güneş Tanrıçası Hepat'ın betimlerinin (kült heykellerinin) bulunduğu hemen hemen kesindir.

İlgi çekici diğer iki uygulama ise I no. lu ve V no. lu tapınakların iç avlularında bulunan, yaklaşık 5 x 5 metre boyutlarındaki yapılardır (Res. 10). Henüz kesin aydınlanmamış olsa da, yapıların kült işlevleriyle ilgili özel bir görev üstlendikleri açıktır. V no.lu tapınağa birleşik ve bir duvar tarafından sınırlanan temenos alanının içinde yer alan, biraz daha büyük olmakla birlikte az önce sözü edilen iki yapıya çok benzeyen dikdörtgen planlı üç yapı da, olasılıkla içinde tanrılaştırılmış Büyük Krallar'a tapınılan şapel benzeri bir yapıdır. Uygulama konusunda hafir ile metnin yazarı aynı fikri paylaşmaktadırlar.

Genelde serbest nizamda yapılan tapınaklarda kült oda grupları cephede kendilerini çevreleyen diğer oda gruplarından daha öne çıkık inşa edilmişlerdir. Böylece, olasılıkla diğer mekanlardan daha yüksekçe tutulmuş olmalarıyla da kült odaları, yapı topluluğuna dıştan bakıldığında da özel yapı birimleri olarak algılanabilmişlerdir. Bu durum en azından büyük tapınaklar için geçerlidir. Boğazköy Yukarı Şehir'de bulunan tapınak mahallesindeki küçük ve biraz daha geç bir döneme tarihlenen tapınaklar ise daha ziyade kapalı bir dörtgeni anımsatırlar.

Başkentin tapınakları arasında, I no. lu tapınak başka yönlerden de bir istisna oluşturur: Söz konusu tapınağı geniş bir alana yayılmış olan büyük depolar grubu dört yandan çevreler. Depolar geniş ve taş döşeli bir caddeyle tapınaktan ayrılmaktadır (Res. 4, S.135). Buraya giriş art arda birkaç kapı ile denetim altında tutulan anıtsal bir kapıdan ve üç adet yan girişten sağlanmaktadır. Gruplar halinde yerleştirilmiş olan depo odalarında, uzun sıralar halinde dizili büyük küplerden anlaşıldığı üzere (Res. S. 18/19), kısmen erzak depolanmıştır. Diğer odalarda ise, aralarında önemli devlet anlaşmalarının da yer aldığı ve tanrıların koruması altında saklanan kil tablet arşivi vardı. Ancak odaların tümünün işlevini aydınlatabilmek olası değildir. Tapınak mekanlarının bir kısmında, hatta depo odalarında, tapınağın güneyinde, batısında tapınak mahallesiyle iç içe geçmiş, kapalı yapı komplekslerinde hem devletin resmi işlerinin görüldüğü, hem de dinsel yaşamın belirli etkinliklerinin yerine getirilmiş olabileceği akılda bulundurulmalıdır. Söz konusu uygulamaların kapsamının ne denli geniş tutulduğu, yapıların büyük bir kısmının bir, iki ya da üç katlı olması gerektiğinden anlaşılmaktadır. Böylece gerçekte kullanılan alanların planlara işlenen alanlardan daha fazla olduğuna dikkat çekmek gerekir.

Bu noktada, Büyük Tapınak örneğinden yola çıkarak Hitit İmparatorluk Dönemi'nin anıtsal resmi mimarisinde kullanılan yapı tekniklerine ve cephe biçimlendirmesine değinmekte yarar vardır. Yukarıda da belirtildiği gibi, yapıların çoğunun çok katlı ve düz damlı olduğunu göz önünde bulundurmamız gerekir. Tapınağın ve depo yapılarının dış duvarları geniş, ancak alçak çıkmalarla bezenmiştir (Res. 11); böylece hem canlı bir gölge ışık oyunu yaratılmış, hem de masif ve kübik bir etki uyandıran yapının anıtsallığı arttırılmıştır. Tonlarca ağırlıktaki anıtsal subasmanı bloklarının üzerinde yer alan çıkmalar hemen caddenin ve avlu döşemesinin üstünde başlatılmışlardır. Söz konusu çıkmalar ahşap destekli kerpiç tuğlalardan yapılmış olan duvar boyunca yükselerek çatı başlangıcına dek ulaşırlar. Böylece duvarlarda nişler oluşturulmuştur ve Mezopotamya mimarisinden bilinen iki düzlemli görünüm sağlanmıştır.

Bloklarla inşa edilmiş subasmanı kesimini oturtmak için derin temeller atılmıştır. Kuzeybatı ile kuzeydoğuda aşağı doğru eğimli yamaca kireçtaşı bloklarla teraslama yapılmıştır. Bu teraslama türü altyapı Hitit İmparatorluk Devri mimarisinin özelliklerinden birini oluşturur. Söz konusu uygulamalar, yapı tekniği açısından yerine getirilmesi gereken şartlara ustalıkla hakim olunduğunu göstermektedir. Bu ustalık taş bloklar üzerine yerleştirilen kerpiç tuğla duvarlarda kullanılan, ahşap malzemenin tutturulduğu, ya da kapı yapılarında taş blokların yerinden oynamaması için birbirine bağlandığı tunç zıvanaların (dübellerin) çok yönlü kullanımında da gözlemlenmektedir. Subasmanlarının yapımında taşın, bunların üzerinde yükselen duvarların yapımında ise kerpiçin kullanılmasına bir çelişki, hatta bir tutarsızlık olarak bakmak olasıdır; çünkü kalıcı malzeme ile geçici malzeme bir arada kullanılmaktadır. Ancak burada vurgulanması gereken nokta, bu tür duvar yapımının Eski Önasya mimarisinde yaygın olarak uygulama bulmasıdır: hatta bazen kerpiç duvarın yağmur sularından korunması için alt kesimde, kerpiç üzerine dış kabuk olarak taştan ortostatlar yerleştirilmiştir. Sağlamlığı ve yapının zemine güvenli biçimde oturtulmuş olduğunu mimari açıdan ifade etmek için yüzyıllar boyunca bu tür subasmanlarının yapıldığı gözlemlenmektedir. Bu durum yalnızca antik Yunan yapılarıyla sınırlı kalmaz; subasmanı kullanımı yapı tekniği açısından anlamını çoktan yitirmiş olsa da, söz konusu uygulama günümüze dek süregelmiştir.

Örneklerine Alaca Höyük sfenksli kapıda rastladığımız ortostatlar kabartmasız olarak Boğazköy Yukarı Şehir'de V no. lu tapınakta subasmanına uygulanmış olarak karşımıza çıkarlar. Tek tek dikey duracak vaziyette, dikdörtgen biçiminde özenle çalışılmış olan ortostatların birbirlerine sıkı sıkıya oturan birleşme yerleri geriye çekik biçimlendirilmiş; ancak ön yüzlerdeki çıkıntılı alanlar ortostatların kabartma yapılmak üzere hazırlandıklarını akla getirmektedir. Olasılıkla Hitit İmparatorluğu'nun yaklaşan sonu nedeniyle yaşanan gelişmelere bağlı olarak, kabartmaların yapımı gerçekleştirilememiştir.

Hitit tapınaklarından söz ederken, Ege dünyası için tipik dikdörtgen planlı Megaron yapı tipi ile benzerlikler gösteren ve Kuzey Suriye'de Emar-Meskane'de ve Tell Tainat'taki Geç Hitit örneğinde karşılaştığımız tek odalı tapınak tipine de değinmek gerekir. Bu katalogda ayrı bir makale olarak sunulan, başkent Hattuşa'ya ait Yazılıkaya Kaya Tapınağı da unutulmamalıdır (Bkz. Burada Seeher, S. 443 vdd.; Haas, S. 438 vdd.). Son olarak, yakın zamanda ortaya çıkartılan Kuşaklı'nın güneyinde bir dağ yamacında yer alan kutsal su kaynağına; Beyşehir'in kuzeyinde yenilerde tümüyle anlaşılabilmiş ve zengin kabartma ve heykellerle bezeli Eflatun Pınar (Bkz. Burada Emre, S. 487 vdd.) gibi gölet ve havuzlara da bu bağlamda değinilmesi gerekir.

Buraya dek kapı yapılarıyla birlikte kent savunma sistemleri, konutlar, saray ve tapınak kompleksleri ele alındığına göre, akla Hitit İmparatorluk Devri'nde başka hangi yapı tip ve komplekslerine rastlandığı sorusu gelmektedir. Büyük su bentlerine ya da yapay göletlere yukarıda değinildi. Bunların dışında köprüler, taş döşeli yollar, rampalar, merdivenler ve son yıllarda yapılan araştırmalarla bilim dünyasına kazandırılmış büyük boyutlu silolar vardır. Bunlara örnek olarak Boğazköy'de Büyükkaya'da bulunmuş silolar ve Büyükkale eteklerinde yer alan silo yapısı verilebilir. Söz konusu silolar binlerce insanın tüm bir yıllık tahıl gereksinimini karşılayacak büyüklüktedirler.

Tüm bunlara karşın Hitit İmparatorluğu'nun en büyük yayılım alanına ulaştığı bir dönemde, kentler ve büyük yerleşmeler dışında yaşamın nasıl olduğu konusundaki veriler azdır. Bu tür yerleşmeler ambarları, araç gereç odaları, ahırları bulunan, verimli toprakların işlendiği ve elde edilen ürünün kentlerdeki erzak ambarlarına yollandığı çiftlikler türünde olmalıdır. Bu denli zengin bir kültürün bir başka yönünün gözler önüne serilmesi açısından bilimsel araştırmaların gelecekte yöneleceği alan bu olmalıdır.

> Geç Hitit Dönemi Şehirleri ve Yapıları

Buraya kadar Hitit İmparatorluk Devri'nin sonuna dek uygulanan mimari tartışılmıştır; bundan sonra Hitit Kültürü'nün devamını ve Büyük İmparatorluğun çökmesinden sonra, MÖ 12. yüzyılın başlarında söz konusu kültürün mimariye yansıma biçimini ele almak doğru olacaktır. İmparatorluğun kısa bir sürede mi çöktüğünü, yoksa çöküşün birkaç evrede mi gerçekleştiğini ve Anadolu'da yaşanan politik değişimin farklı boyutlarının neler olduğunu burada tartışmak yersizdir. Son yıllarda yapılan gözlemler ve araştırma sonuçları Hitit İmparatorluğu'nun her bir bölgesindeki güç dengelerinin farklı biçimde değiştiği izlenimini doğurmaktadır. Bazı açılardan bu durum farklı bölgelerdeki geleneksel bağlarla da ilgili olmalıdır. Hitit İmparatorluğu'nu izleyen devrin mimari kalıntıları incelendiğinde, belirli ortak noktalar bulunmasına rağmen, zaman zaman ağır basan yöresel farklılıkların varlığı da gözlenmektedir. Ancak bu tür bir saptama kapsamlı olarak araştırılmış az sayıda yerleşmenin mimari buluntularına dayanarak yapıldığından, geçerliliğinin de sınırlı olduğunu kabul etmek gerekir (Bkz. Burada Hawkins, S. 410 vdd., S. 506 vdd.).

Hitit İmparatorluğu Devri'nde, Hitit yönetim sisteminde merkezi bir önem taşıyan ve bu önemini, bilinmemesine rağmen, Anadolu'daki başkent mimarisine de yansıtmış olma olasılığı bulunan Kuzey Suriye'de yer alan Karkamış'da, MÖ 10. ve 9. yüzyılın mimarisinde daha çok Kuzey Suriye öğeleriyle yerel öğeler gözlemlenmektedir (Bkz. Plan S. 264). Örneğin Karkamış'daki kale kapısına kalenin orta aksına yerleştirilmiş geniş ve gösterişli bir merdivenle varılır. Geç Hitit Çağı'nda ait az sayıdaki iyi araştırılmış kült yapılarından biri olan Hava Tanrısı'nın tapınağı bir avlunun bir köşesinde bulunan tek bir karesel mekandan oluşur. Tapınağa giriş ön yüzün ortasındaki geniş bir nişten yapılır. Mimaride özellikle simetrik düzenli, gösterişli cephe yapımına eğilimin arttığı gözlemlenmektedir. Hitit İmparatorluk Dönemi mimarisinde pek belirgin olmayan söz konusu özellik, Tell Halaf (Guzana) (Res. 12) ve Zincirli'deki (Sam'al) (Res. 3, S. 266) saray yapıları gibi örneklerde ortaya çıkmaktadır. Burada Assurca adı "Bit Hilani" olan yapı tipi karşımıza çıkmaktadır. Bu tür yapılarda belirleyici olan özellik, direklerin taşıdığı dikdörtgen biçimli bir ön mekandır. Ön mekanın geniş girişini ahşaptan yapılmış olan iki ya da üç adet paye/sütun taşır. Sütunlar kabartmalarla ya da geometrik desenlerle süslü taş kaideler üzerinde yükselirler. Bu ön odaların yanlarında, iki ya da üç katlı oldukları gözde canlandırılması gereken, kule benzeri yapı öğeleri ya da çıkmalar yer alır. Ön odaların arkasındaki, bunlara dik olarak yerleştirilmiş ana mekanı, diğer mekanlar çevreler. Zincirli'de 150 yıllık bir zaman diliminde art arda yapılmış eklemelerle oluşturulmuş saray kompleksi, istendiği gibi ekleme yapmaya elverecek halden çıkmış, bitişik gruplardan oluşurlar. Hitit İmparatorluk Devri yapılarından farklı olarak kendi içinde kapalı birimlerden oluşan, simetrik cepheli, anıtsal bir mimari ortaya çıkmıştır. Mimarisi ve iç düzeni hakkında elimizde yalnızca kısıtlı veri bulunan Karkamış kenti, Fırat nehri kenarında yer alan, bir ova üzeri höyük yerleşmesidir. Zincirli'de saray yapılarının yer aldığı kale, savunma duvarı ile çevrili bir höyüğün üzerinde yükselir (Bkz. Plan S. 264). Geniş bir alana yayılmış olan Aşağı Kent, düzenli aralıklarla kulelerin yerleştirildiği ve üç giriş kapısına sahip, dairesel bir savunma duvarı ile çevrilidir. Söz konusu komplekslerde ilgi çeken nokta, aynı eksen üzerine art arda yerleştirilmiş olan, birbirinden ayrı iki giriş kapısıdır. Bu kapılar farklı zamanlarda yapılmışlardır; kapı içlerinde ise eksene dik olarak yerleştirilmiş kapı odalarının bulunması dikkat çeken bir başka noktadır. Söz konusu iç kapı odaları kentin güney kapısında 25 metre genişliğe ulaşmaktadır. Kaleyi çeviren surdaki girişin de bu tür geniş bir kapı odası bulunur. Bu tür geniş kapı odaları Kuzey Suriye'de Geç Hitit Dönemi'nde sürekli karşılaşılan bir mimari öğedir; buna karşın Hitit İmparatorluk Devri Anadolu mimarisinde, bu öğeye hiç rastlanmamaktadır. Bu görkemli kapılar savunma tekniği açısından fazla bir önem taşımazlar. Bu kapılar Bit Hilani türündeki yapıların girişlerinde de olduğu gibi, yöneticilerin güç göstergesi ve kendilerini iyi temsil etme gereksinimlerini mimari dilinde ifade etmeleridir. Kabartmalı ortostatlarla bezeli yapılara da aşağıda değinilecektir.

Karatepe'de (Asitavadi) çok farklı bir durumla karşılaşmaktayız (Res. 15). Ceyhan Nehri (antik adı Pyramos) kıyısındaki bir dağ üzerinde yer alan kent, bu dönemde yeni bir yerleşme olarak kurulmuştur ve doğu tarafında bulunan ovaya karşı ileri sınır kalesi olarak hizmet etmesi amaçlanmıştır. Kalenin sur duvarları topografik şartlara uymaktadır. Günümüze kötü korunagelmiş bir saray, kentin en yüksek yerine oturtulmuştur. Yerleşme Anadolu Hitit İmparatorluk Devri dağ kenti tiplemesine benzemekle birlikte, çıkma yapan bastion ya da kulelerle desteklenen, savunma tekniği açısından avantajlı her iki kent kapısının (Res. 13, 14) kente bakan tarafına geniş kapı odaları eklenmiştir; bu da Zincirli'nin iç kapılarına özgü bir durumdur. Mimarideki Kuzey Suriye etkisi Toros Dağları'nın öte tarafında, özellikle söz konusu kapı yapılarında iyice belirginlik kazanır. Bu durumu Malatya Arslantepe (Milid)'de ya da metnin ilerleyen bölümlerinde ele alınacak olan Niğde nin kuzeyine düşen Göllüdağ'da gözlemlemek olasıdır.

Kuzey Suriye'de Geç Hitit mimarisi ile ilgili bu verilerden sonra, Hitit İmparatorluk Devri'ni izleyen dönemde diğer üç politik bölgede mimarinin hangi yola yöneldiği sorusu akla gelmektedir. Frig hakimiyet bölgesinin oluşmasıyla birlikte batıda Ege'den son derece etkilenen bir mimari ortaya çıkmaktadır. Ancak güneybatıda yer alan Konya Bölgesi'nde Hitit kültürünün bazı öğelerinin dışa vurulduğu gözlemlenmektedir. Söz konusu gözlemler bazı görsel sanat yapıtları ve yazıtlar yoluyla elde edilmektedir. Kızıldağ ve Karadağ'da bulunan, ancak şimdiye dek hemen hemen hiç incelenmemiş olan mimari kompleksler değinilmesi gereken öğelerdir.

Doğu Anadolu'da Urartu Devleti eski Hitit hakimiyet bölgesinin dışına taşan ve son derece kendine özgü bir kültür geliştirmektedir. Urartu mimarisi Hitit mimarisi ile çok az benzeşir.

> Tabal Ülkesi ve Göllüdağ

Güney Kappadokya'da Tabal ülkesinde Hitit kültürü yaşamını sürdürmektedir. Gayet az sayıda yerleşme bilinmesi ve bunların da tam araştırılmamış olması nedeniyle, söz konusu bölgenin mimarisi hakkında kapsamlı bilgi bulunmamasına rağmen, Niğde'nin kuzeyinde yer alan Göllüdağ'dan yine de yeterli veri elde edilebilmiştir. Yerleşme 2000 metreden yüksek, üzerinde bir krater gölü bulunan bir volkanik dağın üzerine kurulmuştur [Res. 18, 19]. MÖ 8. yüzyılın sonlarına doğru oluşan mimari kompleksler, krater gölünün kenarında ve hafif eğimli yamaçlarda yer alırlar. Kulesiz bir savunma duvarı araziyi çevreler. Yerleşim, en uzun kesiminde 1,7 kilometredir ve böylece önemli bir kentin boyutlarına ulaşmaktadır. Sur duvarının her iki ana kapısı da bugüne dek kazılmamıştır; hangi kapı tipine girdikleri bu yüzden bilinmemektedir. Sur duvarı boyunca 60 – 100 metre aralıkla yerleştirilmiş olan, 80 cm genişliğindeki kapılar yerleşmenin yıkıldığı ya da terk edildiği zaman diliminde örülerek kapatılmıştır.

Sur duvarının içinde 110 x 260 metre boyutlarında, dikdörtgen biçimli bir yapı kompleksi ile konut olarak yorumlanabilecek, çok sayıda küçük oda grupları ya da oda gruplarının birleştirilmesiyle oluşturulmuş mekanlar bulunmaktadır.

Önceden planlandıkları açıkça görülen ve kesin ölçülere uyularak yapılmış söz konusu oda grupları arasında kendini yineleyen tipler de görülmektedir [Res. 16]. İki kez yön değiştiren bir yapı zinciri üzerinde yer alan ve bitim noktalarına duvar eklenerek iç avlulu bir yapı grubu görünümü alan oda dizisi burada ön plana çıkmaktadır. Sokak kenarlarına dizili ya da uzun bir yapı dizisine eklenen ve bir avluya iki kanat olarak yerleştirilen oda birimleri de üzerinde durulması gereken uygulamalar arasında sayılabilir. Her iki yapı tipinin de ortak özelliği, orta mekanı geniş yüzünde eyvan gibi tümüyle dışa açılan üçlü oda gruplarının bulunmasıdır. Kentin küçük giriş kapılarında olduğu gibi, sözü edilen yapıların da tüm kapıları duvar örülerek iptal edilmiştir.

Oda grupları oluşturan bir başka tip, büyük yapı kompleksinin kuzeyinde görülmektedir. Burada genel olarak aynı boyutlardaki sekiz odadan bir birim oluşturulmuştur. Bu odalar dar sokaklar boyunca yan yana sıkıştırılarak yerleştirilmişlerdir [Res. 17]. Söz konusu yapı tipinin bir özelliği odaların kapılarla birbirlerine bağlanmamış olmasıdır; odalara daha ziyade sokak tarafından girilmektedir. Bu odaların da kapıları örülmüş olarak bulunmuştur; aynı şekilde oda içlerinde hiç bir buluntu ele geçmemiştir.

Tüm bu ev tiplerinin yorumlanmasında bazı güçlüklerle karşılaşılmaktadır; çünkü bu denli tek tip yapılmış ve kesin diziler halinde yerleştirilmiş binalara ne MÖ 2. binyılda Anadolu'da, ne de Geç Hitit Dönemi'nde Kuzey Suriye'de rastlanmaktadır. Öte yandan buluntusuz odalar ve örülmüş kapılar, mekanların konut olarak kullanılmayıp başka bir amaca hizmet ettiklerine işaret etmektedir.

Dörtgen planlı merkezi yapı kompleksinin [Res. 20] kendine ait bir savunma duvarı bulunur. Bu kompleks iki ayrı bölümü içermektedir. Kuzeyde yukarıda sözü edilen, sokaklar boyunca yerleştirilmiş 8 odalı bina tipleri bulunur. Güneyde ise ana avlusuna savunma duvarında yer alan anıtsal bir kapı yapısından girilen, saray benzeri bir kompleks yer alır. Girişi payelerle üçe bölünmüş olan, aslan ve sfenks gibi plastik eserlerle bezeli kapı yapısı, Kuzey Suriye Bit Hilani yapı tipiyle açık bir benzerlik gösterir. Kapı girişinin sağında ve solunda bulunan kapı odaları Zincirli'nin yukarıda tartışılan kent kapılarıyla benzeşmektedir.

Avlunun kapı yapısının karşı tarafında bir dizi oda gün ışığına çıkarılmıştır. Bunlardan ortada bulunanı özel bir öneme sahiptir; çünkü söz konusu mekanı sınırlayan duvarlar iç tarafta ve avluya bakan kısımda insan boyunda ortostatlarla kaplanmıştır [Res. 21]. Bitirilmemiş olduğu anlaşılan ortostatlar kabartmalarla bezenmek üzere hazırlanmış izlenimi vermektedir. Bu mekana tek giriş avludan sağlanmaktadır; garip olan kapının odanın bir köşesine yerleştirilmiş olmasıdır. Kompleksin ancak küçük bir bölümü kazılabilmiştir. Avlunun güney tarafında saptanan sofanın diğer üç tarafta da bulunup bulunmadığı ve ortostatlı mekanın ön yüzünde iki payesi bulunan bir ön mekanın olup olmadığı da henüz kesinlik kazanmamıştır. Ancak bu tür uygulamaların Hitit ve Geç Hitit mimarisi çerçevesine kolay kolay oturmayacağı açıktır. Öncelikle yapının bir saray ya da kült odaları grubu olup olmadığı, ya da iki uygulamanın bir karışımı mı olduğu noktaları aydınlatılmalıdır. Bu büyük yapı kompleksinin her iki bölümünün hangi işlevsel ilişki içinde olduğu sorusu da şimdilik yalnız varsayımlarla yanıtlanabilmektedir.

Böylece Göllüdağ'da bulunan tüm yapı kompleksine yöneltilen bir soruya varılmaktadır: Acaba burada önem derecesi ne olursa olsun bir kent yerine, kapsamlı olarak hazırlanmış, Hitit dünya görüşünün sürmesini sağlayan ve ana hatları su ile dağa dayanan bir kült yeri mi vardı? Kurt Bittel tarafından öne sürülen bu fikir, son on yılda yapılan araştırmalardan elde edilen sonuçlarla beslenmektedir.

Göllüdağ'da bulunan heykeltıraşlık yapıtları [Res. 22] bu yerin Geç Hitit Dönemi'ne tarihlendiğine işaret etmektedir; ancak mimarisinin nereye oturtulacağı konusu kesin değildir. Bu konuda şimdilik en azından iki açıklama bulunmaktadır: bunlardan birincisi yukarıda da değinilen kompleksin alışılmamış işlevi ve anlamıdır, ikincisi ise Tabal ülkesinin hem Hitit İmparatorluk Dönemi hem de Geç Hitit Dönemi yapı geleneklerinin yöresel öğeleri hakkında bilgilerimizin kısıtlı olduğu gerçeğidir.

Özellikle son 30 yılda yapılan araştırmalar, bu yazının konusunu oluşturan Hitit mimarisi hakkındaki bilgilerimizi önemli ölçüde arttırmıştır. Yeni ortaya çıkarılan yerleşmelerde bulunan yapılar söz konusu mimariyi daha detaylı olarak anlamamıza olanak tanımaktadır. Ayrıca, Hitit başkenti Hattuşa'da bulunan büyük ambarlarla örneklenebileceği üzere, mimari repertuvara yeni tip yapılar eklenmektedir. Ancak Hitit İmparatorluk dönemi başkent mimarisinin, Hitit devletinin sınırları içinde uygulanan mimariyi günümüze dek varsayıldığından çok daha az etkilediği giderek açıklık kazanmaktadır. Böylece, Kuzey Suriye'de ve Hitit çekirdek bölgesinin diğer yörelerinde Geç Hitit Dönemi'nde görüldüğü bilinen mimarinin yanı sıra, Hitit çekirdek bölgesinin başka yörelerinde yerel geleneklerin MÖ 1. bin içinde de yaşamını sürdürmüş olabileceği gerçeğini de göz önünde bulundurmak gerekecektir.

Resim altları

1 Kuşaklı-Sarissa rekonstrüksiyon denemesi, güneydoğudan bakış (Çizim Michael Ober)

2 Hattuşa Sfenksli Kapı. Yerkapı'nın genel planı

3 Hattuşa; Yerkapı'daki Potern'in içine güneyden bakış

4 Hattuşa Kral Kapı'nın dıştan görünümü (Neve'ye göre)

5 Hattuşa Kral Kapı planı (Neve'ye göre). Büyük İmparatorluk Dönemi (MÖ 13. yüzyıl)

6 Hattuşa Kral Kapı'nın dıştan görünümü, rekonstrüksiyon (WVDOG 19, Res. 46)

7 Kuleli sur modeli (Kat. No. 99)

8 Alaca Höyük Sfenksli Kapı (Foto Peter Oszwald)

9 Hattuşa; Büyükkale Kral Sarayı rekonstrüksiyonu. Büyük İmparatorluk Dönemi (MÖ 13. yüzyıl)

10 Hattuşa Tapınak No. I – V

11 Hattuşa Tapınak No. I (Büyük Tapınak), kuzeyden görünüm. İsometrik rekonstrüksiyon

12 Tell Halaf'daki sarayın rekonstrüksiyonu

13 Karatepe Kuzey Kapı

14 Karatepe Güney Kapı

15 Karatepe, genel plan

16 Göllüdağ, L – M/11 – 12 plankarelerindeki yapıların güneydoğudan görünümü (Çizim W. Schnuchel)

17 Göllüdağ; bir yapının hava fotoğrafı

18 Göllüdağ hava fotoğrafı

19 Göllüdağ şehir planı

20 Göllüdağ; ana yapının isometrik rekonstrüksiyonu

21 Göllüdağ; ortostatlar

22 Göllüdağ; yürüyen aslan yontusu

Kaya Kabartmaları, Steller, Ortostatlar

Görsel Sanat: Devletin ve Dinin Anıtsal İfadesi

Kutlu Emre

MÖ 1600 – 1200 yılları arasında, Orta Anadolu'da siyasal birliği kuran ve zamanla, Yakındoğu'nun süper güçleri arasına giren Hititler'in "görsel sanatı", günümüze erişebilen çeşitli nitelikteki kalıntılarda yansımıştır. Farklı kullanıma yönelik olan bu eserler, ayrı malzeme ve değişik boyutlarda üretilmişlerdir. Ancak hepsinde ortak öge "Hititli" olarak tanımlanan sanat üslubudur. Bu üslubun başlangıcında, Assur Ticaret Kolonileri Çağı'nda, yerli Anadolu kültürünün, Kuzey Suriye-Mezopotamya ilişkileriyle gerçekleşen sentez sonucunda oluşmuş "Anadolu üslubu" yer alır. Diğer bir deyişle bu üslup, Hititler'in Anadolu'da birliği sağlayarak siyasal bir güç haline gelmesinden önce, henüz Hatti, Kaniş/Neşa ve Kuşşara gibi bölgesel krallıkların varlıklarını sürdürdüğü bir dönemin sanatında belirmiş ve tarih akışı içinde gelişmiştir.

Burada, görsel sanatı yansıtan taş yontu sanatı, çeşitli malzemelerden üretilmiş heykelcikler, madeni kült kapları tanıtılacaktır. Hitit görsel sanatının diğer yansımaları olan Gliptik ve figüratif seramik ayrıca ele alınacaktir (Burada Dinçol/Dinçol, S. 428 vdd.; N. Özgüç, S. 448 vdd.)

> Taş Yontu Sanatı

Hititler'in taş heykeltıraşlık eserlerinin çoğu, anıtsal mimarlık yapıtlarının bezeme öğeleri olarak gerçekleştirilmiştir. Fonksiyonlarına göre, ortostatlar ve savunma veya kült yapılarının kapılarına yerleştirilen koruyucu anlamlı tanrı, mitolojik veya gerçek hayvan tasvirlerinden oluşur. Steller, günümüze pek az örneği erişebilen heykeller ve figüratif bezemeli heykel kaideleri de taş yontu sanatının diğer temsilcileridir. Bu eserler tek veya diğerleri ile kombine edilerek kullanılmışlardır.

> Erken İmparatorluk Dönemi Mimari Bezemeler

Boğazköy-Büyükkale'de ele geçen iki kırık ortostat günümüze erişebilen en erken tarihli kabartmalardır. İkinci kez kullanılmış bu eserler buluntu durumlarına göre MÖ 15. – 14. yüzyıllara aittir. Her ikisinde de ortak konu, "tanrılar savaşı"dır. Mikrogabrodan olanında iki frizde anlatılan konuda, figürlerin hareketlerindeki dinamizm canlandırılmıştır. Kısa eteklikli, sivri uçlu ayakkabılı tanrının boynuzlu sivri başlığı, diğer kabartmadakinin benzeridir.

Boğazköy-Aşağı Şehir'in, 2. yapı katında duvara örülmüş olarak bulunan taş kadın başı, Geç İmparatorluk öncesi taş yontu sanatının diğer bir örneğidir. Göz dolguları düşmüş, gülümseyen yüz ifadesine sahiptir. Disk biçimli başlığının öncüleri Assur Ticaret Kolonileri Çağı'ndadır. Taş yontu sanatının bu evresine ait diğer bir eser ise Alaca Höyük Sfenksli Kapı arkasında IIIa yapı katında başka bir yerden getirilerek kullanılan başsız heykel gövdesidir. İmparatorluk Çağı'nın hemen öncesine ait bir tabakada, kırık olarak kullanılan eser, uzun elbiseli, elleri göğsünde kütlevi bir insan tasviridir. Eserin, ne zaman kırıldığı veya buraya tahribinden sonra mı getirildiği aydın değildir.

> Hitit İmparatorluk Çağı Geç Evresi

Taş yontu sanatının en bol örneklerle temsil edildiği dönemdir. Bunlar yalnız başkent Hattuşa'ya özgü olmayıp, Anadolu'da politik güçlerinin hakim olduğu geniş bir alana yayılmışlardır. Merkezlere göre dağılımı şöyledir:

> Alaca Höyük

Alaca Höyük'te anıtsal kapının çerçevelerini oluşturan iri bloklar (Res. 1) dişi sfenks protomlarıyla, bu anıtsal kapıyı koruyan kulelerinin dış cepheleri de, kabartmalı ortostatlarla bezenmiştir (Res. 7a, b, S. 109). Bir kısmı in situ olarak açığa çıkartılan ortostatlarda canlandırılan konunun odağını, köşe bloklardaki tasvirler oluşturur. Sol kulede, kaide üzerine ayakta duran boğa "Göklerin Fırtına Tanrısını" sembolleştirmiştir. Boğanın gövde detaylarının stilize üslubu, II. Ramses'le Kadeş'de savaşan Muvattalli'nin mühründeki boğa tasviri ile yakın bir benzerlik gösterir. İzleyen blokta, sunak önünde dua jestinde ilerleyen kral ve kraliçe, arkadaki bloklarda kült objeleri taşıyıcılarının önünde, kurban hayvanları keçi ve koçların getirilişini, merdiven ve hançerle gösteri yapan figürler izlemektedir. Bu kabartmada, en soldaki figürün yönü sağa değil sola dönüktür. Arkasındaki bloktaki iki figür de sola yöneliktir; ilki küçük bir hayvanı, olasılıkla bir ritonu taşırken, diğeri saz çalmaktadır. Sonuncu blokta, iki tekerlek üzerinde sağa yönlendirilmiş, iri bir boğa görülmektedir. Sırtındaki yüksek çıkıntı onun, bir kült objesi olduğunu düşündürür; bu tamamlanmamıştır. Aynı kulede, üstte ikinci sıradaki iki blokta geyik, domuz avları iki friz halinde düzenlenmişlerdir. Blokların alt frizinde "geyik avını", otlayan evcil bir geyiğin desteğinde ok ve yayla gerçekleştiren avcı tahrip olmuştur. Korunan izleri onun, üst frizdeki avcı gibi, diz çökerek atış yaptığını gösterir. Üst frizde, avlanmak üzere olan domuzun, avcıya saldırıya geçmek üzere oluşu çok başarılı yansıtılmıştır. Sağ kule köşe bloklarda, tahtında oturan tanrıça ile ona tapan görevlileri gösteren kabartmalar yerlerinde korunmuştur.

Bu kapının yeri saptanamayan kabartmalı ortostatlarından birinde, tahtında oturan Fırtına Tanrısı'na tapan figür olasılıkla kralı betimlemiştir. Tanrının kimliği, boynuzlu sivri başlığı dışında, başı hizasındaki hiyeroglifli lejant ile de vurgulanmıştır.

Bu anıtsal kapıya ismini veren dişi sfenks protomlarının insan yüzleri ve aslan gövdelerinin göğüsleri dolgundur. Aslan bacakları kısadır. Sağdakinin yan tarafından, çift başlı kartal üzerinde duran erkek, diğerinde diagonal pliseli kadın giysisinin belden aşağısı korunmuştur. Bu kabartmaların kral çiftini canlandırdığı önerilmektedir. Kapı kompleksinin şehir içine bakan kapısı da koruyucu protomlarla bezelidir.

Alaca Höyük "Sfenksli Kapı" serisinde bir kült/bayram kutlanışının canlandırıldığı açıktır. Burada, Hitit yazılı belgelerinden, sıkı kurallara bağlı olduğunu öğrendiğimiz bu törenlerden biri canlandırılmaktadır (Bkz. Burada de Martino S. 445 vdd.). En yetkin din görevlileri olarak kral ve kraliçenin önderliğinde, diğer görevliler gözetiminde kült objelerinin ve kurban hayvanlarının getirilişi, tanrılara sunulan vahşi hayvanların avlanışı, içki sunusu, müzik ve çeşitli akrobasi etkinlikleri anlatılmıştır. Bu seride de, Eski Hitit kabartmalı kült vazolarındaki gibi (Res. 2 – 5, S. 250), törenlerde gerçekleştirilen her etkinlik evresi, farklı sahnelerle ifade edilmiştir. Bu serideki tanrısal ve ölümlü kişilerin duruş ve giysileri bir önceki dönemde iyice belirginleşen kuralları izlemektedir ve hiç şüphesiz, törende üstlendikleri görevlerle sıkı bağlantılıdır. Ancak hepsinde göze çarpan ortak özellikler profil ve bacakların şekillendirilmesindedir. Burunlar kemersiz ve sivri uçlu olarak vurgulanmıştır. Giysilerin üçgen kuyrukları ve profilleri daha çok Eski Hitit Krallık Çağı kabartmalı vazolarını anımsatır. Fakat uzunca etekli elbiseler altından görünen bacakların dizden itibaren orantısız bir şekilde kısalığı ile onlardan ayrılır. Hayvan tasvirleri de kısa bacaklıdır.

Alaca Höyük kabartmalarıyla sıkça karşılaştırılan bir kabartma, Tell Açana'da bulunmuştur. İki bacağını açıkta bırakan giysili erkek ve arkasındaki uzun elbiseli kadın dua jestinde sağa ilerlerken gösterilmiştir. Hiyeroglif yazıt Tuthaliya okunmuştur.

> Boğazköy Yukarı Şehir Buluntuları Sur Kapılarındaki Bezemeler

"Yukarı Şehir"in güneyindeki üç anıtsal kapı Hitit görsel sanatının en olgun döneminin ürünleriyle bezelidir.

Doğuda, şehre açılan Kral Kapısı'nın çerçevesini oluşturan kalker monolite, sağa ilerleyen tanrı kabartması işlenmiştir (Res. 5, S. 161). Normalden daha iri boydaki figür sağ elini kutsama jesti için yumruk yaparken, sol eliyle tören baltasını tutmaktadır. Kalın kemerli kısa etekliği dışında, gövdesi çıplaktır. Tanrı kimliği yüksek miğferindeki boynuzla vurgulanmıştır. Gövdesinin belden aşağısı, başı profilden, çıplak bedeninin üst kısmı cepheden gösterilmiştir. İri burnu kemerli, yüzü dolgundur. Uzun saçları, göğüs kılları, el ve ayak tırnakları ile eteklik süslemelerinin ayrıntıları belirgindir.

Güney surunun altında 71 metre uzunluğundaki poternin üzerindeki Sfenks kapısı, dişi sfenks protomları ile bezelidir. Dolgun yüzlü, kemerli burunlu, gülümser ifadeli bu eserlerde, Alaca Höyük sfenkslerinden farklı olarak, aslan gövdelerinin tümü ve birinin açık kanadı yan cephelerde yüksek kabartma olarak gösterilmiştir. Bu kapının dış kısmı da Alaca Höyük'deki gibi protomlarla bezelidir.

Aslanlı Kapı batıdadır. Şehir dışına bakan kapı çerçevesinde iri monolitlerdeki aslan protomlarında yalnız baş ve gövdelerinin ön yarıları gösterilmiştir (Res. 4, S. 161). Sağdakinin korunan, kükrer durumdaki başında, dili alt çeneye yapışık olarak gösterilmiştir. Bıyıkları, yele perçemleri ayrıntılı bir şekilde işlenmiştir. Sfenkslerde olduğu gibi, göz dolguları düşmüştür.

> Kült Yapılarındaki Bezemeler

Hattuşa Yukarı Şehir'de çok sayıdaki kült yapılarından 2 no.lu tapınakta bulunan bir aslan başı, kulak, ağız, burun, boyun kırışıklıkları ile tipik Hitit aslanıdır (Res. 8, S. 138). Henüz ayrıntıları işlenmemiş bir aslan taslağı ile kırık parçalar arasında görülen rozet bezeli kolye, bu mabedin kapı geçitlerinin, koruyucu nitelikteki aslan ve dişi sfenksle bezenmiş olduğunun göstergesidir.

3 no.lu tapınakta bulunan iki erkek başı çok sıralı boynuzlarla bezeli sivri külahlıdır. Geniş, dolgun yüzleri, yabancı madde ile doldurulmayan gözlerinin şekillendirilişi, Kral Kapısı'ndaki tanrıyı anımsatır. Ancak kemersiz düz burunları ile ondan ayrılırlar. Her ikisi de erkek sfenks protomlarına aittir.

5 no.lu tapınağın temenos duvarı içinde kalan tek mekanlı üç yapıdan "A"da, kabartmalı bir blok bulunmuştur. Burada ön yüzünde, sivri külahlı, çok sıralı boynuzlu, kısa etekli, sivri uçlu ayakkabılı bir figür, sağa ilerlerken gösterilmiştir (Res. 9, S. 138). Sağ eliyle omuzuna dayadığı mızrağı taşırken, sol kolunu ileri uzatmıştır. Yumruğu üzerinde hiyeroglif yazıtta "Büyük Kral Tuthaliya" okunmuştur. Kulağı iri halka küpeli, baş ve belden aşağısı profilden, gövdesinin üst kısmı cepheden gösterilmiştir. Fizyonomik özellikleri "Kral Kapısı"ndaki tanrı kabartmasına yakındır ve onunki gibi, hareketin verdiği kas kabarıklıkları çok başarılıdır. Bu yapının ölmüş kral Tuthaliya kültü için yaptırıldığı önerilmektedir.

Yukarı Şehir'de, kültle ilgili diğer bir yapıya ait iki kabartmalı taş blok keşfedilmiştir. Frig çağına ait "Güney Kale"de ikinci kez kullanılmış olarak bulunan bir blokta, sola ilerleyen bir figür görülür. Üç sıra boynuzla bezeli sivri başlık, kısa etekli elbise, sivri uçlu ayakkabı giyen bu figür, sağ elinde yere dayadığı mızrağı, sol eliyle omuzuna dayadığı yayı taşımaktadır. Duruşu, hançeri klasikleşmiş olan bu figürün başı hizasındaki hiyeroglif yazıt, "Büyük Kral Şuppiluliuma" okunmuştur. Araştırmalar bu eserin, Hitit gölet bendine yapılmış 4 metre uzunlukta, üstü kemerli bir nişle bağlantılı olduğunu göstermiştir. Bu nişte in situ korunan kabartmada sola ilerleyen güneş tanrısı tasvir edilmiştir (Res. 10, S. 162). Kanatlı güneş kursu altındaki bu figür, uzun etekli, sivri uçlu ayakkabılı, takke biçimli başlıklıdır. Sol elinde lituus taşırken, sağ elinde "Ankh" "hayat" motifi görülmektedir. Nişin sağ duvarını oluşturan blokların tümü hiyeroglif yazıtla kaplanmıştır (Res. 11, S. 162). Burada Kral II. Şuppiluliuma'nın etkinlikleri anlatılmıştır. Kabartmaların her ikisi de hemen hemen düz denecek kadar ayrıntısızdır.

Nişantepe'de II. Şuppiluliuma'ya ait yazıtın bulunduğu kayalık üstündeki kalıntılarda, taslak halinde aslan tasvirleri ve iri bir sfenks'e ait parçalar ele geçmiştir. Bunlar kaya üzerindeki kült yapısının bezemeleridir. Eksik dişi sfenksin başında, Yerkapı sfenkslerinden birinde görülen üç çift rozetli tuğun bulunduğu saptanmıştır.

> Büyükkale – Kral Sarayı

Büyükkale, güneybatı kapısındaki başsız kapı aslanı protomunun gövdesi ve dolgun göğsü çok şematik, kısa bacakları belirgindir (Bkz. Burada Seeher S. 435 vdd.).

> Boğazköy-Hattuşa Aşağı Şehir

Hitit başkentinin bu kesimindeki tasvirli taş eserlerden biri, bir yapı öğesi olup, 1 no.lu tapınağın güneybatısındaki "Pınar Odası"na aittir. Zemine gömülü olarak, bindirme tekniğinde gerçekleştirilen su odasının kapısındaki lentoda sola ilerleyen bir

Hititli figür, çizgi tekniğinde, takkeli, baldırlarına uzanan giysili ve halka küpelidir. İki elini dua/takdis jestinde öne uzatmıştır. Eser, Taşçı II kaya anıtındaki figürün benzeridir.

Aşağı Şehir'deki I no.lu tapınağın güneybatısındaki kalker kütlesine işlenen dikdörtgen prizma biçimli "Aslanlı tekne"nin dar yüzeylerinde, ön ayaklarını uzatmış dilleri dışarıda ikişerden dört aslan protomunun, uzun yan yüzeylerdeki gövdeleri kabartma olarak işlenmiştir. Ayakların sayısı yan yüzeyde dörder, ön cephelerde ikişer olarak toplam beşer adettir. Bu ifade Hitit görsel sanatında tektir.

Kalkerden, kabaca dikdörtgen prizma biçiminde, ön yüzlerinde kabartmalar, üst yüzeyde heykel veya stel yerleştirmek için açılmış yuvalar oluşturulmuş iki kaide, yerlerinde bulunmadılar. Her ikisinde de benzer tipteki sunak önünde dua eden birer figür ve hiyeroglif yazıt vardır. Sağa doğru ilerleyen figürlerden birinde, takkeli, kısa iç etek, üzerinde uzun bir şal mantolu, halka küpeli bir şahıs, sağ eli göğüs hizasında, solu dirsekten yukarı kıvrık durumda dua ederken, ikinci kabartmadaki figürün yalnız ayaklarını açıkta bırakan uzun giysisi üzerinden aşağıya inen şalı ve iki eli dua durumunda gösterilmiştir. Her ikisinde de, saraya mensup yüksek düzeydeki ölümlüler tasvir edilmiştir.

> Yazılıkaya

Boğazköy yakınındaki yoğun kalker kayalıkların arasındaki iki kaya mekanı, kaya yüzeylerine işlenen kabartmalar nedeniyle "Yazılıkaya" olarak anılmaktadır (Bkz. Burada Seeher, S. 443 vdd.). "Kaya anıtları" grubuna girerse de, önündeki yapıyla bütünleştirildiği için onlardan ayrılmaktadır (Res. 1, S.112). Hitit tapınağı planlı bu yapıdan geçilen büyük oda "A"nın kaya yüzeylerindeki frizlerde, Hitit panteonunun en önde gelenlerinin AN.TAH.SUM bayramı nedeniyle buluştukları an anlatılmıştır.

"A" ile "B" odası arasındaki, bir yemek sahnesi kabartması tek olarak durur. Daha dar olan "B" kaya boşluğuna girişi, sağ ve soldaki iki "aslan adam" korumaktadır. İnce uzun boşluğun sağ kaya cephesine, kol kola, koşar adımda ilerleyen 12 tanrı kabartması işlenmiştir. Karşı cephede ise birbirinden bağımsız iki kompozisyon görülür. Koruyucu tanrısı Şarumma'nın bir kolu ile sardığı kral Tuthaliya kompozisyonu, dikdörtgen bir alan içine oldukça yüksek ve yumuşak çizgilerle işlenmiştir (Res. 9, 10, S.116). Her ikisinin kimliği, iyi korunmuş hiyeroglifli lejantlarla vurgulanmıştır. Onun önünde, Yazılıkaya kabartmalar serisinin 3,39 metre yüksekliği ile en büyüğü olan tanrı tasviri (No. 82) görülmektedir [Res. 2]. Ucu yere saplanmış kılıcın kabzasındaki kompozisyonda, başı sola dönük, çok sıralı boynuzlu sivri külahlı ve küpeli bir tanrının omuzlarını oluşturan, sağ ve sola dönük iki aslanın önyarısı ile bunların altında simetrik olarak uzanmış iki aslan kabartması yer almıştır. Bu ilginç tasvirin, yeraltı dünyası ile ilgili "Tanrı Nergal"i simgeleştirdiği kabul edilmektedir. Onun ilerisinde "Kral Tuthaliya" kartuşu bağımsız olarak durmaktadır. Bu tasvirlerin yönü, sağdan ve soldan, girişteki bir kalker bloka odaklanmış gibidir. Boyutları, Boğazköy'ün yakın çevresindeki Yekbas köyünde yeniden kullanılmış ve üzerinde 68 santimetre boyutlarında bir çift ayak bulunan bazalttan bir blokun boyutları ile aynıdır. O nedenle, II. Şuppiluliuma'nın, babasının tasvirini tamamlayıp diktirdiği şeklindeki sözlerine dayanılarak, ayakların durduğu bloğun veya benzerinin "B" odasına ait olduğu önerilmiştir.

Yazılıkaya kabartmalarının Hitit sanatının en olgun döneminde gerçekleştirildiği açıktır. İşçilik bakımından, Yukarı Şehir anıtsal kapı bezemeleri ile aynı dönemin ürünleri olduğundan şüphe etmiyoruz.

> Hitit Kaya Anıtları

Bu anıtlar, doğal kaya yüzeylerine, bağımsız yapılmışlardır. Tek veya çok figürlü ve hiyeroglif yazıtlar eşliğindedirler. Anadolu'da en yoğun olarak, Hitit siyasal gücünün, daima inmeyi hedeflediği güneye, Torosları aşarak Kuzey Suriye'ye yönlenen doğal yol güzergahındadırlar. Batı Anadolu yönünde sayıları azdır. Bazılarında geçen kral isimleri, onların ait oldukları dönemi açıkça vurgular.

Fraktin

Küçük bir dere kenarındaki kaya yüzeyine iki sahneli bir friz olarak işlenmiştir [Res. 3]. Her iki sahnenin de konusu aynı olup, benzer biçimdeki iki sunak önünde tanrıya kral, tanrıçaya kraliçe içki kurbanı/libasyon sunarken gösterilmiştir. Soldaki sahnede hiyeroglif lejantlarından tanrı ve kral olduğu anlaşıla iki figürün de giysileri aynıdır. Her ikisinde de boynuzlu külahı, kısa etekli elbisesi ve sivri uçlu ayakkabıları vardır. Bellerinde kısa kılıçlarının kabzaları ay biçimlidir. Tanrı, omuzuna dayadığı ucu kıvrık bastonu taşırken, kral, omuzuna taktığı yayı kirişinden tutmaktadır. Sağ sahnede tahta oturan tanrıça Hepat uzattığı elleri ile sunuyu kabul ederken, kraliçe Puduhepa ayaktadır. Her ikisi de tam profilden işlenmiştir. İsim lejantları, bu sunuyu gerçekleştirenlerin III. Hattuşili ve eşi Büyük Kraliçe Puduhepa olduğuna ve sağ taraftaki hiyeroglifli uzun yazıt, onun Kizzuvatna kökenine ışık tutar.

Taşçı

Taşçı suyu vadisindeki kalker kayaya işlenmiştir. Diğerlerinin aksine, çizgi tekniğinde gerçekleştirilmiştir. Anıtta, bacakları gösterilmediği için yerden çıkıyormuş gibi görünen üç figür, dua jestinde sağa doğru ilerlerken gösterilmiştir. Yuvarlak başlıklı ve uzun giysilidirler. Figürlerin çevresini kuşatan uzun ve çizilerek işlenmiş yazıtta III. Hattuşili'nin adı okunmaktadır. Bu anıtın 100 metre uzağında aynı teknikte yapılmış, yanında kısa yazıt olan, tek figürlü, "Taşçı II" anıtı vardır.

İmamkulu

İmamkulu köyünde, Zamantı vadisi teraslarında üstü yuvarlak bir kaya bloğuna işlenmiştir. Kompozisyonu üç bölümlüdür. En sağda, aslan başlı, açılmış üç sıra kanatlı kartal pençeli karışık varlık üzerinde çıplak tanrıça tasviri yer almıştır. Sol profilden gösterilen başı üzerine yıldız oturtulmuştur, yanındaki kuş tasviri İştar'ı simgeler. Ortadaki grup, üst üste üç sıradan oluşan bir şema sergilemektedir. En altta üç aslan adam yukarı kaldırdıkları elleri ile üç dağ tanrısına destek vermektedir. Onların üzerinde, boğa koşulu arabalarında ayakta duran tanrı Teşup bir eliyle topuzunu savururken, diğeriyle boğanın dizginlerini tutmaktadır. Hem ikonografik özellikleri, hem de yanındaki hiyeroglif yazıt onun kimliğini açıklamaktadır. Soldakinin kıyafeti, yuvarlak takke, kısa etekli elbise, sivri uçlu ayakkabıdan oluşmuştur. Elinde hançer, sol elinde yere dayalı mızrak sağında omuzuna astığı yayı taşımaktadır.

Hanyeri/Gezbeli

Doğal yolun Torosları aşan en yüksek geçidi Gezbeli'nden inişte, soldaki kayalıktadır. Bu kabartmada da, sağda uzun bir hiyeroglifli yazıt, ortada sola doğru adım atan, kısa elbise, yüksek yuvarlak başlık, sivri uçlu ayakkabı giymiş bir figür görülür. Sol elinde omuzundaki yayı, sağ elinde mızrak taşır. Belinde kemere sokulu kılıcın kabzası ay biçimindedir. Yüzünün hizasında, dağ ve dağ tanrısından oluşan iki zirve üzerine basan genç boğa, yanındaki hiyeroglifte okunan yazıta göre Şarrumma'yı temsil etmektedir. Büyük figürün yazıtı onun bir prens olduğunu açıklar.

Sirkeli

Ceyhan Irmağı'nın sol yakasındaki kayalıklara işlenmiştir. Burada sola doğru ilerleyen figür, yüzüne doğru uzattığı sağ eli yumruk yapılmış, sol eliyle lituus taşır durumda gösterilmiştir. Uzun şal mantolu ve takke giyimlidir. Profilden gösterilen yüzünde sol göz cepheden işlenmiştir. Anıtta yer alan kitabede "Büyük Kral Muvattalli"nin adı okunmuştur. Bu kral, başkenti Hattuşa'dan güneye, Tarhuntaşşa'ya nakleden ve II. Ramses'le Kadeş savaşını yapan kraldır. Sirkeli'de 1992 yılında, Muvattalli anıtının hemen yakınında çok iyi izlenemeyen, onun benzeri olan ikinci bir kabartma keşfedildi. Yer yer çok silik olan bu II. Sirkeli anıtının, ırmağın kabardığı dönemlerde zarar göreceği endişesiyle tamamlanmadığı düşünülmektedir.

Hemite

Burada giysi ve silahları Gezbeli kabartmasındaki prense benzeyen bir figür sola doğru ilerlemektedir.

Figürün arkasındaki hiyeroglif yazıt onun prens olduğunu belirtir.

Hitit ülkesinden güneye doğru yayılış gösteren bu altı anıttan üçünün yazıtlarında kral adı geçer. Bunların en erken tarihlisi Sirkeli (II. Muvattalli) anıtıdır. II. Ramses'le Kadeş anlaşmasını gerçekleştiren III. Hattuşili'nin adı, hem Taşçı I, hem de Fraktin anıtlarında yazılıdır.

Hitit başkenti Boğazköy'ün batısındaki kaya kabartmaları sayıca azdır. Bunlar Gavurkale, Kemalpaşa, Akpınar/Spilos isimleri ile tanınmışlardır.

Gavurkale

Ankara'nın batısında, Haymana'ya giden eski yol üzerinde, yüksek, kayalık bir tepededir. Burada yapılan kısa süreli kazı, az korunmuş kuleli surlarla çevrilmiş tepenin üstündeki kayalıkların, dikdörtgen plan veren, kiklopik tarzda duvarlarla kısmen çevrildiği anlaşılmıştır. Kayalıkların dış yüzüne, üç kabartma figürden oluşan bir sahne işlenmiştir. İçinde, kayalık karşısında, sahte kemer şeklinde örülmüş bir yeraltı odası bulunmaktadır. Bu odanın anıtsal bir mezar (E.NA_4) olduğu önerilmiştir.

Kaya kabartmasında, solda tahtında oturan, başında sivri külahlı gibi görünen, ancak bugün, kurs biçimli başlık olduğundan şüphe etmediğimiz bir tanrıça, aradaki kaya kırığından sonra, saygı jestini tekrar ederek ilerleyen iki tanrı görülür. Boynuzlu külah, kısa eteklik, sivri uçlu ayakkabılarıyla giyimlidirler. Uzun kılıçlar önden, karın üzerine gelir şekilde kemere sokuludur. Arkadaki sakallıdır. Boyları tanrıçanın iki katı büyüklüğündedir.

Kemalpaşa/Karabel

Kemalpaşa'dan Torbalı'ya giden dar geçidin sol cephesinde klasikleşmiş tanrı giysileri olan bir figür sağa ilerlerken, sağ eliyle omuzuna asılı yay ve sol eliyle bir mızrak taşımaktadır. Ay biçimli kılıcının kabzası ve mızrakla başı arasında Luvi-hiyeroglifli yazıtı vardır. Boğazköy belgelerinden tanınmayan isim lejantına göre, yöresel bir kralca yaptırdığı düşünülmektedir. Bu anıtın yakın çevresindeki kayalıkta benzeri ikinci anıt çok iyi korunmamıştır.

Akpınar

Manisa dağının kuzey yamaçlarındaki kayalıklara işlenmiş bir anıttır. Dikdörtgen ve içinde üstü yuvarlatılmış derin bir nişdeki tahtında, oturan bir tanrıça, cepheden yüksek kabartma olarak işlenmiştir. Bu kabartmanın yanındaki hiyerogliflerde geçen isimler Boğazköy kralları arasında bulunmamaktadır.

Hatıp

Konya'dan 17 kilometre uzakta, dibinden çok gür bir su kaynağının fışkırdığı kayalığın cephesindedir. Hırpalanmış baş kısmında, boynuz bezeli tanrı külahı bulunan bir figür, sağa ilerler durumda, ok ve mızrakla silahlı olarak betimlenmiştir. Bu figürün arkasında Luvi hiyeroglifli yazıt "Büyük Kral Muvattalli oğlu Büyük Kral Kurunta" olarak okunmuştur. İsim, Boğazköy'de mühür baskısı bulunan ve bronz tablette (Kat. No. 84) adı geçen Tarhuntaşşa kralınınkiyle aynıdır.

Kaya kabartmalarının çoğu, akarsular ve pınarların yakınında, doğal yolların kontrol noktalarında yer almıştır.

> Eflatunpınar Kutsal Havuzu

Kaya anıtlarından farklı bir düşünceyle, Konya-Beyşehir gölüne akan Eflatunpınar deresinin güçlü kaynağına yapılmış bir anıttır [Res. 4 – 6]. Bir bentle önü kesilen suyun oluşturduğu göletin kenarında, çeşitli boyutlardaki dikdörtgen trahit bloklarla örülüdür; anıtın ön cephesinde kabartma figürlerle oluşturulmuş bir kompozisyon görülür.

Gölette yükselen su seviyesinin anıta verdiği zararı gidermek üzere, Konya Müzesi'nin başlattığı çalışma, son yılların en ilginç buluntularını gün ışığına çıkarmıştır. Gölete akan su azaltılınca, yıllardan beri savak olarak nitelenen, büyük ve üzeri üç derin yivli trahit bloğun ön cephesinde üç boğa protomu ortaya çıkmıştır; bloğun burada ikinci kez kullanıldığı anlaşılmıştır. Üstteki üç derin oyuk bu boğa protomlarının üzerindedir; kanımızca, onlar üzerlerine tanrı veya tanrıça heykellerinin oturtulmasına yarayan yuvalar olarak yorumlanmalıdır.

Göletteki su seviyesi düşürüldükçe, anıttaki taşların tekniğiyle işlenmiş, dikdörtgen bloklarla örülü 34 x 30 metre boyutlarında yapılmış bir havuzun varlığı görüldü [Res. 5]. Ayrıca, eskiden bilinen üç kanatlı güneş kursunun taçlandırdığı Eflatunpınar anıtının, derine doğru devam ettiği, bu alt sırada beş dağ tanrısının yer aldığı ve tahtında oturan iki tanrıça yontusunun, anıtın iki tarafına, havuzun dar kenarına yerleştirildiği görülmüştür.

Yılların oluşturduğu aşınmaya karşın tanrıçalar ve dağ tanrıları oldukça iyi korunmuştur. Bunlardan ortadaki üçünün eteklerine açılmış on bir delik, anıtın altına da uzanan ve kaynaktan havuza su sağlayan kanalla bağlantılıdır; yani suların dışarıya fışkırması için yapılmışlardır. İki tanrıça anıttakinin benzeridir [Res. 4].

Diğer bir yenilik de, havuzun karşı dar duvarında, kesme taşlardan yapılmış dikdörtgen planlı yapıt kalıntısı ve onun ön cephesinde, tahtında oturan bir tanrı çifti tasvirinin varlığıdır. Birinin üst kısmı, noksan olan, bu yontulardan iyi korunan tanrıçanın, kurs biçimli yuvarlak başlığı stilize güneş ışınları ile bezelidir [Res. 6].

Ancak eskiden bilinen anıtın karşısında, hemen hemen onun boyutlarındaki bu yapılanmanın da, onun gibi, farklı figürlerin işlendiği bir kompozisyon oluşturmuş olması olasıdır. Eski anıtta, ellerini taşıma pozunda yukarı kaldıran üst üste ikişerden aslan adam kabartmalı beş blok, dağ tanrıları üzerine yerleştirilmiştir. Cepheden işlenmiş ve tahtında oturan tanrı ve tanrıçanın altındaki bloklar tasvirsizdir.

Havuzun sağ duvarının ortasında, üst kısmı kırık iki figürden oluşmuş kabartmalı bir blok yerleştirilmiştir. Karşı duvarda, bunun simetriğinde bir yontu bezemesinin olup olmadığı henüz aydınlanamamıştır. Ayrıca, ayaklarını altına alarak oturan, başı kırık iki boğa heykeli ve göbeğinde bir delik bulunan, ellerini kavuşturmuş durumda bir dağ tanrısının üst kısmına ait parçanın eski yerleri henüz belli değildir. 2000 yılı araştırmalarında, başsız boğa heykellerinin sayısının on ikiye eriştiği ve havuzun dip taramasında pişmiş toprak adak tabakçıkları bulunmuştur.

Eski anıtın arkasında kalan, kırık durumda, iki yanında aslan tasvirleri bulunan taht kabartmalı Aslantaş, Fasıllar köyündeki taş ocaklarında yerde yatan stele işlenmiş aslanları hatırlatır. 7,40 metre yüksekliğindeki Fasıllar stelinde iki yanında birer aslan duran bir dağ tanrısı figürünün üzerinde, adım atar durumda genç bir tanrı betimi görülür. Kaidesinin Aslantaş'a benzeşmesi nedeniyle, böyle bir stelin, Aslantaş'ın, eskiden bilinen Eflatunpınar anıtının üzerinde veya biraz gerisinde yer aldığı önerilmiştir.

Fasıllar stelinde canlandırılan konu ve tasvir şeması, 19,5 cm uzunluğundaki tunçtan Şarkışla tören baltasıyla benzerlik gösterir [Res. 8]. Baltanın sap deliğini ve yan kenarlarını grifon ve kanatlı aslan protomları süslemiştir. Kartal başı ile biten bir nervür, ağzını çevirmiştir. Balta yüzlerinde aslan adamlarca taşınan kanatlı güneş kursunun altında, aslan protomuna basmış bir tanrı, altta bir Dağ Tanrısı tarafından yüceltilirken gösterilmiştir.

Eflatunpınar kutsal havuzu, kendisi gibi, bir pınardan beslenen ve duvarlarında IV. Tuthalya'nın Luvi-hiyeroglifli uzun bir yazıtı bulunan, su kültü ile ilgili Yalburt havuzunu, yalnızlıktan kurtarmıştır. Yazılıkaya ve Alaca Höyük sfenksli kapıdan sonra, Hitit taş yontu sanatının bol örneklerini bir araya getiren bir düzenleme olarak, üçüncü sıradadır.

> Steller

Taş yontu sanatını temsil eden eserlerden Yağrı ve Akçaköy stellerinin, buluntu konumları bilinmemektedir. Yağrı'da, bir sunağın iki yanında karşılıklı oturan, uzun etekli, şal mantolu ve sivri uçlu ayakkabılı iki figür işlenmiştir. Akçaköy stelinde hiyeroglif lejantından "Fırtına Tanrısı" olduğunu öğrendiğimiz, giysi ve duruşu ile tipik bir Hitit tanrısı betimlenmiştir. Belindeki hançerinin ucu ve kısa etekliğinin alt kenarından çıkan floral bezemeler, onu merkez üslubundan farklı kılar.

Buluntu konumunu tam bilemediğimiz steatitten yapılma, 6,3 santimetre boyunda çok küçük bir kabartmanın Çorum/Yeniköy kökenli olduğu belirtilmiştir [Res. 7]. Eserin üst kısmı bir stel gibi yuvarlatılmıştır. "Kırların Koruyucu Tanrısı"nın ikonografik özelliklerini, bütün Hititli özellikleri ile yansıtan bir eserdir.

> Heykelcikler

Maden, fildişi, kaya kristalinden üretilmiş küçük boy heykelcikler, tanrı, tanrıça veya onların atribut hayvanlarını temsil etmektedir. Büyük boy taş heykellerin azlığına karşın, günümüze daha çok sayıda erişebilmişlerdir. Hitit kült envanter metinlerinin bir kısmını oluşturan, tanrı tasvir metinlerinden bu heykelciklerin tapınaklara adak olarak sunulduklarını öğreniyoruz. Heykelciklerin iki farklı şekilde kullanıldıkları anlaşılmaktadır. İlk gruptakiler bir yerde dik duracak şekilde yapılmışlardır; bazılarının alt kısmında saplama çıkıntıları vardır. Diğerlerinin ise, arkalarındaki, bir yere takılmalarını sağlayacak halkaları ile pandantif olarak kullanılmışlardır. Bu türdekilerin hepsi madendir.

Bu heykelciklerde betimlenen tanrı ve tanrıçaların ikonografik kimliği, her zaman vurgulanmamıştır. Erkek tanrıların, boynuzlu veya boynuzsuz sivri külahları, onların tanrısal özelliğini açıklar. Ayakta duranların önemli bir grubu, "savaşan tanrı" duruşundadır. Bunlarda bir kol öne doğru, dirsekten bükülü, diğeri silahını savuracak şekilde, yukarıya kalkık, bir ayağı öndedir. Bunların silahları kayıptır. Bu tipin en erken örneği "Şarkışla/Dövlek" heykelciğidir [Res. 11]. Diğerlerinin çoğunluğu Geç İmparatorluk Çağı'nın ürünüdür. Amarna, Lazkiye, Boğazköy bu tipin temsilcileridir. Bu tipin yayınlanan son tunç örneği Mut/Karaman bölgesindendir [Res.12]. Fasıllar anıtındaki tanrının, 7,5 santimetre yüksekliğindeki küçük bir modeli gibidir. Teselya'da Nazaro'dan çıkarıldığı söylenen gümüş tanrı heykelciği de bu "savaşan tanrı" grubundandır.

Hitit heykelciklerinin en büyük örneği, bacaklarının eksikliğine karşın hala 31,5 santimetre yüksekliğini koruyan, içi kurşunla doldurulmuş, takke başlıklı Afyon-Ahurhisar heykelidir [Res. 13].

Alaca Höyük'de bir grup tanrıça heykelciği ile birlikte bir set oluşturan bir çift boğa heykelciğinin içi boştur; henüz kurşunla doldurulmamıştır [Res. 9, 10]. Biri sağ, diğeri sol cepheden işlenen bu eserler, Tanrı Teşup'un ikiz boğalarını temsil ediyor olmalıdırlar.
Tunçdan 4,1 santimetre yüksekliğindeki diğer bir heykelcik Metropolitan Müzesinde'dir. Altın bir foli band, takkesinin alt kenarını kaplamıştır. Elinde tuttuğu sembolün ucu kırık olup, sırtından çıkan bir çift kanat Yazılıkaya "A" odasındaki 31 no. lu kabartmayı hatırlatmaktadır. Bu benzerlik onun tanrı tasviri metinlerinde özellikleri açıklanan tanrı "Pirinkar" olduğuna işaret etmektedir.

Boğazköy'ün sakallı fildişi tanrı heykelciği, ellerini önde kavuşturmuştur (Res. 3, S. 245). Etekliğinin pul şekilli bezemeleri, onun bir "dağ tanrısı" olduğunu ifade eder.

Fildişinden ikinci heykelcik, Nuzi İştar tapınağında adak eşyası olarak bulunmuştur. Tanrı külahlı, dolgun yüzlü figürin yarı çıplak, yarı giyilidir. Bir ayağı ve karnından itibaren aşağı kısmı çıplaktır. Diğer ayağı sivri uçlu ayakkabılıdır. Göğsüne hiyeroglif ve sağ elinde taşıdığı bir balta kabartma olarak işlenmiştir. Hititli üslubu ile bu eser tanrıçanın hem kadın hem erkek özelliklerini yansıtır.

Tarsus dağ kristali heykelciği ayakta duran sivri külahlı, uzun elbiseli tanrıyı temsil etmektedir. Duruşu Kocabaş heykelciğini anımsatır.

Altın Alaca Höyük folisi, özü kaybolmuş bir heykelciğe ait olup onun özelliklerini kendinde korumuştur (Res. 11, S. 175). Sağ elinde kuş, sol elinde kıvrık baston tutan bu figürin kaplaması "Kırların Koruyucu Tanrısı"dır.

Tanrıça heykelciklerinin çoğunluğu dikdörtgen bir platform üzerinde duran, arkalıksız tahtlarında, oturur durumda işlenmiştir. Büyük çoğunluğu disk başlıklıdır. Bunlar arasında en çarpıcı örnek, tunçtan Alaca Höyük tanrıçasıdır (Res. 9, S. 175). Çünkü çok geniş başlığındaki ince ışık demetleri, yeni bulunan Eflatunpınar tanrıçasını anımsatır ve onun "Güneş Tanrıçası" kimliğini vurgular.

> Pandantifler

Boğazköy'de bulunan bir pandantif ise [Res. 12], duruşu, giysisi ve özellikle külahının tepesine oturtulmuş boğa betimi ile Yazılıkaya "A" odasındaki tanrı Kumarbi'nin küçük bir örneğidir.
Bulunuş yeri ve şekli bilinmeyen, çok küçük iki altın pandantif, birbirinin çok yakın benzeri olup, külahları çok sıralı boynuzla süslüdür. Kısa kollu gömlek, kısa eteklik giymişlerdir. Göğüsleri üzerine getirdikleri elleriyle aşağıya inen, ucu hafif kıvrık bir baston tutmaktadırlar. Ayak tabanlarının ön kısmı hafifçe yukarı kalkıktır.

Güney Kıbrıs'ta Kalavassos-Aigos Dimitrios'ta, MÖ 13. yüzyıla tarihlendirilen bir mezarda keşfedilen gümüş pandantifte geyik üzerinde duran bir tanrı "DINGIR LAMA-LIL" betimlenmiştir. Tanrı sağ eliyle aşağı doğru, ucu kıvrık bir asa tutmaktadır. Giysi, duruş ve fizyonomisi yukarıdaki altın heykelciklerin paralelidir.

Schimmel koleksiyonundaki altın tanrıça kucağına oturttuğu çocuk figürü ile özellik kazanmıştır. Giyimi Alaca Höyük tunç tanrıçasına benzer. Çiftlikte bulunan benzeri diğer bir altın tanrıça çocuksuzdur, fakat elinde bir kap tutar.

Amarna'da, bir definede bulunan gümüş bir pandantif, olasılıkla, en erken IV. Amenofis dönemine aittir. Uzun giysili, takke başlıklı erkek figürünün, kaidesi altındaki işaret, onun mühür olarak da kullanılmış olabileceğini düşündürmektedir.

Ugarit'te keşfedilen tunçtan yapılmış ve üç figürlü bir pandantifin konu ve kompozisyon şeması açısından benzeri olan bir fildişi obje "Boğazköy"de bulunmuştur (Res. 1, S. 244). Her ikisinde de, ortada boğa masklı figürin iki yanında birer tanrı yer almıştır.

> Madeni Kült Kapları Ritonlar

Kült törenleri ile ilgili metinlerde altın, gümüş, tunç ve taştan yapılmış kaplardan söz edilir. Bunların büyük bir kısmı, belirli tanrıların kutsal hayvanlarıyla anılırlar.

Günümüze pek azı erişebilen bu kaplardan, şimdilik yalnızca yedi tanesi tanınmaktadır. Bunlardan ilki Mykenai'dandır. IV numaralı Schachtgrab'da keşfedilen gümüş BIBRU ayakta duran bir geyiği temsil eder. Bu eser burun deliklerinin açık ve sırttan bardaklı oluşu ile pişmiştoprak Hitit ritonlarına benzerlik gösterir. Ancak eserin çok oksitlenmiş olması, geyik tasvirlerindeki Hititli üslup özelliklerinin izlenmesine olanak sağlamamaktadır.

Diğerlerinden ikisi Schimmel Koleksiyonunda olup, gümüştendir. Bir boğa ve bir geyik, ön bacakları üzerine oturur durumda gösterilmişlerdir. Hayvanların, belden itibaren arka kısımları gösterilmemiştir. Kaplar, ağız kenarları hayvanların bel hizasına getirilmiş, tek dikey kulplu maşrapa formundadırlar. Hayvanın baş ve boynu kabın dibini oluşturur. Birer protom, GU gibi düşünülmüşlerdir. Geyik ve boğanın, Hitit üslup özellikleri olan, çiçek petalleriyle stilize edilmiş kasları büyük bir ustalıkla ifade edilmiştir.

Geyik ritonunun ağız kısmı altında, repuse tekniğinde işlenmiş sahnede "Tanrılara sunu" töreni canlandırılmıştır (Bkz. Burada de Martino, S.445 vdd., Res. 2, S.119). Biri oturan, diğeri geyik üzerinde ayakta duran iki tanrıya, üç ölümlü, ağaç altına bırakılan avlanmış bir geyik, şarap ve ekmek sunmaktadırlar. Kurban sunanların kısa elbiselerinin altında arka bacaklarını örten üçgen uçları, Alaca Höyük kabartmalarını anımsatır. Tanrıların başları hizasında Luvi hiyeroglifli iki yazıt, altın aplike olarak işlenmiştir. Bunlardan ilki "Aştabi" olarak okunmuştur.

Dördüncü gümüş kült kabı, Boston Müzesi'ndeki GESPU'dur [Res. 16]. Yumruk biçimli tek kulplu maşrapa olarak düşünülmüştür. Yumruğun bilek kısmına gelen ağız kenarı altında repuse tekniğindeki kabartma bir frizde, müzik eşliğinde, "tanrıya içki ve ekmek sunma" töreni betimlenmiştir. Kutsal hayvanı boğanın dizginlerini sol elinde tutarken, sağ eliyle topuzunu savuran bu tanrı, "Göklerin Fırtına Tanrısı"dır. Önündeki sunağa içki sunan kralı, diz çökmüş saki ve müzisyenler izler. Bu kortejin arkasında bitki ve dağlar arasındaki tanrı ve bir yapı üzerinden yükselen insan baş ve kolları sahneyi tamamlamaktadır. Kült görevlilerinin iç giysileri, Alaca Höyük kabartmalarındakiler gibi, elbiselerinin altından arka bacaklarına doğru inmektedir. Kralın başı hizasındaki hiyeroglif yazıtta "Büyük Kral Tuthaliya" okunmuştur. Güterbock, bu lejantın, IV. Tuthaliya'dan daha eski olduğuna, II. Tuthaliya veya III. Tuthaliya'ya mı ait olduğunu ifade etmenin zorluğuna işaret etmiştir.

Kınık'ta bulunan üç boğa başı biçimli riton, GU ideogramı ile anlatılanlardır [Res. 15]. Gümüşü bol bronzdan yapıldığı varsayılan ve henüz analizi yapılamamış bu kaplar yalnız boğa başı ve boynu olarak düşünülen tek kulplu maşrapalardır. Korunan kısımlarında herhangi bir yazıta rastlanmamıştır. İyi korunanın burnu üzerindeki dikdörtgen iz, altın bir aplikin yeri olabilir. Üslup özellikleri Schimmel boğa ritonuna yakındır.

Tripot

Üç boğa protomu ile bezeli bir tripot (Kat. No. 104), Kıbrıs ve Ugarit'te bulunan tunç tripotların anlamında, küçük bir kült kabıdır. Mabet envanterleri bu tür objelerin varlığını bildirmektedir.

Kastamonu Çanağı

Boğa ritonlarıyla beraber müzeye getirilen bu tunç çanak [Res. 17], ağız kenarı altından başlayarak, dibine kadar inen repuse tekniğinde üç konsantrik frizle bezenmiştir. Dipte göbekte rozet, onu çevreleyende üç stilize hayat ağacının iki yanında birer grifon, antitetik olarak, gösterilmiştir. Orta frizde, iki avcının mızrakla domuz ve geyik avlaması ve aslan-boğa mücadelesi canlı bir şekilde anlatılmıştır. En üstteki frizde, evcilleştirilmiş geyik desteğinde gerçekleştirilen av anlatılmaktadır [Res. 17b]. Çanakta, kutsal bir av konusu işlenmiş olup, alageyik ve dağkeçilerinin avlanışı sırasında hayvanların, atılan oklara karşı farklı tepkileri büyük bir başarı ile canlandırılmıştır. Avcıların ve hayvanların üslup özellikleri Alaca Höyük kabartmalarının çok yakın benzeridir. Ağız kenarı altındaki Luvi hiyeroglif yazıtta bu kabın, Boğazköy'ün büyük yetkilisi "Taprammi" tarafından adandığını açıklanmaktadır. Avcıların belindeki kılıçların kıvrık ucu, Yazılıkaya ve Kral Kapısı kabartmalarının benzeridir.

> Özet

Hititler'in, yukarıda belli başlı örneklerini kısaca tanıttığımız görsel sanat ürünleri, Hitit imparatorluk çağının erken evresinden başlayan ve devletin sona erişine kadar geçen süreç içinde üretilmişlerdir. Bunlar Hitit kültürünün çekirdek bölgesinde veya Karabel gibi, dışında da bulunsalar, Hitit sanat üslubunu güçlü bir şekilde yansıtırlar. Hititler'in, büyük ve güçlü bir siyasal erk sahibi olduğu dönemlerde, Babil, Kuzey Suriye ve Mısır ile olan barışçı veya savaşçı ilişikileri, bu bölgelerin kültürleri ile karşılaşma nedeni olmuştur. Kendilerinin gördükleri veya oradan getirilen insanların katkıları, esasen gelişmiş olan yerli sanatın, Anadolu üslubunun zenginleşmesini sağlamıştır.

Hitit sanatında, en çok, Hurri ve Mısır etkisinden söz edilir. İmparatorluk Dönemi'nin en erken evrelerinde başlayan Hurri kültür etkisinin III. Hattuşili ve IV. Tuthaliya döneminde, doruğuna eriştiği anlaşılmaktadır. Ancak, Hitit sanat ürünlerindeki üslup Hurrili değildir. Hurri etkisi daha çok dinsel kavramlardadır. Hititler bu kavramları, kendi üslupları ile ifade etmeyi başarmıştır. Mısır etkisi, sfenks gibi, bazı motiflerde ve bazı figürlerin baş ve bacaklarının profilden, göğsün cepheden işlenişinde belirgindir. Ancak, onların betimlenmeleri, Mısır tasvirlerinden farklı, Hititli'dir.

Bu üslubun kuralları, en çok, insan şeklinde düşünülen tanrıların giysilerinde ve fizyonomilerinde belirgindir. Tanrıların çoğunluğu, boynuzlu sivri külah, kısa eteklik ve sivri uçlu bot giyerler. Güneş tanrısı ile kral ve üst düzey kült görevlisi erkekler takke başlık, şal manto giyimlidir. Bazı görevlilerin üstlükleri kısa etekli olabilir. Krallık asası lituus, kral ve güneş tanrısı betimlemelerinin vazgeçilmez ögesidir. Tanrıça ve kraliçelerin disk biçimli başlık, uzun kollu ve etekli giysileri, aynıdır. Ucu kıvrık ayakkabı onların da ayaklarında görülür. Yalnız Yazılıkaya tanrıçaları, farklı bir silindirik başlık giymişlerdir. Uzun saçlar enseden sırta doğru, bazen örgü şeklinde iner.

Genellikle yüzde gözler iri badem biçiminde, burunlar düz veya kavisli, ağız gülümseme başlangıcında gösterilmiştir. Dolgun yüz ve etli çene, yaygın bir ifade yoludur.

Konular daima dinseldir. Ya ölmüş, tanrılaşmış krallar ve tanrılar tek başlarına veya bir dinsel kutsamayı anlatan sahnelerde, karşılıklı olarak gösterilmişlerdir.

Tanrı ve kralların duruşları, Mısır'da da görüldüğü gibi, baş ve belden aşağısı profilden, gövdenin üst kısmı cepheden gösterilmişken, tanrıça ve kraliçeler profilden işlenmiştir.

Dua şekli ileri doğru, dirsekten kırılarak uzatılan yumrukla ifade edilir.

Akhisar kaya kabartması ve Eflatunpınar anıtında, tanrılar ve tanrıçalar, tahtları üzerinde oturur durumda, dağ tanrıları da ayakta dururken, cepheden, yüksek kabartma olarak işlenmiştir.

Bu özellikleriyle Hitit görsel sanatı, büyük bir imparatorluğun kazanımları ile zenginleşmiş, çevredeki kültürlerde benzeri bulunmayan özgün bir sanattır.

Kaynakça

Akurgal 1961; Bittel 1975; Bittel 1976a; Boehmer 1979; Canby 1989, 109 – 129; Darga 1992; A. Dinçol 1998, 27 – 35; Güterbock 1983, 203 – 217; Güterbock 1956, 113 – 119; Kohlmeyer 1983, 7 – 153; Muscarella 1974; Neve 1993; N. Özgüç 1968; T. Özgüç 1986a; Özenir 1999, 20 – 21

Resim altları

1 Alacahöyük Sfenksli Kapı çizimi (Mellink 1972, Res. 2)
2 Yazılıkaya B Odası; Kılıç Tanrısı (Foto Peter Oszvald)
3 Fraktin Kaya Kabartması (Foto Peter Oszvald)
4 Eflatunpınar Anıtı; Beş Dağ Tanrısı (altta) ve yeni saptanmış iki tanrıça (Foto Peter Oszvald)
5 Eflatunpınar Anıtı; plan (S. Özenir'in izniyle)
6 Eflatunpınar güneş tanrıçası (Özenir 1999)
7 Çorum/Yeniköy'den steatit kabartma levhacık (Kat. No. 124)
8 Şarkışla baltası (Kat. No. 147)
9, 10 Alaca Höyük'ten iki boğa heykelciği (Kat. No. 109, 110)
11 Şarkışla/Dövlek tanrı heykelciği (Kat. No. 88)
12 Afyon-Ahurhisar tanrı heykelciği (Kat. No. 122)
13 Karaman tanrı heykelciği (Kat. No. 120)
14 Boğazköy'den askı halkalı, ayakta duran tanrı heykelciği (Kat. No. 116)
15 Boston gümüş ritonu; Museum of Fine Arts, Boston (Çizim: Güterbock/Kendall 1995, Res. 3.5; 3.7)
16 Kastamonu'dan boğa başı biçimli kült kabı (Kat. No. 102)
17 Kastamonu çanağı (Kat. No. 101)
18 Kastamonu çanağı, çizim (Kat. No. 101)

Tanrı Alayları, Savaş ve Av Sahneleri

MÖ 20. – 18. Yüzyıllarda Anadolu Silindir ve Baskı Mühürlerinde Motif Zenginliği

Nimet Özgüç

Orta Anadolu'da yürütülmüş olan sistemli kazılarda bulunmuş olan Anadolu kökenli mühürlerle baskıları, Hitit sanatının doğuşunun ve gelişmesinin incelenmesinde birinci derecede kaynağımızdır. Bunlar Assur Ticaret Kolonileri Çağı'nın erken ve geç safhalarına ait olmak üzere iki büyük gruba ayrılır. Erken grup Kaniş Karumu'nun II. katı, geç olanı Ib katı ile simgelenmiştir.

> Kaniş Karumu II. Kat Anadolu Mühürleri ve Baskıları

MÖ 20. yüzyılın ikinci yarısından başlayarak, 19. yüzyıl zaman diliminde Assurlu tüccarlar Mezopotamya ve Suriye'nin çeşitli üsluplarındaki (Eski Assur, Eski Babil, Eski Suriye) silindir mühürlerini Anadolu'ya getirdiler. Heykelcilikte büyük birikimi olan yerli ustaların bir kısmı, Neolitik Çağ'dan başlayarak binlerce yıl kullanılmış olan damga mühürleri ikinci plana atıp, bol figürlü sahnelerin işlenmesine daha elverişli olan silindir mührü benimsediler. Kısa zamanda yabancı üsluplardan, özellikle Eski Babil'den kendisini kurtarmış, zengin motifli yeni kompozisyon şemalarıyla orijinal mühürler yarattılar. Bunlar tanışma ve deneme evresinden sonra olgunluğa ticaretin en yoğun evresi olan Assurlu Sargon'un zamanında erişmiş oldular. Çünkü bu devrin ünlü Assurlu tüccarları da grubun en güzel örneklerini yerli atölyelere ısmarlamışlardır.

Çeşitli yerlerde belirtildiği gibi, bu katın Anadolu mühürleri homojen değildir; bu yüzden bunlara Anadolu Grubu adı verilmiştir. Bu üslup önemli miktarda Hititli elemanlara sahiptir, kompozisyon şemaları ve motif hazineleri ile birbirini tamamlarlar. Damga mühürlerdeki tasvirlerde de aynı üslup kullanılmıştır.

Kalsitten bir örnek dışında tümü hematitten yapılmış olan yerli silindir mühürlerin sayısı çok az olduğundan, bu konuda ana kaynağımızı kil zarflar ve bullalar üstündeki yüzlerce baskı oluşturur.

Yerli silindir mühürlerin belirgin özellikleri şöyle özetlenebilir: Bu üslup da Eski Assur ve Eski Suriye üslupları gibi lineardır. Fakat daha yuvarlak hatlı olması ve vücut taramalarında bu hatlara uyulmasıyla diğerlerinden ayrılır. İnsan tasvirlerinde bebekleri oval bir kabartma olarak gösterilen göz çukurları, yüzün yarısını kaplar. İri burunları hafif kemerli olup, gözlerinin alt kavsi ile birleşir. Ağızları küçük, dudakları iki kabartı halindedir. İyi belirtilmiş çenelerinde dik olarak taranmış sakalların telleri tek tek gösterilmiştir. Boyunları uzuncadır. Omuzlarının genişliği kollarının durumuna göre ayarlanmıştır. Kol ve bacak oranları doğala yakınsa da bazı örneklerde göreceli olarak gereğinden daha uzun yapılmıştır. Yumulu veya açık dört veya beş parmaklı elleri epeyce büyüktür. Başparmaklarının belirtilmesine özen gösterilmiştir. Çıplak veya kısa etekli figürlerde vücut oranları ölçülüdür. Organların detaylar abartıya kaçmayan bir özenle işlenmiştir. Hayvanların bacak, pençe ve tırnaklarında bu özellik belirgindir.

Tanrı ve tanrıçalar pliseli elbise giyerler. Ayakta duran ve yürüyenlerde elbiselerin etek kısmı bir bacağı açıkta bırakacak biçimde, dört köşeli olarak kesilmiştir. Tanrı taçları iki biçimdedir. Birincisi çift veya çok boynuzlu, bazen boynuzsuz külahtır. Bunların bir kısmının tepesinde güneş kursu bulunur. Tanrıçalar bere giyerler. Tapanlar, avcılar ve savaşçılar uzun, dik çizgili elbiseli veya kısa eteklidir.

Anadolu'nun tasvir sanatını ve dinlerini hakkıyla yansıtan, konu ve motifleri bakımından zengin repertuvarlı yerli silindir mühürlerin büyük kısmı, içerik ve form bakımından çağdaş Mezopotamya örneklerinden çok farklıdır. Form ayrılığı mühür alanının kullanılışında kendini gösterir. Yalnız tapma sahnelerine yer verilmiş olan III. Ur, Eski Babil ve Eski Suriye üsluplarında işlenmiş ithal mühürlerde, figürler aynı seviyede işlenir. Kompozisyon şemasında Mezopotamya gliptik sanatının en renklisi ve albenisi olan ve Akkad geleneğini yaşatan Anadolu mühürlerinde sahneler ve kalabalık figür grupları, farklı seviyelerde, çeşitli sıralar halinde ve silindirin yüzünü tamamen dolduracak biçimde tanzim edilmiştir [Res. 2]. Her konu hayvan tasvirleri ile zenginleştirilmiştir. Av sahnelerinde veya yalnız hayvanların yer aldığı örneklerde figürler mühür alanına serbestçe dağıtılmıştır.

Figürlerin boyları, vücut oranları aynı kalmak koşulu ile saymacadır. Anadolu silindir mühürleri içeriği, yani konuları ve motifleri bakımından Kaniş'in en görkemli grubudur. Konular mitoloji, tapma, savaş, avlanan kahramanlar, aslanlar, kır manzaraları ve hayvan frizlerinden oluşur.

Mitolojik konular

Bu çağ Anadolusu'nun mitolojik repertuvarının, ikonografisinin tanımında yerli silindir mühürler rakipsizdir. Bunlarda Anadolu ve Mezopotamya tanrıları, tanrıçaları, karışık varlıklar alaylarda, yüksek tanrıların, sembollerin ve tanrı temsilcisi hayvanların huzurunda, savaş ve av sahnelerinde kahramanları yüceltici, yüreklendirici olarak yer almışlardır. Çok çeşitli tanrı tiplerinden yalnız beşi tanrı alaylarında görülür. Bunlardan biri Hitit İmparatorluk Devri'nden kimliğini bildiğimiz geyikli tanrıdır. O bir mühürde [Res. 2] kartal, bir diğerinde sağ elinde kartal sol elinde eğri silah , üç ve dördüncüsünde sağ elinde kartal tavşan, sol omuzunda eğri silah tutar. Kır tanrılarından kartallı ve eğri silahlı olanlarla kartal, tavşan ve eğri silah tutan geyiksiz tanrılar da bu aileye ait olmalıdır.

Tanrı alaylarının ikinci tipi boğalı tanrılardır. Daima çift olarak tasvir edilmiş bu Hava Tanrıları'nın [Res.1, 2, 4] her mühürde ayrı çevreye sahip oldukları görülür. Bu, metinlere göre Hitit tarihinin başlangıcından itibaren panteonun zirvesinde oturan Hava Tanrıları'nın belirgin biçimdeki çeşitliliğinin küçük sanatlara yansımasıdır. Tanrıların önde gelen adları atmosfer olaylarının her birini temsil eder: Fırtına, Yağmur, Bulut, Şimşek ve Yıldırım tanrıları gibi. Doğal mekanları olan gökyüzünden yürüttükleri bu temel işleri dışında, şehirlerin, sarayların, kapıların, davetlerin, adaletin, bağ, bahçe, dağ, ırmak ve menbaların korunmasında ve onlarla ilgili problemlerde etkin rolleri vardır. Yerli mühürlerdeki tanrı alaylarının boynuzlu takkeli, birinci boğalı tanrısı sağ elinde kadeh, solunda hayvanın yularını tutar. Bir örnekte önünde Sumerler'in anafor ve kum fırtınası yaratan güçlü kanatlı kuşu Imdigud, aslan başlı heraldik kartal ve üstü pideli meyvelik sunak, hilalli kurs ve hayvan başı vardır.

İkinci boğalı tanrı, kanatlı kapı veya diğer yorumu ile kanatlı tapınakla bağlantılıdır [Res. 1, 2] ve tepesi kurslu boynuzsuz ve boynuzlu yüksek külah giyer. Sağ elinde kadeh ve boğanın yularını tutar, sol omuzunda gürz vardır. Birinin önünde hayvan, ikincisinin kuş ve ceylan başlı heraldik kartal, üçüncüsünde kuş, dördüncüsünde [Res. 2] yağmur, bulut ve hayvan başı yer alır.

Tanrı alaylarının üçüncü tipi aslan üstünde duran Savaş Tanrıları'dır. Hitit panteonunda önemli bir yeri olan Zababa, Mezopotamya'daki Kiş şehrinin lokal tanrısı, Savaş Tanrıçası İştar'ın kocasıdır. Hitit tanrıları arasında önem bakımından Zababa'dan sonra gelen diğer Savaş Tanrısı Yarri de, bir heykel tasviri metnine göre aslan üstünde durur. Harran'da bir mabedi olan Yarri aynı zamanda Veba Tanrısı'dır. Tamarmara şehrinin Hattili Savaş Tanrısı Şulinkatte ise aslan üstünde, sağ elinde kılıç, solunda bir insan başı tutan gümüşten bir erkek heykeli olarak tarif edilir.

Hitit metinlerinde aslanlı Savaş Tanrıları'nın donatılarına göre ayırt edilmesi Anadolu silindir mühürlerindeki tanrı tasvirlerine de yansımıştır. Tariflere tam olarak uymamakla beraber, ana alametleri taşıdıklarından, o Savaş Tanrıları'na göre sınıflandırabiliriz. Örneğin sağ ayağı ile aslanın sırtına basan, sağ elinde kadeh, solunda topuz tutan ve sağ elinde yay, solunda kılıç tutan [Res. 3] tanrıları Zababa ile; donatısız aslanlı tanrıyı [Res. 2, 4, 5] Yarri ile; sağ elinde aslan, solunda insan başı tutan genç tanrıyı da Nerik'in yerel geleneklerine göre Hava Tanrısı'nın babası olan ve Zalpa'nın en yüksek tanrıları arasında sayılan, sarayın bekçisi Sulinkatte ile bir tutabiliriz. Bu duruma göre aslan üstünde ayakta duran veya oturan, çeşitli silahlı figürler de savaş sahnelerinde savaşçıları gözetleyenler, savaş tanrılarının farklı tipleri olarak kabul edilebilirler.

Tanrı alaylarının son tipi, domuz üstünde duran iki yüzlü tanrıdır. Külah biçimli taçı çift boynuzlu olan sakallı tanrı, sağ elinde hançer, solunda gürz tutar. Yerli tanrılar arasında onlarla aynı seviyede tasvir edilen bu Anadolu tanrısının panteondaki önemli yerine, Kültepe'de bulunmuş olan domuz biçiminde veya domuz bezemeli eserler tanıklık eder (Bkz. Burada Özgüç, S. 448 vdd.)

Anadolu silindir mühürlerinde Mezopotamya'nın iki yüzlü tanrısı Usmu (Sumerce Isimud) tasvirlerine de yer verilmiştir. Bu küçük tanrı özellikle ulu tanrı Ea'nın habercisi ve bakanıdır. Akkad Çağı mühürlerinde daima Ea'nın huzurunda görülür ve çoğunlukla yazgı tabletlerini çalan, sonra yakalanan "Zu" kuşunu huzura götürür. Usmu Anadolu'da, Akkad geleneğini bazı farklılıklarla korumuştur. Bu ülkede, Ea'nın en önemli alameti olan sular taşan vazosunu sahiplenmiştir.

İkinci grubu ayakta ve oturan tanrıların huzurundaki tanrılar oluşturur. Bir örnekte aslanlı Savaş Tanrısı ile Hava Tanrısı'nın huzurunda sol elinde gagası yılanlı bir kuş, solunda üstünde durduğu geyiğin yularını tutan çıplak tanrıça, arkasında, arkası üstü yatan adamın üstünde ve onun burnuna takılı yuları tutan tanrı vardır. Dört at koşulu dört tekerlekli arabada ayakta duran tanrının huzurunda aslan grifonu üstünde şimşekli ve mızraklı Adad yer almıştır.

Yerli silindir mühürlerde sıklıkla rastlanan mitolojik konu, tahtında oturan tanrıların çeşitli belirtkeli tanrıları huzurlarına kabul etmeleridir. Bunların arasında en üstün durumdaki, kadehinden başka donatısı olmayan [Res. 3] ve huzurunda Babilli ve Anadolulu tanrıların yer aldığı tiptir. En görkemli yerli mühürlerin Assurlu tüccarlar tarafından kullanılmış olması göz önünde tutulursa, bu tanrıyı Assur devletinin baş tanrısı "Tanrı Aşşur" olarak yorumlayabiliriz.

Oturan tanrılar arasında Ea da değişik fakat kendine has belirtgeleriyle önemli bir yere sahiptir. Tahtı ve ayakları çift veya tek keçi-balığa, keçi-balığa [Res. 3] ve insan başlı boğaya basan, okyanus evinde ve sular taşan vazolu tipleriyle kanatlı kapı veya mabedi sırtında taşıyan keçi-balığın huzurunda değişik tipler ve ayrı tanrılara yer verilmiştir.

Tanrıları kabul eden diğer oturan tanrılardan insan başlı boğa üstünde oturan Şamaş, savaş tanrılarından aslana basan, sap delikli balta tutan ve sırtı konili boğa, yabani hayvanların koruyucu tanrıçası Inar (Res. 4) ilk ikisinde daha az görülür. Huzura çıkan tanrılar: Hava Tanrıları, Usmu, testereli Şamaş, ışınlı Şamaş, alev veya ışınlı tanrı (Irra veya veziri Issum) Adad, koruyucu tanrı Lama, Savaş Tanrıları, antilop üstünde mızraklı boğa adam, kurt sırtına oturan tanrı, kırların koruyucu tanrısı, sırtı konili boğa, kuşlu Lama, aslan yenen kahraman, maymun tutan kahraman, boğa yenen tanrı, çift domuzun çektiği kağnıda tanrı, kılıç sunan tanrı, çıplak tanrıça, hilalli kurslu alemi taşıyan boğa-adam çifti, Savaş Tanrısı Şulinkatte.

Yukarıda zikrettiğimiz Babilli ve Anadolulu tanrıların çoğu Hitit İmparatorluğu'nun bin tanrılık panteonuna girmiş onu büyük ölçüde zenginleştirmiştir.

Eski Anadolu mühürlerinin ilgi çekici konularından biri de üç baskı ve bir hematit mühürde sahnelenmiş olan Illuyanka efsanesinin bir versiyonudur. Bu hikayede mit kahramanları, Hava Tanrısı, tanrının kızı kırların yabani hayvanlarının tanrıçası Inara, Illuyanka, ölümlü yardımcı Ziggaralla'lı Hupaşia ve davete çağrılan tanrılardır. Hava Tanrısı düşündüğü hile için kızından yardım ister, çünkü o Kişkişa'da yılan Illuyanka ile giriştiği savaşta yenik ve güçsüz düşmüştür. Inara çeşitli içkiler ve yemeklerden oluşan zengin bir sofra hazırlar, baş davetli Illuyanka ve ailesi sofrada ne varsa siler süpürürler ve sızarlar. Hupaşia onları bağlar, Hava Tanrısı da hepsini öldürür ve eski gücüne kavuşur. İkonografik tiplerde kazanılan zafer, ikisinde (Res. 4) Savaş Tanrısı'nın huzurunda, diğer ikisinde başka bir Savaş Tanrısı ve kırların koruyucu tanrısının katılımı ile kutlanır.

Res. 4'te küçük bir figürün, tahtında oturup aslana basan Savaş Tanrısı'nın kadehini testisinden içki ile doldururken görülüyor. Çok boynuzlu külah giymiş olan Hava Tanrısı sol ayağı ile iki doruklu dağa, sağı ile boğanın sağrısına basar. Sağ elinde kadehle hayvanın yularını, sol eli ile dağın dibinden çıkarılan ölü yılanın başını ve ağaç-silahı tutar. Yüzünün hizasında yeniden kazandığı gücü ile oluşturduğu yağmurlar ve bulut, çıplak Yağmur Tanrıçası yer almıştır. Önünde boğa üstündeki Hava Tanrısı, arkasında kızı, yabani hayvanlar, kuşlar ve karışık varlıklardan oluşan zengin çevresi ve donatılarıyla tanrıça Inara törene katılır.

Tapma Sahneleri

Tapma sahnelerinde tapan uzun elbiseli veya kısa eteklidir. Bazı örneklerde oturan bir tanrının huzuruna Mezopotamya'nın standart takdim şemasına göre, bir tanrı tarafından elinden tutularak getirilir. Çeşitli mühür baskılarında ayakta veya diz çökerek ceylan, sap delikli balta, çaydanlık (Res. 1), gaga ağızlı testi (Res. 4) veya yüksek kulplu meyvelik sunar. Bazen de çaydanlık veya gaga ağızlı testiden, oturan tanrının kadehini içki ile doldurur. Tanrı kıyafetindeki figürler de bazen kapları (Res. 3, 4) tanrılara sunarlar.

Savaş Sahneleri

Eski Anadolu üslubundaki silindir mühürlerden ikisinin baskılarında savaş sahnelerine rastlanmıştır. Bunlardan birinde savaş alanının ortasında Savaş Tanrısı ayakta durmaktadır. Ön üst tarafında diz çökmüş avcı, okunu atmak üzere yayını germiştir. Daha ilerde alt tarafta kısa etekli, takkeli, ayakta bir figür sağ elindeki mızrağı arkası üstü düşmekte olan çıplak düşmanın göğsüne saplar, sol elinde bir insan başı tutar. Başı üzerinde ve arkasında sırt üstü yatmış başsız iki cesedi bir akbaba gagalamaktadır. İkinci baskıda sap delikli balta tutan Savaş Tanrısı, bir boğa ile aslanın çektiği arabadadır. Önünde ve arkasında savaşan üç kahramandan ikisi sırt üstü düşmüş iki adamı mızraklamakta, üçüncüsü düşmanını hançerlemektedir.

Av Sahneleri

Yerli silindir mühürlerde av sahneleri sevilen bir konudur. Av hayvanı çoğunlukla hayvan melezleri, maymun ve yaban hayvanları arasında boğa, kuş veya ceylana saldıran aslandır. Kısa etekli, takkeli avcı mızrağını hayvanın boynuna veya sağrısına saplar. Bazı örneklerde bir elinde şahin, diğerinde eğri silah tutan, diz çökmüş, kısa etekli, takkeli Av Tanrısı sahnede yerini alır.

Geyik avı bir örnekle temsil edilir. Ayakta duran kısa etekli, takkeli avcı iki mızrağını, erkeği sağdaki, dişisi soldaki bir ağaç altında duran iki geyiğin boynuna saplar. Erkek geyiğin önünde yavru geyik, ağaçların diğer taraflarında bir alageyik ve kısa kuyruklu bir hayvan sahneyi tamamlar.

Avlanan Aslanlar

Av sahnelerindekilere benzeyen çok hayvanlı yabanda aslanlar ceylanın, boğanın başını veya kuşun sırtını pençelerler. Bazı örneklerde ceylan iki aslanın saldırısına uğrar.

Eski Anadolu üslubundaki silindir mühürler ve baskıları yalnız Kültepe arşivlerinde keşfedilmiş, aynı evrenin diğer şehirlerinde ise yalnız damga mühürlere raslanmıştır. Bunlar Alişar'da 11 T katında ve Alacahöyük'de bulunanlara göre kireçtaşı, kızıl jasper, steatit, serpantin, diyorit, bronz, kemik ve kil gibi çok çeşitli malzemedendir. Biçimleri basittir. Konik saplı, tepesi yuvarlak koni kulplu; kurs biçimli kaideleri yuvarlak, dilimli ve dört köşelidir. Mühür tasvirleri tek ve sınırlı sayıda figürden ve geometrik desenden oluşur. Hayvanlar, avlanan aslan, hayvanlar arasında oturan figür, kuş veya hayvan başlarından anaforlar, bir merkez etrafında sıralanmış hayvan başları ve hayvanlar, insan yüzlü maskeler, heraldik insan başlı boğalar, kartallar ve basit geometrik desenler başlıca motifleri oluşturur.

> Assur Ticaret Kolonilerinin Geç Evresi Gliptiği (Karum Kaniş Ib)

Başta Kültepe olmak üzere, Acemhöyük, Alişar, Boğazköy ve Konya Karahöyük'de geniş alanlarda incelenmiş olan bu safhanın zengin mühür malzemesi, Anadolu krallarından Kaniş'li Inar ve Varşama'nın, Kuşşara'lı Bithana ve Anitta'nın, Alahzina büyük kralı Zuzu'nun onayladığı belgeler ve zarflardaki mühür baskılarının yardımı ile kronolojik düzene konulabilmiştir. Ortalama 65 – 70 yıl sürdüğü anlaşılan bu safha Assur'da I. Şamşi-Adad (MÖ 1809 – 1776), Işme-Dagan; Mari'de Yahdun-Lim, Yasmah-Adad ve Zimri-Lim; Babil'de Hammurabi

(MÖ 1792 – 1750) ve oğlu Şamsu-Iluna'nın hakimiyetinin (MÖ 1745 – 1712) ilk on yılı (1749 – 1740) ile sınırlıdır.

Anadolu gliptik sanatı bu çağda da silindir ve damga mühürler ve onların kil zarfları, tabletler ve bullalardaki baskılarıyla temsil edilir. Ancak silindir mühürlerde büyük azalma, damgalarda ise aynı ölçüde artma olmuştur. Çoğunlukla hematitten yapılmış olan çekiç kulplu silindir-damga mühürler bu evrenin yeniliğidir. Çekiç kulplu, altı küp biçimindeki çok yüzlü mühürler ve kurs biçimli kaidesi silindir gibi iş görmüş, sap kulplu fildişi damga mühür, damga mühürlere geçişi simgeler. Damga mühürlerde en çok sevilen tip tepesi yuvarlak, konik kulplu, kurs kaideli olanlardır. Üç yapraklı yonca ve anafordan başlıyarak dilim sayısı on üçü bulan kaideler, çeşitleri zenginleştirir. Diğer damga mühür biçimleri şöyledir: tutamağı, sapı oturan maymun biçimli, kurs kaideli; ördek biçimli; ayak biçimli; konik. Malzeme olarak altın, bronz, fildişi, kil, kireçtaşı, steatit, siyah taş, gri taş, serpantin kullanılmıştır.

Bu çağın Anadolu mühürleri stil bakımından homojen değildir. Onları bu bakımdan üç gruba ayırabiliriz:1. Kaniş Karum II. kat yerli silindir mühürlerine bağlı olanlar, 2. Mezopotamya etkili olanlar, 3. Eski Hitit silindir ve damga mühürleri.

1. Bu grupta tanrılar kıyafet ve donatılarını korurlar. Fakat figürlerin işlenişinde erken evrenin linear tarzına karşılık rölyefleşme göze çarpar. Hayvanlar arasında, biri ayakta diğeri çömelen kuşlu iki kır tanrısı, geyik üstündeki kırların koruyucu tanrısı, boğa üstünde duran Hava Tanrıları, tanrıya çaydanlık sunan adam ve aslan yenen boğa adam, başlarından ikişer ırmak fışkıran diz çökmüş kahramanlar, yağmur ve bulut, arkasında tapınak veya kutsal kapı bulunan tanrı devamlılığı gösteren önemli motiflerdir.

2. Anadolu'ya has biçimlerdeki mühürlere işlenmiş olan bu üslubun belirgin özelliği, tanrıların büyük kısmının Mezopotamya'nın geleneksel kıyafetini, yani pliseli elbiseyi giymiş olmalarıdır. Esasta figürlerin yumuşak ve dolgun yüz hatları, orantılı vücutları ve sahneyi zenginleştiren diğer ayrıntılar, Anadolulu, Hititli karakterlerdir. Bu grubun en seçkin örneği, evvelce korunduğu koleksiyona göre, Tyskiewicz olarak tanınan Boston mührüdür. Zengin tasvirli mühürde iki sahne oluşturan figürler mühür alanına düzgün aralıklarla yerleştirilmiştir. Birinci sahnede, oturan, sağ elinde kadeh, solunda üçlü volüt tutan tanrının huzurunda, sağ elinde gaga ağızlı testi tutan iki yüzlü tanrının (Usmu) rehberliğinde, sol ellerinde lituus tutan üç tanrı yer almıştır. Yedi figürlü ikinci sahnede şu figürler ve donatılar yer alır: boğa ile aslanın üzerinde eteğini açan tanrıça, sırtüstü düşmüş düşmanına basan vurucu tanrı, kerevet üstünde yakılan ceset, sağ ve solunda sıvı döken birer figür, en solda yağmur yağdıran. Yanan cesede sıvı dökme töreni, Hitit ölü ritüallerinde kral ve kraliçenin yakıldıklarının ertesi günü kemiklerinin toplanabilmesi için ateşin şarap ve bira ile söndürülmesini anımsatır. Mührün damga kısmında çift helezon ve iki aslan, boğa, insan, kuş ve ceylan başından oluşan iki halka ortasında bir hayvan ve vazo vardır.

Boston mührünün biçim bakımından aynısı olan Louvre Müzesindeki Aydın (?) örneği, tasvirleri, üslubu ve kompozisyonu bakımından farklıdır. Bunda Boston örneğinin kabartma üslubundan daha linear bir tarz hakimdir.

Farklı bir ustanın elinden çıkmış olan ve ilk iki örnekten biraz daha geç görünen Berlin mührünün tasvirlerinde Hititli elemanlar daha güçlüdür. Yüksek kaidesi yedi yüzeyli olan çekiç kulplu mühürde, her yüz bir figüre ayrılmıştır. Figürler dört sahne oluşturur: birincide Bitki Tanrıçası'nın huzurunda kuş adam; ikincide yıldızlı tanrıçaya (Iştar) tapan beli hançerli ve sağ elinde lituus tutan adam; üçüncüde iki elinde birer uzun asa tutan Usmu'nun (iki yüzlü tanrı) huzurunda başının üstünde sele taşıyan; dördüncüde oturan ve ayakta iki yücelten tanrı.

Acemhöyük damga mühür baskısında, oturan, sağ elinde halkalı asa tutan sakallı tanrı ile huzurundaki hançerli tanrıda Mezopotamya etkisi güçlüdür. Bunda Hititli olan yalnız bir gaga ağızlı testidir. Karşılıklı oturan tanrı ve tanrıçalarla ağaç ve asma altında oturan tanrılar da bu gruba girerler.

3. Motif hazinesi bakımından zengin olan Eski Hitit mühürlerinin büyük çoğunluğunu damgalar oluşturur. Silindir mühürlerin sayısı ise Kaniş Karumu Ib katı zarflarındaki birkaç baskı ile sınırlıdır. İçlerinde örnek değerinde olanı, Kaniş kralı Varşama'nın onayladığı belgenin zarfının üst kenarındadır. İki sahneli mühürde ana konu, asma altındaki tanrıçayla eğri silah tutan ayaktaki tanrıçaya (Iştar?) gaga ağızlı testi getiren birer figürdür.

Damga mühürlerde de tapma sahneleri genellikle iki figürlüdür. Bu konunun seçkin örnekleri Acemhöyük'de bulunmuştur. Örneklerin çoğunda iki elini kaldırmış olan tapan, sol elinde gaga ağızlı testiyi sunar. Tapılan tanrıçalardan biri insan ayaklı bir kerevet üstündeki dağ koyununun sağrısına oturur, ikincisi aslana basar, üçüncüsü dağ koyununa oturur [Res. 5], dördüncüsü kübik tahtta oturup aslana basar, beşincisi ön tarafı iki boğa protomlu obeliskin arkasında kübik tahtta oturur, sağ elinde bitki tutar [Res. 6], altıncısı ağaç altında, kum saati biçimli bir tahttadır. Dibinden nehir doğan ağacın altındaki kübik tahtlı tanrıçaya tapan, dua ve yüceltme pozu ile iki elini yukarı kaldırmıştır. Tanrıçalar açık başlıdır veya çoğunlukla bere giyerler [Res. 5, 6]. Ayak bileklerine kadar uzanan elbiseleri kabartma noktalarla kaplıdır. Tapanların uzun veya dize kadar inen elbiselerinin bir omuzu açıktır.

Damga mühürlerin bir kısmında yalnız tanrı veya tanrıçalar tasvir edilmiştir. Dağ koyunlu tanrıça ve kısa etekli genç tanrı, sağ ayağını boğanın sağrısına basan Hava Tanrısı, yüzü cepheden gösterilmiş iki ceylanlı tanrıça (hayvanlar hakimesi), kübik tahtlı tanrıça, arkasındaki tünekte bir şahin bulunan tanrıça çağın panteonundaki tanrı tiplerini saptamamıza yardım eden önemli örneklerdir.

Aslan yenen kahraman, boğa-adam, aslan-adam, aslan-kadın (Lamaştu?), kuş-adam, insan başlı kuş, balık-adam, denizkızı, boğa-balık, aslan-balık, keçi-balık, dişi ve erkek sfenksler, grifonlar gibi insan-hayvan veya hayvan melezleri Ib evresinin motif hazinesini zenginleştirir.

Damga mühürlerde sık rastlanan motifler arasında hayvanlar, armalar, hayvan ve kuş başlarından oluşan anaforlar özel bir yere sahiptir. Tek veya bazı örneklerde biri aslan olan çift başlı kartal biçimindeki armaların bir kısmında, kuşun pençelerinde aslan, tavşan veya geyik vardır. Hayvan tasvirlerinde en çok aslan, sığır, ceylan ve geyiğe yer verilmiştir. Zamana göre bazı üslup ayrılıkları saptanabilir. Mesela Ib evresinin erken safhasına ait olan Acemhöyük mühür baskılarında hayvanların kol ve kalça kasları yüksekçe bir kabartma ile belirtilmiştir. Devrin son hakimi Alahzina'nın büyük kralı Zuzu'nun tablet üstündeki mühür baskısının canlı boğasında bu tür ayrıntılar kaybolmuştur [Res. 7].

Kaynakça

Alp 1972; Boehmer/Güterbock1987; Collon1987; Williams-Forte 1983, 18 – 43; Frankfort 1939; Haas 1994; Hoffner 1990; N. Özgüç 1965; N. Özgüç 1968; N. Özgüç 1980, 61 – 99; N. Özgüç 1996, 267 – 278

Resim altları

1 Hematit silindir mührün modern baskısı. Tanrılara çaydanlık sunan bir şahıs. Kültepe-Kaniş-Neşa. (MÖ 19. yüzyıl), Brüksel

2 Kültepe- Kaniş- Neşa. Kil zarf üstünde silindir mühür baskısı. Tanrılar alayı (MÖ 19. yüzyıl) Ankara Anadolu Medeniyetleri Müzesi

3 Kültepe-Kaniş-Neşa. Kil zarf üstünde silindir mühür baskısı.Tanrı Ea'nın huzurunda üç tanrı, iki kahraman (MÖ 19. yüzyıl) Ankara Anadolu Medeniyetleri Müzesi

4 Kültepe-Kaniş-Neşa. Kil zarf üstünde silindir mühür baskısı. Hava Tanrısı'nın yılan İlluyanka'yı öldürmesi şerefine kutlama (MÖ 19. yüzyıl) Ankara Anadolu Medeniyetleri Müzesi

5a Acemhöyük'ten damga mühür (MÖ 18. yüzyıl) Ankara Anadolu Medeniyetleri Müzesi

5b 5a'daki baskı mührün baskı yüzeyi. Dağ koyunlu tanrıçaya testi sunan (MÖ 18. yüzyıl) Ankara Anadolu Medeniyetleri Müzesi

6 Acemhöyük. Bullada damga mühür baskısı. Dikili taşın arkasında oturan tanrıçaya testi sunan (MÖ 18. yüzyıl) Ankara Anadolu Medeniyetleri Müzesi

7 Kültepe-Kaniş-Neşa. Büyük Kral Zuzu'nun mührünün tablet üstündeki baskısı. Boğa ve küçük tapan (MÖ 18. yüzyıl) Ankara Anadolu Medeniyetleri Müzesi

Dini Halk Sanatının Erken Örnekleri

MÖ 20. – 18. Yüzyıllarda Kurşun Figürinler ve Taş Kalıpları

Tahsin Özgüç

Bunlar silindir mühür baskılarından sonra ikinci büyük buluntu grubunu oluşturmuşlardır. Dinsel amaçlı kullanıma yönelik bu küçük, yassı figürinler Anadolu'da geniş bir alana yayılmışlardır. Bunların da farklı atribütlere sahip olmaları nedeniyle ayrı tanrıları, ayrı tanrı ailelerini, mitolojik varlıkları temsil ettikleri anlaşıldı. Figürinler tek tanrıçayı, tek tanrıyı veya ikisini bir arada; bir veya iki çocuktan, kutsal hayvanlardan oluşan grupları tasvir etmektedir. Bu tür kurşun figürinlerin kalıptan dökümü Anadolu'ya özgü bir adettir.

Tanrıyı, tanrılar çiftini, tanrılar ailesini tasvir eden bu figürinler ve kalıpları özel evlerde bulunmuşlardır; bulundukları evlerin koruyucu tanrılarıdır. Metinler de kişilerin, ailelerin koruyucu tanrıları olduğunu bildirmektedir. Onun için özel evleri daha çok açığa çıkarılmış olan Kültepe, Alişar ve Boğazköy'de daha çok figürin bulunmuştur. Bunlar Anadolu'da, bu çağdan sonra kullanılmamışlardır.

Kaideye basan, cepheden tasvir edilen, arkaları düz olan bu figürinler odanın bir köşesine dik durumda yerleştirilmiş olmalıdırlar. Halk sanatına ait olan bu yerli figürinlerin giysileri, atribütleri Hitit tasvir sanatının ilk elemanlarını oluşturmuşlardır. Onların boynuzlu sivri külahlarını, kısa etekli elbiselerini, omuzları üzerinde tuttukları silahlarını, yani tanrılık alâmetlerini, fizyonomi özelliklerini yansıtan küçük ağızlarını, büyük kulaklarını, patlak gözlerini, gülümseyen yüzlerini, bunları izleyen Hitit eserlerinde de görüyoruz (Bkz. Res. 1).

Kurşun figürinler ve kalıpları dört ayrı evrede kullanılmışlardır:

1. Eski Tunç Çağı'nın son evresinde (MÖ 2250 – 2000) göğüslerini sunan çıplak tanrıça tipi.
2. MÖ 2. binin başında (MÖ 2000 – 1950) tanrı ailesi figürinleri. Tanrıça çıplak, tanrı sivri külahlı, kısa eteklidir. Çocuk aralarındadır.
3. Üslup ve kompozisyon şemaları bakımından homojen bir grubu oluşturan bu evrenin (MÖ 1945 – 1835) tanrı veya tanrıça figürinleri iki hayvan üzerinde durmakta, yukarı kaldırdıkları ellerinde de iki hayvan tutmaktadırlar. Tanrıçalar yüksek takkelidir. Bunlar hayvanlar hakiminin (pothnia theros), hayvanlar hakimesinin (pothnia theron) ilk örnekleridir. Bu evrede tasvir şemasında çeşitliliğin başlamış olduğunu Acemhöyük'ün lir çalan tanrı kalıbı belgelendirmektedir.
4. Geç evrenin kurşun figürinleri (MÖ 1800 – 1730) bol örneklerle temsil edilir. Tanrı ailesi tasvirlerinin kimlikleri konusunda yazılı belgeler bilgi vermemektedir.

Ancak, dinsel inanışların halk sanatına yansıyan ürünü olan bu tanrılardan bazılarını, atribütlerine göre tanımlamak mümkün olmaktadır:

1. Elinde antilop standardı tutan tanrı ve eşi: Tanrı ve tanrıçanın arasına ikinci bir antilop standardı da yerleştirilebilmektedir. Tanrılar sakallı, çıplak ayaklı; yanındaki tanrıça ya göğüslerini sunar veya kucağında çocuğunu tutar. Uçan kutsal kartal tasviri, yalnız antiloplu tanrıların başları üzerinde görülmektedir (Res. 2).
2. Atribütleri antilop, bastıkları kaide çift aslan şeklinde olan tanrılar, C evresi "hayvanlar hakimi" tanrılarının, bu evredeki temsilcileridir (Res. 3). Antilop ve aslanla bütünleşmiş tanrı tipi Orta Anadolu'da yaygındır. Yerli üsluptaki Kültepe silindir mühür baskılarında, antilop ve aslanla ilişkili tanrıların varlığı saptanmıştır. Bu çağın özelliği gereği, antilop bağlantılı tanrı, varlığını Suriye'de (Aumm el-Marra) de sürdürmüştür.
3. Bu evrede sembolleri kuş olan tanrıların önemli yer tuttuğunu hem kurşun figürinler, hem de Anadolu üslubundaki kuşlu tanrı tasvirleri kanıtlamaktadır (Res. 4).
4. Kanatlı tanrıların özenle işlenen belirgin özellikleri, onların arasında Yazılıkaya'daki kanatlı tanrının prototipini yansıtan tanrının varlığından da şüphe ettirmemektedir. Karahöyük'ün kanatlı çıplak Iştar figürini, üslubuna göre, ya Anadolu'da çalışan yabancı, gezgin bir ustanın kalıbından çıkmış veya üslubunun bağlı olduğu Kuzey Suriye'den getirilmiştir.

Farklı, lokal bir üslubun eserleri olduğu izlenimi veren kanatlı Boğazköy ve Kalehöyük figürinlerinin sert, ürkütücü fizyonomi özellikleri, onları yukarıdaki figürinlerden ayırmaktadır.

5. Eşek üzerinde duran tanrı tek örnektir. Sahnenin merkezini eşeğin arkasında, ayakta duran, belden yukarısı çıplak, göğüslerini sunan tanrıça oluşturur (Res. 5). Erkek figürü tanrıçaya dönük, kolunu dua jestinde ona doğru kaldırmıştır.
6. Tanrı ailelerinin bu grubunda atribüt olarak hayvan yoktur. Tanrılar ellerinde tuttukları bitki ve farklı silahlara göre gruplandırılmışlardır (Res 6).
7. Mızrak taşıyan tanrılar: Bu gruba giren tanrı omuzunda mızrak, tanrıça kucağında çocuğunu taşır (Res. 7).
8. Orak biçimli silah taşıyan iki ayrı kurşun figürin aynı tanrının temsilcileridir. Bunlar Hitit üslubunun bu evrede gelişmesini tamamladığını kanıtlayan habercilerdir.
9. Tanrıça figürinleri çıplak veya giyimlidir (Res. 8). Göğüslerini sunan geniş kalçalı, takkeleri özgün süslü tanrıçalar, gelişmiş bir üslubu sergiler. Giyimli tanrıçaların özenle süslenmiş giysilerindeki model ve süsleme zenginliği son şeklini almıştır.
10. Omuzunda iki kız çocuğu tutan tanrı, ayrı bir tanrının ünik bir örneğidir. Çocuklar bütün örneklerde tanrıçalar tarafında taşınırdı.

Bunlar çok tanrılı Hitit dininin görsel sanata yansıyan en eski tanrı tasvirleridir.

Bu çağın ilk ve geç evre sanatkârları farklı üslup anlayışı içinde çalışmışlardır. İlk evrenin şematik üslubuna karşın, geç evre ustaları teknik ve üslupta bütünleşmeyi sağlamışlardır. Fizyonomik, anatomik özellikleri hepsinin bir kalıptan çıktığını kabul ettirecek kadar birbirlerinin benzeridir. Ancak evreler arasında görülen üslup ayrılığına rağmen (hayvanlar hakiminde olduğu gibi), belli tasvir şemalarının kullanılmasına devam edilmiştir.

Kaynakça

Alp 1993, 185 – 193; Bittel 1976a; Boehmer 1979; Emre 1971; Emre 1993a, 169 – 177; Omura 1997, 1 – 66; von der Osten 1937; N. Özgüç 1976, 555 – 560; Schmidt 1932

Resim altları

1 Kurşun figürin; göğüslerini tutan tanrıça. Kültepe (MÖ 19. – 18. yüzyıl) (Kat. No. 58)

2 Kumtaşı kalıp. Tanrı ve kolunda çocuğunu tutan tanrıçadan, başları üzerindeki kartal ve aralarındaki antiloptan oluşan grup. Kültepe (MÖ 18. yüzyıl) Kayseri Arkeoloji Müzesi

3 Steatit kalıp. Her iki yanında birer aslanı olan kaide üzerinde ayakta duran tanrı, antiopları arka bacaklarından tutmakta. "Hayvanlar hakimi" ni temsil eder. Kültepe (MÖ 18. yüzyıl) Ankara Anadolu Medeniyetleri Müzesi

4 Steatit kalıp. Sunak üzerinde ayakta duran kanatlı tanrı. Kültepe (MÖ 18. yy.) Ankara Anadolu Medeniyetleri Müzesi

5 Steatit kalıp. Göğüslerini tutan tanrıça, eşek üzerinde ayakta duran tanrı. Kültepe (MÖ 18. yüzyıl) Ankara Anadolu Medeniyetleri Müzesi

6 Kalıp, yeşil taş. Tanrı ve çıplak çocuğu göğsünde tutan tanrıçanın oluşturduğu "tanrı ailesi" motifi. Kültepe (MÖ 18. yüzyıl) Ankara Anadolu Medeniyetleri Müzesi

7 Steatit kalıp. Silahlı tanrı, kucağında çocuğunu taşıyan tanrıça ve ikisinin arasında ayakta duran çocuktan oluşan grup. Kültepe (MÖ 18. yüzyıl) (Kat. No. 68)

8 Kurşun figürin; göğüslerini tutan tanrıça. Kültepe (MÖ 19. – 18. yüzyıl) Ankara Anadolu Medeniyetleri Müzesi

Seçkin Sanat Eserleri

Anadolu Fildişi Yapıtları

Nimet Özgüç

Hitit metinlerinden fildişinden çok çeşitli objelerin üretildiğini ve onun abanoz ve şimşir mobilyalarda kakma olarak da kullanıldığını öğreniyoruz. Taraklar, yün tarakları, saç tokaları, makyaj aletleri, mobilyalar, müzik aletleri, heykelcikler zikredilen objelerden bir kısmıdır.[1] Buna karşılık Hitit şehirlerindeki bu metinlerle çağdaş yapılarda, beklenenden daha az sayıda fildişi eser bulunmuştur. Fakat bunlar Hitit sanatının tanımında seçkin eserlerdir. Nuzi'nin çift cinsli tanrıçası, Boğazköy'ün üçlü tanrı grubu [Res. 1], dans eden tanrısı (Res. 15, S. 111), dağ tanrısı [Res. 3] ve Megiddo'nun kabartmalı plağının Hitit İmparatorluk sanatının tanımına katkıları büyüktür.

Hitit sanatının doğuşu ve gelişmesi evresine ait (MÖ 2000 – 1750) çoğunluğu Kültepe'de keşfedilmiş olan Eski Assur dilinde yazılmış binlerce çiviyazılı belgede ev eşyası veya ticaret malı olarak fil veya hipopotam dişinden söz edilmez. Buna karşılık bu çağın saraylarında, evlerinde, mezarlarında önemli miktarda fildişi eser bulunmuştur. Ayrıca Acemhöyük saraylarında fildişi işlenen atölyelerin varlığı da saptanmıştır.

> Heykelcikler ve Kabartmalar

Acemhöyük, Kültepe ve Alaca Höyük'de bulunmuş olan heykelcikler, kabartmalı ve çizilerek süslenmiş kutular, mühürler erken Hitit üslubunun gelişmesini iyi bir şekilde izlememizi sağlar.

Acemhöyük fildişi eserleri Sarıkaya Sarayı'nın lüks eşyası arasındadır. İlk bakışta homojen gibi görünmeyen ayrıntıları incelendiğinde, en çok Suriye etkisi gösterenler de dahil, aynı atölyede işlenmiş olduklarl kolayca saptanabilir. Üslup birliği insan, karışık varlıklar, hayvan heykelcikleri ve levhacıklardaki tasvirlerde belirgindir. Bir kısmı kırmızı boyalı olan bu eserler iyi bir biçimlendirilmiş, yüz ve vücutlarında abartılı detaylardan kaçınılmıştır. İnsan başlarında iri kulaklar, içi başka bir madde ile doldurulmuş çukur göz bebekleri, dolgun yanaklar, etli burunlar, ince dudaklar üslubun belirgin karakterleridir.

Kaniş Karumu'nun Ib katına ait çıplak kadın heykelciği hipopotam dişindendir [Res. 2]. Yüksek bir taburede oturmakta, kurs biçimli bir kaideye basmaktadır. Göğüslerini tutan tanrıçanın saçlarını kapatan beresi kulakları ile alnını açıkta bırakmıştır. Oldukça yuvarlak, narin gövdesine karşılık, kalçaları geniş, bacakları kalındır.

Alaca Höyük'ün en iyi biçimlendirilmiş oturan erkek heykelciği, kolları yanlara sarkmış, kemeri altın yaldızlı Acemhöyük örneğinden, sol elini omuzuna kaldırması ile ayrılır.

Bir mobilyaya karşılıklı monte edildikleri, figürlerin yönlerinden belli olan üç levha üzerinde, aynı biçimde oturmuş birer aslan kadın tasvir edilmiştir. Belden yukarısı çıplak olan figürler çenelerinin hizasına kadar kaldırdıkları ellerinin birinde birer yılan tutmaktadır. Yangının etkisi ile gri-mavi bir renk almış en sağlam örneğin göz aklarında, yelesinde ve eteğinin önündeki plili parçada altın yaldız izleri korunmuştur. Mısır'ın aslan-tanrıçasının bir Anadolu adaptasyonu olarak düşünülen bu aslan-kadın melezinin, elinde tuttuğu yılan sebebiyle bu ülkede, yeni doğmuş bebeklerin ve loğusaların düşmanı "Lamaştu" ile eşitlenmiş olması muhtemeldir.

Hitit fizyonomisini en iyi hatırlatanlardan biri olan boğa-adam heykelciği orantılı vücut hatlarına sahiptir. Boynuzsuz takkesi, göğsüne kadar inen iki Hator buklesi, sakalsız oluşu ve ellerini göğüs hizasında tutuşu ile Anadolu'nun diğer boğa-adam tasvirlerinden ayrılır.

Acemhöyük kökenli fildişi eserler arasında, Hitit sanatının öncüleri olarak en önemli grubu oturan aslan ve sfenks tasvirleri oluşturur. Bu öncü karakterler, yukarıda açıkladığımız insan başlarındaki ayrıntılar dışında, kıvırcık tüylü yelelerde ve aslan vücutlarının yalnız bu grupta uygulanan işleniş tarzında, yani gövdelerinin önde birleşen kavislerle bacaklara bağlanması ve ön bacağın arkasında ayak hizasına kadar inen ucu noktalı çubukta kendini gösterir. Bu özelliklerin tümünü gelişmiş olarak Boğazköy kapı aslanlarında bulabiliriz.

Acemhöyük mobilyaları, çağdaş Anadolu gliptiğinin sevilen motifi, avlanan aslanlarla süslenmiştir (Bkz. Burada Özgüç, S. 493 vdd.). Başları üstünde ve kaidelerinde dört köşeli geçme deliği bulunan plaklardan ajur tekniğinde işlenmiş ikisinde, azı ve köpek dişleri ve çenesine yapışık dili iyi belirtilmiş, yelesi kıvrık tüylerle kaplı kükreyen aslanlar, sol pençelerini avlarına vurmak üzere kaldırmıştır.

İkisi çok zarar görmüş üç plakta, yelesiz birer aslan avlarını ağızları ile yakalamışlardır. İyi korunmuş örnekte av hayvanı ceylandır [Res. 4].

New York koleksiyonunun en cazip eserleri dişi sfenks heykelcikleri [Res. 5] ve kabartmalı plaklardır. Diğer eserlere bakınca iyi durumda olan, ortalama 13 santimetre yüksekliğindeki dört heykelcik yekpare fildişinden yapılmıştır. Hepsinin tepesinde dört köşeli derince birer geçme oyuğu, buna ek olarak kulakları hizasında veya alınla ensede küçük yuvarlak mil delikleri vardır. Başlarının üstünde saç buklelerinin bağlandığı kurs biçimli kısmın önüne birer küçük boynuz yerleştirilmiştir. Saçları mobilyaya monte edilecek yere göre tasarlanmış, dışa bakan yüzlerde altın yaldızlı üçer, iç taraflarının görünen kısmında ikişer kabartma saç lülesi ve bir çerçeve lüle işlenmiştir. En iyi korunmuş olanının her tarafı kırmızı boyalıdır (Res. 6, solda). Kurs biçimli bir kaideye basarlar. Enselerine kadar yükselen, sırtlarına yapışık kuyruklarının ucu eşkenar dörtgen biçimindedir.

Biri sağa diğeri sola dönük iki örnekle temsil edilen dişi sfenks plaklarından tam olanı epey zarar görmüş, şiddetli yangından rengi kahveye dönmüş vücudunda kabarcıklar oluşmuştur. İyi korunmuş olanının alt kısmı eksiktir. Saç bukleleri, yüz detayları, gövde bacak bağlantıları heykelciklerdekilerin aynısıdır.

> Kutular

Geometrik desenli veya figürlü kutuların Anadolu sanatında özel yerleri vardır.

Birincisi Hitit tasvirli fildişi eserlerinin en eskisidir (MÖ 20. – 19. yüzyıl). Kaniş Karumu'nun II. katına aittir. Kapağı kaybolmuş, 3 santimetre yükseklik, 4 santimetre genişliğindeki dört köşeli kutuda alçak kabartma bir aslan orjinal bir tasvir tarzı sergilemektedir. Hayvanın kuyruğu, arka bacakları ve ensesine kadar vücudu geniş yüzde, yuvarlak başı sol köşenin üstünde işlenmiş, ön bacakları, bitişik dar kenarda kapak yerinin dışına uzatılmıştır. Karşı dar kenarın üst köşelerine stilize birer boğa başı yerleştirilmiş. İyi perdahlanmış dört yüzü de tek merkezli dairelerle bezenmiştir.

İkincisi Acemhöyük'ün zengin tasvirli kutusudur [Res. 6]. Yekpare bir fildişinden yapılmış olan kutu, dört köşe gövdeli, uzun boyunlu, dışarı çekik ağız kenarlıdır. Her tarafı kabartmalı olan dört yüzünden ikisi çok zarar görmüştür. Kareye yakın yüzler 0,6 santimetre genişliğinde çerçeve içindedir ve ortadaki bölme bantı ile ikişer tasvir alanına ayrılmıştır. Dış çerçeve altın çemberli bakır, bölme bandı demir çiviler ve minik lapislazuli kurslarla bezenmiştir [Res. 7]. Toplam olarak 70 bakır, 12 demir çivi, 12 lapislazuli kurs kullanılmıştır. Sekiz panodan ancak dördü (A, C yüzleri) tam veya kısmen korunmuştur.

A yüzü: Yalnız bu yüzün üst kenarının ortasında göbeği bakır çividen oluşan, granüle çemberi ile petalleri altından iki rozet vardır. Çok figürlü olduğu anlaşılan, bir av sahnesinin tasvir edildiğini sandığımız üst panoda, sağ ve sol kenarda birkaç hayvan tasviri korunmuştur. Alt pano hemen hemen tamamdır. Orijinal bir düzende dört sıra halinde tanzim edilmiş figürler tasvir alanının tümünü doldurmuştur. Ana konusu, kırda, yarı mitolojik bir atmosferde tahtında oturan krala, yedi adamdan ilkinin bir balık, dördünün dönüşümlü olarak sırığın iki ucuna bağlı balık ve içki kaplarını, altıncının keçiyi, yedincinin maymunu sunmasıdır. Üst sırada küçük hayvan sırası, üçüncü sırada maymun, iki aslan, bir antilop; dördüncü sırada, bir dişi sfenks, iki maymun, bir dağ koyunu, aslan, bir hayvan, keçi, üç koyun panoyu doldurmuştur.

C yüzü: Üst ve alt panoda konu avlanan aslanlardır. Üst pano yatay bir hatla ikiye ayrılmış, üstte eğimli olarak taranmış alanda beşi korunmuş, yürüyen dişi aslan alayı yer alır. Altta dört erkek aslan ağızlarında avları ile yürümekte, öndeki beşincisi bir antilopa saldırmaktadır.

Aynı biçimde ikiye ayrılmış alt panonun üst bölümünde, sıkı düzende yürüyen koyunların bir kısmı korunmuştur. Alt bölümde, bir aslan bir hayvana saldırmakta, yürüyen üç aslandan ikisi avlarını ağızlarında taşımaktadır. Sağ kenarda karşılıklı iki aslan, yalnız başı görünen sığıra saldırmaktadır. Boşluklar sırt üstü düşmüş veya kalkmaya çalışan hayvanlarla doldurulmuştur.

Dipnotlar

1 Güterbock 1971, S. 1 – 17

Kaynakça

Barnett 1982; Güterbock 1971, 1 – 7; Harper 1969; Neve 1992a; N. Özgüç 1966, 29 – 52; N. Özgüç 1976, 555 – 560

Resim altları

1 Hattuşa'dan üçlü tanrı betimi (MÖ 14. – 12. yüzyıl) (Kat. No. 113)

2 Kültepe-Kaniş-Neşa. Oturan, göğüslerini tutan çıplak tanrıçanın hipopotam dişinden heykelciği (MÖ 18. yüzyıl). Ankara Anadolu Medeniyetleri Müzesi

3 Hattuşa'dan Dağ Tanrısı heykelciği ((MÖ 14. – 12. yüzyıl) (Kat. No. 115)

4 Acemhöyük'ten ağzında antilop tutan aslan (MÖ 18. yüzyıl) Metropolitan Museum of Art, New York

5 Acemhöyük'ten iki dişi sfenks heykelciği, birisi kırmızı boyalı (MÖ 18. yüzyıl) Metropolitan Museum of Art, New York

6 Acemhöyük'ten dört yüzü kabartmalı fildişi kutu (MÖ 18. yüzyıl). Ankara Anadolu Medeniyetleri Müzesi

7 Kutunun A yüzü: Oturan krala hediye sunanların alayı (MÖ 18. yüzyıl) Ankara Anadolu Medeniyetleri Müzesi

Eski Hitit Çağı Seramiği

Kült Vazoları

Tahsin Özgüç

Hitit seramiği yükselişinin doruğuna Eski Hitit Çağı'nda Kuzey Kapadokya ve Orta Karadeniz bölgesinde erişmiştir. O, kendisinden önceki evre seramiğinin kesintisiz devamıdır.

Günlük işlerde ve kültte kullanılmış kaplar birbirlerinden kolay ayrılabilmektedirler. Kült kaplarının ince cidarlı olmalarına, yüzeylerine maden parlaklığı kazandırılmasına özen gösterilmiştir. İnce, uzun boyunlu, gövdeleri keskin profilli gaga ağızlı testilerin dibe doğru, aşırı derecede, içbükey olarak incelmesi bu çağın özelliğidir. Bu onların boylarını uzatmış, gövdelerini inceltmiş, zarif bir görünüm kazandırmıştır [Res. 1].

Bunların yanında kabartmalı, boya nakışlı kült vazoları, kil sunaklar, boğa heykelleri, tanrı ve tanrıça heykelcikleri dinsel objeler koleksiyonlarını oluşturmaktadırlar.

Dinî, kralî olan Hitit görsel sanatının konuları arasında çok önemli yeri olan kült törenlerinin, kil vazolar üzerine tasvir edilmiş ilk örnekleri bu çağın karakteristiğidir. Bunlar kaya kabartmalarında, heykeltıraşlık eserlerinde, maden kap ve ritonlarda, mühürlerde yansıyan Hitit İmparatorluk Çağı görsel sanatının ilk örnekleridir.

Bu üslubu, Ankara'nın 110 kilometre kuzeyinde, İnandıktepe'de Eski Hitit Devleti'nin kurucusu I. Hattuşili ile çağdaş tapınakta keşfedilmiş kabartmalı vazo temsil etmektedir [Res. 2 - 5, 7]: Eski Hitit üslubunu, kutsal evlenme törenini, "Hieros Gamos"u detaylı olarak yansıtan bu tam vazo, içine Akkadca metnin konulduğu küpün yanında bulundu. Vazo içbükey silindir boyunlu, oval gövdeli, 4 simetrik kulpludur. Gövde dört kabartmalı frize bölünmüş. Ağız kenarı içini çeviren borunun iki ucu, ağız kenarı üzerine yapılmış tekneye bağlıdır. Tekneye konulan içki, boruya bağlı boğaların ağzından vazoya akmakta. Vazo bu şekliyle bir libasyon kabıdır.

Kalıba dökülmüş kil figürler vazoya sonradan yapıştırılmıştır. Figürler vazo gövdesinin yuvarlaklığına ustaca uydurulmuş, onları vazonun organik bir parçası haline getirmiştir.

82 santimetre yüksekliğindeki vazonun frizleri:

En alttaki 1. frizde törende kullanılacak kapların hazırlanması, lir ve saz çalan müzisyenlerin eşliğinde, sunağın iki yanına oturmuş tanrıların yemeği ve iki rahibin dansı tasvir edilmektedir. Bütün sahnelere müzisyenler eşlik etmektedir.

Lir Eski Hitit Çağı'nda tapınak orkestrasında yerini almıştır. Saz da kabartmalı vazoların en popüler müzik aletidir.

2. frizde Fırtına Tanrısı'nın kaide üzerinde duran kutsal hayvanı boğa heykelinin önünde boğa kurban edilmektedir. Sol kolunu, dua jestinde, yukarı kaldırmış kral maden kadehle tanrıya boğa kanı sunmakta. Sahneyi lir çalan tamamlamakta. Bu kral ve kraliçenin bayram ritüellerindeki belirgin rollerinin görsel sanata yansımasıdır. Boğa heykeli Alaca Höyük Sfenksli Kapı'daki boğa kabartmasının ilk örneğidir. Göğsü cepheden işlenmiş dua jestindeki uzun boylu erkek, votiv (adak) sunanları (rahipleri ?) tanrı huzuruna götürüyor. Onun süslü giysileri, şalı, diademi yüce kişiliğinin simgesidir. Bunları izliyen üçüncü sahneyi sunak taşıyan iki erkek ve küçük figür oluşturmuş. Kabartmalı vazolar ikonografisinde sunak takdimi ilk defa görülmektedir. Vazolardaki sunaklar Alaca Höyük ortostatlarındaki sunaklardan farksızdır. Hüseyindede vazosundaki rehberin de göğsü aynı şekilde işlenmiştir. Friz, sunağın karşısında oturan tanrıya içki sunan ve lir çalanlarla tamamlanmaktadır.

3. frizde tanrı ve tanrıçayı temsilen kral ve kraliçenin kutsal izdivacı gerçekleştiriliyor. Özenle hazırlanmış yatak üzerinde oturuyorlar. Bitik vazosunda olduğu gibi [Res. 6], kraliçenin duvağını karşısındaki kral açmakta. Yatağın önündeki vazo ve sunağın boyu, bilinçli olarak, ötekilerden büyük gösterilmiş. Hüseyindede vazosunda da görüldüğü gibi, bu sahne kabartmalı vazolarda tekrar edecektir. Kerpiç tapınağın düz çatısı üzerinde çalpara çalan kadınla saz çalan erkek arasındaki rahibe, dans etmektedir. Bunlar gözden uzak oldukları için küçük gösterilmişler. Mabedin karşısında kılıç tutan iki erkeği, lir çalan müzisyen, hediye dolu tablayı taşıyan figür, omuzunda Hitit krallarının taşıdıkları, lituus/kalmuş'a benzeyen objeyi tutan, onu da dua jestindeki rahip ve çalpara çalan iki kadın izlemektedir.

4. friz başına evlenme sahnesi betimlenmiş. Kadının uzun elbisesi alttaki frizde yatakta oturan tanrıçanınkinden farklı. Bunlar aynı kişiler değildir. Erotik sahnedeki erkek başını arkaya çevirmiş, kendisine sırtını dönmüş, hem şarkı söyleyen hem de çalpara çalan kadına bakıyor. Saz çalan erkek,

çalpara çalanlar arasında gösterilerini sürdüren iki akrobatı küçük figür, çalpara ve lir çalanlar izliyor. Bu, müzisyeni en çok olan frizdir ve kendini müziğe, dansa vermiş halkın kutsal evlenme törenini kutlamasını yansıtmaktadır. Buradaki evlenme sahnesi kral ve kraliçenin evlenmesini sembolize etmektedir. Bu eski Hitit âdeti çok eski bir Yakındoğu âdetine bağlıdır; onun başında vazomuzdakine benzeyen bir kült töreninin tasvir edildiği Uruk vazosu vardır.

Figürlerin etli, dolgun yanakları, büyük, sivri burunları, küçük ağızları, büyük kulakları Hitit görsel sanatı için karakteristiktir. Bütün figürler Hitit tarzında, adım atmış durumda tasvir edilmiştir.

Kadınlar, rahip ve rahibeler uzun elbiseli, erkekler uzun ve kısa elbiselidir. Kadınların siyah saçları uzun, göğüsleri cepheden gösterilmiş. 5 erkek dışında, diğerleri profildendir. Kadınlar daima profilden gösterilmiştir. Dans eden kadınlar, bu uygulamanın dışında tutulmuştur.

Hitit kült törenlerinde müziğin, dansın önemini açıklayan metinleri kabartmalı vazolar kanıtlamaktadır. Ancak Sumer'in aksine, Hitit metinlerinde kutsal evlenme hakkında bilgi verilmemektedir. Figürlerin, 3 örnek dışında, tanrı olduklarını belirleyen atribütleri yoktur. Asıl tören, Sumerler'de olduğu gibi, tapınakta gerçekleştirilmiştir. Vazolarda tapınak sembolik olarak gösterilmiştir.

Kabartmalı vazolardaki tanrılardan bazıları, yani Eskiyapar ve Kalehöyük'te bulunanlar boynuzlu sivri serpuşlarına ve elinde tuttuğu mızrağına, üzerinde durduğu kutsal hayvanına göre tanımlanabilmektedirler. Bunlar arasında kutsal hayvanı geyik üzerinde ayakta duran Kırların Koruyucu Tanrısı'nın kabartması, mütekâmil Eski Hitit üslubunu yansıtan ender buluntulardan biridir.

Bu çağ görsel sanatında kült törenlerinin resimlerle de betimlendiğini ikinci İnandıktepe vazosu belgelendirmektedir. Bunda sunak, zambak resimleri, ankh motifi, kanatlı güneş kursu gözlenmektedir. Kabartmalı, resimli vazolar Hitit kült sahnelerinin frizler halinde betimlendiği yaygın bir sanat türünü tanımamızı sağladılar. Vazolarda güneş kursu ve ankh yanında, kabartma erkek figürlerin göğüslerinin cepheden, baş ve bacaklarının profilden gösterilmiş olmaları, daha bu çağda, Mısır-Hitit ilişkilerinin sanata yansımış örnekleridir. Frizler halinde tasvirlerle süslü boyalı vazoların ilk örneği Acemhöyük sarayı vazosudur.

Başı plastik, gövdesi kabartma tek frizde sıralanan boğa kabartmalı vazoların ilk örnekleri Kültepe Ib evresinde görülmektedir (Bkz. Res. 7, 8, S. 132). Kabartmalı vazolarda heykeli boğa koşulu arabasıyla betimlenen Hava Tanrısı'ndan başka, Koruyucu Tanrı'nın da yüceltildiği belgelenmektedir.

Önü açık küçük kil tapınak modelinin içinde tahtı üzerinde oturan çıplak kült figürü erkek tanrının sembolüdür [Res. 8]. Mabede sunulmuş adaktır. Üzerinde ekmek ve libasyon testisi duran sunağın karşısında, tahtında oturan, göğüslerini sunan tanrıça fincan içindedir. O, küçük bir tapınak modelinin içini yansıtmaktadır [Res. 9].

Eski-Orta Hitit kültür çevresinin kırmızı astarlı, sırtları emzikli, yularlı, çoğunun baş ve yüz detaylarında özgün Hitit üslubunun yansıdığı kil boğa figürleri, Fırtına Tanrısı'nın kutsal hayvanlarıydı ve tapınaklarda kült objeleri olarak korunuyordu [Res. 10, 11].

Hitit kült törenlerinin en önemlisi ilkbaharda kutlanan AN.TAH.SUM bitkisi bayramıdır. 38 gün süren ve değişik şekillerde yüceltilen tanrıların başında Fırtına Tanrısı gelir. İnandık vazosu bunlardan birini temsil etmektedir (Bkz. Burada de Martino, S. 445 vdd.).

Kaynakça

Balkan 1973; Boehmer 1983; Ediz v.d. 1999, 189vdd.; Fischer 1963; T. Özgüç 1957, 57 – 78; T. Özgüç 1978; T. Özgüç 1982b; T. Özgüç 1988; T. Özgüç 2000

Resim altları

1 Gaga ağızlı iki libasyon testisi. Maden modellerin taklitleri. İnandıktepe

2 – 5 İnandık Vazosu

6 Bitik Vazosu. Kral kraliçenin peçesini açarken

7 İnandık Vazosu; kabartmaların çizimi

8 Küçük tapınağın pişmiştoprak modeli içinde oturan çıplak tanrı

9 Kulplu fincanı içinde sunak önünde oturan tanrıça (Kat. No. 83)

10 Boğa biçimli kült kapları (Kat. No. 29)

11 Boğa biçimli kült kapları (Kat. No. 30)

Orta Hitit ve Büyük İmparatorluk Dönemleri Çanak Çömleği

Anadolu'da Çömlekçiliğin Gelişimi-Biçimleri ve İşlevleri

Andreas Müller-Karpe

İkinci bin yıl Anadolu çanak çömlek işçiliğinin en üst düzeye eriştiği evreler, Erken Hitit (bir diğer söylemle Eski Assur Ticaret Kolonileri Çağı) ve ardından gelen Eski Krallık Dönemi'dir. Kap biçimlerindeki çeşitlilik, yüksek kalite standardının yanı sıra kap kacak üretiminde estetik kaygının öne çıkması, MÖ 19. ve 16. yüzyıllar arasına denk düşen bu dönemlerin özelliğidir. Bunu takibeden Orta Hitit Çağı'nda (Telipinu ve I. Şuppiluliuma arası), Hitit İmparatorluğu'nun daha geç döneminde de ("Büyük İmparatorluk Çağı", MÖ 14. ve 13. yüzyılın ikinci yarısı) sürüp gidecek, kalite ve biçim çeşitliliği açısından belirgin bir gerileme başlar. Başlangıçta, "madeni kapları" andıran testi çeşitleri gibi el zanaatları açısından en üst düzeyde örnekler, Hitit çanak çömlek sanatına damgasını vurmuşken, MÖ 15. yüzyıldan itibaren biçimlerde giderek yalınlaşmanın yanı sıra kabalaşma ve tüm yelpazede standartlaşmaya götüren bir gelişme izlenir. Büyük İmparatorluk Çağı'nın sonlarına doğru artık her yerde kaba hamurlu seri üretimler egemendir. Bu değişimler, arada belirgin bir kesintiye uğramadan, Orta Hitit Çağında ve Büyük İmparatorluk dönemlerinde de bünyesine yeni biçimsel ögeler tarzında, sözü edilebilecek, hiçbir yeni ivme katmadan sürüp gitmiştir. Tüm biçimlerin kökeniyse Eski Hitit'e dayanır.

> Yayılım

Anadolu'nun geniş bir alanına dağılan bu çanak çömleğin ortaya koyduğu benzerlik, dikkat çekicidir. Aynı kap tipleri, güneyde Kilikya'dan (Tarsus, Mersin), kuzeyde Karadeniz bölgesindeki dağlık bölgeye (Dündartepe, Oymaağaç) kadar yayılmıştır. Hitit çanak çömleği, batıda bölgeye özgü yerel malların egemen olduğu, Yukarı Menderes Havzası toplulukları arasında da (Beycesultan) sayıca oldukça önemli bir yer tutar. Doğuda, Keban Bölgesi'ne kadar uzanan alanda da baskındır.

Kendine has ögeleri yansıtan bu çanak çömleğin yayılımı, politik durumu da yansıtır. Tek istisna, Kuzey Suriye ve Kıbrıs'tır. Bu bölgeler, değişik uzunluktaki süreçlerde, Hitit egemenliği altına girmişlerse de, kendi çanak çömlek geleneklerine sıkı sıkıya bağlı kalmışlardır. Hititler'in merkezi sayılan Orta Anadolu'dan bilinen bütün yerleşmelerde, MÖ 15. yüzyıldan 13. yüzyıla kadar süren dönem içinde izlenen çanak çömlek, bir bütünlük sergiler. Erken Hitit Çağı'nda gözlemlenen, örneğin Kültepe ve Boğazköy arasındaki türden yerel farklılaşmalar, giderek dengelenmiştir. Hiç kuşkusuz bunun nedenleri, tek merkezden yönetim sistemiyle birlikte, bölgeler arası yoğun mal değiş tokuşunda ve belirli hedeflere yönelik iskân politikalarında (kalabalık halk kitlelerinin zorunlu yer değiştirmesi) yatmaktadır. Üniter devletin yaratılması ve ekonomik yaşamın değişik kollarının merkezin güdümünde oluşu, sadece çanak çömleğin geniş bir bölgede benzeşmesiyle yetinmeyip, büyük olasılıkla, repertuvarda standartlaşmaya ve kap biçimlerinin giderek basitleşmesi eğilimine de ivme kazandırmıştır.

> Mal Grupları

Hititli çanak çömlek ustaları, birkaç istisna dışında, kap yapımında mineral katkılı çömlekçi hamuru kullanırlardı. Biraz demir içeren çömlekçi kiline, değişik tanecik boyutlarında kum ya da taşçık, bazen de şamot adı verilen çanak çömlek kırıkları katılırdı. MÖ 2. binin başlarına kadar sıkça görülen kıyılmış saman türünden bitkisel katkının artık bir önemi kalmamıştı.

Hitit keramiğinin en göze çarpıcı özelliği, kırmızı açkılı mallarıdır. Burada sözü edilen, kap yüzeylerinin, yükseltgen ortamda (fırınlama sırasında yeterli oksijen alan bir ortam) fırınlandığında, parlak kırmızı renge dönüşen, arıtılmış ince kilden yapılma bir astarla kaplanmasıdır. Malı tanımlayan, parlak bakırı çağrıştıran, metalik pırıltılı kap yüzeyleridir. Büyük olasılıkla bu işlemden amaç, değeri yüksek madeni kapları anımsatan ürünler elde etmekti. Bu denli parlak yüzeylerin, kaplar fırınlanmadan önce uygulanan açkıyla mı, ya da ince bir tabaka niteliğinde kap yüzeyine sürülen ve fırınlama sırasında adeta eriyerek, tüm yüzeyde ikinci bir işleme gereksinim bırakmadan, bu ışıltıyı oluşturan, bir tür parlak yanışlı kille mi elde edildiği, yanıtlanması gerekli bir sorudur. Bir başka özellikleriyse, ancak işinin ehli çömlekçiler tarafından üretilmiş olabilecek, özenle işlenmiş, değerli ürünleri yansıtmalarıdır. Başlangıçta oldukça sık gözlemlenen, bu kırmızı ince yapımlar, Büyük İmparatorluk Dönemi'nde iyice azalmış, MÖ 13. yüzyılda da toplam çanak çömlek içinde ancak % 1'lik bir orana gerilemiştir.

Daha sıkça rastlanılan bir tür, kremsi-beyaz astarlılar olarak adlandırılan gruptur. Buna karşılık, ele geçen kap kacağın çoğu, kaba hamurlu ve astarsızdır. Büyük küpler, çömlek türü mutfak kaplarının bir bölümü, tepsiler ve bazı adak kapları dışında Hitit çanak çömleğinin tümü, hızlı dönen çarkta çekilirdi. Kaplar, pişirme ısısı ve hava akımının daha rahat denetlenebildiği, ateşlik ve fırın odasıyla iki bölümlü, alttan ısıtmalı çömlekçi fırınlarında, bej, kahverengi ve kırmızımsı tonlarını alacak şekilde, yükseltgen ortamda fırınlanırdı.

> Biçimler ve İşlevleri

Adını akıtacağının ilginç biçiminden alan, Hitit çanak çömleğinin temsilcisi niteliğindeki gaga ağızlı testi, Orta Hitit ve Büyük İmparatorluk Çağları'na gelindiğinde eski önemini yitirmiştir; diğer bir söylemle, eskiye nazaran çok daha az örnekle temsil edilmektedir. Emzikli testilerin yanı sıra oluk biçimli akıtacaklı testiler de sayıca azalmıştır. Toplam çanak çömlek içindeki oranları nadiren % 2'yi aşsa da, sadece yonca ağızlı kaplar, bu dönem buluntu toplulukları arasında düzenli gözlemlenen biçimlerdendir. Kap kacak takımları arasında önemli bir yer tutmaları doğal sayılan testilerin repertuar içinde giderek azalması, belki de madeni örneklerinin daha sıkça üretilmesiyle açıklanabilir. Tunç ya da asal metaller, eritilerek yeniden kullanıldığından, bu evrelere tarihlenen örnekleri, arkeolojik olarak belgelenememektedir. Hitit metinlerinde madeni kaplara pek çok kez atıfta bulunulduğuna göre, mevcudiyetlerinin de kabul edilmesi gerekir. Pişmiş toprak testiler, biçimsel açıdan belirli bir gelişme gösterir. Önceleri sevilen bir tip olan, gövdeleri geniş, keskin omuzlu, karın altında içbükey dönüşlü, yayvan ayaklı, gaga ağızlı testiler, yerlerini yuvarlatılmış şişkin karınlı ve iri gövdeli, halka dipli örneklere bırakır. Büyük İmparatorluk Dönemi'nde, "madeni kaplar" taklidi, keskin omurgalı, gaga ağızlı testilerin devamı niteliğinde, iç hacimleri daha ufak, ince uzun gövdeli testilerden yalnızca birkaç örnek saptanmıştır. Bu yeni testi tipi, Eski Hitit testilerine göre hem daha özensizce yapılmış, hem de oranlardaki uyum bozulmuştur. Kraliyet saraylarının yer aldığı Büyükkale'deki kült binalarından biri içinde (C Binası) bu testilerden birkaçı birlikte ele geçmiştir [Res. 1.1]. Büyük olasılıkla buradaki görevleri, günlük kullanım alanlarından ziyade, libasyon (sıvı adak) kapları olarak, kült törenleriyle ilintiliydi. Bu yorum, resmedildikleri bazı betimlemelerle de desteklenmektedir [Res. 2.1].

Dini törenleri anlatan Hitit metinlerinde, içki ya da sıvı adakların sunulduğu, yani libasyon yapımında kullanılan "Işpantuzzi" kaplarından sıkça söz edilir. Metinler kapların biçimine gönderi yapmasa da, pek çok veri, bu işlevin gaga ağızlı testilere verilmiş olması gerektiğine işaret eder.

Bir diğer sıkça görülen kap tipi de Roma şarap amforalarını anımsatan, ama tek bir dikey kulbu bulunan, ince uzun gövdeli, yuvarlak ağızlı testilerdir [Res. 3]. Bu testilerin boyları, 1 metrenin üzerine çıkabilir. Orta Hitit örneklerinde, dipler yuvarlak, boyun omuzdan belirgin keskin bir hatla ayrılırken, daha sonraki örneklerde dipler sivrileşir ve boyunla omuz arasındaki dönüşte, belirgin şekilde bir yumuşama sezilir. Kap ağzını sağlamlaştıran dudak, önceleri dar ve dışarıdan bakıldığında yuvarlak kesitlidir. Gelişimi boyunca bu dudak, giderek genişleyip yassılaşır ve Büyük İmparatorluk Dönemi sonlarına gelindiğinde, ağız içinde boyundan oldukça belirgin bir kabarıklıkla ayrılır. Kulp kesidine bakıldığında da yuvarlak kesitten oval keside doğru giden bir gelişme izlenir. Bu verilere göre testiler, 200 yıl içinde, biçim açısından, ele geçtikleri buluntu topluluklarının göreli tarihlenmesini kolaylaştıracak, belirgin değişimlere uğramıştır. Bu kapların işlevleri de, Roma amforalarının işlevlerinden pek de değişik olmasa gerektir: yağ gibi sıvıların ama her şeyden önemlisi de şarabın depolanması ve bir yerden bir yere taşınması. Kuşaklı akropolündeki bir tapınaktan elde edilen son belgeler, bu tür kapların içinde, gerektiğinde bira mayalanabileceğini öğretmiştir. Hitit metinlerinde sözü edilen, "uzun boyunlu kaplar" (^{DUG}GID.DA), büyük olasılıkla bu testileri tanımlamaktadır.

Özel bir testi biçimiyse, çok uzun ve ince gövdeleri, dışa açılan kaide dipleriyle "Spindlebottles" (iğ biçimli testiler) diye ünlenen bir türdür. Diğer Hitit çanak çömleğinden, açık renk ince hamurları ve kırmızı açkılı yüzeyleriyle ayrılırlar. Mal ve biçim açısından, Orta Anadolu'ya yabancı bu şişelerin, ithal yoluyla geldikleri kesindir. Benzer kaplar, Doğu Akdeniz'de Mısır'a kadar yayılmıştır. Kökenleri, buluntu toplulukları içinde en yoğun olarak ele geçtikleri Kıbrıs'ta aranmaktadır. Büyük olasılıkla, uzun yol ticaretinde, hoş kokulu, değerli yağların taşınmasında kullanılıp, buralara kadar ulaşmışlardı. Kuşaklı-Sarissa'da, kuzey terasta yer alan tapınaktaki bir banyo küveti içinde ele geçen bu türden bir örnek, bunun içinde bir banyo ya da vücut yağı bulunması gerektiğini düşündürmektedir [Res. 1.2]. Hitit kültürü çevresinde, içeriği kadar biçiminin de aranılır olması, yerli taklitlerine götürmüştür. Hitit metinlerinde, "değerli yağ" kabı olarak ^{DUG}tallai geçer. Büyük olasılıkla "Spindlebottles", bu kelimeyle tanımlanan kaplardır.

Değişik sıvıların taşınmasında kullanılan diğer bir kap türü de, matara biçimli kaplardır [Res. 1.3]. Dışbükey bir merceği andıran, sivri oval kesitli bu kaplar, pişmiş topraktan diğer kap kacağa göre, hem insan, hem de hayvan üzerinde taşınmaya daha uygundu [Res. 2.2]. Üst tarafta yer alan ilmik kulpları sayesinde, taşıyanın üzerine de bağlanabilmekteydi. Çok değişik boyutlarda (Çap 9 – 46 cm) üretilmelerine karşılık bu kaplar, her halde günümüzden de bilinen örnekleri gibi, yolculukta, tek kişi ya da bir yük hayvanı tarafından, azık taşımakta kullanılmaktaydı.

Matara tipi kapların yapımı, çömlekçi ustasının özel becerisini gerektirmekteydi. Kapların yapımında, iki değişik yöntem bilinmektedir: Birinci yöntemde, çarkta ayrı ayrı çekilen, birbirinin eşi iki kâse benzeri yarım kap, sonradan ağız ağıza gelecek şekilde birleştirilir ve "dikiş" adı verilen birleşme yeri üzerine açılan deliğin içine boyun oturtulurdu [Res. 4].

İkinci yöntem olan, gövdesinin tek parça olarak çarkta çekilmesi, daha yaygın bir uygulama gibi görülmektedir. Bu yöntemde, önce şişkin karınlı bir kap elde edilecekmiş gibi başlanır, çekme sırasında geniş ağız, tüp biçimli bir açıklık kalana kadar daraltılırdı. Son aşamada, delik iki yandan bastırılarak, içi boş bir gövde oluşacak şekilde kapatılırdı. Çarktan alınan ham ürün, üzerinde kalan fazla kilden, özenle traşlanıp, arındırılarak, mercek biçimli kap elde edilirdi.

Sıvı nesnelerin, daha ziyade içeceklerin, saklanmasında sadece dar boyunlu kaplardan yararlanılmazdı. Hitit dünyasında sık rastlanan, küresel ya da oval karınlı, omuz üzerinde kulplu ve huni biçimli genişleyen ağızlı bir tür çömleğin de içecekler bağlamında, özellikle de bira tüketimiyle birlikte düşünülmesi gerekir [Res. 1.4]. Benzer kapların, içki içmeye yarayan kamışlarla birlikte gösterildiği betimlemeler, bu yargıyı desteklemektedir [Res. 2.3]. Mezopotamya'da olduğu gibi, Hititler'de de üstten mayalanan bira, pişmiş topraktan kaplarda hazırlanırdı. Biranın yüzeyinde, köpüğün yanı sıra saman ve çer çöp de yüzdüğünden, tadına varabilmek için bu içki, kabın içine daldırılan uçlarında bir cins filtre takılı kamışlar (içi boş bitki sapları) yardımıyla tüketilirdi. Üzeri süzgeç biçimli delikli, madeni tüpler de, filtre işlevini üstlenirdi. Bu kaplar, Erken Hitit Çağı'ndan beri kullanılmaktaydı. Boğazköy'de Aşağı Şehir'de, Orta Hitit Dönemi'ne tarihlenen bir evde, kapasiteleri 19,7 – 36 litre arasında değişen, yirmi üç tanesi topluca bulunmuştur [Res. 1.4]. İlginç özellik, bu çömleklerin iç hacimlerinin 1,5 litrenin katlarına denk düşmesidir. Çömleklerin birinin yanındaysa, 1,5 litrelik bir de ufak testi ele geçmiştir [Res. 1.6]. Herhalde ufak testi, içkinin dağıtımında "ölçü kabı" olarak kullanılmaktaydı. Hititçe'de ^{DUG}hanessa kelimesinin de, yukarıda bahsedilen kapları tanımladığı düşünülmektedir.

Hititler'in yaşamında, biranın yanı sıra, çoğunlukla kamışa gereksinim duyulmadan tüketilen, pek çok içeceğin rol oynadığı bilinir. Bunları içmede yararlanılan en yaygın kap türü, yuvarlak dipli, yarı küresel taslardır [Res. 2.6, 3]. Oldukça ince cidarlı bu taslar, temiz bir çömlekçi hamurundan üretilmiştir.

Kabın sıvıyı dışarı sızdırmadan, daha iyi tutmasını sağlamak amacıyla yüzeyler, çoğunlukla içte ve dışta iyice düzeltilmiş ve bazen de açkılanmıştır. Sıradan evlerin donanımlarında, gündelik çanak çömleğin % 20'sine ulaşan oranlara kadar çıktıkları görülmüştür.

Buluntu toplulukları içinde, kulplu fincanlar sayılarının azlığı nedeniyle, geleneksel içki kapları olarak yorumlanamamaktadır [Res. 1.5]. Akla yakın gelen, bunların kepçe ya da ölçü kabı olarak kullanıldığıdır. Hitit çanak çömlekçiliğinde, içki taslarının yanı sıra, çok sayıda ve daha büyük boyutlarda, kâse ve çanak türleri de mevcuttur. Yerleşim alanlarında kâse ve çanaklar, şimdiye değin saptanmış tüm çanak çömlek buluntularının yarısından üçte ikisine kadar varan bölümünü kapsar.

Orta Hitit ve Büyük İmparatorluk Dönemleri'nin başlarında en yaygın kâse biçimi, içten dudaklılardır [Res. 3]. Bu tipler, çalkalandığında sıvı yiyeceklerin dışarı taşmasını önlemek üzere, tasarlanmıştır. Taşmayı önleyen bu dudaklar, önceleri gövdeden keskin bir profille ayrılırken, daha sonraki gelişim evrelerinde, iyice ufalmağa yüz tutmuştur. İmparatorluk Dönemi'nin sonlarına gelindiğinde, artık ya hafifçe kalınlaştırılmış, ya da yalın, yuvarlak ağızlı kâseler egemendir. Bu yalın ağızlıların yanı sıra, dışa açılan dudaklı örnekler de yok değildir.

Kâselerin çoğu, yuvarlatılmış diplidir. Ancak Orta Hitit Dönemi'nde, halka dipli örnekler de yoğun biçimde temsil edilmiştir. Orta Hitit Dönemi çanak çömlek tipolojisini en iyi yansıtan buluntu topluluğu, bir bölge valisinin Maşat-Tapigga'daki sarayında açığa çıkarılandır. Bu çanak çömlek topluluğu, kil tabletler ve mühür buluntuları yardımıyla MÖ 15. yüzyıl sonları, 14. yüzyıl başlarına tarihlenmiştir.

Yarı küresel gövdeli, ince cidarlı içki taslarının ve içten dudaklı kâselerin yanı sıra, çok daha derin olanları, bir diğer söylemle, içe dönen ağızda dışa taşkın dudaklı, karın dönüşü dalgalı ya da omurgalı, yatay kulplu kazanlara benzeyen kap türleri de vardır. Bazen köşeli şekillendirilmiş yatay kulplarıyla, 2. binin birinci çeyreğinde yaygınlaşan bu tür, Hitit kültür alanı dışında, Troia'dan Güneydoğu Anadolu'ya kadar uzanan geniş bölgede de izlenir. 2. binin ortalarına gelindiğinde, eski önemini yitiren bu kap biçimi, İmparatorluk Dönemi'nin geç evresi çanak çömlek toplulukları arasında tek tük örnekle, ortadan kalkmağa yüz tutmuştur.

Kuşaklı-Sarissa akropolü üzerinde yer alan anıtsal tapınak (C yapısı), Maşat sarayıyla aynı tarihlere düşer. Kuşaklı tapınağında saptanan kap kacak arasında, kaba hamurlu, kalın cidarlı, konik ya da şişkince karınlı, içten kalınlaştırılmış dudaklı ve halka dipli kâse türü başı çeker [Res. 3]. Tapınağın bodrum katında, aynı kaptan yüzlercesi belgelenmiştir. Bu kapların bir çoğunun üzerine, fırınlamadan önce, ok benzeri bir hiyeroglif işaretinin kazındığı, dikkat çekmektedir. Bu işaret "Zi" sesine karşılık gelmekte ve "Ziti" = "erkek" kelimesinin kısaltılmışı olarak algılanmaktadır [Res. 1.9]. Diğer kapların pek çoğunun üzerine de, "Kral" işareti konmuştur [Res. 1.7]. Hitit yazılı kaynaklarında, dini bayramlar için gerekli yiyeceğin, "Kral" ve "Kent Erkekleri" (yani halk) tarafından karşılanacağı belirtildiğine göre, kapların üzerinde görülen her iki işareti de bu bağlamda değerlendirmek gerekecektir. Tören yazıtlarında, hangi tarafın neyi, hangi miktarda getireceği, listeler halinde, özenle sayılmıştır. Tarafların getirmekle yükümlü kılındığı nesnelerden, hangisini getirip hangisini getirmediği, kapların üzerindeki ölçü işaretleriyle denetlenebilmekteydi. Bu açıdan bakıldığında, kapların üzerindeki işaretlerin de, ne anlama geldiği daha iyi anlaşılmaktadır. Gene bu bağlamda, ortak iç hacimleri de, büyük olasılıkla belirli bir ölçü birimini yansıtmaktaydı.

Basamaklı kenarlı, hafifçe yuvarlatılmış gövdeli, büyük tabaklarsa, başka bir işlevi üstlenmişti [Res. 3]. Bu tabaklar, Orta Hitit Dönemi'nde, toplam kap kacağın neredeyse % 10'unu oluşturmaktaydı. Bir süre sonra yerlerini, basitçe şekillendirilmiş ağızlı, yayvan kâseler almaya başlayınca, çanak çömlek içindeki oranları da, 13. yüzyıla gelindiğinde, % 2'lere kadar gerilemiştir. Ağız kenarı ve hemen ağız altında gövde üzerinde dışta gözlemlenen ip baskı izlerinin, süsleme amacından çok, yapım tekniğiyle bağlantılı olduğu açıktır. İlginç özellik, bu tabakların, ateş üzerine oturtulan çömlekler gibi, kaba bir hamurdan üretildiği ve dışta ikincil yanık izleri göstermesidir. Bu özellikleriyle sofraya konan tabaklardan ziyade, kızartılması arzulanan bir yemeğin (ekmeğin ya da çöreğin), içinde fırına sürüldüğü tepsi görevini üstlendikleri tarzında yorumlanabilirler. Belki de bazı yemekler, alltan ısıtılan bu tabakların içinde hazırlanmaktaydı.

Her evsel buluntu topluluğunda, şişkin karınlı, hafif daralan ağızlı, ağız altında iki yatay kulplu, yuvarlak dipli çömleklerin kırıkları, düzenli olarak ele geçer [Res. 3]. Sayısal olarak, gene de, tanımları üstte verilen kızartma tabakları kadar yaygın değillerdir. Gövdelerinin alacalanmış ve isten kararmış dış yüzleri, bu kulplu çömleklerin ateş üzerine oturtularak kullanıldığının, en belirgin kanıtıdır. Hititler'in başlangıcından, sonuna kadar geçen zaman dilimi içinde de, biçimsel olarak pek fazla değişikliğe uğramazlar. Hititçe'deki karşılığı, ^{DUG}purpuris tanımlamasıyla verilebilir.

Geniş bir biçim yelpazesine sahip, diğer çömlek türlerinin, yiyecek hazırlamaktansa, öncelikle bunların saklanmasında kullanılmış olabileceğini önermek, daha doğru bir yaklaşımdır. Biçim çeşitliliği, kesin gelişim çizgilerinin saptanmasına engel olmaktadır. Genel olarak söylenebilecek, ağızı destekleyen dudakların giderek kalınlaştığıdır. Kalınlaşmayla birlikte, sadece ağızın dışa döndürülerek dudağın oluşturulma yöntemiyle yetinilmemiş, bunun yanı sıra, kaptan bağımsız olarak şekillendirilen bir kil çubuğun, daha sonra ağız kenarına yapıştırılmasıyla, dudak elde edilmeye başlanmıştır. Büyük İmparatorluk Çağı'nın sonlarına doğru, kalın yuvarlak ya da köşeli dudakları yansıtan çömlekler yaygınlaşmıştır.

Büyük çömlekler tek parça halinde, çömlekçi çarkında çekilemediğinden, bölüm bölüm şekillendirilip, üst üste eklenirlerdi [Res. 5]. Önce dip, biçimlendirilirdi. Dip parçası kurumaya bırakılmadan önce, üst kenara yivler ya da çentikler açılırdı. Daha sonra, önceden hazırlanan, yassı bir kil şeridi, çentik ya da yivlere geçecek şekilde, dip üzerine aplike edilip, dikiş yeri iyice sıvazlanırdı. Bu yöntem, ele geçen kaplardaki, fitil kopuğu da denilen, yatay kırıklardan anlaşılmaktadır. Bazı kırık parçalarda da, dikişin patladığı yerlerde, çentikler açıkça seçilebilmektedir. Kapların dış yüzünde belirlenen ip baskısı izleri, karın üzerindeki dikiş yerlerinin, bir iple sarmalanarak sağlamlaştırıldığını kanıtlamaktadır. Bu işlem, ağır ve yaş kilin, çökmeden ve dağılmadan, kendi ağırlığını taşımasını sağlamaktaydı. Çömleklerin iriliklerine göre, her şerit kuruduktan sonra üzerine bir diğeri ilave edilerek, bir anlamda gövde kat kat yükseltildikten sonra, dudak ve kulp eklenerek, yapım tamamlanmaktaydı.

Büyük depo kaplarıyla iri küplerin birbirinde ayrılması, bir türden diğerine geçişte kaymalar olduğundan, neredeyse olanak dışıdır. Hititçe'de bu tür kaplara DUGharşi veya harşiyalli, denilmekteydi. Küçük boyutluları içinse, harşiyallami sözcüğü kullanılırdı. En büyük depo küpleri, Boğazköy-Hattuşa'daki Tapınak 1'in magazinlerinde ele geçenlerdir. Yükseklikleri 1,90 metreye kadar çıkabilen bu kapların dolum kapasiteleri, 1750 litreye ulaşabilmekteydi. Bu da, tahıl olarak düşünüldüğünde, 5 – 6 kişinin, bir yıllık gereksinimi demekti. Tapınağın kilerlerinde, bu tür küplerden 200 kadar saptanmıştır.

Kap kacak boyutlarında bir diğer abartı, minyatür kaplarla ortaya çıkar. En yaygın tipleri, testiler ve kâseleri taklit eden, ufak örnekleridir. Büyükkale'deki bir kutsal yapının (C yapısı) havuzu dibinde (Bkz. S. 437) ve Hattuşa'da Yukarı Şehir'de yer alan 6 numaralı tapınağın ana kült odası önündeki holde saptanan örnekler, minyatür kapların çocuk oyuncağı olmayıp, adak kapları olarak kullanıldığını belgelemiştir. Yerleşme alanlarında da çok sayıda ele geçmeleri, minyatür kaplardan ev içi kült kutlamalarında da yararlanıldığına işaret etmektedir. Kabaca şekillendirilmiş olmaları, dikkat çekici özelliklerinden biridir. Küçük boyutlu, dikey kulplu, sivri testiler ve 4 – 6 santimetre çapındaki kâseler, el yapımıdır. Diplerindeki çark izlerinden anlaşıldığına göre, biraz daha büyükçe kâseler ve çanaklarsa, çark işidir. Çarktan dikkatsizce alınmaları sonucu, diplerine yapışıp kalan kil topanları nedeniyle ayakta bile duramazlar.

Kol biçimli libasyon kapları da, kült törenleriyle ilgili buluntu topluluklarıyla yakından ilişkilidir **(Res. 1.8)**. Bunlar, boru biçimli silindirik uzun gövdeli, bir uçları ya da dipleri (çoğunlukla halka dipli) kapalı, açık diğer uçları el biçiminde şekillendirilmiş yapımlardır. Her zaman, bir tas tutan sağ el betimlenmiştir. Böylece kap, tasın ve elin yardımıyla doldurulup, boşaltılırdı. Buna göre hiç şüphesiz kol biçimli kap, bir kült aygıtı olarak, içki adaklarında, libasyonda kullanılırdı. Pişmiş topraktan bu kollarda da, "Spindlebottle"ların yapımında kullanılan, ince tanecikli, açık kırmızı kilin kullanılması, dikkat çekicidir. Her iki türün yayılım alanları da aynıdır: Anadolu, Levant, Kıbrıs'tan Mısır'a kadar uzanan bölge. Bu durumda, bazı Hitit buluntu topluluklarında ele geçen, kol biçimli kaplar, ithal yoluyla gelmiş olmalıdır. Buna karşılık, bu kült gereci Orta Anadolu'da da üretilmiştir. Parçaların, birbirinden çok uzak bölgelerde bulunması, bazı kült törenlerinin, tüm yayılım alanlarında benzer şekilde kutlandığını ve kökeninin büyük olasılıkla, Hitit dünyasının dışında aranması gerektiğini vurgular.

Anadolu'nun, çok özel bir tür libasyon kabı daha vardı: pişmiş topraktan boğa biçimli kaplar. Bunların içinde en bilineni, Hattuşa Büyükkale'de, bir Orta Hitit tabakasında (IVb2 tabakası) ortaya çıkarılandır (Bkz. Res. 10, 11, S. 255). Tabaka, en geç MÖ 14. yüzyılın ortalarına tarihlenmektedir. Bulundukları tabakaya girdikleri sırada, kullanılamayacak durumda oldukları saptanan parçaların, biraz daha eskiye tarihlenmeleri gerekecektir. Buluntu, birbirinin eşi, ayakta duran, yaklaşık 90 santimetre boyunda, bir çift boğayı yansıtır. Sadece kuyruklarının baktığı yönle birbirlerinden ayrılırlar: bir boğanın kuyruğu sağa, diğerininkiyse sola doğru sallanmıştır. Heykellerin içi boştur. Sırtlarındaki doldurma deliği ve akıtacaklı ağızları, görevlerini, birer libasyon kabı olarak tanımlamaktadır. Yapım kaliteleri daha düşük olmakla beraber, kesinlikle Eski Hitit tabakalarına tarihlenen (İnandıktepe) örnekleri de vardır. Kuşaklı'da, 1997 yılında, Orta Hitit buluntu toplulukları içinde ele geçen bir diğer boğa çifti (Res.14, S. 189), Boğazköy'dekilerle çok benzeşir. Ne yazık ki bu yeni buluntuda, hayvanların başı kopuktur. Bir diğer önemli saptamaysa, şimdiye değin bulunmuş tüm örneklerde hiç rastlanmayan bir biçimde, hayvanların kalça ve omuz hizasına tutturulmuş birer kil çubuğuyla, birbirine sıkıca bağlanmasıdır. Anlaşılan, kült törenlerinde boğalar, çifter çifter kullanılmaktaydı.

Hiç kuşkusuz, kabartmalı örnekler de, kült gereçleri arasında anılacak kap kacağa dahil edilmelidir. Az sayıdaki örnekleriyle bu kaplar, her halde çok değerliydi. Eski Krallık, kabartmalı kapların doruk noktasına eriştiği dönemdi; daha sonraki evrelerde, ele geçen örneklerin hiçbiri tüm değildir. Ancak kırık parçalar halinde bulunan örnekler üzerinde izlenenler, çeşitli insan ve hayvan betimlemeleridir. Bu figürlerin ne tür sahnelere ait olduğu ve birbirleriyle ilişkileri anlaşılamamaktadır. İzlenimlere göre, Eski Hitit evresinde egemen olan çok renkli kabartma geleneği ortadan kalkmış, yerine Büyük İmparatorluk Dönemi'nde tek renkli kabartmalar geçmiştir. Bu türün bir diğer uzantısı da, kule biçimli kaplar olarak adlandırılanlardır (Bkz. Res. 7, S. 207). Burada sözü edilenler de, ağızları ya da omuzları, bir sur duvarını betimleyecek şekilde, eşit aralıklarla uygulanmış kulelerle biçimlendirilmiş, iri cüsseli kült kaplarıdır. Kule biçimli kaplar çoğunlukla ancak subasmanı seviyesine kadarki bölümleri ele geçen şehir suru duvarlarının birer modelini yansıtarak, bunların görünüşleri hakkında, önemli bilgiler de verirler.

Kaynakça

Fischer 1963; Seidl 1975; Özgüç 1982; Korbel 1985; A. Müller-Karpe 1988; V. Müller-Karpe 1998

Resim altları

1 Boğazköy-Hattuşa ve Kuşaklı-Sarissa'dan, Orta Hitit ve Büyük İmparatorluk Dönemleri kap biçimleri

2 Hitit keramik betimlemeleri ve kullanım alanları:

1 Schimmel koleksiyonundan gümüşten geyik ritonu

2 Kabartmalı Bitik Vazosu

3,4 Kültepe mühür baskıları

5 Boğazköy Kabartmalı Vazosu

6 Alaca Höyük'ten kabartmalı ortostat

3 Hitit keramiğinin ana tipleri ve göreceli yoğunluk oranları

Üstte: Kuşaklı-Sarissa akropolü büyük tapınak (C yapısı), Orta Hitit buluntu topluluğu (V. Müller-Karpe, 1988'e göre)

Altta: Boğazköy Yukarı Şehir çömlekçi mahallesi, İmparatorluğun geç dönemi üretimleri (A. Müller-Karpe, 1988'e göre)

4 Matara biçimli kapların her iki üretim yöntemi

5 Büyük cömleklerin üretimi

Büyük İmparatorluğun Mirasçıları II

Anadolu ve Kuzey Suriye'de Geç Hitit Krallıkları Dönemi Arkeolojik Kalıntılarına Genel Bakış (yaklaşık MÖ 1180 – 700)

J. David Hawkins

> Mimariyi Bezeyen Yontu Sanatı

Karkamış

Geç Hitit devletleri, şimdiye dek bu döneme ait hiçbir yerleşmenin düzenli kazılarla tümden araştırılmamış olması nedeniyle, arkeolojik açıdan göreceli olarak az tanınmaktadır. Karkamış yerleşmesi bu konuda tipik bir örnektir. 1911 – 1914 yılları arasında British Museum tarafından geniş kapsamlı olarak yürütülen kazılar I. Dünya Savaşı nedeniyle kesintiye uğramış ve hiçbir zaman yeniden başlatılmamıştır. Bundan da kötüsü, bölgedeki çarpışmalar yüzünden kazı malzemesi ve kayıtlar tahrip edilmiştir. Kazılar sırasında tahkimat duvarının ve anıtsal kapıların planı çıkarılabilmiştir (Res.1). Kalenin zirvesinde kazılan kötü korunagelmiş yapı yeterli destekleyici veri olmamakla birlikte, şehrin tanrıçası Kubaba'nın tapınağı olarak yorumlanmıştır. Çalışmalara ara verilmeden önce, aşağı şehrin Fırat üzerindeki Su Kapısı'ndan, kalenin güneybatı çevresini kapsayan ve tümüyle korunagelmiş tek bina olan Hava Tanrısı'nın tapınağına kadar uzanan bir bölümü araştırılmıştır. Sözü edilen bölge anıtsal kapılar ve yazıtlı, kabartmalı ortostatları olan, cepheleri süslü binalar açısından zengindir; ancak araştırmalar birimlere yönelik genişletilmemiştir. Bunun dışında, dış şehrin bazı evleri kazılmıştır. Bilinen tüm kalıntılar Erken Demir Çağı'na aittir; ancak yayınlanmamış olmakla birlikte söz konusu kalıntılar Roma Devri kalıntıları tarafından örtülmüştür. Yerleşmenin bilinen tarihi, Geç Tunç Çağı'ndaki önemli konumunu, Orta Tunç Çağı'ndaki Amorit krallığını, ait oldukları tabakalara erişilemediği için yeterli bilimsel veri bulunmamakla birlikte İlk Tunç Çağı da kapsayacak şekilde geriye doğru uzanmaktadır. Yerleşme, gizeminin büyük bir bölümünü henüz saklamaktadır.[1]

Zincirli ve Tell Tayinat

Karkamış bir yana, kazıların en yoğun gerçekleştirildiği yerleşmeler Zincirli ve Tell Tayinat'tır; her iki yerleşme de benzer kalıntıları içerirler. Zincirli bölgede yapılan Geç Hitit sanatı ve mimarisi araştırmaları kapsamında incelenmiştir; bunun nedeni yukarıda da değinildiği üzere (S. 412), Aramiler'in pek çok açıdan Hitit modeline bağlı kalmalarıdır. Hem Zincirli, hem de Tell Tayinat'ta anıtsal girişli kaleler ve saray yapıları araştırılmıştır; ayrıca aşağı şehirlerin dış kapıları, Zincirli'de ise iç içe geçmiş daire şeklindeki sur duvarları ile kapıları da araştırmalara dahil edilmiştir (Res. 2). Kapı yapıları Karkamış'ta gün ışığına çıkarılan kapı yapılarıyla benzeşmektedir. Bu yapılar genelde bir ana geçidi çevreleyen tek veya iki çift kapı odasından oluşurlar; geçitler ise bazen yazıtlı ya da kabartmalı olabilen taş ortostatlarla kaplanmıştır. Kapılar için yaygın olan bir uygulama da bekçi yaratıklar, aslanlar ve sfenkslerle korunmalarıdır. Veriler bu tür kapı girişi yapılarının iki kule ile korunduğu yolundadır. Saray yapıları, genelde hükümdarın ikametine ayrılan, *bit-hilani* tipi birimlerden oluşur: *bit-hilani* ikinci katında pencereli çıkması olan payeli bir portikten oluşur. Bir veya birkaç birimli mekanlardan oluşan cephe avluyu çevreler (Res. 3). Söz konusu mimari öğenin gelişiminin en iyi gözlendiği yerlerden birisi Zincirli'dir.[2]

Malatya ve Hama

Başkentlerdeki kısmen kazılmış diğer saraylar arasında Malatya (Arslantepe) ve Hama bulunur. Arslantepe'de gün ışığına çıkarılan baş anıt, aslanları ve kabartmalı küçük bloklarıyla Aslanlı Kapı'dır. Söz konusu yapının ilginç özellikleri arasında kapı hücrelerinden birisine resmen "gömülmüş" olduğu düşünülen, bir yöneticinin büyük boy heykeli de bulunmaktadır. C14 tarihlerine bakılırsa, kapı MÖ 9. yüzyılın ortalarına tarihlenmektedir; heykeller ise daha erken dönemlere tarihlendiklerinden, bunlar erken devir yapılarından alınarak yeniden kullanılmış olmalılardır.[3]

Hama'da, kentin merkezindeki kalede Erken Demir Çağı tabakalarına ve daha erken tabakalara kadar ulaşılmıştır. Yukarı çıkılan merdivenlerin tepesindeki bir kapı yapısı ve geleneksel Hitit üslubuna çok benzer şekilde yapılmış, bir dizi kapı aslanıyla süslenmiş olan bir saray yapısı bulunmuştur. Hafirler tarafından "Arami kalesi" olarak adlandırılmasına rağmen, yapılar MÖ 9. yüzyıla tarihlendirildiğinden ve Luvi yöneticileri Urhilina ve Uratami ile bağlanabildiklerinden "Geç Hitit kalesi" terimi çok daha uygun bir adlandırma gibi gözükmektedir.[4]

Tell Ahmar ve Arslan Taş

Fırat Nehri kenarındaki komşu yerleşmelerden, Tell Ahmar ve onun kuzeydoğusunda yer alan Arslan Taş, surla çevrili yerleşmeleri ve Assur saraylarıyla dikkat çekerler. Söz konusu yerleşmeler MÖ 9. yüzyılın ortalarında, Assur'la birleşilmesinden sonra Assurlu yöneticilerin merkezleri olmuşlardır. Bu yerleşmelerin şehir kapılarının iki yanlarında aslan ve boğa figürleri bulunurdu. Sözü edilen türde Assur sarayları Tell Tayinat ve Malatya'da da bulunmuştur. Tell Tayinat ve Malatya MÖ 738 ve 712'de Assur eyalet merkezleri olmuşlardır. Buradaki yapılar planları ve yapı teknikleriyle kesin biçimde Geç Hitit mimarlık çizgisinden ayrılmaktadır.[5]

Tell Ahmar'da, Assur sarayının altında hafirler tarafından "Arami sarayı" olarak adlandırılan, ancak işlevi kesin olmayan, anıtsal bir yapı ortaya çıkarılmıştır. Assurlular kenti MÖ 856'da Arami kral Ahuni'den almıştır. Burada Arami yerleşmesi kısa sürmüş olmalıdır; belki de söz konusu iskan yalnızca Ahuni'nin hükümdarlığıyla sınırlıdır. Yerleşmede bulunan yazıtlardan anlaşıldığına göre, burada birkaç kuşak boyunca bir Geç Hitit (Luvi) hanedanlığı hüküm sürmüştür. Sarayın söz konusu hanedanlığın bir ürünü olduğunu öne sürmek akla daha yakın gelmektedir.[6]

Sakça Gözü, Ain Dara ve Halep

Bilinen krallıkların az ya da geniş kapsamlı kazılarla gün ışığına çıkarılmış söz konusu başkentlerinin yanı sıra, tam olarak saptanamayan başka şehirlerde de aynı döneme tarihlenen bazı önemli yapılar bulunmuştur. Zincirli ile Gaziantep arasında yer alan Sakça Gözü Tepesi'nde tahkimatlı küçük bir yerleşme ortaya çıkarılmıştır. Yerleşmenin girişi kabartmalı ortostatları bulunan anıtsal bir kapı ile korunmuştur. Surun içinde de bir portiko ve heykellerin bulunduğu *bit-hilani* tipinde saray türü bir yapı kazılmıştır. Ancak yapıtlara eşlik eden bir yazıt bulunmamıştır. Kapıdaki heykeltıraşlık ürünleri daha erken bir döneme tarihlenirken, portiko heykelleri Geç Hitit üslubunun son dönemine aittirler ve yakında bulunan Zincirli ve daha uzaktaki Karkamış ile ilişkilendirilebilirler. Küçük bir kral kabartması Malatya'da Arslanlı Kapı'nın bir odasında saptanan dev heykele üslup açısından çok uymaktadır, bu nedenle her iki betimin de aynı kişiyi temsil ettikleri sonucuna varılmıştır. Assurlular tarafından MÖ 708 yılında tahttan indirilmiş olan Kummuh'un son krallarından biri hem Malatya'yı hem de Sakça Gözü'nü aynı zamanda denetimi altında tutabilen tek kral olarak gözükmektedir.[7]

Amik Ovası'nın doğusunda, Afrin kenarındaki Ain Dara'da, "akropolis"te son derece gelişkin bir tapınak kazılarak ortaya çıkarılmıştır. Bu tapınak söz konusu dönemin erken dönemlerinin dini mimarisi için tek örnektir. Dörtgen olan yapı yüksek bir platform üzerinde yer alır, tapınağa kısa kenarından payeli bir anteyle girilmekte, bunu da kare planlı naos (kült heykelinin durduğu kutsal oda) izlemektedir. Platformu çevreleyen duvarları ve tapınak duvarlarını bazalttan yapılma, aslanlı ve sfenksli sürekli bir friz çevrelemektedir. Kullanılan üslup İmparatorluk Çağı üslubundan fazla ayrılmayan ağır, arkaik bir üsluptur (Res. 1, S. 275). Alışılmışın dışında bir detay vardır: antenin ve naosun beyaz kireçtaşından yapılmış eşik taşlarına insan ayağı izleri kazınmıştır; bu izlerin her biri 1 metre uzunluğundadır, izler açıkça tapınağa giren dev bir tanrısal figürü simgelemektedir.[8]

Tanımlayıcı hiçbir yazıtın bulunmaması nedeniyle, söz konusu olağandışı yapı, heykellerin üslup açısından karşılaştırılması temeline dayanılarak tarihlenebilmektedir. Yapının tarihi-politik içeriği de bilinmemektedir. Ancak, Halep Kalesi'ndeki son çalışmalarda anıtsal bir yapıya ait kabartmalı ortostatlar ortaya çıkarılmıştır (Bkz. S. 412). Buluntular Ain Dara ile açıkça ilişki kurabilecek nitelik kazanmaya başlamaktadır; ilerleyen çalışmalardan elde edilecek bilgiler yardımıyla her iki yerleşmedeki tarihsel gelişmenin anlaşılabileceği umulmaktadır.

Kilikya

Kilikya'da Demir Çağı'na tarihlenen kazılmış tek yerleşme, yukarıda önemli bir buluntu olan çift dilli yazıt kapsamında da değinildiği üzere, Karatepe'dir. Kazı ve onarım çalışmalarının surlar kısmında, heykeltıraşlığı ve yazıtlarıyla kuzey ve güney kapılarında yoğunlaştırıldığı yerleşme, küçük bir tepe üstü kalesinden oluşmaktadır (Res. 4). Duvarların iç kısmında bazı yapılar da saptanmıştır, ancak bu yapılar iyi korunmadıkları gibi, haklarında yeterli bilgi de bulunmamaktadır.[9] Luvice-Fenikece çift dilli yazıtlardan anlaşıldığına göre, kale bir ileri karakol (sınır kalesi) niteliğindedir. Başkent Adana'daki kraliyet ailesini korumakla görevli, krallığın önemli işlerinde belirgin bir rol üstlenmiş olan bir valinin yönetim merkezidir. Eski Adana yerleşmesinin bugünkü Adana kentinin altında bulunup araştırılma umudu hâlâ korunmaktadır. Demir Çağı kalıntıları açısından, Mersin'de sürdürülen kazı çalışmalarına ve Tarsus'ta yeniden başlatılan çalışmalara daha gerçekçi umutlar bağlanabilir.

Maraş ve Samsat

Geç Hitit dönemine tarihlenen, ancak Adana'da olduğu gibi, araştırılmasına olanak bulunmayan başka merkezler de mevcuttur. Kentin merkezinde, tepesinde bir de Ortaçağ kalesi bulunan Maraş bu konuda iyi bir örnektir; burada arkeolojik kazılar olmaksızın çok sayıda heykel ve yazıta rastlanmıştır. Kummuh'un başşehri olan Samsat'ın durumu daha da acıklıdır: Fırat sekilerinde yer alan devasa höyüğün büyük bir alana yayılmış bir aşağı şehri de bulunmaktaydı, ancak günümüzde Atatürk Barajı'nın suları altında kalmıştır. Samsat, ekonomik kalkınma uğruna yok olan belki de en önemli yerleşme olma niteliğini korumaktadır.

Tabal

Orta Anadolu'da Tyanitis'de (Geç Hitit Tuvana) bulunan önemli Demir Çağı yerleşmeleri olasılıkla günümüz yerleşmelerinden Niğde, Bor ve Kemer Hisar'ın (Klasik çağ Tyana'sı) altında yatmaktadır. Rastlantısal olarak ele geçirilen buluntular Ereğli'nin (Klasik Kybistra, Hitit Hubisna kenti) ve Aksaray'ın (olasılıkla Assur Sinuhtu yerleşmesi) da altında eski yerleşmelerin bulunduğuna işaret etmektedir. Şimdiye dek bölgede kazılmış olan tek yerleşme Zeyve Höyük/Porsuk'tur. Söz konusu yerleşmenin Toroslar'ın Kilikya'ya geçit verdiği boğazın Anadolu tarafını denetimi altında tutan anahtar bir yerleşme olduğu açıktır. Burada Geç Tunç Çağı'ndan Demir Çağı'na geçiş ile ilgili yeterli veri elde edilmiştir, ancak sonuçlar hemen hemen hiç yayınlanmamıştır.[10]

1934'den beri aralıklarla ve son senelerde de sistematik araştırmalara konu olmuş olağandışı bir yerleşme de Göllüdağ yerleşmesidir (Bkz. Schirmer burada S. 482 vdd.). Yerleşim Niğde ile Nevşehir arasında sönmüş bir volkan üzerindedir ve kraterin kenarında bir yapı kompleksi ile onu çevreleyen duvardan oluşur. Sarp ve sapa bir konumdaki bu yerleşmede izleyen dönemlerde hiç yerleşim olmadığından yıkılmış duvarların üstü örtülmemiştir ve özellikle hava fotoğraflarında açıkça saptanabilmektedirler. Saray türünde bir yapı yerleşmenin odak noktası gibi görünmektedir. Yapı, kapı aslanları ve bazıları tamamlanmamış olan diğer heykellerle süslenmiştir. Söz konusu yapı dışında, hepsi aynı planı gösteren, baraka tarzı düzenli yapılar ayırdedilmektedir. Yerleşmenin amacı gizemini korumaktadır. Yazlık saray ya da zor şartlarda içine çekilerek saklanılan bir sığınak olma olasılığı vardır. Yerleşmenin kış aylarını geçirmek için kullanılmış olması mümkün değildir.[11]

Kuzeyde daha güçlü bir yerel krallık, gerçek Tabal, Kayseri ve Nevşehir dolaylarında varlığını sürdürmüş olmalıdır. Bölgeyi ele geçiren II. Sargon buradan Bit-Burutaş olarak söz etmektedir. Bölgenin başkenti ya da başkentlerinden birisi Kayseri'nin kuzeydoğusundaki, günümüz Kululu köyünde yer alır. Bu son derece önemli yerleşmede çok sayıda yazıt ve anıtsal heykel parçaları bulunmakla birlikte burası bir yüzey araştırması dışında kapsamlı biçimde incelenmemiştir. Yazıtların ele geçtiği, ancak fazla araştırılmamış olan diğer Demir Çağı yerleşmeleri Kültepe ile Kululu arasında yer alan Sultanhan, Boğazlıyan yakınlarındaki Çalapverdi ve Erciyes Dağı'nın güneyindeki Eğriköy'dür.[12] Hacıbektaş yakınındaki Karaburun küçük bir kale yerleşmesidir ve kapı girişi yakınına yerleştirilmiş kaya yazıtından daha az önemli bir krallık olduğu anlaşılmaktadır.

> Heykeltıraşlık

Geç Hitit devletlerinden günümüze kalan sanat ürünleri taş bina süslemeleri, kabartmalı ortostatlar, kapı pervazları ve bunlarla ilişkili olan heykeller, kaideler ve steller gibi mimari ile yakından ilişkisi bulunan yapıtlardır. Söz konusu yapıtlar genelde adı geçen mimari öğelerle birlikte günümüze ulaşmış olan yazıtlarla bağdaşmaktadır. Heykeller ve yazıtlar geniş kapsamda olayların toplum belleğinde korunması amacına hizmet etmiştir.

Yukarıda tek tek değinilen Geç Hitit merkezlerinin her biri genelde kendi heykel topluluklarını günümüze bırakmışlardır. Bunlar arasında başta Karkamış, Tell Ahmar, Zincirli, Maraş, Malatya, Tabal ve Karatepe olmak üzere, Ain Dara ve son dönemde elde edilen önemli buluntuları ile Halep ve Adana sayılabilir. Bunlardan bazıları yukarıda verilen bilgiler kapsamında ele alınmıştır, bazıları da daha ayrıntılı biçimde ele alınmayı gerektirir.

Karkamış

En önemli yerleşme olan Karkamış, MÖ 10. ve MÖ 9. yüzyıl başlarına, MÖ 9. yüzyıl sonları ile 8. yüzyıl başlarına ve nihayet MÖ 8. yüzyıl sonlarına tarihlenen en kesintisiz heykeltıraşlık silsilesini vermektedir (Bkz. Res. 8). Genelde buluntular daha önce de değinilen aşağı şehirde kazısı yapılmış alanlardan ele geçirilmiştir. En eski grubu Suhi hanedanı döneminin yapıtları oluşturur. Astuvatamanza tarafından yaptırılmış olan bir kapı binasının yazıtlı aslan parçalarının dışında (olasılıkla aslan büyük merdivenlerin başında durmaktaydı), yazıtları yardımıyla tanımlanabilen tüm anıtlar Astuvatamanza'nın oğlu II. Suhi (bu dönem ürünleri: heykelli uzun duvar, yazıtlı aslan, olasılıkla da kaide üzerinde duran ve günümüze parçalar halinde ulaşmış devasa heykel) ve torunu Katuva (bu dönem ürünleri: Fırtına Tanrısı'nın tapınağı, Karhuha ve Kubaba tören alayları, bir kaide üzerinde duran Atrisuha heykelinin bulunduğu Kral Kapısı) dönemi ürünleridir. Üslup açısından daha erken döneme tarihlenen yazıtsız heykeller Astuvatamanza ve/veya babası I. Suhi döneminin ürünleri olabilirler. Özellikle Su Kapısı'nın arkaik görünümlü heykelleri ve Katuva'ya ait bir yazıt bulunmasına rağmen olasılıkla "Herald's Wall" bu devre aittir.[13]

Karkamış heykellerinin oluşturduğu diğer grup, MÖ 9. yüzyıl sonları ile 8. yüzyıl sonları arasına hüküm sürdükleri bilinen Astiruva hanedanlığı devri ile ilintili görünmektedir. Katuva döneminin bir yapısına eklenen Kral Burçu (Royal Buttress), kral naibi Yariri dönemindendir (Res. 1, S. 56). Bundan sonra Astiruva'nın oğlu Kamani döneminde olasılıkla kalede bulunan ve Kubaba stelinde belirtilen Kubaba tapınağı, yine olasılıkla Güney Kapısı'nda bulunan oturur durumdaki devasa heykel ve Karkamış dışında Cekke'deki Fırtına Tanrısı steli yapılmıştır. Kamani'nin veziri olan Sastura'nın, sonraları Karkamış'ın son kralı olan oğlu (?) Pisiri döneminde de koruyucu demonlarla çevrilmiş kral kabartması Büyük Merdivenler'in üzerindeki Kapı Binası'nın girişine eklenmiştir.[14]

Bazı Karkamış anıtları Astiru(va)'nın bir memuru tarafından yaptırılan Körkün'deki Fırtına Tanrısı steli gibi özel şahısların ürünleridir. Mazgallı kule biçiminde bazalttan yontulmuş, yazıtlı bir dizi anıt da bulunmaktadır; hafirler söz konusu buluntuları sunak olarak yorumlamışlardır; ancak üzerlerindeki yazıtlardan da anlaşılacağı gibi, buluntular sahiplerinin yaşamlarını hatırlatan mezar taşlarıdır.[15]

Tell Ahmar

Karkamış yontuları çoğu Geç Hitit heykeltıraşlık ürününün sınıflandırılmasında yararlanılan ana silsileyi oluşturmaktadır. En sonuncusu 1999'un sonlarında gün ışığına çıkarılmış olan Tell Ahmar'ın yazıtlı ve devasa Fırtına Tanrısı stelleri Karkamış-

Suhi-Katuva üslubunda yapılmıştır. Yapıtların heykeltıraşlarının Karkamış'lı oldukları kuşkusuzdur (Krş. S. 411).[16]

Zincirli

Zincirli'de bulunan heykeltıraşlık örnekleri -en azından erken dönemde- Karkamış etkisi altında kalarak yapılmışlardır. Özellikle güney şehir kapısında ve dış kale kapısında bulunan yapıtlar Karkamış ürünleriyle kesin benzerlik içindedir. Çizi bezekleri de biraz kaba bir taşra üslubu gösterir. Çift aslanlı kaide üzerindeki devasa kral betimi, söz konusu üsluba iyi bir örnektir ve günümüze parçalar halinde ulaşmış olan II.Suhi heykeline benzer (Res. 4, S. 276). Böylelikle Zincirli MÖ 9. yüzyıl başlarında kenti yöneten Arami kralların Hitit mimarlığını bezeyen heykeltıraşlığı ne denli benimsediklerine iyi bir örnek oluşturmaktadır. MÖ 9. yüzyıl sonlarında, Kulamuva dönemine tarihlenen Zincirli'nin ilk yazıtı, adı geçen yöneticinin kendi hanedanlığının kurucusu Gabbar dönemine dek geri giden bir tarihçenin özetini vermektedir. Burada Kulamuva'nın kendisi açıkça görülür biçimde Assur üslubundadır; bu da o devirde Sam'al'da kabul gören Assur'a bağlılığı yansıtmaktadır.

Zincirli'nin I. Panammu, II. Panammu ve oğlu Bar-Rakib (son iki kral Assur kralı Tiglatpilesar ile çağdaştır) devirleri yazıtları ile birlikte bulunan MÖ 8. yüzyıl heykelleri gerçek Hitit üslubuna daha yaklaşmaktadır. Bar-Rakib'in babasının devasa heykelini diktirmiş olması değinilmesi gereken bir noktayı oluşturur. Heykele eşlik eden yazıtta babasının gerçekleştirdiği işlerden söz edilmektedir. Burada uygulanan gelenek II. Suhi'ye ait Zincirli ve Karkamış'taki yazıtsız devasa heykellerden geriye, en az Hitit Büyük İmparatorluk Çağı'nın sonlarına II. Suppiluliuma'ya dek uzanmaktadır. II. Suppiluliuma'da babası IV. Tuthaliya için aynı türden bir heykel diktirdiğinden söz etmektedir.[17]

Tell Tayinat, Hama ve Samsat

Tell Tayinat, Hama ve Samsat'ta yapılan kazılarda az sayıda heykeltıraşlık ürünü ortaya çıkarılmıştır. Tell Tayinat genel heykeltıraşlık çizgisini ve geleneğini izlemiştir, ancak buluntular olasılıkla daha Assur döneminde, Assurlular tarafından yoğun biçimde tahrip edilmiştir. Bir taht üzerinde oturan devasa heykelden günümüze kalan parçalar Doğu Kale kapısında bulunmuştur. Söz konusu anıt Karkamış'ın Güney Kapısı heykeliyle karşılaştırılabilir.[18] Hama'da bulunan mimari ile ilişkili tek heykel grubunu, kalede yapılan kazılarda ortaya çıkarılan kapı aslanları oluşturur.[19] Hama dışında Meharde'de bulunan bir stel, yazıtından da anlaşılacağı gibi, "Ülkenin Tanrıça-Kraliçesi" onuruna bir yerel kral tarafından yaptırılmıştır. Burada alışılmadık bir sahne canlandırılmıştır: bir aslan üzerinde tanrıça ve diğer bir figür durmaktadır.[20] Samsat'ta yapılan kurtarma kazılarında Erken Demir Çağı tabakalarına hemen hemen hiç ulaşılamamıştır; burada hiyeroglif ile yazılmış yazıt parçaları bulunmuştur, ancak diğer yerlerde bulunanlarla karşılaştırmalar yapılabilecek heykel parçalarına rastlanmamıştır. Yerleşmede son dönem kazıları öncesinde, arkaik görünümlü bir kral figürünün yer aldığı, tahrip görmüş bir stel bulunmuştu.[21] Adıyaman'da bulunan Fırtına Tanrısı'na ait iki stel, kuşkusuz devrin yönetimde olan hanedanlığına aittir. Boybeypınarı ve Ancoz'da da aynı döneme tarihlenen ve kült yazıtları bulunan, ancak herhangi bir tanrısal betimin yer almadığı, iki adet küçük Tepeüstü Tapınağı saptanmıştır.[22]

Maraş

Adı geçen ve kazısı yapılmış yerleşmelerin aksine, henüz kazı yapılmamış olan Maraş kenti heykeltıraşlık ürünleri açısından son derece verimlidir, bunların çoğuna yazıtlar eşlik etmektedir. Maraş aslanının (Res. 2, S. 57) üzerindeki yazıtta kaydedilen yedi kuşak kral ismi MÖ 10. yüzyıl başlarından MÖ 9. yüzyıl sonuna dek ulaşan, kullanılabilir bir kronoloji listesi oluşturulmasını sağlar, ayrıca heykeltıraşlık gelişimi açısından da karşılaştırmalara yarayacak veriler sunar. Yaklaşık MÖ 800'lere tarihlenen Maraş aslanı ve yaklaşık MÖ 1000'e tarihlenen hanedanlığın kurucusunun yazıtlı stelinin yanı sıra, II. Halparuntiyas'ın yaklaşık MÖ 850'ye tarihlenen yazıtlı devasa heykelinin parçası çok önemlidir, zira parçanın ait olduğu heykel Zincirli ve Karkamış kolosal heykelleriyle yakın bezerlik içindedir; ayrıca söz konusu heykel yaklaşık MÖ 730'a tarihlenen II. Panammu'nun ve yaklaşık III. Tudhaliya'nın (MÖ 1240 – 1215) yazıtlı heykelleriyle ilişki kurulmasına yardımcı olmaktadır (Bkz. S. 411). Bunun dışında Maraş, çeşitli şahısları ve aileleri ölü yemeği sahnelerinde gösteren anı stelleriyle dikkat çeker. Geç Hitit devri için söz konusu anıtlar başka yerlerden hemen hiç tanınmaz; daha sonraki dönemlerde söz konusu yapıtların Arami kopyaları yapılmıştır (Bkz. Res. 5, 6, 7, 9).[23]

Malatya, Ain Dara ve Halep

Buraya kadar ele alınan tüm heykeltıraşlık grupları Karkamış silsilesine uydurulabilmektedir, grupların hemen hepsinde bir dereceye kadar Karkamış heykeltıraşlığından etkilenme söz konusudur. Ancak heykel gruplarının Karkamış dahil, hiçbirisi MÖ yaklaşık 1000 yılından daha erken bir döneme tarihlenememektedir. Demek ki, heykeltıraşlık örneklerinin en eski ürünü Hitit İmparatorluk Dönemi geleneğinin sona ermesinden yaklaşık iki yüzyıl sonrasına tarihlenmektedir. Buna karşın Malatya heykeltıraşlık örnekleri içerik ve üslup olarak İmparatorluk Dönemi ürünlerine daha yakındırlar. Tarihlendirme açısından bakıldığında, Malatya yapıtları önceleri yukarıda da değinilen iki yüzyıllık boşluğa yerleştirilirken, Orthmann tarafından Karkamış ile karşılaştırmak suretiyle daha geç tarihlendirilmişlerdir. Ancak son araştırmalar, yazıtlarından Karkamışlı Kuzi-Teşup'un soyundan geldikleri anlaşılan bir grup Malatya hükümdarının heykellerinin ve bağlı bulundukları Malatya grubunun gerçekten de sözü edilen erken dönemin ürünü olduklarını önermektedir (Bkz. S. 411).

İspekçür ve Darende'de bulunan yazıtlı iki stel Kuzi-Teşup'un büyük-büyük torunu II. Arnuvanti dönemi ürünüdür. Birinde II. Arnuvanti tanrılaşmış büyükbabası I. Arnuvanti ve büyükannesine, diğerinde de Hebat ve Şarruma'ya libasyon yapmaktadır. Aslanlı Kapı heykelindeki kral da (Res. 3, S. 275) Kuzi-Teşup'un oğlu ve torunu ile aynı adı taşımaktadır. Olasılıkla bu kral aynı şahıstır ya da aynı adı taşıyan ardılıdır. Kendisi Fırtına Tanrıları'na ve diğer tanrılara sıvı kurban ederken görülmektedir. Aslan avı kabartmasının sahibi olasılıkla Kuzi-Teşup soyundan gelen bir kuşağa dahildir, ancak bu konuda doğrudan bağlantı bulunmamaktadır. Geyik avı kabartması için de doğrudan bağlantı kurulamamakla birlikte aynı durum söz konusudur. Ain Dara tapınağının son dönemde yayınlanan heykeltıraşlık ürünleri ve Halep kalesinde yapılan son kazılarla tapınakta ortaya çıkarılan zengin kabartmalar erken Malatya grubunun yorumuna temel oluşturacak gibi görünmektedir (Bkz. S. 411, 412).

Malatya yazıtlarındaki aslan avı kabartmasının sahibinin büyükbabası tarafından kaleme alınmış bir örneği Elbistan Ovası'nda Izgın'da bulunmuştur ve bu bölgenin yerleşimi hakkında bilgi vermektedir. Izgın'dan yaklaşık 5 kilometre uzakta olan (Elbistan) Karahöyük'de kutsal bir alanda müthiş bir stel in situ olarak bulunmuştur.[24] Coğrafi açıdan uygun konumda olmasına rağmen, söz konusu stelin Malatya yazıtlarıyla ya da Malatya Geç Hitit yapıtlarıyla ilişkisi kurulamamaktadır. Kayıtlara göre bir Büyük Kral'ın yaptığı resmi ziyaret nedeniyle yönetici kadrodan bir kişi tarafından dikilmiştir. Söz konusu ziyaretle bölgeye yeniden yerleşilmeye başlanmış ve kent yeniden kurulmuştur (Karahöyük). Anlatıldığına göre, Hitit İmparatorluğu'nun yıkılmasından sonra Karkamış ta ve Konya Ovası civarında "Büyük Kral" unvanını hak ettiğini iddia edenler olmuştur, olasılıkla Karahöyük'teki Büyük Kral da söz konusu unvanı sahiplenmek isteyen bu iki gruptan Anadolu kolunu temsil ediyordu. Karahöyük stelinin Hitit İmparatorluk Çağı ile sonrası arasındaki geçiş dönemini hem tarih hem de epigrafya açısından en sıradışı biçimde temsil eden bir belge olduğu kesindir.[25]

Tabal ve Tuvana

Orta Anadolu'da bir geçiş dönemi kralı olan, Karadağ ve Kızıldağ yazıtlarıyla "Büyük Kral" unvanında hak iddia eden Hartapu'dan ve arkeolojik/epigrafik kaynaklarda ondan sonra gelen 400 yıllık bir boşluk bulunduğundan yukarıda söz edilmişti. Kululu ve Kemer Hisar'daki hemen hemen hiç araştırılmamış olası başkentler üzerinde de daha önce durulmuştu (Bkz. S. 412).

Şimdilerde Hartapu yazıtları Hitit İmparatorluk Devri'nin sonlarındaki döneme daha rahat bağlanabilmektedir, ancak yüksek arkalıklı bir koltukta oturur vaziyette kazıma suretiyle betimlenmiş olan kral figürüne bakılarak, MÖ 8. yüzyıl tarihini önermek uygun görülmektedir. Savunduklarımızın çarpıcılığının tümüyle bilincinde olarak, söz konusu betimi Büyük Kral unvanını yeniden kullanma hakkını iddia eden Tabal kralları Tuvati ve Vasusarma'nın, erken dönem yazıtlarına geç bir dönemde eklemiş olduklarını önermekteyiz (Bkz. S. 412).[26]

Söz konusu krallığa ait MÖ 8. yüzyıl sonlarına tarihlenen yazıtlardan oldukça çok sayıda bulunmasına rağmen, bu döneme ait heykeltıraşlık örneklerine hemen hiç rastlanmamaktadır. Oysa Kululu'da bulunmuş olan heykel parçaları yerleşmenin bu açıdan zengin olabileceğini akla getirmektedir. Sfenks parçalarının dışında bulunmuş asıl önemli yapıt bir hükümdar kolosudur. Heykelin giysisinin kumaşı ilginç ayrıntılar göstermektedir, ancak kollar ve başın kasıtlı olarak tahrip edilmesinden sonra geriye yalnızca detayları belirsiz bir gövde kalmıştır.[27]

Buna karşın, Güneydoğu Anadolu'nun güney kesimindeki Tuvana krallığında Geç Hitit Devri'nin en ince heykeltıraşlık ürünlerinden bazıları bulunmuştur. Heykeltıraşlık örnekleri III. Tiglatpilesar ve II. Sargon'un çağdaşı olan Varpalava döneminde yapılmışlardır. İvriz'deki büyük kaya kabartması Demir Çağı'nın en ünlü anıtlarındandır (Res. 6, 7, S. 279): kabartmada küçük figür olan kral zengin işlemeli bir giysi giymiştir ve büyük Fırtına Tanrısı'nın önünde eğilmektedir. Bolluk getiren tanrının ayaklarının altından üzüm ve arpa başakları fışkırmaktadır. Kralın bu kabartmaya son derece benzeyen betimi Bor'da bulunmuş bir stel üzerinde de izlenebilir. Burada kral kendi koruyucusu olan Fırtına Tanrısı'na adanmak üzere bir üzüm bağı hazırlattığından söz etmektedir.Tahıl ve üzüm ile anlatım bulan, bolluğu getiren Fırtına Tanrısı bu bölgenin alışılmış ve sürekli kullanılan konusu haline dönüşmüştür. Fırtına Tanrısı'nı bu şekilde gösteren, incelikle yapılmış bir stel Niğde Kalesi'ndeki bir Ortaçağ camiinde kapı eşiği olarak yeniden kullanılmıştır. Varpalava'nın oğlu Muvaharani tarafından yaptırılmış olan stel hiyeroglifle yazılmış en geç anıtlardan biri olmalıdır (yaklaşık MÖ 700). Kabaca yapılmış ve yazıtı okunamayan bir diğer stel Bor'un yukarısında, dağlık kesimde Keşlik Yayla'da bulunmuştur. Kısa bir süre önce Varpalava'nın yaptırdığı bir başka stelin alt kısmı İvriz'de ortaya çıkarılmıştır. Hiyeroglif ve Fenike Alfabesi ile yazılmış olan stelle birlikte devasa bir başın parçası da ele geçirilmiştir. Bulunan steller, haklı olarak kutsal gözle bakılan söz konusu bölgede Fırtına Tanrısı'nın sürekli kullanılan kutsal alanlarının bulunduğuna işaret etmektedir.[28]

Karatepe ve Adana

Karatepe'nin tarihlendirmesi tartışmalı olan heykeltıraşlık yapıtlarından yukarıda söz edilmiştir (S. 58). Yazıtlardan elde edilen bilgilere bakıldığında ve Azativatas'ın atası olarak gösterilen Avariku'nun Adana kralı olan Urikki ile aynı hükümdar olduğu varsayıldığında (Assur kralları III. Tiglatpilesar ve II. Sargon'un çağdaşı), yapıtları MÖ 8. yüzyılın en sonuna tarihlendirmek uygun olacaktır. Bu tarihlendirmeyi Fenike alfabesi ve hiyerogliflerin yazılış üslubu destekler niteliktedir. Ancak heykeller MÖ 9. ve 8. yüzyıl özellikleri göstermektedir. Erken birtakım öğelerin Ceyhan Nehri'nin karşı kıyısında yer alan Domuztepe'den ya da dışardan bir yerden getirildiği biçiminde akılcı bir çözüm hafir tarafından geri çevrilmektedir. Hafir, öneriye kabartmaların ortostatlar yerlerine yerleştirildikten sonra yapıldıklarının kanıtlanabildiği açıklamasıyla karşı çıkmaktadır. Bu konuda yanıtlanamayan soru, önerilen erken özelliklerin "taşra" da daha uzun yaşamış olup olamayacaklarıdır.[29]

Kaidesi boğalar tarafından çekilen araba olarak tasarlanmış, hiyeroglif Luvicesi ve Fenikece yazılmış bir yazıtı bulunan devasa Fırtına Tanrısı heykeli yukarıda da belirtildiği gibi, 1998 yılında bulunmuştur (S. 411). Heykelle ilgili bilgiler yalnızca ön rapor biçiminde yayınlanmıştır. Üslup açısından Karatepe yapıtlarına çok benzemektedir ve Kilikya kralı Avariku/Urikki'nin yaptırdığı bir anıt olabilir.[30] Yapıt Karatepe'de olduğu gibi, Geç Hitit heykeltıraşlık geleneğinin son ürünlerinden biri olmalıdır.

Dipnotlar

1 Hogarth 1914; Woolley 1921, 1952.

2 Zincirli: von Luschan 1893, 1898, 1902, 1911; Tall Tayinat: Haines 1971.

3 Delaporte 1940; Hawkins 1988a, S.103, Dipnot 20.

4 Fugmann 1958.

5 Arslantaş: Thureau-Dangin v.d. 1931; Tall Ah.mar: Thureau-Dangin/Dunand 1936; Tall Tayinat: Haines 1972, 61 – 63; Malatya: yayınlanmamış, krşl. Delaporte 1940, 9.

6 Thureau-Dangin/Dunand 1936, 84 – 96, Plan C; Bunnens 1995, 1997.

7 Garstang 1908, 1913, 1937; Hawkins 1984, 81 – 83.

8 Abu Assaf 1990.

9 Orthmann 1980.

10 Pelon/Dupré 1987.

11 Schirmer 1993.

12 Özgüç 1971.

13 Hawkins 1972a; Orthmann 1971, 30 – 34.

14 Hawkins 1979, 157 – 162; Orthmann 1971, 35 – 37.

15 Hawkins 1989a, 193 – 197.

16 Hawkins 2000, 224 – 226.

17 Orthmann 1971, 59 – 76; Hawkins 1984, 72 – 85.

18 Hawkins 2000, 365 vd.

19 Orthmann 1971, 102 vd., 484 vd.; Riis/Buhl 1990, 32 – 54.

20 Hawkins 1988b.

21 Orthmann 1971, 100 vd., 533.

22 Hawkins 2000, 330 vdd.

23 Orthmann 1971, 84 – 90, 523 – 529; Hawkins 1980a.

24 Özgüç 1949.

25 Hawkins 1993a.

26 Hawkins 1992.

27 Özgüç 1971, 102 – 109.

28 Kalaç 1979; Dinçol 1994, Hawkins 2000, 424 – 433.

29 Winter 1979; Deshayes v.d. 1981; Çambel 1999.

30 İpek/Tosun/Tekoğlu 1999.

Resim altları

1 Karkamış şehir, kale ve surların planı

2 Zincirli şehir, kale ve surların planı

3 Zincirli, Aşağı Saray'ın güneydoğudan görünümü; rekonstürksiyon (Plan H).

4 Karatepe-Aslantaş ve Domuztepe sur sisteminin planı (Çizim Erhan Bıçakçı)

5 Bir kadın ve bir erkeğin betimlendiği Maraş steli, Geç Hitit Dönemi (Kat. No. 159)

6 Bir kadının betimlendiği Maraş steli, Geç Hitit Dönemi (Kat. No. 161)

7 Bir kadın ve bir erkeğin betimlendiği Maraş steli, Geç Hitit Dönemi (Kat. No. 160)

8 Karkamış'tan kral kabartması, Geç Hitit Dönemi (Kat. No. 156)

9 Oturan erkek betimli Maraş steli, Geç Hitit Dönemi (Kat. No. 162)

Devamlılık ve Yeni Etkiler

MÖ 1200 – 700 Tarihlerinde Geç Hitit Sanatının Gelişimi

Winfried Orthmann

MÖ 1200'lerde Hitit İmparatorluk Devri'nin sona erişiyle, Assurlular'ın MÖ 8. yüzyılda Kuzey Suriye'yi ele geçirmesi arasında kalan dönemin mimarlığı ve görsel sanatı Geç Hitit sanatı olarak tanımlanır. Bu dönemde Güneydoğu Anadolu ve Kuzey Suriye'de, Hitit geleneğinin yaşamaya devam ettiği şehir devletleri hüküm sürmekteydi. Buna karşın, İç Anadolu'da Hitit devletinin çökmesini ve başkent Hattuşa'nın tahrip olmasını izleyen yüzyıllarda, Hitit mimarisi ve görsel sanatının sürdüğünü gösteren bir veriye rastlanmamaktadır. Söz konusu nedenle hem Hattuşa'nın doğrudan etki alanında kalan bölgede, hem de Büyük Kral'a bağımlı vasal devletlerin hükümdar ailelerinin iddialı mimari yapıtları ve görsel sanat ürünlerini sipariş edecek durumda olmadıkları, olasılıkla da zanaatkarların ve heykeltıraşların başka yerlere göç ettikleri ya da hayatlarını kaybettikleri akla gelmektedir.

Kuzey Suriye'de Hitit İmparatorluk Dönemi'nde Karkamış, Hitit yerel kralının ikametgahı olarak önemli bir merkez haline gelmişti. Ancak Karkamış'ta bu döneme tarihlenen tabakalar henüz kazılmadığından, MÖ 1200 öncesi yapı sanatı, Hititler'e bağımlı, ancak kendi geleneklerini de açıkça sürdürdükleri gözlenen, Emar ve Alalah gibi şehirler yoluyla öğrenilebilmektedir: Söz konusu her iki şehirde de bu devrin tapınakları Hitit yapılarından açıkça ayrılmaktadır. Karkamış krallarının silindir ve damga mühürlerinin baskıları, mühür sanatında Hitit ikonografisinin kabul edildiğini göstermektedir; üslup olarak da söz konusu mühürler başkentin İmparatorluk Devri mühür sanatından hemen hiç ayırt edilememektedirler. Karkamış'ta daha geç tabakalardan ele geçen altın figürinler ve Megiddo'da bulunmuş olan bir fildişi kabartma, Hitit Devri'nde Kuzey Suriye'de küçük el sanatlarının da parlak bir dönem yaşadığını göstermektedir.

Hitit imparatorluğunun çökmesini izleyen iki yüzyılda, Kuzey Suriye'de Kargamış'ın önderliğini sürdürüp hüküm alanını daha da genişlettiği dönemlerde de, adı geçen şehre ait yapı ve görsel sanat ile ilgili eserler bulunmamaktadır. Söz konusu dönemin sanatıyla ilgili boşlukları doldurmakta yardımcı olan buluntu yerleri, Halep'in kuzeyindeki Ain Dara ve Malatya'daki Arslantepe'dir.

Ain Dara'da birkaç yıl önce, yapı niteliği ve plan görkemi açısından Hitit başkentindeki tapınaklardan geri kalmayan, hatta plastik eserlerinin zenginliğiyle Hattuşa'yı da geçen, anıtsal bir tapınak gün ışığına çıkarılmıştır. Tapınağın planı tipik Hitit İmparatorluk Devri tapınak tasarımına uymamakta, daha ziyade Kuzey Suriye geleneğini izlemektedir. Tapınağın cephesinde ve girişlerinde yer alan yarı plastik aslanlar ve sfenkslerle, çekirdek yapının duvarındaki payeleri ve tapınağın alt yapısını süsleyen kabartmalar, Hitit başkentindeki yapıtlarla üslup açısından yakından benzeşmektedirler. Tapınakların en kutsal odasının içinde, bir sekinin alın kısmında yer alan ve karışık yaratıklar arasında betimlenen dağ tanrıları, ikonografik olarak da Hitit İmparatorluk Devri sanatına yaklaşırlar [Res. 1]. Buluntuların konumu, yapının ve tezyinatının İmparatorluk Devri sonunu izleyen dönemde oluşturulduğunu akla getirmektedir. Böylece söz konusu buluntular, Geç Hitit Dönemi'nin başlarına tarihlendirilebilmektedir. Olasılıkla İç Anadolu'dan göç etmiş heykeltıraş ve taş ustaları, geçmiş dönemin güç odaklarından uzakta yapıtlarını gerçekleştirmiş olmalıdırlar.

Malatya-Arslantepe'de bulunan Aslanlı Kapı da, Geç Hitit sanatının erken dönemlerine tarihlenmektedir. Arslantepe'de bu dönem için buluntular yoluyla tarihlendirmeye yönelik yeterli dayanak noktası bulunmamakla birlikte, kabartmalardaki yazıtlarda olasılıkla MÖ 11. yüzyılda hüküm sürmüş olan bir kralın adının geçtiği görülmektedir. Kazılar sırasında iki aslan ve giriş kapısında devşirme taş olarak kullanılmış olan bir dizi kabartmalı kaide blokları bulunmuştur. Burada kült sahneleri betimlenmektedir: kral, bir kez de kraliçe, çeşitli tanrılar önünde sıvı sunmaktadırlar [Res. 2]. Söz konusu tema İmparatorluk Çağı sanatında da kullanılmıştır (Bkz. Res. 2, S. 119; Res. 7, S. 252). Çeşitli tanrıların ikonografisi ve kralın betimleniş biçimi, bu sanatı kendine örnek almıştır. Ancak işçiliğin niteliği, Hitit başkentinin betimleme sanatıyla ya da Ain Dara kabartmalarıyla karşılaştırılamaz; burada söz konusu olan daha ziyade taşra yapıtlarıdır. Anlaşıldığına göre Milid (Malatya) kralının sarayında daha sonraki yüzyıllarda iyice gelişen, kralın kendisine ait bir heykeltıraşlık atölyesi oluşmuştu: Assur saraylarındaki av sahneleriyle karşılaştırılabilecek bir aslan avı kabartması, olasılıkla MÖ 10. ya da 9. yüzyılın sonunda yapılmıştır [Res. 3]; ancak Aslanlı Kapı'daki kabartmalarla bazı üslup benzerlikleri göstermektedir.

Özellikle Karkamış'taki kazılarda gün ışığına çıkarılan, kabartmalı ortostatlar türünden pek çok yapıt arasında en eskileri, MÖ 10. yüzyılın ikinci yarısına tarihlenir. Geç Hitit sanatının gelişim sürecinde ikinci basamağı oluştururlar. Bazı kabartmalarda, ya da kabartmalarla yakından ilintili olarak, Karkamış krallarının yazıtları görülür. Örneğin bir stelde Kral Katuvas'ın yazıtı yer alır. Kralın kendi betimi, aynı zamanda yazıtın başlangıcı olan "ben...im" hiyeroglif işaretini de oluşturur. Hükümdarlık döneminde yapıldığı düşünülen birtakım eserlerin varlığına rağmen, Katuvas ve babası Suhi'nin hüküm sürdüğü dönemler çok iyi bilinmemektedir. Bu nedenle de kabartmaları güvenilir biçimde tarihlendirmek mümkün olmamaktadır. Her iki kral da, olasılıkla MÖ 10. yüzyılın sonu ile MÖ 9. yüzyılın ilk çeyreğinde hüküm sürmüşlerdir. Bir tapınağı çevreleyen duvarın dış yüzünde yer alan kabartmalar, olasılıkla panteonun baş tanrılarından dördünü betimlemektedir. Ardından, yüzden betimlenmiş olan çıplak bir tanrıça ve Suhi'nin tahtta oturur biçimde betimlenmiş karısı gelmektedir. Betimlere, uzunca bir yazıt ile, arabalı ya da arabasız savaşçıların yer aldıkları levhalar eklenmiştir. Atların karınları altında yatan, öldürülmüş düşmanlar ve piyadelerin ellerinde taşıdıkları kesilmiş kafalar, burada bir yenginin betimlendiğini göstermektedir. Betimlenen konuya yazıtın içeriği de uymaktadır. Açık havada yer alması, Hitit İmparatorluk Devri kabartmalarına benzer bir şekilde, gölge ışık oyunlarının etkisinin vurgulanmasını sağlamaktadır. Assurlu kral Assurnasirpal'in sarayının iç duvarlarını süsleyen biraz daha geç dönem kabartmaları, bu etkiden yoksundur. Suhi devri kabartmaları, ikonografik açıdan MÖ 2. binyıl öncü çalışmalarından esinlenmemiş olsalar da, tanrıların betimleniş şekli açısından öncüleri ayırdedilebilmektedir.

Saray girişinin ön kısmında, "su kapısı" caddesinin güneyinde, henüz kazılmamış bir tapınağın dış duvarında yer alan simgesel-mitolojik betimlerle bezenmiş levhalar, yukarıda sözü edilen yapıtlardan biraz daha eskidir. Burada ortostatlar, her biri bir diğerinden bağımsız konuları işleyerek yan yana durmaktadırlar. Bu kabartmaların konuları ancak kısmen Hitit İmparatorluk Devri sanatını kendine örnek almıştır; konular itibarıyla burada Kuzey Suriye betim geleneğinin payı daha fazladır. Söz konusu gelenek, Mitanni devri (15./14. yüzyıl) ve onu izleyen MÖ 13. yüzyıl Assur devri mühür betimlerinden bilinmektedir.

Geç Hitit sanatının ikinci gelişim evresine ait, başka şehirlerde bulunmuş olan yapıtlar da vardır. Halep Kalesi'nde 1997 ve 1998 yıllarında yapılan kazılarda, konuları açısından Malatya ve Karkamış kabartmalarını anımsatan, ancak üslup açısından bu kabartmalardan açıkça ayrılan kabartmalı ortostatlar gün ışığına çıkarılmıştır. Söz konusu ortostatlar, Halep'te, MÖ 2. binyılın sanatsal mirasının zenginleştirilip geliştirildiği, özgün bir heykeltıraşlık geleneğinin bulunduğunu göstermektedirler. Bu kabartmaları da MÖ 10. yüzyıl sonlarına, ya da 9. yüzyılın başlarına tarihlendirmek olasıdır.

Yaklaşık aynı dönemde, antik adı Sam'al olan Zincirli'de, güney kale kapısı, kısmen Karkamış'tan bilinen betimlerle bezenmiş olan kabartmalı ortostat levhalarla süslenmiştir. Konular arasında, yan yana dizilmiş dört tanrı ve arabalı bir savaş sahnesi yer alır. Ancak bu kabartmalar diğer kabartmalarla karşılaştırıldığında, daha beceriksizce yapıldıkları izlenimi doğmaktadır. Anlaşıldığı kadarıyla, söz konusu kabartmalar, Karkamış'taki yapıtlardan esinlenmiş olan daha az eğitimli heykeltıraşlar tarafından yapılmışlardır. Üslup gelişimi açısından kale kapısındaki kabartmaların, kendi aralarında Karkamış'taki kabartmalara kademeli olarak yaklaştıkları gözlemlenmektedir.

Ortostat levhaları ve daha ender olan steller dışında, kapılara yerleştirilmek üzere aslan ve sfenks betimleri yapılmıştır. Bu tür kapı figürlerinin ilk kez MÖ 2. binyılda biçimlendirildiği gözlenir. Hayvan bedeninin yandan görünümü yüksek kabartma biçiminde girişi belirlerken, yuvarlak hatlı plastik görünümdeki baş ve bedenin ön kısmının da, kapı girişinden taşar vaziyette şekillendirildiği görülür. Söz konusu betimlemenin yanı sıra, yandan görünüme gereksinim duyulmamış protomlar da mevcuttur. Aslan figürlerinin biçimlendirilmesinde Geç Hitit betim sanatının ikinci üslup evresinde, hâlâ Hitit aslan betimleri geleneği izlenmektedir. Hitit aslan betimleri, başın kütlevi olarak biçimlendirilmesi, kulakların ve yelenin özel biçimi ve kükrercesine açılmış ağızdan sarkan dilleriyle, çağdaş Assur sanatından ayrılırlar. Bu tür kapı aslanlarına adı geçen şehirlerin yer aldığı bölgenin dışında, kalesinde Geç Hitit üslubunda, iki aslan heykelinin parçalarının da bulunduğu Suriye içlerindeki Hama şehrine varana dek rastlanmaktadır.

Ayrıca, Geç Hitit Krallıkları'nın başkentlerinde, boynuzlu başlıklarından tanınan, kısmen olağanüstü büyüklükte betimlenmiş tanrı heykelleriyle, başlarında başlık taşımadıkları için kral oldukları varsayılabilecek bazı betimler de bulunmaktadır [Res. 4]. Söz konusu heykellerde bedenin alt kısmı ve ayaklar çoğunlukla kütlevi, gövdenin üst kısmı ve özellikle baş daha canlı biçimlendirilmektedir. Hitit İmparatorluk Devri'nden çok az sayıda büyük boyutlu heykel günümüze ulaşmıştır. Bunlardan hareketle, Geç Hitit krallarının söz konusu alanda eski bir geleneği sürdürüp sürdürmedikleri anlaşılamamaktadır.

MÖ 9. yüzyılın sonlarına doğru Geç Hitit sanatı gelişiminde üçüncü evre başlar. Kendini giderek daha çok hissettiren Assur politik gücü, görsel sanatta da, özellikle de ayrıntıların betimlenmesinde Assur sanatının örnek alınmasına neden olmuştur. Karkamış'ta "Royal Buttress/Kral Burcu" olarak adlandırılan yapıdaki, hükümdar Yariri'nin MÖ 8. yüzyılın ilk yarısına tarihlenen kabartmaları, söz konusu gelişimin ilk basamağını oluştururlar. Figürler duruşları, saç biçimleri ve giysileriyle daha erken örneklerden açıkça ayrılırlar. Biçimlendirmede, zarifleştirme ve görkemli bir görünüm verme eğilimi gözlenmektedir. Saray alanına giriş kapısına yerleştirilmiş olan kabartmalar biraz daha geç bir döneme tarihlenirler. Kısmen çok yüksek kabartma tekniğinin kullanılması ve giysilerinin çok kıvrımlı olmasından doğan bir yüzey hareketliliğiyle dikkat çekerler.

Sam'al'da bu evre, Geç Hitit sanatının gelişimi çerçevesinde, Assur krallarına sadık bir vasal olan kral Barrakib devri kabartmalarıyla temsil edilir [Res. 5]. Kendisini ve saray maiyetini betimlettiği giysiler ise, Assur modasına uygun değildir. Bu giysiler haklı olarak, o devirde Sam'al ve diğer şehirlerde, yönetici sınıfı oluşturan Arami'lere özgü bir işaret biçiminde yorumlanmaktadırlar. Söz konusu yönetici sınıf MÖ 9. yüzyıldan başlayarak Hitit verasetini ortadan kaldırmıştı; ancak Hitit kültür ve sanat mirasını devraldıklarından, "Arami sanatı" ile "Geç Hitit sanatı"nı birbirlerinden ayırmak olası değildir. Sakçagözü Sarayı'nın girişini süsleyen kabartmalar, pek çok açıdan Karkamış ve Sam'al'da temsil edilen, Geç Hitit sanatının üçüncü evresinde yapılan kabartmalara benzerler. Malatya-Arslantepe'de bulunan anıtsal bir kral betimi, burada bulunan krallığın, dönemin sanatsal gelişimine katkıda bulunduğunu gösterir.

Maraş'da uygulama bulan betim sanatı dönem içinde özel bir konuma sahiptir. Burada çoğunlukla üzerlerinde bir kurban yemeği sahnesinin betimlendiği steller bulunmuştur. Betimlenen konukların tanrısal simgeler taşımamaları, giysi ve saç modeli bakımından bir kralı ya da ölümlü insanları çağrıştırmaları, betimleri ölü kültüyle bağdaştırmaya ve stelleri mezar anıtları olarak yorumlamaya olanak vermektedir. Maraş'da bulunan yüksek kabartmadan ziyade plastik görünümdeki bir çiftin oturma sahnesinin betimlendiği yapıt, küçük bir mezar şapeline ya da benzeri bir yapıya yerleştirilmiş olmalıdır. Belki de bu tür mezar anıtlarının yapılması, Aramiler arasında yaygın bir gelenekti. Söz konusu uygulama MÖ 9. yüzyılın ilk yarısında, Kuzey Suriye'de Guzana'nın Arami beyliklerinde gözlemlenmektedir. Maraş'da bulunan, bir çiftin oturma sahnesinin betimlendiği yapıtta, yüzlerin biçimlendirilmesindeki canlılık, Geç Hitit sanatının son gelişim basamağında yer alan zarifleştirme üslubunu göstermektedir.

MÖ 8. yüzyıl süresince Orta Anadolu'nun güneydoğusunda da, Geç Hitit sanatı çerçevesine sokulabilecek yapıtlar oluşturulmuştur. Tuvana kralı Varpalavas'ın İvriz'de, kuzeydeki toprakları verimli kılan suların dağlardan toplandığı bölgeye yaptırdığı iki anıtsal kaya kabartması özellikle etkileyicidir [Res. 6, 7]. Burada bilinçli olarak Hitit kaya anıtları geleneğinin, MÖ 1. binyılda yeniden canlandırıldığı açıkça görülmektedir.

Geç Hitit betimleri Assur saray kabartmalarından farklıdır ve ağırlıklı olarak yapıların dış yüzlerine yerleştirilmişlerdir. Hitit İmparatorluk Devri'nde olduğu gibi, girişler geçit yanlarına yerleştirilen koruyucu figürlerle ve giriş kulelerinin çıkmalarıyla ön avlulara konulan kabartmalarla belirginleştirilmişlerdir. Söz konusu giriş yapılarının mimarisi, MÖ 2. binyıldan beri bilinen kapı mimarisine benzer (Bkz. Burada Seeher S. 461 vdd.; Schirmer S. 482 vdd.). Kapılı surlar yalnızca şehri çevrelemezdi, ayrıca kralın sarayı ve kaleler de kuvvetle tahkim edilmişlerdi. Karkamış'ta şehrin bu kısmı henüz kazılmadığından, Geç Hitit şehirlerinden en güçlüsünün kral sarayının nasıl bir mimariye sahip olduğu bilinmemektedir. En kapsamlı araştırılmış olan kale Sam'al'dadır. Burada sarayın iç kısmı, "Hilani" tipi yapılarla çevrelenen birkaç avlu ile belirlenmiştir. Kuzey Suriye'de MÖ erken 1. binde tipik olan bu yapı biçimi, Assurlular'ın Suriye'ye girdiklerinde, oradaki kral saraylarını görerek kendi saraylarının da bazı bölümlerini bu şekilde inşa ettikleri ve „Hilani" olarak adlandırdıkları için bu adı alır. Söz konusu saray tipininin belirleyicisi, çatısı sütunlar tarafından taşınan bir ön sofadır. Binanın ana mekanı, bu ön sofanın ardında yer alır. Sam'al saray yapılarını ve diğer Geç Hitit merkezlerini Mezopotamya saraylarından ayırdedici öğe, Hilani yapı tipinin kullanımından ziyade, tek tek yapıların bir arada toplandığı saray tasarımıdır. Bunlarda, yapılar meydanların çevresine gruplanır ve kısmen payeli avlularla birbirleriyle bağlanırlar. Söz konusu yapı tarzı Hattuşa'daki kral sarayı için de geçerlidir. Antakya'da Tell Tayinat'ın saray alanı ve Orta Suriye'de Hama'da bulunan kısmen kazılmış kale, yaklaşık aynı biçimde düzenlenmişlerdir. Kuzey Suriye'de, Habur bölgesindeki Guzana'nın Arami kralları da, MÖ 9. yüzyılda yaptırdıkları kalede bu tür Geç Hitit saray yapılarını örnek almış olmalıdırlar.

Hitit İmparatorluk Devri'nin tipik tapınak planına, şimdiye dek hiç bir Geç Hitit merkezinde rastlanmamıştır. Geç Hitit Dönemi'nin en erken evresine tarihlenen Ain Dara tapınağı bazı bezeme öğeleri yoluyla Hattuşa Yukarı Şehir'deki İmparatorluk Devri tapınaklarıyla karşılaştırılabilir; ancak dikdörtgen biçimli planıyla, ön avlunun, giriş odasının ve en kutsal odanın (cella) eksene yerleştirilmiş olması yönüyle, MÖ 3. binden itibaren Kuzey Suriye'de örneklerine rastlanan anteli tapınaklar geleneğinin etkisindedir. Sam'al'ın kalesinde, tapınak olarak yorumlanabilecek herhangi bir yapıya rastlanmamıştır. Şimdiye dek elde edilen kazı sonuçlarına göre, Halep'te MÖ 2. bine tarihlenen bir tapınak, Geç Hitit Dönemi'nde de yeni yapı ekleriyle kullanılmaya devam edilmiştir; ancak söz konusu tapınağın planı hakkında henüz fazla bir şey söyleyebilecek veri mevcut değildir. Karkamış'da daha çok dörtgen bir plan gösteren iki küçük tapınak bulunmuştur. Tapınakların ön yüzdeki giriş nişi ve en kutsal odanın (cella) arka duvarı önündeki yükseltilmiş seki, Ain Dara tapınağı ile karşılaştırılabilir. Her iki tapınakta da Ain Dara tapınağının anıtsal özelliği yoktur, olasılıkla bunlar şehrin ana tapınakları değildirler.

Kuzey Suriye'deki Geç Hitit Şehir Krallıkları'nda küçük el sanatları da bir yükselme devri yaşamış olmalıdırlar. Savaş ganimeti ya da vergi olarak Assur hükümdarlarının hazinelerine giren çok sayıda fildişi süsleme ve heykelcik arasında, Fenike ve Güney Suriye atölyelerinden çıkanların yanı sıra, birkaç üslup grubu oluşturan ve Geç Hitit merkezleri kökenli oldukları varsayılanlar da vardır. Yüzeyleri zengin kabartma süslemeli bir dizi fildişi kutu, kendilerine özgü biçimde stilize edilmiş hayvan gövdeleriyle bir grup oluştururlar. MÖ 2. binyılda Suriye görsel sanatında bu tür hayvan betimleri için örnekler bulunduğundan, 9. ve 8. yüzyıla tarihlenen söz konusu eserlerin, Kuzey Suriye'deki bir atölyeden çıktıkları düşünülebilir. Koltuk arkalıklarını bezeyen bir başka fildişi kabartma grubu, Geç Hitit kabartma sanatının en geç evresine tarihlenen, Assur etkili bir dizi kabartma ile benzerlikler göstermektedir. Tell Tayinat'tan bir at koşumunun tunç alınlık kısmı gibi tunç eserler, bu tür el işlerinin de Kuzey Suriye'de yapıldıklarına işaret eder. Olympia'da bulunmuş, üslup açısından Geç Hitit sanatıyla ilintili olan kabartmalı tunç eser parçaları, Kuzey Suriye-Geç Hitit kökenli adak eşyalarının, Yunanistan'a kadar ulaştıklarını göstermektedir.

Resim altları

1 Dağ Tanrısı ve iki aslan-adam kabartması (Kabartma E6) (Abu Assaf 1990, Lev. 45b)

2 Boğanın çektiği arabası üstünde Hava Tanrısı kabartması. Buluntu yeri Malatya. Ankara Anadolu Medeniyetleri Müzesi (Akurgal 1961, Res. 105 üst)

3 Aslan avı kabartması. Ankara Anadolu Medeniyetleri Müzesi (Kat. No. 155)

4 Kral heykeli; Zincirli (Sam'al). Staatliche Museen-Preusischer Kulturbesizt, Vorderasiatisches Museum, Berlin (Akurgal 1961, Res. 127)

5 Kral Barrakib ve önünde bir yazıcının betimlendiği kabartmalı ortostat. Staatliche Museen-Preusischer Kulturbesizt, Vorderasiatisches Museum, Berlin (Akurgal 1961, Res. 131)

6 İvriz kaya kabartması (Akurgal 1961, Res. 140)

7 İvriz kaya kabartması, detay (Foto Peter Oszvald)

Mücadele ve Barış İçinde Bir Arada Varolma

Hattuşa ve Kuzey Mezopotamya Devletleri Mitanni ve Assur

Eva Cancik-Kirschbaum

> Jeopolitik Durum

Anadolu ile güneydeki Mezopotamya ovaları arasındaki doğal sınırı Toros Dağları teşkil eder. Birçok dağ geçidiyle birlikte Fırat ve Dicle nehirleri, bu doğal sınırın aşılmasına ve iki büyük bölge arasında bağlantıya olanak tanırlar (Bkz. Harita S. 306). Her iki tarafın da hammaddelere, işlenmiş ya da yarı işlenmiş ürünlere ve bu ürünlerin işlenmesinde kullanılan teknolojiye olan ilgisi, daima aradaki ilişkilerin güçlü olmasını da beraberinde getirmiştir. Bu ilişkiler, ekonomi politikası açısından da ilgi ve bağımlılıklar yaratmış ve pek çok kez güç mücadelelerine neden olmuştur

Coğrafi konumu nedeniyle, Yukarı Mezopotamya/Kuzey Suriye bölgesi, Anadolu ve Mezopotamya kültürlerinin buluştuğu kilit noktadır. Akdeniz'in sahil kesimlerini, Filistin, Mısır, Mezopotamya, İran, Anadolu ve kuzey bölgelerini birbirine bağlayan ticaret yolları burada kesişir.

Eski Doğu tarihinde bölgenin politik güçleri, sürekli bu bölgeyi doğrudan ya da dolaylı olarak kontrolleri altına almayı denemişlerdir. Bu yüzden Hitit İmparatorluğu'nun genişleme politikası çerçevesinde, Kuzey Suriye'nin alınmasının önemli bir stratejik amaç olmasına şaşmamak gerekir. Hattuşalı yöneticilerin bu bölgeye verdikleri önem, Karkamış ve Halpa'da bir çeşit bağımlı krallık kurmalarından da anlaşılır.

MÖ 14. yüzyılda Hitit İmparatorluğu, Kuzey Suriye bölgesine genişleyerek, dönemin diğer güçlü devletleriyle komşu olmuştur. Bu ülkeler Mısır ve Babil'in yanı sıra Mitanni ve Assura'dır (Assur ülkesi). Hattuşa'nın bu rakip ülkelerle düştüğü anlaşmazlıklar, yazılı olarak hem Hitit yıllıklarında, hem de diğer ülkelerin tarihi belgelerinde yer almaktadır. Bu kaynaklara dayanarak, Hattuşa ve Eski Doğu'da MÖ 2. binin diğer büyük devletleri arasındaki ilişkilerin, zafer ve mağlubiyetten oluştuğu izlenimi tek yanlıdır. Ancak devlet antlaşmaları, ülkelerarası yazışmalar ve ekonomi ile ilgili belgeler gibi diğer yazılı kaynaklar da incelendiğinde, söz konusu ülkeler arasında, daha farklı alanlarda da ilişkilerin var olduğu açıkça anlaşılır. Kral yıllıklarının büyük bir kısmını kapsayan askeri ve politik anlaşmazlıkları içeren metinlerin yanı sıra, mal alım satımı, kanuni düzenlemeler, diplomatik ilişkiler, kraliyet aileleri arasındaki ailevi bağlar ile bilim ve teknoloji alanlarındaki alışverişi kapsayan metinler de yer almaktadır.

> Mitanni- Nüfuzlu bir Rakip

Hurrice konuşan kavimlerin varlığı, daha MÖ 3. binin sonlarında Mezopotamya çiviyazılı kaynaklarından bilinir. Bu kavimler önceleri Dicle ötesi bölge merkez olmak üzere, çok hızlı bir biçimde Yukarı Mezopotamya'da yayılmışlardır. MÖ 2. bin ortalarında ise Hurrice konuşan kavimlere artık Filistin ve Güney Anadolu'da da rastlamak mümkündür. Sonraları Mitanni (Hititçe Mitanna) adını alan, geniş bir alana hakim politik güce sahip olma gelişimi, günümüzdeki kaynak durumuna göre MÖ 17. yüzyılda olmalıdır. Mitanna İmparatorluğu'nun iç yapısı hakkında fazla bilgimiz yoktur; ancak Hititler'inkine benzer bir yapıda olması düşünülebilir.[1]

MÖ 16. yüzyılda Hititler genişleme politikaları kapsamında Kuzey Suriye'deki bu Hurri İmparatorluğu ile ilk kez temas etmişlerdir. Birçok tarihi metinde, özellikle de I. Hattuşili'nin yönetimde olduğu dönemden (yak. MÖ 1565 – 1540) günümüze ulaşmış metinlerde, Fırat'ın doğusundaki bölgelere, Hurri ülkeleri Suda ve İlanzura'ya kadar, Hititler'in yaptığı seferlerden bahsedilir (Bkz. Harita S. 302). I. Murşili'nin (yak. MÖ 1540 – 1530) MÖ 1531'de Büyük Krallık Halpa'yı (Yamhad) ele geçirip ünlü Babil seferi için yola çıktığında, Kuzey Suriye'de ve Yukarı Mezopotamya'da Hititler'e ciddi bir şekilde karşı koyabilecek bir politik güç kalmamıştı.

MÖ 15. yüzyılın sonlarına doğru I.Tuthaliya döneminde (yak. MÖ 1420 – 1400) Hattuşa, sınırlarını genişletmeye devam etmiş; ancak Kuzey Suriye'deki dengeler tamamen değişmiştir: Mısır Firavunu Filistin'in büyük bir kısmını kontrolü altına almış ve etki alanını yukarı Asi İrmağı'na kadar genişletmişti. Kuzey Suriye ise bu dönemde etki alanları Asi Irmağı'ndan Zagros Dağları'na kadar ulaşan Mitanna krallarının hükümdarlığı altındaydı (Bkz. Harita S. 304).

Mitanni (Akkadca Hanigalbat), yapısında hegemonyanın temel olduğu bir imparatorluğun ismidir: Hitit metinlerinde çok sık "Mitanni ülkesinin ülkeleri" nden söz edilir. Ülke, Mitanni kralına bağlı, çoğu Hurri kökenli birçok "prenslik"ten oluşur. MÖ 16. yüzyılın sonlarına doğru Hitit egemenliği sona erdikten sonra, Kuzey Suriye'li küçük devletler önce kendi bağımsızlıklarını kazanmışlar, sonra da Mitanna kralını baş kral seçip, MÖ 15. yüzyılda güçlü bir politik yapıya sahip bir ittifak oluşturmuşlardır. Burada verilecek iki örnek, bu duruma daha iyi bir açıklık sağlayacaktır. Allalah/Alalha (Mukiş) kralı İdrimi, icraat raporu niteliğindeki bir metinde, durumun vasallar açısından görünümünü anlatır (Bkz. Metin 1).[2] Alalha kralları ve Hurri kralları arasında geleneksel olarak varolan antlaşmalara dayanarak daha önce varolan bağlılık yemini tekrar edilir. Bunu yaparken de ayrıca Mitanni kralı I. Parrattarna'ya saygı göstergesi olarak hediyeler gönderilir, vergileri arttırma ve ülkeyi eski durumuna getirme sözü verilir. Bu olay sonucunda İdrimi'nin iki ayrı pozisyonu oluşur: Alalha kralı olarak bir yandan Mitanni kralına bağlıdır, diğer yandan ise Suriye prenslikleriyle birlikte kurulan ittifakın yöneticisidir.

Kizzuvatna'lı Sunnassura ile I. Tuthaliya (yak. MÖ 1420 – 1400) arasında yapılan antlaşmada, Kizzuvatna'nın MÖ 15. yüzyıldan itibaren, güç dengeleri zaman süresince değişen güçlü komşuları Hattuşa ve Mitanni ile yaptığı ittifakların tarihçesi anlatılır. Hattuşa ile Kizzuvatna arasında yapılan eski bir antlaşma, Kizzuvatna'nın Mitanni ile yaptığı yeni bir antlaşma nedeniyle bozulmuştur. Bu yeni antlaşma ise Sunnassura ile I. Tuthaliya arasında yapılan yeni antlaşma ile geçersiz olur. Hitit kralının, Sunnassura'ya Mitanni ile yapılan antlaşmayı bozması sonucu elde edeceği olanakları sunması oldukça etkileyicidir: "Hurriler Sunnassura'yı bir hizmetkar olarak görürler- ama ben majesteleri, onu gerçek bir kral yaptım. Sunnassura, majestelerinin huzuruna çıkmalı ve majesteleri ile yüz yüze gelmeli. Majestelerinin huzuruna çıktığında, majestenin yüksek düzeydeki adamları yerlerinden ayağa kalkmalı ve kimse oturmamalıdır".[3] Gerçek hayatta verilen bu nişanın fazla bir önemi kalmamıştır, çünkü Sunnassura sözde bağımsız olan Kizzuvatna'daki son kraldır. İlk kez burada askeri bir güç kullanmadan, politik yollarla, daha önce bağımsız olan bir devlet Hitit İmparatorluğu'na bağlanmıştır. Hitit kralları tarafından sonraları bu politik strateji birçok kez Kuzey Suriye'de uygulanmıştır; hatta Mitanni da bu şekilde Hititler'e bağlanmıştır.

Mitanni kralları da imparatorluklarını oluştururken Hititler'inkine benzer bir sistem kullanmış olmalıdırlar: Burada da politik yayılmanın iki yolu vardır; askeri yolla ele geçirme, antlaşma yoluyla yarı bağımsız küçük ülkeleri merkezi ülkeye bağlama. Aynı zamanda antlaşmalar -eşitlik prensibine dayansın ya da dayanmasın- merkezi politik gücün en önemli aletidir: Çeşitli şekillerde yapılan antlaşmalarla ayarlanmış, barış içinde yan yana yaşama, yalnızca "uluslararası" büyük güçler arasında değil aynı zamanda küçük ülkeler arasında da önemlidir. Önceleri Mitanni krallarına bağlı bir „vasal" olan Dicle kenarındaki Assur, az sonra efendilerinden herşeyi iyi öğrendiğini kanıtlayacaktır.

Yönetici olarak Mitanni kralı "Büyük Kral" unvanını kullanarak, kendisini Karduniaş (Babil) kralı, Hattuşa kralı ve Mısır firavunu ile eşdeğer tutmuştur. Mitanni ile Mısır'ın Suriye ile Filistin'e olan ilgileri yüzünden birçok şiddetli çatışma olmuş, ancak MÖ 14. yüzyılın başlarında iki büyük güç arasında anlaşma sağlanmıştır. Bu anlaşma, karşılıklı gönderilen değerli hediyeler ve Mitanni'li prenseslerin dönemin Mısır firavunları ile yaptıkları evliliklerle daha da sağlamlaştırılmıştır (Res. 1, 2).[4] Böylece Mitanna'nın ve Eski Doğu'nun diğer büyük güçlerinin sıkça başvurdukları bir politik yöntemi daha öğrenmiş oluyoruz. Bu tür politik evlilikler daha MÖ 3. binde bile ülkelerin konumlarını sağlamlaştırmalarında önemli bir unsurdu. Yazılı kaynaklardan edinilen bilgilere göre Eski Doğu'da MÖ 2. binin ikinci yarısında, yönetici sınıflar arasında yapılan evlilikler sebebiyle, birbirleriyle akraba olmayan kraliyet ailesi hemen hemen yok gibiydi.

> Assur: Mitanni'ye Bağlı Vasal Şehirden Büyük Politik Güce

Anadolu ile Dicle kenarındaki ticaret merkezi Assur arasında daha MÖ 2. bin başlangıcında yoğun ilişkiler mevcuttu. Assurlu tüccarların Anadolu'nun çeşitli şehirlerinde - Hattuş(a) da bunlardan biridir- oluşturdukları küçüklü büyüklü ticaret merkezlerinden oluşan bir ticaret ağı ile, Anadolu ile Mezopotamya arasında ciddi boyutlarda mal alışverişi olmuştur.[5] Bu merkezlerin bazılarında aradaki ticaret kolonilerinde yürütülen işlerin detaylarına dair birçok yazılı belge ele geçmiştir. Belgelerin arasında bazen Anadolulu küçük devletlerin kendi aralarındaki ticari, politik ve sosyal ilişkileri hakkında bilgi veren belgeler de mevcuttur. Örneğin bir belgede Kuşşara'lı Anitta'nın liderliğindeki prenslerin Hattuş(a)'ya yaptıkları seferden bahsedilir.[6] MÖ 18. yüzyılın sonlarına doğru çok kâr

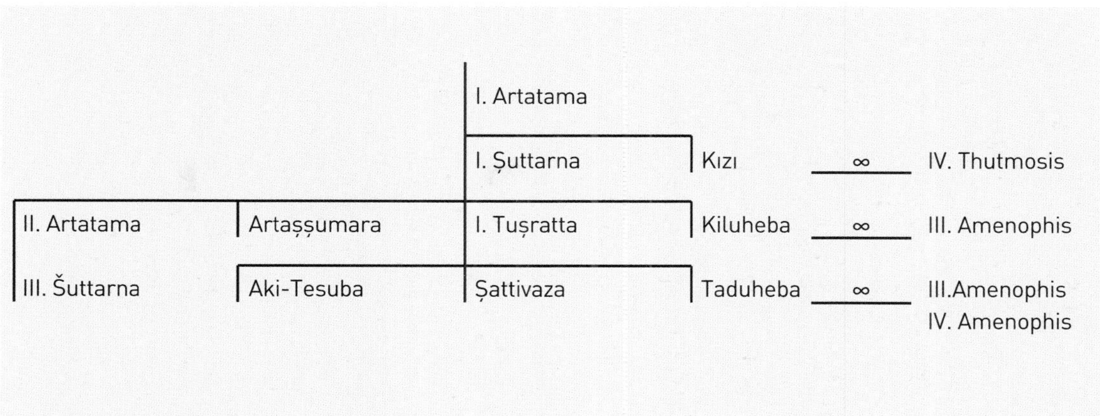

1 Mısır sarayındaki Mitanni prensesleri

getiren bu ilişki kesilmiş ve Assur şehir devletinin en önemli gelir kaynağı da ortadan kalkmıştır. MÖ 15. yüzyılda Mitanni devletinin genişleme döneminde Assur da Mitanna devletine bağlanmıştır: Mitanni krallarına vergi vermekle yükümlü Assur krallığının hüküm sürdüğü bölge, olasılıkla, yalnızca Assur kenti ve yakın çevresinden oluşmaktaydı.[7] Kaynak eksikliği yüzünde elimizde bu dönem hakkında fazla bilgi yoktur. Ancak sürekli bir "Assur kralı"ndan söz edildiği için, Mitanni ile Assur arasındaki ilişkinin, Kuzey Suriye'deki gibi merkezi devlet- vasal krallık (bağımlı krallık) ilişkisi olabileceğini düşünebiliriz. Küçük krallığın ara sıra Mitanni devletine karşı koymak için müttefik araması, Mitanni devleti yöneticilerinin düzenledikleri saldırılarla cezalandırılmıştı. Örneğin Mitanni'li Saustatar, Assur şehrini yağmalayıp yerle bir etmiş, hatta altın kaplamalı bir kapıyı da Vassukkanna'daki sarayına getirmiştir.

> Assur ve Hattuşa Arasında Mitanni

Birbirini takip eden iki nesil boyunca, Mitanni hanedanlığında Artaşşumara'nın öldürülmesi ile başlayan taht kavgaları nedeniyle, MÖ 14. yüzyılın ilk yarısında ülkenin iç politikası önemli ölçüde zayıflamıştır. Bu durum hem Hattuşa, hem de Assur krallarının kendi hükümdarlık çıkarlarını güçlendirmek için önemli bir fırsattı. İki ayrı grubun Mitanna'da taht için aday olması, şüphesiz onlar için avantaj oluyordu. Haritaya bakıldığında, genişleme çabasında olan iki ülkenin arasında Mitanni'nin pozisyonunun önemi açıkça görülür: önceleri yalnızca büyük güç olan ülke şimdi artık stratejik açıdan da önem kazanmıştır.

Assur Kralı I. Assur-uballit, II. Artatama ve oğlu III. Şuttarna ile Mitanni kraliyet hanedanlığının bir yan kolunu desteklemekteydi (Res. 1). III. Şuttarna, Assur desteğine karşılık, onlara kraliyet hazinesi ile "Mitanni büyüklerinin" bir kısmını verir. Bu olaydan sonra Assurlular ilk kez bağımsız bir politik güç olarak, Hititler'in yetki alanında bulunan Karkamış'a kadar ilerlerler. Ancak bu ilk Assur "başarısı" uzun ömürlü olmamıştır, çünkü Hititler ikinci taht varisi olan önceki kral Tuşratta'nın oğullarından biri olan Şattivaza isminde birini desteklerler. Bu şahıs babası öldürüldükten sonra Hattuşa'ya sığınmıştır. Şattivaza, Hititler'in verdiği askeri yardım ve Karkamış'taki bağımlı krallığın ilk kralı olan I. Şuppiluliuma'nın oğlu Sarikusuha'nın da desteğiyle, Mitanni çekirdek bölgesini yeniden ele geçirir. Kısa bir süre sonra ise küçülmüş durumdaki Mitanna devleti Hititler'e bağlanır ve bu bağlılık Şattivaza'nın I. Şuppiluliuma'nın kızı ile evlenmesiyle güçlendirilir. Bu bağlamda oluşturulan antlaşmanın iki versiyonu mevcuttur: Birinde durum Hitit Büyük Kralı perspektifinden, diğerinde ise Mitanni'li Şattivaza'nın perspektifinden yazılmıştır (Bkz. Burada Quack, S. 288 vdd.). Ancak her ikisi de Hitit katipleri tarafından yazılmıştır.[8] Birleşmenin Hititler tarafından nasıl değerlendirildiği, Şattivaza ile yapılan antlaşmanın birçok yerinden açıkça anlaşılır: "Ancak tüm Mitanni ülkesi (politik olarak) çökmüştü. Ülke, Assur ülkesi ve Alse ülkesi olarak ikiye bölünmüştü. (...) Mitanni ülkesi büyük bir ülke olduğu için batmamalıydı ve bu yüzden Hattuşa ülkesi kralı, Büyük Kral, Mitanni ülkesini kızı için yeniden oluşturdu. (...) Ve ben, Hattuşa ülkesinin Büyük Kralı, ölü ülke (yani politik olarak önemini yitirmiş) Mitanni'yi tekrar (kanunlara uygun) düzene sokabilmek için yeniden oluşturacağım. Sakın küçültmeyin ülkeyi, parçalamayın!"[9] Burada durumu anlatmak için kullanılan Hitit politik üslubu, Assurlular'ın uyguladığı yönteme tam bir zıtlık göstermektedir: Assurlular, Mitanni yönetici ve soylu sınıfını etkisiz hale getirerek Mitanni'nin hareket alanını daraltmak isterken, Hititler var olan yapıyı güçlendirip, kendi kontrolleri altına alma yoluna başvurmuşlardır.

Hititler'in bu şekilde Şattivaza'yı Mitanni kralı yapmalarına rağmen (rakibinin akibeti hakkında elimizde herhangi bir bilgi yoktur), Assur'un Mitanni kralına yaptığı baskı çoğalmıştır. Şattivaza'nın halefi

I. Şattuara, efendisi Hitit kralına bir metinde şöyle der: "Eğer bir adamın hakkında karar veren iki yöneticisi olursa (yani hüküm gücü sahibi, burada politik olarak baş yönetici kastedilmiştir) (ve) bir tanesi senden bir şey isterse ve diğeri senden bir şey istemezse. Şimdi Assur kralı, (benim düşmanım) hakkımda bir fal sorgusu düzenledi ve efendim Fırtına Tanrısı'nın yol gösterdiği gibi davrandı. Majesteleri, benim babam, bunu duydu."[10] Şattuara hala üst yöneticilerine "babam" olarak hitab etmektedir. Bu gizemli sözlerle başarılı seferler yapan Assurlu I. Adadnerari'yi (yak. MÖ 1295 – 1264) kastetmiş olmalıdır. I. Adadnerari Mitanni çekirdek bölgesini Fırat nehrine kadar kontrol altına almayı başarmıştır. Böylece artık Mitanni tamamen Assur ülkesine bağlanmış olur. Ayrıca I. Şattuara'nın oğlu Vasaşatta'nın başlattığı bir ayaklanma, Mitanni/Hanigalbat'ın bir Assur eyaleti olmasına olanak sağlamıştır. Bu konuyla ilgili metin erken dönem Assur yıllıkları için güzel bir örnektir (Bkz. Metin 2). Bu metinde açıklanan yöntemler, sonraları Assurlar'ın yayılım politikası için örnek olmuştur. Bu yönteme göre bir ülke önce yapılan bir antlaşma ile vergiye bağlanır. Kontrol altına alınan ülkenin yöneticisi bir yeminle Assur ülkesine bağlanır. Kendisine kısıtlı bir bağımsızlık hakkı tanınır. Eğer antlaşma şartları ihlal edilirse (gerçek ya da söylenti olması fark etmez), tüm sağlanan imtiyazlar kaldırılır ve ülke tamamen Assur idaresine geçer. Mitanni şehirlerinin çoğunda yerleşim devam etmiştir. Merkezi şehirlere bir grup Assurlu idareci getirilmiştir. Bu şekilde, tarım ürünlerinin üretiminin ve ticaretin kesintiye uğramadan devam etmesi sağlanmıştır. Assur kralı, kraliyet ailesinden bir kişiyi "Hanigalbat kralı" unvanıyla Batı Ülkeleri'nin idarecisi yapmıştır. Bu kral Habur'daki Deir-Katlimmu yerleşmesinde oturur ve buradan bölgenin politik ve ekonomik durumunu kontrolü altında tutar.[11] Böylece artık Mitanni devleti tamamen politika sahnesinden kalkmış olur ve geriye yalnızca kraliyet unvanı tarihsel bir anı olarak kalır. Artık Hattuşa yeni bir büyük güçle karşı karşıyadır: Assur ülkesi.

> Assur Kralı- "İkincil Emreden"den Büyük Krallığa

Mısır, Babil, Hattuşa ve Mitanni'den oluşan "Dört büyükler kulübü" (Hititler bu gruba MÖ 13. yüzyılda Ahhiyava'yı da dahil etmekteydiler) aralarına yeni bir üye almak istemiyorlardı. Uluslararası politikaya katılabilmek için, aşağıda görüleceği gibi, yeterli büyüklükte bir askeri güce sahip olmak ve uluslararası davranış biçimlerini iyi bilmek gerekiyordu. I. Assur-uballit (yak. MÖ 1355 – 1318) Büyük Kral statüsü almak istemesini, Mısır firavunu IV. Amenophis kabul etmek istemiyordu. Bunu Assurlular'a gönderdiği hediyelerin içeriğinden ve miktarından da anlamak mümkündür. Bunun üzerine Assur-uballit sitem dolu bir mektup gönderir: "Babam, Assur-nadin-ahhe Mısır'a haber gönderdiğinde ona 20 eşek yükü altın gönderildi. Hanigalbat kralı senin babana haber gönderdiğinde, ona da 20 eşek yükü altın gönderildi. [Şimdi] Ben Hanigalbat kralıyım (eşdeğerli) ve sen bana ?(buna rağmen) az altın gönderdin (...) Eğer niyetin gerçek dostluksa, o zaman bana (hiç olmazsa) çok altın gönder."[12] Mektubun devamından anlaşıldığına göre Assur kralının yeni yapacağı gösterişli sarayı için altına ihtiyacı vardır.

Birkaç yıl sonra Hitit kralı III. Murşili de Assur kralı I. Adad-nerari'nin benzer tavrı sergileyen, daha karmaşık deliller sunan bir mektubunu alır. Ele geçen metin (Bkz. Metin 3) Assur kralının mektubuna (bu mektup ta henüz bulunamamıştır) cevap olacak mektubun bir taslağıdır. Mektubun aslının Assur'a gönderilip gönderilmediği belli değildir. Mektupta yer alan kanıtlar, Hititler'in politika retoriği üzerinde ne kadar usta olduklarına dair mükemmel bir örnektir. Hitit Büyük Kralı geleneksel tarihi politik kanıtları kendi menfaatlerine uydurarak üç aşamalı bir yol izler: Assurlular Mitanni ülkesini ele geçirdikten sonra Hititler için şüphesiz önemli bir tehdit oluştururlar, ancak Hitit kralı bunu önemsizmiş gibi gösterir. Bu yolla, askeri gücü neden gösteren Assurlar'ın talebinin temeli tamamen ortadan kalkıyordu. Sonra III. Murşili uluslararası politika dilindeki "kardeşlik" hitap tarzının, arada biyolojik bir bağ olmaksızın kullanılmasının anlamsızlığına alaycı bir ifadeyle değinmektedir. Son olarak da, Assur ülkesi ile Hititler arasında geçmişte de hiçbir ilişki olmadığı gerçeğini, III. Murşili kendi yaptırımları için tarihi bir örnek ve kanıt olarak kullanır: Assur ülkesi ile ilişki kurulmayacaktır.

İlk olarak II. Hattuşili (yak. MÖ 1265 – 1240) bir mektubunda I. Salmanassar'ın Büyük Kral unvanını kabul eder: "(...) sen bir Büyük Kral olduğun ve ikincil emreden kişi olmadığın için (...)."[13] Ancak yine de hafif bir alaycı ifade gözden kaçmaz. Bir metin parçasında Hitit kralı, Assurlular'ın Büyük Krallar arası ilişkilerin temel kurallarını iyi bilmediklerini ileri sürer.

Assur Büyük Krallığı, sonunda Hititler tarafından kabul edilmiş ve Hattuşa ile Assur arasında diplomatik ilişkiler de kurulmuştur; ancak bilindiği kadarıyla saraylar arası evlenme dolayısıyla yakınlaşma hiçbir zaman olmamıştır. Mısır ve Babil ile olan ilişkilerin aksine, Assur tehlikesinin sürekli ve yakın olması nedeniyle her iki ülke yan yana birlikteliklerini sürdürmüşler, ancak tam anlamıyla barış imzalanamamıştır. Bu yüzden Hitit ve Assur krallarının yazışmalarında süslü diplomatik sözlerle eşitliklerinin vurgulanması, yine de dostluk anlamına gelmemektedir. Hatta III. Tuthaliya ve I. Tukulti-Ninurta döneminde, Assurlular'ın Mitanni/Hanigalbat'ı kendilerine bağlamalarından sonra kuzeye doğru ilerlemeleri oldukça gergin anlar yaratmıştır. Hatta Nihriya ve Şuru şehirleri arasında Assur'un zaferi ile sonuçlanan askeri bir çatışma da olmuştur.[14] Hitit İmparatorluğu'nun son kralları döneminde iki devlet arasındaki ilişkinin gelişimiyle ilgili elimizde bilgi yoktur. Çeşitli kaynaklardan edinebildiğimiz ipuçlarına göre, en azından iki ülke arasında diplomatik ilişkinin sürdürüldüğünü ve önceden olduğu gibi birbirlerine elçiler gönderdiklerini söyleyebiliriz.

Hitit İmparatorluğu'nun sona ermesi ile Assur için yalnızca güçlü bir rakip politika sahnesinden silinmiş değildir; aynı zamanda Kuzey Suriye bölgesini yöneten, sözü geçer yüksek bir otorite de yok olmuştur. Assur ülkesi, iç çekişmeler yüzünden bu boşluğu dolduracak durumda değildir. Fırat bölgesinden ve Güneydoğu Anadolu'dan pek çok kez gelen göçebe akınları yüzünden Assur kralları zor anlar yaşamışlardır. Assur devleti ancak MÖ 8. yüzyılda Kuzey Suriye 'den Akdeniz'e kadar olan bölgeyi kontrol altına alabilmeyi başarmıştır.

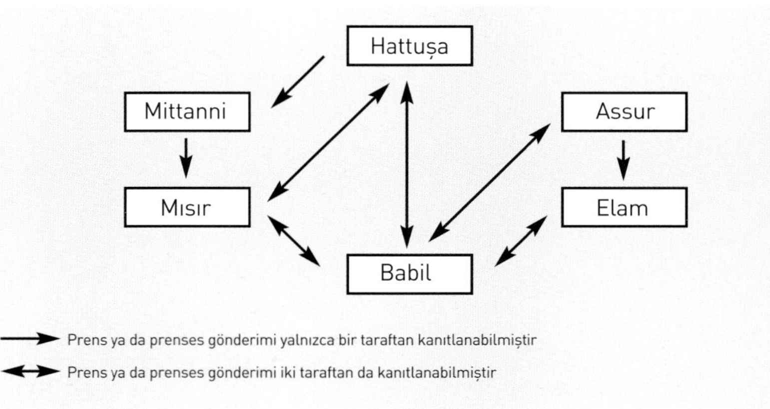

2 MÖ 14. – 12. yüzyıllarda Eski Doğu'daki kraliyet aileleri arasındaki akrabalığı gösteren şematik tablo (yalnızca büyük krallıkları içerir).

Metin 1

Alalha'lı İdrimi'nin yazıtından alınmıştır

"Yedi yıl boyunca Hurriler'in kralı, güçlü kral Parrattarna bana düşmanlık duydu. Yedinci yıl Parrattarna'ya (...) haber göndererek, atalarımın bağlılığını ve atalarımın (Hurri) atalarıyla anlaşma yaptığını belirttim. Ayrıca söylediğimiz sözlerin Hurri yöneticilerinin hoşuna gittiğini ve aralarında bir antlaşmanın da var olduğunu belirttim. Güçlü kral atalarımızın bağlılığını ve aralarında bir antlaşma olduğunu duydu; bu antlaşmaya saygı gösterdi. Gönderdiğim onur hediyesini kabul etti ve ben de göndereceğim vergi miktarını yükselterek ona kaybetmiş olduğu mallarını geri verdim. Ona bağlı sadık bir yönetici olacağıma and içtim – ve Allalah kralıydım."

Metin 2

Assurlu I. Adad-nerari'nin icraat raporundan alınmıştır.

"(...) Hanigalbat ülkesi kralı Şattuara bana düşmanca tavır alıp sataşmalarda bulunduğunda, Assur Ülkesi tanrısı, efendimin (...) emriyle onu Assur şehrine getirttim, yemin ettirip ülkesine geri gönderdim. Yaşadığı sürece ondan her yıl şehrim Assur'da vergisini aldım.

Sonraları oğlu Vasaşatta ayaklanarak, bana karşı düşmanca tavır alıp sataşmalarda bulunmaya başladı. Hatti ülkesinden yardım istedi; Hititler (gerçi) onun verdiği rüşvet hediyelerini aldılar, ancak ona yardım etmediler! Efendim Assur Ülkesi Tanrısı'nın (...) güçlü silahlarıyla, onun hüküm sürdüğü şehir Taidu'ya saldırıp ele geçirdim. (Ayrıca) Amasakku, Kahat, Şuru, Nabula, Hurra, Şuduhu ve Vaşşukanni şehirlerini ele geçirdim. Bu şehirlerden elde ettiğim ganimetleri, babasının hazinelerini, sarayının zenginliklerini alarak şehrim olan Assur şehrine getirdim. İrride'yi de ele geçirdim, yakıp yıktım ve üzerine yaban otu (kazayağı?) tohumları serptim.

Büyük tanrılar bana Taidu'dan İrride'ye, Eluhat'tan Kaşiyari Dağları'na, Şudu Kalesi, Harran Kalesi ve Fırat Nehri kıyılarına kadar olan bölgeyi, yönetmem için verdiler. Geri kalan adamlarına angarya işler (kazmacılık, kürekçilik, sepet taşıyıcılık gibi) yaptırdım. Kendisini, saray cariyelerini, oğullarını, kızlarını ve maiyetini, İrride'den aldırttım. Tutuklu ve bağlı olarak tüm mal varlığı ile birlikte, şehrim Assur'a getirdim. İrride'yi ve kalesini ele geçirdim, yakıp yıktım ve üzerine yaban otu (kazayağı?) tohumları serptim."

Metin 3

III. Murşili'nin Assurlu I. Adad-nerari'ye yazdığı mektuptan alınmıştır.

"Yine Vasaşatta (ayaklanmasının bastırılmasından) ve Hurri ülkesinden bahsediyorsun. Silahla yendin, [bana bağlı] bir adamımı yendin, (böylece) şimdi kendini Büyük Kral mı oldun zannediyorsun? Ne hakla sürekli kardeşlikten bahsediyorsun (...) Kardeşlik – bu nedir? (...) Hangi sebeple sana kardeşlik üzerine yazayım? Günümüzde kim kime kardeşlik hakkında yazıyor? Birbirleriyle dost bile olmayanlar, kardeşlik üzerine yazabilirler mi? (Öyleyse) Sana kardeşlik hakkında niye yazayım? Senle ben yoksa aynı anneden mi doğduk? [Babamın babası] ve babam Assur ülkesi krallarına [kardeşlik hakkında] yazmadıkları için, sen de bana [kardeşlik hakkında] yazma ve [hele] Büyük Krallık diye hiç yazma! [Böyledir] Benim dileğim!".

Dipnotlar

1 Hurri Devletleri'nin federal karakterleri için bk. Cord Kühne, Politische Szenerie und internationale Beziehungen Vorderasiens um die Mitte des 2. Jahrtausends vor Chr.: Johannes Renger/Hans-Jörg Nissen (Derl.), *Mesopotamien und seine Nachbarn. Politische und kulturelle Wechselbeziehungen im alten Vorderasien vom 4. bis 1. Jahrtausend v. Chr.*, Berlin 19872, 237 Dipnot. 33. Bir dönem Mitanni İmparatorluğu'na bağlı olan Arraphe prensliğinin iyi bilinen yapısının ne kadar genelleştirilebileceği kesin değildir.

2 İdrimi yazıtının söz konusu bölümü "İdrimi Heykeli"'nin üzerinde 42b ile 58. dizeleri arasında bulunmaktadır, Sidney Smith, *The Statue of Idri-mi,* London 1949.

3 Metnin İngilizce'ye çevirisi için bkz. Gary Beckman, *Hittite Diplomate Texts,* Atlanta, Georgia, 1966, 13 vd. İki versiyon arasındaki ilişkiyi son olarak Carlo Zaccagnini incelemiştir: The Forms of Alliance and Subjugation in the Near East of the Late Bronze Age: Luciano Canfora u. a. (Derl.), *I Trattati del Mondo Antico. Forma, Ideologia, Funzione,* Rom 1990, 37 – 79, özellikle 75 – 77. Antlaşmaların yapısı ve özellikle de devletlerarası yapılan antlaşmaların her iki tarafın kabulü olmadan bozulması konusunda bu metin çok iyi bilgi verir: "Hazırlanan antlaşmayı bozacağız ve Hurriler'le olan anlaşmamızı reddedeceğiz. Ve sen de artık Hurriler'in (vasalı) olmadığına göre yeni bir (antlaşma) tableti hazırlayacağız" KBO XXXVIII 110:63''-65'' (Benzerleri için bkz. KBo I 5:IV 25 vdd.).

4 Mitanni ve Mısır ile ilişkiler hakkında elimizde bulunan bilgilerin çoğu Tell el Amarna'da bulunan çiviyazılı tablet arşivindeki mektuplardan (EA 17 ve 19 - 30) edinilmiştir. Mektupların çevirileri için bkz. William L. Moran (Derl.), *The Amarna Letters,* Baltimore/London 1992.

5 Bakır ticareti hakkında detaylı bir araştırma vardır: Jan G. Dercksen, *The Old Assyrian Copper Trade in Anatolia,* Leiden 1996.

6 Klaas R. Veenhof, The Old Assyrian Merchants and their Relations with the Native Population of Anatolia: Renger/Nissen (Bkz. Dipnot 1), 147 – 160. Guido Kryszat, Altassyrische Quellen zur frühen hethitischen Geschichte (Basımda): Jan-Waalke Meyer/Walter Sommerfeld (Derl.), *Colloquien der Deutschen Orient-Gesellschaft* III, Saarbrücken 2002.

7 Assur ve Mitanni/Hanigalbat ile ilişkiler için bk. Amir Harrak, *Assyria and Hanigalbat,* Hildesheim v.d. 1987, ayrıca Susanne Heinhold-Krahmer, Zu Salmanassars I. Eroberungen im Hurritergebiet, *Archiv für Orientforschung* 35, 1988, 79 – 114.

8 Beckman'da bir çevirisi vardır (Bkz. Dipnot 3), 37 – 54.

9 Alıntılar Sattivaza-Antlaşması'nın Akadçası'ndan yapılmıştır, Vs. 49 vd., Vs. 57 vd. ve Rs. 22' vd.

10 Krşl. Harrak (Bkz. Dipnot 7), 77 – 79.

11 Assur kraliyet ailesinin bu yan kolu için bk. Eva Cancik-Kirschbaum, Nebenlinien des assyrischen Königshauses in der zweiten Hälfte des 2. Jahrtausends, *Altorientalische Forschungen* 26, 1999, 210 – 222.

12 Bu mektup için krşl. Moran (Bkz. Dipnot 4), 38 – 41.

13 Transkripsiyonu ve çevirisi için bkz. Albertine Hagenbuchner, *Die Korrespondenz der Hethiter* 2, Heidelberg 1989, 241 – 245.

14 Itamar Singer, The Battle of Nihriya and the End of the Hittite Empire, *Zeitschrift für Assyriologie* 75, 1985, 100 – 123. Ayrıca bu konu hakkında bkz. Harrak (Bkz. Dipnot 7), 140 – 142.

Kaynakça

Andrae 1977; Faist 2001; Harrak 1987; Larsen 1977; Maul; Wilhelm 1998, 47 – 65; Veenhof 1972; Wilhelm 1982; Wilhelm1993 – 1997, 286 – 329

"Bu iki büyük ülke tek ülke haline geldi"

Diplomatik Yazışmalar Işığında Hattuşa ve Mısır Arasındaki İlişkiler

Joachim Friedrich Quack

> Sonuç Vermeyen Yöntem: Savaş

MÖ 2. binde, firavun II. Ramses'in tahta geçişinin beşinci yılında, Eski Doğu'nun iki büyük imparatorluğu doğrudan karşı karşıya gelmişlerdir. Mısır hükümdarı dört alaydan oluşan toplam 40 000 kişilik bir ordu ile kuzeye doğru sefere çıkmıştır. Amacı Suriye'deki Mısır hükümdarlığını kesin olarak kabul ettirmekti. Karşısında Hitit İmparatorluğu güçlerinden oluşan bir ordu ve bu ordunun başında da kral II. Muvattali vardır. Ancak Hitit kralı Muvattali geleneksel olarak ön cephede savaşmıyordu ve başkomutan olarak ordunun başına kardeşi Hattuşili'yi getirmişti. Genç ve atılgan Ramses ise kendinden biraz fazla emindi. Böylece hayati bir hata yaptı. Düşmanlarını yeterince izlemediklerinden, yürüyüş pozisyonundaki Mısır ordusu, Hitit savaş arabalarının saldırısına gafil avlanmış ve bozguna uğratılmıştı. Ancak plansızlık nedeniyle maruz kalınan bu bozgun, Ramses'in yanında yalnızca birkaç kişiden oluşan bir ordu ile yaptığı cesur karşı atak ve seçilmiş askerlerden oluşan bir Mısır birliklerinin de zamanında yardıma gelmesi ile dengelenmişti [Res. 1]. Durumun böyle sonuçlanmasında Hitit ordularının tümünü savaşta kullanmak istememeleri önemli rol oynamış olabilir.

Ateşkesten sonra Ramses güneye, imparatorluğunun çekirdek bölgesine geri çekilmiştir. Memleketine geldiğinde olanları anlatacak bir yazıt ve duvar resmi projesini başlatır. Bu betimlerde savaşta kendisinin oynadığı rol en iyi biçimde gösterilecek ve alınan başarısızlıklar ise kaşiflerin beceriksizliğine ve askerlerinin korkaklığına verilecektir. Kendisinin karşı saldırıda gösterdiği gerçek ya da sözde kahramanlıklar anlatımın dramatik doruk noktasını oluşturur. Bu betimler, bu savaş hakkında günümüzde bilinenlerin çoğuna kaynak olduğundan, tek taraflı olmaları nedeniyle dikkatli değerlendirilmelidirler. Hitit kaynaklarındaki kısa notlar ve gerçek tarihi akış dikkate alındığında, Mısırlılar'ın galibiyetinden söz etmek mümkün değildir. Takip eden yıllarda ufak çapta çatışmalar devam etmiş olsa da, Mısırlılar bir ilerleme sağlayamamışlardır. Kuzey Suriye büyük ölçüde Hitit etki alanı olarak kalmaya devam etmiştir.

> Çözüm Olarak Antlaşma

Yine de önemli bir değişme olmuştur: Kadeş'te Ramses'e karşı savaşmış olan Hattuşili, bazı karışıklıklar ve iç çekişmeler neticesinde tahta geçmiştir. Bu durumda, özellikle tahtı haksız yere ele geçirmiş bir kralın hassas durumu gözönünde bulundurulduğunda, daha az dış düşmana sahip olması ve kendi sülalesinin yönetici olarak devamını sağlamakta ona yardımcı olacak bir müttefikinin bulunması önemliydi. Burada bir kişiyi özellikle anmak gerekir, o da Hattuşili'nin güçlü ve aktif eşi Puduhepa. Onun antlaşmalarda önemli rol oynadığı, bu dönemde yapılan diplomatik yazışmalardan anlaşılmıştır.

İlk diplomatik barış çabalarının nasıl olduğunu günümüzde tespit etmek mümkün değildir; herhalde güvenilir kişiler sayesinde yalnızca ağızdan yolladıkları haberlerden ibaretti. Belgelemeye geçildiğinde, aradaki pürüzler giderilmiş ve taraflar arasında somut bir antlaşma yapılmıştır. Bu belge orijinal hali ile değil, o dönemde yapılmış birkaç kopya olarak ele geçirilmiştir. Dünya tarihinde devletler arasında yapılan ve eşitlik prensibine dayanan en eski antlaşmadır; aynı zamanda da ender rastlanan çokdilli antik metinlerden biridir. Antlaşma, çiviyazısı ile dönemin diplomasi dili olan Akkadca yazılmış ve sonraki dönemlerde Mısırca'ya çevrilmiş olmalıdır.

Metin metal tablet üzerine yazılarak antlaşma resmi olarak sonuçlandırılmıştır. Daha az önemli devletlerarası bu antlaşmalar tunç ya da demir üzerine yazılırken, antlaşma taraflarını eşit ve kardeş kabul eden bu antlaşma, daha değerli bir malzeme olan gümüş üzerine yazılmıştır. Antlaşmaya, garantör olarak mühür mahiyetinde plakalar bağlanmıştır. Hititçe antlaşmanın üzerinde kralın mührünün yanı sıra, kraliçenin de mührü görülmektedir. Kraliçe Puduhepa'nın oynadığı rolün önemine bir başka kanıt da budur. Her iki taraf böyle bir tablet hazırlatır ve önemli kişilerden oluşan bir delegasyon tarafından -en azından Hitit delegasyonunu gerçek prenslerin oluşturduğunu biliyoruz- törenle taraflara ulaştırılır. Antlaşmanın içeriği ilan edildikten sonra bu değerli belgeler, devletlerin baş tapınağında muhafaza edilir; ayrıca çiviyazısı ve hiyeroglif kopyaları yapılır [Res. 3, 4].

Bu antlaşmanın yapılacağı söylentisi, dönemin uluslararası kamuoyunda büyük çalkantıya neden olmuştur; çünkü bu antlaşmanın politik ve stratejik açıdan getirdikleri geniş kapsamlıdır. Antlaşmanın gerçekleşmesini önleme çabalarının sebebini anlamak mümkündür, çünkü dönemin iki süper gücünün bir birlik oluşturması diğer güçlerin kendilerini tehdit altında hissetmesine yol açmıştır. Özellikle Hititler'in esaslı düşmanlarından olan Assur Kralı, Hattuşili'yi bu antlaşmada Ramses ile eşit sayılmadığını iddia ederek kışkırtmaya çalışmıştır. Ancak Mısır tarafının becerikli diplomasisi sayesinde bu engel aşılmıştır. Hatta yolda kaybolan bir devlet hediyesinin yarattığı gerginlik bile Firavun II. Ramses'in tahta çıkışının 21. yılında (MÖ 1269) yapılan bu antlaşmanın gerçekleşmesine engel olamamıştır.

Antlaşmanın politik içeriği dikkat çekicidir. Günümüzde bir antlaşmada beklenen ilk konu olan karşılıklı sınırların belirlenmesi konusu burada eksiktir. Antlaşmanın geçerliliğini garantilemek için, karşı tarafın hükümdarının ağzından ve karşılıklı sorumluluklarda önce kendinden söz eden antlaşmanın birer kopyası her iki tarafta kalır (Bkz. Burada Cancik-Kirschbaum, S. 514 vdd.). Genel olarak antlaşma geleneksel Hitit antlaşmaları tarzındadır. Mısırlılar antlaşmayı kendi dillerinde ifade konusunda başarılı değildiler ve burada da gözle görülebilen bir hata yapmışlardır: Çiviyazılı tabletlerde uygulanan sütunlu yazma biçimini yeterince iyi bilmedikleri için, metnin arka kesimindeki bazı bölümlerin sırasını karıştırmışlardır. (S. 520'deki grafikte yanlışlık düzeltilmiştir).

Antlaşmayla sonuçlanan bu mutlu olayın sonunda iyi dilekleri içeren yazışmaların olması olağan bir durumdur. Krallar, kraliçeler, ana kraliçe ve prensler yeni kazanılan kardeşliğin büyük sevincini değişik tonlarda belirtirler, kendilerinin iyi olduklarından bahsederler ve karşı tarafın hal ve hatırlarını sorarlar. Bize tekdüze ve sıkıcı gelen bu tür yazılar, dönemin süslü yazılarla sürdürülen hassas diplomasi trafiğinde gerçek ya da yapay kırılmaların önüne geçmek ve güven kazanmakta önemli rol oynamıştır.

Tabii ki bu diplomasi trafiği yalnızca süslü sözlerden oluşan alışverişten ibaret değildi. Yeni kazanılan kardeşliğin gerçek delili olarak değerli hediyelerin gönderilmesi gerekiyordu. Nitekim Mısır ile Anadolu arasındaki uzun yolda, altın ve gümüşten yapılmış eşyalar, değerli kumaşlar, fildişi ve değerli ağaçlardan yapılmış eserler gidip gelmiştir. Yalnızca tek bir istek gerçekleşememiştir: iki Büyük Kral'ın buluşması. Yakındoğu'da Mısır'a bağlı bir şehirde yapılması planlanan, insanlık tarihinin belki de ilk büyük zirve toplantısı gerçekleşememiştir.

> Gergin Durum: Tahtın Yasal Varisi

Yeni kazanılan kardeşlik, hassas bir problem yüzünden, sıkı bir sınavdan geçmek zorundaydı. Hattuşili Hattuşa'daki krallığını, yasal veliaht olan Urhiteşup'a yapılan bir isyana borçlu idi. Urhiteşup halen sürgünde yaşıyordu. Ancak buradan kaçınca Hititler onun Mısır bölgesinde olduğunu düşünüp, Ramses'in ona destek çıkmasından korkuyorlardı. Yazışmalarda, hassasiyetin ve güvensizliğin hala varlığını koruduğu ve dostane olmayan üsluba yöneltilen şikayetler açıkça sezilmektedir. Durumu nekadar ciddiye aldıkları, Ramses'in Hattuşili'ye yazdığı mektuplarda, onun gözünde gerçek kralın kendisi olduğunu defalarca vurgulayarak belirtmesinden anlaşılır. Bu durum, eşi benzeri görülmemiş bir biçimde etrafa yayılır: Ramses olayların kendi açısından gidişatını doğrudan Hitit İmparatorluğu'na bağlı krallara açıklar. Kaçağın tekrar yakalanması ile olaylar mutlu bir biçimde son bulur. Urhiteşup -daha geç dönemlere ait mektuplarda kısaca değinildiği gibi- ömrünün son yıllarını olası taraftarlarından uzakta, Nil nehri kenarında, Hattuşili'nin güvendiği bir hükümdarın kontrolü altında geçirir.

> İlişkileri Güçlendirmek İçin Yapılan Diplomatik Evlilik

Dostluk ilişkilerini kesin olarak güçlendirmek için dönemin büyük güçleri, günümüzde de olağan bir yönteme başvururlar: diplomatik evlilik.

İki kraldan daha genç ve çokeşliliğe yatkın olan düzinelerce çocuğa sahip olan Ramses harekete geçer ve Hattuşili'nin kızlarından biri ile evlenir. Buna karşılık Hititler Mısır'dan kız almamışlardır.

Böyle bir olayla kardeşliğin kesinleştirilmesi, dönemin diğer büyük güçlerinde korku ve tedirginliğe yol açmış, bu evliliği engellemek için tüm açık ve gizli yöntemleri denemişlerdir. En etkili yol olarak Ramses'in haremindeki diğer Asya kökenli kadınların ne kadar mutsuz olduklarını kraliçe Puduhepa'ya bildirerek, onu tedirgin etmek istemişlerdir. Başarılı diplomasi sayesinde, özellikle de gelin adayına Hitit diplomatlarıyla mektuplaşabilme izninin verilmesi ile tüm pürüzler ortadan kaldırılmıştır.

Nişan hazırlığı olarak prenses, Hattuşa'da değerli yağ ve kremlerle süslenmiştir. Geriye yalnızca prensesin çeyizi ve firavunun vereceği karşı hediyenin pazarlığı kalıyordu. Sonunda gelin adayı prenses birçok hizmetkarı ile birlikte Mısır'ın yolunu tutar. Prensesin Mısır'a seyahati kışın yağmur dönemine denk geldiği için, sağ salim gelebilmesi endişesi ile Ramses Hava Tanrısı'na dualar eder ve dualar kabul olur. Ramses'in tahta geçişinin 34. yılında (MÖ 1256/55) bu evlilik gerçekleşir ve iki tarafın gözünde iki büyük güç tek bir ülke haline gelir. Prensesin yanında Hititli bir onur muhafaza birliğinin varlığı, tipik Hitit tarzı bir kalkan kalıbının Ramses Şehir'de bulunmasından anlaşılmaktadır [Res. 5].

Ramses diplomatik yazışmalarda Hattuşili ile kardeşliğini ve güç eşitliğini her fırsatta vurguluyordu; ancak yaptırdığı hiyeroglif yazıtlı stellerde olayları öyle bir stilize ediyordu ki, kendisi daha güçlüymüş gibi görülüyordu. Hatta tarihi gerçeklerin aksine Hattuşili'yi de yenilen taraf olarak gösteriyordu [Res. 2]. Bu mesaj, tabii ki kendi halkına yönelikti, çünkü Ramses Hititli vekillerin bu yazıyı okuyamayacaklarını tahmin ediyordu. Dönemin diplomatik dilinin, günümüz İngilizcesi'ne benzer biçimde, Akkadca olması Mısırlılar için bir avantajdı.

Bu evlilikten Ramses'in bir kızı olmuştur ve birçok tebriği kabul etmiştir, ancak Ramses'in erkek çocuk üretemediği söylentileri yaygınlaşmıştır. Bir tanrı kehanetine göre bu kız çocuk ileride kraliçe olacaktı; ancak tarihin karanlığında izi kaybolmuştur. Yıllar sonra Ramses ikinci bir Hititli prensesle evlenmiştir.

> Dostluğun İlişkileri Normale Dönüştürmesi

İki büyük güç arasındaki ilişki artık dengeli bir hale gelmiş, birlikte ortak işler yapılmaya başlanmıştır. Bunların en göze çarpanı tıp ve hekimlik alanlarında idi. O dönemde Mısırlılar bu alanda dünyada liderdiler ve başlangıcından itibaren Hititler'in bu alanda onlardan faydalanmak istedikleri açıkça hissedilir. Barış görüşmeleri için yapılan yazışmalarda bile Hattuşili Mısır'dan hekim talebinde bulunur ve bu talebine karşılık Mısır'dan sepetler dolusu ilaç alır. Daha sonraki dönemlerde de uzman hekimler Hattuşa'ya gönderilmiştir. Bu görevler arasında en çetin olanı ise Hattuşili'nin yaşlı ablasının hamile kalmak istemesidir; herhalde bu duruma en güçlü yakarma rahiplerinin bile yapacağı birşey yoktu.

Birlikte yapılan diğer işlerin arasında sulama teknolojisi, gemi yapımı ve birlikte ortak düşmanlara, özellikle korsanlara karşı mücadeleyi sayabiliriz. Hitit İmparatorluğu için önemli bir konu da, bir kıtlık döneminde Mısır'dan ithal edilen tahıldır. Buna karşın Hititliler'in Mısır'a bol miktarda yolladıkları Anadolu gümüşünün izlerini görmek mümkündür. Ancak bu olaylar bir sonraki nesilde, yani antlaşmayı yapan kralların oğulları döneminde olmuştur. Hititler ile Mısır arasındaki bu antlaşma, Hitit İmparatorluğu'nun çöküşüne kadar geçerli kalmıştır.

> İlişkilerin Mitolojide Devamı

Tarih sahnesinde kısa bir dönemi kapsayan ve Hitit İmparatorluğu'nun çökmesi ile sona eren bu ilişki, her iki halkın hafızasında da derin izler bırakmıştır. Daha sonraki dönemlere ait yazılı bir Mısır mitolojik anlatısında, Bechten kralının kızının kötü bir ruh tarafından etki altına alındığından bahsedilir. Tecrübeli bir Mısır'lı rahip onu bu dertten kurtarmak için yola çıktığında, etkili bir silah olarak, mucize yaratan bir tanrı heykelini uzun yolculuk için yanına alır. Bu tedavi işe yarar ve birtakım olaylardan sonra tanrı ve rahip sağ salim Mısır'a geri dönerler. Tuhaf Bechten ismi herhalde Mısırlılar'ın Hitit ülkesi için kullandıkları deforme olmuş bir isimdir. Daha önce birçok Mısırlı hekimin bu ülkeye tedavi amaçlı gitmiş oldukları gerçeği insanların hafızalarında kalmış ve bu öyküye kaynak oluşturmuş olmalıdır. Henüz yayınlanmamış bazı kahramanlık destanlarında Behten, büyük maceralarla ulaşılabilen uzak bir ülke olarak gösterilmiştir.

Diğer taraftan askeri çatışma da daha sonraki anlatılar için önemli bir malzeme oluşturmuştur. Kadeş Savaşı'nda Hititler'in müttefiki sayılan ülkeler, sonraki dönemlerde Mısırlılar'ın Anadolu'da yendikleri ya da egemenlikleri altına aldıkları halklar arasında gösterilir. Gelenekler bu savaşın Ramses'in değil de, Orta İmparatorluk Dönemi firavunlarından Sesostris'in gerçekleştirdiğini söyler. Yunan tarihçileri kanalıyla, özellikle de Diodor kanalıyla, ilişkiler, başarısız bir savaşın mitolijik tarihi anlatımı olarak Batı Dünyası'nın hafızasına yerleşmiş; iki dev gücün barış içinde yaptıkları işler unutulmuştur.

Kaynakça

Breyer 2000, 13 – 22; Edel 1976; Edel 1994; Edel 1997

Resim altları

1 Kadeş savaşında ölü bir Hititli, II. Ramses'in Ölüler Tapınağı'ndan (Foto J. F. Quack)

2 Hititli prenses ve babasının (resmin sağ tarafında) gelişinin Mısırlılar açısından görünüşü. Ebu Simbel tapınağındaki betim. Ramses tanrıların arasında tahtta oturmaktadır (Lepsius, Denkmäler, Bl. 196)

3 Hititler ve Mısırlılar arasında yapılan barış antlaşmasının hiyeroglif yazısı ile yazılmış çeşitlemesinden bir kesit. Karnak Tapınağı (Edel 1997, 59a)

4 Hititler ve Mısırlılar arasında yapılan barış antlaşmasının çiviyazısı ile yazılmış çeşitlemesinden bir kesit. Boğazköy'de bulunmuş kil tablet (Edel 1997, 68)

5 Ramses Şehri'nde (Pi-Riamasesa) bulunmuş tipik bir Hitit kalkanını biçimlendirme kalıbı. Büyük bir olasılıkla prensesi koruyan Hititli muhafızlar tarafından kullanılmış olmalıdır (Ägypten und Levante 1, Viyana 1990, 104).

Barış Antlaşması

	Mısırlar'ın anlatımı		**Çiviyazılı tabletteki anlatım**
§ 1	Gönderen ve alıcı başlığı. — Anlaşmanın amacı (Kardeşlik, dostluk).	§ 1	Başlık. Gönderen ve alıcı. Anlaşmanın amacı (Kardeşlik, dostluk).
§ 2	İlişkilerin tarihçesi.	§ 2	İlişkilerin tarihçesi.
§ 3	Hattuşili Ramses ile ittifak yaptı. Hattuşili Mısır'a saldırmayacak. Ramses Hatti'ye saldırmayacak.	§ 3	Ramses Hattuşili ile ittifak yaptı. Ramses Hatti'ye saldırmayacak. Hattuşili Mısır'a saldırmayacak.
§ 4	Şupiluli(uma) ve Muvattalli döneminde yapılan daha önceki anlaşma Hattuşili için geçerli kalmaktadır. Ramses de bu anlaşmayı tekrar kabul etmektedir.		Ramses, ebediyete kadar belirlenmiş olan anlaşmayı tekrar kabul etmektedir. —
§ 5	Hattuşili, Ramses'i dış düşmanlara karşı destekler. Hattuşili, Ramses'i iç düşmanlara karşı destekler.		Ramses, Hattuşili'yi dış düşmanlara karşı destekler. Ramses, Hattuşili'yi iç düşmanlara karşı destekler.
§ 6	Ramses, Hattuşili'yi dış düşmanlara karşı destekler. Ramses, Hattuşili'yi iç düşmanlara karşı destekler.		Hattuşili, Ramses'i dış düşmanlara karşı destekler. Hattuşili, Ramses'i iç düşmanlara karşı destekler.
§ 7	Ramses, Hattuşili'nin oğlunun bir zaman kral yapılacağını garanti eder.		Ramses, Hattuşili'nin oğlunun bir zaman kral yapılacağını garanti eder.
§ 8	Hattuşili, yüksek rütbeli sığınmacıları Mısır'a teslim eder. Hattuşili, düşük rütbeli sığınmacıları Mısır'a teslim eder.		Ramses, yüksek rütbeli sığınmacıları Hatti'ye teslim eder. Ramses, düşük rütbeli sığınmacıları Hatti'ye teslim eder.
§ 9	Ramses, yüksek rütbeli sığınmacıları Hatti'ye teslim eder. Ramses, düşük rütbeli sığınmacıları Hatti'ye teslim eder.		Hattuşili, yüksek rütbeli sığınmacıları Mısır'a teslim eder. Hattuşili, düşük rütbeli sığınmacıları Mısır'a teslim eder.
§ 10	—		Ramses, görevden kaçan yüksek ve düşük rütbeli sığınmacıları Hatti'ye teslim eder.
§ 11	—		Hattuşili, görevden kaçan yüksek ve düşük rütbeli sığınmacıları Mısır'a teslim eder.
§ 12	Hattuşili sığınmacıları teslim edecek, ama onlar Mısır'da cezalandırılmayacak.		Ramses sığınmacıları teslim edecek, ama onlar cezalandırılmayacak.
§ 13	Ramses sığınmacıları teslim edecek, ama onlar Hatti'de cezalandırılmayacak.		Hattuşili sığınmacıları teslim edecek, ama onlar Mısır'da cezalandırılmayacak.
§ 14	—		§ 8 özetlenerek tekrar edilir.
§ 15	—		§ 9 özetlenerek tekrar edilir.
§ 16	Yemine katılan tanrıların listesi.		Yemine katılan tanrıların listesi.
§ 17	—		Anlaşmaya uymayan Hattuşili ve Hititliler'e lanet, Anlaşmaya uyan Hattuşili ve Hititliler'e esenlik.
§ 18	—		Anlaşmaya uymayan Ramses ve Mısırlılar'a lanet, Anlaşmaya uyan Ramses ve Mısırlılar'a esenlik.
§ 19	Anlaşmayı bozanlara lanet.		Anlaşmaya uyanlara esenlik.
§ 20	Anlaşmaya uyanlara esenlik.		Anlaşmayı bozanlara lanet.
§ 21	Mührün ayrıntılı tanıtımı.		Mühür.

Hattuşa ve Ahhiyava Arasındaki Millavanda/Milet Sorunu

Batı Anadolu'da Miken Yunanistanı'nın Politik ve Kültürel Rolü

Wolf-Dietrich Niemeier

Hititler'le Miken Yunanistanı'nın ilişki kurup kurmamış oldukları sorunu uzun zaman tartışılmıştır. Yazılı kaynaklardan elde edilen ipuçları arkeolojik bulgularla birlikte ele alındığında, bu soruya artık olumlu yanıt vermek gerekmektedir.[1]

> Batı Anadolu'da Mikenler

Batı Anadolu'nun güney kıyıları ve bu kıyılara bakan adalar MÖ 15. yüzyılın ikinci yarısında Kara Yunanistan'dan gelen ilk Miken istila dalgasıyla karşılaşmıştır. Anlaşıldığı kadarıyla, yeni gelen istilacılar daha önceleri Girit Minos uygarlığının uç dayanak noktaları olan Rodos'taki İalysos ve İonia'daki Milet gibi yerleri zor kullanarak işgal etmişlerdir. Yunanistan'da rekabet halindeki küçük Miken krallık ya da beylikleri arasındaki çatışmalar söz konusu göçlerin olası nedenidir. Bu tür krallık ya da beylikler o dönemde Mikenai benzeri büyük kale ve saray merkezleri oluşturma çabası içindeydiler. Maiyetleriyle birlikte sürülmüş olan soylular yelken açarak adalarda ve karşı Ege kıyılarında (Batı Anadolu) şanslarını denemeye karar verdiler. MÖ 14. yüzyılın ilk yarısında Güneydoğu Ege'de Miken varlığı, daha güçlü gelen ikinci bir kolonileşme dalgasıyla pekişti. Bu durum Rodos Adası'nda aynı dönemde birdenbire artan yerleşmelerle, ya da Halikarnassos/Bodrum – Müsgebi'deki Miken oda mezarlığı türü buluntu yerleriyle belirginlik kazanmaktadır. İkinci göç dalgası büyük bir olasılıkla yeni Miken saray merkezlerinden birisi tarafından hayata geçirilmiştir. Amaç, maden yönünden son derece zengin olan Anadolu'da ticaret için dayanak noktaları ve Ege'nin doğusunda bir güç merkezi oluşturmak olmalıydı. Göçmenler anayurtlarından mimari geleneklerini, mutfak alışkanlıklarını ve onunla ilgili günlük kullanım kaplarını, dinlerini ve ölü gömme törelerini de taşıdıklarından ev mimarisi, bezeksiz günlük kullanım çanak çömleği, oda mezarları ve kült işlevleriyle ilgili figürinler gibi buluntular, MÖ 14. ve 13. yüzyılda Güneydoğu Ege'de, kuzeyde Samos, güneyde Rodos adaları ve Güneybatı Anadolu'da kuzeyde Milet ile güneyde Halikarnassos/Bodrum'u kapsayan bir Miken yerleşim kuşağının bulunduğunu göstermektedir (Res.1). Bezekli Miken keramiği Anadolu'nun batı kıyılarının daha kuzey kesimlerinde de Troia ve Ege Adaları'na dek yayılarak daima yerel karakterli bazı yerleşmelerde ve mezarlıklarda gün ışığına çıkarılmıştır. Söz konusu keramik bu bölgeye ve İspanya ve Mısır arasında kalan diğer Akdeniz yerleşmelerine de ticaret ürünü olarak ulaşmıştır; ancak bu yerleşmelerde olasılıkla yerli halk arasında Miken tacirleri de yaşamaktaydı.

> Ahhiyava-Akha'lılar, Millavanda-Milet

Hitit metinleri üzerine yapılan yeni incelemeler ve yeni buluntularla Luvi hiyeroglifi yazıtları Batı Anadolu'nun Son Tunç Çağı politik coğrafyasını etraflıca aydınlatmaktadır (Bkz. Harita S. 306).[2] Bir yandan Hitit Büyük İmparatorluğu ile diplomatik ilişkiler içindeyken, öte yandan Hattuşa'nın Batı Anadolu'daki düşmanlarını destekleyen ve kesin yeri uzun süre tartışma konusu olan Ahhiyava'nın Anadolu'da bulunmadığı açıklık kazanmıştır. E. Forrer tarafından 20. yüzyılın 20'li yıllarında savunulan ve Ahhiyava'nın Homeros destanındaki Akalar, yani Mikenler olabileceği tezi bilimadamları arasında giderek daha fazla taraftar bulmaktadır.

Miken ülkesi Ahhiyava'nın merkezi acaba neresidir? Ahhiyava'yı Mikenleşmiş Rodos ve Kos Adaları'ndan birisi olarak görmek inandırıcı görünmemektedir. Bu adalarda MÖ 13. yüzyılda Hitit Büyük Kralları tarafından Mısır, Babil ve Assur hükümdarlarıyla eş değerde bir yöneticinin oturmuş olabileceği bir merkez mevcut değildir. Ayrıca söz konusu adalar uluslararası büyük bir güç oluşturabilecek miktarda toprağa ve halka sahip değildirler. Böylece Ahhiyava'nın merkezini yerleştirebilmek için geriye kalan en uygun yer Kara Yunanistan olmaktadır. Kara Yunanistan'da bu konuma en uygun yer ise Boiotia'da Thebai olmalıdır.[3] Yer adı olarak Akhaia, öncelikle Orta Yunanistan'la ilişkilidir ve Peloponnesos'a sonradan yakıştırılmıştır. Theba'daki Miken sarayında yeni bulunan Linear B kil tablet arşivi, Thebai'ın önemli bir hükümdarlığın merkezi olduğunu göstermektedir.

Anadolu'da Ahhiyava'nın bir köprü ayağı durumunda olan Millavanda ülkesi, günümüzde kesin olarak Latmos körfezi ile Bodrum yarımadası arasına yerleştirilmektedir. Bu, Güneybatı Anadolu kıyılarındaki Miken yerleşmelerinin olduğu bölgedir ve başkenti Milet'tir. Mikence'de Millatos ve Luvice-Hititçe'de Millavanda sözcüklerinde kullanılan kök *Milla-*'dır. Ancak Milet'in kuruluşuyla ilgili söylenceye göre Milet adı Girit'ten alınmıştır; yani bu ad Minos kökenlidir. Böylece *Millatos* ve *Millavanda* adları Minos kökenli adın Mikence'ye ve Luvice/Hititçe'ye ayrı ayrı uyarlanmış halleridir. Milet ile Thebai arasındaki bağlantı Thebai Linear B tabletlerinde Milet'li bir adamın adının birkaç kez geçmesiyle sağlanmaktadır. Söz konusu Miken metinlerine göre bu adam kült içinde yer almaktaydı ve Thebai sarayında önemli bir rol oynamaktaydı.

> Attrissiya/Atreus: Batı Anadolu'da MÖ15. Yüzyılda Bir Miken Beyi

Ahhiyava sözcüğünün (eski biçimiyle Ahhiya) Hititçe de ilk kullanımı "Madduvatta metni"nde gerçekleşmiştir. Söz konusu metin I. Arnuvanda devrinde (yaklaşık MÖ 1400 – 1375) kaleme alınmış bir yakınma mektubudur. Bu yazıda Batı Anadolu'da yerleşik olan Madduvatta adlı bir vasalın, geçmişi Arnuvanda'nın babası I. Tuthaliya devrine (yaklaşık MÖ 1420 – 1400) dek inen ve birçok kez tekrarlanan bağlılık yeminini bozma durumundan yakınılmaktadır. Bu bağlamda birkaç kez Akhalı olarak tanımlanan Attrissiya adlı birinden söz edilmektedir. Attrissiya zaman zaman Madduvatta'nın müttefiki, zaman zaman da muhalifi olarak görünür. Attrissiya Madduvatta'ya saldırdığında bir Hitit askeri birliği Madduvatta'ya yardıma koşmuştur. Ancak Madduvatta nankörlük de etmiştir. Başka düşman ülkelerin yanı sıra, Hititler'in batıdaki baş düşmanı olan Arzava ile işbirliği etmiş ve eski muhalifi Attrissiya ile birleşerek Hititler'in ilgi alanına giren Alasiya (Kıbrıs) adasına sefer düzenlemiştir.

Grekçe Atreus adının Luvice'ye uyarlanmış hali olan Attrissiya, olasılıkla MÖ 1400 yıllarında Kara Yunanistan'dan kovulduktan sonra Güneydoğu Ege'ye yerleşmiş olan Miken soylularından biridir. Attrissiya'nın yüzden fazla savaş arabası bulunduğu için, denizden hareket etmediği, Güneybatı Anadolu'da bulunan bir Miken yerleşmesi üzerinden saldırılar düzenlediği kesin görünmektedir. Bu durumda, MÖ 15. yüzyılın ikinci yarısına kadar Miken varlığının arkeolojik verilerle saptandığı Milet/Millavanda yerleşmesi akla gelmektedir.

Olasılıkla Mikenler, I. Tuthaliya yıllıklarında değinildiği gibi, MÖ 15. yüzyılın sonlarına doğru Kuzeybatı Anadolu'daki Assuva devletine karşı Hititlerin yürüttüğü askeri harekete de katılmışlardır. Daha sonraları MÖ 13. yüzyıldan kalma, yalnızca bazı parçaları ele geçen, Assuva ve söz konusu askeri hareketle ilgili bir mektupta "Ahhiyava'lı bir adamdan" söz edilmektedir. 1991 yılında Hitit başkenti Hattuşa'da bulunmuş olan bir tunç kılıcın [Res. 2] üzerindeki I. Tuthaliya'ya ait bir adak yazısında Hititler'in Assuva'ya karşı gerçekleştirdikleri askeri harekattan söz edilmektedir. Kılıç bir Miken kılıç tipini yansıtır ve olasılıkla Batı Anadolu'daki bir Miken maden atölyesinde yapılmıştır. Bu durumda kılıcın Ahhiyava'lı bir savaşçıya ait olma olasılığı vardır.[4] Aynı bağlamda Boğazköy/Hattuşa'da bulunmuş olan kazı bezekli bir çanak parçası önemlidir [Res. 3]. Çanak parçasının üzerinde savaş gereçleri ve özellikle miğferi Hititli olmayan bir asker betimlenmiştir. Burada Minos-Miken tipinde bir kuşaklı miğfer (olasılıkla yabandomuzu dişlerinden oluşturulmuş) görülmektedir.[5]

> Millavanda'nın Yıkılması ve Arzava'nın Hitit Büyük Kralı II. Murşili Tarafından Alınması

"Ahhiyava'lı bir kraldan" ilk kez II. Murşili dönemi (yaklaşık MÖ 1318 – 1290) yıllıklarında, kendisinin Arzava'ya yaptığı askeri harekat bağlamında söz edilmektedir. II. Murşili'nin üçüncü hükümranlık yılında, söz konusu askeri harekat başlamadan önce, Hitit komutanları Gulla ve Malazidi Millavanda'yı tahribetmek üzere savaş birlikleriyle buraya yollanmışlardır. Bu durum Arzava'nın Millavanda ya da Millavanda kralı ile, bir başka deyişle Ahhiyava kralı ile, ittifak içinde olduğunu göstermektedir. Milet'in Hititler tarafından tahribi arkeolojik açıdan ilk Miken yerleşme katının kalıntılarının üzerinde yer alan 30 cm kalınlığında bir yangın tabakasının bulunmasıyla kanıtlanmaktadır.[6] Aynı yıl bizzat Murşili, ordusuyla Arzava'ya saldırarak başkent Abasa'yı fethetmiştir. Abasa sonradan Ephesos olmuştur. Arzava kralı Uhhazidi ise Ahhiyava kralına sığınmayı başarmıştır. Hitit yıllıklarına göre bu kaçış "deniz yoluyla adalara" gerçekleşmiştir. Bu adalardan kastedilen Kos ve Rodos gibi Ahhiyava kralına bağlı adalar olmalıdır.

Yara almış olan Arzava hükümdarlığını Murşili, Mira (Arzava'nın merkezi) ve Haballa olarak parçalayarak başlarına Mashuiluva'yı ve Tarkasnalli'yi geçirmiştir. Her iki kral da olasılıkla Arzava hanedanlığının üyeleriydiler. Bunun dışında Mira, Haballa ve Arzava'nın müttefikleri olarak Uhhazidis'in yenilgisinden sonra Hattuşa'ya ait olan Seha ülkesi, yapılan devletler arası antlaşmalarla Hitit imparatorluğuna katılmışlardır. Millavanda'nın alın yazısı hakkında ise ayrıntılı bilgi bulunmamaktadır. Ancak II. Murşili devrinin (yaklaşık MÖ 1290 – 1272) olayları ve Millavanda'nın Hitit imparatorluk topraklarına katıldığı konusunda kesin bir veri bulunmaması, söz konusu ülkenin kısa bir süre sonra yeniden Ahhiyava'nın denetimine geçtiği kanısını güçlendirmektedir.

Arzava'nın yakın çevresinde yaklaşık anlatılan döneme tarihlenen iki adet hiyeroglif Luvicesi'yle yazılmış kaya yazıtı bulunmuştur. Bunlardan birisi Sipylos Dağı (Manisa Dağı) yakınındaki Akpınar Kaya Anıtı'nın sağ üst yanında yer alır [Res. 4]; diğeri ise Milet'ten çok uzak olmayan Latmos Dağı'nın yakınlarında yeni saptanan Beşparmak yazıtıdır (Bkz. Harita S. 55). Olasılıkla II. Murşili döneminde Arzava'nın fethi öncesinde bir Batı Anadolu'lu yerel sanatçı tarafından yapılmış, ancak tamamlanmamış olan Akpınar Kaya Kabartması'nın hemen yanında "Prens Kuvalanamuva" kendisini ölümsüzleştirmiştir.[7] Latmos Dağı'ndaki kaya yazıtı ise Miralı Mashuiluvas ile II. Murşili'nin kızkardeşi Muvattis'in manevi oğlu Kubantakurunta'ya aittir.[8] Kubantakurunta'dan burada "Büyük Prens" olarak söz edilmektedir. Mashuiluva'nın II. Murşili'ye ihanet ederek tahttan devrilmesinden sonra MÖ 1306 civarında Kubantakurunta Mira kralı ilan edilmiştir. Günümüze kadar korunagelmiş tahta çıkma anlaşması bizi bu konuda bilgilendirmektedir.

> Ahhiyava ve Millavanda'nın Hattuşa ile Aralarındaki Sorunlar ve Diplomatik İlişkiler

MÖ 13. yüzyılda Ahhiyava ve Hattuşa arasındaki ilişkilerde Arzava prensi Piyamaradu'nun adı ön plana çıkmaktadır. Piyamaradu olasılıkla Arzava'nın Ahhiyava'ya kaçan kralı Uhhazidi'nin torunudur. Söz konusu prens II. Muvattalli döneminde (yaklaşık MÖ 1290 – 1275) Batı Anadolu kıyılarında ortaya çıkmış ve bir kaç on yıl boyunca kuzeyde Wilusa, güneyde Lukka ülkeleri arasındaki alanda Hattuşa'ya karşı yürüttüğü askeri ve politik harekatlarla sürekli huzursuzluk yaratmıştır. II. Hattuşili'nin (yaklaşık MÖ 1265 – 1240) Ahhiyava kralına yazdığı "Tavaglava mektubu"ndan öğrenildiğine göre, Piyamaradu'nun üslendiği yer Millavanda'dır. Çünkü Ahhiyava kralının oradaki temsilcisi Piyamaradus'un damadıdır. II. Hattuşili'nin mektubunda aynı zamanda kendisine Büyük Kral olarak seslenilen Ahhiyava kralı'nın, Piyamaradu'nun düşmanca saldırılarını önlemeye ve isyancının Hitit Büyük Kralı ile doğrudan pazarlığa oturmaya özendirilmesi amaçlanmaktadır. Söz konusu hedefe ulaşılıp ulaşılmadığı bilinmemektedir; ancak mektuptan açıkça Hattuşa'nın Ahhiyava ile iyi ilişkiler içinde olmaya çalıştığı anlaşılmaktadır.

Hitit-Ahhiyava ilişkilerinin Piyamaradus'un harekatlarıyla sürekli bozulmasının dışında, şimdi anlatılacak durumun da gösterdiği üzere, iki ülkenin yakınlaşması ile ilgili veriler de bulunmaktadır: II. Hattuşili'nin mektubunda belirtildiğine göre Tavaglava, Ahhiyava kralının kardeşlerinden biridir ve zaman zaman Anadolu'da da bulunmuştur. Tavaglava adı Grek/Miken Etevokleves/Eteokles adının Hititçe ve Luvice'ye uyarlanmış halidir. Aynı mektupta Tavaglava'nın Hattuşili'nin Hitit asillerinden oluşan araba sürücüleriyle birlikte araba kullandığı anlaşılmaktadır. Böyle bir olgudan söz edilmesi Hattuşa ve Ahhiyava arasında kişisel ilişkiler, karşılıklı ziyaretler ve belki de teknik bilgi alışverişi anlamına gelmektedir. Metnin ilerleyen bölümlerinde bu konu üzerinde durulacaktır.

> Batı Anadolu'da Ahhiyava Hakimiyetinin Sonu ve Millavanda'nın Elden Çıkması

Bundan sonra Ahhiyava adı Batı Anadolu'da bulunan Seha ülkesinin hanedanlık içi anlaşmazlıkları bağlamında anılmaktadır. III. Tuthaliya dönemine (yaklaşık MÖ 1240 – 1215) ait bir belgeden Arzava hanedanlığının Uhhazidis ve Piyamaradu kolundan gelen Tarhunnaradu adlı birinin Seha tahtını hakkı olmaksızın ele geçirdiği ve bu konuda Ahhiyava kralının desteğine güvendiği, ancak sonuçta bu desteği görmediği öğrenilmektedir. Hitit müdahalesiyle Tarhunnaradu tahttan indirilmiş ve yerine Seha hanedanından birisi getirilmiştir.

Millivanda'dan son olarak III. Tuthaliya'nın "oğlum" diye seslendiği Batı Anadolu'lu bir yöneticiye yollanan ve Millavanda sınırlarından da söz edildiği "Millavanda mektubu"nda söz edilmektedir. Belgenin ele geçen bölümünde mektubu alan kişinin kim olduğu belirtilmemektedir; bu nedenle söz konusu kişinin kimliği kesin değildir. Ancak Mira kralı ve Millavanda'da bulunan Ahhiyava temsilcisi önerilmektedir. Mektup Ahhiyava temsilcisine yazılmışsa, Millavanda'daki Ahhiyava hakimiyetinin Hattuşa'ya geçtiği sonucu çıkarılabilir.

Arkeolojik belgeler, Millavanda mektubundan bağımsız olarak, böyle bir hakimiyet değişiminin meydana geldiğine işaret etmektedir. Milet'in son Miken yerleşim evresine ait surları düzenli aralıklarla çıkma yapan, dörtgen bastiyonları ve olası sandık duvarlarıyla Miken tipinden çok Anadolu, Hitit tipini göstermektedir (Bkz. Burada Schirmer, S. 482 vdd.).[9] Milet'teki MÖ 13. yüzyıla tarihlenen Miken oda mezarlarında bulunan ölü armağanları arasında Hitit kılıçları saptanmıştır **(Res. 4)**.[10] MÖ 1200 yıllarına tarihlenen yerel Milet üretimi bir Miken krater parçasında **(Res. 7)** MÖ 13. yüzyılın ortalarından itibaren Hitit tanrı ve Büyük Kral betimlerinde görülen boynuzlu taç resmedilmiştir (Krş. Res. 6). Krater parçasının sağ kenarında yer alan kuş başı olasılıkla bir Luvi hiyeroglifine aittir. Kesin olan bir Hitit tanrısını ya da Büyük Kralı'nı yansıtan ve Milet'te üretilmiş bir Miken kraterinin Hitit etkilerini yansıttığıdır.

Milet/Millavanda'da gerçekleşen hakimiyet değişikliği ile Ahhiyava, Batı Anadolu'yu etkileyen ve Hattuşa'yı sık sık güç durumda bırakan bir köprü ayağını da kaybetmiştir. Bu durum III. Tuthaliya ve Amurru (Kuzey Suriye) kralı Sauskamuva arasında yapılan antlaşmada geçen Büyük Kral adları listesinden Ahhiyava kralının adlarının çıkarılış nedenini açıklar. Millavanda'nın kaybı ile Ahhiyava, Hititler açısından önemini ve bu nedenle de Büyük Krallık statüsünü yitirmiştir.

Millavanda'da güç değişiminin nasıl oluştuğu hakkında doğrudan yazılı veri bulunmamaktadır. Ahhiyava kralının Seha'daki Tarhunnaradu'ya (tahtı zorla ele geçiren kral) güvence vermiş bulunmasına karşın yardıma gelmemiş olması gerçeği, Ahhiyava'nın zayıflama belirtisidir. Böylece III. Tuthaliya'nın haksız yere tahtta oturan bu kralı devre dışı bırakması kolaylaşmıştır.

Arkeolojik veriler MÖ 13. yüzyıl ortalarında Ahhiyava'nın zayıfladığı olgusunu doğrulamaktadır. Bu dönemde Miken Yunanistanı'nın, aralarında Thebai'ın da bulunduğu, bir dizi yönetim merkezi yıkıma uğramıştır. Yıkımların nedenlerinin ne olduğu tartışmalıdır. Bazı araştırmacılara göre depremler, bazılarına göre de savaşlar yıkımların nedenidir. Sonraki dönemde kriz ve sallantılar olduğuna dair kesin dayanak noktaları bulunmaktadır. Miken kalelerinin sur duvarları genişletilmiş ve güçlendirilmiştir. Su gereksinimi güvence altına alınmıştır; depoların kapasiteleri arttırılmış ve atölyeler kalenin koruma alanı içine sokulmuştur. Söz konusu sorunlar olasılıkla Ahhiyava'nın tüm gücünü harcatmış ve Batı Anadolu'daki girişimlerini engellemiştir. Hititler'in Millavanda'yı elde etmelerinden kısa bir süre sonra imparatorlukları yıkılmıştır. Bu dönem Miken saray sisteminin kesin sonu ile aynı döneme düşmektedir.

> Hitit ve Miken Arasındaki İlişkiler ve Kültürel Alışveriş

Sık sık rekabet içinde olmalarına rağmen Hattuşa ve Miken Yunanistan'ı arasında ilişki ve alışveriş de mevcuttu. Tavaglava/Eteokleve ve Hitit krallık araba sürücüsünün birlikte araba kullandıkları konusuna önceden değinilmişti. Miken kalelerinin kiklopik surları olasılıkla Hitit örneklerinden etkilenilerek yapılmışlardır. Bu etkilenme, özellikle Tiryns'deki poternlerden ve aşağı kaledeki tahkimatın sandık duvar konstruksiyonundan anlaşılmaktadır.[11] Miken Yunanistanı ile büyük benzerlikler yalancı tonozların[12] yapım tekniğinde, matkap ve sarkaç testerenin kullanılmasında da gözlemlenmektedir.[13]

Yunanistan'a Anadolu'dan söylence (mitler) ve simgeler de ulaşmıştır. Mikene'deki ünlü Aslanlı Kapı'da kabartma aslan betimleri olasılıkla Hattuşa'nın Aslanlı Kapısı'ndan esinlenerek yapılmışlardır. Her iki kapıda da arslanlar, kralın yaşadığı başkentin gücünü simgelemekteydiler; bunun yanı sıra aslanların dinsel-kültsel anlamları da olmalıdır. Pek çok bilim adamı Doğu Edebiyatı'nın ve Mitoloji'sinin Yunanistan üzerindeki etkisinin, MÖ 1. binyıl başlarından önce olmadığı görüşünde birleşirler.[14] Ancak söz konusu etkilenmenin MÖ 2. binyılda Hitit ilişkileriyle başlamış olduğu konusunda veriler bulunmaktadır.[15] Böylece Hititler'in Batı Anadolu'da Millavanda/Milet üzerinden Avrupa'nın ilk gelişkin kültürü olan Miken kültürünü bir hayli etkilemiş olduğu anlaşılmaktadır.

Dipnotlar

1 Batı Anadolu'da Miken Yunanistanı'nın politik ve kültürel rolü konusunda ayrıntılı bilgi ve bilimsel kaynakça için bkz. W.-D. Niemeier, Mycenaeans and Hittites in War in Western Asia Minor: R. Laffineur (Derl.), *Polemos. Le contexte guerrier enÉgée à l'âge du bronze*, Lüttich 1999, 141 – 155 (Aegaeum 19); W.-D. Niemeier, Hethitische Quellen und spätbronzezeitliche Topographie und Geschichte Westkleinasiens: J. Cobet v.d. (Derl.), *Das frühe Ionien: Eine Bestandsaufnahme*, Berlin, baskıda.

2 S. F. Starke, Troia im Kontext des historisch-politischen Umfeldes Kleinasiens im 2. Jahrtausend, *Studia Troica* 7, 1997, 447 – 487; W.-D. Niemeier, The Mycenaeans in Western Asia Minor and the Problem of the Origins of the Sea Peoples: S. Gitin v.d. (Derl.), *Medierranean Peoples in Transition*, Jerusalem 1998, 17 – 65; J. D. Hawkins, Tarkasnawa King of Mira: "Takodemos", Boğazköy Sealings and Karabel, *Anatolian Studies* 48, 1998, 1 – 31; P.W. Haider, Zur historischen Geographie Westkleinasiens im 13. Jahrhundert v. Chr.: H. Friesinger/F.Krinzinger (Derl.), *100 Jahre österreichische Forschungen in Ephesos*, Wien, 1999, 665 – 675.

3 S. J. Latacz, *Troia und Homer. Der Weg zur Lösung eines alten Rätsels*, München/Berlin 2001, 285 – 294.

4 M. Salvini/L. Vagnetti, Una spada di tipo egeo da Boğazköy, *Parola del Passato* 276, 1994, 215 – 236; E. H. Cline, Assuwa and the Achaeans: The "Mycenaean" Sword at Hattusas and its Possible Implications, *Annual of the British School at Athens* 91, 1996, 137 – 151.

5 K. Bittel, Tonscherbe mit Ritzverzierung aus Boğazköy, *Revue Archéologique* 1976, 9 – 14. Minos-Miken kuşaklı ve domuz dişli miğferler için bkz.: J. Borchhardt, *Homerische Helme*, Mainz 1972, 15 – 37.

6 Bkz.: Niemeier (Dipnot 2), 32 – 33, 38; B. Niemeier/W.-D.Niemeier, Milet 1994 – 1995, Projekt "Minoisch-mykenisches bis protogeometrisches Milet": Zielsetzung und Grabungen auf dem Stadionhügel und am Athenatempel, *Archäologischer Anzeiger* 1997, 219 – 229, 247 – 248.

7 B. André-Salvini/M. Salvini, Fixa cacumine montis. Nouvelles considérations sur le relief rupestre de la prétendue "Niobé" du mont Sipyle: H. Gasche/ B. Hrouda (Derl.), *Collectanea Orientalia: histoire, arts de l'espace et industrie de la terre. Etudes offertes en hommage à Agnès Spycket*, Neuchâtel 1996, 7 – 20.

8 A. Peschlow-Bindokat/S. Herbordt, *Archäologischer Anzeiger* 2001.

9 S. W. Voigtländer, Die mykenische Stadtmauer von Milet und einzelne Wehranlagen der späten Bronzezeit, *Istanbuler Mitteilungen* 15, 1975, 17 – 34; W. Schiering, Eine Erweiterung der Grabung östlich des Athenatempels, *Istanbuler Mitteilungen* 29, 1979, 80 – 82; Niemeier (Dipnot. 2), 38.

10 Niemeier/Niemeier (Dipnot 6), 203.

11 S. P. Grossmann, Zur Unterburgmauer von Tiryns, *Archäologischer Anzeiger* 1967, 100; F. J. Tritsch, Tirynthia Semata, *Kadmos* 7, 1968, 129 – 131; N. C. Scoufopoulos, *Mycenaean Citadels*, Göteborg 1971, 101 – 106; K. Bittel, Das zweite vorchristliche Jahrtausend im östlichen Mitttelmeer und im Vorderen Orient: Anatolien und Ägäis, *Gymnasium* 83, 1976, 530; S. Iakovidis, *Late Helladic Citadels on Mainland Greece*, Leiden 1983, 106.

12 P. Neve, Hethitischer Gewölbebau: A. Hoffmann v.d. (Derl.), *Bautechnik der Antike*, Mainz 1991, 164 (Deutsches Archäologisches Institut: Diskussionen zur Archäologischen Bauforschung 5).

13 P. Neve, Eine hethitische Bronzesäge, *Istanbuler Mitteilungen* 39, 1989, 405; E.-L. Schwandner, Der Schnitt im Stein: Beobachtungen zum Gebrauch der Steinsäge in der Antike: A. Hoffmann v.d. (Derl.), *Bautechnik der Antike*, Mainz 1991, 218 – 223 (Deutsches Archäologisches Institut: Diskussionen zur Archäologischen Bauforschung 5).

14 Ch. Penglase, *Greek Myths and Mesopotamia*, London 1994; M. L. West, *The East Face of Helicon. West Asiatic Elements in Greek Poetry and Myth*, Oxford 1997.

15 T. B. L. Webster, *From Mycenae to Homer*, London 1958, 64 – 90; G. L. Huxley, *Achaeans and Hittites*, Oxford 1960, 42 – 43; M. Gérard-Rousseau, Connections in Religion between the Mycenaean World and Anatolia: R. A. Crossland/A. Birchall (Derl.), *Bronze Age Migrations in the Aegean*, London 1973, 163 - 167; J. Puhvel, Homer and Hittite, Innsbruck 1991.

Resim altları

1 Batı Anadolu kıyılarında ve adalarda Miken varlığı ile ilgili veriler.

2 Hattuşa'dan tunç kılıç (Kat. No. 153)

3 Hattuşa'dan üzerinde bir Miken savaşçısının betimlendiği kap parçası (yaklaşık MÖ 1400)

4 Milet'teki Miken nekropolünde (MÖ13.yüzyıl) bulunmuş tunç kılıçlar. Sol taraftaki Miken, diğerleri Hitit kılıçlarıdır

5 Akpınar Kaya Anıtı (Manisa Dağı)

6 Gaziantep'te bulunan bir tanrı kabartması (Kat. No.127)

7 Üzerinde Hitit boynuzlu tacının betimlendiği, Milet yerel üretimi bir Miken krateri parçası

Hitit Devleti'nin Tarihçesini Gösteren Kronologi Cetveli

Yıllar: 1800 · 1750 · 1700 · 1650 · 1600 · 1550 · 1500

Girit/ Ege

ESKİ SARAY DÖNEMİ

OM I B - II
(yak. 2000 - 1750)

Batı Anadolu'daki ilk Minos yerleşmeleri (Milet, Iasos, Knidos).

OM III

Y E N İ S A R A Y D Ö N E M İ

SM I A/SH I

Milet'te Minos varlığının yoğunluk kazanması (Duvar resimleri, Linear A yazısı gibi).

SM I B/SH II A

SM II/SH II B

Batı Anadolu

A N A D O L U K Ü L T Ü R Ü

Troia IV - V
(yak. 2200 - 1700)

Daha önceki "Denizsel Troia Kültürü'nden" (Troia I - III) farklı olarak İç Anadolu ile daha sıkı ilişkiler var.

Beycesultan V
(yak. 1900 - 1750)

Sarayın varlığı önemli bir devlet yapısının olduğunu gösterir. Daha sonraki dönemlere tarihlenen Arzava devleti ile arasındaki ilişki bilinmemektedir.

Beycesultan IV
(yak. 1750 - 1450)

T R O İ A Y Ü K S E K K Ü L T Ü R Ü

Troia VI Erken

Troia Yerleşmesi'nde önceki dönemden tamamen farklı yeni bir kale yerleşimi inşa edilir. Henüz kesin olarak ispatlanamamasına rağmen (15. yüzyılın sonlarından itibaren isim olarak bilinen) Assuva devletinin kuruluşu olma ihtimali vardır.

Troia VI Orta
(yak.1470'e kadar)

ARZAVA

Eski Hitit metinlerinde ilk kez Arzav(iy)a ismine rastlanması.

Orta Anadolu

K A R U M D Ö N E M İ

Karum Kaneş II
(yak. 1950 - 1780)

Politika: birbirleriyle rekabet halinde çok sayıda krallık.
Ekonomi: Eski Assur ticaretinin zirveye ulaştığı dönem.
Neşa kenti (Kaneş) Kızılırmak kavisi içinde ve çevresindeki ticaret kolonilerinin merkezi.

Karum Kaneş I B
(yak. 1780 - 1680)

Yavaş yavaş zayıflamaya başlayan Anadolu'daki Assur ticaretinin ikinci safhası.

Pithana (Kussara Kralı)
Ticaret politikası açısından önemli olan Neşa kentinin ele geçirilmesi.

HİTİT İMPARATORLUĞU

Anitta (Kral, Büyük Kral)
Zalpa, Hattuşa, (Hattuşa şehrinin tahrip edilmesi), Saladivara ve Purushanda gibi önemli kraliyetlerin ele geçiren Kussara kraliyet ailesinin Orta Anadolu'da politik bir güç oluşturması.

Karadeniz'den Akdeniz'e kadar uzanan bir devlet bütünlüğünün oluşturulması.
Neşa kentinin yeniden inşası.

Anitta'dan sonra Hitit yazılı kaynaklarının I. Hattuşili döneminde yeniden başlamasına kadar yazılı belgesiz 130 yıllık boşluk

Bu süreç içerisinde gelişen olaylar:
Assur çiviyazısından vazgeçilip Babil-Kuzey Suriye üslubundaki yazı formuna geçilmesi.
Başkentin Hattuşa'ya alınması ve bu tarihten sonra imparatorluğa "Hattuşa Ülkesi" adı verilmesi.

I. Hattuşili
(yak. 1565 - 1540)
Batı Anadolu (Arzava), Kuzey Suriye ve Yukarı Mezopotamya'ya doğru genişleme.

I. Murşili
(yak. 1540 - 1530)
Hitit İmparatorluğu sınırlarının bu zamana kadar en geniş durumu.

I. Hantili

I. Zidanta
Ammuna
I. Huzziya
Telibinu
(yaklaşık 1500'lerde)

İçte büyük politik kriz.
Yeni kazanılan toprakların tümünün tekrar kaybedilmesi.
Pontus bölgesinin Kaşkalar'a kaybedilmesi.
Adaniya'nın bağımsız Kizzuvatna devleti olarak ayrılması.

Autor: Frank Starke

Suriye ve Mezopotamya

KUZEY SURİYE

HALPA/YAMHAD

Sumuepuh

I. Yarimlim

I. Hammurabi

Abba-El

II. Yarimlim

Nikmepa

Irkabtum

III. Yarimlim

II. Hammurabi

Hititlerin başkent Halpa'yı ele geçirmeleri

KUZEY SURİYE - YUKARI MEZOPOTAMYA BÖLGESİ

HURRİ DEVLETİ

17. yüzyılın sonlarına doğru oluşur. 15. yüzyılın başlarından itibaren "Mittani" olarak bilinir.

ASSUR

I. Irişum
(yak. 1830'larda)

Ikuum

I. Şarruken (Sargon)

II. Puzur-Aşşur
(yak. 1780'lerde)

Naram-Sin

II. Irişum

I. Şamşi-Adad
(1748 - 1716)
Hakkı olmaksızın tahta geçer (Terqa şehrinden ?) ve tüm Mezopotamya'yı kapsayan bir imparatorluk kurar.

I. Işme-Dagan
(1716 - 1691/?)

Assur 14. yüzyılın ortalarına kadar politik olarak pek önemi olmayan bir krallık olarak kalır.

ORTA FIRAT BÖLGESİ

MARI

Yahdunlim
(1750 civarı)

Yasmah-Addu
I. Şamşi-Adad'ın oğlu

Zimrilim
Yahdunlim'in oğlu
(1711 - 1697)
Mari'nin Babilli Hammurabi tarafından işgali.

Aşağı Habur'da Hana Bölgesi'nde kısmen Babil'den bağımsız olarak hüküm sürmüş 9 kral.

HANA

Aşağı Habur Bölgesi'nde bağımsız bir kraliyet (15. yüzyılın birinci yarısına kadar).

BABİL

Eski Babil Hanedanlığı
(1830 - 1531)

Sabium
(1780 - 1767)

Apil-Sin
(1766 - 1749)

Sinmuballiț
(1748 - 1729)

Hammurabi
(1728 - 1686)
Eski Babil İmparatorluğu'nun kurucusu.

Samsuiluna
(1686 - 1648)

Abieşuh
(1648 - 1620)

Ammiditana
(1620 - 1583)

Ammişaduka
(1583 - 1562)

Samsuditana
(1562 - 1531)

1531: Babil'in Hititler tarafından tahribi

Kassit Hanedanlığı
(yak. 1155'e kadar)

II. Agum

Mısır

ORTA İMPARATORLUK

11. - 12. Hanedanlık
(yak. 2052 - 1759)

Luvi ülkesi Kavizza'dan (=Hititçesi Adaniya) bahsedilmesi. Kilikya'dan 1900'lere tarihlenen Sinuhe Anlatısı'nda bahsedilmesi.

1800

İKİNCİ ARA DÖNEM

13. - 16. Hanedanlık
(1759 - 1522)

1750

1700

1650

HYKSOS DÖNEMİ

15.-16. Hanedanlık
Kısmen aynı dönem: 17. (Teb'li) Hanedanlık

1600

Hiyan
(yak. 1582'ye kadar)
Hitit İmparatorluğu ile ilk ilişkilerin başlaması ? (Boğazköy/Hattuşa'da bulunan kral kartuşlu bir Mısır vazo parçası).

Apophis

1550

YENİ İMPARATORLUK

18. Hanedanlık

Ahmose
(1540 - 1517)

I. Amenophis
(1517 - 1496)

Suriye'ye ilk askeri seferler.

1500

	AHHİYAVA (Yunanistan)	ASSUVA/VILUSA	ARZAVA	HATTUŞA (Hitit İmparatorluğu)
	SH II A (yak. 1580'lerden itibaren)		*Arzava 15. yüzyılın ikinci yarısına kadar Hititler'in politik ilgi alanının dışında kalmışlardır.*	
1500		**Troia VId**		**Telibinu** (1500 civarı) *Devlet yapısının yazıya dökülmesi. İmparatorluğun iç düzeninin yeniden oluşturulması ve sağlamlaştırılması. Hitit antlaşma politikasının başlangıcı.*
1490	**SH II B**			**Tahurvaili**
1480	*Girit Sarayları'nın tahrip edilmesinden sonra (SM I B/ SH II A sonlarına doğru) Minos egemenliğinin sona ermesi.*			**Alluvamna** *Toprak bağış belgelerinin ortaya çıkması (I. Arnuvanda'nın yönetimde olduğu döneme kadar).*
1470		**Troia VIe/f** (Troia VI Geç)		**II. Hantili** *Kaşkalar'ın Hitit çekirdek bölgesi üzerine yaptıkları baskı gittikçe artmaktadır.*
1460				
1450				**II. Zidanta** *Hititler ile Mısır arasında yapılan "Kurustama" antlaşması büyük bir ihtimalle II. Zidanta'nın yönetici olduğu dönemde gerçekleştirilmiştir.*
1440	*Millavanda/Miletos'ta Miken varlığına dair ilk buluntular.*		*Arzawa'nın güçlenmesi Hattuşa tarafından gittikçe büyüyen bir tehlike olarak algılanmıştır. Aynı zamanda Arzava ritüel metinlerinin Hititler tarafından benimsenmiş olması, kültürel ilişkilerin arttığını gösterir.*	**II. Huzziya**
1430	MİKEN SARAYLAR DÖNEMİ **SH III A 1**	**Troia VIg**		**I. Muvattalli** *Hitit tahtına hakkı olmaksızın çıkar; ancak (kısa bir süre sonra ?) tahttan indirilir.*
1420		*Vilusiya ve Truisa Assuva'ya bağlı ülkeler.*		**I. Tuthaliya** (yak. 1420 - 1400)
1410	*Ahhiya(va)'dan Hitit metinlerinde bahsedilmeye başlanması. Millawanda/Miletos olasılıkla Ahhiyava Ülkesi topraklarına katılmış.*	*Assuva Hattuşa ile yaptığı savaşta mağlup olur (zafer yazıtlı tunç kılıç).*	*Hititler'in Arzava'ya ve komşu ülkelerine (Seha, Masa vd.) askeri seferler düzenlemesi.* **Kubantakurunta**	*Dış politikada, özellikle Arzava ve Mittanna'ya karşı, askeri ve politik aktivitelere (antlaşmalar) dayanan saldırgan bir tutum.* *Kaşkalar'a karşı saldırılar. Isuva ülkesinin fethi.*
1400				**I. Arnuvanda** (yak. 1400 - 1375) *Başlangıçta devam eden yayılma politikası, Kaşkalar'ın içte tehdit oluşturması nedeniyle kısa zamanda son bulur. Yapılan antlaşmalar, bağlılık yeminleri ve yeni idari kanunlar (görev yapım talimatları) imparatorluğun iç işlerini sağlamlaştırmaya yönelik çabalardır.*
1390	**SH III A 2** (yak. 1320/10'a kadar)	*Devletin adı "Assuva" yerine "Vilusa" olur. Hattuşa ile sıkı diplomatik ilişkiler vardır.*	*Hitit güçlerinin imparatorluğun iç bölgelerinde yoğunlaşması Arzawa'nın Batı Anadolu'da bir büyük güç olarak ortaya çıkmasını sağlamıştır.*	
1380				
1370		**Troia VIh**	**Tarhuntaradu**	**II. Tuthaliya** (yak. 1375 - 1355)

KİZZUVATNA

Adaniya ülkesi Hitit İmparatorluğu'ndan ayrılarak Kizzuvatna devletini oluşturur.

Ispadahsu
Kizzuvatna Telibinu tarafından bir antlaşma ile bağımsız bir devlet olarak tanınır ve Büyük Krallık ünvanı verilir (en azından Ispudahsu döneminde).

Eheya
İkinci Hitit-Kizzuvatna antlaşması.

Pattadissu
Üçüncü Hitit-Kizzuvatna antlaşması.

Pilliya
Dördüncü Hitit-Kizzuvatna antlaşması.

Kizzuvatna Mittanni egemenliğine geçer. I. Parrattarna döneminde Alalha'lı (Mukiş) İdrimi ile antlaşma.

Talzu

Sunassura
(Son Kizzuvatna kralı)

Kizzuvatna bir antlaşma ile Hitit İmparatorluğu'na bağlı bir ülke olur. 15. yüzyılın ortalarından itibaren Kizzuvatna üzerinden, özellikle din alanında Hattuşa'ya gelen Hurri kültür etkisi artar (Luvi-Hurri ritual metinleri).

Kizzuvatna İç Ülke olarak imparatorluğa dahil edilir ve "rahip" unvanlı bir prens tarafından yönetilir (büyük bir ihtimalle Kummanna'dan).

KUZEY SURİYE

yak. 1490/80 - 1430:
Hitit hakimiyetinin kalkmasından sonra Kuzey Suriye ülkeleri (Halpa, Alalha, Tunippa vs.) birbiri ardına Mittanni hakimiyetine girerler ve Mısırlılar'ın yayılım politikasının baskısına rağmen varlıklarını sürdürür.
Kinza (Kadeş) ve 14. yüzyılda Amurra devletinin kurulduğu bölge Mısır hakimiyeti altına girer. Ugaritta, Mittanna ve Mısır karşısında bağımsızlığını sürdürebilir.

Hattusa bazı Kuzey Suriye ülkeleri (Halpa, Tunippa) ile yaptığı antlaşmalarla Mittanni hakimiyetini kırmak ister. Halpa tekrar Mitanniler'e geçtikten sonra tahrip edilir.

Mısır ile Mittanni arasında barışın sağlanması ve Hititlerin Suriye politikalarından vazgeçmeleri nedeniyle, daha önce var olan güç dengeleri bir yarım yüzyıl daha değişmeden devam eder.

MİTTANNA (Mittani)

I. Şuttarna
(Kirta'nın oğlu; tarihi kesin değil)

"Mittanni" ismi ilk kez bir Mısır yazıtında ortaya çıkar

I. Parrattarna
Mittanni hakimiyeti Akdeniz'e ve Güneydoğu Anadolu'ya kadar uzanır. Aşağı Habur Bölgesi'ndeki Hana krallığı da Mittanna idaresi altındadır.

Mısır aktivitesi Mitanna'nın hakimiyetini etkilemez gibi görünür.

Parsatatar

Sauştatar
Assur ve Arrapha Mittanni hakimiyetine girer. Mittanna kısa bir süre için gücünün doruğuna ulaşır.

II. Parrattarna

I. Artatama

II. Şuttarna

Artaşşumara
Öldürülmesi ve ardından başlayan taht kavgaları Mittanna'nın sonunu getirir.

MIZRA (Mısır)

I. Amenophis
(1517 - 1496)
Mısır'ın Suriye'ye doğru genişlemeye başlaması. 1500

I. Thutmosis
(1496 - 1483/82)
Fırat'ın geçilmesi. Suriye'yi egemenlikleri 1490
altına alabilmek için Mısır ile Mittanna arasında rekabetin başlaması.

II. Thutmosis 1480
(1483/82 - 1479)

Haçepsut
(1479 - 1459/58?) 1470

1460

III. Thutmosis
(1459 - 1426)
1457 - 1438: *Suriye'ye yapılan onyedi askeri sefer.* 1450

1446: *Halpa ve Karkamış'a kadar ilerleme; Fırat'ın aşılması.*
Mittanni'ye karşı birlik oluşturmak için 1440
Hattuşa, Babil ve Assur ile diplomatik ilişkilerin oluşturulması.

1430

II. Amenophis
(1426 - 1400)

1420

Hititler'in Kuzey Suriye ve çevresinde elde 1410
ettikleri başarılar, Mısır ile Mittanna arasındaki ilişkilerde tamamen değişik bir dönem başlatır.

1400

IV. Thutmosis
(1400 - 1390)

Mısır ile Mittanna arasında barış antlaşması. 1390

III. Amenophis
(1390 - 1352)

1380

1370

Zaman ekseni: 1370 · 1360 · 1350 · 1340 · 1330 · 1320 · 1310 · 1300 · 1290 · 1280 · 1270 · 1260 · 1250 · 1240 · 1230 · 1220 · 1210 · 1200 · 1190 · 1180

M İ K E N S A R A Y L A R D Ö N E M İ

AHHİYAVA (Yunanistan)

SH III A 2
(yak. 1390'dan itibaren)
Millavanda/Miletos Ahhiyava ülkesi topraklarındadır.

1316: *Millavanda'nın Hititler tarafından tahribi*

SH III B 1

yak. 1300'den itibaren: *Arzava prensi Piyamaradu Millavanda'da. Mira, Seha ve Vilusa'ya karşı politik ve askeri eylemler.*

Piyamaradu ile Millavanda arasındaki gerginliğin artması. Ahhiyava Büyük Kralı'na yazılan "Tavaglava Mektubu"

SH III B 2

yak. 1223: *Ahhiyava'dan Hitit metinlerinde son defa bahsedilmesi.*

SH III C
(yak. 1050/3'a kadar)

VİLUSA

Troia IVh

Hititler ile Arzava ülkesi arasındaki gerginlikten etkilenmeksizin Vilusa, Hattuşa ile dostane ilişkiler içerisindedir.

Kukkunni

Alaksandu

Troia VIIa

1290 ve 1280 arası: *Vilusa bir antlaşma ile Büyük Hitit İmparatorluğu'na bağlanır ve "Arzava-Ülkeleri" birliğinde yerini alır.*

Valmu
Önce tahttan indirilir sonra (Hitit yardımı ile) tekrar tahta çıkartılarak Vilusa kralı olur.

Troia VIIb$_1$
Hitit metinlerinde Vilusa ismine son kez rastlanılması.

SEHA

Muvavalvi

Uratarhunta
Hakkı olmaksızın tahta geçmiştir.

Manabatarhunta
Arzava'yı Hattuşa karşısında destekler.

ARZAVA/MİRA

Tarhuntaradu
Haballa Arzava'nın hakimiyetindedir. Hitit Aşağı Ülkesi'nin büyük bir kısmının ele geçirilmesi. Arzava Batı Anadolu'nun en güçlü devletidir ve aslında Büyük Krallık konumundadır. Mısır Firavunu III. Amenophis ile yazışma.

Uhhazidi
(yak. 1316'ya kadar)
Hakkı olmaksızın tahttadır. Yasal veliaht Mashuiluva Hattuşa'ya kaçmıştır.

SEHA – ARZAVA/MİRA

yak. 1316: *Arzava Hititler'in eline geçer.*
yak. 1315: *Büyük İmparatorluk içinde Mira'nın önceliği olmak üzere "Arzava-Ülkeleri" birliğinin (Mira, Seha, Haballa) antlaşma ile oluşturulması.*

SEHA

Manabatarhunta
Krallığı halen devam etmektedir.

Pijamaradu'nun Lazba/Lesbos'a saldırısı. ("Manabatarhunta Mektubu")

Masturi
II. Muvattalli/II. Hattuşili'nin kayınbiraderi; III. Murşili'nin tahttan indirilmesinde etkili olmuştur.

Tarhunnaradu
Pijamaradu'nun oğlu? Seha'da haksız yere

"Muvavalvi'nin Soyu"

ARZAVA/MİRA

Mashuiluva
(yak. 1315 - 1307)

Kubantakurunta
(yak. 1307'den itibaren)
(Latmos Dağları'nda, luvi hiyeroglifi ile yazılmış Beşparmak yazıtı)

III. Murşili'nin tahttan düşmesinden sonra bile sadık yoldaşı (II. Ramses'e yazdığı mektuptan anlaşılır)

Alantalli

Tarkasnava
("Tarkondemos Mühürü", Karabel'deki luvi hiyeroglifi ile yazılmış yazıt.) "Milavada Mektubu" nu alan kişi.

Mashuitta
Mira Büyük Krallık ünvanını alır.

VİLUSA – SEHA – ARZAVA/MİRA

Hitit Büyük İmparatorluğu'nun çöküşüyle Batı Anadolu için yazılı anlatı sona erer.
Bu bölgede devletin süregeldiğini gösteren bugüne kadar ele geçen tek delil Troia VII b$_2$ de bulunmuş olan (MÖ 1130 civarı) luvi hiyeroglifli mühürdür.

HATTUŞA (Hitit İmparatorluğu)

II. Tuthaliya
(yak. 1375 - 1355)
En büyük tehlike Kaşkalar: Başkentin yağmalanması. Arzava ve Azzi bölgelerine (Kuzeydoğu Anadolu) toprak kaybı. Kaybedilen bölgelerin tekrar geri alınmaya başlanması.

I. Şuppiluliuma
(yak. 1355 - 1320)
Arzava ve Kaşkalar'la yapılan mücadele. Azzi-Hayasa'nın bir antlaşma ile imparatorluk topraklarına bağlanması.

BÜYÜK İMPARATORLUĞUN KURULUŞU

Yak. 1335: *Mitanna'ya saldırı: Mittanna çekirdek bağlı tüm Kuzey Suriye devletleri (Karkamış hariç) ve*

1322: *Karkamış'ın fethi. Karkamış ve Halpa'da bağımlı Birliği'nin bir antlaşma ile kurulması. Mittanna'nın*

II. Arnuvanda
(yak. 1320 - 1318)

II. Murşili
(yak. 1318 - 1290)
Büyük İmparataorluğun genişlemesi (Batı Anadolu ve Kaşka Bölgesi) ve güçlendirilmesi. Murşili'nin tarih anlatan eserleri Hitit tarih yazımının doruğunu oluşturur.

II. Muvattalli
(yak. 1290 - 1272)
Kaşka Bölgesi'nden daha fazla toprağın geri alınması. Başkentin Tarhuntaşşa'ya taşınması. Kraliyet soyunda ilk huzursuzlukların baş göstermesi.

III. Mursili (Urhitesuba)
(yak. 1272 - 1265)
Başkent tekrar Hattuşa'ya taşınmıştır.

II. Hattuşili
(yak. 1265 - 1240)
Hakkı olmaksızın tahta geçmesi kraliyet ailesinde huzursuzlukların başlamasına neden olmuş, bu da Büyük Hitit İmparatorluğu'nun sonunun başlangıcını oluşturur. Hitit tahtının yasal varisi olan II. Muvattalli'nin oğlu Kurunta (Ulmitesuba) için Tarhuntaşşa'da bağımlı bir krallık (sekundogenitur) oluşturulmuştur.

III. Tuthaliya
(yak. 1240 - 1215)
Kraliyet soyunda birlik sağlama çabaları. Tarhuntaşşa'lı Kurunta ile Karkamış kralının protokolde eşit olması ("Tunç tablet"). Kurunta kendisini tek taraflı olarak Büyük Kral ilan eder.

III. Arnuvanda
(yak. 1215'ten itibaren)

II. Suppiluliuma
(yak. 1190'a kadar)
Masa ve Lukka'ya askeri seferler. Alasiya önlerinde deniz savaşı. Tarhuntaşşa'ya yapılan askeri bir sefer imparatorluğun içindeki taht kavgalarında artık askeri gücün de kullanıldığını gösterir.

III. Murşili'nin oğlu Hartapu idaresindeki Tarhuntaşşa Güney Anadolu'da imparatorluğun devamı olan Büyük Krallık olarak görünür (Luvi hiyeroglifi ile yazılmış Kızıldağ/Karadağ ve Burunkaya yazıtları).

UGARİTTA (Ugarit)

I. Ammittamru
(yak. 1350'ye kadar)

II. Niqmaddu
(yak. 1350 - 1315)

AMURRA (Amurru)

Amurra (ve Kinza/Kadeş) Mısır egemenliğindedir.

Abdi-Aşirta
(yak. 1345'e kadar)

Azira
(yak. 1345 - 1313/14)

KARKAMISSA (Karkamış)

Karkamış ve Alalha (Mulkiş), Halpa, Barka, Nija, Tunippa, Nuhassa, Astada, Katanna (Qatna) gibi Kuzey Suriye devletleri Mitanna egemenliğindedir.

MİTANNA (Mitanni)

Artaşşumara

Tuşratta
(yak. 1365 - 1335/22)
Taht kavgaları. Hititler ve Assurlular taht adayı II. Artatama'yı destekler.
1335/22: Tuşratta'nın öldürülmesi

ASSURA (Assur)

Assur gitgide Mitanni hakimiyetinden kurtulmaya başlar.

Orta Assur İmparatorluğu

I. Aşşur-uballit
(1353 - 1318)
Assur Büyük Krallık olmak ister.

MIZRA (Mısır)

III. Amenophis
(1390 - 1352) 1370

AMARNA DÖNEMİ

1360
IV. Amenophis (Echnaton)
(1352 - 1336)
Dış politikada aktif olmaması 1350
Hititler'in Kuzey Suriyedeki faaliyetlerini kolaylaştırır.

1340
Semenchkare
Tutanchamun
(1332 - 1322) 1330
1322: *Firavun'un dul eşinin I. Şuppiluliuma ile yazışması. Hititli taht adayının* 1320 *öldürülmesi.*
Eye
(1322 - 1319/18) 1310
Haremhab
(1319/18 - 1293/92)
Yeni, atak bir Suriye politikasının başlangıcı. 1300

---

bölgesinin hiçbir direnişle karşılaşmadan geçilmesi. Mitanna'ya Ugaritta, Amurra ve Kinza Hitit İmparatorluğu'na bağlanır.

III. Şuttarna
Mittani çekirdek bölgesi geçici olarak Assur egemenliğine geçer.

krallıkların (sekundogenitur) oluşturulması. Karkamış'ın politik önderliğinde Kuzey Suriye Devletler tahtada geçecek olan Şattivaza'nın çıkarı doğrultusunda tekrar fethedilmesi.

Ugaritta

Ar-Halba
(yak. 1315 - 1313)

Niqmepa
(yak. 1313 - 1260)
Amurra ile hanedanlık bağlantıları.

II. Ammittamru
(yak. 1260 - 1235)
Amurra ile yeniden hanedanlık bağlantıları.

Ibiranu
(yak. 1235 - 1225/20)

III. Niqmaddu
(yak. 1225/1220 - 1215)

Ammurapi
(yak. 1215 - 1190/85)

Ugaritta'nın "Deniz Kavimleri" tarafından tahrip edilmesi

Amurra

DU-Tesuba
(yak. 1314 - 1312)

Duppitesuba
(yak. 1312 - 1290/1280)

Bentesina
(yak. 1290/80 - 1275)
Amurra'nın Mısır'a geçmesi Kadeş Savaşı'na neden olmuştur.

Sabili
(yak. 1275 - 1264)

Bentesina
(tekrar: yak. 1264 - 1235)
Hitit kraliyet ailesi ile hanedanlık bağlantıları. Amurra, Karkamış'tan sonra Büyük İmparatorluğa bağlı en önemli Kuzey Suriye devletidir.

Sauskamuva
(yak. 1235 - ?)

Karkamissa

Sarrikusuha
(yak. 1321 - 1309)
1318'den sonra: Karkamış kralının Büyük İmparatorluk'taki özel konumunun yasa ile belirlenmesi.

Sahurunuva
(yak. 1309'dan itibaren)

Initesuba
Kuzey Suriye'deki Karkamış'ın oynadığı politik rolü en detaylı biçimde anlatan kaynaklar (Ugaritta ve Emar'dan) bu kralın tahtta bulunduğu döneme aittir.

Talmitesuba

Kuzitesuba

Kral Kuzitesuba idaresindeki Karkamış Büyük Krallık sıfatıyla Güneydoğu Anadolu'da (Malida/Malatya sekundogenitur oluşu) ve Kuzey Suriye'de imparatorluğun devamı olarak ortaya çıkar.

Mitanna

Şattivaza
Mitanna çekirdek bölgesi bir antlaşma ile Büyük Hitit İmparatorluğu'na bağlanır.

I. Şattuara
Mittanna üzerinde Assur baskısı gittikçe artar. Assur ile bir antlaşma yapılır.

Vasaşatta

Başkent Taida'nın Assurlular tarafından fethi. Mittanna (Hanigalbat) önemsiz ve küçük bir ülke konumuna düşer. Yeni başkent İrrida'dır.

II. Şattuara
Hititler'in yardımı ile I. Salmanassar'a karşı koyar.

Mitanna (Hanigalbat) bağımsız bir güç olarak artık tarih sahnesinde görülmez.

Mitanna'nın çekirdek bölgesi (Hanigalbat) göçmen Arami Kavimleri'nin hakimiyeti altına girer.

Assura

Enlil-nerari
(1317 - 1308)

Arik-den-ili
(1307 - 1296)

Adad-nerari
(1295 - 1264)
Assurlular'ın batıya doğru genişlemeye başlaması.

I. Salmanassar
(1263 - 1234)

I. Tukulti-Ninurta
(1233 - 1197)
Alziya'nın (Alse) fethi. Isuva'nın Assurlular tarafından tehdit edilmesi, Nihiriya'da Hititler'in mağlubiyeti ile sonuçlanan bir savaşa dönüşür.
1223: Babil'in fethi.

Aşşur-nadin-apli
(1196 - 94)

Assur'un I. Tiglatpileser dönemine (1114 - 1076) kadar tekrar yok oluşu.

Mizra

19. Hanedanlık

I. Ramses 1290
(1293/92 - 1290)

I. Sethos
(1290 - 1279) 1280

II. Ramses
(1279 - 1213) 1270
1275: *Mısır'ın Suriye'ye yayılma politikası Kadeş Savaşı ile başarısızlıkla sona erer.*
1259: *Hititler ile Mısır arasında yapılan antlaşma. II. Hattuşili'nin hanedanlık soyunun tanınması.* 1260 1250
Hitit-Mısır arasında yakın işbirliğinin başlaması.
1246: *Hanedanlıklar arası evlilik; Hitit Prensesi "Büyük Kral Eşi"* 1240
1239/34: *Bir Hitit Prensesi ile ikinci hanedanlıklar arası evlilik* 1230

1220

Merenptah
(1213 - 1204)
Hattuşa'ya buğday gönderilmesi. 1210

II. Sethos
(1204 - 1198) 1200

Siptah, Tausret
(1197 - 1192, 1192 - 1190)

1190

20. Hanedanlık

III. Ramses
(1187 - 1156) 1180
"Deniz Kavimleri" ne karşı savaş.

Hitit İmparatorluğu'nun Yapısı

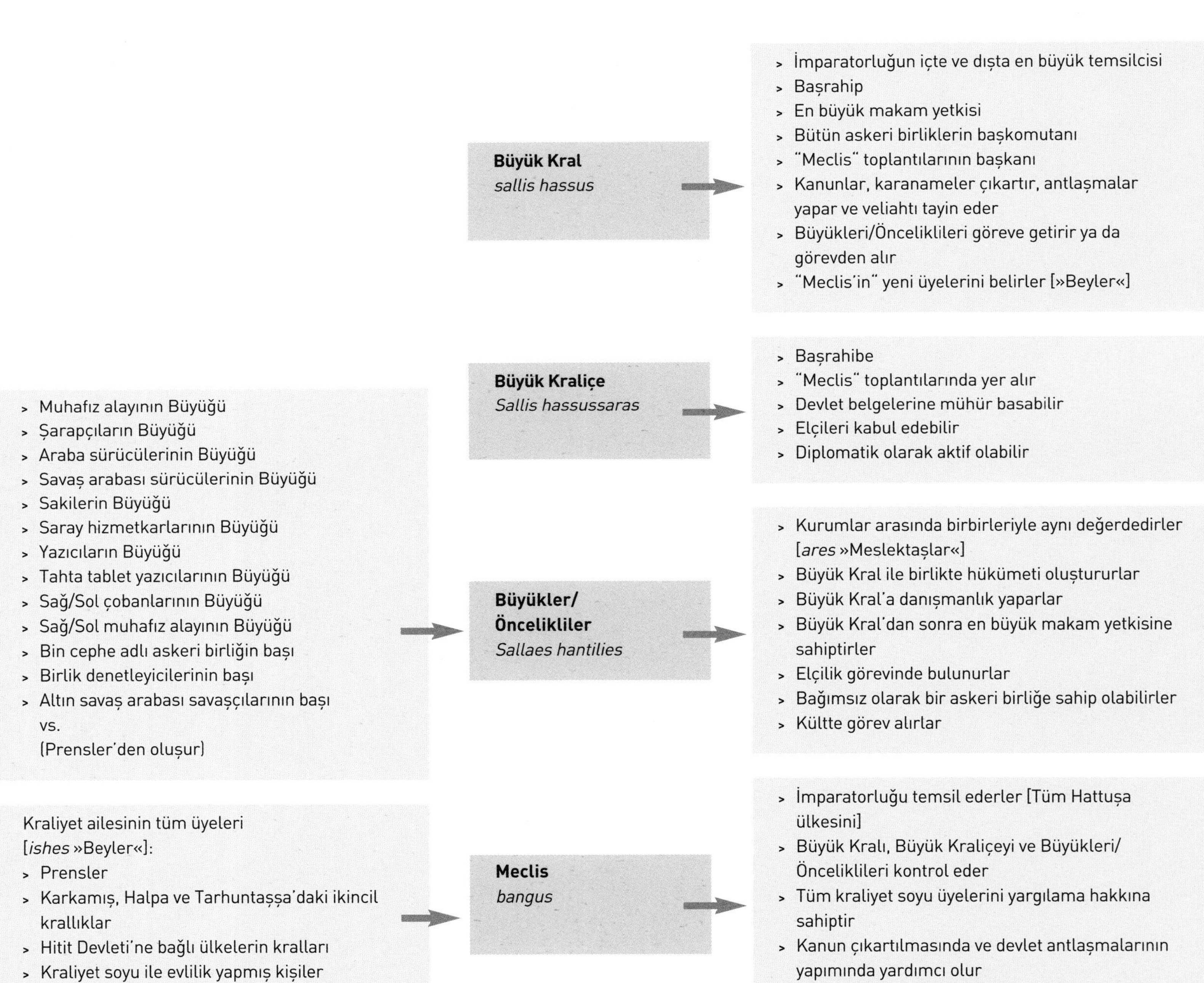

Büyük Kral
sallis hassus
› İmparatorluğun içte ve dışta en büyük temsilcisi
› Başrahip
› En büyük makam yetkisi
› Bütün askeri birliklerin başkomutanı
› "Meclis" toplantılarının başkanı
› Kanunlar, karanameler çıkartır, antlaşmalar yapar ve veliahtı tayin eder
› Büyükleri/Önceliklileri göreve getirir ya da görevden alır
› "Meclis'in" yeni üyelerini belirler [»Beyler«]
Büyük Kraliçe
Sallis hassussaras
› Başrahibe
› "Meclis" toplantılarında yer alır
› Devlet belgelerine mühür basabilir
› Elçileri kabul edebilir
› Diplomatik olarak aktif olabilir
› Muhafız alayının Büyüğü
› Şarapçıların Büyüğü
› Araba sürücülerinin Büyüğü
› Savaş arabası sürücülerinin Büyüğü
› Sakilerin Büyüğü
› Saray hizmetkarlarının Büyüğü
› Yazıcıların Büyüğü
› Tahta tablet yazıcılarının Büyüğü
› Sağ/Sol çobanlarının Büyüğü
› Sağ/Sol muhafız alayının Büyüğü
› Bin cephe adlı askeri birliğin başı
› Birlik denetleyicilerinin başı
› Altın savaş arabası savaşçılarının başı vs.
(Prensler'den oluşur)
Büyükler/Öncelikliler
Sallaes hantilies
› Kurumlar arasında birbirleriyle aynı değerdedirler [ares »Meslektaşlar«]
› Büyük Kral ile birlikte hükümeti oluştururlar
› Büyük Kral'a danışmanlık yaparlar
› Büyük Kral'dan sonra en büyük makam yetkisine sahiptirler
› Elçilik görevinde bulunurlar
› Bağımsız olarak bir askeri birliğe sahip olabilirler
› Kültte görev alırlar
Kraliyet ailesinin tüm üyeleri [ishes »Beyler«]:
› Prensler
› Karkamış, Halpa ve Tarhuntaşşa'daki ikincil krallıklar
› Hitit Devleti'ne bağlı ülkelerin kralları
› Kraliyet soyu ile evlilik yapmış kişiler
Meclis
bangus
› İmparatorluğu temsil ederler [Tüm Hattuşa ülkesini]
› Büyük Kralı, Büyük Kraliçeyi ve Büyükleri/Önceliklileri kontrol eder
› Tüm kraliyet soyu üyelerini yargılama hakkına sahiptir
› Kanun çıkartılmasında ve devlet antlaşmalarının yapımında yardımcı olur
› Veliahtı tanıma, ya da reddetme hakkına sahiptir

1 Hitit İmparatorluğu'nun yapısı ve işlevleri

Frank Starke

Yapı itibarı ile Hitit Devleti bir halk devleti değildi, başkanı kral ve üyeleri kraliyet ailesinden gelen kişilerden oluşan politik bir kurumdu (hassuvas tvekka- "Kral'ın vücudu", bu devletin vücudu, devletin kendisi anlamına gelmektedir). Bu meclisin politik organı bangu-'dur (İmparatorluk "meclisi") ve herhangi bir politik sorun olduğunda bu meclis kral tarafından "toplantıya" (*tuliya-*) çağrılırdı.

MÖ 2. binyılın kraliyet ailesi, dışarıya karşı kapalı bir cemiyet değildi; doğuştan kraliyet soyundan olmama durumunda, yakın ya da uzak çevreden yapılan evliliklerle bu cemiyete girilebilirdi. Kraliyet ailesinin merkezini, Hitit hanedanından bir kralın yönettiği bağımlı krallıklardan da (Sekundogenitur) gelseler kraliyet ailesinin mensupları ("prensler") oluşturmaktaydı. Bu şahıslar MÖ 16. yüzyıldan MÖ 14. yüzyıla kadar "büyükler" ve MÖ 13. yüzyılda da "öncelikliler" isimleri ile anılırlardı; bunlar en önemli kraliyet kurumlarının yöneticileriydiler (örneğin muhafız birliğinin büyüğü, araba sürücülerinin büyüğü, şarapçıların büyüğü, tahta tablet yazıcılarının büyüğü, bölük denetliyecilerinin başı gibi) [Grafik 1]. Bu tip görevlerinin yanı sıra Hitit çekirdek bölgesinin bazı kısımlarında, örneğin Yukarı Ülke ve Aşağı Ülke'de, politik-idari görevleri de üstlenirlerdi. Ayrıca bu şahıslar askeri bir birlikle güçlendirilirdi; elçilik görevinin yanı sıra devlet kültünün icraatında kralın (ve kraliçenin) yanında yer alırlardı.

Kral ve kraliyet ailesinin ortak görevleri, en büyük tanrıların (Hattuşa'da: Hava Tanrısı ve Güneş Tanrıçası) buyrukları ile ülkeyi muhafaza etmek, genişletmek ve zenginliğine zenginlik katmaktı.

Krallık kalıtsaldı, ancak kral olabilecek birinci ve ikinci dereceden (ikinci kadından) erkek olmaması durumunda, birinci dereceden bir prensesin eşi ile de krallık devam ettirilebilirdi (örneğin I. Arnuvanda). Kral tarafından belirlenen veliahtın bangu-'nun onayını aldıktan sonra bağlılık yemini etmesi gerekiyordu. Krallığın yanı sıra, kraliçenin yaşamı boyunca kurumsallaşmış bir Kraliçelik de vardı: kralın baş kadını. Kraliçenin ölümünden sonra ise veliaht prenses bu göreve getirilirdi. Kraliçenin politik hayatta önemli görevler üstlendiğini, II. Hattuşili'nin eşi Puduhepa'nın icraatlardan da anlamak mümkündür. Hukuksal olarak yönetici olan kral, bünyesinde yasama, yürütme ve yargı gücünü bulundurmasına rağmen, kraliyet ailesinin desteği olmadan bunları icraata dönüştürmesi mümkün değildi. Krallık yetkisinin kullanılması için bir yandan kraliyet ailesi mensuplarının krala sadık olması (bağlılık yemini) gerekiyordu, diğer taraftan da kralın bu sadakatin devamı için kraliyet ailesi mensuplarını, sebepler göstererek akılcı kanıtlarla verdiği kararların ve icraatlarının doğruluğuna inandırması gerek yordu [Grafik 2].

Hitit politik düşüncesinin kökeni burada yatmaktadır. Bazı metinlerden, özellikle de tarihi metinlerden daima edinilen izlenim, politik icraatta, karşı tarafın fikirleriyle akılcı tartışmanın ve ikna kabileyetinin ne kadar gerekli olduğudur.

GİRİŞ

§ 1 – 27

Başlangıçtan (MÖ 18.yüzyıl sonu) I. Hattuşili'nin yönetimde olduğu döneme kadar (yaklaşık MÖ 1565 – 1540) olan sürede, kraliyet ailesindeki birlik ve beraberlik içte istikrarın ve dışta askeri hareketlerin garantisi olmuştur.

Sonraları ise Beyler ve Prensler arasındaki ihanet ve kanlı çekişmeler iç politikada olduğu gibi dış politikada çöküşü beraberinde getirmiştir.

Böylece ben Telipinu Hattuşa'da toplantı yapılmasını istedim: "Bundan böyle artık hiç kimse kraliyet ailesinden birine, ona karşı kılıç çekecek duruma gelmesine neden olacak biçimde haksız davranmayacak!"

I. KRAL

§ 28

Tahta kimin geçeceğinin belirlenmesi

§ 29

Kraliyet ailesinde birliğinin sağlanması sorumluluğu

II. MECLİS (*bangu-*)

§ 30

Kralı sorumlu yapma yetkisi

§ 31 – 33

Kraliyet ailesine mensup kişileri (mevkileri dikkate alınmadan), kişisel suçları dikkate alınarak yargılamak

III. BÜYÜKLER

§ 34

Büyüklerin rütbesi daha düşüklere karşı makam yetkisinin onayı

IV. YÖNETİM

§ 35

Etrafı surla çevrili şehirlerin savunması ve su ihtiyaçlarının karşılanması

§ 36

[Ele geçirilememiş]

§ 37 – 38

Önemli yerleşimlerin (yaklaşık 94 yerleşim isimleri ile verilmiştir) ekonomik organizasyonunun sağlanması

§ 39 – 47

Halka karşı sorumlu davranış [Büyük kısmı parçalar halinde ele geçirilmiştir]

V. KRALİYET AİLESİ MENSUPLARI İÇİN ÖZEL KURALLAR

§ 48

Baba yaşadığı sürece malların paylaşılmasının yasak olması

§ 49

Yakını öldürülen kişinin, katile verilecek cezanın ölüm ya da tazminat cezası olacağına karar verme yetkisi

§ 50

Kraliyet ailesi mensuplarına (iç politika mücadelelerinde) büyü yapma yasağı

2 Telipinu (MÖ 1500'lerde) tarafından yazılı metne dönüştürülmüş Hitit devlet yapısı. Hepsi MÖ 13. yüzyıla ait olan 9 Hititçe ve 2 Akkadca örneğinin bulunması, bu kuralların Hitit İmparatorluğu'nun çöküşüne kadar geçerli olduğunu gösterir.

Sergideki Eserler

Ayşe Toker

Hitit Kültürü'nün Başlangıcı: Karum Dönemi Eserleri

1

> Gaga ağızlı testi

Kültepe, Karum Kaniş Ia

MÖ 1730 sonrası

P.T. Kırmızı astarlı, açık devetüyü hamurlu, açkılı

Yük. 41 cm, Gen. 25 cm

Kayseri Müzesi

Müze Env. No. 77/798

Kazı No. Kt. 77/k. 105

Çark yapımı; ucu kıvrık gaga ağızlı testinin boynu kısa ve içbükey. Omuz üzerinde, gaga ağzın altında iki adet üçgen biçimli memecik yer alır. Gövde omurga üzerinde yarım küre biçimli, omurganın aşağısında ise konik. Geniş dairesel dipli. Ağız kenarından şişkin omuza uzanan dikey kulplu.

T. Özgüç 1978, 118, Lev.66:3a – b ;
İstanbul 1983, Kat. No. A 504

2

> Gaga ağızlı testi

Kültepe, Karum Kaniş Ia

MÖ 1730 sonrası

P.T. Kırmızı astarlı, devetüyü hamurlu, parlak açkılı

Yük. 32 cm, Gen. 20 cm

Kayseri Müzesi

Müze Env. No. 77/799

Kazı No. Kt. 77/106

Çark yapımı. Kısa silindir biçimli boyun üzerinde kesik gaga ağızlı; gagası süzgeçli. Omuz üzerinde, gaga ağzın altında iki adet üçgen biçimli memecik yer alır. Gövde omurga üzerinde yarım küre biçimli, omurganın aşağısında ise konik. Geniş dairesel dipli. Ağız kenarından şişkin omuza uzanan dikey kulplu.

T. Özgüç 1978, 118, Lev. 66:1a – b

3

> Gaga ağızlı testi

Kültepe, Karum Kaniş Ib

MÖ 1800 – 1730

P.T. Açık kırmızı astarlı, krem rengi hamurlu (Yangından astarın rengi yer yer krem rengine dönüşmüş), parlak açkılı

Yük. 47,5 cm, Gen. 22,5 cm

Kayseri Müzesi

Müze Env. No. 81-260

Kazı No. Kt. 81/k. 82

Çark yapımı, uzun sivri gaga ağızlı, gövdeye doğru hafifçe genişleyen uzun silindirik boyunlu. Küresel gövdeli, halka dipli. Ağız ile karın arasındaki dikey kulp yuvarlak kesitli. Karın üzerinde paralel iki yiv ile bezeli.

T. Özgüç 1999b, 13, Lev. 69,3, D 2

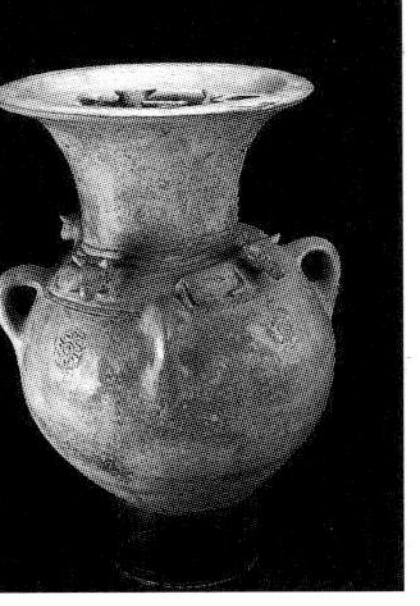

4

> Gaga ağızlı testi

Kültepe, Karum Kaniş Ib

MÖ 1800 – 1730

P.T. Soluk kırmızı-krem alacalı astarlı, devetüyü rengi hamurlu, açkılı

Yük. 16 cm, Gen. 8 cm

Kayseri Müzesi

Müze Env. No. 93/49

Kazı No. Kt. 93/k. 991

Çark yapımı. Kısa silindir biçimli boyun üzerinde kesik gaga ağızlı. Şişkin gövdeli, halka dipli. Ağız kenarını omuza bağlayan, iç içe çift kulplu.

5

> Sepet kulplu çaydanlık

Kültepe, Karum Kaniş Ib

MÖ 1800 – 1730

P.T. Kızıl kahverengi astarlı, kahverengi-devetüyü hamurlu, parlak açkılı

Yük. 28 cm, Gen. 29 cm

Ankara Anadolu Medeniyetleri Müzesi

Müze Env. No. 125-3-64

Kazı No. Kt. e/K. 99

Çark yapımı. Geniş, yuvarlak ağızlı, hafif dışa çekik ağız kenarlı. Fasetli sepet kulp ağız kenarına yerleştirilmiş. Karın kesimindeki omurganın altında daralan gövde, yaygın halka dip üzerinde oturuyor. Omurga üzerinden yükselen emzik kesik gaga ağızlı. Omuz üzerinde kabartma kuşak yer alır.

T. Özgüç 1954, 357 – 372, Res. 9

6

> Süzgeçli ibrik

Kültepe, Karum Kaniş Ib, mezar hediyesi

MÖ 1800 – 1730

P.T. Kızıl devetüyü hamurlu, kırmızı astarlı, parlak perdahlı

Yük. 30 cm, Gen. 20 cm

Ankara Anadolu Medeniyetleri Müzesi

Müze Env. No. 160-3-70

Kazı No. Kt. V/k. 157

Yumurta biçimli gövde dibe doğru daralarak dairesel kaide üzerine oturuyor. Dar, yuvarlak ağız kenarı dışa doğru kalınlaştırılmış. Omuz üzerinde dikey, üçgen kesitli ilmek kulp yer alır. Bu kulp ağız kenarına yuvarlak kesitli halka ile bağlanmakta. Bu halka üzerine, serbest hareket edebilen süzgeçli kapak bağlıdır. Karın üzerinde, bitimi gaga biçimli, ince uzun emzik yer alır.

T. Özgüç 1978, 24, Lev. 60,1a – b

7

> Üç emzikli kap/Çaydanlık

Kültepe, Karum Kaniş Ib

MÖ 1800 – 1730

P.T. Devetüyü rengi hamurlu, kırmızı astarlı

Yük. 8,5 cm, Gen. 8,5 cm

Ankara Anadolu Medeniyetleri Müzesi

Müze Env. No. 13180

Kazı No. Kt. H/K. 86

Çark yapımı. Dar, yuvarlak, silindirik ağızlı. Ağız çevresinde eşit aralıklı, yedi yuvarlak delik yer alır. Omurgalı karından başlayan kulp, üstte, ağız kenarına birleştiği kesimde stilize hayvan başı biçiminde. Halka dipli. Kulpun karşısında yer alan üç emziğin dip kısımları birleşik, uçları ayrı.

Kuzey Suriye çaydanlıklarının taklidi olabilir

T. Özgüç 1959, 51, Lev. XXXII,3; Emre 1963, 87 – 99, Res. 1

8

> Gaga ağızlı testi

Kültepe, Karum Kaniş II

MÖ 1945 – 1835

P.T. Devetüyü rengi hamurlu, üstte koyu kırmızı boya astarlı, parlak açkılı

Yük. 56,5 cm, Gen. 37,8 cm

Ankara Anadolu Medeniyetleri Müzesi

Müze Env. No. 13109

Kazı No. Kt. d/k. 24

Çark yapımı. Kısa, geniş boyun üzerinde gaga ağızlı. Ağız kenarı ile altı paralel yiv ile bezeli omuz arasında dikey kulplu. Kulpun iki tarafında, karın üzerinde karşılıklı iki adet üçgen tutamak kulp yer almakta. Halka dipli. Önde, karın üzerinde dikdörtgen biçimli, krem rengi boya astarlı alanda, koyu kahverengi boya ile dalgalı hatlar, zik zak demetleri.

9

> Testi

Kültepe, Karum Kaniş II

MÖ 1945 – 1835

P.T. Devetüyü hamurlu, koyu kırmızı astarlı, parlak açkılı (yanmadan dolayı renk değişimi)

Yük. 17,3 cm, Gen. 10,5 cm

Kayseri Müzesi

Müze Env No. 92-187

Kazı No. Kt. 92/k. 707

Çark yapımı. Yukarıya doğru genişleyen boyun üzerinde, yaygın huni ağızlı, basit ağız kenarlı. Keskin omurgalı karın üzerinde üç grup çift memecik yer alır. Dar halka dipli. Boynu omuza bağlayan kulp dikdörtgen kesitli.

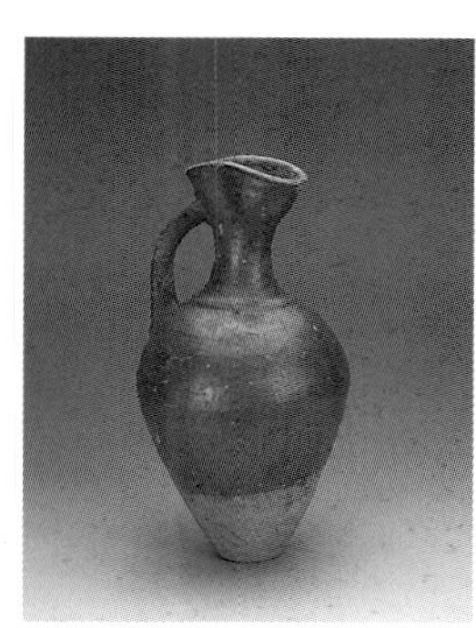

10

> Yonca ağızlı testi

Kültepe, Karum Kaniş II

MÖ 1945 – 1835

P.T. Pembemsi devetüyü hamurlu, üst kesimi kızıl kahve boya astarlı, parlak açkılı

Yük. 28 cm, Gen. 14,6 cm

Kayseri Müzesi

Müze Env. No. 94/56

Kazı No. Kt. 94/k.62

Çark yapımı. Silindir biçimli boyun üzerinde iki yapraklı yonca ağızlı. Armut biçimli gövdeli, düz dipli. Ağız altından, kabartma bantlı omuza bağlanan kulplu. Akıtacağı kulp üzerinde.

11

> Emzikli kap/Çaydanlık

Kültepe, Karum Kaniş II

MÖ 1945 - 1835

P.T. Pembemsi devetüyü hamurlu, omurganın altına kadar kırmızı boya astarlı, parlak açkılı

Yük. 12,4 cm, Gen. 13,5 cm

Ankara Anadolu Medeniyetleri Müzesi

Müze Env. No. 11967

Kazı No. Kt. g/k. 217

Çark yapımı. Yuvarlak ağızlı, kalınlaştırılmış ağız kenarlı, düz halka dipli. Omurga üzerinde dikey halka kulplu. Kulpun karşısında yer alan ucu uzun gaga biçimli emzik, ağız kenarından daha yüksekte.

Özgüç/Özgüç 1953, 39, Lev. XXVII, 141; İstanbul 1983, Kat. No. A 497

12

> Üç ayaklı kaide

Kültepe, Karum Kaniş II

MÖ 1945 - 1835

P.T. Kızıl devetüyü rengi hamurlu, koyu kırmızı astarlı, parlak açkılı

Yük. 17 cm, Gen. 11 cm

Ankara Anadolu Medeniyetleri Müzesi

Müze Env. No. 19546

Kazı No. Kt. L/k. 107

El yapımı. Boğa ayağı biçimli üç zarif ayak, üstte daire biçimli, üç yatay yivle bezeli kaide ile birbirlerine bağlanır. Bunlar emzikli kaplara kaide olarak kullanılmış olmalıdır.(krşl. Kat. No. 11)

N. Özgüç 1965, 12, Lev. 32,100

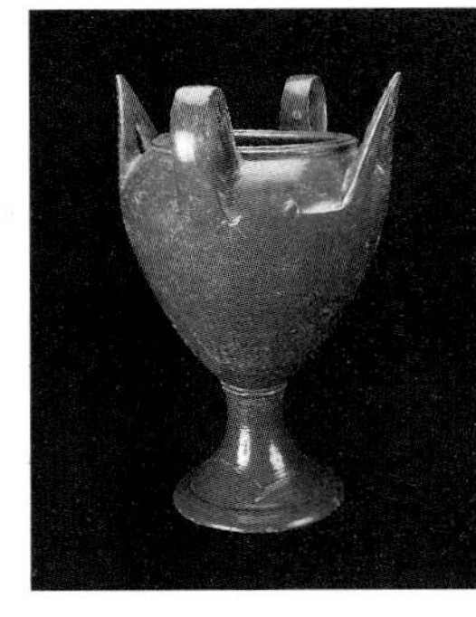

13

> Yüksek ayaklı kap

Kültepe, Karum Kaniş II

MÖ 1945 - 1835

P.T. Devetüyü rengi hamurlu, koyu kırmızı astarlı, parlak açkılı

Yük. 57 cm, Gen. 39 cm

Ankara Anadolu Medeniyetleri Müzesi

Müze Env. No. 12505

Kazı No. Kt. m/K. 121

Çark yapımı. Yuvarlak kalınlaştırılmış ağızlı. İçi boş ayağın kenarı kalınlaştırılmış. Gövdenin ayakla birleştiği yerde iki kabartma bant. Omuz üzerindeki dört kulpun karşılıklı ikisi yatay, üçgen biçimli; diğer ikisi dikey, şerit biçimli. Kulplar arasında birer memecik.

T. Özgüç 1986a, 52, Lev. 101,6

14

> Yüksek ayaklı kap

Kültepe, Karum Kaniş II

MÖ 1945 - 1835

P.T. Devetüyü hamurlu, kısmen kızıl kahverengi boya astarlı, parlak açkılı

Yük. 25 cm, Gen. 16 cm

Kayseri Müzesi

Müze Env. No. 707

Kazı No. -

Çark yapımı. Meyveliğe benzeyen kap, dar, yuvarlak, düzletilmiş ağızlı; yüksek huni biçimli ayaklı; geniş dairesel dipli. Ağız kenarı ile karındaki omurga arasında üç dikey kulp ve bunlar arasında üçgen biçimli üç tutamak yer almakta. Tutamaklar üzerinde ince yiv ile bezeli.

T. Özgüç 1950, 66, Lev. LXVIII,441; İstanbul 1983, Kat. No. A 491

15

> Meyvelik

Kültepe, Karum Kaniş II

MÖ 1945 - 1835

P.T. Devetüyü rengi hamurlu, koyu kırmızı astarlı, parlak açkılı

Yük. 45,5 cm, Gen. 31,5 cm

Ankara Anadolu Medeniyetleri Müzesi

Müze Env. No. 11133

Kazı No. Kt. a/k. 794

Çark yapımı. Biçimi sunak olarak kullanılmış olabileceğini gösteriyor. Sığ tabağın ağız kenarı hafifçe kalınlaştırılmış. Yüksek ayağın tabağa birleştiği yerde üç adet yuvarlak delik, deliklerin altında dört yiv vardır. Yüksek ayağın bitim kenarı da kalınlaştırılmıştır. Tütsü kabı olması mümkündür.

T. Özgüç 1950, 65, Lev. XLIII,185; Emre 1963, 89, Res. 10

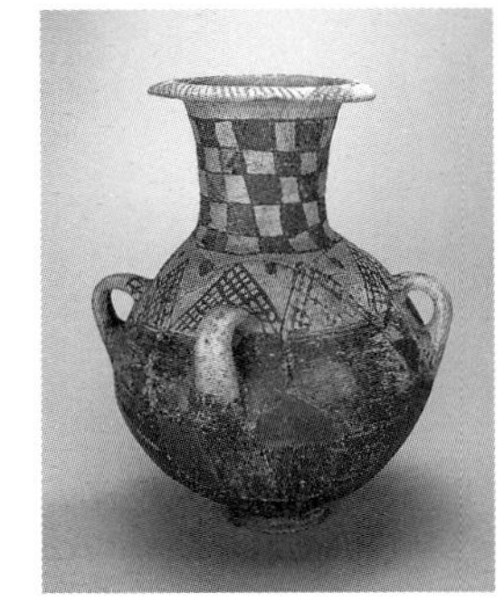

16

> Dört kulplu boyunlu kap

Kültepe, Karum Kaniş Ib

MÖ 1800 - 1730

P.T. Devetüyü hamurlu, omuzdan aşağısı ve boynun iç kısmı astarlı, parlak açkılı

Yük. 40 cm, Gen. 31 cm

Ankara Anadolu Medeniyetleri Müzesi

Müze Env. No. 177-32-74

Kazı No. -

Yuvarlak gövdeli, halka dipli. Dışa çekik ağız krem üzerine kırmızı boya ile, verev paralel çizgilerle, içleri taralı üçgenler ve boya dolu üçgenler ve noktalarla bezeli. Silindir biçimli boyun satranç tahtası motifi ile kaplı. Omuzda krem astar üzerinde taranmış üçgenler ve aralarında tek noktalarla bezeli kuşak. Omuz üzerinde, karşılıklı, dört dik kulp.

17

> Boyunlu kap (Hydria)

Kültepe, Karum Kaniş Ib
MÖ 1800 – 1730
P.T. Devetüyü rengi hamurlu, kahverengi astarlı, parlak açkılı
Yük. 58 cm, Gen. 47,5 cm
Ankara Anadolu Medeniyetleri Müzesi
Müze Env. No. 177-41-74
Kazı No. Kt. 73/t. 43

Çark yapımı. Kalın silindir biçimli boyun üzerinde geniş ağızlı. Dışa taşkın ağız kenarı içte iki geniş yivli; satranç tahtası motifi ile bezeli. Küresel gövdeli, halka dipli. Omuz üzerinde krem astarlı kuşak, içleri kahverengi boya ile taralı üçgenlerle bezeli; alttan ve üstten üçer paralel yiv ile sınırlı. Dört dik kulp bu kuşağın hemen altında karın üzerine yerleştirilmiş. Kulplar arasında krem astar üzerinde dört "Signe Royale" baskısı (çömlekler ve diğer kil nesneler üzerindeki „Signe Royale" baskılarının anlamı konusunda çeşitli görüşler vardır. Güneş sembolü ile ilişkisi üzerinde durulur).

T. Özgüç 1999b, 13, Lev. 67,1a – b, A 21

18

> Tek kulplu testi

Kültepe, Karum Kaniş Ib
MÖ 1800 – 1730
P.T. Devetüyü rengi hamurlu, üst kısmı kırmızı boya astarlı, parlak açkılı
Yük. 58,5 cm, Gen. 41 cm
Ankara Anadolu Medeniyetleri Müzesi
Müze Env. No. 177-40-74
Kazı No. Kt.ş/k.27

Çark yapımı. Yumurta biçimli gövdeli, dar silindir biçimli boyunlu, kalınlaştırılmış ağız kanarlı, yuvarlak dipli. Kalın şerit kulp omuz üzerindedir. Karında ve omuzda üç sıra halinde 16 daire biçimli kabartma düğme ve orta sırada, krem zemin üzerinde üç "Signe Royal" baskısı ile bezeliler.

Krşl. T. Özgüç 1999b, 54 – 57, Lev. 104,3a – b

19

> Çift kulplu, emzikli kap

Acemhöyük III
MÖ 19./18. yüzyıl
P.T. Devetüyü hamurlu, açık kahverengi astarlı, açkılı
Yük. 16 cm, Çap 13 cm
Ankara Anadolu Medeniyetleri Müzesi
Müze Env. No. 77-42-65
Kazı No. Ac.d./43

Çark yapımı. Geniş yuvarlak ağızlı, basit ağız kenarlı. Çift koni biçimli gövdeli, küçük halka dipli. Karın kısmı ile huni biçimli boyunu bağlayan iki kulplu. Tüp biçimli emziği kabın iç kısmına yapıştırılmış olup ağız kenarından yukarı taşmakta. Ağız kenarı altında, iki yatay siyah bantla çevrili krem astarlı kuşak üzerinde yine siyah boya ile içleri taranmış baklava dilimi motifleri.

Emre 1966, Lev. XXXV,4; N. Özgüç1966, Lev. XII,2

20

> Banyo küveti

Kültepe, Karum Kaniş Ib
MÖ 1800 – 1730
P.T. Kızıl kahverengi hamurlu, gri alacalı astarlı
Yük. 93 cm, Gen. 81 cm
Ankara Anadolu Medeniyetleri Müzesi
Müze Env. No. 1-429-97
Kazı No. Kt. 97/k. 455

Dikdörtgen prizması biçimli gövde dibe doğru yuvarlanarak daralmakta. Düz ve kalın dipli. Dörtgen ağızlı, dışa taşkın, kalın dudaklı, düz ağız kenarlı. Karşılıklı iki dar yüzünde, dikey çift kulp yer almakta. Geniş yüzünün iyi korunagelmiş tarafında, krem renkli, dikdörtgen biçimli bir alan vardır. Bu alanın iki yanında merkezi ve çevresi kabartılı iki daire yer alır. Ortadaki alanda antiloba saldıran aslan ve aslanın kuyruğu üzerinde kuş motifler kabartma olarak işlenmiştir.

Banyo küvetlerinin işlevi buluntu yerine göre kültle ilgili olabileceği gibi günlük kullanımla da ilgili olabilir.

21

> Banyo küveti

Kültepe, Karum Kaniş Ib
MÖ 1800 – 1730
P.T. Devetüyü rengi hamurlu, kısmen kırmızı astarlı, açkılı
Yük. 86 cm, Gen. 86,5 cm
Ankara Anadolu Medeniyetleri Müzesi
Müze Env. No. 949964
Kazı No. Kt. 416

Ağzı dikdörtgen biçimli, ağız kenarı dışa taşkın, kalın ve üstü düz. İçinde iki delikli oturma peykesi. Gövde dibe yakın keskin bir omurga yapar. Dip düz ve kalın. Geniş kabarma bantlarla desteklenen dört köşe hafifçe yuvarlatılmış. Dar yüzeylerinde çift dikey kulp, geniş yüzeylerinde kabartma olarak yapılmış ortaları memecikli uçları aşağı dönük yarım ay motifi.

Özgüç/Özgüç 1953, 52, Lev. XXXV,246a – b

22

> Törensel kap

Kültepe, Karum Kaniş Ia
MÖ 1730 sonrası
P.T. İnce kum katkılı devetüyü rengi hamurlu, kırmızı boya astarlı
Yük. 12,2 cm, Gen. 20,8 cm
Kayseri Müzesi
Müze Env. No. 88/525
Kazı No. Kt. 88/K. 944
Res. S. 133

Eski Hitit Çağı için çok tipik, içe doğru hafif kalınlaştırılmış, oluklu ağız kenarlı kült vazolarının öncüsüdür. Ağız kenarında, kasenin içinde ve dışında dokuz figür kabartma olarak betimlenmiştir. İki aslan figürünün kafası, boynu ve ön ayakları kabın ağız kenarı üzerinde, gövdesi kasenin dışında. Kafalar üç boyutlu, arka ayaklar ve yukarı kıvrık kuyruklar kabartma olarak işlenmiş. Düzgün olmayan yivlerle bezeli başlarda iki derin yarık alnı belirtir. Kulaklar dik, gözler patlak, burun delikleri derin, ağızlar açık, dil dışarı sarkıktır.

Aslanların karşısında, kabın iç tarafına doğru bakan yularlı boğa kafasında boynuzların olması gereken yerde delikler görülür. Olasılıkla boynuzlar ayrıca takılırdı. Çenenin altındaki silindir biçimli küçük emziğe doğru, kabın iç tarafına yerleştirilmiş erkek figürü uzanmakta. Yuvarlak takkeli, patlak gözlü, büyük kulaklı, büyük kulaklı. Cinsiyet organının gösterilmesi bu dönem için tipiktir.

Boğa başının iki yanında kabın kenarına oturan dik kulaklı, sivri burunlu iki antilop kabın içine bakmakta.

Kabın içinde, aslan kafalarının arasında, kabaca işlenmiş dişi aslan başı vardır.

Kabın emziği, boynuzları yanağa doğru kıvrık koç başı biçiminde.

Kabın dışında dört ayağının üstünde uzanmış, yuvarlak kulaklı, patlak gözlü dişi aslan kabartması görülür.

T. Özgüç 1994a, 221 – 227, Lev. XXII

23

> Yüksek kaideli kap

Kültepe, Karum Kaniş II
MÖ 1945 – 1835
P.T. Pembemsi devetüyü rengi hamurlu, krem rengi astarlı
Yük. 21,7 cm, Gen. 23 cm
Ankara Anadolu Medeniyetleri Müzesi
Müze Env. No. 119-20-64
Kazı No. Kt. n/K. 68
Res. S. 131

Çark yapımı. Yuvarlak ağızlı, dışa çekik düz şerit biçimi ağız kenarlı. Ağız kenarında kahverengi noktalarla bezeli dört antilop oturur durumda, başları kabın içine bakacak şekilde betimlenmiş. Kabın gövdesi karın üzerinde, düz ve dalgalı hatlarla sınırlanmış bir kuşak içindeki stilize kuş dizisiyle bezenmiş. Ağız kenarı ve kaide kenarı kısa, paralel çizgi gruplarıyla bezeli.

T. Özgüç 1986a, 56 – 57, Lev. 108,1

24

> Yüksek kaideli kap

Kültepe, Karum Kaniş II
MÖ 1945 – 1835
P.T. Devetüyü hamurlu, krem rengi ve koyu kırmızı astarlı, açkılı
Yük. 27,5 cm, Gen. 24,0 cm
Ankara Anadolu Medeniyetleri Müzesi
Müze Env. No. 119-6-64
Kazı No. Kt. m/K. 59
Res. S. 131

Çark yapımı. Geniş yuvarlak ağızlı; dışa dönük ağız kenarlı. Ağız kenarı üzerinde tünemiş durumda iki kartal ile oturur durumda üç antilop heykelciği kabın içine bakar durumda betimlenmiş. Ağız kenarı ve hayvanlar, krem rengi astar üzerine siyah boya bezelidir. Ayağın gövdeye bağlandığı yer, üç kabartma çemberle bezeli.

Emre 1963, 87 – 99; T. Özgüç 1986a, 57, Lev. 107,5

25

> Yüksek kaideli kap

Kültepe, Karum Kaniş II
MÖ 1945 – 1835
P.T. Devetüyü rengi hamurlu, kahverengi astarlı, açkılı
Yük. 49 cm, Gen. 17,5 cm
Ankara Anadolu Medeniyetleri Müzesi
Müze Env. No. 12220
Kazı No. Kt. J/K. 175
Res. S. 130

Çark yapımı. Yuvarlak ağızlı, kalınlaştırılmış ağız kenarlı, omuzu keskin profilli. Yüksek, içi boş kaidenin dibinde üç adet üçgen biçimli açıklık ve çanak ile kaidenin birleşme yerinde dörtlü kabartma çember bulunur. Çanağın keskin omuzu üzerinde karşılıklı iki yüksek, üçgen biçimli kulp, bu kulpların arasında bir yanda ağız kenarından omuza inen yüksek şerit kulp, diğer yanda boğa başı biçimli emzik yer almakta. Boğanın başı baskı halkalarla bezeli olup, içleri beyaz madde ile doldurulmuş. Boynuzları sivri ve arkaya dönük. Yuvarlak patlak gözlü; ağzı yatay çentikle gösterilmiş, alt çenesi belirgin. Burun delikleri çanağın içine kadar delinmiş. Çanağın küçük oluşu ve akıtacaklı hayvan başı, bu kabın meyvelik olarak kullanmaya uygun olmadığını, daha çok törensel kap olarak görülmesi gerektiğini kanıtlar.

T. Özgüç 1959, 62, Lev. XL,1a – b; T. Özgüç 1993, 483, Lev. 85,2

26

> Tekne biçimli törensel kap

Kültepe, Karum Kaniş II

MÖ 1945 – 1835

P.T. Gri hamurlu, dışı koyu gri astarlı, parlak açkılı, içi hamuru renginde

Yük. 6,4 cm, Gen. 4,7 cm

Ankara Anadolu Medeniyetleri Müzesi

Müze Env. No. 11118

Kazı No. Kt. o/K. 739

Dikdörtgen biçimli teknenin ön tarafındaki emzik boğa başı biçiminde. Boğanın boynuzları kabartma olarak alından yanakları üzerine buruna kadar devam eder. Burun delikleri tekneye açılmakta. Kaş kemerleri kalın; patlak gözler ve göz kapakları kabartma; ağız yatay bir yivle, kalın boyunda gerdan kabartma olarak belirtilmiş.

T. Özgüç 1950, 75, Lev. LXVII,433

27

> Tekne biçimli törensel kap

Kültepe, Karum Kaniş II

MÖ 1945 – 1835

P.T. Açık devetüyü hamurlu, dışı kızıl kahverengi astarlı

Uzun. 18 cm, Gen. 9,2 cm

Ankara Anadolu Medeniyetleri Müzesi

Müze Env. No. 15029

Kazı No. Kt. f/k. 291

Res. S. 132

Dikdörtgen biçimli teknenin bir dar kenarındaki emzik koç başı biçimli. Koçun çizgi taramalı kabartma boynuzları burun üzerine kadar uzanmakta. Boyun yivlerle bezeli, içki, koçun ağzından akmakta. Teknenin uzun kenarında iri burunlu, etli, dolgun çeneli, aplike yuvarlak gözlü bir erkek figürü. Bir kolu kırılmış olmasına rağmen figürün iki eli ile teknenin kenarını dıştan tuttuğu görülmekte. Teknenin dış kenarına yapışık durumda korunmuş olan kalıntı, figürün sol elinde, belki kürek olabilecek bir nesne tuttuğunu belirtir. Teknenin arka dar kenarında tünemiş bir kuş yer almakta.

T. Özgüç 1959, 64, Lev. XLII,4

28

> Bileşik emzikli kap/çaydanlık

Kültepe, Karum Kaniş II

MÖ 1945 – 1835

P.T. Devetüyü rengi hamurlu, koyu kırmızı astarlı, çok parlak açkılı

Yük. 15,5 cm

Ankara Anadolu Medeniyetleri Müzesi

Müze Env. No. 15028

Kazı No. Kt. f/k. 339

Res. S 132

Çark yapımı. Bileşik çaydanlıklar yumurta biçimi gövdeli, dar yuvarlak ağızlı, basit ağız kenarlı, düğme dipli. Emzikler çaydanlıktan yüksek, uzun gaga biçimli. Omuz ile karın arasındaki kulpları birbirine bağlayan çubuğa bir kartal tünemiş. Patlak badem gözlü, kıvrık ve sivri gagalı kartal başını yukarı doğru kaldırmış. Kanatlarının, bacak ve pençelerinin üslubu yapıldığı dönem için tipiktir.

T. Özgüç 1955, 447, Res. 12; T. Özgüç 1986a, 56, Lev. 107,1a – b

29

> Bileşik kap

Kültepe, Karum Kaniş II

MÖ 1945 – 1835

P.T. Devetüyü renkli hamurlu, kırmızı boya astarlı

Yük. 15,5 cm, Çap 7,6 ve 8,2 cm

Ankara Anadolu Medeniyetleri Müzesi

Müze Env. No. 181-24-74

Kazı No. Kt. y/t. 120

Res. S. 132

Dibe doğru daralan gövdeli iki konik kabın dipten yatay hazneye bağlı iki ayrı emziği var. Tabanda birleşen bu ikiz kaplar üzerinde, krem astar üzerine koyu kahverengi noktalarla bezeli boğa adam yer almakta. Yüz detayları verilmemiş. Sağ elinde bir asa tutuyor ve arka tarafında kuyruğu minik çıkıntı halinde. Bardakların ortak tabanında, iki bardak arasında, ortada, ayakları üzerinde yatan, başları yukarı kalkık, kulakları geriye yatık iki antilop yer alır. Antiloplar krem rengi üzerine koyu kahverengi kısa çizgilerle bezeli. Boğa adamın ve antilopların özellikleri Karum Kaniş II. tabaka özelliklerini taşımakta. İşlevleri daha çok kültle ilgili olduğu düşünülen bu figürler metal heykelciklerin taklitleri olmalı.

T. Özgüç 1983, 425, Lev. 87,1a – b

30

> Aslan biçimli törensel kap

Kültepe, Karum Kaniş II

MÖ 1945 – 1835

P.T. Açık gri hamurlu, siyaha yakın koyu kahve astarlı, parlak açkılı

Yük. 17,6 cm, Gen. 18 cm

Kayseri Müzesi

Müze Env. No. 78.14

Kazı No. Kt. 78/k. 14

El yapımı. Dört ayağı üzerinde ayakta duran aslan başını kaldırmış kükrer durumda betimlenmiştir. Sırtında, silindir biçimi sıvı doldurma açıklığı yer alır. Uzun kuyruğu kıvrılarak sırtındaki doldurma açıklığı yanına kadar uzanır. Patlak gözleriyle açık ağzından dışarıya sarkan dili, dört köpek dişi ve iri burun delikleriyle saldırganlığı vurgulanmış. Arka bacakları dışa doğru dirsek yapıyor, ayaklar özenle biçimlendirilmiş, toynaklar belirtilmiş.

T. Özgüç 1986a, 59, Lev. 114,1

31

> Aslan biçimli törensel kap

Kültepe, Karum Kaniş II

MÖ 1945 – 1835

P.T. Devetüyü rengi hamurlu, krem rengi astarlı, açkılı

Yük. 20,0 cm, Gen. 22,2 cm

Kayseri Müzesi

Müze Env. No. 86-270

Kazı No. Kt. 86/k 148

El yapımı. Dört ayağı üzerinde ayakta duran, kükreyen aslan. Sırtının ortasında silindir biçimli sıvı doldurma açıklığı yer alır. Sıvının boşaltılması ise ağzından. Kükreme pozunda açılan iri burun delikleri, açık ağızda iki diş arasından sarkan dil ve çıkık çene baş için tipiktir. Patlak, oval gözlerin kapakları ve gözbebekleri kahverengi boya ile bezeli. Yukarıya kalkık kuyruğu doldurma açıklığına kadar uzanır. Baş, boyun ve ön bacaklar, noktalar, dalgalı çizgiler, kafes motifleriyle, arka bacakları birbirine paralel çizgilerle kahverengi boya bezeli. Pençeler de boya bezemeli (krşl. Kat. No. 32)

T. Özgüç 1991, 321, Res. 1

32

> Aslan biçimli törensel kap

Kültepe, Karum Kaniş II

MÖ 1945 – 1835

P.T. Krem rengi hamurlu, krem rengi astarlı, açkılı

Yük. 20,4 cm, Gen. 30,1 cm

Ankara Anadolu Medeniyetleri Müzesi

Müze Env. No. 12258

Kazı No. Kt. c/K. 228

Res. S. 127

El yapımı. Dört ayağı üzerinde ayakta duran, kükreyen aslan. Boyun kalın ve silindir biçimli. Sırtının ortasında silindir biçimli sıvı doldurma açıklığı yer alır. Yüz kulaklara kadar ulaşan kabartma bantla çevrili. Yele boya ile oluşturulmuş spirallerle belirtilmiş. Açık ağzında üst köpek dişleri belirgin; alt köpek dişleri arasından dil dışarı sarkıyor, çene öne çıkık. Ağız etrafında kısa paralel çizgilerle, patlak gözler de siyah boya ile bezeli.

Kükreme pozisyonunda iyice açılan burun delikleri akıtacak olarak tasarlanmış. Tüm gövde düz, dalgalı paralel çizgilerle ve zik zaklarla bezeli.

Özgüç/Özgüç 1953, 89, Lev. XXXVIII,270

33

> Aslan biçimli törensel kap

Kültepe, Karum Kaniş Ia

MÖ 1730 sonrası

P.T. Devetüyü hamurlu, kırmızı astarlı, parlak açkılı

Yük. 10,3 cm, Gen. 14 cm

Ankara Anadolu Medeniyetleri Müzesi

Müze Env. No. 1-72-98

Kazı No. Kt. 98/K. 2

Res. S. 127

Yuvarlak ağızlı, dışa çekik ağız kenarlı, silindirik gövdeli kabın dibi aslan başı olarak biçimlendirilmiş. Yarım daire biçimli kulaklar içbükey; yele belirtilmiş. Sağ kulağın altında başlayan kulp ağız kenarına bağlanmakta. Alındaki üç kabartma bant kükremeden oluşan alın kırışıklığını belirtmekte. İri badem gözler, delikleri belirtilmiş geniş ve basık burun. Bıyıkları, ağzı ve çenesi yivlerle vurgulanmış.

34

> İnsan başı biçimli törensel kap

Kültepe, Karum Kaniş II

MÖ 1945 – 1835

P.T. Devetüyü hamurlu, koyu kırmızı astarlı, açkılı

Yük. 12,7 cm, Gen. 7,1 cm

Kayseri Müzesi

Müze Env. No. 83/129

Kazı No. Kt. 83/K. 24

Res. S. 132

Yuvarlak ağızlı, hafif dışa dönük ağız kenarlı kap ölü bir insanın yüzünü tasvir etmekte. Kapalı badem biçimli gözler üzerindeki kabartma kaşlar ince buruna bağlı. Küçük ağzının altında çene üzerindeki yedi kısa çizgi sakal olmalıdır.

T. Özgüç 1986a, 65, Lev. 119,3 ve F 4

35

> İnsan başı biçimli törensel kap

Kültepe, Karum Kaniş Ib

MÖ 1800 – 1730

P.T. Boz renk hamurlu, kırmızı astarlı, açkılı; yanma izleri

Yük. 6,1 cm, Gen. 9,2 cm

Kayseri Müzesi

Müze Env. No. 88/440

Kazı No. Kt. 88/K. 749

Akıtacağın karşı tarafına, kabartma olarak işlenmiş insan yüzü gülümserken gösterilmiş. Üçgen çene sakalsız olduğundan, büyük olasılıkla bir kadın betimidir. Kalın çatık kaşlar burna birleşik, göz kapakları ince çizgilerle belirtili. Sol göz diğerinden biraz küçük. Uzun, sivri burunlu, ince dudaklı, dolgun yanaklı. İri kulakların önünde, yanaklar üzerine inen zülüflerin alt ucunda yuvarlak delikler yer alır.

T. Özgüç 1992, 425 – 429

36

> Hayvan başı biçimli emzikli kap

Kültepe, Karum Kaniş Ib

MÖ 1800 – 1730

P.T. Devetüyü rengi hamurlu, devetüyü-kurşuni alacalı astarlı, açkılı

Yük. 23 cm, Gen. 22 cm

Ankara Anadolu Medeniyetleri Müzesi

Müze Env. No. 12221

Kazı No. Kt. g/k. 160

Çark yapımı. Yuvarlak ağızlı, yatay yivlerle bezeli, kısa silindir biçimli boyunlu, halka dipli. Kulp omuz ve omurga arasında. Omurga üzerinde üçgen tutamaklar. Baskı dairecik-lerle bezeli, gövdeyi dolanan geniş kabartma şerit, boğa başı biçimli emziğe bağlanır. Boğa başındaki boynuzlar, gözler, kulaklar gibi detaylar özenle işlenmiş. Ağızdaki delik, akıtacak olarak tasarlanmış.

T. Özgüç 1959, 50, Lev. XXXI,1

37

> İnsan yüzü

Kültepe, Karum Kaniş Ib

MÖ 1800 – 1730

P.T. Açık devetüyü rengi hamurlu, dışı kahverengi astarlı, içi astarsız, açkılı

Yük. 6,2 cm, Gen. 5,9 cm

Ankara Anadolu Medeniyetleri Müzesi

Müze Env. No. 11289

Kazı No. Kt. b/K. 4

Geniş karınlı bir kaba, kulp gibi yapıştırılmış olabilecek bu parçada bir erkek başı betimlenmiş. Dik ve iri kulakların önünde favorileri belirtilmiş. Üçgen alnının üstünde birbirine paralel yivlerle bezeli kabartma şerit. Yuvarlak patlak gözler, buruna birleşen çatık kaşlar, irice burun, genişçe ağız, dolgun çene.

Özgüç/Özgüç 1953, 74, Lev. XL, 279a – b

38

> Tavşan başı biçimli törensel kap

Kültepe, Karum Kaniş II

MÖ 1945 – 1835

P.T. Boz hamurlu, krem rengi astarlı, açkılı

Yük. 9,2 cm, Gen. 9,4 cm

Ankara Anadolu Medeniyetleri Müzesi

Müze Env. No. 119-4-64

Kazı No. Kt. m/k. 129

Res. S. 127

Çark yapımı. Kahverengi boya bezemesi çok aşınmış. Dar yuvarlak ağızlı, hafif dışa çekik ağız kenarlı, konik. Oval, uzun, dik kulaklarının içi beş nokta sırasıyla bezeli. Patlak gözlerde kabartma göz bebekleri ve göz kapakları boyalı. Burun ve burun delikleri abartılı; ağız derin bir yivle belirtilmiş.

İstanbul 1983, Kat. No. A 518; T. Özgüç 1986a, 62, Lev. 115,4

39

> Tavşan başı biçimli törensel kap

Kültepe, Karum Kaniş II

MÖ 1945 – 1835

P.T. Devetüyü hamurlu, krem rengi astarlı, açkılı

Yük. 10,7 cm, Gen. 11,2 cm

Ankara Anadolu Medeniyetleri Müzesi

Müze Env. No. 119-8-64

Kazı No. Kt. m/k. 128

Çark yapımı. Dar yuvarlak ağızlı, kalınlaştırılmış ağız kenarlı, konik gövdeli. Alnı, burnu kahverengi düz ve dalgalı hatlarla, üçgen motifleriyle bezeli. Kat. No. 41 deki örnekte olduğu gibi burun ve burun delikleri abartılı.

T. Özgüç 1986a, 62, Lev. 116,4

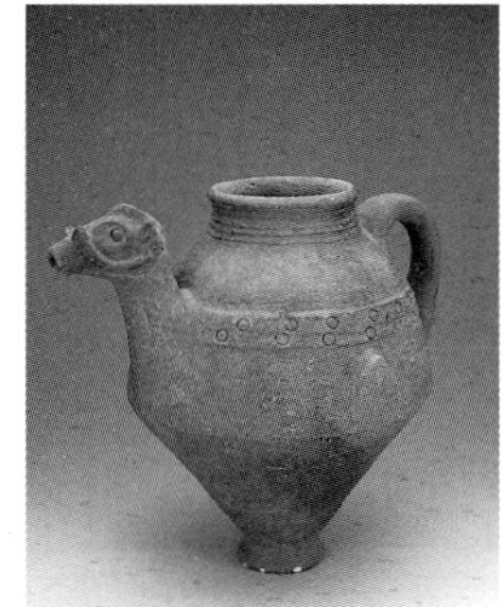

40

> Boğa başı biçimli törensel kap

Kültepe, Karum Kaniş II

MÖ 1945 – 1835

P.T. Devetüyü-boz hamurlu, kahverengi astarlı, açkılı

Yük. 12 cm, Gen. 9,5 cm

Ankara Anadolu Medeniyetleri Müzesi

Müze Env. No. 15016

Kazı No. Kt. f/k. 298

Çark yapımı. Üçgen ağızlı, basit kenarlı. Yukarı kalkık, geriye kıvrık boynuzların arasında alın kısa çiziler ve altında zik zaklarla bezeli. Boynuzlar, gözler ve kaşık biçimli kulaklar plastik olarak işlenmiş. Yuvarlak gözlerin etrafındaki iki yiv göz kapaklarını belirtiyor. Burun delikleri ve ağız üzerinde yular kulakların altına kadar belirtilmiş. Çene altı tüyleri çizilerle işlenmiş. Ağız ve burunda akıtacak olarak tasarlanmış delik yok.

T. Özgüç 1986a, 61 – 62, Lev. 115,5

41

> Boğa başı biçimli törensel kap

Kültepe, Karum Kaniş II

MÖ 1945 – 1835

P.T. Gri hamurlu, kahverengi astarlı, açkılı

Yük. 12,2 cm, Gen. 11,6 cm

Ankara Anadolu Medeniyetleri Müzesi

Müze Env. No. 13182

Kazı No. Kt. f/k. 299

Res. S. 127

Çark yapımı. Üçgen ağızlı, basit ağız kenarlı. Yukarı kalkık, geriye kıvrık boynuzların arasında tüyler alın üzerinde paralel tarama yivlerle belirtili. Gözler kabartma, kulaklar üç boyutlu. Alından başlayıp yanlarda devam eden, burnunun üzerine kadar gelen, üzeri kazıma kısa çizgilerle bezemeli yularlı. Kat. No. 40 da olduğu gibi akıtmaya uygun delik yok.

T. Özgüç 1986a, 61 – 62, Lev. 115,4

42

> Kartal başı biçimli törensel kap

Kültepe, Karum Kaniş II

MÖ 1945 – 1835

P.T. Devetüyü rengi hamurlu, kahverengi astarlı, açkılı

Yük. 7,5 cm, Gen. 13,1 cm

Ankara Anadolu Medeniyetleri Müzesi

Müze Env. No. 19076

Kazı No. Kt. k/k. 232

Res. S. 124

Kartal başı biçimli kap yuvarlak ağızlı. Badem gözlü, sivri uçlu aşağı dönük gagalı. Kalın, çatık kaşları çentik bezemeli. Yukarıda tanımlanan törensel kaplar gibi bunda da sıvının dışarı akıtılacağı delik yoktur.

Hitit metinleri bazı Hitit tanrı heykellerinin ellerinde altın, gümüş, fildişi, demir ve kurşun kaplamalı kartal tuttuklarına değinir.

T. Özgüç 1986a, 61, Lev. 115,1

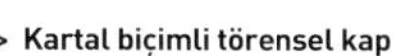

43

> **Kartal biçimli törensel kap**

Kültepe, Karum Kaniş II
MÖ 1945 – 1835
P.T. Kahverengi hamurlu, kırmızı astarlı (yangından dolayı astar kısmen kahverengiye dönüşmüş), parlak açkılı
Yük. 27,8 cm, Gen. 12 cm
Ankara Anadolu Medeniyetleri Müzesi
Müze Env. No. 1-37-92
Res. S. 124

Kanatları kapalı, tünemiş durumdaki kartal, ince, pürüzsüz kilden biçimlendirilmiş. Sırtında, silindir biçimli doldurma açıklığı yer almakta; akıtacağı kapalı, kıvrık, sivri uçlu gagasının altında. İri gözlü, gözbebekleri düşmüş, oyuk göz çukurları siyaha boyalı. Kanatlar kapalı, geriye kıvrılan kuyruğu ile bağlantılı. Kısa, yan yana duran pençelerinin arasında sağ pençesinin altından dışarı bakan bir tavşan tutmakta. Tavşanın gözleri ve ağzı belirgin, ön ayakları çenesinin altından öne doğru uzanıyor. Tavşanın kabartma olarak işlenmiş uzun kulakları, kartalın bacağı üzerinde.

T. Özgüç 1995, 521, Lev. 41,c

44

> **Domuz biçimli törensel kap**

Kültepe, Karum Kaniş II
MÖ 1945 – 1835
P.T. Açık kahverengi hamurlu, koyu kırmızı ve krem astarlı, parlak açkılı
Yük. 14,2 cm, Gen. 23 cm
Ankara Anadolu Medeniyetleri Müzesi
Müze Env. No. 1-20-92
Kazı No. Kt. 92/k. 724
Res. S. 127

Kat. No. 32 gibi, bu örnekte de doldurma açıklığı sırtta, akıtacak ise burundadır. Yaban domuzunun başı krem astar üzerine, kahverengi boyayla düz, dalgalı çizgiler ve spirallerle bezeli. Ağız açık, patlak gözler oval, göz kapakları ve gözbebekleri kahverengi boyalı. Bacaklarda dirsek çıkıntısı belirgin, tırnaklar derin yivlerle işlenmiş. Kuyruk arka bacaklar arasında çıkıntı biçiminde.
Bu törensel kap yeni bir stili temsil etmekte olup Assurlu bir tüccarın evinde bulunmuş.

T. Özgüç 1998, 248, Res. 1

45

> **Domuz başı biçimli törensel kap**

Kültepe, Karum Kaniş II
MÖ 1945 – 1835
P.T. Krem rengi hamurlu, kırmızımsı krem rengi astarlı, açkılı
Yük. 11,5 cm, Gen. 6 cm
Ankara Anadolu Medeniyetleri Müzesi
Müze Env. No. 18464
Kazı No. Kt. L/k. 161

El yapımı. Kızıl kahverengi ve kahverengi boya ile şeritler, çizgiler ve zik zak bantlarla bezemeli. Kalkık küçük kulaklı, patlak oval gözlü, sivri burunlu. Bu kapta da akıtma deliği yok.

T. Özgüç 1959, 63, Lev. XLV,4; T. Özgüç 1998, 251, Res. 4

46

> **Salyangoz biçimli törensel kap**

Kültepe, Karum Kaniş II
MÖ 1945 – 1835
P.T. Açık devetüyü rengi hamurlu, pembemsi krem boya astarlı
Yük. 15,6 cm, Gen. 4,1 cm
Ankara Anadolu Medeniyetleri Müzesi
Müze Env. No. 11354
Kazı No. Kt. b/k. 381
Res. S. 127

Yatay, dikey ve verev kahverengi boya ile oluşturulmuş çizgilerle bezeli uzun silindir biçimli boyun, yuvarlak basit ağızla sona eriyor. Salyangozun gövdesi merkezdeki yuvarlak kabartma diskten çıkan, bir yüzde düz, diğer yüzde kıvrımlı ışınları olan yıldız motifi ile bezeli.

T. Özgüç 1986a, 65, Lev. C 2

47

> **Antilop biçimli törensel kap**

Kültepe, Karum Kaniş II
MÖ 1945 – 1835
P.T. Pembemsi devetüyü hamurlu, krem astarlı
Yük. 19,5 cm, Gen. 20,0 cm
Ankara Anadolu Medeniyetleri Müzesi
Müze Env. No. 1-30-94
Kazı No. Kt. 94/ K. 100
Res. S. 127

Kalın boyundan gövdeye geçiş kademeli. Silindirik doldurma açıklığı sırtta. Kalkık, sivri, geriye dönük boynuzların altında sivri, dik kulaklar. Etrafı kabartma, patlak oval gözler. Burun küt, delikli; ağız yatay yivle belirtilmiş. Arka bacakta eklem belirgin, kuyruk çıkıntı biçiminde ve boyalı. Bacaklar, toynaklar, gözler, göz kapakları, burun, kulaklar, boynuzlar ve boyun kahverengi boya ile dalgalı ve düz hatlarla bezeli.

Krşl. T. Özgüç 1996b, 66, Lev. 12,3

48

> Dağkeçisi biçimli törensel kap

Kültepe, Karum Kaniş II

MÖ 1945 – 1835

P.T. Kahverengi hamurlu, kahverengi astarlı, açkılı

Yük. 18 cm, Gen. 19 cm

Ankara Anadolu Medeniyetleri Müzesi

Müze Env. No. 1-38-92

Kazı No. Kt. 92/K. 785

Res. S. 127

Silindirik gövdeli, uzun, kalın boyunlu. Sırtında yüksek silindirik doldurma açıklığı. Başın üstünde birbirine bitişik, çizi gruplarıyla bezeli boynuzlar boynun başlangıcına bağlanır. Boynuzlar ile doldurma açıklığı arasında sırtta ilmik kulp. Küçük dik kulaklı, etrafı kabartma halkalı patlak gözlü. Küt ağız üzerinde burun delikleri. Arka bacakların başlangıcı ve kuyruk gövdeden bir yiv ile ayrılıyor. Toynaklar belirgin.

Kaniş'te bulunan hayvan biçimli içki kapları Hitit İmparatorluk dönemi içki kaplarının öncüleridir.

T. Özgüç 1996b, 64, Lev. 12,1, Res. 2a

49

> Keklik biçimli törensel kap

Kültepe, Karum Kaniş II

MÖ 1945 – 1835

P.T. Krem rengi hamurlu, aynı renk astarlı, kırmızı siyah boya bezekli

Yük. 34,5 cm, Gen. 39,5 cm

Kayseri Müzesi

Müze Env. No. 85.3253

Kazı No. Kt. 85/K. 94

İki kısa bacağı üzerinde oturan yumurta biçimli, çatal kuyruklu hayvan keklik olmalıdır. Yuvarlak doldurma açıklığı sırtında. İri, patlak gözleri, koyu kırmızı astarlı, kemerli gaga üzerinde. Gövdenin iki yanındaki kanatlar, siyah ve kırmızı renkte iç içe yarım dairelerle boyanarak belirtilmiş. Göğsünde dalgalı ve düz şeritlerle sınırlı iki alan üçer kuş motifiyle; ensesi dalgalı ve düz hatlarla bezeli.

T. Özgüç 1986a, 87, Lev. 133,1a – b

50

> Keklik biçimli törensel kap

Kültepe, Karum Kaniş II

MÖ 1945 – 1835

P.T. Krem rengi hamurlu, krem astarlı

Yük. 14 cm, Gen. 12,5 cm

Ankara Anadolu Medeniyetleri Müzesi

Müze Env. No. 19540

Kazı No. Kt. L/k. 138

Res. S. 127

Şişkin yuvarlak gövdesiyle kısa bacakları üzerinde oturur durumda betimlenmiş. Silindirik doldurma açıklığı sırtta, çatallı kuyruk üzerindedir. Boyun uzun; sivri, aşağıya sarkık gaganın altında ağız açık. Gözler patlak. Kırmızı ve kahverengi boya ile düz, dalgalı çizgiler, balık kılçığı, yarım daire motifleriyle bezeli.

T. Özgüç 1986a, 60, Lev. E 1

51

> Kadın ve erkek yüzü kabartmalı törensel kap

Kültepe, Karum Kaniş II

MÖ 1945 – 1835

P.T. Gri hamurlu, siyaha çalan çok koyu kahverengi astarlı

Yük. 15,5 cm, Gen. 6 cm

Ankara Anadolu Medeniyetleri Müzesi

Müze Env. No. 11965

Kazı No. Kt. t/k 267

Res. S. 133

Çark yapımı. Yedi yatay yivle bezeli uzun boyun silindirik. Armut biçimli, dibe doğru daralan gövdeli, yüksek halka dipli. Ağız kenarının hemen altında karşılıklı iki, omuzda ve kabın iki yanında olmak üzere toplam sekiz adet yukarı doğru kıvrık boynuz biçimli çıkıntı yer almakta. Gövdedeki boynuzların arasında, gülümser durumda bir kadın ve sakallı bir erkek yüzü yüksek kabartma olarak işlenmiş. Her ikisinde de gözler çok iri, patlak ve kaşlarının arasında kabartma şeklinde bir kurs yer almakta. Kulaklar ikişer delikli, burun sivri ve büyük; ağızlar burnun hemen altında yatay yiv olarak belirtilmiş. Erkeğin uzun, ucu yuvarlak üçgenimsi sakallı, sokma nokta dizileriyle ifade edilmiş.

Vazonun kadın-erkek figürleriyle temsil edilen boğa kültü ile ilintili kült eşyası olması mümkündür.

T. Özgüç 1959, 64, Lev. XLVII,1 – 2; T. Özgüç 1979, 261 – 262, Res. 5 – 7; İstanbul 1993, Kat. No. A 117

52, 53

> Çizme biçimli iki törensel kap

Kültepe, Karum Kaniş II
MÖ 1945 – 1835
P.T. Açık devetüyü hamurlu, krem rengi astarlı, açkılı
Yük. 9,5/9 cm, Uzun. 13,7/13,7 cm
Kayseri Müzesi
Müze Env. No. 77-811 ve 77-812
Kazı No. Kt. 77/k. 118 ve Kt. 77/k. 119
Res. S. 124

El yapımı. Kısa çizme biçimli, geniş tabanlı, ucu yukarı doğru abartılı biçimde kıvrık iki törensel kap. Bacak kısmında, önde, kahverengi boya ile iki çizgi arasında zik zak çizgiler çizmenin bağını simgelemekte. Koncun arkası birbirinden dalgalı hatlarla ayrılan, iki şerit arasında sarkan spirallerle bezeli. Ayağın üst kesiminin yarısı birbirine paralel dalgalı hatlarla, diğer yarısı da kalın bir dalı anımsatan ve içi noktalarla dolu olan motifle bezeli.

Özgüç/Özgüç 1953, 93, Lev. XLII,338 – 339; İstanbul 1983, Kat. No. A 513; T. Özgüç 1986a, 64, Lev. D 1 – 2

54

> Üzüm salkımı biçimli törensel kap

Kültepe, Karum Kaniş II
MÖ 1945 – 1835
P.T. Devetüyü hamurlu, açık bej astarlı, açkılı
Yük. 15,3 cm, Gen. 6,3 cm
Kayseri Müzesi
Müze Env. No. 71-115-26
Kazı No. Kt. y/k. 47

Çark yapımı. Şişkin konik gövdeli, sivri dipli. Gövdenin üzeri üzüm tanelerini andıran kabartılarla bezeli. Uzun sepet kulplu.

Emre 1963, 87 – 99; İstanbul 1983, Kat. No. A 487

55

> Üzüm salkımı biçimli kandil

Konya, Karahöyük
MÖ 1750 civarı
P.T. Pembemsi gri hamurlu
Yük. 26 cm, Gen. 24 cm
Konya Müzesi
Müze Env. No. 1971-20-163
Kazı No. 954/160

El yapımı. Büyük bir merkezi salkım çevresinde iki grup halinde dizili beşer daha küçük salkımlı. Dar, yuvarlak ağızlı büyük salkımın omuzu üzerinde, yay biçimli dört kabartma bezeme ortasında üzüm tanesi yer almakta. Merkezi kap üzerinde üzüm taneleri kabartma olarak işlenmiş. Daha küçük yan salkımların biçimleri aynı, üzüm tanelerinin kabartmaları daha küçük. İki yan salkım grubunun arasında bir yanda geniş, at nalı biçimli bir kulp; diğer yanda üzeri kabartmalı, boru biçimli havalandırma emziği. Her ikisi de kabartma bezeli.

Merkezi büyük bir salkım etrafında yan salkımlar, kandillerde sevilen bir biçimdi. Bunların kulplu olanları duvara asılarak kullanılabiliyordu.

Alp 2000, 68

56

> Oturan tanrıça biçimli törensel kap

Konya-Karahöyük
MÖ 2. binin ilk çeyreği
P.T. Kum katkılı devetüyü rengi hamurlu, kırmızı astarlı, açkılı
Yük. 23 cm, Gen. 10,9 cm
Konya Müzesi
Müze Env. No. 1971-19-137
Kazı No. 953/81

Bir tabure üzerinde otururken betimlenmiş çıplak kadın figürünün başı hafif sağa dönük,. yüz detaylarıyla belirtilmiş. Alında, balık sırtı çizgilerle bezeli kabartma bant saçı göstermekte; üzerinde yay biçimli bir alınlık. Gözler iri, ortası delikli yuvarlak kabartma. Kalın, çatık kaşlar abartılı, iri delikli burun ile birleşiyor. Kenarları aşağıya sarkık ağız sığ bir çizgi ile verilmiş. Ağız kenarındaki derin çizgilerle yanak kesiminden ayrılmakta ve bu da yüze yaşlı ve yorgun bir ifade vermekte. Kulakların birinde üç, diğerinde dört küpe deliği var. Kulaklar ve gözler arasında saç tutamlarının izleri görülüyor. Gerdanlıkla bezeli boyun, içi boş, büyük silindir biçimli gövdeye bağlanmakta. Dirsekten kıvrık kollar ve bacaklar kabartma olarak işlenmiş. Elleriyle göğüslerini tutmakta, parmakları kısmen yivlerle belirtili. Dizden kıvrık bacaklar, figürün oturduğunu gösterir. Parmakları yivlerle belirtilen ayaklar bir zemine basmakta. Arkada saçlar tek örgü biçiminde bele kadar inerek kabın kulpunu oluşturur. Altta, pişme sırasında kırılmayı önlemek için yuvarlak bir delik açılmış.

Alp 1956, 35 – 37; Alp 1989, 27 – 30; İstanbul 1993, Kat. No. A 119

57

> Kule biçimli törensel kap

Boğazköy/Hattuşa

MÖ 18. yüzyıl

P.T. Devetüyü renginde kum katkılı hamurlu

Yük. 32,8 cm, Gen. 8,1 cm

Ankara Anadolu Medeniyetleri Müzesi

Müze Env. No. 144-7-64

Kazı No. Bo. 62/149

Mimarinin betimlendiği bir törensel kap da kule biçimli bu örnektir. Üst kısım koyu kırmızı astarlı, alt kesim bej astar üzerine düz ve dalgalı hatlarla siyah boya bezelidir. Kabın oval ağzı üzerine başı kırık bir kartal tünemiş. Dikdörtgen prizması gövdeli kap iki hayvan ayağı üzerine oturmakta. Üst köşelerde çıkıntılar, ön yüzün üst kenarında dört ayaklı hayvan kabartması, bunun altında bir çift kabartma koç başı; sağdakinin ağzındaki delik kabın içine doğru devam eder. Daha altta bir boğa başı ve dört ayaklı bir hayvan kabartması yer almakta

Neve 1965, 32 – 33, Res. 25; Bittel 1984, 61 – 219

58

> Ayakta duran tanrı heykelciği

Kültepe, Karum Kaniş Ib

MÖ 1800 – 1730

Kurşun

Yük. 6,5 cm, Gen. 1,7 cm

Ankara Anadolu Medeniyetleri Müzesi

Müze Env. No. 11379

Kazı No. Kt. b/k. 483

Res. S. 238

Ayakta duran, önden betimlenmiş erkek figürü arkaya eğik, yatay yivlerle bezeli sivri külahlı. Dolgun yüzlü, çatık kaşlı, iri patlak gözlü. Çenesinin altında dikey yivlerle taralı, dikdörtgen biçimli sakalı takma hissi veriyor. Kısa kollu elbisesinin eteğinin kenarı bezemeli. Sağ kol dirsekten bükük, sağ el eksik. Sol elinde tuttuğu orak biçimli silah omuzuna dayalı. Belinden sağ omuzuna uzanan kabartma şerit bir şala ait olabilir. Arkası düz, işlenmemiş.

Özgüç/Özgüç 1953, 69-70, Lev. XL,278a – b; Emre 1971, 107, Kat. No. 24, Lev. V,7

59

> Makara

Kültepe, Karum Kaniş Ib

MÖ 1800 – 1730

Tunç

Yük. 10,8 cm, Gen. 8,6 cm

Ankara Anadolu Medeniyetleri Müzesi

Müze Env. No. 180-27-74

Kazı No. Kt. v/k. 179

Ayakta duran, saçları ortadan ikiye ayrılmış iki çıplak kadın figürü kare biçimli çerçevenin yan kenarlarını oluşturuyor. Kadınlar elleri ile göğüslerini alttan tutmakta. Çerçevenin üst kenarını oluşturan makarayı kadınlar başları üzerinde taşıyor.

Suriye kökenli fayans heykelciklerle üslup birliği dikkat çekicidir.

T. Özgüç 1986a, 71, Lev. 96,4a – b

60

> Damga mühür

Kültepe, Karum Kaniş Ib

MÖ 1800 – 1730

Altın

Yük. 1,1 cm, Gen. 0,9 cm

Ankara Anadolu Medeniyetleri Müzesi

Müze Env. No. 15152

Kazı No. Kt. g/K. 129

Yuvarlak başlı, yatay ip delikli. Konik kulp yedi yatay yivle bezeli. Yuvarlak baskı yüzünde taburede oturan bir tanrıça betimlenmiş. Yuvarlak başlıklı, dar alınlı, iri burunlu, dolgun yanaklı ve uzun saçlı tanrıça bir elinde bir kap tutmakta, diğer elini önündeki sunağa doğru uzatmakta. Sunak üstünde pideler durmakta.

N. Özgüç 1968, 7, Lev. XXX,2a – b

61

> Mızrak ucu

Kültepe, Höyük

MÖ 18. yüzyıl, Höyük 7. tabaka, Karum Kaniş Ib

Orijinali Tunç/sergide alçı kopya

Uzun. 29,1 cm

Ankara Anadolu Medeniyetleri Müzesi

Müze Env. No. 19.212

Kazı No. Kt.e/t.178

Res. S.45

Omuzları köşeli, gövdesine oranla kısa kabzalı. Omuzlarından itibaren uca doğru gittikçe daralarak sivrilen gövdesi hafif bombeli, orta omurgası yok. İki yüzü de üç fasetli. Gövdenin en geniş yerinde karşılıklı iki yarık ve sonradan kapatılmış iki delik yer alır. Gövdede çiviyazısıyla Akkadca bir yazıt var:

"É.GAL A-ni-ta ru-ba-im"

("Anitta'nın Sarayı")

Bu satırın üzerinde kabartma hilal motifi yer almakta.

Mızrak ucu, daha önce Anitta'nın tarihi bir şahsiyet olduğunu kanıtlayan Alişar ve Kaniş Karumu I b katı belgelerinden sağlanan bilgiyi doğrulamakta.

Balkan 1955, 25, Res. 12; T. Özgüç 1956, 29 – 32; Neu 1974; T. Özgüç 1999, 55, Lev. 107, 1a – c

62

> Hayvan başlarıyla bezeli iğne

Kültepe, Karum Kaniş II

MÖ 1945 – 1835

Altın

Uzun. 8,3 cm, Baş Gen. 1,0 cm

Kayseri Müzesi

Müze Env. No. 88.462

Kazı No. Kt. 88/k. 788

İğnenin silindir biçimli başı, aşağıya bakan altı adet boğa protomu ile bezeli. Boyunda biri hareketli altı halka yer almakta.

63

> Saç halkası

Kültepe, Karum Kaniş II

MÖ 1945 – 1835

Altın ve Obsidyen

Çap 1,8 x 1,2 cm, Baş 1 cm

Kayseri Müzesi

Müze Env. No. 83/151

Kazı No. Kt. 83/K. 48

Çift ay biçimli saç halkasının her iki bitimi de obsidyen kakma; kenarlarında altın granülasyon. En uçlara yerleştirilmiş, "taşlar" düşmüş olduğundan yuvaları boştur.

Assur bölgesinden getirilmiş olmalıdır, çünkü granülasyon bu çağda Anadolu'da ender kullanılan bir tekniktir.

T. Özgüç 1986a, 28, Lev. 68,16 ve H 2

64, 65

> Döküm kalıbı

Kültepe, Karum Kaniş II

MÖ 1945 – 1835

Gri Steatit

Uzun. 9,3/9,3 cm, Gen. 4,4/4,4 cm

Kayseri Müzesi

Müze Env. No. 82-861 ve 82-862

Kazı No. Kt. 82/k. 203 ve Kt. 82/k. 204

Aynı sap delikli baltanın iki yüzüne ait dikdörtgen biçimli, köşeleri yuvarlatılmış iki kalıp. Dört bağlantı delikli, maden akıtacaklı. Sapı süsleyen üç çember var; kenarları içbükey.

T. Özgüç 1986a, 42, Lev. 87,3a – c

66, 67

> Döküm kalıbı

Kültepe, Karum Kaniş II

MÖ 1945 – 1835

Gri Steatit

Uzun. 20,4/20 cm, Gen. 4/4 cm

Kayseri Müzesi

Müze Env. No. 82-859 ve 82-860

Kazı No. –

Aynı hançerin iki yüzüne ait kalıp. Üçgen biçimli, keskin omuzlu, sivri uçlu, kısa saplı, namlusu üç fasetli hançerin dökümü için yapılmıştır. Yanlarda dört bağlantı deliği var. Arka yüzünde bir tespit deliği, uzun kenarında iki derin oluk ve bir bağlama yivi görülmekte.

T. Özgüç 1986a, 42, Lev. 87,2a – b

68

> Döküm kalıbı

Kültepe, Karum Kaniş Ib

MÖ 1800 – 1730

Steatit

Yük. 6,2 cm, Gen. 5 cm

Ankara Anadolu Medeniyetleri Müzesi

Müze Env. No. 11969

Kazı No. Kt. h/K. 89

Res. S. 242

Kareye yakın biçimli, dört figürlü kalıp. Erkek tanrının başındaki sivri, enine ve hafif dalgalı yivlerle bezeli külahı boynuzlu. Küçük dar alınlı, kemer biçimli kaşlı, iri patlak gözlü, büyük burunlu. Yarım ay biçimli ağızlı. Kısa sakalı dikey yivlerle taralı. Göğüsler iki yuvarlak kabartı halinde. Kemerli elbisenin ortasında iki ince dik şerit var. Şeritlerin sağ ve sol tarafında kalan kısımlar enine yivlerle bezeli. İnce kollar dirsekten kıvrık. Her iki elinde de omuzuna dayalı silahlarını taşıyor.

Tanrıca (solda) takkeli, saçları bukleler halinde yanaklarından aşağıya inmekte. Dar alınlı, iri patlak gözlü, iri burunlu, ufak çeneli. İnce boynunda çift sıralı gerdanlıklı. Elbisesi tanrınınkine benzemekte. Kucağında bebek tutmakta.

Bebek ve tanrı ile tanrıçanın arasında ayakta duran çocuk tanrıçaya benziyor: Dikey yivlerle bezeli takkeli, göğüslerini tutar pozisyonda.

T. Özgüç 1959, 53, Lev. XXXIV,3; Emre 1971, 28, Kat. No. 28, Lev. VI,3

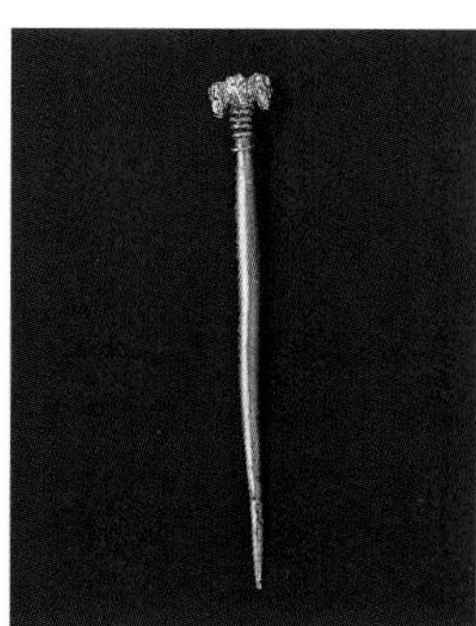

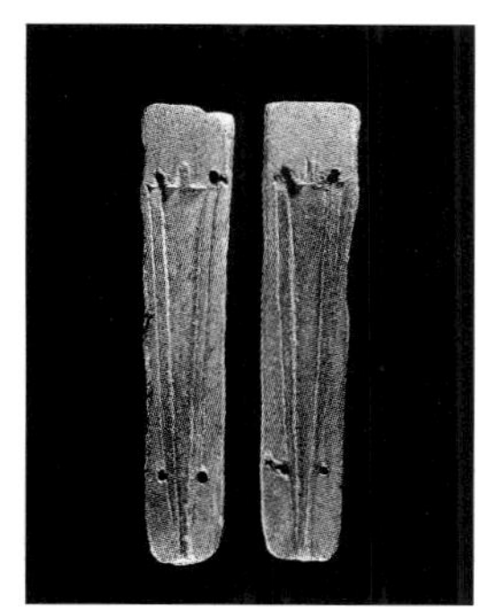

Eski Hitit Krallığı Dönemi Eserleri

69

> Çift kulplu kap (Kantaros)

Alişar, Küp mezardan

Eski Hitit Dönemi

P.T. Devetüyü rengi hamurlu, soluk kırmızı astarlı, açkılı

Yük. 19,4 cm, Çap 11,6 cm

Ankara Anadolu Medeniyetleri Müzesi

Müze Env. No. 105-26-64

Kazı No. C.2734

Çark yapımı. Dört yapraklı yonca biçimi ağızlı. Yonca yapraklarından biri süzgeç ile ayrılmış. Ağız kenarı altında gövde içbükey; alt kesimde keskin omurgadan sonra dibe doğru daralarak yuvarlak bir ayak ile son bulmakta. Karşılıklı iki dikey kulp ağız kenarı altından omurga üzerine bağlanır. Omurga üzeri birbirine paralel üçerli iki yiv grubuyla bezeli.

Von der Osten 1937, 138 – 190, Res. 201

70

> Tek kulplu testi

Eskiyapar

Eski Hitit Dönemi

P.T. Devetüyü hamurlu, kırmızı astarlı, parlak açkılı

Yük. 29,5 cm, Çap 18,2 cm, Ağız Çapı 7,2 cm

Ankara Anadolu Medeniyetleri Müzesi

Müze Env. No. 165-83-69

Kazı No. Esy. 83/69

Çark yapımı. İnce, uzun silindirik boyunlu, yuvarlak omuzlu, şişkin dibe doğru daralan gövdeli. Yuvarlak kesitli kulp, boynun üst kısmından çıkarak omuza oturmakta.

T. Özgüç 1999a, 6, Lev. 17

71

> Matara

İnandık

Eski Hitit Dönemi

P.T. Devetüyü hamurlu, bir yüz gri, diğer yüz, boyun, kulp üstü kırmızı astarlı, açkılı

Yük. 54,5 cm, Gen. 37,3 cm

Ankara Anadolu Medeniyetleri Müzesi

Müze Env. No. 72-59-66

Kazı No. I.k. 59/66

Çark yapımı. Mercimek biçimli gövdeli, uzun silindirik boyunlu, dışa dönük ağızlı. Kulp boynu omuza bağlıyor. Yüzeydeki is, kabın işlevi ile ilgili olabilir.

Mabette bulunmuş kült objelerin en parlak örneklerindendir.

T. Özgüç 1988, 12, Lev. 28,2a – b

72

> Gaga ağızlı testi

Tokat

Eski Hitit Dönemi

P.T. Açık kahverengi hamurlu, kızıl kahverengi astarlı, parlak açkılı

Yük. 30 cm, Gen. 11 cm

İstanbul Eski Şark Eserleri Müzesi

Müze Env. No. 12890

Kazı No. –

Çark yapımı. Yay biçimli, yırtıcı kuş gagasına benzeyen gaga ağızlı. Uzun silindirik boynun aşağıya doğru hafifçe genişleyerek gövdeye oturduğu yer üstü noktalarla bezeli dairevi bir çizgi oluşturmakta. Omuzlar iki yanda kesin çıkıntılar yapmakta. Yassı gövde aşağı doğru daralarak sivri dibe doğru inmekte. Yuvarlak kesitli dikey kulp ağız kenarı ile omuzu bağlar.Tüm gövde baskı dairelerle bezeli.

Dinsel törenlerde kullanılmış olmalı. Eski Hitit çanak çömleğinin önemli bir grubunu oluşturan gaga ağızlı testilerin en seçkin örneklerinden.

Sümer 1953, 38 – 40, Res. 35 – 38

73

> Gaga ağızlı testi

Ferzant

Eski Hitit Dönemi

P.T. Devetüyü hamurlu, kırmızı astarlı, parlak açkılı

Yük. 50 cm, Çap 22,5 cm

Ankara Anadolu Medeniyetleri Müzesi

Müze Env. No. 4-10-68

Kazı No. –

Uzun, ince silindir boyunlu; çok yüksek, sivri ucu aşağı sarkık gaga ağızlı. Üçgen kesitli kulpu ağız kenarını omuza bağlıyor. Gövdenin üst kısmında keskin kenarlı, üçgen biçimli iki kabartma. Keskin omurganın altı içbükey. Huniyi andıran ayak kurs biçimli kaide üzerinde.

T. Özgüç 1986c, 383 – 391;
T. Özgüç 1988, 138, Lev. 23,3a

74

> Halka biçimli kap

Boğazköy/Hattuşa, Aşağı Şehir III

Eski Hitit Dönemi

P.T. Açık kahverengi hamurlu, kızıl kahverengi astarlı, parlak açkılı

Yük. 30 cm, Çap 20 cm

Ankara Anadolu Medeniyetleri Müzesi

Müze Env. No. 138-1-64

Kazı No. Bo. 373/p

Halka biçimli, boru gövdeli, kurs biçimli ayaklı. İnce boyun üzerinde kesik gaga ağızlı. Üçgen kesitli kulp ağız kenarı ile gövdeyi bağlıyor.

Bittel 1958, 43, Res. 43; Fischer 1963, 148, Kat. No. 1080, Lev. 121

75

> Altar/Meyvelik/Buhurdanlık

İnandık

Eski Hitit Dönemi

P.T. Kızıl kahverengi astarlı, parlak açkılı

Yük. 55 cm, Gen. 32 cm

Ankara Anadolu Medeniyetleri Müzesi

Müze Env. No. 72-143-66

Kazı No. I.k. 170/66

Düzletilmiş ağız kenarlı, keskin profilli gövdeli. Aşağı doğru genişleyen silindirik kaide tabanda kalınlaştırılmış. Dört şerit kulp ağız kenarını gövdedeki omurgaya bağlamakta. Yüzeyinin isli oluşu işlevi ile ilgili olmalıdır.

Pişmiş toprak sunaklar ve buhurdanlıklar, Anadolu'da uzun bir geleneği olan meyveliklerden gelişmiştir. Tapınaklarda kült için kullanılan nesnelerin en parlak örneklerindendir.

T. Özgüç 1988, 13, Lev. 31,1, Res. 19

76, 77

> Boğa biçimli iki törensel kap

İnandık

Eski Hitit Dönemi

P.T. Kiremit kırmızısı hamurlu, kırmızı astarlı, parlak açkılı

Yük. 67 cm, Gen. 47 cm ve Yük. 62 cm, Gen. 40 cm

Ankara Anadolu Medeniyetleri Müzesi

Müze Env. No. 157-30-67/ ve 157-31-67

Kazı No. İk. 30/67 ve İk. 31/67

Res. S. 255

Boğa biçimli törensel kapların gövdesi ve oransızca uzun boynu silindir biçimli. Gövdeye birleşme yerleri vurgulanmış bacaklar dik ve masif, tırnakları bir çizgi ile ortadan ikiye bölük. Diz kapakları, ayakların topuk kemikleri sivri düğme biçiminde. Kıvrımlı kuyruk altında bir delik, sırtta konik doldurma açıklığı var. Yarısı krem astarlı, ay biçimi boynuzları yukarı kıvrık. Boynuzların altında kaşık biçimli, içleri çizgili kulaklar. Kulakların altından başlayıp burun üzerinden geçen iki paralel çizgi boğanın koşumu ile ilgili olmalı. Kapalı ağız yay biçimli bir yivle gösterilmiş. Alın üzerinde iki paralel çizginin altındaki üçgen ve gözler krem astarlı. Gözbebeği çukuru başka bir maddenin doldurulması için oyulmuş. Gözkapağı kabartma olarak, kaşlar çizilerle belirtilmiş. Törenlerde bu kaplardaki sıvı, kenarları kalınlaştırılmış burun deliklerinden boşaltılmış olmalıydı.

T. Özgüç 1988, 43, Lev. 60, 61 ve E1

78

> Boğa başı biçimli törensel kap

Eskiyapar (kazı buluntusu değil)

Eski Hitit Dönemi

P.T. Devetüyü hamurlu, kahverengimsi devetüyü astarlı, açkılı

Yük. 7,2 cm Çap 5,4 cm

Ankara Anadolu Medeniyetleri Müzesi

Müze Env. No. 10238a

Boğa başı biçimli, silindir biçimli boyunlu, yuvarlak ağızlı kap kültte kullanılmış olmalıdır. Hayvanın başı kabın dibini oluşturmakta. Boynuzlar ve kaşık biçimli kulaklar birbirine bitişik. Alında üçgen biçimli çukurluk. Baskı yoluyla oluşturulmuş halka biçimli gözler üzerinde iç içe iki yarım daire biçimli yiv göz kapaklarını belirler. Burun deliklerini de yine iç içe iki yarım daire yiv çevrelemekte. Ağız yatay yiv olarak gösterilmiş. Boynuzlar arası ve yüz çevresi çift sıra üçgen çentik dizisi ile; boyun da aynı çentik dizileri ve zikzaklarla bezeli.

Akurgal 1995, 88, Res. 22a

79

> Boğa başı biçimli törensel kap

Eskiyapar (kazı buluntusu değil)

Eski Hitit Dönemi

P.T. Devetüyü rengi hamurlu, kahverengi astarlı, açkılı

Yük. 7,7 cm, Çap 5,3 cm

Ankara Anadolu Medeniyetleri Müzesi

Müze Env. No. 10238b

Boğa başı biçimli, silindirik boyunlu, yuvarlak ağızlı kap kültte kullanılmış olmalıdır. Hayvanın başı kabın dibini oluşturmakta. Boynuzlar ve kaşık biçimli kulaklar birbirine bitişik. Alında üçgen çukurluk. Baskı yoluyla oluşturulmuş halka gözler üzerinde iç içe iki yarım daire biçimli yiv göz kapaklarını belirler. Burun deliklerini de yine iç içe iki yarım daire yiv çevrelemekte. Ağız yatay yiv olarak gösterilmiş. Boynuzlar arası ve yüz çevresi çift sıra üçgen çentik dizisi ile; boyun da aynı çentik dizileri ve zikzaklarla bezeli.

Kat. No. 78 den farkı kulpunun korunagelmiş oluşudur.

Akurgal 1995, 88, Res. 22a

80

> Kedi başı biçimli törensel kap

Alişar

Eski Hitit Dönemi

P.T. Gri hamurlu, koyu gri/ kahverengimsi siyah astarlı, parlak açkılı

Yük. 8,9 cm, Gen. 8,6 cm

Ankara Anadolu Medeniyetleri Müzesi

Müze Env. No. 12391

Kazı No. e 1776

Çark yapımı. Bir kedi başının karakteristik özelliklerini abartılı biçimde göstermekte. Yuvarlak yüzlü, iri, konik, içi oyuk kulaklı. Yuvarlak gözler ve ağız kazınmış, ince uzun burun ise plastik olarak verilmiş. Burun ve ağız kabın dibini oluşturmakta. Yuvarlak ağızlı. Yatay kulpu kırık.

Von der Osten 1937, 165, 191, Res. 208

81

> Emziği koç başı biçimli kulplu kap

Eskiyapar

Eski Hitit Dönemi

P.T. Açık devetüyü hamurlu, kırmızı astarlı, açkılı

Yük. 12,3 cm, Çap 12,7 cm

Ankara Anadolu Medeniyetleri Müzesi

Müze Env. No. 109-368-68

Kazı No. Esy. 368/68

Çark yapımı. Dışa açık yuvarlak ağızlı, silindirik boyunlu. Kabın geniş gövdesi iki yatay omurga ile biçimlendirilmiş; halka dipli. Keskin omuzdan alttaki omurgaya uzanan dikey kulp, şerit biçimli. Omuzdaki üçgen açıklıklar bir sıra halinde. Kulpun hemen solunda omuz üzerinde koç başı biçimli emzik. Yanaklara kadar uzanan boynuzların uçları yukarı dönük. Kabın içindeki sıvı hayvanın ağzındaki açıklıktan akmakta. Koç başının iki tarafında kabartma olarak yapılmış iki geyik başı yer almakta.

T. Özgüç 1999a, 2, Lev. 2

82

> Boğa başlarıyla bezeli kap

Eskiyapar (kazı buluntusu değil)

Eski Hitit Dönemi

P.T. Devetüyü rengi hamurlu, soluk kırmızı astarlı, iyi açkılı

Yük. 59,7 cm, Karın çapı 40,5 cm, Ağız çapı 38,5 cm

Ankara Anadolu Medeniyetleri Müzesi

Müze Env. No. 73-1-67

Yuvarlak ağızlı, huni biçimli boyunlu, oval gövdeli, yuvarlak dipli. Ağız kenarı içinde çepeçevre içi boş boru. Küçük dikdörtgen tekne aracılığı ile boruya geçen sıvı, ağzın iç tarafında yer alan, dört boğa başının ağzından vazonun içine akmakta. Ağzın iç tarafında, karşılıklı ve kabın içine dönük dört boğa başı yer alır. Boğaların boynuzlarının arası balık sırtı çentik bezemeli, alınlarında üçgen biçimli alan çizilerle belirtilmiş. Kabın boynunun gövdeye bağlandığı yer, üç paralel yiv ile bezeli. Omuz üzerinde dört dikey üçgen kesitli kulp yer almakta. Kulpların arasında dört boğa oturur durumda betimlenmiş. Gövdeleri kabartma, boyunları ve arkaya dönük başları üç boyutlu. Yukarı dönük boynuzların araları çizilerle bezeli. Boğaların alınlarındaki üçgenler kısa sokma çizgilerle doldurulmuş. Burun delikleri ve ağız kenarı da çizgilerle gösterilmiş. Enseden başlayarak, kulakların arkasından, gözlerin altından, burun üzerine uzanan nokta dizisi boğaların gemini gösteriyor. Kuyrukları da içi nokta dizisi ile bezeli kabartma şeritle belirtilmiş, gövdeleri baskı halka bezemeli. Boğalar arasında nokta sırası ile çevrili baskı halkalar ve boğaların altında aynı mührün "Signe-Royal" motifli dört baskısı görülmekte.

T. Özgüç 1982b, 146 – 147, Lev. 87,3, Res. 164a – b; T. Özgüç 1988, 145, Lev. D,3

83

> Kült sahnesinin betimlendiği kap

Eskiyapar

Eski Hitit Dönemi

P.T. Koyu kahverengi, kum ve bitkisel katkılı hamurlu, astarı yangından ötürü alacalı, açkılı

Yük. 8,4/7 cm, Ağız çapı 12,6 cm

Ankara Anadolu Medeniyetleri Müzesi

Müze Env. No. 109-372-68

Kazı No. 372/68

Res. S. 254

Çark yapımı. Geniş, yuvarlak, hafif dışa çekik ağızlı. Kap kenarı ağız altında dik, omurga tabana yakın, halka dipli. Omurganın üzerinde kalan kesim iki yatay kabartma bantla ve yuvarlak ve ince uzun sokma noktalarla bezeli. Dıştaki sokma bezek kabın içinde yuvarlak kabarcıklar olarak görülmekte. Ağız kenarından yükselerek gövdeye inen dikey kulp çift fitilli.

Kabın içi, kutsal bir oda görünümünde olup, kült eşyalarının minyatür örnekleri ile donatılmıştır. Kabın iç kenarına sırtını dayayarak bir taburede oturan tanrıçanın başı ağız hizasını aşıyor. Başında, kenarları sonradan yapıştırılmış yuvarlak kabartmalarla bezeli, geniş, kurs biçimli başlık yer alır. Ağız, iri burnun bitiminde bir yarıkla vurgulanır. Gözler de burnun iki yanında iri kurs biçiminde, sonradan yapıştırılmış. Kısa boyunlu. İki eliyle kabartma göğüslerini tutmakta. Birbirinden ayrı olarak işlenmiş bacaklar kaba, oransızca kısa. Tanrıçanın karşısında kalın silindirik ayaklı, yuvarlak bir masa ve üzerinde yarım daire biçimli ekmek olabilecek bir nesne yer alır. Benzer diğer bir nesne, tanrıçanın yanında yerdedir; hemen arkasında dini törenlerde libasyon yapmakta kullanılan gaga ağızlı testi yer alır.

İstanbul 1993, Kat. No. A 126;
T. Özgüç 1988, 49, Lev. D,1;
T. Özgüç 1999a, Lev. 6a – c

84

> Kabartmalı vazo parçası

Eskiyapar

Eski Hitit Dönemi

P.T. Gri, mika katkılı hamurlu, gri astarlı, açkılı

Yük. 10 cm, Gen. 12 cm

Ankara Anadolu Medeniyetleri Müzesi

Müze Env. No. 121-184-82

Kazı No. Esy. 184-82

Frizleri ayıran kabartma şeridin üstünde yatan, sağa dönük, profilden boğa kabartması. Başta tüm detaylar belirgin. Bacaklar özenle biçimlendirilmiş

T. Özgüç 1988, 52, Lev. 75,1

85

> Kabartmalı vazo parçası

Eskiyapar

Eski Hitit Dönemi

P.T. Gri, mika katkılı hamurlu, gri astarlı, açkılı

Yük. 15,5 cm, Gen. 13 cm

Ankara Anadolu Medeniyetleri Müzesi

Müze Env. No. 121-184-82 c

Kazı No. Esy. 184-82c

Geyik üzerinde ayakta duran tanrı profilden işlenmiş. Tanrı geniş kemerli, kısa elbiseli, sivri ucu yukarı kıvrık ayakkabılı. Bacakları uzun, diz kapağı ayrıntılarıyla işlenmiş. Sırtındaki saç tutamı eteğinden de uzun. Sol dizi önünde frizleri ayıran şerit var. Tanrı her iki frizi kapsayacak boyutta Geyiğin on iki çatallı boynuzu bu şeride değiyor. Kulak, göz, burun deliği ve ağız, uzun ince boyun incelikle işlenmiş. Tanrının önündeki kabartma nesnenin ne olduğu bilinmemekte.

T. Özgüç 1988, 52, Lev. 76,1

86

> Kabartmalı vazo parçası

Bitik

Eski Hitit Dönemi

P.T. Pembemsi devetüyü rengi, kum ve taşçık katkılı hamurlu, kırmızı astarlı, parlak açkılı

Yük. 35,5 cm, Kal. 1,3 – 1,8 cm

Ankara Anadolu Medeniyetleri Müzesi

Müze Env. No. 5671

Kazı No. -

Çark yapımı. Kabın üstünde kabartma ve kazıma tekniğinde yapılmış olan figürler krem rengi, kırmızı ve siyah boya ile bezeli. Altı kırık parça birleştirilerek silindir biçimli boyunlu, dört kulplu bir kabın rekonstrüksiyonu mümkün olmuştur.

Üst frizde tapınak veya saray olabilecek bir yapının cephesi görülmekte. Duvar ahşap dikmelerle ve kerpiç tuğlalarla örülmüş. Duvarın sağında bir sundurma ve pencere kepenkleri görülmekte. Sundurmanın altında bir erkek (solda) ve bir kadın karşılıklı tabure üzerinde oturmakta. Erkek, sakalsız, kulağı küpeli, saçı arkada kalçaya kadar iner durumda, uzun kollu, uzun, bol giysisiyle betimlenmiş. Kadın başından ayak bileklerine kadar vücudunu örten giysili. Her iki figürün de ayaklarında sivri ucu yukarı kıvrık kırmızı boyalı ayakkabılar var. Erkek öne uzattığı sol elinde kase tutmakta, sağ eliyle kadının başörtüsünü açmak üzere. Tapınağın dışında ayakta duran kadının belden aşağısı görülmekte. Uzun krem rengi etekli, sivri ucu yukarı kıvrık ayakkabılı kadın profilden işlenmiş.

Ortadaki frizde gösterilen altı erkek figüründen yalnız ikisi eksiksiz. Bu figürlerin saç biçimi ve yüz özellikleri, üstteki erkek figürü ile aynı. Uzun kollu, kısa tuniğin altından baldıra kadar inen üçgen, kuyruk biçiminde iç giysileri görünmekte. En arkadaki adamın sol elinin yumruğu kapalı, baş parmağı öne doğru dua eder pozda; omuzundan kayışla asılı testiyi sırtında taşıyor. Önündeki figür içinde yiyecekler olan kabı taşımakta.

Alt frizde yalnız başları görülmekte olan karşı karşıya iki erkek başı. Erkekler ellerindeki silahlarıyla dans etmekte ya da savaş gösterisi yapmaktadır.

T. Özgüç 1957, 57 – 58, Lev. I – IV;
Darga 1992, 55 – 56, Res. 37 – 38;
İstanbul 1993, Kat. No. A 127

87

> Çift emzikli kap

Yanarlar, 33 numaralı mezar

Eski Hitit Dönemi

P.T. Kiremit renkli hamurlu, kırmızı astarlı, parlak açkılı

Yük. 21,5 cm, Gen. 18 cm

Afyon Müzesi

Müze Env. No. E. 7372

Kazı No. Yan. 76/52

Çark yapımı. Dar, yuvarlak, dışa dönük ağızlı, dıştan kalınlaştırılmış ağız kenarlı. Kısa silindir boyunlu, keskin omurgalı gövdeli, halka dipli. Boynun hemen altında, omuzda birbirine paralel, dört yatay yiv. Oval kesitli kulp, omuzu karına bağlamakta. Kulpun tam karşısında, omuzdan dik olarak çıkan boru biçimli, ucu antilop başı biçimli, ağız kenarını aşan bir emzik yer alır. Antilopun boynuzları, yanda gövdeye dikey bağlanan kulplar biçiminde. Antilop başı baskı halka bezeli; kısa verev kazıma çizgilerle bezeli boynu ile boynuzları birbirine paralel. Sol boynuz ile dikey kulp arasında, ucu kırık ikinci bir emzik yer almakta.

Emre 1978, 31 vd., Lev. XXXVII, 3a – b; İstanbul 1983, Kat. No. A 655

88

> Tanrı heykelciği

Sivas-Şarkışla-Dövlek

(kazı buluntusu değil)

Eski Hitit Dönemi

Tunç

Yük. 11,4 cm, Gen. 4,2 cm

Ankara Anadolu Medeniyetleri Müzesi

Müze Env. No. 8825

Res. S. 229

Başındaki kenarı iki boynuzlu, sivri, yüksek külah arkaya doğru meyilli. Külahın altından çıkan saçları sırtta belin üstüne kadar bir üçgen oluşturarak iner. Köşeli, çıkık elmacık kemikli, çene kısmı dolgun ve sakalsız, iri burunlu yüzü ciddi ifadeli. Kulakları küpeli; üçgen bedeni, dizleri ve dolgun baldırları atletik yapılı. Sol ayağı önde, yürürken betimlenmiş. Dirsekten kıvrık sol kol yukarı kalkık; elinde bir silah tutuyor olmalı. Diğer kolu da dirsekten kıvrık, bu defa öne uzatılmış. Atılım anı betimlenmiş.

Tanrı kısa etekli, vücudu sıkıca saran giysili, sivri ucu yukarı kıvrık ayakkabılı. Önden arkaya kapatılan eteğin uçlarının birleştiği yerde enli bant görülmekte. Bu şerit etekte kuyruk oluşturmakta. Ayaklarının altındaki sivri çıkıntılar, heykelin bir kaideye geçirildiğini kanıtlamakta.

N. Özgüç 1949, 45 – 51, Res. 13, 14

89

> Çiviyazılı tablet

Boğazköy/Hattuşa

Eski Hitit Dönemi

P.T. Kırmızı hamurlu

Yük. 26,5 cm, Gen. 17,1 cm

Ankara Anadolu Medeniyetleri Müzesi

Müze Env. No. 21346

Kazı No. 174/p + 201/p

Res. S. 50

Üç parçanın birleştirilmesiyle oluşturulmuş. Ön yüzde kırk sekiz, yalnızca yarısı yazılı olan arka yüzde yirmi beş satır. Arka yüzde, yazının bitiminde paragraf çizgisi yer almakta.

Metinde Hitit Kralı I. Hattuşili'nin icraatları anlatılmakta.

KBo X,1; Otten 1962, 73

90

> Çiviyazılı tablet

Boğazköy/Hattuşa

Eski Hitit Dönemi

P.T. Kırmızı hamurlu

Yük. 26,5 cm, Gen. 19,5 cm

Ankara Anadolu Medeniyetleri Müzesi

Müze Env. No. 11510 ve 14146

Kazı No. 1781/c + 1817/c

Res. S. 46

iki sütun ön yüzde, iki sütun arka yüzde olmak üzere dört sütunlu. Ön yüz, sütunlarında altmış beşer satır olmak üzere toplam yüz otuz, arka yüz ise doksan üç satırlı. Arka yüzde, son sütun altında Kolofon, yani bütün tabletin içeriğinin özeti yer almakta.

Birinci sütunun başından da anlaşılacağı gibi tablette, Lavazantiya şehrinden tanrıça Hepat ve tanrı Teşup şerefine tertiplenen dini bir bayram töreni anlatılmakta.

KBo XXI,34

91

> Toprak bağış belgesi

Boğazköy/Hattuşa

Eski Hitit Dönemi

P.T. Açık kiremit rengi hamurlu

Yük. 8 cm, Gen. 5,7 cm

Boğazköy Müzesi

Müze Env. No. 1-746-90

Kazı No. Bo.750/90

Res. S. 88

Dikdörtgen biçimli bombeli ön yüz üzerinde çizilerek yapılmış yuvarlak bir alan içinde anonim Tabarna mührü baskısı yer almakta. Mühür baskısının merkezinde, yine bir dairevi çerçeve içinde, sekiz yapraklı rozet, yanında hayat sembolü ve üçgen ile etrafında iki sıra istifli çiviyazısı lejant görülmekte.

Neve 1992, 60, Res. 163, en alt sıra, soldan üçüncü

92

> Toprak bağış belgesi

Boğazköy/Hattuşa

Eski Hitit Dönemi

P.T. Gri hamurlu

Yük. 8,8 cm, Gen. 7,2 cm

Boğazköy Müzesi

Müze Env. No. 1-724-90

Kazı No. Bo. 728/90

Yanmaktan dolayı grileşmiş, dikdörtgen biçimli toprak bağış belgesi. Bombeli ön yüz ortasında kral Hantili (II)'ye ait mühür baskısı yer almakta. Mühür baskısının ortasında sekiz yapraklı rozet ve bunu çevreleyen iki sıralı çiviyazılı lejant. Bu çerçeve dışında yazılar üç paragraf halinde.

Düz arka yüz iki çizgi ile ayrılmış iki paragraflı. Alt kenarda, çizgi çerçeve içinde ip deliği.

Rüster 1993, 63

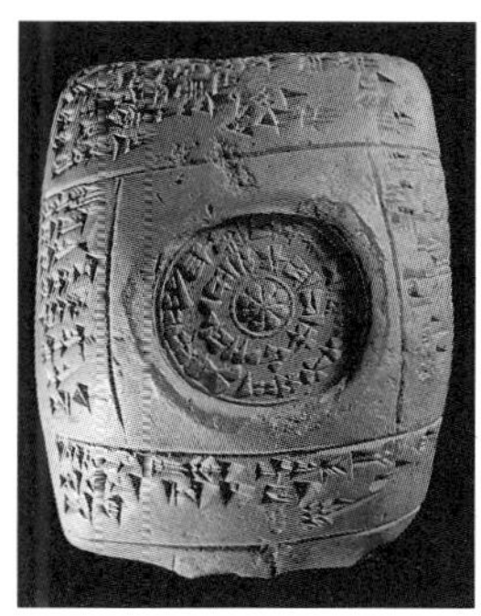

93

Toprak bağış belgesi

Boğazköy/Hattuşa

Eski Hitit Dönemi

P.T. Açık kahverengi hamurlu

Yük. 10,5 cm, Gen. 8 cm

Boğazköy Müzesi

Müze Env. No. 1-754-90

Kazı No. Bo. 758/90

Orta Hitit dönemi için tipik bir yazı biçiminde (Duktus'ta) yazılmış bir toprak bağış belgesi. Bombeli ön yüzde 16, arka yüzde 14 satır yer almakta. Ön yüz ortasında Hitit Büyük Kralı II. Hantili'nin mühür baskısı var. Mühür baskısının ortasında, dairenin çevrelediği sekiz yapraklı rozet; dış kenarda iki sıra daire istifli çiviyazısı lejant.

Mühür baskısının kare çerçevesi dışında, ön ve arka yüzde çizgilerle ayrılan üçer paragraf yer almakta. Dikdörtgen çerçevenin alt kenarında ip deliği var.

Arka yüz düz.

Rüster 1993, 63 – 70

94

> Mühür

Alacahöyük

Eski Hitit Dönemi

Yeşilimsi siyah taş

Yük. 2,7 cm, Gen. 1,5 cm

Ankara Anadolu Medeniyetleri Müzesi

Müze Env. No. 8574

Kazı No. Al. D. 13

Res. S. 173

Dikdörtgen prizması biçimli, dört yüzü tasvirli mühür. Mühür yüzlerinde:

1 Sola dönük oturan tanrının başı boynuzlu yuvarlak takkeli. Oturur pozisyonda olmasına karşın iskemlesi betimlenmemiş. Sağ eli omuz hizasında kalkık, sol eli dizi üzerinde. Kollar şematik. Bacakların alt kısmı (ayaklar olmaksızın) eteğin altından görülmekte. Önünde konik kaideli bir sunak durmakta. Sunağın arkasında dikey bir çizgi ve üzerinde başı geriye dönük bir ceylan durmakta.

2 Sağa yürüyen insan veya hayvan başlı varlığın gövdesi cepheden verilmiş. Varlık, kanatlı, kısa etekli, sivri ucu yukarı kıvrık ayakkabılı. Figürün ön ve arkasında hiyeroglif işaretleri: sol üstte ve altta birer üçgen (sağlık sembolü) ve tam anlaşılamayan başka işaretler.

3 Sola dönük oturan tanrı (?) boynuzlu, sivri tanrı takkeli, uzun elbiseli. Sol eli yukarı kalkık, sağ elinde üçlü şimşek demeti tutmakta. Şimşek demetinin üzerinde iki üçgenden (sağlık sembolü) sağdakinin içi yatay yivli. Taburesinin ayakları çapraz. Önde konik sunak yer alır.

4 Satıh çok silik olduğundan detaylar belirgin değil. Aynı sebepden hiyeroglifler de okunamıyor. Başı belirsiz olmasına karşın insan başından çok hayvan veya kuş başı izlenimi vermekte. Figürün gövdesi, abartılı, şişkin ve çizgilerle taralı.

Güterbock: Koşay 1951, 94, Lev. LXXXI, 5a – b; T. Özgüç 1993, 485, Lev. 83,2a – d

95

> Damga mühür

İnandık, Tapınak avlusu

Eski Hitit Dönemi'nin en eski evresi

Kireçtaşı

Yük. 4,4 cm, Gen. 2,3 cm

Ankara Anadolu Medeniyetleri Müzesi

Müze Env. No. 72-99-66

Kazı No. I.k. 112/66

Baskı yüzü daire biçimli mührün çekiç sapı altıgen kesitli. Kulpun başı yivli ve yatay ip delikli. Mührün baskı yüzeyini çevreleyen çerçevede, iki stilize ağacın yanlarında kuş başlı, kanatlı, ince uzun aslan gövdeli iki grifon ve boynuzlu bir antilop betimlenmiş. Aralarındaki boş alan, bitkisel motiflerle doldurulmuş. Ortadaki mühür sahibinin isminin yazılması gerekli küçük dairenin içi boş. Mühür henüz tamamlanmamış durumda.

T. Özgüç 1988, 44, Lev. 64,1a – c

96

> Damga mühür

Bitik, Kuzey yarması

Eski Hitit Dönemi

Kireçtaşı

Yük. 3,2 cm, Baskı yüzü 1,9 x 1,3 cm

Ankara Anadolu Medeniyetleri Müzesi

Müze Env. No. 9381

Kazı No. BT. 64

Çekiç başlı sapı, derin yivlerle birbirinden ayrılan üç kabartma bantla bezeli. Sekizgen kesitli sap içinden yatay ip deliği geçmekte. Çekiş başla sapı kabartma bant ayırmakta. Alt baskı yüzeyi derin bir çizgi ile sınırlı. Ortadaki kare alanı basit bir saç örgüsü motifi çevirmekte. Merkezde derin yivin çevrelediği, mühür sahibinin adının olması gereken kare alan boş. Değişik betimlemelerin uygulandığı dört yan yüzey derin oluklarla birbirinden ayrılır.

1 Yan yüzlerden birinde tanrı arkası yüksek tahtta oturmakta. Yuvarlak başlığı boynuzlu. Yüz profilden, gövde cepheden. Uzun giysili, sivri ucu yukarı kıvrık ayakkabılı. Karşısında konik sunak ve yine koni biçimli başka bir nesne görülmekte. Tanrı elini sunağa doğru uzatmakta. Tanrı ve sunak arasında, üstte yıldız betimlenmiş. Tanrının arkasındaki alan hasar görmüş olsa da tamamlanamamış olduğu düşünülür.

2 Ortada iki hayat sembolü; üstte üçgen – yıldız – üçgen, altta yıldız – üçgen.

3 Ortada bir hayat sembolü; üstte üçgen, altta sekiz kollu yıldız; solda iki yıldız, bir üçgen.

4 Ortada iki hayat sembolü, üstte üçgen – yıldız – üçgen; altta yıldız – üçgen – yıldız.

T. Özgüç 1993, 486, Res. 12a – e, Lev. 84,1a – f

97

> Küp üzerinde Hitit silindir mühür baskısı

Buluntu yeri bilinmiyor

MÖ 15. – 14. yüzyıl

P.T. Kiremit rengi hamurlu, bej astarlı

Yük. 17,5 cm, Gen. 65 cm

İstanbul Eski Şark Eserleri Müzesi

Müze Env. No. 13078

Kazı No. –

Dışa çekik kalın ağız kenarlı küpün yalnızca ağız, omuz ve dört dik kulpundan biri günümüze ulaşmıştır. Kulpların üstünde kalan kesimde pişirilmeden önce bir silindir mühür yuvarlanmış. Mührün tasvir alanı iki bitki motifiyle sınırlandırılmış ve bir palmiye ağacı ile ikiye ayrılmış. Solda, tören giysisi ile ayakta duran bir Hitit kralı elindeki gaga ağızlı testiden yere bir sıvı akıtarak Hava Tanrısı önünde libasyon yapmakta. Sağ ayağı önde duran Hava Tanrısı sakallı, uzun saçlı; elinde üç çatallı sembolünü tutmakta. Sağda kanatlı güneş kursu altında diz çökmüş küçük bir adamın Fırtına Tanrısı önünde tapınma sahnesi yer almakta. Tanrı boynuzlu külah giymiş, sağ elinde üç yapraklı sembolünü tutmakta.

Uzunoğlu 1978, 179 – 192

98

> Karbonlaşmış tahıl

Boğazköy/Hattuşa

Eski Hitit Krallığı Dönemi,

MÖ 16. yüzyıl

Boğazköy Müzesi

Etütlük

1999 yılında Boğazköy/Hattuşa'da kısmen yangın geçirmiş devasa boyutlarca bir yeraltı tahıl silosu kazılmıştır. Bu silonun kapasitesi 7000 - 9000 ton tahılı barındırabiliyordu. Halen toprak altında tonlarca karbonlaşmış tahıl bulunduğu düşünülüyor, ki bu da dünya çapında benzersiz bir buluntudur. Burada genelde arpa, seyrek olarak da tek sıralı buğday (Einkorn) depolanmış. Tahılla birlikte tarlalardan gelen diğer bitkilere ait tohumlar Botanik uzmanlarının Hitit dönemi bitki örtüsü, dolayısıyla da dönemin çevre şartları konusunda bilgi edinebilmelerini sağlıyor.

Seeher 2000a, 261 – 301;
Seeher 2000b, 356 – 367

99

> Kule biçimli kap parçası

Boğazköy/Hattuşa
Hitit Büyük İmparatorluk Dönemi
P.T. Devetüyü rengi hamurlu, beyazımsı astarlı, açkılı
Yük. 12 cm, Gen. 14 cm
Ankara Anadolu Medeniyetleri Müzesi
Müze Env. No. 138-2-64
Kazı No. Bo. 342/p
Res. S. 207

Geniş ağızlı bir kabın ağız kenarı parçası. Mazgal dişli sur duvarı ile iki katlı bir kule betimlenmiştir. Üst katta ikisi yanlarda, ikisi ön yüzde olmak üzere dar, dikdörtgen biçimli, dört açık pencere yer almakta. Alt kattaki pencere ise, çapraz parmaklıklı. Mazgal dişleri altından ve alt kat penceresi altından üçer kiriş başlığı çıkmakta.

Bu tür mimari betimlemeler Hitit sanatında çok seyrektir.

Bittel 1958, 31, Res. 34a – b; Fischer 1963, 148, Kat. No. 1080, Lev. 121

100

> Kol biçimli kap (Libasyon kolu)

Eskiyapar
Hitit Büyük İmparatorluk Dönemi
P.T. Kırmızımsı turuncu iyi temizlenmiş ince taneli hamurlu, aynı renk astarlı, açkılı
Uzun. 67 cm, Çap 7,2 cm
Ankara Anadolu Medeniyetleri Müzesi
Müze Env. No. 165-11-69
Kazı No. Esy. 11/69

Kol biçimli kap, dini törenlerde tanrılara içki sunma seremonisinde kullanılan kaplardandır. Ağız kısmı, kasecik tutan el biçiminde. Baş parmağın tırnağı çok iyi işlenmiş, işaret ve orta parmak tırnakları belirgin, diğerlerinin olduğu kesimde yüzey aşınmış. Bilek beş kabartma bant kuşağıyla bezeli. Uzun kol dibe doğru genişlemekte ve halka diple sona ermekte.

101

> Kabartma bezemeli çanak

Kastamonu, Devrekanı, Kınık Köyü, Kulaksızlar Barajı
Hitit Büyük İmparatorluk Dönemi
Tunç
Yük. 6,4 cm, Çap 18,7 cm
Kastamonu Müzesi
Müze Env. No. 946
Kazı No. –
Res. S. 231

Yarı küre biçimli, yuvarlak ağızlı, basit yükseltilmiş ağız kenarlı. Kabın dış yüzü 2 mm kalınlığında kabartma şeritlerle birbirinden ayrılan üç figürlü frize bölünmüştür. Kabın dibindeki 3,8 cm çapındaki yuvarlak alan 15 yapraklı bir rozetle bezeli. 2,4 cm genişliğindeki ilk frizde hayat ağacının iki yanında üçerli gruplar halinde, yukarı kalkık, kıvrık kuyruklarıyla grifonlar yer alır. 2,7 cm. genişliğindeki orta bantta, beş dallı bir ağaç, karşılıklı iki avcı ve aslanlarla boğaların mücadelesi görülmekte. Avcılar, takke biçimi başlıklı, kısa kollu, kısa etekli giysili, sivri uçları yukarı kıvrık ayakkabılı olup, bellerinde hilal başlı, ucu kıvrık hançer taşırlar. Ağacın önündeki avcı sağ kolunu yukarıya kaldırmış; sol elinde tuttuğu mızrağını önündeki domuza saplar. Diğer avcı iki eliyle kavradığı mızrağını önündeki geyiğe saplar. Ortada, boynuzlarını alçaltmış bir boğa, solda saldırmaya hazır kükreyen aslan. Sağdaki aslan da boğaya arkadan saldırmak üzere. Bunu izleyen sağdaki sahnede, arka bacakları üzerinde duran boğa boynuzlarını aslanın göğsüne dayamış; aslan dişlerini boğanın ensesine geçirmeye çalışıyor. Son av sahnesinde, avcı silahını hemen önündeki geyiğe doğrultmuş. Avcının arkasında ön ayakları çapraz durumdaki kükreyen iki aslan arka bacakları üzerinde durmakta. Ağaç ile avcı arasına yerleştirilmiş tek kulplu kap, avcı ile domuz arasındaki rozet, domuzunun üzerindeki çiçek demeti doldurma motifi olarak yerleştirilmiş.

3,3 cm yüksekliğindeki son friz, ağzın hemen altında olduğundan en uzun ve tasvir alanı en geniş olanı. Motif bakımından da en zengin olan bu frizde de konu yine av. Başlangıçta stilize hayat ağacı önünde takke biçimi başlıklı, kısa kollu gömlekli, kısa etekli, sivri uçları yukarı kıvrık ayakkabılı bir erkek betimlenmiş. Belinde hilal

başlı, ucu kıvrık hançeriyle, bu kişi önündeki evcil geyiğin yularını beline bağlamış (Res. S. 231). Gerdiği yayından ona doğru gelen geyiklere okunu fırlatır durumda. Avcının okunu yönelttiği hayvanlar (önde geyikler ve arkada dağ keçileri), üst üste iki sıra halinde. Evcil geyiğin önünde duran geyik henüz vurulmamış, onu izleyen geyik okla vurulmuş, kafası geriye dönük ve yıkılmak üzere. Diğer geyik, göğsünden vurulmuş, dizleri üzerine yıkılmış. Onu izleyen arka plandaki diğer geyik, sırtüstü yatıyor. Sonraki geyiğin de sırtına ok saplanmış, kafası geriye dönük. Önündeki geyiğin arka bacaklar ayrık, kafası arkaya düşmüş. İlk beş geyiğin üzerinde, sırtüstü geyikler yatmakta. Geyikler grubunu dağ keçileri izliyor. Hoplayan dağ keçisi, göğsünden vurulmuş, düşmek üzere. Ölü dağ keçileri farklı seviyelerde ve farklı pozisyonlarda işlenmiş. Arkalarında hareket halindeki ve ölü dağ keçileri görülmekte. Hayvanlar arasında rozetler, özellikle dağ keçilerinin arasında çiçekler doldurma motifi olarak kullanılmış. Kabın dış yüzünde ağız kenarı ile ilk friz arasında Hitit hiyeroglifleriyle yazılmış bir yazıt var.

Emre/Çınaroğlu 1993, 675, Res. 23; Czichon 1995, 5 – 12

102

> Boğa başı biçimli törensel kap

Kastamonu, Devrekanı, Kınık Köyü, Kulaksızlar Barajı
Hitit Büyük İmparatorluk Dönemi
Tunç
Yük. 12,5 cm, Gen. 14 cm
Kastamonu Müzesi
Müze Env. No. 939
Kazı No. –
Res. S. 231

Tunç plakadan yapılmış, oval ağızlı kap boğa başı olarak biçimlendirilmiş. Yularını gösteren kenar bandı kısmen eksik. İki perçin çivisi, yularda bir perçin deliği ve kulpun iki perçin deliği sağlam. Kulaklar ve boynuzlar ayrıca biçimlendirilip başa perçinlenmiş. Sağ boynuz eksik olmakla birlikte perçin delikleri izlenebiliyor. Sol boynuzun ucu eksik. Boynuzlar ve kulaklar arasındaki kabartma, ense kırışıklığını belirtmekte. Kulak içinde dalgalı hatlar; kalın kabartma kaşlar. Patlak gözlerin altında, badem biçimli yanaklar ve burun çevresi kısa çizgilerle, üçgen burun, üç kabartma dalgalı bantla bezeli; ağız kıvrımlı bir çizgi olarak verilmiş.Yassı, şerit kulpun üzeri üç sıra yiv bezemeli; Ucu yuvarlatılmış kulpun uçları serbest.

Emre/Çınaroğlu 1993, 677, Lev. 129,1a – b

103

> Maşrapa

Kastamonu, Devrekanı, Kınık Köyü, Kulaksızlar Barajı
Hitit Büyük İmparatorluk Dönemi
Tunç
Yük. 8/9,2 cm, Karın çapı 7,4 cm, Ağız çapı 6,4 cm
Kastamonu Müzesi
Müze Env. No. 950
Kazı No. –

Yuvarlak, geniş ağızlı, hafif dışa çekik ağız kenarlı, konik-silindirik boyunlu, keskin omuzlu, yarım küre biçimli gövdeli, düzletilmiş yuvarlakça dipli. Uçları geniş ve yuvarlatılmış yassı şerit kulpun üst kısmı iki perçin ile ağız kenarı altına; alt ucu beş perçin ile gövdenin en geniş yerine tutturulmuş. Kulpun yanında boyun üzerine, dıştan tunç plaka altı perçin ile tutturulmuş.

Emre/Çınaroğlu 1993, 680, Lev. 131,1, Res. 8

104

> Sacayağı

Kastamonu, Devrekanı, Kınık Köyü, Kulaksızlar Barajı
Hitit Büyük İmparatorluk Dönemi
Tunç
Yük. 8,7 cm, Çap 8,2 cm
Kastamonu Müzesi
Müze Env. No. 951
Kazı No. –

Yassı tunç şerit çember oluşturarak üç dışa dönük ayağı birbirine bağlamakta. Çemberin dış yüzünü, ayaklar arasında birbirine eşit uzaklıkta üç boğa protomu süslemekte.

Emre/Çınaroğlu 1993, 679, Res. 130,1

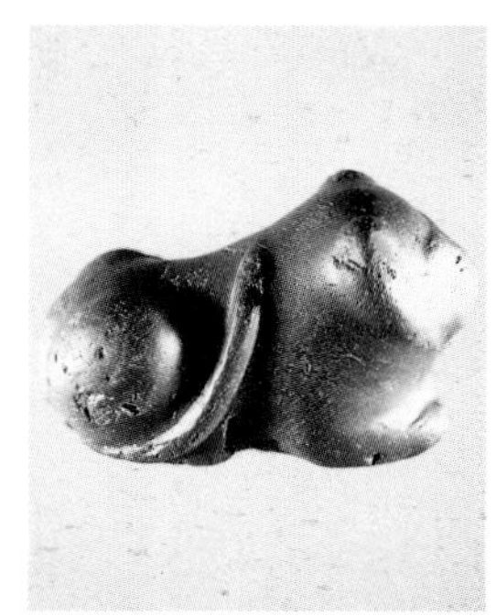

105

> Aslan biçimli ağırlık

Boğazköy/Hattuşa
Hitit Büyük İmparatorluk Dönemi
Hematit
Yük. 5,3 cm, Uzun. 8,5 cm
Boğazköy Müzesi
Müze Env. No. 1-113-85
Kazı No. Bo. 85/110

Ayakları üzerinde yatmış aslan betimi. Burun çatık kaşlar arasından inmekte; ağız yay biçimli. Bükük ön ayakları ve kalçası vurgulanmış. Kuyruk vücudu sağ taraftan dolanarak enseye doğru uzanıyor.

106

> Aslan başı

Boğazköy/Hattuşa

Hitit Büyük İmparatorluk Dönemi

Gabro türü taş

Yük. 36 cm, Gen. 39 cm, Uzun. 46 cm

Boğazköy Müzesi

Müze Env. No. 1-29-872

Kazı No. Bo. 87/25

Res. S. 138

Büyük bir aslan heykelinin parçası olan bu başın yüzünün sağ yarısı yangında tahrip olmuş. İyi korunagelmiş sol yarısında kulak, yele, ağız ve dişler natüralistik üslupta biçimlendirilmiş olduğu görülüyor. Gözler başka bir maddeden ayrıca yapılarak göz çukuruna doldurulmuştur. Şimdi yalnızca göz çukuru izlenebilmektedir.

Neve 1992b, Res. 112

107

> Boğa betimli çeşme taşı

Boğazköy/Hattuşa, Derbent ve Kayalıboğaz arasında yüzey buluntusu

Hitit Büyük İmparatorluk Dönemi

Kireçtaşı

Yük. 90,7 cm, Gen. 76,5 cm, Der. 54 cm

Boğazköy Müzesi

Müze Env. No. 1-542-85

Dikdörtgen prizması biçimindeki taşın ön yüzünde kabartma olarak diz çökmüş boğa cepheden betimlenmiş. Taşın üst kenarı boğanın boynuzlarını oluşturuyor. Kulakların içi uzunlamasına çizgilerle taralı. Gözler oval, burun yarım ay biçimli. Avurtlardaki dörder yiv kulaklara doğru uzanıyor. Ağızdaki delik yuvarlak olup, boru biçimli oluk ile taşın arkasındaki su haznesine bağlı. Boğanın gerdanı zikzak kabartma bant olarak verilmiş; dizleri belirgin.

Taşın diğer üç yüzeyi yalnız kabaca biçimlendirilmiş.

108

> Hörgüçlü boğa biçimli amulet

Boğazköy/Hattuşa, Aşağı Şehir

MÖ 14. – 13. yüzyıl

Gümüş

Yük. 2,6 cm, Gen. 2,4 cm

Boğazköy Müzesi

Müze Env. No. 1-83-66

Kazı No. Bo. 217/p

Kaide üzerinde ayakta duran boğa heykelciğinin sırtında asma halkası var. Boynuzlar ve hemen altında kulaklar, iri patlak gözler kabartma olarak verilmiş. Sağ kulak ile sağ göz arasında bir üçgen görülmekte. Kemerli burun altındaki ağız yatay yivle belirtili. Sırtında hörgücü var. Gerdan, boyun üzerinden bacak arasına kadar keskin sırt yaparak inmekte. Vücut doğal, yan yana bitişik durumdaki bacaklar ayrıntılarıyla işlenmiş. Kuyruk iki arka bacağa yapışık olarak aşağıya sarkmakta.

Sırtı halkalı hayvan heykelcikleri, özellikle boğalar, tanrıların simgelerini oluşturmakta. Boğazköy'ün bu gümüş heykelciği gibi amulet/muska olarak kullanılmış heykelcikler, Hitit sanatçılarının gelişmiş düzeyini belgeler.

Bittel 1958, 21, Res. 19; Bittel 1976, 158, Res. 179; Darga 1992, 105

109

> Boğa heykelciği

Alacahöyük

Hitit Büyük İmparatorluk Dönemi

Tunç

Yük. 6,2 cm, Gen. 3,2 cm

Ankara Anadolu Medeniyetleri Müzesi

Müze Env. No. 5685

Kazı No. Al. b/11

Res. S. 227

Başı hafifçe yukarıya kalkık ve sola dönük boğa yere çökmüş durumda betimlenmiş. Alın oval, yana dönük boynuz ve kulaklarla bir hizada biçimlendirilmiş. Gözler oval, burun delikleri belirgin. Gerdan keskin bir sırt gibi işlenmiş. Sırtında üçgen biçimli çıkıntı var. Sağ arka ayağı ve kuyruğu gövde altında, sol ön ve arka ayakları kıvrık; sağ ön ayak da kıvrık ve yere dikey olarak basmakta.

Doğal görünümlü boğa içi boş olarak döküm tekniğinde yapılmış. İç boşluğu sonradan kurşunla doldurulmuş.

MÖ 2. binyıl sonlarında gerek Mısır, gerekse Doğu Akdeniz bölgesinde insan, hayvan ve karışık varlıklar biçimli tunç ağırlıklar sıkça kullanılıyor.

Koşay 1951, Lev. LXVII,67; Emre 1993b, 241, Lev. 24,4 – 6.8

110

> Boğa heykelciği

Alacahöyük

Hitit Büyük İmparatorluk Dönemi

Tunç

Yük. 6,3 cm, Gen. 3,1 cm

Ankara Anadolu Medeniyetleri Müzesi

Müze Env. No. 5686

Kazı No. Al. b/12

Res. S. 227

Başı sağa dönük, yere çökmüş biçimde betimlenmiş genç boğa heykelciği. Oval alın, yana dönük boynuz ve kulaklarla bir hizada biçimlendirilmiş. Gözler, burun, ağız ve çene belirtilmiş; gerdan kabarık. Sağ ön ve arka ayaklar kıvrık. Sol arka ayak ve kuyruk gövdenin altında. Sol ön ayak bükük ve yere dikey olarak basmakta. Vücut adaleleri hayvanın hareketiyle uyum içinde; hayvan hafifçe yukarı kaldırdığı başıyla bir ses dinliyormuş ve ayağa kalkmak üzereymiş izlenimi vermekte.

Doğal görünümlü boğa içi boş olarak döküm tekniğinde yapılmış. İç boşluğu sonradan kurşunla doldurulmuş.

Koşay 1951, 127, Lev. LXVII,7; Emre 1993b, 241, Lev. 24,1 – 3.7

111

> Oturan tanrıça heykelciği

Alacahöyük

Hitit Büyük İmparatorluk Dönemi

Tunç

Yük. 10,5 cm, Gen. 5,1 cm

Ankara Anadolu Medeniyetleri Müzesi

Müze Env. No. 5684

Kazı No. Al. B/10

Res. S. 175

Taht üzerinde oturan tanrıça heykelciği. Tahtının arkalığı yok ama basit bir bloktan da oluşmuyor: kolları belirtilmiş ve arkada da üç sıra yatay kabartma şerit var. Tahtın ayakları, tırnaklı bir hayvanın ayaklarına benzetilmiş. Bu hayvanın boğa olması çok olası. Tanrıçanın başındaki kurs biçimli geniş başlık, kulakları dışarıda bırakıp, saçları içine almakta, kaşların üzerine oturmakta. Başlıktaki ışınsal düzende ince çizgi bezemeler, bu tanrıçanın Güneş Tanrıçası olduğunu göstermekte. Dolgun yanaklı, iri badem gözlü, çok iri burunlu. Ağız belli belirsiz bir oyukla belirtilmiş. Boyun kısa, omuzlar yuvarlak, göğüsleri büyük ve yuvarlak, kollar dirsekten bükük. Bedenini saran giysisi ayak bileklerini açıkta bırakmakta. Tahtın önünde, tanrıçanın sivri pabuçlu ayaklarını üzerine dayadığı alçak bir kaide bulunmakta. Tahtın altındaki dikdörtgen prizma biçimli çıkıntı,

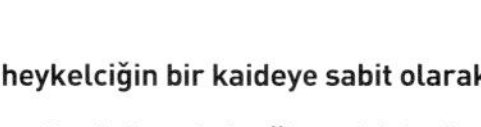

heykelciğin bir kaideye sabit olarak yerleştirilmesini sağlamak içindir.

Koşay 1951, 24, Lev. LXVII,1a – b; Emre 1993b, 235, Lev. 23,1 – 2

112

> Oturan tanrıça heykelciği

Boğazköy/Hattuşa, Tapınak 8

Hitit Büyük İmparatorluk Dönemi

Tunç

Yük. 5,7 cm, Gen. 2,6 cm

Boğazköy Müzesi

Müze Env. No. 1-21-84

Kazı No. Bo. 84/22

Dikdörtgen prizması biçimli taburede oturan tanrıçanın başı geriye doğru eğimli. Başında bir başlığı olması mümkündür. Saç başın iki yanında toplu. Göz, burun, ağız gibi yüz detayları belirgin değil. Kısa boyun yalnız önde belli; arkada baş doğrudan sırtla birleşiyor. Sol kol dirsekten bükük; göğüs hizasında ileri doğru uzanan sağ kolla birleşmiş. Eller belirtilmemiş. Bel bir boğum olarak verilmiş. Uzun elbise, üçgen blok olarak kabaca biçimlendirilmiş bacakları örtmekte, ayakları açıkta bırakmakta.

Neve 1985, 335, Res. 13a – b

113

> Üçlü tanrı betimi

Boğazköy/Hattuşa, Tapınak 20

Hitit Büyük İmparatorluk Dönemi

Fildişi

Yük. 3,7 cm, Gen. 3,7 cm

Boğazköy Müzesi

Müze Env. No. 1-164-84

Kazı No. Bo. 84/169

Res. S. 244

Üç tanrı yan yana bir kaide üzerine basmakta. Ortadaki boğa adam kanatlı güneş kursunun altında burnuna kadar inen uzun, kıvrık boynuzlarıyla, çıkık alnıyla ve uzun burnuyla betimlenmiş; göz cukurları belirgin. Öne doğru uzattığı kolları dışında gövde detayları verilmemiş. Boğa adamın iki yanında yer alan tanrılar birbirlerine benzer: sivri külahlı, iri patlak gözlü, iri kemerli burunlu, dolgun yanaklı, abartılı büyük kulaklı. Öne uzatılmış kolları dirsekten bükük, elleri göğüs hizasında birleşik. Her ikisi de ucu sola kıvrık değnek (Lituus) tutmakta. Etekleri aşağı doğru genişlemekte. Etek üzerindeki yivler bezeme olmalıdır.

Neve 1992b, 29, Res. 81

114

> Dans eden tanrı heykelciği

Boğazköy/Hattuşa, Yukarı Şehir, Tapınak 7

Hitit Büyük İmparatorluk Dönemi

Fildişi

Yük. 5,8 cm, Gen. 3,3 cm

Boğazköy Müzesi

Müze Env. No. 1-166-82

Kazı No. Bo. 82/170

Res. S. 111

Oyularak işlenmiş, dans eden savaşçı tanrı. Başında üç çift boynuzlu miğfer. Başlığın altından, başın iki yanından inen saç örgüleri göğüs üzerinde Hator bukleleri oluşturur. Dar alınlı, perçemli oval yüz çatık kaşlı, içleri çukur iri gözbebekli, yayvan burunlu ve kapalı ağızlı. Hator buklelerin arasındaki yatay bant giysisinin yakası olabilir. Göğüs giysinin altında hafifçe belirtilmiş. Belindeki, çizilerle bezeli kemer, ucu sivri hançerini tutmakta. Dar eteği ve öndeki kapama kenarı derin yivlerle bezeli. İki yana açılmış kolları ve birbiri üzerine atılmış burma bacaklarıyla figüre hareket verilmiş.

Darga 1992, 110; Neve 1992b, 29, Res. 82

115

> Dağ Tanrısı heykelciği

Boğazköy/Hattuşa, Harman yeri

Hitit Büyük İmparatorluk Dönemi

Fildişi

Yük. 3,6 cm, Taban 1,4 cm

Ankara Anadolu Medeniyetleri Müzesi

Müze Env. No. 136-1-64

Kazı No. Bo. 387/n

Res. S. 245

Tanrı başında boynuzlu sivri külah taşıyor. Yüzdeki derin çukurlar içine yerleştirilmiş iri badem gözler, sivri burun, küçük kapalı ağız, uzun sakal özenle işlenmiş. Abartılı irilikteki kulakları küpeli. Tanrının saçları uzun ve arkada üçgen bir tutam halinde toplanmış. Sağdakinde biraz eksiklik olan kollar dirsekten kıvrık; eller önde yüz hizasında birleşik. Üstü çıplak tanrının konik eteği dağları simgeleyen pullarla kaplı.

Koninin tabanındaki küçük delik, heykelciğin bir kaideye sağlamca oturmasını sağlamak içindir.

Büyük bir tanrı heykelinin elinde yer almış olabilir.

Bittel 1976, Res. 248; Darga 1992, 110, Res. 111

116

Askı halkalı tanrı heykelciği

Boğazköy/Hattuşa, Tapınak 4

Hitit Büyük İmparatorluk Dönemi

Tunç

Yük. 4 cm, Gen. 1,5 cm

Boğazköy Müzesi

Müze Env. No. 1-545-84

Kazı No. Bo. 84/563, Res. S. 229

Kaide üzerinde ayakta duran tanrı heykelciği. Kaidenin altında heykelciğin başka bir yere sağlamca oturmasını sağlayan çıkıntı, sırtında asma halkası var. Yüksek sivri külahının tepesi "T" biçiminde genişlemekte. Külahın kenarı kabartma bantlı. İri patlak gözlü, sivri burunlu, iri kulaklı, dolgun yüzlü. Üçgen sakalı göğüse kadar inmekte. Geniş yuvarlak omuzlardan çıkıp, açık olarak aşağı inen kollar, dirsekten kıvrık. Eller göğüs hizasında kavuşturulmuş. Sağ elinde tuttuğu asanın (hançer) ucu kıvrık ve sağ omuza dayanmakta. Uzun paltosu belde boğumlu, sütun biçiminde kaideye kadar inmekte; sağ taraftaki yırtmaçtan adaleli sağ bacak görülüyor. Sol bacak önde, adım atar pozisyonda.

Heykelcik, amulet/muska işlevli olup, bu tür minik heykelciklerin büyük boy tanrı heykellerinin kopyası olduğu düşünülmekte.

Neve 1985, 348, Res. 26; Neve 1992b, 29, Res. 228

117

> Oturan tanrıça betimli amulet

Boğazköy/Hattuşa, Kayalıboğaz

Hitit Büyük İmparatorluk Dönemi

Altın

Yük. 1,8 cm, Gen. 0,9 cm

Ankara Anadolu Medeniyetleri Müzesi

Müze Env. No. 13164

Kazı No. Bo. 70/L

Res. S. 53

Eğimli bir taban üzerindeki arkalıksız bir tahtta oturan figür tanrıça olarak yorumlanır. Arkadan tahtın yarım ay biçiminde ve iki kolluklu olduğu görülür. Detaylar kazıma yöntemi ile verilmiş. Takke biçimi başlıklı, sırtına kadar inen uzun saçlı, büyük kemerli burunlu, küpeli. Sağ elinde büyük bir kase tutuyor. Uzun giysisi ucu yukarı kıvrık ayakkabılara kadar iniyor. Diz çıkıntıları giysinin altından vurgulanmış.

Sırtındaki halkaya ip veya zincir geçirerek muska gibi, beden üzerinde taşındığı ve büyük boy tanrı heykellerinin kopyası olduğu düşünülür.

Bittel 1976, Res. 171

118

> Kırların Koruyucu Tanrısı

Alacahöyük

Hitit Büyük İmparatorluk Dönemi

Altın

Yük. 2,9 cm, Gen. 1,2 cm

Alacahöyük Müzesi

Müze Env. No. 1-16-81

Kazı No. Al.Kk.16.18

Res. S. 175

Başka malzemeden yapılmış bir heykelciğin üzerine perçinlerle tutturmak üzere düşünülmüş altın kaplama, olasılıkla döküm tekniğiyle üretilmiş. Heykelin kendisinin hangi malzemeden olduğuna dair ipucu yoktur. Hitit yazılı kaynakları altın ve gümüş kaplamalı tanrı heykellerinden söz eder. Bu örnekte başın iki yanında iki küçük delik var.

Başın üst kısmı eksik olduğundan başlığı olup olmadığı bilinmiyor. İri, çerçeveli gözler, kemerli buruna bitişik çatık kaşlar yüzü karakterize eder. Burun ve sol yanak ezik. Dudaklar kalın, çene ve boyun geniş, omuzları yuvarlak. Kollar dirsekten bükük, parmaklarının çizgilerle belirtildiği eller vücuda bitişik. Sol elinde bir kuş (kartal), sağ elinde ucu kıvrık değnek (Lituus) tutmakta. Uzun giysisi "V" yakalı, uzun kollu, kemersiz. Etek ucu bir şeritle belirtilmiş. Alt kenar yırtık olduğundan ayaklar ve kaidesi konusunda bilgi yoktur.

Bu figür, Hitit dininden ve sanatından iyi bilinen Kırların Koruyucu Tanrısı'nı tasvir eden ilginç bir örnek.

T. Özgüç 1993, 487, Lev. 84,2a – b

119

> Yürüyen erkek heykelciği

Lübnan'da Sidon yakınlarında bulunduğu söyleniyor. Müzeye alınış tarihi 1913

MÖ 14./13. yüzyıl

Tunç

Yük. 14,7 cm

Staatliche Museen zu Berlin – Preußischer Kulturbesitz, Vorderasiatisches Museum

Müze Env. No. VA 4853

Bir ayağı öne adım atmış, yürürken betimlenen figür kısa ve vücudu saran bir etek giymiş. Beli tokalı kemerli eteğin kenarları püsküllü. Kollar ayrıca biçimlendirilmiş ve arkada kürek kemiği kesimindeki perçinlerle gövdeye tutturulmuş. Sol kol kayıp, dirsekten kıvrık sağ kol öne doğru uzatılmış. Sağ elinde tuttuğu nesne eksik olmakla birlikte, benzerleriyle karşılaştırıldığında balta olduğu söylenebilir. Bileklerine kadar uzanan düz çizmecikli ayakların altında kaideye sağlamca oturtulmasını sağlayan çıkıntı vardır.

Her iki omuzdan boyuna, sol kalça üzerinde, her iki bacağın arkasında olmak üzere yüzeyde, içlerinde altın izlerinin görülebildiği birkaç yarık var. Bu izlerden anlaşıldığı üzere, tunç heykelcik altın yaprak ile kaplı olmalıydı. Başın alın üzerinde kalan kesimi ayrıca biçimlendirilmiş ve tutturulmuş. Başın hemen üzerindeki yüzeyin ortasında başlığın tutturulması için küçük bir bağlama deliği var. Benzer örneklerle yapılan karşılaştırmalar başlığın sivri külah ya da takke şeklinde olabileceğini gösterir. Gözlerdeki kakma ilave günümüze ulaşmamış.

Heykelcik küçük olmakla birlikte özenle işlenmiştir. Minik yuvarlak küpeler, kazılarak oluşturulmuş çift çizgili gerdanlık, minik göğüs uçları, diz kapakları, baldır kasları, eteğinin püsküllü kenarındaki ince taramalar gibi ayrıntılar, yüzün biçimlendirilişi, heykelciğin ayrı ayrı parçalardan komplike bir teknolojiyle oluşturulması ve altın kaplamalı oluşu betimlenen kişinin önemini kanıtlamaktadır. Burada bir yönetici ya da tanrı betimlenmiş olmalıdır.

Bittel 1976a, 227, Res. 262; Seeden 1980, 113vd., No. 1740, Lev. 105

120

> Yürüyen tanrı heykelciği

Karaman (Mut ?) (kazı buluntusu değil)

Hitit Büyük İmparatorluk Dönemi

Tunç

Yük. 7,5 cm, Gen. 2,7 cm

Karaman Müzesi

Müze Env. No. 2626

Res. S. 229

Sağ ayak geride, sol ayak ileriye doğru atılmış olup, hamle yapar pozisyonda. Başında önü beş boğumlu kabartma ile bezeli, kenarı kabartma bantlı sivri külah giymiş. Arkada külahın altından çıkan saçlar, sırtta bel üzerine kadar üçgen biçiminde inmekte. Kabartma kaşlar, burun, ağız ve dolgun yanaklar gerçekçi biçimde işlenmiş. Kulaklar oransızca iri. "V" yakalı, vücudu saran sıkı giysisinin eteği kısa. Sağ kolu dirsekten kıvrık, baş hizasına kaldırılmış elde yuvarlak delik vardır, büyük olasılıkla elinde bir silah tutmakta. Sol kolu öne uzatılmış; kalkan tutuyor olmalıydı. Sivri ucu yukarı kıvrık ayakkabılarıyla küçük bir zemine basmakta; zeminin altında, bir kaideye sağlamca oturtulmasına yarayan çıkıntı görülür.

Aydal 1987, 15 – 17; Özgüç 1993, 491 – 492, Lev. 1a – d

121

> Oturan tanrı heykelciği

Amasya (Zara-Doğantepe) (kazı buluntusu değil)

Hitit Büyük İmparatorluk Dönemi

Tunç

Yük. 21,5 cm, Gen. 5,8 cm

Amasya Müzesi

Müze Env. No. A.64-1-1

Kazı No. –

Kenarı kabartma bantla çevrili sivri külahlı. Yuvarlak yüzlü, kabartma çatık kaşlı, gözler iri ve çukur, başka bir madde ile doldurulmuş olmalıydı. Kulaklar çok büyük. Külahın arka kısmında, yukarıdan aşağı çok derin olmayan, ensenin iki yanından, kol altından etek ucuna kadar devam eden bir oluk yer alır. "V" yakalı giysisinde, önde, göğüs altında hafif katlanma vardır. Arkada da yaka açık ve "V" biçimindedir. Kenarları kabartma, uçları yuvarlatılmış kemer olasılıkla tokalı. Kemerden aşağı, üzeri verev çizgi bezemeli kabartma bant sarkıyor. Dar eteği önde çizilerle, arkada zik zak çizgilerle bezeli. Perçin deliklerinden anlaşıldığı üzere, kolları ve bacakları gövdeye ayrıca tutturuluyormuş.

Alp 1961/62, 191 – 216, Lev. 23 – 28

122

> Tanrı heykeli

Hocalar – Ahurhisar (Ahur Dağı) (kazı buluntusu değil)

MÖ 13. yüzyıl

Tunç

Yük. 31,5 cm, Gen. 13,5 cm

Afyon Müzesi

Müze Env. No. E 10393

Res. S. 229

Sağ bacağı geride, sol bacağı önde, adım atar durumda. Kenarı kabartma bant ile çevrili takke biçimi başlıklı. Alın geniş ve yassı. Sol kaşın uç kısmı kaşların çatık olduğunu kanıtlar. Badem biçimli gözlerinin göz kapakları belirtilmiş, burun aşınmış, kalın dudaklı ağız kapalı. Yıpranmış olmakla birlikte kulakların iriliği belli. Sağ kulağın altındaki çıkıntı küpe veya bir çift boynuz olmalı. Yuvarlak yüz, yumuşak ve genç görünümlü. Hafif bir gülümseme seçilebiliyor. Kısa, kalın boyun geniş omuzlu, göğüs kasların özenle işlendiği üçgen gövdeye bağlanıyor.

"V" biçimli iz, figürün giysili olduğunu belirtir. Gömlek eteğe kemerle tutturulmuş. Kenarları kabarık, tokasız kemer, yalnızca önde ve yanlarda görülmekte. Kemer ortasından dize kadar bir bant uzanır. Vücudunu saran eteği kısa. Bacakların arkasındaki perçin deliklerinden, bacakların gövdeye tutturuluş tarzı anlaşılıyor. Her iki kol da öne doğru aşağı sarkmaktaydı. Arkada detaylar işlenmemiş olup belki de heykelin yapımı tamamlanmamıştır. Takkenin altında, kulakların önünde ve arkasında, sırtta boyundan etek ucuna kadar, omuzlar üzerinde ve koltuk altında ve göbekten etek ucuna kadar uzanan yivler görülmekte. Bunlar heykelin pek çok ayrı parçanın birleştirilmesiyle yapıldığını kanıtlar. Gerek takke yivinde bulunan altın izleri, gerekse başka bulgular heykelin altın kaplı olabileceğini düşündürür. Yüzey aşınmış. İçi kurşun dolu olduğu için beklenenden daha ağırdır. Hitit tanrılar dünyasından güçlü bir tanrıyı temsil ettiği düşünülür.

İlaslı 1993, 301 – 308, Lev. 55 – 58

123

> Karışık yaratıkların betimlendiği levha

Alacahöyük
Hitit Büyük İmparatorluk Dönemi
Tunç
Yük. 15,2 cm, Gen. 6,8 cm
Ankara Anadolu Medeniyetleri Müzesi
Müze Env. No. 6242
Kazı No. Al B/9
Res. S. 175

Arka yüzü işlenmeden bırakılmış levhanın üstünde, ortasında çok silik bir yıldızın işlendiği çıkıntı yer alır. Altında ana motif olarak iki boğa adam tarafından taşınan kanatlı güneş kursu var. Sakallı boğa adamlar, başları ve gövdenin üst kısmı cepheden, gövdenin alt kısmı ve bacaklar profilden gösterilmiştir. Ortalarında hayat ağacı var. Boğa adamlar iki boğa üzerine, boğalar da dağlara basmakta.

Alttaki sap bu levhanın bir kaideye monte edileceğini ve belki standart olarak taşınmış olabileceğini göstermekte.

Semboller taşıyan boğa adamlardan oluşan sahnelere Anadolu'da Assur Ticaret Kolonileri Çağı'ndan itibaren rastlanır.

Koşay 1951, 24, Lev. LXVII,4; Emre 1993b, 236, Lev. 22,1

124

> Kırların Koruyucu Tanrısı'nın betimlendiği levha

Çorum-Yeniköy (kazı buluntusu değil)
Hitit Büyük İmparatorluk Dönemi, MÖ 14./13. yüzyıl
Steatit
Yük. 6,3 cm, Gen. 4,9 cm
Ankara Anadolu Medeniyetleri Müzesi
Müze Env. No. 12467
Res. S. 223

Altı düz, üstü yuvarlatılmış, stel benzeri levha üzerinde Kırların Koruyucu Tanrısı, geyik üzerinde ayakta dururken gösterilmiş. Dikey yivlerle bezeli, boynuzlu, sivri külahlı. Başı, bacakları ve sivri ucu yukarı kıvrık ayakkabıları profilden, gövdesi cepheden. Vücudu saran kısa kollu elbisesinin eteği kısa. Belindeki kabzası hilal biçimli kılıç, kemerine takılı. Sağ elinde bir kuş, sol elinde omuzuna dayalı ucu kıvrık değnek (Lituus) tutmakta. Geyiğin baş, boynuzlar, toynaklar gibi detayları belirgin. Ön bacak adalesi bir yivle belirtilmiş.

Taşın arkası düz, işlenmemiş. Kabartmanın ikonografisi ve biçimi Hitit sanatının tipik özelliklerini yansıtmakta.

Arık 1937, 26, Res. 36

125

> Büyük Kral betimli ortostat

Boğazköy/Hattuşa, Tapınak 5
Hitit Büyük İmparatorluk Dönemi
Kireçtaşı
Yük. 91,1 cm, Gen. 78,5 cm
Boğazköy Müzesi
Müze Env. No. 1-541-85
Kazı No. Bo. 85/540
Res. S. 138

Taş bloğun kareye yakın yüzeyine sağa doğru yürüyen erkek figürü yüksek kabartma olarak işlenmiş. Dört çift boynuzlu, sivri külahından tanrı olduğu anlaşılmakta: Ölümünden sonra tanrı statüsüne erişmiş kral.

Profilden işlenmiş köşeli yüzde, çift yivle çevrelenen göz, alnın devamı gibi görünen burun, dolgun yanaklar ve ince dudaklar. İri kulak, iri halka küpeyle bezeli. Gövdenin üst kesimi cepheden. Kısa eteğinin belinde iki yatay yivle bezeli kemeri var. Sağ eliyle omuzuna dayalı mızrağı tutmakta. Sol eli üzerinde Hitit hiyeroglifiyle "Büyük Kral Tuthaliya" yazıyor. Her iki elde de parmaklar tek tek gösterilmiş. Eteğinin kat kenarı ve etek uçları çizgilerle bezeli. Sivri uçları yukarı kıvrık ayakkabılarının üzerinde bacak adaleleri özenle işlenmiş.

Neve 1986, 395, Res. 29a – b; Darga 1992, 196, Res. 196 – 198; Neve 1992b, 35, Res. 100

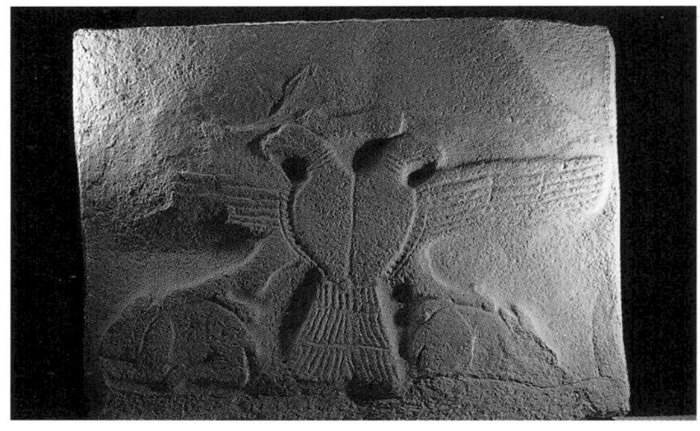

126

> Çift başlı kartal kabartması

Alacahöyük, Sfenksli Kapı'nın doğu tarafı
Hitit Büyük İmparatorluk Dönemi, MÖ 14. yüzyıl
Orijinali taş /sergide alçı kopya
Yük. 126 cm, Gen. 165 cm
Ankara Anadolu Medeniyetleri Müzesi
Müze Env. No. –

Hititler'de kutsal sayılan çift başlı bir kartal burada alçak kabartma olarak işlenmiş. Kartalın üzerinde, kentin içine doğru yürüyen bir tanrıçanın ayakları ve giysinin etek uçları görülmekte.

Her iki kartal başı da karşıt yönlere bakmaktadır. Sağdaki başın gagası kanatlara değiyor. Boyunlar birbirine paralel üç kabartma bantla bezeli. Detayların verilmediği vücut, altta bir halka ile sona eren derin bir olukla ortadan ikiye ayrılmakta. Kuyruk aşağıya doğru genişlemekte, üç yatay bant dik çizgilerle bezeli. Kanatlar yatay çizilerle tüylerin belirtildiği üç bant halinde. Kanatların altında bacaklar sağa ve sola açılmış durumda. Kartal pençelerinde başını gövdeye çekmiş durumda iki tavşan tutmakta. Tavşanlardan daha iyi korunmuş sağdakinde baş detayları, bacak adaleleri ve küçük kuyruk belirgin.

Koşay/Akok 1966, 10

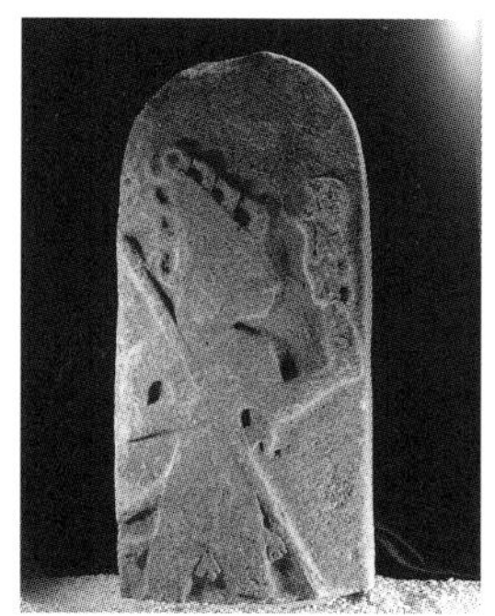

127

> Tanrı kabartmalı stel

Gaziantep, Akçaköy, Çağdın
(Gaziantep'in güneydoğusu)
Hitit Büyük İmparatorluk Dönemi
Bazalt
Yük. 140 cm, Gen. 62,5 cm
Adana Müzesi
Müze Env. No. 1982
Kazı No. –
Res. S. 299

Üst bitimi yuvarlatılmış stelin altı kırıktır. Özenle düzeltilmiş yüzey üzerinde genç bir tanrı alçak kabartma olarak betimlenmiş. Başı sağ profilden, gövdesi diz hizasına kadar cepheden. Dört çift boynuzlu, sivri külahlı; yüzü ince hatlı. Burun alnın devamı görünümünde, kaşlar oyularak verilmiş. Kulağında büyük halka küpe, boynunda tek taneli gerdanlık. Kısa eteğinde ışınları veya yaprakları andıran kabartma bezek yer alır. Etekten ortaya ve her iki yöne doğru sarkan püskül biçimli bezek görülür. Sol omuz ve kol, sağ tarafa oranla daha güçlü betimlenmiş. Sağ kolu dirsekten kıvrık, elinde bir mızrak tutmakta. Sol kol öne uzatılmış, yumruğu sıkılı elinin üstünde Hava Tanrısı'nın Hitit hiyeroglifiyle yazımı görülür. Parmaklar ayrıntılarıyla işlenmiş. Tanrının belindeki hilal kabzalı kılıcın ucu üç çatallı.

Bittel 1976, Res. 207

128

> Çiviyazılı tablet

Boğazköy/Hattuşa
Hitit Büyük İmparatorluk Dönemi, MÖ 13. yüzyıl
Orijinali Tunç/sergide kopyası
Yük. 35 cm, Gen. 23,5 cm, Orijinalin Ağırlığı 5 kg
Ankara Anadolu Medeniyetleri Müzesi
Müze Env. No. 166-1-86
Kazı No. Bo. 86/299

Dikdörtgen biçimli tablet üzerine çiviyazısı metin dövme yoluyla yazılmıştır. Kısa kenarlarından birinde, on üçer halkalı tunç zincirlerin takılı olduğu iki yuvarlak delik vardır. Metni onaylamak için bu zincirlere, mühürlerin basıldığı kil topaklar tutturulmuştu. Her iki yüzde ikişer sütundan, toplam dört sütun vardır. Ön yüzde ilk sütun 101, ikinci sütun 102 satır; arka yüzde üçüncü sütun 98, dördüncü sütun 51 satırlıktır. Sütunları dikey çizgiler, paragrafları yatay çizgiler ayırır.

Hititler'de önemli antlaşmalar tunç ya da gümüş tabletler üzerine yazılıyordu. Bu örnek bulunan ilk madeni tablettir. Tablet Hitit Büyük Kralı IV. Tuthaliya ile Tarhuntaşşa kralı Kurunta arasında yapılan bir antlaşmayı içerir. IV. Tuthaliya, III. Hattuşili'nin oğludur ve Kurunta'nın ağabeyi III. Murşili/Urhiteşup'un tahttan indirilmesiyle başa geçmişti. Aslında tahtın gerçek sahibi Kurunta idi, ancak antlaşmada kendine verilen geniş haklarla, tahtta hak iddia etmesi engellenmeye çalışılıyor. Ülkesi Tarhuntaşşa'nın sınırları genişletiliyor ve imparatorluktaki konumu Karkamış'la eşit hale getiriliyor. Ayrıca Kurunta'ya kendi ardılını tayin edebilme yetkisi de tanınıyor. Metnin sonunda antlaşmanın tanıkları listeleniyor; yedi kopya olarak hazırlandığı ve Arinna'nın Güneş Tanrıçası ile Hatti ülkesinin Hava Tanrısı'nın mühürleriyle damgalanarak çeşitli yerlerde muhafaza edildiği belirtiliyor.

Otten 1988

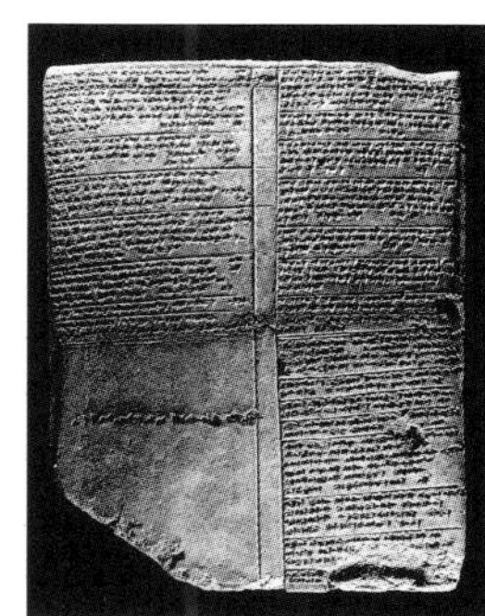

129

> Çiviyazılı tablet

Boğazköy/Hattuşa
Hitit Büyük İmparatorluk Dönemi
P.T. Kırmızı hamurlu
Yük. 21,5 cm, Gen. 17,5 cm
Ankara Anadolu Medeniyetleri Müzesi
Müze Env. No. 11511
Kazı No. 1780/c
Res. S. 49

Ön yüzde iki, arka yüzde iki olmak üzere dört sütunlu. Sol üst köşe kırık, eksik. Önde 106, arkada 82 satır olmak üzere tablet toplam 188 satırlı. Ön yüzde 30, arka yüzde ise 22 paragraf ayırma çizgisi yer alır. Arka yüzdeki paragraf çizgilerden ikisi çifttir.

Metinde, krallık simgelerini ve unvanını alan kralın tanrıların izni ile sarayı nasıl inşa ettirdiği, inşaatın başlangıcında yapılan tören, kral ve ailesinin iyiliği için yapılan sembolik kült işlemleri, sarayın yapılmasında gerekli olan ağaçların nasıl kesilmiş olduğu ve koruyucuların izin vermeleri için nasıl dini öğütler verilmiş olduğu anlatılmakta.

KUB XXIX 1

130

> Çiviyazılı tablet

Boğazköy/Hattuşa (alt parça 1950 kazılarında bulunmuş, üst parça 1988 de satın alma yoluyla)

Hitit Büyük İmparatorluk Dönemi, MÖ 13. yüzyıl

P.T. Koyu gri hamurlu. İki parça

Yük. 15,2 cm, Gen. 9,7 cm

Ankara Anadolu Medeniyetleri Müzesi

Müze Env. No. 136-1-88

Kazı No. 335/o

Ön yüzde 27, arka yüzde 4 satır. Mısır firavunu II. Ramses'in (MÖ 1290 – 1224 te hüküm sürmüş) eşi Naptera'nın, III. Hattuşili'nin eşi Puduhepa'ya yazdığı Akkadca mektuptur. İki ülke arasındaki politik ilişkiler konusunda önemli bilgiler veren bu tablette iyi ilişkilerden ve karşılıklı verilen hediyelerden söz edilir. Diğer mektuplarda olduğu gibi, bu mektubun da başında gönderenin ve alıcının adları verilir. İkinci kısımda mektubu gönderen, alıcı aileye, soylularına, ordusuna ve ülkesine en iyi dileklerini sunar ve kendisinin de iyi olduğunu belirtir. Üçüncü kısımda esas konuya geçilir.

"Mısır ülkesinin Büyük Kraliçesi Naptera şöyle (der): Hatti ülkesinin Büyük Kraliçesi Puduhepa'ya söyle: Ben kızkardeşin, iyiyim. Ülkem de iyidir. Sen kızkardeşim (de) iyi olasın. Ülken de iyi olsun. İşte senin kızkardeşimin, nasıl olduğumu sormak için ve Büyük Kral, Mısır ülkesinin kralı ile Büyük Kral, Hatti ülkesinin kralı, arasındaki iyi barış ile iyi kardeşlik ilişkisinin varlığı dolayısı ile bana yazdığını işittim.

Güneş Tanrısı ile Fırtına Tanrısı senin başını yüceltecekler. Güneş Tanrısı barışı geliştirecek. Büyük Kral, Mısır ülkesinin kralı ile kardeşi Büyük Kral, Hatti ülkesinin kralı arasındaki iyi kardeşliği sonsuza dek koruyacak; ben de seninle barış içindeyim. Sen kız kardeşimle aynı biçimde kardeş olduk...."

Weidner 1917, 53 – 78; Friedrich 1925, 1 – 32; Ün 1989, 3 – 7; İstanbul 1993, Kat. No. A 141; Edel 1994, Bd. I, 40vd., Lev. XXvdd.; Türkçe'ye çeviri: Alp 1997, 16 – 18

131

> Çiviyazılı tablet

Boğazköy/Hattuşa

Hitit Büyük İmparatorluk Dönemi

P.T.

Yük. 27 cm, Gen. 19 cm, Kal. 4,3 cm

İstanbul Eski Şark Eserleri Müzesi

Müze Env. No. 2001

Kazı No. –

Çok parçalı olmakla birlikte metin tümüyle okunabilmiştir. Ön yüzde, 58 ve 57 satırlık, arka yüzde 55 ve 43 satırlık ikişer sütun bulunur. Hititler temizlik ritüelleriyle tüm kötülüklerden arınabileceklerine inandıklarından, tanrılar için sık sık dinsel törenler düzenleyerek, onlara kurbanlar sunarlardı. Bu metinde doğum sırasında, doğum iskemlesinin bacağının kırılmasının nedeni olarak, doğurmakta olan kadının dinsel olarak temiz olmadığı ve tanrıları kızdırmış olduğu kabul edilmektedir. Bu nedenle yapılan dinsel törende durum fal yolu ile sorulmakta ve kızgın tanrılara kurbanlar sunulmakta. "Kummanni ülkesinden patili rahip Papanikri şöyle söyler: Eğer bir kadın doğum iskemlesinde iken, doğum iskemlesinin küveti bozulur veya iskemlenin bir bacağı kırılır ise ve eğer kadın henüz doğurmamışsa, orada içinde kalır. Tahta iskemle (?) yeniden kurulur. O artık (kült açısından) temiz değildir.

Patili rahip doğum iskemlesini ve içindeki aletleri yükseğe kaldırır. Onları kapıya doğru taşırken kapının önünde tanrı Alitapara'ya yakarak bir kuş kurban eder; kentin tanrıları için de yakarak bir kuş kurban eder.

Sonra doğum iskemlesini ve aletleri şinapşi'ye (kutsal ev) taşır. Onları (kadının) yanında bir yere koyar. Sonra kadın içine doğurur; d rahip kadına şöyle söyler: karimmi evinde seni rahatsız edenin (???) ne olduğunu fal yolu ile sor'

Şimdi o fal yolu ile sorar ve eğer herhangi bir tanrının kızdığı (?) anlaşılırsa ona sıvı kurban eder (Libasyon yapar); sonra doğum iskemlesi için iki küvet ve örtmek için iki küvet ve dört kazık/ayak koyar." – Ardından çeşitli kurbanlardan ve tanrılar adına yapılan şölenin ayrıntılı tanımı gelir.

KBo V.1; Sommer/Ehelof 1924, 1 – 77; İstanbul 1993, Kat. No. A 135

132

> Çiviyazılı tablet parçaları

Boğazköy/Hattuşa

Hitit Büyük İmparatorluk Dönemi, MÖ 13. yüzyıl

Orijinali P.T./sergide alçı kopya

Yük. 13,8 cm, Gen. 17,6 cm, ve Yük. 9,2 cm, Gen. 4 cm

İstanbul Eski Şark Eserleri Müzesi

Müze Env. No. Bo. 10403-6549-6674

Res. S. 49

Hitit çiviyazısı ve dönemin diploması dili olan Akkadca ile yazılı. Yer yer kırık olan çiviyazılı tablet Mısır firavunu II. Ramses ile Hitit Büyük Kralı III. Hattuşili arasındaki barış antlaşmasını içermekte. Antlaşma II. Ramses'in 21. hükümdarlık yılında imzalanmış olup çoğunlukla, yanlış olarak, Kadeş antlaşması olarak adlandırılır. Orijinal metin bir gümüş tablet üzerine yazılmıştır, ancak henüz bulunamamıştır. Antlaşma metni Luxor'daki Ramesseum ve Karnak tapınaklarının duvarlarına Mısır dilinde kazınmıştır.

Giriş bölümündeki yoğun olarak karşılıklı dostluk sözlerinin ardından, dünyanın bilinen en eski eşitlik koşullarına oturtulmuş devlet antlaşmasında şu noktalar belirtilmiştir: Karşılıklı saldırmazlık, iç ve dış düşmanlara karşı savunma ortaklığı sözü verilir. Taht sıralamasında karşılıklı garanti, karşı tarafa sığınan kanun kaçaklarının iadesi ve cezalandırılmayacakları sözü verilir. En sonda antlaşmaya tanık olan tanrıların listesi ve antlaşmaya uyulacağını garanti eden lanet ve iyilik sözleri.

KBo I,7; KUB III,121; Weidner 1923, 112 vdd.; Edel 1997

133

> Karaciğer modeli

Boğazköy/Hattuşa

Hitit Büyük İmparatorluk Dönemi

P.T. Devetüyü rengi hamurlu

Yük. 13,1 cm, Gen. 9,7 cm

Ankara Anadolu Medeniyetleri Müzesi

Müze Env. No. 17451

Kazı No. 20/k

Res. S. 140

Bir yüzünde 7 satırlık Akkadca çiviyazısıyla yazılı bir metnin bulunduğu karaciğer modeli. Bu tür hayvan karaciğerlerinin kesilen hayvanların karaciğerleri ile karşılaştırma yoluyla, Hitit rahipleri önemli olaylarda tanrılara arzularını sorarlardı.

KBo VII, 5

134

> Karaciğer modeli

Boğazköy/Hattuşa

Hitit Büyük İmparatorluk Dönemi

P.T. Devetüyü rengi hamurlu

Yük. 11,4 cm, Gen. 9,5 cm

Ankara Anadolu Medeniyetleri Müzesi

Müze Env. No. 17479

Kazı No. 59/k

Res. S. 141

Bir yüzünde altı, diğer yüzünde on satır Akkadca çiviyazısı bulunan karaciğer modeli. Önemi ve anlamı için Bkz. Kat. No. 133

KBo VII,7

135

> Hiyeroglif yazıtlı stel

Boğazköy/Hattuşa, Yukarı Şehir

Hitit Büyük İmparatorluk Dönemi

Yük. 114 cm, Gen. 55 cm

Boğazköy Müzesi

Müze Env. No. 1-698-83

Kazı No. Bo. 83/1010

Üst kısmı yuvarlak olan stel üzerinde Hitit hiyeroglifiyle yazılmış üç satırlık yazıt var. En üstte, kanatları yukarı kalkık kanatlı güneş kursu. Bunun altında kralın adı ve şeceresi verilmiş: Büyük Kral, Tabarna Tuthaliya, kahraman Büyük Kral Hattuşili'nin oğlu, Büyük Kral Murşil 'nin torunu; bundan sonra bir kez daha Tuthaliya. Son isim kırık.

Darga 1992, 198; Neve 1992b, 34, Res. 84 – 85

136

> Damga mühür

Buluntu yeri belli değil

Hitit Büyük İmparatorluk Dönemi

Gümüş veya gümüş alaşımı

Yük. 2,1 cm, Gen. 2,1 cm

İstanbul Eski Şark Eserleri Müzesi

Müze Env. No. 12899

Kazı No. –

Tutamağı üç aslan pençesi biçiminde. Pençeler yivlerle belirtili. Üç ayağın birleşme yerinde kenarları yivli, silindirik bir borucuk yer almakta. Baskı yüzeyi, on küçük üçgen arasında on küçük daireden oluşan bir çerçeve bantı ve hiyeroglif işaretlerini içeren orta kesiminden ibaret. Hitit hiyeroglif işaretleri isim elamanları (Laroche'a göre) L 209 + L 383 ve tekrar L. 209'dur. Buna göre mühür sahibinin adı, başka belgelerde de rastlanan, Aria, Eria, İria veya Yar(r)i olabilir. İsmin solunda, unvan belirttikleri düşünülen L. 370 ve onun altında L. 438 işaretleri yer almakta. Bu unvanın "Çoban" veya "Zanaatkârların Başı" biçiminde okunması gerekir. İsim hiyerogliflerinin sağındaki L. 370, altındaki L. 186 ve sol kenardaki ikinci bir L. 186 ise, sembol veya bezeme olarak kullanılmış olmalıdır.

Dinçol 1983, 179 – 180, Lev. IV

137

> Yüzük mühür

Sivas, Kangal/Yarhisar, Yukarı Höyük ve Aşağı Höyük köyleri arasında

MÖ 1312 – 1285, Büyük Kral Muvattalli dönemi

Altın

Gen. 7 mm, Çap 2,5 cm

Sivas Müzesi

Müze Env. No. 88/5

Kazı No. –

Bitimleri birbirine değen tek parça altın levhadan yapılmıştır. Elips biçimli mühür yüzeyi bir yiv ile çerçevelendirilmiştir. Mühür yüzeyinin her iki ucunda çift başlı kartal, yanında gaga ağızlı testi ve üzerinde bir üçgen yer alır. Düzenlemenin ortasına başı ve uzuvları gövdeden ayrı betimlenmiş hörgüçlü bir boğa yerleştirilmiş. Boğanın üzerinde bir haç, solunda bir üçgen, altında, iki üçgen arasında ve bacakları ile testi arasında hiyeroglif işaretleri görülür. Bunların bir lejanta ait olması gerekir.

Ökse v.d. 1992, 217 – 225

138

> Yüzük mühür

Alacahöyük

Hitit Büyük İmparatorluk Dönemi

Altın

Yük. 1,9 cm, Gen. 2,5 cm

Ankara Anadolu Medeniyetleri Müzesi

Müze Env. No. 13185

Kazı No. Al. e. 198

Res. S. 175

Kurs biçimli baskı yüzünün etrafını üç telli saç örgüsü çevreler. Ortada dört hiyeroglif işaret yer alır. İşaretlerden "La-la-su" adı okunmakta. İsmin yanında hayat işareti görülmekte. Yüzük halkası biçimli yivli kulpu baskı yüzüne perçinlenerek tutturulmuş. Tutturma yerlerinde hilal biçimli kabartma bezek.

Koşay 1941, Lev. XI; Koşay/Akok 1966, 51

139

> Mühür baskısı/Bulla

Boğazköy/Hattuşa

Hitit Büyük İmparatorluk Dönemi

P.T. Devetüyü rengi hamurlu

Yük. 8,5 cm, Gen. 7,3 cm

Boğazköy Müzesi

Müze Env. No. 1-267-90

Kazı No. Bo. 270/90

Res. S. 93

Koni biçimli mühür baskısının üst ucu kırık. İplerin baskısı, içte helo-konik bir boşluk olarak görülmekte. İçbükey baskı yüzünde kanatlı güneş kursu altında IV. Tuthaliya, Dağ Tanrısı görünümünde betimlenmiş. Tanrının iki yanında Labarna ve Büyük Kral hiyeroglif işaretleri. Tanrının altında şu hiyeroglif işaretler verilmiş: yatay bir bacak ("tu"), palmet biçimli çiçek "la" ve üstteki işaretle birlikte Labarna okunuyor. Ortada kanatları açık, çift başlı kartal; iki yanında, diz çökmüş, başları dışa dönük grifonlar görülmekte. Baskı yüzünü çiviyazılı lejant çevrelemekte.

Neve 1992, Res. 159

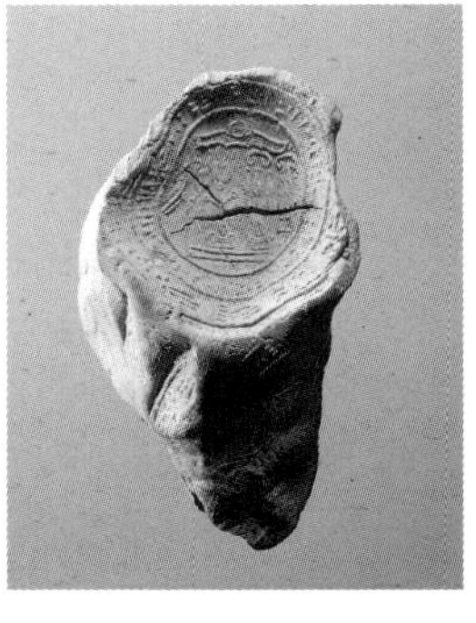

140

> Mühür baskısı/Bulla

Boğazköy/Hattuşa

Hitit Büyük İmparatorluk Dönemi

P.T. Yer yer grileşmiş kahverengi hamurlu

Yük. 9 cm, Gen. 5,7 cm

Boğazköy Müzesi

Müze Env. No. 1-424-90

Kazı No. Bo. 427/90

Res. S. 92

Koni biçimli çift sap delikli. İçbükey baskı yüzeyinin ortasında kanatlı güneş kursu altında Dağ Tanrısı, sağ elini ileri doğru uzatmış, elin üzerinde ve altında Ar-nu-ta okunuyor. Kast edilen III. Arnuvanda'dır. Baskı yüzünü iki sıra çiviyazılı lejant çevreler. Mühür baskısının yan yüzlerinde, mührün değişik bölümleri yirmi bir kez tekrarlanmış.

Krşl. Neve 1992, Res. 160

141

> Mühür baskısı/Bulla

Boğazköy/Hattuşa

Hitit Büyük İmparatorluk Dönemi

P.T. Kiremit rengi hamurlu

Yük. 5,8 cm, Gen. 4,4 cm

Boğazköy Müzesi

Müze Env. No. 1-447-90

Kazı No. Bo. 450/90

Res. S. 92

Koni biçimli mühür baskısının her iki ip deliği de kırık. İçbükey baskı yüzünde kanatlı güneş kursunun altında, kutsal boğaların çektiği kuş biçimli arabada ayakta duran Hava Tanrısı. Tanrı yukarı kaldırdığı sağ elinde topuz tutmakta; öne doğru uzattığı sol eliyle arabanın dizginlerini tutmakta. Dizginlerin üzerinde Büyük Kral III. Murşili'nin adı hiyeroglifle yazılmış. Arkada, ortada ok ve yay taşıyan tanrı görülmekte. Altta ikinci bir güneş kursunun altında Büyük Kral III. Murşili'nin hiyeroglif işaretleri tekrar edilmekte. Konik yüzey üzerinde başka baskı izleri de görülmekte.

Neve 1992, 54 – 55, kapak resmi; Güterbock 1993, 113, Lev. 8,1

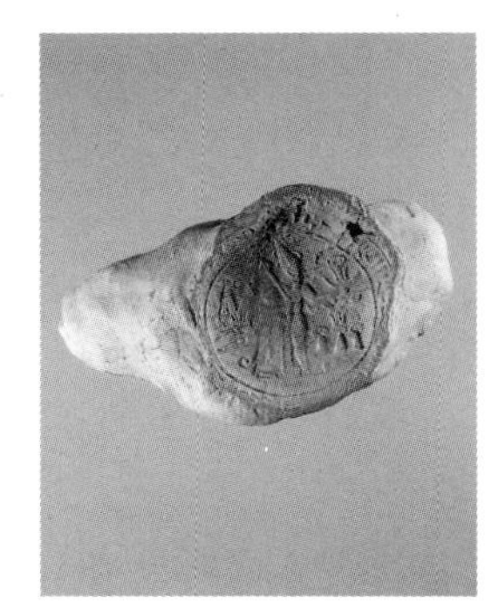

142

> Mühür baskısı/Bulla

Boğazköy/Hattuşa, Nişantepe'nin kuzeybatısındaki Batı Yapısı'ndan

Hitit Büyük İmparatorluk Dönemi

P.T. Devetüyü rengi hamurlu

Yük. 9,2 cm, Gen. 5,3 cm

Çorum Müzesi

Müze Env. No. 1.1025.90

Kazı No. 1029/90, Res. S. 92

Konik tepeli, ip delikli bu örnekte sırt sırta iki mühür baskısı yer almakta. Baskı yüzlerinden birinde kral ve koruyucu tanrısı yer almakta. Tanrı, kralı omuzlarından kucaklamış, onun dua pozisyonunda yukarı kaldırdığı kolunu bileğinden tutmakta. Figürlerin iki yanında Büyük Kral II. Muvattali'nin ve tanrının adları Hitit hiyeroglifiyle yazılmış; ancak bu mühürde kralın doğum adı belirtilmemiştir. Kralın ve onu kucaklayan tanrının arkasında Mu(wa)-ta-li (MAGNUS), tanrının ileri uzattığı eli üzerinde GRAND + W + CIEL, altında kanatlı kurs altında "W" ve altında 3 kez Büyük Kral yazılmış. Orta alanı çivi yazılı lejandın bulunduğu band çevrelemekte. Diğer baskı yüzünde, çerçeveli orta alanda, üstte kanatlı güneş kursu, sağda Büyük Kral Urhiteşup'un (= III. Murşili) solda Büyük Kraliçe Danuhepa'nın Hitit hiyeroglif işaretleriyle isim ve unvanları yazılı.

Neve 1992, Res. 149

143

> **Mühür baskısı/Bulla**

Lidarhöyük, VIII. Tabaka
Hitit Büyük İmparatorluk Dönemi
P.T. Gri hamurlu
Yük. 5 cm, Gen. 5,5 cm
Urfa Müzesi
Müze Env. No. 85-157
Kazı No. Li. 85/157

Koni biçimli mühür baskısının baskı yüzeyinin ortasında sağa dönük, baş ve bacakları profilden, vücudu cepheden bir tanrı betimlenmiş. Çıkık elmacık kemikli, kapalı ağızlı, sakallı tanrının saçı ensede toplanmış. Üç çift boynuzu olan sivri külahlı. Kısa kollu giysisi vücudu sarmakta. Hilal saplı hançeri belindeki kemerine sokulu. Kollar dirsekten kıvrık, sağ elindeki silahı omuzuna dayalı, sol eli öne doğru uzanmakta. Kısa etekli, ince uzun bacaklı Fırtına Tanrısı sivri uçları yukarı kıvrık ayakkabılı. Sağa dönük ayakları, başları öne eğik iki Dağ Tanrısı'nın sivri başlıklarına basmakta. Öne uzatılmış elleriyle dua eder durumdalar. Dağ tanrılarının önünde, öne doğru hamle yapan boğa yer alır.

Hiyeroglif işaretler bezeme öğeleri olarak tüm boşluklara dağıtılmış. Baskı yüzünü kralın unvanı ve şeceresinin belirtildiği çiviyazılı kuşak çevreler.

Bullanın dış yüzünde yer alan insan figürleri ve yazı hayli silik durumda.

Mühür İniteşup'un torunu, Talmiteşup'un oğlu Kuziteşup'a aittir

Sürenhagen 1986, 183 – 190;
Hawkins 1988a, 99 – 108

144

> **Başlı iğne**

Boğazköy/Hattuşa
Hitit Büyük İmparatorluk Dönemi
Tunç
Uzun. 9 cm, Baş Çapı 1,1 cm
Boğazköy Müzesi
Müze Env. No. 1-102-79
Kazı No. Bo. 79/112

Yuvarlak kesitli, döküm iğne yassı kurs biçimli başlıdır.

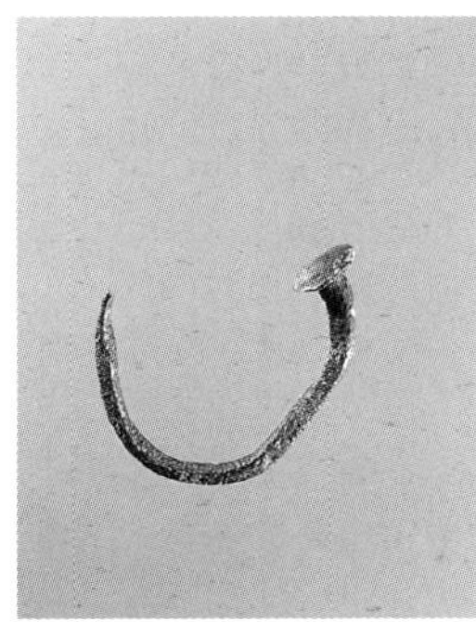

145

> **Orak**

Boğazköy/Hattuşa
Hitit Büyük İmparatorluk Dönemi
Tunç
Uzun. 21,4 cm, Gen. 2,5 cm,
Kal. 0,4 cm
Boğazköy Müzesi
Müze Env. No. 1-144-82
Kazı No. Bo. 82/142

Yassı, kıvrık, uca doğru daralan şerit biçimli. Ucu küt, ağız kenarı keskin. Dikdörtgen kesitli sapın ucu küt.

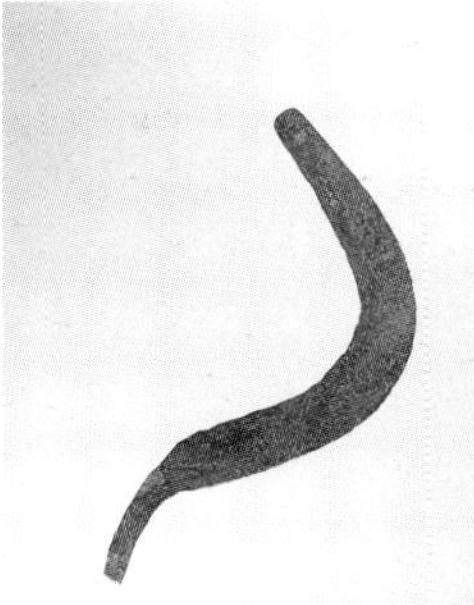

146

> **Yazı kalemi**

Boğazköy/Hattuşa
Hitit Büyük İmparatorluk Dönemi (?)
Tunç
Uzun. 23,6 cm, Uç Gen. 1,7 cm
Boğazköy Müzesi
Müze Env. No. 1-84-78
Kazı No. Bo. 78/113

Yassıtılmış uçları sivri yelpaze biçimli. Sap, daire kesitli, uca doğru daralarak sivrilmekte. Kil tabletlere çiviyazısının uygulanmasında kullanılmış olmalıdır.

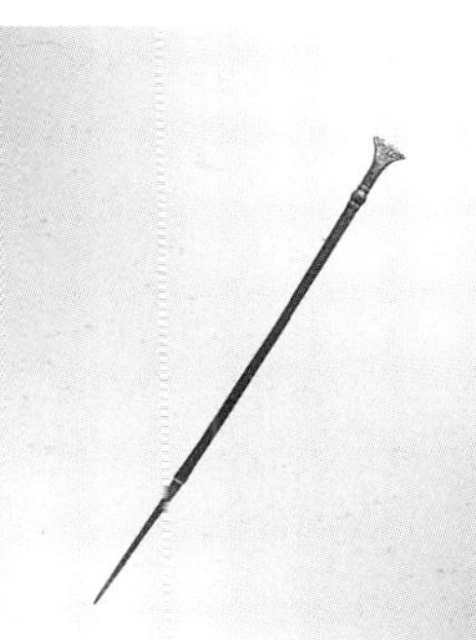

147

> Tören baltası

Şarkışla/Kapadokya bölgesinden geldiği söyleniyor, Müzeye geliş tarihi 1956

MÖ 14./13. yüzyıl

Tunç

Uzun. 19,5 cm

Staatliche Museen zu Berlin – Preußischer Kulturbesitz, Vorderasiatisches Museum

Müze Env. No. VA 15652

Res. 225

Bu gösterişli balta sap delikli baltalar grubuna girer. Figüral bezemesinin zenginliği ve ağız kenarının keskin olmayışı bunun kesici özellikleri olan bir silah olarak değil, daha ziyade kült törenlerinde veya dünyevi törenlerde gösteriş aracı olarak kullanılmış olabileceğini gösterir. Genelde diken türü bezemelerle süslü ense kısmı bu örnekte, dörtgen bir çıkıntıya bağlı, uzun kenarlarda üçer kanatlı grifon ve dar kenarlarda birer kanatlı aslan figürlerinden oluşan toplam altı hayvan protomu ile bezelidir.

Keskin olmayan yuvarlatılmış ağız kenarının iki bitimi kuş başı biçimlidir. Sap deliğinin altında yanlarda iki kanatlı aslan protomu daha vardır ve bunlar baltanın ensesi üzerindeki kanatlı aslanlarla birbirlerini tamamlamaktadır. Baltanın her iki yüzünde de kenarlardaki bantların sınırladığı alan benzer betimlerle bezeli (aşağıdan yukarıya): Sivri külahlı, sakallı Dağ Tanrısı bir aslan protomunu desteklemekte. Aslan üzerinde sivri külahı, uzun giysisiyle Güneş Tanrısı olduğu düşünülen tanrı var. Güneş Tanrısı'nın omuzları üzerinde diz çökmüş durumdaki insan-kuş karışık yaratıklar, üzerinde ense kısmındaki grifon protomlarının bulunduğu kanatlı güneş kursu taşıyor. Ensede figürlerin arasındaki girintilerin derinliği, giriftliği ve uygulamada detaylardaki zenginlik baltanın dökümünde balmumu ile oluşturulan kalıp tekniğinin kullanıldığını gösterir. Gümüşi renkteki baltanın değişik maden alaşımı, yüzeyi kaplayan koyu kahverengi patinanın varlığını da açıklamaktadır.

Bittel 1976a, 299, Res. 341; Bittel 1976b, 19vdd.

148

> Çok uçlu keski veya kuyumcu örsü

Boğazköy/Hattuşa

Hitit dolgusundan

Tunç

Uzun. 10,9 cm, Gen. 7,9 cm

Boğazköy Müzesi

Müze Env. No. 1.147.85

Kazı No. Bo. 85/144

Aletin bir kolu uca doğru incelmekte, bitimdeki geniş kısım vurgu izleriyle kaplı. Bu bitimin biraz altında ikisi kısa ve küt, üçüncüsü yassı, dikdörtgen kesitli, dördüncüsü yuvarlak kesitli, uca doğru incelen, toplam dört çıkıntı var. İlk bulunduğunda çok kollu keski olduğu düşünülen bu aletin şimdi kuyumcuların kullandığı bir örs olabileceği görüşü ağır basar. Uzun diken görünüşlü kol ile ahşap bir tezgaha tutturulabilecek örsün üstteki değişik uçlu kollarında, farklı metal nesnelerin şekillendirilmiş olduğu düşünülüyor.

Neve 1992b, Res. 69

149

> Testere

Boğazköy/Hattuşa

Hitit Büyük İmparatorluk Dönemi

Tunç

Uzun. 67,5 cm, Gen. 12,1 cm, Kal. 0,45 cm

Boğazköy Müzesi

Müze Env. No. 1-146-77

Kazı No. Bo. 77/146

Uzun testere levhası bir uca doğru daralmakta, diğer ucu kırık. Dişler kısmen keskinleştirilmiş ve yanlara doğru açılmış.

Boehmer 1979, 33, Lev. XLII,3420 D

150

> Su künkü

Boğazköy/Hattuşa
Hitit Büyük İmparatorluk Dönemi
P.T. Açık kırmızı hamurlu
Uzun. 83 cm, Ağız Çapları 25 cm ve 13 cm
Boğazköy Müzesi
Müze Env. No. BO/2/78 Etüdlük

Yuvarlak ağızlı, kalın basit ağız kenarlı koni biçimli boru. Bu tür boruların iç içe geçirilmesiyle uzun su tesisatı döşeniyordu. Geniş ağızda kenardan 6 cm uzaklıkta yuvarlak bir delik yer alır. Bu delik taş ve kille kapatılıyordu ve tesisatın bakımında kullanılıyordu: bir tıkanma halinde tüm tesisat sökülmeksizin, yalnızca tıkanan boru bu delikler yoluyla temizlenebiliyordu.

Seeher 1999, Res. 89

151

> Su künkü

Boğazköy/Hattuşa
Hitit Büyük İmparatorluk Dönemi
P.T. Açık kırmızı hamurlu
Uzun. 87 cm, Ağız Çapları 24 cm ve 14 cm
Boğazköy Müzesi
Müze Env. No. BO/3/78 Etüdlük

Kat. No. 150 ile aynı.

Seeher 1999, Res. 89

152

> Künk

Boğazköy/Hattuşa
Hitit Büyük İmparatorluk Dönemi
P.T. Açık kırmızı hamurlu
Uzun. 83 cm, Ağız Çapları 24 cm ve 14,5 cm
Boğazköy Müzesi
Müze Env. No. BO/1/78 Etüdlük

Kat. No. 150 ile aynı .

Seeher 1999, Res. 89

153

> Kılıç

Boğazköy/Hattuşa, Aslanlı Kapı'nın 750 m güneybatısında Eski Örenyeri Mevkii'nde
MÖ 1430, II. Tudhaliya dönemi
Tunç
Uzun. 79 cm, Gen. 7,5 cm
Çorum Müzesi
Müze Env. No. 10.1.92
Kazı No. –
Res. S. 296

Kabzaya girecek dört perçin delikli bitimi dövülerek biçimlendirilmiş. Keskin kenarlı gövdenin ucu sivridir. Merkezdeki omurga yuvarlak kesitli. Kabzaya geçen bitime doğru çatallandıktan sonra kaybolan merkezi omurganın iki kenarındaki yan omurgalar arasında kan olukları(?) mevcut. İki yüz simetrik. Kabza bitiminde kenarlar kalınlaştırılmış ve sap oluşturulmuş.

Bir kenarda Akkadca çiviyazısıyla tek satırlı bir yazıt bulunur: "*i-nu-ma* ^{m}*Du-ut-ha-li-ya* LUGAL.GAL KUR ^{URU} *A-aš-šu-wa ú-hal-liq* GÍR ^{ḪIA} *an-nu-tim a-na* ^{D}IŠKUR *be-lí-šu ú-še-lí*" ("Büyük Kral Tuthaliya Aşşuva ülkesini yerle bir ettiği zaman bu kılıçları efendisi Hava Tanrısı'na adak olarak sundu."

Ertekin/Ediz 1993, 719 – 725, Lev. 146 – 147; Neve 1993, 648, Res. 270,b; Ünal 1993, 727 – 730

154

> Sütun kaidesi

Sakçagözü

Geç Hitit Dönemi

Orijinali Bazalt/sergide alçı kopyası

Yük. 85 cm, Gen. 90/105 cm

Ankara Anadolu Medeniyetleri Müzesi

Müze Env. No. 10.118

Sütun kaidesi, kadın başlı, kanatlı aslan gövdeli iki sfenks ile bezeli. Soldaki sfenksin başı ve göğüs kısmı eksik. Sfensklerin sırtında kenarı dikey, parmak biçimi kabartma şerit ile bezeli bir disk yer almakta. Başlar, gövdenin ön kısmı, ön ve arka bacaklar üç boyutlu, gövde yüksek kabartma. Gövdenin yanlarında kaburgalar işlenmiş. Sağda ve solda birer çift boynuzlu baş, gövdeye göre fazla büyük. Yüz geniş ve dolgun; düzgün burun, kapalı ağızla doğal bir görünüm sunmakta; iri göz çukurlarına farklı malzemeden gözler oturtulmuş olmalı. Kulağın önünden ve arkasından birer saç buklesi göğüse kadar inmekte. Hem saç bukleleri, hem de yele sıralar halinde işlenmiş. Yelenin arkasında, sırt üzerinde ve yanlarda tüy dizileriyle gösterilen kapalı kanatlar sırtı kaplamakta. Arka bacakların arasında görülen kuyruğun ucu püskül biçiminde.

Orthmann 1971, Lev. 50B

155

> Aslan avı kabartmalı ortostat

Malatya – Arslantepe

Geç Hitit Dönemi

Kireçtaşı

Yük. 55 cm, Gen. 123 cm

Ankara Anadolu Medeniyetleri Müzesi

Müze Env. No. 12245

Kazı No. –

Res. S. 275

Dikdörtgen prizması biçimli ortostatın ön yüzüne at arabası ile avlanma sahnesi betimlenmiş. Altta ince bir kenar, üstte hiyeroglif yazıtlı daha geniş bir kenar sahneyi sınırlıyor. Düzgün zemin, hemen hemen hiç boş yer bırakılmaksızın çeşitli motiflerle bezeli.

Bu hareketli sahnede soldaki iki figür yan yana bir savaş arabasında ayakta gösterilmişlerdir. Arkadaki figür ancak kısmen görülebiliyor. Sahnedeki hareket, okçunun omuzlarının farklı yükseklikte oluşuyla ve öne doğru eğilmiş diğer avcı ile vurgulanır. Kolların omuzlarla birleşme yeri ve kolların hareketi gerçekçi olarak verilmiş. Avcılar şematik ve profilden işlenmiş. Geniş yüzlü baş kısa bir boyunla üzerinde oturur ve saçları ensede toplu. İri burun alınla bir hat halinde. İnce dudaklar, küçük ağız ve geriye çekik çene yüzün özelliklerini oluşturuyor. Giysiler, kısa kollu, ince kemerli, tünik biçimli. Gövde oranları iyi verilmiş.

Tekerleği altı kollu arabaya bir mızrak dayalı. Arabayı çeken at çok canlı ve hareketli. Bedenleri düz bir yüzey olarak işlenmiş, ayrıntılar çizilerle ve çentiklerle belirtili. Atın arka ayakları alt kenardaki ince çerçeve şeride basmakta, ön ayaklar yüksekte ileri adım atar durumda. Atın altında yine koşan durumdaki köpeğin betimlenişi atınkine benzer. Atın önünde şaha kalkmış aslan figürü yer alır. Aslanın yelelerinin ve pençelerinin işlenişi, arka ayaklarına basıp, ön ayaklarının yukarı kalkışı, sırtından okla yaralı halde başını geriye çevirerek betimlenmesi olabildiğince canlı ve hareketli.

Orthmann 1971, 93 – 97, Lev. 42a; Darga 1992, 239, Res. 246

156

> Kral kabartması

Karkamış, tören alayı girişi yakınında, tam buluntu yeri bilinmiyor

Geç Hitit Dönemi

Bazalt

Yük. 128 cm

Ankara Anadolu Medeniyetleri Müzesi

Müze Env. No. 89

Kazı No. –

Res. S. 271

Dokuz satırdan oluşan Hitit hiyeroglifleriyle yazılmış yazıtının sağ tarafında ayakta duran kral kabartma olarak işlenmiş. Gövde cepheden, baş, bacaklar ve ayaklar profilden işlenmiş. Başta ayrıntılar iyi belirtilmiş. Önden işlenmiş etrafı kabartma şeritle çerçeveli göz üzerinde yay biçimli kabartma kaş bütün yüze egemen. Burun ucu ve ağız yıpranmış. Sakal altta düz kesilmiş ve kulak arkasından omuza uzanan saçlar gibi bukleler halinde. Kısa kollu, kalın kemerli uzun giysisi ayaklarına kadar inmekte, kenarı püsküllü. Belinde kemerine hilal biçimli kabzalı kılıcı takılı. Bilezikli sağ elinde bir asa tutuyor, sol kolu baş hizasına kaldırılmış. Ayaklarında ayrıntılar belirtilmemiş

Wooley 1921, Lev. A 13,d; Orthmann 1971, 516, Lev. 35,g

157

> Tanrıça Kubaba kabartması

Karkamış, Büyük merdiven yakınlarında
Geç Hitit Dönemi
Orijinali Bazalt/sergide alçı kopya
Yük. 83 cm, Gen. 57 cm
Ankara Anadolu Medeniyetleri Müzesi
Müze Env. No. 103
Kapak resmi

Yaklaşık kare biçimli taşın ön yüzünde tanrıça Kubaba profilden işlenmiş; göğüs hizasından kırık. Üst kenarda Hitit hiyerogliflerinle yazılmış yazıtın kalıntıları görülüyor. Düzgün zemin üzerinde konturlar yumuşak, yuvarlak çizgilerle çalışılmış.

En ilginç özelliği rozetlerle, boncuk dizileriyle ve alın hizasında bir boynuzla bezeli, arkaya yatık başlığıdır (polos). Polosun altından, iri kulağın arkasından enseye inen saç örgüsü ensede bir kıvrım ile son bulur. Polos üzerinden sırtı örtüp yüzü ve vücudu açıkta bırakan şal olasılıkla topuklara kadar inmekteydi. İri badem biçimli göz kabartma çerçeve ile çevrili. Ağız, burun kanatları, derin çizgilerle ayrılır. İri, zarif burun, orantılı ağız, narin çene tanrıçanın yüceltilmiş görünümünü vurgular. Giysisinin yakası yuvarlaklarla bezeli. Korunmamış sağ elinde bir nar tuttuğu düşünülüyor.

Wooley v.d. 1952, 165, Lev. B 39,a; Orthmann 1971, Lev. 23,b

158

> Tanrı kabartmalı ortostat

Kültepe, Hrozný kazılarından
MÖ 9. yüzyıl ortalarından sonra
Bazalt
Yük. 92 cm, Gen. 78 cm
Kayseri Müzesi
Müze Env. No. 1
Kazı No. –

Sağa doğru yürüyen, önde ve arkada ikişer boynuzlu sivri külahlı tanrı kabartma olarak betimlenmiş. Dar kenarlardan birinin üst kesiminde, yandaki ortostata bağlanmayı sağlayacak kare biçimli bir delik vardır.

Tanrının yüzü ancak kısmen korunagelmiş: burun ve çenenin bir kısmı kırık. Sakalı kıvırcık, saçları omuza iki şerit halinde iniyor. Boynundaki çizgiler giysisinin bezemeli yakası olmalı. Giysisi kısa kollu, kemerli, kısa etekli. Sağ elinde mızrak tutuyor. Aşağı doğru bir tavşan sarkan sol elinde bir kartalı bacaklarından tutuyor. Diz kapağı abartılı çıkıntılı

T. Özgüç 1971, 9 – 11, Lev. XI – XII

159

> Erkek betimli stel

Maraş
Geç Hitit Dönemi
Bazalt
Yük. 102 cm, Gen. 70 cm
Adana Müzesi
Müze Env. No. 1756
Kazı No. –
Res. S. 268

Kabaca biçimlendirilmiş bir bazalt bloğun bir kenarına yüksek bir iskemlede oturan uzun giysili kadın betimlenmiş. Baş sağ profilden, gövde ve bacaklar yarım profilden.

Başında alt kısmında rozet motifleriyle bezeli bir bant yer alan, silindir biçimli, basık polos var. Başlığın üzerinden, kulakları açıkta bırakan ve etek ucuna kadar inen ince şalın çevresi püsküllü. Altında kısa bir saç buklesi. Düz alın, iri düz burun, ince dudaklar, yuvarlak küçük çene, dolgun yanaklar yüzün özelliklerini oluşturur. Badem biçimli gözde göz kapağı ve göz çerçevesi kabartma bantla işlenmiş. Kulağında, üç sarkaçlı küpeden başka, kulak kepçesi kenarında küçük halka küpeler görülür. Kısa boynunda boncuk dizisi yer alır. Uzun kollu elbisenin belinde altı yatay yivli kemer, etek uçları püsküllü. Giysinin altından ayaklar görülüyor. Ayak bileklerinde altı ince halkadan oluşan halhal, ayaklarında yuvarlak burunlu ayakkabı görülür. Sağ kolun kumaş altından belirgin oluşu kumaşın inceliğini kanıtlar. Kadın sol elinde bir iğ, sağ elinde iğden çıkan ipliği tutmakta. Yünün ucu kadının ayağı önündeki kutu içinde. Sağ elin gözüken parmakları yüzüklü; ayağının altında küçük bir tabure var. Kadının karşısında bir kaide üzerinde genç bir erkek ayakta duruyor; olasılıkla oğlu. Başı sol profilden, gövde ve bacaklar yarım profilden. Başında çift kademeli bezeli başlık. Kalın kavisli kaşlar, ayrıntılı badem göz, iri ve düz burun, ince dudaklı ağız, düz çene ve küçük kulaklar yüzünün özellikleridir. Ensede başlığın altından çıkan saçlar dışa kıvrık. Vücudu saran uzun elbisenin etek uçları püsküllü; beli enli kemerli. Ayaklarındaki sandaletin topukları ayak bileklerine kadar yükselmekte. Sağ elinde kalem, sol elinde tablet tutmakta. İki figür arasında, üzerinde yiyeceklerin yer aldığı masa bulunur.

Orthmann 1971, Lev. 47,f ve 74,f; Darga 1992, 318, Res. 304; İstanbul 1993: Kat. No. A 153

160

> Kadın ve erkek kabartmalı stel

Maraş, Yörük Selim Mahallesi

(in situ)

Geç Hitit Dönemi

Bazalt

Yük. 105 cm, Gen. 56 cm

Adana Müzesi

Müze Env. No. 1755

Kazı No. –

Res. S. 271

Büyük bazalt bloğun düzeltilmiş yüzeyi üzerine bir erkek ve bir kadın figürü yüksek kabartma olarak işlenmiş. Bloğun yan kısımları kabaca bırakılmış, stel biçimi verilmemiş.

Yüksek arkalıklı birer iskemleye oturmuş figürler cepheden gösterilmiş. Solda erkek, sağda eşi, birbirlerine ellerini omuzlarına atarak sarılmışlar. Erkek, başını sıkıca saran takkeli. Kalın kaşlar altında badem biçimli gözlü. İnce uzun burnun bir kısmı kırık. İnce dudaklı, uçları aşağı sarkık ağız yüze hüzünlü bir ifade veriyor. Takkenin iki yanından çıkan sakallar, bukle dizileri halinde göğüs üzerine sarkarak, kare bir blok şeklini alıyor. Vücudunu saran kısa kollu elbisenin uçları püsküllü ve belindeki kalın kuşağının altında püsküllü önlüğü görülmekte. Sol eliyle karısına sarılmış, sağ elinde üzüm salkımı tutmakta. Eşi gibi küçük bir tabure üzerindeki ayaklarına, parmakları

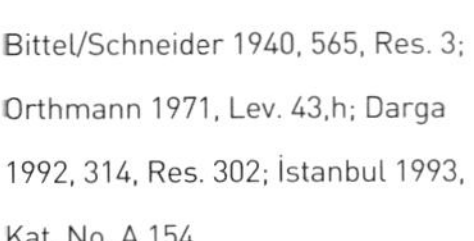

arasından tutturulmuş sandalet giymiş. Üzüm salkımı mesleğinin işareti olarak kabul edilirse, zengin bir şarap tüccarı olabileceği düşünülebilir.

Kadının başında, kenarı rozet bandıyla bezeli, yüksek olmayan, silindir biçimli polos var. Altında ortadan ikiye ayrılmış, birer bukle şakaklarını süslüyor. Kalın, çatık kaşlı. Badem biçimi gözlerin kapak, ve çerçevesi gibi ayrıntıları kabartma olarak verilmiş. Burun düzgün olup, burun kanatlarının yanındaki derin hatlar yüze hüzünlü ifade vermekte. Ablak yüzde ince dudaklı ağız kapalı, çene yuvarlak, kulaklar iri ve tüm kulak kepçesi kenarında küpeler görülmekte. Yuvarlak yakalı, kısa kollu bedeni saran giysisi üzerine, baş üzerinden atılmış, kulakları açık bırakan, uçları kemere sıkıştırılmış şal takmış. On bir yatay yivle bezeli kemer, solda bir fibula ile tutturulmuş. Kocasının sol omuzu altından geçirdiği sağ koluyla kocasına sarılıyor. Sol kolun dirsekten bükülü olduğu şalın altından farkediliyor. Sol elinde volütlerle bezeli ayna tutuyor. Ayak bileklerinde üstüste dörder halkalı halhal görülür. Ayaklarında eşininkine benzer sandaletler var.

Kıyafet ve görkemli takılar zengin çiftin zenginliğini kanıtlar.

Bittel/Schneider 1940, 565, Res. 3; Orthmann 1971, Lev. 43,h; Darga 1992, 314, Res. 302; İstanbul 1993, Kat. No. A 154

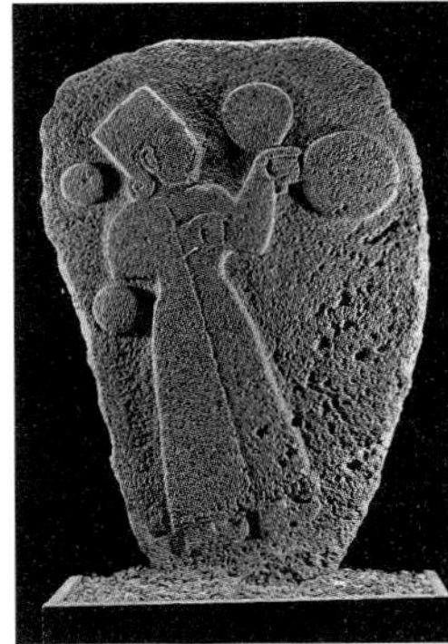

161

> Kadın kabartmalı stel

Maraş, Merkez-Mağralı Mahallesi

Geç Hitit Dönemi

Bazalt

Yük. 78 cm, Gen. 52 cm, Kal. 22 cm

Kahramanmaraş Müzesi

Müze Env. No. 198

Res. S. 268

Kabaca stel biçimi verilmiş. Ön yüzde, sağa dönük, ayakta bir kadın kabartma olarak işlenmiştir. Başındaki polosun altından çıkan saçlar, kulağı açıkta bırakarak ensede dışa kıvrık kalın bir volüt halinde. Dolgun yüzde iri gözler belirgin, iri kulaklar kabartma olarak verilmiş. Burun, ağız ve çene kırık. Boyun çok kısa. Yere kadar uzun, sağ kolu örten mantolu. Uzun elbise belde yivlerden oluşan kalın kemerle tutturulmakta, etekleri saçaklarla bezeli. Sağ kol mantonun içinde, eli yumruğu sıkılı olarak dışarıda. Sol kolu dirsekten bükülerek yukarı kalkık; elinde saplı, yuvarlak bir ayna tutuyor. Aynanın yanında, polosunun arkasında, sağ dirseğinin altında olmak üzere üç yuvarlak nesne daha görülüyor. Ayaklarında sivri ucu yukarı kıvrık ayakkabı var.

162

> Oturan erkek kabartmalı stel

Maraş, Merkez-Mağralı Mahallesi

(kazı buluntusu değil)

Geç Hitit Dönemi

Kireçtaşı

Yük. 76 cm, Gen. 54 cm

Kahramanmaraş Müzesi

Müze Env. No. 223

Res. S. 273

Yapıldığında daha büyük olan bu blok üzerine yüksek arkalıklı sandalyede oturan erkek figürü kabartma olarak işlenmiş. Baş ve ayaklar profilden. Saçlar, başta iki sıra bukle olarak belirtilmiş, alın üzerinde bantla çevrili. Bandın altından omuza dökülenler dışa kıvrık volüt şeklinde. İri kulakların önündeki bukleli favoriler, saç bandının altından inerek bukleli sakalla birleşiyor. Yuvarlak yüzde badem göz ve iri burun dikkat çekici. Küçük ağız kapalı. Sağ kolu dirsekten kıvrılarak yukarıya doğru uzanmakta; elinde bir kase tutuyor. Sol kol da dirsekten kıvrık, göğüs hizasında elinde aşağı sarkan bir salkım üzüm ve yukarıya doğru bir başak tutuyor. Her iki bilek de bilezikli. Kısa kollu elbisesi kemerli, eteği saçaklı. Ayağında sivri ucu yukarı kıvrık sandaletler var. Sandalyenin iki ayağı ortada yatay çubukla bağlantılı.

Figürün başının arkasında, sola dönük, baş ve ayakları profilden, gövdesi cepheden betimlenen kişi ayakta duruyor. Takkesinin altından dökülen saçlar ensede büyük bir bukle yapıyor. Kabartma kaşlı, iri badem gözlü, iri, kemerli burunlu ve kapalı ağızlı. Kısa kollu, yuvarlak yakalı uzun elbisesinin beli kemerli, etek ucu yatay bant bezemeli. Ayaklar kabaca biçimlendirilmiş. Sağ kolu dirsekten kıvrılarak yukarı uzanmakta. Elinde tuttuşu kuştüyü yelpaze ile önünde oturan adamı serinletiyor (belki zengin bir tüccar). Sol elinde göğüs hizasında bir rulo tutar.

Oturan adamın önünde, üzerinde yatay kabartma üç bantla bezeli kap içinde yiyeceklerin durduğu masa görülmekte. Masanın iki ayağı bir çubukla birbirine bağlanır, aslan pençesine benzetmeye çalışılmış olabilir.

Masanın diğer tarafındaki kırıkta da başka bir figür olmalıydı.

Kalaç 1967, 283, Lev. x,B; Orthmann 1971, Lev. 46,a; Darga 1992, 319, Res. 305

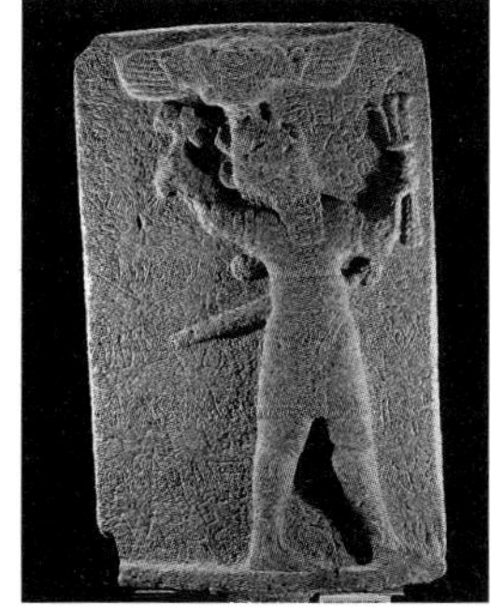

163

> **Tanrı kabartması**

Gaziantep, Körkün Köyü, yolun kuzeybatısı
Geç Hitit Dönemi
Bazalt
Yük. 135 cm, Gen. 72 cm
Gaziantep Müzesi
Müze Env. No. 4136
Kazı No. –

Arkası yuvarlak bloğun betimli yüzeyi dikdörtgen. Kaideye oturtulması için alt kenarının ortasında çıkıntısı var.

Kanatlı güneğ kursunun altında Hava Tanrısı Teşup kabartma olarak işlenmiştir. Baş ve bacaklar profilden, gövde cepheden. Üç boynuzlu külahlı başı geriye yatık. Dolgun yüz sakallı. Kısa kollu, kemerli, etek uçları ve eteğin kat yeri püsküllerle bezeli, kısa giysili; tipik Hitit giysisi. Hilal biçimli kabzalı hançer kemere sokulu; tanrının arkasından uzanıyor. Sağ kolu yukarı kalkık, elinde çift balta tutuyor; sol kol öne uzatılmış, kıvrık ve elinde başak saplı yıldırım demeti var. Sağ koltuk altında saçların lüle ucu görünüyor. Sivri ucu yukarı kıvrık ayakkabılı tanrı taşın alt kenarındaki kabartma zemin çizgisi üzerine basıyor.

Omuzlar, kalçalar, bacak kasları ve dizler özenle işlenmiş, ancak figür bir çerçeve içine alınmamış.

Zeminde Hitit hiyeroglifi yazıt var. Üst kenarı iki kabartma bantla sınırlandırılmış arka yüzün de yaklaşık üçte ikisi yazıtla kaplı; alt sınır belirtilmemiş. Bloğun en alt kesimi aşınmış.

Kanatlı güneş kursu Geç Hitit kült yapıtlarında tanrılığın bir simgesi. Ancak ellerindeki farklı atribüler, tanrıların kimliğini belirtmekte.

Kalaç 1969, 160 – 163; Orthmann 1971, Lev. 38,vd.

Kaynakça

A

Abu Assaf 1990
Ali Abu Assaf, *Der Tempel von 'Ain Dara*, Mainz 1990 (Damaszener Forschungen 3)

Akurgal 1961
Ekrem Akurgal, *Die Kunst der Hethiter*, München 1961

Akurgal 1995
Ekrem Akurgal, *Hatti ve Hitit Uygarlıkları*, İstanbul 1995

Alexander 1986
R. L. Alexander, *The sculptures and sculptors of Yazılıkaya*, Newark 1986

Alp 1956
Sedat Alp, Konya-Karahöyük Hafriyatı. 1953 Kazısı, *Türk Arkeoloji Dergisi* VI/1, 1956, 35 – 37

Alp 1962
Sedat Alp, Amasya Civarında Zara Bucağında Bulunan Hitit Heykeli ile Diğer Hitit Eserleri, *Anatolia/Anadolu* VI, 1961/62, 191 – 216

Alp 1968
Sedat Alp, *Konya Civarında Karahöyük Kazılarında Bulunan Silindir ve Damga Mühürleri*, Türk Tarih Kurumu Yayınları V/26, Ankara 1968

Alp 1969
Sedat Alp, Ein hethitisches Stempelsiegel aus der Umgebung von Afyonkarahisar und ein Knopfsiegel aus Yazırhöyük bei Nevşehir, *Athaneum* 47, 1969 (Festschrift P. Meriggi), 1 – 6

Alp 1974
Sedat Alp, Eine neue hieroglyphenhethitische Inschrift der Gruppe Kızıldağ-Karadağ [aus der Nähe von Aksaray und die früher publizierten Inschriften derselben Gruppe]: Kurt Bittel v.d. (Derl.), *Anatolian Studies presented to Hans Gustav Güterbock on the occasion of his 65th birthday*, İstanbul (Nederlands Historisch Archaeologisch Instituut in het Nabije Oosten) 1974, 17 – 27

Alp 1980
Sedat Alp, Die hethitischen Tontafelentdeckungen auf dem Maşat-Höyük, *Belleten* XLIV/173, 1980, 25 – 59

Alp 1989
Sedat Alp, Konya-Karahöyük'te Bulunan Bir Ana Tanrıça Heykeli: *Jale İnan Armağanı*, İstanbul 1989, 27 – 30

Alp 1991a
Sedat Alp, *Hethitische Briefe aus Maşathöyük*, Türk Tarih Kurumu Yayınları VI/35, Ankara 1991

Alp 1991b
Sedat Alp, *Maşat Höyük'te Bulunan Çivi Yazılı Hitit Tabletleri*, Türk Tarih Kurumu Yayınları VI/34, Ankara 1991

Alp 1993
Sedat Alp, Eine kârum-zeitliche Gußform und die Siegel von Karahöyük, *Istanbuler Mitteilungen* 43, 1993, 185 – 193

Alp 1997
Sedat Alp, *Hititlerin Mektuplaşmaları*, Eskiçağ Bilimleri Enstitüsü Yayınları, İstanbul 1997

Alp 1998
Sedat Alp, IV. Tuthaliya'nın Tahta çıkmadan Önceki Diğer Adı: Sedat Alp/Aygül Süel (Derl.), *Acts of the IIIrd International Congress of Hittitology, Çorum* 6 – 22 September 1996, Ankara 1998, 21 – 26

Alp 2000
Sedat Alp, *Hititlerde Şarkı, Müzik ve Dans. Hitit Çağında Anadolu'da Üzüm ve Şarap*, Ankara 2000

Andrae 1977
Walter Andrae, *Das wiedererstandene Assur*, München 1977[2]

Archi 1975
Alfonso Archi, L'ornitomanzia ittita, *Studi Micenei ed Egeo-Anatolici* 16, 1975, 119 – 180

Archi 1987
Alfonso Archi, Hethitische Mantik und ihre Beziehungen zur mesopotamischen Mantik: H. J. Nissen/J. Renger (Derl.), *Mesopotamien und seine Nachbarn. Politische und kulturelle Wechselbeziehungen im alten Vorderasien vom 4. bis 1. Jahrtausend v. Chr.*, Berlin 1987[2] (Berliner Beiträge zum Vorderen Orient 1), 279 – 293

Archi 1991
Alfonso Archi, Die hethitischen Orakeltexte: H. Klengel/W. Sundermann (Derl.), *Ägypten, Vorderasien, Turfan. Probleme der Edition und Bearbeitung altorientalischer Handschriften*, Berlin 1991 (Schriften zur Geschichte und Kultur des Alten Orients 23), 85 – 90

Arık 1937
Remzi Oğuz Arık, *Türk Tarih Kurumu Tarafından Yapılan Alaca Höyük Hafriyatı. 1935'deki Çalışmalara ait İlk Rapor*, TTKY V/1, Ankara 1937

Aro 1998
Sanna Aro, *Tabal. Zur Geschichte und materiellen Kultur des zentralanatolischen Hochplateaus von 1200 – 600 v. Chr.*, Helsinki 1998

Aydal 1987
S. Aydal, Karaman Müzesinde Bulunan Bir Hitit Heykelciği, *Karaman Müzesi Yıllığı* 1987

B

Balkan 1955
Kemal Balkan, *Kaneş Karum'un Kronoloji Problemleri Hakkında Müşahadeler*, TTKY VII/28, Ankara 1955

Balkan 1957
Kemal Balkan, *Letter of King Anum-Hirbi of Mama to King Warshama of Kanish*, Türk Tarih Kurumu Yayınları VII/31a, Ankara 1957

Balkan 1973
Kemal Balkan, *İnandık'ta 1966 Yılında Bulunan Eski Hitit Çağına ait bir Bağış Belgesi*, Ankara 1973

Barnett 1982
Richard D. Barnett, *Ancient Ivories in the Middle East and Adjacent Countries*, Jerusalem 1982

Barth 1860
Heinrich Barth, *Reise von Trapezunt durch die nördliche Hälfte Klein-Asiens nach Scutari im Herbst 1858*, Gotha 1860

Baurain/Bonnet/Krings 1991
C. Baurain/Corinne Bonnet/V. Krings, *Phoinikeia Grammata. Lire et écrire en Méditerranée*, Liège/Namur 1991

Beckman 1996
Gary Beckman, *Hittite Diplomatic Texts, Atlanta, Georgia*, 1996

Beran 1967
Thomas Beran, *Die hethitische Glyptik von Boğazköy*, Berlin 1967 (Wissenschaftliche Veröffentlichungen der Deutschen Orient-Gesellschaft 76)

Bernabo Brea 1976
L. Bernabo Brea, *Poliochni*, Rom 1976

Bilgi 2001
Önder Bilgi, *Protohistorik Çağ'da Orta Karadeniz Bölgesi Madencileri*, İstanbul 2001

Bittel 1959
Kurt Bittel, Beitrag zur Kenntnis anatolischer Metallgefäße der zweiten Hälfte des dritten Jahrtausends v. Chr., *Jahrbuch des Deutschen Archäologischen Instituts* 74, 1959, 1 – 34

Bittel 1969
Kurt Bittel, Bericht über die Ausgrabung in Boğazköy im Jahre 1968, *Mitteilungen der Deutschen Orient-Gesellschaft* 101, Berlin 1969, 5 – 13

Bittel 1975
Kurt Bittel, Hethiter: *Reallexikon der Assyriologie* IV/5, 1975, 371 – 389

Bittel 1976a
Kurt Bittel, *Die Hethiter*, München 1976

Bittel 1976b
Kurt Bittel, *Beitrag zur Kenntnis hethitischer Kunst*, Heidelberg 1976 (Sitzungsberichte der Heidelberger Akademie der Wissenschaften, Phil.-hist. Klasse, Jg. 1976, Abh. 4)

Bittel 1983
Kurt Bittel, *Hattuscha, Hauptstadt der Hethiter*, Köln 1983

Bittel 1989

Kurt Bittel, Bemerkungen zum hethitischen Yazılıkaya: Kutlu Emre v.d. (Derl.), *Anatolia and the Ancient Near East: Studies in Honor of Tahsin Özgüç*, Ankara 1989, 33 – 38

Bittel v.d. 1958

Kurt Bittel v.d., Vorläufiger Bericht über die Ausgrabungen in Boğazköy im Jahre 1957, *Mitteilungen der Deutschen Orient-Gesellschaft zu Berlin* 91, 1958, 1 – 72

Bittel v.d. 1975

Kurt Bittel v.d., *Das Hethitische Felsheiligtum Yazılıkaya*, Bogazköy-Hattuša IX, Berlin 1975

Bittel v.d. 1984

Kurt Bittel v.d., *Boğazköy VI, Funde aus Grabungen bis 1979, Ausgrabungen des Deutschen Archäologischen Instituts*, Berlin 1984

Bittel/Schneider 1940

Kurt Bittel/A. M. Schneider, Archäologische Funde aus der Türkei im Jahre 1939, *Jahrbuch des Deutschen Archäologischen Instituts mit dem Beiblatt Archäologischer Anzeiger* 55, 1940, 554 vdd.

Boehmer 1975

Rainer M. Boehmer, Kleinasiatische Glyptik: Winfried Orthmann, Der alte Orient, *Propyläen Kunstgeschichte* Bd. XIV, Berlin 1975, 437 – 453

Boehmer 1979

Rainer M. Boehmer, *Die Kleinfunde aus der Unterstadt von Boğazköy*, Boğazköy-Hattuša VII, Berlin 1979

Boehmer 1983

Rainer M. Boehmer, *Die Reliefkeramik von Boğazköy*, Berlin 1983

Boehmer/Güterbock 1987

Rainer M. Boehmer/Hans Gustav Güterbock, *Glyptik aus dem Stadtgebiet von Boğazköy, Boğazköy-Hattuša XIV*, Berlin 1987

Boehmer/Güterbock 1988

Rainer M. Boehmer/Hans Gustav Güterbock, Früheste Abbildungen von Lautenspielern in der althethitischen Glyptik: Erich Neu/Christel Rüster (Derl.), *Documentum Asiae Minoris Antiquae, Festschrift H. Otten*, Wiesbaden 1988^2, 51 – 58

Bonatz 2000

Dominik Bonatz, *Das syro-hethitische Grabdenkmal. Untersuchungen zur Entstehung einer neuen Gattung im nordsyrisch-südostanatolischen Raum der Eisenzeit*, Mainz 2000

Breyer 2000

Francis Amadeus Karl Breyer, Redaktionsgeschichte und Siegelungspraxis des Ägyptisch-Hethitischen Staatsvertrages, *Discussions in Egyptology* 46, Oxford 2000, 13 – 22

Bunnens 1995

Guy Bunnens, Hittites and Arameans at Til Barsib: a reappraisal: K. van Lerberghe/A. Schoors (Derl.), *Immigration and Emigration within the Ancient Near East, Festschrift Edward Lipinski*, Löwen 1995 (Orientalia Lovanensia Analecta 65), 19 – 27

Bunnens 1997

Guy Bunnens, New Texts from Til Barsib. The Archaeological Context, *Abr-Nahrain* 34, 1997, 61 – 65

Burckhardt 1822

Johann Ludwig Burckhardt, *Travels in Syria and the Holy Land*, London 1822

C

Çambel 1999

Halet Çambel, *Karatepe – Arslantaş. The Inscriptions: Facsimile Edition, Corpus of Hieroglyphic Luwian Inscriptions* II, Berlin/New York 1999

Canby 1989

Jeanny V. Canby, Hittite Art, *Biblical Archaeologist* 52/2 – 3, 1989, 109 – 129

Cancik 1970

Hubert Cancik, *Mythische und historische Wahrheit. Interpretationen zu Texten der hethitischen, biblischen und griechischen Historiographie*, Stuttgart 1970 (Stuttgarter Bibelstudien 49)

Cancik 1976

Hubert Cancik, *Grundzüge der hethitischen und alttestamentlichen Geschichtsschreibung*, Wiesbaden 1976 (Abhandlungen des deutschen Palästinavereins)

Cancik 1991

Hubert Cancik, Geschichte, Geschichtsschreibung: M. Görg/B. Lang (Derl.), *Neues Bibellexikon*, Bd. 1, Zürich 1991, 809 – 822

Cancik 1993

Hubert Cancik, ‚Herrschaft' in historiographischen und juridischen Texten der Hethiter: Kurt Raaflaub (Derl.), *Anfänge politischen Denkens in der Antike. Die nahöstlichen Kulturen und die Griechen*, München 1993 (Schriften des Historischen Kollegs. Kolloquien 24), 115 – 134

Carruba 1967

Onofrio Carruba, Rhyta in den hethitischen Texten, *Kadmos* 6, 1967, 88 – 97

Carruba 1992

Onofrio Carruba (Derl.), *Per una grammatica ittita*, Pavia 1992 (Studia mediterranea, 7)

Carruba 1998

Onofrio Carruba, Hethitische Dynasten zwischen altem und neuem Reich: Sedat Alp/Aygül Süel (Derl.), *Acts of the IIIrd International Congress of Hittitology, Çorum 6-22 September 1996*, Ankara 1998, 87 – 107

Çelebi 1145

Kâtip Çelebi, *Cihannümâ*, İstanbul 1145 (=1732 AD)

Ceram 1955

C. W. Ceram, *Enge Schlucht und Schwarzer Berg*, Hamburg 1955

Chantre 1898

Ernest Chantre, *Mission en Cappadoce 1893 – 1894*, Paris 1898

Chantre 1898

Ernest Chantre, *Mission en Cappadoce*, Paris 1898

Chavalas 1996

Mark W. Chavalas (Derl.), *Emar: The History, Religion, and Culture of a Syrian Town in the Late Bronze Age*, Bethesda, Maryland, 1996

Collon 1987

Dominique Collon, *First Impressions, Cylinder Seals in the Ancient Near East*, London 1987

Cumont 1932

F. Cumont, A Propos d'un Decret d'Anisa en Cappadoce, *Revue des Etudes Anciennes* 34, 1932, 135 – 138

Czichon 1995

Rainer M. Czichon, Zur Komposition der Taprammi-Schale, *Istanbuler Mitteilungen* 45, 1995, 5 – 12

D

Darga 1992

Muhibbe Darga, *Hitit Sanatı*, Akbank Kültür ve Sanat Kitapları 56, İstanbul 1992

De Martino 1995

Stefano de Martino, Music, Dance, and Processions in Hittite Anatolia: Jack M. Sasson (Derl.), *Civilizations of the Ancient Near East*, Bd. IV, London/Mexico City/New Delhi/Singapur/Sydney/Toronto 1995, 2661 – 2669

De Roos 1995

Johan de Roos, Early Travellers to Boğazköy: Theo P. J. van den Hout/Johan de Roos (Derl.), *Studio Historiae Ardens. Ancient Near Eastern Studies Presented to Philo H. J. Houwink ten Cate on the Occasion of his 65th Birthday*, İstanbul 1995, 261 – 269

De Vaux 1967

Roland de Vaux, Les Hurrites de l'histoire et les Horites de la Bible, *Revue Biblique* 1967, 481 – 501

Del Monte 1993

Giuseppe F. del Monte, *L'annalistica ittita*, Brescia 1993

Delaporte 1940

Louis Delaporte, *Malatya. Arslantepe. I La Porte des Lions*, Paris 1940

Delitzsch 1893

F. Delitzsch, Beiträge zur Entzifferung und Erklärung der kappadokischen Keilschrifttafeln, *Abhandlungen der Königlichen Sächsischen Gesellschaft der Wissenschaft* 14, Leipzig 1893

Deshayes 1981

Jean Deshayes v.d., Remarques sur les monuments de Karatepe, *Revue d'Assyriologie* 75, 1981, 31 – 60

A. Dinçol 1983

Ali M. Dinçol, Hethitische Hieroglyphensiegel in den Museen zu Adana, Hatay und İstanbul, *Jahrbuch für kleinasiatische Forschung* IX, 1983, 213 – 249

A. Dinçol 1988

Ali M. Dinçol, Neue hethitische Hieroglyphensiegel in den staatlichen Museen in Istanbul, Ereğli, Karaman und im privaten Sadberk-Hanım-Museum, *Orientalia* 59, 1990 (Einar von Schuler Anı Kitabı), 150 – 156

A. Dinçol 1993b

Ali M. Dinçol, Interessante Beispiele von Schreibersiegeln aus Boğazköy: Machteld J. Mellink v.d. (Derl.), *Aspects of Art and Iconography: Anatolia and its Neighbours. Studies in Honor of Nimet Özgüç*, Ankara 1993, 127 – 130

A. Dinçol v.d. 1993a

Ali M. Dinçol v.d., The Cruciform Seal from Boğazköy-Hattuša, *Istanbuler Mitteilungen* 43, 1993 (Festschrift P. Neve), 87 – 106

A. Dinçol 1998

Ali M. Dinçol, Die Entdeckung des Felsmonuments in Hatip und ihre Auswirkungen auf die historischen und geographischen Fragen des Hethiterreichs, *Turkish Academy of Sciences Journal of Archaeology* (TÜBA-AR) I, 1998, 27 – 35

B. Dinçol 1982

Belkıs Dinçol, Bir Alacahöyük Mührünün Okunuşu Hakkında, *Anadolu Araştırmaları* VIII, 1982, 59 – 61

B. Dinçol 1994

Belkıs Dinçol, New Archaeological and Epigraphical Finds from İvriz: A Preliminary Report, *Tel Aviv* 21, 1994, 117 – 128

B. Dinçol (baskıda)

Belkıs Dinçol, Bemerkungen über die hethitischen Siegelinhaber mit mehreren Titeln: *IV. Internationaler Kongreß für Hethitologie, Würzburg, 4. – 9. Oktober 1999*, baskıda

Dinçol/Dinçol 1983

Ali M. Dinçol/Belkıs Dinçol, Zwei hethitische Hieroglyphensiegel im Elazığ Museum, *Jahrbuch für kleinasiatische Forschung* IX, 1983, 289 – 294

Dinçol/Dinçol 1986

Ali M. Dinçol/Belkıs Dinçol, Hethitische Hieroglyphensiegel in den Museen zu Samsun, Gaziantep und Kahramanmaraş, *Jahrbuch für kleinasiatische Forschung* X, 1986, 233 – 244

Dinçol/Dinçol 1988

Ali M. Dinçol/Belkıs Dinçol, Hieroglyphische Siegel und Siegelabdrücke aus Eskiyapar: Erich Neu/Christel Rüster (Derl.), *Documentum Asiae Minoris Antiquae, Festschrift H. Otten*, Wiesbaden 1988[2], 87 – 97

Donner 1959

Herbert Donner, Art und Herkunft des Amtes der Königinmutter im AT: Richard von Kienle (Derl.), *Festschrift Johannes Friedrich*, Heidelberg 1959, 105 – 145

E

Edel 1976

Elmar Edel, Ägyptische Ärzte und Ägyptische Medizin am hethitischen Königshof. Neue Funde von Keilschriftbriefen Ramses' II. aus Boğazköy, *Rheinisch-westfälische Akademie der Wissenschaften, Geisteswissenschaften. Vorträge* G 205, Opladen 1976

Edel 1994

Elmar Edel, *Die ägyptisch-hethitische Korrespondenz aus Boghazköi in babylonischer und hethitischer Sprache*, Abhandlungen der rheinisch-westfälischen Akademie der Wissenschaften Bd. 77, Opladen 1994

Edel 1997

Elmar Edel, *Der Vertrag zwischen Ramses II. von Ägypten und Hattušili III. von Hatti*, Berlin 1997 (95. Wissenschaftliche Veröffentlichung der Deutschen Orient-Gesellschaft)

Ediz v.d. 1999

İsmet Ediz, Önder İpek, Tunç Sipahi, Tayfun Yıldırım, Yörüklü/Hüseyindede Kurtarma Kazısı, *IX. Müze Kurtarma Kazıları Semineri*, Ankara 1999, 189 vdd.

Elliger 1947

Kurt Elliger, Sam'al und Hamat: Johann Fück (Derl.), *Festschrift Otto Eissfeldt*, Halle 1947, 69 – 108

Emre 1963

Kutlu Emre, The Pottery of the Assyrian Colony Period According to the Building Levels of the Kaniš Karum, *Anatolia/Anadolu* VII, 1963, 86 – 99

Emre 1966

Kutlu Emre, Acemhöyük Seramiği, *Anatolia/Anadolu* X, 1966, 53 – 98

Emre 1971

Kutlu Emre, *Anadolu Kurşun Figürinleri ve Taş Kalıpları*, Türk Tarih Kurumu Yayınları VI/14, Ankara 1971

Emre 1978

Kutlu Emre, *Yanarlar. AfyonYöresinde Bir Hitit Mezarlığı*, Türk Tarih Kurumu Yayınları VI/22, Ankara 1978

Emre 1979

Kutlu Emre, Maşathöyük'te Eski Tunç Çağı, *Belleten* XLIII/169, 1979, 1 – 20

Emre 1993a

Kutlu Emre, New Lead Figurines and Moulds from Kültepe and Kızılhamza: Machteld J. Mellink v.d. (Derl.), *Aspects of Art and Iconography: Anatolia and its Neighbors. Studies in Honor of Nimet Özgüç*, Ankara 1993, 169 – 177

Emre 1993b

Kutlu Emre, A Group of Hittite Statuettes from Alaca Höyük, *Istanbuler Mitteilungen* 43, 1993, 235 – 244

Emre 1996

Kutlu Emre, The Early Bronze Age at Maşathöyük, *Bulletin of the Middle Eastern Culture Center in Japan* IX, 1996, 1 – 67

Emre/Çınaroğlu 1993

Kutlu Emre/Aykut Çınaroğlu, A Group of Metal Hitite Vessels from Kınık-Kastamonu: Machteld J. Mellink v.d. (Derl.), *Aspects of Art and Iconography: Anatolia and its Neighbors. Studies in Honor of Nimet Özgüç*, Ankara 1993, 675 – 713

Ertekin/Ediz 1993

Ahmet Ertekin/İsmet Ediz, The Unique Sword from Boğazköy/Hattuša: Machteld J. Mellink v.d. (Derl.), *Aspects of Art and Iconography: Anatolia and its Neighbors. Studies in Honor of Nimet Özgüç*, Ankara 1993, 719 – 726

F

Faist 2001

Betina Faist, *Der Fernhandel des assyrischen Reiches zwischen dem 14. und 11. Jahrhundert v. Chr.*, Münster 2001 (Alter Orient und Altes Testament 265)

Fischer 1963

Franz Fischer, *Die hethitische Keramik von Boğazköy, Boğazköy-Hattuša* IV, Berlin 1963 (Wissenschaftliche Veröffentlichungen der Deutschen Orient-Gesellschaft 75)

Forrer 1920

E. Forrer, *Keilschrifturkunden aus Boghazköi* IV, 1920

Frankfort 1939

Henri Frankfort, *Cylinder Seals, A Documentary Essay on the Art and Religion of the Ancient Near East*, London 1939

Friedrich 1925

Johannes Friedrich, Aus dem Hethitischen Schrifttum, *Der Alte Orient* 24/3, 1925

Friedrich 1930

Johannes Friedrich, *Staatsverträge des Hatti-Reiches in hethitischer Sprache*, 2. Teil, Leipzig 1930

Friedrich 1960

Johannes Friedrich, *Hethitisches Elementarbuch*, 1. Teil: Kurzgefaßte Grammatik, 2. überarbeitete Auflage, Heidelberg 1960

Fugman 1958

Ejnar Fugman, *Hama II/1. L'Architecture des Périodes Pré-Hellénistiques*, Kopenhagen 1958

G

Garstang 1908, 1913

John Garstang, Excavations at Sakje-Geuzi, in North Syria, *University of Liverpool. Annals of Archaeology and Anthropology* 1, 1908, 97 – 117; 5, 1913, 68 – 72; 24

Garstang 1910

John Garstang, *The Land of the Hittites*, London 1910

Garstang 1929

John Garstang, *The Hittite Empire*, London 1929

Garstang/Gurney 1959

John Garstang/Oliver Robert Gurney, *The Geography of the Hittite Empire*, London 1959

Gibson 1975, 1982

J. C. L. Gibson, *Textbook of Syrian Semitic Inscriptions*, Bd. 2, Aramaic Inscriptions, Bd. 3, Phoenician Inscriptions, Oxford 1975, 1982

Götze 1928

Albrecht Götze (Derl.), *Keilschrifturkunden aus Boghazköi* XXI, 1928

Götze 1933

Albrecht Götze, *Die Annalen des Muršilis*, Leipzig 1933 (Nachdruck Darmstadt 1967)

Greenfield 1991

Jonas C. Greenfield, Of Scribes, Scripts and Languages: C. Baurain/Corinne Bonnet/V. Krings, *Phoinikeia Grammata.* Lire et écrire en Méditerranée, Liège/Namur 1991, 173 – 185

Grothe 1911

H. Grothe, *Meine Vorderasienexpedition* 1906 – 1907, Bd. 1, Leipzig 1911

Gurney 1977

O. R. Gurney, *Some Aspects of Hittite Religion*, Oxford 1977 (The Schweich Lectures of the British Academy 1976)

Güterbock 1940

Hans Gustav Güterbock, *Siegel aus Boğazköy I*, Archiv für Orientforschung, Beiheft 5, Berlin 1940

Güterbock 1942

Hans Gustav Güterbock, *Siegel aus Boğazköy II*, Archiv für Orientforschung, Beiheft 7, Berlin 1942

Güterbock 1944

Hans Gustav Güterbock, Ein hethitischer Brief aus Maşat bei Zile, *Dil ve Tarih-Coğrafya Fakültesi Dergisi* II/3, 1944, 389 – 397

Güterbock 1946

Hans Gustav Güterbock, *Kumarbi Mythen vom churritischen Kronos aus den hethitischen Fragmenten zusammengestellt, übersetzt und erklärt*, Zürich/New York 1946

Güterbock 1956

Hans Gustav Güterbock, Hittite kursa "Hunting Bag": Albert Leonard/Bruce B. Williams (Derl.), *Essays in Ancient Civilization Presented to Helen S. Kantor*, Chicago 1956, 113 – 119

Güterbock 1959

Hans Gustav Güterbock, Kaneš and Neša, *Eretz Israel* 5, 1958, 46 – 50

Güterbock 1971

Hans Gustav Güterbock, Ivory in Hittite Texts, *Anatolia/Anadolu* XV, 1971, 1 – 7

Güterbock 1977

Hans Gustav Güterbock, The Hittite Seals in the Walters Art Gallery, *The Journal of the Walters Art Gallery* 36, 1977, 7 – 16

Güterbock 1983

Hans Gustav Güterbock, Hethitische Götterbilder und Kultobjekte: Rainer M. Boehmer/Harald Hauptmann (Derl.), *Beiträge zur Altertumskunde Kleinasiens, Festschrift für K. Bittel*, Mainz 1983, 203 – 217

Güterbock 1993

Hans Gustav Güterbock, Gedanken über ein Hethitisches Königssiegel aus Boğazköy, *Istanbuler Mitteilungen* 43, 1993, 113 – 116

Güterbock/van den Hout 1991

Hans Gustav Güterbock/Theo P. J. van den Hout, *The Hittite Instruction for the Royal Bodyguard*, (The Oriental Institute of the University of Chicago) Chicago 1991 (Assyriological Studies, 24)

H

Haas 1977

Volkert Haas, *Magie und Mythen im Reich der Hethiter. I. Vegetationskulte und Pflanzenmagie*, Hamburg 1977

Haas 1982

Volkert Haas, *Hethitische Berggötter und hurritische Steindämonen*, Mainz 1982

Haas 1994

Volkert Haas, *Geschichte der hethitischen Religion*, Leiden/New York/Köln 1994 (Handbuch der Orientalistik I/15)

Haines 1971

Richard C. Haines, *Excavations in the Plain of Antioch. II: The structural remains of the later phases*, Oriental Institute Publications 95, Chicago 1971

Hamilton 1842

William J. Hamilton, *Researches in Asia Minor, Pontus and Armenia* I/II, London 1842

Harper 1969

Prudence O. Harper, Dating a Group of Ivories from Anatolia, *The Connoisseur, The Centennial of the Metropolitan Museum of Art*, November 1969

Harrak 1987

Amir Harrak, *Assyria and Hanigalbat*, Hildesheim u. a. 1987

Hawkins 1972a

J. David Hawkins, Building Inscriptions of Carchemish, *Anatolian Studies* 22, 1972, 87 – 114

Hawkins 1972b

J. David Hawkins, Hamath: *Reallexikon der Assyriologie und Vorderasiatischen Archäologie* IV/1, 1972, 67 – 70

Hawkins 1973

J. David Hawkins, Hattin (Pattin): *Reallexikon der Assyriologie und Vorderasiatischen Archäologie* IV/2 – 3, 1973, 160 – 162

Hawkins 1979

J. David Hawkins, Some historical problems of the Hieroglyphic Luwian inscriptions, *Anatolian Studies* 29, 1979, 153 – 167

Hawkins 1980a

J. David Hawkins, Late Hittite funerary monuments: Bendt Alster (Derl.), *Death in Mesopotamia*, Kopenhagen 1980 (Mesopotamia 8), 213 – 225

Hawkins 1980b

J. David Hawkins, The "Autobiography of Ariyahina's Son", *Anatolian Studies* 30, 1980, 139 – 156

Hawkins 1980c

J. David Hawkins, Karatepe A. Inschriften, Geschichte; Karkamiš: *Reallexikon der Assyriologie und Vorderasiatischen Archäologie* V/5 – 6, 1980, 409 – 411, 426 – 446

Hawkins 1982

J. David Hawkins, The Neo-Hittite States in Syria and Anatolia: *The Cambridge Ancient History* III/1, Cambridge 1982[2], 372 – 441

Hawkins 1983a

J. David Hawkins, The Hittite name of Til Barsip, *Anatolian Studies* 33, 1983, 131 – 136

Hawkins 1983b

J. David Hawkins, Kummuh: *Reallexikon der Assyriologie und Vorderasiatischen Archäologie* VI/5 – 6, 1983, 338 vdd.

Hawkins 1984

J. David Hawkins, The Syro-Hittite States: John Boardman (Derl.): *The Cambridge Ancient History*, Tafeln zu Bd. III, Cambridge 1984, 65 – 92

Hawkins 1986
J. David Hawkins, Rulers of Karkamiš: the house of Astiruwas: *IX. Türk Tarih Kongresi, Ankara 1981: Kongreye sunulan bildiriler, I. Cilt*, Ankara 1986, 259 – 271
Hawkins 1988a
J. David Hawkins, Kuzi-Tešub and the "Great Kings" of Karkamiš, *Anatolian Studies* 38, 1988, 99 – 108
Hawkins 1988b
J. David Hawkins, The lower part of the Meharde stele, *Anatolian Studies* 38, 1988, 187 – 190
Hawkins 1989a
J. David Hawkins, More Late Hittite funerary monuments: Kutlu Emre v.d. (Derl.), *Anatolia and the Ancient Near East: Studies in Honor of Tahsin Özgüç*, Türk Tarih Kurumu, Ankara 1989, 189 – 197
Hawkins 1989b
J. David Hawkins, Maraş, Marqas: *Reallexikon der Assyriologie und Vorderasiatischen Archäologie* VII/5 – 6, 1989, 352vd., 431vd.
Hawkins 1992
J. David Hawkins, The Inscriptions of the Kızıldağ and the Karadağ in the light of the Yalburt inscription: Heinrich Otten v.d. (Derl.), *Hittite and other Anatolian and Near Eastern Studies in Honor of Sedat Alp*, Türk Tarih Kurumu, Ankara 1992, 259 – 275
Hawkins 1993a
J. David Hawkins, The historical significance of the Karahöyük (Elbistan) stele: Machteld J. Mellink v.d. (Derl.), *Aspects of Art and Iconography: Anatolia and its Neighbors. Studies in Honor of Nimet Özgüç*, Türk Tarih Kurumu, Ankara 1993, 273 – 279
Hawkins 1993b
J. David Hawkins, Melid A. Historisch: *Reallexikon der Assyriologie und Vorderasiatischen Archäologie* VIII/1 – 2, 1993, 35 – 41
Hawkins 1995a
J. David Hawkins, *The Hieroglyphic Inscription of the Sacred Pool Complex at Hattusa (Südburg)*, Studien zu den Boğazköy-Texten, Beiheft 3, Wiesbaden 1995
Hawkins 1995b
J. David Hawkins, "Great Kings" and "Country-Lords" at Malatya and Karkamiš: Theo P. J. van den Hout/J. de Roos (Derl.), *Studio Historiae Ardens. Ancient Near Eastern Studies presented to Philo H. J. Houwink ten Cate on the Occasion of his 65th Birthday*, (Netherlands Historical-Archaeological Institute) İstanbul 1995, 73 – 85
Hawkins 1995c
J. David Hawkins, The Political Geography of North Syria and South-East Anatolia in the Neo-Assyrian period: Mario Liverani (Derl.), *Neo-Assyrian Geography*, Rom 1995 (Quaderni di Geografia Storica 5), 87 – 101
Hawkins 1998
J. David Hawkins, Tarkasnawa King of Mira. 'Tarkondemos', Bogazköy Sealings and Karabel, *Anatolian Studies* 48, 1998, 1 – 31
Hawkins 2000
J. David Hawkins, *Inscriptions of the Iron Age, Corpus of Hieroglyphic Luwian Inscriptions* I, 3 Bde., Berlin/New York 2000 (Studies in Indo-European Language and Culture 8.1)
Helck 1995
Wolfgang Helck, *Die Beziehungen Ägyptens und Vorderasiens zur Ägäis bis ins 7. Jahrhundert*, 1979[1], 2. von Rosemarie Drenkhahn durchgesehene und bearbeitete Neuauflage, Darmstadt 1995
Hoffner 1968
Harry A. Hoffner, Hittite Tarpis and Herbrew Teraphim, *Journal of Near Eastern Studies* 27, 1968, 61 – 68
Hoffner 1980
Harry A. Hoffner, Histories and Historians of the Ancient Near East: The Hittites, *Orientalia* 49, 1980, 283 – 332
Hoffner 1990
Harry A. Hoffner Jr., *Hittite Myths*, Atlanta, Georgia, 1990
Hogarth 1914
D. G. Hogarth, *Carchemish I.* Introductory, London 1914
Hrozný 1915
Bedrich Hrozný, Die Lösung des hethitischen Problems, *Mitteilungen der Deutschen Orient-Gesellschaft* 56, 1915, 17 – 50
Hrozný 1917
Bedrich Hrozný, *Die Sprache der Hethiter, ihr Bau und ihre Zugehörigkeit zum indogermanischen Sprachstamm. Ein Entzifferungsversuch*, Leipzig 1917
Hrozný 1922
Bedrich Hrozný in: *Journal of the Society of Oriental Research* 6, 1922
Hrozný 1926
Bedrich Hrozný, *The Illustrated London News*, 2. Oktober 1926
Hrozný 1927
Bedrich Hrozný, Rapport Préliminaire sur les Fouilles Tchécoslovaques du Kültepe, *Syria* 8, 1927, 1 – 12
Humann/Puchstein 1890
Karl Humann/Otto Puchstein, *Reisen in Kleinasien und Nordsyrien*, Berlin 1890
Hutter 1988
M. Hutter, Behexung, *Entsühnung und Heilung. Das Ritual der Tunnawiya für ein Königspaar aus mittelhethitischer Zeit*, Göttingen 1988 (Orbis Biblicus et Orientalis 82)

I

İlaslı 1993
A. İlaslı, A Hitite Statue Found in the Area of Ahurhisar: Machteld J. Mellink v.d. (Derl.), *Aspects of Art and Iconography: Anatolia and its Neighbors. Studies in Honor of Nimet Özgüç*, Ankara 1993, 301 – 308
İpek/Tosun/Tekoğlu 1999
İsmet İpek/Kazim Tosun/Recai Tekoğlu, Adana Geç Hitit Heykeli Kurtarma Kazısı 1997 Yılı Çalışması Sonuçları, *IX. Müze Kurtarma Kazıları Semineri Antalya*, Ankara 1999, 173 – 188
İstanbul 1983
Anadolu Medeniyetleri I. Tarih Öncesi/ Hitit/İlk Demir Çağı, Avrupa Konseyi 18. Avrupa Sanat Sergisi, Sergi Kataloğu, İstanbul 1983
İstanbul 1993
Çağlarboyu Anadolu'da Kadın. Anadolu Kadının 9000 Yılı, T.C. Kültür Bakanlığı, Anıtlar ve Müzeler Genel Müdürlüğü, Topkapı Müzesi, 1993/94, Sergi Kataloğu, İstanbul 1993
İstanbul 2001
Boğazköy'den Karatepe'ye. Hititbilim ve Hitit Dünyasının Keşfi, Yapı ve Kredi Bankası Sergi Kataloğu, İstanbul 2001

J

Jablonka 1994
Peter Jablonka/Heike König/Simone Riehl, Ein Verteidigungsgraben in der Unterstadt von Troia VI. Grabungsbericht 1993, *Studia Troica* 4, 1994, 51 – 73
Jablonka 1995
Peter Jablonka, Ausgrabungen südlich der Unterstadt von Troia im Bereich des Troia VI-Verteidigungsgrabens. Grabungsbericht 1994, *Studia Troica* 5, 1995, 39 – 79
Jablonka 1996
Peter Jablonka, Ausgrabungen im Süden der Unterstadt von Troia. Grabungsbericht 1995, *Studia Troica* 6, 1996, 65 – 96
Jakob-Rost 1965
Liane Jakob-Rost, Beiträge zum hethitischen Hofzeremoniell (IBoT I 36), *Mitteilungen des Instituts für Orientforschung* XI, 1965, 165 – 225
Jensen 1894
P. Jensen, Die kappadocischen Keilschrifttäfelchen, *Zeitschrift für Assyriologie* 9, 1894, 62 – 81

K

Kalaç 1967
Mustafa Kalaç, Eine Wettergott-Stele und drei Reliefs im Museum zu Maraş, *Jaarbericht (Van Het Vooraziatisch-Egyyptisch Genootschap) Ex Oriente Lux* (Annuaire De la Société Orientale ,Ex Oriente Lux', Deel VI. Nr. 16 – 19, 1959 – 1966), Leiden 1967, 280 – 283

Kalaç 1969
Mustafa Kalaç, Körkün'de Bulunan Hiyeroglifli Hava Tanrısı Steli, *Athenaeum* N. S. 47, 1969, Meriggi Armağanı, 160 – 167

Kalaç 1979
Mustafa Kalaç, Niğde'de Bulunan bir Havatanrısı Steli: *VIII. Türk Tarih Kongresi*, Ankara 1979, 239 – 243

Kammenhuber 1969
Annelies Kammenhuber, Hethitisch, Palaisch, Luwisch und Hieroglyphen-luwisch: *Altkleinasiatische Sprachen. Handbuch der Orientalistik* I/2, 1. – 2. Abschnitt, Lfg. 2, Leiden/Köln 1969, 127 – 141

Kammenhuber 1976
Annelies Kammenhuber, *Orakelpraxis, Träume und Vorzeichenschau bei den Hethitern*, Heidelberg 1976 (Texte der Hethiter 7)

Khayyata/Kohlmeyer 1998
Wahid Khayyata/Kay Kohlmeyer, Die Zitadelle von Aleppo – vorläufiger Bericht über die Untersuchungen 1996 und 1997, *Damaszener Mitteilungen* 10, 1998, 70 – 95

Klengel 1975
Horst Klengel, Zur ökonomischen Funktion der hethitischen Tempel, *Studi Micenei ed Egeo-Anatolici* 16, Rom 1975, 181 – 200

Klengel 1992
Horst Klengel, *Syria 3000 to 300 B.C.*, Berlin 1992

Klengel 1999
Horst Klengel, *Geschichte des hethitischen Reiches*, Leiden/Boston/Köln 1999 (Handbuch der Orientalistik I/34)

Klengel-Brandt 1997
Evelyn Klengel-Brandt (Derl.), *Mit sieben Siegeln versehen*, Mainz 1997

Klinger 1996
Jörg Klinger, *Untersuchungen zur Rekonstruktion der hattischen Kultschicht*, Studien zu den Boğazköy-Texten 37, Wiesbaden 1996

Klinger 2000
Jörg Klinger, Zur Geschichte des hethitischen Reiches, *Orientalistische Literaturzeitung* 95, 2000, 5 – 16

Košak 1995
Silvin Košak, The Palace Library "Building A" on Büyükkale: Theo P. J. van den Hout/J. de Roos (Derl.), *Studio Historiae Ardens. Ancient Near Eastern Studies Presented to Philo H. J. Houwink ten Cate on the Occasion of his 65th Birthday*, Leiden 1995, 173 – 179

Koşay 1938
Hamit Z. Koşay, *Türk Tarih Kurumu Tarafından Yapılan Alaca Höyük Hafriyatı 1936*, Türk Tarih Kurumu Yayınları V/2, Ankara 1938

Koşay 1941
Hamit Z. Koşay, Türk Tarih Kurumu Alacahöyük Hafriyatı. 1940 Çalışmaları ve Neticeleri, *Belleten* V/17, 1941, 1 – 8

Koşay 1951
Hamit Z. Koşay, *Türk Tarih Kurumu Tarafından Yapılan Alaca Höyük Kazısı, 1937 – 1939'daki Çalışmalara ve Keşiflere Ait İlk Rapor*, Türk Tarih Kurumu Yayınları V/5, Ankara 1951

Koşay/Akok 1950
Hamit Z. Koşay/Mahmut Akok, Amasya Mahmatlar Köyü Definesi, *Belleten* XIV/55, 1950, 481 – 487

Koşay/Akok 1966
Hamit Z. Koşay/Mahmut Akok, *Türk Tarih Kurumu Tarafından Yapılan Alaca Höyük Kazısı 1940 – 1948 deki Çalışmalara ve Keşiflere ait İlk Rapor*, Türk Tarih Kurumu Yayınları V/6, Ankara 1966

Koşay/Akok 1973
Hamit Z. Koşay/Mahmut Akok, *Alaca Höyük Kazısı 1963 – 1967 Çalışmaları ve Keşiflere ait İlk Rapor*, Türk Tarih Kurumu Yayınları V/28, Ankara 1973

Kohlmeyer 1983
Kai Kohlmeyer, Felsbilder der hethitischen Großreichszeit, *Acta praehistorica et archaeologica* 15, Berlin 1983, 7 – 153

Korbel 1985
G. Korbel, *Die spätbronzezeitliche Keramik von Norşuntepe*, Hannover 1985 (Institut für Bauen und Planen in Entwicklungsländern, Mitteilungen Nr. 4)

Korfmann 1992
Manfred Korfmann, Die prähistorische Besiedlung südlich der Burg Troia VI/VII, *Studia Troica* 2, 1992, 123 – 146

Korfmann 1993
Manfred Korfmann, Troia. Ausgrabungen 1992, *Studia Troica* 3, 1993, 1 – 37

Korfmann 1994
Manfred Korfmann, Troia. Ausgrabungen 1993, *Studia Troica* 4, 1994, 1 – 50

Korfmann 1995
Manfred Korfmann, Troia. Ausgrabungen 1994, *Studia Troica* 5, 1995, 1 – 38

Korfmann 1996
Manfred Korfmann, Troia. Ausgrabungen 1995, *Studia Troica* 6, 1996, 1 – 63

Korfmann 1997
Manfred Korfmann, Troia. Ausgrabungen 1996, *Studia Troica* 7, 1997, 1 – 71

Korfmann 1999
Manfred Korfmann, Troia. Ausgrabungen 1998, *Studia Troica* 9, 1999, 1 – 34

Korfmann 2000
Manfred Korfmann, Troia. Ausgrabungen 1999/Troia. 1999 Excavations, *Studia Troica* 10, 2000, 1 – 52

Korfmann v.d. 1998
Manfred Korfmann v.d., Troia. Ausgrabungen 1997, mit einem topographischen Plan zu ,Troia und Unterstadt', *Studia Troica* 8, 1998, 1 – 70

Korfmann/Mannsperger 1998
Manfred Korfmann/Dietrich Mannsperger, *Troia. Ein historischer Überblick und Rundgang*, Stuttgart 1998

Kretschmer 1924
P. Kretschmer, Alaksandus, König von Vilusa, *Glotta* 13, 1924, 205 – 213

Kümmel 1968
Hans Martin Kümmel, Hethiter: Herbert Haag (Derl.), *Bibellexikon*, Einsiedeln/Zürich/Köln 1968^{2}, 728 – 732

L

Landsberger 1924
Benno Landsberger, Über die Völker Vorderasiens im dritten Jahrtausend, *Zeitschrift für Assyriologie* 35, 1924, 213 – 238

Laroche 1960
Emmanuel Laroche, *Les hiéroglyphes hittites* I, Paris 1960

Laroche 1971
Emmanuel Laroche, *Catalogue des textes hittites*, Paris 1971^{2} (CTH; Nachträge durch B. Jean Collins, www.asor.org/hittite)

Larsen 1977
Mogens T. Larsen, *The Old Assyrian City State and its Colonies*, Kopenhagen 1977

Latacz 1997
Joachim Latacz, Troia und Homer. Neue Erkenntnisse und neue Perspektiven: Hannes D. Galter (Derl.), *Troia. Mythen und Archäologie*, Graz 1997 (Grazer Morgenländische Studien 4), 1 – 42

Latacz 2001
Joachim Latacz, *Troia und Homer. Der Weg zur Lösung eines alten Rätsels*, München/Berlin 2001^{3}

Lebrun 1998
R. Lebrun, Hittites et Hourrites en Palestine-Canaan, *Transeuphratene* 15, 1998, 153 – 163

Lutz/Langer 1999
Albert Lutz/Axel Langer, *Orakel – Der Blick in die Zukunft*, Sergi Kataloğu Rietberg Museum, Zürich 1999

M

Macridy 1908
Theodor Macridy, La Porte des Sphinx à Euyuk. Fouilles du Musée Imperial Ottoman, *Mitteilungen der Vorderasiatischen Gesellschaft* 13/3, 1908, 1 – 29

Maul 1998
Stefan M. Maul, 1903 – 1914: Assur. Das Herz eines Weltreiches: Gernot Wilhelm (Derl.), *Zwischen Tigris und Nil. 100 Jahre Ausgrabungen der Deutschen Orient-Gesellschaft in Vorderasien und Ägypten*, Mainz 1998, 47 – 65

Melchert 1994
H. Craig Melchert, *Anatolian Historical Phonology*, Amsterdam/Atlanta 1994 (Leiden Studies in Indo-European, 3)

Mellink 1956a
Machtelt J. Mellink, *A Hittite Cemetery at Gordion*, Philadelphia 1956

Mellink 1956b
Machtelt J. Mellink, The Royal Tombs at Alacahöyük and the Aegean World: *The Aegean and the Near East, Studies Presented to Hetty Goldman*, New York 1956, 39 – 58

Messerschmidt 1900
Leopold Messerschmidt, Corpus inscriptionum Hettiticarum, *Mitteilungen der Vorderasiatischen Gesellschaft* 5, 1900, Heft 4 und 5

Meyer 1975
Reinhold Meyer, Die Hethiter und das AT: Heribert Rossmann (Derl.), *Mysterium der Gnade. Festschrift Johann Auer*, Regensburg 1975, 65 – 73

Michel 2001
Cécile Michel, *Correspondance des marchands de Kaniš*, Paris 2001

Müller-Karpe 1988
A. Müller-Karpe, *Hethitische Töpferei der Oberstadt von Hattuša. Ein Beitrag zur Kenntnis spät-großreichszeitlicher Keramik und Töpferbetriebe*, Marburg 1988 (Marburger Studien zur Vor- und Frühgeschichte Bd. 10)

Müller-Karpe 1996
Andreas Müller-Karpe, Kuşaklı. Ausgrabungen in einer hethitischen Stadt, *Antike Welt* 1996/4, 305 – 312

Müller-Karpe 1997
Andreas Müller-Karpe, Untersuchungen in Kuşaklı 1996, *Mitteilungen der Deutschen Orient-Gesellschaft* 129, 1997, 103 – 142

Müller-Karpe 1998
V. Müller-Karpe, Keramikfunde aus dem Gebäude C der Akropolis von Kuşaklı: A. Müller-Karpe, Untersuchungen in Kuşaklı 1997, *Mitteilungen der Deutschen Orient-Gesellschaft* 130, 1998, 93 – 174

Müller-Karpe 1999
Andreas Müller-Karpe, Untersuchungen in Kuşaklı 1998, *Mitteilungen der Deutschen Orient-Gesellschaft* 131, 1999, 57 – 113

Muscarella 1974
Oscar W. Muscarella (Derl.), *Ancient Art, The Norbert Schimmel Collection*, Mainz 1974

N

Naumann 1971
Rudolf Naumann, *Architektur Kleinasiens*, Tübingen 1971

Neu 1974
Erich Neu, *Der Anitta-Text*, Studien zu den Boğazköy-Texten, Heft 18, Wiesbaden 1974

Neu/Meid 1979
E. Neu/W. Meid (Derl.), *Hethitisch und Indogermanisch. Vergleichende Studien zur historischen Grammatik und zur dialektgeographischen Stellung der indogermanischen Sprachgruppe Altkleinasiens*, Innsbruck 1979 (Innsbrucker Beiträge zur Sprachwissenschaft, Bd. 25)

Neve 1965
Peter Neve, Die Grabungen auf Büyükkale im Jahre 1962, *Mitteilungen der Deutschen Orient-Gesellschaft zu Berlin* 95, 1965, 6 – 34

Neve 1982
Peter Neve, *Büyükkale. Die Bauwerke*, Bogazköy-Hattusa XII, Berlin 1982

Neve 1986
Peter Neve, Die Ausgrabungen in Boğazköy-Hattusa 1985, *Archäologischer Anzeiger* 1986, 365 – 406

Neve 1988
Peter Neve, Die Ausgrabungen in Boğazköy-Hattuša 1987, *Archäologischer Anzeiger* 1988, 357 – 390

Neve 1989
Peter Neve, Einige Bemerkungen zu der Kammer B in Yazılıkaya: Kutlu Emre v.d. (Derl.), *Anatolia and the Ancient Near East: Studies in Honor of Tahsin Özgüç*, Ankara 1989, 345 – 355

Neve 1991a
Peter Neve, Die Ausgrabungen in Boğazköy-Hattuša 1990, *Archäologischer Anzeiger* 1991/3, 299 – 348

Neve 1991b
Peter Neve, Hethitischer Gewölbebau: A. Hoffmann v.d. (Derl.), *Bautechnik der Antike*, Mainz 1991, 161 – 265

Neve 1992
Peter Neve, *Hattuša: Stadt der Götter und Tempel*, Antike Welt Sonderheft, Mainz 1992

Neve 1993
Peter Neve, Die Ausgrabungen in Boğazköy-Hattusa 1992, *Archäologischer Anzeiger* 1993, 621 – 652

Neve 1995/96
Peter Neve, Der Große Tempel (Tempel 1) in Boğazköy-Hattusa, *Nürnberger Blätter zur Archäologie* 12, Nürnberg 1995/96, 41 – 62

Neve 1996
Peter Neve, *Hattusa, Stadt der Götter und Tempel*, Antike Welt Sonderheft, Mainz 1996[2]

Neve 1999
Peter Neve, *Die Oberstadt von Hattusa. Die Bauwerke. 1. Die Bebauung im Zentralen Tempelviertel*, Boğazköy-Hattusa XVI, Berlin 1999

Niemeier 1999
Wolf-Dietrich Niemeier, Mycenaeans and Hittites in War in Western Asia Minor, *Aegaeum* 19, 1999, 141 – 155

O

Ökse v.d. 1992
Tuba Ökse/Metin Akyurt/Musa Törnük, Sivas Yöresinde Bulunan Bir Altın Yüzük Mühür, *Türk Arkeoloji Dergisi* XXX, 1992, 217 – 225

Omura 1997
Sachihiro Omura, A Preliminary Report on the 11th Excavations at Kaman Kalehöyük, *Anatolian Archaeological Studies* 6, 1997, 1 – 66

Orthmann 1971
Winfried Orthmann, *Untersuchungen zur späthethitischen Kunst*, Bonn 1971 (Saarbrücker Beiträge zur Altertumskunde 8)

Orthmann 1980
Winfried Orthmann, Karatepe B. Archäologisch: *Reallexikon der Assyriologie und Vorderasiatischen Archäologie* V/5 – 6, 1980, 411 – 414

Orthmann 1984
Winfried Orthmann, Die Gebrauchskeramik der Schicht IVd: Kurt Bittel v.d., *Boğazköy VI, Funde aus den Grabungen bis 1979*, Berlin 1984, 34 – 62

Otten 1958
Heinrich Otten, *Hethitische Totenrituale*, Berlin 1958

Otten 1964
Heinrich Otten, Aufgaben eines Bürgermeisters in Hattusa, *Bagdhader Mitteilungen* 3, 1964, 91 – 95

Otten 1981
Heinrich Otten, *Die Apologie Hattusilis III.*, Wiesbaden 1981

Otten 1987
Heinrich Otten, Das hethitische Königshaus im 15. Jh. v. Chr., *Anzeiger der phil.-hist. Kl. der Österreichischen Akademie der Wissenschaften* 123, 1986, 1987, 21 – 34

Otten 1988

Heinrich Otten, *Die Bronzetafel aus Boğazköy. Ein Staatsvertrag Tudhalijas IV.*, Wiesbaden 1988 (Studien zu den Boğazköy-Texten, Beiheft 1)

Otten 1989

Heinrich Otten, Tiergefäße im Kult der späten hethitischen Großreichszeit: Kutlu Emre v.d. (Derl.), *Anatolia and the Ancient Near East: Studies in Honor of Tahsin Özgüç*, Ankara 1989, 365 – 368

Otten 1993a

Heinrich Otten, Ein Siegel Tuthalijas IV. und sein dynastischer Hintergrund, *Istanbuler Mitteilungen* 43, 1993 (Festschrift P. Neve), 107 – 112

Otten 1993b

Heinrich Otten, *Zu einigen Neufunden hethitischer Königssiegel*, Abhandlungen der Akademie der Wissenschaften und der Literatur, Mainz, Geistes- und Sozialwissenschaftliche Klasse, Stuttgart 1993

Otten 1995

Heinrich Otten, *Die hethitischen Königssiegel der frühen Großreichzeit*, Abhandlungen der Akademie der Wissenschaften und der Literatur, Mainz, Geistes- und Sozialwissenschaftliche Klasse, Stuttgart 1995

Otter 1748

Jean Otter, *Voyage en Turquie et en Perse; avec une relation des expéditions de Tahmas-Kauli-Khan*, Paris 1748

Özenir 1999

A. S. Özenir, Eflatunpınar: Tanrısal Havuz, *Atlas* 78, 1999, 20 – 21

N. Özgüç 1957

Nimet Özgüç, Kültepe Kazılarında Bulunan Mermer İdol ve Heykelcikler, *Belleten* XXI/81, 1957, 61 – 70

N. Özgüç 1959

Nimet Özgüç, Seals from Kültepe, *Anatolia/Anadolu* IV, 1959, 43 – 53

N. Özgüç 1965

Nimet Özgüç, *Kültepe Mühür Baskılarında Anadolu Grubu*, Türk Tarih Kurumu Yayınları V/22, Ankara 1965

N. Özgüç 1966

Nimet Özgüç, Acemhöyük Kazıları, *Anatolia/Anadolu* X, 1966, 1 – 28

N. Özgüç 1968

Nimet Özgüç, *Kaniş Karumu Ib katı Mühürleri ve Mühür Baskıları*, Türk Tarih Kurumu Yayınları V/25, Ankara 1968

N. Özgüç 1976

Nimet Özgüç, Acemhöyük'te Bulunmuş bir Fildişi Kutu ve Kurşun Figürin Kalıbı, *Belleten* XL/160, 1976, 547 – 553

N. Özgüç 1977

Nimet Özgüç, Acemhöyük Saraylarında Bulunmuş olan Mühür Baskıları, *Belleten* XLI, 1977, 357 – 381

N. Özgüç 1979

Nimet Özgüç, Acemhöyük'ün Eski Anadolu Sanatına Yeni Katkıları, *Belleten* XLIII/170, 1979, 281 – 287

N. Özgüç 1980

Nimet Özgüç, Seal Impressions from the Palaces of Acemhöyük: Edith Porada (Derl.), *Ancient Art in Seals*, Princeton 1980, 61 – 99

N. Özgüç 1986

Nimet Özgüç, Seals of the Old Assyrian Colony Period and some Observations on the Seal Impressions: J. Vorys-Canby v.d. (Derl.), *Ancient Anatolia, Festschrift Machteld J. Mellink*, Wisconsin 1986, 48 – 53

N. Özgüç 1987

Nimet Özgüç, Bullae from Kültepe: Kutlu Emre (Derl.), *Anatolia and the Ancient Near East: Studies in Honor of Tahsin Özgüç*, Ankara 1987, 377 – 405

N. Özgüç 1994

Nimet Özgüç, Dövlek Köyünden (Ş. arkışla İlçesi) Getirilen Eti Heykelciği, *Türk Tarih Arkeologya ve Etnografya Dergisi* V, 1949, 45 – 51

N. Özgüç 1996

Nimet Özgüç, Seal Impressions on Kültepe Documents Notarized by Native Rulers: H. Gasche/Barthel Hrouda (Derl.), *Collectanea Orientalia, Histoire, Arts de l'Espace et Industrie de la Terre. Etudes offertes en hommage à Agnès Spycket*, Neuchâtel/Paris 1996, 267 – 278

T. Özgüç 1948

Tahsin Özgüç, *Ön Tarihte Anadolu'da Ölü Gömme Adetleri*, Ankara 1948

T. Özgüç 1950

Tahsin Özgüç, *Kültepe Kazısı 1948*, Türk Tarih Kurumu Yayınları V/10, Ankara 1950

T. Özgüç 1954

Tahsin Özgüç, Kültepe'de 1953 Yılında Yapılan Kazılar, *Belleten* XVIII/71, 1954, 357 – 372

T. Özgüç 1955

Tahsin Özgüç, Kültepe Hafriyatı 1954, II. Kat Eserleri, *Belleten* XIX/76, 1955, 55 – 63

T. Özgüç 1956

Tahsin Özgüç, Anitta Hançeri, *Belleten* XX/77, 1956, 29 – 32

T. Özgüç 1957

Tahsin Özgüç, The Bitik Vase, *Anatolia/Anadolu* II, 1957, 57 – 78

T. Özgüç 1959

Tahsin Özgüç, *Kültepe-Kaniš, Asur Ticaret Kolonilerinin Merkezinde Yapılan Yeni Araştırmalar*, Türk Tarih Kurumu Yayınları V/19, Ankara 1959

T. Özgüç 1963

Tahsin Özgüç, Yeni Araştırmaların Işığı Altında Eski Anadolu Arkeolojisi, *Anatolia/Anadolu* VII, 1963, 23 – 42

T. Özgüç 1966

Tahsin Özgüç, Yeni Horoztepe Eserleri, *Anatolia/Anadolu* VIII, 1966, 19 – 25

T. Özgüç 1971

Tahsin Özgüç, *Demir Devrinde Kültepe ve Civarı*, Türk Tarih Kurumu Yayınları V/29, Ankara 1971

T. Özgüç 1978

Tahsin Özgüç, *Maşathöyük Kazıları ve Çevresindeki Araştırmalar*, Türk Tarih Kurumu Yayınları V/38, Ankara 1978

T. Özgüç 1979

Tahsin Özgüç, Assur Ticaret Kolonileri Çağına ait İnsan Biçimli Kap, *Belleten* XLIII/170 1979, 261 – 266

T. Özgüç 1980a

Tahsin Özgüç, Excavations at the Hittite Site Maşathöyük: Palace, Archives, Mycenaean Pottery, *American Journal of Archaeology* 84, 1980, 305 – 309

T. Özgüç 1980b

Tahsin Özgüç, Çorum Çevresinde Bulunan Eski Tunç Çağı Eserleri, *Belleten* XLIV/175, 1980, 459 – 466

T. Özgüç 1982a

Tahsin Özgüç, *Maşat Höyük II. Boğazköy'ün Kuzeydoğusunda bir Hitit Merkezi*, Türk Tarih Kurumu Yayınları V/38a, Ankara 1982

T. Özgüç 1983

Tahsin Özgüç, New Finds from Kanesh and what they mean for Hittite Art: *Beiträge zur Altertumskunde Kleinasiens*, Festschrift für Kurt Bittel, Mainz 1983, 421 – 426

T. Özgüç 1986a

Tahsin Özgüç, Kültepe-Kaniš II, *Eski Yakındoğu'nun Ticaret Merkezinde Yapılan Yeni Araştırmalar*, Türk Tarih Kurumu Yayınları V/41, Ankara 1986

T. Özgüç 1986b

Tahsin Özgüç, New Observations on the Relationship of Kültepe with Southeast Anatolia and North Syria during the Third Millennium B.C.: *Ancient Anatolia, Aspects of Change and Cultural Development. Essays in Honor of Machteld J. Mellink*, Wisconsin 1986, 31 – 47

T. Özgüç 1986c

Tahsin Özgüç, Ferzant Hitit Mezarlığında Bulunmuş Eserler Hakkında Yeni Gözlemler, *Belleten* L/197, 1986, 383 – 391

T. Özgüç 1988

Tahsin Özgüç, *İnandıktepe, Eski Hitit Çağında Önemli bir Kült Merkezi*, Türk Tarih Kurumu Yayınları V/43, Ankara 1988

T. Özgüç 1991

Tahsin Özgüç, The Newly Discovered Cult Objects from the Karum of Kanesh: *Near Eastern Studies, dedicated to H. I. H. Prince Takahito Mikasa on the Occasion of his Seventy-Fifth Birthday*, Wiesbaden 1991, 319 – 334

T. Özgüç 1992

Tahsin Özgüç, An Anthropomorphic Vase from Karum Kanesh: *Hittite and other Anatolian and Near Eastern Studies in Honour of Sedat Alp*, Ankara 1992, 425 – 429

T. Özgüç 1993
Tahsin Özgüç, Studies on Hittite Relief Vases, Seals, Figurines and Rock-Carvings: Machteld J. Mellink v.d. (Derl.), *Aspects of Art and Iconography: Anatolia and its Neighbors. Studies in Honor of Nimet Özgüç*, Ankara 1993, 473 – 499
T. Özgüç 1994a
Tahsin Özgüç, A Cult Vessel discovered at Kanish: *Beiträge zur Altorientalischen Archäologie und Altertumskunde, Festschrift für Barthel Hrouda zum 65. Geburtstag*, Wiesbaden 1994, 221 vdd.
T. Özgüç 1994b
Tahsin Özgüç, A Votive Foundation-Nail in the Temple of Maşathöyük: *Beschreiben und Deuten, Festschrift Ruth Mayer-Opificius*, 1994 (Altertumskunde des Vorderen Orients 4), 227 – 234
T. Özgüç 1995
Tahsin Özgüç, Two Eagle Shaped Cult Vessels discovered at Kanish: *Beiträge zur Kulturgeschichte Vorderasiens, Festschrift für Rainer Michael Boehmer*, Mainz 1995, 521 – 525
T. Özgüç 1996a
Tahsin Özgüç, A Boat-Shaped Cult-Vessel from the Karum of Kanish: H. Gasche v.d., *Cinquante-deux Réflexions sur le Proche-Orient Ancien. Mesopotamian History and Environment, Occasional Publications*, Bd. II, Leuven 1996, 369 – 375
T. Özgüç 1996b
Tahsin Özgüç, Two Antelope-shaped Cult Vessels Discovered at Kültepe, *Istanbuler Mitteilungen* 46, 1996, 61 – 66
T. Özgüç 1998
Tahsin Özgüç, Boar-shaped Cult Vessels and Funeral Objects at Kaniš, *Altorientalische Forschungen* 25/2, 1998, 247 – 256
T. Özgüç 1999a
Tahsin Özgüç, Vases used for Ritual Purposes from Eskiyapar, *Bulletin of the Middle Eastern Culture Center in Japan* XI, 1999, 1-22
T. Özgüç 1999b
Tahsin Özgüç, *Kültepe-Kaniš/Neša Sarayları ve Mabetleri*, Türk Tarih Kurumu Yayınları V/46, Ankara 1999
T. Özgüç 2000
Tahsin Özgüç, Vases Used for Ritual Purposes from Eskiyapar, *Bulletin of the Middle Eastern Culture Center in Japan* XII, 2000, baskıda
Özgüç/Akok 1957
Tahsin Özgüç/Mahmut Akok, Horoztepe Eserleri, *Belleten* XXI/82, 1957, 201 – 209
Özgüç/Akok 1958
Tahsin Özgüç/Mahmut Akok, *Horoztepe, Eski Tunç Devri Mezarlığı ve İskan Yeri*, Türk Tarih Kurumu Yayınları V/18, Ankara 1958
Özgüç/Özgüç 1949
Tahsin Özgüç/Nimet Özgüç, *KarahöyükHafriyatı Raporu* 1947, Türk Tarih Kurumu Yayınları V/7, Ankara 1949
Özgüç/Özgüç 1953
Tahsin Özgüç/Nimet Özgüç, *Kültepe Kazısı 1949*, Türk Tarih Kurumu Yayınları V/12, Ankara 1953
Özgüç/Temizer 1993
Tahsin Özgüç/Raci Temizer, The Eskiyapar Treasure: Machteld J. Mellink v.d. (Derl.), *Aspects of Art and Iconography: Anatolia and its Neighbors. Studies in Honor of Nimet Özgüç*, Ankara 1993, 613 – 628

P

Pelon/Dupré 1987
Olivier Pelon/Sylvestre Dupré, Porsuk, une fouille française au pied du Taurus, *Archéologia* 221, Februar 1987, 14 – 25
Perrot/Chipiez 1887
Georges Perrot/Charles Chipiez, *Histoire de l'art dans l'antiquité*, Bd. IV, Paris 1887
Perrot/Guillaume/Delbet 1872
Georges Perrot/Edmond Guillaume/Jules Delbet, *Exploration archéologique de la Galatie et de la Bithynie*, Paris 1872
Pinches 1881
T. Pinches, *Proceedings of the Society of Biblical Archaeology* 4, 1881, 11 – 32
Poetto/Salvatori 1981
Massimo Poetto/Sandro Salvatori, La collezione Anatolica die E. Borowski, *Studia Mediterranea* 3, Pavia 1981
Popko 1995
Maciej Popko, *Religions of Asia Minor*, Warschau 1995 (Academic Publications Dialog)
Porada 1981/82
E. Porada, The Cylinder Seals Found at Thebes in Boeotia, *Archiv für Orientforschung* 28, 1981/82, 1 – 70
Porzig 1930
Walter Porzig, Illuyankas und Typhon, *Kleinasiatische Forschungen* I., derl. Ferdinand Sommer ve Hans Ehelolf, Weimar 1930, 379 – 386
Puchstein 1912
Otto Puchstein, *Boghasköi, Die Bauwerke*, Leipzig 1912

R

Riemschneider o. J.
Kaspar Klaus Riemschneider, *Die akkadischen und hethitischen Omentexte aus Boğazköy*, unveröffentlichte Habilitationsschrift, München o. J.
Riis/Buhl 1990
P. Riis/Marie-Louise Buhl, *Hama II/2. Les Objets de la période dite Syro-Hittite (Âge du Fer)*, Kopenhagen 1990
Rüster 1993
Christel Rüster, Eine Urkunde Hantili's II., *Istanbuler Mitteilungen* 43, 1993, 63 – 70
Rüster/Neu 1989
Ch. Rüster/E. Neu, *Hethitisches Zeichenlexikon. Inventar und Interpretation der Keilschriftzeichen aus den Boğazköy-Texten*, Wiesbaden 1989 (Studien zu den Boğazköy-Texten, Beiheft 2)

S

Sader 1987
Hélène S. Sader, *Les états araméens de Syrie depuis leur fondation jusqu'à leur transformation en provinces assyriennes*, Beiruter Texte und Studien 36, Beirut 1987
Sayce 1888
Archibald Henry Sayce, *The Hittites. The Story of a Forgotten Empire*, London 1888
Schaeffer 1956
Claude F.-A. Schaeffer, *Ugaritica* III, Paris 1956
Schatz 1972
Werner Schatz, *Genesis 14. Eine Untersuchung*, Bern 1972
Schirmer 1993
Wulf Schirmer, Die Bauanlagen auf dem Göllüdağ in Kappadokien, *Architectura* 1993, München/Berlin 1993, 121 – 131
Schmidt 1932
Erich F. Schmidt, *The Alishar Höyük Seasons of 1928 and 1929*, Oriental Institute Publications 19, Chicago 1932
Schmidt 1998
Klaus Schmidt, Frühneolithische Tempel. Ein Forschungsbericht zum präkeramischen Neolithikum Obermesopotamiens, *Mitteilungen der Deutschen Orient-Gesellschaft* 130, 1998, 17 – 49
Seeden 1980
H. Seeden, *The Standing Armed Figurines in the Levant*, Prähistorische Bronzefunde, I, 1, München 1980

Seeher 1998

Jürgen Seeher, Die Ausgrabungen in Boğazköy-Hattuša 1997, *Archäologischer Anzeiger* 1998, 215 – 241

Seeher 1999

Jürgen Seeher, *Hattuscha-Führer. Ein Tag in der hethitischen Hauptstadt,* İstanbul 1999

Seeher 2000a

Jürgen Seeher, Getreidelagerung in unterirdischen Großspeichern: Zur Methode und ihrer Anwendung im 2. Jahrtausend v. Chr. am Beispiel der Befunde in Hattusa, *Studi Micenei ed Egeo-Anatolici* 42/2, Rom 2000, 261 – 301

Seeher 2000b

Jürgen Seeher, Die Ausgrabungen in Boğazköy-Hattuša 1999, *Archäologischer Anzeiger* 2000, 356 vdd.

Seeher 2001

Jürgen Seeher, Die Zerstörung der Stadt Hattusa: *IV. Internationaler Kongreß für Hethitologie, Würzburg, 4. – 9. Oktober 1999,* 2001, 623 – 634

Seidel 1975

U. Seidel, Keramik aus Raum 4 des Hauses 4, westlich der Tempelterrasse: K. Bittel v.d., *Boğazköy V. Funde aus den Grabungen 1970 und 1971,* Berlin 1975, 85 – 107

Singer 1983, 1984

Itamar Singer, *The Hittite KI.LAM Festival,* Studien zu den Bogazköy-Texten 27/28, Wiesbaden 1983/1984

Singer 1994

Itamar Singer, A Hittite Signet Ring from Tel Nami: A. Rainey (Derl.), *Kinattğutu ğsa dğarâti, Gedenkschrift R. Kutscher,* Tel Aviv 1994,189 – 193

Singer 1996

Itamar Singer, Great Kings of Tarhuntašša, *Studi Micenei ed Egeo-Anatolici* 38, 1999, 53 – 71

Singer 1999

Itamar Singer: W. G. E. Watson/N. Wyatt (Derl.), *Handbook of Ugaritic Studies,* Leiden/Boston/Köln 1999

Sommer/Ehelolf 1924

Ferdinand Sommer/Hans Ehelolf, *Das Hethitische Ritual des Papankiri von Kommana,* Boghazkoi-Studien 10, Leipzig 1924

Soucek 1979

Vladimir Soucek, Soziale Klassen und Schichten in der hethitischen Tempelwirtschaft, *Archiv Orientální* 47, Prag 1979, 78 – 82

Soucek/Siegelová 1998

Vladimír Soucek/Jana Siegelová, *Systematische Bibliographie der Hethitologie 1915 – 1995,* Handbuch der Orientalistik I/38, Leiden 1998

Starke 1997

Frank Starke, Troia im Kontext des historisch-politischen und sprachlichen Umfeldes Kleinasiens im 2. Jahrtausend, *Studia Troica* 7, 1997, 447 – 487

Starke 1999a

Frank Starke, Kleinasien III. C: Hethitische Nachfolgestaaten: *Der Neue Pauly,* Bd. 6, 1999

Starke 1999b

Frank Starke, Luwisch: *Der Neue Pauly,* Bd. 7, 1999, 518 – 533

Steiner 1964

Gerd Steiner, Die Ahhijawa-Frage heute, *Saeculum* 15, 1964, 365 – 392

Stuttgart 2001

Troia. Traum und Wirklichkeit, Sergi Kataloğu, Stuttgart 2001

Süel 1998

Aygül Süel, Ortaköy-Shapinuwa: A Hittite Center, *Turkish Academy of Sciences Journal of Archaeology (TÜBA-AR)* I, 1998, 37 – 61

Sümer 1953

O. Sümer, Bir Hitit Libasyon Vazosu, *İstanbul Arkeoloji Müzeleri Yıllığı* 6, 1953, 38 – 40

Sürenhagen 1986

D. Sürenhagen, Ein Königssiegel aus Kargamiš, *Mitteilungen der Deutschen Orient-Gesellschaft zu Berlin* 118, 1986, 183 – 190

Szemerényi 1988

Oswald Szemerényi, Hounted out of the Academe ...: The sad fate of a genius: F. Imparati (Derl.), *Studi di storia e di filologia anatolica dedicati a Giovanni Pugliese Carratelli,* Florenz 1988 (Eothen 1), 257 – 290

T

Taner 1971

Saadet Taner, Kültepe Kazısında bulunan Sikkeler, *Anatolia/Anadolu* 15, 1971, 139 – 160

Taner 1974

Saadet Taner, Kültepe Sikkeleri, 1967, 1973, *Belleten* XXXVIII/152, 1974, 583 – 595

Temizer 1954

Raci Temizer, Kayapınar Höyüğü Buluntuları, *Belleten* XVIII/71, 1954, 317 – 330

Texier 1839

Charles Texier, *Description de L'Asie Mineure* I, Paris 1839

Thureau-Dangin v.d. 1931

François Thureau-Dangin v.d., *Arslan Tash,* Bibliothèque archéologique et historique XVI, Paris 1931

Thureau-Dangin/Dunand 1936

François Thureau-Dangin/Maurice Dunand, *Til-Barsib,* Bibliothèque archéologique et historique XXIII, Paris 1936

Tischler 1982

Jochan Tischler, *Hethitisch-deutsches Wörterverzeichnis,* Innsbruck 1982

U

Ün 1989

Gül Ün, Müzemize Londra'dan Satın Alınarak Getirilen Bir Tablet Parçası, *Anadolu Medeniyetleri Müzesi* 1988 Yıllığı, Ankara 1989, 3 – 7

Ünal 1993

Ahmet Ünal, Boğazköy Kılıcının Üzerindeki Akadça Adak Yazısı Hakkında Yeni Gözlemler: Machteld J. Mellink v.d. (Derl.), *Aspects of Art and Iconography: Anatolia and its Neighbors. Studies in Honor of Nimet Özgüç,* Ankara 1993, 727 – 730

Ünal 1998

Ahmet Ünal, *Hittite and Hurrian Cuneiform Tablets from Ortaköy (Çorum), Central Turkey,* İstanbul 1998

Uzunoğlu 1978

Edibe Uzunoğlu, Küp Üzerinde Bir Hitit Silindir Mühür Baskısı, *Anadolu Araştırmaları* VI, 1978, 179 – 192

V

Van den Hout 1995

Theo van den Hout, *Der Ulmitešub-Vertrag,* Studien zu den Boğazköy-Texten 38, Wiesbaden 1995

Van Lennep 1870

Henry J. van Lennep, *Travels in little-known parts of Asia Minor* I/II, London 1870

Veenhof 1972

Klaas R. Veenhof, *Aspects of Old Assyrian Trade and its Terminology,* Leiden 1972

Von der Osten 1937

Hans H. von der Osten, *The Alishar Höyük, Seasons of 1930 – 32,* Oriental Institute Publications 29, Chicago 1937

Von Luschan 1893, 1898, 1902, 1911

Felix von Luschan, Ausgrabungen in Sendschirli I – IV, *Mitteilungen aus den Orientalischen Sammlungen* XI – XIV, Berlin 1893, 1898, 1902, 1911

Von Schuler 1965

Einar von Schuler, Kleinasien. Die Mythologie der Hethiter und Hurriter: Hans W. von Haussig (Derl.), *Wörterbuch der Mythologie, Bd. I: Götter und Mythen im Vorderen Orient,* Stuttgart 1965, 143 – 216

W

Wäfler 1983

Markus Wäfler, Zu Status und Lage von Tabal, *Orientalia* 52, 1983, 181 – 193

Weidner 1917

F. Ernst Weidner, Aus den Hethitischen Urkunden von Boghazköi, *Mitteilungen der Deutschen Orient-Gesellschaft zu Berlin* 58, 1917, 53 – 78

Weidner 1923

F. Ernst Weidner, *Politische Dokumente aus Kleinasien,* Bogazköy-Studien 8 – 9, Leipzig 1923

Wilhelm 1982

Gernot Wilhelm, *Grundzüge der Geschichte und Kultur der Hurriter,* Darmstadt 1982

Wilhelm 1993 – 1997

Gernot Wilhelm, Mittan(n)i: *Reallexikon für Assyriologie* VIII, 1993 – 1997, 286 – 329

Wilhelm 1997

Gernot Wilhelm, *Keilschrifttexte aus Gebäude A, Kuşaklı-Sarissa* I, Keilschrifttexte Fasikül 1, Rahden/Westfalen 1997

Williams-Forte 1983

Elizabeth Williams-Forte, The Snake and the Tree in the Iconography and Texts of Syria during the Bronze Age: Leonard Gorelick/E. Williams-Forte (Derl.), *Ancient Seals and the Bible,* Malibu 1983, 18 – 43

Winckler 1906

Hugo Winckler, Die im Sommer 1906 in Kleinasien ausgeführten Ausgrabungen, *Orientalistische Literaturzeitung* 9, 1906, 621vdd.

Winckler 1907

Hugo Winckler, Vorläufige Nachrichten über die Ausgrabungen in Boghazköi im Sommer 1907, *Mitteilungen der Deutschen Orient-Gesellschaft* 35, 1907, 1 – 59

Winckler 1913

Hugo Winckler, Nach Boghazköi!, *Der Alte Orient* 14/3, 1913, 3 – 32

Winter 1979

Irene J. Winter, On the problems of Karatepe: the reliefs and their context, *Anatolian Studies* 29, 1979, 115 – 151

Winter 1983

Irene J. Winter, Carchemish ša kišad Puratti, *Anatolian Studies* 33, 1983, 177 – 197

Wooley 1921

C. Leonard Wooley, *Carchemish II. The Town Defences. Report on the Excavations at Jerablus on behalf of the British Museum,* London 1921

Wooley v.d. 1952

C. Leonard Wooley v.d., *Carchemish III. The Excavations in the Inner Town. Report on the Excavations at Jerablus on Behalf on the British Museum,* London 1952

Wright 1884

William Wright, *The Empire of the Hittites,* London 1884